O IMPÉRIO DE HITLER

MARK MAZOWER

O império de Hitler

A Europa sob o domínio nazista

Tradução
Claudio Carina
Lucia Boldrini

1ª *reimpressão*

COMPANHIA DAS LETRAS

Grafia atualizada segundo o Acordo Ortográfico da Língua Portuguesa de 1990,
que entrou em vigor no Brasil em 2009.

Título original
Hitler's Empire: Nazi Rule in Occupied Europe

Capa
Kiko Farkas/ Máquina Estúdio

Imagem de capa
Time & Life Pictures/ Getty Images

Preparação
Silvia Massimini Felix

Índice remissivo
Probo Poletti

Revisão
Valquíria Della Pozza
Isabel Jorge Cury

Dados Internacionais de Catalogação na Publicação (CIP)
(Câmara Brasileira do Livro, SP, Brasil)

Mazower, Mark
     O império de Hitler : a Europa sob o domínio nazista / Mark
Mazower ; tradução Claudio Carina e Lucia Boldrini. – 1ª ed. –
São Paulo – Companhia das Letras, 2013.

     Título original : Hitler's Empire : Nazi Rule in Occupied Europe.
     ISBN 978-85-359-2271-4

     1. Alemanha – Relações exteriores – Europa 2. Europa – Rela-
ções exteriores – Alemanha 3. Guerra Mundial, 1939-1945 – Alemanha 4. Guerra Mundial, 1939-1945 – Aspectos sociais – Europa 5.
Guerra Mundial, 1939-1945 – História diplomática 6. Nazismo – Aspectos sociais – Europa I. Título.

13-03870   CDD-940.532

Índice para catálogo sistemático:

1. Europa: Domínio nazista : Guerra Mundial, 1939-1945 : História
          diplomática   940.532

[2013]
Todos os direitos desta edição reservados à
EDITORA SCHWARCZ S.A.
Rua Bandeira Paulista, 702, cj. 32
04532-002 — São Paulo — SP
Telefone: (11) 3707-3500
Fax: (11) 3707-3501
www.companhiadasletras.com.br
www.blogdacompanhia.com.br

Para meus pais

Sumário

Lista de mapas

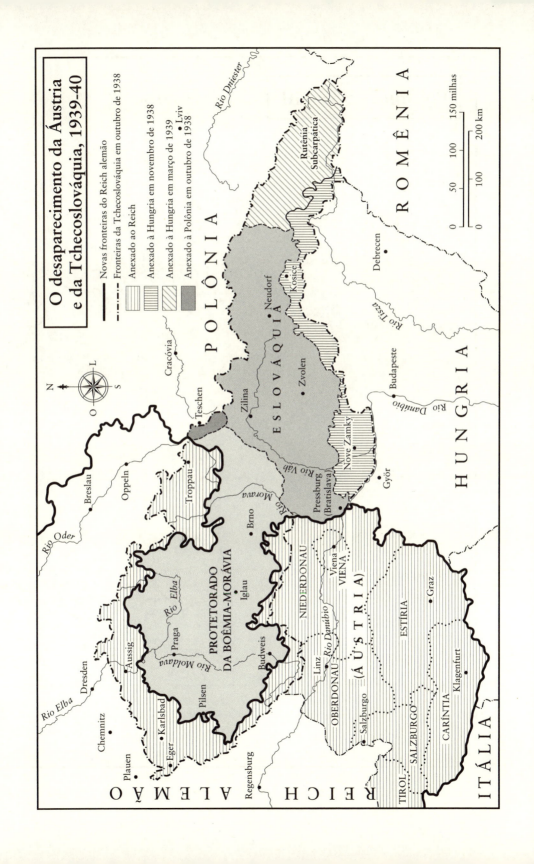

O desaparecimento da Áustria
e da Tchecoslováquia, 1939-40

— Novas fronteiras do Reich alemão
–·–·– Fronteiras da Tchecoslováquia em outubro de 1938

Anexado ao Reich
Anexado à Hungria em novembro de 1938
Anexado à Hungria em março de 1939
Anexado à Polônia em outubro de 1938

Polônia, 1939–40

Mar Báltico

Memel

Rio Memel

Stolp

Gdynia
Danzig

Königsberg

Gumbinnen

Prússia Oriental

Tczew

Elbing

Lötzen

Neustettin

Danzig-

Chojnice

Allenstein

Grajewo

Stettin

Pomerânia

Prússia
Ocidental

Eylau Prussiana

Rio Oder

Grudziadz

Lonza

Schneidemühl

Bydgoszcz

Chelmno

Ostrów
Mazowiecka

Rio Notec

Torun

Mlawa

Rio Varta

Berlim

Wloclawek

Plock

Rio Vístula

Wyszków

Rio

Frankfurt an der Order

Poznan

Kutno

Varsóvia

Siedlce

Minsk
Mazowiecka

Koscian

Warthegau

Skierniewice

Luków

Glogau

Kalisz

Lodz

P   O   L

Dresden

Görlitz

Rio Oder

Wiclun

Piotrków

Radom

Breslau

Silésia

Oppeln

Governo-Geral

Lublin

Czestochowa

Kielce

20 de setembro

Praga

Gielwitz

Rio Vístula

Katowice

Cracóvia

Tarnow

Protetorado da
Boêmia-Morávia

Ostrava

Nowy
Targ

Nowy Sacz

Brno

Zilina

Devolvida à Eslováquia em
21 de novembro de 1939

Kezmarok

A

Rio Danúbio

E S L O V A Q U I

Kosice

Viena

Bratislava

H   U   N   G   R   I   A

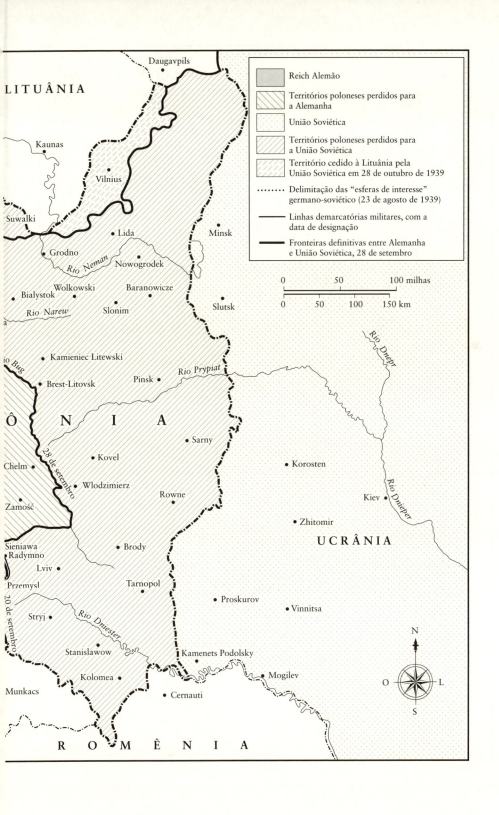

LITUÂNIA

Daugavpils

Kaunas

Vilnius

Suwalki

Lida

Minsk

Grodno

Rio Neman

Nowogrodek

Wolkowski

Baranowicze

Bialystok

Rio Narew

Slonim

Slutsk

Kamieniec Litewski

Rio Prypiat

io Bug

Brest-Litovsk

Pinsk

Ô N I A

Sarny

Kovel

Korosten

Chelm

28 de setembro

Wlodzimierz

Rowne

Kiev

Rio Dnieper

Zamość

Zhitomir

Sieniawa
Radymno

Brody

UCRÂNIA

Lviv

Przemysl

Tarnopol

20 de setembro

Stryj

Rio Dniester

Proskurov

Vinnitsa

Stanislawow

Kamenets Podolsky

Kolomea

Mogilev

Munkacs

Cernauti

Rio Dnepr

N

O   L

S

R O M Ê N I A

	Reich Alemão
	Territórios poloneses perdidos para a Alemanha
	União Soviética
	Territórios poloneses perdidos para a União Soviética
	Território cedido à Lituânia pela União Soviética em 28 de outubro de 1939

········· Delimitação das "esferas de interesse" germano-soviético (23 de agosto de 1939)

——— Linhas demarcatórias militares, com a data de designação

━━━ Fronteiras definitivas entre Alemanha e União Soviética, 28 de setembro

0   50   100 milhas

0   50   100   150 km

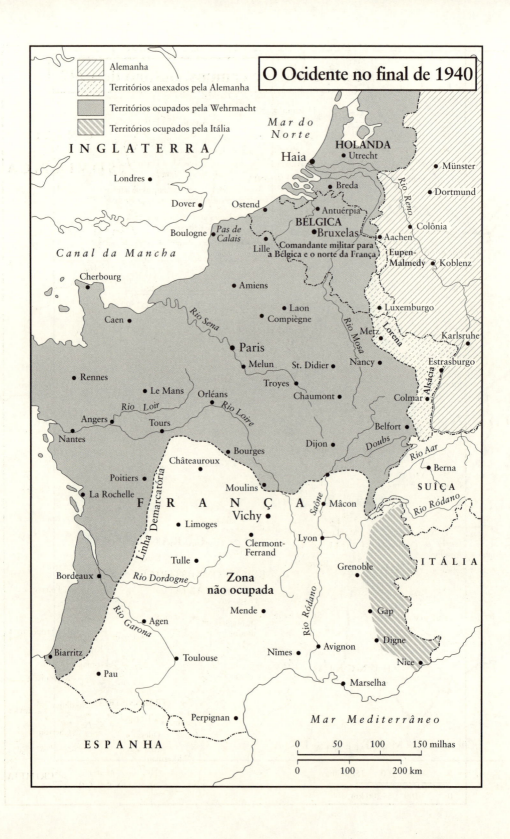

O Ocidente no final de 1940

Alemanha
Territórios anexados pela Alemanha
Territórios ocupados pela Wehrmacht
Territórios ocupados pela Itália

Mar do Norte

INGLATERRA

HOLANDA
Haia
• Utrecht
• Münster
• Dortmund

Londres •
Dover •
Ostend •
Boulogne •
• Breda
• Antuérpia
BÉLGICA
• Bruxelas
Comandante militar para a Bélgica e o norte da França
• Colônia
Aachen
Eupen-Malmedy
• Koblenz

Canal da Mancha

Pas de Calais
Lille •

Cherbourg •

• Amiens

Caen •

Rio Sena
• Laon
Compiègne •

Paris •
Melun •
St. Didier •
Nancy •
Metz •
Lorena
Karlsruhe •
Estrasburgo •
Alsácia

Rennes •

Le Mans •
Orléans •
Rio Loir
Rio Loire
Troyes •
Chaumont •
Colmar •

Angers •
Tours •
Nantes •

Dijon •
Belfort •
Doubs

Châteauroux •
• Bourges

Rio Aar
• Berna

Poitiers •
Moulins •
La Rochelle •
Mâcon •
SUÍÇA

F R A N Ç A
Vichy •
Saône
Lyon •
Rio Ródano

• Limoges

Clermont-Ferrand •

Tulle •

Grenoble •
ITÁLIA

Linha Demarcatória

Bordeaux •
Rio Dordogne

Zona não ocupada

Mende •

Gap •

Rio Garona
Agen •

Rio Ródano

Digne •

Biarritz •
Toulouse •
Nîmes •
Avignon •
Nice •

Pau •

Perpignan •
Marselha •

Mar Mediterrâneo

ESPANHA

0   50   100   150 milhas

0   100   200 km

Áreas de operações e campos, outono de 1942

Campos de extermínio
Principais campos de concentração

Helsinki
Kronstadt
Leningrado
Golfo da Finlândia
Rio Neva
UNIÃO
SOVIÉTICA
Lago Ladoga
Rio Volkhov

Tallinn
Vaivara
ESTÔNIA
Narva
Luga
Novgorod
Lago Ilmen
Damjansk

Tartu
Lago Peipus
Pskov
Kalinin
Rio Volga

Baía de Riga
Cholm
Rio Lovat

Ventspils (Windau)
LETÔNIA
Riga
Salaspils
Nevel
Bely
Rio Volga

Liepaja
Siauliai
Daugavpils (Dunaburg)
Rio Duína Ocidental
Vitebsk
Vjasma

Klaipeda
REICHKOMMISSARIAT
LITUÂNIA
Kaunas
Postavy
Lepel
Smolensk
Kirov

Tilsit
Königsberg
Vilnius
OSTLAND
Maly Trostenets
Orsa
Borisov
Roslavl
Rio Dnieper

Stutthof
Suwalki
Minsk
Mogilev

PRÚSSIA ORIENTAL
Grodno
ÁREA OPERACIONAL
Brjansk

Bialystok
Baranowicze
Slutsk
Rogacev
Trubcevsk

Varsóvia
Treblinka
Pinsk
Recica
Gomel
Ryl'sk
Rio Desna

Chelmno
Brest-Litovsk
Rio Prypiat
Cernigov
Konotop

Sobibor
Kovel
Ersk
Priluki

Lublin
Majdanek
Samy
Korosten

GOVERNO-GERAL
Luck
Rovno
Kiev

Auschwitz
Belzec
Plaszów
Cracóvia
REICHKOMMISSARIAT
UCRÂNIA
Poltave
Rio Dnieper

Jaslo
Lviv
Proskurov
Cerkassy
Kremencug

ESLOVÁQUIA
Stanislawow
Vinnica
Dnepropetrovsk

Kamenets-Podolsky
Uman
Kirovgrad
Pervomajak
Krivoj Rog

Munkács
Cemauti
Rio Bug Meridional

HUNGRIA
Debrecen
BESSARÁBIA
Rio Prut

TRANSNÍSTRIA
Nikolajev
Kachovka

Chisinau
Tighina
Tiraspol
Cherson

ROMÊNIA
Odessa
Alba (Akkerman)

Mar Negro
CRIMEIA

0 50 100 150 milhas
0 100 200 km

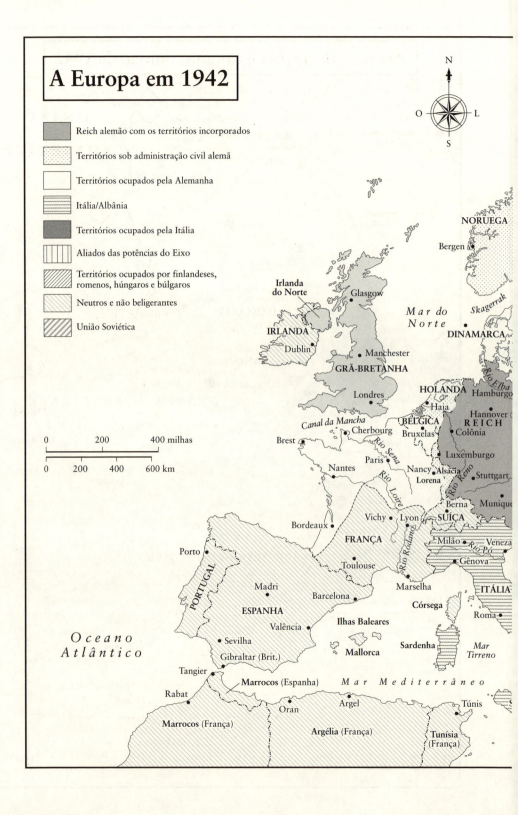

A Europa em 1942

Legenda:

Reich alemão com os territórios incorporados

Territórios sob administração civil alemã

Territórios ocupados pela Alemanha

Itália/Albânia

Territórios ocupados pela Itália

Aliados das potências do Eixo

Territórios ocupados por finlandeses, romenos, húngaros e búlgaros

Neutros e não beligerantes

União Soviética

Escala:
0 — 200 — 400 milhas
0 — 200 — 400 — 600 km

Rosa dos ventos: N, S, L, O

NORUEGA
Bergen
Mar do Norte
Skagerrak
DINAMARCA
Irlanda do Norte
Glasgow
IRLANDA
Dublin
Manchester
GRÃ-BRETANHA
Londres
HOLANDA
Haia
Hamburgo
Hannover
BÉLGICA
Bruxelas
Colônia
REICH
Canal da Mancha
Cherbourg
Rio Elba
Brest
Rio Sena
Paris
Nancy
Alsácia
Luxemburgo
Lorena
Stuttgart
Nantes
Rio Loire
Berna
Munique
SUÍÇA
Bordeaux
Vichy
Lyon
Rio Reno
Rio Ródano
Milão
Veneza
FRANÇA
Rio Pó
Gênova
Porto
Toulouse
Marselha
ITÁLIA
Madri
Barcelona
Córsega
Roma
PORTUGAL
ESPANHA
Ilhas Baleares
Valência
Sardenha
Oceano Atlântico
Sevilha
Mallorca
Mar Tirreno
Gibraltar (Brit.)
Tangier
Marrocos (Espanha)
Mar Mediterrâneo
Rabat
Oran
Argel
Túnis
Marrocos (França)
Argélia (França)
Tunísia (França)

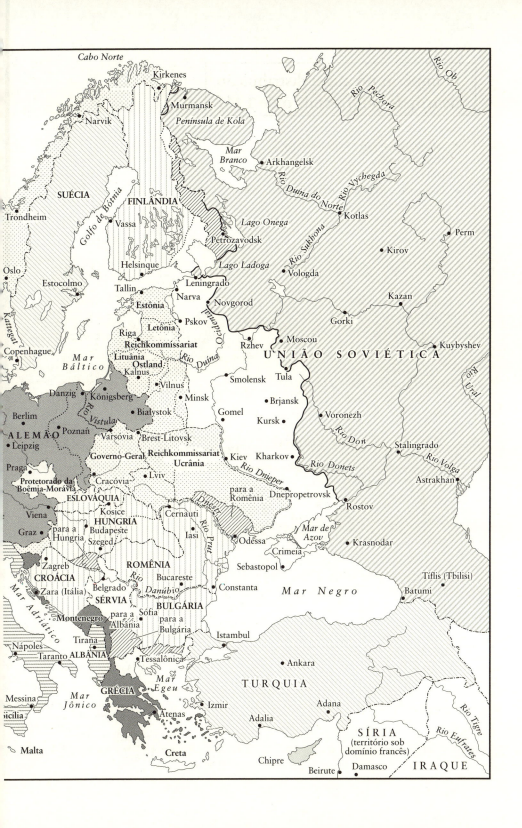

Cabo Norte

Kirkenes

Murmansk

Península de Kola

Narvik

Mar
Branco

Arkhangelsk

Rio Pechora

Rio Ob

SUÉCIA

FINLÂNDIA

Trondheim

Vassa

Rio Dvína do Norte

Rio Vychegda

Lago Onega

Kotlas

Perm

Rio Sukhona

Kirov

Helsinque

Oslo

Estocolmo

Lago Ladoga

Vologda

Kazan

Tallin

Leningrado

Narva

Novgorod

Gorki

Estônia

Pskov

Letônia

Riga

Rzhev

Moscou

Kuybyshev

Reichskommissariat

UNIÃO SOVIÉTICA

Copenhague

Mar
Báltico

Lituânia

Ostland

Rio Dvína

Smolensk

Tula

Kalnus

Vilnus

Rio Ural

Danzig

Königsberg

Minsk

Brjansk

Berlim

Białystok

Gomel

Kursk

Voronezh

Stalingrado

Poznań

Rio Vistula

Varsóvia

Brest-Litovsk

Rio Don

Rio Volga

ALEMÃO

Leipzig

Governo-Geral

Reichskommissariat

Kiev

Kharkov

Rio Donets

Astrakhan

Praga

Ucrânia

Lviv

Rio Dnieper

Protetorado da
Boêmia-Morávia

Cracóvia

para a
Romênia

Dnepropetrovsk

Rostov

ESLOVÁQUIA

Kosice

Rio Dniestr

Viena

HUNGRIA

Cernauti

Mar de
Azov

Krasnodar

Graz

para a
Hungria

Budapeste

Iasi

Rio Prut

Odéssa

Szeged

Crimeia

Zagreb

ROMÊNIA

Sebastopol

Tíflis (Tbilisi)

CROÁCIA

Bucareste

Constanta

Batumi

Zara (Itália)

Belgrado

Rio Danúbio

Mar Negro

SÉRVIA

BULGÁRIA

Montenegro

para a
Albânia

Sófia

para a
Bulgária

Nápoles

Tirana

Istambul

Ankara

Taranto

ALBÂNIA

Tessalônica

TURQUIA

Messina

Mar
Jônico

GRÉCIA

Mar
Egeu

Izmir

Adana

Rio Tigre

Sicília

Atenas

Adalia

SÍRIA
(território sob
domínio francês)

Rio Eufrates

Malta

Creta

Chipre

Beirute

Damasco

IRAQUE

Mar Adriático

O império no auge: distribuição de tropas em dezembro de 1941

- ■ Infantaria, ss ou divisão de cavalaria
- ◢ Divisão blindada
- ▲ Divisão montada
- ▪ Infantaria, ss ou brigada/regimento de cavalaria
- ◆ Brigada/regimento blindado

SUÉCIA

Trondheim

Bergen

NORUEGA

Oslo

Irlanda do Norte

Glasgow

Skagerrak

Kattegat

Gotemburgo

Mar do Norte

IRLANDA

Dublin

DINAMARCA

Copenhague

Manchester

Hamburgo

Rio Elba

GRÃ-BRETANHA

HOLANDA

Amsterdam

Haia

Berlim

Poznań

Londres

Calais

Hannover

Canal da Mancha

Cherbourg

BÉLGICA

Bruxelas

Colônia

REICH ALEMÃO

Leipzig

Dresden

Brest

Dieppe

Caen

Soissons

Luxemburgo

Nuremberg

Breslau

Praga

Rennes

Paris

Rio Loire

Nantes

Rio Sena

Troyes

Nancy

Alsácia

Lorena

Stuttgart

Protetorado da Boêmia-Morávia

Viena

F R A N Ç A

Dijon

Rio Reno

Munique

Bratislava

Royon

Berna

Vichy

Lyon

SUÍÇA

Graz

Bordeaux

ITÁLIA

Milão

Rio Pó

Veneza

Zagreb

Genoa

Toulouse

ESPANHA

Marselha

CROÁCIA

Zara (Itália)

Madrid

Barcelona

Córsega

Localizadas mais ao sul:
- ■■ na Grécia
- ■ Divisão Fortificada em Creta
- com Grupos de Exército da África

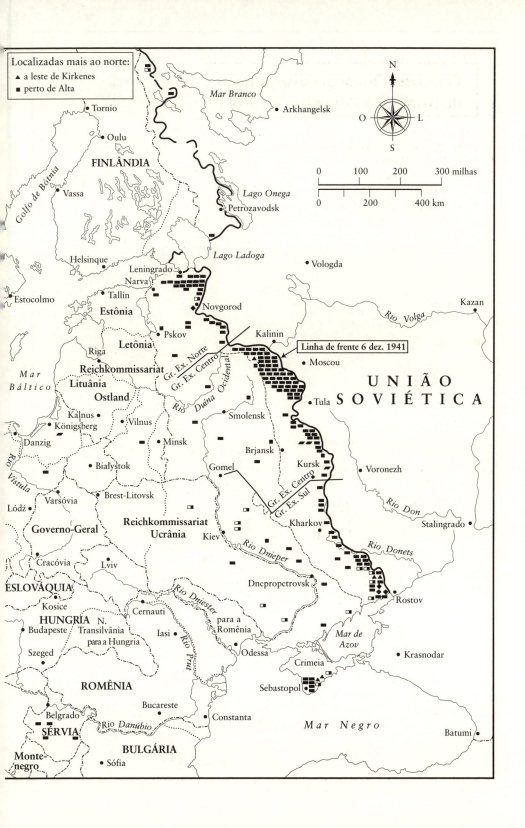

Localizadas mais ao norte:
▲ a leste de Kirkenes
■ perto de Alta

Mar Branco

Arkhangelsk

Tornio

Oulu

FINLÂNDIA

N
O   L
S

0   100   200   300 milhas
0   200   400 km

Vassa

Golfo de Bótnia

Lago Onega

Petrozavodsk

Helsinque

Lago Ladoga

Vologda

Estocolmo

Leningrado
Narva

Tallin

Estônia

Novgorod

Kazan

Rio Volga

Pskov

Letônia

Kalinin

Linha de frente 6 dez. 1941

Riga

Moscou

Reichkommissariat

Gr. Ex. Norte
Gr. Ex. Centro

U N I Ã O
S O V I É T I C A

Mar
Báltico

Lituânia

Ostland

Rio Duína Ocidental

Tula

Kalnus

Königsberg

Vilnus

Smolensk

Danzig

Minsk

Brjansk

Rio Vístula

Białystok

Gomel

Kursk

Voronezh

Lódź

Varsóvia

Brest-Litovsk

Gr. Ex. Centro
Gr. Ex. Sul

Rio Don

Stalingrado

Governo-Geral

Reichkommissariat
Ucrânia

Kiev

Kharkov

Rio Dnieper

Rio Donets

Cracóvia

Lviv

ESLOVÁQUIA

Dneproptrovsk

Rostov

Kosice

Cernauti

Rio Dniester

HUNGRIA N.

Transilvânia
para a Hungria

Iasi

para a
Romênia

Budapeste

Mar de
Azov

Krasnodar

Szeged

Rio Prut

Odessa

Crimeia

ROMÊNIA

Bucareste

Sebastopol

Belgrado

Rio Danúbio

Constanta

Mar Negro

Batumi

SÉRVIA

BULGÁRIA

Monte-
negro

Sófia

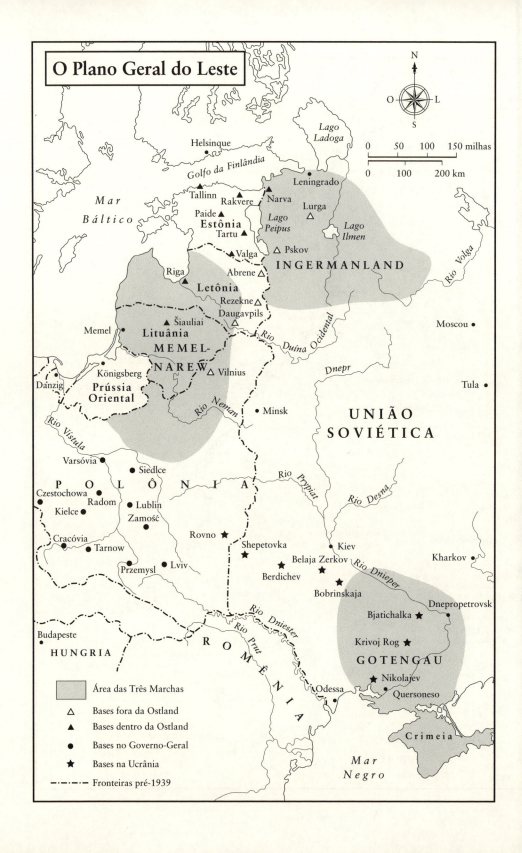

O Plano Geral do Leste

N
O · **L**
S

0	50	100	150 milhas

0	100	200 km

Lago Ladoga

Helsinque

Golfo da Finlândia

Mar Báltico

Tallinn ▲
Rakvere ▲
Narva ▲
Leningrado ▲
Lurga △
Paide ▲
Estônia
Tartu ▲
Lago Peipus
Lago Ilmen
Valga ▲
Pskov △
INGERMANLAND
Riga ▲
Letônia
Abrene △
Rezekne △
Daugavpils △
Rio Duína Ocidental
Moscou •
Šiauliai ▲
Memel •
Lituânia
MEMEL-
NAREW
Vilnius △
Dnepr
Tula •
Königsberg •
Rio Neman
Danzig •
Prússia Oriental
Rio Vístula
Minsk •
UNIÃO SOVIÉTICA

Varsóvia •
Siedlce •
Rio Prypiat
P O L Ô N I A
Rio Desna
Czestochowa •
Radom •
Lublin •
Kielce •
Zamość •
Cracóvia •
Rovno ★
Kiev •
Tarnow •
Lviv •
Shepetovka ★
Kharkov •
Przemysl •
Belaja Zerkov ★
Rio Dnieper
Berdichev •
Bobrinskaja ★
Dnepropetrovsk •
Rio Dniester
Bjatichalka ★
Rio Prut
Budapeste •
Krivoj Rog ★
HUNGRIA
R O M Ê N I A
GOTENGAU
Nikolajev ★
Odessa •
Quersoneso •
C r i m e i a

Mar Negro

Legenda:

▧ Área das Três Marchas
△ Bases fora da Ostland
▲ Bases dentro da Ostland
● Bases no Governo-Geral
★ Bases na Ucrânia
–·–·– Fronteiras pré-1939

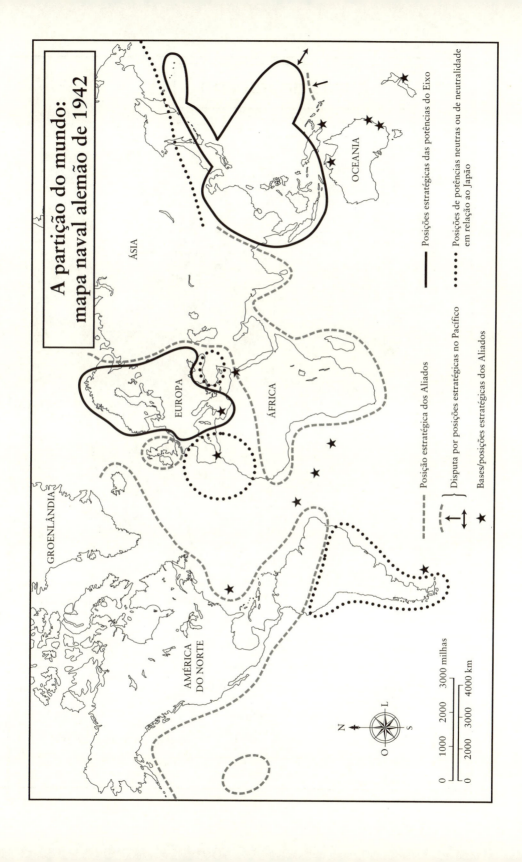

A partição do mundo:
mapa naval alemão de 1942

——— Posições estratégicas das potências do Eixo

········· Posições de potências neutras ou de neutralidade
em relação ao Japão

— — — Posição estratégica dos Aliados

} Disputa por posições estratégicas no Pacífico

↕ ★ Bases/posições estratégicas dos Aliados

GROENLÂNDIA

AMÉRICA
DO NORTE

ÁSIA

EUROPA

ÁFRICA

OCEANIA

N L
O S

0   1000   2000   3000 milhas
0   2000   3000   4000 km

A queda do império

Mar Báltico

Kaliningrado
(Königsberg)
9/4/45

Flensburg

Kolberg
18/2/45

Danzig
30/3/45

Hamburgo
3/4/45

Stettin
26/4/45

Walcz
11/2/45

Rio Vístula

HOLANDA

18 DE ABRIL
DE 1945

Berlim
2/5/45

Poznań
23/11/45

Varsóvia
17/1/45

Haia
libertada
7/5/44

Hannover
10/4/45

Brandemburgo
1/4/45

Rio Reno

BÉLGICA

Torgau

Lodz
19/1/45

Bruxelas
libertada
3/9/44

Colônia

Kassel
4/5/45

Leipzig
19/4/45

Dresden
8/5/45

Glogow
1/4/45

Breslau
6/5/45

M

A   L   E

Chemnitz
9/5/45

16 DE ABRIL DE 1945

Katowice
28/1/45

Cheb
(Eger)
27/4/45

BOÊMIA

Rio Elba

Luxemburgo

Frankfurt
am Main

Praga
9/5/45

Cracóvia
19/1/45

Nuremburg
20/4/45

Pilsen
6/5/45

MORÁVIA

Nancy
libertada
15/9/44

18 DE ABRIL DE 1945

Stuttgart

Rio Danúbio

ESLOVÁQUIA

Viena

Munique
30/4/45

Linz
5/4/45

15 DE ABRIL DE 1945

Berna

SUÍÇA

Berchtesgaden
4/4/45

Graz

Budapeste
13/11/45

FEVEREIRO DE 1945

H   U   N   G

Passagem de Brenner
4/5/45

TIROL
DO SUL

Udine

Lubljana
7/5/45

13 DE OUTUBRO DE 1

Milão

Rio Pó

Veneza

Trieste
2/5/45

ÍSTRIA

Zagreb
9/5/45

Szeged
5/10/44

23 DE ABRIL DE 1945
Gênova

Bolonha 21/4/45

Ravenna 6/12/44

Bihac

CROÁCIA

Belgrado
20/10/44

Jajce

OUT. 1944

Rimini 22/9/44

13 DE JANEIRO DE 1945

Zara
2/11/43

Sarajevo
6/4/45

SÉRVIA

Florença
4/8/44

SAN MARINO

Córsega
libertada
4/10/43

ITÁLIA

5 DE JUNHO
DE 1944

Mar Adriático

MONTENEGRO

Kotor
23/11/44

Roma

Shkoder
29/11/44

Cassino
12/2-18/5/44

1º DE OUTUBRO DE 1943

Tirana
17/11/44

Nápoles
2/10/43

Klaipeda
(Memel)
9/4/45

REICHKOMMISSARIAT

Kaunas
1/8/44

Vilnus
13/6/44

OSTLAND

Minsk
3/7/44

Białystok

Brest-Litovsk
28/7/44

Siedlce
3/7/44

22 DE JUNHO DE 1944

REICHKOMMISSARIAT

Lublin
24/7/44

Lutsk
5/2/44

Rovno
5/2/44

Zhitomir
31/12/43

Kiev
6/11/43

Lviv
27/7/44

Berdichev
5/1/44

UCRÂNIA

Vinnitsa
20/3/44

Uman
10/3/44

1º DE OUTUBRO DE 1943

Presov
19/1/45

Uzhhorod
(Ungvar)
27/10/44

Chernovtsky

Rio Prut

Rio Dniester

Rio Dnieper

Debrecen
20/10/44

RIA

Cluj
(Kolozsvar)
12/10/44

22 DE JUNHO DE 1944

Iasi
21/8/44

Chisinau
24/8/44

Odessa
10/4/44

Izmail
(Ismail)
26/8/44

**Mar de
Azov**

Arad
20/9/44

Sibiu
6/9/44

Crimeia

ROMÊNIA

Ploiesti
30/8/44

Constanta
28/4/44

Sebastopol

Mar Negro

Craiova
26/8/44

Bucareste
31/8/44

Rio Danúbio

Nis
23/10/44

Varna
9/9/44

28 DE OUTUBRO DE 1944

Sófia
16/9/44

Burgas
9/9/44

BULGÁRIA

Skopje
13/11/44

Istambul

TURQUIA
(neutra)

Smolensk
25/9/43

Vitebsk
26/6/44

Rio Duna

Homel
26/11/43

**UNIÃO
SOVIÉTICA**

Chernihiv
21/9/43

GOVERNO-GERAL

A N H A

A

Linha demarcatória militar entre
soviéticos e outras forças aliadas
depois de 12 de maio de 1945

Linhas de frente anglo-americanas

Linhas de frente soviéticas

Fronteiras internacionais

Fronteiras dos territórios subjugados
em 1943

Grande Alemanha e outros
territórios sob administração civil
alemã em 1943

Território dominado por tropas alemãs
maio de 1945

Principais batalhas

17/8/43   Data de captura pelas forças aliadas

13/11/44   Data de captura pelas forças soviéticas

Abreviações e acrônimos

AK   Armia Krajowa* (Exército Nacional)
BFK   Britisches Freikorps** (Corpos Livres Britânicos)
DAF   Deutsche Arbeitsfront (Frente Alemã de Trabalho)
DEST   Deutsche Erd-und Steinwerke GmbH (Fábricas Alemãs de Terra e Pedra Ltda.)
DVL   Deutsche Volksliste (Lista do Povo Alemão)
EAM/ELAS   Ethniko Apeleftherotiko Metopo/Ellinikos Laikos Apeleftherotikos Stratos (Frente de Libertação Nacional/Exército Popular de Libertação da Grécia)
ECE   Economic Commission for Europe (Comissão Econômica para a Europa)
GPO   Generalplan Ost (Plano Geral do Leste)
HJ   Hitler-Jugend (Juventude Hitlerista)
HKT   Ha-Ka-Ta (Sociedade Alemã das Marcas Orientais)***

* O movimento dominante da resistência polonesa durante a guerra. [Esta e as demais notas chamadas por asterisco são dos tradutores.]
** Unidade da Waffen-ss também conhecida como Britisches Freikorps, constituída de súditos e prisioneiros de guerra britânicos recrutados pelos nazistas.
*** Organização nacionalista xenófoba fundada em 1894 cujo acrônimo é formado pelas iniciais de seus fundadores (Von Hanseman, Kennemann e Von Tiedemann). Seu objetivo era promover a

HSSPF	Höhere ss- und Polizeiführer (chefe supremo da ss e da polícia)
JNF	Jewish National Fund (Fundo Nacional Judeu)
KdF	Kraft durch Freude (Força pela Alegria)*
KONR	Comitê para a Libertação dos Povos da Rússia
LVF	Légion des Volontaires Français contre le Bolchévisme (Legião dos Voluntários Franceses contra o Bolchevismo)
MSR	Mouvement Social Révolutionnaire (Movimento Social Revolucionário)
NKVD	Narodny Komissariat Vnutrennikh Del (Comissariado Popular para Assuntos Internos)
NS	Nasjonal Samling (Partido da União Nacional)**
NSB	Nationaal-Socialistische Beweging (Movimento Nacional-Socialista)***
NSZ	Narodowe Sily Zbrojne (Forças Armadas da Polônia)
NSDAP	Nationalsozialistische Deutsche Arbeiterpartei (Partido Nacional-Socialista dos Trabalhadores Alemães)
OEEC	Organization for European Economic Cooperation (Organização para a Cooperação Econômica Europeia)
OKH	Oberkommando des Heeres (Alto-Comando do Exército)
OKW	Oberkommando der Wehrmacht (Comando Supremo das Forças Armadas, ou Wehrmacht)
OMi	Ost Ministerium (Ministério do Reich para os Territórios Ocupados do Leste)
OSTI	Ostindustrie GmbH (Indústrias do Leste Ltda.)
OT	Organização Todt
OUN	Orhanizatsiya Ukrayins'kykh Natsionalistiv (Organização dos Nacionalistas Ucranianos)
RKFDV	Reichskommissariat für die Festigung deutschen Volkstums (Comissariado do Reich para o Fortalecimento do Povo Alemão)
RNP	Rassemblement National Populaire (Reagrupação Nacional Popular)****

---

germanização dos poloneses que viviam na Prússia e destruir a identidade nacional polonesa nas províncias alemãs do Leste.

* Organização nazista criada em 1933 encarregada de organizar, controlar e sincronizar as atividades de lazer da população alemã. Era parte da DAF [ver na página anterior], organização de massa que congregava empregados e empregadores e se tornou a maior operadora de viagens do mundo.

** Partido fascista norueguês fundado em 1933. Chefiou de 1942 a 1945 o governo títere do país.

*** Partido fascista e posteriormente nacional-socialista holandês.

**** Um dos principais grupos colaboracionistas franceses durante o regime de Vichy.

RSHA	Reichssicherheitshauptamt (Gabinete Central de Segurança do Reich)*
RUSHA	Rasse- und Siedlungshauptamt (Gabinete Central para Raça e Reassentamento)
RVL	Reich, Volksordnung, Lebensraum (Reich, Ordem Popular, Espaço Vital)
SA	Sturmabteilung (Tropas de Assalto)
SD	Sicherheitsdienst (Serviço de Informações da ss)
SHAEF	Supreme Headquarters Allied Expeditionary Force (Quartel-General Supremo das Forças Expedicionárias Aliadas)
SiPo	Sicherheitspolizei (Polícia de Segurança)**
SOE	Special Operations Executive (Direção de Operações Especiais)
SOL	Service d'Ordre Légionnaire (Serviço de Legionários para a Lei e a Ordem)
SS	Schutzstaffel (Esquadrão de Proteção)
SSPF	ss- und Polizeiführer (chefe da ss e da polícia)
STO	Service du Travail Obligatoire (Serviço de Trabalho Obrigatório)
UNRRA	United Nations Relief and Rehabilitation Administration (Agência das Nações Unidas para Assistência e Reabilitação)
VDA	Verein für das Deutschtum im Ausland (Associação para o Povo Alemão no Exterior)
VNV	Vlaamsch National Verband (União Nacional Flamenga)***
VoMi	Volksdeutsche Mittelstelle (Gabinete de Assistência aos Alemães Étnicos)
WVHA	Wirtschafts-Verwaltungshauptamt (Gabinete Central de Administração e Economia)
ZOB	Zydowska Organizacja Bojowa (Organização de Luta Judaica)
ZWZ	Zwiazek Walki Zbrojnej (União pela Luta Armada)

* Organização subordinada à ss, criada por Himmler em setembro de 1939 como resultado da fusão do SD (ver acima), da Gestapo (Geheime Staat Polizei) e da Kripo (Kriminalpolizei).
** Denominação das agências de segurança política e investigação criminal na Alemanha nazista. Abarcava entre 1934 e 1939, sob o comando de Himmler, a Gestapo e a Kripo.
*** Partido Nacionalista Flamengo criado na Bélgica em 1933.

Prefácio: O panorama visto de Varzin

Embora o declínio e a extinção definitiva do gênero humano sejam um pro-
blema obscuro, podemos dizer que dependem de muitas causas.

Charles Darwin, *A descendência do homem* (Londres, 1871)

As cegonhas já estavam migrando quando os alemães começaram a fugir da Prússia Oriental. Foi no fim do verão de 1944. No mês de janeiro seguinte, com uma temperatura de vinte graus negativos, mais de 3 milhões de refugiados estavam marchando para o oeste com seus animais para escapar da vingança do Exército Vermelho. Quilômetro após quilômetro, arrastavam os pés na neve e entupiam as estradas, enquanto as tropas alemãs em retirada se esforçavam para abrir caminho entre eles. Os últimos trens de civis iam repletos de "vultos enco-lhidos, enrijecidos de frio, quase incapazes de se manter em pé e saltar; as roupas eram leves, praticamente em farrapos, com alguns poucos cobertores sobre om-bros curvados, as faces cinzentas e vazias". Quanto mais a frente se aproximava, também se esvaziavam os campos de concentração, e os internos que haviam sobrevivido eram conduzidos para as profundezas do Reich; seus guardas fuzila-vam os retardatários e abandonavam os corpos à beira das estradas.[1]

Uma das jovens refugiadas era uma aristocrata alemã que escapava da propriedade da família na Prússia Oriental. Depois de quatro semanas em cima de uma sela, a condessa Marion Dönhoff cruzou com dificuldade o Vístula e seguiu animando seu cavalo a percorrer estradas vicinais da Pomerânia cobertas de neve até se ver cruzando os umbrais da antiga casa de campo de Bismarck em Varzin. Em suas memórias, escritas muitos anos depois, ela descreve como entrou na grande alameda cercada de carvalhos para se proteger das violentas rajadas de neve. Duas grandes carroças puxadas por cavalos estavam diante da casa, carregadas de caixas de madeira. Os papéis da família Bismarck estavam sendo transferidos para o oeste por razões de segurança.

No interior da residência ela encontrou a condessa Von Arnim, de 81 anos, que tinha decidido não abandonar a casa onde seus filhos haviam nascido e na qual seu marido, o filho de Bismarck, morrera muitos anos antes. Naquela noite, durante o jantar, Von Arnim deleitou sua convidada com histórias da vida na corte do Kaiser. Não sabemos se ela também admitiu que no passado chegara a saudar o Führer como o sucessor de seu sogro. Mas sua recusa em partir talvez refletisse a desilusão com o Terceiro Reich e com seu líder, e uma sensação de que junto com os nazistas ia desaparecendo um mundo muito mais antigo. Na terra congelada do jardim, um túmulo recém-aberto esperava por ela. Apenas quinze dias depois de acenar adeus para sua hóspede, o Exército Vermelho chegou: em meio ao violento caos daquelas semanas, seu suicídio passou despercebido.[2]

Do outro lado do mundo, outro Varzin, muito diferente, também estava sendo atacado no início de 1945. Esse Varzin era um inacessível vulcão tropical localizado na fronteira sudeste do que fora o Império Japonês no Pacífico durante a guerra. Sufocados pelo calor no sopé do vulcão, milhares de soldados japoneses estavam cercados; tendo sido trazidos como ponta de lança para invadir a Austrália, viam-se agora aprisionados pelo avanço anglo-americano e submetidos a um feroz bombardeio aéreo. Enquanto onda após onda de corsários e aventureiros arremetiam para destruir o que havia sido a maior base naval da região, muitos dos soldados buscaram abrigo debaixo do espesso dossel formado pelas malcuidadas plantações de coco. Quando 85 mil deles se renderam naquele verão, deixaram para trás quilômetros de túneis, plataformas de artilharia e casamatas em meio aos manguezais inundados, algumas prostitutas coreanas, um punhado de esquálidos prisioneiros de guerra e valas comuns no interior desabitado.

Com suas fortes chuvas e umidade exuberante, o monte Varzin era um pico vulcânico coberto de vegetação densa e ainda ativo que assomava, imponente, sobre o magnífico porto natural de Blanche Bay, na ilha de New Britain. Era a mesma ilha que, no passado, os alemães tinham batizado de Nova Pomerânia e que constituíra um posto remoto de seu nascente império colonial no que até hoje é chamado de arquipélago de Bismarck. Ficava a leste de Kaiser-Wilhelms-land, parte da vasta colônia da Nova Guiné alemã anterior à guerra no Pacífico. A façanha diplomática de Bismarck ao criar aquele domínio foi celebrada então em arquipélagos, vulcões e assentamentos; uma das principais cidades da península Gazelle foi batizada singelamente com o nome de seu filho mais velho, Herbert. Talvez a familiaridade daqueles nomes confortasse alguns dos missionários luteranos em sua missão de salvar almas nativas para Jesus Cristo, os comerciantes e transportadores de copra que montaram fazendas e transformaram selvagens em trabalhadores, os antropólogos e botânicos que coletavam e classificavam as raras árvores, orquídeas e borboletas da ilha. Mas as cerca de 16 mil pessoas que já habitavam a península de Gazelle davam menos atenção a elas que as poucas centenas de recém-chegados. "Os nativos obviamente não conhecem os nomes dados pelos europeus", registrou o primeiro etnógrafo da ilha, "e estes últimos igualmente conhecem muito pouco as designações locais, e a consequência disso é que alguns nativos que haviam estado à deriva em suas canoas e que finalmente chegavam a um assentamento não podiam ser mandados de volta para suas terras de origem porque os nomes dados às suas moradas eram totalmente desconhecidos." Para aqueles que de fato viviam nas aldeias em suas encostas, o nome Varzin não significava nada. Na realidade, os nativos muitas vezes pareciam prescindir totalmente de topônimos. Mas os povoadores europeus não podiam operar dessa forma: para eles, nomes significavam poder.

No mesmo ano em que a reivindicação da Alemanha sobre as ilhas obteve reconhecimento internacional, Sybille von Arnim casou-se com Wilhelm von Bismarck. Naqueles dias, seu envelhecido sogro às vezes ainda se afastava de Berlim para estadias na propriedade rural de Varzin. A imponente mansão senhorial construída entre as florestas da Pomerânia tinha sido sua recompensa por presidir a derrota do Exército dos Habsburgo e converter a Prússia em líder do Reich alemão unificado. Foi lá que, em 1870, às vésperas da guerra com a França, ele pensou bem e acabou deixando ao Kaiser a tarefa de se virar sem ele. Mas Varzin era algo mais que apenas um refúgio. Estava ligada à capital por meio de uma das primeiras linhas telefônicas da Alemanha, e dali Bismarck convocava seus colegas e conduzia grande parte dos negócios de Estado. Acalmada pela proximidade da natureza, sua disposição inquieta e nervosa encontrava ali uma confirmação quase mística do poder da própria terra que ia além do esnobismo: em sua mente, era seu verdadeiro reino na Terra. Era, nas palavras de um historiador, "o Reich em miniatura".

Naquele seu pequeno Estado particular, com seus bosques, campos e aldeias, ele cultivava frutas tropicais em estufas e montou uma fábrica de papel de grande porte. A matéria-prima vinha dos 4 mil hectares de floresta dos arredores, e a mão de obra vivia perto dali. Havia alguns problemas de trabalho na terra, e muitos camponeses alemães da região, irritados com as condições de vida algo próximas do feudalismo, seguiram para o oeste em direção às cidades. Mas Bismarck resolveu o problema, assim como muitos proprietários de terras vizinhas, empregando trabalhadores russos e poloneses, mais baratos. Dessa forma, o arquiteto do Estado moderno alemão desenvolveu um estilo de vida que dependia cada vez mais de braços que não eram alemães.[3]

Por si mesmos, nomes não asseguravam o controle do novo paraíso tropical da Alemanha. Havia também que lidar com os nativos — tanto aqueles que podiam ser treinados para coletar e processar o óleo de copra, o tabaco e o café trazidos pelos europeus como os que preferiam caçar animais e uns aos outros em meio aos jasmins, palmeiras e árvores-de-cera. Compreender aqueles "filhos da natureza" nus era o primeiro passo para saber o que fazer com eles, e era importante — pelo menos aos olhos dos novos senhores da terra — que a Alemanha se mostrasse capaz também nesse sentido. "Com a já concluída partição da terra entre os países civilizados da Europa e da América", escreveu o administrador de um museu na virada do novo século, "a investigação científica da terra também se tornou cada vez mais nacionalizada." Os leitores alemães precisavam ter consciência de quão importante era uma compreensão científica adequada da raça para a construção do império, já que antes de qualquer coisa é preciso conhecer bem o povo que se deseja governar; não é possível esperar que um povo primitivo se familiarize com as estruturas complexas de nossa civilização, com nosso refinado entendimento de ideias sobre justiça ou conceitos morais que lhe são completamente estranhos; devemos, sim, procurar compreender sua cultura, seus pensamentos e sentimentos.[4]

O etnógrafo pioneiro do monte Varzin, Richard Parkinson, certamente teria concordado com essas palavras. Parkinson começou a carreira como administrador de uma fazenda alemã, mas tinha muitas outras flechas em seu arco. Enviou seis dançarinos a Berlim para a Exposição Colonial de 1896, acumulou a maior coleção privada de artefatos nativos da ilha e ajudou a coletar plantas, pássaros e borboletas, e também restos humanos como esqueletos e crânios (que a prevalência local do canibalismo facilitava), que vendia para museus no exterior. Infelizmente, essas atividades contribuíram para a erradicação das próprias tradições que ele muito prezava. Em 1908, um visitante do monte Varzin observou que muitas culturas tinham "parcial ou totalmente desaparecido — em alguns casos, os próprios nativos haviam sumido".

O próprio Parkinson contemplava tais acontecimentos de uma perspectiva mais ampla. Segundo ele, a montanha era o local de um conflito sangrento travado entre as duas principais raças que habitavam a península Gazelle. Durante o século precedente, os imigrantes de ilhas vizinhas tinham se disseminado pelo interior, subindo as encostas e invadindo as antigas moradias dos habitantes originais. O resultado, segundo ele, "é que se criou um conflito entre as duas tribos que persiste até hoje". A chegada dos europeus só agravou aquelas tensões, e a imprensa alemã registrou "uma *Grenzkrieg* [guerra de fronteira] irregular e desenfreada que se trava sem misericórdia de ambos os lados". A lógica de uma competição darwiniana pela vida e pela terra parecia ser tão forte como em qualquer lugar, uma luta existencial entre dois grupos primitivos, com seus rituais, línguas e inimizades próprios.[5]

Foi nas escadarias de sua propriedade em Varzin, num dia de setembro de 1894, que Bismarck apareceu para fazer soar o grito de guerra do nacionalismo alemão contra os poloneses. Ele estava cada vez mais preocupado com o crescimento da população polonesa na Alemanha e com a ameaça à segurança que tal fato representava, sobretudo em suas fronteiras orientais. Poucos temas políticos eram mais incendiários. No poder, Bismarck tinha encorajado agricultores alemães a comprar terras em áreas onde havia maioria de poloneses. Ao se aposentar, afligia-se com a falta de preocupação de seu sucessor para com o assunto. Bismarck, que falava polonês, não era um guerreiro racista — propriedades como a sua contavam com trabalhadores eslavos —, mas estava inquieto, e grupos nacionalistas de pressão pediram a ele que falasse abertamente o que pensava.

Tendo ele concordado, trens especialmente fretados levaram milhares de patriotas "peregrinos" a Varzin para ouvi-lo denunciar as atividades subversivas da nobreza e do clero poloneses. Ele exigiu uma resposta dura do governo da Prússia. As demandas territoriais dos poloneses, disse-lhes, não tinham limites. Os alemães haviam trazido a civilização para o primitivo Leste, e por isso o domínio era legitimamente deles: "Falo não com o objetivo de vencer os poloneses, o que de todo modo é impossível, mas com a intenção de exterminar os restos de simpatia para com a Polônia que ainda restam entre nossos compatriotas".[6]

Fazendo soar o alerta para um novo tipo de política étnica de massas, Bismarck descreveu a região como uma fronteira na batalha racial entre alemães e eslavos. Um grupo de pressão bastante ruidoso e eficiente surgiu em Berlim para exigir que outros políticos também "apoiassem o povo alemão nas Marchas para o Leste". Alegando apenas proteger as tradições e a cultura alemãs, esse grupo na realidade desejava reverter a onda de imigração polonesa e forçar os poloneses — fossem migrantes ou não — a abandonar as regiões de fronteira da Prússia. Para os poloneses locais, o discurso de Bismarck foi pouco menos que uma declaração de guerra, e eles também se mobilizaram, boicotando lojas alemãs, apoiando jornais e grupos culturais conterrâneos e tratando de vender suas terras apenas entre si mesmos e não para os alemães.

O próprio Bismarck não sabia ao certo aonde aquilo poderia levar. Afinal, compreendia que a conquista de mais territórios no Leste não resolveria o problema polonês do Reich — de fato, não faria nada além de trazer mais poloneses; assim, quando o país celebrou o octogésimo aniversário de Bismarck, ele aconselhou moderação. Disse a uma delegação de estudantes que, embora devessem abraçar a luta — pois "a vida é uma luta" —, eles deviam ter em mente que a Alemanha, por si mesma, não necessitava de mais guerras. "Já conseguimos o que precisávamos [depois da guerra com a França]. Lutar por mais, por uma sede de conquista e pela anexação de países que não nos sejam necessários sempre me pareceu uma atrocidade." No fim desse discurso de aniversário, o ancião fez um brinde ao Kaiser: "Espero que em 1950 todos vocês que ainda estiverem vivos voltem a repetir com alegria no coração: LONGA VIDA AO IMPERADOR E AO IMPÉRIO!".[7]

Quando morreu, apenas três anos mais tarde, em 1898, ele dificilmente poderia ter previsto o que viria pela frente. De início, sua propriedade em Varzin tornou-se uma espécie de santuário do culto a Bismarck. Um enorme monumento foi inaugurado no parque, um pequeno museu foi aberto no bosque e havia até uma escultura de seu cavalo favorito. Mas aos poucos as nuvens escureceram, e as guerras que ele temia aconteceram. O jovem e beligerante Kaiser por cuja saúde ele havia brindado foi exilado na Holanda, as colônias tropicais da Alemanha foram confiscadas e a monarquia foi substituída por uma república. Os nazistas tentaram então superar as façanhas de Bismarck, mas a Alemanha acabou em ruínas, dividida e ocupada. A Prússia desapareceu do mapa, uma Polônia renasceu independente e até a adorada Varzin de Bismarck acabou do lado errado da fronteira. Conhecida hoje como Warcino, é uma escola para jovens estudantes poloneses de administração florestal.

Durante o Terceiro Reich, o governo alemão pouco se interessou pelas antigas colônias ultramarinas que tinham sido perdidas em 1918 — os nazistas estavam muito mais interessados em colonizar regiões da própria Europa. Mas os alemães que ainda permaneciam no que agora era a Nova Guiné, governada pelos australianos, acompanhavam de perto os acontecimentos em seu país. Na realidade, eram entusiastas tão inflamados da causa nazista que, quando os japoneses atacaram, em 1942, os Aliados os enviaram a um campo de internação no continente australiano. O local se converteu num pequeno posto avançado do nacional-socialismo, um último enclave do império da Alemanha no Pacífico. Dirigido por partidários do regime que decoravam seus escritórios com retratos de Hitler, promovia festivais celebrando os "mártires" caídos do partido, e a suástica tremulava sobre seus alojamentos pré-fabricados. Em 1943 houve palestras noturnas sobre o "Leste alemão" e sobre a amizade germano-italiana para manter a fé dos internos na vitória final alemã. Quando se anunciou o fim da guerra, seus suvenires nacional-socialistas foram queimados "em uma cerimônia sombria e desafiadora", em meio a discursos e "canções sobre os combates alemães, a coragem, a devoção e a fé alemãs". O comandante australiano do campo os fez assistir a filmes sobre o campo de Belsen para "reeducá-los" e depois tentou — sem grande sucesso — convencê-los a permanecer na Austrália.[8]

Apesar de não perceberem, os internos tiveram sorte. O fato de serem capturados no Pacífico e mantidos na Austrália implicava que continuavam a ser, como europeus, membros de uma casta dominante privilegiada. O nacionalismo e a guerra podiam ter fraturado a solidariedade das elites coloniais europeias da região, mas o pressuposto de uma superioridade comum se manteve e eles foram os beneficiários. Entre as guerras, os australianos haviam tratado os nativos com brutalidade, mas demonstravam respeito pelos alemães, quaisquer que fossem suas opiniões políticas. Nas "Marchas para o Leste" da Alemanha, seu destino teria sido diferente. Também ali teriam começado como dirigentes — dominando uma população polonesa tratada como aqueles nativos. Mas, no fim, teriam sido parte do lado derrotado de uma guerra darwinista de aniquilação.

Vista das encostas do monte Varzin, a Nova Ordem nazista parece a história de uma "guerra dos povos" na própria Europa. Porém, diferentemente da luta entre os baining e os tolai, essa foi uma guerra que em sua escala, intensidade e ambição refletiu a moderna vontade europeia de poder — um desejo de explorar, expandir, identificar e controlar territórios e povos que os tinham levado para a África, para as Américas e para as mais remotas ilhas do Pacífico. Herdeiros dessa tradição, os nazistas compartilhavam aquele desejo imperial, mas fizeram com ele algo sem precedentes e chocante para a mentalidade europeia do início do século xx: tentaram erigir seu império na própria Europa e, mais ainda, fazer isso numa velocidade vertiginosa, em poucos anos. Embora seja sobre o primeiro Varzin e as paixões que irromperam na fronteira germano-polonesa, este livro é escrito da perspectiva do segundo. Porque, a longo prazo, a importância da aposta imperial de Hitler é que ela não apenas modificou a Europa de forma irrevogável, mas também o lugar do continente no mundo, assim como o próprio mundo.

Introdução

Poderíamos ter vencido a guerra, ainda que nenhum erro militar fosse cometido? Minha opinião é: não. De 1941 em diante, e até o fim, ela já estava tão perdida quanto a Primeira Guerra, pois os objetivos políticos não guardavam absolutamente nenhuma relação com as possibilidades militares e econômicas da Alemanha. A única coisa que o peculiar método de lutar uma guerra de Hitler trouxe à Alemanha foram milhões de pessoas mortas. Apenas isso — era impossível vencer a guerra. Eis a coisa mais notável, na qual penso o tempo todo: por que um país como a Alemanha, que está no centro do continente, não fez da política uma arte, com o objetivo de manter a paz, uma paz razoável [...] Fomos insensatos e tolos a ponto de imaginar que podíamos desafiar o mundo [...] Sem perceber que isso é rigorosamente impossível nas condições em que nos encontramos na Alemanha. Que motivos nos levaram a isso? [...] Eu não sou político, não sou historiador. Não sei. Só sei a pergunta.

Tenente-general Ferdinand Heim, em palestra a outros
prisioneiros de guerra, 23 de maio de 1945[1]

No começo de outubro de 1941, uma sucessão de vitórias levou a Wehrmacht às portas de Moscou e convenceu Hitler de que a União Soviética estava derrotada. Ele se deu conta do erro em poucos dias. Mas já era tarde demais. Funcionários do Ministério da Propaganda em Berlim haviam apresentado aos jornalistas uma revelação franca e brutal do que a Europa poderia esperar sob o domínio nazista. A guerra tinha acabado, disseram, e o Reich criaria uma Europa autossuficiente e "cercada por arame farpado", capaz de resistir a qualquer ameaça militar. A Alemanha seria "muito mais livre e fria" no tratamento que dispensava "às nações por nós dominadas", e não existiria "a menor possibilidade de que algum pequeno Estado patético obstruísse a paz com seus pedidos ou exigências especiais". O povo alemão, por sua vez, enfrentaria novos desafios, particularmente ao ter de lidar, em sua nova fronteira eurasiática, com o tipo de escaramuça que os britânicos confrontaram na fronteira noroeste da Índia. Em resumo, seria necessário "conduzi-lo ao ideal imperial europeu".[2]

Hitler como construtor de impérios: talvez não seja assim que pensamos no Führer, mas certamente é uma das imagens que ele fazia de si mesmo. Os nazistas acreditavam que lhes coubera a tarefa de construir um império que os elevaria à condição de potência mundial. Com quase nenhuma experiência em colonialismo ultramarino a guiá-los e conhecendo pouco sobre os britânicos na Índia, ainda assim eles estavam muito impressionados com a ideia de um pequeno grupo de administradores poder governar um subcontinente inteiro. Para eles, o império era um "ideal" — ou, falando sem rodeios, uma violenta fantasia de superioridade racial, uma demonstração da perícia de uma elite marcial formada para governar centenas de milhões de súditos. Os alemães teriam de adquirir essa perícia, acreditava Hitler, para competir por recursos globais com os que dominavam os "grandes espaços". Já haviam ficado para trás na partilha da África, no fim do século XIX, e não podiam se dar ao luxo de ignorar as rivalidades competitivas desencadeadas depois da Primeira Guerra Mundial. Os britânicos e os franceses dominavam o Oriente Médio, os japoneses tinham entrado na Manchúria em 1931 e os italianos invadiram a Etiópia quatro anos depois. A Alemanha precisava recuperar o tempo perdido.[3]

Saber até onde realmente se estendiam as ambições imperiais nazistas é uma questão que ainda divide os historiadores. "Hoje a Alemanha é nossa, e amanhã será o mundo todo", cantava a Juventude Hitlerista. No entanto, é difícil precisar como eram os sonhos de domínio na mente de Hitler. Ninguém acredita que ele fosse um mero oportunista desprovido de um programa de política externa. Mas teria ele, de fato, concebido uma campanha de conquista mundial?

Acreditando que o apetite do Reich era virtualmente ilimitado, alguns estudiosos destacam suas preparações navais para um conflito transatlântico e argumentam que Hitler se orientava por um plano de confrontação com os Estados Unidos que datava dos anos 1920. Outros duvidam que as coisas fossem tão organizadas ou que chegassem tão longe e apontam a fixação de Hitler pela Europa e seus argumentos para a expansão rumo ao Leste — ao Lebensraum, ou Espaço Vital.[4]

As duas visões não são incompatíveis, mas a Europa era a prioridade em todos os sentidos. A diferença fundamental a ter em mente é sem dúvida entre dominação e conquista. Quase um século antes de Hitler, o secretário de Estado de Abraham Lincoln, William Seward, falava em fazer dos Estados Unidos "o sucessor dos poucos grandes Estados que se revezaram no comando do mundo". Para Seward, tomar "o controle desse continente será tornar-se em muito poucos anos a força mais influente do mundo". Para ele, o poder se projetava por meio do comércio, enquanto Hitler valorizava o controle dos recursos; fora isso, as ambições hegemônicas dos dois homens não eram muito distintas. "É ridículo pensar em política mundial antes de nos tornarmos os donos do continente", comentou Hitler em outubro de 1941. "Quando formos os senhores da Europa, aí sim teremos a posição dominante no mundo."[5]

Dominar a Europa era o que realmente importava para os nazistas, pois eles acreditavam que o continente era o centro do sistema geopolítico mundial. Em 1904, o geógrafo britânico Halford Mackinder argumentara que "aquele que governa o Leste Europeu controla o Centro; quem governa o Centro controla a Ilha do Mundo; e quem governa a Ilha do Mundo controla o mundo". Não se trata de uma ideia implausível. Afinal, em 1942 os alemães comandavam uma massa de territórios maior que os Estados Unidos e mais densamente povoada e economicamente produtiva que qualquer outra no mundo. Quaisquer que fossem os desafios que Hitler imaginava que as gerações futuras enfrentariam, resta pouca dúvida de que a conquista e a consolidação dessa vasta área representavam a culminação de sua política externa.[6]

É por esse motivo que os nazistas consideravam as próprias ambições imperiais compatíveis com as das outras grandes potências e jamais conseguiram compreender por que os britânicos, em particular, não enxergavam isso. "Parece-nos", comentou Alfred Rosenberg, o autoproclamado filósofo do regime, "que o Império Britânico também se baseia numa reivindicação de dominância racialmente definida." Não compartilhavam, afinal, a fundamental combinação de sentimento de superioridade racial e ódio ao bolchevismo? Em outras palavras, os nazistas planejavam dominar a Europa assim como os britânicos governavam a Ásia ou a África — ou assim lhes parecia. Se os britânicos pudessem ser convencidos a abandonar sua hostilidade em favor da ideia de que nenhuma potência única deveria ter o direito de controlar o destino do continente, não haveria razão para conflito entre as duas potências. A África poderia ser redefinida segundo as linhas traçadas nas discussões que haviam começado no fim dos anos 1930 e nos planos mais ambiciosos que se seguiram à queda da França. Mas para Hitler a expansão para o Leste prometia à Alemanha mais que as colônias de ultramar, e foram as terras entre os mares Báltico e Negro que ele escolheu para ser colonizadas pela Alemanha.[7]

"Para falar claro", comentou um funcionário alemão na Ucrânia em 1942, "nós aqui estamos no meio de negros." Assim era o misterioso, perturbador e confuso reino daquilo que os alemães chamavam de "Leste" — um descampado supostamente formado por pântanos, florestas impenetráveis e estepes às portas da Prússia —, que esperava apenas a energia e a disciplina alemãs para entrar em ordem e se tornar produtivo. A *Ostrausch* — a embriaguez do Leste — enfeitiçou muitos dos que foram enviados para governá-lo. Mas um império continental tinha uma imensa desvantagem para um regime possuído — mais que qualquer outro — pelo temor da contaminação racial. A mera proximidade do Reich em relação aos odiados *Untermenschen** — em geral impossíveis de distinguir dos alemães e cada vez mais essenciais como mão de obra — alarmava Berlim e fez com que aflorassem suas inclinações mais repressivas.[8]

No próprio Reich, o influxo de poloneses, russos e ucranianos durante a guerra levou a Gestapo a meter o nariz em fazendas e fábricas e terminou em enforcamentos públicos e prisões em massa. Nos novos territórios ocupados, a guerra e a inquietação racial fundiram-se numa combinação infinitamente mais tóxica. As zonas fronteiriças do Leste, afinal, eram a aposta dos alemães para o futuro. Isso ficou claro nos campos de batalha: considerando-se que as baixas militares de britânicos e norte-americanos ficaram abaixo de meio milhão de homens em cada caso, os russos perderam ao menos 8 milhões. Na frente oriental, 2,7 milhões de alemães morreram, comparados aos 340 mil na Europa Ocidental e aos 151 mil na Itália. Atrás das linhas de combate, as disparidades foram

* Em alemão, "sub-humanos".

ainda maiores. Cerca de 1500 homens e mulheres franceses morreram durante a libertação de Paris, mas uma quantidade *cem* vezes maior de poloneses pereceu no levante de Varsóvia, que teve lugar na mesma época. Dos estimados 8,6 milhões de civis mortos durante a ocupação nazista na Europa, a esmagadora maioria estava no Leste, e um número ainda maior morreu na própria União Soviética. Ao contrário do que aconteceu na guerra de 1914-8, essa foi uma guerra contra os civis — travada principalmente nos países destinados ao Lebensraum alemão.[9]

A Europa Oriental, portanto, deve estar no centro de qualquer explicação do império nazista, mas há também a questão mais ampla da própria Europa. Afinal, como vimos, os alemães seriam supostamente formados no "ideal imperial, *europeu*", e muitos dos nazistas mais fantasiosos em outros países tomaram isso ao pé da letra. Em 1942, o escritor francês de direita Pierre Drieu La Rochelle, por exemplo, esperava que os alemães pudessem "conduzir a Europa rumo ao futuro". Goebbels também deu duro para retratar Hitler como o comandante de uma cruzada europeia contra o comunismo. Mas, a despeito da barragem de europropaganda antibolchevique despejada de Berlim, o próprio Hitler manteve-se um nacionalista em prol da Grande Alemanha até o fim e, reservadamente, insistia repetidas vezes que a guerra estava sendo travada apenas pela Alemanha e por seu povo.[10] Em dezembro de 1944, Hitler disse a comandantes do Exército que eles estavam lutando para encontrar uma solução definitiva para a questão alemã na Europa. O conflito era uma continuação não apenas da Primeira Guerra Mundial, mas também das guerras alemãs do século XIX, e com o mesmo objetivo: "A unificação total de todos os alemães".[11]

Esse tipo de discurso faz Hitler soar como um típico nacionalista — herdeiro talvez dos pangermanistas do século XIX. Como outros irredentistas, o objetivo deles era conquistar o maior Estado possível, deixando o menor número possível de concidadãos do lado de fora das fronteiras. Foi esse o prêmio que poloneses e romenos ganharam, por exemplo, em 1919; era o que húngaros e búlgaros esperavam que os alemães os ajudassem a conseguir em 1940. Mas ressaltar exclusivamente essa dimensão, bastante tradicional da política nazista, seria um grave erro, pois ignora a importância fundamental do foco geopolítico no domínio da massa territorial eurasiana como única forma concebível para a Alemanha rivalizar com a Grã-Bretanha ou com os Estados Unidos, e trata de maneira superficial o rígido racismo biológico, a brutalidade sem limites e a indiferença à lei que moldaram os contornos do comportamento do Terceiro Reich.

Em comparação, a ideia — que também havia aparecido durante a Primeira Guerra Mundial — de uma missão especificamente *europeia* para o Reich nunca assumiu a mesma importância, a não ser por um curto período, em 1940. Enquanto a Wehrmacht conquistava a maior parte da Europa Ocidental, a Escandinávia e os Bálcãs com velocidade desconcertante e totalmente inesperada, tirou-se o pó de antigos planos de regenerar o continente por meio da criação de um grande bloco de comércio liderado pela Alemanha. Era uma possibilidade — a Alemanha como "centro" da Europa, na coordenação de um grande mercado interno — que tinha raízes no pensamento alemão do século XIX. Mas essa ideia desapareceu quase tão rapidamente quanto surgiu. Racionalizar as interações entre economias capitalistas era algo que preocupava industriais e banqueiros alemães (e os nazistas a eles ligados, como Hermann Goering), mas interessava muito pouco a Hitler. Em 1941, a invasão da União Soviética redirecionou sua atenção para o Leste. A partir de então, o restante da Europa aparecia em sua mente apenas como um fornecedor para a economia alemã, e a tal ponto que, se o regime pensava em termos europeus, era apenas porque os que comandavam o esforço de guerra eram obrigados a fazê-lo. Formas de combate aos partisans que haviam dado certo na Bielorrússia foram adotadas no sul da Itália e na Finlândia. O tsar do trabalho Fritz Sauckel viajou da França à Ucrânia para supervisionar suas campanhas de recrutamento. As missões de um típico oficial da Gestapo em tempo de guerra levaram-no do sul da Áustria ao noroeste da Alemanha, ao Cáucaso, à Polônia e à Eslováquia; a certa altura, ele chegou mesmo a pensar em se candidatar a um posto no novo serviço colonial na África. Guerra e ocupação tornaram-se o método nazista de integrar o continente, e de fato acabaram somando quase um quarto dos recursos consumidos pelo esforço de guerra total alemão. Mas isso foi integralmente uma consequência da necessidade de mobilizar seus recursos; não havia nenhuma visão positiva por trás do fato.[12]

Uma das razões pelas quais os alemães não conseguiram pensar profundamente a Europa é que durante boa parte da guerra isso não foi necessário: os europeus obedeciam de qualquer maneira e forneciam o que se exigia deles. Depois de 1945, isso foi convenientemente esquecido. Os que haviam suportado a ocupação alemã saudaram os heroicos *résistants* e silenciaram sobre o fato de que os oficiais alemães, na maior parte da Europa, não foram desafiados pela resistência até bem perto do fim. Atribuiu-se à coerção o fato de os alemães terem conseguido desviar os recursos do continente em benefício de sua própria economia de guerra. Os negócios de Berlim com empresários e funcionários públicos da Europa Central e da Ocidental dispostos a colaborar deixaram de ser mencionados. Assim como o fato de que milhares de operários desempregados franceses, holandeses, croatas, espanhóis e italianos se ofereceram voluntariamente para trabalhar em fábricas do Reich antes da implementação do programa de trabalho escravo.[13]

Depois da guerra, uma amnésia coletiva se instalou em países como Itália, Hungria e Romênia, que haviam lutado ao lado de Hitler e levaram a cabo suas ocupações paralelas próprias. Os croatas e os eslovacos adquiriram seus próprios Estados, a Bulgária engoliu terras de seus vizinhos e a Hungria reconquistou boa parte do território que perdera em 1918. Mussolini sonhava com um novo Império Romano, e enviou seus recrutas às ilhas Cíclades (se eles tivessem sorte), ou ao Saara, à Eslovênia e à Somalilândia (caso não a tivessem). A Romênia administrara a Ucrânia, paramentara Odessa com cadáveres e despejara centenas de milhares de soldados nos combates contra o Exército Vermelho. Nacionalistas bálticos, bielorrussos e ucranianos também tinham lutado todos do lado alemão na esperança de tirar proveito disso.

A colaboração em si não foi em absoluto uma escolha inexplicável, pois em 1940 a Europa se encontrava assombrada pelos fracassos do liberalismo e da democracia no entreguerras, e as façanhas militares e econômicas da Alemanha impunham respeito. Alguns europeus tinham a vã esperança de que os alemães pudessem unir o continente melhor do que a Liga das Nações ou do que os britânicos e franceses haviam conseguido. Outros simplesmente se resignaram. O que fez a colaboração parecer ingênua em retrospecto foi a quase total incapacidade dos alemães de responder à oportunidade política que se abriu para eles. O resultado foi que se tornaram impopulares quase instantaneamente. "Um dos problemas centrais da Europa de Hitler", notou o grande historiador holandês Pieter Geyl, que passou dezoito meses da guerra no campo de Buchenwald, "é esse conflito entre a atração exercida por certas tendências na Nova Ordem e a desilusão crescente com as práticas do conquistador."[14]

Sua causa fundamental era o nacionalismo de Hitler — ou, mais exatamente, sua convicção de que ninguém mais importava ou era politicamente confiável a não ser os próprios alemães. A soberania e a independência de seus aliados podiam ser anuladas quando necessário; as aspirações políticas de seus colaboradores podiam ser desconsideradas a qualquer momento. Hitler ignorou os pedidos para lançar um programa europeu capaz de rivalizar com a Carta do Atlântico dos Aliados. Tudo o que contava, em sua visão, era ser temido e obedecido. Um integrante húngaro da polícia secreta resumiu assim essa atitude: "Nos territórios ocupados, o governo alemão, deixando de lado considerações sobre a popularidade, segue o princípio de que só se tolera um regime ou governo que esteja permanentemente à disposição da Alemanha". Para Hitler, essa era a essência de uma política colonial. A Europa só existia para atender aos interesses da Grande Alemanha.[15]

A tentativa de criar um império baseado no nacionalismo não era nova. Os franceses tinham tido sua missão civilizadora, assim como os americanos, de maneira distinta. Numa comparação mais pertinente, os russos e os húngaros de antes de 1914 tentaram unir seus territórios por meio da difusão de sua língua e cultura. O que tornava a abordagem nazista não só pouco usual, mas também inteiramente contraproducente como filosofia de governo, era seu empenho em definir o nacionalismo em termos tão absolutamente estritos, o que impossibilitava que a maioria dos povos conquistados viesse um dia a obter a cidadania. "Todos os Estados que são generosos no que toca à naturalização de estrangeiros são aptos a ser um império", escreveu Francis Bacon no início do século XVII. "Pois imaginar que um punhado de pessoas seja capaz, com a maior coragem e a melhor política do mundo, de abarcar um domínio muito amplo [é um erro, já que] ele pode ser mantido durante algum tempo, mas cairá de repente." Nunca houve melhor ilustração para a verdade contida nessa máxima que o destino da Nova Ordem nazista.[16]

É claro que os impérios ultramarinos europeus dificilmente poderiam ser considerados, eles mesmos, exemplos brilhantes da abordagem inclusiva de Bacon. A plena cidadania britânica, francesa ou portuguesa era muito difícil de ser obtida se sua pele tivesse a cor errada, e a dualidade dos sistemas legais não era uma invenção nazista. Mas, fora da Europa, regimes de exclusão em geral haviam sido construídos durante um longo período de tempo, em sociedades em grande medida ainda rurais. Envolviam complexos acordos e concessões com governantes locais e nativos, e mesmo assim, no entreguerras, eles começaram a ser pressionados por movimentos emergentes nacionalistas nas colônias. Os alemães impuseram seu domínio de forma muito repentina em meio a uma guerra, optando por infligi-lo a sociedades urbanizadas que dispunham de ideias já formadas e fortemente arraigadas sobre a própria identidade nacional. Não surpreende que os europeus tenham resistido, mas sim que tenham demorado tanto a fazê-lo.

Uma das razões para isso é que o surgimento da Nova Ordem abalou a legitimidade dos Estados-nação europeus mais profundamente que nunca, antes ou depois. Seu objetivo, afinal, era não apenas fortalecer o nacionalismo alemão, mas também apagar nos outros o sentimento de identidade nacional. Países como a Polônia, a Tchecoslováquia e a Iugoslávia desapareceram do mapa. Muitas das demais nações conquistadas também não tinham mais que umas poucas décadas de vida. A ocupação inimiga evidenciou quão fraca era sua coesão interna e com que facilidade era capaz de desmoronar. Nelas havia profundas linhas de divisão — de classe, idioma, ideologia e religião —, e a guerra total desencadeou mortíferos conflitos fratricidas em torno da própria imagem e definição do que era a nação. Em muitos casos, a guerra civil estava a apenas um passo, e na Grécia, na Iugoslávia, na Itália e na Ucrânia isso custou milhares de vidas.

O instinto assassino dos alemães no que tange a represálias também foi um elemento de dissuasão muito eficaz. Seu impacto devastador pode ser percebido na reação popular a episódios pouco lembrados, como a execução do primeiro-ministro tcheco Alois Eliáš em 1942, as represálias de 1941 na Sérvia, que resultaram na execução de mais de 2 mil civis a tiros só no vilarejo de Kragujevac, ou a demolição do Vieux Quartier em Marselha, com a evacuação de seus 40 mil habitantes depois que algumas bombas improvisadas explodiram na cidade. Esses acontecimentos apavorantes esmagavam o espírito dos que tomavam conhecimento deles e tornaram demasiado evidentes os custos da resistência — não apenas para os que pegavam em armas, mas também para civis inocentes.

Essas lembranças — somadas às de Lídice, de Oradour e dos campos de prisioneiros — contribuíram muito para moldar nosso entendimento do nazismo. Em vez de ser visto como uma versão extrema de um fenômeno europeu moderno — o nacionalismo —, o que se destaca é sua violência excepcional, extrema e patológica. Teóricos do totalitarismo, em especial, descrevem-no como o tipo de sistema de governo felizmente raro em que um bando de homens toma o poder pelo simples amor à dominação, destrói as liberdades e usa o terror para perpetuar seu domínio. Eles enfatizam a importância do controle de uma elite política sobre as pessoas comuns e, por acreditarem que as massas foram coagidas pelo terror desde o início, não perdem muito tempo analisando as ideias dos nazistas. Em vez disso, o próprio ditador emerge como o motor primordial e demoníaco numa espécie de contrateologia niilista.

Hoje, com mais de meio século de existência, o paradigma totalitário ainda nos cativa. Ele explica corretamente algumas coisas. Hitler de fato teve papel fundamental no funcionamento do Reich e — talvez ainda mais — na forma alemã de governar a Europa: durante a guerra não houve governo verdadeiramente coletivo em nenhum sentido, e a administração do continente foi dirigida por ele de uma forma que impediu que tal governo surgisse. Suas intervenções foram também decisivas — em especial na elevação da intensidade das punições coletivas. Sem saber ao certo (com alguma razão) até que ponto o povo alemão apoiava seus objetivos de longo prazo, ele garantiu que o poder ficasse nas mãos daqueles em quem mais confiava. "Trabalhando para a direção do Führer", esses homens desenvolveram métodos ainda mais violentos de superar as numerosas dificuldades que suas próprias ambições haviam criado. Assim, durante a guerra, o Estado nazista operou relativamente com poucas restrições, sobretudo no Leste Europeu e nos demais territórios ocupados, onde os controles que impediam a arbitrariedade do Poder Executivo haviam desaparecido ou foram severamente enfraquecidos. O ex-primeiro-ministro francês Léon Blum, um dos mais articulados entre os oponentes dos nazistas, compreendia o que estava acontecendo. Sobre seus parentes, que se negavam a abandonar Paris, ele escreveu em 1942:

Eles acham que as atrocidades do mês passado serão as últimas, ou ao menos que o terror universal que elas provocaram vai garantir uma longa trégua. Eles não percebem, temo, que as engrenagens se movem cada vez mais depressa e que sempre se pode ir mais longe nas atrocidades, jamais se chegando ao limite.[17]

Mas o paradigma totalitário também erra em muitos aspectos. A Alemanha certamente precisava da força para coagir os povos que dominava, mas a situação era muito mais complexa dentro da própria Alemanha, especialmente durante a guerra. Os alemães, como um todo, não precisavam ser forçados a lutar, e nem mesmo nos últimos dias houve o colapso total que ocorrera em 1918. A resistência tenaz do país não pode ser atribuída à rápida escalada do terror que indiscutivelmente ocorreu. Estudos recentes sustentam que o butim das conquistas permitiu ao governo comprar apoio popular para a guerra. Esse ponto é discutível, mas não o fato de a população ter apoiado o governo, apesar de sua evidente falta de entusiasmo quando a guerra começou efetivamente. Do mesmo modo, ninguém mais pode sustentar que depois de 1941 tenha havido alguma diferença notável entre as formas que o Esquadrão de Proteção (ss) e a Wehrmacht tratavam judeus e eslavos durante a ocupação. O comportamento dos soldados alemães comuns contra bolcheviques, judeus e outros *Untermenschen* foi tão brutal quanto o dos que eram "150% nazistas". Nesse sentido, portanto, a Nova Ordem foi também uma empreitada *alemã* — não meramente concebida *para* os alemães, mas que também dependia deles e de sua participação ativa.[18]

Há ainda a questão das ideias e dos debates que deram forma ao sistema de domínio alemão no tempo da guerra. Nem Hitler nem ninguém havia previsto os desafios que o conflito traria. Muito pelo contrário: embora os nazistas sonhassem durante anos com a luta, quando ela realmente começou as consequências do próprio êxito os desconcertaram. O resultado foi uma série de discussões sobre os fins e os meios, que teve início em 1939 e nunca perdeu força. Quando se acompanha isso em memorandos privados, artigos publicados e na imprensa, logo fica claro que nenhuma teoria nazista única sobre a conquista podia ser deduzida, seja de *Mein Kampf* ou de qualquer outro dos pronunciamentos do próprio Hitler. Assim, ficamos sabendo que em 1939 oficiais nazistas se perguntavam de que maneira poderiam afirmar seriamente que estavam construindo uma nação racialmente pura ao estenderem as fronteiras do Reich para além das zonas de população alemã e governando tchecos e poloneses. Em 1941, outros debatiam se deviam privatizar as fazendas coletivas soviéticas ou preservá-las como estavam em mãos alemãs. Ninguém tampouco chegou a decidir até que ponto a tomada do poder dentro da Alemanha antes de 1933 forneceu um modelo para a nazificação dos países ocupados, ou mesmo se o nazismo era exportável. Os nazistas acreditavam apaixonadamente em seu Führer e no nacional-socialismo, mas esse compromisso ideológico não fornecia respostas simples para os problemas que enfrentavam. Para um regime totalitário, houve uma discussão surpreendentemente vigorosa a respeito do que de fato significava a dominação do continente.

Acima de tudo, existe um problema real com as interpretações do nacional--socialismo que não levam em consideração o impacto catalisador da própria guerra. Talvez nada ilustre melhor a questão que o aparato do terror em si mesmo. Em setembro de 1939, os seis principais campos de concentração do Reich abrigavam, somados, 21400 prisioneiros; no início de 1945, o sistema se multiplicara por metástase para formar uma imensa rede de campos administrados de forma atroz em que havia mais de 700 mil prisioneiros. Não houve, em suma, um sistema único de terror originado e plenamente constituído na cabeça de Hitler. Foi a vigilância do território conquistado no Leste que permitiu que a ss empreendesse sua vertiginosa ascensão até se transformar na mais temida organização na Europa ocupada. A guerra alterou completamente a posição do próprio Führer, permitindo que ele pisoteasse no que restara de autoridade judicial na Alemanha, tornando-se ao mesmo tempo mais distante e menos limitado em suas ações. Levou apenas alguns meses, no inverno de 1941-2, para que os nazistas permitissem a morte de 2 milhões de prisioneiros soviéticos em campos superlotados, e dos quais, invisíveis, não sobrou registro em grande parte dos casos. Levou apenas três anos — de 1941 a 1944 — para que inventassem e construíssem campos de extermínio, matassem mais de 5 milhões de judeus e recrutassem à força mais de 6 milhões de europeus para trabalhar para o Reich. Nada disso havia acontecido, nem sequer fora contemplado como possibilidade, antes de a guerra começar.

O início dos anos 1940 é portanto um ótimo exemplo de como a violência da guerra — sobretudo quando uma liderança política com pouca visão de futuro e ideologicamente impulsionada se combina com uma superioridade militar esmagadora — pode levar a uma escalada virtualmente ilimitada no uso da força e à constante revisão de normas e regulamentos. Os nazistas abraçaram a ideia da guerra preventiva, e de modo geral não se consideravam submetidos às leis internacionais; como resultado, apenas suas próprias restrições éticas (enfraquecidas pelo intenso nacionalismo racial no que dizia respeito aos não alemães) impunham os limites para o que consideravam justificado fazer ou não fazer. Pois se a guerra permitia que o regime conquistasse territórios, era também um meio — como o próprio Hitler entendia muito bem — de mudar os alemães e seus valores. O objetivo do nazismo não era apenas romper com o liberalismo parlamentarista, mas, o que é de fato fundamental, com o que até então era considerado como noções geralmente aceitas sobre o que era humanidade. "O homem como tal não existe", escreveu em 1936 Walter Gross, chefe do Departamento de Política Racial. "O que existe são homens que pertencem a esta ou àquela raça."[19] Foi preciso uma guerra para que todas essas implicações emergissem. Professores e padres poloneses eram humilhados de maneira sistemática. Quando os prisioneiros de guerra soviéticos foram reduzidos ao canibalismo,

Hitler reagiu com repugnância. "Os homens ali são animais", assegurou a um visitante croata em fevereiro de 1942: a guerra da Alemanha estava sendo travada contra uma "degeneração animalesca da sociedade [*Menschheitsentartung*]". Os judeus, por sua vez, eram forçados a puxar carroças como se fossem bestas de carga e a remover as ervas daninhas das praças dos mercados apoiados nas mãos e nos joelhos — como que a proclamar que já não eram mais humanos.[20]

Muito do interesse que existe hoje sobre a Nova Ordem se concentra no tema do Holocausto — o caso paradigmático da capacidade de destruição nazista. Mas até mesmo a "guerra contra os judeus" se originou essencialmente da "guerra para os alemães" do Führer. Tal como foi, toda essa campanha de conquista e aniquilação racial se fundou numa ilusão fantasiosa. As próprias pesquisas da Wehrmacht mostravam que muito poucos soldados alemães queriam permanecer na Polônia, e menos ainda na Rússia, quando a guerra terminasse: mesmo os homens que Himmler queria recompensar com fazendas no Leste não desejavam outra coisa a não ser voltar para casa. A maioria nunca teve essa oportunidade. Milhões de russos, poloneses, judeus e bielorrussos pereceram lutando pela fantasia imperial nazista, mas o mesmo ocorreu com as pessoas que os mataram e que deveriam tomar seu lugar: foi graças ao nazismo que os soldados e os civis alemães acabaram morrendo em números que provavelmente não ficam muito distantes dos números da própria Solução Final. Longe de criar o Grande Reich alemão, Hitler deixou o país dividido. Seu império havia baseado a própria salvação na morte de milhões, mas a salvação nunca chegou; à medida que seu regime consumia o próprio povo, a morte foi o único legado que deixou.[21]

I. PELA GRANDE ALEMANHA

1. Alemães e eslavos: 1848-1918

A sucessão de acontecimentos que culminou na criação do império de Hitler não começou com a invasão da Polônia em 1939 nem com a tomada do poder no Terceiro Reich em 1933, tampouco com a criação do Partido Nazista em Munique depois da Primeira Guerra Mundial. O que aconteceu entre 1938 e 1945 foi o capítulo final da história de uma ideia muito mais antiga — a ideia de uma Grande Alemanha.

Ou assim parecia em 1944, enquanto os mísseis V-1 caíam sobre Londres e a análise do historiador Lewis Namier retrocedia até quase um século antes, aos eventos de 1848 — aquele ano extraordinário em que revoluções derrubaram monarquias, e Paris, Praga, Viena e Veneza retumbavam ao grito de liberdade. Na Paulskirche de Frankfurt, uma assembleia nacional alemã reunira-se orgulhosamente sob uma gigantesca pintura de *Germania* — uma donzela bastante robusta que segurava em uma das mãos uma triunfal espada desembainhada e a bandeira da nação alemã na outra —, enquanto seus delegados debatiam unidade política, liberdade de imprensa e a necessidade de uma Constituição moderna. Para muitas pessoas desde então, a assembleia ofereceu um vislumbre de um caminho que *não* foi seguido, a expressão de um espírito democrático alemão que em pouco tempo seria esmagado pelo militarismo prussiano e que poderia, caso tivesse triunfado, poupar a Europa de um século de guerras.[1]

Não era o que Namier pensava. Em sua visão, o verdadeiro espírito de 1848 havia vencido, e os próprios deputados com seus sonhos de uma Grande Alemanha tinham aberto o caminho para o desastre do nazismo. Nenhum grande abismo, argumentava ele, separava os liberais alemães do século XIX dos nacional-socialistas do século XX: o amor à nação e o ódio aos eslavos eram compartilhados pelos dois grupos. O ano de 1848 foi o momento em que o nacionalismo parlamentarista alemão revelou pela primeira vez sua capacidade de destruir a paz do continente. As diferenças políticas já não poderiam ser resolvidas apenas entre reis e diplomatas, pois agora envolviam as aspirações de povos inteiros — aspirações cada vez mais definidas em termos de terra, idioma e sangue.

Naqueles discursos de Frankfurt, esquecidos havia muito, Namier enxergava a raiz principal do expansionismo alemão. Muitos oradores ali sonhavam com uma pátria unificada cuja superioridade cultural e econômica haveria de atrair irresistivelmente os poloneses, tchecos e outros eslavos; mencionavam um domínio que se estenderia do Báltico ao sudeste da Europa e, obcecados pela concepção de um poderoso Estado nacional, rejeitavam a simples ideia de que os alemães pudessem se converter numa minoria: "Será que o destino de meio milhão de alemães é viver sob um governo alemão, integrando a grande federação alemã, ou ser relegados apenas à posição inferior de estrangeiros naturalizados?". Um futuro Estado nacional alemão teria como missão incluir todos os alemães em suas fronteiras e salvar os membros da nação do terrível destino de cair sob o domínio de um vizinho eslavo: "Nosso direito é o direito do mais forte, o direito da conquista [...] As normas legais nunca parecem mais odiosas do que quando se atrevem a determinar o destino de nações". Para o público de Namier em Londres, boa parte dessa retórica intransigente — exigindo que uma Alemanha poderosa servisse de baluarte contra a Rússia e comparando "nacionalidades insignificantes" a "parasitas" destrutivos tentando "se estabelecer entre nós" — deve ter soado extremamente familiar.[2]

Essa interpretação do passado alemão era, sem dúvida, tendenciosa e anacrônica. Havia muitas diferenças entre os liberais dos anos 1840 e os nacional-socialistas de um século mais tarde, entre os que acreditavam no poder da cultura alemã e os que acreditavam em sangue alemão. Mas é fato que alguns nazistas narravam a própria história em termos semelhantes. Apenas alguns anos antes, o professor Reinhard Höhn, um dos intelectuais favoritos de Himmler, tinha aplaudido aqueles homens de 1848. Segundo ele, estavam corretos ao afirmar o princípio do domínio civil sobre os militares, algo que o Terceiro Reich só conseguiu finalmente alcançar graças ao poder do Partido Nazista. Hitler também fez o elogio dos democratas de Frankfurt. Num discurso realizado na cidade depois da anexação da Áustria, em 1938, ele expressou sua alegria por ser aquele que transformara em realidade "um anseio que no passado teve sua mais profunda expressão aqui". Hitler disse a Josef Goebbels que os homens da geração de 1848 de modo algum poderiam ser comparados aos odiados "democratas de novembro" que haviam fundado a República de Weimar, pela simples razão de que os primeiros haviam sido "idealistas da Grande Alemanha" e que, assim como ele, acreditavam numa poderosa nação alemã imbuída de uma missão europeia. De acordo com o Führer, eles haviam tentado erigir uma Alemanha que esmagaria os eslavos e dominaria a Europa. Livre dos reis e dos príncipes que os haviam derrotado, ele haveria de triunfar onde eles tinham fracassado.[3]

O triunfo do nacionalismo demorou bastante, pois em meados do século XIX os povos de língua alemã ainda eram governados por um desconcertante número de ducados, principados e reinos. O que as pessoas da Europa Central e da Oriental queriam dizer quando se descreviam como "alemãs" ainda variava de lugar para lugar, e tal era a força dos dialetos regionais que muitas delas mal conseguiam compreender umas às outras. Politicamente, a maioria dos "alemães" professava lealdade a seus governantes e não se via como parte de um grupo único, menos ainda de um grupo que deveria se unificar num Estado único. Os intelectuais de Frankfurt, portanto, estavam desafiando a opinião dominante, e não a seguindo. Assim se queixava um jornalista em 1848: "A maioria dos camponeses austríacos nem mesmo sabe que existe uma Alemanha e que é a pátria deles!". Despertar os alemães para a verdade do nacionalismo era a missão autoimposta de uma minoria de encrenqueiros: levaria mais de um século até que conseguissem impor sua mensagem.[4]

Na Confederação Alemã frouxamente organizada surgida depois da derrota de Napoleão, os Estados mais poderosos eram a Áustria e a Prússia, e as relações estreitas, embora tensas, entre os dois deram forma à questão alemã na Europa durante décadas. A Prússia possuía menos da metade do território de sua rival, mas em sua população havia muito mais germanófonos. Tinha apenas 16 milhões de habitantes, ante os 36 milhões de súditos dos Habsburgo; porém, desses

16 milhões, 14 milhões falavam alemão, enquanto menos de 7 milhões viviam no domínio poliglota do imperador Francisco José. Em resumo, do ponto de vista dos nacionalistas, era muito mais provável que o tipo de Estado que preconizavam surgisse sob a direção da Prússia.

Depois da Guerra Franco-Prussiana, os Estados alemães foram de fato unificados num novo Reich alemão, e Guilherme I da Prússia foi proclamado seu imperador. Mas para muitos nacionalistas tratava-se apenas de um meio-termo — uma solução chamada "Pequena Alemanha", pois não incluía os territórios germanófonos do Império Habsburgo. Desafortunadamente para eles, os arquitetos do novo Reich descartaram a ideia de destruir os Habsburgo. Bismarck era um homem que sabia a hora de dizer basta — pois, como disse, "novas formações nessas áreas necessariamente terão um caráter permanentemente revolucionário". Seu conservadorismo impôs limites estritos à expansão alemã, e a nova aliança com a Áustria-Hungria continuou a ser a pedra angular da política externa do Reich até a deflagração da Primeira Guerra Mundial e depois dela: em 1915, um historiador alemão observou que "a primeira e mais urgente tarefa da guerra [era] a preservação da Áustria".[5]

No interior do império, movimentos nacionalistas também despertavam entre húngaros, italianos, poloneses e eslavos do Sul. Nem todos aspiravam à independência política, já que muitos percebiam que a alternativa mais provável ao Império Habsburgo era caírem presos entre "uma monarquia russa universal" e uma nova e poderosa Alemanha. Em 1848, o eminente intelectual František Palacký, da Boêmia, apresentou uma justificativa célebre ao recusar um convite para participar da Assembleia de Frankfurt: "Se o Império Austríaco não existisse, pelo bem da Europa, e mais, da humanidade, seria necessário [...] inventá-lo". No fim do século, a crença no império como um espaço nacional abarcava o espectro político que ia dos monarquistas católicos aos marxistas austríacos, que haviam se convencido da necessidade de "impedir a derrocada da Áustria e possibilitar que suas nações vivam juntas".[6]

Ao imperador Francisco José certamente não interessava o envolvimento com a bandeira do nacionalismo alemão. Ele sabia que tal política serviria apenas para despertar a antipatia de seus outros súditos — muito mais numerosos —, e também sabia que a religião impossibilitava que a maioria dos alemães da Áustria se voltasse para a Berlim protestante em busca de ajuda. Para ele, a lealdade à Casa de Habsburgo era mais importante que a origem étnica. Mas, à medida que italianos, tchecos e poloneses passaram a exigir direitos linguísticos e culturais próprios, alguns alemães súditos dos Habsburgo formaram clubes e sociedades para se mobilizar contra eles, fundando escolas, jornais e sociedades esportivas. As fraternidades de duelistas prosperaram; estudantes se embebedavam e faziam discursos ofendidos e barulhentos brindando à "Alemanha, Mãe de Todos Nós!". Em seus salões, sob retratos de Bismarck e do Kaiser alemão engalanados de flores e exibidos com destaque, falavam em lutar para impedir que os tchecos ou eslovenos da região esmagassem "o povo alemão". A carta de fundação do partido Alldeutsche Vereinigung começa com o compromisso de "empenho para estabelecer uma relação entre as antigas terras alemãs da Áustria com o Reich alemão, o que garantirá de forma permanente a preservação de nosso *Volkstum* [povo]". Na Boêmia, o Partido dos Trabalhadores Alemães exigia "a conservação e ampliação do Lebensraum de sua própria nacionalidade" em face da "pressão de trabalhadores estrangeiros de cultura inferior". Esses movimentos — fortemente antieslavos, frequentemente antissemitas — caracterizavam o meio do qual emergiu Hitler. Aqui — na crítica intransigente do império, na rejeição de seus modos de acomodar os diferentes povos da Europa Central e na determinação de unificar todos os alemães num Estado único, desprezando as fronteiras nacionais existentes — reside o ponto de partida do pensamento daquele que se tornaria o Führer.[7]

OS POLONESES

O nazismo se apropriou de grande parte das ideias do nacionalismo alemão tardio dos Habsburgo, porém ainda mais das ideias prussianas, sobretudo no que diz respeito ao tratamento dos poloneses. A Polônia havia deixado de existir em consequência de sua divisão entre Áustria, Rússia e Prússia no fim do século XVIII. Mas para os prussianos a partição tinha sido uma ideia particularmente ruim: destruiu o Estado-tampão que no passado a protegera do poderio da Rússia e fez aumentar significativamente a minoria polonófona do país. Na província de Posen, em especial, os poloneses continuaram a ser maioria, a despeito dos esforços do governo prussiano para atrair colonos alemães. Inspirando-se nas palavras de Jean-Jacques Rousseau, em 1848 um deputado polonês na Assembleia de Frankfurt advertiu seus colegas alemães: "Vocês nos engoliram, sim, mas, por Deus, não vão nos digerir".

Meio século mais tarde, a indigestão polonesa da Prússia tornara-se mais grave que nunca. Os poloneses constituíram sua minoria mais numerosa — cerca de 10% da população total —, e o fato de que eram católicos só piorava as coisas. A polícia do Kaiser tentava mantê-los sob vigilância. No Leste, porém, o número de poloneses crescia tão rapidamente que passou a alarmar o governo prussiano. A campanha anticatólica de Bismarck fechou escolas em que se ensinava o polonês, confiscou propriedades da Igreja e levou à prisão de muitos sacerdotes. Ainda assim, os operários e os trabalhadores agrícolas poloneses continuaram a ser majoritários entre as populações de muitas regiões de fronteira. A cidade de Poznań/Posen era como uma ilha alemã pesadamente fortificada em mar polonês: na província que a rodeava, 800 mil poloneses viviam ao lado de uma população alemã que era metade desse número.

De qualquer forma, de meados até o fim do século xix, uma visão cada vez mais conflituosa e racial dos eslavos ganhou espaço entre a intelligentsia alemã. O geógrafo Friedrich Ratzel, figura decisiva no esforço de chamar a atenção do público para a importância dos assentamentos agrícolas para a vitalidade nacional, aplicava teorias darwinistas à ascensão e queda do *Volk* e argumentava que o que chamava de Lebensraum era necessário para assegurar seu crescimento contínuo. Muitos de seus partidários conferiram a seus argumentos um tom hostil, racial. Explicando sua nova ciência, a "geopolítica", o cientista político sueco Rudolf Kjellén falava sobre "a ambição do Estado de se unir de maneira orgânica ao solo": a expansão era "autopreservação"; os grandes Estados prosperariam, enquanto os pequenos desapareceriam gradualmente, "quanto mais organizado se tornasse o mundo". Kjellén defendia a guerra e destacava a posição ambígua da Alemanha como "o Reich do Meio", extremamente suscetível a se ver cercado e ao mesmo tempo empurrado pelo destino à expansão e à liderança.[8]

Bismarck não tinha tempo para essas ideias. Seu foco era a consolidação interna; vencer essa luta, porém, era muito mais difícil do que haviam sido as batalhas externas travadas pela Prússia. Ele expulsou trabalhadores poloneses, mas a maioria voltou logo depois. A seguir, criou uma nova Comissão Real Prussiana de Colonização para fortalecer "o elemento alemão [...] contra as tentativas de polonização". Esse primeiro esforço substancial alemão para instituir uma política populacional de Estado de acordo com a nacionalidade lançou mão de créditos bancários e compras compulsórias de terras para ajudar os alemães a se estabelecer em áreas de fronteira.[9] Mas seu efeito foi apenas o de elevar o preço das terras: os vendedores alemães lucraram; os contribuintes alemães pagaram a conta. Enquanto isso, os poloneses organizaram seus próprios grupos nacionais cooperativos e de crédito. Perderam 60 mil hectares de terra para a Comissão Prussiana entre 1896 e 1912, mas compensaram isso comprando mais de 100 mil hectares. A política de Bismarck não contentou ninguém e causou grande ressentimento. O problema, basicamente, era que desconsiderava as realidades da industrialização para favorecer uma fantasia agrária medieval que as forças econômicas globais estavam destruindo de maneira irrevogável.[10]

Por trás de tudo isso havia uma questão fundamental para os objetivos políticos dos próprios nazistas: até que ponto um Estado conseguiria controlar em que lugar sua população escolhia viver? Embora alguns alemães fossem atraídos pelo que se chamava com desdém de "bônus do Leste" — subsídios estatais —, esse estímulo simplesmente não era suficiente para as centenas de milhares que continuavam a emigrar, especialmente para os Estados Unidos. Os 170 mil imigrantes atraídos para as terras pela Comissão desapareciam ante os 830 mil alemães que deixaram a Prússia Oriental só depois de 1895. Despovoamento, e não repovoamento, era a realidade enfrentada pelos nacionalistas alemães. Como escreveu um jornalista de Posen — onde a população polonesa crescia rapidamente desde a década de 1860 — com tristeza em 1902:

Para os funcionários do Reich, ser transferido para nossa província é a maior das desgraças. Segundo eles, essa transferência não é muito diferente do que ser transferido para a Sibéria. O camponês, se for capaz de sobreviver em outro canto qualquer, faz o que pode para não ser enviado à nossa província inóspita, onde a terra não é particularmente fértil e a competição com os poloneses é dura. Prefere emigrar para os Estados Unidos.[11]

Para o jovem Max Weber, que estudou o problema com atenção, o panorama era funesto. Em particular, ele culpava os grandes proprietários de terra por empregar trabalhadores poloneses. As grandes propriedades, escreveu Weber, eram "o maior elemento polonizador", e a "violenta crise da agricultura" estava conduzindo inexoravelmente ao triunfo da "nacionalidade menos evoluída". Era necessário um programa de colonização muito mais extensivo do que qualquer coisa que Bismarck estava disposto a contemplar. Não bastava encher de dinheiro os bolsos das famílias ricas que não precisavam dele; a prioridade devia ser o apoio ao pequeno proprietário alemão. Quarenta anos mais tarde, os argumentos de Weber encontraram um público receptivo nos círculos nazistas. Num ensaio dedicado ao chefe da ss, Heinrich Himmler, no exato momento em que este estava reassentando alemães e expulsando poloneses com uma brutalidade inimaginável antes da Primeira Guerra Mundial, um eminente sociólogo nazista recorreu à análise de Weber para criticar a falta de seriedade com que o velho Kaiserreich havia tratado esse premente problema racial. Esse sociólogo sustentava que, livre da influência política reacionária da classe dos Junkers, o Terceiro Reich estava provando ser muito mais eficiente que qualquer um de seus antecessores.[12]

No final do século XIX, grupos de pressão que defendiam as "Marchas Alemãs para o Leste" surgiram e arrebataram a iniciativa das mãos da velha elite prussiana. O HKT (nome formado pelas iniciais de seus três fundadores) organizava boicotes aos negócios dos poloneses e patrocinava palestras (por exemplo, "Civilização e Estado nacional" ou "O que une os alemães e o que os divide?"), excursões às fronteiras e festivais kitsch celebrando o "Dia Alemão". Outros grupos recordavam às pessoas as glórias do passado medieval alemão — quando as cruzadas dos cavaleiros teutônicos haviam germanizado o Leste à ponta da espada — e publicavam mapas alarmantes mostrando a ameaça demográfica do Leste. De um modo ou de outro, uma energia considerável foi investida na regeneração do que os nacionalistas denominavam de "a consciência do parentesco nacional".[13]

Sob pressão, políticos alemães — que haviam abandonado por curto tempo a velha e infrutífera política bismarckiana — agora regressavam a ela. Mas os pangermânicos queriam deles muito mais que isso — queriam que proibissem o polonês, por exemplo, nas vitrines e nas fachadas das lojas, nos registros das igrejas e nas associações privadas, ou que obrigassem os jornais poloneses a publicar ao lado de cada artigo a correspondente tradução alemã. "O Estado que abre mão da unidade de seu idioma renuncia completamente à sua unidade política", escreveu um jurista. Isso era nada menos que uma "guerra dos povos", e o tempo estava se esgotando. "Precisamos apoiar com todas as nossas forças a imigração de alemães nas províncias polonesas", alguém escreveu em 1906.

A Comissão de Colonização precisa acelerar seu ritmo de trabalho porque o período de paz é uma época de valor inestimável para tais realizações, e a paz não durará para sempre. A germanização das Marchas para o Leste deve ser concluída antes que comece a guerra contra os eslavos do Norte e do Sul.[14]

Até mesmo a assimilação deixara de ser a solução. Ao contrário, como explicava um escritor em 1902: "Para o alemão que deseja preservar o tipo alemão das raças inferiores, como os eslavos fortemente mongolizados, o primeiro mandamento é: 'Nada de misturas raciais com estrangeiros'".[15]

Weber havia identificado o problema fundamental: os proprietários de terras prussianos tinham grande interesse em manter sua mão de obra barata; os patriotas de classe média preocupados com a questão racial queriam que eles partissem. Tentando esfriar as paixões dos dois lados, um jornal de língua alemã em Posen recordava a seus leitores que o que estava em questão

> não é uma agressiva luta "de vida ou morte" empreendida contra a totalidade da população polonesa; não se trata de, por assim dizer, exterminar os poloneses. Mais exatamente, a política governamental para os poloneses se destina apenas a derrotar os esforços e as campanhas dos nacionalistas poloneses cuja realização seria incompatível com a ideia do Estado prussiano e com a segurança do Reich alemão.[16]

Mas alguns pensavam de fato numa luta "de vida ou morte". O próprio Bismarck tinha a firme convicção de que a Alemanha precisava de paz. Em 1887 ele comentou que a Rússia "não quer conquistar nenhum território alemão, e nós não queremos conquistar nenhum território russo. Essa questão só diz respeito a províncias polonesas, e destas já temos mais do que nos é conveniente".[17] Portanto, ele não estava interessado nos planos de seu próprio Estado-maior para atacar o Exército tsarista, os quais também previam apoio a insurreições nacionalistas na Polônia, na Finlândia e no Cáucaso; considerava essa última ideia, em particular, uma loucura completa. Depois de Bismarck, porém, os políticos alemães tornaram-se mais nervosos e beligerantes. Aos liberais e socialistas, que tradicionalmente odiavam o regime tsarista, somaram-se conservadores que temiam que o Reich criado por Bismarck fosse mais vulnerável a um ataque do Leste do que ele pensava. Como consequência, lançaram-se a uma guerra que acabaria agravando ainda mais seus problemas.

A PRIMEIRA GUERRA MUNDIAL

Em 1914, o legado de Bismarck havia sido completamente abandonado. O chanceler Bethmann-Hollweg exigiu que a Rússia fosse obrigada a retroceder para o leste e que se pusesse fim ao controle que exercia sobre povos não russos.[18] No verão seguinte, os exércitos das potências centrais fizeram os russos retrocederem e os alemães marcharam sobre Varsóvia. De repente a questão polonesa deixou de ser apenas teórica, e a Polônia russa foi dividida entre as forças de ocupação das potências centrais. Estabeleceu-se um governo militar austríaco no Sul, enquanto os alemães instauraram um governo-geral em Varsóvia.

É difícil imaginar contraste mais marcante em relação à ocupação nazista na Segunda Guerra Mundial. A Universidade de Varsóvia foi reaberta, o ensino da língua polonesa voltou a ser autorizado depois de quase meio século de governo russo e um grande número de estudantes foi readmitido nas escolas. Graças aos alemães, instituiu-se pela primeira vez a autogestão municipal — algo desconhecido sob os tsares — e houve eleições durante a guerra. O Exército alemão tinha também uma política consciente de apoio à imprensa judia na Polônia, e o governador, general Hans von Beseler, criou uma autonomia judaica. Em resumo, os alemães tentaram se apresentar como libertadores que punham fim à tirania russa, e Beseler defendeu a formação de um "Estado nacional polonês" que tivesse "a mais estreita associação com a Alemanha" — basicamente uma reedição do Congresso Pós-Napoleônico da Polônia, mas dessa vez sob domínio alemão, e não russo. Em julho de 1916, o general Erich Ludendorff, chefe do Estado-Maior do Exército alemão no Leste (Oberost), defendia a transformação da Polônia em principado, com seu próprio Exército, sob o controle da Alemanha. No mês seguinte, as potências centrais concordaram em apoiar conjuntamente um reino independente da Polônia e criaram um conselho de Estado de poloneses notáveis que devia ajudar a governar o país.[19]

Mas, se essas políticas oferecem um clamoroso contraste com o tratamento que os nazistas deram à Polônia em 1939, outras dão a estranha impressão de ser suas precursoras. Junto com suas políticas pró-polonesas, por exemplo, os alemães planejavam anexar parte da Polônia russa para criar uma nova faixa fronteiriça, como definiam, ao longo da fronteira oriental do Reich: a população existente na área seria deportada para dar lugar a colonos alemães. Os grupos de pressão pangermânicos exigiam isso, assim como o grande número de personalidades alemãs que assinaram o chamado Discurso dos Intelectuais no verão de 1915. Com o propósito de situar o debate sobre os objetivos da guerra acima da dimensão meramente econômica, o discurso defendia o aumento da colonização alemã nos antigos territórios russos e a construção de um muro humano na fronteira.[20]

A guerra como um todo estava levando exércitos a desterrar populações, especialmente nas zonas de fronteiras sensíveis e nas frentes de combate. O próprio Exército alemão esvaziou de sua população uma larga faixa de terra ao longo da costa do Báltico e também criou uma zona morta de vários quilômetros de extensão na França quando se retirou para a Linha Hindenburg, em 1917. A política de terra arrasada privava o inimigo de todos os recursos que a terra pudesse oferecer. A devastação extraordinária do território à frente da Linha Siegfried na França, em 1917, foi a apoteose desse método: a região se transformou em "um deserto morto, desolado", em que árvores, construções e cercas vivas foram sistematicamente arrasadas com explosivos, deixando uma paisagem totalmente plana. Outros exércitos também estavam esvaziando suas fronteiras. Forças otomanas obrigaram gregos e armênios a abandonar o litoral mediterrâneo e ir para a Anatólia. Soldados húngaros esvaziaram e incendiaram povoados sérvios. Mais que tudo, os xenófobos e temíveis oficiais russos forçaram mais de 750 mil civis a acompanhar os exércitos tsaristas em sua retirada das zonas de fronteira, criando um grande êxodo de refugiados.[21]

Assim como nas colônias antes de 1914 e na Europa depois de 1939, as políticas do Exército alemão como força de ocupação combinavam exploração sistemática com pacificação violenta. Uma das razões pelas quais os alemães não conseguiram criar um novo Exército polonês, como haviam imaginado, foi o ressentimento extremo que tinham despertado, segundo um relato da época, por causa de

toda uma série de intervenções militares e industriais, como o confisco de matérias-primas, fábricas, máquinas, a compra compulsória de casas e a derrubada de bosques particulares [...] Todas essas medidas fizeram surgir uma sensação geral de queixas concretas, como também o fato de que geralmente os soldados e oficiais alemães tratavam a população com dureza e impunham restrições desnecessárias aos seus movimentos.[22]

Na Bélgica, o comportamento dos militares foi, no mínimo, ainda pior, e a deportação de quase 60 mil operários para fábricas alemãs prefigurava as políticas que seriam implementadas em escala muito maior na Europa a partir de 1941. Meio milhão de trabalhadores franceses também foram recrutados para o esforço de guerra, e formou-se uma grande rede de campos de trabalho. A necessidade militar era um argumento que se impunha sobre todas as considerações relacionadas ao direito internacional ou à diplomacia, e o próprio Exército parecia indiferente ao escândalo que essas políticas provocavam em todo o mundo. Mostrou-se igualmente impassível diante da reação desencadeada pelas notícias de atrocidades cometidas na Bélgica em 1914, quando pelo menos 6 mil pessoas foram executadas e milhares de construções foram deliberadamente demolidas ou incendiadas. Assim como na Segunda Guerra Mundial, o Exército alemão parecia se incomodar pouco com o sofrimento da população local, e mesmo com importações de ajuda estrangeira a desnutrição passou a ser generalizada — na Bélgica, aliás, esse problema foi muito mais grave depois de 1914 do que viria a ser na Segunda Guerra Mundial.[23]

Os novos senhores do Exército do Reich — Hindenburg e Ludendorff — pretendiam usar o "Leste" para ensinar aos "ocidentais" na França e na Bélgica como construir "algo duradouro" com "trabalho alemão". Em seu enorme feudo báltico, o Oberost, eles pretendiam colonizar as florestas e os pântanos e civilizar seus habitantes (exatamente como gerações anteriores de alemães falavam em civilizar os poloneses). Ignorando as complexidades étnicas e logísticas do terreno, viam a ocupação militar como uma maneira de explorar os recursos subutilizados existentes bem às portas da Alemanha. Na Macedônia, o Exército francês tinha ambições semelhantes. Mas Hindenburg e Ludendorff não queriam apenas conquistar a natureza: à diferença dos franceses, queriam conquistar a região racialmente, mantendo os eslavos sob vigilância e criando novos assentamentos nos quais "heróis alemães" poderiam renascer. A exemplo do que ocorreu no período da dominação nazista, o Exército tentou engajar a população inteira em trabalhos forçados, criando um detalhado sistema de registro e cartões de identidade e deportando dezenas de milhares de trabalhadores para a Alemanha. Era também uma cultura que exigia o reconhecimento constante do prestígio militar. Ao encontrarem um oficial alemão, os não alemães eram obrigados a sair da calçada e tirar o chapéu; também não podiam usar os vagões destinados aos alemães. O desprezo pelos civis e a ausência de controles institucionais para o comportamento dos militares, combinados com ideologias de transformação social totalmente irrealizáveis, permitiram que o Exército alemão tratasse como quisesse as populações e as propriedades sob ocupação; quando a guerra começou a ir mal, a consequência foi uma destruição inútil em enorme escala.[24]

Na primavera de 1918, no entanto, a guerra no Leste parecia ir bastante bem, e a visão de um império alemão naquela região materializou-se quando os alemães obrigaram uma abatida delegação bolchevique a aceitar uma paz punitiva. Graças ao Tratado de Brest-Litovsk, assinado numa imensa e lúgubre fortaleza russa, uma esmagadora *pax germanica* foi imposta a toda uma faixa de províncias tsaristas que ia do Báltico ao mar Negro — uma região que prefigurava de forma impressionante aquela conquistada pela Wehrmacht em 1941. Na frente ocidental, os soldados alemães estavam concentrados para a ofensiva decisiva, com o objetivo de acabar com a Entente antes que a chegada das tropas norte-americanas alterasse o equilíbrio de forças. No Leste, porém, uma nova ordem já estava sendo estabelecida. Com a queda do regime imperial, o Exército do Kaiser assumiu o controle. De acordo com um funcionário do governo alemão, a Rússia não era "mais que uma montanha de vermes; todos apodrecidos, todos pululando juntos desordenadamente".[25]

Em Brest-Litovsk, os bolcheviques cederam 90% das minas de carvão da Rússia, 54% de sua indústria e um terço de seu sistema ferroviário e de sua população. Os alemães marcharam sobre a Ucrânia e a Geórgia com 1 milhão de soldados para ocupar a região; os estrategistas de Berlim criaram um cordão de novos Estados títeres que funcionariam como escudos, protegendo a Alemanha do bolchevismo e fornecendo grãos, petróleo e outros recursos aos mercados para assegurar a condição da Alemanha como potência mundial. Haveria uma "nova ordem na Europa [que] prometia uma presença muito maior que a mera anexação de território estrangeiro". Os alemães estabeleceram regimes obedientes na Ucrânia, na Lituânia e na Polônia, e também transformaram a Romênia em seu satélite. O alto-comando alemão sonhava que seu muro fronteiriço de "seres humanos física e mentalmente saudáveis" seria capaz de afastar a ameaça racial representada pelos eslavos, que se multiplicavam rapidamente. Outros imaginavam penetrar ainda mais a leste — transformando a Crimeia numa "Riviera" alemã, abrindo um caminho do Cáucaso à Pérsia, ao Afeganistão e finalmente à Índia para pôr os britânicos de joelhos ao angariar as simpatias dos movimentos pan-islâmicos ou panturcos de toda a Eurásia.[26]

Havia apenas um problema: a guerra não tinha terminado. A ofensiva ocidental de 1918 se exauriu, e com a entrada dos Estados Unidos na guerra o equilíbrio de forças logo se voltou contra Berlim. Poucos meses mais tarde, com uma rapidez que a opinião pública alemã teve dificuldades de compreender, os aliados alemães pediram a paz e o alto-comando seguiu o exemplo, preferindo responsabilizar pela capitulação a traição civil em vez de seus erros de cálculo estratégicos. O Kaiser foi obrigado a abdicar e relutantemente começou seu longo exílio na Holanda. Nos meses seguintes, as fronteiras da Nova Ordem alemã ruíram e Brest-Litovsk tornou-se "a paz esquecida".

Mas nem todos esqueceram. Nacionalistas furiosos não podiam acreditar que o prêmio oriental tivesse sido arrancado de suas mãos e lutaram para recuperá-lo. Grupos de voluntários se mobilizaram em vários Corpos Livres, como foram chamados, para defender as fronteiras da nação: combateram socialistas em Munique e poloneses em Posen. No Báltico, o general Von der Goltz contava com o apoio das potências da Entente quando o Exército Vermelho de Trótski tomou Riga, em dezembro. Paramilitares e ex-soldados alemães afluíram em massa ao quartel-general de Von der Goltz em Mitau para preservar o que fosse possível de Brest-Litovsk — não apenas contra os bolcheviques, mas contra os nacionalistas bálticos e, se necessário, também contra os britânicos. Fazendo os bolcheviques retrocederem para o leste, impuseram terror e execuções em massa pelo caminho. Quinhentos civis foram executados sem julgamento na própria Mitau e 3 mil foram mortos em Riga, cuja tomada, em maio de 1919 — o ponto alto da campanha —, foi saudada como "o símbolo da vitória da civilização ocidental sobre a barbárie asiática". Relativamente ignorada hoje em dia, essa reconquista temporária da Letônia e da Lituânia foi um dos episódios mais violentos de toda a guerra e uma espécie de anúncio do que estava por vir. "As batalhas nos Estados do Báltico foram mais brutais e sangrentas do que qualquer coisa que eu tenha vivido antes", escreveu um dos participantes, o futuro comandante de Auschwitz, Rudolf Höss. "Mal havia uma linha de frente; o inimigo estava em toda parte. Onde quer que as forças antagonistas se encontrassem, havia uma matança até que não restasse um único vivo."[27]

Alegando ter salvado os Estados bálticos do bolchevismo, os alemães se comportaram como corsários. Para alguns, o objetivo era ter uma propriedade; para outros, não havia nenhum objetivo além da obediência cega aos seus líderes, "guerra e aventura, arrebatamento e destruição". "Vilarejos ardiam em chamas, prisioneiros eram pisoteados", alguém recordou. Tudo isso era rememorado numa aura romântica, refletindo uma imagem de cruzados renascidos, uma nova geração de cavaleiros teutônicos. "A perigosa estranheza dessa terra me enfeitiçava de maneira peculiar", alguém escreveu.

Era uma terra que conferia à guerra algo de seu caráter turbulento e em mudança constante [...] Talvez tenha sido isso o que dava aos cavaleiros teutônicos aquela inquietude que os fazia avançar sempre, de novo e sempre, trocando seus castelos sólidos por novas e perigosas aventuras.[28]

Quando o nazismo se consolidou na Alemanha, nos anos 1930, esses homens foram marginalizados; eram desobedientes, obstinados e imprevisíveis demais, e muitos deles morreram no banho de sangue da Noite das Facas Longas, em 1934. Mas a guerra era o que eles sabiam fazer melhor, e depois de 1939 muitos regressaram quando outro Exército alemão estabeleceu uma segunda Nova Ordem naqueles mesmos territórios orientais. O secretário particular de Hitler, Rudolf Hess, e seu sucessor, Martin Bormann (que a guerra transformou num dos homens mais poderosos do Reich), haviam feito parte dos Corpos Livres. Auxiliado por seu amigo Bormann, Hess apelou para o assassinato para vingar a morte de Leo Schlageter, colega de ambos nos Corpos Livres. Erich Koch, vice-rei de Hitler na Ucrânia entre 1941 e 1944, foi um dos que carregaram o caixão de Schlageter. Os laços entre esses "velhos combatentes", portanto, datavam de décadas. A Polônia ocupada também foi governada por antigos membros dos Corpos Livres — o governador-geral, Hans Frank, e o chefe do Warthegau, Arthur Greiser. O chefe de polícia da Alemanha durante a guerra, Kurt Daluege, foi chefe de seção no Corpo Livre de Rossbach, enquanto o pouco diplomático ministro para a Romênia, Manfred von Killinger, planejou o assassinato de vários eminentes políticos de Weimar. E havia muitos mais: Erich von dem Bach-Zelewski, o general da ss encarregado das operações contra os partisans em toda a Europa; Wilhelm Stuckart no Ministério do Interior (um dos burocratas mais importantes do Reich durante a guerra); e também Reinhard Heydrich e Ernst Kaltenbrunner, os dois comandantes do Gabinete Central de Segurança do Reich. A segunda ocupação do Leste foi seu momento de glória.[29]

É de imaginar o que teria pensado o antigo comandante em chefe do Reich, o ex-Kaiser Guilherme em pessoa, quando os exércitos alemães invadiram a União Soviética em 1941. Ele já tinha aplaudido as vitórias nos Países Baixos e na França no ano anterior. Porém, menos de um mês antes do início dessa segunda guerra contra o bolchevismo, Guilherme morreu em seu *château* holandês, aos 82 anos. O Kaiser e o Führer compartilhavam a mesma visão do Leste Europeu como uma zona crítica para a segurança nacional, e tinham também a mesma obsessão por terra, pela colonização e pelo assentamento racial. Como muitos de seus seguidores, ambos acreditavam que a expansão das fronteiras alemãs era necessária para garantir a segurança num mundo de luta constante contra a ameaça eslava do Leste. O Kaiser, como Hitler, considerava o bolchevismo uma conspiração judaica mundial contra a Alemanha que deveria ser impiedosamente combatida. Pressionou pela realização de operações militares e policiais para erradicar os bolcheviques e queria que seus homens se comportassem como "os turcos na Armênia". Seus principais generais queriam — exatamente como Hitler mais tarde — privar a Rússia de seus cereais, carvão, minerais e petróleo vitais por meio da ocupação da Ucrânia e do Cáucaso.[30]

Mas as diferenças também eram reveladoras. Os nazistas empreenderam grandes esforços para mostrar que não estavam simplesmente repetindo as políticas do Kaiser (ainda que provavelmente tivessem se saído melhor se o fizessem). Escrevendo em março de 1942, Josef Goebbels, o ministro da Propaganda nazista, zombava dos que esperavam que a Nova Ordem nazista, tendo obrigado o Exército Vermelho a recuar centenas de quilômetros, instaurasse novos governos nos "Estados anões" do Leste. "Seria preciso ter como modelo o regime imperial do Kaiser Guilherme para dar início a uma política tão míope. O nacional-socialismo é muito mais impiedoso e realista nessas questões." E, de fato, diferentemente de Hitler, o Kaiser Guilherme II e seu governo haviam falado de libertação nacional, monarquia e autodeterminação e estimulado a criação de Estados europeus nominalmente independentes no Leste. Falavam às vezes em força racial, mas tal vocabulário trazia implicações muito menos letais para os civis que viviam sob sua autoridade. A ocupação militar pelo Exército imperial podia ser dura, mas, como mostrou a experiência da Polônia, não foi nada em comparação com o que os civis que dirigiam a máquina da ocupação nazista estavam dispostos a fazer. Os judeus e poloneses (e havia muitos) que em 1939 previam que o Terceiro Reich iria se comportar como o Segundo foram desenganados de forma terrível. De fato, embora o antissemitismo fosse habitual no séquito do Kaiser, os judeus não estiveram no centro dos planos da Alemanha durante a Primeira Guerra Mundial. Eram tidos menos como inimigos que como aliados em potencial, incentivados juntamente com as outras nacionalidades rebeldes sob o controle do tsar.[31]

Mais importante que tudo, na Primeira Guerra Mundial ainda havia os Habsburgo. A solidariedade dinástica constituía o freio decisivo à ideia de uma Grande Alemanha. Mas em 1918 os Habsburgo e os Hohenzollern foram depostos, e depois de 1933 surgiu em seu lugar um novo Estado do povo alemão, mais fortemente centralizado, tendo Hitler como seu arquiteto, que engoliu facilmente o pouco que restava da Áustria criado em Versalhes. Hitler pode ter nascido súdito do imperador Francisco José, mas sua visão de mundo pressupunha uma ideia de ordem e nacionalidade no Leste Europeu que era mais *anti* que *pós*-Habsburgo, baseada na pureza étnica sem entremescla, na lealdade à nação em lugar de qualquer dinastia supranacional. As raízes da Nova Ordem nazista, em outras palavras, não se encontravam no antissemitismo nem no desejo cego de conquista, mas na busca da unificação dos alemães num Estado alemão único. Sob a direção de um líder que viera do nada e seu partido de massas, pretendia ter êxito onde o Kaiser havia fracassado, instaurando um domínio permanente sobre os eslavos no Leste e, dessa forma, tornando-se poderoso o suficiente para dominar toda a Europa.

2. De Versalhes a Viena

> *A luta pela etnicidade não é nada mais que a continuação da guerra por*
> *outros meios sob o disfarce da paz. Não é um combate com gás, granadas e*
> *metralhadoras, mas um combate pelas casas, fazendas, escolas e pela alma*
> *das crianças* [...]
>
> Theodor Oberländer[1]

Se 1918 começou com os alemães prestes a instaurar uma nova ordem triunfante em todo o Leste Europeu, terminou com eles à beira da ruína total. O Império Habsburgo se desintegrou quase da noite para o dia, e o imperador Carlos fugiu para a Suíça antes de terminar na Madeira, onde morreu poucos anos mais tarde. Na Alemanha, a monarquia foi abolida e o Kaiser seguiu para o exílio. Enquanto isso, a Grã-Bretanha e a França retomaram a ideia de que — nas palavras de um diplomata — seus "interesses coincidem totalmente com o princípio da nacionalidade". Em 1919, montaram um cordão sanitário de Estados-tampão no Leste Europeu dirigidos por governos estreitamente aliados a Londres e Paris. Responsabilizando os alemães pelo início da guerra, sobrecarregaram-nos com indenizações e os castigaram com substanciais perdas de território. Muitos alemães que haviam crescido como súditos dos Habsbur-

go ou da Prússia viram-se pela primeira vez governados por tchecos, poloneses, estonianos e letões.[2]

Antes mesmo do fim da guerra, ao menos um diplomata britânico havia se
perguntado: O que aconteceria se os alemães levassem a sério o lema da autodeterminação nacional? A paz não levaria então à formação de um Reich alemão
ainda maior, especialmente se a monarquia dos Habsburgo desmoronasse? Foi o
que aconteceu em outubro de 1918. Nos estertores finais do império, aqueles
que antes da guerra representavam os territórios alemães da Áustria-Hungria
reuniram-se em Viena e declararam que constituíam uma Assembleia Nacional
Provisória para a Alemanha-Áustria: os austro-alemães queriam a unificação
com a Alemanha e não viam razão para esperar. Pouco depois eles aprovaram
um esboço de Constituição que declarava categoricamente que "a Alemanha-
-Áustria é parte integrante da República Alemã". Assim, foi a derrota das potências centrais, e não sua vitória, o que fez a Grande Alemanha ficar mais próxima.[3]

Os sociais-democratas austríacos queriam se unir à Alemanha republicana
porque a consideravam um meio seguro de se livrar para sempre da monarquia
dos Habsburgo. Apenas alguns meses antes, eles ainda pensavam na possibilidade
de converter o império num "Estado de nacionalidades" — uma espécie de alternativa aos Estados-nação wilsonianos — que seria como "um experimento para
a futura ordem nacional da humanidade". Mas esse momento havia passado, e
a derrota reduzira as opções. Entusiasmava-os o fato de que o Kaiser fora obrigado a abandonar seu trono, e eles acreditavam que o Anschluss* lhes permitiria criar a grande república alemã que seus avós haviam vislumbrado em 1848.
Poucos imaginavam que um pequeno Estado austríaco fosse capaz de prosperar.
Passar a fazer parte da Alemanha não apenas garantiria a prosperidade mas também mostraria, como afirmou o novo chanceler, Karl Renner, que "somos uma
comunidade única com um destino comum". Para seu colega socialista Otto
Bauer, a fusão da Áustria com a Alemanha ajudaria a criar "a Alemanha de amanhã [...] uma Alemanha democrática".[4] Num telegrama que enviou a Berlim
depois da proclamação da nova Constituição, Bauer observou que o país "manifestou seu desejo de se unir novamente às demais nações germânicas das quais se
separou há 52 anos". Dessa forma, sugeria ele, as feridas históricas abertas com a
derrota do império para a Prússia, em 1866, poderiam finalmente ser fechadas.

* Anexação.

O Anschluss — em meio ao choque do colapso dos Habsburgo — não era uma bandeira exclusivamente da esquerda: à direita, no tempo da guerra, também houvera chamamentos por "uma nova ordem de todas as relações políticas, nacionais e econômicas" com a Alemanha. Mas a esquerda era a verdadeira força motriz. Nas eleições para a nova Assembleia austríaca, em fevereiro de 1919, a direita conseguiu apenas 18% dos votos, comparados aos 41% obtidos pelos sociais-democratas. No entanto, nem todos os austríacos aprovavam a unificação, tendo havido também uma grande votação — mais de um terço — para os sociais-cristãos católicos, muitos dos quais temiam a dominação prussiana e o enfraquecimento da influência da Igreja.[5]

Em Paris havia um obstáculo muito maior à unificação alemã que o catolicismo austríaco. Afinal, as potências da Entente não tinham lutado durante quatro anos para acabar sendo simplesmente as responsáveis pela expansão da Alemanha. Embora Weimar tenha aceitado formalmente a resolução do Anschluss, os diplomatas alemães inquietavam-se ao imaginar qual seria a reação no exterior. E com bons motivos: quando o Tratado de Versalhes foi fechado, em junho de 1919, insistia-se na criação de uma Áustria independente. Menos de dois meses depois, os vitoriosos também deram o sul do Tirol à Itália e partes da Estíria e da Caríntia ao novo reino dos sérvios, croatas e eslovenos, ao mesmo tempo em que os alemães da Boêmia se viram incluídos no novo Estado da Tchecoslováquia. Como se isso não fosse ruim o bastante, qualquer tentativa de unificação era explicitamente bloqueada: "A independência da Áustria é imutável a menos que o Conselho da Liga das Nações dê seu consentimento". Em vão os líderes da Áustria assinalaram a evidente contradição com o princípio da autodeterminação que formava a base da nova ordem wilsoniana na Europa. Em Viena, a Assembleia Nacional aceitou o tratado sob protesto, e em outubro de 1919 o nome do Estado foi alterado de "Áustria Alemã" para "República da Áustria". Com o tempo, o apoio à independência aumentou. Mas o Anschluss continuou a ser um brado de guerra para os políticos austríacos durante os anos 1920, e a fúria popular contra Versalhes foi fermentando à medida que o que havia sido o centro de um vasto império enfrentava as empobrecedoras consequências do colapso imperial: "Fome ou Anschluss!" era um lema dos nacional-democratas austríacos. Longe do público, até mesmo políticos católicos inteligentes como Ignaz Seipel, chanceler da República, eram amplamente favoráveis ao lema. "A Áustria, em sua forma atual, nunca teve uma existência independente", escreveu Seipel a um correspondente em 1928. "Em concordância com toda a sua história e estilo de vida, os austríacos são gente de Estado grande."[6] Apesar disso, enquanto seguisse vigente o acordo de Versalhes, o Anschluss continuaria a ser uma impossibilidade diplomática e militar.

AS MINORIAS NA LIGA

Pelo menos na Áustria, os alemães étnicos constituíam maioria. No restante do Leste Europeu, a criação de novos Estados os transformara em minorias, que em muitos casos eram consideráveis. Havia 1,2 milhão de alemães na Polônia no fim da guerra, 3,5 milhões na Tchecoslováquia, 550 mil na Hungria, 250 mil na Itália, 800 mil na Romênia, 700 mil na Iugoslávia e 220 mil nos Estados bálticos. Versalhes havia transformado os alemães na mais vasta população minoritária da Europa, e em 1930 calculava-se que entre 8 milhões e 9 milhões dos 36 milhões de integrantes de minorias nacionais no Leste Europeu fossem alemães.[7]

Seria injusto acusar os que haviam vencido a guerra de ignorar seu infortúnio. Ao contrário, eles fizeram com que a Polônia e outros Estados do Leste Europeu assegurassem seus direitos coletivos. A própria Liga das Nações, concebida para zelar pela paz em suas fronteiras, monitorava o respeito a essas normas, identificando-se assim com o tratamento adequado a alemães, judeus e outras minorias na nova Europa. Tratava-se de uma enorme inovação no direito internacional, a que o século XIX fornecera raros precedentes. Anteriormente, os Estados recém-independentizados tinham sido ordenados pelas potências a assegurar a liberdade de consciência e evitar a discriminação religiosa — disposições que foram aplicadas à Bélgica, Grécia, Sérvia e outros antes de 1914. Mas as novas diretrizes destacavam o comportamento dos Estados nos âmbitos da educação, cultura, economia e administração. O problema — e o tempo viria a mostrar que ele existia — não estava na ideia de assegurar os direitos coletivos, que era boa em muitos aspectos, mas em sua aplicação.

Em alguns países, os alemães — e as minorias em geral — tinham poucas razões para se queixar. A Estônia e a Letônia, em especial, os tratavam bem. Em retrospecto, considerando as políticas de anexação do Exército alemão na região durante a guerra, a atitude chauvinista de alguns dos barões alemães locais e o caráter destrutivo dos Corpos Livres, é surpreendente quanto esses novos Estados se mostraram dispostos a acomodar suas populações heterogêneas. A Constituição estoniana garantia os direitos dessas populações à autonomia cultural, e em 1925 foi aprovada uma lei que autorizava os indivíduos a se identificar com uma determinada nacionalidade. Isso ficou como um modelo de como o novo regime da Liga poderia ter funcionado em outros lugares, caso houvesse mais boa vontade. Os deputados podiam se dirigir ao Parlamento em alemão, russo, iídiche ou sueco se quisessem, e, embora muitos proprietários alemães tenham sido arruinados pela expropriação de suas terras, a maioria dos alemães da Estônia vivia de forma mais modesta nas cidades e não foi afetada.[8]

Por trás da aprovação da lei de 1925 na Estônia estavam os "outros" alemães — os que acreditavam nas ideias sobre proteção de minorias e autonomia cultural e queriam fazê-las funcionar. Ewald Ammende cresceu durante a Primeira Guerra Mundial e assistiu ao fracasso do esforço alemão para criar grupos de pressão de nacionalidades antirrussas insatisfeitas na época do conflito. No começo da década de 1920, ele publicou numerosos artigos sobre os desafios de adaptação — política, econômica e mental — que os alemães enfrentavam na Europa Central e na Oriental, e também estava por trás da União dos Grupos Nacionais Alemães na Europa. O Congresso das Nacionalidades Europeias, que ele ajudou a fundar três anos mais tarde, foi o principal grupo aglutinador de minorias da Europa. Reunia judeus, ucranianos, alemães e outros para lutar pelo fortalecimento do compromisso da Liga com os direitos das minorias. Mas sua base e seu principal financiamento eram alemães, e devemos entender sua ascensão — e queda — no contexto do enfoque adotado por Weimar quanto à turbulenta questão dos alemães que viviam no estrangeiro.[9]

Na própria Alemanha, tornara-se claro que a resistência armada a Versalhes era inútil. Os paramilitares de direita tinham conseguido, em poucos casos, tomar cidades pequenas; mas sem apoio político não podiam converter isso em controle duradouro. Já no outono de 1919, parlamentares argumentavam que, fossem quais fossem os méritos do acordo fronteiriço com a Polônia, era necessário estabelecer boas relações com o governo polonês, para o bem da minoria alemã que ali vivia. Com igual realismo, eles contemplavam a situação na Tchecoslováquia, onde, já nos dias finais da guerra, o Kaiser e Ludendorff haviam fantasiado a anexação de partes da Boêmia dos Habsburgo. Uma vez assinado o Tratado de Versalhes, os diplomatas alemães disseram aos alemães dos Sudetos (que então abandonavam sua antiga identidade como "alemães da Boêmia") que eles deviam cooperar com as autoridades tchecas. Manter "relações corretas" era a palavra de ordem, embora houvesse distúrbios alemães (e antissemitas) em 1919. Entre os tchecos e a nova Áustria, as relações logo se tornaram sólidas, pavimentadas por um forte comércio bilateral, sem interferência de Berlim.[10]

Mas os tratados sobre os direitos das minorias não podiam por si sós normalizar as relações entre os alemães e seus vizinhos. Muita história prévia estava envolvida — antigas disputas sobre o idioma na Boêmia dos Habsburgo e sobre terras na Polônia prussiana —, e os alemães nesses Estados achavam difícil aceitar o fato de que já não eram a classe dominante. Na Tchecoslováquia, onde o problema dos alemães era "muito distinto da mera proteção de outras minorias" — como a Conferência de Paris advertira de modo profético —, uma nova lei escolar obrigou o fechamento de algumas escolas alemãs em aldeias, ao passo que o ensino universitário em alemão em Praga definhava.

O debate profundamente ressentido que por pouco não despedaçara a monarquia dos Habsburgo foi resolvido com uma lei que tornou o tcheco o idioma oficial do novo país. Funcionários públicos alemães tinham dois anos para aprendê-lo ou perderiam o emprego, e a partir de 1926, quando a lei entrou plenamente em vigor, milhares de antigos servidores públicos civis dos Habsburgo ficaram sem trabalho. Em muitos lugares, apenas cartas com endereço em tcheco eram entregues; somente telegramas em tcheco podiam ser enviados de Praga; nenhum idioma que não o tcheco podia ser usado em conversas com as telefonistas. As ruas foram rebatizadas com nomes de heróis tchecos, e administradores locais hostis reivindicavam "controle absoluto" sobre os alemães da região. Funcionários encarregados do censo decidiam se as pessoas eram registradas como tchecas ou alemãs, desconsiderando os sentimentos dos envolvidos, com o objetivo de inflar os números tchecos. E, como ocorreu em outros países, fez-se uma reforma agrária que tinha como alvo os fazendeiros alemães e que fornecia subsídios para o assentamento, em "regiões predominantemente germanizadas", de colonos tchecos que seriam os "portadores e promotores dos ideais da nação e do Estado". Por outro lado, na história tcheca não houve apenas repressão. Havia uma substancial representação alemã no novo Parlamento e, com o tempo, alemães e tchecos começaram a colaborar nos negócios, nos sindicatos e na política, unidos pelo anticomunismo comum e pela vitalidade da economia tchecoslovaca.[11]

Na Polônia, o ambiente e as políticas foram consideravelmente mais hostis. O novo Estado independente polonês obtivera 90% do território da antiga província prussiana de Posen e 66% da Prússia Ocidental — com uma população germanófona somada de mais de 1 milhão de pessoas; o porto alemão de Danzig tornou-se uma cidade livre com um comissariado da Liga das Nações. Em meio a violentos choques entre soldados alemães — que ostentavam em seus caminhões suásticas e caveiras — e seus equivalentes poloneses, essa transferência de poder ocorreu ao longo de uma luta que foi mais feroz na Boêmia que em qualquer outro lugar. O governo de Weimar tentou reprimir os paramilitares. Mas, quando os poloneses contestaram as pretensões alemãs sobre a Alta Silésia, Weimar recorreu à ajuda deles. Chefiados pelo futuro embaixador de Hitler para a Eslováquia e a Romênia durante a guerra, Manfred von Killinger, voluntários nacionalistas — selecionados pelo critério de raça e por seu ódio a judeus, comunistas e eslavos — combateram os poloneses. Depois disso, as forças de Killinger foram financiadas em segredo pelo governo para treinar um grupo secreto que seria usado contra a Polônia, e esse apoio só terminou depois que alguns de seus integrantes desencadearam uma matança indiscriminada, assassinando o deputado católico Matthias Erzberger e o ministro judeu das Relações Exteriores de Weimar, Walter von Rathenau.[12]

Já na Polônia, os alemães eram considerados cidadãos de segunda classe e traidores. Há relatos de que durante a Guerra Russo-Polonesa de 1919-21 os alemães saudaram os russos como libertadores, e os poloneses obrigaram muitos alemães a escolher imediatamente entre as cidadanias polonesa e alemã. Não chegava a ser exatamente uma escolha, já que os que optavam pela primeira eram imediatamente convocados para o Exército. Depois da retirada do Exército Vermelho, refugiados alemães escaparam da Polônia em tamanha escala que o governador da Prússia Oriental propôs uma troca de populações.[13]

Mas a principal arma polonesa contra os alemães era a reforma agrária. Enquanto no caso tcheco os confiscos minaram principalmente o poder da velha aristocracia austríaca, os poloneses também visavam proprietários de terras mais modestas, com o objetivo de reverter os efeitos da germanização prussiana anterior à guerra. A reforma agrária afetou 68% da terra de propriedade alemã, mas apenas 11% da que pertencia a poloneses; seu papel como instrumento de nacionalização não podia ser mais claro. "Terra polonesa para os poloneses" era uma palavra de ordem recorrente, e em 1923 Sikorski falou em "desgermanizar" as províncias ocidentais. Os alemães que a Comissão Prussiana de Colonização havia ajudado a assentar antes da guerra foram os primeiros alvos.[14]

Não surpreende que a febre da imigração tenha se alastrado por toda a população alemã. Temerosos de se ver do lado errado da fronteira com a Polônia, milhares fugiram para o oeste. Estimativas indicam que 575 mil alemães deixaram a Polônia entre 1918 e 1926, incluindo mais da metade da população alemã das porções cedidas da Posnânia e da Prússia Ocidental. Essa proporção enorme minimizava os menos de 10% de alemães que fugiram das terras tchecas e superava até mesmo os 200 mil alemães que os franceses expulsaram da Alsácia-Lorena. É evidente que ocorreu um êxodo nas regiões fronteiriças ocidentais da Polônia que, em sua magnitude, não teve paralelo nem na Tchecoslováquia nem em algum outro lugar na mesma época. Cidades que haviam sido alemãs agora encolhiam e se convertiam em cidades polonesas.

Apesar disso, os poloneses e os alemães compreendiam que não deviam deixar as coisas saírem do controle; cada país tinha uma minoria substancial com que se preocupar no outro país. E, embora as relações entre eles nunca deixassem de ser no mínimo tensas durante a existência da República de Weimar, ao menos permaneceram administráveis. O Ministério das Relações Exteriores alemão não estava mais disposto do que seus críticos nacionalistas a aceitar como definitiva a fronteira com a Polônia estabelecida em Versalhes, embora visse a minoria como uma alavanca para uma política revisionista futura; se não houvesse alemães ali, sua reivindicação de territórios poloneses acabaria enfraquecida. Por isso, a política alemã era persuadir os integrantes da minoria a ficar onde estavam. E, de fato, em meados da década de 1920, a Alemanha de Weimar foi ainda mais longe: buscou internacionalizar a difícil situação das minorias unindo-se à Liga das Nações e posicionando-se como *a* "Protetora das Minorias" no continente.

Essa política estava associada principalmente à figura que dominou a diplomacia alemã antes de Hitler, Gustav Stresemann, e representava uma mudança considerável em seu próprio pensamento. Nacionalista conservador que durante a guerra defendera a tomada de faixas de território da Bélgica e da França, bem como do Leste Europeu, Stresemann foi um dos primeiros políticos alemães a aceitar a união com a "Áustria Alemã". Mas o poder revelou seu lado pragmático, e em meados dos anos 1920 ele articulou a entrada da Alemanha na Liga. Na visão de Stresemann, tal participação era necessária para promover os interesses da Alemanha no Leste Europeu e, em especial, para fazer respeitar os tratados sobre os direitos das minorias, e ele utilizou esse argumento com frequência para rebater as críticas dos nacionalistas a suas políticas pró-Liga. Enquanto a Alemanha financiava o Congresso das Nacionalidades Europeias, o próprio Stresemann organizou um esforço coletivo para aperfeiçoar o sistema global de proteção legal e chegou mesmo a defender que a Alemanha delineasse uma nova política para lidar com suas próprias minorias. Tudo isso era parte de um programa revisionista de longo prazo que ele definia, reservadamente, como "a criação de um Estado cujas fronteiras políticas abarquem todos os povos alemães que vivem na área contígua de assentamentos alemães na Europa Central e que desejam estar conectados ao Reich". Isso não era muito diferente do que os nazistas estavam exigindo. A distinção mais evidente — e não era pequena — é que para Stresemann o caminho passava pela Liga das Nações. E, enquanto Hitler planejava expulsar as minorias, Stresemann imaginava que a Alemanha haveria de incorporar mais — daí a importância de se converter num Estado exemplar no tratamento das que já possuía. Não obstante, assim como Hitler, ele achava que fronteiras e nacionalidades eram questões relacionadas entre si. Naquele mês de junho, Stresemann secretamente determinou que os líderes das missões alemãs no exterior lançassem uma "campanha de propaganda em favor de uma ampla revisão das fronteiras orientais".[15]

Stresemann achava que a Liga podia ser reformada de modo a ser uma defensora mais eficiente dos interesses alemães, e jogou muito de seu capital político para tentar transformar esse projeto em realidade. Quase todos concordavam com o fato de que uma reforma no regime dos direitos das minorias era necessária. Os governos franceses do pós-guerra, por exemplo, livres das obrigações que pesavam sobre os Estados do Leste Europeu, haviam desencadeado um ataque flagrantemente racista aos direitos civis dos germanófonos na Alsácia-Lorena, chegando a deportar 200 mil deles impunemente. Os lituanos — e mais tarde os poloneses — não gostaram de ser apontados em particular e propuseram que *todos* os membros da Liga fossem obrigados a dispensar tratamento adequado às minorias. Os húngaros queriam que as minorias pudessem levar suas queixas ao Conselho da Liga. Mas foi a proposta de Stresemann — de criar uma comissão permanente para as minorias nos termos da existente para os mandatos correntes — que atraiu mais atenção. Briand, o ministro francês das Relações Exteriores, já havia advertido que as reivindicações de "direitos" poderiam levar a Europa à guerra quando, em dezembro de 1928, durante uma reunião do Conselho da Liga, uma disputa irrompeu entre Stresemann e seu colega polonês, o chanceler August Zaleski. Quando Zaleski criticou a minoria

Deutscher Volksbund por suas constantes reclamações, Stresemann o interrompeu furiosamente, bateu os punhos na mesa e anunciou uma campanha alemã pela ampliação do regime de direitos das minorias. Em meio a uma atmosfera de tensão elevada e assustadora, a proposta não chegou a lugar nenhum. Enquanto isso, a situação prática foi de mal a pior. Nos meses que antecederam a morte prematura de Stresemann, artistas poloneses que visitavam a Silésia alemã foram atacados por um grupo de jovens nazistas; o líder do Volksbund, dr. Ulitz, foi levado a julgamento na Polônia, e o Conselho da Liga votou contra as propostas alemãs. Pescando em águas turvas, o jornal soviético *Izvestia* descreveu com júbilo a situação da Europa sob a Liga como "uma prisão para os povos minoritários".

As últimas realizações de Stresemann, bastante substanciais — a concordância da França em evacuar a Renânia cinco anos mais cedo e a revisão do Plano Young de indenizações —, eclipsaram os frutos insignificantes de sua política para o Leste. Sua morte prematura, o início da Depressão e a ascensão vertiginosa do Partido Nazista nas eleições de setembro de 1930 marcaram o fim de uma era. Nos anos seguintes, a Alemanha pareceu perder toda a confiança na capacidade da Liga de proteger os direitos dos alemães que viviam no estrangeiro. Mas o que veio a seguir foi mais que um repúdio às fronteiras estabelecidas em Versalhes e a busca do revisionismo territorial por diferentes meios: foi uma rejeição absoluta à totalidade do sistema de direitos das minorias e de proteção legal internacional que a Liga havia criado. Essa era a velha ordem que haveria de ser arrasada pela Nova Ordem nazista.[16]

RUMO À GRANDE ALEMANHA

Na Alemanha, as críticas nacionalistas dirigidas às políticas de Stresemann já eram desenfreadas muito antes que sua morte pusesse fim ao breve período de Weimar como "protetor das minorias". Organizações de refugiados e grupos nacionalistas conduziram uma prolongada campanha contra a Liga das Nações, enquanto fraternidades paramilitares como a Heimatbund Ostpreussen e a Deutscher Wehrverein preservavam as redes de veteranos que tinham lutado em 1918-9. Na Silésia e na Prússia Oriental havia excursões de trem e de ônibus à "fronteira que sangrava" para lamentar pelos territórios perdidos e pelos irmãos não resgatados que ainda viviam ali; no início da década de 1930, eram as próprias autoridades locais que organizavam essas visitas. Algumas promoviam paradas militares e acendiam fogueiras na fronteira, e outras iam ainda mais longe e se preparavam para um confronto armado.[17]

A preocupação com o sofrimento dos "alemães no estrangeiro" não estava confinada às agrupações paramilitares extremistas ou aos teóricos de perfil nazista. Os poloneses tiveram espetacular êxito na "desgermanização" dos domínios que antes haviam sido prussianos. Assentaram dezenas de milhares perto de Gdansk e construíram um porto rival nos arredores. E a saída de muitos alemães trouxe mudanças drásticas no equilíbrio da população. Em Poznań/Posen, os alemães constituíam apenas 2% da população em 1930, em comparação com os 42% em 1910; em Bydgoszcz/Bromberg, essa proporção caíra de 77% para 8,5%. Em Weimar havia uma preocupação generalizada com os refugiados alemães e um grande apoio às instituições culturais e às associações de assistência social que tinham por objetivo fortalecer a "germanidade". A venerável Verein für das Deutschtum im Ausland (VDA) — que distribuía recursos estatais e privados para as escolas das minorias alemãs e outras organizações — tinha mais de 2 milhões de associados. A VDA era uma organização oficial, mas também se referia aos governos estrangeiros de maneira hostil, como se travassem uma guerra contínua de extermínio cultural contra os alemães no estrangeiro. Visões mais radicais prosperavam nos novos institutos de pesquisa para o estudo do *Volksdeutsche*.[18]

A partir de 1918, portanto, houve um renovado interesse na missão do país "no Leste", estimulado pela difusão da "geopolítica" como enfoque da geografia política e pela popularidade das teorias do Lebensraum. O feito de Bismarck, antes tido como heroico, tornou-se o foco das atenções: em Weimar, ele era cada vez mais criticado por ter se contentado com uma Pequena Alemanha, por ser excessivamente amistoso com a Rússia e por abandonar o *Drang nach Osten*. O Império Hohenzollern de Bismarck — dizia a esquerda republicana — fora um instrumento para a preservação da autocracia prussiana. Uma Grande Alemanha, por outro lado, seria capaz de retomar o legado democrático das revoluções de 1848 e demonstraria as possibilidades de uma "verdadeira *Grossdeutschland* construída sobre alicerces democráticos". Os nacionalistas raciais, por seu turno, consideravam a união entre a Alemanha e a Áustria como a síntese de "um novo homem alemão", ligado à terra e harmonizando as diversas tradições do Norte e do Sul. O Partido do Centro Católico achava que a anexação da Áustria poderia contrabalançar a supremacia do Norte protestante. Por todo o espectro político de Weimar, políticos e intelectuais pregavam pela expansão nacional, pela correta atenção aos alemães que viviam no exterior e pela necessidade de uma nova *Volksgemeinschaft* (comunidade do povo). Os livros escolares ensinavam a entender a importância da Áustria em particular e dos alemães étnicos em geral. Grupos de pressão patrocinavam conferências sobre a "alegre Viena" e financiavam os concertos da Filarmônica daquela cidade.

Nesse ambiente de humilhação e indignação nacional, qualquer coisa — até a música — podia ser invocada para demonstrar a correção do argumento em favor da Grande Alemanha. Ao comparar Bach e Handel, cuja intensidade captava "a melancolia de matas e charnecas, as nuvens cinzentas" da paisagem do Norte alemão com o lirismo mais suave dos "bosques de Viena" de Mozart e Haydn, o musicólogo Robert Lach concluiu:

> Os dois grupos são distintos, mas mesmo assim um é parte do outro pelo espírito alemão que existe em ambos. Pois não pertencem Bach, Handel e Schubert, Haydn e Mozart um ao outro, assim como a Alemanha e a Áustria? Não estão unidos no espírito alemão vivo que compartilham, do mesmo modo que Beethoven uniu a música alemã e a austríaca? E Beethoven não é um símbolo dessa unificação da alma alemã e austríaca, um símbolo que permanecerá para sempre?[19]

De repente o passado parecia muito diferente. Tentando aproximar as visões de Pequena e Grande Alemanha, o historiador austríaco Heinrich Ritter von Srbik defendia um novo enfoque que ele batizou de *Gesamtdeutsch* — isto é, a história não da Alemanha histórica que existira como Sacro Império Romano, nem da Alemanha política contida nas fronteiras de 1871, mas a história de todo o mundo habitado por alemães étnicos, que nunca existira como uma unidade política, mas que poderia fazer isso no futuro. "A missão da história alemã", escreveu ele em seu épico *Deutsche Einheit* [Unidade alemã], "é ajudar a construir uma nova morada alemã." Ainda em 1942, Von Srbik continuava escrevendo liricamente sobre como

> a Alemanha [agora] levou sua missão milenar e seu papel de liderança até as fronteiras do mundo ocidental [...] Não como imperialismo, e não se baseando num ideal humanitário, mas antes fundada numa nova ideia, a do *Volkstum*, que reco-

nhece a personalidade das nações e vincula organicamente as nações pequenas à liderança do grande *Volk*.

Só em 1944 ele se deu conta de que a Nova Ordem de Hitler não iria recriar um Sacro Império Romano idealizado.[20]

Tal como Von Srbik, muitos acadêmicos nacionalistas eram oriundos da periferia do mundo alemão — da Áustria, dos Estados bálticos ou das terras próximas às fronteiras prussianas. Até mesmo os não nazistas achavam fácil ver o nacional-socialismo, ou mais precisamente Hitler, como o veículo para o renascimento nacional a que aspiravam. No caso do historiador medieval judeu Ernst Kantorowicz, por exemplo — que, embora fosse um nacionalista conservador, certamente não era nazista —, essa atitude era evidente.[21] Escrevendo em 1941, um observador da cena intelectual alemã percebeu que

os historiadores alemães, exceto por uma minoria republicana, precisavam de pouca "coordenação". A Alemanha do futuro que muitos historiadores previam e pela qual trabalhavam se aproximava em muitos aspectos do Estado nazista de hoje. A necessidade de poder, o primado da política externa sobre os assuntos internos, a rejeição a ideologias e instituições "estrangeiras", a ênfase na cultura alemã, a subordinação do indivíduo ao Estado, a devoção do Reich à sua missão no Leste, a inclusão de todos os alemães no império, a necessidade da Alemanha de ter um Führer com amplos poderes são apenas seus traços mais importantes.[22]

Naturalmente, como é típico dos intelectuais, a maioria desses estudiosos acabou se desiludindo quando os nazistas não implementaram as ideias deles — mas não antes que os nazistas expusessem quanto deviam a eles. Quando, em fevereiro de 1939, Hitler inaugurou o novo encouraçado *Bismarck* e discursou louvando seu ilustre predecessor, cujas realizações haviam sido limitadas apenas por sua necessidade de dividir o poder com os Hohenzollern, ele não estava divergindo muito da opinião histórica comum na Alemanha nazista. Um ano mais tarde, o Führer falou longamente a Goebbels com o mesmo espírito: "Bismarck não pôde fazer mais. As dinastias o atrapalharam". Elogiando os democratas de 1848, alardeou que a Alemanha também assumiria o manto da liderança europeia que pertencera ao Sacro Império Romano: "Graças à nossa genialidade empresarial e à nossa seletividade racial, a dominação mundial automaticamente caberá a nós". Bismarck, os liberais de 1848, imperadores católicos: todos esses elementos distintos se tornaram meramente grãos no moinho da "Alemanha total" dos nazistas.[23]

Não pode haver dúvida quanto à importância do conceito de Grande Alemanha para o movimento nazista e para Hitler pessoalmente. O próprio Hitler descreveu o nacional-socialismo como "o filho da Liga Pangermânica".[24] Tampouco podiam ser mais categóricos os artigos iniciais do programa de fundação do partido. Proibindo a cidadania aos judeus e a outros de sangue não alemão, eles exigiam a criação de uma Grande Alemanha com base no direito à autodeterminação nacional, a revogação dos tratados de paz e a necessidade de colônias nas quais a Alemanha pudesse acomodar sua "população excedente". Basta uma leitura superficial de *Mein Kampf* para dissipar quaisquer dúvidas que possa haver sobre o comprometimento do próprio Hitler com tais ideias. Hitler e seus seguidores viam o arranjo pós-Versalhes no Leste Europeu não apenas como uma humilhação nacional, mas como uma ameaça biológica à sobrevivência do povo alemão como um todo. De tal perspectiva, nenhuma outra política externa era possível, em última instância, que não a da expansão territorial, e a justificativa central para a tomada do poder e o controle da política interna era a preparação do país para as guerras prolongadas com as quais se obteriam terras.

É surpreendente, para dizer o mínimo, que a vasta bibliografia erudita produzida nos últimos trinta anos para analisar as bases de apoio dos eleitores ao nazismo em Weimar tenha falado tão pouco sobre tais questões. Concentrando-se quase exclusivamente em fatores internos, os historiadores tentaram estabelecer o perfil sociológico do "típico" eleitor dos nazistas (apenas para concluir que tal figura provavelmente não existiu). De fato, a necessidade de expansão, um tema que Hitler foi desenvolvendo progressivamente, era muito popular. Bloqueada a "cruzada das minorias" de Stresemann na Liga, e com seu sucessor Brüning assombrado por seu fracasso em conseguir aprovar uma união aduaneira austro-alemã, Hitler martelava em seus discursos a ideia de uma moderna "colonização do Leste" como forma de resolver o problema da "falta de espaço" da Weimar posterior a Versalhes. O *crash* de Wall Street e o desemprego crescente, argumentava ele, apenas confirmavam a necessidade de contar com mais terras como alternativa à diminuição do acesso da Alemanha aos mercados mundiais.[25]

Hitler dispunha de um lado pragmático e paciente, e, uma vez no poder, a não ser pela saída quase imediata da Liga das Nações, seu objetivo nos primeiros anos foi apresentar uma imagem de moderação ao mundo enquanto a economia se reerguia e o rearmamento começava. Assegurar as fronteiras ocidentais contra os franceses era essencial. Formalmente, as relações entre a Alemanha e seus vizinhos do Leste continuaram sendo corretas. Mas o Terceiro Reich centralizou o controle sobre os numerosos grupos que lidavam com as questões relacionadas às minorias alemãs, e o partido criou uma nova agência — o Volksdeutsche Mittelstelle (Gabinete de Assistência aos Alemães Étnicos) — para coordenar as atividades ligadas aos assuntos envolvendo alemães étnicos. Em poucos anos, esse novo organismo havia assumido o controle da antiga VDA e estava sendo dirigido pela ss de Heinrich Himmler. Não mais interessado em atuar como "protetor das minorias da Europa", o partido-Estado da Alemanha nazista tentou exercer controle férreo sobre os líderes dos grupos de pressão e assistência social dos alemães étnicos, que muitas vezes eram obstinadamente independentes.[26]

A preocupação com os alemães que viviam no exterior reforçava a ideia das relações internacionais como um conflito racial. No centro da propaganda e da atividade irredentista contra a Polônia, o Bund Deutscher Osten, o jovem conferencista da Prússia Oriental Theodor Oberländer, especializado em "assuntos do Leste" (e mais tarde ministro do governo de Adenauer no pós-guerra), adotava um tom marcial. "A luta pela etnicidade", escreveu em 1936,

> não é nada mais que a continuação da guerra por outros meios sob o disfarce da paz. Não é um combate com gás, granadas e metralhadoras, mas um combate pelas casas, fazendas, escolas e pela alma das crianças, um combate cujo fim, ao contrário do que acontece na guerra, não é previsível enquanto o insano princípio do nacionalismo de Estado seguir dominando a região Leste, um combate que perpassa gerações com um objetivo: o extermínio!

Um ano depois, Oberländer foi afastado de suas funções por ser moderado demais na questão polonesa.[27]

A ideia de que a política externa era a "continuação da guerra por outros meios sob o disfarce da paz" também afetou a concepção do Terceiro Reich sobre o direito internacional. Depois de 1933, os teóricos nazistas do direito afirmaram a primazia do interesse de cada Estado e, progressivamente, da raça. Defendiam um novo tipo de lei segundo a qual uma comunidade orgânica alemã poderia criar suas próprias normas legais. O ideal, como explicou um deles, seria um Estado nacional "racialmente saciado", pois apenas um Estado assim poderia manter relações pacíficas com outros Estados no sistema internacional. Mas o que derivava disso não era inteiramente tranquilizador: tratados e outros acordos só eram considerados válidos se não ameaçassem a saúde racial de um povo; algumas comunidades raciais eram mais fortes que outras e podiam "naturalmente" exercer influência hegemônica sobre elas; a guerra, e não a lei, era portanto o árbitro supremo da ordem internacional. Os juristas nazistas desconfiavam profundamente da ideia de uma lei internacional comum baseada na igualdade formal de Estados soberanos.[28]

Ávidos por reclamar a lealdade dos alemães que viviam no exterior, os nazistas "racializaram" a noção da cidadania tanto fora como dentro do Reich. "Os conceitos de 'cidadão' e de 'colega racial' não coincidem", escreveu um conselheiro do Ministério do Interior em 1936. "A raça, ou seu membro individual, o colega racial, deve estar em primeiro lugar." Em outras palavras, a afinidade entre alemães — onde quer que eles estivessem — tinha primazia sobre "a concepção formal de cidadania". A "lealdade ilimitada e inalterável à própria raça", que outro professor de direito considerava o princípio fundamental da lei nacional-socialista, supostamente valia mais do que qualquer lealdade que os alemães étnicos pudessem sentir pela Tchecoslováquia, pela Hungria ou por qualquer outro Estado cujo passaporte calhasse de eles terem. Se, de acordo com tal pensamento, o Terceiro Reich e o próprio Führer não eram de fato nada mais que a voz do *Volk* alemão como um todo, então também era verdade que o Reich — e ele — tinha o direito de falar pelo *Volk* e de esperar que os alemães étnicos de toda parte obedecessem a suas ordens.[29]

Assim, a diplomacia das minorias alemãs virou de cabeça para baixo. Abandonando Genebra em 1933, Berlim negociava diretamente com seus homólogos nas capitais do Leste Europeu. Os britânicos e os franceses foram postos de lado, e organizações de alemães étnicos tornaram-se porta-vozes da linha nacional-socialista. O governo polonês beneficiou os alemães ao rechaçar as obrigações que tinha para com a Liga. Poucos anos mais tarde, reconheceu a questão das minorias como um problema bilateral, aceitando o Reich como defensor da minoria alemã. Seguramente, isso não ajudou muito os alemães na Polônia: ao contrário, as expulsões e os confiscos tornaram-se mais frequentes, as taxas de desemprego cresceram, e mais e mais alemães étnicos se declaravam poloneses. O que ficou evidente é como a ordem diplomática estabelecida em Paris em 1919 estava sendo substituída na Europa Central e na Oriental por uma outra forjada em Berlim. Dentro da Polônia, à medida que as velhas elites emigravam ou eram afastadas, a comunidade alemã mantinha-se politicamente fraca. Seu destino, no futuro, seria determinado pela política alemã e pela força alemã.[30]

ANSCHLUSS

Para Hitler, previsivelmente, o primeiro passo para o programa de expansão depois do plebiscito do Sarre e da militarização da Renânia seria dado na Áustria. *Mein Kampf* começa exigindo a devolução da "Áustria Alemã à grande pátria alemã", e Hitler não poderia ter sido mais claro quanto à importância de sua pátria como trampolim para a expansão nacional:

> A Áustria Alemã deve voltar a fazer parte da grande pátria alemã, e não por causa de alguma consideração econômica. Não, e outra vez não: mesmo que tal união não tivesse importância de um ponto de vista econômico; sim, mesmo que fosse prejudicial, ainda assim deve se realizar. Um só sangue exige um só Reich. Jamais terá a nação alemã o direito moral de desenvolver uma política colonial até que, ao menos, abrace os próprios filhos dentro de um Estado único. Só quando as fronteiras do Reich incluírem até o último alemão, mas não puderem mais garantir seu pão de cada dia, surgirá da dor de nosso próprio povo o direito moral de adquirir terra estrangeira.

A conclamação ao Anschluss, como vimos, não era monopólio da direita. Em 1926, a cidade natal de Hitler, Linz, tinha visto como os sociais-democratas austríacos decidiram lutar pelo "Anschluss [...] por meios pacíficos", e sucessivos governos austríacos e alemães buscaram preparar o terreno mediante discretos esforços diplomáticos. A exigência de vistos foi abolida entre os dois países e práticas legais e comerciais foram padronizadas. Entre 1930 e 1931, o governo Brüning insistiu na ideia de criação de uma união aduaneira entre os dois Estados, mesmo depois de ela ter provocado um confronto diplomático com a França. Ambos os lados sabiam que esse seria um golpe na ordem de Versalhes, e alguns diplomatas alemães de alto escalão acreditavam inclusive que isso obrigaria tchecos e poloneses a cair nos braços alemães. Porém, em má hora, pois o anúncio coincidiu com a quebra do Credit-Anstalt, que deixou a economia austríaca de joelhos e tornou mais importantes que nunca as enormes reservas de ouro da França; a humilhação resultante foi apenas uma das razões da queda do governo Brüning, enquanto a crise de Weimar ingressava em sua fase terminal.

Mesmo depois de 1933 não havia um caminho simples que levasse a Viena. No ano seguinte ao da tomada do poder por Hitler, ele permitiu que os nazistas austríacos organizassem um Putsch. Para sua vergonha, o golpe fracassou, seus líderes foram enforcados e, ainda pior, causou o distanciamento da Itália fascista. Depois disso, o Terceiro Reich investiu numa linha "evolutiva" muito mais gradual. Em julho de 1936, a Áustria concordou em seguir uma política externa baseada no princípio de que o país "reconhece ser um Estado alemão". No ano seguinte, falando com seu mais alto escalão da defesa, Hitler enfatizou que "o objetivo da política alemã é assegurar e preservar a comunidade racial e ampliá-la". Disse, porém, que o momento para a guerra chegaria no início da década de 1940. Quanto à Áustria, ele ainda se preocupava com a reação de Mussolini. Na realidade, quem queria ir em frente não era o Führer, mas Goering. Em sua propriedade, ele mostrou ao líder italiano um mapa no qual a Áustria já era retratada como parte da Alemanha. Quando o Duce comentou laconicamente que o Reich estava "cumprindo seu programa de forma pontual", isso foi interpretado por Goering como um consentimento.[31]

No início de 1938, contudo, os acontecimentos chegaram inesperadamente a um ponto culminante. Hitler havia substituído seu ministro das Relações Exteriores pelo mais flexível Ribbentrop e demitira o ministro da Guerra e o comandante em chefe do Exército, Von Fritsch, que se opunham à ideia de invasão. Também se proclamou comandante supremo das Forças Armadas, enfatizando a subordinação do Exército ao regime. Na Áustria, nesse meio-tempo, os esforços do governo para reprimir os nacional-socialistas austríacos haviam fracassado, e sob enorme pressão alemã o chanceler austríaco, Schuschnigg, foi obrigado a revogar a proibição à existência do partido, anistiar seus assassinos condenados e até mesmo indicar candidatos nazistas para ocupar postos em seu gabinete. O advogado Arthur Seyss-Inquart (que mais tarde viria a administrar a Holanda ocupada) tornou-se ministro do Interior, e Edmund Glaise-Horstenau (baseado em Zagreb durante a guerra) tornou-se ministro sem pasta. Schuschnigg já tinha se livrado — por exigência de Hitler — do chefe do Estado-Maior do Exército, o general Jansa, que havia preparado planos de resistência militar a uma invasão alemã. Essa era a estratégia "evolutiva" que, conforme Hitler insistiria mais tarde, dispensaria uma invasão ou um levante; e, como essa estratégia levaria à tomada do país pelos nazistas "por dentro", ele não queria, segundo disse, "uma solução por meios violentos".

Menos de duas semanas depois, entretanto, ele se surpreendeu ao saber que Schuschnigg planejava convocar um plebiscito. Ironicamente, um instrumento que havia sido utilizado durante a década de 1920 para reclamar o Anschluss era agora invocado para impedi-lo. Enquanto os nazistas austríacos arrasavam as ruas de Viena, Hitler abandonou sua linha "evolutiva" e ameaçou invadir se o chanceler não fosse substituído por Seyss-Inquart, o ministro do Interior pró-nazista. Sob imensa pressão, Schuschnigg acabou por renunciar na noite de 11 de março, e Seyss-Inquart assumiu o cargo na mesma noite, enquanto grupos de nazistas austríacos saqueavam prédios governamentais e prendiam membros do antigo governo. Para enorme alívio de Hitler, a Itália sinalizou que não faria objeções. A Wehrmacht, que não tinha planos atualizados para uma invasão, atravessou a fronteira na manhã seguinte e foi recebida por uma multidão eufórica.

Surpreendida pela recepção calorosa, a liderança nazista agora enfrentava um problema constitucional ao qual dera pouca importância. Deveria a Áustria continuar a ser um Estado centralizado, com seu próprio governo, dentro de uma estrutura federal alemã mais ampla? Ou deveria o país ser governado diretamente a partir de Berlim? O enorme abismo entre ideologia e implementação prática, entre o ímpeto irresistível do poder alemão e a incapacidade de planejar de antemão — algo que viria a ser uma constante do domínio nazista na Europa ocupada — foi evidente aqui desde o início. Mas assim também foi com a energia e o radicalismo com que o regime se lançou a resolver essas questões fundamentais de forma irrefletida. Na última vez em que o Anschluss estivera na agenda, Hans Kelsen, talvez o mais célebre jurista do país, defendera a manutenção da Áustria como "um Estado federal dentro de um Estado federal": ele achava que isso permitiria que os austríacos preservassem tanto sua identidade austríaca como sua identidade alemã. Mas essa era provavelmente a opção menos atraente para os nacional-socialistas da Alemanha, e, depois de uma recepção triunfal em Linz, Hitler se decidiu por um "Anschluss total" no qual o país, suas leis e sua administração seriam integrados ao Estado alemão. Em resumo, a Áustria desapareceria.[32]

Desse modo, a Áustria foi inteiramente despojada de sua identidade (como aconteceria mais tarde com a Tchecoslováquia, a Iugoslávia e a Polônia): foi rebatizada como Ostmark e tratada como uma província do Reich. A lei alemã foi

sendo estendida aos poucos para todo o país, e as instituições do governo austríaco foram dissolvidas ou subordinadas às suas equivalentes alemãs. Um dos principais assessores nesse processo foi Wilhelm Stuckart, alto funcionário civil do
Ministério do Interior do Reich e um homem que nos anos seguintes viria a desempenhar papel importante na administração de outras conquistas nazistas.
Figura muito diferente, mas ainda mais importante, foi Josef Bürckel, o Gauleiter* nazista que havia dirigido com êxito a incorporação do Sarre e foi trazido
para fazer o mesmo como comissário para a reunificação da Áustria com o Reich.
Sob o comando de Bürckel, a própria Ostmark não durou muito tempo. Foi dividida em sete províncias menores, cada uma diretamente subordinada aos escritórios berlinenses do governo central e do partido. O domínio da "Viena Vermelha" sobre o resto do país foi assim enfraquecido, e a capital austríaca não foi
sequer nomeada como uma das cinco cidades da Grande Alemanha do Führer
destacadas para receber projetos especiais de construção. (Linz — conhecida oficialmente como a "cidade natal do Führer" — teve a preferência.) Em pouco
tempo, nada restou oficialmente da Áustria.

Na primavera de 1940, tendo concluído seu trabalho, Bürckel voltou à Alemanha Ocidental: sua experiência era necessária na província francesa da Lorena, ocupada havia pouco. Hitler também teve uma boa impressão de Seyss-Inquart e o nomeou comissário do Reich na Holanda. Aos contemporâneos,
chamou a atenção o baixo nível de conflito com que se desenvolveu o processo.
Um cientista político americano escreveu em 1938: "Mais uma nação foi tomada
e incorporada ao [...] sistema político, econômico e social [...] sem confusão,
quase como se os detalhes dessa união tivessem sido planejados de antemão ao
longo de muitos anos".[33] Enquanto isso, o partido gozava seu triunfo. Os nazistas
golpistas que haviam sido enforcados pela polícia austríaca em 1934 foram cele-
brados como mártires da revolução nacional. Milhares se reuniram no bastião
nazista de Klagenfurt, na Caríntia, para ouvir o representante de Hitler, Rudolf
Hess, e para assistir ao juramento de sete novos Gauleiters do partido. Em Viena,
até no prédio da antiga Chancelaria austríaca, o alvo dos conspiradores em 1934,
uma placa comemorativa aclamava os homens que "defenderam a Alemanha".[34]

Na realidade, o processo não havia sido *tão* tranquilo assim. Enquanto a
Áustria perdia a identidade política, sua ordem social se dissolvia numa profusão

* Governador de província.

de violência e saques. Muitos "velhos combatentes" nazistas, especialmente os que haviam passado anos na clandestinidade, na prisão ou no exterior, viram a derrocada do governo de Schuschnigg como o momento de sua vingança. O espantoso foi até que ponto coube aos judeus a maior parte do castigo. Antes da chegada do Exército alemão a Viena, a cidade foi tomada por um pogrom, com bandos roubando lojas e escritórios, atacando os judeus em suas casas e fazendo suas próprias "prisões". "Abriram-se as portas do inferno", escreveu o dramaturgo Carl Zuckmayer ao relatar os acontecimentos da noite de 11 de março. "A cidade se transformou numa cena de um pesadelo de Hieronymus Bosch." Foi uma coisa, prosseguiu, pior que qualquer outra que ele já tivesse vivenciado — pior que as batalhas que havia lutado na Primeira Guerra Mundial ou os combates de rua que se seguiram a ela; pior que o Putsch da Cervejaria em Munique ou os primeiros dias do governo nazista na Alemanha. "Nada disso podia ser comparado àqueles dias em Viena." Em pouco tempo, o mundo inteiro pôde ver as fotos em que multidões zombeteiras cercavam judeus que, de joelhos, eram obrigados a esfregar as calçadas com as mãos. Mas essas fotos mal captavam a escala dos saques — um pogrom com saques que superou em destruição até mesmo a Noite dos Cristais, que ocorreria meses mais tarde. Aquilo era o antissemitismo como roubo puro, com homens que usavam braçadeiras com suástica ou que diziam pertencer à Gestapo dando "batidas" em apartamentos e se apropriando de qualquer coisa que lhes chamasse a atenção. Os judeus vienenses ficaram profundamente horrorizados com o ataque, e quase quinhentos cometeram suicídio.[35]

A capital da Áustria converteu-se de fato num laboratório de violência contra os judeus: pessoas que viriam a ter enorme importância na Solução Final posta em prática durante a guerra, quatro anos mais tarde, desempenharam papéis fundamentais ali em 1938. Entre eles, por exemplo, o nazista caríntio Odilo Globocnik, nomeado Gauleiter por Hitler em maio. Durando apenas alguns meses até que fosse demitido por corrupção, a carreira de Globocnik renasceu quando ele se tornou o comandante da ss de Himmler e da polícia (sspf) em Lublin, na Polônia Oriental, e o organizador dos campos de extermínio de Bełżec, Sobibor e Treblinka.

Não obstante, a degeneração da cidade em anarquia sob a influência de homens como Globocnik preocupava algumas figuras poderosas no Terceiro Reich. Chocados com o fato de que fosse permitido aos indivíduos levar a cabo sua própria "arianização" pessoal de propriedade judaica (e, em consequência, empobrecendo o Estado), o representante de Himmler, Reinhard Heydrich, ameaçou lançar a Gestapo contra os nazistas austríacos por sua falta de disciplina. Uma das formas pelas quais Viena apontou para o futuro foi mostrando à ss como era importante retirar das mãos dos combatentes de rua as políticas anti-judaicas. O que se tornou conhecido como "o modelo vienense" era sua resposta a isso — um modo muito mais sistematizado e burocrático de se livrar dos ju-deus e roubar suas propriedades. Foi desenvolvido por um dos "especialistas em judeus", Adolf Eichmann, por meio de seu novo Gabinete Central para a Emi-gração Judaica — algo que mais tarde ele descreveria com orgulho a um interro-gador da polícia israelense como "uma prioridade para o Reich". Em outubro de 1938, o astuto, enérgico e inescrupuloso Eichmann gabava-se de que 350 solicita-ções tramitavam por dia. Em menos de dois anos, a população judia da Áustria caiu de 192 mil para 57 mil pessoas enquanto os judeus eram intimidados, rouba-dos e deixavam o país. Quando os alemães tomaram a Tchecoslováquia, Eich-mann reproduziu seu sistema ali ("simplesmente se seguiu o exemplo de Vie-na"), e depois da derrota da Polônia ele estabeleceu um organismo similar também em Berlim. Quando a guerra irrompeu, a estrela de Eichmann brilhou ainda mais: sua perícia e experiência fizeram dele a figura central no planejamen-to e organização da deportação em escala continental de judeus para os campos.

Em Viena, ele contou com a ajuda de uma terceira figura, o mais alto ho-mem do sd no local, Franz Stahlecker, que também descobriu no Anschluss um trampolim para uma bem-sucedida carreira de exterminador em massa na ss. Ele se tornou o chefe da ss e da polícia (hsspf) de Himmler em Praga e na Noruega antes de ser posto à frente do Einsatzgruppe A, o esquadrão da morte que, sob seu comando, assassinou quase 250 mil judeus no Báltico e no norte da Rússia nos últimos seis meses de 1941. Nada disso era sequer imaginável na primavera de 1938; mas, pode-se argumentar, nada disso teria sido possível sem o que acon-teceu ali então.[36]

Com a penetração sem obstáculos da Wehrmacht na Áustria, abriu-se a pri-meira brecha na ordem territorial de Versalhes: estava surgindo o Terceiro Reich, tal como Hitler havia prometido. No período anterior ao plebiscito que se orga-nizou sobre a questão do Anschluss, os nazistas inundaram o país com propaganda. Enormes cartazes mostrando citações dos escritos de Hitler — "Aqueles que têm o mesmo sangue pertencem ao mesmo Reich!" — adornavam os edifícios públicos mais importantes. Mas a retumbante aprovação à unificação que veio a seguir provavelmente não foi enganosa. Até Karl Renner, o social-democrata que mais tarde viria a ser o primeiro presidente do país no pós-guerra, admitiu pouco antes da votação que "embora não [tenha se dado] pelos métodos que eu defendia, de todo modo o Anschluss se concretizou. É um acontecimento histórico, e eu o considero um desagravo geral pela humilhação de 1918 e 1919...".[37]

Muitos dos que aclamaram Hitler com grande entusiasmo durante a triunfal marcha da Wehrmacht sobre o país logo mudaram de opinião. Para alguns poucos, o problema era a brutalidade demonstrada contra os judeus. Embora o antissemitismo do regime contasse com uma aprovação generalizada, a violência enorme dos primeiros dias e semanas horrorizou a alguns. O ataque à Igreja católica levado a cabo pelo partido despertou ira ainda maior. O arcebispo de Viena reunira-se com Hitler durante sua visita triunfal, permitindo que a suástica panejasse sobre a catedral de Santo Estêvão e assinando suas cartas ao estilo nazista, com um "Heil Hitler". Mas isso não foi suficiente para saciar os nazistas austríacos radicais, entre os quais o mais importante era o jovem Gauleiter Globocnik. Eles confiscaram as propriedades da Igreja e deportaram muitos sacerdotes para Dachau. A oposição de alguns nazistas católicos à cruzada de Globocnik contra a Igreja foi uma das razões que levaram à sua destituição. Fora do movimento, a irritação era aberta. O primeiro grande ato de resistência contra o novo regime talvez tenha ocorrido no início de outubro de 1938, quando uma concentração de milhares de jovens fiéis saídos da missa no centro de Viena começou a gritar "Cristo é nosso Führer" antes de ser dispersada pela polícia.[38]

Mesmo não sendo mais que embrionário, até mesmo o nacionalismo austríaco era mais forte do que admitiam os nazistas. A reivindicação do Anschluss sempre havia mascarado uma série de motivos, e poucas pessoas realmente queriam que a identidade austríaca desaparecesse da maneira absoluta como Hitler desejava. Em Viena, particularmente, a incompetência, a corrupção e a crueldade dos novos chefes não passaram despercebidas. Os vienenses sentiram que tinham passado a ser governados por valentões matutos vindos da Caríntia e — talvez ainda pior — por alemães como Bürckel, que vinha acompanhado de um desagradável séquito de partidários provenientes do Palatinado. A solidariedade entre os habitantes da Grande Alemanha não podia ser forjada tão rapidamente quanto Hitler esperava, tampouco por seus métodos. "Não era tanto o nacional-socialismo o que lhes desagradava, mas as coisas alemãs em si mesmas", assinalou um observador. Em pouco tempo, os alemães do Reich estavam sendo "provocados e importunados": havia brigas nos bares e tumultos em jogos de futebol, e até mesmo vaias foram dirigidas à mulher de Goering quando ela visitou a ópera. Começaram a circular piadas amargas e fatalistas sobre a tomada de poder "prussiana". Numa delas, dois austríacos estão sentados num café. O primeiro diz: "Hum"; e o segundo, depois de um longo silêncio, responde: "Hum". O primeiro repete: "Hum"; e o segundo responde: "Bem, até que enfim nos livramos dos turcos também".[39]

3. Expansão e escalada: 1938-40

No Leste está nosso amanhã, está o futuro da Alemanha,
Lá nos esperam o perigo, as dificuldades de um povo e o rufar dos tambores
da vitória.
Lá nossos irmãos se mantiveram fiéis, para que o estandarte não baixasse
jamais,
Por quinhentos anos montaram guarda com lealdade, sem agradecimentos
em troca.
Lá nos espera a boa terra, até agora sem semente,
Lá não há fazendas nem criação, apenas terra clamando pelo arado!
Lá devemos reconquistar o solo estrangeiro que no passado foi alemão,
Lá tem de haver um novo começo. Alemães, armem-se e escutem este refrão![1]

Em fevereiro de 1933, reservadamente, Hitler perfilou assim seus objetivos futuros: "Talvez lutar por novas possibilidades de exportação; talvez, e provavelmente melhor, a conquista de um novo Lebensraum no Leste e sua germanização implacável".[2] De fato, novas possibilidades de exportação se abriram pouco depois — sem a necessidade de lutar — graças a acordos bilaterais de comércio firmados entre a Alemanha e os Estados balcânicos. Mas, depois do Anschluss, o

94

foco no Lebensraum e na germanização tornou-se aos poucos mais evidente. No ano crítico que se seguiu à ocupação dos Sudetos em outubro de 1938, o Terceiro Reich ocupou o restante das terras da Boêmia e da Polônia e, à medida que fazia isso, passou da apropriação de territórios com população preponderantemente alemã à tomada de outros habitados sobretudo por eslavos. Esses acontecimentos fizeram o resto do mundo questionar se a busca pelo Lebensraum pretendia de fato apenas garantir o direito da Alemanha à autodeterminação, como Hitler afirmara tantas vezes no passado. Os alemães, por sua vez, viram-se cara a cara com o problema do império — ou, em outras palavras, de descobrir maneiras de governar maiorias não alemãs, o que se tornou um problema mais agudo devido ao empenho cada vez maior do Terceiro Reich em utilizar a teoria racial como base da lei e da administração. Muitos austríacos e alemães dos Sudetos haviam recebido os soldados da Wehrmacht como libertadores. Certamente não foi o caso dos tchecos, ainda que não tenham lutado. Quanto aos poloneses, sua resistência feroz assumiu a forma de uma defesa tenaz e corajosa, embora estrategicamente suicida, contra circunstâncias avassaladoras. Por conseguinte, a experiência militar alemã em 1938-9 abarcou desde um passeio pacífico de 24 divisões da Wehrmacht pelos Sudetos até uma invasão da Polônia em escala total, em diversas frentes, por 57 divisões, ao longo de cinco semanas de pesados combates durante os quais 16 mil alemães morreram e 28 mil ficaram feridos, sem contar as 66 mil baixas fatais no Exército polonês e os milhares de civis poloneses executados.

O expansionismo voraz do Terceiro Reich chocou a Europa. Mas não devemos supor que os alemães o apoiassem incondicionalmente. Pelo menos um alto oficial da ss criticou reservadamente a marcha sobre Praga como "expansionismo". A opinião pública, relatou Von Hassell às vésperas da campanha na Polônia, considerava a guerra como "uma espécie de projeto do partido". Quando o próprio Hitler compreendeu até que ponto se estendia a passividade da população do Reich, viu confirmada a opinião que mantinha havia muito tempo de que a guerra era necessária, e não apenas para a conquista do Lebensraum e a segurança do Reich, mas para testar e endurecer os próprios alemães.[3]

OS SUDETOS: OUTUBRO DE 1938

Antes mesmo do Anschluss, os tchecos estavam muito preocupados com o que o futuro lhes reservava. Em fevereiro de 1938, Hitler mencionou publicamente os "10 milhões de alemães" que viviam em Estados vizinhos e advertiu que o Reich não assistiria "passivamente à perseguição deles". E, enquanto Goering tranquilizava os tchecos, Hitler assegurava confidencialmente a Konrad Henlein, o líder do Partido Alemão dos Sudetos, que a Alemanha iria em seu socorro. Henlein (cuja mãe tivera em solteira o sobrenome nada alemão *Dvořáček*) era um convincente defensor da causa dos alemães étnicos no exterior, e depois do Anschluss um grande número de alemães de outros partidos correu para se abrigar sob sua bandeira. Conscientes de que sua antiga identidade como súditos dos Habsburgo — a de "alemães da Boêmia" — era coisa do passado, eles se identificaram cada vez mais com a causa do nacionalismo da Grande Alemanha. Em sua mente, a velha fronteira imperial que separara o Império Habsburgo do Reich de Bismarck havia se dissolvido, e em suas concentrações ouvia-se o brado entusiasmado *"Ein Reich, ein Volk, ein Führer!"*.* O governo tcheco aprovou um novo Estatuto da Nacionalidade para ampliar a autonomia da minoria e promover o uso do idioma alemão, mas não foi suficiente nem poderia ter sido: Hitler e Henlein, ao se encontrarem, haviam concordado em que, nas palavras do segundo, "devemos sempre exigir tanto que nunca possamos estar satisfeitos". Aos tchecos restavam poucos amigos: até mesmo Churchill acreditava que os alemães dos Sudetos, ao clamar por "autogoverno", só estavam exigindo o que os próprios tchecos haviam reclamado antes de 1914.[4]

Quando Hitler exigiu a cessão imediata dos Sudetos, em setembro de 1938, em Munique, os britânicos e os franceses concordaram. Mas a capitulação de Neville Chamberlain não significou a "paz para o nosso tempo", como ele anunciou: foi um desastre para os tchecos e uma catástrofe para todos aqueles que esperavam pôr um freio à escalada bélica alemã. Despojada de mais de um terço da Boêmia e da Morávia e abandonada por seus aliados, a Tchecoslováquia — com sua vital indústria de armamentos e sua localização estrategicamente crucial, no coração da Europa — se viu cercada por forças hostis e praticamente indefesa. Um desiludido presidente Beneš deu lugar a Emil Hácha, um eminente advogado que sobreviveu no cargo até 1945 como uma figura trágica e alquebrada. Hitler havia apostado e ganhara. O Exército alemão, que mal possuía quarenta divisões, desafiara não apenas 35 divisões tchecas bem equipadas e entrincheiradas ao longo de linhas bem fortificadas, mas também uma força francesa de

---

* Um Reich, um Povo, um Führer.

cem divisões potencialmente esmagadora no Oeste. Apesar disso, tanto os franceses quanto os britânicos se deram conta de que precisavam de muito mais tempo para se rearmar e temiam ser vulneráveis ao poderio aéreo alemão numa guerra prolongada. Assim, entregaram os Sudetos sem lutar. Os soldados tchecos na fronteira simplesmente abriram caminho, e os alemães não encontraram resistência. Quando Helmuth Groscurth, um oficial da Abwehr,* visitou a região no início de outubro, encontrou os alemães dos Sudetos eufóricos. Do ponto de vista deles, aquilo era uma doce vingança pelas humilhações de 1918. Para celebrar a queda do efêmero Estado tcheco, foram realizadas homenagens militares plenas no túmulo de 56 alemães mortos em combate contra soldados tchecos no fim da Primeira Guerra Mundial, e uma coroa de flores foi depositada também na tumba do fundador do Partido Nazista dos Sudetos.[5]

Groscurth notou o comportamento disciplinado das tropas alemãs que chegavam, bem como as relações geralmente boas e até amáveis entre os oficiais com suas contrapartes tchecas. Mas pequenos destacamentos agressivos e mal treinados da ss estavam causando problemas, assim como bandos paramilitares de alemães étnicos ávidos por se vingar de seus vizinhos tchecos. O sd enviou vários milhares de judeus e antinazistas para Dachau. Nos bastidores, as relações entre os militares e os administradores civis, e também entre os alemães do Reich e os partidários de Henlein, eram confusas e tensas. Um funcionário do Estado-Maior escreveria mais tarde que foi nos Sudetos que "a incapacidade do Estado de governar" surgiu "em grau tão extremo pela primeira vez". A cooperação harmoniosa que os militares haviam previsto nos planos elaborados na época de paz para a administração da ocupação nunca chegou a se materializar, e os oficiais que ainda imaginavam estar no mundo do Exército do Kaiser ficaram escandalizados com a concessão de tanto poder a organismos civis e ao partido.[6]

Nada disso impediu que os alemães dos Sudetos fossem digeridos pelo Reich ainda mais depressa do que os austríacos haviam sido. Wilhelm Stuckart, o especialista do Ministério do Interior que supervisionara a incorporação da Áustria, foi chamado, enquanto Henlein era nomeado comissário do Reich para os Territórios Ocupados dos Sudetos. Depois que o Exército transferiu suas responsabilidades administrativas, ele foi nomeado Gauleiter para o novo Reichsgau

* Defesa.

Sudetenland.* Em 21 de novembro, os Sudetos foram anexados formalmente, e pouco depois novos deputados ocuparam cadeiras no Reichstag em Berlim. Obviamente, a unificação política trouxe os resmungos inevitáveis daqueles que haviam imaginado que ela seria o fim de todos os seus problemas: os alemães dos Sudetos queixavam-se da falta de investimento interno, da convocação de seus jovens para o Exército — no qual eram ridicularizados por causa do sotaque —, de sua dominação pelos "arrogantes e autoritários alemães do Reich" e da presença contínua de tchecos perto deles. Mal sabiam que seus problemas estavam apenas começando.[7]

A TOMADA DE PRAGA: MARÇO DE 1939

Munique marcou o momento em que o Terceiro Reich substituiu os britânicos, os franceses e a Liga das Nações como árbitros regionais da Europa Central. Estados menores aprovaram novas leis antissemitas — um modo simples de expressar seu desejo de agradar ao Reich — e a partir de 1938 muitas das fronteiras estabelecidas pelos pacificadores em Paris foram redesenhadas em Berlim. A poderosa coalizão de Estados antinazistas que poderia perfeitamente ter detido a expansão alemã implodiu de forma catastrófica com a fraqueza de ânimo de britânicos e franceses. Até mesmo a Polônia se banqueteou com o cadáver do Estado tcheco. Uma região fronteiriça ao sul da Eslováquia e da Rutênia foi entregue à Hungria, que deu início assim ao processo de se ressarcir pelas imensas perdas territoriais que sofrera depois da Primeira Guerra Mundial: em quatro anos, contando com as graças de Berlim, também recuperou terras da Romênia e da Iugoslávia. Os tchecos foram obrigados a conceder autonomia à Eslováquia e aos Cárpatos Orientais (Ucrânia), enquanto os alemães remanescentes em terras tchecas ganharam direito à cidadania do Reich. Praga teve de engolir até mesmo o projeto de um sistema extraterritorial alemão de rodovias que atravessaria o país de um extremo a outro para garantir o controle da Alemanha (que na realidade nunca chegou a ser construído). Enquanto um novo governo autoritário assumia o poder e punha em prática medidas contra judeus e opositores do nazismo, o revelador hífen inserido no nome do país — que era agora oficial-

* Suprema Corte dos Sudetos.

98

mente chamado Tcheco-Eslováquia — pressagiava mais fragmentação. Ao todo, Munique despojou o país de um terço de seu território e população, de suas fronteiras naturais e de várias posições defensivas valiosas, bem como de 40% de seu parque industrial, de 55% de todo o seu carvão e, não menos importante, de toda a sua população étnica alemã, com exceção de 4,5%.[8]

Já para a Alemanha, o ano trouxe ganhos extraordinários, e no Ano-Novo de 1939 o Führer dirigiu-se aos alemães em clima de júbilo: "Quem pode deixar de se comover profundamente vendo o Grande Reich alemão de hoje [...] ao refletir sobre a situação que enfrentávamos apenas seis anos atrás?". Em sua ordem do dia aos soldados, ele agradeceu aos seus homens por realizar "um sonho de muitos séculos" — o nascimento da Grande Alemanha: "Eu agradeço a vossa lealdade obediente. Acredito firmemente que no futuro também estareis dispostos a proteger o direito da nação à vida diante de qualquer tipo de agressão". O significado dessas palavras para os vizinhos da Alemanha estava se solidificando gradualmente em sua mente. Teria de haver pressão crescente sobre a Polônia para que Danzig — o porto alemão que fora declarado cidade livre em 1920 e estava vinculado à Polônia por uma união aduaneira — voltasse a fazer parte do Reich. Em si mesmo, era um argumento para ocupar o restante do Estado tcheco, o que possibilitaria esmagar os poloneses a partir de três flancos. Mas, com essa guerra já na cabeça, uma invasão de Praga teria de ser a menos complicada e mais rápida possível. Suas instruções ao Exército determinavam que "externamente se deve fazer ver de forma bastante clara que [a ocupação] é apenas uma ação pacífica e não um empreendimento bélico". Publicamente, Hitler emitia sinais contraditórios. No fim de janeiro, pronunciou ante o novo Reichstag da Grande Alemanha o titânico discurso de duas horas e meia que hoje em dia é lembrado principalmente por sua profecia sinistra de que os judeus da Europa seriam aniquilados no caso de haver uma guerra mundial. Mas na verdade ele se dedicou fundamentalmente a louvar a nova Grande Alemanha. Destacou que o *Volk* continuava a precisar de mais Lebensraum; por outro lado, declarou: "Podemos considerar que esse processo de formação da nação alemã chegou à sua conclusão".

Os tchecos não tinham se rendido totalmente. Na realidade, davam sinais de que levavam a sério as garantias dadas em Munique a respeito de suas fronteiras e exigiram saber se a Alemanha se comprometia a respeitá-las. No fim de fevereiro, eles tiveram a resposta que esperavam não ter de escutar: as garantias haviam "sido dadas de forma prematura", já que a região se encontrava, "acima de quaisquer considerações, dentro da esfera dos mais altos interesses do Reich alemão". Os planos alemães para a "liquidação" do que restara do Estado tcheco foram acelerados. Os eslovacos foram forçados a exigir a independência imediata, e o golpe final aconteceu quando soldados tchecos entraram na capital eslovaca em março para reprimir essa reivindicação. Apoiado por Hitler, o sacerdote e político eslovaco monsenhor Jozef Tiso declarou a independência da Eslováquia. No mesmo dia, Emil Hácha, o infeliz presidente tcheco, foi chamado a Berlim, onde Hitler lhe disse que o Exército tinha ordem de invadir. Submetido a uma enorme pressão psicológica e ante a ameaça de Goering de bombardear Praga com seus aviões, o idoso Hácha desmaiou e teve de ser reanimado pelo médico de Hitler antes de se resignar a assinar um memorando redigido pelos alemães que punha seu país sob a "proteção" do Reich. Homens da SS Leibstandarte Adolf Hitler já haviam cruzado a fronteira, e na manhã seguinte, quando os tchecos despertaram, o general Blaskowitz encabeçou a entrada dos primeiros alemães numa Praga coberta pela neve. Às 9h30, canhões alemães já tinham a cidade sob sua mira desde as alturas do castelo de Hradčany. Exceto por alguns pneus rasgados e bolas de neve lançadas contra caminhões e tanques alemães, não houve resistência.

Em Berlim, ninguém sabia realmente o que significava a "proteção" alemã, a não ser o fato de que os tchecos seriam forçados a cumprir os desejos da Alemanha em tudo o que se relacionasse a sua política externa. Hitler decidira fazer o nome da Tchecoslováquia desaparecer do mapa e criar um novo Estado — o Protetorado da Boêmia-Morávia. Wilhelm Stuckart, o diligente especialista do Ministério do Interior em incorporação de territórios ocupados, foi chamado para redigir uma nova "Constituição". Encerrados no castelo de Hradčany nas noites de 15 e 16 de março, enquanto um triunfante Hitler ali dormia, Stuckart e seus colegas acertaram os detalhes. O decreto redigido por eles que criava o Protetorado justificava a ocupação historicamente, baseando-se no fato de que "os países da Boêmia e Morávia haviam pertencido durante um milênio ao Lebensraum do povo alemão", e politicamente, já que o próprio Estado tcheco havia se mostrado incapaz de garantir a ordem. O Reich estava supostamente ameaçado por "uma nova e monstruosa ameaça à paz europeia", e apenas "por um ato em conformidade com a lei da autopreservação é que o Reich alemão está decidido a adotar medidas firmes para o restabelecimento das bases de uma ordem centro-europeia".[9]

De fato, o regime que os alemães estavam instaurando guardava uma óbvia semelhança com os protetorados estabelecidos pelas potências coloniais — pelos tratados franceses com a Tunísia e o Marrocos, por exemplo. Assim como os nominalmente independentes Egito, Iraque e Cuba, o Protetorado da Boêmia-Morávia conservava muitos atributos de soberania, mas não todos. Mantinha um presidente e um governo, uma milícia de 7 mil homens e uma administração pública interna que permanecia relativamente intacta. Mas o poder deveria ser exercido "em conformidade com os direitos políticos, militares e econômicos do Reich", e a interpretação destes ficava nas mãos de um defensor do Reich nomeado por Berlim com seus próprios administradores regionais civis e forças policiais e militares, bem como o poder de confirmar ou de negar cargos a membros do governo tcheco. Também remanescente da prática colonial era o estabelecimento de um sistema de leis dual — de modo muito semelhante ao que acontecia na Argélia francesa — pelo qual os alemães com cidadania tcheca podiam se inscrever automaticamente para obter a cidadania do Reich, enquanto os demais continuavam sendo cidadãos do Protetorado. Desse modo, desenvolveu-se uma jurisdição extraterritorial paralela para os 250 mil alemães do Protetorado.

Mas o *fait accompli* nazista também trazia alguns aspectos novos. O primeiro e mais evidente era o fato de que, pela primeira vez na era moderna, tais medidas estavam sendo aplicadas por um Estado europeu a outro Estado europeu. Era realmente uma extraordinária reversão de muitas das suposições sobre as quais havia sido construído o edifício do direito internacional e de todo o sistema mundial de Estados do século XIX, e o racismo era evidente tanto nas manifestações de indignação antinazistas como na política nazista. "Nunca antes se impuseram condições semelhantes a nenhuma nação pertencente à raça branca", escreveu Eugene Erdely. "Isso constituiu o primeiro estatuto colonial alemão na história moderna para uma nação branca e civilizada."[10]

Havia um detalhe não menos significativo: Hitler emitira a proclamação do Protetorado como um decreto pessoal e não como lei do Reich, o que era uma formidável indicação de como a expansão do Reich estava aumentando o poder pessoal do Führer. De acordo com um eminente comentarista alemão de direito constitucional, "está claro que a implementação da promessa do Führer [...] depende inteiramente dele [...] Mediante o ato de Hácha, a autoridade para proporcionar uma estrutura para a organização política do povo tcheco foi integralmente transferida para o Führer". A doutrina do Poder Executivo ilimitado converteu o decreto de 16 de março num documento que Hitler podia interpretar à vontade. O que nele se entendia por soberania permanecia obscuro, assim como a definição de seus poderes como defensor do Reich. E a relação do Protetorado com o Reich não era menos ambígua. De modo bastante confuso, o Protetorado era declarado "independente sob a lei constitucional", mas "parte integral do Grande Reich alemão".[11]

Essas ambiguidades refletiam um dilema ideológico real. Dado que aquela era a primeira conquista alemã de um "povo estrangeiro", ninguém sabia verdadeiramente como integrar os tchecos na "área do Reich" de modo a concordar com os princípios da jurisprudência nazista. Para os líderes de um Estado que até o momento baseara suas políticas de nacionalidade no princípio da expulsão de várias centenas de milhares de não alemães, a acomodação de vários outros milhões deles apresentava graves problemas: era preciso admitir que eles eram eslavos, não judeus, mas o tema continuava a preocupar os peritos raciais do Reich.[12]

Não obstante, na primavera de 1939, Hitler continuava plenamente consciente de que tinha os olhos do mundo sobre si e queria que seu novo enclave tcheco funcionasse o melhor possível como propaganda dos benefícios da hegemonia alemã. Assim, o Führer nomeou o velho Von Neurath como defensor porque, como ex-chanceler, ele enviava ao exterior um sinal tranquilizador de que a Alemanha havia decidido "não despojar os tchecos de sua vida racial e nacional". "De acordo com os desejos do Führer", disse Stuckart a funcionários civis no fim de março, "os tchecos devem ser tratados de maneira conciliadora, embora com a maior severidade e com firmeza implacável [...] A autonomia do Protetorado só deve ser restringida se for claramente necessário." Depois ele acrescentou, reservadamente, que o novo regime na Boêmia-Morávia, "como primeira materialização do conceito alemão de protetorado, deve evitar tudo o que sirva para dissuadir outras nações que mais tarde poderiam expressar o mesmo desejo de se agregar ao Reich alemão como protetorados". Um perspicaz observador estrangeiro, um jovem diplomata americano em Praga chamado George Kennan, já havia entendido isso: a ideia do protetorado, escreveu ele em abril,

foi concebida num momento no qual muitos dos alemães, segundo todas as indicações, esperavam ser capazes de ampliar sua hegemonia pacificamente e dentro de pouco tempo à Hungria e a outros países da Europa Central. Portanto, os termos do Protetorado tcheco tinham importância como um precedente, em especial como um estímulo para que outros países pensassem que a absorção pela órbita alemã não significaria necessariamente o fim de sua existência nacional.[13]

Os alemães esperavam que sua política eslovaca também enviasse o sinal de que davam apoio a outros movimentos nacionais. Depois que o Exército alemão ocupou temporariamente a Eslováquia para bloquear qualquer intento de oposição dos tchecos, o governo eslovaco assinou seu próprio tratado de proteção com a Alemanha. Observadores deleitaram-se com o incongruente espetáculo de um destacamento da ss servindo como guarda de honra para um padre católico quando o veterano defensor da autonomia eslovaca, monsenhor Jozef Tiso, aterrissou no aeroporto Tempelhof de Berlim para as negociações que desembocaram na independência de seu país. Por sua trajetória, Tiso podia parecer um vira-casaca: ao longo do tempo, passara-se por defensor leal da Hungria, da monarquia e da Igreja, antissemita violento, integrante pragmático do sistema republicano tcheco no entreguerras e defensor do autoritarismo. Mas ele sempre se mantivera fiel às suas raízes provincianas eslovacas e jamais acalentara ilusões sobre até que ponto um povo tão indefeso como o eslovaco poderia sobreviver num mundo em transformação constante sem protetores e aliados mais poderosos. Quando Hitler chegou ao poder, el   ompreendeu a necessidade de obter o apoio da Alemanha, ainda que apenas para garantir que, quando a Tchecoslováquia se visse ameaçada, os eslovacos conservassem de algum modo sua autonomia para agir.[14] Mas os eslovacos devem ter se perguntado de que valia realmente a proteção alemã quando, uma semana mais tarde, o Exército húngaro invadiu de repente o leste de seu país e ocupou o que restava da Rutênia eslovaca — os húngaros haviam agido com o consentimento dos alemães. No exterior, a Eslováquia gozava dos paramentos da soberania e era internacionalmente reconhecida por 27 governos (incluindo a França, a Grã-Bretanha e a União Soviética). Na prática, havia uma forte presença consultiva alemã e uma grande missão alemã que controlavam o comércio, a economia e a política interna.

Mesmo assim, sob o governo de Tiso os políticos católicos conservadores da Eslováquia exploraram com habilidade o pouco espaço de manobra que obtiveram. Tirando vantagem da relutância de Berlim em abandonar sua postura de libertador, eles criaram um sistema político mais autoritário do que propriamente nazista e marginalizaram sua extrema direita. Obrigaram os alemães a duras negociações antes de permitir que usassem a Eslováquia para deslocamentos contra os poloneses e, embora representassem de bom grado uma legislação antissemita alinhada com o exemplo alemão, nem por isso se interessaram em implementar um cunho racial em suas leis internas. Dessa forma, a Eslováquia tornou-se um modelo da Nova Ordem de várias maneiras. Os alemães nunca se sentiram tão seguros quanto gostariam a respeito dos eslovacos. Embora a maioria visse a Eslováquia como um Estado fantoche, alguns dirigentes de Berlim consideravam o país um exemplo do que poderia acontecer quando se permitia que "pequenas nações" tivessem liberdade demais.[15]

Os alemães tinham boas razões para manter o interesse nas atenções internacionais. A invasão de Praga e a criação do Protetorado alarmaram o restante da Europa bem mais que Munique, e levantaram novas suspeitas quanto aos planos de Hitler. Em seu diário, o ministro do Exterior italiano, Ciano, se perguntou: "Que peso pode ser dado no futuro a essas declarações e promessas [alemãs] que nos dizem respeito mais diretamente?". Em público, o primeiro-ministro britânico, Neville Chamberlain, indagava o que acontecera com o princípio de autodeterminação que os alemães tanto haviam defendido. "Os eventos que tiveram lugar esta semana", continuava, "em completo desacordo com os princípios declarados pelo próprio governo alemão, parecem cair numa categoria diferente e devem fazer com que nos perguntemos: 'Será este o final de uma antiga aventura ou o começo de uma nova?'."

A descomprometida resposta de Hitler veio com o lançamento do encouraçado *Tirpitz*. "A Providência não criou o *Volk* alemão para atender obedientemente a uma lei, aplaudida pelos ingleses e pelos franceses, mas sim para realizar seu direito à vida", bradou. A Inglaterra estava falando de virtude "em sua velhice". Assim como a Alemanha ficou fora da Palestina, também "a Inglaterra não tinha nada a ver com o Lebensraum alemão". Com que direito os ingleses disparavam contra os árabes da Palestina "só por eles terem se erguido para defender sua pátria", enquanto os alemães, ao contrário, "tentam regular seus negócios com calma e em ordem"? Não era uma declaração de apoio aos anticolonialistas árabes, e sim uma exigência de que se permitisse à Alemanha certa discrição em sua própria esfera de influência. Ressaltando que a Alemanha não tinha nada contra os tchecos, Hitler afirmou que o Reich "não intencionava atacar outras nações". E se mostrou esperançoso com o surgimento de uma comunidade ideológica da Itália fascista com a Alemanha nazista para demonstrar internacionalmente o que já era evidente na Espanha: que seu direito era superior em poder e vontade às forças da "Grã-Bretanha democrática" e da "Rússia bolchevique". Depois disso, Hitler passou alguns dias navegando ao largo de Helgoland num novo cruzador. Foi uma viagem que ficou entre as mais felizes lembranças de sua vida.[16]

GUERRA DOS POVOS

Enquanto Hitler apreciava o ar fresco do mar do Norte, uma intensa atividade diplomática entre Londres, Varsóvia, Paris e Bucareste estava transformando o humor político na Europa, e foi nesse estágio que o *momentum* para uma guerra mais ampla — a guerra que Hitler não esperava ter de lutar por mais vários anos — se tornou afinal incontrolável. Em janeiro de 1939, os poloneses tinham mais uma vez se fechado ante as exigências do Führer. Agora, o firme rufar de tambores das reivindicações alemãs prenunciava um conflito. Hitler insistiu publicamente na anexação de Danzig e Poznań, enquanto a Lituânia era forçada por Berlim a devolver a faixa de terra que pertencera anteriormente à Prússia e era conhecida como Memel. Finalmente, os britânicos e franceses abandonaram a política de apaziguamento e ofereceram à Polônia uma garantia de apoio militar. Quando os italianos invadiram a Albânia, eles emitiram outra garantia para a Grécia e a Romênia.

Quanto esses apoios valiam era uma questão em aberto. Nem o governo britânico nem o francês queriam lutar, esperando ardentemente que aquelas garantias já funcionassem como elemento de persuasão. Mas Hitler não se deixou enganar e reagiu intensificando o relacionamento da Alemanha com a Itália fascista. "Firmemente ligados pela unidade interna de suas ideologias e pela solidariedade abrangente de seus interesses", entoava o preâmbulo do acordo,

os povos alemão e italiano estão determinados também no futuro a se postar lado a lado e a empreender seus esforços para assegurar seu Lebensraum e a manutenção da paz. Dessa forma, como foi prescrito pela história, a Alemanha e a Itália desejam, num mundo de desassossego e desintegração, conduzir sua missão de salvar as fundações da cultura europeia.

Por trás dessa postura pacífica, as preparações para a guerra na Alemanha se aceleravam. Os dois líderes tinham concordado (ou ao menos assim pensava o Duce) que a melhor época para a guerra seria o ano de 1943. Mas a aliança ítalo-germânica — a mais importante para a Alemanha durante a Segunda Guerra Mundial — nunca foi uma relação baseada na confiança, e, no dia seguinte à assinatura do acordo, Hitler disse a seus generais que planejava atacar a Polônia "na primeira oportunidade". Munique o convencera da fraqueza dos poderes ocidentais e do fato de que as armas, os cavalos, o ouro e as terras da Tchecoslováquia reforçariam em muito a capacidade do Exército alemão, permitindo que este aumentasse o equivalente a outras dez divisões. Não querendo se envolver precocemente numa guerra em que estava convencido de que a Grã-Bretanha e a França interviriam, o Duce fez com que Hitler o liberasse de suas obrigações dos termos da aliança. Na última semana de agosto, porém, isso importava menos para Hitler do que poderia ter importado antes, pois ele já tinha chegado a um acordo extraordinário com Stálin sobre a Polônia, no que talvez tenha sido a maior jogada diplomática de sua carreira. O Pacto Molotov-Ribbentrop, que estabelecia a divisão do país, pavimentou o caminho para a Alemanha invadir.

Ao contrário de Mussolini, Hitler acreditava que a França e a Grã-Bretanha ficariam de fora e também que a Polônia logo seria esmagada. Segundo todos os relatos, Hitler ficou realmente surpreso com a notícia de que os ingleses entrariam na luta. Mas, de uma forma ou de outra, ele acreditava — como declarou em meados de agosto — que "a grande guerra deve ser travada enquanto ele e o Duce ainda são jovens".[17] No dia 22 de agosto, enquanto Ribbentrop voava para Moscou para assinar o pacto de não agressão, Hitler estava em sua fortaleza de Berchtesgaden fazendo um discurso para seus principais comandantes militares. Anotações feitas na época indicam exatamente o tipo de guerra que ele antecipava:

Uma luta de vida e morte [...] A destruição da Polônia tem prioridade. O objetivo é eliminar forças ativas, não alcançar uma linha definida [...] Darei uma razão propagandística para começar a guerra, não importa que seja plausível ou não. O vitorioso não será interpelado depois se disse ou não a verdade. Quando se começa uma guerra, não é a razão que importa, mas a vitória. Fechem seus corações à compaixão. Ajam com brutalidade. Oitenta milhões de pessoas podem obter o que lhes é de direito. A existência dessas pessoas tem de ser assegurada. O homem mais forte é o que tem razão. A maior rispidez.[18]

No dia 1º de setembro, com quase 2 milhões de soldados alemães atravessando a fronteira com a Polônia vindos do oeste, do norte e do sul, o Führer fez a seguinte proclamação:

Para a Wehrmacht!

O Estado polonês rejeitou a regulamentação pacífica das relações de vizinhança que tentei conseguir e apelou para as armas. Os alemães na Polônia estão sendo perseguidos pelo terror sanguinário e sendo expulsos de seu lar. Uma série de violações fronteiriças, de natureza não tolerável para uma grande potência, demonstra que os poloneses não estão mais querendo respeitar as fronteiras do Reich alemão. Para pôr um fim a essa loucura, não há outro caminho para mim senão enfrentar a força com a força.

Dentro do Reich, Goebbels vinha insuflando sentimentos antipoloneses, contando histórias assustadoras sobre o sofrimento dos alemães étnicos. Em 11 de agosto, ele declarou aos editores de jornais que "a partir de agora, a primeira página deve conter notícias e comentários sobre as ofensas da Polônia ao *Volksdeutsche* e todos os tipos de incidentes que mostrem o ódio dos poloneses a tudo o que é alemão". Essa ofensiva propagandística teve enorme impacto numa população ávida por recuperar as terras que haviam sido perdidas em 1918. "Todos os dias os jornais nos apresentam novos relatos sobre o tratamento cruel dispensado aos alemães na Polônia, sobre as ameaças contra Danzig e comentários vergonhosos e insanos feitos sobre o Reich por provocadores poloneses", escreveu um tenente. "Nenhum de nós se surpreendeu, portanto, quando, no dia 25 de agosto, às seis horas da tarde, recebemos ordens de nos prepararmos para a partida." E um outro escreveu: "O *Volk* regressa ao lar para o *Volk*". "Onde estão aqueles que já quiseram estabelecer fronteiras ao redor desta terra? Onde estão aqueles que demonstraram ódio e escárnio à voz do povo e acharam que poderiam aprisionar as comunidades deslocadas de um povo nas correntes de Versalhes?"[19]

Não havia nada de especificamente nazista em enaltecer uma guerra para reparar as mágoas de Versalhes, pois a maioria dos alemães apoiava essa atitude. O que era característico do regime — e aliás dos que apoiavam os militares — era o extremismo de seus planos para transformar o conflito numa dura luta racial contra os poloneses. Manuais de treinamento apresentavam aos soldados um retrato negativo dos poloneses, e agora seus superiores confirmavam aquilo.

"Soldados da 21ª Divisão! Isto é pela honra e pela existência da pátria", proclamou um general às vésperas da invasão.

> A Prússia Oriental está em perigo [...] Marcharemos pela antiga terra alemã que nos foi arrancada pela traição de 1919. Nessas antigas regiões do Reich nossos irmãos de sangue sofreram uma assustadora perseguição! Este é o espaço vital do povo alemão.[20]

O alto-comando do Exército não deve ter se surpreendido quando Hitler reescreveu as regras da guerra. Quando a invasão começou, o comandante em chefe do Exército, general Von Brauchitsch, enfatizou que os civis "não eram inimigos" e que as tropas alemãs deveriam obedecer às provisões da lei internacional. Embora tenha alertado para o fato de que sabotadores, partisans e franco-atiradores poloneses teriam de ser enfrentados com firmeza, ele se mantinha coerente com a política militar da Primeira Guerra Mundial, o que incluía a prisão de reféns para garantir a obediência da população civil. Mas Hitler já havia emitido um sinal a seus comandantes superiores de que seus planos requeriam a "aniquilação física" da população polonesa e que planejava eliminar milhares de membros da elite intelectual, social e política do país. Incerto — e com razão, como se verificaria — quanto à vontade do Exército de obedecer a tais ordens, ele pediu à ss de Heinrich Himmler que as executasse.

Como já fizera em campanhas anteriores, a ss reuniu os Einsatzgruppen, grupos de Operações Especiais, muitos deles liderados por veteranos das guerras de fronteira de 1919. Oficialmente, sua função era assegurar a retaguarda do Exército, conduzir tarefas políticas e combater insurgentes. Mas suas instruções eram vagas e enervantes: depois de discussões com o Exército, ficou acordado que eles "combateriam todos os elementos em território estrangeiro e na retaguarda das tropas em luta que sejam hostis ao Reich e ao povo alemão". Em meados de agosto, eles foram informados sobre atrocidades dos poloneses contra civis alemães e advertidos sobre planos de organizar uma resistência por meio de organizações secretas de sabotagem. (O movimento clandestino de Piłsudski na Primeira Guerra Mundial forneceu o modelo.) Para esvaziar essas organizações preventivamente, o delegado de Himmler, Reinhard Heydrich, foi instruído pelo próprio Führer a organizar "a liquidação de vários círculos da liderança polonesa, que chegavam aos milhares". Ao transmitir essas ordens aos seus homens, Heydrich enfatizou que "a força motriz do movimento de resistência podia ser encontrada na intelligentsia polonesa" e esmagada na medida em que, no contexto dessa luta, "tudo era permitido". As leis da guerra — ou qualquer interpretação delas — estavam sendo deixadas para trás.[21]

Tendo aprendido com as campanhas tchecas, o alto-comando do Exército exigiu completo controle de todas as forças na Polônia. Queria ser capaz de controlar a ss em particular, assim como os administradores civis que assumiriam o governo regional à medida que a frente avançasse. Mas não logrou êxito. A questão de saber se a ss e as unidades policiais que acompanhavam as tropas estariam inteiramente sob o controle do Exército continuava sem solução. Embora tivesse muito cuidado para não antagonizar os generais, Heydrich viu a campanha da Polônia como uma oportunidade para demonstrar o valor da ss. A falta de confiança de Hitler nos militares era também evidente: suas ordens pouco antes da invasão tornavam os administradores civis mais independentes dos militares que no passado. Tudo isso alimentou a apreensão dos militares e, embora a evidência seja circunstancial, parece que a ansiedade sobre o que Hitler tinha autorizado a ss a fazer levou o Exército a pedir novas reuniões com Heydrich. Em 29 de agosto, eles finalmente assinaram os planos dos Einsatzgruppen para prender 30 mil poloneses.

Invadida por três lados e tendo se mobilizado muito tarde, a Polônia estava numa situação sem esperança: a Alemanha tinha duas vezes mais soldados e três vezes mais tanques e aeronaves. Além disso, havia mais de 800 mil soldados soviéticos na fronteira leste do país. Baseando sua estratégia na esperança de que os britânicos e franceses viessem em seu auxílio, os poloneses logo se desiludiram: nenhum dos dois parceiros planejava atacar a Alemanha durante o início da invasão, esperando que a luta se estancasse na lama, como na guerra anterior. Desfrutando do domínio dos ares, a Luftwaffe bombardeou cidades e aldeias da Polônia e disparou em trens e contra colunas de refugiados. Mesmo assim, os poloneses se defenderam com obstinação e infligiram pesadas baixas aos alemães. Em 9 de setembro, o governo convocou uma resistência armada geral, e, mesmo depois de as tropas se renderem, os civis continuaram a lutar, promovendo exatamente o tipo de combate irregular que sempre provocou as piores reações dos soldados alemães. Pela primeira vez desde que Hitler chegara ao poder, suas tropas se viram diante de um inimigo imprevisível e muito determinado.

O choque foi palpável desde o início. "Teve início uma difícil batalha com bandos [poloneses] [...] que só pode ser interrompida com o uso de medidas severas", observava já em 3 de setembro o general da Intendência Eduard Wagner. O problema do policiamento tornou-se ainda mais grave por causa da extraordinária velocidade do avanço alemão: policiais uniformizados encontravam-se de repente numa zona de guerra, com a responsabilidade de "pacificar" uma grande área com pouca inteligência ou preparação prévia. No mesmo dia, Himmler, o chefe da ss, emitiu uma ordem para que os "insurgentes" fossem "fuzilados onde estivessem".[22]

Na verdade, nem os homens da ss nem os soldados chegaram a esperar por tais ordens, já que, desde o dia 2 de setembro, civis poloneses de todas as idades foram vítimas das tropas do front, às vezes como retaliações por ataques de partisans, enquanto outros eram simplesmente assassinados, de forma aleatória. A pequena cidade de Złoczew foi uma das primeiras a sentir o que dezenas de milhares de outras sofreriam por toda a Europa nos seis anos seguintes: foi totalmente queimada, e cerca de duzentas pessoas foram mortas, inclusive crianças. Em outro caso, um investigador militar relatou que vinte poloneses, "definidos como criminosos", haviam sido fuzilados sumariamente. Alguns dos mais clamorosos abusos foram investigados, pois o Exército ainda não estava acostumado a esse nível de violência, o que só aconteceria um ou dois anos mais tarde. Um soldado das tropas de assalto e um sargento da polícia foram presos pela polícia militar por terem matado cinquenta judeus. Porém, em vez de ser condenados à pena de morte, receberam uma sentença leniente baseada em que, "por causa das numerosas atrocidades cometidas pelos poloneses contra os alemães étnicos, eles estavam num estado de irritabilidade".[23]

Essas atrocidades não eram puramente imaginárias. Na verdade, o tratamento dos poloneses aos alemães étnicos teve um papel importante para inflamar "a guerra dos povos". Preocupados com organizações clandestinas fundadas pelos nazistas e com suas milícias de "legítima defesa", os poloneses fecharam muitas instituições culturais e religiosas alemãs depois da invasão da Tchecoslováquia, e, quando começou a invasão da Polônia, a polícia prendeu entre 10 mil e 15 mil membros da minoria com base em uma lista previamente preparada e os despachou para as linhas de frente. Atacados pela população polonesa e por soldados, entre 1778 e 2200 alemães morreram, alguns de exaustão ou maus-tratos, outros em fuzilamentos em massa.[24]

Ao descobrirem evidências dessas mortes, os invasores alemães foram levados a uma resposta ainda mais violenta. Em Bydgoszcz — o caso mais notório —,

centenas de alemães locais foram mortos por conta de rumores de que franco-
-atiradores estavam disparando em soldados poloneses. Entre setecentas e mil
pessoas foram mortas, e alguns dos corpos estavam horrivelmente mutilados.[25]
Quando a infantaria alemã entrou na cidade e os encontrou, os soldados prenderam milhares de poloneses, inclusive professores, padres, advogados, funcionários públicos e outros membros da intelligentsia, e qualquer pessoa apontada por
um alemão local como envolvida em atividades antigermânicas era fuzilada imediatamente. Embora tenha sido estabelecida uma corte marcial na prefeitura da
cidade para julgar os prisioneiros, ela logo foi descartada.

O próprio Hitler ficou indignado com os relatos de que civis alemães haviam sido mortos no "Domingo Sangrento" de Bydgoszcz e exigiu uma resposta
mais firme. Nos dias que se seguiram, o Exército enviou mais de quinhentos
prisioneiros à ss para ser executados, e uma batida num dos bairros da cidade
prendeu outros novecentos, dos quais 120 foram fuzilados nos bosques e campos
ao redor. Cinquenta estudantes de uma escola local foram executados depois de
um deles ter atirado num oficial alemão; o Exército fuzilou outros cinquenta
"padres, professores, funcionários públicos, ferroviários, funcionários do correio
e proprietários de pequenos negócios". Novas instruções determinaram que
qualquer civil encontrado de posse de uma arma deveria ser fuzilado no ato. Ao
todo, estima-se que mil civis poloneses tenham sido mortos na cidade entre os
dias 5 e 13 de setembro, chegando a 5 mil na região.[26]

Esse episódio, um dos mais violentos de toda a campanha, indica diversas
motivações para a brutalidade dos alemães durante a invasão. Muitos dos que
foram mortos eram reféns mantidos por diretrizes draconianas — embora fossem padrão entre os militares — para ser fuzilados em retaliação. Foram vítimas
do modo como a Wehrmacht combatia a guerrilha e não da polícia racial nazista, pois a Alemanha e as tropas dos Habsburgo tinham agido da mesma maneira
em 1914 quando foram atacadas por guerrilheiros e franco-atiradores. Mas os
soldados também se viam como vingadores numa guerra entre os povos alemão
e polonês. Acima de tudo isso, instrumental e dando o tom, estava o próprio
Hitler. Foi o Führer quem insistiu para que os crimes dos alemães não fossem
punidos e que uma violência cada vez maior fosse a resposta para qualquer oposição polonesa.

Houve sinais de inquietação entre os militares. De início, a ordem de fuzilamentos imediatos dada por Himmler em 3 de setembro não era do conhecimen-

to de muitos oficiais e acabou sendo rescindida. Mas os generais se preocupavam com a crescente falta de disciplina e com a brutalização de seus homens. Como observou um chefe de divisão,

> os primeiros dias da guerra já mostraram que os soldados e parte dos oficiais sem experiência em guerras não foram instruídos, ou foram mal treinados [...] O nervosismo instintivo e a insegurança e os correspondentes fuzilamentos e atos incendiários envergonham a disciplina e a reputação do Exército, destroem desnecessariamente quartéis e provisões e levam a dificuldades para a população que sem dúvida poderiam ter sido evitadas.[27]

Alguns comandantes começavam a perceber quanto eram extremas as intenções de Hitler para com os poloneses e a se preocupar com a reputação do Exército e com o possível impacto no tratamento dos soldados alemães por exércitos estrangeiros no futuro caso eles se envolvessem numa "exterminação étnica [*volkstümliche Ausrottung*]". Mas não conseguiram o apoio de seus superiores. No dia 7 de setembro, Heydrich emitiu ordens secretas aos seus esquadrões da morte determinando que "a liquidação dos líderes poloneses" deveria ser completada até o início de novembro. Cinco dias depois, quando ele tentou acelerar a matança da "nobreza, do clérigo católico e dos judeus", o almirante Canaris, comandante da Abwehr, expressou seu horror. "Por esses métodos o mundo responsabilizará a Wehrmacht, sob cujos olhos essas coisas estariam acontecendo", preveniu o general Wilhelm Keitel, chefe do alto-comando das Forças Armadas. Mas o complacente Keitel respondeu simplesmente que a política era de Hitler e que, se o Exército não quisesse se envolver, a missão seria confiada à ss e aos administradores civis que a sucedessem. Depois de outras reuniões, inclusive uma entre o general Brauchitsch e o Führer, Brauchtisch disse aos seus comandantes seniores de campo que "os Einsatzgruppen haviam sido instruídos para conduzir certas tarefas étnico-políticas nas áreas ocupadas, de acordo com diretrizes do Führer", e que estas permaneciam "fora das responsabilidades dos comandantes locais". As mais altas patentes do Exército simplesmente lavaram as mãos a respeito de tudo aquilo.

Era tudo o que o Führer queria. No início de outubro, Hitler decretou uma anistia geral para todos os soldados alemães condenados por crimes durante a invasão — uma medida sem dúvida corretamente interpretada como uma luz verde para futuras "severidades" por parte das tropas. Seu ajudante de ordens observou que ele estava cansado do "sentimentalismo moroso" da Wehrmacht; depois criticou o general Von Blaskowitz, comandante militar da Polônia, por sua "atitude infantil" ao decretar punições rigorosas para homens da ss por crimes de guerra e ao se queixar abertamente contra graves violações de normas internacionais.[28]

Em meio à violência, o formato do futuro que a Polônia esperava demorou a se delinear. Como um intérprete do Führer observou mais tarde: "Os nazistas continuavam falando sobre um Reich de 2 mil anos, mas não conseguiam pensar cinco minutos à frente!". O rápido avanço da Wehrmacht fez com que, já no dia 8 de setembro, unidades alemãs tivessem tomado o corredor, chegando à periferia de Varsóvia e isolando um grande número de forças polonesas ao redor de Poznań. Porém, em meados de setembro, com Varsóvia ainda resistindo e com Mussolini forçando um acordo negociado, Hitler e seus assessores hesitavam diante dos inúmeros cenários possíveis. Um deles era a chamada "quarta partição" entre a Alemanha e a União Soviética; outro era permitir a existência de um pequeno e enfraquecido Estado polonês depois da anexação de seus territórios ocidentais pela Alemanha; e um terceiro era dividir até mesmo esse pequeno Estado (na verdade, era a solução tcheca) e estabelecer um pequeno Estado ucraniano no sudeste da Polônia. Mas todas essas propostas encontravam dificuldades do ponto de vista alemão, e não havia esperança de esta última ser aprovada por Stálin. (Tendo já fechado a questão polonesa, a última coisa que Stálin queria era reabrir o caso da Ucrânia.)[29]

O fator russo acabou sendo decisivo. Alarmado com a facilidade do avanço alemão, o Exército Vermelho marchou sem cerimônia para o leste da Polônia a meio caminho da invasão alemã, fazendo uma desagradável surpresa com a velocidade de sua ocupação. Tropas soviéticas e alemãs se encontraram ao longo da linha demarcatória, quase sempre de forma pacífica, e em Brest-Litovsk, o local do momento triunfal alemão vinte anos antes, eles organizaram uma parada em conjunto para comemorar a vitória antes que a Wehrmacht se retirasse. Mas agora o Exército Vermelho estava próximo demais e causava intranquilidade. Hitler continuava segurando um ramo de oliveira para os britânicos, e os italianos também queriam que ele tratasse a Polônia de uma forma que não excluísse uma solução diplomática com Londres e Paris. Em 19 de setembro, num discurso surpreendentemente moderado, Hitler enfatizou que "nossos interesses são de natureza muito limitada" e elogiou "o soldado polonês", ainda que lamentando o assassinato de "milhares de *Volksgenossen* chacinados".

Por outro lado, Stálin não queria a sobrevivência de nenhum Estado polonês. Ademais, ofereceu aos alemães territórios adicionais no leste da Polônia, ao redor de Lublin, em troca do reconhecimento da Lituânia dentro de sua esfera de influência, e isso era atraente para os alemães, que começaram a pensar naquilo como uma possível "reserva" para os judeus. Quando setembro chegou ao fim sem sinais de interesse britânico num acordo, as conversas privadas de Hitler sugeriam um resultado abrangente. A Polônia desapareceria do mapa, e o território sob controle alemão seria dividido em três zonas etnicamente homogeneizadas, com os poloneses no meio servindo como amortecedor entre os territórios expandidos do Reich a oeste e uma pequena reserva judaica na fronteira soviética:

1. Entre o Vístula e o Bug: isso seria para todos os judeus [também os do Reich], assim como para todos os outros elementos não confiáveis. Construir uma inexpugnável muralha no Vístula ainda mais forte que a do Oeste. 2. Criar um largo cordão territorial ao longo da antiga fronteira a ser germanizado e colonizado. Isso seria uma grande tarefa para toda a nação: criar um celeiro alemão, um campesinato forte, para reassentar bons alemães de todo o mundo. 3. Entre eles, uma espécie de Estado polonês.[30]

Assim, o oeste da Polônia se tornava um setor crucial para a expansão do Reich. A Alemanha recuperaria as antigas terras da Prússia e muito mais, podendo povoá-las com colonos. Poloneses "racialmente valiosos" seriam germanizados, enquanto "os encrenqueiros" entre "os intelectuais poloneses" seriam eliminados. "Num período de trinta anos", comentou seu ajudante de ordens, Hitler queria que "o povo atravessasse o país e não se lembrasse de que houvera um tempo em que essas regiões tinham sido tema de disputas entre alemães e poloneses".[31]

Essa tarefa assassina — que ia bem mais longe do que se pedira de conivência durante a própria invasão — era nitidamente algo com que o Exército não queria se associar. A Wehrmacht manteve uma forte presença na Polônia, particularmente auxiliando a esmagar as últimas resistências esporádicas e guarnecendo a divisa com a União Soviética. Mas a administração da ocupação foi posta nas mãos de civis fora da cadeia de comando militar, e a própria Polônia Ocidental foi preparada para a anexação. Demorou mais de um mês para Hitler e seus assessores decidirem até onde iria o papel da Alemanha além das fronteiras da velha Prússia. Os mais sensatos se preocupavam com a ocupação de terras habitadas por uma maioria polonesa: eles temiam que fosse difícil demais germanizá-las. Por outro lado, vários Gauleiters das regiões fronteiriças queriam expandir seus feudos, enquanto Goering exigia um fácil acesso à cidade industrial de Łódz. E havia ainda razões estratégicas para empurrar as fronteiras da Alemanha para muito além do leste também. Afinal, depois de discussões que ocuparam a maior parte de outubro, Hitler decretou uma nova fronteira cortando fundo a Polônia pré-guerra. O destino de Łódz foi decidido depois de uma visita feita à cidade por Himmler, Goebbels e o ministro do Interior, Wilhelm Frick. Dois novos *Reichsgaue* foram estabelecidos — um ao redor da cidade de Danzig e outro afinal incluindo Poznań e Łódz —, e as fronteiras das províncias da Alta Silésia e da Prússia Oriental foram ampliadas. Era a fantástica versão expandida de Hitler do projeto da muralha fronteiriça da Primeira Guerra Mundial. Claramente ele não receava o desafio à frente: no território a ser anexado ao Reich viviam 8,9 milhões de poloneses, 603 mil judeus e apenas 600 mil alemães.[32]

Para germanizar essas terras conquistadas o mais depressa possível, Hitler passou por cima do Exército e dos ministros civis e escolheu camaradas do partido que só respondiam a ele. Dois eram ferrenhos rivais que haviam organizado a máquina de guerra nazista antes de Danzig: Albert Forster, o Gauleiter do partido na região, e Arthur Greiser, que rumou para o sul a fim de estabelecer um novo quartel-general em Poznań. Greiser estava ansioso para se mostrar digno de seu prestigioso novo cargo — e, não menos importante, por ter ingressado relativamente tarde no Partido Nazista e, muito pior aos olhos de Hitler, por já ter sido maçom — e adotou o programa do Führer. "Ele liquidava os intelectuais poloneses sempre que achava justificado", confidenciou Hitler a um de seus ajudantes, aprovando a medida. "Eles nos mataram primeiro, e não se deve fugir da tarefa se for para se livrar de encrenqueiros."[33]

Parece que Hitler ainda tinha a esperança de persuadir os poderes ocidentais de que o governo alemão na verdade traria estabilidade à Europa Oriental. Em 6 de outubro, um dia depois de sua triunfal visita às ruínas bombardeadas da recém-conquistada Varsóvia, o Führer fez um longo discurso de vitória para o Reichstag. Ainda falando em termos de um enfraquecido Estado polonês (*Reststaat*) — embora fosse apenas *pro forma* —, Hitler insistiu em que as prioridades estabelecidas por Berlim teriam de ser cumpridas: fronteiras alemãs estáveis, uma nova ordem econômica e, o mais importante de tudo, "um rearranjo de nacionalidades" para pôr fim a "uma causa de persistente atrito internacional".

Para quem o ouvisse, ele só queria aperfeiçoar o Tratado de Versalhes e trazer a paz à Europa Oriental. "As revisões do Tratado de Versalhes que eu implementei", continuou, "não provocaram caos na Europa. Ao contrário, constituíram pré-requisitos para a criação de condições nítidas, estáveis e acima de tudo toleráveis ali." Levantando a possibilidade de uma conferência de paz com a Inglaterra, ele enfatizou que a Alemanha e a Rússia estavam estabilizando "essa zona de inquietação". "Para o Reich alemão, essa missão, que não pode ser considerada imperialista, representa uma ocupação por cinquenta a cem anos [...] No final, tudo isso beneficia a Europa."[34]

Era uma concepção muito bizarra do que os britânicos considerariam algo tranquilizador. Da maneira como as coisas estavam, eles não confiavam em nada que Hitler dissesse, e deixaram claro que não estavam interessados em nenhum tipo de acordo. "Qualquer possibilidade de entendimento agora desapareceu", observou o ministro do Exterior italiano, Ciano, num estado de espírito sombrio. Havia duas consequências imediatas. Primeiro, Hitler se preparava para uma ofensiva contra a França; segundo, estava tomando uma atitude a respeito da Polônia. No dia seguinte ao de seu discurso, ele encarregou Himmler de uma nova tarefa: reforçar a "germanidade" trazendo alemães étnicos "de volta" para o Reich de forma que pudessem ser reassentados nos territórios recém-conquistados. "A Polônia acabou", declarou o ministro da Propaganda, Goebbels (que estava entre os mais anti-Polônia dos ministros de Hitler), em 10 de outubro. "Ninguém mais fala sobre uma restauração do velho Estado polonês." Hitler criou um Estado debilitado conhecido como Governo-Geral, sob o comando de seu ex-advogado particular, Hans Frank, na parte do país — entre Varsóvia e Cracóvia — que não estava programada para a anexação. No final de outubro, quatro meses antes do planejado, a Polônia ocupada pela Alemanha encontrava-se totalmente sob controle civil. "Os militares são muito moles e conciliadores", escreveu Goebbels em seu diário, acrescentando mais tarde uma conversa com Frank: "[Eles] estão tentando uma política burguesa covarde, e não uma política racial. Mas Frank vai seguir seu caminho". O alto-comando do Exército ficou feliz em lavar as mãos em relação à Polônia e voltar sua atenção à futura ofensiva ocidental.[35]

Embora os alemães também tivessem estabelecido um governo-geral na Polônia durante a Primeira Guerra Mundial, este não servia de modelo para o que Hitler tinha em mente. Havia toda a diferença do mundo entre uma ocupação tradicional, socialmente conservadora e conduzida de acordo com os princípios das leis da guerra, e a versão muito mais violenta dos nazistas, voltada para mudanças sociopolíticas e demográficas radicais para durar "cinquenta ou cem anos". O governador-geral do Kaiser era um militar, o general Hans von Beseler, enquanto Hans Frank era um arrivista partidário. Von Beseler estabeleceu uma assembleia de aristocratas poloneses e prometeu uma forma de independência ao país; Frank presidia os assassinatos em massa da elite polonesa e representava a alternativa a qualquer tipo de autonomia. Os poloneses seriam convertidos numa desinformada força de trabalho escravo para os alemães e não precisariam de seus próprios políticos no futuro. "O Führer não tem intenção de assimilar os poloneses", escreveu Goebbels. "Eles devem ser isolados em seu Estado truncado e deixados por conta própria [...] Nós conhecemos as leis da hereditariedade racial e podemos lidar com as coisas de forma adequada." Uma rígida demarcação racial apoiada numa base "científica" apropriada era, de acordo com os nazistas, a única maneira de chegar a uma "paz perpétua" entre os dois povos.[36]

Esse destino funesto, porém, era dirigido mais especificamente aos poloneses que aos eslavos como um todo. Apesar da retórica nazista, na teoria, e cada vez mais na prática, cientistas raciais e assessores políticos faziam distinção entre diferentes grupos de eslavos. Os eslovacos tinham permissão de se autogovernar, e até mesmo o Protetorado da Boêmia-Morávia era governado pelos alemães através de uma burocracia tcheca e um presidente tcheco decorativo — algo negado aos poloneses. "Os princípios conferidos ao espaço da Boêmia-Morávia não podiam ser aplicados ao espaço polonês por causa do descontrole do caráter polonês, que se revelou claramente durante a campanha polonesa como um elemento que exige um método de dominação diferente", explicou mais tarde um jornalista alemão na Polônia. Em outras palavras, a força da resistência polonesa durante a invasão foi decisiva na preclusão da solução política tcheca na região. Mas é difícil imaginar que os alemães chegassem a tratar os poloneses da forma como tratavam os tchecos, tendo em vista as décadas de rixas sangrentas entre eles.[37]

Ainda que depois da derrota da Polônia alguns integrantes da ss tenham brincado com a ideia de fuzilar também a intelligentsia tcheca, isso nunca foi explorado sistematicamente. Em novembro de 1939, prisões em massa de acadêmicos foram efetuadas tanto na Cracóvia como em Praga, e muitos milhares foram mandados a campos de concentração. As universidades dos dois países foram fechadas por tempo indeterminado, de acordo com a decisão nazista de eliminar a educação superior em toda a Europa Oriental. Em Praga, no entanto,

Von Neurath se fez ouvir por Hitler enquanto tomava uma atitude mais moderada. Ele era um conservador da velha guarda, não um nazista, e Hitler se contentou em permitir que fizesse o que quisesse para manter a paz política e as fábricas funcionando. O governo conseguiu continuar financiando a Academia de Artes e Ciências da Tchecoslováquia, e as rações tchecas continuaram igualmente generosas, se não ainda mais generosas que as do próprio Reich. Greves parciais foram sufocadas com banhos de sangue relativamente pequenos. Quando visitou o Protetorado, Hans Frank percebeu com surpresa que

> havia cartazes vermelhos em Praga anunciando que hoje sete tchecos foram fuzilados. Eu disse a mim mesmo: se eu fosse pendurar um cartaz para cada sete poloneses fuzilados, nem todas as florestas da Polônia seriam suficientes para produzir o papel necessário para esses cartazes.[38]

Como sugere esse comentário, o destino do Governo-Geral era muito mais sombrio. A primeira nova "colônia" alemã seria governada a partir de Berlim — mais um exemplo de como a guerra e a conquista estavam expandindo o alcance do poder pessoal do Führer e encolhendo o alcance do que um estudioso chamou de "mundo conceitual jurídico da administração alemã". Como escreveu um jornalista do partido, era "um tipo totalmente novo de unidade administrativa dentro da área protetora do Grande Reich alemão". O advogado da ss Werner Best, fundador do Gabinete Central de Segurança do Reich (rsha), que deveria coordenar a política de segurança do sempre crescente império nazista, via o Governo-Geral como "o primeiro constituinte básico" num novo *Grossraum* continental. O próprio Frank — ambicioso, inteligente, histriônico e profundamente corrupto — estabeleceu seu minigoverno na Cracóvia com suas próprias reuniões de gabinete, ministros e secretários de Estado. Ficou logo conhecido, de forma irreverente, como "o Rei da Polônia", e seus domínios eram chamados de *Frankreich*.[39]

Às vezes Frank referia-se ao Governo-Geral como "um protetorado, uma espécie de Tunísia", e em outras como uma "reserva de vida" para "o povo polonês". Mas o próprio termo Polônia deveria desaparecer, e qualquer referência aos "territórios poloneses ocupados" — como ficaram conhecidos em setembro — era desencorajada para que isso não sugerisse que o país gozava de uma meia-vida legal. A teoria internacional de ocupação militar, tal como surgira durante o século anterior, havia claramente estabelecido a natureza provisional da autoridade de ocupação de um povo e afirmava a continuação da soberania do inimigo derrotado; só um tratado de paz — do ponto de vista formal — teria o poder de transferir a soberania de um Estado para outro. Por isso o Ministério das Relações Exteriores aconselhava cinicamente que se descartassem quaisquer referências aos "territórios ocupados" no título do Governo-Geral, pois isso poderia implicar compromissos legais "com os quais sem dúvida não queremos estar ligados".

Os advogados do Exército foram os mais relutantes em descartar as normas legais internacionais. Em meados de abril de 1940, durante os preparativos para a guerra no Oeste, o Comando Supremo das Forças Armadas (OKW) perguntou se a Polônia ainda existia *de jure* — uma questão relacionada ao tratamento de quaisquer prisioneiros poloneses que pudessem ser capturados na França. O Ministério das Relações Exteriores respondeu que não: a guerra com a Polônia havia terminado com a decisão de Hitler de encerrar a administração militar no país. Tratados com a União Soviética e com a Eslováquia referiam-se ao "até então existente Estado polonês" ou ao "ex-Estado polonês". Os suecos, que aceitaram proteger os interesses dos poloneses, foram duramente informados de que a Polônia não existia mais. Mesmo assim, os diplomatas não se sentiam muito confiantes na proposta, pois pediram que seus pareceres não fossem divulgados publicamente.[40]

Depois da queda da França, com a perspectiva de mais ocupações militares pairando no Norte e no Oeste da Europa, os advogados voltaram ao tema. Na Academia de Direito da Alemanha, tradicionalistas atreviam-se a argumentar que a anexação unilateral do território polonês e a subsequente ocupação do Governo-Geral eram ilegais. Outros discordavam, seguindo a linha nazista de que o Führer fazia as leis. Os que ficavam em cima do muro sugeriam com prudência que o status legal preciso do Governo-Geral ainda não estava claro. Mais uma vez foi recomendado que não se usasse referência alguma aos "territórios ocupados" no título do Governo-Geral, por temor de que comparações prejudiciais fossem extraídas a partir do tratamento mais convencional dado aos franceses e aos belgas sob a Wehrmacht. Como resultado, ao se reunir com Frank em Berlim pouco depois da queda da França, Hitler exigiu a mudança do título e, a partir do verão de 1940, a Polônia alijada ficou conhecida simplesmente como "o Governo-Geral". Hitler disse a Frank que dessa forma ficaria claro que o território do Governo-Geral permaneceria sendo parte do "território do Reich alemão [*deutsches Reichsgebiet*]" para sempre. A Polônia tinha desaparecido.[41]

4. A partição da Polônia

A guerra atual oferece à Alemanha a oportunidade, talvez pela última vez na história mundial, de assumir decisivamente sua missão colonizadora no Leste [...] Ela não deve se deixar dissuadir por palavras; em vez disso, deve se engajar com ação decidida; isso [nos] exigirá, no devido tempo, que nos acostumemos à ideia de um reassentamento de grandes massas de pessoas.

Essas sentenças poderiam facilmente ter sido escritas em 1939 ou 1940. Mas na realidade fazem parte de um conjunto muito mais antigo de planos elaborado em 1915 sob o título "Terra sem Homens" (*Land ohne Menschen*) — a estratégia concebida em Berlim durante a guerra para empurrar a fronteira racial entre alemães e eslavos para o leste e criar um muro de agricultores alemães em território polonês. Como vimos, essa era uma ideia que atraía muitos dos responsáveis pela formulação das políticas alemãs e muitos intelectuais e planejadores, e só a derrota impediu sua concretização.[1]

Os nazistas, portanto, não foram os primeiros nacionalistas alemães a pensar em soluções radicais para resolver o problema polonês mediante colonização e expulsão. Mas os funcionários do Terceiro Reich não buscaram muita inspiração nesses debates anteriores para planejar o que fariam uma vez que a Polônia fosse derrotada. Era evidente que antigos territórios prussianos seriam reincorporados ao Reich. Mas o que fazer com suas populações majoritariamente polonesas? E o que fazer também ante a súbita decisão do Führer de anexar uma enorme extensão de terras que jamais pertencera à Prússia (uma decisão que dobrava imediatamente o número de poloneses incluídos na nova fronteira alemã)? Antes da guerra, alguns especialistas acadêmicos haviam especulado sobre como "melhorar" os poloneses libertando-os da "dominação judaica". Mas tal política era demasiado pró-polonesa para o que Hitler tinha em mente. Ele queria destruir completamente a classe dirigente polonesa, e seus debates em agosto e setembro concentravam-se na "faxina política" necessária para alcançar esse objetivo. Como resultado, aproximadamente 50 mil poloneses e 7 mil judeus foram executados durante a invasão. Mas não havia um plano — ou assim parecia — sobre o que fazer com os milhões de habitantes poloneses que restavam, nem — o que é mais surpreendente — para identificar os colonos alemães que deveriam chegar para constituir o novo muro fronteiriço contra eles. Era como se, em comparação com o entusiasmo com que Hitler e seus colegas haviam planejado os aspectos destrutivos de suas tarefas, tudo o mais pudesse meramente ser deixado para se resolver por si mesmo.[2]

Embora os nazistas se recusassem firmemente a enfrentar o fato, o déficit demográfico fundamental continuara o mesmo por ao menos um século. Simplesmente não havia alemães em número suficiente dispostos a ser reassentados em território polonês. Esse problema era especialmente agudo para os nazistas, dados seu extremado racismo biológico e sua aversão à ideia de transformar poloneses em alemães por meio de assimilação cultural. De acordo com estimativas polonesas, mais de 90% da população nos territórios anexados pelo Reich era polonesa (as estimativas nazistas eram só um pouco mais otimistas). Para piorar as coisas, os alemães estavam migrando para o oeste em números cada vez maiores, mudando não apenas dos territórios poloneses do entreguerras como também dentro do próprio Reich. Em 1937-8, a emigração alemã dos territórios do leste da Prússia disparou, e semelhantes tendências migratórias podiam ser observadas na Silésia, na Baviera e, ironicamente, até mesmo nos Sudetos. Do ponto de vista do regime, a conquista ocorreu bem a tempo de impedir que os próprios alemães traíssem o interesse nacional com seu abandono das terras de fronteira.

Quanto às comunidades étnicas alemãs que viviam além das fronteiras do Reich, a política nazista depois de 1933 tinha sido a de mantê-las onde estavam e usá-las, quando desejado, como quintas-colunas; a alegada preocupação de Berlim com os problemas enfrentados pelas grandes minorias na Europa Central permitia que se intrometesse nos assuntos húngaros e romenos. Mas também impossibilitava o reassentamento das minorias no oeste da Polônia. Apenas num único caso diplomaticamente delicado essa política não foi seguida. Depois que o Anschluss levou o Reich até a fronteira com a Itália, Hitler estava ansioso para assegurar a Mussolini que não pretendia usar a minoria alemã na Itália contra ele, e em 1938 deu início a negociações com Roma para "transferi-la" ao Reich. Um acordo básico foi assinado em junho de 1939 — um elemento central para consolidar a aliança do Eixo — e Himmler foi encarregado de repatriar o primeiro grupo de 9 mil a 10 mil cidadãos do Reich alemão enquanto prosseguiam as negociações sobre o destino dos demais, que eram em sua maioria antigos súditos dos Habsburgo.[3]

As conversações com a Itália se arrastaram, e os números envolvidos não eram altos, mas criaram um precedente. E só poucos meses mais tarde a ideia de repatriar sistematicamente os alemães étnicos ganhou uma urgência inteiramente nova, graças ao Pacto Molotov-Ribbentrop e à invasão soviética no leste da Polônia. Isso provocou nervosismo nas repúblicas bálticas, especialmente porque Moscou começava a exigir que suas tropas estacionassem ali também. Os aterrorizados líderes alemães no Báltico temiam cair nas mãos no Exército Vermelho e lembraram a Himmler os massacres perpetrados pelos bolcheviques em Riga no fim da Primeira Guerra Mundial. Em meio a uma atmosfera de quase pânico em Berlim, Hitler decidiu fazer arranjos para que eles fossem "trazidos de volta para casa, para o Reich", ainda que apenas para assegurar que não houvesse conflito com os russos. Assim, somente um mês depois de sua momentosa primeira visita a Moscou, Ribbentrop foi enviado outra vez para organizar esse procedimento. Graças aos soviéticos — ou, mais exatamente, ao medo que os alemães do Báltico tinham deles —, um novo suprimento de colonizadores para o oeste da Polônia havia sido repentinamente encontrado. O regime tentou fingir que tinha planejado tudo aquilo, quando na verdade estava apenas reagindo aos acontecimentos.[4]

No início de outubro, navios alemães partiram para os portos bálticos de Riga, Tallinn e Liepaja. Ainda estavam a caminho quando Hitler fez seu discurso de "oferta de paz" no Reichstag. Mas, à luz desses eventos, podemos ver que suas palavras reconfortantes não eram dirigidas apenas a Londres. Sua afirmação de que os "fragmentos da nação alemã" seriam retirados do Leste e do Sudeste da Europa e levados de volta ao Reich para evitar novos conflitos também se destinava claramente a tranquilizar Stálin e evitar um choque desnecessário com a Rússia.

Os primeiros navios atracaram em portos bálticos em 7 de outubro para repatriar todos os alemães que desejassem partir, no mesmo dia em que Himmler foi nomeado chefe do Comissariado do Reich para o Fortalecimento do Povo Alemão (RKFDV). "As consequências do Tratado de Versalhes na Europa agora estão abolidas", começava o decreto que o nomeou. "Como resultado, o Grande Reich alemão agora pode trazer e assentar, em seu território, alemães que até aqui eram obrigados a viver no estrangeiro, e pode também providenciar o assentamento de grupos populacionais em sua esfera de interesse de modo a separá-los uns dos outros de forma mais adequada." Esse foi o verdadeiro começo da nova política populacional para a Polônia ocupada. Não havia um grandioso plano mestre; foi simplesmente uma resposta impulsionada pelo pânico a uma crise regional, algo que o regime depois apresentou de maneira distinta, como uma iniciativa política importante. Mas Himmler conseguiu converter isso brilhantemente em uma forma de expandir o poder da ss na Polônia e em outros lugares. Em muitos sentidos, esse foi o começo real da transformação da ss num Estado dentro do Estado durante a guerra.[5]

A RKFDV tinha três tarefas: supervisionar a repatriação dos alemães étnicos vindos do estrangeiro; manter poloneses e judeus da Polônia ocupada sob vigilância para "eliminar" sua "influência daninha"; e, expulsando-os em número suficiente, permitir o reassentamento dos alemães que chegavam, especialmente aos territórios do Oeste. Começando nos Estados bálticos, no leste da Polônia e na Rússia para evitar choques com o aliado soviético da Alemanha, o programa de reassentamento cresceu sob a liderança de Himmler até se transformar num vasto projeto de engenharia populacional que terminou expulsando centenas de milhares de poloneses e judeus de suas casas no oeste da Polônia, alimentando a dinâmica que levou ao genocídio, ao mesmo tempo em que trazia centenas de milhares de alemães étnicos como colonos. Aos nazistas pouco importava que os recém-chegados — especialmente os da Rússia — mal falassem o alemão, vestissem roupas esquisitas e tivessem dentes "catastroficamente" ruins, raquitismo e alto grau de senilidade prematura: eles eram alemães, pareciam ter preservado sua pureza racial e podiam ser usados para colonizar "o Leste recém-recuperado". Num discurso no dia 6 de outubro, Arthur Greiser, o Gauleiter da nova província do Warthegau, resumiu a missão que acabara de receber de Hitler:

> Em dez anos, não haverá um pedaço de terra que não seja alemão; todas as propriedades pertencerão a colonos alemães. Eles já estão chegando de todas as províncias do Reich, dos Estados bálticos, da Lituânia, da Romênia, da Rússia e do Tirol para se fixar nesta região. Eles vieram para cá, todos e cada um, para travar uma luta impiedosa contra o campesinato polonês.[6]

Nos Estados bálticos, agentes alemães pintavam um panorama cor-de-rosa do que estava por vir para aqueles que embarcassem para o Reich. Textos de propaganda descreviam granjas asseadas, mas aparentemente desabitadas, que esperavam seus novos proprietários. Na realidade, os que aguardavam a repatriação não eram enganados, e vários deles sabiam muito bem que os poloneses estavam sendo expulsos para lhes abrir espaço. Seu motivo para partir não era o comprometimento com a causa nazista, mas o medo de ficar ali caso os soviéticos tomassem o poder. Chegar a um acordo sobre as reivindicações econômicas dos governos bálticos levou algum tempo, e pelo menos 7 mil alemães recusaram-se categoricamente a partir. Mas a maioria estava ansiosa para ir embora e fez isso no intervalo de dois meses. O terror diante da aproximação do domínio soviético fez com que muitos letões e estonianos também se candidatassem a partir, muitas vezes alegando que possuíam família ou outras conexões alemãs. O terror era ainda maior entre os alemães da Volínia que viviam no leste da Polônia. Muitos haviam sido deportados pelas autoridades tsaristas durante a Primeira Guerra Mundial e estavam familiarizados com as deportações ocorridas nas zonas fronteiriças soviéticas nos anos 1930. Quando se anunciou que também seriam reassentados, eles ficaram felicíssimos. No momento em que os primeiros grupos partiram, no final de dezembro, três meses de governo soviético só haviam aumentado seu desejo de ir embora. De fato, muitos não alemães — incluindo poloneses, ucranianos e até judeus — arriscaram a vida implorando que fossem incluídos nesses comboios: uns poucos ucranianos e poloneses foram aceitos. Judeus, não.[7]

Os navios provenientes do Báltico atracaram nos portos da Prússia Ocidental em meados de outubro, onde bandas tocavam e discursos celebravam a "volta para casa" dos recém-chegados. Enquanto equipes da Juventude Hitlerista acenavam bandeiras para saudá-los, expulsões "selvagens" rapidamente abriam espaço nos apartamentos a eles destinados, pondo para fora os proprietários poloneses. As vítimas tinham pouco tempo para juntar suas coisas e só eram autorizadas a levar uma única mala, uma muda de roupa, um pouco de comida e duzentos zlótis* cada. Expulsa de Gdynia, a senhora J. K. recorda que os policiais alemães que lhe deram poucas horas para partir disseram "que, além de me aprontar, eu tinha de varrer o apartamento, lavar os pratos e talheres e deixar as chaves nos armários para que os alemães que iam viver na minha casa não tivessem nenhum problema". Ela e outras pessoas na mesma posição foram então transportadas para o Governo-Geral em vagões nos quais tinham apenas palha para se aquecer.[8]

Os poloneses foram as principais vítimas desse programa de despejo e expulsão. Mas isso também mudou o destino dos judeus da Polônia. Desde a invasão, eles eram rotineiramente escolhidos para sofrer castigos e humilhações. Lojas e residências judias eram alvo dos soldados alemães que passavam por elas, e os oficiais da Gestapo forçavam os judeus a "limpar" praças e ruas como expiação por sua presença contaminadora. O Terceiro Reich transformara jovens recrutas alemães em ardentes antissemitas que gostavam de ridicularizar publicamente esses "inimigos da raça", raspando-lhes a barba ou esmurrando-os quando estes não os saudavam com a devida rapidez. Apesar da onda de violência antijudaica organizada que se desatou na Polônia antes da guerra, muitos poloneses levaram um tempo para entender o novo espírito e perceber quem o endossava. "Todas as brutalidades devem ser toleradas", disse um major alemão a um novo grupo de policiais recrutas poloneses em outubro de 1939, pois haviam sido ordenadas "pelas altas instâncias".[9]

Não obstante, a conquista da Polônia complicou imensamente as tarefas dos "especialistas em judeus" do Reich. Entre 1933 e 1939, suas polícias de emigração forçada haviam derrubado mais da metade da população judaica do Reich, indo de 503 mil para 240 mil. E, embora as conquistas de 1938 e 1939 tivessem incorporado novas áreas de assentamento judaico às suas áreas de responsabilidade — 180 mil judeus na Áustria, 85 mil na antiga Tchecoslováquia —, a mesma política havia sido implementada nelas, e cerca de metade desses judeus também tinha fugido ou sido expulsa em consequência das operações de Eichmann. Em setembro de 1939, a grande maioria dos 400 mil refugiados que haviam fugido da Gran-

* A moeda polonesa.

de Alemanha desde 1933 era constituída de judeus. (Fatidicamente, quase metade permaneceu na Europa, já que as oportunidades para reassentamento de refugiados fora do continente estavam encolhendo.)[10] Os alemães achavam-se agora responsáveis — tendo pensado muito pouco sobre o assunto — por mais de 2 milhões de judeus, a terceira maior população judia do mundo depois dos Estados Unidos e da Rússia e quase dez vezes maior do que a que havia no antigo Reich.

Ao topar com esse problema inesperado, Himmler e Heydrich quiseram fazê-lo desaparecer o mais rápido possível. Propuseram concentrar esforços nos territórios recém-incorporados do oeste da Polônia e torná-los *judenrein* no período de quatro meses, expulsando toda a sua população judia para o leste. Quando se ofereceu para transferir o distrito de Lublin ao Governo-Geral, Stálin abriu a possibilidade de criação de uma "reserva judaica" na nova fronteira com a União Soviética.[11] Isso inflamou a imaginação de Eichmann, o especialista do SD em "emigração judaica", e ele sugeriu despejar ali também os judeus remanescentes da Áustria e dos territórios tchecos.[12]

Mas, apesar de tudo, somente cinco trens carregados de judeus chegaram a ser enviados a um pequeno campo de trânsito no rio San antes que Himmler fosse obrigado a cancelar toda a operação. O sentimento antijudaico não era a única força a impulsionar a política alemã de ocupação, como compreendiam agora os guerreiros raciais. Hans Frank ficou furioso ante a perspectiva de ter de abrigar em seu Governo-Geral a reserva judia para o Reich e seus novos territórios. E Hitler estava preocupado com o estabelecimento de um grande número de judeus na sensível fronteira com o Exército Vermelho. Surgira também outro problema. Quando os primeiros transportes de alemães do Báltico chegaram a Danzig, ficou claro que a deportação de judeus — especialmente de Viena e do Protetorado — não liberaria o espaço requerido pelos imigrantes alemães no oeste da Polônia. Com o deslocamento de milhares de alemães étnicos e a sobrecarga no sistema de transportes, a decisão de Hitler de "consolidar a germanidade" no oeste da Polônia passou a ter prioridade sobre os planos de expulsão dos judeus do Grande Reich alemão.[13]

Como havia quase 9 milhões de poloneses no oeste da Polônia e apenas 603 mil judeus, fazia pouco sentido priorizar a expulsão destes últimos, como queria Himmler. O objetivo do programa de germanização era reassentar os recém--chegados — fossem quais fossem suas antigas profissões — nas propriedades rurais; os judeus poloneses do Oeste, porém, eram predominantemente urbanos. Viviam, em resumo, no lugar errado. E não apenas nesse nível estratégico as deportações pareciam ser um erro. As primeiras detenções de judeus já haviam despojado os fazendeiros de trabalhadores e as cidades, de artesãos qualificados e de funcionários públicos poloneses extremamente necessários. Em poucos meses, começaram a se ouvir resmungos de alguns rivais de Himmler, que achavam que seus planos eram dogmáticos, irrefletidos e prejudiciais ao esforço de guerra alemão.

Um dos primeiros e mais incômodos dissidentes da política foi o jovem Gauleiter de Danzig-Prússia Ocidental, Albert Forster, nazista de primeira hora e homem a quem Hitler escutava. Forster havia dirigido a máquina do Partido Nazista em Danzig por muitos anos, e sua nomeação como Gauleiter conferiu-lhe o que um desalentado funcionário do Ministério do Interior chamou de "autoridade ducal" na região. Embora estivesse nominalmente sob a autoridade de Himmler como oficial honorário da ss, Forster se recusou a permitir que as políticas raciais deste determinassem sua própria política. Em sua província, as cidades costeiras foram as primeiras a ser evacuadas. As expulsões "selvagens" — e depois mais organizadas — de poloneses transformaram-nas em cidades fantasmas e por ironia chegaram a arruinar o porto de Danzig — o porto em nome do qual supostamente havia começado a guerra. A cidade vizinha de Gdynia foi rebatizada como Gotenhafen. Mas, depois da expulsão de seus habitantes, em 16 de outubro, melhor teria sido chamá-la de "Totenhafen" (Porto dos Mortos), segundo um jornalista sueco que descreveu como apenas 17 mil alemães bálticos recém-chegados à cidade deveriam supostamente tomar o lugar de seus 130 mil habitantes originais. O porto estagnou, as máquinas foram encaixotadas e requisitadas, e só os apartamentos vazios e a mobília deixada para trás pelos poloneses restaram como butim. Forster ficou perturbado e logo acabou com as expulsões. Resmungando que não queria gente velha nem "plutocratas", permitiu que somente 12 mil dos alemães bálticos ali ficassem; outros 50 mil tiveram de se mudar para o Sul. Depois disso, muito menos poloneses foram deportados do *Gau* de Forster que do Warthegau, e muito menos alemães receberam permissão para se fixar ali. Forster, que via os colonos como títeres de Himmler, de fato optou por não fazer parte da política de reassentamento. Como Hitler se recusava a intervir, Himmler pouco podia fazer além de soltar fumaça pelas ventas.[14]

A atitude de Arthur Greiser, inimigo e rival de longa data de Forster, dificilmente poderia ter sido mais diferente. Os dois homens haviam sido nomeados por Hitler na mesma época, mas Greiser esperava transformar seu enorme Warthegau num modelo para a nova guerra racial. Os números estavam contra ele — da população de 4,9 milhões do *Gau* antes da guerra, 4,2 milhões eram poloneses e 435 mil eram judeus. Apenas 325 mil — menos de 6% do total — eram alemães étnicos. Isso significava que a germanização teria de ser ou abandonada ou levada a termo com extraordinária violência. Greiser não deixou dúvidas quanto à opção que fez. Ele adotou os planos de Himmler, e foi assim que a ss executou no Warthegau seu chamado Primeiro Plano de Curto Prazo em dezembro de 1939, o verdadeiro marco inaugural da limpeza étnica sistemática. Apesar do clima invernal, Heydrich estava ansioso para seguir adiante — 128 mil alemães étnicos estavam a caminho vindos do leste da Polônia, e mais de 87 mil vítimas, em sua maioria poloneses, foram jogadas como gado em trens com destino ao Governo-Geral. Com frequência, eram roubados e surrados pelos mesmos funcionários encarregados de expulsá-los; alguns morreram congelados no caminho. Mas, para Himmler, esse era apenas o primeiro passo num programa de deportações muito mais amplo.[15]

Infelizmente para a reputação da ss, as expulsões de dezembro não ocorreram sem problemas. Até mesmo o leal Greiser fez críticas. A polícia devia supostamente identificar os indivíduos que eram considerados um risco para a segurança ou cuja deportação abriria espaço para alojamento e oportunidades de trabalho para os novos imigrantes. Mas a Gestapo tinha perdido as fichas de dados dos intelectuais poloneses e a polícia de Łódz tratou de compensar o número transformando em alvo um bairro judeu da cidade, onde deteve 7 mil judeus em menos de seis horas. Sua pressa fez com que não contassem com instalações adequadas para registrar ou interrogar os judeus, obrigando "pessoas com crianças a ficar em pé durante horas, no frio e na neve", conforme relatou, consternado, o ss-Sturmbannführer Richter. Outras deportações atrasaram porque os campos locais de internação já haviam sido destinados aos alemães bálticos que chegavam. Alguns deportados declararam ser alemães étnicos, e a ausência de procedimentos adequados de filtragem inquietou o sd com a perspectiva de que talvez eles realmente o fossem.[16]

As repercussões econômicas da deportação de pessoas erradas eram particularmente alarmantes. Os já sobrecarregados serviços ferroviários locais, por exemplo, empregavam 12 mil poloneses e 4200 alemães. Os administradores das ferrovias insistiam em pedir adiamento das deportações de poloneses, advertindo que qualquer expulsão repentina seria "insuportável para a economia de guerra" e poria "em xeque os vários deslocamentos de pessoas em grande escala".[17] Hans Frank e sua equipe no Governo-Geral protestaram com uma veemência ainda maior. Tinham de lidar com a torrente de recém-chegados pobres que pressionava do outro lado da fronteira e enfrentavam a perspectiva da chegada de 1 milhão de poloneses e judeus em questão de meses. Isso era demais, especialmente tendo em vista o ataque que se planejava contra a França, que, muitos temiam, não seria concluído rapidamente. Para desafiar Himmler, Frank conseguiu o apoio do muito mais poderoso Hermann Goering, que (no mesmo momento em que seus homens espoliavam a economia do país) se preocupava com os estragos que esses enormes movimentos populacionais poderiam causar. O Exército também interveio. Numa declaração excepcionalmente franca que acabou levando à sua demissão, o coronel-general Von Blaskowitz, sucessor de Rundstedt como comandante da Polônia, protestou ante a miopia daquela política brutal:

É equivocado matar dezenas de milhares de judeus e poloneses como está acontecendo agora; porque, em vista da enorme população, nem o conceito de um Estado polonês nem os judeus serão eliminados assim [...] Se os altos oficiais da ss e da polícia exigem atos de violência e brutalidade e os louvam em público, dentro de muito pouco tempo estaremos às voltas com a lei dos valentões [...] O programa de reassentamento causa insatisfação particular e crescente por todo o país. É evidente que a população faminta, que está lutando por sua existência, só pode contemplar com grande preocupação como as massas daqueles que estão sendo reassentados são abandonadas à própria sorte para buscar refúgio, completamente sem dinheiro e, por assim dizer, nuas e famintas. É perfeitamente compreensível que esses sentimentos cheguem a um extremo de ódio incontrolável diante do grande número de crianças que morrem de inanição em cada transporte e dos vagões em que as pessoas congelam até a morte. A ideia de que é possível intimidar a população polonesa mediante o terrorismo e esfregar seu nariz na lama com certeza acabará se mostrando errônea.[18]

Hitler estava furioso, mas não podia se dar ao luxo de ignorar os temores manifestados por instâncias tão poderosas. O confronto aconteceu numa conferência convocada por Goering em sua propriedade de Carinhall, no início de 1940. Frank queria a suspensão imediata das deportações: a expulsão de dezenas, até centenas de milhares de pessoas para o Leste era simplesmente impossível enquanto houvesse guerra; com a capacidade de transporte ferroviário, de policiamento e de alojamento no limite, essas deportações criavam transtornos demais. Goering o apoiou: os agricultores poloneses eram necessários para garantir a colheita nos territórios anexados, e livrar-se deles não fazia sentido. Por isso, ele anunciou uma resolução: não haveria mais expulsões, a menos que Frank fosse avisado com antecedência. Em 11 de março, Himmler declarou, relutante, que a política de deportações estava suspensa.

Uma das consequências disso foi que a difícil situação dos judeus no oeste da Polônia piorou significativamente, pois eles se viram aprisionados em guetos que haviam sido criados originalmente como uma solução temporária antes da deportação. A ideia de confinar os judeus à força em guetos sempre estivera presente, mas a iniciativa de fazê-lo geralmente cabia às autoridades locais. Os funcionários de Greiser em Łódz, onde vivia a maior comunidade judaica do Warthegau, foram os primeiros a construir um gueto, assim que perceberam que a deportação imediata não seria possível; a construção começou em fevereiro de 1940 e terminou em abril, tornando-se um modelo para outras cidades e uma espécie de atração turística. Outros guetos no Warthegau também foram construídos por volta da mesma época.[19]

Em julho daquele ano, a paralisação das deportações começou a preocupar as autoridades do Warthegau. Com mais de 160 mil pessoas dentro do gueto de Łódz sem água corrente ou sistema de esgoto em operação, uma crise de saúde pública se avizinhava, ameaçando estender-se ao resto da cidade. Greiser preveniu Frank de que seria "impossível manter esses judeus apertados no gueto durante o inverno". Ele imaginara que em outubro eles já teriam ido embora, e seu chefe de polícia lembrara a Frank que o gueto havia sido criado "sob a condição de que a deportação dos judeus começaria no mais tardar em meados do ano". Frank não se importava com isso. Assim como Greiser estava ansioso por tornar sua região "livre de judeus", Frank queria *sua* capital, Cracóvia, *judenfrei* no fim do ano, e não precisava dos judeus de Greiser para complicar sua tarefa. Ocorre que o próprio Himmler havia cancelado todos os transportes de judeus para o leste, para o Governo-Geral, pouco depois da queda da França, tendo ouvido falar de uma possível nova solução para o "problema judaico" do Leste Europeu — a construção de uma grande reserva de judeus na colônia francesa de Madagascar.[20] No verão de 1940 já parecia que os planos de Hitler para uma nova ordem racial na Polônia haviam terminado quase tão depressa como começaram. Apesar das deportações, a vasta maioria de habitantes não alemães nos territórios anexados continuou onde estava.[21]

Nem todos achavam que isso era um fracasso retumbante. Para um dos chefes de reassentamento, era pouco menos que assombroso que a Alemanha tivesse conseguido reassentar mais colonos em um ano — ademais, durante uma guerra — que a Comissão Real Prussiana de Colonização ao longo de 28 anos. Os homens de Himmler haviam alojado os alemães étnicos em mais de sessenta campos de recepção, fornecendo colchões, palha, estábulos para os animais, comida e excelente atendimento médico. Escolas foram abertas para seus filhos e havia aulas de alemão para os que tivessem esquecido o idioma. O próprio Greiser gabava-se da produtividade do Warthegau, de seu ótimo rendimento agrícola, com uma grande colheita, e da maneira — em resumo — como havia dado um fim ao "infeliz capítulo da história alemã caracterizado pela expressão 'povo sem espaço'".[22]

Ainda assim, existiam motivos de preocupação para os encarregados de vigiar a nova fronteira étnica da Alemanha. Havia o impasse na política para os judeus e temores quanto aos custos financeiros, de saúde e de segurança derivados da criação de guetos. Mais 275 mil alemães étnicos partiriam em pouco tempo a caminho do oeste depois da marcha soviética naquele verão sobre os territórios anteriormente romenos da Bessarábia e da Bucovina; o mais provável era que eles também teriam de ser mantidos indefinidamente em campos de trânsito. De fato, o Warthegau já estava cheio de alemães étnicos que se queixavam por estar à espera de reassentamento desde o início do ano, e o próprio Himmler visitou um campo nos arredores de Łódz para tentar acalmá-los. "Vocês precisam entender que vão ter de esperar", explicou.

> Para conseguirem sua terra, primeiro é necessário expulsar um polonês. Muitas vezes, as condições das propriedades são tão lamentáveis que primeiro temos de consertar as construções ou juntar propriedades [...] No verão vocês estarão andando em suas próprias terras.[23]

A lentidão do programa de reassentamento foi gerando assim insatisfação de todos os lados. A polícia encarregada da segurança se preocupava com a ameaça representada pelos próprios poloneses e temia uma rebelião. Notara que os poloneses começavam a prever as evacuações e pareciam saber quando elas aconteceriam. (O que não era difícil. Os alemães demoraram um pouco para perceber que o surgimento de funcionários que marcavam as casas com giz era um sinal bastante confiável de expropriação iminente.) Quando as autoridades chegavam para confiscar as casas das propriedades rurais polonesas, seus proprietários já não estavam ali: inchavam as fileiras de uma população errante que poderia, quando chegasse o inverno, recorrer ao banditismo. No fim de 1940, calcula-se que havia 35 mil poloneses em fuga. Fechar a fronteira com o Governo-Geral não pareceu ajudar muito.[24]

Quanto aos recém-chegados, as queixas com que receberam Himmler eram apenas a ponta do iceberg. Alguns deles sentiam que tinham sido enganados ao chegar e não gostavam do tratamento que lhes era dado nos campos de reassentamento nem da intimidação e arrogância de seus encarregados. Mesmo quando recebiam propriedades, alguns se diziam desgostosos por tomar algo que pertencia a terceiros; outros reclamavam mais das condições precárias em que eram recebidos e do isolamento que sentiam. Ademais, seu comportamento político e sexual continuava a ser estritamente vigiado, e suas propriedades podiam ser repassadas caso despertassem preocupação nas autoridades. A pressão intensa sobre eles para que abandonassem antigas lealdades regionais e tradições religiosas era outra fonte de tensão e um dos fatores para a poderosa campanha contra a Igreja levada a cabo pelos nazistas no Warthegau. Ante as dificuldades relatadas, assistentes sociais foram trazidos rapidamente, mas muitas vezes só tornavam as coisas piores: parece que os alemães do Reich não sabiam falar sobre os alemães étnicos a não ser em termos presunçosos e degradantes — como "material para colonização" ou "gente ingênua, realmente como crianças grandes". À medida que as relações entre os colonos e as autoridades azedavam, houve protestos e prisões, e alguns simplesmente abandonaram as propriedades de que tinham ordens para cuidar e regressaram aos campos.[25]

No Governo-Geral, foi a vitória sobre a França que permitiu que os alemães revelassem sua verdadeira face. Até a primavera, o destino da região ainda estava sendo definido com um olho na reação internacional. Dizia-se que seria uma possível pátria polonesa na qual "os poloneses [...] estarão sob a soberania alemã, mas não como cidadãos alemães, e receberão uma espécie de reserva aqui".

No entanto, uma vez obtida a vitória no Oeste e desvanecidas as últimas possibilidades de realização de uma conferência geral de paz, ficou claro até onde iam as ambições de Hitler. Ele disse a Frank que o Governo-Geral teria uma conexão muito mais próxima com o Reich e serviria como uma "reserva de mão de obra" para a Alemanha. Ninguém mais ouvia falar sobre uma "pátria polonesa". Sob a "liderança absoluta da nação alemã", a região foi declarada pronta para a germanização sistemática do "núcleo completamente alemão" da população.

Na prática, a germanização do Governo-Geral não podia ir tão longe quando ainda havia muito a ser feito nos territórios incorporados no Oeste. Para começar, mal havia alemães ali. O que a nova política supunha de fato era uma escalada na campanha assassina contra o nacionalismo polonês. Em novembro de 1939, houve uma onda de prisões de intelectuais e notáveis por todo o país. Eles foram feitos reféns na véspera do dia nacional da Polônia, e mais de cem membros da Universidade da Cracóvia foram enviados para o campo de concentração de Oranienburg, onde morreram dezessete professores de idade avançada. Depois de uma trégua de poucos meses, veio uma segunda onda de prisões. Frank temia um surto de resistência nacionalista durante a invasão da França. Para impedir que isso acontecesse, 30 mil integrantes da elite polonesa foram reunidos e presos, e mais de 3 mil foram mortos a tiros. O objetivo da chamada Ação AB (Operação Especial de Pacificação) era "acabar em ritmo acelerado com a massa de políticos rebeldes da resistência e outros indivíduos politicamente suspeitos que temos em nossas mãos", confessou Frank.

> Devo admitir muito abertamente que isso custará a vida de alguns milhares de poloneses [...] mas todos nós, como nacional-socialistas, temos neste momento o dever de garantir que não surja mais resistência entre o povo polonês.[26]

Frank acreditava que, com a liquidação da elite, as massas polonesas acatariam o que lhes fosse imposto. Sua "política de fragmentação", como foi chamada, pretendia deixar claro para o "polonês trabalhador" que a repressão não era dirigida contra ele, desde que se mantivesse obediente aos comandantes alemães. Frank não se importava muito com o que chamava de notória falta de realismo dos poloneses: os pequenos centros de oposição restantes podiam ser ignorados, desde que descoordenados. Mas, enquanto exultava com a sofisticação de sua estratégia, como foi capaz de não pensar que os poloneses interpretariam as normas alemãs como algo brutal, arbitrário e violentamente repressivo?

Em primeiro lugar, eles enfrentavam a ameaça cotidiana da agressão e da morte. As execuções e os fuzilamentos fortuitos continuaram a ser habituais. Em Łódz, soldados alemães mataram um polonês que entrou no vagão de trem errado e em seguida atiraram nas pessoas que protestaram ao redor, matando três delas. Outros foram mortos por oferecer comida e bebida aos deportados. O castigo coletivo por ataques reais ou supostos contra alemães tornou-se a regra. Além disso, todos os poloneses foram declarados passíveis de requisição para trabalho compulsório. À medida que a escassez de mão de obra alemã piorava, eles eram reunidos nas ruas em batidas ao acaso e despachados para o Reich ou obrigados a trabalhar em estradas e instalações militares. As mulheres tinham de trabalhar como empregadas domésticas, na lavoura ou até mesmo (ao menos esse era o boato) em bordéis militares. Prisões e campos de trabalho — como o novo campo de Auschwitz, criado mais ou menos na mesma época em que ocorria a Ação AB — logo ficaram lotados, e o local para execuções nos arredores de Varsóvia, em Palmiry, tornou-se tristemente célebre. No rigoroso inverno de 1940-1, o número de mortos aumentou tão depressa que era preciso esperar duas semanas para conseguir uma missa de réquiem para um ente querido nas igrejas de Varsóvia. De seu quartel-general luxuosamente decorado no castelo de Wawel, na Cracóvia, Frank às vezes se perguntava se as coisas não estavam saindo do controle. Era uma completa ilusão, insistia ele, imaginar que o Governo-Geral pudesse ser controlado "mediante uma campanha de extermínio [*Ausrottungsfeldzug*] contra camponeses e trabalhadores poloneses". Mas sua alternativa — uma aliança dos alemães com os trabalhadores poloneses contra os "grandes capitalistas" do país, que haveria de separar as massas da elite — não era menos fantástica.[27]

Os "grandes capitalistas" da Polônia eram uma ficção da imaginação de Frank. Na prática, os alemães saquearam a economia polonesa desde o início. Como chefe supremo da economia do Reich, Goering estabeleceu uma rede de agentes encarregados de se apossar de todos os recursos que pudessem ser transportados. Seus homens, em conjunto com a Wehrmacht e mais tarde com a ss, também assumiram o comando das empresas polonesas. Praticamente livres de amarras legais e encorajados a explorar o país e seus recursos para seus próprios fins, é simples compreender como era difícil para os alemães saber onde terminava a "organização" e onde começava o saque. Com funcionários se apropriando de qualquer coisa que lhes agradasse, a corrupção passou a corroer a autoridade da própria burocracia alemã, pondo em risco os esforços de Frank para criar uma "administração colonial" modelo que tornaria o Governo-Geral autossuficiente. As "requisições descabidas" tinham de ser controladas, insistia ele no começo de 1940, para que o respeito dos *alemães* pela propriedade privada não desaparecesse por completo. Tal como era, "a expressão 'organizar' significa roubar e assaltar". Mais preocupado com animais que com humanos, ele ficou alarmado com o fato de o número de vacas, porcos e galinhas cair vertiginosamente.[28]

Essas considerações poderiam ter sido mais influentes, não fosse a notória cobiça do próprio Frank. De fato, o problema da corrupção — que seria uma característica tão pronunciada da Nova Ordem em toda a Europa — estava ligado no caso da Polônia a duas coisas em particular. Uma era o confisco das propriedades dos poloneses. Fonte comum de enriquecimento dos funcionários do partido no Reich antes de 1939, tornou-se ainda mais lucrativo no Leste, onde o partido e a ss eram mais fortes e as restrições a tal comportamento praticamente não existiam. Auditores estatais alemães descobriram com assombro que os oficiais da ss na antiga Polônia criavam rotineiramente "fundos especiais" para uso próprio. Greiser criou uma "conta de depósito" num banco de Poznań para "dinheiro confiscado de judeus e inimigos do Reich". Em Lublin, Globocnik fez "grandes transferências de joias confiscadas". Em Stanislau, uma busca nos escritórios da ss descobriu dinheiro, moedas de ouro e divisas de todo tipo escondidas em arcas, escrivaninhas e arquivos, bem como caixas de joias.[29]

A corrupção também refletia o nível dos alemães que serviam na burocracia da ocupação. Mais de 2100 funcionários públicos foram designados para os novos territórios anexados no oeste da Polônia no fim de 1940, comparados com apenas setenta na antiga Áustria, 480 no Protetorado e 860 nos Sudetos. Em qualidade, porém, eram bastante diferentes. Muitos haviam sido enviados pelo partido, que via os territórios recém-anexados como uma nova base de poder em potencial; geralmente eles tinham pouca ou nenhuma qualificação administrativa além do fervor ideológico. Outros foram atraídos pela perspectiva de enriquecimento, e alguns poucos eram funcionários públicos de carreira que haviam sido demitidos na Alemanha por alcoolismo ou corrupção e para os quais, anistiados em setembro de 1939, foi dada a oportunidade de redimir-se aceitando um cargo no Leste. Era comum que esses homens tentassem lustrar suas credenciais tratando os poloneses com particular crueldade.[30]

Em meio a isso, os poloneses foram transformados em cidadãos de segunda classe e tolhidos por uma enxurrada de proibições. Não podiam frequentar as praias, as piscinas e os jardins públicos. As universidades foram fechadas e suas organizações políticas e culturais, dissolvidas. Bibliotecas centenárias e coleções de arte foram sistematicamente saqueadas, com as peças sendo enviadas à Alemanha. Proibidos de ostentar condecorações militares ou mesmo usar uniformes escolares, eram obrigados a ocupar a parte de trás nas plataformas das estações, trens e ônibus e, se necessário, ficar em pé para que as dos alemães se sentassem. Os adultos tinham de saudar os alemães uniformizados e eram surrados quando não o faziam. Precisavam descobrir a cabeça diante de funcionários alemães e manter distância à sua passagem. Comerciantes tinham de servir primeiro os alemães, e os poloneses só podiam fazer compras em determinados horários. Recebiam rações em quantidades muito menores que dos alemães (embora maiores que as recebidas pelos judeus); o chocolate era proibido para eles e o leite costumava ser reservado para as crianças alemãs, sob o argumento — nas palavras de Robert Ley, chefe da Frente de Trabalho Alemã — de que "uma raça inferior precisa de menos comida". As crianças polonesas não podiam nem mesmo assistir a filmes alemães de contos de fadas, pois "a transmissão de valores sentimentais alemães [...] parece [...] fundamentalmente questionável".[31]

Decretos discriminatórios eram impostos assiduamente, e servidores civis alemães que não os levassem a sério podiam ser transferidos. Mas a lógica kafkiana da burocracia muitas vezes gerava regras mutuamente contraditórias. O caso da "saudação a Hitler" é um bom exemplo. Em algumas áreas, os poloneses eram *obrigados* a fazê-la quando passassem por um funcionário alemão. Em outras áreas, eram *proibidos* de fazê-la, e os funcionários notavam esses lapsos com alarme (pois se tratava de "um privilégio dos alemães e de companheiros de raça reconhecidamente germânica como os flamengos, os holandeses, os noruegueses etc. [...] mas não para aqueles de sangue diferente como os poloneses, os tchecos, os ucranianos, e assim por diante"). Finalmente, a polícia de segurança admitiu que a saudação não podia ser imposta. Mas, como se temia que o anúncio pudesse prejudicar o prestígio alemão, a recomendação foi que simplesmente não fizessem nada. O resultado foi mais confusão.[32]

O Warthegau de Greiser foi cenário da pior repressão, com zelosos funcionários nazistas inventando medidas ainda mais imaginativas e surreais para pôr os *Untermenschen* em seu lugar. Alguns os castigavam por andar de bicicleta ou empurrar carrinhos de mão, ou até mesmo — em Kutno — por sorrir com ironia. A fúria regulatória levou a uma "Proibição aos Transeuntes de Manter as

Mãos nos Bolsos à Passagem de Pessoal Militar". O Warthegau também presenciou algo ainda mais grave, como um violento ataque à Igreja católica em que um grande número de mosteiros sofreu confisco e organizações eclesiásticas foram dissolvidas.

O segundo homem de Greiser, o grisalho August Jäger — um velho funcionário público prussiano —, era um veterano das guerras do Reich contra a Igreja, tão veemente em sua hostilidade que acabou apelidado de *"Kirchen-Jäger"* (caçador da Igreja). Mas o vigor da hostilidade antipolonesa no Warthegau também refletia o êxito de Greiser em construir um aparato do Partido Nazista fortemente engajado a partir do zero. As unidades voluntárias armadas Selbstschutz foram dissolvidas, mas nazistas alemães locais e alemães étnicos recém-chegados do leste da Polônia ou da Romênia, ansiosos para lustrar suas credenciais nacionalistas (especialmente porque eram muitas vezes ridicularizados por outros alemães em razão de seus sotaque e costumes), atuaram como pioneiros, defendendo as prerrogativas da germanidade num oceano de poloneses potencialmente rebeldes.[33]

No outono de 1940, quando a ss e o partido aceitaram a ideia de que a região continuaria a ter uma grande população polonesa por mais algum tempo, a repressão assumiu um caráter mais sistemático, burocrático e até mesmo pedagógico. "Como continuamos obrigados a usar a mão de obra polonesa", proclamou Greiser,

> é impossível evitar a presença cotidiana e o contato de cidadãos alemães com poloneses que pertencem ao mesmo campo de trabalho. Do mesmo modo, dada a escassez de moradia e empregados domésticos, ainda não é possível evitar a vizinhança com os poloneses, ou mesmo a convivência numa mesma casa. Torna-se portanto indispensável chamar a atenção da população alemã, com o auxílio das medidas que forem requeridas, para a necessidade de se observar estritamente a delimitação de suas relações pessoais com indivíduos pertencentes à comunidade nacional polonesa.

A dificuldade em distinguir alemães e poloneses era uma preocupação constante numa sociedade em que os alemães eram alojados em casas polonesas, e alemães e poloneses estavam juntos em corpos de bombeiros e equipes de trabalho. Os alemães eram instruídos a usar marcas distintivas para não receber o tratamento brutal geralmente dispensado aos poloneses: os que se esqueciam de fazer isso logo descobriam que socos e agressões eram bons lembretes. Em algumas cidades, os poloneses eram identificados com o uso obrigatório da letra P na cor roxa e panfletos eram distribuídos para advertir os alemães a evitar a confraternização com os poloneses: "Não existem poloneses decentes, assim como não existem judeus decentes". A imprensa dava destaque aos processos judiciais aos quais eram submetidos alemães como o lavrador Karl Lossain, que pagou para que um companheiro de trabalho polonês fosse ao cinema com ele. Se a amizade era proibida, as relações sexuais entre alemães e poloneses podiam custar a vida a estes últimos. O princípio fundamental era "uma separação implacável entre os membros da nação alemã e aqueles da nação polonesa", anunciou um alto administrador do Warthegau. Os alemães que desprezassem isso estavam sujeitos a uma prisão para sua própria proteção e podiam até mesmo ser enviados a um campo de concentração.[34]

O ataque alemão contra o nacionalismo polonês visava em particular as cidades. Nos territórios anexados, os poloneses foram expulsos das áreas urbanas: Poznań (pela qual poloneses e alemães brigavam desde meados do século XIX) perdeu 70 mil de seus habitantes no intervalo de poucos meses; Łódz perdeu 150 mil. A população de Kalisz encolheu de 80 mil para 43 mil habitantes, e a de Włocławek, de 67 mil para 18 mil. Mas o destino mais dramático estava reservado a Varsóvia. Hitler proibiu que qualquer trabalho de reconstrução fosse realizado ali durante a guerra e aprovou planos para transformar a velha capital polonesa numa cidade provinciana alemã quando a guerra fosse vencida. Fazendo da cidade um centro de comunicações para o império do Leste, 120 mil alemães desfrutariam da área verde de uma "Varsóvia inteiramente nova" na margem esquerda do Vístula; no lado oposto, uma força de trabalho de "escravos poloneses" teria de viver numa área muito menor e apinhada de gente.[35]

Os preparativos para essa política de separação começaram durante a guerra. No outono de 1940, Varsóvia foi dividida em três distritos, com os alemães ocupando o centro, onde ficavam os melhores hotéis, restaurantes e bulevares. A vida tornou-se mais dura para os poloneses, mas o destino dos judeus foi pior. A construção do gueto levou quase todo o ano de 1940, e em novembro foi finalmente isolado do resto da cidade por um muro de tijolos, arame farpado e tábuas. Os 80 mil poloneses que viviam ali receberam ordens de partir, e 150 mil judeus foram deslocados para lá. Outros judeus foram trazidos das cidades e aldeias nos arredores, e em março de 1941 a população do gueto chegava a 460 mil pessoas. Embora a Varsóvia de antes da guerra já tivesse sido superpovoada, agora apenas 15% das moradias da cidade tinham de abrigar um terço de sua população dentro do gueto. Como a maioria de seus habitantes estava empobrecida e suas rações correspondiam a menos de um décimo das que recebiam os alemães na cidade, o gueto era uma armadilha mortal. As taxas de mortalidade subiram de 2,35% em 1940 para 9% em 1941, chegando a assombrosos 14% em 1942. No fim de 1941, 10% da população do gueto já havia morrido de fome, frio ou tifo. Uma força policial judaica mantinha a ordem; um conselho judaico respondia às autoridades alemãs; cozinhas comunitárias judaicas tentavam alimentar as pessoas como fosse possível. Mas nenhum desses grupos tinha algum controle de fato sobre a situação.

O gueto — de longe o mais povoado da Polônia ocupada — tornou-se uma atração para os alemães de passagem pela cidade, de modo semelhante ao que havia ocorrido com seu equivalente em Łódz. Fascinados, os espectadores se reuniam ao longo de seus muros para espiar "os judeus do Leste" lá dentro. A plateia incluía "soldados, muitas vezes servidores civis alemães da administração do Governo-Geral, funcionários uniformizados, membros do serviço de trabalho, trabalhadores da ferrovia, enfermeiras da Cruz Vermelha". Horrorizado, um soldado alemão, Joe Heydecker, descreveu aquela gente boquiaberta.

> A maioria ficava ali por bastante tempo, em silêncio, impassível, vendo as pessoas entrando e saindo, os controles e a brutalidade. Alguns iam embora; outros se permitiam oferecer palavras de encorajamento. A maioria continuava em silêncio, sem dar o menor sinal que permitisse saber o que estava pensando ou sentindo.

Heydecker fez algumas incursões não autorizadas ao gueto para fotografar suas ruas lúgubres tomadas pela neve. Sua câmera capturou os policiais poloneses, judeus e alemães que operavam os pontos de controle atrás de toscas barreiras feitas de cercas e arame farpado, os vendedores de rua com suas cestas de pão, carroças de livros e até — um dia — balões. De profissionais imaculadamente vestidos com gravatas-borboleta e casacos elegantes até mendigos esqueléticos e barbudos com os pés envoltos em farrapos, Heydecker captou um amplo espectro da vida no gueto nos meses que antecederam a deportação da maioria de seus habitantes para o campo de extermínio de Treblinka.[36]

Uma maneira de entender mais plenamente a natureza da ocupação alemã da Polônia é compará-la às ocupações anteriores da Tchecoslováquia e da Áustria ou, voltando ainda mais no tempo, às ocupações levadas a cabo pelo Exército do Kaiser durante a Primeira Guerra Mundial. Mas uma comparação ainda mais esclarecedora talvez possa ser feita com a ocupação soviética do leste da Polônia e dos Estados bálticos, ocorrida na mesma época. Stálin certamente não foi o primeiro líder russo a tentar assegurar suas fronteiras no Oeste fazendo um acordo com os alemães. Uma proposta para acabar com as "desordens" no oeste da Bielorrússia e no oeste da Ucrânia havia sido feita aos prussianos em 1756, e as partições da Polônia foram justificadas em bases semelhantes. Durante a Primeira Guerra Mundial, os negociadores tsaristas enfatizavam a importância estratégica dessa área, e na década de 1920 os estrategistas militares soviéticos reafirmaram a necessidade de revisar a fronteira oriental da Polônia. Portanto, do ponto de vista soviético, o Pacto Molotov-Ribbentrop representava a realização de antigas exigências territoriais.[37]

Em meados de setembro de 1939, o Exército Vermelho invadiu o leste da Polônia praticamente sem encontrar resistência, e no ano seguinte ocupou os Estados bálticos e a Bessarábia romena. Chegando depois de a invasão alemã já ter desmoralizado os poloneses, o Exército Vermelho perdeu apenas mil homens no combate, e só ao redor de Grodno — onde houve forte resistência polonesa — executou um grande número de prisioneiros de guerra poloneses. Em comparação, os alemães perderam vinte vezes mais homens e executaram perto de 60 mil civis, como já vimos.[38] Mas Stálin compartilhava o desejo de Hitler de destruir a força do nacionalismo polonês e foi no mínimo igualmente inflexível em sua decisão de que não haveria Estado polonês independente depois da partição. Na realidade, ambos queriam voltar ao tradicional enfoque russo-alemão no que dizia respeito aos poloneses. Mas não havia nada de tradicional nos meios empregados: de fato, a Polônia tornou-se uma espécie de caso macabro de laboratório para o estudo comparado de totalitarismos. Na mente dos habitantes dessas zonas imperiais de fronteira, este pode ter sido o último capítulo de uma história muito mais longa de movimentos populacionais forçados, de massacres e ocupações estrangeiras. No entanto, sob ambos os ocupantes, a violência estatal foi empregada numa escala que teria sido inimaginável para os impérios do século XIX. O clímax homicida ocorreu na época da Ação AB dos alemães, quando a NKVD executou mais de 15 mil oficiais poloneses — os corpos do maior contingente foram depois exumados das valas comuns da floresta de Katyn pelos alemães — e outros 7305 foram mantidos em prisões. (Embora não exista ainda nenhuma prova, é possível que os crimes alemães e soviéticos estivessem ligados e que eles tenham compartilhado informações sobre as vítimas.)

Os dois lados também organizaram deportações em grande escala. Os alemães, como vimos anteriormente, deram prioridade à organização das transferências de alemães *para o interior* dos territórios recém-anexados. No final de março de 1941, segundo cálculos de Eichmann, 408 mil poloneses e judeus haviam sido expulsos do Governo-Geral, enquanto aproximadamente o mesmo número ou mais tinha sido enviado ao Oeste, para o antigo Reich, como trabalhadores forçados. Era um número enorme, mas poderia ter sido muito maior, pois foi só a concentração de força militar contra a União Soviética em 1941 que impediu Heydrich de deportar mais 831 mil pessoas. As autoridades soviéticas também deportaram centenas de milhares de civis numa série de quatro grandes operações de brutalidade considerável, embora, em contrapartida, não tenha havido migrações para o interior.

Em fevereiro de 1940, 140 mil membros de famílias de ex-soldados poloneses que haviam recebido terras nas províncias orientais da Polônia do entreguerras foram enviados a campos de concentração nas florestas da Sibéria. Em abril, numa operação para esvaziar uma faixa de terra ao longo da fronteira ucraniana, 66 mil pessoas — majoritariamente mulheres e crianças — foram enviadas para o Cazaquistão; em junho, houve operações de detenções em massa visando "contrarrevolucionários" e "espiões" que tinham entrado na zona soviética fugindo dos alemães. (Não é de surpreender o fato de que muitos desses 76 400 indivíduos fossem judeus.) E finalmente, na véspera da invasão alemã, em junho de 1941, outros 88 mil foram deportados da Polônia e dos Estados bálticos. O total indicado por dados internos soviéticos sugere que entre 380 mil e 390 mil poloneses tenham sido enviados para o leste como "deportados especiais". Outras estimativas falam numa cifra de até 1,25 milhão.[39]

Mas, mesmo que as duas potências envolvidas na partição seguissem políticas semelhantes em certos aspectos, seus motivos eram diferentes. O Terceiro Reich anexou terras com uma população de 10,7 milhões, dos quais mais de 90% eram poloneses e apenas 6% eram alemães; todavia, o propósito absurdamente ambicioso da anexação — da própria guerra, de fato — era reverter esse desequilíbrio demográfico livrando-se do maior número possível de não alemães, o que nesse caso significava principalmente poloneses. Na terra ocupada e anexada pela União Soviética, em contraste, os poloneses não eram maioria nem mesmo nas estatísticas oficiais polonesas do entreguerras — talvez 5,3 milhões numa população de 13 milhões: um grande número de ucranianos, bielorrussos, judeus e outros também vivia ali. Mais importante ainda, a política soviética, que visava esmagar o nacionalismo polonês e impedir qualquer ameaça que ele pudesse representar, sobretudo perto das fronteiras, não tinha o objetivo de se livrar particularmente de nenhum grupo nacional ou étnico em sua totalidade. Seu objetivo era a revolução social, não a purificação nacional. Essa é uma das razões pelas quais as deportações alemãs queriam expulsar do Reich todos os não alemães, enquanto as operações de detenção soviéticas empurravam os que eram apanhados para zonas remotas no interior do país.

As categorias de inimigos identificados pelos dois conjuntos de polícias secretas, embora parcialmente coincidentes no que dizia respeito à elite polonesa, diferiam em outros aspectos, e de maneira mais evidente em relação aos judeus. Por isso havia um fluxo constante de judeus tentando cruzar a linha de demarcação *para dentro* da zona ocupada pelos soviéticos, enquanto os poloneses se moviam na direção contrária. No lado soviético não havia equivalente aos fuzilamentos esporádicos, não sistemáticos e quase invariavelmente impunes de judeus que eram cometidos pelos soldados alemães e pelas unidades da ss. A política alemã, em contraste, deixava claro que os judeus haviam perdido todos os direitos e já não eram protegidos pela lei. Isso ficou evidente muito antes que qualquer decisão de assassiná-los fosse tomada, e aparece com destaque num relatório enviado da Polônia ocupada para o governo polonês no exílio já em fevereiro de 1940.[40]

Em um sentido mais amplo, a lei nazista se baseava na diferença racial e nacional. Embora possam ter sido levados pelos alemães a sentir que estavam numa posição superior à dos judeus, os poloneses sempre foram tratados pela lei como cidadãos de segunda classe. No caso soviético, as coisas eram diferentes. Pelo menos oficialmente, as distinções étnicas e religiosas não importavam. Fica claro que foi por essa razão que tantos judeus poloneses de esquerda, especialmente os mais jovens, receberam o Exército Vermelho com entusiasmo. Tendo sentido os ventos gélidos de um nacionalismo polonês cada vez mais antissemita, acolheram a promessa de igualdade cívica. O fato de o domínio soviético representar a morte das instituições tradicionais da vida nas comunidades judaicas (para não mencionar a morte de outros partidos políticos) preocupava os mais velhos, não os mais jovens.[41]

Mas os jovens judeus esquerdistas não foram os únicos a saudar a chegada dos soviéticos. O Exército Vermelho proclamava que viera para liberar as "nações irmãs" — ucranianos e bielorrussos — da desintegração do Estado polonês, e essa retórica não deixava de impressionar. Os camponeses do leste da Polônia eram cortejados pelos recém-chegados, convidados a participar da destruição do "fascismo polonês" e seduzidos pela divisão de grandes propriedades. Os soviéticos espalharam panfletos convocando-os a "expulsar os donos de terras com alfanjes e machados", e alguns massacraram famílias polonesas abastadas e tomaram suas propriedades. Em regiões rurais, bielorrussos e ucranianos eram encorajados a ingressar no partido e na administração local; nas cidades, onde havia poucos deles, os judeus foram convidados a assumir papéis semelhantes.[42]

Dito de outra maneira: as duas ocupações prometeram às suas vítimas futuros políticos e econômicos muito diferentes. No caso alemão, os territórios anexados seriam administrados para o benefício de menos de 10% da população. Por outro lado, não haveria revolução social, o capitalismo continuaria a funcionar e o principal impacto foi sentido na violência arbitrária e nos confiscos *ad hoc* de trabalho, terra e outras propriedades. A cidadania seria limitada aos alemães, e a questão central era decidir quem era alemão. No leste da Polônia ocupada pelos soviéticos, a cidadania foi quase imediatamente imposta à população, e o maquinário da política participativa de massas — assembleias, eleições, plebiscitos, constituições — foi utilizado para demonstrar o desejo popular de se incorporar à União Soviética. Se a lei alemã excluía os não alemães, a lei soviética era um instrumento para a ampliação do poder de Moscou. No Leste, portanto, houve uma explosão de política; no Oeste, sua eliminação. Leste e Oeste eram governados por sistemas de partido único, mas em um dos casos o partido estava fechado para a maioria da população. Nenhum dos dois oferecia as virtudes da democracia liberal, e ambos eram brutalmente repressivos, mas isso não significa que foram iguais em seus efeitos.

É evidente que a força também foi empregada em escala maciça na zona soviética, e isso porque os planos soviéticos eram, a seu modo, tão ambiciosos e obstinados quanto os nazistas. Onde não podia jogar com a carta da nacionalidade, como por exemplo nos Estados bálticos (cujo controle o Exército Vermelho assumiu em junho de 1940), o domínio soviético foi muitas vezes mais brutal que no leste da Polônia. Além disso, a ideia de revolução social, da substituição da propriedade privada capitalista pela posse comunitária, era alimentada pela inveja dos funcionários soviéticos que chegavam: se o oeste da Polônia era o leste primitivo da Alemanha, o leste polonês, ironicamente, foi a primeira experiência de capitalismo para a União Soviética, desencadeando a nacionalização de bancos, de empresas comerciais e de todas as indústrias que houvesse. Propriedades privadas, terras repartidas pelo Estado polonês no entreguerras ou pertencentes a mosteiros e igrejas foram expropriadas, enquanto ambiciosas políticas de reforma agrária eram promovidas com o objetivo de conquistar as graças dos camponeses locais. Na Bielorrússia, em particular, uma reforma agrária rápida e abrangente fez a balança da posse da terra pender decisivamente a favor dos pequenos proprietários. No Governo-Geral, os alemães continuavam a usar o zlóti de antes da guerra, ao passo que na zona soviética ele foi abolido, causando enormes transtornos e perdas aos que possuíam economias — uma medida auxiliar no ataque ao capitalismo e na extensão do sistema econômico soviético.[43]

Depois que os alemães começaram sua invasão na União Soviética, em junho de 1941, logo ficou claro que a ocupação soviética havia deixado um legado amargo. Uma das primeiras coisas que os alemães fizeram nas terras antes ocupadas pelos soviéticos foi filmar a obra macabra produzida pela polícia secreta soviética nas prisões da NKVD, uma depois da outra: apenas nas cadeias de Lviv, investigadores de crimes de guerra da Wehrmacht descobriram milhares de cadáveres. Letões, lituanos, ucranianos, romenos e poloneses estavam cheios de ódio pelos bolcheviques, e muitos punham a culpa por seu sofrimento em seus vizinhos judeus. A propaganda dos alemães encorajava esse tipo de sentimento e assim os preparava, juntamente com a população local, para novos massacres.[44]

Finalmente, o avanço do Exército alemão penetrou fundo na floresta de Katyn e chegou à obra mais pavorosa de seus antigos sócios na partição polonesa. Aldeões contaram-lhes sobre os campos de morte soviéticos nos bosques, e em abril de 1943, quando o solo descongelou, os alemães descobriram corpos bem preservados de mais de 4 mil oficiais do Exército polonês fuzilados três anos antes por ordem de Stálin. A descoberta foi uma sensação internacional. Os alemães levaram legistas suíços, húngaros e croatas ao local, bem como prisioneiros de guerra ingleses e americanos, e divulgaram os achados como prova dos "crimes bolcheviques contra a humanidade". Eles estavam certos, naturalmente, embora o mundo se recusasse a acreditar. Para ganhar a batalha pela opinião pública internacional, e com a esperança de destruir a aliança anglo-soviética contra a Alemanha, o Ministério das Relações Exteriores alemão chegou a preparar uma apresentação diplomática sobre sua descoberta em Katyn. Publicado pelo Partido Nazista em 1943 — quando Himmler erradicava sistematicamente as provas de atrocidades alemãs cometidas em escala muito maior —, o relato descrevia as valas comuns de Katyn como um "monumento para a Europa". A luta pela Grande Alemanha tinha desencadeado uma horripilante espiral de brutalidade estatal. E o futuro traria coisa ainda pior.[45]

5. Verão de 1940

Hitler achava que uma guerra europeia geral seria inevitável. Porém, longe de imaginar que o conflito começaria em 1939, ele e seus estrategistas calculavam ter ainda mais três ou quatro anos para se rearmar. O Führer invadiu a Polônia acreditando que a Grã-Bretanha e a França permaneceriam passivas, como haviam feito durante a crise de Praga. Mas, como era de seu feitio, assim que percebeu que os dois países não recuariam, começou imediatamente a fazer planos para levar a guerra até eles. Só o mau tempo e as objeções horrorizadas de generais mais graduados impediram que Hitler lançasse uma ofensiva ocidental antes do fim de 1939. Era evidente, portanto, que a luta decisiva começaria na primavera seguinte. Em março, Hitler disse a Mussolini que não havia "nenhuma outra possibilidade de encerrar o conflito atual".[1]

Ninguém previu o que aconteceria em seguida. As lembranças da Grande Guerra e do prolongado impasse na frente ocidental ainda eram vívidas, e os oponentes da Alemanha superavam a Wehrmacht em números e equipamento. Além disso, sua mobilização de recursos era caótica e a produção de armas estava abaixo da meta. Mesmo assim, graças a uma oposição pouco organizada e a algumas decisões estratégicas inspiradas, além da sorte e do moral elevado, os soldados alemães varreram tudo o que encontraram pela frente: a Holanda rendeu-se em apenas quatro dias; a Bélgica, em dezoito; e a França só resistiu pouco mais de um mês. Tendo antecipado uma guerra longa, os alemães beneficiavam-se agora dos segredos da Blitzkrieg.* Os soldados britânicos abandonaram o continente, deixando enormes quantidades de equipamento para trás, e no final de junho a Wehrmacht chegou a tomar as ilhas do Canal. Nesse meio-tempo, foi também capaz de improvisar uma campanha escandinava na qual as tropas alemãs ocuparam a Dinamarca sem ter de combater. Embora tenham encontrado uma resistência muito mais feroz na Noruega, o país também foi esmagado no começo de junho. Sob qualquer ponto de vista, foi um feito militar extraordinário.[2]

A Europa ficou paralisada por essa assombrosa sucessão de acontecimentos, e todos esperavam para ver o que os alemães fariam em seguida. O desafio político que o Reich tinha à frente agora ia muito além da consolidação do Lebensraum no Leste Europeu. Nas palavras de Wilhelm Stuckart, o constitucionalista do Ministério do Interior, a Alemanha tinha de passar da construção de uma *Volksgemeinschaft* (comunidade do povo) dentro de suas fronteiras para a construção de uma *Völkergemeinschaft* (comunidade dos povos) por todo o continente. Praticamente sem nenhuma preparação prévia, o Terceiro Reich teria de forjar uma estratégia política para defender o que conquistara no Oeste e formular uma futura Nova Ordem para o conjunto da Europa. Nessas tarefas, os objetivos raciais dos nazistas — a *raison d'être* da guerra no Leste — importavam menos que as considerações militares, diplomáticas e econômicas. No entanto, na atmosfera de extraordinária euforia que tomou conta dos líderes em Berlim, parecia que a força e a mera vontade bastariam para superar qualquer oposição. Os estrategistas já não acreditavam que uma aliança de Estados poderia ameaçar o Reich politicamente: "Os recursos econômicos do Norte, do Oeste e do Sudeste estão todos à disposição". A Inglaterra continuava a lutar, mas a maioria achava que logo cairia em si. Naquele inebriante verão de 1940, quando a guerra parecia ganha, os pensamentos da Alemanha voltaram-se para o futuro, e a forma final que teria uma Europa nazista foi debatida exaustivamente, mais que em qualquer outro momento anterior ou posterior a esse.[3]

* Termo alemão para "guerra-relâmpago", tática militar que consistia em utilizar forças motorizadas — sobretudo tanques — em ataques rápidos e de surpresa, de modo que o inimigo não tivesse tempo de organizar a defesa.

No dia 9 de abril, a Dinamarca foi o primeiro país a capitular. A invasão foi concluída em poucas horas, antes mesmo que os dinamarqueses pudessem declarar guerra à Alemanha: resistir era claramente inútil. Em consequência disso, e em comparação com o que ocorrera na Polônia, os dinamarqueses foram tratados com tamanha moderação pelos alemães que é difícil conceber que o mesmo Estado fosse responsável pelas duas ocupações. No caso da Polônia, os nazistas pisotearam o direito internacional e apagaram o país do mapa, ao passo que os dinamarqueses conseguiram negociar a forma mais branda de supervisão alemã que houve em toda a Europa. O país manteve-se formalmente independente e o rei Cristiano permaneceu no trono; Copenhague continuou a ser o centro da vida política dinamarquesa durante a guerra e os políticos que fugiram do país viram-se marginalizados. O Parlamento seguiu funcionando e houve até mesmo eleições virtualmente livres em 1943 — sabemos disso pelo fato de que o Partido Nazista da Dinamarca mal conseguiu 2% dos votos, tendo sido batido pelos velhos partidos que existiam desde antes da guerra. Os desejos dos alemães eram transmitidos por meio do antigo embaixador, Cecil von Renthe-Fink, que se converteu em embaixador plenipotenciário do Reich, supervisionando os assuntos dinamarqueses com um pequeno número de funcionários e um estilo suave. A integridade territorial do país foi assegurada e sua pequena minoria alemã recebeu ordens firmes para não causar problemas.

Renthe-Fink enfatizava a importância de manter a "aparência externa" de independência para enfraquecer a oposição aos alemães em outros lugares. Ansioso para seguir para a Noruega, o Führer concordou: na Dinamarca não haveria uma administração civil, e até mesmo o Exército desempenhou um papel modesto. Era uma "política de fachada", talvez — como a denominou mais tarde um funcionário nazista —, mas a primeira impressão era importante num momento em que os nazistas ainda não sabiam qual seria o desfecho das invasões na Noruega e nos Países Baixos. O arranjo também prometia garantir o que a Alemanha realmente necessitava dos dinamarqueses — laticínios e conformidade com sua política externa — a um custo muito baixo. No final das contas, a hegemonia alemã foi exercida por meios mais complicados e indiretos do que normalmente se imagina. Os dinamarqueses saíram da guerra como membros das Nações Unidas, mas durante pelo menos três anos viveram num nicho confortável na Nova Ordem da Alemanha.[4]

Embora os nazistas tivessem planejado tratar a Noruega da mesma maneira, a invasão do país foi uma tarefa muito mais difícil, tanto militar como politicamente. Depois de um ataque de surpresa que fez Oslo cair em mãos alemãs, os noruegueses reagiram com determinação. Para complicar as coisas, Vidkun Quisling — um radical de extrema direita que tinha pouco apoio no país — aproveitou a oportunidade para declarar a formação de um governo provisório chefiado por ele mesmo. Hitler simpatizava com suas ideias, mas o afastou e nomeou em seu lugar, como comissário do Reich, um antigo companheiro do partido. O homem que ele escolheu, Josef Terboven, já era governador provincial da Renânia, onde gozava merecida reputação por sua crueldade. Havia recebido a Cruz de Ferro na Primeira Guerra Mundial, antes mesmo de abandonar a universidade, de participar do Putsch da Cervejaria em 1923 e de se casar com uma ex-secretária de Goebbels. Tendo se mudado para a residência do príncipe herdeiro (onde se suicidou cinco anos mais tarde explodindo uma bomba), o rude Terboven não tinha os dotes de persuasão necessários para convencer os abalados deputados noruegueses a formar um novo governo pró-alemão. O presidente do Parlamento chegou a pedir que o rei Haakon abdicasse, mas este, irritado, recusou o pedido e fugiu para Londres, onde formou um governo no exílio. Enquanto isso, o interregno político em Oslo se arrastava. No fim de setembro Terboven perdeu a paciência: aboliu unilateralmente a monarquia, dissolveu todos os partidos, exceto o Nasjonal Samling (NS, Partido da União Nacional) de Quisling, e anunciou a formação de uma comissão estatal majoritariamente composta de membros do NS para governar o país. Foi um ruidoso tapa na cara da classe dirigente do país e desde o início condenou o novo governo à ilegitimidade. Embora a população fizesse muitas críticas ao rei por ter fugido, Quisling era muito mais detestado, e virtualmente toda a Noruega estava contra ele.

Havia um semelhante clima de desorientação na Holanda, e seu monarca e ministros também fugiram para Londres. O Exército holandês tentou resistir à invasão alemã, mas não por tanto tempo como os noruegueses. Em 14 de maio, um bombardeio maciço da Luftwaffe só precisou de dez minutos para transformar o centro de Rotterdam em escombros ardentes e madeira carbonizada, matando cerca de mil pessoas e deixando mais de 78 mil desabrigadas. Dada a devastação que os alemães haviam infligido a Varsóvia em setembro do ano anterior, esse era um lembrete aterrorizante do poder de seus bombardeiros, e os holandeses logo capitularam. Um comandante militar alemão foi nomeado pelo mare-chal de campo Von Brauchitsch, pois Hitler prometera à Wehrmacht que na Europa Ocidental haveria uma ocupação militar organizada de forma mais tradi-cional, diferente da que ocorrera na Polônia.[5] Porém, poucos dias depois ele mu-dou de ideia e, como na Noruega, criou uma administração civil. Como os co-missariados civis tinham sido o prelúdio para a incorporação dos Sudetos e do oeste da Polônia ao Reich, os holandeses ficaram preocupados, especialmente porque o escolhido de Hitler para o posto era Arthur Seyss-Inquart, o advogado pouco confiável que tivera papel preponderante no Anschluss austríaco. Inte-grantes do Exército ficaram indignados com "a desonestidade flagrante de nos-sos mais altos líderes": a nomeação de Seyss-Inquart, logo depois da adoção de um arranjo semelhante na Noruega, não era um bom agouro para seus planos de manter a ss e o partido fora da Europa Ocidental.

Na realidade, as vagas instruções que Seyss-Inquart recebeu de Hitler esta-vam longe de ser radicais: ele deveria tranquilizar os holandeses e estimular a colaboração. Diferentemente das conquistas precedentes da Alemanha, a Holan-da era uma potência colonial, e Hitler estava particularmente interessado em evitar que suas colônias se separassem e escapassem ao controle alemão. Sem dispor de uma força marítima suficiente para garantir a manutenção dessas colô-nias, ele precisava tratar os holandeses com relativa delicadeza. Por essa razão, Seyss-Inquart tentou acalmar os holandeses anunciando que os alemães não ti-nham planos "imperialistas" para o país. Pouco tempo depois, ele enfatizou que a ocupação era exclusivamente militar e não implicava exigências sobre territó-rios holandeses, permitindo o funcionamento da maioria dos partidos políticos e mantendo conversações com políticos conservadores. Enquanto isso, altos fun-cionários públicos holandeses eram os verdadeiros encarregados de administrar a ocupação sob supervisão alemã, e as leis holandesas continuaram em vigor, exceção feita às revogadas ou emendadas de maneira explícita. Em consequência disso, a ocupação foi conduzida de início com uma quantidade relativamente pequena de funcionários alemães para supervisionar as operações.[6]

Contrariando o conselho de seus ministros e discordando de seus homólo-gos na Holanda e na Noruega, o jovem rei belga Leopoldo não deixou o país. Talvez tenha se impressionado com o tratamento dispensado à Dinamarca, mas enganou-se caso esperasse algo semelhante: a Bélgica era estratégica e territo-rialmente muito mais importante. Leopoldo não conseguiu autorização para formar um novo governo como pretendia, e os distritos de Eupen e Malmedy, que a Bélgica conquistara em Versalhes, foram reincorporados ao Reich. Mesmo antes da invasão, Hitler já se recusara a se comprometer com a preservação da independência da Bélgica e contemplava claramente a possibilidade de expandir as fronteiras da Alemanha naquela direção. "Há ideias [...] no ar no que diz respeito à Bélgica", confidenciou Goering a seus subordinados mais próximos. Leopoldo estava preocupado, mas quando afinal se encontrou com o Führer, em novembro de 1940, este disse apenas que "a independência política" da Bélgica seria "tanto maior quanto mais claro e inequívoco fosse seu alinhamento com a Alemanha em questões de política externa e militares". "Jamais" a Alemanha voltaria a permitir que a Bélgica se convertesse em "um trampolim para um ataque ao Reich ou ao continente europeu". Leopoldo insistiu obstinadamente: a independência política da Bélgica seria restaurada? Hitler disse apenas que a Bélgica "ocuparia uma determinada posição no sistema de cooperação econômica e política com o Reich alemão". "Uma declaração como esta", continuou, "não pode ser feita ao público em geral, pois certamente seria interpretada como um sinal de fraqueza." Não era um panorama muito alentador.[7]

Ainda assim, a despeito das incertezas que rodeavam seu futuro, em certos aspectos os belgas estavam em situação melhor do que imaginavam. Graças ao significado estratégico do país para a prolongada campanha contra a Inglaterra, a Wehrmacht conseguiu manter o controle da ocupação ao longo de quase toda a guerra. Dois departamentos franceses ao norte — Pas de Calais e Nord — também foram agregados por razões administrativas, e o território como um todo, com quase 12 milhões de pessoas, era administrado por um comandante militar para a Bélgica e para o norte da França, um general beberrão, o barão Alexander von Falkenhausen. Embora fosse sobrinho do homem que governara a Bélgica durante a Primeira Guerra Mundial, Von Falkenhausen era uma escolha um tanto incomum. Ex-adido militar no Império Otomano, no Japão e na China de Chiang Kai-shek (onde adquiriu uma predileção pelos clássicos confucionistas), Von Falkenhausen era um conservador à antiga. Fora resgatado da aposentadoria e era um dos membros mais cosmopolitas de uma casta militar que, de modo geral, era bastante tacanha e provinciana. Seu chefe de administração, Eggert Reeder, tampouco era nazista, mas sim um antigo servidor público prussiano da Comissão de Estudos Militares que havia planejado a ocupação. Embora fosse membro (honorário) da ss, o talentoso Reeder — o poder real por trás do trono de Von Falkenhausen — não hesitava em se opor tanto à ss como ao Partido Nazista, cujos integrantes considerava fantasistas perigosos e destrutivos. Inicialmente, ele e Von Falkenhausen conseguiram levar a melhor sobre Himmler, que queria acelerar a nazificação da Bélgica, e também guardaram distância do Partido Nazista. Tanto quanto possível, permitiram que os belgas governassem o país e contavam com o apoio de empresários e de altos funcionários públicos civis, aos quais o governo recém-saído havia ordenado que ficassem em seus postos. Os tribunais belgas continuaram a funcionar como caixas de ressonância da constitucionalidade dos decretos burocráticos, garantindo — durante um tempo — algo próximo à legitimidade para o novo regime. Alguns servidores foram expurgados, e muitos prefeitos que fugiram em pânico durante a invasão foram demitidos, mas em essência, como na Holanda, o aparato estatal anterior à guerra permaneceu intacto.[8]

O grande prêmio, claro, era a França: nenhuma das outras conquistas da Alemanha se aproximava dela em importância. Embora de início chegassem a travar combates cerrados em algumas partes da frente, os alemães avançaram com uma rapidez assombrosa. Em uma semana chegaram ao canal da Mancha; Dunquerque caiu menos de duas semanas depois, e no dia 14 de julho os alemães entraram em Paris. O marechal Henri-Philippe Pétain, o idoso mas lúcido herói de Verdun na Primeira Guerra Mundial, assumiu como primeiro-ministro francês e anunciou que pediria um armistício. Com um número entre 6 milhões e 8 milhões de civis fugindo para o sul, obstruindo as estradas e espalhando o pânico, a desmoralização da França foi completa. A vitória alemã foi tão arrebatadora e veloz que mal se podia acreditar que realmente tinha acontecido.[9]

As notícias sobre a catastrófica queda da França ressoaram por toda a Europa. "Quando Paris caiu, as pessoas choravam nas ruas", recordou uma jovem judia em Varsóvia. Para os democratas aquilo significava que a guerra contra Hitler agora podia se prolongar indefinidamente; o pessimismo tomou conta dos políticos poloneses e tchecos no exílio, pois a resistência ao domínio alemão claramente não seria assunto de curto prazo. Por outro lado, os fascistas em toda parte, da Romênia a Portugal, saudaram o trunfo do Reich como sinal de uma virada internacional à direita: o legado enfraquecido da Revolução Francesa afinal sucumbia à autoridade, à energia vigorosa e à disciplina do nacional-socialismo. Da Holanda, o velho Kaiser Guilherme II enviou ao ex-cabo de seu Exército uma mensagem de felicitações. Depois da humilhação de Versalhes, o simbolismo da vitória era inescapável, e as negociações para o armistício franco-alemão tiveram lugar no mesmo vagão de trem usado pelos triunfantes generais franceses em 1918. Ainda assim, quando Hitler gozava seu momento de vitória e visitava alguns dos campos de batalha da Grande Guerra, teve o cuidado de não se exceder: era vital, a todo custo, evitar o tipo de situação que se criara na Noruega. Pétain tinha de ser encorajado a continuar na França para governar o país e impedir que a guerra se alastrasse para as colônias francesas. A manutenção de um governo francês para dirigir a ocupação em nome dos alemães era a prioridade. Assim, a despeito das severas exigências iniciais — extorquir os "custos da ocupação", a deportação de 1,5 milhão de prisioneiros de guerra franceses para a Alemanha —, Hitler avaliou cuidadosamente o que os franceses podiam aceitar e conteve seu impulso inicial de dividir o país mediante anexações.[10]

É claro que aquilo não significava o abandono dos planos de longo prazo. Afinal, os nazistas não queriam meramente a derrota da França ou o colapso de sua aliança com a Inglaterra. A França teria de ser arruinada a ponto de jamais voltar a ser uma ameaça à Alemanha. Em 12 de julho, Goebbels expôs isso a seus colegas de Ministério da Propaganda em termos que levavam a marca inequívoca do pensamento de Hitler:

A nova ordem para a Europa terá de ser disposta, de forma muito consciente, apenas aos auspícios da Alemanha [...] No futuro, o único papel da França será o de um pequeno Estado do Atlântico [...] No que diz respeito à França, a regra será: a destruição da Paz da Vestfália. Alguns chegam a falar da revogação da partição acordada no Tratado de Verdun de 1843. Por essa razão, tudo que sirva para estimular um renascimento político ou econômico da França será destruído [...] O tratado de paz aniquilará a França não apenas como grande potência, mas como Estado com alguma influência política na Europa.[11]

Dramáticas modificações de fronteiras — que amputariam boa parte do norte da França até a foz do Somme — estavam sendo delineadas pelo sempre confiável Stuckart. Além de trazerem mais terras para o Reich, funcionários alemães sonhavam com uma descentralização calculada do Estado francês (encerrar o governo em Vichy combinava perfeitamente com essa ideia) para enfraquecer o nacionalismo francês, numa versão mais branda da política aplicada à Polônia. Suas análises raciais mostravam a França como uma *Vermischung* ("mistura") na qual as cidades e os centros industriais haviam permitido que os "piores elementos" corrompessem os melhores em nome de um "Estado abstrato". Sob a condução alemã, as regiões teriam maior autonomia em relação ao governo central. Os planos de Stuckart eram justificados da mesma forma: liberar a força dos "elementos racialmente saudáveis" enfraqueceria o poder da "França parisiense". Outros, que requisitavam para a Europa uma "Nova Ordem *völkisch*" que permitiria aos alemães criar aliados agradecidos entre as minorias da região, recomendavam a concessão da autodeterminação aos bretões e aos bascos. Mostravam-se ávidos até mesmo por implementar planos semelhantes do outro lado do canal da Mancha quando a Inglaterra capitulasse: a Escócia seria separada do Reino Unido, seria criada uma Irlanda unificada, e o oeste da Inglaterra ganharia autonomia. Em resumo, era uma visão que pretendia garantir a hegemonia alemã no Ocidente mediante uma política baseada em nacionalidades, uma espécie de espelho do que os franceses e os britânicos haviam tentado fazer no Leste Europeu depois de 1918.[12]

Tudo isso pertencia ao futuro e continuou a ser especulativo e confidencial. Os termos reais do armistício nem de longe foram tão exigentes. É quase certo que Pétain teria rejeitado a ocupação total do país ou que o obrigassem a entregar a frota francesa, mas ele nunca foi posto à prova. A França foi dividida em uma zona ocupada e uma zona sem ocupação, sendo o governo francês nominalmente soberano em ambas. Isso permitia que zonas estratégicas cruciais — a costa do Atlântico, o canal da Mancha e uma rota terrestre até a Espanha — permanecessem sob o controle operacional da Wehrmacht, ao mesmo tempo em que se permitia que o governo francês administrasse o país. Ao contrário do que aconteceu na Polônia, considerava-se que as convenções de Haia e de Genebra *estavam* em vigor, e embora a Wehrmacht interpretasse que a lei da ocupação conferia a seus decretos o caráter de fonte máxima da lei, na prática Vichy lançou tantos regulamentos que os sobrecarregados funcionários alemães acabaram simplesmente estabelecendo as orientações sobre as políticas que deveriam ser seguidas e intervindo apenas quando sentiam que elas eram ameaçadas. Os funcionários civis franceses administravam o país, supervisionados sem muito rigor por um pequeno contingente da Wehrmacht estacionado com o comandante militar em Paris. O poder alemão era ainda mais difuso pelo fato de que — como acontece com tanta frequência — os ocupantes não falavam com uma só voz. De início, a única indicação real das intenções de longo prazo do Reich em relação à França foi a negação, ao próprio Pétain, de autorização para estabelecer seu governo na capital francesa: para deleite dos hoteleiros de Vichy, ele escolheu aquela modorrenta estação de águas como a nova sede do governo nacional.

Na França, portanto, assim como na Dinamarca, os alemães conseguiram acrescentar ao seu triunfo militar uma significativa realização política: temperando a ideologia com pragmatismo, conseguiram criar um governo leal e mais ou menos aceito nacionalmente que administrava o país e com o qual podiam trabalhar juntos. A França era muito mais importante que a Dinamarca, sem dúvida, e a Wehrmacht ocupou boa parte do país. Mas seus soldados não ficavam muito concentrados, e só um pequeno número de funcionários alemães era necessário para coordenar as políticas com Vichy. Durante os dois primeiros anos da ocupação, de modo geral os alemães ficaram satisfeitos com os resultados. Mas em um aspecto sua vitória teve um impacto verdadeiramente dramático: enquanto o sistema político dinamarquês praticamente não mudou como resultado da guerra e da derrota, na França a ascensão de Pétain assinalou o fim da Terceira República e o surgimento de uma nova ordem constitucional. O próprio Pétain recebeu poderes executivos sem precedentes como chefe de Estado, o Parlamento foi suspenso até segunda ordem e os ministros da República anterior à guerra, responsabilizados pela falta de preparo da nação em 1940, foram levados a julgamento. Debateu-se a adoção de uma nova Constituição (que nunca se materializou) e o regime proclamou uma revolução nacional — com matizes fortemente antirrepublicanos e antissemitas — em nome da família, do trabalho e da pátria. A vitória alemã permitiu que o autoritarismo triunfasse na França, mas essa transformação política foi um produto de decisões dos próprios franceses.[13]

A extensão do poder alemão na Europa Ocidental foi impulsionada basicamente pelas necessidades estratégicas de Berlim. Nenhum grande programa ideológico estava em jogo, e a variedade de regimes de ocupação estabelecidos em 1940 indicava as dúvidas de Hitler quanto ao lugar que ocupariam em seu plano geral, com sua orientação predominantemente voltada para o leste. A Dinamarca, afinal, só havia sido atacada para servir de plataforma de lançamento para a invasão da Noruega; e a própria Noruega só entrara nos planos alemães para impedir a concretização dos planos anglo-franceses de ocupar os campos de minérios do norte da Suécia. No verão de 1940, também não estava claro onde acabaria a campanha da Alemanha no Oeste. Para começar, havia o problema da Suíça. Durante a invasão da França, os suíços haviam abatido diversos aviões alemães que invadiram seu espaço aéreo por engano, e políticos suíços temiam ser os próximos, depois dos franceses. Na verdade, chegaram a traçar planos de defesa conjunta com os franceses contra a Alemanha, planos que enfraqueciam sua reivindicação de "neutralidade armada": os alemães ficaram sabendo de seus planos e estavam furiosos. Promover uma virada à direita na política suíça, o que alguns desses políticos desejavam fazer havia muito tempo, foi uma maneira de apaziguá-los. Mas na realidade os alemães voltaram a se mostrar comedidos em suas exigências. Não pressionaram os suíços para aprovar novas leis raciais ou medidas que teriam posto em xeque a política de neutralidade do país. Protestaram contra as críticas que a imprensa suíça fazia ao Reich, mas não foram além disso, em boa medida porque sabiam que a França estava observando como eles tratavam os suíços e eles queriam, mais que qualquer coisa, cooptar Vichy para o lado do Eixo. Planos de invasão militar também foram engavetados — não porque os alemães temessem o Exército suíço, mas por não desejarem um conflito com os italianos sobre como o país deveria ser dividido. O resultado é que a Suíça permaneceu fora da guerra, oferecendo ao Eixo, com paz e prosperidade (ainda que com certo nervosismo), comércio, serviços bancários, facilidades de trânsito de valor inestimável e, muito mais tarde, discretos pontos de reunião para negociadores do Eixo e dos Aliados.[14]

Um assunto inconcluso muito mais importante era o problema da Grã-Bretanha, sobre o qual Hitler hesitava, como de hábito. Sua postura basicamente pró-britânica não mudou depois de Dunquerque, e ele fez várias outras tentativas para chegar a um acordo. No meio da invasão da França, ele confessou que esperava chegar a um acordo com Londres "sobre as bases da divisão do mundo" e em meados de julho fez uma oferta pública de paz num discurso no Reichstag que foi rápida e publicamente rejeitado. No entanto, cada vez mais Hitler percebia a dificuldade de afastar a Grã-Bretanha dos Estados Unidos e contemplava ações mais dramáticas. Poucos dias depois de fazer sua oferta de paz, ele ordenou que fossem feitos preparativos para um ataque naval através do canal da Mancha, e em agosto o Exército já tinha planos operacionais detalhados. Haveria desembarques em Sussex, Kent e depois em Bournemouth, antes que as forças alemãs avançassem até uma linha que ia de Colchester a Severn, e em seguida na região central da Inglaterra, cercando Londres. Mas os chefes da armada alemã estavam muito preocupados com os riscos de uma invasão, e o próprio Hitler mostrava-se estranhamente inseguro, esperando que uma "demonstração de força" da Luftwaffe fosse suficiente para mudar a política britânica. A inteligência militar alemã superestimou as forças disponíveis para a defesa, e de todo modo Hitler parecia estar relutante em dar um passo que poderia ter derrubado o Império Britânico.[15]

Enquanto os planos para uma invasão pelo canal da Mancha eram preparados, o major Walter Schellenberg, do SD, um jovem assistente pessoal de Himmler e chefe do serviço de inteligência no exterior do RSHA, estava compilando um livro sobre a Grã-Bretanha para uso da Gestapo. Contando, aparentemente, com dados transmitidos por dois agentes do M16 que haviam sido sequestrados perto da fronteira com a Holanda no mês de novembro anterior, as informações confidenciais de Schellenberg em seu *Informationsheft GB* fornecem uma visão da Grã-Bretanha estranhamente perspicaz e ao mesmo tempo completamente bizarra. A "liberdade democrática na Inglaterra" é descrita como uma farsa. Informa-se que os sindicatos "não se interessam por política" e que o arcebispo da Cantuária e o Conselho de Relações Exteriores da Igreja da Inglaterra são acusados de fazer propaganda antialemã, assim como a Universidade de Oxford, cujos "Panfletos de Oxford" sobre problemas mundiais da época são mencionados em particular. Bibliotecas, universidades, eruditos e políticos antinazistas no exílio eram descritos como se interessassem à inteligência nazista. A Inglaterra era supostamente governada por maçons, judeus e por uma pequena elite educada em internatos privados. O cavalheiro inglês era descrito como alguém "que nunca pensou sobre questões filosóficas, que sabia pouco sobre culturas estrangeiras, que pensa na Alemanha como a personificação do diabo mas aceita o poder britânico como algo inviolável". No fim, a "Lista de Mais Procurados da GB" (*Sonderfahndungsliste GB*) relaciona 2800 indivíduos que mereciam especial atenção da Gestapo, dos quais trinta deveriam ser detidos imediatamente. Se chegasse a tomar a Alemanha — da maneira imaginada por Len Deighton em seu romance *SS-GB* —, a Gestapo poderia ter perseguido não apenas políticos, sindicalistas e oficiais militares, mas também figuras tão sinistras como Noel Coward, Nancy Cunard e Sigmund Freud (que havia morrido no mês de setembro, mas ainda assim foi incluído na lista da Gestapo).[16]

Alguns desses temiam tanto uma invasão que fugiram para o outro lado do Atlântico: o escritor Stefan Zweig foi para os Estados Unidos e dali para o Brasil, onde se suicidou em 1942, depois de concluir seu comovente lamento por uma Europa que considerava irremediavelmente perdida, *O mundo que eu vi (Minhas memórias)*. Mas a "Lista de Mais Procurados da GB" em pouco tempo se tornaria apenas uma curiosidade histórica. No fim daquele outono, depois de ataques fracassados a aeródromos britânicos e pesados bombardeios que deixaram mais de 23 mil civis mortos, a Luftwaffe abandonou a Batalha da Inglaterra e Hitler arquivou a ideia de uma invasão. Ele já tinha decidido atacar a União Soviética no ano seguinte como forma de pressionar indiretamente a Grã-Bretanha. Enquanto isso, diplomatas alemães tentavam se manter informados sobre o moral do outro lado do canal da Mancha, mas os relatos eram fragmentados, e até mesmo o embaixador alemão em Dublin tinha dificuldades para compreender o que estava acontecendo. Dizia-se que "a vida organizada em Londres" durante a Batalha da Inglaterra fora "completamente arruinada; houve até saques e sabotagem". Por outro lado, dizia-se que a recuperação estava ocorrendo "com velocidade surpreendente". Alguns viajantes procedentes do Reino Unido diziam que a Grã-Bretanha jamais capitularia; outros previam que sua resistência estava perto do fim. O próprio Hitler parece não ter demonstrado o menor interesse por tudo aquilo.[17]

NA ÁFRICA

Antes de atacar a União Soviética, Hitler voltou sua atenção para a posição britânica no Mediterrâneo. Embora a Marinha alemã tenha se entusiasmado com essa nova estratégia "periférica", ao ver nela a última oportunidade para brilhar antes da guerra terrestre contra a União Soviética, seu poderio não era suficiente para combater os ingleses sem apoio. Hitler havia lançado uma guerra geral na Europa num momento em que o programa que deveria dar ao Reich a Marinha mais poderosa do mundo estava apenas nos estágios iniciais. A Marinha com a qual ele contava nem ao menos conseguiu realizar operações através do canal da Mancha. No caso do Mediterrâneo, portanto, e do norte da África em particular, o novo senhor da Europa descobriu que teria de agir como diplomata e estadista, não como comandante em chefe: para tirar o melhor proveito possível dos parceiros da Alemanha, teria de agir como intermediário e bajular onde não pudesse coagir. Mas essa tarefa acabou se provando mais difícil que a conquista de metade da Europa. Tanto a Itália, sua aliada, quanto a Espanha, que ele queria desesperadamente que entrasse na guerra, pretendiam se aproveitar da derrota da França e cobiçavam suas possessões no norte da África. O intrincado problema de Hitler era descobrir como satisfazer a ambas sem alienar os franceses, que potencialmente eram mais importantes que qualquer um dos outros dois países. Hitler não tinha a habilidade de Bismarck de lançar um inimigo contra o outro, e suas ambições territoriais específicas também eram um empecilho.

O apoio da Espanha na guerra contra a Grã-Bretanha era claramente vital. Em 19 de junho — nos dias entre a nomeação de Pétain e a assinatura do armistício —, Madri chegou mesmo a se oferecer para entrar em guerra contra a Grã-Bretanha em troca de Gibraltar, do Marrocos francês e de vários outros territórios africanos. Tropas espanholas haviam ocupado a francesa Tânger poucos dias antes, e Franco queria ampliar ainda mais seu império no norte da África. Os britânicos se preocuparam a ponto de treinar uma equipe que ficaria para trás, encerrada numa casamata de observação por um ano ou mais vigiando de Gibraltar os movimentos dos navios do Eixo. Felizmente, os homens envolvidos nunca tiveram de pôr o plano à prova. Por mais que estivesse encantado por ter os espanhóis na guerra, Hitler não estava disposto a fazer as concessões que eles exigiam.

Uma das razões é que, se fizesse isso, ele não poderia instigar Pétain a entrar na guerra também. Pétain estava jogando com inteligência uma mão de cartas fracas, e Hitler temia que, se transferisse aos espanhóis algumas das possessões francesas, as demais se bandeariam para os ingleses e para a França livre. Mas outra razão é que a Alemanha tinha sua própria lista de desejos no Marrocos, e agentes alemães estavam posicionados em segredo em Casablanca explorando bases aéreas francesas. Quanto à Marinha, os alemães queriam bases até nas ilhas Canárias. Quando Hitler se encontrou com Franco numa reunião crucial em Hendaya, em 23 de outubro, os dois homens não se entenderam. Os espanhóis leram as condições alemãs para sua entrada na guerra e ficaram surpresos ao descobrir que nada muito definido lhes era oferecido na África. Como sempre, Hitler mostrava relutância em se comprometer. Franco falou durante um tempo enorme a respeito dos direitos históricos da Espanha sobre o Marrocos e se recusou a discutir sua entrada na guerra sem um claro compromisso alemão de garantia desses direitos. Hitler ficou tão irritado que mais tarde disse a Mussolini que preferiria arrancar vários dentes a ter outra conversa como aquela.[18]

Na própria Espanha havia um enorme entusiasmo dos fascistas com a perspectiva de participar da guerra, e eles não entendiam a hesitação de Franco. Para eles, a vitória na Guerra Civil significara a oportunidade de restaurar internamente a grandeza da Espanha, enquanto a derrota da França era uma oportunidade para estendê-la para o exterior e participar da construção de uma Europa anticomunista. A "nova Europa", de acordo com Rafael Garcia Serrano, membro da Falange Fascista, baseava-se em três concepções de Europa: 1) como ocidental (contra os bárbaros bolcheviques asiáticos); 2) como civilização (baseada em princípios romanos e cristãos); e 3) como império. Segundo escreveu outro direitista, havia dois tipos de nações: as nascidas para governar e as nascidas para obedecer. Como a Espanha podia deixar de se "mobilizar agressivamente" e converter-se numa das "quatro, cinco ou seis grandes unidades que [...] são chamadas a governar o mundo neste século, no qual toda a ficção da liberdade para Estados minúsculos vai desaparecer?". Ainda assim, embora grande número de espanhóis recebesse autorização para lutar, especialmente depois que a Alemanha invadiu a União Soviética, Franco era mais realista e prudente e se recusou a formalizar a Espanha como aliada do Eixo. Jogando para ganhar tempo em suas relações com Berlim, ele percebeu que era muito provável que os alemães usassem qualquer participação espanhola na guerra como motivo para enviar suas próprias tropas ao Marrocos. Por isso, sua polícia aumentou a vigilância sobre os alemães no norte da África e também dificultou a vida dos engenheiros alemães que ajudavam a reconstruir as defesas da Espanha nas ilhas Canárias. Basicamente, portanto, foi graças à cobiça alemã que Gibraltar nunca foi atacado. Os alemães elaboraram planos para tomar o lugar, os quais acabaram engavetados antes da invasão da União Soviética. Chegaram a fazer planos de contingência para invadir a própria Espanha em caso de um possível desembarque britânico, e não os abandonaram até 1943.[19]

O que Franco compreendeu é que ser aliado da Alemanha podia ser mais perigoso que permanecer neutro. Foi uma lição que os italianos aprenderam tarde demais. Eles também cobiçavam as possessões francesas no norte da África; na verdade suas exigências eram até maiores, pois eles viam a guerra como uma oportunidade para dominar todo o Mediterrâneo. Mas Mussolini era menos astuto que Franco e não percebeu que ser um aliado próximo de Hitler não contaria muito na nova partilha da África: na realidade, as reivindicações da Itália podiam ser descartadas pelos alemães exatamente porque o país já havia entrado na guerra, e só o que conseguiu ao declarar guerra tardiamente à França foi uma zona de ocupação entre Grenoble e Nice. Ribbentrop garantiu ao ministro do Comércio italiano que a África seria dividida em duas esferas de influência entre os parceiros do Eixo, cuja amizade — segundo previa — duraria "séculos". Mas aos italianos foi prometido apenas Oran, não o restante da Argélia ou o Marrocos francês, como eles esperavam. Os italianos só perceberam tarde demais, diferentemente de Franco, que os alemães sempre poriam seus próprios interesses na África antes de qualquer outra coisa.

Historicamente, a Alemanha sempre foi ambivalente quanto ao seu destino colonial. Antes da Primeira Guerra Mundial, sob o Kaiser Guilherme II, fanáticos de Samoa e do Sudoeste Africano Alemão haviam entrado em choque com grupos de pressão em favor da expansão leste em terras eslavas. Mas na década de 1930 a "reconciliação ideológica" entre o Lebensraum e o colonialismo alemão já havia sido decidida em favor do primeiro. A *Kolonialpolitik* e a *Ostpolitik** eram vistas agora não como alternativas, mas como "necessidades complementares" — a primeira garantiria o acesso às matérias-primas escassas necessárias para assegurar a sobrevivência do *Volk* alemão, e a segunda forneceria as terras para colonização. Mas os entusiastas coloniais acreditavam que sua hora havia chegado. O especialista do partido em colonialismo, Ritter von Epp, participara da sangrenta repressão internacional no início do século à rebelião dos boxers na China e do extermínio dos hereós no Sudoeste Africano Alemão. No outono de 1939, Von Epp saudou o início da guerra como "a ressurreição do império colonial alemão".[20] Homens como ele nunca aceitaram a perda das colônias alemãs depois da Primeira Guerra Mundial e estavam ansiosos por criar uma nova *Mittelafrika* alemã. Eles estudavam as políticas coloniais britânicas e francesas e formas de aumentar a produtividade dos trabalhadores africanos mediante a intensificação da corveia. Embora admirassem os britânicos, achavam que sua política de governo indireto era branda demais. Na Nigéria, escreveram eles, os britânicos infelizmente haviam concedido aos nativos um grau de autodeterminação que até mesmo um obstinado "governo colonial alemão" teria dificuldades para revogar. Em suma, eles planejavam para a África um regime que teria feito os impérios existentes parecerem tolerantes, progressistas e justos.[21]

* Termos alemães para política colonial e política para a Europa Oriental, respectivamente.

No verão de 1940, Hitler ordenou que os preparativos para uma futura administração colonial alemã fossem acelerados. No fim da década de 1930 houve um debate internacional sobre o valor das colônias como fontes de recursos para suas matrizes europeias, e os diplomatas de Berlim logo defenderam o desenvolvimento de uma política africana em benefício da economia da Europa. O que era preciso, diziam eles, era "racionalizar o desenvolvimento colonial na África em benefício de toda a Europa".[22] Mas o Ministério das Relações Exteriores não falava pelo Terceiro Reich. O que outras pessoas em Berlim realmente imaginavam para a África tinha muito pouco a ver com o resto da Europa. Queriam um bloco sólido de território controlado pelos alemães que tomasse todo o coração do continente e fizesse a ligação do novo império do Reich no centro da África com bases navais nos oceanos Índico e Atlântico. A Wehrmacht incorporou as novas tarefas projetadas nas colônias africanas nos planos de rearmamento já em curso, e os africanistas do Reich se prepararam para o serviço nos trópicos. A Universidade de Hamburgo começou a oferecer cursos de treinamento de administradores coloniais, novos uniformes foram desenhados e centenas de inscrições foram recebidas. Uma lei criando o Ministério das Colônias chegou a ser elaborada, embora nunca tenha sido publicada, e produziram-se decretos que estendiam as leis raciais nazistas à África. Servidores civis faziam advertências sobre as doenças tropicais e os perigos do sexo com as mulheres nativas. Indústrias alemãs forneceram especialistas em matérias-primas africanas. Esses planos acabaram ganhando vida própria, e muito tempo depois de o novo império alemão no Sul ter sido eclipsado pela luta que acontecia no Leste a burocracia colonial continuou a fazer planos para um futuro que nunca chegou. Até mesmo decretos locais proibindo os negros de perambular pelas ruas da Alemanha durante a guerra — havia uma pequena comunidade de afro-alemães no Reich e uma companhia de espetáculos ambulante chamada Show Afro-Alemão que se apresentava em trajes "nativos" — foram revogados para não gerar publicidade desfavorável na África. Só perto de 1942 é que Martin Bormann pôs fim a todas as campanhas de propaganda colonial.[23]

Os sonhos alemães de criação de uma "Euro-Afrika" foram basicamente um produto do verão de 1940. Foi o ponto alto dos africanistas e também o momento em que a África revelou os limites do poderio alemão e os custos da impetuosidade de Hitler. Boa parte da Europa continental havia sido esmagada pela Wehrmacht. Mas, embora os alemães afirmassem ser uma potência mundial, na realidade enfrentavam dificuldades para projetar a vontade de Hitler fora da Europa. A campanha do norte da África foi uma única e singular exceção. Mas a gigantesca armada planejada para o futuro não ficaria pronta antes da metade da década de 1940, e nesse sentido as vitórias de Hitler aconteceram cedo demais. A debilidade da Alemanha atuou em benefício da França, permitindo que Vichy se apresentasse como a única barreira entre os nazistas e o gaullismo, um argumento que se fortaleceu quando os partidários de Vichy rechaçaram os ataques anglo-gaullistas em Dacar em setembro de 1940. Os espanhóis, a certa altura, talvez pudessem ter sido levados à guerra se a diplomacia alemã houvesse sido mais astuta e se Hitler tivesse se mostrado menos ávido. Mas aquele momento passara, e o resultado é que ele não conseguiu ter nem a França nem a Espanha ao seu lado na guerra. Quando mais uma vez as atenções da Alemanha se voltaram para o Leste, a França continuava a ser uma potência (ainda que muito enfraquecida) internacionalmente considerável, e as águas do Atlântico e do Mediterrâneo ainda eram disputadas pelos britânicos e seus aliados. Só os italianos lutavam ao lado de Hitler, o que cada vez mais parecia uma faca de dois gumes.[24]

Naquele verão de 1940, parecia que uma das maneiras pelas quais a África poderia servir à Europa era proporcionar uma pátria para os judeus. No final de um memorando do Ministério das Relações Exteriores escrito naquele mês de novembro lia-se: "Madagascar poderia ser adquirido pelo Reich alemão não por questões de política colonial, mas com o propósito de assentar os judeus". Seis meses antes, um ambicioso funcionário do ministério respondera à vitória da Alemanha sobre a França propondo tal alternativa como saída para o impasse da Questão Judaica. Em 3 de junho, com a paralisação dos planos da ss de expulsar os judeus da Alemanha para o Leste, o novo homem do Ministério para Assuntos Judaicos, Franz Rademacher, fez uma proposta: em lugar da Palestina ou da região de Lublin, por que não usar a colônia francesa de Madagascar como reserva judaica? Na Polônia ocupada, aquela pareceu ser a solução que buscavam, um modo de reiniciar a política de emigração forçada de antes da guerra. Hans Frank disse ao seu pessoal que em breve haveria instruções para que "todos os judeus, inclusive os do Governo-Geral, fossem mandados para colônias africanas que o Estado francês entregaria ao Reich para essa finalidade".[25]

Rademacher certamente não foi o primeiro a falar sobre Madagascar nesse sentido. A ilha aparecia em fantasias antissemitas do século XIX, e ideias parecidas haviam sido debatidas nos anos 1930 por poloneses e franceses. Os últimos eram receptivos à ideia de fixar europeus em sua colônia, mas os poloneses não conseguiam decidir se queriam se livrar de seus judeus ou ajudar os agricultores poloneses. Só depois do Anschluss, quando enveredou por um caminho antissemita mais agressivo, é que o governo polonês passou a debater seriamente com funcionários franceses e grupos judaicos a possibilidade de uma transferência em massa de judeus para Madagascar. Mas o fracasso das potências da Liga das Nações em lidar de maneira adequada com a crise de refugiados do fim dos anos 1930 deixara a opção por Madagascar à deriva. Agora Rademacher a considerava um meio de demonstrar a prestimosidade ideológica do Ministério das Relações Exteriores e redefini-lo no centro dos planos alemães para o pós-guerra. Ali estava outra área em que a Alemanha podia ter êxito onde a Liga das Nações fracassara.[26]

Em um memorando de 3 de julho intitulado "A Questão Judaica no tratado de paz", Rademacher argumentava que, com a vitória "iminente", o Ministério das Relações Exteriores deveria receber instruções para tomar as necessárias providências diplomáticas. O tratado de paz com a França teria de assegurar que territórios além-mar fossem postos à disposição da Alemanha, e os diplomatas deveriam fixar "a posição do novo assentamento judaico no exterior conforme a legislação internacional". Falando sobre o Reich como se este fosse o sucessor da Liga das Nações, Rademacher propôs que Madagascar fosse transferido à Alemanha "como um mandato", com o reassentamento de sua população de 25 mil franceses, a transformação da baía de Diego Suarez em base naval e o restante dos judeus deixados a cargo de um comandante da SS. "Neste território os judeus terão, salvo indicação em contrário, uma administração autônoma, com seus próprios prefeitos, polícia e serviço postal e ferroviário." Existiriam num limbo legal — como cidadãos "do mandato de Madagascar", sob controle alemão e impedidos de criar um Estado soberano próprio. Rademacher concluía imitando como um papagaio a linguagem paternalista empregada pelas potências da Liga das Nações:

Podemos utilizar com fins de propaganda a generosidade que os alemães demonstram ao conceder aos judeus a autonomia nos campos da cultura, economia, administração e justiça, e podemos destacar que nosso senso alemão de responsabilidade para com o mundo não nos permite conceder imediatamente, a uma raça que não teve independência nacional durante mil anos, um Estado independente: para obter isso, ela ainda terá de provar seu valor à história.[27]

Em pouco tempo a ideia já circulava amplamente. O ministro das Relações Exteriores, Ribbentrop, mencionou-a aos italianos. O próprio Hitler falou no início de agosto de uma completa "evacuação" dos judeus europeus depois da guerra. A questão também foi levantada em discussões com o novo primeiro-ministro romeno, Ion Gigurtu, um homem grisalho que usava monóculo. Quando Gigurtu, que era rico e tinha conexões na Alemanha, disse que Hitler deveria adotar uma "solução para toda a Europa", Ribbentrop replicou que os alemães estavam pensando nesses termos. Estudos de viabilidade elaborados por um geólogo e um estatístico emitiam parecer favorável. O segundo homem de Himmler, Heydrich, concordava que, dado o grande número de judeus agora nas mãos dos alemães, uma "solução territorial" se fazia necessária, e a ss começou a trabalhar em planos semelhantes. A localização numa ilha "impediria contato prolongado entre os judeus e outras nações": agricultores, operários e pedreiros judeus seriam enviados como "pioneiros".[28]

Enquanto uma partilha da África esteve entre as considerações do Eixo, funcionários nazistas viram uma oportunidade de mandar toda a população judaica da Alemanha — possivelmente de toda a Europa — para além-mar. Nesse momento, certamente, não estavam pensando em extermínio em massa, muito menos na construção de campos da morte. De fato, para grande irritação da França, cerca de 29 mil judeus foram expulsos de Baden, do Sarre e da Alsácia-Lorena em outubro de 1940 e obrigados a ir para a França, o que levou Vichy a desenvolver sua própria "política de emigração em massa para estrangeiros", uma política que teria despejado os judeus e outros indesejáveis no Caribe francês. (O plano acabou frustrado por funcionários da administração colonial francesa que não queriam superpovoar Guadalupe e as Antilhas.)[29]

Mas como os britânicos ainda detinham o controle dos mares, o Plano Madagascar começou a parecer cada vez menos plausível. Rademacher planejou uma conferência para debatê-lo, mas ela nunca foi realizada. Em fevereiro de 1941, Hitler ainda estava meditando sobre o plano. A guerra, observou com insegurança, trouxera novas dificuldades e o obrigava a se ocupar dos judeus não apenas na Alemanha, conforme sua intenção inicial, mas em "toda a comunidade do Eixo". "Ah, se eu soubesse para onde mandar esses 2 milhões de judeus", dizia ele, segundo as anotações de um assistente. "Como havia tantos, era difícil saber. Ele podia buscar a França e pedir que pusesse à disposição o espaço para um assentamento em Madagascar." A essa altura todo o debate tinha um ar de irrealidade. Quando Martin Bormann perguntou a Hitler como os judeus seriam mandados para lá, o Führer respondeu com ironia: "Com uma esquadra da KdF [*Kraft durch Freude*,* isto é, Força pela Alegria]?". A seguir, ele acrescentou que "havia pensado em várias outras ideias que não eram tão divertidas". Mesmo antes da invasão da União Soviética, em outras palavras, o Plano Madagascar já havia sido suspenso. Em outubro de 1941, o chefe de Rademacher no Ministério das Relações Exteriores sabia que sua premissa básica — a conveniência de obrigar os judeus a abandonar a Europa — estava defasada: os esquadrões da morte da ss já estavam fuzilando dezenas de milhares de judeus soviéticos desde o final de junho. Poucos meses mais tarde, o próprio Rademacher escreveu a um especialista em assuntos coloniais que "o Führer decidiu que os judeus não serão deportados para Madagascar, e sim para o Leste. Assim, Madagascar não é mais necessário para a Solução Final". "Deportação para o Leste" era um eufemismo. As possibilidades de 1940 haviam desaparecido na lama e na neve da Rússia, e com elas a chance de uma "solução territorial".[30]

A ORGANIZAÇÃO DA ÁREA ECONÔMICA GERMANO-EUROPEIA

"Se alguém nos perguntar qual é nossa concepção de Europa, temos de responder que não sabemos", disse Goebbels sem rodeios a jornalistas alemães em 5 de abril. "É claro que temos algumas ideias sobre o assunto. Mas se as puséssemos em palavras isso imediatamente nos criaria mais inimigos [...] Hoje falamos em Lebensraum. Cada um pode interpretar como quiser. Quando chegar a hora, saberemos muito bem o que queremos." Hitler, como seus rivais britânicos, Chamberlain e Churchill, queria evitar tanto quanto possível todo o

---

* A Kraft durch Freude foi uma organização política da Alemanha nazista com o objetivo de organizar, controlar e sincronizar as atividades de lazer da população alemã. Criada em 1933, fazia parte da Deutsche Arbeitsfront (DAF, em português: Frente Alemã de Trabalho), uma organização de massa alemã dos empregados e empregadores, e tornou-se a maior operadora de viagens do mundo.

inútil debate que se produzira sobre os objetivos de guerra durante a Primeira Guerra Mundial.[31] Em parte porque ainda não desenvolvera completamente suas ideias; em parte porque — como Goebbels sugeria — era mais conveniente manter segredo sobre as anexações e modificações de fronteiras que pretendia fazer. Mas o silêncio de Hitler parecia inspirar apenas seus seguidores, já que era necessário algum tipo de planejamento para um futuro acordo de paz. Já em 23 de maio, o veterano secretário de Estado para assuntos estrangeiros, Ernst von Weizsäcker, meditava sobre como Berlim poderia manter "o continente pangermânico" unido "tanto econômica como política e moralmente" [*die Methode den pangermanischen Kontinent zusammenzuhalten*]. "É preciso levar em conta", escreveu outro diplomata, o antinazista Ulrich von Hassell, "uma nova estrutura para a Europa segundo a imagem de Hitler, obtida mediante um tratado de paz que respalde seus objetivos mais amplos."[32]

Com os objetivos políticos de longo prazo do regime envolvidos em deliberada ambiguidade e com o adiamento *sine die* dos tratados de paz, as discussões sobre a Nova Ordem concentravam-se principalmente em temas econômicos, com a retomada de ideias sobre a reorganização da economia europeia que remontavam à Primeira Guerra Mundial e, em alguns casos, eram anteriores a ela. O triunfo militar alemão e as repercussões da Depressão por toda a Europa tornavam os planos alemães para racionalização e reforma continental mais plausíveis que nunca. Embora o Reich enfrentasse uma escassez de mão de obra, as taxas de desemprego ainda eram elevadas na maior parte da Europa Ocidental, e a Nova Ordem parecia oferecer uma forma de reduzi-las em benefício de todos. Para tecnocratas e empresários alemães, a missão do Reich era tirar a Europa do atoleiro dos anos 1930 e demonstrar a superioridade de um sistema de comércio organizado segundo o modelo fascista ante o fracassado e fragmentado padrão-ouro dos liberais. Havia muito os economistas alemães achavam que os fundamentos básicos da economia de livre mercado nada mais eram que uma racionalização teórica ultrapassada para a supremacia inglesa e sugeriam que os sistemas fascistas de comércio controlado tinham mais probabilidade de gerar prosperidade em toda a Europa. De seu ponto de vista, a vitória da Alemanha sobre a França prometia um futuro mais próspero e um papel mais forte e autossuficiente para a Europa no mundo. A Sociedade de Planejamento Econômico Europeu de Werner Daitz e a *Grossraumwirtschaft** queriam um bloco europeu do marco pa-

* Literalmente, "economia dos grandes espaços".

ra competir com os japoneses, os americanos e "os remanescentes do bloco da libra". Andreas Predöhl, diretor do internacionalmente respeitado Institut für Weltwirtschaft* de Kiel, afirmava que com a Inglaterra agora fora da Europa, sua versão da teoria econômica também deveria ser lançada ao mar para que o continente pudesse lucrar com a liderança alemã e passar a uma "nova economia mundial". Keynes e os suecos não eram os únicos a anunciar o fim do *laissez--faire*: os nazistas estavam seguindo o mesmo caminho.[33]

Enquanto uma vitória sucedia a outra, as análises, recomendações sobre formulação de políticas e os memorandos não solicitados se multiplicavam. Em 30 de maio, enquanto o Exército alemão abria caminho em Dunquerque, o vice--diretor do departamento de política econômica do Ministério das Relações Exteriores sintetizou o consenso emergente. Sua suposição fundamental, declarou ele, era que "a vitória foi obtida, e portanto a Inglaterra aceita todas as condições alemãs". Para ele, saber se países como a Holanda, a Bélgica e a Noruega seriam politicamente incorporados ao Reich era uma questão secundária. A integração econômica era o que importava, através de câmaras de compensação e cartéis controlados e talvez até mesmo com uma união econômica e monetária. A Inglaterra e a Rússia seriam forçadas por seus próprios interesses a manter os negócios com o Reich. Quanto aos Bálcãs, os interesses do Reich já estavam bem servidos pelas relações comerciais bilaterais existentes, sem a necessidade de conquistas militares.[34]

A política, no entanto, continuava criando problemas de modo enervante. Seria mesmo possível acreditar que os países satisfariam os desejos do Reich ao mesmo tempo em que seguiam nominalmente independentes? Afinal, a Grécia e a Romênia haviam sido apanhadas na rede comercial do Reich antes da guerra, e ainda assim ambas haviam aceitado as garantias militares anglo-francesas em 1939. Um dos satélites exemplares do Reich, a Eslováquia, andara exibindo sinais de independência: naquele mês de julho, foi necessário aplicar uma pressão política nada sutil para que o monsenhor Tiso aceitasse "assessores" alemães, e alguns dos ministros mais importantes de seu governo foram substituídos. "Chegou o momento de esclarecer de novo, uma vez mais", escreveu o ministro para a Eslováquia, "especialmente no caso dos países do Sudeste da Europa, que a Eslováquia é nosso Lebensraum, isto é, nossa vontade é a única que importa." O

* Instituto para a Economia Mundial.

outro "protetorado-modelo", a Dinamarca, também entabulava negociações comerciais com outros países sem consultar os alemães e continuava mudando de ideia quanto à possibilidade de uma união aduaneira e monetária.[35]

Como para demonstrar que as noções de soberania formal ou independência pertenciam ao passado da diplomacia, Hitler tomou do Ministério das Relações Exteriores a tarefa de planejar o futuro da Europa, transferindo-a para Goering e para o ministro da Economia, Walter Funk. O próprio Goering era o nome mais importante naquele grupo de figuras do Terceiro Reich cuja visão para a Europa se baseava mais nas antigas ideias de hegemonia econômica continental alemã anteriores ao nazismo que nas fantasias de pureza racial de Himmler. Em conformidade com essas ideias, ele ordenou a Funk — que já demonstrara confiabilidade ao supervisionar a arianização da economia alemã e contribuir para a organização dos esforços para o rearmamento — que preparasse propostas para um "bloco econômico da Europa Central". Goering, que criticava Versalhes por ter dividido os mercados europeus numa profusão de unidades menores e inviáveis, separadas por barreiras aduaneiras e nacionalismo econômico, ansiava pela "unificação da Europa em grande escala" sob a liderança alemã, num bloco capaz de competir com os Estados Unidos.

Funk era um jornalista especializado em temas econômicos bastante indolente, mas em julho fez um discurso grandiloquente que atraiu a atenção internacional. Anunciando que "no futuro o ouro não terá nenhum papel" como base do sistema monetário europeu, Funk falou sobre a reconstrução europeia, o pragmatismo alemão, o planejamento para o continente como um todo e a criação de "um espírito de comunidade econômica mais forte entre as nações europeias". Assim como a Alemanha tinha mostrado ao mundo como sair da Depressão, agora conduziria "uma Europa unida" à prosperidade e a padrões de vida mais elevados. Reservadamente, é claro, sua ênfase era um pouco diferente: ganhar a guerra e servir aos interesses alemães vinha em primeiro lugar. A portas fechadas, Funk rejeitara a ideia de fazer da unificação europeia uma prioridade. Estava mais preocupado em fazer a economia voltar a crescer depois da guerra e assegurar que Berlim fosse o centro do sistema financeiro e comercial do continente. Um grupo de trabalho instalado no Ministério da Economia fez muitas consultas a líderes empresariais alemães, holandeses, belgas e suecos e recomendou a implementação de um sistema unificado de transportes e o estabelecimento de uma "união econômica europeia" baseada mais em acertos entre grupos financeiros e comerciais que entre governos. Por trás dessas ideias havia um sentimento de desconfiança em relação aos líderes nazistas. Com o passar do tempo muitas delas viriam a parecer misteriosamente proféticas: a ênfase na criação de tarifas comuns de importação de bens vindos de fora da Europa, na busca de áreas de complementaridade entre as diferentes economias europeias e na necessidade de se guiar por interesses empresariais — esses e outros temas seriam retomados novamente depois da guerra, quando muitos daqueles homens viriam a desempenhar papéis importantes na construção do Mercado Comum Europeu.[36]

Mesmo assim, permanecia o fato de que a liderança política não era fator que se pudesse desprezar no Terceiro Reich, e o que Funk realmente queria dizer ao mencionar uma *"Grossraumwirtschaft* europeia unificada sob a liderança alemã"* não deixava de ser ambíguo. Quando interpelado sobre o que pensava daquilo, o economista britânico John Maynard Keynes disse que não havia nada de errado em planejar a reconstrução europeia: a única pergunta era se seria possível confiar num regime nacional-socialista para fazer tais planos. (Tratava-se de uma observação razoável: à medida que o tempo passava, um tom cada vez mais coercitivo podia ser notado nas discussões empreendidas no Ministério da Economia.) Os economistas alemães, por sua vez, conheciam bem as ideias de Keynes e achavam que elas confirmavam sua opinião de que até mesmo nos "chamados países liberais" os economistas estavam começando a aceitar que as flutuações do mercado deveriam ser controladas por uma política estatal. Mas o Führer repreendeu Funk por fomentar o debate público de tais questões: tanto em assuntos econômicos como políticos, Hitler preferia manter as mãos tão livres quanto fosse possível.[37]

Entediado com discussões sobre a lei europeia de patentes ou sobre reforma aduaneira, em 1940 Hitler estava muito mais interessado em potencializar a verdadeira paixão que nutria por planos grandiosos de construção e infraestrutura. Graças a Speer, seu arquiteto favorito — que mais tarde se tornaria o tsar de Armamentos do Reich —, pudemos vislumbrar as duas caras de sua fascinação por cidades. De um lado, ele assistia aos jornais cinematográficos sobre a devastação de Rotterdam, Varsóvia e Coventry com indiferença e até prazer. Perto do fim da guerra, furioso e humilhado pelo bombardeio anglo-americano de Hamburgo e Dresden, Hitler fantasiava e delirava com a ideia de destruir Nova York com "um furacão de fogo". Descrevia como os arranha-céus se tornariam "gigantescas tochas ardentes desabando um depois do outro, e como o brilho da cidade que explodia iluminaria o céu escuro". Mas a outra face dessa crueldade era a atenção embevecida com que se dedicava a planejar o futuro das cidades alemãs. "Londres será reduzida a uma pilha de escombros", disse categoricamente a Speer enquanto planejava converter Berlim em "Germânia" — o centro do império. A cidade seria bifurcada por colossais bulevares que conduziriam a um grande arco do triunfo no centro. Quando viu a sala onde Speer e Hitler passavam madrugadas estudando as minúcias de suas maquetes, o pai do arquiteto deu de ombros e disse ao filho: "Vocês todos estão completamente loucos".[38]

Com a vitória na frente ocidental, a loucura aumentou. Hitler não só queria que a nova estação de Berlim fosse maior que a estação central de Nova York: agora ele planejava uma esplanada — com quase um quilômetro de extensão e trezentos metros de largura — para receber os viajantes. Inspirada na Avenue de Rams de Karnak, seria decorada com peças de artilharia tomadas dos inimigos e outros troféus de guerra. Em 1941, quando a Wehrmacht invadiu a União Soviética, Hitler disse ao Exército que precisava de duzentos canhões pesados soviéticos e alguns tanques especialmente grandes para exposição.[39] A nova ponte que atravessaria o Elba teria como modelo a Golden Gate de San Francisco — porém maior — para que os alemães que chegassem a Hamburgo pelo mar exclamassem: "O que há de tão extraordinário com os Estados Unidos e suas pontes? Nós também podemos fazer pontes". A sede regional do Partido Nazista ocuparia um arranha-céu visível a quilômetros de distância, adornado com uma enorme suástica de neon para orientar os navegantes. Gigantismo semelhante caracterizava as instalações navais planejadas para Trondheim e St. Nazaire. O regime praticamente já concluíra as obras da maior colônia de férias do mundo em Rügen, com um gigantesco e monstruoso bloco de apartamentos com 11 mil quartos e corredores quilométricos que se demorava mais de uma hora para percorrer. No Terceiro Reich vitorioso, até os alojamentos de praia teriam de ser os maiores do mundo, que poriam os Estados Unidos em seu devido lugar graças ao know-how alemão. Dezenas de outras cidades ganhariam avenidas amplas, adequadas a desfiles militares. Novos edifícios administrativos, prédios habitacionais e arenas cobertas de tamanho colossal permitiriam reunir dezenas de milhares de pessoas nos comícios do partido. À medida que o frenesi de planejamento ia dominando a Alemanha, dezenas de autoridades locais pediam que suas cidades fossem reconstruídas e apresentavam seus próprios planos de melhorias urbanas.[40]

A demanda por material de construção crescia intensamente. No verão de 1940, havia tantos corretores alemães interessados em granito escandinavo que um comprador de Hamburgo se perguntava se todas as cidades do Reich tinham ido "comprar pedras na Noruega". (O próprio Hitler tinha encomendado certa quantidade para seus edifícios.) Grandes contratos eram fechados com pedreiras finlandesas, italianas, belgas, suecas e holandesas; planejava-se montar uma frota inteira, com portos próprios, para transportar os pesados blocos até o Reich. A ss de Himmler também despertou para o potencial econômico de seu sistema de campos de concentração. Velhos campos foram ampliados, incorporando barracões e fábricas, e outros inteiramente novos, como Mauthausen, Natzweiler e Gross-Rosen, foram construídos perto de pedreiras e olarias. A ss chegou a criar uma companhia especial, as Fábricas Alemãs de Terra e Pedra (em alemão, DEST), para fornecer pedras para as necessidades de construção de Hitler, mas não deu muito certo. Conta-se que um desapontado Hitler sugeriu à ss que se limitasse a confeccionar chinelos e sacos de papel, como os condenados a trabalhos forçados haviam feito por décadas.[41]

Construir um sistema de comunicações que abarcaria toda a Europa era outro dos planos favoritos de Hitler. Dos primeiros projetos de construção de rodovias surgiu a Organização Todt (OT), um grupo estatal de engenharia que em 1940 passou também a construir pontes e fortificações. O próprio Fritz Todt passou de inspetor de estradas a ministro de Armamentos e Munições, e embora fosse aos poucos se convencendo de que era impossível ganhar a guerra, especialmente depois da invasão da União Soviética, também supervisionou vários projetos concebidos para durar quando chegasse a paz. Um desses projetos era uma estrada que ligaria a Áustria e a Alemanha à Escandinávia — com a qual a Suécia acabaria incorporada de maneira pacífica à órbita do Reich; uma outra estrada se estenderia de Calais a Varsóvia e, no futuro, a um ponto tão distante como Moscou; uma terceira iria de Lublin a Rostov, seguindo o rio Don. Ao mesmo tempo, com um entusiasmo que deixava exausto o atarefado ministro de Ferrovias do Reich, Hitler falava em transformar a Alemanha no centro de uma rede ferroviária europeia padronizada. Chegou a determinar que os engenheiros de ferrovias de Munique projetassem uma estação nova e grandiosa e imaginava trens chegando até Rostov, às margens do Don, no sul da Rússia. Os trens transportariam centenas de passageiros em vagões de dois andares, desenvolveriam velocidade superior a duzentos quilômetros por hora e levariam pouco tempo para completar o percurso. Quanto à nova estação, esta também seria colossal, com a maior estrutura de aço galvanizado do mundo.[42]

O ÁRBITRO DA EUROPA

Mas uma superpotência sempre provoca desconfiança, e a ascensão da Alemanha foi tão veloz e absoluta que gerou preocupação até mesmo entre seus potenciais aliados. O embaixador alemão na Turquia, Von Papen, relatou que o presidente turco nutria "temores em relação a uma futura hegemonia mundial alemã". O ditador português, Salazar, perguntava abertamente se Hitler não poderia se intoxicar com a vitória e germanizar a Europa de maneiras inaceitáveis para o Sul católico.[43] E, embora Laval e outros políticos franceses quisessem pôr seus ovos na cesta alemã, alguns homens de Pétain também se mostraram preocupados.

Essas angústias levavam mais e mais países neutros por toda a Europa a ter a esperança de que Mussolini pudesse exercer alguma influência moderadora sobre seu poderoso aliado. Em Lisboa, naquele mês de agosto, o embaixador francês em Portugal teve uma conversa franca com seu colega italiano. Os dois homens se conheciam havia anos, e o francês sentiu-se à vontade para dizer abertamente que em sua opinião a Itália deveria se apresentar como um contrapeso aos alemães. Era difícil imaginar, prosseguiu, que "na organização política da nova Europa, a Itália, que sempre teve peso decisivo na estabilidade europeia, não se empenhasse em restabelecer o equilíbrio que a guerra já havia debilitado e que poderia enfraquecer ainda mais". Se o Eixo ganhasse logo a guerra, o poder da Alemanha seria "alucinante". A Itália poderia ter um grande império africano, mas "o Moloch* da Europa seria a Alemanha". Como resultado, "nós, os conquistados, e vocês, os conquistadores, vamos nos ver numa posição subordinada por uma relação matemática de forças". O astuto diplomata francês, que sem dúvida tentava criar uma divisão entre os italianos e os alemães, na verdade não fazia mais que expressar preocupações compartilhadas por muitos italianos.[44]

Nenhuma potência estava mais desesperada para definir sua posição em relação ao Reich que sua principal aliada e parceira ideológica. Em retrospecto, a Itália poderia ter explorado melhor o conflito europeu permanecendo como um

---

* Deus cananeu cujo ritual de adoração incluía sacrifícios humanos.

árbitro entre as potências ocidentais e o Reich: Munique foi o ponto alto dessa abordagem. Não era, entretanto, uma posição muito gloriosa para que o fundador do fascismo a adotasse, e quando a guerra começou Mussolini deixou claro que se alinharia a seu pupilo ideológico. A realidade, claro, é que seu país estava virtualmente na bancarrota: a cobiça, o orgulho e o medo de acabar marginalizado no acordo do pós-guerra foram as únicas razões de Mussolini para entrar no confronto.[45] A Itália logo percebeu o custo disso. Em junho, depois que Ciano "quase se matou" para expor as pretensões italianas contra a França, Hitler "não deu a mínima atenção a elas e se limitou a desfiar um longo monólogo sobre a vitória". As deliberações de Funk sobre a futura nova ordem econômica aterrorizavam os italianos: eles temiam que os alemães decidissem tudo sem consultá--los e enviaram funcionários a Berlim para ficar mais tranquilos. Como observou Alfieri, o embaixador italiano em Berlim, uma coisa era o Lebensraum, e outra, muito diferente, a *Wirtschaftsraum** — mais difusa, maior e mais vaga. A Alemanha dizia que queria dividir a Europa, a África e o Oriente Próximo entre os dois sócios do Eixo. Mas, quando era indagado sobre onde ficaria a *Wirtschaftsraum* da Itália, Funk referia-se vagamente ao Mediterrâneo. E não estava claro onde exatamente ficariam as fronteiras entre as duas zonas de influência — no norte da África, no Levante ou no Sudeste da Europa. Parecia duvidoso até mesmo que a lira pudesse chegar a ser um sócio viável para o Reichsmark,** ou que haveria suficiente convergência de interesses econômicos para que uma parceria entre ambos funcionasse por muito tempo, uma vez alcançada a paz.[46]

Foi exatamente a ideia de um império paralelo parecer tão preocupante, uma espécie de receita para a subserviência permanente às exigências alemãs, que fez com que alguns italianos desejassem um relacionamento muito diferente com o Terceiro Reich. Afinal de contas, para os fascistas fervorosos estava em jogo nada menos que o futuro da Europa. A queda da França parecia convalidar os valores pelos quais eles haviam lutado desde 1922, mas também trazia a questão de saber se a nova Europa seria na verdade fascista ou apenas nazista. Se a Itália não exercesse influência permanente sobre a Alemanha, julgavam eles, corria-se o risco da segunda hipótese, e fascismo e nazismo poderiam até acabar lutando um contra o outro. Foi por essa razão que em agosto de 1940 o ministro

* Lei comercial.
** Moeda oficial da Alemanha de 1924 a 1948.

italiano da Educação, Giuseppe Bottai, aconselhou Mussolini a não buscar um "acordo bi-imperial". Um acordo desse tipo poderia ser motivado, escreveu Bottai, "inicialmente por timidez diante da Alemanha e [...] por terror à sua supremacia". Ele criticou os que ansiavam por "uma vitória do Eixo no sentido da constituição de duas esferas separadas de influência, de duas unidades econômicas relativamente autárquicas, de duas autonomias, isto é, que permitiria que a Itália no futuro buscasse uma tática política que poderia acabar sendo antialemã". Na opinião dele, isso seria um erro, pois "fortaleceria o racismo [da Alemanha] em seu sentido mais materialista e seu imperialismo no sentido da suprema arrogância". Como sugerem esses comentários tão abertamente reprovadores, os fascistas italianos eram capazes de escrever algumas das mais mordazes críticas às ideias nazistas que se podiam encontrar na Europa àquela altura. O próprio Bottai estava consciente da natureza expansionista do imperialismo alemão e do impacto destrutivo de seu "orgulho racista". A contribuição especial da Itália à Europa, sugeria ele, seria atenuá-lo atraindo a Alemanha para um sistema de colaboração com outros Estados. Com base nesse raciocínio, Bottai e outros analistas italianos dedicaram-se durante a guerra a unir os europeus dos âmbitos da cultura e da vida intelectual que tivessem ideias iguais às suas. Eles queriam que a Itália do Duce fizesse o papel da Grécia ante a Roma simbolizada por Berlim.[47] O problema é que as ideias de Bottai se baseavam num delírio de grandeza: ele imaginava ainda ser possível que o fascismo italiano tivesse uma missão europeia e, menos plausível ainda, que os alemães levassem isso em consideração. Na realidade, o modelo "bi-imperial" de domínio do Eixo nasceu em Berlim, e os alemães seguramente não tinham intenção de permitir que os italianos tivessem algum tipo de influência sobre a forma como eles iriam governar a Europa.

A indiscutível supremacia da Alemanha provocou uma tensão muito mais complicada com a União Soviética. Em agosto de 1939, Stálin acreditava que poderia ficar assistindo aos poderes europeus lutarem uns contra os outros até a exaustão. Menos de um ano depois, seu prognóstico mostrou-se equivocado, e a Alemanha inesperadamente emergia como a dona do continente e o árbitro de seu destino. Temendo que o setor báltico de sua fronteira com o Ocidente expusesse a União Soviética a um futuro ataque alemão, no fim de 1939 Stálin embarcou numa desastrosa guerra com a Finlândia, que acabou por empurrar essa fronteira para o oeste a um custo enorme de vidas e prestígio. Em junho de 1940, abalado com a magnitude do sucesso da Wehrmacht na frente ocidental, Stálin aproveitou-se do drama que se desenrolava na França para ocupar os Estados bálticos e, em seguida, a Bessarábia romena e o norte da Bucovina. Em boa parte isso estava previsto sob os termos do acordo com a Alemanha, mas os alemães não esperavam que ele agisse tão rapidamente. Embora os alemães tenham proclamado seu "desinteresse político" por ambas as regiões, e a despeito do fato de que um conflito com seu novo aliado era a última coisa que Stálin desejava naquele momento, não havia confiança genuína entre as duas potências. Na realidade, no fim de julho Hitler ordenara secretamente que se planejasse uma campanha no Leste para o ano seguinte para que os britânicos tomassem consciência da situação desesperadora em que se encontravam: "A Rússia é o fator mais importante para a Inglaterra [...] Se a Rússia cair derrotada, a Inglaterra perderá sua última esperança. A Alemanha será então a senhora da Europa e dos Bálcãs [...] Decisão: em consequência desse raciocínio, é preciso tratar da Rússia. Primavera de 1941". Por incrível que pareça, tudo indica que Hitler achava que essa campanha não exigiria mais que uns quatro meses, se tanto.[48]

A penetração soviética na Bessarábia e em particular no norte da Bucovina desencadeou mais problemas indesejados nos Bálcãs e aumentou as dificuldades para os alemães. Um dos efeitos mais inesperados da derrota completa da França foi que a Romênia se viu sem um protetor internacional e foi cercada por abutres. Depois da vitória do Exército Vermelho no norte do país, a Hungria e a Bulgária apresentaram reivindicações territoriais próprias contra os romenos, e uma guerra regional se avizinhou. Tendo acabado de fechar com Bucareste um acordo que previa troca de petróleo por armamentos, Hitler queria o fim daquelas disputas — lutar pela Transilvânia era a última coisa que desejava —, mas coube a ele e aos italianos resolver as coisas. No fim de agosto, depois de uma conferência em Viena, as potências do Eixo entregaram à Hungria mais de 40 mil quilômetros quadrados e quase 2,5 milhões de ex-súditos romenos do norte da Transilvânia; poucos dias depois, um naco do país foi cedido à Bulgária. As duas áreas eram etnicamente mistas, e em ambas um grande número de pessoas fugiu para a Romênia atravessando as novas fronteiras. Mas, curiosamente, os alemães não fizeram nenhuma tentativa de convencer húngaros e romenos a promover um intercâmbio geral de populações, o que teria sido coerente com o apoio retórico de Hitler à ideia de Estados etnicamente puros. Ao contrário, criou-se uma comissão germano-italiana que acabou agindo de modo muito semelhante ao que havia feito a velha e desprezada Liga das Nações, monitorando a situação dos refugiados, relatando as condições em seus campos e tentando convencer os dois governos na Transilvânia a tratar corretamente suas minorias.[49] Na Romênia, a dramática perda de território desencadeou uma sublevação política. O rei Carlos foi forçado a abdicar em favor do filho, Michael, mas o poder real ficou nas mãos do novo ditador do país, o general Ion Antonescu. Um ardente francófilo no passado, ele se transformara num fervoroso defensor dos alemães; aliás, em pouco tempo viria a ser o aliado mais leal e admirado de Hitler. Depois do Prêmio de Viena, os alemães se asseguraram do que restara da Romênia — acima de tudo, para impedir que os húngaros a invadissem e criassem uma crise que poderia levar os russos a avançar mais na Romênia e ameaçar o acesso dos alemães aos poços de petróleo ali existentes. Mas esses eventos deixaram o país terrivelmente desestabilizado pela rápida ascensão do Iron Guard, um dos piores movimentos fascistas da Europa.

O petróleo, em muitos sentidos, era a chave, e Hitler enviou uma missão militar para garantir os campos petrolíferos — uma divisão completa, em lugar das unidades em treinamento originalmente solicitadas pelos romenos. Stálin ficou profundamente irritado. Em julho, os britânicos haviam tentado criar mal-estar entre ele e os alemães ao declarar que a tarefa da União Soviética era manter a unificação e a liderança dos países balcânicos. Stálin os rechaçara asperamente, negando que houvesse qualquer risco de domínio alemão sobre o Leste Europeu. Mas isso foi antes da chegada das tropas alemãs ao mar Negro. Os soviéticos protestaram, afirmando que deveriam ter sido consultados e questionaram a necessidade de a Alemanha oferecer garantias à Romênia. Contra quem, perguntaram, essa garantia era supostamente oferecida?[50] O repentino anúncio em setembro do Pacto Tripartite entre Alemanha, Itália e Japão só piorou as coisas: teria sido perfeitamente compreensível que os russos perguntassem onde se encaixavam, se é que se encaixavam, em algo que se parecia muito com uma reedição do antigo Pacto Anticomintern.[51]

Mas a essa altura os alemães ainda estavam dependentes dos grãos e de outras matérias-primas soviéticas, e, no momento mesmo em que ocorriam os exercícios militares alemães para a planejada invasão na primavera, Molotov, o ministro das Relações Exteriores soviético, recebeu um convite para ir a Berlim e ajeitar as coisas. Seu encontro com o ministro Ribbentrop e Hitler, que aconteceu em novembro de 1940, acabou sendo um dos momentos diplomáticos decisivos da guerra. Os alemães tentaram manter as discussões num plano grandioso, pontificando sobre uma nova divisão dos territórios do mundo e oferecendo à União Soviética sua parte no butim. Ribbentrop e Hitler tentaram demonstrar ao taciturno diplomata soviético que incluir as ambições russas na futura ordem mundial não apresentava nenhuma grande dificuldade. Os russos poderiam estender sua influência ao sul, em direção ao oceano Índico — nesse ponto, Ribbentrop apontou vagamente o mapa —, enquanto o Eixo se limitaria à África, e os japoneses, ao Leste Asiático. Molotov não ficou convencido e retorquiu em seu próprio estilo preciso, obstinado e soturno. O que realmente significava, perguntou, a expressão "Nova Ordem"? Os alemães não haviam conquistado a Índia, como é que podiam dispor dela? Sem conseguir extrair uma resposta coerente, ele passou a identificar as preocupações territoriais que constituíam o núcleo da política externa russa desde a época tsarista — o controle da Finlândia, do mar Negro, dos Bálcãs e dos estreitos.* Os alemães objetariam, perguntou ele, se a Rússia oferecesse garantias militares à Bulgária nos termos que os próprios alemães haviam dado à Romênia? As perguntas incisivas de Molotov não eram fáceis de responder, e, embora os alemães tenham saído da reunião convencidos de que não haveria ruptura imediata, as verdadeiras bases para o conflito estavam claras.

O acordo da Alemanha com a Romênia também provocou dificuldades com os italianos. Enfureceu Mussolini ao despertar seu medo sempre palpável de ficar à margem na divisão do butim da nova Europa. Afinal de contas, até ali o Duce ainda não havia tirado grande proveito de sua decisão de entrar na guerra, e o Sudeste da Europa supostamente deveria ser *sua* esfera de influência; ele chegou até mesmo a contemplar a ideia de criar ali um "bloco balcânico" liderado pela Itália. "Hitler sempre me apresenta um fato consumado", fuzilou Mussolini ao ser informado de que os alemães tinham enviado "assessores" à Romênia. "Desta vez eu vou pagar na mesma moeda. Ele vai ficar sabendo pelos jornais que eu invadi a Grécia. Assim, o equilíbrio será restabelecido."[52]

Dessa forma, foi um ataque de despeito que deu início à desastrosa invasão italiana da Grécia, em outubro de 1940, o primeiro revés que o Eixo sofreu em toda a guerra. Insensato e impaciente — sem nem mesmo esperar que o prazo fatal que dera a Atenas expirasse —, Mussolini lançou 140 mil soldados italianos

---

* De Bósforo e de Dardanelos.

mal equipados sobre algumas das montanhas mais escarpadas da Europa às vésperas do início das nevascas de inverno. O momento escolhido foi espetacularmente inapropriado, com resultados devastadores. Os gregos se defenderam, surpreendendo a todos com a tenacidade de sua resistência, e em pouco tempo ficou claro que haviam contido o avanço italiano, e que em alguns pontos estavam até mesmo conseguindo rechaçá-lo. Hitler compreendeu como a situação era psicologicamente delicada — e ainda piorada pelo sucesso das operações britânicas contra os italianos na Líbia, na Eritreia e na Etiópia — e percebeu que, mesmo querendo se manter distante do Sudeste da Europa, teria de dar auxílio a Mussolini. Em novembro, ele enviou ao Duce uma reprovação muito pouco dissimulada por ter embarcado numa aventura imprudente que produzira "repercussões militares e psicológicas muito graves", semeando entre os países neutros dúvidas sobre o poder do Eixo e levando os ingleses aos Bálcãs. Seria necessário agora, no momento em que ele se preparava para a guerra contra a União Soviética, outro desvio de soldados alemães. Naquele inverno, ele enviou uma missão militar à Bulgária a fim de abrir caminho para as tropas que seriam necessárias contra a Grécia.[53]

O que se seguiu foi a última campanha vitoriosa alemã no continente europeu. A Grécia era o objetivo principal, já que a concentração de tropas britânicas ali ameaçava os campos de petróleo romenos. Mas a Iugoslávia também entrou na lista, no último minuto. Em março, a adesão do país ao Eixo desencadeou um golpe popular em Belgrado, e, embora o novo governo também professasse lealdade a Berlim, Hitler decidiu derrubá-lo. O avanço militar alemão, a partir de 6 de abril, foi irresistível, e em pouco tempo a luta cessou. Os antigos oficiais dos Habsburgo que agora comandavam as forças alemãs estavam decididos a impedir qualquer repetição da resistência dos sérvios em 1914. Belgrado foi pesadamente bombardeada pela Luftwaffe, e o país foi ocupado depois de onze dias de combates nos quais só 151 alemães perderam a vida. Pouco depois, a Grécia também caiu. Tudo aconteceu tão depressa que, a despeito do que afirmam alguns historiadores, existem poucas provas de que essas operações balcânicas tenham tido algum efeito sobre a concentração de forças para o ataque à União Soviética.[54]

Como resultado, a Itália finalmente conseguiu seu mini-império no Sudeste da Europa (embora também tivesse sido necessário contentar a Hungria e a Bulgária). Os alemães queriam deixar o mínimo de tropas suas ali e transladaram suas divisões para o norte, no rumo da frente oriental. Mas os custos foram pesados em termos de eficiência administrativa. A Iugoslávia ficou dividida em mais zonas de ocupação que qualquer outro país da Europa: assim como a Tchecoslováquia e a Polônia, era uma criação do detestado sistema de Versalhes e foi apagada do mapa. A Itália e a Alemanha se apoderaram de faixas de seu território; a Hungria e a Bulgária se serviram de outras. Enquanto a Sérvia foi militarmente ocupada pela Alemanha, a Croácia converteu-se num Estado-satélite que se estendia até a Bósnia-Herzegóvina. A Itália tinha "predominância" em boa parte do país e anexou a costa dálmata e incorporou Kosovo à Albânia, já por ela dominada. A Grécia também foi dividida — em zonas italiana, búlgara e alemã —, ainda que, diferentemente da Iugoslávia, tenha se mantido nominalmente sob um débil governo colaboracionista em Atenas. Não era um arranjo que estimulasse um governo racional ou encorajasse a estabilidade.

A CAMINHO DE BARBAROSSA

Em 18 de dezembro de 1940, Hitler lançou sua diretiva secreta para "esmagar a União Soviética numa campanha rápida". O objetivo global era "erguer uma barreira contra a Rússia asiática na linha geral Volga-Arcangel" que em definitivo eliminaria a União Soviética como potência industrial e europeia. Inicialmente, Hitler queria derrotar antes a Inglaterra e a França, para que o Reich pudesse concentrar suas forças no confronto inevitável com os bolcheviques. Agora era seu fracasso em derrotar a Inglaterra que o levava a abrir essa frente muito antes do que havia planejado. A vitória inesperadamente rápida contra a França havia mostrado o modelo de um novo tipo de ofensiva — a Blitzkrieg —, e Hitler parecia seguro de que, depois dos triunfos do Exército no Oeste (e também baseando seu julgamento no lamentável desempenho do Exército Vermelho contra a Finlândia naquele mesmo ano), a guerra poderia chegar logo a um desfecho vitorioso. "O bolchevismo vai cair como um castelo de cartas", previu Goebbels em maio de 1941.[55]

Antes mesmo do início da invasão da União Soviética, Hitler já pensava no futuro posterior ao desaparecimento de seu inimigo. Ele agora estava perto de transformar em realidade a visão continental que delineara pela primeira vez no início dos anos 1920: no fim do outono de 1941, ele esperava que o Eixo fosse o senhor militar incontestado da Europa. A Alemanha controlaria um território que se estenderia do Atlântico ao Cáucaso. As guerras fronteiriças sendo travadas além dos Urais com o que restava da Rússia eram consideradas pela Alemanha como o equivalente à fronteira norte-ocidental do Raj — um terreno de teste para a hombridade alemã. Os "territórios recém-conquistados no Leste" seriam mantidos por uma "força de segurança" com cerca de sessenta divisões, e a Ucrânia se converteria em "uma base comum de fornecimento de alimentos" para o Eixo. A fortaleza Europa já não enfrentaria sérias ameaças por terra e poderia ser defendida com forças muito menores do que havia sido necessário até então. Seguro no Leste, o Grande Reich alemão poderia concentrar todos os seus esforços para derrotar os britânicos, forçando-os a sentar à mesa de negociações mediante operações conduzidas num vasto arco que iria do Magreb ao Afeganistão. Em outubro haveria um ataque a Gibraltar, a França ajudaria a derrotar os britânicos no norte da África e a Espanha teria de descer do muro. No Oriente Médio, unidades leves motorizadas enfraqueceriam as posições inimigas na Palestina e no Egito. O Império Britânico seria posto de joelhos.

Entre os assessores mais importantes de Hitler, não eram muitos os que se sentiam tão confiantes como ele. Tendo evitado uma guerra em duas frentes em 1939 "por milagre", eles achavam que era loucura iniciar outra sem necessidade em 1941. Ribbentrop, ministro das Relações Exteriores, considerava o acordo de 1939 com Molotov a maior de suas realizações. Além disso, os russos ainda estavam honrando seus importantíssimos contratos de abastecimento, fornecendo ao Reich os grãos e outros bens que eram tão imperiosamente necessários. O comércio com o Japão também ficaria muito mais difícil se a rota terrestre através da União Soviética fosse interrompida. Mais influente que o peso leve Ribbentrop, o segundo homem mais poderoso do Reich, o Reichsmarshall Goering, também achava que a Alemanha precisava de tempo para consolidar suas conquistas. A Nova Ordem ainda estava na prancheta, e Goering sabia que ampliar a guerra rapidamente levaria o Reich a enfrentar duras limitações econômicas. De certo modo, a mão de obra já havia sido bastante reduzida, as reservas de comida eram baixas e a cadeia de comando era confusa e caótica. Soldados alemães patrulhavam do Círculo Ártico ao mar Egeu, muitas vezes em regiões que não ofereciam benefícios evidentes de nenhum tipo ao Reich.

Mas Hitler viu uma oportunidade histórica na velocidade da vitória durante o verão de 1940 e na falta de resistência no Oeste. A Rússia poderia ser eliminada de uma vez por todas sem pôr em risco a posição da Alemanha. Ele odiava ter de depender da boa vontade de Stálin para obter comida e matérias-primas e preferia garanti-las mediante a conquista. As elevadas cotas de grãos que Stálin concordara em fornecer em janeiro de 1941 — e sua pontualidade no cumprimento da promessa nos meses seguintes — só o convenceram da necessidade de tomar as riquezas da Ucrânia para si mesmo. Àquela altura, a Inglaterra não representava ameaça. Era melhor invadir a União Soviética de uma vez e terminar a guerra antes que a ajuda dos Estados Unidos ao Reino Unido ficasse grande demais. Bombardeios de cidades alemãs e a contínua resistência britânica já estavam minando a confiança do povo alemão e estimulando opositores em todo o continente. E junto com tais considerações estratégicas havia preocupações ideológicas que eram muito maiores do que em qualquer outro momento do passado. Até mesmo o ataque à Polônia, que prefigurou a violência racial absoluta da *Vernichtungskrieg* antibolchevique, empalidecia em comparação com a escala e a intensidade do confronto que estava por começar. Aquela era a mais bem planejada de todas as campanhas alemãs, e os preparativos chegaram ao ponto de especificar como a população inimiga iria ser tratada. Novos e impiedosos códigos de conduta foram escritos; novos esquadrões da morte da ss foram montados para aquele que haveria de ser um combate existencial até a morte contra o maior inimigo racial e ideológico da Alemanha. Na manhã de 21 de junho de 1941, sem nenhum aviso prévio, a invasão começou. Depois de um bombardeio de artilharia maciço, um Exército de mais de 3 milhões de soldados, 1 milhão de cavalos e 600 mil veículos começou a avançar numa linha de mais de 2 mil quilômetros de extensão, que se estendia da Finlândia ao mar Negro. Uma força ainda maior os confrontou, apanhada totalmente de surpresa. Com esse conflito épico, sanguinário e sem trégua como catalisador, a natureza mesma do domínio nazista sobre a Europa seria irremediavelmente alterada. Hitler já demonstrara que seu programa era incapaz de conquistar a Europa politicamente; como tinha observado o veterano diplomata Weizsäcker, "a unidade ideológica da Europa está reduzida à Alemanha, à Itália e à Espanha" — e mesmo a dos dois últimos era duvidosa. Agora, nada mais restava além da força.[56]

6. Guerra de aniquilação: a invasão da União Soviética

O princípio de brutalidade implacável, o tratamento do país segundo opiniões e métodos usados em séculos passados contra povos escravos de cor; e o fato, que desafiava qualquer política sensata, de que o desprezo por esse povo se manifestasse não só em ações contra indivíduos, mas também em palavras e em toda ocasião possível e impossível [...] Tudo isso é testemunho de uma absoluta falta de sensibilidade para tratar povos estrangeiros, o que, em vista de suas consequências, só pode ser considerado patético e desastroso.

Gauleiter e Generalkommissar Alfred Frauenfeld,
10 de fevereiro de 1944[1]

Quando decidiu rasgar o Pacto Molotov-Ribbentrop, Hitler o fez inicialmente por razões estratégicas. Achava que bater a União Soviética eliminaria o único aliado potencial significativo de Londres no continente europeu e obrigaria os britânicos a buscar um acordo. Mas a ideia de um ataque militar de surpresa em pouco tempo se metamorfoseou no sonho havia muito acalentado de expandir o Lebensraum da Alemanha penetrando a fundo no Leste. É provável que a invasão da Rússia fosse uma ideia do Exército já desde 1940, e seus planejadores enfatizavam os prováveis benefícios econômicos: a ocupação da Rússia europeia, argumentavam, privaria o regime bolchevique de seus recursos mais valiosos e os poria sob o controle da Alemanha. Tal mensagem era música aos ouvidos de Hitler. Ele simplesmente ignorou os dissidentes. O ministro das Finanças, Von Krosigk, duvidava (com razão, como se veria) que a guerra pudesse melhorar de fato a provisão de alimentos do Reich. A maioria dos conselheiros econômicos de Goering também tinha graves preocupações. Quanto à embaixada alemã em Moscou, talvez a mais bem posicionada para julgar a questão, objetou não apenas que Stálin não representava nenhuma ameaça, já que não tinha planos de lutar contra a Alemanha, mas que até mesmo a ocupação da fértil Ucrânia acabaria sendo muito custosa, já que as fazendas coletivas soviéticas mecanizadas acabariam parando por falta de combustível. Foi uma avaliação que Hitler jamais chegou a ver.[2]

E, ainda que o fizesse, ele provavelmente a teria desconsiderado. Longe de prever a longa, torturante e, em última análise, fatal luta que viria pela frente, Hitler estava convencido de que poderia obter uma vitória-relâmpago como a que havia pouco conquistara na França. "Se atacarmos esse colosso do jeito certo e de primeira", ele predisse em agosto de 1940, "ele vai desmoronar mais depressa do que o mundo espera." Mas a história guardava ainda outra surpresa: assim como o Exército francês desmoronou mais cedo que o previsto, o Exército Vermelho se mostrou um inimigo mais formidável do que Hitler imaginara. A Blitzkrieg se arrastou até o Natal, e depois por mais um ano, e ainda mais outro.[3]

A recusa da União Soviética em ceder transformou a guerra europeia numa guerra global. Em agosto de 1941, menos de dois meses depois do início da invasão alemã, Churchill e Roosevelt assinaram a Carta do Atlântico, que estabeleceu as bases para a ordem internacional depois da guerra, com pouca confiança na durabilidade do regime bolchevique. Em dezembro, tinham mudado de ideia. Seus contatos diplomáticos com Moscou se intensificaram rapidamente, dando origem à parceria entre os Três Grandes, que daí em diante moldaria a estratégia da guerra e da paz. Antes que 1941 terminasse, o chanceler britânico Anthony Eden tinha sido enviado a Moscou. A campanha projetada para forçar os britânicos a capitular tinha na verdade cimentado a nova aliança que acabaria por derrotar a Alemanha.

Visitando as frentes de combate cobertas de neve nos arredores da capital soviética, depois de uma bem-sucedida contraofensiva que obrigou a Wehrmacht a recuar, Eden e seus anfitriões se viram frente a frente com a devastação que os alemães haviam infligido. "Era um espetáculo assustador", escreveu Ivan Maisky, o embaixador soviético em Londres que o acompanhava na viagem.

Nem uma única casa, nenhum abrigo ou cerca! Uma planície coberta de neve e, dispostas ao longo dela, como num desfile de morte, longas filas de fogões de aldeia e chaminés que tinham escapado do fogo. Não era possível deixar de imaginar o que havia acontecido àqueles que até pouco tempo atrás viviam nessas casas que tinham deixado de existir.

Cadáveres de soldados alemães e russos atulhavam as estradas, fossas e campos cobertos de neve, congelados em poses estranhas, com os braços estendidos ou de quatro no chão.

Na cidade de Klin, o grupo de Eden visitou a modesta casa de madeira que no passado fora o refúgio de verão de Tchaikóvski. "A casa tinha sobrevivido", escreveu Maisky,

mas dentro dela tudo estava virado de cabeça para baixo, quebrado e imundo. Um dos quartos no primeiro andar tinha sido transformado em banheiro. Em outros quartos, espalhavam-se pelo chão pilhas de livros meio queimados, pedaços de madeira, folhas rasgadas de pentagramas. Os fascistas alemães, evidentemente, haviam prestado uma homenagem à sua maneira a um dos maiores gênios na história musical do gênero humano. Eden e eu caminhamos lentamente de quarto em quarto. Finalmente, Eden não conseguiu se conter e disse, com uma expressão de desgosto: "Isto é o que poderíamos esperar se os alemães tivessem desembarcado em nossas ilhas".[4]

Na verdade era muito pior. Para Hitler, os britânicos eram totalmente diferentes dos soviéticos: *este* era o conflito decisivo que ele previra ao longo de vinte anos e se preparava agora para travá-lo a contento. No fim de março de 1941, Hitler falou aos seus mais altos comandantes sobre uma "guerra de aniquilação" — uma guerra "entre duas ideologias" — em que as regras normais deixavam de se aplicar. Em jogo estavam tanto a derrota do inimigo mais perigoso do nazismo — o bolchevismo — como o controle territorial do "Leste", as terras entre o Báltico e o mar Negro de que a Alemanha supostamente precisava para sua sobrevivência. Para os militares, ele enfatizou a grande diferença em relação à campanha na Europa Ocidental: "No Leste, a dureza significa suavidade para o futuro". Em resumo, aquele seria o "momento do destino", não só para o Führer, mas também para seu Exército, que desde que ele tomara o poder, em 1933, havia aumentado de 115 mil para 3,8 milhões de homens.[5]

A maior parte desse Exército foi enviada à frente oriental, e a maior parte também haveria de perecer ali. Desde o início, a quantidade de baixas fazia empalidecer qualquer coisa vista até então. Soldados alemães morreram em números sem precedentes na luta contra as tropas soviéticas. Em março de 1942, um terço dos soldados das linhas de frente já tinha sido morto, ferido ou havia desaparecido; mais homens já tinham congelado até a morte do que durante toda a guerra nos lados britânico ou americano. Àquela altura mais de 3 milhões de soldados soviéticos também haviam sido capturados, dos quais, incrivelmente, mais de 2 milhões *já tinham morrido* de fome nas mãos dos alemães. Outros 100 mil — ou mais — prisioneiros de guerra soviéticos haviam sido executados a sangue-frio pela polícia de segurança alemã. De fato, mais até que a luta épica na linha de frente, era o comportamento das forças atrás das linhas de combate — para com os prisioneiros de guerra, os partisans e os não combatentes — que comprovava o impacto ideológico do nacional-socialismo no Exército e na sociedade alemães.[6]

Tema de muita controvérsia recente, a brutalidade que muitos soldados alemães comuns demonstraram para com civis soviéticos refletia muito mais que as tensões habituais da guerra. Linhas de abastecimento no limite e a falta de recursos não ajudavam, nem o fato de que havia muito poucos soldados para garantir adequadamente as zonas de retaguarda, das quais em geral acabavam se ocupando pequenos grupamentos de recrutas dispersos, mal treinados e velhos demais. Se a Wehrmacht tivesse conquistado todo o território que previra — nunca chegou a conquistar mais que a metade —, garanti-lo teria sido ainda mais difícil. Não obstante, os efeitos letais desse déficit logístico foram agravados pelo compromisso existente havia muito no Exército com a retaliação mediante o contraterrorismo e pelo intenso racismo do regime. A violência desencadeada naquele momento não era comparável a nada do que houvesse acontecido até então, nem mesmo na Polônia. Centenas de milhares de civis foram executados ou enforcados e milhares de aldeias foram incendiadas enquanto os alemães e seus ajudantes locais caçavam os ardilosos partisans. Os judeus que habitavam a região, considerados partidários dos bolcheviques e dos partisans, foram mortos em números cada vez maiores, primeiro em represálias esporádicas e depois de forma mais sistemática. Ao final de 1941, já estava bem claro que aquela era uma guerra de aniquilação, e não apenas em sentido figurado.[7]

PLANEJANDO A GUERRA ERRADA

Em muitos sentidos, a crueldade estúpida e contraproducente da ocupação alemã foi prefigurada desde o começo. Nem o Exército nem o próprio Hitler tinham previsto uma luta prolongada e, baseando-se numa inteligência surpreendentemente ruim, a visão preponderante em Berlim era a de que os expurgos haviam debilitado o Exército Vermelho e que seu fraco desempenho fora demonstrado contra a Finlândia na guerra do inverno de 1939-40. No fim de julho de 1940, quando Hitler declarou confidencialmente pela primeira vez que haveria uma campanha no Leste no ano seguinte, a Marinha considerava que "a Rússia ainda é um mistério para nós", e *ao mesmo tempo* sentia-se capaz de afirmar com segurança que "as forças russas podem ser consideradas muito inferiores às nossas tropas já experimentadas em combate". Num manual sobre o Exército soviético publicado alguns meses depois, os estrategistas descreveram o inimigo como "inadequado para a guerra moderna e incapaz de resistência decisiva contra uma força bem comandada e bem equipada". Os oficiais russos tinham todos os defeitos de seu caráter nacional: "torpeza, esquematismo, medo da responsabilidade e de tomar decisões".[8]

Por conseguinte, poucos em Berlim — quaisquer que fossem suas visões sobre a sabedoria política da guerra — duvidavam de que a Wehrmacht conseguiria fazer o Exército Vermelho recuar para o leste. Claro que os generais queriam mais homens para o trabalho — como costumam fazer — e se preocupavam com a falta de reservas. Os temores de uma guerra em duas frentes não tinham desaparecido por completo. O chefe supremo do Comando Central do Exército, Von Bock, já havia antecipado a Hitler que, embora pudesse vencer no campo de batalha, tinha dúvidas quanto à possibilidade de "conseguirmos obrigar os soviéticos a fazer a paz". Mas o próprio Hitler não estava preocupado; como vimos, ele imaginava várias dúzias de divisões alemãs mantendo uma Rússia enfraquecida permanentemente à distância, atrás de uma nova fronteira que se estenderia de Arcangel a Astracã numa espécie de "quase paz" colonial. E, mais importante, o prestígio conquistado com as vitórias-relâmpago na Europa Ocidental em 1940 fazia com que a posição de Hitler fosse inquestionável.[9]

Todo o planejamento operacional subsequente se baseou nas suposições iniciais, altamente questionáveis. Na preparação para o ataque, as linhas de suprimentos foram levadas até o limite, e a pressão que iriam exercer sobre o já sobrecarregado sistema de transporte do Reich foi ignorada. No outono de 1939, a Reichsbahn tinha na verdade menos trens que em 1914, mas a preferência de Hitler por táticas motorizadas o cegou para as consequências potenciais, especialmente entre a lama do outono e as neves do inverno. E a culpa nem era somente de Hitler, pois também refletia as limitações de uma casta militar que subestimava a importância da logística (e da inteligência) em favor da perícia operacional. Os estrategistas do Estado-Maior imaginavam que as tropas alemãs poderiam utilizar o sistema ferroviário e a infraestrutura dos soviéticos, e não previram as táticas de terra arrasada empregadas por Stálin tão logo ele se recuperou do choque inicial da invasão.

O Exército alemão também não parou para pensar no que seria a própria ocupação subsequente. Ante as propostas do Exército de gerir a Rússia segundo o modelo francês e o belga, Hitler explodiu: o Exército não entendia nada de política, e administrações militares não tinham nenhuma utilidade. Falando "em tom respeitoso e pesaroso", Himmler entrou na conversa, deplorando a débil administração do Exército nas ocupações da Polônia, da Holanda e da Noruega e pedindo a substituição de oficiais que não estivessem suficientemente motivados por homens da ss. Quando o Führer deixou bem claro que queria que o poder passasse logo para mãos civis, os militares abandonaram o assunto por completo. "A administração planejada e a exploração do território são preocupações que podem ser deixadas para mais tarde", diziam as instruções do alto-comando em 3 de abril. "*Não são assunto* do Exército." Mas aquele era outro erro de cálculo: mais da metade do território que caiu em mãos alemãs — nada menos que 2 milhões de quilômetros quadrados — permaneceu sob controle militar até o amargo fim.[10]

Ao mesmo tempo, desejosos de agradar ao Führer e de cair em suas graças, os mandachuvas do Exército toleraram um repúdio às leis de guerra muito mais amplo que qualquer coisa com que tinham concordado na Polônia. Um passo nessa direção foi a chamada Operação Barbarossa, que exigia atuar com "máxima severidade" contra quaisquer "civis inimigos" que tentassem "interferir" em operações militares. Oficiais tinham o direito de ordenar represálias contra qualquer aldeia da qual partisse fogo hostil; os soldados não seriam castigados nem mesmo por atos que constituíssem crimes militares contra inimigos civis. Ansioso por proteger os tribunais militares de Hitler, por temer que ele podia simplesmente suprimi-los como na Polônia, onde eles absolveram os civis, o alto-comando suspendeu esses tribunais indefinidamente para julgar crimes civis na Rússia: os oficiais eram agora livres para decidir por si mesmos o destino dos civis russos.

A segunda ordem, denominada "Decreto dos Comissários", ia muito além. A liderança nazista já havia decidido que depois da invasão os funcionários do partido deveriam ser mortos; em 6 de junho, os soldados e a ss receberam instruções para executar os comissários soviéticos capturados. Como "criadores dos métodos de combate bárbaros, asiáticos" do Exército Vermelho, a estes era negado o status de combatentes, e as ordens eram para executá-los de imediato ou entregá-los à ss. Consternados, alguns oficiais alemães viram o projeto do decreto como "a transformação sistemática da lei militar sobre a população conquistada em despotismo descontrolado — realmente, uma caricatura de toda a lei". Diga-se em seu favor que alguns protestaram reservadamente. Mas seus superiores obedeceram aos desejos de Hitler e ignoraram suas apreensões.[11]

Finalmente, no dia 12 de junho, menos de quinze dias antes da invasão, saíram as "Diretrizes para a Conduta das Tropas na Rússia", segundo as quais a guerra era apresentada como uma luta de vida ou morte contra uma ideologia, não um Estado. O bolchevismo era descrito como "o inimigo mortal do povo nacional-socialista alemão", e a luta contra ele "exige medidas cruéis e enérgicas contra os agitadores bolcheviques, os irregulares, os sabotadores e os judeus, e a erradicação total de qualquer resistência ativa ou passiva". Muitos comandantes de campo imediatamente ecoaram isso em suas próprias diretivas prévias à invasão. O general Hoepner, que mais tarde seria executado por tomar parte no complô de julho de 1944 contra Hitler, informou às suas tropas que:

A guerra contra a Rússia é um capítulo importante na luta para a existência da nação alemã. É a velha batalha dos germânicos contra os povos eslavos, da defesa da cultura europeia contra a inundação moscovita-asiática e o repúdio ao bolchevismo judaico. O objetivo desta batalha deve ser a destruição da Rússia de hoje, e isso, portanto, deve ser conduzido com um rigor sem precedentes. Toda a ação militar deve se orientar, em planejamento e execução, por uma vontade férrea de exterminar o inimigo total e impiedosamente. Em especial, nenhum partidário do atual sistema russo-bolchevique deve ser poupado.[12]

Mas, a despeito do discurso sanguinário, Hitler não se fiava muito na confiabilidade ideológica da Wehrmacht e considerava a tarefa de eliminar completamente a "intelligentsia judaico-bolchevique" como algo "que não se pode exigir do Exército regular". Em março, portanto, ele confiou a Himmler a execução de "tarefas especiais que são o resultado da luta que tem de ser levada a cabo entre dois sistemas políticos opostos". Naquela primavera, foram criados quatro Grupos de Operações Especiais (os Einsatzgruppen) móveis da ss para liquidar a oposição em áreas recém-ocupadas. Grupos semelhantes haviam sido criados em campanhas anteriores, mas nunca para tal propósito assassino. Nominalmente sob as ordens para tarefas de policiamento dos comandantes territoriais do Exército, os Einsatzgruppen só respondiam ao rsha em Berlim no que dizia respeito a suas "tarefas políticas".[13]

Em abril de 1941, os Einsatzgruppen receberam ordens de limpar os territórios recém-conquistados de "elementos suspeitos", para matar todos os funcionários do partido, bem como "outros elementos radicais" e "todos os judeus em cargos de Estado e do partido". Seus comandantes — altos oficiais da ss com excelente formação — eram informados das condições do acordo com o Exército e instruídos a "assegurar a mais leal cooperação com a Wehrmacht". O próprio Exército talvez não tenha ficado sabendo que Reinhard Heydrich secretamente instruíra seus homens para que incitassem pogroms contra os judeus. "É preciso mostrar que a população local havia adotado por conta própria as primeiras medidas, como uma reação natural contra décadas de repressão pelos judeus", escreveu o chefe do Einsatzgruppe A vários meses mais tarde.[14]

Essa cautela provavelmente refletia as dúvidas de Heydrich sobre até que ponto era possível contar com a compreensão do Exército. Mas sua preocupação era desnecessária. Operando como estava, no limite de sua capacidade, o Exército só podia empregar muito poucos de seus soldados nas chamadas áreas de retaguarda, e agradecia toda ajuda que recebesse para ajudar a vigiá-las. Embora seus comandantes tivessem autoridade sobre os homens de Heydrich não apenas nas áreas de combate, mas também nas áreas de retaguarda atrás das linhas de combate, em geral eles trabalhavam sem problemas com a ss. A mão de obra andava escassa: em outubro de 1943, dos 2,6 milhões de homens que faziam parte do Exército alemão na frente oriental, apenas 100 mil estavam patrulhando as imensas zonas de retaguarda situadas nos pontos mais distantes da frente. Na realidade, os próprios Einsatzgruppen só contavam com poucos milhares de homens, já que a ss, naquele momento, não tinha acesso a forças maiores, exceto entre criminosos, policiais e fanáticos antibolcheviques que conseguiu recrutar uma vez dentro do território soviético. Mas o que faltava em números os alemães compensaram em terror. "Devido ao tamanho vasto dos territórios conquistados no Leste", Hitler insistia um mês depois da invasão, "as forças disponíveis para fazer a segurança nessas áreas só serão suficientes se, em vez de punir a resistência mediante condenações emitidas por tribunais, as forças de ocupação espalharem tamanho terror que esmaguem toda vontade de resistência entre a população".[15]

O FUTURO PÓS-SOVIÉTICO

Para Hitler, saber como os territórios recém-conquistados seriam administrados era uma questão muito menos urgente do que saber como eles seriam policiados. Uma coisa estava clara para ele: a área era de tal significação estratégica, econômica e racial — sua conquista, afinal de contas, era a verdadeira *raison d'être* da guerra — que a tarefa de administrá-la tinha de ser posta nas mãos de homens confiáveis do partido. O Ministério das Relações Exteriores foi mantido à distância, e seus preciosos planos para assegurar relações estreitas com nacionalistas ucranianos, georgianos e bálticos foi parar na gaveta. Comissários do Reich seriam nomeados para governar os antigos territórios soviéticos segundo os termos já estabelecidos na Noruega e nos Países Baixos. A única questão que realmente interessava era saber se eles deveriam responder diretamente a Hitler — como ocorria lá — ou se algum novo órgão deveria ser criado como intermediário para coordenar a política que haveria de ser aplicada a toda a zona pós-soviética.[16]

Um sinal da pouca importância que Hitler atribuía à questão era o fato de que o homem que ele escolheu para conduzi-la era Alfred Rosenberg, um alemão báltico exilado com inclinações metafísicas que estudara em Moscou e tinha alguma familiaridade com a União Soviética e seus problemas de nacionalidade. Rosenberg se considerava "o filósofo do movimento (nazista)" e era autor de um pomposo opúsculo racial que tivera grande êxito de vendas intitulado *O mito do século XX*. Hitler não gostava de seus escritos — dizia que eram "um material que ninguém consegue entender" —, mas apreciava-o como alguém que se unira ao Partido Nazista desde o começo. Mais importante, considerava-o um fraco e exatamente por esse motivo havia confiado a ele a liderança do Partido Nazista durante o período que passou na prisão depois do Putsch da Cervejaria. Goebbels, que o desprezava profundamente, chamava-o de "Quase Rosenberg", porque "quase conseguiu se tornar um estudante, um jornalista, um político, mas só quase". A despeito de suas muitas tarefas — dirigindo o escritório de política externa do partido, pontificando sobre teoria racial e ideologia nazista —, Rosenberg não fazia parte do círculo íntimo de Hitler. Mas estava a ponto de pronunciar um de seus discursos monotemáticos, "A Questão Judaica como um problema mundial", na inauguração de seu novo Instituto de Pesquisas sobre a Questão Judaica (que contava com uma grande variedade de artigos excepcionais saqueados das principais coleções de objetos históricos judaicos do continente) quando foi chamado para falar com o Führer. Eles se reuniram durante duas horas no começo de abril e, depois dessa reunião, Rosenberg foi encarregado da "direção central de todo o espaço europeu do Leste".[17]

Preparando os projetos administrativos e políticos para a paz pós-soviética, Rosenberg cercou-se de um círculo de homens que, como ele, pensavam que os alemães deveriam se apresentar como os libertadores do bolchevismo. O memorando que entregou a Hitler na primeira reunião que tiveram propunha a construção de uma aliança anticomunista, trabalhos com exilados antissoviéticos em Berlim e o estabelecimento de uma coalizão de Estados-satélite na antiga União Soviética. Haveria uma "aniquilação completa da administração estatal bolchevique judia" e a Rússia passaria a desempenhar o papel até então ocupado pelo Governo-Geral como o lugar para o qual seriam expulsas as massas racialmente indesejadas. O próprio Hitler vinha pensando em termos similares. Em julho de 1940, ele havia falado em estabelecer um "Estado ucraniano, uma federação de Estados bálticos, da Bielorrússia e da Finlândia". Estudos operacionais produzidos seguindo suas ordens previam o desmantelamento da União Soviética e a criação de Estados independentes, não bolcheviques, sob controle alemão. Duas semanas antes de se encontrar com Rosenberg, Hitler ainda estava falando de "repúblicas desestalinizadas" fora da Rússia, ao mesmo tempo em que confiava na "força mais brutal" no "grande domínio russo". Tais planos tomavam como modelo básico o tratado de Brest-Litovsk e não pareciam muito diferentes do que os homens do Kaiser tinham pretendido alcançar em 1918.[18]

Do ponto de vista organizacional, Rosenberg começou propondo a criação de quatro novos comissariados do Reich, dos quais ele mesmo seria o coordenador e homem de ligação com os ministérios em Berlim. Em poucas semanas seus planos haviam se tornado mais ambiciosos: ele agora defendia um ministério independente e pleno para o Leste, dirigido por ele mesmo. Mas era uma ideia muito ruim, por vários motivos. Um deles era que Rosenberg era um péssimo administrador — Goebbels comentou que ele "só é capaz de teorizar, não de organizar". Outro era que, como ressaltou o secretário de Estado no Ministério do Interior, Wilhelm Stuckart, o novo ministério fatalmente geraria todo tipo de disputas de jurisdição com os ministérios já existentes. Mas Hitler não se impressionou com tais objeções — a última coisa que queria era que os ministérios de administração pública tentassem administrar a União Soviética como a Alemanha — e manteve sua nomeação.

Não obstante, foi como se estivesse montando uma armadilha para Rosenberg fracassar. Afinal de contas, àquela altura vastas responsabilidades no Leste já haviam sido atribuídas a homens muito mais poderosos que ele — homens que não tinham nenhuma intenção de lutar em nome de ucranianos ou bielorrussos e que queriam a terra exclusivamente para os alemães. Um desses homens era Heinrich Himmler, que considerava o Leste sua reserva especial e passava mais tempo lá que o próprio Rosenberg: em 1942, chegou mesmo a transferir seu quartel-general para a Ucrânia. Hitler já tinha confiado à sua ss os "assuntos políticos" nos territórios soviéticos ocupados e, segundo Himmler, 90% de todos os assuntos naquela região eram políticos. Ele não queria que se prometesse aos não alemães nada que pudesse pôr em risco seu grande plano para a germanização do Leste. Conciliar isso com o projeto de Rosenberg de uma coalizão anticomunista com os nacionalistas eslavos era obviamente impossível.

Um inimigo ainda mais poderoso era o marechal do Reich Goering, a quem já fora prometida — antes da nomeação de Rosenberg — a direção da economia nos territórios ocupados do Leste. O objetivo de Goering era explorar as terras conquistadas para benefício imediato de Alemanha, e uma semana depois da invasão Hitler o tornou formalmente responsável por isso, corroendo ainda mais a autoridade de Rosenberg. Como se a posição do novo ministro novo já não fosse bastante fraca, Goering desferiu outro golpe mortal em Rosenberg agindo às suas costas e arquitetando a nomeação do Gauleiter da Prússia Oriental, Erich Koch, como comissário do Reich para a Ucrânia — talvez o posto mais importante da nova administração civil. Enquanto Rosenberg acreditava firmemente que os ucranianos deveriam obter no futuro algum tipo de Estado independente, Koch, que no passado fora um apaixonado por Dostoiévski, mudara de opinião por completo e passara a sentir um desprezo profundo e ostensivo pelos eslavos. Mas Rosenberg era criticado em Berlim por ser um homem que se preocupava mais com os ucranianos que com os alemães, ao mesmo tempo que a reputação de Koch era a de ser um realizador eficaz. Rosenberg podia ter seu Ph.D. e seus livros. Mas o atarracado, proletário e desbocado Koch tinha um currículo brilhante como criador de porcos na Prússia Oriental e prometia reproduzir aquilo no Leste.[19]

E, como Koch bem sabia, a situação do abastecimento de comida na Alemanha preocupava muito Goering. No início de 1941, os estrategistas previam problemas por causa da má colheita e ameaçavam reduzir as rações. A população alemã estava se queixando da escassez e dos preços altos, e isso aumentou a determinação das autoridades do Reich de fazer a invasão da União Soviética dar lucro rapidamente. Herbert Backe, o secretário de Estado no Ministério para Alimento e Agricultura, chegou mesmo a dizer a Hitler que "a ocupação da Ucrânia nos libertará de qualquer preocupação econômica". Ele também lembrou ao Führer que, além da Ucrânia, o resto da Rússia europeia não era uma área de superprodução de alimentos. Mas o regime estava perfeitamente disposto a ver o aumento da fome entre a população civil dos territórios ocupados, desde que os alemães estivessem bem nutridos. No dia 2 de maio, definiu-se que o sucesso da continuidade da guerra exigia que a Wehrmacht fosse "alimentada à custa da Rússia", mesmo com a consequência de que "assim, dezenas de milhões de homens sem dúvida morrerão de fome". "Sustentar a economia de guerra" era a "lei suprema", e os territórios recém-ocupados seriam considerados "de um ponto de vista colonial e explorados economicamente com métodos coloniais". Goering previu "a maior mortandade em massa na Europa desde a Guerra dos Trinta Anos".[20] Backe chegou a esboçar um conjunto de "Doze Mandamentos" para futuros administradores do Leste. "Não queremos converter os russos ao nacional-socialismo, e sim transformá-los em nossas ferramentas", ele escreveu. "O russo resistiu à pobreza, à fome e à austeridade durante séculos. O estômago dele é flexível; por isso, nada de falsa piedade!"[21]

Rosenberg — cujos poderes em termos de segurança e economia a essa altura já estavam reduzidos a nada — continuava querendo comprometer o Reich com uma visão política para o futuro dos territórios governados no passado pela União Soviética. Achava importante que as diferenças entre os russos e os demais fossem destacadas desde o começo: enquanto a propaganda alemã deveria mencionar "as pessoas ucranianas e sua liberdade", ou "a salvação das nações estoniana, letã e lituana", não deveria jamais "falar da Rússia ou de um território russo".[22] Na véspera da invasão, ele resumiu sua concepção política fundamental como:

Retomar, de maneira inteligente [...] as aspirações de libertação de todos esses povos e lhes dar forma em determinados tipos de Estado, ou seja, recortar formações estatais do território gigantesco da União Soviética e fortalecê-los contra Moscou, para livrar o Reich alemão do pesadelo do Leste pelos próximos séculos.[23]

Ainda que fosse necessário manter esses territórios provisoriamente sob o governo de administradores civis alemães, "o território conquistado não deve ser tratado como objeto de exploração como um todo". Segundo ele advertiu, "o pior que poderia acontecer do ponto de vista político é que as pessoas, diante de nossas medidas de exploração econômica, venham a concluir que o atual regime as faz sofrer mais privações que os bolcheviques".[24]

O fato de que foi exatamente isso o que aconteceu deveu-se a Hitler nunca ter levado a sério o enfoque de Rosenberg. Ele queria os russos subjugados, mas tinha pouco interesse em promover os ucranianos. Logo depois da invasão, o desprezo de Hitler pelas aspirações políticas dos habitantes dos territórios ocupados ficou bastante claro. Antes da primeira semana de julho, ele já estava convencido de que Moscou e Leningrado deveriam se tornar inabitáveis para "privar não só o bolchevismo, mas também o nacionalismo moscovita, de seus centros". A exemplo de Rosenberg, Hitler via aquele conflito como uma luta dupla, tanto contra uma ideologia como contra um país. Mas, ao contrário de Rosenberg, achava que a Alemanha não precisava da ajuda de nenhuma força antirrussa para controlar a Rússia. A guerra acabaria num instante, e ele já estava pensando nos minerais e nas colheitas que a Alemanha ganharia e esperava ansioso para abrir as "belezas da península da Crimeia" para turistas alemães que chegariam a toda a velocidade pelas novas estradas, domesticando os primitivos eslavos com a energia e a presciência arianas.[25]

★ ★ ★

Em fevereiro de 1944, quando a ocupação alemã na Rússia se aproximava do fim, um dos colaboradores mais íntimos de Rosenberg fez uma crítica dura a esse enfoque global, referindo-se

> àquela obra-prima de maus-tratos mal dirigidos e sua realização mais notável e surpreendente — em menos de um ano, ter perseguido em bosques e pântanos, como se fossem partisans, pessoas comuns que eram absolutamente pró-alemãs e nos tinham recebido calorosamente como suas libertadoras, influenciando assim o curso dos eventos no Leste de modo decididamente negativo.

Mas era o próprio Hitler quem havia estabelecido as linhas básicas dessa política na reunião crucial que tivera com Goering, Rosenberg, Bormann e Keitel dois anos e meio antes em seu quartel-general em Rastenburg, nas florestas da Masúria. A data era 16 de julho de 1941 e o Führer tinha certeza de que a guerra não duraria muito, pois a Wehrmacht já tivera várias vitórias esmagadoras e o Exército Vermelho se retirava tão rapidamente que centenas de milhares de soldados soviéticos estavam sendo cercados e capturados.

Hitler não poderia ter sido mais direto. Começou a reunião enfatizando que aquela era uma campanha cujos frutos haveriam de beneficiar exclusivamente a Alemanha. A curto prazo, poderia ser taticamente útil desempenhar o papel de libertadores. Porém a coisa mais importante era evitar declarações supérfluas e, acima de tudo, que os alemães soubessem o que queriam enquanto dividiam "esse enorme bolo". Eles precisavam impedir o surgimento de qualquer outro poder militar na região e, além disso, "primeiro dominar, secundariamente administrar e em terceiro lugar explorar" as pessoas e os recursos que haviam encontrado lá. Era um programa para uma guerra colonial de extrativismo. Os alemães seriam os únicos a portar armas; buscar o apoio de outras nacionalidades era uma falsa ilusão. A pacificação seria alcançada "fuzilando todo aquele que parecer suspeito de algum modo".[26]

Como se tudo isso não bastasse, os sonhos de Rosenberg de ver a Alemanha liderar uma coalizão de Estados eslavos foram destruídos, e seus planos sofreram um golpe adicional quando Hitler decidiu truncar a Ucrânia unindo a Galícia, antigo território dos Habsburgo, ao Governo-Geral e concedendo à Romênia parte da Ucrânia meridional, inclusive Odessa. Foi só o que se fez para conquistar os ucranianos. As terras intermediárias só existiriam para servir à Alemanha, enquanto os próprios alemães iriam "europeizar" a estepe drenando pântanos, construindo rodovias, criando plantações e fundando novas "cidades alemãs". Cerca de 2 milhões ou 3 milhões de homens viriam viver nelas, predisse Hitler, "da Alemanha, da Escandinávia, dos países ocidentais e dos Estados Unidos". Hitler já havia dito muitas vezes que a Europa tinha sido prejudicada pelas migrações transatlânticas em massa no século anterior; sua política inverteria a direção do fluxo transcontinental e enviaria milhões para o Leste. O resultado final seria "germanizar esse país pela imigração de alemães e tratar os nativos como peles-vermelhas".[27]

Certamente não foi grande consolo para Rosenberg que a mesma conferência também aprovasse seu projeto básico para a administração civil. Quando o Exército entregasse o controle, a área inteira seria administrada por quatro comissários civis do Reich — um para a Ucrânia, outro para os Estados bálticos junto com a Bielorrússia (formando uma entidade territorial previamente inexistente a ser conhecida como Ostland), um terceiro para o Cáucaso e um quarto para a própria Rússia. (Na realidade, só os dois primeiros chegaram a ser estabelecidos.) Agora nomeado ministro para os Territórios Orientais Ocupados, Rosenberg foi encarregado de tudo.

Como já vimos, na verdade sua posição era muito fraca. Nem sua nomeação chegou a ser anunciada publicamente, pois Hitler quis esperar por uma grande vitória — uma vitória eloquente que nunca aconteceu — para fazer o anúncio. Enquanto isso, Hitler resguardou o poder de designar os comissários do Reich e os comissários abaixo deles, e aqueles eram os homens que exerceriam o poder concretamente: na verdade, esperava-se que Rosenberg delegasse a eles o poder de legislar por decretos. Naturalmente, as possibilidades de Rosenberg dar ordens a Himmler, a Goering ou ao Exército eram menores ainda. Como um de seus mais polidos subordinados comentou, apreensivo: "Será difícil para a administração civil governar um território sem ter pleno controle da polícia e da economia". Quanto às metas políticas de Rosenberg, Goering as descartou logo em suas ordens para as equipes econômicas do Exército: "Tudo o que for usável deve ser posto em uso imediatamente. Considerações puramente econômicas, não políticas. O Führer não determinou um resultado político. Portanto, nenhuma consideração relativa a uma futura ordem política deve ser levada em conta". De fato, Hitler sempre deu muito mais importância a saquear os recursos da região e esmagar qualquer resistência do que planejar como deveria ser governada.[28]

Rosenberg continuou falando sobre construir uma nova Europa livre do bolchevismo. Era o tipo de discurso que alguns de seus subordinados adaptariam mais tarde com grande facilidade às necessidades americanas nas batalhas de propaganda da Guerra Fria. Mas não teve grande apelo no Terceiro Reich. Rosenberg não tinha a confiança de Hitler e só voltou a vê-lo meia dúzia de vezes — o guardião do Führer, Martin Bormann, tinha opiniões a respeito dos eslavos que faziam as de Hitler parecer moderadas —, e era ignorado por seus subordinados, que faziam o que bem entendiam. Quando se queixou de Koch a Hitler no outono de 1941, o Führer o pôs com firmeza em seu lugar, dizendo que ele não devia "se intrometer na administração interna dos comissariados do Reich; limite-se às diretrizes gerais e amplas que primeiro devem ser combinadas comigo".[29]

Na realidade, o novo Ministério do Leste tinha se convertido numa espécie de piada. Instalado inicialmente nos escritórios da antiga missão comercial soviética, realocado a seguir por causa dos bombardeios aliados, o Ost-Ministerium ("omi") em pouco tempo foi apelidado de "Ministério Caos" (Cha-Ost). Um espião de Himmler, o oficial da ss Gottlob Berger, começou como oficial de ligação da ss, mas na prática acabou dirigindo o departamento político. Foi Berger quem descreveu o vice de Rosenberg, o Gauleiter nazista para a Vestfália do Norte, como "fraco demais para fazer o bem e covarde demais para pecar". Mais imponente era o primeiro diretor do departamento político de Rosenberg, Georg Liebbrandt, que Berger descreveu como "uma mistura de homem de negócios, intelectual e regateador". Mas Liebbrandt acabaria forçado a deixar o cargo devido à sua reputação de pró-ucraniano.

De modo geral, o ministério atraía párias e gente rejeitada por outros departamentos e se viu inundado com pedidos de recrutas pouco qualificados e velhos demais ansiosos para seguir para o Leste. Um observador mordaz notou que, enquanto Stálin selecionava seus melhores funcionários políticos para trabalhar nas províncias ocidentais da União Soviética, os nazistas escolheram os piores. Recrutados no partido, muitos dos chamados *Ostnieten* (fracassados do Leste) eram agitadores de rua envelhecidos saídos das fileiras das sa: de acordo com um homem da ss, eles eram "burros e puxa-sacos cuja carreira dependia da carreira de seu Gauleiter". Rosenberg só gostava deles porque, sendo homens das sa, odiavam Himmler e sua ss. Também havia antigos antinazistas que procuravam uma "segunda chance" de se redimir, fazendeiros que buscavam mais terras, arrivistas "coloniais" alemães étnicos à procura de uma oportunidade de se tornar *echte Deutsche*. Poucos falavam russo ou tinham a mais vaga ideia do que os aguardava. Atraídos por um uniforme enfeitado que lhes valeu o apelido de Faisões Dourados, pareciam mais interessados em hierarquia, condecorações e benesses adicionais ao cargo que nas responsabilidades de governo. "O pequeno alemão, que do ponto de vista racial costuma ser um tipo bastante oriental" — assim um ressentido assessor de imprensa descreveu o típico administrador do Ministério do Leste em memorando reservado de 1944.

> Agora nas expansões do Leste, com uniformes pretensiosos, títulos, salários, diárias e rações [...] Um tipo que se engalana com revólver e chicote ou qualquer coisa que imagine que lhe dará uma autoridade natural, um porte superior e masculinidade genuína. O tipo preguiçoso e inútil de [...] burocrata [...] O "organizador" sempre faminto, cercado de um enxame de hienas orientais com as mesmas ideias, sua numerosa camarilha, fácil de reconhecer pelos dois grandes "M" — mulheres e manguaça [...] Mais deslumbrados com os luxos orientais em comida, alojamentos e transporte quanto mais modestas forem suas origens.

Essa gente estava longe de ser os "senhores autênticos" e os "vice-reis" que Hitler imaginara governando o Leste.[30]

Rosenberg teve seus conflitos mais frustrantes com seu próprio subordinado, o Reichskommissar Koch, que detestou a Ucrânia e governava a enorme província com uma equipe minúscula a partir da pequena cidade de Rovno, principalmente porque havia ali boas conexões com a Prússia Oriental, da qual continuava a ser o Gauleiter e onde passava a maior parte do tempo. Pensou em se mudar para Kiev, mas Hitler estava tão decidido a não dar o mais leve encorajamento aos nacionalistas ucranianos que ordenou que ele não fizesse isso. Absolutamente leal, Koch reprimiu com violência os grupos nacionalistas ucranianos que eram tolerados ou encorajados pelo Exército. Sua opinião, expressa com brutal clareza em seu primeiro discurso, em dezembro de 1941, era a de que os alemães eram a raça de senhores (*Herrenvolk*) e todos os demais tinham o dever de servi-los. "Vou extrair até a última gota deste país", disse. "Não vim aqui para distribuir felicidade, mas para ajudar o Führer." Exilados ucranianos em visita ao

Reichskommissariat de Berlim surpreenderam-se ao ouvi-lo se referir casualmente aos ucranianos como "negros". Quando os homens de Rosenberg compilaram estudos sobre os sistemas agrários da antiga União Soviética, Koch os ridicularizou. "Eu tenho de dar duro para conseguir a colheita dos ucranianos para alimentar a pátria e o Exército. Enquanto isso, Rosenberg fica em Berlim e encomenda livros!" Em sua opinião, o trabalho de Rosenberg na Ucrânia só começaria depois que a guerra fosse vencida; até lá quem estava no comando era ele, que trataria de organizar "a maior pilhagem possível".[31]

A concepção de governo de Koch não ia muito além de repressão, saque organizado e vigilância: cartões de identidade obrigatórios ajudavam a monitorar os movimentos da população, uma nova moeda corrente foi criada, com seu próprio banco central, e a economia era rigidamente regulada por controles de preços, de salários e horas de trabalho. O próprio Koch foi nomeado gestor de todas as antigas propriedades soviéticas, que eram administradas em nome da Alemanha. Rejeitou categoricamente a oportunidade de privatizar largos setores da economia, o que teria sido o modo mais simples de explorar os sentimentos antibolcheviques, e várias vezes entrou em choque com Rosenberg acerca dessa questão fundamental. Mas Rosenberg não era o único funcionário com quem o desbocado Koch brigava: suas relações com o Exército e com a ss também se deterioraram rapidamente e Berger, que tratava com ele em nome de Himmler, o descreveu como um "bêbado incapaz de ter um comportamento decente". Numa feroz acusação que pousou na mesa de Himmler três anos mais tarde, um dos subordinados de Koch, Alfred Frauenfeld, atacava suas "táticas brutais, nascidas da estupidez e da inclinação pessoal [...] agravadas por uma interpretação totalmente errônea dos conceitos políticos e ideológicos". Que Koch vez por outra repetisse que os alemães estavam se comportando como os britânicos em suas colônias não era um problema, continuou Frauenfeld; mas o resultado não poderia ter sido mais desastroso para os interesses alemães nem que os próprios britânicos o tivessem planejado.[32]

Afinal, a despeito de seus modos sem rodeios e insolentes, Koch precisava da ajuda dos ucranianos. Seus próprios auxiliares, menos de mil, eram completamente dependentes dos líderes das aldeias, prefeitos e agentes de inteligência. O mesmo ocorria com os policiais de Himmler. A divisão da SiPo/sd em Kiev, que governava a província instalada no velho prédio do nkvd na rua Korolenka, tinha um efetivo de cerca de 120 oficiais e setenta intérpretes e motoristas. Evidentemente, monitorar a população de Kiev, com várias centenas de milhares de pessoas, sem contar os 4 milhões de habitantes na região vizinha, teria sido impossível sem a experiência dos policiais ucranianos, destacamentos de segurança e informantes. Eram seus agentes que caçavam judeus em seus esconderijos e ajudavam a descobrir células do NKVD que haviam ficado para trás e grupos clandestinos de resistência comunista.[33]

Rosenberg tinha muito mais influência sobre os oficiais do Exército que dirigiam a Heeresgebiet Süd, a qual controlou boa parte da Ucrânia Oriental mesmo depois que a parte ocidental foi transferida a Koch em setembro de 1941. Assim como Rosenberg, a Wehrmacht tendia a estabelecer uma diferença entre ucranianos e russos. Muitos de seus altos oficiais seniores se lembravam de ter apoiado a causa nacionalista ucraniana na Primeira Guerra Mundial, e antes da chegada de Koch o general Karl von Roques disse às suas tropas que "a região ucraniana devia ser vista como o Lebensraum de um povo amigo". O oficial de ligação de Rosenberg com a Wehrmacht, Hans Koch (nenhum parentesco com Erich), era uma influência forte. Nascido em Lviv durante o domínio dos Habsburgo, lutou ao lado dos ucranianos durante e depois da Primeira Guerra. Para homens como ele, a ocupação alemã oferecia uma possibilidade de reconstruir com os eslavos o tipo de relações imperiais que haviam ruído depois do colapso do império de Francisco José.[34]

Assim, ao contrário do Reichskommissar Koch, o Exército via-se muitas vezes como o portador da "liberdade" para os ucranianos. Eles também entendiam o valor da propaganda para satisfazer o desejo dos ucranianos de emancipação do bolchevismo. No final de novembro, quando a questão ucraniana era discutida no alto-comando do Exército, sua concordância com Rosenberg não tinha diminuído: "Nenhuma 'atitude negreira' [*Negerstandpunkt*] para com os ucranianos, mas um tratamento bastante razoável conforme as diretrizes do ministro Rosenberg", observou um alto oficial presente. Ele estava particularmente aflito com o impacto das requisições efetuadas pelos homens de Goering, que percorriam a Ucrânia em busca de alimentos: "Se as equipes econômicas tiverem a crueldade de privar a população do pão de cada dia, o tratamento razoável que lhe damos será inútil. A população será simplesmente atirada nos braços da propaganda russa". Portanto, não era apenas o desprezo racial politicamente motivado de Erich Koch que arruinava as relações entre alemães e ucranianos: até mesmo em áreas sob controle militar, a pilhagem da comida da região conforme as diretrizes cruéis estabelecidas em Berlim foi um obstáculo para uma colaboração genuína.[35]

A contraparte menos agressiva de Erich Koch na Ostland era Hinrich Lohse, outro dos homens protegidos por Hitler pela associação antiga ao Partido Nazista. Lohse era "a personificação do mandachuva nazista provinciano", de acordo com uma testemunha ocular, "um homem bruto, vaidoso, tolo, fisicamente parecido com uma morsa". Como Koch, ele combinava seu novo posto em Riga com o trabalho como governador provincial do Reich (em seu caso, administrando Schleswig-Holstein); como ele, cercou-se de camaradas provenientes do cargo anterior. Era também beberrão e glutão e logo construiu uma burocracia vasta e quase sempre redundante nos Estados bálticos, onde a maior parte do trabalho de administrar permanecia de fato nas mãos de funcionários locais. Os dois homens aliavam uma espécie de habilidade para travar as lutas internas necessárias para fazer sucesso com Hitler a uma incapacidade desesperada de criar bases duradouras para o domínio alemão.[36]

Mas os Estados do Báltico, onde o Exército alemão fora recebido com júbilo genuíno, ocupavam um lugar diferente da Ucrânia no imaginário racial nazista. Tanto Hitler como Rosenberg enfatizavam que o destino do povo era ser alemão. "Com setecentos anos de atividade alemã, a região do Báltico já se tornou parte do Lebensraum da Grande Alemanha", Rosenberg instruiu Lohse. "O objetivo de um Reichskommissar para a Estônia, a Letônia, a Lituânia e a Rutênia Branca é dar forma a um protetorado alemão e a seguir converter a região em parte do Grande Reich alemão [...] O mar Báltico deve se tornar um mar interior germânico sob a tutela da Grande Alemanha." Nas cidades, teve início o processo habitual de germanização, e a popularidade dos ocupantes logo afundou. Em Riga, Hitler, Rosenberg, Goering, Bismarck, Wagner, Moltke, Von der Goltz e até mesmo os Freikorps emprestavam seus nomes às ruas principais, e foi montado um museu alemão para explicar como a cultura havia sido trazida aos Estados bálticos pelos alemães.[37]

Ainda assim, na hierarquia racial dos nazistas, os bálticos figuravam muito acima dos eslavos: eles não foram proibidos de se casar com alemães, como ocorrera com os poloneses, por exemplo, e letões, lituanos e estonianos podiam se alistar para servir na frente oriental. Nos três antigos Estados bálticos, os alemães deixaram a administração cotidiana nas mãos de pequenos grupos de experientes funcionários públicos locais e atuavam mais como supervisores, especialmente quando passaram a apreciar a alta qualificação dos que trabalhavam sob suas ordens. Letões e lituanos continuaram a dirigir suas próprias polícias, assumiram as campanhas antibolchevique e antijudaica dos alemães e usavam seu próprio idioma para os negócios oficiais, exceto quando lidavam com os alemães. Somente Riga — que abrigava 10 mil ou mais funcionários alemães — permaneceu sob o controle direto de um prefeito alemão.[38]

O governo alemão na região do Báltico contrastava assim com o regime muito pouco realista de Koch na Ucrânia, brutal e determinado a esmagar todas as aspirações nacionais. Mas, surpreendentemente, o mesmo ocorria em outra parte da Ostland. A Rutênia Branca — o termo alemão para a enorme região constituída principalmente a partir da Polônia Oriental anterior a 1939 e da Bielorrússia soviética — formava a parte sul do enorme Reichskommissariat de Lohse. Baseado em Minsk, o Generalkommissar era outro veterano nazista, Wilhelm Kube, um homem que havia sido condenado por malversação de fundos no Reich e perdera os cargos no partido. Mas o vaidoso e corrupto Kube não era melhor nem pior nem o menos prático dos vice-reis do Leste. Quando morreu, atingido pela explosão de uma bomba colocada debaixo de sua cama pela criada bielorrussa (trabalhando para a resistência), em setembro de 1943, Kube se identificava com a região e contava com um conselheiro político bielorrusso.

Kube gostava de se imaginar como um protetor da cultura local e de brincar de potentado. Mas, diferentemente de Erich Koch, ele também entendia as realidades impostas pela escassez de mão de obra alemã e achava que valia a pena cultivar os eslavos locais como uma força antirrussa, em especial tendo em vista a dor de cabeça crescente representada pelos partisans. Enquanto seus policiais massacravam os judeus da região, Kube criou uma guarda particular de jovens bielorrussos e permitiu a instalação de organizações políticas e assistencialistas, confiando principalmente nos conselhos de velhos exilados antibolcheviques que tinham regressado a Minsk de Berlim e Varsóvia. "Cultivar a cultura, a civilização e a educação dos rutênios brancos (em outras palavras, bielorrussos) é uma tarefa urgente das escolas na província da Rutênia Branca", proclamou. Ele disse aos habitantes que eles deviam essa revivificação cultural a Hitler, o criador da nova Europa, e tornou compulsórias as aulas de bielorrusso; o russo e o polonês foram proibidos explicitamente. Aqui se podia ver como surgia em estado embrionário a política de nacionalidades antirrussas de Rosenberg.[39]

Mas apenas — e é preciso enfatizar isso — em estado embrionário. Poucas áreas da Europa sofreram mais sob o domínio alemão que a Bielorrússia: a estimativa oficial é que mais de um entre quatro membros da população morreu, e 9 mil aldeias foram queimadas. A própria ocupação nunca deixou de ser precária e frágil num terreno pantanoso e densamente arborizado com poucas estradas ou outras ligações de transporte. Sob Kube, entrou em vigor a mesma bateria de decretos repressivos costumeira em outros lugares, e centenas de milhares de bielorrussos foram reunidos à força para trabalhar como escravos para o Reich. E havia o castigo coletivo indiscriminado de comunidades inteiras, o tratamento sádico dispensado aos camponeses locais e os massacres que se estenderam pela zona rural em 1942 e 1943. A escala de destruição era tão grande — em particular, um produto da guerra contra os partisans — que até mesmo os trabalhadores das agências de socorro que no pós-guerra vieram da Alemanha devastada e da Polônia ficaram chocados: a Bielorrússia era de longe a pior coisa que eles tinham visto.

Nas memórias que escreveu na prisão depois da guerra, Alfred Rosenberg quase não menciona nada disso. Talvez não fosse de estranhar, já que passou boa parte de seu tempo como ministro encomendando planos infinitos a respeito de como a Alemanha governaria o Leste quando a guerra terminasse, concentrado nas minúcias enigmáticas das complexidades étnicas e econômicas da região. Ao relembrar, nostálgico, suas experiências no tempo de guerra, referia-se com especial lirismo à turnê oficial que fez pela Ucrânia no verão seguinte a Stalingrado. Foi acompanhado por dois Gauleiters, velhos amigos seus, que:

> de olhos arregalados, de meu trem especial, viram os espaços vastos do Leste. Tudo ali fugia das proporções comuns: os campos de trigo, as estepes de Táurica, os pomares de cereja. Eles ouviram os relatos feitos pelos comissários de distrito sobre as grandes melhorias nas habilidades artesanais dos agricultores e no apoio a eles, e as preocupações e os desejos da população local. Ouviram as bravatas do Reichskommissar Koch, que mais de uma vez exibiu sua vaidade de pavão real. Depois visitamos a Askania-Nova, santuário de árvores e de pássaros na estepe, obra do colono alemão Falz-Fein. Pouco depois estávamos na Crimeia, em seus jardins botânicos magníficos, e na atmosfera tranquila da noite bebemos um pouco do vinho doce do país. Visitamos Livadia e dormimos onde uma vez Schinkel teve o sonho artístico de construir um castelo sobre o mar Negro. Atravessamos Simeis, onde 26 anos antes eu havia passado um verão, e olhamos para baixo, para o mar Negro…

Apesar da sombra projetada por sua *bête noire*, Erich Koch, aquela era uma narrativa do domínio nazista como melhoria colonial, a guerra como a realização dos sonhos de civilizar o "grande espaço" no Leste. Rosenberg descrevia a si mesmo como herdeiro dos grandes criadores alemães do passado. Havia a reserva de vida selvagem, com seus bisões protegidos, cavalos selvagens, avestruzes e antílopes e os pomares, vinhedos e campos de trigo que o cultivo especializado havia tornado frutíferos. Havia a viagem turística ao castelo famoso do tsar Nicolau, onde, apenas um ano e meio mais tarde, Stálin seria o anfitrião de Churchill e Roosevelt na Conferência de Yalta. Era a ocupação que Rosenberg gostaria de ter moldado, quase uma paródia das fantasias do próprio Hitler no Leste, uma ocupação sem aldeias queimadas e desertas, sem as pilhas de cadáveres, as caçadas humanas, os guetos e as cidades famintas.[40]

PRISIONEIROS DE GUERRA

E realmente tudo poderia ter sido diferente. Ao atravessar a fronteira, a Wehrmacht foi recebida com alegria por boa parte da população do oeste da União Soviética, em especial nas áreas da Polônia e dos Estados bálticos ocupadas pelo Exército Vermelho em 1939 e 1940. Havia bons motivos para essas emoções, pois nos últimos dias da administração soviética aconteceram coisas terríveis, e coisas piores ainda haviam sido planejadas. Milhares de pessoas foram assassinadas pelo NKVD antes da retirada: mais de 1500 supostos "elementos antissoviéticos" foram massacrados em Lutsk; mais de quinhentos em Dubno. Outros estavam em listas para mais uma rodada de deportações. Em muitos lugares, a própria evacuação soviética provocou saques e agitações. Preocupados com o impacto na população civil deixada para trás, alguns oficiais se recusaram a obedecer à diretiva de terra arrasada do Kremlin e houve ocasionais tiroteios com funcionários do partido. Mais de uma vez, com a chegada dos alemães, alguns ressentidos habitantes locais acusaram membros do partido e foram presos e fuzilados. A sociedade soviética estava desmoronando sob o impacto da invasão, assim como tinha acontecido com a sociedade francesa no ano anterior.[41]

Por isso não chega a surpreender que em várias regiões os alemães tenham sido recebidos com alívio e que delegações de camponesas sorridentes tenham recepcionado as tropas com as flores, o pão e o sal tradicionais. Elas esperavam recuperar sua terra e deixar para trás as amargas lembranças da coletivização, da fome e das deportações. No oeste da Ucrânia e nos Estados bálticos, muitos nacionalistas locais chegaram a disparar contra soldados soviéticos em retirada para ajudar os alemães. "Todo mundo estava contente com a vinda dos alemães", recorda um ucraniano. "Nós saudamos o Exército alemão como libertador do bolchevismo", proclamavam outros. *"Heil Hitler!"* Um relatório do Einsatzgruppe do início de janeiro observava que, especialmente nas áreas ocupadas pelo Exército Vermelho em 1939, "os soldados alemães eram [...] tratados como libertadores, ou no mínimo com uma neutralidade amistosa". Até mesmo o antieslavo general Hoepner ficou impressionado com a cálida acolhida recebida por suas tropas. A população local ajudou soldados alemães feridos e serviu como guia e mensageira sob fogo.[42]

Muitos sentiam a mesma coisa nas fileiras do Exército Vermelho. A ideia de que houve uma resistência unânime e instantânea aos alemães é um mito. Na verdade, enquanto muitas unidades lutaram duro contra os invasores, outras se amotinaram e mataram seus comissários. Reservistas soviéticos tentaram evitar o recrutamento, e de uma forma geral muitas unidades manifestaram pouca vontade de lutar. O alto-comando soviético estava muito ocupado destacando unidades especiais para evitar a retirada de suas tropas e tratou com dureza os que reagiam. Em meados de julho o próprio Stálin observou que "em todas as frentes" muitos homens "entraram em pânico e chegaram mesmo a se bandear para o inimigo", que "à primeira pressão depunham as armas [...] e levavam outros com eles".[43]

A velocidade do avanço da Wehrmacht foi extraordinária. Dois dias depois do início da invasão, os alemães já tinham capturado Grodno, Vilnius e Kaunas; no final de junho Lviv também tinha caído. O Grupo do Exército do Norte acelerou pelos Estados bálticos, onde conscritos desertaram do Exército Vermelho para se juntar a unidades de partisans lutando ao lado dos alemães. O Grupo do Exército Central avançou em direção ao leste e tomou Smolensk em meados de julho, enquanto o Grupo do Exército do Sul entrava no sul da Ucrânia. No caminho eles capturaram um número de prisioneiros grande e inesperado: 320 mil perto de Białystok e Minsk só no começo de junho; outros 300 mil durante a batalha por Smolensk. Na primeira semana de agosto, o número total de prisioneiros de guerra soviéticos era estimado em 900 mil e já chegaria a 1,5 milhão no final do mês. Outros 660 mil foram capturados durante a batalha por Kiev em setembro, e mais ou menos o mesmo número em outubro nas imediações do bolsão de Brjansk-Vjasma. Quando chegaram as chuvas e a temperatura caiu bruscamente, a Wehrmacht se viu responsável por mais de 3 milhões de soldados soviéticos.[44]

Os soldados alemães já haviam recebido ordens conflitantes quanto ao tratamento de suas contrapartes russas que se rendiam. A divisão de propaganda da Wehrmacht instava os soldados a "inserir uma cunha entre o regime soviético e o povo soviético" e chegava a se referir à "população russa potencialmente amistosa". Ao se dirigir aos alemães na véspera da invasão, Hitler declarou que "o povo alemão nunca nutriu nenhum sentimento hostil contra as nacionalidades da Rússia".[45] Porém, ao mesmo tempo, lembrava a seus soldados que os comunistas "não eram camaradas" deles, e o Exército emitiu alertas sobre "o comportamento traiçoeiro dos soviéticos na guerra". "Ao contrário dos modos cavalheirescos da guerra lutada na Noruega", afirmou alguém, "todos os soldados e oficiais alemães devem estar prevenidos, durante a guerra contra a Rússia, das táticas traiçoeiras, enganosas e pouco militares do método soviético de lutar." Os soldados foram alertados em especial para se precaver contra intelectuais, comissários e judeus e esperar um "tratamento indigno, sádico e brutal aos feridos e prisioneiros".[46]

A imagem que os alemães faziam dos soldados do Exército Vermelho era confusa e irremediavelmente racista. Às vezes a culpa era da perniciosa influência dos judeus, mas com frequência, especialmente nas primeiras fases da guerra, era também dos "mongóis", dos "tártaros" e de outros representantes das hordas "asiáticas" das quais os nazistas acreditavam estar salvando a Europa. As instruções do supremo comando da Wehrmacht quanto à conduta dos soldados na Rússia diziam que "os soldados asiáticos", em especial do Exército Vermelho, eram "impenetráveis, imprevisíveis, insidiosos e de sangue-frio". O próprio Hitler falou sobre um *Mongolensturm*,* enquanto propagandistas alemães se referiam à "conversa fiada dos gelatinosos eslavos-mongóis" que formavam o material humano da União Soviética. Às vezes parecia que Barbarossa era um duelo entre povos góticos e nórdicos de um lado e *Untermenschen* tártaros do outro. Esses estereótipos raciais tiveram papel importante na tragédia que se desenrolou.[47]

A Wehrmacht tinha considerável experiência em lidar com grandes números de prisioneiros de guerra. Na campanha da Polônia, mais de meio milhão de

---

* Em alemão, coluna mongol.

soldados foram capturados; no verão de 1940, foram mais 2 milhões depois do colapso dos exércitos holandês, belga e francês. Incapazes de cuidar de todos, os alemães logo libertaram os prisioneiros holandeses sob condicional, assim como os belgas flamengos e quase um terço dos franceses. Argumentando que a Polônia não existia mais como país, motivo pelo qual os soldados poloneses não podiam mais ser legalmente considerados prisioneiros de guerra sob a Convenção de Genebra, os alemães os empregaram como trabalhadores civis. Essa distorção das normas internacionais a respeito de prisioneiros de guerra pôs os poloneses (assim como os iugoslavos e, em 1943-4, os italianos) numa posição desvantajosa, mas não foi nada comparada ao que aguardava os prisioneiros de guerra do Exército Vermelho.[48]

Durante o verão e o outono de 1941, advogados militares alemães travaram uma longa e afinal malsucedida batalha com seus superiores quanto ao tratamento dos prisioneiros de guerra soviéticos. Eles insistiam em que não importava se a União Soviética houvesse ou não aceitado totalmente a Convenção de Haia e a Convenção da Cruz Vermelha de Genebra de 1929: os alemães deveriam tratar os soldados soviéticos capturados da forma apropriada. Mas o general marechal de campo Keitel, chefe do OKW (alto-comando da Wehrmacht), confirmou seu apelido de "Pequeno Lacaio" (*Lakeitel*) de Hitler e rejeitou esses conselhos. "Essas dúvidas correspondem a ideias militares sobre guerras cavalheirescas", escreveu. "Nosso trabalho é suprimir um modo de vida." Os advogados obtiveram uma pequena vitória ao fazer com que a ideia de deportar quinhentos judeus para o Leste para cada soldado alemão morto sob custódia dos soviéticos fosse descartada. Mas Helmuth von Moltke, o perito em leis internacionais da Abwehr, passava noites insone. "Minha lembrança dos últimos dois dias não é muito boa", ele escreveu em novembro.

> Prisioneiros russos, judeus evacuados, prisioneiros russos, reféns fuzilados, a gradual extensão na Alemanha de medidas "testadas" nos territórios ocupados, judeus evacuados outra vez, prisioneiros russos, uma clínica de tratamento nervoso para homens da ss que desmoronaram ao executar mulheres e crianças. Assim tem sido o mundo nesses últimos dois dias.[49]

O OKW calculava que havia cerca de 1,35 milhão de prisioneiros de guerra soviéticos em campos no Governo-Geral e na própria Alemanha, e outros nos territórios ocupados. Mas diversos fatores conspiravam para esse cálculo estar errado. Em primeiro lugar, a guerra não terminou em questão de semanas ou meses, como Hitler pretendia, e por isso houve pressões quanto a alimentação, transporte e suprimentos. Em segundo lugar, o próprio Hitler proibiu o transporte de prisioneiros de guerra soviéticos para o Reich baseado em questões raciais, aumentando os gargalos e a intensa superlotação em campos provisórios distantes da infraestrutura desenvolvida mais a oeste. E, em terceiro lugar, os números acabaram sendo muito maiores do que o okw previra. Em Nuremberg, Keitel e Jodl tentaram se defender enfatizando as dificuldades logísticas. Mais recentemente, alguns historiadores têm repetido essa ênfase. Nas palavras de um deles, aquilo foi uma "inanição em massa", não um "assassinato em massa". Mas não é tão fácil desemaranhar o que aconteceu a partir das atitudes ideológicas descritas anteriormente.[50]

O racismo e a política se reforçaram um ao outro, por exemplo, no caso dos primeiros prisioneiros libertados. Mesmo antes da Operação Barbarossa, o Exército só havia libertado os belgas flamengos, tratando os soldados coloniais franceses de modo bem pior que o usado contra os brancos, e tinha planejado manter os prisioneiros de guerra judeus capturados no Exército polonês separados dos não judeus. Na campanha da Rússia, preocupações políticas e raciais também ditaram quem poderia voltar para casa. Prisioneiros de guerra de nacionalidade báltica tinham tratamento especial, assim como os ucranianos, em especial os fazendeiros — que Goering e o Exército queriam por causa das colheitas. Por outro lado, o alto-comando do Exército ordenou que "asiáticos (dependendo da raça), judeus e russos que falavam alemão fossem deslocados para a linha de frente como batalhões de trabalho. Ao todo, o número dos libertados continuou abaixo de 10% do número total. Dos mais de 3 milhões de prisioneiros de guerra soviéticos mortos sob custódia dos alemães durante toda a guerra, dois terços nunca deixaram os territórios ocupados, permanecendo sob supervisão da Wehrmacht de uma forma ou de outra.[51]

Desde os primeiros dias da invasão, enquanto longas filas de prisioneiros eram retiradas das linhas de frente, os guardas atiravam em soldados extraviados e até mesmo — como antes na Polônia — em camponeses locais que deixavam alimentos na beira da estrada. Um jovem polonês, Waldemar Lotnik, viu uma coluna de 15 mil homens passar lentamente por ele por mais de uma hora: os guardas matavam os prisioneiros que desmaiavam e abriam fogo quando alguém se atirava faminto aos vegetais que ele e o pai transportavam na carroça. Alguns oficiais seniores alemães ficaram chocados. "É horrível a impressão deixada por 10 mil prisioneiros de guerra russos que, mal vigiados, marchavam de Smolensk", escreveu o marechal de campo Von Bock em outubro. "Mortalmente pálidos e quase mortos de fome, aqueles infelizes cambaleavam em frente. Muitos caíram mortos ou de exaustão ao longo da estrada." Depois da guerra, o ajudante de ordens de Bock foi mais descritivo:

> Colunas de homens marchando, de quilômetros de comprimento, eram guardadas por dez ou vinte *Landesschützen*, que vigiavam a retaguarda e disparavam com metralhadoras contra qualquer um que não conseguisse prosseguir [...] Não era resultado do calor da batalha, mas de ordens emitidas pelos mais altos líderes com uma espécie de arrogância irreligiosa.[52]

Talvez nada tenha mudado mais a percepção dos civis quanto às intenções dos alemães que essas marchas da morte deixando cadáveres macilentos para trás. "Perdemos toda a simpatia da população", escreveu um observador na Ucrânia. "As pessoas não conseguem entender o fuzilamento de prisioneiros de guerra exaustos em aldeias ou localidades maiores e os corpos deixados ali."[53] Conduzir soldados soviéticos famintos pelo coração de Kiev e outras cidades parecia deliberadamente planejado para intimidar os habitantes locais. Os guardas recebiam instruções contraditórias, às vezes para poupar munição e só disparar contra os que tentassem fugir, em outras eram instados a manter "alerta extremo, o maior cuidado e a mais profunda desconfiança"; deveriam reagir aos menores sinais de resistência com "impiedade" e fazer uso "à vontade" de suas armas. Alguns gostavam desse poder e atormentavam os prisioneiros com pedaços de pão.[54]

Afinal os prisioneiros de guerra soviéticos acabaram amontoados em cercas de contenção, rodeados por arame farpado num espaço muitas vezes menor que o necessário. No segundo semestre de 1941, havia não menos de 81 campos de prisioneiros de guerra na zona operacional alemã, dos quais 47 eram campos de transição. Com centenas de milhares de homens alojados, os suprimentos médicos logo se esgotaram e o tifo e outras doenças se espalharam. Sob o sol das estepes, a extrema desidratação e o calor do verão fizeram enlouquecer muitos prisioneiros. Eram vigiados por um número de alemães muito pequeno, por ucranianos e por outros não russos muito mal preparados, ansiosos para demonstrar aos novos senhores que eram confiáveis. Apenas 92 guardas vigiavam mais de 18 mil prisioneiros no Dulag (campo de transição) 131, e trinta homens guardavam mais de 8550 no Dulag 220.

A partir de agosto as coisas ficaram ainda piores. A Wehrmacht estava agora entrando em áreas devastadas pelas táticas de terra arrasada do Exército Vermelho, e os alimentos escasseavam. Quando o clima piorou e transformou as estradas em lama, o grande número de soldados capturados em maciças operações de cerco em setembro e outubro intensificou a tensão logística.

O número de prisioneiros de guerra em Brjansk está aumentando de forma crítica [...] Para piorar as coisas, a estação das chuvas está sobre nós, prejudicando o uso de caminhões a não ser nas melhores estradas, e o fato é que na vizinhança imediata de Brjansk não se consegue mais obter alimentos.[55]

A essa altura, em vez de esperar que Berlim organizasse transportes de longo alcance, alguns comandantes mobilizaram unidades de trabalho de prisioneiros de guerra para procurar provisões, convocaram ajuda de aldeões locais e falaram a seus homens sobre a necessidade de tratar os prisioneiros de forma apropriada. Mas era muito pouco, e tarde demais. A taxa de mortos subia de forma inexorável. Em julho, houve inanição em massa entre os prisioneiros em Minsk, local do primeiro grande cerco, e a taxa de mortalidade subiu mais ainda depois de surtos de disenteria e de tifo. Até o dia 20 de outubro, 54 mil tinham morrido só nos campos do Governo-Geral; outros 45 690 morreram nos dez dias seguintes. Mais para o leste, em novembro a taxa de mortalidade *diária* no bolsão de Brjansk-Vjasma situava-se entre 0,6% e 2,2%. Em Bobruisk, prisioneiros famintos tentaram fugir durante a noite e foram mortos; na manhã seguinte, 1700 ·homens — um em cada dez — estavam mortos. Muito antes que o mundo tivesse conhecimento do horror dos superlotados campos da ss no Reich em 1945, os campos de prisioneiros da Wehrmacht — longe dos olhos de todos os jornalistas — continham horrores que eram, se fosse possível, ainda maiores em magnitude. Em fevereiro de 1942, apenas 1,1 milhão de prisioneiros de guerra soviéticos continuavam vivos (dos 3,9 milhões capturados) e, destes, somente 400 mil estavam capacitados para trabalhar. A taxa de mortalidade final entre os prisioneiros de guerra soviéticos em poder dos alemães durante a Segunda Guerra foi de

57,5%: em um dia morria um número igual ao de todos os soldados britânicos e americanos que morreram sob a custódia dos alemães durante toda a guerra. Por isso não é surpresa que os próprios generais alemães acreditassem que "o Führer quer a dizimação das massas eslavas".[56]

A falta de comida era um dos maiores problemas. Em setembro de 1941, o secretário de Estado Backe no Ministério de Alimentos da Alemanha ordenou que a Wehrmacht se alimentasse com produtos dos territórios ocupados. Devido às interrupções da colheita já provocadas pela guerra, isso não teria sido fácil nem em melhores circunstâncias. Em outubro, já se sabia amplamente em Berlim que muitos prisioneiros de guerra morreriam. No Governo-Geral, um oficial observou que "mortes em massa entre os prisioneiros [soviéticos] não podem ser evitadas porque eles estão no limite de suas forças". Quando Backe vetou propostas para transladar grande número de prisioneiros de guerra mais para o oeste, temendo o impacto no consumo de alimentos no próprio Reich, o general de intendência do Exército introduziu uma diferença significativa, já antecipando o que estava por trás: o Exército poderia tentar alimentar prisioneiros de guerra que estivessem trabalhando, mas "prisioneiros não trabalhadores [...] devem continuar famintos".[57]

Na verdade toda a população soviética foi afetada, não só os prisioneiros de guerra — principalmente nas cidades. Muitas áreas urbanas tinham sido devastadas pela luta, por sabotagens ou por explosivos que o NKVD plantou para ser detonados depois de sua retirada. Mas, de qualquer forma, Hitler planejava arrasar as principais cidades russas e usar a fome para despovoá-las. Ele mandou que Kiev fosse reduzida a escombros e ficou furioso quando não foi obedecido. Nas circunstâncias, foram montados bloqueios em estradas para evitar que chegassem alimentos à cidade, e os mercados negros foram dissolvidos. O comandante regional do Exército protestou, e outros também criticaram o que chamavam de política de "extermínio", mas a ordem foi mantida por Goering. A população de Kiev caiu de 850 mil em junho de 1941 para 400 mil em outubro e para 295 mil em meados de 1943. Em novembro de 1941, o inspetor-chefe da armamentos de Wehrmacht na Ucrânia estava desesperado. "Em última análise", alertou:

[...] apenas os ucranianos conseguem produzir objetos de valor econômico com seu trabalho. Se matarmos os judeus, deixarmos morrer os prisioneiros de guerra e permitirmos que boa parte da população morra de fome, não poderemos responder à pergunta: *Quem vai produzir ativos econômicos aqui?*

O que parece que nem ele entendeu é que se tratava de uma política deliberada. Outras cidades também foram deixadas à míngua, fosse pela ocupação, fosse por cercos. A experiência em Kiev levou Goering a afirmar que a ocupação de grandes cidades trazia mais problemas que vantagens, principalmente porque no caso a Alemanha ficaria "responsável pelo suprimento de alimentos". "Quanto maior o caos na Rússia", ordenou Hitler no início de outubro, "mais fácil nos será administrar e explorar os territórios ocupados no Leste."[58]

Com a chegada da primavera de 1942, Rosenberg — que não tinha influência real nessa área da política — advertiu que a morte de milhões de prisioneiros de guerra soviéticos provavelmente teria consequências catastróficas. Reforçaria a resistência do Exército Vermelho e prolongaria a guerra. Prejudicaria também a administração e uma exploração adequadas dos territórios ocupados. Embora em alguns casos, observou, alguns comandantes de campo tenham recebido auxílios para alimentar os prisioneiros, a maioria os rejeitou, preferindo deixar os detentos famintos e gelados. Assim como muitos outros comandantes do Exército, Rosenberg também criticava o número excessivo de execuções por motivos "políticos". Hitler havia se recusado a suspender o Decreto dos Comissários, mesmo que isso fortalecesse a resistência e impedisse que muitos comunistas mudassem de lado.

Rosenberg acusava Himmler em particular por ingenuidade política e racial. A ss havia destacado e matado grupos de prisioneiros de guerra (como soviéticos muçulmanos) que em potencial eram importantes fontes de apoio para os alemães. Embora seu ministério tenha chamado constantemente a atenção de Himmler para esse fato, em novembro um pelotão de fuzilamento chegou a um campo de prisioneiros de guerra perto de Nikolajev para "liquidar 'asiáticos'". Criticando a atitude de que, pelo fato de os poloneses terem sido maltratados, os habitantes mais ao leste deveriam ser mais maltratados ainda, Rosenberg queixou-se de que o resultado havia sido a alienação de uma população mais antibolchevique e portanto potencialmente pró-alemã que os habitantes da Europa Ocidental, que haviam sido tratados de modo muito melhor. E concluiu com otimismo: "Portanto, cada comandante de campo deve ser responsável por transformar seus prisioneiros de guerra em propagandistas da Alemanha quando voltarem para casa".[59]

Em fevereiro de 1942, porém, a guerra de propaganda era a última coisa que passava pela cabeça dos comandantes dos campos de prisioneiros de guerra. Johannes Gutschmidt, por exemplo, era um oficial de 65 anos que havia servido no Exército de Guilherme e um assumido adepto da realeza. Embora contasse com menos de duzentos homens sob seu comando, tinha de vigiar cerca de 30 mil prisioneiros de guerra de uma vez. Tentando fazer o melhor possível para obter comida e remédios para seus detentos, ele se preocupava com a falta de abrigo da chuva e também com a vulnerabilidade do campo a partisans que estariam se reunindo nas florestas ao redor. No final de outubro, Gutschmidt registrou o primeiro ato de canibalismo em seu campo: vários prisioneiros haviam comido parte de um camarada morto. Em meados de novembro muitos estavam morrendo, apesar da distribuição de alguns alimentos: todos estavam desgastados e sofrendo com a falta de alojamentos adequados. Quando os termômetros caíram abaixo de zero, a taxa de mortalidade chegou a 1% ao dia. Uma epidemia de tifo se alastrava pelos campos daquela área. Em outros locais as coisas estavam piores ainda: num campo em Vjasma houve 4 mil mortes, e o comandante foi ameaçado por uma investigação por seu chocado oficial superior. Em 21 de janeiro de 1942 Gutschmidt mandou fuzilar dois soldados russos surpreendidos comendo cadáveres. No dia seguinte, ele registou o aniversário do Kaiser. A anotação final de seu diário, no começo de março, é sombria:

[Smolensk] 8 de março de 1942
Agora todos os prisioneiros de guerra capazes de trabalhar serão mandados para a Alemanha a fim de liberar trabalhadores em fábricas de armamentos para virem para o front. Dos milhões de prisioneiros, só alguns milhares são capazes de trabalhar. É inacreditável que tantos tenham morrido de fome, que muitos estejam doentes de tifo e que os restantes estejam tão fracos e abatidos que não consigam trabalhar nesse estado. A administração alemã deixou de fornecer provisões suficientes, e será um problema sério quando tão poucos chegarem à Alemanha para trabalhar.[60]

Do ponto de vista dos alemães, esse foi na verdade o aspecto mais contraproducente de toda a empreitada. Não seu impacto na horrorizada população local, que agora interpretava corretamente aqueles corpos macilentos como um programa mais amplo de privações que afinal os atingiria também. Não o impacto no Exército Vermelho, cujos soldados passaram a resistir com muito mais determinação. O que contava mais era o fato de os prisioneiros de guerra soviéticos estarem morrendo em grande número enquanto o Reich sofria com uma crescente falta de mão de obra. Se a guerra tivesse acabado tão rapidamente quanto Hitler esperava, isso não teria feito diferença e o desdobramento da economia de guerra teria reduzido essa carência. O trabalho simplesmente não era uma prioridade enquanto a vitória parecesse iminente. Mesmo quando as coisas mudaram, no outono, quando os planejadores de Berlim — diante de 2,6 milhões de vagas a ser preenchidas — perceberam que precisavam pensar mais à frente, havia o medo de que os prisioneiros de guerra soviéticos disseminassem doenças ou de que o bolchevismo impedisse seu translado para a Alemanha. Os relatos de que eles estavam morrendo em massa não foram levados muito a sério, e Goering acordou tarde demais para o valor potencial daqueles homens para a economia de guerra do Reich. O resultado, observou Rosenberg com uma ponta de amargura, foi que, dos 3,6 milhões de cativos que ele estimava, apenas "algumas centenas de milhares" estavam capacitados para trabalhar.[61]

A GUERRA DA RESISTÊNCIA

Enquanto os alemães lutavam no Leste, suas instruções não deixaram dúvida quanto a como lidar com a resistência. À medida que as forças de combate avançavam, divisões de segurança e os Einsatzgruppen da ss esmagavam qualquer oposição com retaliações e execuções em massa. Foi uma grande ironia, portanto, que não houvesse nenhum plano soviético de resistência antes da guerra, pois Stálin acreditava que qualquer futura guerra com a Alemanha seria travada no solo do inimigo. Ele considerava qualquer conversa sobre guerra de resistência equivalente a derrotismo, portanto abandonou esses planos em 1930 e ignorou os alertas de Zhukov, no começo de 1941, de que a Alemanha poderia ocupar território soviético na eventualidade de uma guerra.

Depois da invasão, porém, a atitude do Kremlin mudou rapidamente. Em uma semana o Partido Comunista e o Soviete receberam ordens para "estabelecer destacamentos de partisans e grupos de diversificação": pontes, estradas, linhas de telégrafo e de telefone e depósitos de suprimentos deveriam ser destruídos para impedir o avanço. Em meados de julho, havia planos de fomentar a resistência enviando ajuda por trás das linhas alemãs, e instruções a membros do partido em distritos ameaçados pela ocupação iminente para que se concentrassem na organização de células clandestinas. As ordens eram de "liderar pessoalmente a luta na retaguarda do inimigo [...] dando um exemplo". "Batalhões de destruição", inicialmente formados para lidar com paraquedistas alemães lançados atrás das linhas soviéticas, deveriam ser convertidos em formações de partisans quando os alemães ocupassem suas áreas.

Mas, em meio ao caos da primeira fase da invasão, levou algum tempo para que essas instruções fossem efetivadas. Os primeiros destacamentos de partisans foram formados por membros locais do partido ou por iniciativa própria dos soldados, mas faltavam experiência, equipamentos e coordenação. Havia problemas que não podiam ser facilmente superados, mesmo em regiões onde o terreno favorecia métodos de guerra não convencionais. Por isso é exagero afirmar, como fizeram alguns historiadores, que os alemães estavam enfrentando um inimigo imaginário nos últimos meses de 1941 — não era verdade —, mas eles ainda não estavam diante da força de partisans coordenada e eficiente que surgiria apenas um ano depois. No sul de Leningrado, por exemplo, havia cerca de 4 mil partisans no inverno de 1941, a maioria sabotando linhas férreas e pontes, não matando alemães. Em meados de dezembro, encontrar alimento e abrigo e lidar com a hostilidade dos camponeses locais passou a ser pelo menos tão urgente para eles quanto atacar os invasores.[62]

O próprio Hitler ficou encantado quando Stálin convocou a resistência. Para ele, aquilo abria uma porta para a possibilidade de "exterminar tudo o que se opuser a nós"; a pacificação de vastas regiões até então conquistadas exigia o fuzilamento de "qualquer um que nos olhar de soslaio". O alto-comando militar seguiu a liderança do Führer. A resistência deveria ser vencida com tanto terror que a população perdesse "toda iniciativa para resistir", alertou o marechal de campo Brauchitsch quanto à "bestialidade" bolchevique e ordenou "dureza" mediante execuções sumárias e a queima de aldeias inteiras.

Mas as ordens vigentes em si não determinaram o comportamento dos soldados, e na verdade muitas unidades da linha de frente se comportaram com os civis de forma mais razoável do que a que lhes havia sido ordenada. "Durante os primeiros dias depois da ocupação desses *raioni*",* dizia um relatório regional de Lenin-

* Unidade administrativa.

grado, "os alemães conduziram uma política de abrandamento da população. De início [...] os alemães não tiraram nada da população. Mais ainda, deram doces para as crianças, açúcar para os camponeses." Oficiais do Exército estimulavam a abertura de igrejas e promoviam a noção, logo aceita em algumas áreas, de que "o poder soviético não voltará". "O poder soviético claramente acabou", alerta- vam os camponeses aos futuros partisans, "pois quase toda a Rússia foi captu- rada pelos alemães": prisioneiros de guerra fugitivos eram rechaçados pelos al- deões por temor à reação dos alemães se fossem descobertos. Em outros casos, aldeões requisitaram proteção dos alemães para impedir que partisans roubas- sem suas colheitas e sequestrassem moradores do local. No início do verão de 1941, muitos comandantes do Exército ignoraram as implacáveis ordens recebi- das, entendendo que uma política de conciliação faria mais sentido. Em julho, o OKH* aconselhou que se evitassem represálias contra comunidades locais por ata- ques que não tivessem sido lançados por elas.[63]

Porém, na esteira do avanço das tropas, ficavam áreas cada vez maiores de florestas, pântanos e estepes a ser policiadas por destacamentos de segurança da retaguarda, que enfrentavam imensas dificuldades para restaurar a ordem. Era a primeira vez que a Wehrmacht enfrentava uma resistência que durava mais que umas poucas semanas, e o aspecto desagradável daquela experiência era multipli- cado pelas pesadas perdas sofridas no front. Desertores, fugitivos e prisioneiros de guerra libertados do cativeiro alemão vagavam pelas estradas e eram conside- rados uma ameaça à segurança em potencial. As informações da inteligência eram escassas, e as próprias tropas estavam muito espalhadas. A 707ª Divisão de Infantaria, com apenas 4500 homens, ficou inicialmente responsável por todo o Generalkommissariat Weissruthenien — um território de 60 mil quilômetros quadrados com 2 milhões de habitantes. Para piorar as coisas, pesadas perdas na linha de frente drenavam a força disponível: a 281ª Divisão de Segurança, no no- roeste da Rússia, foi reduzida com a transferência de 11 449 para 3137 homens entre junho e agosto de 1941. Como os melhores soldados eram os primeiros a ir, a divisão foi reduzida a reservistas de meia-idade patrulhando estradas perifé- ricas de bicicleta. Concentrados em "pontos fortes" ao longo das linhas férreas e nas estradas principais, eles se sentiam cercados por espiões e sabotadores e estra- nhavam a população local por causa da ignorância da língua, por medo e racismo.[64]

* Alto-comando.

Enquanto o verão avançava, essas debilitadas unidades de segurança alemãs começaram a enfrentar novos problemas. As táticas de terra arrasada do Exército Vermelho só haviam deixado ruínas para trás, e os civis das fronteiras anteriores a 1939 eram muito menos amistosos que os dos territórios do Oeste. Pior ainda, a vantagem psicológica tinha mudado, e o final da guerra não parecia mais tão imediato. Com vastos números de ex-soldados do Exército Vermelho cercados atrás das linhas inimigas, as condições para uma resistência aumentaram, e no final de agosto apareceram os primeiros sinais reais de atividades de partisans. Foi nesse momento que os soldados do Grupo do Exército Central na área da retaguarda começaram a agir com muito mais crueldade que antes, disparando contra inúmeros civis e matando qualquer soldado do Exército Vermelho que encontrassem. O general Von Schenckendorff exigiu que depois do dia 16 de setembro qualquer "soldado do Exército Vermelho fugitivo ainda rondando por aí" entre os rios Berezina e Dnieper deveria ser fuzilado no ato. Mas, mesmo antes disso, oficiais da 221ª Divisão de Segurança já haviam exigido medidas mais duras e passaram a matar "suspeitos de ser partisans".[65]

Nos meses de outubro e novembro, a taxa de mortalidade entre os civis na Bielorrússia e na Ucrânia subiu rapidamente. Soldados da 403ª Divisão de Segurança, famosos por sua ferocidade, chegaram a incendiar várias aldeias por semana e a fuzilar dezenas de partisans — em geral soldados do Exército Vermelho isolados de suas unidades que se escondiam nas florestas para não ser capturados. Havia uma nítida relação entre o tratamento dado aos prisioneiros de guerra pelos alemães e a ameaça dos partisans: muitos dos soldados presos e fuzilados estavam apenas tentando voltar para casa, na esperança de evitar a morte por inanição que os esperava nos campos alemães de prisioneiros. A fuga para as florestas quase sempre parecia a opção mais segura, transformando as suspeitas dos alemães numa profecia concretizada. De acordo com a 286ª Divisão de Segurança:

Em parte, essas pessoas são prisioneiros que fugiram ou que foram deixados para trás por colunas de prisioneiros de guerra marchando pelo local. Em parte, eles foram mandados para a retaguarda por tropas da linha de frente acompanhadas não por pessoal alemão mas pela instrução geral de "ir para o oeste". A maioria perambulava sem armas. Mas isso não descarta a possibilidade de que indivíduos errantes, em especial oficiais, possam se juntar a grupos de partisans com que se encontrem.

Algumas unidades determinaram que os refugiados fossem presos e "liquidados por uma questão de princípio".[66]

Outro fator que ajudou a reduzir as inibições das tropas contra a matança geral de não combatentes era a propensão de identificar os inimigos como judeus. As diretrizes de maio haviam dirigido a brutalidade contra "agitadores bolcheviques, guerrilheiros, sabotadores, judeus para a eliminação completa de toda resistência ativa e passiva". Até mesmo o general Lemelsen, que — em geral — protestava contra fuzilamentos "irresponsáveis, sem sentido e criminosos" de prisioneiros de guerra e civis, via o bolchevismo como o produto de um "grupo judeu e criminoso". Essa visão tornava lógica a separação de judeus para punições coletivas, fosse pelo que os bolcheviques haviam feito, fosse pelos ataques às tropas alemãs. Era a razão por trás da proposta de deportar judeus em retaliação a qualquer matança relatada de prisioneiros de guerra alemães, abortada pelo Exército. E desde o começo da invasão houve fuzilamentos em massa por unidades da Wehrmacht e pelos Einsatzgruppen e seus colaboradores locais. Começando pelo Báltico no final de junho, esses massacres se espalharam pelo leste da Polônia e chegaram até a Ucrânia.

A ss estava dando duro para estabelecer uma relação entre o bolchevismo, os partisans e os civis judeus e exigir a matança de mulheres e crianças. No final de julho, Himmler ordenou uma "operação rescaldo" nas imediações de Pinsk e sugeriu que mulheres e crianças judias fossem conduzidas até os pântanos ao redor para ser afogadas. Quando os soldados informaram que a água era rasa demais, elas foram mortas em execuções em massa. As ordens de Himmler chocaram até mesmo alguns homens da ss e, embora alegassem estar envolvidos em operações contra os partisans, estava claro para eles, como para todo mundo, que se tratava de algo bem diferente. Poucos dias depois aconteceu uma confirmação particularmente horrorosa desse fato. Numa pequena cidade ucraniana, foi descoberto um grupo de noventa crianças abandonadas que por acaso não haviam sido localizadas por um dos *SS-Sonderkommandos* da região. Quando o general Von Reichenau decidiu que "a operação [...] tinha de ser concluída de forma adequada", elas foram fuziladas por auxiliares ucranianos. O oficial da Wehrmacht que as encontrou comparou a ordem de matá-las às atrocidades cometidas pelo nkvd, mas seus companheiros explicaram que "a eliminação de mulheres e crianças judias era uma questão de necessidade urgente, não importando a forma que tomasse".[67]

Mas a Wehrmacht em geral entendia essas execuções como parte de uma guerra contra partisans e sabotadores. No fim de setembro, mais de 33 mil judeus de Kiev foram mortos na ravina de Babi Yar, fora da cidade. O massacre de Babi Yar foi notável por si mesmo. O que é menos conhecido é que ele aconteceu no início da ocupação alemã da cidade, depois que vários integrantes da administração militar recém-instalada no local foram mortos pela explosão de minas de retardo soviéticas, criando o caos e o pânico entre as fileiras alemãs. Na verdade, boa parte da população da cidade sentiu-se aliviada ao ver o NKVD pelas costas e ajudou os alemães a localizar e desarmar outras minas. Tanto os alemães como muitos ucranianos logo culparam os judeus pelas explosões e os ligaram aos "partisans". A Wehrmacht já tinha feito planos para prender os restantes homens judeus para trabalhos forçados quando aconteceram as explosões. Junto com a ss, eles preferiram conduzir uma "ação punitiva" de massa numa escala até então sem precedentes. Os fuzilamentos na ravina foram conduzidos pela polícia da ss alemã e por guardas ucranianos, que depois recobriram o local com explosivos instalados nas encostas. Mas não sem antes se servirem das roupas e do dinheiro pertencentes às suas vítimas. Nesse estágio da invasão, a matança em massa de judeus já era um lugar-comum, e os executores já sabiam como organizar as coisas de forma a maximizar os espólios.[68]

Em resumo, no outono de 1941 os judeus estavam sendo massacrados em grande número sob o pretexto de uma guerra contra os partisans. Como informou aos soldados um associado próximo de Himmler, Artur Nebe, comandante do Einsatzgruppe B: "Onde há partisans há judeus, e onde há judeus há partisans". Na Ucrânia, o marechal de campo pró-nazista Von Reichenau — um dos generais seniores favoritos de Hitler — emitiu uma ordem para que seus homens mostrassem "total entendimento da necessidade de um tratamento duro porém justo do *Untermenschentum* judeu". "A guerra contra o inimigo atrás da linha de frente", continuou, "ainda não endureceu o suficiente." Enunciada dias depois do massacre de Babi Yar, era uma luz verde para assassinatos em massa e forte indicação para que as tropas apoiassem a ss sem questionar. Outros generais seniores seguiram o exemplo. "Esta luta contra as Forças Armadas soviéticas não deve ser feita de acordo com as regras europeias de guerra", declarou no mês seguinte o comandante do 11º Exército, Von Manstein.

A guerra será travada também atrás da linha de frente: partisans, franco-atiradores em trajes civis, soldados em ataques isolados e pequenas unidades [...] O judeu

[*Das Judentum*] forma a intermediária entre o inimigo na retaguarda e o restante do Exército Vermelho ainda em luta e a Liderança Vermelha [...] O sistema judaico--bolchevique deve ser exterminado de uma vez por todas e nunca mais lhe será permitido atacar nosso Lebensraum europeu.[69]

A partir de outubro — quando as novas diretrizes mais duras coincidiram com a intensificação da atividade partisan —, a taxa de mortalidade entre os civis subiu drasticamente. A política de manutenção de reféns também desenvolveu uma dimensão antissemita própria. Nos Bálcãs, toda a população judaica de Belgrado foi detida pelo comandante militar do local para servir como reféns. Na Ucrânia, o general comandante do Exército da Retaguarda da Área Sul, Karl von Roques, instruiu suas tropas para selecionar judeus e russos, em lugar dos ucranianos, para execuções retaliatórias. Sem dúvida isso não representou um fim para a matança de ucranianos (ou sérvios, na verdade): ao contrário, camponeses continuaram sendo mortos em grande número em ataques de represália — inclusive mulheres e crianças. Mas estes últimos, diferentemente dos judeus, em geral eram atacados no contexto da verdadeira guerra contra os partisans.[70]

Em outubro e novembro, soldados alemães e unidades da polícia tinham instruções de fazer os judeus "desaparecerem" do campo, e a contrainsurgência se transformou numa cobertura para o genocídio. Na manhã do dia 6 de outubro, por exemplo, um esquadrão de quinze integrantes de um regimento de infantaria acantonado numa pequena cidade da Bielorrússia recebeu ordens para matar cerca de mil judeus que moravam ali. E foi o que fizeram, em grupos de dez, antes de partirem para aldeias ao redor. Entre eles havia voluntários que participavam com prazer desses "jogos judeus"; quando voltavam, seus oficiais comandantes anunciavam que "partisans haviam sido mortos em ação". Mas um desses participantes confirmou depois da guerra: "Na realidade, em geral sabíamos na companhia que isso se referia a judeus que não eram absolutamente partisans". No início de dezembro essas unidades, junto com destacamentos da polícia, tinham fuzilado cerca de 20 mil judeus bielorrussos. Seis meses depois, o Generalkommissar Wilhelm Kube escreveu de Minsk que com "os judeus [...] os principais representantes do movimento partisan" na região, 55 mil judeus bielorrussos haviam sido "liquidados" em dez semanas e antecipava que os poucos remanescentes ainda vivos acabariam sendo mortos, descartando — em suas palavras — o risco de os partisans "continuarem dependendo dos judeus em algu-ma medida".[71]

A essa altura, a identificação de judeus como partisans tinha se tornado uma profecia realizada: sem nenhum refúgio disponível, o punhado de sobreviventes da população judaica de antes da guerra na região, de 1 milhão de habitantes, gravitava em direção aos partisans. Mas, embora existissem acampamentos e bri-gadas de partisans judeus, estes mal representavam 5% da força rebelde total. Matar judeus era eficiente por ser fácil. Mas na prática representava pouco impac-to num inimigo formado principalmente por bielorrussos, ucranianos e russos.[72]

RUMO À SOLUÇÃO FINAL

Até mesmo onde não havia nenhuma ameaça partisan os judeus estavam sendo separados e executados desde o início da invasão. Depois de uma luta fe-roz para tomar dos soviéticos o estratégico porto báltico de Liepãja (Libau) no final de junho, a Wehrmacht encorajava os defensores a se render fazendo-os saber que: "Nós não faremos nada a vocês. Estamos matando só judeus e comu-nistas". Soldados comuns e também membros do Primeiro ss-Einsatzkomman-do mataram civis judeus na cidade e nas aldeias vizinhas durante os dias seguin-tes. Os comandantes do Exército lançaram os primeiros decretos discriminatórios contra judeus, forçando-os a se apresentar para o trabalho e a usar uma estrela amarela e proibindo-os de frequentar locais públicos. E foi o comandante de guarnição em Liepãja quem instruiu um pelotão de fuzilamento da ss local a dar início a execuções em massa que ocorreram em meados de julho e deixaram um saldo não inferior a 2500 vítimas. Tais eventos só foram excepcionais pelo mo-mento escolhido para levá-los a cabo; seis meses depois eles já tinham se tornado habituais em todos os territórios ocupados.[73]

Os massacres de Liepãja evidenciaram a cooperação íntima entre o Exército e a ss, inflamada por um fervor ideológico que associava os judeus à criminalida-de e ao bolchevismo. "A luta contra o bolchevismo", ordenou o okw no dia 12 de setembro de 1941, "requer um ataque cruel e enérgico, em especial contra os judeus, seus principais transmissores."[74] Deve-se notar também o caráter espeta-cular de boa parte das próprias matanças, que costumavam acontecer à vista tanto dos soldados como dos civis. Na cidade letã oriental de Daugavpils, 13 mil judeus foram mortos, parte deles em jardins públicos no centro e outra parte num local de recreação pública dos arredores. Não eram como os assassinatos que ocorreriam em segredo no ano seguinte nos campos da morte da Polônia: ao contrário, constituíam uma espécie de sequência de martirológio assassino. Pois à medida que os alemães marchavam de uma cidade para outra na região ocupada pelo Exército Vermelho depois de setembro de 1939, o habitual era trazer e expor ao público os cadáveres que haviam sido deixados para trás pelo NKVD, e também se homenageavam outras vítimas do bolchevismo. Os judeus eram apontados como responsáveis e forçados a exumar os corpos e enterrá-los outra vez antes de ser, eles mesmos, vítimas dos alemães e de seus auxiliares. Trazendo a matança abertamente para as feiras das aldeias e das cidades, os alemães estavam mostrando implicitamente aos não judeus do local o que poderia acontecer com eles, ao mesmo tempo em que os transformavam em cúmplices.[75]

Apesar do envolvimento da Wehrmacht na matança, a política antijudaica era primazia da ss. As ordens de Heydrich para os Einsatzgruppen de início definiam uma "campanha de limpeza", principalmente em termos da luta contra o bolchevismo. Em 2 de julho, eles receberam ordens de liquidar funcionários comunistas e "judeus do partido em postos de Estado", bem como "outros elementos radicais (sabotadores, propagandistas, franco-atiradores, quem houvesse tentado assassinar políticos, agitadores etc.)". Mas eles também deviam encorajar as populações locais a iniciar tentativas de "limpeza por parte de elementos anticomunistas e antissemitas nas áreas a ser ocupadas" — um sinal verde para os massacres que eclodiram em várias partes da Ucrânia Ocidental e do Báltico nas primeiras semanas da ocupação. Esse segundo conjunto de ordens sugeria uma seleção muito maior de judeus que o primeiro e implicava que os antissemitas locais fizessem o trabalho sujo da ss sem deixar documentos potencialmente comprometedores.[76] Assim, os Einsatzgruppen passaram logo a encorajar pogroms e massacres entre os que eles de início descreveram como "grupos partisans lituanos" (isto é, milícias pró-alemãs) e "grupos independentes". Mesmo assim, o ritmo da matança era lento demais para a ss. No dia 13 julho, o chefe do Einsatzgruppe B informou que "só 96 judeus foram executados nos primeiros dias" em Grodno e em Lida; por isso "ordenei que se esforçassem mais". Na Letônia, no início os alemães ficaram desapontados com a passividade local, mas logo mudaram de ideia ante a energia assassina mostrada pela polícia e pelos grupos fascistas.[77]

A Letônia e a Lituânia, com suas populações judaicas relativamente pequenas e o ressentimento da população com a efêmera porém violenta ocupação soviética, tornaram-se o laboratório inicial para o genocídio. Os administradores
civis de Rosenberg estavam de olho nas propriedades judaicas e pretendiam concentrar os judeus em guetos como força de trabalho escrava. Mas a ss, profundamente frustrada com o impasse da política judaica na Polônia e querendo evitar
demora semelhante no caso soviético, tinha em mente algo mais drástico. De
acordo com o representante de Himmler, o ex-oficial da Gestapo Franz Stahlecker
— que chegou a Riga depois de servir em Viena, em Praga e na Noruega —, a
região do Báltico oferecia pela primeira vez a oportunidade para um "tratamento
realmente radical da Questão Judaica": os judeus do Báltico *podiam* ser erradicados porque nem de longe eram tão importantes para a economia como os do Governo-Geral; mais ainda, eles *precisavam* ser erradicados porque funcionavam como "transmissores do bolchevismo", coisa que não acontecia no Governo-Geral.
Stahlecker disse aos homens de Rosenberg que eles iriam "limpar a zona rural" e
concentrar os judeus em algumas poucas cidades, onde seriam "selecionados" de
acordo com sua capacidade de trabalho. Era uma receita para um sistemático assassinato em massa adaptado às necessidades da economia de guerra local.[78]

Stahlecker cumpriu a palavra, e seu Einsatzgruppe A desencadeou uma onda sanguinária de matanças pela região. Em busca da aniquilação total, alentada
pelo próprio Himmler e auxiliada pela nomeação do sanguinário Friedrich Jeckeln
para o mais alto comando da ss e da polícia de Riga em outubro de 1941, a ss
esvaziou todas as objeções de Rosenberg e Lohse. No início de 1942, pelas contas
do próprio Stahlecker, 229 052 judeus haviam sido mortos e apenas 3 700 continuavam trabalhando em campos e em guetos na Letônia, além de outros 34 500
na Lituânia: o Báltico teve a funesta deferência de se tornar a primeira região da
Europa a ser declarada *judenfrei*. Do ponto de vista da ss, era uma realização e
uma oportunidade: os guetos da Ostland, que se esvaziavam rapidamente, surgiam agora como o lugar para onde eles poderiam deportar e afinal matar os
judeus sobreviventes também da Alemanha, contornando o Governo-Geral. Os
translados da Alemanha, da Áustria e do Protetorado prosseguiram durante o
inverno de 1941-2 para Riga e para Minsk, onde muitos foram executados de
imediato. Metade dos enviados a Riga estava morta depois de alguns meses. Dos
milhares de judeus alemães que chegaram a Minsk, só dez ainda estavam vivos
no dia da libertação.

Unidades auxiliares nativas levaram a cabo grande parte da matança, lideradas por homens como o policial letão Viktor Arajs. No Báltico, policiais e suas famílias tinham sido alvo preferencial do NKVD. Mas não era só uma certa concepção de vingança o que motivava sádicos como Arajs, que "odiavam judeus": o fervor nacionalista, a intoxicação pelo poder e a ganância também os influenciavam. Quase sempre bêbados, Arajs e seus homens torturaram, estupraram e mataram em suas incursões pela zona rural letã. Unidades policiais regulares também ajudavam, prendendo e vigiando os judeus até a chegada dos esquadrões da morte. Os obedientes policiais das aldeias recebiam suas ordens, chegavam com seus veículos às fazendas onde fosse informado que havia judeus escondidos e os executavam nos campos ou bosques próximos, ordenando que os empregados enterrassem os corpos.[79]

Os demais esquadrões da SS fizeram o melhor possível para acompanhar o ritmo de Stahlecker. Em meados de outubro, quando o Einsatzgruppe A já relatava o fuzilamento de 118 430 judeus na Ostland (junto com 3387 "comunistas"), o Einsatzgruppe C, mais ao sul, apresentava uma cifra de aproximadamente 75 mil judeus. Um mês depois, o Einsatzgruppe B calculou suas vítimas no fim de outubro em 45 467, e no dia 12 de dezembro o Einsatzgruppe D, situado no extremo sul, relatou 54 696 mortes, das quais a grande maioria era de judeus. Se levarmos em conta que outros destacamentos da SS e — como vimos — unidades da Wehrmacht também estavam selecionando judeus para fuzilamentos em massa e "operações de rescaldo", é provável que até o final do ano pelo menos meio milhão de judeus tenham sido mortos por forças alemãs atrás das linhas de combate, uma cifra que deve ter aumentado mais 50% na chegada da primavera.[80]

Ao longo da história, o Leste Europeu já fora palco de outras matanças de civis. Mas esses números iam muito além da quantidade de mortos deixada pela guerra em curso contra os partisans ou por campanhas antijudaicas anteriores em territórios controlados pelos alemães. Nada parecido com aquilo — nem em termos de números nem em organização sistemática — havia ocorrido nos pogroms tsaristas ou durante o interregno sangrento de 1918-9, quando milhares morreram nas mãos de bandos de poloneses e ucranianos. Os habitantes locais demonstravam seu antissemitismo abertamente, o que permitia que os alemães recrutassem ajudantes e tornava difícil que as vítimas fugissem ou se escondessem. Mas essa não foi a causa principal, e sim uma série de decisões políticas tomadas pelos alemães. O que esses eventos mostram é que em algum momento no começo do outono os líderes nazistas decidiram tentar eliminar a população judaica dos territórios ocupados pelos soviéticos.

Mas mesmo que meio milhão de judeus já tivessem sido mortos no fim de 1941, ainda restavam 2 milhões vivos em territórios que foram soviéticos. Os próprios líderes dos Einsatzgruppen acreditavam que, embora estivessem "eliminando judeus no maior número possível", em outras regiões que não o Báltico "uma liquidação completa não é possível, pelo menos não no momento". Não era só uma questão do tamanho da população judaica na União Soviética em comparação com o número reduzido de unidades da ss — não mais de 3 mil homens no total — que se dedicavam àquela tarefa. Nem era apenas o inverno que tornava as coisas mais lentas, nem a crescente relutância da população em apoiar os assassinos alemães à medida que estes avançavam para o leste. Era também o papel crucial desempenhado pelos judeus como artesãos e trabalhadores na economia local de muitas cidades. Até mesmo alguns alemães achavam que os judeus não eram a única fonte de "perigo político" e argumentavam que "'não deveríamos negligenciar a tarefa principal de destruir o sistema comunista em favor do trabalho mais fácil de destruir os judeus". Para outros, o fato de muitos judeus terem fugido cruzando os Urais "representa uma contribuição importante para a solução da Questão Judaica na Europa". Em outras palavras, para muitos envolvidos na máquina assassina da ocupação, havia convincentes razões políticas e econômicas para não desejar uma aniquilação total da população judaica da região.[81]

Mas não era assim que os políticos viam as coisas em Berlim. Para eles, considerações econômicas eram secundárias em relação ao extermínio, e durante o inverno de 1941-2 o aparato da mortandade recebeu reforços. Furgões de gás procedentes de Berlim percorreram a Bielorrússia e a zona rural ucraniana, proporcionando instalações móveis para o uso de gases mortais; ao mesmo tempo, à medida que a matança se acelerava, o grande aumento das forças policiais e de colaboradores diminuía a pressão a que se viam submetidas as pequenas unidades dos Einsatzgruppen nas áreas de administração civil: em meados de 1942, elas somavam 165 mil homens, e no início de 1943 já chegavam ao número máximo de 300 mil. Foram esses policiais alemães e seus ajudantes ucranianos que levaram a cabo muitas das execuções de 1942 em diante.[82]

Na Bielorrússia, onde a maioria dos judeus sobreviveu ao inverno de 1941, os administradores lançaram uma nova onda de massacres no início de 1942, atrasada apenas pelo congelamento do solo, que "impedia a escavação de valas grandes o bastante para enterrar os judeus". Com o degelo, os fuzilamentos se intensificaram. O Generalkommissar Kube, que tinha demorado a se acostumar com a ideia de executar judeus trazidos da Alemanha — inclusive veteranos de guerra condecorados, provenientes "de nossos mesmos círculos sociais" —, não mostrava a mesma preocupação em relação às "hordas bestiais" da região. O superlotado gueto de Minsk logo se tornou abrigo de dezenas de milhares de pessoas tiritantes, destituídas e apavoradas, alojadas entre as ruínas ainda existentes depois da tomada da cidade pelos alemães. A maioria foi assassinada numa série de execuções ocorridas em 1942. No início de 1943, Kube mostrava com orgulho a horrorizados italianos o interior da igreja de Minsk, onde enormes pilhas de malas e pacotes testemunhavam o sucesso do genocídio.

Koch também queria ver os judeus exterminados na Ucrânia para reduzir a demanda local de alimentos, e estimulou seus homens a colaborar com a ss. O próprio Himmler instou os líderes da ss e da polícia a cumprir plenamente a ordem de matar todos os judeus a fim de "limpar a Ucrânia para o assentamento futuro de alemães". No final de julho de 1942, impaciente, ele resolveu uma polêmica que havia muito se prolongava sobre a definição do judaísmo, para que não se perdesse mais tempo: o essencial era que "os territórios do Leste devem se tornar livres de judeus". Os administradores civis de Rosenberg cooperaram registrando prontamente os judeus e obrigando os que viviam em zonas rurais isoladas a se mudar para guetos provisórios. Na realidade, Rosenberg e seus homens gradualmente recuperaram da ss de Himmler o controle de suas próprias forças policiais. Mas isso não significou uma diminuição no ritmo da matança. Ao contrário, a segunda onda de assassinatos, que se prolongou por 1942 e até o ano seguinte, foi até mais letal que a de 1941-2. Uma estimativa recente sugere que duas vezes mais judeus morreram depois de abril de 1942 do que antes.[83]

Quando os alemães se retiraram, bem mais de 2 milhões haviam sido assassinados dentro das fronteiras de 1941. Destes, talvez 1,6 milhão vivessem em territórios tomados pela União Soviética depois de 1939. Assim, a geografia mostrou ter sido de importância crucial. Os judeus foram os mais castigados pela violência alemã em todos os lugares, mas pereceram em maior número nas áreas que o Exército Vermelho assumira havia relativamente pouco tempo. Foi onde os esquadrões da morte atacaram mais cedo e com menor aviso prévio, e onde exploraram com sucesso o ódio das populações polonesa, báltica e ucraniana pelos ocupantes soviéticos. A cultura *shtetl** da antiga zona de assentamento tsarista, centro dos judeus russos antes de 1939, nunca mais se recuperou.[84]

* De vilarejos judaicos.

7. Faça essa terra ser alemã de novo para mim!

A solução mais radical e teoricamente mais perfeita para o problema seria a completa expulsão de todos os tchecos do país e sua colonização por alemães. Tal solução, no entanto, é impossível porque não há alemães em número suficiente para ocupar imediatamente os territórios que no futuro próximo pertencerão à Grande Alemanha. [Expulsar todos os tchecos] deixaria os campos sem cultivo e as cidades ficariam desertas.

Von Neurath, protetor do Reich, em Praga, 1940[1]

Em 1941, ao ser nomeado prefeito da cidadezinha de Poniatowec, no Warthegau, um funcionário público prussiano chamado Franz Bock foi parar nas regiões incultas da fronteira do Reich. Era um lugar atrasado e tosco. O governador do condado, seu superior, era um ex-açougueiro; o prefeito anterior fizera do bar local seu gabinete. A vida parecia estranha e desconhecida. Por quê, ele se perguntou no primeiro dia, os habitantes da cidade o cumprimentavam de maneira tão servil e saíam do caminho para deixá-lo passar? Por que as únicas pessoas na cidade que falavam decentemente o alemão eram os judeus, ao passo que o alemão que dirigia a fábrica de cimento local respondia às suas perguntas num incompreensível dialeto meio polonês? E quem seriam aqueles recém-chegados balcânicos vestidos com roupas esquisitas que diziam ser refugiados étnicos alemães procedentes de algum lugar mais além da Romênia?[2]

Bock estava ansioso para fazer sua parte na restauração da "germanidade". Era evidente que muito "trabalho nacional" seria necessário para pôr o lugar em ordem. Mas a arrogância e a negligência de seus colegas nazistas estavam sempre no caminho. Dois homens da ss chegaram de carro para projetar o mais recente filme de propaganda de Goebbels, *A volta para casa*, que retratava a minoria alemã antes da guerra como vítimas brutalizadas e desamparadas que haviam sido salvas pelo Führer, e Bock se perguntava qual era o sentido de fomentar o ressentimento contra os poloneses, ainda mais porque habitantes do lugar tinham entrado sorrateiramente no cinema e estavam assistindo ao filme. "O que eu construí em meses, esse filme vai destruir em horas", pensava, inquieto. As coisas não melhoraram na noite seguinte, quando dois homens, bêbados, acordaram o "ancião judeu" da cidade e ordenaram, sob a mira de armas, que ele mandasse garotas para seus quartos. Algumas judias foram enviadas, houve uma briga e, quando a notícia do acontecido se espalhou pela cidade, os dois alemães foram presos por infringir as leis raciais. Algum tempo depois, quando a confusão diminuiu, chegou uma equipe da Gestapo e ordenou que Bock selecionasse alguns de "seus" judeus para uma execução pública. Aquilo era demais, e ele pediu demissão, convencido de que no tempo do Kaiser as coisas eram mais bem administradas. Fazer terras que haviam sido polonesas voltarem a ser alemãs era um trabalho infinitamente mais difícil, mais desagradável e mais confuso do que ele jamais imaginara.[3]

Como outros alemães de sua classe e geração, Bock não precisava de filmes como *A volta para casa* para se lembrar dos sofrimentos vividos pelos alemães étnicos no Leste Europeu depois da Primeira Guerra Mundial. Todo mundo sabia que desde 1918 suas terras tinham sido confiscadas ou acabaram cercadas por assentamentos novos e subsidiados. Eram intimidados por funcionários hostis para não falar alemão nem se declararem alemães nos censos; até mesmo a paisagem fora "desgermanizada", com mudanças nos sobrenomes de famílias e nomes de ruas e cidades inteiras. Em muitas áreas os alemães foram deliberadamente expulsos; em outras, venderam suas propriedades e partiram ou cederam à pressão para mudar de nacionalidade. Para o regime nazista, reverter os efeitos dessas décadas era uma prioridade. "Faça essa terra ser alemã de novo para mim!", ordenou Hitler a um funcionário depois da conquista do norte da Iugoslávia, em 1941. Essencialmente, suas instruções a todos os que nomeava para cargos nas outras regiões de fronteira eram as mesmas.[4]

Mas o objetivo de Hitler não era só reverter as perdas sofridas pela Prússia e pelo Império Habsburgo em 1918: era criar um Estado alemão em escala jamais vista e envolver todos os alemães nessa tarefa, quaisquer que fossem suas lealdades ou opiniões políticas. Contando com os recursos do Estado e o aparato policial mais poderosos da Europa, os nazistas levaram as transferências forçadas de populações e o reassentamento colonial a novos extremos. Enviaram quase 800 mil alemães étnicos "para casa", o Reich, e planejaram construir novas cidades para que muitos outros milhões pudessem viver ali. Ao mesmo tempo, planejaram livrar o Leste Europeu de grande parte de sua população não alemã para deixar as fazendas e os campos aos colonos alemães.

Duas ideias eminentemente modernas impulsionavam toda essa concepção. Uma delas era uma intensa nostalgia do passado, em particular do passado medieval havia muito desaparecido que fornecia o molde para a sociedade com que os nazistas sonhavam e que oferecia a justificação histórica principal para o que estavam fazendo. Herdeiros dos historiadores românticos do século XIX — Himmler cresceu ouvindo suas histórias —, os nazistas viam a si mesmos *reconquistando* a terra que os cavaleiros alemães haviam conquistado e colonizado muitos séculos antes. Essa paixão pela história diferenciava o colonialismo nazista do de seus rivais ultramarinos europeus: os britânicos e franceses raramente, se é que alguma vez o fizeram, afirmavam estar recuperando terras que no passado lhes haviam pertencido. Se não, por que invadir a União Soviética em nome de um imperador cruzado do século XII (Barbarossa)? Se não, por que Himmler teria tomado os cavaleiros teutônicos como modelo para a ss ou passaria tanto tempo inventando rituais e compondo discursos em memória do homem que ele acreditava ser a reencarnação "do mais alemão de todos os governantes alemães", Heinrich der Finkler (Henrique, o Passarinheiro), e viajando todos os anos para homenageá-lo na catedral de Quedlinburg? A Grande Alemanha, em suma, era uma tentativa consciente de fazer o relógio retroceder, um ódio à vida moderna que só poderia emergir da própria modernidade. O Terceiro Reich — e a ss em particular — enfatizava a pureza do exemplo deixado pelos antepassados da Alemanha e sonhava com a restauração de seu modo de vida — agrário, autossuficiente, hierárquico, com a espada na mão. Hitler compreendia o valor das rodovias e a importância da conciliação com a sociedade industrial, especialmente na forma de armamentos modernos. Himmler era mais obsessivo que seu Führer: empregou em sua muito bem financiada Sociedade para a Herança Ancestral Alemã historiadores e arqueólogos de alto nível e tentava converter seus seguidores em pequenos proprietários rurais que cultivariam seus lotes em comunidades de aldeias medievais de mentirinha mesmo antes de estourar a guerra.[5]

O outro elemento moderno da política nazista era seu compromisso com a "ciência" da raça. Deixando para trás o que viam como concepções errôneas e quase indiferentes da política de nacionalidades do Kaiser antes da guerra, eles quiseram transformar raça e biologia no princípio que guiaria a administração. "Nossa missão não é germanizar o Leste no antigo sentido da expressão — levando o idioma e as leis alemãs aos que vivem lá", declarou Himmler, "mas assegurar que no Leste só vivam homens com sangue verdadeiramente alemão, germânico."[6]

Esse compromisso para uma política rígida de distinção racial abriu novos caminhos. Antes dos nazistas, muitos países europeus haviam pensado em salvar suas minorias tomando territórios de seus vizinhos. No século XIX, a Sérvia, a Grécia, a Bulgária e a Romênia aspiraram cumprir sua missão nacional por meio da expansão, e a mesma lógica levou os políticos poloneses, depois de 1918, a combater os ucranianos e os lituanos para conquistar tantos territórios quanto possível. O historiador A. J. P. Taylor observou certa vez, maldosamente, que "nos assuntos internacionais não havia nada de errado com Hitler a não ser o fato de ele ser alemão". Desse ponto de vista ele tinha razão. Taylor zombava dos que caracterizavam o ditador alemão como um homem de perversidade excepcional. O fundamental no caso de Hitler não era sua perversidade, era seu compromisso com o racismo biológico.[7]

A Alemanha de antes da guerra financiou prodigamente a ciência racial — como fez com a ciência em geral —, e o Terceiro Reich foi um patrocinador particularmente generoso dessa ciência. Depois de 1939, os especialistas raciais do Terceiro Reich já não eram consultados apenas sobre a saúde da população da Alemanha, mas ajudavam a tomar decisões que afetariam todo o continente. Homens de jaleco branco mantinham painéis de classificação e programas de treinamento para decidir quais dos eslavos a quem despiam e mediam eram "regermanizáveis". Suas decisões ditavam se as pessoas seriam enviadas a campos de trabalho ou colônias de assentamento, se suas gestações seriam autorizadas ou interrompidas e se os filhos ficariam com os pais ou seriam despachados para adoção. No entanto, permitir que se pronunciassem sobre política teve resultados inesperados. Havia confusão na própria disciplina da ciência racial, e muitos estudiosos alemães já se tinham dado conta dessas dificuldades. Era difícil encaixar o velho determinismo racial nas novas descobertas no âmbito da genética, e também não era particularmente útil para explicar as características de um determinado povo ou *Volk*. Esses debates não chegavam ao grande público, pois eram muito bem protegidos pelo regime. Mas saber distinguir um alemão de um não alemão — preocupação fundamental para os que dirigiam o império — não era algo sobre o que fosse possível conseguir o consenso dos especialistas.[8]

"Cada alemão tem suas próprias ideias sobre raça", comentou recentemente um historiador. O debate, é certo, vivia em constante mudança. A "escola de Breslau" acreditava em rastrear olhos azuis e cabelos loiros, mas Otto Resche e Fritz Lenz, dois luminares do racismo acadêmico, achavam que características físicas eram indicadores grosseiros, já que a maioria dos indivíduos era racialmente mestiça. Para Hans Günther, um divulgador da ciência nazista, até mesmo a Alemanha continha traços de todas as grandes raças europeias — nórdica, báltica oriental, alpina e dos Alpes Dináricos —, bem como, felizmente, pequenas quantidades de sangue mediterrâneo e da Ásia Central. Uns poucos hereges resolveram o problema de encontrar uma correspondência entre as categorias de raça e *Volk* falando de uma "raça alemã", mas essa solução simples foi criticada pela maioria dos acadêmicos por falta de rigor científico. Havia dúvidas semelhantes sobre a validade de falar em "eslavos", que para os especialistas eram fruto de vários subgrupos menores de diferente "valor" racial. A própria questão do valor gerava divisões — alguns acreditavam em hierarquias raciais, outros insistiam em que essa diferença não implicava nenhuma conotação de valor.

Tudo isso gerava uma enorme confusão, não só quanto aos alemães como também quanto aos judeus. Especialistas como o geneticista Otmar von Verschuer — que dirigiu durante a guerra o Instituto Kaiser Guilherme de Antropologia, Hereditariedade Humana e Eugenia e foi chefe de Josef Mengele — duvidavam muito de que os judeus fossem originalmente uma raça. Verschuer enumerava o que os antropólogos raciais haviam determinado ser as características que os identificavam — o balanço do andar, o gosto pelo alho, as neuroses, sua fala intelectualizada e tagarela e a tendência ao crime de colarinho-branco. Mas os judeus, de acordo com ele, eram uma variedade mestiça, basicamente indistinguível dos alemães em termos de sangue. Verschuer de fato se perguntava se os judeus não estariam a ponto de se converter numa raça distinta por causa da endogamia e do isolamento. O que para ele estava claro é que seus traços negativos superavam os positivos e ameaçavam a saúde daqueles entre os quais viviam.[9]

Ao se comprometer com uma política baseada em racismo biológico, o regime estava assim se condenando à extrema incerteza, o que dava poderes ilimitados aos encarregados de estabelecer políticas e ensejou grandes variações na política para as nacionalidades de lugar para lugar. Desse ponto de vista, o caso dos judeus foi excepcional: a ele se aplicou um conjunto de diretrizes rígidas que praticamente não admitia exceções. Em outros casos, os alemães seguiram critérios para identificação nacional e racial que nem sempre eram muito diferentes dos utilizados em outros lugares. Às vezes a classificação de pessoas era altamente seletiva — como no Warthegau, onde as autoridades tendiam a seguir a linha elitista de Himmler. Mas logo adiante, na Prússia Ocidental, simplesmente eles pressionavam a maior quantidade possível de habitantes a se declarar alemães. Assim, a assimilação — a política que deveria ter sido abandonada — foi retomada, tendo seus critérios raciais supostamente infalíveis se fundido a fatores culturais e políticos de nacionalidade mais tradicionais.

Mas a arbitrariedade da germanização foi acompanhada pela aparência de uma abrangente sofisticação tecnológica. As bases podres da ciência racial foram dissimuladas sob uma vasta burocracia de guerra, cada vez mais mecanizada e dedicada a aperfeiçoar os métodos sistemáticos de identificação e controle de população nos quais a polícia e os estatísticos do regime trabalharam nos anos 1930. Dez dias depois do início da guerra, passou a vigorar para os alemães a obrigatoriedade de portar carteira de identidade. Foi realizado o censo do Grande Reich alemão, havia muito atrasado, permitindo a identificação fácil de judeus e de outras minorias, e novos departamentos de estatísticas populacionais foram criados para realizar censos semelhantes em Praga, na Cracóvia e em Riga. Os estatísticos alemães colaboraram também com entusiasmo com seus pares de regiões tecnologicamente avançadas, como os Países Baixos. Quando sofreu o atentado em Praga, Reinhard Heydrich, o protetor em exercício da Boêmia-Morávia, estava trabalhando num plano que lhe permitisse a classificação da população inteira. Na realidade, nenhum outro país jamais havia tentado uma política de classificação, segregação e reassentamento colonial tão ambiciosa, em tão pouco tempo e numa área tão vasta. Ninguém dedicou tamanhos recursos a implementá-la ou adotou métodos tão sanguinários e sofisticados para executá-la. Em resumo, a germanização durante a guerra foi o intento mais contundente e ambicioso de nacionalizar pessoas e territórios de toda a história da Europa. Ela explica por que a concepção nazista de ocupação envolvia algo muito mais permanente, doloroso e destrutivo que a suspensão temporária de soberania autorizada pelo direito internacional liberal e contribuiu mais que qualquer outro fator para a transformação da vida no próprio Reich, que se tornou cada vez mais violenta, e para a ascensão da ss — o motor da germanização — como sua principal instituição política e militar.[10]

ORIGENS

Pouco disso era previsível em 1938, e dificilmente um observador dos acontecimentos na Áustria e nos Sudetos poderia ter adivinhado a magnitude das ambições nacionalizantes que o regime viria a ter durante a guerra. Afinal, ambas as regiões já tinham populações predominantemente alemãs. A gente do antigo Reich podia zombar de seu sotaque e de seus costumes: os insultos contra os "burros dos Sudetos" nas fileiras da Wehrmacht ampliada eram tão frequentes a ponto de preocupar o Exército. Mesmo assim, antes de 1918 eles provavelmente teriam votado a favor da incorporação à Alemanha se tivessem tido oportunidade. Nesse caso, portanto, os encarregados da nacionalização tiveram pouco trabalho.

Os Sudetos, com sua população majoritariamente tcheca, tinham seus próprios dilemas. Henlein, o líder alemão da região, queria germanizar o local revogando a reforma agrária do entreguerras, empurrando os tchecos para o leste e limitando o uso de seu idioma. Ativistas alemães étnicos de início expulsaram muitos tchecos e deixaram claro que eles não seriam bem-vindos caso pensassem em regressar. Mas sua frustração pelo fato de que as coisas não aconteciam na velocidade desejada explodiu na Noite dos Cristais, aos gritos de "Primeiro os judeus, depois os tchecos!" e "Fora tchecos!". O fato é que Berlim tinha suas próprias razões para querer que os tchecos ficassem. A despeito de existir no acordo de Munique uma cláusula de "transferência de população" (recordando a troca de população entre a Grécia e a Turquia em 1922-3), a preocupação fundamental de Hitler, mirando o Leste, era manter a minúscula minoria alemã no que restara da Tchecoslováquia. Como não queria dar aos tchecos motivo algum para que fossem expulsos, os alemães dos Sudetos receberam ordens de se comportar. Henlein conteve seus bandos e os apaziguou com subsídios de "Assistência Social na Zona de Fronteira" para piscinas e bibliotecas dos Sudetos.[11]

Ao pôr pela primeira vez milhões de não alemães sob o domínio germânico, foi a tomada de Praga, na primavera de 1939, que levantou uma nova e urgente questão para os nazistas: em quais condições um "povo estrangeiro" deveria ser incorporado à "área do Reich" de maneira a concordar com os princípios de jurisprudência racial? O próprio Hitler, pouco mais de um ano antes, levantara a possibilidade de expulsar muitos deles. No início da invasão, um alto comandante do Exército foi mais longe ao refletir sobre a organização de uma "aniquilação física" dos tchecos; isso não seria possível em condições normais, ele admitia, mas como resolver o problema de outro modo? Era algo demasiado radical, mas a opção pela expulsão não desapareceu. Em outubro de 1941, Heydrich já falava em deportar metade da população do país para a Sibéria. Mas aquilo era para o futuro: por enquanto, o crescente valor da economia tcheca para o tempo de guerra exigia a adoção de um enfoque menos drástico.[12]

Na Boêmia-Morávia, havia poucos alemães em terras aptas a estar na linha de frente da germanização. Por razões óbvias, os nazistas não podiam contar com aqueles que se declaravam alemães (uma grande parte) e que por acaso infelizmente eram judeus. (Muitos judeus de língua alemã se declararam alemães no censo tcheco realizado no entreguerras; depois de 1945, sobreviventes judeus foram expulsos pelos tchecos por esse motivo.) Desse modo, os nazistas enfrentaram pela primeira vez uma grave diferença numérica, já que os alemães constituíam apenas 3% da população. Quando o Protetorado foi criado, a ss conseguiu desapropriar uma enorme extensão de terras tchecas, mas encontrar alemães para cultivá-las era a parte difícil. Em vez das 150 mil famílias que tinham imaginado, assentaram apenas 6 mil em cinco anos. Os braços que cultivavam a terra e faziam as colheitas que alimentavam os alemães continuaram a ser tchecos.[13]

O Reich também dependia de trabalhadores tchecos para manter as fábricas funcionando. O protetor do Reich, Von Neurath, e o segundo em comando, Karl Frank, destacavam que a Alemanha continuaria a depender da mão de obra tcheca no futuro próximo. "Os seres humanos são o capital do império, e no novo Reich não podemos prescindir da mão de obra de 7 milhões de tchecos", escreveu Frank em 1940. Ele enfatizou que os tchecos como um todo não poderiam ser "reduzidos a uma nação de servos por motivos raciais", e propôs que "açúcar e chicote" — em outras palavras, incentivos materiais e ameaças — fossem usados para encorajar candidatos à germanização. Grandes quantidades de alemães poderiam ser criadas onde eles já não existissem escrutinando a população tcheca em busca de traços de ascendência alemã. Expulsar os tchecos, como queriam alguns puristas raciais do Partido Nazista e a ss, seria contraproducente para o Reich em termos econômicos enquanto houvesse uma guerra a ser vencida.[14]

As leis de cidadania ofereciam outro modo útil de melhorar os números. Depois da Primeira Guerra Mundial, muitos Estados europeus adotaram sistemas de classificação compulsória. Na Tchecoslováquia, em 1921, as autoridades multaram milhares de pessoas por se declararem alemãs e as reclassificaram unilateralmente como tchecas. Políticas semelhantes foram adotadas na Alsácia francesa, na Eslovênia e na Polônia. O que surpreendia na nova lei de cidadania adotada pelos nazistas agora era o fato de ser na verdade *menos* coercitiva que esses precedentes, seguindo a preferência pela declaração voluntária da Boêmia antes da guerra. Fazia distinção entre cidadãos do Reich (os alemães) e "membros do Estado" de segunda classe (os tchecos), mas deixava aos indivíduos a opção. Evidentemente, as autoridades eram movidas por considerações de pureza racial e não podiam usar a lei para converter grandes números de tchecos em alemães. Mas o modelo tinha a desvantagem de permitir que os alemães também não se declarassem uma coisa nem outra. Pouco disso era previsível em 1938. Na realidade, muitos alemães *não* tiveram pressa em se tornar cidadãos do Reich, temendo o trabalho, o alistamento e a nazificação obrigatórios. "Supunha-se que todos os alemães étnicos pediriam para ser tornar alemães do Reich", escreveu um preocupado funcionário público alemão em Praga em agosto de 1939. "Esse cálculo […] estava errado […] Deve-se dizer que nesse aspecto os alemães étnicos nos desapontaram." Assim, ironicamente, os nazistas descobriram que nem mesmo a conquista bastava para conter o lento declínio dos números dos que se declaravam alemães na Boêmia.[15]

No desespero para aumentar esses números, os alemães passaram a se concentrar nos chamados "anfíbios" — um termo originalmente usado no Império Habsburgo e empregado pelos sociólogos nazistas para designar as pessoas (frequentemente bilíngues) cuja identidade étnica era ambígua. Eles representavam um fenômeno considerado perfeitamente normal no século XIX, mas que o triunfo do nacionalismo transformara em excentricidade. Os "anfíbios" (às vezes também chamados de "hermafroditas") eram abundantes nas regiões fronteiriças alemãs, e o Protetorado abrigava milhares deles. De acordo com um administrador alemão, havia muitos tchecos que "em valor racial e étnico não parecem ser tão ruins, muitas vezes porque — pelo fato de seus pais pertencerem a ambas as nacionalidades — eles não sabem a que lado pertencem".[16]

As definições oficiais de germanidade que os nazistas adotavam no Protetorado refletiam uma interpretação surpreendentemente aberta e não biológica de nacionalidade. "Um nacional alemão é quem professa submissão à nação alemã, desde que essa convicção seja confirmada por certos fatos como idioma, educação, cultura etc.", escreveu Karl Frank em março de 1939. "Não é possível nenhuma elaboração mais precisa da expressão 'nacional alemão', dadas as relações atuais." Deixar as coisas abertas dessa maneira lhe permitia tentar ganhar os "anfíbios", seduzindo-os para ingressar nas escolas de língua alemã ou os atraindo aos serviços de assistência social alemães. Na realidade, 80 mil — quase 1% da população, aproximadamente — se declararam em favor do lado alemão só entre março de 1940 e dezembro de 1941, e mais de 300 mil haviam feito o mesmo no fim da guerra.[17]

Os "anfíbios" comuns, aos quais se ofereciam incentivos ou penalidades para optar por um dos lados, exploraram as oportunidades da guerra ou se resignaram a novas realidades de modo muito semelhante ao que fora adotado antes na República Tcheca. Uma viúva cujo marido tcheco morrera nos anos 1920 recebia pensão — em suas próprias palavras — "por criar os filhos para ser alemães honrados em ambientes completamente tchecos, apesar da pobreza mais amarga, sem jamais sucumbir à influência da nacionalidade tcheca". Muito mais tarde, um escritor tcheco recordou ter sido arrastado a uma escola alemã pelo pai: "Pela primeira vez em minha infância eu me rebelei contra a autoridade de meu pai e gritei nas janelas abertas da prefeitura da cidade tcheca de Schlesisch Ostrau: 'Não quero ir para uma escola alemã! Deixe-me ir para minha escola tcheca!'". Ele teve o apoio de seu velho professor tcheco, que "se aproximou da janela no primeiro andar da prefeitura e gritou ao meu pai em tcheco: 'Deixe o menino em paz, sua imitação de teutão!'". Tais decisões lançavam filhos contra pais, mulheres contra maridos e tchecos pró-Protetorado contra antinazistas. "Os alemães estão abrindo novas escolas alemãs onde não havia nenhuma", advertiu um jornal tcheco clandestino em 1939. "Mulheres, esse assunto é de vocês. Está em suas mãos que nossas crianças cresçam para ser tchecas ou germanizadas, patriotas ou traidores."[18]

De modo geral, essa primeira experiência de germanização provou ser purificadora para os nazistas. Não só eles descobriram que muitos alemães étnicos eram apáticos quanto a se declarar como também desconfiaram que muitos dos chamados "anfíbios" se declaravam por mero oportunismo. Depois da queda da França, os oficiais nazistas ficaram especialmente preocupados com o fato de que "elementos indesejáveis" estavam se registrando como alemães. Tratava-se de um "elemento oportunista", "o pior dos tchecos" (temiam eles), induzido pelo materialismo grosseiro; em geral, seus filhos nem sequer falavam alemão. Durante curto período, sob o governo de Reinhard Heydrich, as autoridades adotaram uma linha mais coercitiva, investigando a ascendência de crianças tchecas e tomando-as à força. Depois do assassinato de Heydrich, em 1942, crianças da aldeia de Lídice, que tinha sido arrasada em represália, foram enviadas para um escritório de adoção da ss perto de Poznań, onde receberam nome alemão. Mas o que surpreende é que tenha havido tão poucos casos, em comparação com as dezenas de milhares de sequestros de crianças ocorridos na Polônia. Embora uns 50% dos tchecos fossem considerados germanizáveis, em comparação com apenas 3% de poloneses, foram estes últimos os mais castigados pela germanização forçada. Os tchecos eram importantes demais em termos econômicos, e muito dóceis em termos políticos, para que valesse a pena perder seu apoio.

No final de 1942 os alemães já tinham mais ou menos admitido seu próprio fracasso e estavam reduzidos a promover sua estranha versão de nacionalismo tcheco. Fundaram uma nova organização juvenil e tentaram promover o que chamaram de "Nacionalismo Tcheco Fiel ao Reich". Jovens estudantes marchavam sob a suástica cantando canções tchecas e passavam as férias nos "Campos de Relaxamento de Verão de Heydrich". No verão de 1944, já estavam ajudando a organizar uma Semana da Mocidade Tcheca em Praga. Nem o sd nem a resistência tcheca sabiam ao certo o que fazer com aquele movimento profundamente ambíguo, que num minuto se parecia com colaboração e no seguinte era um renascimento nacional. Mas uma coisa estava clara. A confiança inicial dos teóricos raciais tinha se baseado em cálculos errôneos: os alemães estavam em falta, e não era fácil produzir mais deles, especialmente quando a guerra começou a se voltar contra o Reich.[19]

Ao longo de toda a campanha de germanização, nenhum outro lugar teve tanta importância como a Polônia — em particular os territórios que foram anexados. Incorporá-los ao Reich deu redobrada importância à política racial, porque significava que eles teriam de ser germanizados o mais rápido possível; de fato, em outubro de 1939, isso se tornou *a* prioridade para Hitler e para os que receberam essa missão durante a guerra, uma tarefa que eles tentariam concluir com todos os meios disponíveis.

Mas o desafio demográfico era quase tão grande quanto no Protetorado, que ficava no sul. Funcionários do Gabinete de Política Racial do Partido Nazista assinalavam nervosamente que aquela conquista estava trazendo populações eslavas ainda maiores para dentro das fronteiras do Reich. Considerações econômicas e de segurança tinham empurrado as fronteiras alemãs para muito além dos antigos traçados de 1914, dando ao Reich a maioria do ferro, do aço e das indústrias de tecidos dos poloneses, mas ao mesmo tempo incluindo mais poloneses e judeus. Enfatizando que os alemães constituíam apenas 7% da população nos novos territórios, comparados a 86% de poloneses (e 5% de judeus), eles pediam que "a população polonesa fosse implacavelmente dizimada". Só a "transferência" impiedosa da maioria dos poloneses poderia ajudar a evitar o cenário de pesadelo da polonização crescente dentro do próprio Reich. Eles recomendaram o fechamento das escolas polonesas e a proibição de serviços religiosos no idioma polonês; restaurantes, cafés, cinemas, teatros, jornais e livros, associações e uniões poloneses também passaram a ser alvos. Em resumo, Berlim devia ter como meta a "eliminação impiedosa de todos os elementos não aptos à germanização".[20]

Em maio de 1940, Himmler se inspirou nessas ideias quando ofereceu a Hitler suas próprias sugestões sobre como tratar "a população estrangeira no Leste". Tentando restabelecer sua autoridade sobre a política populacional, depois do caos que ele mesmo provocara tentando enviar centenas de milhares de pessoas para o Governo-Geral, seu conselho básico era dividir os não alemães em tantos "grupos étnicos fragmentados" quanto possível, para privá-los de toda noção de identidade nacional, e buscar entre eles "pessoas racialmente valiosas" cujo sangue alemão fizesse valer a pena trazê-los de volta ao Reich para reeducação. Os judeus seriam enviados ao exterior por uma "emigração em larga escala", para a

África "ou alguma outra colônia". No futuro, ucranianos e poloneses também desapareceriam como unidades coletivas por meio de fragmentações e privação cultural, sobrevivendo no Governo-Geral unicamente como uma "classe de trabalhadores sem líderes", fornecendo ao Reich mão de obra migrante e sazonal para trabalhar em estradas, pedreiras e na construção civil e assim "participar das obras culturais eternas [dos alemães]". Tudo o que se pode dizer a favor do enfoque de Himmler é que ele se abstinha do extermínio físico, considerando-o "bolchevique", "não alemão" e "impossível". Nesse momento, na primavera de 1940, Himmler ainda estava mais de um ano distante do mundo do Holocausto.[21]

Tais planos obviamente dependiam da capacidade de definir a germanidade e isolá-la do que a rodeava. Mas nesse ponto os próprios especialistas raciais do Partido Nazista estavam indecisos. Por um lado, as coisas pareciam definidas e óbvias: um nacional alemão era quem, "nas tradições, costumes e comunidade familiar, vive como um alemão, desde que tenha sangue alemão ou aparentado". (Essas pessoas tinham direito à cidadania alemã, mas teriam de mudar o nome caso este traísse sinais de origem eslava. Todos os demais não teriam "nenhum direito político".) Mas os especialistas aceitavam, sim, que era necessário algum tipo de política para "extrair os grupos nórdicos da população restante e germanizá-los". Prevendo que poucos entrariam nessa categoria, eles recomendaram que essas pessoas — "e especialmente seus filhos" — fossem enviadas para a Alemanha. Quanto às crianças polonesas que mostrassem algum "valor racial", os funcionários deveriam cortar seus laços com os pais e transferi-las para ser criadas por alemães com novo nome. Claramente, a germanização significava uma coisa no Protetorado, onde os tchecos desfrutavam um grau considerável de autogoverno, e algo muito mais coercitivo nas regiões da Polônia que seriam transformadas em novas províncias do Reich e onde a luta étnica entre alemães e eslavos durante décadas apresentou uma aspereza ausente em outros lugares.

Foi por essa razão que Hitler logo marginalizou o papel da administração civil regular e do Exército naquelas regiões. Temendo que fossem demasiado conservadores e moderados para levar a cabo as medidas que tinha em mente, preferiu depositar sua confiança nos funcionários do partido, e acima de tudo na ss de Himmler, que crescia em ritmo acelerado. Por meio do recém-criado Comissariado para o Fortalecimento do Povo Alemão (RKFDV) e agências associadas, os funcionários de Himmler expulsaram poloneses e judeus, repatriaram alemães étnicos que viviam no estrangeiro, encarregando-se de seu alojamento temporário e reassentamento definitivo. Especialistas em assistência a refugiados, agrônomos e médicos colaboravam com policiais, antropólogos raciais e urbanistas pelo bem do que Himmler denominava "a verdadeira germanização da terra" — sua ocupação "em termos raciais". Em janeiro de 1940, Konrad Meyer, o urbanista que mais tarde redigiria o programa de germanização da Rússia europeia, previa a expulsão de pelo menos 3 milhões de poloneses e de mais de meio milhão de judeus da Polônia Ocidental a fim de abrir espaço para um número semelhante de colonos alemães. Os especialistas do Partido Nazista faziam Meyer parecer moderado: queriam se livrar de mais gente ainda.[22]

No entreguerras, o próprio governo polonês assentou agricultores em terras alemãs. Hitler, porém, não queria expulsar apenas esses agricultores: os homens de Himmler queriam remover todos os proprietários de terras poloneses e judeus e substituí-los por colonos alemães. Trabalhando com rapidez e entusiasmo para "fazer essa terra ser alemã de novo", eles assumiram quatro quintos de todas as terras das regiões incorporadas, aproximadamente 626 mil fazendas em cerca de 6 milhões de hectares. Para o Warthegau foram 536951 alemães étnicos — 85% de todos os que foram levados a territórios anexados. Mas, quando a primeira onda de expulsões de 1939-41 perdeu ímpeto, muitos poloneses continuaram sob a direção de alemães nas terras que no passado lhes pertenciam.[23]

Como o Führer exigia que os novos colonos tivessem "só o melhor e o mais forte sangue alemão", os burocratas no Gabinete Central de Imigração eram muito meticulosos ao investigar os alemães étnicos que chegavam e bastante seletivos ao decidir quem teria permissão para ficar em caráter permanente. Funcionários esquadrinhavam um conjunto cada vez mais complicado de instruções que supostamente teriam sido esclarecidas em cursos intensivos de biologia, antropologia e eugenia. Havia o tipo de corpo (numa escala que ia de 9, para "estrutura ideal", até 1, para "malformado"), o tipo racial (de "puramente nórdico", passando por "cruzamento equilibrado de nórdico, faliano ou dinárico" até "variedade de sangue não europeu"), caráter, intelecto, histórico político e antecedentes hereditários. Os avaliadores começavam com os traços físicos, mas acabavam tentando julgar uma atordoante mistura de características pessoais, sociais e psicológicas. Famílias inteiras eram fotografadas, examinadas por médicos e interrogadas sobre ascendência e suas convicções políticas. Ao término desse processo, a elite era considerada apta para o reassentamento, enquanto os demais eram enviados à Alemanha propriamente dita para monitoramento e educação adicionais.[24]

Na verdade, em muitas áreas os alemães étnicos da Itália e da União Soviética que eram autorizados a ficar juntaram-se aos alemães do Reich. Embora de início hesitassem em se estabelecer no Leste, foram atraídos pelos incentivos fiscais adotados pelo regime no final de 1940. Seus números nunca se aproximaram dos 2 milhões de agricultores previstos por Darré, o ministro da Agricultura no início de 1940, mas chegaram a várias centenas de milhares de pessoas. Embora Himmler falasse em manter a terra em fideicomisso até depois da guerra para os veteranos, aqueles "caçadores de terras" se transladaram para lá esperando obter lucro rápido e assediando os funcionários públicos encarregados do registro de propriedades rurais. Todos foram atraídos pela perspectiva de participar de uma gigantesca boca-livre mal disfarçada por um verniz de legalidade depois que Goering fez publicar um decreto tornando todas as fazendas polonesas sujeitas ao confisco. Muitos chegavam com influentes cartas de recomendação — tão influentes que não podiam ser ignoradas. Na realidade, o regime estava usando propriedades polonesas para comprar a lealdade de suas principais figuras. Na fronteira com a Prússia Oriental, o Gauleiter Erich Koch simplesmente tomou posse de algumas propriedades e acrescentou-as a seus já vastos domínios privados. O general Guderian tirou uma folga de seus deveres militares para visitar o Warthegau à procura de uma propriedade para si mesmo. Quando Von Manstein lhe perguntou como havia encontrado a que acabou escolhendo, Guderian contou que recebera "uma lista de ótimas propriedades polonesas que ele examinou durante alguns dias até escolher a mais satisfatória". No início os proprietários poloneses seguiram vivendo ali, mas quando Guderian tomou posse de sua propriedade eles já tinham ido embora e — segundo contou a Manstein — ele não fazia a menor ideia do que lhes tinha acontecido.[25]

A germanização também estava transformando as cidades polonesas. Quando alemães étnicos chegavam a Łódz depois de sua longa viagem desde a Polônia Oriental, judeus com estrela amarela carregavam as bagagens para eles e cuidavam de seus cavalos. Na própria Łódz, agora chamada Litzmannstadt, os especialistas em reassentamento requisitaram casas polonesas e judias, bem como escolas e outros edifícios, para acomodar os recém-chegados, e organizavam equipes de trabalho constituídas por judeus para limpar as propriedades.

No mesmo momento em que os estrategistas preparavam projetos para a racionalização, no pós-guerra, do "espaço" que havia sido polonês, zonas separadas alemãs estavam sendo criadas. E desde a onipresente "Adolf Hitler Platz" — como se chamava agora a praça do mercado central — até o fim da cidade houve uma mudança sistemática de nomes de ruas e edifícios. No futuro, a deportação de enormes números de habitantes poloneses e judeus permitiria a reordenação do centro da cidade de Łódz num eixo completamente diferente: novas zonas industriais e subúrbios para trabalhadores alemães surgiriam, com modernos teatros, cinemas, parques e salas de concerto. Cartões de Natal enviados por gerentes alemães em Auschwitz retratavam o novo tipo de assentamento-modelo sendo planejado também para o cinturão industrial que se expandia rapidamente na Silésia.[26]

Quando Hitler finalmente ordenou a integração política do Governo-Geral ao Reich, também ali esses planos se converteram em política oficial. Hans Frank sonhava em expulsar os judeus das cidades, esvaziando o gueto na Cracóvia, sua capital, substituindo-o por "quarteirões limpos, alemães, onde se possa respirar ar alemão". Mas a escassez de alemães étnicos era ali um obstáculo ainda maior que no Oeste. Frank queria encontrar "núcleos raciais de germanidade" dispersos e recuperá-los para a nação. "Eu falo abertamente de germanização", disse ele a seu pessoal. "Quantas vezes não nos deparamos, surpresos, com uma menina loura e de olhos azuis falando polonês? Ao que eu respondo: 'Se essa menina aprendesse o alemão, seria uma linda menina alemã'." Mas o outro pilar da germanização era o próprio Partido Nazista, cuja rede se estendia por todo o país. Ao inaugurar uma casa do partido na Cracóvia, Frank falou em germanizar a região em algumas décadas, "talvez menos", para que um dia o Führer dissesse a respeito dela o que dissera recentemente de Essen, "o *Gau* mais ariano do Reich alemão". O Governo-Geral, prosseguiu ele, teria de ser tão alemão quanto a Renânia. "E se alguém me diz que isso é impossível, só posso perguntar: 'O fato de que estamos aqui na Cracóvia, de que temos casas do partido em Varsóvia e Lublin, é em algum grau menos inverossímil que a ideia de que esta terra, se a governarmos adequadamente, pode se tornar alemã?'."[27]

A probabilidade de que tais fantasias se materializassem dependia da concepção, para o regime, de quem era ou poderia se tornar alemão. Os planos de

1939-40 diziam respeito principalmente a esses alemães étnicos que tinham vivido sob controle soviético e praticamente não afetavam a maior parte das minorias étnicas alemãs que viviam na Europa Central. Mas, tal como era, o número global de alemães disponíveis para reassentamento não era grande. Em seu *Mein Kampf*, Hitler rejeitava a ideia de assimilar "elementos racialmente estrangeiros" e acusava a política de germanização prussiana de cometer esse erro. Mas traduzir esse tipo de atitude em política supunha acabar aplicando uma forma de escrutínio racial que excluiria grande número de pessoas que de outro modo poderiam aumentar o *Volksgemeinschaft* alemão.

Isso não importava para Himmler. Sendo um esteta, como a maioria dos racistas, ele dava grande importância à aparência física. "A investigação racial deve impedir o desenvolvimento de tipos mongóis no Leste recém-colonizado", ordenou. "Quero construir uma província loura aqui." Para "liquidar" a minoria polonesa nas regiões que agora se tornariam parte do Reich, ordenou Himmler, as crianças "cuja aparência racial tenha indicação de sangue nórdico" deviam ser sequestradas e "submetidas a um processo de seleção racial e psicológica".[28] Como esses comentários sugerem, sua preocupação básica era a pureza do sangue. "Temos de cuidar agora, por estes dias, enquanto somos fortes", declarou ele depois da queda da Polônia, "para que nos devolvam as pessoas que são do nosso sangue, até onde pudermos, e que nenhuma gota de sangue nosso se perca no mundo lá fora."[29]

Mas na Polônia uma interpretação assim tão restrita, quase biológica, de nacionalidade complicava a elaboração de uma política coerente para os chamados "germanizáveis". Afinal, muitos cidadãos poloneses tinham vínculos familiares com alemães; em muitas áreas as populações estavam tão misturadas como no Protetorado. Himmler — perdido em suas próprias teorias históricas — podia falar em "seleção racial" (*Auslese*) e "peneiração" (*Siebung*) para se assegurar de que "mongóis, mestiços mongóis e hunos" fossem despachados para o Governo-Geral. Mas havia muitas bases sobre as quais se podia fazer essa investigação de antecedentes. Ante a perspectiva de que todo o programa de reassentamento acabaria despovoando as novas regiões fronteiriças orientais do Reich ao se livrar dos poloneses antes que um número suficiente de alemães fosse encontrado para povoá-las, as autoridades locais do Warthegau voltaram a uma política de assimilação. Era necessário adotar novas diretrizes de cidadania para decidir quem receberia documentos de identidade alemães. Menos dogmático que Himmler, o próprio Hitler entendeu o problema e, quando deixou claro que toleraria, sim, algum grau de assimilação, as novas diretrizes foram finalizadas. Até mesmo na Polônia, como se viu, o regime nazista estava sendo forçado a recuar de sua intransigente insistência na biologia como critério para determinação da nacionalidade.

Nas palavras do Gauleiter Forster, de Danzig-Prússia Ocidental, a chamada Lista do Povo Alemão (DVL), adotada por decreto em março de 1941, foi projetada para ajudar todos aqueles que "tinham vivido aflitos e sofrido perdas durante séculos por causa da pressão polonesa [...] O conteúdo e o propósito do decreto são na realidade assegurar que nenhuma gota de sangue alemão será tirada da nação alemã". Despido da retórica, na realidade, aquilo realmente envolvia a adoção de uma interpretação surpreendentemente flexível da nacionalidade alemã, que permitia que grande número de pessoas reivindicasse a cidadania, até mesmo quando elas não falavam alemão. A lista estabelecia nada menos que quatro categorias: a elite — classe 1 — compreendia antigos cidadãos poloneses germanófonos que haviam pertencido a sociedades ou sindicatos alemães entre as guerras; a de classe 2 eram pessoas "de ascendência racial alemã" que haviam mantido suas características alemãs, por exemplo, falando alemão sob o domínio polonês; a classe 3 incluía tanto os alemães em casamentos mistos como seus filhos; enquanto os "renegados" da classe 4 eram os que tinham se comportado "ativamente de maneira hostil à Alemanha", a despeito de suas próprias origens alemãs.

As pessoas admitidas nos dois primeiros grupos recebiam documentos de identidade azuis e a cidadania alemã; os que pertenciam à classe 1 também podiam ingressar no partido; os de classe 3 recebiam documentos verdes e a categoria de "membros do Estado" (basicamente, estavam num período de experiência), enquanto os de classe 4 não obtinham nem mesmo isso, embora se mantivesse a possibilidade de passarem por exames futuros para sua "regermanização". O incentivo principal para obter a classificação de 1 a 3 era ter as propriedades isentas de confisco e uma probabilidade maior de se beneficiar da pilhagem de propriedades polonesas; por outro lado, ficava-se automaticamente sujeito à convocação para as Forças Armadas. Uma pessoa de classe 3 ou 4 não podia se casar com outra de classe 1 ou 2. E os de classe 4 costumavam ser mantidos sob vigilância da polícia.[30]

Nem mesmo esse sistema complexo esgotava possíveis variações, e um juizado especial dirigido por Himmler julgava os casos especialmente espinhosos da DVL. Uma mulher que solicitara o status de *Volksdeutsch* com base em suas atividades pró-alemãs na Polônia antes da guerra tinha pai judeu. O juizado decidiu que ela não poderia ter aquele status, mas deu-lhe um certificado declarando que ela não era uma polonesa, e sim uma "habitante privilegiada e protegida do Reich" (o que constituía uma outra categoria, fora dos limites da cidadania então em vigor). Aqui as considerações raciais acabavam superadas por outras considerações pragmáticas de tipo político, já que o tribunal não queria empurrar para o campo antialemão uma pessoa que tinha iniciativa e potencial de "liderança". Em outro caso, um homem de "pura" linhagem alemã na Polônia havia se casado com uma mulher cujo pai era indiano. Embora a inspeção racial demonstrasse que a mulher e os filhos do casal traziam evidências de "sangue estrangeiro, na realidade negro", o homem havia sido membro de grupos políticos pró-alemães no entreguerras, e por causa disso a família fora obrigada a fugir para a Alemanha em 1939. O homem foi posto na categoria 1, e sua mulher e os filhos na categoria 2, graças aos seus "sacrifícios" pela Alemanha. Parecia pragmático, mas a realidade era mais dura: o tribunal "cordialmente" instruiu o homem a não ter mais filhos com a esposa.[31]

No início de 1944, aproximadamente 2,75 milhões de pessoas de uma população total de 9,5 milhões haviam sido aprovadas nas inspeções da DVL nos territórios anexados. Para os puristas raciais, os resultados eram desalentadores:

População nos antigos territórios poloneses — janeiro de 1944 (em milhares)

	Warthegau	Danzig-Prússia Ocidental	Alta Silésia	Prússia Oriental
Alemães do Reich	194	c. 50	c. 100	6
Colonos alemães	245	52	38	8
Alemães [DVL]	493	938	1420	46
Classe 1	218	113	97	9
Classe 2	192	97	211	22
Classe 3	64	726	976	13
Classe 4	9	2	54	1
Poloneses e outros	3450	689	1040	920
População total	4382	1729	2598	980
Alemães/População total	21,2%	60%	60%	6,2%
DVL 3-4/População alemã	7,8%	78,1%	66,1%	24,8%

Nota: Cifras como no original (nem todos os totais estão corretamente somados)
Fonte: NO-3568 em International Military Tribunal, *Trial of the Major War Criminals*, v. 4. Washington, 1949, pp. 937-9.

O que a tabela mostra é que, com uma escassez aguda de alemães de todos os tipos nas novas províncias — fossem do Reich, locais ou novos colonos —, as listas DVL tiveram papel fundamental para fazer inchar os números. Tiveram menos impacto no Warthegau de Greiser, que recebera mais colonos que qualquer outro *Gau* e tinha sido, de modo correspondente, mais rígido ao conceder cidadania a antigos cidadãos poloneses. Mas quais foram os resultados dessa ortodoxia racial? Uma brecha numérica ainda enorme, que todos os esforços do RKFDV e da ss tinham sido incapazes de solucionar, e uma grande e alienada maioria polonesa, agora despossuída e vivendo em campos temporários ou em aldeias especialmente designadas a ela.[32]

Compreendendo aonde isso poderia levar, Albert Forster, o amargo rival de Greiser na vizinha província de Danzig-Prússia Ocidental, tomou um rumo completamente diferente e aproveitou ao máximo as possibilidades oferecidas pelo sistema DVL. Ignorando os especialistas raciais da ss, ele manteve os colonos à distância e engrossou a lista com grandes quantidades de integrantes da classe 3. Forster tinha uma teoria própria, a de que muitos dos habitantes locais não eram poloneses, mas kashubianos,* prontos para a germanização. Ele achava que a importância que Himmler atribuía à rigorosa seleção racial não fazia o menor sentido e via virtudes em evitar os prolongados transtornos da deportação e do reassentamento. A partir de 1941, a tendência era admitir na lista qualquer antigo cidadão polonês que falasse bem o alemão — mas pouco depois até mesmo essa condição foi relaxada —, e politicamente ele não havia feito nada que pudesse contrariar as autoridades.

Na verdade, Forster não estava apenas permitindo que poloneses se convertessem em alemães, mas sim os obrigando a isso. "Durante o processo de germanização de poloneses com base no registro étnico", recordou um funcionário depois da guerra,

> houve muitos casos em que aldeias ou cidades inteiras entraram compulsoriamente no registro, obedecendo a cotas fixas estabelecidas por Forster. Por exemplo, um chefe de seção local ou prefeito era instruído a registrar 80% dos habitantes de sua aldeia, ainda que 80% deles fossem poloneses.

* Grupo étnico do norte e do centro da Polônia.

De um jeito ou de outro, quase dois terços da antiga população polonesa do *Gau* de Forster entraram na DVL. Tropas de assalto de poloneses mal germanizados podiam ser vistas desfilando pelas ruas de suas cidades cantando canções nacionais polonesas.[33]

"Se eu fosse parecido com Himmler, não falaria tanto sobre raça", teria dito Forster numa ocasião. Mas não foi só esse insulto que deixou Himmler furioso: foi também sua política, especialmente porque seu rival, Greiser, fazia chegar até ele um fluxo infinito de reclamações sobre o modo ineficiente e violento como o novo *Gau* estava sendo administrado. Himmler não achou a menor graça quando dois dos mais íntimos e mais rudes colegas de Forster no partido insultaram um alemão étnico "de linhagem inatacável" chamando-o de "polaco", no momento em que eles mesmos estavam transformando poloneses em alemães por decreto. Forster foi lembrado de modo irritante de que não havia nenhuma competição para ver quem conseguia germanizar primeiro seu *Gau*; o importante era garantir que a germanização produzisse uma população "racialmente impecável", já que "uma gota de sangue falso que entre nas veias de um indivíduo jamais poderá ser removida". Mas Hitler, aparentemente, não se preocupava tanto com aquilo, e especialistas raciais de fato apoiaram a afirmação de Forster de que uma proporção grande da população nativa da Prússia Ocidental descendia originalmente de colonos alemães. Entre a visão de Himmler, de uma pequena e cuidadosamente selecionada elite racial que dominaria uma subclasse de poloneses, e a visão igualmente nacional-socialista de Forster, de germanização mediante o alistamento forçado em organizações de massa, havia de fato um abismo intransponível.[34]

Com ânimo menos belicoso que o de Forster, a administração provincial da Alta Silésia também manteve distância das equipes de reassentamento de Himmler, argumentando com grande sucesso que manter a economia regional funcionando sem problemas deveria ser a prioridade em tempos de guerra. Depois de algumas expulsões iniciais de poloneses, a administração decidiu que a Alta Silésia era muito mais importante como base industrial e que não deveria se arriscar a desestabilizá-la em função dos grandiosos planos demográficos de Himmler. "As oportunidades de assentamento na Alta Silésia estão limitadas ao extremo ou, mais exatamente, de todo esgotadas", seu Gauleiter disse ao chefe do RKFDV com pesar, em janeiro de 1943. Também ali o grande número de pessoas de classe 3 era o sinal que delatava o que ele realmente pensava sobre as diretrizes raciais da ss. Ele preferia se aferrar aos seus trabalhadores poloneses por quaisquer meios, e só adotou o sistema de classificação racial quando ele já vigorava havia mais de um ano no Warthegau. Sob fogo desde o início, essa política de retenção em vez de liquidar uma parcela substancial da população polonesa parecia, ao contrário, cada vez mais atraente à medida que a guerra se prolongava.[35]

O próprio Hitler achava que o misticismo racial de Himmler carecia de espírito prático e, embora fosse hostil a sérvios e russos em geral, pensava de modo diferente sobre outros grupos de eslavos. Elogiava os tchecos como "trabalhadores esforçados e inteligentes" e especulava que ucranianos de olhos azuis poderiam ser descendentes de "camponeses descendentes de tribos alemãs que nunca migraram". Na realidade, ele contornou a visão — comum entre antropólogos alemães — de que não existia, racialmente falando, nenhuma categoria como "eslavos"; era um termo linguístico, nada mais. Isso não impediu que essa categoria continuasse sendo usada. Mas ajuda a explicar por que o Führer permitiu que Himmler e Forster definissem a germanidade, cada um a seu modo.[36]

O GRANDE REICH GERMÂNICO

Naturalmente, também se podia encontrar o precioso sangue alemão na Europa Ocidental. Já em meados de outubro de 1939, Hitler havia dito a seus chefes do partido que previssem a incorporação futura da Bélgica e da Suíça à Alemanha. Seis meses depois, Rosenberg saudou a vitória sobre a Dinamarca com as seguintes palavras: "Assim como o Reich de Bismarck nasceu em 1866, o Grande Reich alemão nascerá a partir do que está acontecendo hoje". Quase imediatamente, a sombra da anexação caiu sobre as regiões do Ocidente que Hitler pretendia, no futuro, reivindicar com base em razões históricas ou raciais.[37]

Na França, quando recuperaram os territórios que haviam pertencido ao Kaiserreich antes da guerra, os alemães não estavam no espírito de perdoar. Depois da Primeira Guerra Mundial, os franceses haviam feito expurgos nas províncias da Alsácia e Lorena, classificando sua população de acordo com suas "origens de sangue" e expulsando mais de 90 mil pessoas num único ano: a população alemã do departamento de Moselle encolheu de 164 502 em 1910 para menos de 45 mil em 1921. A derrota da França em 1940 deu aos alemães a oportunidade de se vingarem. Naquele junho, do lado de fora da catedral de Estrasburgo, Hitler encontrou o homem que fora o último prefeito alemão da cidade, em 1914. "O que vocês acham?", perguntou o Führer às suas tropas eufóricas. "Devemos devolver esta joia à França?" "Nunca", foi a resposta. Encarregando Gauleiters de confiança das fronteiras francesas e ignorando protestos dos franceses, Hitler ordenou que a área fosse germanizada em poucos anos.[38]

Na Alsácia, onde Robert Wagner — o Gauleiter da vizinha Baden — fora nomeado governador civil, prisioneiros de guerra franceses da região eram libertados desde que assinassem uma declaração afirmando que tinham sangue alemão. Civis que haviam fugido dos combates encontravam penduradas nas ruas, ao regressar, faixas com palavras de ordem em alemão que lhes davam boas-vindas à Grande Alemanha. A anexação não parecia distante. Ao mesmo tempo, o processo de expulsão dos indesejáveis havia começado: cerca de 10 mil judeus foram mandados embora para o oeste, na direção da França, junto com dezenas de milhares de não judeus. Criaram-se organizações nazistas e a lei alemã entrou em vigor. Na mente de Wagner, a maioria da população da província já era alemã, quer percebesse isso, quer não. Embora o idioma alemão tivesse se tornado compulsório, ele admitia que muitos habitantes ainda eram leais à França; mas, em sua mente, aquilo apenas demonstrava sua ascendência alemã, "pois a fidelidade é a qualidade distintiva dos alemães". Mais que a raça, a cultura concentrou suas atenções. Ele ordenou que ruas e nomes comerciais fossem trocados por equivalentes alemães, retirou livros franceses de bibliotecas públicas e usou-os para uma fogueira de Natal. Os que falavam francês em público eram enviados para campos de concentração, e dezenas de milhares de jovens foram alistados à força na Wehrmacht e nas Waffen-ss.

O antigo estudante de magistério aplicou uma sintonia fina na transformação, lançando luz sobre o lado mais ridículo da mentalidade nacionalista ao estabelecer a lei para nomes próprios. Nomes "não alemães" foram proibidos dali em diante e a polícia secreta esquadrinhava as listas telefônicas. Sentindo o risco de apostasia, Wagner proibiu que "René" fosse transformado em "Renatus", ou "Marcel" em "Marcellus"; publicou listas de nomes alemães aceitáveis e de franceses inaceitáveis e baixou normas para transcrição (para evitar uma situação na qual os diferentes integrantes da família de Dumoulin terminassem como Vondermühlen, Zurmühlen, Müller e Dümuler). A política sobre a nacionalidade se converteu em onomástica.

Em pouco mais de seis meses, só em Estrasburgo mais de 2 mil habitantes se apresentaram como "voluntários" para ter o nome mudado. Mas nem mesmo o pessoal de Wagner conseguia se pôr de acordo sobre o que era um verdadeiro nome alemão: alguns acharam Johann muito judeu; quando alguém insistiu em mudar Robert para "Rupprecht", um crítico observou que o próprio Gauleiter se chamava Robert. E até o ministro da Agricultura do Reich não ostentava o sobrenome Darré, que soava tão francês, e por acaso o chefe da Saúde não era um certo Leonardo Conti? Quando monsieur "Boulois" foi obrigado a alterar seu nome para "Bulwa", outro funcionário se queixou de que aquele nome "nada tinha de germânico": "Nomes como Bulwa nem sequer são europeus; assentariam melhor no chefe de uma tribo africana". Um chofer chamado Houillon foi "germanizado" para Hüller e depois Hujung, enquanto um Boulanger se debatia entre Bäcker e a preferência de especialistas por Bulanger. (A palavra final coube a Wagner, que escolheu Hujung e Becker.)

No outono de 1943, todo mundo — exceto Wagner — estava cheio daquela farsa. Um funcionário nazista — antigo autonomista alsaciano — perguntou com sarcasmo se "em uma fase de guerra total, é absolutamente necessário que os funcionários e especialistas tenham de quebrar a cabeça para decidir se um Charpentier devia ser chamado Scharpenter ou simplesmente Zimmermann, e se o fato de um certo Caquelin se tornar Kagel seria decisivo para o resultado da guerra". Embora tais medidas possam parecer cômicas em retrospecto, quando os alemães afinal aprovaram o regulamento que legalizou todo o processo de mudança de nomes, no início de 1943, mais de 50 mil inscrições haviam sido recebidas. Que tenham conseguido o que esperava Wagner (cujo sobrenome era originalmente Backfisch), isto é, "libertar os alsacianos da desgraça de ser só meio alemães", é mais duvidoso.[39]

Assim, a grande seriedade da guerra pela nacionalidade teve seu lado ridículo. Da mesma maneira que alguns teóricos racialistas realmente se preocupavam com a possibilidade de os alemães do Reich adquirirem um complexo de inferioridade ao se confrontar com os magníficos espécimes raciais que seriam selecionados para colonizar os territórios do Leste, outros acreditaram que o purismo excessivo de Wagner ameaçava despertar ressentimentos dentro do Reich. O próprio Wagner achava inquietante que muitos alemães que chegavam à Alsácia oriundos do Reich tivessem nomes que soavam franceses: temendo queixas dos alsacianos que estavam sendo forçados a mudar o próprio nome, ele tentou insistir que só alemães com nome devidamente alemão trabalhassem na província. Aquilo enfureceu Frick, o ministro do Interior. Nem mesmo depois da guerra, disse ele a Wagner, haveria um plano para fazer os alemães do Reich mudarem o nome, exceto talvez no caso dos eslavos, e o Führer não via nenhuma necessidade de germanizar os nomes de famílias descendentes de refugiados huguenotes, fosse na Alemanha ou na própria Alsácia. Tal era o poder dos Gauleiters que Wagner simplesmente não deu a menor importância à recomendação do Führer. No que lhe dizia respeito, todos os nomes teriam de ser germanizados, e as estatísticas mostraram que sua política tinha sido um sucesso.

Muito perto dali, o Gauleiter Josef Bürckel, da Lorena, estava muito menos preocupado com nomes. Estava atarefado expulsando franceses e judeus e impedindo a entrada de alemães étnicos (que eram, na visão dele, muitas vezes ainda menos desejáveis em termos raciais do que os que já estavam ali). Ele preferia achar colonos, se fossem necessários, entre os camponeses da Alemanha Ocidental. Bürckel era outro desses Gauleiters que achavam muito importante manter distância da ss e de suas fantasias raciais. Quando ele deportou mais de 60 mil francófonos — quase 15% da população da região — sem antes investigá-los racialmente, a ss ficou furiosa. Quando propôs a deportação de mais de 40 mil indesejáveis para a Ucrânia como colonos, eles retrucaram que o programa de reassentamento não era um depósito de lixo ou um castigo; no fim, sob supervisão da ss, aconteceu a deportação de aproximadamente 10 mil deles. Mas aquilo foi apenas uma vitória temporária de Himmler em sua luta mais constante contra os chefões do partido cujas próprias visões toscas porém eficientes sobre a germanização costumavam se opor às suas.[40]

O conflito entre Himmler e o partido em torno da germanização também acontecia nos Países Baixos e na Escandinávia. Aos olhos do regime, as populações desses países não eram alemãs (*Deutsche*), mas germânicas (*Germanen*), e portanto estavam aptas para a futura anexação política. Como alcançar isso era o ponto de divergência entre o partido e a ss. O partido queria ajudar os simpatizantes holandeses e os nazistas noruegueses a construir movimentos de massa: queriam uma repetição da revolução nacional-socialista tal como havia ocorrido na Alemanha, e viam figuras como Quisling, na Noruega, ou Anton Mussert, na Holanda, como Führers naturais de seus povos.

O problema não era só que tais homens fossem tão odiados e politicamente marginalizados; eles também eram nacionalistas, com suas próprias concepções sobre as futuras relações que se haveria de manter com a Alemanha. Já em 1º de maio, Quisling instava Hitler a adotar um programa político para "uma união constitucional de todos os países germânicos": isso, segundo explicou, não implicaria a absorção da Noruega por uma Grande Alemanha, mas uma "federação germânica livre liderada pela Alemanha". De modo semelhante, Mussert defendia uma Grande Holanda (ampliada com a adição da Flandres belga) que não se uniria ao Reich. Em agosto, ele propôs uma "Liga de Povos Germânicos" a ser liderada por Hitler. Os holandeses governariam um território racialmente purificado de judeus (que seriam enviados para a Guiana) e valões. O Partido Nazista holandês de Mussert garantiria a soberania holandesa, mas definitivamente *não* era aquilo que os alemães tinham em mente.[41]

Conhecendo bem as limitações de tais homens, a estratégia de Himmler era muito diferente. De acordo com toda a sua concepção da natureza elitista da política, ele rejeitava a ideia de estabelecer partidos de massa pró-alemães. Afinal de contas, o Nederlandse Unie holandês tinha sido criado em 1940 para ajudar a nazificação da Holanda, mas logo se transformara num obstáculo a ela. Em vez disso, estimulou a formação de pequenas elites leais, grupos de voluntários armados que aprenderiam o alemão, lutariam pelo Reich contra os planos separatistas de seus rivais e tomariam o poder como "paladinos da ideia da Grande Alemanha". Não haveria nenhuma federação de Estados aliados nacional-socialista, mas sim uma só Grande Alemanha unida pela solidariedade racial. Em setembro de 1940, Himmler criou uma pequena unidade holandesa; no ano seguinte, roubou de Quisling seu vice (e rival), o chefe de polícia Jonas Lie, para comandar a nova força da ss no local, nomeando-o ss-Standartenführer. O chefe de segurança de Mussert também desertou para a ss. O próprio Mussert estava preocupado com o significado de tudo aquilo: "O alto-comando da ss acha que o povo holandês é alemão", lamentava. "É terrível. Aonde isso nos levará?" Na realidade, o partido e a ss combateram um ao outro até chegarem a um beco sem saída nos Países Baixos. A consequência principal foi que o pequeno e cada vez menor número de pessoas que ali desejavam ser identificadas com a causa nazista acabou dividido ao meio por causa de lutas intestinas, o que enfraqueceu a capacidade dos alemães de controlar os acontecimentos e deu fôlego aos que se opunham a eles ou simplesmente queriam seguir uma linha mais pragmática.[42]

* * *

Não obstante, a germanização do norte da Iugoslávia a partir de abril de 1941 mostrou que o partido e a ss nem sempre andavam às turras. Talvez isso tenha acontecido porque ali parecia haver menos em jogo. Naquela parte da Europa, os argumentos em favor da autodeterminação nacional eram irrelevantes e embaraçosos, já que até mesmo na época dos Habsburgo menos de 8% da população falava alemão, e desde então a situação só havia piorado: o censo iugoslavo de 1931 mostrou que 29 mil alemães — um quarto parte da cifra de vinte anos antes — estavam vivendo entre mais de 1 milhão de eslavos.[43]

Mas, como sempre nas áreas que queria germanizar, Hitler não fez o menor caso das realidades demográficas e entregou o norte da Eslovênia a dois funcionários do Partido Nazista austríaco — Siegfried Uiberreither e Franz Kutschera, que no passado haviam sido, respectivamente, um grumete e um jardineiro. Os dois homens também aceitaram nomeações de Himmler e asseguraram que a germanização dos eslavos do Sul fosse feita em conjunto com a ss. A anexação daqueles territórios ao adjacente *Gaus* austríaco estava planejada para o início de 1942, mas foi adiada várias vezes depois de ataques de partisans a patrulhas alemãs e nunca foi formalmente implementada. Mas isso não impediu a campanha de germanização. Centenas de professores alemães foram levados a toda a pressa para jardins de infância eslovenos, e o idioma esloveno foi proibido para uso oficial. Os cursos de alemão tornaram-se obrigatórios e, com o tempo, quase 400 mil pessoas se matricularam. Os alemães montaram uma nova e única organização nacionalista de massa em cada província e facilitaram ao máximo o ingresso nela.

Poucas semanas depois do início da ocupação, planos drásticos de deportação — que muito provavelmente tiveram origem no próprio Himmler — também foram elaborados. Para garantir a nova fronteira meridional do Reich, ele queria expulsar um de cada três eslovenos para o sul, para o recém-criado Estado da Croácia. A ideia se revelou um desastre. Cerca de 80 mil eslovenos acabaram sendo deportados — menos que o número entre 260 mil e 280 mil originalmente imaginado por Himmler, mas em proporção com a população total foram quase tantos como em outros lugares. Mas, diferentemente do que ocorrera na França ou na Polônia, essas deportações provocaram resistência quase imediata. Em represália, os alemães fizeram prisões e fuzilamentos em massa e queimaram aldeias inteiras. De fato, a Eslovênia se tornou um dos primeiros locais onde se desenvolveu uma encarniçada guerra partisan. Nada funcionava, e Himmler teve de reduzir as deportações. Na própria Croácia houve uma reação em cadeia quando o governo da Ustaše começou a expulsar sérvios para abrir espaço para os eslovenos. Quando a Sérvia se recusou a aceitar a entrada de mais gente, eles começaram a ser mortos. Desse modo, os planos de germanização de Himmler incitaram o genocídio e provocaram uma insurreição.[44]

No verão de 1942, os planos de expulsão de Himmler estavam completamente paralisados, e até mesmo os poucos alemães étnicos que ele havia reassentado em casas eslovenas ao longo da nova fronteira com a Croácia estavam reclamando: as casas novas não eram tão boas quanto as que eles tinham deixado para trás, as terras eram mais pobres e, para piorar, diziam alguns, era difícil dormir à noite numa casa cujos donos tinham sido expulsos. Quando começaram a ser alvo dos partisans, eles passaram a ter muito mais com que se preocupar: quando a ss teve tempo para tratar de suas reclamações, vários haviam sido mortos e outros, expulsos pelos guerrilheiros. Quando os colonos pediram que fossem mandados para longe da fronteira, a ss ofereceu recompensas para que ficassem. Himmler pode não ter notado, pois sua mente estava ocupada com coisas maiores. Mas teria sido bom que o tivesse feito, pois o fracasso do programa de reassentamento na Eslovênia foi uma advertência do que estava por vir.[45]

O PLANO GERAL DO LESTE

No verão de 1942 — a última ocasião em que os alemães se sentiriam realmente confiantes na vitória — Himmler trabalhava com força total. Num minuto estava lidando com planos para reorganizar os alemães étnicos do sul do Tirol, a centenas de quilômetros dali, no mar Negro, e no seguinte tratava do problema de como enfrentar o crescente movimento partisan na Ucrânia e na Bielorrússia. Havia a questão de quem substituiria Heydrich, assassinado na Boêmia-Morávia, arranjos para uma viagem à Finlândia, informações do serviço de inteligência vindas do Oriente Médio e da União Soviética a processar. Havia os aniversários de seu pessoal — Himmler sempre foi generoso na hora de presentear os que trabalhavam para ele — e condecorações a entregar. As Waffen-ss, em rápida expansão, também pediam sua atenção — uma de suas unidades de elite fora destinada a tomar parte no ataque ao Cáucaso. Não apenas havia a Questão Judaica — transportes, guetos (mais de 160 apenas na Bielorrússia), políticas de trabalho, esterilização e um novo e ultrassecreto programa de extermínio. Em 17 de julho, ele visitou o novo campo ampliado de Auschwitz e inspecionou os projetos de melhoria da terra, os pesqueiros e os silos, bem como o próprio complexo do campo. Na vizinha Birkenau, ele e seu séquito presenciaram uma "seleção" de judeus holandeses que haviam acabado de chegar e o subsequente assassinato de dezenas com o uso de gás. De acordo com o chefe de Auschwitz, foi depois dessa experiência que Himmler deu a ordem para que se deixasse de cavar valas comuns e que em vez disso se queimassem os corpos.[46]

Na época da visita a Auschwitz, Felix Kersten, o fisioterapeuta finlandês de Himmler, encontrou seu paciente em tal estado de excitação que era impossível conseguir que ele relaxasse. Uma conversa com Hitler tinha deixado Himmler tão eufórico que ele sentia como se fosse "o dia mais feliz de minha vida". Hitler finalmente dera sua bênção aos exaustivos planos que Himmler havia apresentado para a germanização "do Leste". "É a maior colonização a que o mundo jamais assistiu", alardeou Himmler. E, de fato, as visões limitadas de 1940 tinham ficado muito para trás, e a questão já não era apenas o que fazer da Polônia. Para Kersten, Himmler invocou uma visão de assentamentos de fazendeiros armados espalhados por toda a antiga União Soviética, avançando pelo leste até os Urais. Unidos à Alemanha por estradas transcontinentais — partes delas já sendo construídas por trabalhadores judeus —, esses assentamentos constituiriam um muro fronteiriço que protegeria a Europa de "uma insurreição a partir da Ásia". Os planos e os mapas que levava em sua volumosa pasta assinalavam a localização de fazendas e florestas plantadas, povoados e cidades-modelo e todos os serviços e equipamentos necessários para assegurar o sustento de uma nova classe "financeiramente poderosa e independente" de soldados-agricultores. "Quando ele tiver logrado isso, o nome de Adolf Hitler será o maior da história germânica", exultava Himmler, "e ele me encarregou de levar a cabo essa tarefa."[47]

Hitler estava igualmente encantado. Algumas semanas depois, numa tarde tranquila, ele se sentou com Albert Speer no banco que havia sob as árvores do lado de fora de seu bangalô de madeira no quartel-general ucraniano. A tranquilidade só era perturbada pela voz baixa e rouca do Führer, prevendo que o avanço da Wehrmacht continuaria pelo Cáucaso até o Irã e o Afeganistão. "Se no ano que vem nós conseguirmos cobrir só essa mesma distância [...] no fim de 1943 estaremos montando nossas barracas em Teerã, em Bagdá e no Golfo Pérsico.

Então os poços de petróleo vão secar para os ingleses." Os povos germânicos da Europa se assentariam e se reproduziriam atrás da frente de batalha, na Rússia europeia. Dizendo a Speer que anotasse tudo, ele começou a fazer as contas — 80 milhões de alemães, 10 milhões de holandeses ("que na realidade são alemães"), 300 mil luxemburgueses, e assim por diante. Impressionado com as crianças ucranianas loiras e de olhos azuis que encontrara — obviamente as histórias de que os godos haviam colonizado a região 1600 anos antes estavam corretas —, ele somou mais uns 10 milhões de supostos eslavos que poderiam ser "regermanizados". Chegando ao esplêndido total de 127 milhões de alemães reais ou em potencial, o Führer passou então a projetar taxas de natalidade a longuíssimo prazo. Speer ouviu tudo impassivelmente; mas Hitler estava intoxicado pelos números. Sentia que aquele era o verdadeiro nascimento do império.[48]

O Plano Geral do Leste estava sendo gestado havia já vários meses, com um pequeno grupo de brilhantes jovens pesquisadores acadêmicos filiados à ss: especialistas em assentamento agrícola, ciência racial e geografia econômica. O professor Konrad Meyer, que dirigiu a unidade de Planejamento e Terra do RKFDV e que depois da guerra teve uma bem-sucedida carreira de urbanista na Alemanha Ocidental, era o chefe. Entre seus colegas estava o jovem geógrafo econômico Walter Christaller, cujas teorias influentes e muito aclamadas sobre a otimização de assentamentos e "espaços centrais" foram internacionalmente adotadas depois de 1945 em projetos de desenvolvimento em todas as partes do mundo, do Punjab à Cisjordânia e até no Meio-Oeste dos Estados Unidos. A especialidade de Meyer e Christaller era a planificação racional de espaços e populações: como e onde planejar os novos assentamentos e as conexões entre eles. Para eles, o Leste oferecia uma extraordinária oportunidade para pôr suas teorias em prática. Como Christaller escreveu em 1940 (no jornal *Raumforschung und Raumordnung*): "Um planejamento cuidadoso e um dedicado desenvolvimento das 'aldeias principais' no novo Leste são especialmente urgentes para fixar os futuros colonos do Oeste e do Sul do Reich e permitir que encontrem um novo lar nos espaços abertos do Leste".[49]

Meyer e sua equipe já haviam trabalhado nos territórios poloneses anexados. Mas logo depois da invasão da União Soviética Himmler disse a Meyer-Hetling (o sobrenome dele crescia à medida que suas ambições aumentavam) para deixar de lado sua equipe de trabalho ali e preparar um "Plano Geral do Leste" de longo prazo. Em outubro de 1941, eles fizeram em Posen uma apresentação sobre "Planificação e Reconstrução no Leste", e Meyer mostrou a Himmler e a Heydrich as maquetes de povoados-modelo e complexos que tinham interiores modernos e sistemas agrários racionalizados. Eles evidentemente gostaram do que viram, pois alguns meses mais tarde Himmler disse a Meyer-Hetling que seu novo plano deveria ser ampliado para cobrir toda a região de Leningrado até a Crimeia.[50]

Demógrafos e especialistas em segurança também estavam dando sua contribuição. No começo de outubro de 1941, Heydrich fez um discurso programático importante sobre a Europa para seus colegas em Praga — um discurso que marcou um dos primeiros sinais das novas ambições da ss para o Leste: primeiro, ele disse, havia esses países — a Noruega, os Países Baixos, Flandres, Dinamarca e Suécia — habitados por homens "germânicos de nosso sangue e nosso caráter", que seriam incorporados ou associados de algum modo à Alemanha. Em segundo lugar, havia os países eslavos do Leste Europeu; terceiro, havia os "espaços" que se estendiam até os Urais, que seriam explorados pela mão de obra local e matérias-primas. Heydrich descreveu um "muro alemão" de "sangue alemão" que conteria "a inundação asiática" (assim como Himmler descreveu a Kersten no verão seguinte). Toda a orientação da política racial alemã, prosseguiu, passaria a ser voltada para o Leste, do Protetorado, do Warthegau e da Prússia Ocidental para a própria Rússia. E aquilo significava que a Polônia, o Protetorado e os Estados bálticos também teriam de ser germanizados com o "velho espírito colonial" com que os alemães haviam colonizado as mesmas regiões em tempos medievais.[51]

Uma revisão tão ambiciosa dos planos de assentamento alemães representava muitos problemas para homens de mentalidade mais prática, homens menos obcecados por cavaleiros teutônicos ou histórias do Velho Oeste americano. Rolf-Heinz Hoeppner, chefe do Gabinete de Reassentamento Central em Posen, estava perfeitamente consciente da dificuldade de traduzir visões grandiosas em termos práticos em meio a uma guerra. No dia 3 setembro, ele enviou a Eichmann, o especialista em Questão Judaica do RSHA, um longo memorando deixando claro que, mesmo antes do discurso de Heydrich em Praga, já estavam sendo planejadas deportações do Leste Europeu em vasta escala para a paz futura, visando todos aqueles que não fossem "regermanizáveis". De acordo com Hoeppner:

Depois da guerra, será necessária uma deportação em larga escala de grupos de populações que sejam indesejáveis para o Grande Reich alemão nos vários territórios cujo controle tenha sido assumido pela Alemanha. Isso não diz respeito apenas à solução final da Questão Judaica, que vai perpassar, além do Grande Reich alemão, todos os Estados sob controle alemão; além disso, inclui acima de tudo as deportações de membros racialmente não regermanizáveis dos povos do Leste e do Sudeste dentro da esfera de assentamento alemã.

Claramente, havia um enorme ponto de interrogação sobre o destino de todos os povos não regermanizáveis da Europa Oriental, não só os judeus. O próprio Hoeppner sugeriu — assumindo sua ignorância das propostas da liderança — que vastas áreas da União Soviética deveriam ser deixadas livres para a deportação dessas populações, sob controle administrativo da ss. Havia a questão prática de saber se seria possível iniciar esses translados, especialmente de judeus, enquanto a guerra durasse. Mas uma questão mais básica tinha de ser resolvida primeiro. Como ele a enunciou:

> Seria pura fantasia discutir em maior detalhe a organização dessas áreas de entrada, já que primeiro será necessário tomar decisões fundamentais [...] É essencial que sejamos totalmente claros desde o início sobre o que será feito no futuro com essas populações deslocadas que são indesejáveis para o assentamento de áreas da Grande Alemanha. O objetivo é garantir algum tipo de subsistência em caráter permanente, ou elas deveriam ser totalmente erradicadas?[52]

Subsistência ou extermínio? Hoeppner ainda trabalhava às cegas sobre essa questão crucial a longo prazo. E não só ele. Em vista dos números envolvidos, não é de estranhar. De acordo com as estatísticas da Conferência de Wannsee, havia 11 milhões de judeus na Europa, mas a população não alemã global do Leste Europeu era muitas vezes maior que isso.

Hitler não era o único contando corpos de maneira febril. As complexidades demográficas também preocupavam o dr. Erhard Wetzel, especialista em questões raciais do Partido Nazista que colaborava com o Ministério para os Territórios Orientais Ocupados de Alfred Rosenberg. Comentando os cálculos produzidos pelo RSHA de Heydrich, Wetzel notou que, embora ele concordasse com a meta global de germanizar o Oriente, o RSHA subestimara as probabilidades demográficas de que aquilo não pudesse acontecer. O RSHA baseava seus cálculos em algumas projeções demasiadamente otimistas de taxas de natalidade: esperava ter reassentado 10 milhões de alemães no Leste até a década de 1970.

Wetzel também achava que o RSHA era otimista demais quanto aos números de não alemães que teriam de ser deportados. O RSHA calculava que 45 milhões de pessoas já habitavam as regiões definidas como objetivos, dos quais mais de 30 milhões tinham sido designados como racialmente indesejáveis e inseridos em listas para expulsão: isso incluía mais de 80% da população polonesa, 64% da bielorrussa e 75% da ucraniana. (O destino dos 14 milhões restantes era obscuro — talvez fossem germanizados, assassinados ou usados como "hilotas".) Mas, pelos cálculos de Wetzel, na verdade seria preciso lidar com um número entre 60 milhões e 65 milhões de pessoas, e haveria de 46 milhões a 51 milhões para deportar. Em particular, ele apontava os poloneses como "numericamente os mais fortes, e por isso o mais perigoso de todos os grupos étnicos estrangeiros cujo reassentamento está previsto no plano". Calculando a população deles entre 20 milhões e 24 milhões, Wetzel temia que o reassentamento na Sibéria Ocidental criasse "uma fonte de distúrbios ininterruptos contra o domínio alemão". Não obstante, o assassinato em massa também não parecia possível. Nas palavras reveladoras de Wetzel, "deveria ser óbvio que não se pode resolver a questão polonesa liquidando os poloneses do mesmo modo que se fez com os judeus", pois os alemães carregariam a culpa "durante anos" e também veriam seus vizinhos se afastarem deles.

Por outro lado, mesmo que se evitassem critérios excessivamente rígidos, em nenhum caso a germanização cobriria mais que uma pequena fração da população. Olhando para um futuro ainda mais distante, Wetzel temia que um reassentamento radical dos russos, notórios por se reproduzir rapidamente, lançaria as sementes de outra guerra racial dali a 25 ou trinta anos. E Wetzel discernia um inimigo ainda maior no horizonte: "uma Grande Ásia e uma Índia independente", que com centenas de milhões de habitantes representava, a longo prazo, uma ameaça maior até mesmo que os eslavos para a pureza racial da Europa. Haveria algum modo de evitar esse panorama sombrio? Sem contar a própria solução bastante implausível de Wetzel, que era forçar os eslavos a emigrar, talvez para o Brasil, que "necessita urgentemente de pessoas", trocando-os pelos alemães que tinham se instalado no país e que poderiam ser usados como colonos na Crimeia.[53]

Como os comentários de Wetzel indicam, o RSHA parece ter estado mais preocupado em calcular os números de alemães disponíveis para assentamento e os de não alemães listados para a deportação e a morte. Tendo saído do coração do aparato da polícia de segurança, não era de estranhar que seus planos praticamente não tratassem muito dos aspectos legais, geográficos e econômicos do reassentamento. Qual forma de posse da terra deveria ser adotada e que tipos de comércio e indústria deveriam ser pensados? Quais eram as melhores densidades populacionais e que equilíbrio deveria existir entre as zonas urbanas e as rurais? Quantos assentamentos teria de haver, de que tamanho, e a que distância uns dos outros? Que estradas seriam necessárias para interligá-los? Quantos trabalhadores seriam necessários, a que custo, e de quanto seria o orçamento necessário? Foi aqui que Meyer-Hetling e seus jovens economistas e geógrafos fizeram sua contribuição. Em maio de 1942, eles já haviam adaptado os materiais do RSHA e traçado um esboço ("Fundamentos Legais, Econômicos e Espaciais para a Reconstrução do Leste") para o reassentamento de três áreas principais de colonização alemã: a "Ingermanland", ao sul de Leningrado, a zona do Báltico meridional e o "Gotengau" na Crimeia e no sul da Ucrânia. Um cordão de "pontos fortes" seria estabelecido ao longo da Galícia e da Ucrânia, unindo as três zonas. Anéis de povoados alemães rodeariam cidades modernas completamente novas com populações entre 15 mil e 20 mil habitantes cada uma, localizadas nas conexões-chave das estradas de ferro e rodovias. Haveria um monopólio estatal sobre a terra, cujo cultivo a ss confiaria a terceiros por meio de contratos de arrendamento de longa duração, e o tamanho de cidades eslavas importantes como Varsóvia e Leningrado seria reduzido.[54]

Embora fosse difícil criticar tal plano por falta de ambição, Himmler fez exatamente isso e mandou seus arquitetos de volta ao tubo de ensaio. Ele não gostou da ideia de três zonas de assentamento diferenciadas e disse que a Letônia, a Estônia e o Governo-Geral também deveriam ser destinados à colonização por alemães. (Exatamente nesse momento Himmler ordenou a destruição imediata e total da população judaica do Governo-Geral.) Na realidade, eles deveriam era estar pensando, conforme Hitler havia recomendado, num "Plano Geral de Assentamento" que unisse os assentamentos orientais propostos com a Alsácia-Lorena, Eslovênia, Polônia e as terras tchecas. Ele precisava de cálculos detalhados dos custos de mão de obra e materiais para o projeto inteiro, semelhantes aos que Meyer já tinha preparado para os territórios poloneses anexados.

E, finalmente, precisava que o cronograma previsto para a obra fosse reduzido de trinta para vinte anos. Aquele era o tão valorizado "otimismo" de Himmler em ação, um otimismo indistinguível de uma recusa a enfrentar os fatos quando estes não correspondiam às suas obsessões políticas.

O debate sobre a viabilidade dessas demandas e a tentativa de satisfazê-las prosseguiu por muitos meses. Enquanto a guerra ia de mal a pior, os especialistas raciais se perdiam em fantasias cada vez mais grotescas. Ignoravam as dificuldades práticas que a germanização das fronteiras dos tempos de guerra já havia demonstrado — os custos econômicos, a violência, as críticas e os distúrbios, o mal-estar crescente dos colonos que definhavam nos campos provisórios por meses e anos — e especulavam, em vez disso, quantos, de uns 70 milhões de eslavos, deveriam ser assassinados, expulsos, "desnacionalizados" ou transformados em parceiros. O escritório de Meyer calculou os números de alemães "disponíveis" para assentamento, fazendo projeções demográficas trinta anos no futuro, chegando a projeções astronômicas dos custos totais que aquilo tudo implicaria. A mania de planejamento de Himmler abarcava todos e cada um dos detalhes. Ele chegou a convocar seu paisagista favorito para que os futuros colonos "não sejam privados dessa imagem harmoniosa de mansão senhorial e jardim, colônias, campos e paisagens" que caracterizavam "a essência alemã". À medida que se impusesse a ordem na estepe russa, a sujeira, o pó, o empobrecimento e a desorganização dariam lugar a ruas amplas ladeadas de cercas vivas, jardins enfeitados com videiras e "flores tradicionais", e pequenos cemitérios, sombreados por carvalhos, tílias, bétulas, freixos, teixos e zimbro, que montariam guarda para as fileiras de lápides simples voltadas para o leste.[55]

O COMEÇO: REASSENTAMENTO E ASSASSINATOS EM MASSA

De um certo ponto de vista, essa é a história de um projeto que nunca foi realizado, um exercício de utopismo típico notório em Himmler e Hitler, notável apenas por sua combinação tóxica de nacionalismo romântico com expertise no âmbito da ciência social. Depois da guerra, durante seu julgamento a defesa de Meyer alegou que seus planos nunca tinham sido postos em prática. Mas tal era a confiança na iminência de vitória — pelo menos até que Hitler proibisse todo e qualquer planejamento adicional para o pós-guerra, no começo de 1943 — que na verdade essas ideias não ficaram restritas à lousa na parede: Himmler tentou iniciar sua aplicação sempre que pôde, bloqueando todas as políticas de guerra que ameaçassem obstruir sua futura implementação.

Uma de suas vítimas foi o Ministério para os Territórios Orientais Ocupados de Alfred Rosenberg. O "Ministério Caos" nunca foi entusiasta da germanização maciça. A estratégia política de Rosenberg de envolver os não alemães numa cruzada antibolchevique chocava-se diretamente com a política racial de Himmler de mantê-los como uma subclasse. Quando visitou a região do Báltico, em setembro de 1941, Himmler ordenou prontamente o envio dos russos da Estônia "para o Leste", a fim de abrir espaço para futuros assentamentos alemães, e insistiu em que os filhos daqueles infelizes deportados pelos soviéticos em 1940-1 deveriam ser levados para o Reich a fim de que sua aptidão para a germanização fosse investigada. Na Lituânia, a ss confiscou mais de 6 mil fazendas para reassentar alguns alemães étnicos daquele país que pacientemente esperavam em campos provisórios desde que haviam deixado a Lituânia, fazia já dois anos. No outono de 1943, aproximadamente 30 mil bálticos alemães já haviam regressado ao Reich, enquanto ficava claro para os lituanos que o que poderiam esperar caso os alemães ganhassem era provavelmente a "deportação para o Leste".[56]

Na Ucrânia, os defensores das comunidades de alemães étnicos existentes enfrentaram uma difícil batalha. "Não estamos de todo maravilhados com seus *Volksdeutschen*", foi dito a um dos defensores da ss. Eles pareciam ser racialmente inferiores e se casavam com ucranianos. Onde estavam as aldeias asseadas cheias de alemães loiros e de olhos azuis que os homens de Berlim queriam encontrar? Os funcionários reclamaram de que eles eram "pobres e andrajosos, e não parecem alemães. Também as casas e aldeias parecem ruínas, selvagens e abandonadas; já não são as aldeias alemãs limpas e bem cuidadas". Quando passavam a ser atendidos pela assistência social nazista, a impressão era de que ficavam preguiçosos e dependentes de doações. Nas celebrações de Natal do *Volksdeutsche*, crianças supostamente alemãs "se puseram de pé ao redor da árvore e cantaram canções ucranianas". A propaganda que encorajava alemães étnicos a se alistarem na polícia teve de ser traduzida para o ucraniano para chegar aos seus destinatários. Sem desanimar, Himmler prosseguiu com os planos de reassentar os alemães ao redor de seu quartel-general de campanha em Hegewald — com o tempo, foram criadas 28 aldeias numa área de 518 quilômetros quadrados — e deu início também ao assentamento planejado na Crimeia, onde muitos dos desafortunados alemães étnicos que para lá foram enviados tiveram de ser mandados de volta para campos no Warthegau poucos meses depois, por causa do avanço do Exército Vermelho.[57]

O Plano Geral do Leste determinava a política até mesmo fora da antiga União Soviética. Na Boêmia-Morávia, também destinada a se tornar parte do Reich, Heydrich pressionou pela pronta deportação dos judeus, concentrando-os provisoriamente em Theresienstadt (a cidade-fortaleza seria posteriormente transformada em assentamento alemão), e ordenou que o confisco de terras e a classificação racial das crianças tchecas fossem acelerados. Havia apenas 23 mil alemães entre o milhão de pessoas que constituíam a população de Praga, mas Heydrich não se intimidou. No projeto de Meyer, a germanização da Boêmia-Morávia implicava a germanização de metade da população tcheca e a deportação dos demais (cerca de 3,6 milhões de pessoas) para o Leste. Tais planos não foram abandonados com a morte de Heydrich. Pelo contrário, foi em seu funeral que o próprio Hitler assustou Hácha, o presidente tcheco, com a ameaça de deportar a população tcheca inteira se houvesse mais ataques graves contra interesses alemães. Como ele alardeou na noite seguinte aos seus companheiros: "Eu acrescentei que, como tínhamos realizado a migração de vários milhões de alemães, uma ação desse tipo não apresentaria nenhuma dificuldade para nós".[58]

O Plano Geral do Leste também deixou sua marca na Polônia. Na realidade, enquanto caía drasticamente no Warthegau, o ritmo do reassentamento se intensificou no Governo-Geral. Himmler estava ansioso para seguir com os projetos-piloto, e o campo de provas que escolheu era a região de Lublin, no leste, onde o ssPF de Himmler, Odilo Globocnik, pretendia "aprisionar" os poloneses e "esmagá-los econômica e biologicamente" por meio do intensivo assentamento alemão. Zamość, a elegante cidade provincial da Renascença, hoje declarada patrimônio mundial da humanidade pela Unesco, iria servir como capital regional para 60 mil novos colonos alemães. Em agosto de 1942, Himmler passeou por ali com o administrador alemão local e mandou-o demolir imediatamente a cidade velha e substituí-la por um novo assentamento alemão que seria chamado Pflugstadt (Cidade do Arado). Tentando ganhar tempo, seu colega, que estimava a unidade arquitetônica de Zamość, perguntou ao Reichsführer como seria uma "cidade alemã": afinal de contas, havia o medievalismo de Nuremberg, ou o neoclassicismo pelo qual Speer tinha predileção. Para resolver a questão, Himmler enviou uma equipe de arquitetos e urbanistas que ainda estavam trabalhando em seus projetos quando o Exército Vermelho alcançou a área. Foi um pequeno triunfo das táticas de procrastinação de um dos administradores civis mais sensatos entre os que governaram a Polônia.[59]

Muita coisa estava em jogo. Frank teria preferido esperar o fim do conflito para começar a trazer os colonos alemães, argumentando que os transtornos que provocariam poriam em risco a contribuição polonesa para o esforço de guerra. Mas Himmler, que sempre queria seguir em frente, não via nenhuma razão para esperar. Contava com o poderoso apoio de Martin Bormann, líder do Partido Nazista, que chegava a ser mais antieslavo que ele, e talvez ambos esperassem que com um bem-sucedido assentamento na área de Lublin eles conseguiriam ir até mais além, dividindo o próprio Governo-Geral em três novos *Gaus* do Reich e talvez até mesmo convencendo Hitler a dissolver o Ministério para os Territórios do Orientais Ocupados de Rosenberg, expandindo assim também ali o controle da ss e do partido.[60]

Mas isso mostrou ser um enorme erro de cálculo e o começo do fim de todo o plano de colonização de Himmler. Em Lublin, o carniceiro Globocnik era receita para um desastre, e seus métodos cruéis e incrivelmente violentos provocaram exatamente a reação violenta que Hans Frank temia. Para abrirem espaço para os colonos que chegavam, entre o fim de novembro de 1942 e o verão de 1943 suas tropas desterraram nada menos que 100 mil habitantes de pelo menos trezentas aldeias: milhares foram enviados para os campos em Majdanek ou Auschwitz. Famílias passavam por investigação racial e os pais eram separados dos filhos; alguns inclusive acabaram nas câmaras de gás. Como na Eslovênia, isso inflamou a resistência e criou novos desafios para as sobrecarregadas autoridades alemãs.

Semanas depois da primeira campanha, a região ao redor de Zamość já era um tumulto: fazendeiros estavam fugindo para se juntar aos partisans nos bosques e houve ataques aos novos colonos que deixaram muitos mortos. A guerrilha partisan ameaçava agora se estender por todo o Governo-Geral, que até então permanecera bastante tranquilo. Himmler ordenou represálias violentas, que incluíam, "se necessário", a destruição de aldeias inteiras, mas isso não pôs fim aos distúrbios. Himmler também não foi hábil na própria tarefa da colonização: embora milhares de fazendas polonesas e ucranianas tivessem sido marcadas para expropriação, ele só conseguiu trazer 10 mil dos 50 mil colonos previstos. Eles demonstraram ser uma colcha de retalhos — da Sérvia, da Bucovina, da Bélgica e de outros lugares, entre os quais havia famílias "antialemãs" de Luxemburgo e gente da cidade sem nenhuma experiência no cultivo da terra. Em Berlim, Goebbels falava sobre a "enorme idiotice política" que era a ideia toda do reassentamento.

Hans Frank e seus administradores civis estavam furiosos: graças à selvageria inepta de Globocnik, poloneses e ucranianos tinham perdido a velha hostilidade aos bolcheviques e agora estavam nervosos com a possibilidade de ser "tratados como os judeus" sob o domínio alemão. O que aquilo significava era bem conhecido na região de Lublin, onde só 20 mil dos 250 mil judeus que lá moravam em abril de 1941 ainda estavam vivos no fim de 1942. Não era um receio completamente infundado: falando confidencialmente com líderes do Partido Nazista naquele momento, o próprio Frank tinha especulado que algumas pessoas, preocupadas com o que seria feito com os poloneses que haviam perdido as casas, poderiam pensar que os que não pudessem trabalhar poderiam ser "exterminados". Sua opinião, não exatamente tranquilizadora, era de que "um extermínio de milhões de seres humanos depende de condições que nós não temos no momento".[61]

Em maio de 1943, Frank queixou-se de que "as áreas recém-assentadas [estavam] [...] em estado de franca rebelião". Os aldeões eram expulsos com aviso prévio de minutos e enviados a campos onde eram selecionados de acordo com sua aptidão para o trabalho: "Essas medidas geraram um pânico indescritível entre a população", provocando a fuga de metade dos que haviam sido marcados para expulsão. Os rumores percorriam a zona rural como ondas de choque, e as coisas só pioraram quando as polícias locais retaliaram com fuzilamentos em massa, matando crianças e velhos. Segundo relatos que apareceram naquele verão na *Polish Fortnightly Review*, uma publicação para exilados, distritos inteiros ficaram desertos, o que deixou

só o gado [...] vagando pelos campos. Muitas pessoas são mortas no ato. Algumas crianças foram mortas a pontapés, o resto é segregado — crianças de até treze anos, mulheres e maiores de cinquenta anos são levados para ser assassinados. Está confirmado que todos os que estavam em dois trens lotados, cada um com uma carga de trinta caminhões de crianças, mulheres e velhos, foram assassinados em câmaras de gás em Majdanek só entre os dias 2 e 5 de julho [...] Há gente vagando pela zona rural e se escondendo em bosques, sob o fogo de canhões e aviões.

Ignorando o tumulto político e os transtornos econômicos, Himmler respondeu que a germanização tinha de prosseguir: a própria Lublin era apenas 10% alemã, e ele queria fazer essa proporção subir para 25% em 1944.[62]

Quanto era improvável que aquilo acontecesse foi revelado nos testemunhos infelizes tomados dos próprios examinadores raciais da ss. Maria L. tinha sangue "100% alemão", casada com um "polonês puro", e ainda assim se recusou a ser classificada como alemã, afirmando desafiadoramente que tinha se casado com um polonês, estava esperando sua volta e "não queria que ele a encontrasse alemã". Johanna W. tinha "valor racial", mas "se recusa a aprender o idioma alemão ou a se tornar alemã". Brunhilde M. "mostrou uma atitude que pode ser chamada de completamente antialemã, ao ser investigada [...] O marido havia sido morto em combate quanto atuava como oficial polonês. Ela rejeitou qualquer ligação com o povo alemão e não queria ter nada a ver com ele". O fato de que pessoas comuns fossem capazes de adotar posturas tão firmes, a despeito das consequências prováveis (Brunhilde M. enfrentou os campos, e ordenou-se que seus filhos fossem levados, esterilizados e dados em adoção), sugere que, em 1943, os "poloneses regermanizáveis" eram um gênero em extinção. Dadas a escassez de alemães étnicos e a relutância da maioria dos candidatos a se arriscar como pioneiros no que estava se transformando numa zona de guerra, os planos de Himmler e Globocnik pareciam fadados ao fracasso.[63]

Enquanto isso, no Warthegau a repressão aos poloneses era até mais severa que no Governo-Geral. A polícia secreta tentava "quebrar a força biológica do povo polonês" elevando a idade mínima para o casamento — para evitar que os poloneses tivessem filhos — e apoiando a ilegitimidade. Era como se, na guerra de populações, tudo fosse permitido, e nenhuma instituição — o casamento, a família — estava segura quando a segurança da nação alemã estava em jogo. No final de 1942 surgiu uma nova política, a de investigar nos orfanatos quais crianças estavam aptas para a germanização; estas eram enviadas para instituições administradas pela ss para adoção futura por famílias alemãs, uma política que também se estendeu, em menor escala, para vários outros países. Mas as crianças polonesas se encontravam em risco no sentido mais amplo. Himmler estava preocupado com os "tipos racialmente bons" que podiam ser achados entre os eslavos e declarou que era "dever" dos alemães "levar os filhos deles conosco, removê-los daquele ambiente, se necessário roubando ou sequestrando-os": afinal, tudo o que importava era acumular o material humano necessário para empurrar as fronteiras da Alemanha para bem longe ao leste com a finalidade de convertê-la na "potência decisiva na Europa".[64]

Alguns anos mais tarde, ao ser julgado depois da guerra, Werner Lorenz, o complacente chefe da agência de reassentamento VoMi, defendeu suas atividades pondo-as numa perspectiva histórica. O problema de deslocar populações, ele explicou, não era nada novo. Os alemães vinham vagando pela Europa desde tempos medievais. O que a criação de novos Estados-nação em Versalhes fizera havia sido transformá-los em minorias em situação desvantajosa. Em vez de seguir o precedente útil da troca de população turca-grega de 1923, a Liga das Nações, erradamente, tinha encorajado as minorias a ficar onde estavam, atrás de fronteiras traçadas de forma injusta. Não obstante, não os protegera — centenas de milhares de alemães tinham fugido da Polônia na década de 1920 sem ter compensação —, e a instabilidade internacional tinha sido o resultado. Tudo o que a Alemanha havia tentado fazer — sob muitos aspectos, o que era o propósito mesmo da guerra — era "trocar essas minorias" para "assegurar um desenvolvimento pacífico da Europa". E Lorenz não pôde resistir a apontar a expulsão contínua de alemães do Leste Europeu, aprovada em Potsdam em 1945, para argumentar que tais medidas não eram ilegais em si mesmas. O que realmente importava, ele sugeriu, era a forma como foram levadas a cabo.[65]

Considerações humanitárias jamais haviam perturbado Lorenz ou seus colegas durante a guerra. Ao contrário, eles viam o humanitarismo como um sinal de fraqueza. O propósito dos projetos nazistas de reassentamento era produzir soluções definitivas mediante a aplicação do poder estatal e de um estrito controle da vida dos indivíduos. Seus arquitetos estavam bem conscientes do destino de intentos alemães anteriores, e foi por isso que tentaram aprender com os deslocamentos permanentes de população, como a troca turca-grega. Como disse o chefe da Unidade de Pesquisa sobre Assentamentos durante a guerra, "medidas tão radicais só podem ser compreendidas no espírito de uma nova era". Antigas e remotas comunidades de alemães étnicos teriam de ser erradicadas para a criação de um novíssimo "povo alemão unido e combativo". Era o sonho de fazer um "muro humano" surgido no fim do século XIX que agora parecia realizável. A colonização japonesa da Manchúria foi minuciosamente estudada como um exemplo de "criação de assentamentos no meio de uma população estrangeira", e os especialistas alemães em assentamento tentaram aplicar as lições da Ásia no Leste Europeu.[66]

Ninguém prestava muita atenção nas queixas dos próprios alemães, que supostamente deveriam sacrificar suas tradições, casas e comunidades pelo bem maior do Reich. Até mesmo em círculos nacional-socialistas, no entanto, os planos de germanização de Himmler eram criticados por sua falta de viabilidade, pelas indesejáveis consequências em tempo de guerra e por sua péssima administração. Seus especialistas raciais, escravos da própria concepção elitista da política da ss, eram acusados de fixar um nível de exigência alto demais para o reconhecimento da germanidade e de rejeitar desde o começo indivíduos e grupos que poderiam e talvez devessem ser germanizados, dada a escassez de verdadeiros alemães. A germanização da Polônia Ocidental foi ao menos um objetivo sobre o qual o regime se mostrou de acordo e que Hitler tornara uma prioridade inequívoca. Mas, quando se tratava da ideia, ainda mais ambiciosa, de fundar colônias nos Estados do Báltico, na Galícia e na Ucrânia — e além delas o Plano Geral do Leste —, as dúvidas eram muito maiores antes mesmo do sangrento desastre de Zamość e da retirada da Crimeia e da Ucrânia.

Talvez a crítica interna mais perspicaz tenha sido a que chegou das fileiras da própria ss em março de 1942, quando se pediu ao ss-Hauptsturmführer Helmut Schubert, um economista lotado no RKFDV, sua opinião sobre o Plano Geral do Leste. Sua reação foi oposta à de Himmler: longe de ser demasiado modesto, o plano era ambicioso demais e estava perigosamente divorciado de um quadro econômico mais abrangente e infestado de contradições internas. A falha fundamental era a mão de obra, ou, mais precisamente, a falta dela. Schubert previu que, "depois da guerra, o abismo entre as maiores possibilidades políticas e econômicas da Alemanha, por um lado, e a quantidade de mão de obra alemã, por outro, será o problema fundamental". Não só o prognóstico demográfico do plano era inverossímil, mas também o fato de poucos povos "germânicos" nos quais Himmler depositava suas esperanças — a nova Companhia Holandesa das Índias Orientais ajudara a recrutar apenas mil fazendeiros holandeses; o Plano contava com 3 milhões — quererem migrar para o Leste. Como os autores do plano podiam falar no "assentamento total" da Lituânia quando, "mesmo hoje", entre 40% e 60% dos poloneses permaneciam nas terras como trabalhadores? O que achavam que a "germanização total" conseguiria na Estônia, na Letônia e no

Governo-Geral, quando a experiência durante a guerra havia demonstrado quão penosamente lenta era a germanização e quão magros eram os seus resultados? E eles não percebiam que um assentamento efetivo exigiria mais trabalhadores urbanos que camponeses para oferecer a estes últimos os serviços adequados?

Aquele esboço, afirmava Schubert, traía assim uma total falta de preocupação com os níveis de mão de obra e com a orientação global da economia alemã. Os muitos milhões que seriam necessários para a "germanização total" do Leste — Schubert concordava em que uma abordagem pouco sistemática só teria como resultado a "mistura racial" — só poderiam ser encontrados "sob a condição de que se cumpram certos pressupostos muito drásticos". O argumento principal de Schubert era que a tendência secular da Alemanha de abandonar o campo pelas cidades fatalmente continuaria depois da guerra: de fato, aceleraria se a Alemanha se convertesse, como sonhavam muitos empresários, no centro industrial da Europa, contando com o Leste Europeu para obter matérias-primas e alimentos. A Alemanha do pós-guerra se tornaria uma grande zona industrial, cada vez mais urbanizada (Schubert se preocupava com a ameaça racial e social implicada) e, o mais preocupante de tudo, dependente de uma presença contínua e crescente de trabalhadores estrangeiros, especialmente no campo. O campesinato alemão dentro da Alemanha seria substituído por fazendas maiores, com mão de obra contratada de não alemães, a "germanização total" do Leste por meio do reassentamento seria impossível, e haveria uma "infiltração progressiva de sangue inferior".

Em termos mais simples, a Alemanha teria de escolher entre um padrão de vida mais alto (e o controle econômico da Europa) ou a desindustrialização, entre o assentamento colonial no Leste e a pureza racial. Nenhum outro teórico político do capitalismo do final do século xx conseguiria apontar em termos mais incisivos o dilema fundamental do nacionalismo: prosperidade e globalização ou homogeneidade étnica e estagnação. O próprio Schubert concluiu que a segunda opção não era impossível, mas implicaria um grau muito maior de controle estatal sobre a indústria e a força de trabalho do que fora visto até ali. Sem uma administração quase permanente da economia pelo partido e pela ss em tempo de paz, as forças de mercado e os empresários egoístas inviabilizariam o Plano Geral do Leste, e ainda por cima destruiriam "o valor do sangue alemão-germânico".[67]

O longo memorando de Schubert vinha embebido no racismo do regime, mas era também muito perspicaz. Seu autor era um dos membros do pequeno coro de críticos dos assentamentos que se reunia em torno do cada vez mais marginalizado ministro da Agricultura, Walter Darré, que achavam que não havia alemães suficientes para satisfazer a todos e que o expansionismo agrário de Himmler levaria à extinção dos camponeses no interior da Alemanha. Eles apoiavam o ideal de uma nação camponesa etnicamente pura, mas argumentavam que a superexpansão do império tornaria mais difícil alcançar esse ideal, não mais fácil. Mas o ineficiente Darré perdeu o cargo em maio de 1942 e, de todo modo, Himmler detestava "pessimistas".

Estava claro que o regime não podia se dar ao luxo de ignorar a questão da mão de obra levantada por Schubert. De fato, naquele momento Hitler estava prestando renovada atenção nas necessidades globais de mão de obra do Reich e nomeou um plenipotenciário para tratar do assunto. Mas *sua* função não era o planejamento no pós-guerra, e sim o recrutamento, durante a guerra, de uma quantidade ainda maior de trabalhadores estrangeiros forçados para a economia do Reich. Em outras palavras, a crise econômica vivida durante a guerra parecia fadada a aumentar, em vez de diminuir, o perigo de "mistura racial" que tanto alarmava Schubert e outros nazistas. O próprio Hitler estava disposto a tolerar aquilo em nome da vitória, e um dos ajudantes mais íntimos de Himmler, Gottlob Berger, respondeu ao jovem analista no estilo consagrado das pessoas designadas para um cargo que sabem o que seus chefes querem escutar: as coisas na verdade não eram tão ruins, disse Berger ao cético economista da ss: a taxa de natalidade estava subindo, e havia camponeses alemães que poderiam ser deslocados do Reich para o Leste. O verdadeiro perigo, concluía Berger, eram [...] os advogados! Pouco depois, Schubert foi realocado na frente oriental.[68]

Himmler seguiu em frente apesar de tudo, como se sabe. Naquele setembro, disse aos seus companheiros mais próximos que a tarefa principal nos primeiros vinte anos da paz seria reunir os "povos germânicos" de forma que seus números subissem de 83 milhões para 120 milhões — os mesmos a que Hitler tinha chegado com Speer. Eles teriam de reorganizar completamente o Governo-Geral, o Báltico, a "Ingermanland" e a Crimeia; construir estradas, conexões ferroviárias e "um cordão de pérolas" de cidadezinhas que chegaria ao Don e ao Volga. No futuro, aquele "Leste Germânico" se estenderia até os Urais, de sorte que quando chegasse a hora — meio milênio depois — de a Europa acertar suas contas com outros continentes, uma sólida falange de 500 milhões a 600 milhões de "germânicos" travaria o avanço de seus inimigos.[69]

A ideia de um "muro fronteiriço", surgida pela primeira vez durante a Primeira Guerra Mundial, cresceu na imaginação fértil de Himmler até se converter em algo que tinha cada vez menos ligação com a realidade. A guerra mostrou que havia poucos limites à capacidade do Terceiro Reich de expulsar ou mesmo exterminar populações inteiras; mas nem mesmo os nazistas podiam fazer brotar alemães onde eles não existiam, pelo menos não enquanto priorizassem a raça e o sangue em detrimento da assimilação cultural. Os povos "germânicos" dos Países Baixos e da Escandinávia não mostraram nenhum desejo de se instalar na Ucrânia ou no Báltico — só algumas poucas centenas o fizeram — e odiavam cada vez mais seus senhores alemães. A solidariedade racial era um mito, arruinada pela brutalidade das mesmas pessoas que mais falavam dela. Encontrar voluntários dentro da Alemanha não era fácil: a leste, o mais distante a que a maioria estava disposta a ir era ao Warthegau ou aos Sudetos, preferindo se deslocar para oeste, na direção da Lorena. Como resultado, os métodos de nacionalização do Reich tornaram-se cada vez mais abertos a não alemães, e só no caso dos judeus continuaram a ser tão sanguinários como sempre.

Na prática, os planos de reassentamento de Himmler na Polônia Ocidental foram detidos no fim de 1942. Seus esforços para dar início às primeiras fases do Plano Geral do Leste durante a guerra foram um estrondoso fracasso. Seu projeto-piloto em Zamość provocou tumulto no Governo-Geral e fez Hans Frank parecer sagaz e moderado em comparação; o projeto de Hegewald na península da Ucrânia, de menor dimensão, teve destino semelhante, e os alemães étnicos que tinham sido assentados ali foram expulsos por milícias e partisans ucranianos. Cada vez mais *Volksdeutsche* buscavam maneiras de partir. Na Volínia soviética, no inverno de 1939-40, muitos ucranianos, bielorrussos, poloneses e até judeus tinham implorado que fossem contados como alemães e levados para o Reich; cinco anos depois, era possível ver alemães dos Sudetos falando ostensivamente o tcheco, e na Silésia e no Warthegau muitos DVL de categoria 3 estavam pedindo a revogação de suas designações. Quando guerrilheiros gregos capturavam desertores da Wehrmacht, muitos daqueles supostos alemães repentinamente declaravam ser poloneses ou russos.[70]

No verão de 1944, as colônias pioneiras do Báltico à Crimeia haviam sido abandonadas, e os campos de trânsito do Warthegau estavam se enchendo mais uma vez de colonos que fugiam dos bolcheviques — pela segunda vez em quatro anos. A frente se aproximava cada vez mais das fronteiras pré-1939 do próprio

Reich até atravessar seus limites, reduzindo gradualmente o que havia sido a Grande Alemanha até que ela desaparecesse completamente sob uma ocupação inimiga ao redor. Nos três anos seguintes, os países do Leste Europeu tiveram sua vingança ao expulsar os alemães étnicos que ainda viviam entre eles e deslocar a fronteira de assentamento entre os alemães e os eslavos para centenas de quilômetros na direção oeste. As minorias alemãs do Leste Europeu foram desterradas, e a maior parte de suas comunidades desapareceu. O feito de Himmler ao reorganizar 800 mil alemães étnicos entre 1939 e 1944 foi eclipsado por uma crise de refugiados que envolveu um número de pessoas dez vezes maior.

Nem mesmo na derrota, porém, a lembrança das políticas populacionais dos nazistas e as mentalidades que as produziram desapareceram. Em universidades da Alemanha Ocidental e em centros de pensamento estratégico, até os anos 1950 ouviam-se ecos da ideia de uma fronteira constituída de produtores agrícolas. Especialistas acadêmicos que haviam feito suavemente a transição de Hitler para Adenauer falavam agora em reorganizar os refugiados do Leste Europeu para formar um novo "muro de fronteira" constituído por pequenos proprietários de terras dentro do país: eles funcionariam como um baluarte contra o comunismo na linha de frente da Guerra Fria contra a Alemanha Oriental e os tchecos. O discurso da raça gradualmente perdeu força, mas o anticomunismo permaneceu — invocado a serviço da democracia e do mundo livre. Subsídios agrícolas, uma das políticas centrais do Mercado Comum, reconciliariam os camponeses alemães com o parlamentarismo e preservariam a saúde da nação.[71]

A durabilidade desse discurso indica que o que acreditamos ser políticas nazistas de nacionalidade são parte de uma tradição europeia mais ampla. Do outro lado do Reno, por exemplo, os temores quanto ao declínio da população seguiram atazanando os franceses durante boa parte dos anos 1950 (e o fariam por muito mais tempo, pois o receio dos alemães que se reproduziam rapidamente foi substituído pelo medo de norte-africanos que se reproduziam rapidamente). Seus demógrafos mais respeitados advertiram que os nazistas tinham tido demasiado êxito: dizimando os poloneses e outros tradicionais aliados da França no Leste, tinham preservado sua própria taxa de natalidade alta durante a guerra, preparando-se para lançar sua vingança. Também havia o temor generalizado de que a expulsão das minorias alemãs do Leste Europeu no pós-guerra e sua concentração não tivessem feito mais que aumentar o risco de instabilidade.

E não apenas os franceses temiam isso. "As bases demográficas da ameaça alemã estão sendo reconstruídas", declarou em 1948 Eugene Kulischer, autor da análise mais séria sobre a história da população europeia. "Exterminar o *Volksdeutsche* teria sido uma imitação da crueldade nazista. Mas foi desastroso juntá-los todos no que restou da Alemanha." Muitos observadores previram um renascimento do nazismo e tinham recordações vívidas do movimento revisionista surgido na Alemanha depois da derrota na Primeira Guerra Mundial. O próprio Kulischer defendia "uma política demográfica drástica" para reduzir a taxa de natalidade alemã e fomentar sua emigração da Europa em larga escala. O ex-ministro da Economia alemão Hjalmar Schacht escreveu um memorando útil depois da guerra no qual propunha assentar os alemães em colônias no oeste da África, como uma espécie de válvula de segurança populacional. Os planos de Himmler podem ter sido únicos em ambição e brutalidade, mas decerto não foram os primeiros nem os últimos a considerar a demografia e a colonização da terra como a chave da segurança nacional. Levaria várias décadas até que os europeus aprendessem a ver as coisas de outra maneira.[72]

8. A organização da desordem: 1941-2

No final de 1942, a Alemanha ocupava aproximadamente um terço da massa continental europeia e governava quase a metade de seus habitantes. A suástica tremulava nas ilhas do Canal no oeste, no monte Elbrus no Cáucaso, e do norte da Noruega até o Saara. Mas esse vasto domínio não era oficialmente administrado como uma unidade, e os alemães jamais elaboraram algo comparável ao Ministério da Grande Ásia Oriental, criado pelos japoneses para comandar seu império durante a guerra. Hitler nomeava pessoalmente os funcionários que governariam os territórios conquistados, os quais na maioria dos casos só deviam responder a ele. Desde Napoleão, nenhuma outra figura única exercera domínio tão absoluto.[1]

Para escolher seus colaboradores, Hitler recorria primeiro aos companheiros de partido que haviam participado da luta pelo poder. "Sei muito bem como é difícil encontrar o homem certo para os cargos mais importantes", disse ele a Martin Bormann, o chefe da Chancelaria do partido. "Sou obrigado de novo e de novo a recorrer às mesmas pessoas. Quando escolhia nossos comissários para os territórios ocupados do Leste, sempre voltava aos nomes dos meus velhos Gauleiters." Aos 38 chefes regionais do partido que tinham cargos no antigo Reich, depois de 1938 se somaram outros dez nos antigos territórios austríacos, tchecos e poloneses. Mas na verdade esses números podem nos levar a subestimar a extensão do envolvimento do partido durante a guerra, porque veteranos nazistas também foram nomeados para chefiar as administrações civis em Luxemburgo, Białystok e nas zonas de fronteira eslovenas, e outros se tornaram comissários do Reich para a Noruega, a Holanda, a Ucrânia, os Estados bálticos e a Bielorrússia, e até mesmo plenipotenciários do Reich para o Sudeste da Europa. A maioria, que já ocupava cargos provinciais de autoridade no Reich, ganhou no estrangeiro novos poderes com os quais anteriormente só havia sonhado.[2]

Outros foram derrotados ou ficaram para trás. O comandante em chefe da Força Aérea e chefe do Plano Quatrienal, Hermann Goering, era talvez o segundo homem mais poderoso do Reich quando a campanha polonesa começou. Mas, embora tenha permanecido no comando da exploração econômica dos territórios conquistados, sua nomeação para marechal de campo do Reich depois da queda da França marcou o apogeu de sua influência, e ele passava cada vez mais tempo caçando nas florestas de sua luxuosa propriedade. (Um bem informado biógrafo da época enumerou os quatro primeiros visitantes que recebia todos os dias: seu alfaiate, seu barbeiro, seu marchand e seu joalheiro). O Ministério das Relações Exteriores, acossado por rivalidades sob o insignificante e vaidoso Ribbentrop, foi marginalizado à medida que se reduzia o espaço da diplomacia tradicional: transferidos da Europa Ocidental e do Leste, seus emissários permaneceram influentes apenas na Dinamarca, na França e nos Bálcãs. Quanto aos generais do Exército, Hitler nunca chegou a confiar inteiramente na maioria deles. Tinha ainda menos interesse pelo Ministério do Interior, o qual teve a esperança de usar a guerra como uma oportunidade para empreender a centralização de governo que planejava para a Alemanha como um todo. Ironicamente, centralizar o poder estatal acabou sendo mais fácil para os funcionários públicos em países como a França e a Bélgica que para seus colegas na Alemanha, envolvidos numa batalha perdida contra a hidra cheia de cabeças do Partido Nazista.[3]

O partido estava em ascensão porque Hitler considerava que seus principais chefes eram essenciais para conduzir uma guerra racial eficiente e construir a nova Grande Alemanha. Para desempenhar essas tarefas, ele queria funcionários que estivessem "sempre alertas", "um novo tipo de homem, uma raça de governantes, uma casta de vice-reis": queria "liderança política", não "administração". O funcionalismo público lhe parecia tacanho e preso a ideias antiquadas sobre a legalidade. As consequências de manter esse tipo de Estado binário eram previsíveis. Até mesmo antes da guerra, ao estabelecer seus Gauleiters em inúmeros feudos que deviam prestar contas exclusivamente a ele, Hitler criara um caos burocrático. "Era fácil perceber", escreveu um observador privilegiado, "que nosso Estado, supostamente muito centralizado no Führer, já tinha começado a se dividir em dezenas de satrapias e múltiplos ducados minúsculos." À medida que o Reich se estendia e se convertia numa potência imperial, os funcionários públicos da Alemanha viam a confusão piorar.[4]

Só havia um refúgio possível para os que percebiam que o desastre se avizinhava e buscavam um meio menos personalizado e mais eficiente de dirigir as coisas, e só um homem tinha suficiente prestígio e dinamismo para desafiar o partido — Heinrich Himmler, o chefe da polícia alemã e da ss. Muito tempo antes, a ss surgira como um pequeno serviço de segurança para os líderes do partido. Contudo, ao misturar funções públicas e partidárias e ao inculcar em seus membros um profundo senso de disciplina interna e *esprit de corps*, a entidade emergiu em 1941 como talvez o mais poderoso organismo individual do Reich, um concorrente e uma alternativa ao próprio partido. Era insólito que uma figura como Himmler tivesse acumulado tamanho poder: insípido e desprovido de carisma, era um pedante obsessivo, sentindo-se muito mais à vontade ao falar de budismo tibetano, de criação de raças e das raízes indo-germânicas da civilização que sobre economia, guerra ou direito. Não obstante, durante muitos anos demonstrou sua capacidade de organização cercando-se de assistentes competentes, ainda que inescrupulosos, e sabia tirar proveito das oportunidades da guerra melhor que ninguém: quando ela terminou, o "fiel Heinrich" já tinha sido nomeado comissário do Reich para o Fortalecimento do Povo Alemão (RKFDV), ministro do Interior, chefe dos serviços secretos político e militar, comandante do Exército Nacional e supervisor da administração dos prisioneiros de guerra. Era o comandante até das aduanas e das fronteiras.

Se o partido era uma organização de massas, unido apenas pela lealdade a seu Führer e jamais capaz de impor disciplina aos seus poderosos Gauleiters, a ss de Himmler — um modelo de governo centralizado por uma elite cuidadosamente selecionada — sustentava uma visão muito diferente de nacional-socialismo. É fato que a ss terminou a guerra com mais que uma porção razoável de psicopatas sádicos, bêbados e guardas de campo rápidos no gatilho fácil, mas em seus altos escalões — em especial no braço da inteligência, o sD — havia analistas e formuladores de políticas com alto grau de formação que esperavam que seu profissionalismo implacável pudesse resgatar a missão europeia da Alemanha do deficiente amadorismo que caracterizava a administração do partido. (Depois da guerra, os menos conhecidos entre esses homens lavaram o sangue das mãos e se tornaram empresários, juristas, professores e consultores de gestão.)

Alguns eram intelectuais tão seguros de sua visão nacional-socialista a ponto de escrever críticas contundentes à forma como a guerra era conduzida. Eram profundamente comprometidos com o objetivo de criar uma nova ordem racial na Europa sob liderança alemã, mas se perguntavam se o *Führerstaat* do tempo de guerra era suficientemente bem administrado para consegui-lo. Infelizmente para eles, Himmler não era um homem que recebesse bem as críticas. Além disso, a elite do sp estava submersa na tumultuada expansão da própria ss. Entre 1939 e 1941, os reformistas — tanto na ss como no funcionalismo público — ainda esperavam se converter no motor de um Estado racial corretamente organizado, mas em 1942 já estavam perdendo a esperança. Para piorar as coisas, de seu ponto de vista, a expansão da ss produziu sua própria reação contrária, e muitos Gauleiters do partido não tardaram a perceber o perigo de conceder a Himmler demasiados poderes. O partido prometia um caos descentralizado, e a ss ameaçava com um excesso letal de ordem centralizada. Foi entre esses polos que se travou o debate nacional-socialista sobre como a Nova Ordem teria de ser conduzida.

O RESSURGIMENTO DO PARTIDO

A Alemanha e a Itália do século XIX eram Estados que haviam obtido a independência nacional por meio da integração. Mas a integração era um processo, não um evento, e estava longe de ser concluído quando o fascismo e o nazismo emergiram, meio século mais tarde. Os dois movimentos prometiam governos executivos fortes depois de períodos de desgoverno parlamentarista e recorriam a funcionários públicos em busca de eficiência e força nacional. Mas Hitler e Mussolini chegaram ao poder sustentados por partidos de massas. Eram movimentos que tinham suas bases nas províncias, cujos quadros desconfiavam do Estado e de seus funcionários e queriam manter o poder nos centros regionais distantes da influência corruptora das capitais nacionais. Por conseguinte, o partido constituía implicitamente um desafio não apenas ao monopólio estatal da violência, mas também à mera ideia de um Poder Executivo forte centralizado fora de suas fileiras. Partido ou Estado? Esse foi o dilema fundamental do fascismo.

Para lidarem com essa questão, os regimes da Itália fascista e da Alemanha nazista tomaram rumos distintos. Na Itália, onde Mussolini nunca teve controle rígido sobre seu indisciplinado partido, ser membro da entidade logo passou a ser pouco mais que uma forma de assegurar o acesso a cargos, pois Mussolini consolidava todo o aparato estatal. Na Alemanha, por outro lado, a direção política e ideológica que Hitler exercia no Partido Nazista era inquestionável, e o partido continuou a ser tão indispensável para ele quanto o serviço público era suspeito. Aos olhos de Hitler, a revolução nazista não estaria completa até o estabelecimento da Grande Alemanha, e, embora ele precisasse do Exército para derrotar os inimigos da Alemanha no campo de batalha, a germanização — sem mencionar a manutenção do moral alto na frente interna — exigia o partido. A guerra, nesse sentido, era "a segunda fase da revolução nacional-socialista".[5]

Depois que a Áustria e os Sudetos foram anexados, os funcionários públicos tentaram impor seu controle sobre as novas regiões (*Reichsgaue*). De fato, inicialmente pareceu que o Ministério do Interior utilizaria a Áustria para testar o novo sistema centralizado de domínio sobre as províncias que estivera tentando adotar havia anos no próprio Reich. Mas os Gauleiters recém-nomeados na Áustria apelaram diretamente a Hitler para que os protegesse dos "burocratas", e, depois da conquista da Polônia, essa inclinação na direção do partido se intensificou. Ordenando aos novos Gauleiters — Forster e Greiser — que germanizassem os territórios o mais rápido possível e com a brutalidade que fosse necessária, Hitler não queria que fossem desviados da tarefa pela burocracia ministerial. Para ajudá-los, os dois homens receberam poderes de que não haviam desfrutado nem mesmo seus pares no Reich antes da guerra: para ira dos funcionários, eles dirigiam todos os departamentos da administração pessoalmente, incluindo "gerências especiais" para Justiça, finanças, ferrovias e correios (que em todos os demais lugares continuavam sendo controlados por Berlim). Assim, eles puderam tratar as antigas províncias polonesas como zonas em que "a teoria nacional-socialista podia ser posta 100% em prática" (como disse um jornal alemão).[6]

Em 1940, Hitler deixou claras suas mais amplas intenções expansionistas ao confiar Luxemburgo ao Gauleiter de Koblenz e a Alsácia ao de Baden. A Lorena era governada pelo mais poderoso dos três, Josef Bürckel, o Gauleiter de Saarpfalz que acabava de supervisionar a anexação da Áustria.[7] A Noruega e os Países Baixos foram entregues também a homens do partido: como vimos, eles formavam parte da zona "germânica" que se estendia muito além dos confins do Reich "alemão". No ano seguinte, gente indicada pelo partido austríaco assumiu o controle das fronteiras eslovenas. A criação do Ministério para os Territórios Orientais Ocupados, sob a direção do teórico do partido Alfred Rosenberg, e especialmente a nomeação de Gauleiters como Koch, Lohse e Frauenfeld como comissários, não foram mais que o auge dessa tendência.

A ascensão do partido não pôde ser separada da concentração cada vez maior de poder nas mãos do próprio Führer durante a guerra. Entre as 650 ordens legislativas mais importantes ditadas durante a guerra, apenas 72 eram leis formais; o resto eram decretos ou ordens ditados em nome do Führer, a maioria deles em segredo. Em outras palavras, o Terceiro Reich não era governado como outros Estados, nem mesmo como outras ditaduras. O gabinete não se reuniu depois de fevereiro de 1938 e foi substituído em setembro do ano seguinte por um Conselho de Defesa ministerial do Reich. Mas também ele acabou enfraquecido pela preguiça de Goering e pela falta de apoio de Hitler: depois de dezembro de 1939, raramente se reuniu, e intentos posteriores de reativá-lo fracassaram. Cada vez mais, a guerra era dirigida do remoto quartel-general de Hitler na Prússia Oriental, e os nomeados para dirigir os novos territórios conquistados prestavam contas diretamente a ele. Muito raramente reunidos, eles não eram encorajados a comparar suas experiências e não enviavam relatórios sobre suas atividades regularmente a Berlim: de fato, não tinham a obrigação, e Hitler insistia nisso, de prestar contas ante absolutamente nenhum funcionário estatal. A pessoa do Führer se converteu na corte de apelação para todos os problemas deles.[8]

Os próprios Gauleiters eram, em sua maioria, veteranos da Primeira Guerra Mundial, homens radicais e impacientes com escassa afetação e formação bastante básica. Embora alguns fossem pessoas insignificantes e modestas, quase todos eram "tiranos", como Bürckel no Saar/Lorena, o "Rei Mu" Mutschmann na Saxônia ou Erich Koch na Prússia Oriental/Ucrânia — encolerizados por qualquer motivo, competitivos e zelosos de sua própria autoridade pessoal. Muitos tinham uma queda pela bebida e pelo dinheiro. Embora não por falta de energia e entusiasmo, não eram, definitivamente, especialistas em organização. Mais propriamente, confiavam em indivíduos — no Führer, acima de todos, mas secundariamente em suas próprias camarilhas de subordinados, que geralmente levavam consigo de um posto para outro. Hitler era sumamente fiel a eles e os manteve em seus cargos durante períodos de tempo muito prolongados (alguns governavam seus *Gau* desde o fim da década de 1920) — o que fortalecia, desse modo, seu senso de imunidade. Quando se viu forçado a se livrar do corrupto e incompetente Odilo Globocnik em Viena depois de apenas alguns meses, Hitler murmurou que preferia se "desfazer de um Gauleiter apenas nas circunstâncias mais extremas".[9]

O FRACASSO DA CENTRALIZAÇÃO

Os funcionários estatais assistiam àquilo com horror. Frick, o ministro do Interior, e seu dinâmico secretário de Estado, Wilhelm Stuckart (descrito por um colega como "o verdadeiro ministro do Interior"), haviam tentado tornar a administração alemã mais eficiente antes da guerra. A expansão do território controlado pelos alemães e a influência crescente do partido tornavam a tarefa muito mais urgente e difícil. Dando carta branca a seus Gauleiters, Hitler arruinou as esperanças de Stuckart de que o Ministério do Interior poderia atuar como um centro de intercâmbio de informações para todos os contatos ministeriais com os territórios recém-ocupados. Igualmente perturbadora, a nomeação de Himmler como encarregado global da germanização também passou por cima de departamentos ministeriais que já existiam e estabeleceu um novo departamento de assentamento racial dirigido inteiramente pela ss. No que dizia respeito aos burocratas, em outras palavras, eles teriam de lidar não com uma, mas com duas organizações não estatais — os chefes do partido e a ss. Hans Kehrl, um dos homens de Goering, disse a Stuckart que, na visão dele, o Reich, apesar de estar numa luta de vida e morte, carecia de um "governo que funcionasse"; Hitler nunca estava em Berlim; não havia nenhuma reunião de gabinete, e os diferentes ministros perdiam tempo tentando decidir quem era responsável por aquilo. Para sua consternação, Stuckart concordou.[10]

O Ministério do Interior tentou reagir. Em 1939, procurou deter o novo RKFDV de Himmler e esclarecer suas competências. Em 1940, ofereceu-se para ajudar a supervisionar os territórios recentemente tomados da França. Mas Hitler — como já vimos — preferiu que seus velhos companheiros de partido governassem a Alsácia, Lorena e Luxemburgo e os apoiou contra o Ministério do Interior quando surgiram os inevitáveis conflitos a respeito de quem estava no comando. Os governadores e Gauleiters jogaram seu peso contra os funcionários públicos de Berlim. Um deles se descreveu "o carteiro do governo"; outro se referiu furiosamente ao "centralismo e à burocratização exagerados da administração desde a tomada do poder". O próprio Martin Bormann criticou violentamente o "centralismo desolado" dos ministérios.[11] Hitler concordou: ele rejeitava a ideia de um escritório central dirigido por funcionários públicos para coordenar a política de ocupação ou supervisionar a introdução da lei do Reich. A última coisa que queria era uma padronização de regras e procedimentos que amarraria as mãos de seus homens.[12] Tudo dependia do indivíduo, não de alguma estrutura impessoal. Os governantes que tinha como modelo, os britânicos, eram sempre lembrados para apoiar essa conclusão: "Hoje há nações pequenas que têm mais pessoas que o Império Britânico!". Algumas noites depois, ele voltou ao assunto, amuado: "Entre nós, a concepção do Estado monolítico implica que tudo deve ser dirigido a partir de um centro [...] Os ingleses na Índia fizeram exatamente o oposto. Apenas 145 mil homens governam 350 milhões. Se estivéssemos no lugar deles, precisaríamos de milhões de funcionários!".[13]

Desse modo, chegando à conclusão oposta à dos reformistas do Ministério do Interior, ele argumentava que aquela conquista exigia "descentralização maciça":

A própria extensão dos territórios do Reich nos obriga a isso. Não se deve supor que um regulamento aplicável ao velho Reich, ou parte dele, seja automaticamente aplicável a Kirkenes [no norte da Noruega] ou, digamos, à Crimeia. Não é possível dirigir de Berlim esse império enorme, e com os métodos usados até agora.

Em outras palavras, não haveria em absoluto nenhuma burocracia imperial centralizada. Quando Goering finalmente se mobilizou em favor do Ministério do Interior, em janeiro de 1942, Hitler imediatamente o bloqueou.[14]

Os funcionários públicos se mostravam céticos. O estabelecimento de um ministério completamente novo e desnecessário para governar a antiga União Soviética — sob o incompetente falastrão Rosenberg, nada menos — era, aos olhos deles, um passo gigantesco que teria consequências catastróficas; teria sido melhor, argumentava Stuckart, governar cada região da União Soviética conquistada sob um comissariado do Reich que só responderia ao Führer, como nos Países Baixos e na Noruega. A extensão indefinida da guerra além do inverno de 1941 reforçava suas dúvidas. Olhando para os problemas criados pelos medíocres corruptos do partido de Rosenberg — os "Faisões Dourados" —, os funcionários públicos destacavam os custos de desperdiçar mão de obra em tarefas repetidas e a criação arbitrária de novos departamentos: "Todo mundo só faz esse trabalho para garantir que nenhum outro se aproprie dele".[15] O próprio Stuckart criticava severamente os efeitos que isso teria sobre a autoridade alemã na Europa caso nada fosse feito para acabar com o desperdício e deter o partido:

> Não é concebível que, se o pródigo uso atual da força de trabalho continuar, sejamos capazes de levar a cabo uma reconstrução efetiva da Europa ou assumir a liderança do continente. Como resultado da organização dupla e tripla dos negócios na Alemanha, as pessoas não apenas ficam detidas no *Altreich* quando são urgentemente necessárias para o desenvolvimento de territórios novos como nós enfrentamos o perigo de que o erro da superposição da organização seja exportado para os territórios novos e faça com que ali se reproduzam as mesmas falhas.[16]

A pressão sobre a mão de obra qualificada era certamente aguda. Já em novembro de 1939, entre 70 mil e 80 mil funcionários tinham sido designados apenas para a Polônia ocupada. Em 1943, havia mais de 263 mil funcionários públicos alemães nos territórios ocupados, a maioria no Leste. Mas a desconfiança de Hitler em relação ao funcionalismo público era tão profundamente arraigada que o impedia de tomar a sério suas advertências. "No caso de qualquer divergência de opinião", Stuckart recordou depois da guerra, "nós tínhamos de levar em conta de antemão o que Hitler decidiria contra a opinião do ministério." De tempos em tempos, o Führer obstinadamente se recusava a fazer qualquer coisa que automaticamente atasse as mãos de seus emissários pessoais. No Leste, acima de tudo, ele se recusava a cometer "o erro da regulamentação estrita" por Berlim.[17]

Não surpreende, portanto, que em 1942 uma equipe do Ministério do Interior tenha chegado a algumas conclusões sombrias sobre o impacto da forma personalista de Hitler de governar:

> É um dos princípios organizacionais mais característicos do Estado nacional-socialista que as tarefas de grande prioridade política, que só podem ser resolvidas em tempo hábil com o uso máximo dos recursos do poder, não sejam atribuídas a organismos com competências claramente definidas, mas a um *indivíduo de confiança dotado de amplos poderes*. Em termos organizacionais, isso não é censurável se as agências administrativas existentes são postas à disposição desse tipo de comissário

e — funcionando apenas como uma autoridade central — ele faça uso delas e não crie um aparato novo por conta própria. Mas isso conduz inelutavelmente às dificuldades mais graves quando os comissários desse tipo aparecem em nível de *Gau* ou *Kreis*, e se cedo ou tarde adquirem a forma de uma nova autoridade dotada de seus próprios poderes absolutos.[18]

Verborragia à parte, o problema básico emergia em alto e bom som: excesso de personalismo no governo, excesso de improvisação, excesso de novos organismos e siglas. O que os funcionários públicos chamavam de "administração especial" (*Sonderverwaltung*) estava se transformando numa enorme dor de cabeça graças a criações novíssimas como o ministério de Rosenberg, a agência econômica independente de Goering para o Leste (Haupttreuhandstelle Ost) e o RKFDV de Himmler. E isso tudo apenas no Leste.

A solução dos funcionários públicos era a de sempre: eficiência administrativa mediante a centralização. Todas as agências, exceto aquelas que o tempo demonstrara que exigiam administração especial — ferrovias, finanças, os correios e a justiça —, deveriam ser postas sob a administração central do Ministério do Interior. Se isso não acontecesse, eles concluíam — e não parecia provável que aconteceria rapidamente —, a única esperança do ministério era se vincular a algumas daquelas instituições que tinham demonstrado capacidade de prosperar em meio às lutas internas. Isso significava o partido ou a ss, e não havia muita dúvida sobre qual das duas parecia mais apropriada para eles.

OS CRÍTICOS: RUMO À SS?

É nesse contexto que devemos entender o significado de um livro que Heinrich Himmler recebeu ao completar 45 anos, em junho de 1941, exatamente cinco anos e um dia depois de assumir o comando da polícia alemã. Embora pouco lido hoje em dia, o *Festgabe zum 40. Geburtstag des Reichsführers--SS Heinrich Himmler* é uma bela coleção de ensaios, escritos em sua maioria por homens de um círculo íntimo do alto escalão da ss, que avaliam as realizações conseguidas até ali, saúdam Himmler como o arquiteto da Nova Ordem e recomendam — de forma elíptica, mas inequívoca — uma nova direção para o domínio alemão.

A primeira contribuição — sobre o espinhoso tema "Autoridade Central, Descentralização e Unidade de Administração" — fora escrita por ninguém menos que Wilhelm Stuckart, o ministro do Interior. Embora fosse um diligente funcionário público, Stuckart também era um dos principais teóricos do Terceiro Reich para administração nazista e leis e ocupava um cargo na ss. Na realidade, durante algum tempo, chegou a ser conhecido como o homem de Himmler no Ministério do Interior. Expert que desenhou as novas relações da Áustria e da Tchecoslováquia com o Reich, ele também era responsável pelos comentários às Leis de Nuremberg e teria depois um papel importante na Conferência de Wannsee.

Porém, a preocupação primordial de Stuckart não era política racial, mas coerência administrativa. Descrito por um colega como o "guardião do Santo Graal da Unidade da Administração", ele pretendeu em seu ensaio demonstrar a Himmler que o serviço público não era a corporação rígida e legalmente tolhida do passado. *Poderia* tomar a iniciativa e mostrar criatividade e dinamismo; os funcionários públicos poderiam ser "pioneiros de cultura, colonizadores e inovadores econômicos no melhor senso dessas palavras". "Já é mais que hora", ele escreveu em 1940, "de o funcionário público de alto escalão se livrar da aversão do jurista." Para Himmler, defendia a ideia de que um funcionalismo dinâmico, reformado à imagem do nacional-socialismo, proveria a direção única e forte de que a Alemanha tanto necessitava.[19]

À primeira vista, parecia estranho que Stuckart se dirigisse a Himmler. A necessidade de abolir todas as agências novas que tinham brotado como cogumelos durante a guerra era uma das recomendações primordiais de Stuckart, enquanto o próprio Himmler era um dos mais prósperos expoentes da magia negra da "administração especial". Não obstante, outras características da ss a tornavam atraente para os racionalizadores. Em primeiro lugar, estava estreitamente ligada ao Ministério do Interior por causa da nomeação de Himmler para chefiar a polícia alemã: no fim dos anos 1930, a ss tinha levado a fusão dos organismos do Estado e do partido muito mais longe que qualquer outra no Reich. Desde o início, a tomada do controle da polícia por Himmler implicara uma extrema centralização, tirando das províncias o tradicional controle sobre a vigilância para criar uma força genuinamente nacional: até esse ponto, Himmler também era um brilhante expoente da administração unitária defendida por Stuckart. De fato, muitas das queixas que os funcionários regionais do partido faziam contra os burocratas de Berlim miravam Himmler em particular. Típico era Martin

Mutschmann, durante tanto tempo o Gauleiter da Saxônia, que destacava a tirânica supervisão dos burocratas da polícia de Himmler em Berlim e se queixava das montanhas de papel que eram necessárias "para cada dente novo que um policial necessitava ou para a morte de cada cão policial".[20]

A fé de Himmler no valor de uma elite ideologicamente confiável, jovem e eficientemente organizada e sua desconfiança em relação ao partido (e aos lutadores de rua associados a ele) também fizeram da ss um ímã para muitos funcionários públicos profissionais politicamente engajados que não necessariamente gostavam do que o partido representava. Vale notar que duas figuras centrais da Gestapo — Heinrich Müller, o comandante, e Franz Joseph Huber, chefe da Gestapo em Viena a partir de 1939 — chegaram ao alto escalão da ss sem nunca ter pertencido ao partido. Na realidade, havia na ss um poderoso sentimento antipartido que vinha à tona em momentos de descuido. O segundo de Himmler, Heydrich, havia declarado sem rodeios em março de 1933: "Nós não precisamos mais do partido. Ele fez seu papel e abriu o caminho até o poder. Agora a ss deve se infiltrar na polícia e criar dentro dela uma nova organização". O sangrento ajuste de contas da Noite das Facas Longas, no ano seguinte, foi o primeiro e brilhantemente bem-sucedido teste dessa estratégia.[21]

A guerra reacendeu aquela velha animosidade, com os Gauleiters e Himmler lutando pelo controle da política racial, e a ss rapidamente passou a compartilhar a visão do funcionalismo de que o partido era uma força desordenada incapaz de administrar adequadamente os territórios que tinha conquistado. "Em minha larga experiência de partido", escreveu o alto comandante da ss e da polícia Richard Hildebrandt sobre suas impressões acerca do mandato de Forster em Danzig-Prússia Ocidental, "jamais encontrei um *Gau* em que as coisas sejam feitas tão arbitrariamente e com tão pouco juízo e sentido". É possível oferecer dezenas de veredictos semelhantes, e não só para aquela região em particular. Em janeiro de 1941, o bem relacionado Von Hassell anotou em seu diário: "O partido e a ss são profundamente antagônicos".[22]

O desprezo pelo partido era especialmente pronunciado no braço da inteligência da ss, o Sicherheitsdienst (sd), cujos quadros jovens e com formação de alto nível não só tinham se convertido em cães de guarda da ideologia nacional-socialista, mas também em grupo informal de pensamento estratégico. Seu monopólio da vigilância doméstica incomodava os Gauleiters, e não em pouca medida pelo fato de que às vezes estavam entre suas vítimas. Os homens que dirigiam o SD também eram muito diferentes — em idade, formação e mentalidade — dos Gauleiters e tinham pouco em comum com eles: eram mais jovens, em média uma década ou mais, na maioria não tiveram associação com o partido (embora fossem, sem exceção, nacionalistas de direita) e eram indiferentes a suas velhas fissuras sectárias. Enquanto os Gauleiters gostavam de holofotes, os homens do SD, na faixa dos trinta e poucos anos, viam-se como disciplinados membros de uma elite altamente centralizada e estavam convencidos de que sua expertise os qualificava a defender a instituição do nacional-socialismo melhor que os envelhecidos lutadores de rua. Heydrich — o fundador da organização — seguia o modelo do serviço secreto britânico (tal como ele o entendia) e recrutou muitos de seus integrantes nas universidades, assegurando uma provisão de jovens advogados, sociólogos e filólogos, muitos com doutorados novos em folha.[23]

O "pai espiritual" do chamado "SD intelectual" era um dos que contribuíram com ensaios para o volume preparado para o aniversário de Himmler. O professor Reinhard Höhn, às vezes chamado de "conselheiro científico" de Himmler, era um jovem e politicamente ambicioso sociólogo e professor de direito. Depois da guerra, ele fundou a Academia de Liderança Econômica de Harzburg, onde fez bom uso das ideias de gestão da SS instruindo empresários em suas teorias de "liderança não autoritária" (*Führung*) e tornando-se no processo *o* guru dos estudos de administração nos anos 1950 na Alemanha Ocidental. Nessa época não se mencionava sua ascensão rápida, graças a suas conexões com a SS, na hierarquia acadêmica apenas vinte anos antes — uma ascensão que o destacara como um sinuoso estrategista e um temível cão de guarda da pureza ideológica do nazismo. Höhn tinha montado o projeto das "esferas de vida" do SD, um programa de vigilância ambicioso, de inspiração sociológica, que analisava as flutuações da opinião pública "em prol da liderança". E, embora tenha sido forçado a abandonar o cargo quando vieram a público algumas de suas críticas juvenis a Hitler, ele permaneceu muito próximo de Himmler.[24]

Quando a guerra começou, o Standartenführer Höhn estava dirigindo um grupo de estudos estratégicos financiado pela SS que explorava problemas de expansão territorial e ocupação. No verão de 1940, seu projeto de pesquisa sobre a história da luta da Alemanha contra os poloneses antes de 1914 estava bem adiantado, e sua contribuição para o *Festgabe* de Himmler no ano seguinte se baseava nele. Em "A Luta pela Recuperação do Leste Alemão: Experiências de Assentamento na Prússia Oriental de 1886 a 1914", ele destacava os "numerosos equívocos

1. Entusiasmo em Salzburgo com a entrada dos alemães: uma família com uma foto de Hitler e uma bandeira com a suástica, em 13 de março de 1938.

2. Tchecos indignados acompanham a entrada das tropas alemãs em Praga, 15 de março de 1939.

3. O nascimento do Protetorado: Hitler com (*da esq. para a dir.*) Bormann, Frick, Lammers e Stuckart no castelo de Hradčany, em Praga, 16 de março de 1939.

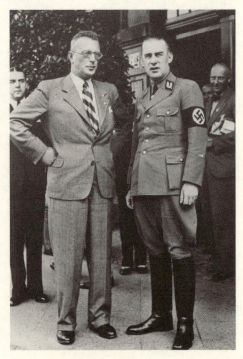

4. Arthur Seyss-Inquart (*à esq.*) com Odilo Globocnik, em 1938.

5. Homens da ss conduzem um grupo de prisioneiros poloneses vendados para um local de execução na floresta de Palmiry, perto de Varsóvia, no fim de 1939.

6. Anfitrião relutante: Hans Frank (*à dir.*) com Heinrich Himmler em Cracóvia, em 1940.

7. O lar ideal: Himmler e Rudolph Hess visitam a exposição "Planejamento e reconstrução do Leste" em Berlim, 20 de março de 1941.

8 e 9. Teóricos da ocupação: Werner Best (*à esq.*) e Reinhard Heydrich.

10. Conversa com os soviéticos, em 12 de novembro de 1940: (*da esq. para a dir.*) Molotov, Frick, intérprete, Ribbentrop, Himmler.

11. O Pacto Anticomintern, em Berlim, 26 de novembro de 1941: (*da esq. para a dir.*) Ribbentrop, Witting (Finlândia), Goebbels, Tuka (Eslováquia), Raeder, Lorkovic (Croácia), Frick, Scavenius (Dinamarca).

12. Jean Cocteau (*à esq.*) e Arno Breker no Orangerie, em Paris, maio de 1942.

14. Um retrato de Pétain compõe a decoração da sede da colaboracionista Ligue Française d'Épuration, d'Entraide Sociale et de Collaboration Européene, em março de 1941.

13. O mercado negro na Rue Lombard, em Bruxelas, 1942.

15. Acessórios da moda, em outubro de 1941.

16. Onda de calor: um refresco na piscina do Pré Catelan, em Paris, junho de 1941.

17. Exposição "O judeu e a França" no Palais Berlitz, em Paris, 1941.

18. "Pioneiros": um acampamento provisório abriga as carroças dos alemães da Bessarábia antes de sua jornada Danúbio acima em direção ao Reich, em outubro de 1940.

19. Uma multidão observa do cais a demolição do Vieux Port, em Marselha, 1º de fevereiro de 1943.

fatais" cometidos pelo Estado guilhermino. Seguindo Max Weber, Höhn argumentava que a Prússia tinha sido incapaz de proteger a terra alemã contra os poloneses porque fora impedida pela ausência de um governo unificado, pela hegemonia dos Junkers e por uma relutância liberal em intervir no mercado. O parlamentarismo era o principal responsável, bem como a multiplicidade de partidos políticos. Mas também a preponderância da classe fundiária, cuja necessidade de mão de obra polonesa barata constantemente arruinava as necessidades prioritárias da nação.

Himmler estava interessado nisso e comentou que ali era onde o Terceiro Reich podia se provar superior à Prússia de antes da guerra: Weber simplesmente não poderia ter imaginado até que ponto o Reich de Hitler seria capaz de usar o poder do Estado contra os poloneses. Não era preciso deixar tudo nas mãos do mercado, e, se necessário, a germanização seria obtida mediante a imposição de trabalho compulsório na agricultura no Leste para todos os homens jovens. Em outras palavras: desta vez, com a ajuda do RKFDV, os poloneses seriam expulsos de uma vez por todas das terras alemãs, e a ss, ponta de lança de um Estado central fortalecido, provaria sua importância vital para assegurar em definitivo o Lebensraum. Teriam fim, desse modo, as guerras germano-polonesas que datavam de meados do século XIX.[25]

Um terceiro colaborador ofereceu a Himmler a análise mais ampla de todas — nada menos que uma teoria nacional-socialista de ocupação continental. Como seus amigos Höhn e Stuckart, o ss-Brigadeführer Werner Best era dedicado à causa nacional-racial. Best, o arquetípico administrador do aparato de terror nazista, era um diligente filho e neto de funcionários públicos, um homem que se orgulhava de sua "objetividade impessoal". Mas havia se tornado um radical, quando jovem, pela ocupação francesa do Ruhr. Era advogado de formação, e Himmler e Heydrich contaram muito com ele nos anos 1930, utilizando sua concepção de lei nacional-socialista como justificativa para uma doutrina de poder policial virtualmente irrestrito. Em 1938, ele tinha interrogado o comandante em chefe, general Fritsch, acerca de acusações de homossexualidade, e em 1939 fora decisivo para a criação do Gabinete Central de Segurança do Reich (RSHA).[26]

Se ele tivesse ficado para dirigi-lo, o RSHA poderia ter chegado a ser mais que uma ideia ambiciosa; poderia ter se transformado no núcleo de uma ss altamente centralizada, algo que nunca realmente aconteceu. Mas a carreira de Best havia sido arruinada. Como era típico dele, a disputa começou com um artigo que ele escrevera para um periódico nazista sobre direito. A defesa que ele fazia ali do papel dos advogados numa sociedade nacional-socialista enfureceu seu chefe, Reinhard Heydrich, um homem que via a lei como pouco mais que uma amolação e que provavelmente também temia Best como um rival. Os dois homens tinham sido no passado colegas íntimos, mas as coisas entre eles ficaram tão ruins que Best partiu, e achou um posto de diretor administrativo para trabalhar conjuntamente com as autoridades militares de ocupação em Paris. Embora seus colegas de Wehrmacht inicialmente se inquietassem por ter uma figura tão notória da ss entre eles, rapidamente apreciaram suas virtudes. Best, adaptável e competente, se converteu num inspetor muito eficiente da burocracia de Vichy, e essa experiência, reforçada por uma viagem de estudo a outras capitais da Europa ocupada, serviu de inspiração para sua notável análise.[27]

Em sua contribuição para o volume (suas relações com Himmler aparentemente não foram afetadas pela disputa com Heydrich), Best analisou os desafios administrativos à frente do Reich no estrangeiro e propôs uma tipologia de regimes de ocupação. Quando os alemães entraram em Praga, em março de 1939, o famoso advogado Carl Schmitt falara sobre o direito do Reich a seu próprio "grande espaço" (*Grossraum*), mas nada dissera sobre o modo como deveria ser governado. Best propôs preencher essa lacuna. Argumentava que havia quatro maneiras de administrar um "grande espaço" em concordância com princípios nacional-socialistas: uma delas era o que chamou de "associativa" — sendo a Dinamarca em 1940 o melhor exemplo de um governo "informal" alemão dirigido com suavidade pelo Ministério das Relações Exteriores. Outra maneira era a "supervisora" — sendo exemplos aqui sua própria administração provincial da França e também dos Países Baixos e da Bélgica, onde os funcionários alemães trabalhavam por meio do funcionalismo nacional, conservando-o intacto em boa medida. O terceiro modo era uma ocupação "governante", como no Protetorado da Boêmia-Morávia, onde a reformulação da burocracia local pelos alemães foi muito maior e era necessário estar muito mais alerta para ameaças ao interesse alemão. A categoria final de Best era "colonial" — o Governo-Geral, por exemplo —, em que o nível civilizacional inferior dos habitantes exigia que os ocupantes ficassem com a carga de governar, reduzindo suas funções ao mínimo para o bem "da ordem e da saúde".

Fundamentalmente, Best estava fazendo um chamamento em defesa da adoção de um enfoque moderado e contido para ocupação. Best, que nunca se escusava de dizer o que pensava, criticava as ideias do partido em relação ao Leste Europeu e diferenciava a ideia de governo colonial da servidão. Ele advertiu contra a transformação de povos "inferiores" em escravos, prevendo que isso só levaria à destruição em massa deles ou à resistência em massa, e nenhuma das duas coisas serviria aos interesses da Alemanha. Ele também advertiu — dessa vez com a Europa Ocidental em mente — que não era possível acelerar a conversão das instituições políticas de um país estrangeiro. A nazificação teria de acontecer lentamente, e, em alguns casos, nem sequer deveria ser tentada. A esse respeito, sua análise se baseava no relativismo racial — a cada raça deve ser permitido que desenvolvam suas próprias instituições.[28]

Não devemos nos enganar com Best. Ele não era nenhum liberal, estava longe de se opor ao extermínio por si só e, de fato, abordava de frente uma questão espinhosa do "que fazer" com aquelas ("uma ou mais") raças que poderiam ser completamente indesejáveis no *Grossraum*. Embora falasse em termos abstratos e sem se referir especificamente aos judeus ou aos ciganos, Best não deixava dúvidas: podia ser perfeitamente necessário que a *Führungsvolk* (raça dos senhores) "destruísse totalmente (ou expulsasse completamente de sua esfera) tais grupos indesejáveis". Um ano depois, ele repetiu aquelas palavras numa prestigiosa publicação de ciência política. "A aniquilação e a expulsão", declarou ele, "segundo a experiência histórica", não "contradizem as leis da vida, se levadas a cabo de forma absoluta." Como observou o biógrafo de Best, não houve no Reich na época nenhum paralelo para essa defesa aberta do extermínio racial sistemático, um apelo ainda mais assustador por sua linguagem erudita e abstrata.[29]

Não surpreende que um dos melhores colegas de Best em Paris o tenha descrito como um "teórico da destruição". Mas a destruição não era sua resposta para todos os problemas raciais. Ao contrário, depois de resumir — como imaginava — todas as opções para o governo racional de outros povos em linhas raciais, Best defendia a extensão dos princípios da "administração supervisora" tão amplamente quanto possível. Na antiga Polônia, governada a ponta de pistola, o domínio alemão exigia dezenas de milhares de funcionários do Reich. Em comparação, só havia aproximadamente duzentos funcionários alemães em Paris, e menos de mil na zona ocupada como um todo. A proporção de administradores alemães para administradores locais variou de 1:43 mil na Dinamarca e 1:15 mil na França a 1:3700 na Noruega e 1:790 no Protetorado. A ocupação ao estilo francês parecia, assim, barata e eficiente.

O programa de Best para o domínio indireto sob direção alemã se encaixava perfeitamente na campanha de Stuckart pela eficiência administrativa. Em seu mundo ideal, só seriam necessárias pequenas equipes alemãs de formuladores de políticas para vigiar os funcionários públicos franceses, belgas e noruegueses; os agradecidos escoceses, bretões e galeses, assim como os eslovacos ou croatas, precisariam de até menos gente: a maioria dos Estados europeus se vigiaria a si mesma com suas próprias polícias — sob supervisão alemã. Na realidade, aquele ideal não estava, do ponto de vista alemão, longe de ser realidade em 1940-1. Havia disputas com aqueles que eram governados, é certo, mas não sobre questões fundamentais. Os dinamarqueses se mostravam fornecedores confiáveis de carne, manteiga e peixe; os produtores agrícolas eslovacos e os trabalhadores tchecos entregavam o que os alemães queriam. Os funcionários públicos franceses, belgas e holandeses identificavam os comunistas e os judeus e colaboravam com seus parceiros alemães, reduzindo ao mínimo a necessidade de mobilizar mão de obra alemã. Com Best no comando, o Reich conseguiu reduzir suas forças de ocupação na França em dois terços nos meses finais de 1941, o que lhe permitiu deslocar forças para a frente oriental e os Bálcãs. Na realidade, aquilo se parecia bastante com o que Hitler reclamava — um equivalente alemão do domínio britânico na Índia.

A OCUPAÇÃO SUPERVISIONADA SOB PRESSÃO

Do ponto de vista de Himmler, porém, a concepção de administração supervisionada de Best tinha uma grave desvantagem. Ao sustentar que não alemães deviam ter a permissão de policiar a si mesmos, deixava a ss — a agência fundamental relacionada a policiamento e segurança — sem ponto de entrada em grande parte da Europa ocupada. De fato, em 1940 e no início de 1941, seus homens normalmente tinham sido rechaçados sempre que tentaram dizer aos Gauleiters ou generais que dirigiam as novas conquistas do Reich qual deveria ser sua política de vigilância. Mas apenas alguns dias depois do aparecimento do presente de aniversário de Himmler veio a invasão da União Soviética, e com ela um problema cada vez maior de resistência e sabotagem pelo continente. Até que ponto a situação era grave na Europa no verão de 1941 era uma questão sobre a qual não havia acordo. Na França, por exemplo, os colegas de Best na

Wehrmacht acreditavam ter a situação sob controle. Mas Himmler e Heydrich viram uma abertura e insistiram que eles eram muito moderados. Eles queriam designar seus próprios chefes supremos da ss e da polícia (HSSPF) para assumir o policiamento e também queriam introduzir sua concepção geral de segurança como "administração política" por todo o continente. Até então Hitler tinha mostrado pouco interesse pelos planos obsessivos de Himmler para a unidade germânica e estava mais preocupado em manter a tranquilidade no Leste para poder se concentrar em ganhar a guerra. Mas, quando Himmler alegou que a Wehrmacht ou o Ministério das Relações Exteriores não estavam tomando medidas enérgicas contra os oponentes do Reich e subestimavam as conexões continentais da guerra contra o bolchevismo, conseguiu sua atenção. Best tivera esperança de convencer Himmler sobre a necessidade de atuar de forma relativamente branda, mas Himmler não estava disposto a escutar.[30]

Foram os acontecimentos na antiga Iugoslávia, onde a rebelião chamejou mais rápido que em qualquer outro lugar naquele verão, que deram a Himmler a primeira chance concreta de assumir o controle da Europa. Apanhados de surpresa, especialmente depois da facilidade com que tinham conquistado o país alguns meses antes, os sobrecarregados alemães tentaram reprimir a insurreição que começou na Sérvia, na Croácia e em Montenegro. Mas as necessidades da frente oriental dificultavam o deslocamento de tropas em número suficiente, e a certa altura o comandante militar em Belgrado duvidou seriamente de que pudessem conservar o país. O próprio Hitler estava convencido de que só um castigo rigoroso impediria que a oposição ao domínio alemão se estendesse por toda a Europa. No dia 16 de setembro, ele exigiu o emprego dos "meios mais drásticos" contra qualquer provocação e exigiu que entre cinquenta e cem reféns fossem fuzilados para cada soldado alemão morto. As "relações políticas" então existentes deviam ser ignoradas.

Na realidade, a última coisa de que se podia acusar o Exército alemão na Sérvia era de agir com moderação: ele ficou mais que satisfeito em cumprir as ordens de Hitler. No dia 4 de outubro, depois que partisans emboscaram e mataram um grupo de soldados alemães, Franz Böhme, o chefe da Wehrmacht na Sérvia, exigiu o fuzilamento de reféns na proporção de cem para um, e, com os comunistas e os judeus já internados, decidiu executar estes últimos como reféns. Alguns dias depois, o diretor administrativo que trabalhava com o comandante militar na Sérvia, Harald Turner, descreveu os resultados numa carta para um colega de ss em Danzig:

> Que o diabo está à solta por aqui você provavelmente já sabe [...] Cinco semanas atrás eu levei os primeiros seiscentos ao paredão; desde então, numa operação de limpeza nós fizemos mais 2 mil, em outra operação mais mil, e entre as duas mandei fuzilar 2 mil judeus e duzentos ciganos conforme a cota de cem para cada soldado alemão brutalmente assassinado, e mais uns 2200, igualmente quase todos judeus, serão fuzilados nos próximos oito dias. Esse não é um assunto agradável. De qualquer modo, tem de ser feito, mesmo que só para deixar claro o que significa sequer atacar um soldado alemão, e, de resto, a Questão Judaica assim se resolve mais depressa. De fato, é falso, se for para falar com propriedade, que para cada alemão assassinado — porque a proporção de cem por um deveria cair sobre os sérvios — cem judeus são fuzilados em seu lugar; mas nós afinal tínhamos os judeus nos campos, eles também são cidadãos sérvios, e além disso têm de desaparecer.[31]

No fim de 1941, graças a represálias mais brutais que as ocorridas em qualquer outro lugar na Europa ocupada, a rebelião na Sérvia fora praticamente esmagada.[32]

O caminho agora parecia livre para a montagem de uma "administração supervisora" de Belgrado, nos moldes que se haviam forjado na França. Diplomatas alemães e oficiais de inteligência já tinham escolhido o general Milan Nedić, antigo chefe do Estado-Maior iugoslavo, para encabeçar um novo governo sérvio. O próprio Harald Turner — que tinha sido enviado para Belgrado de Paris — esperava que o governo de Nedić dirigisse o país sob sua supervisão, de modo muito similar ao que Pétain estava fazendo para Best. Quando Stuckart lhe perguntou, em 1942, como seria possível governar territórios cada vez maiores com cada vez menos pessoal, Turner respondeu que: "A administração alemã [na Sérvia] está cumprindo suas tarefas na forma de uma administração denominada supervisionada [Aufsichtsverwaltung] [...] Esses métodos estão demonstrando sua eficácia a cada dia". A única dificuldade era a de sempre — embora os funcionários públicos sérvios demonstrassem ser tão confiáveis quanto os franceses, as agências alemãs estavam em guerra e atrapalhando umas às outras. A moral era música para os ouvidos de Stuckart: "Quanto mais simples e mais clara a cadeia de comando alemã, maior será a economia de pessoal".[33]

Como Best na França, Turner admitia a possibilidade — a necessidade, de fato — de o Reich conseguir o apoio dos nacionalistas sérvios para uma campanha comum. A consequência lógica de tentar introduzir um aspecto político na política de represálias era fazer dos judeus e dos comunistas suas vítimas. A Himmler, Turner jactou-se em abril de 1942 de que "há alguns meses, fuzilei todos os judeus que pude agarrar nessa área, concentrei todas as mulheres e crianças judias num campo e, com a ajuda do SD, coloquei as mãos numa 'perua de exterminar piolhos' que num período de catorze dias a quatro semanas terá conseguido a limpeza completa do campo". Graças a esses assassinatos com o uso de gás, no verão de 1942, Turner orgulhosamente afirmava que a Sérvia era "o único país no qual a Questão Judaica e a questão cigana" tinham sido "resolvidas". Para Turner, a fórmula de Best — o assassinato de judeus em massa combinado ao controle hegemônico de outras nacionalidades (em outras palavras, "administração supervisionada") — se ajustava perfeitamente ao caso sérvio.[34]

Para Himmler, porém, aquilo era esperteza demais. Como ele lembrou a Turner: não se deve esquecer que "um sérvio será sempre um sérvio", e que o *Volk* sérvio tinha "praticado e adquirido experiência em revoltas durante séculos". Inacreditavelmente, Himmler tentou argumentar que a Wehrmacht e Turner não estavam sendo duros o bastante e, em janeiro de 1942, designou um HSSPF para Belgrado — um austríaco virulentamente antieslavo chamado August Meyszner cujo lema era o seguinte: "Prefiro um sérvio morto a um sérvio vivo". Meyszner achava que Turner estava sendo ingênuo ao tentar recrutar sérvios pró-alemães para uma campanha comum. Mas o método de Turner tinha sua própria lógica política sombria e, embora Himmler tenha conseguido destituí-lo, foi uma vitória de Pirro, porque a política de Turner foi efetivamente continuada pelo homem que assumiu seu lugar, um nazista austríaco bem relacionado chamado Hermann Neubacher.

Neubacher desprezava o que chamava de "a tese totalmente primitiva de extermínio" de Meyszner e também buscava construir uma sólida frente sérvia anticomunista contra os partisans. Os alemães estavam sobrecarregados quando a guerra começou a ir de mal a pior na Rússia e na Ucrânia, e Neubacher — a exemplo de Turner e Best — entendia que o Reich simplesmente não podia se dar ao luxo de policiar países inteiros. Desse modo, a SS perdeu sua batalha na Sérvia, e os princípios da "administração supervisionada" e o governo de Nedić continuaram de pé até a partida dos alemães. A primeira tentativa de Himmler de assumir o controle de um país europeu fracassara.[35]

Muito mais importante era a situação na França. Seu comandante militar acompanhava de perto a situação na Sérvia, porque também na França — embora em escala muito menor — a invasão da União Soviética provocara um aumento no número de ataques armados contra o pessoal do Exército alemão. Antes do verão de 1941, as coisas haviam estado bastante quietas, e só 25 penas de morte tinham sido cumpridas pelos alemães desde sua chegada. Não obstante, à medida que eles foram reduzindo suas tropas e transferindo unidades para o Leste, ocorreram vários assassinatos e agressões de alto perfil que culminaram no assassinato a tiros, na rua, do comandante de campanha em Nancy, por um jovem membro da resistência comunista. A Wehrmacht achava que não havia motivo para preocupação, mas Hitler estava furioso com sua moderação e interveio diretamente para insistir na implementação de sua ordem de cotas de represália.

Ao contrário do que ocorrera na Sérvia, a Wehrmacht reagiu contra essas ordens. Os franceses não despertavam a mesma antipatia que os sérvios, e Pétain era uma força mais considerável que Nedić. Havia um governo funcionando, e parecia estúpido arruinar aquilo. Consequentemente, o comandante militar alemão em Paris, Otto von Stülpnagel, sustentara com firmeza que as represálias deveriam ser calibradas para não pôr em risco as boas relações com a massa da população que estava trabalhando pelo esforço de guerra alemão. As "relações políticas" existentes não deviam ser ignoradas, a despeito dos desejos do Führer. Por isso, Von Stülpnagel sugeriu algo semelhante ao que a Wehrmacht também proporia na Sérvia. Depois de fuzilar 95 reféns seguindo as instruções de Hitler e de prender muitas centenas mais, ele propôs multar os judeus de Paris em lugar daquilo e deportar mil deles, junto com quinhentos comunistas, para o "Leste". Mas aquilo não foi o bastante para amansar o Führer, que estava atento à situação ali e exigia mais castigos: a administração supervisionada de Best claramente estava sendo atacada por sua moderação. O próprio Von Stülpnagel foi forçado a se demitir em fevereiro, assim como Best, algum tempo depois.

Para Himmler, *pareceu* um resultado mais satisfatório que na Sérvia. Best e a Wehrmacht perderam o direito crucial de supervisionar a polícia francesa, que passou às mãos da ss. Na primavera de 1942, um HSSPF foi nomeado para a França: Carl-Albrecht Oberg, que governava o distrito de Radom na Polônia ocupada. A ss parecia estar pronta para assumir a Europa Ocidental e também o Leste e introduzir sua própria concepção de manutenção da ordem sob ocupação. O próprio Best deixara a França e passara a governar a Dinamarca, um país muito menor e menos importante cuja relação flexível com o Reich se ajustava perfeitamente a suas próprias ideias de ocupação. O resultado foi um triunfo para Himmler, ou, mais precisamente, para seu representante — e *bête noire* de Best — Reinhard Heydrich.

BEST OU HEYDRICH?

O antigo chefe e arqui-inimigo de Best, Reinhard Heydrich, era o segundo no comando da ss e um lutador enérgico, cruel e ambicioso. No que dizia respeito à política de ocupação na Europa, era a estrela em ascensão. Em maio de 1942, quando viajou para Paris em triunfo para pessoalmente instalar ali o novo HSSPF, ele e Best já se detestavam. "Uma vez prometi à sua mulher", Best escreveu a Heydrich em abril de 1942, pouco antes da visita deste a Paris, "que eu seria um amigo de verdade para você. Mas você não quer um amigo. Você quer um subordinado." Segundo Heydrich, o problema era outro. A questão era definir se "os advogados" — homens como Best — deveriam ter poder de decisão em todos os assuntos ou seriam apenas conselheiros. Não era nada pessoal; afinal de contas, Best também era um "velho nazi". Ele tinha rompido com Best, contou a Kurt Daluege, o comandante da polícia alemã regular, porque estava determinado a separar sua concepção da "administração policial" da de Best e seu "regimento de juristas". Heydrich era um estrategista do governo de ocupação por seus próprios méritos, e um estrategista politicamente muito mais efetivo e mais poderoso que Best.[36]

Depois de organizar os esquadrões da morte para a invasão da União Soviética, esse violinista que tinha sido o arquiteto da expansão da ss no Leste tinha ficado sem nada para fazer. Himmler ficou alarmado ao saber que, nas primeiras semanas depois do ataque, seu inquieto braço direito estava sobrevoando as frentes de batalha; em certa ocasião, ele chegou a ser derrubado, mas conseguiu regressar são e salvo. Porém, em setembro de 1941, com apenas 37 anos de idade, Heydrich repentinamente ganhou um novo e prestigioso cargo, o de protetor em exercício da Boêmia-Morávia. Aquela era sua chance de sair das sombras e demonstrar suas habilidades para governar.

Ele tinha planejado isso tirando proveito dos sinais espalhados de resistência, sabotagem e agitação que haviam se multiplicado entre os tchecos desde a invasão da União Soviética. O protetor em Praga, Von Neurath, achava que tinha o país nas mãos. Mas Heydrich encorajou o segundo em comando de Neurath, Karl Hermann Frank, a transmitir ao Führer um quadro muito diferente. Alarmado com o que estava acontecendo na antiga Iugoslávia, Hitler era receptivo a chamadas para liderança mais dura e Frank acreditou que poderia passar a perna em Von Neurath. Frank estava certo em parte: poucos dias depois de lançar seus rigorosos decretos sobre a tomada de reféns, Von Neurath foi afastado, alegadamente por motivos de saúde. Mas foi Heydrich, e não Frank, quem o substituiu.

Depois de instalar sua jovem família numa propriedade luxuosa nos arredores de Praga (sua mulher imediatamente consignou trabalhadores dos campos para cavar uma piscina nos fundos), Heydrich mergulhou na nova tarefa. O objetivo fundamental era esmagar toda oposição ao domínio alemão e ao mesmo tempo manter a mão de obra tcheca obediente e produtiva. Como Best, Heydrich queria "uma máquina administrativa com o menor número possível de trabalhadores capazes (alemães) e a devolução dos assuntos administrativos, o foco dos trabalhos administrativos práticos, cada vez mais aos ministérios tchecos". Mas seu método era mais draconiano. Dando rédeas soltas à Gestapo num reinado breve, mas inaudito, de terror logo ao chegar, Heydrich horrorizou os tchecos e conseguiu paralisá-los. Alois Eliáš, o premiê tcheco, foi preso e condenado à morte por espionagem (como a maioria dos políticos tchecos, ele realmente tinha permanecido em contato com Londres); quatrocentas pessoas foram executadas em dois meses. Era repressão numa escala que excedia de longe o que a Wehrmacht estava fazendo na França. Hitler, porém, a aprovava integralmente, comentando que o destino de Eliáš enviaria a políticos em outros países o recado de que deviam olhar onde pisavam. Ao mesmo tempo, Heydrich tentou ganhar a simpatia dos trabalhadores tchecos, permitindo a entrada gratuita nos jogos de futebol no Dia do Trabalho e aumentando as rações de comida. A lei marcial foi suspensa em janeiro, e alguns estudantes foram libertados dos campos. Parecia estar funcionando. "O Protetorado agora está com o moral mais alto que nunca", observou Goebbels com aprovação em fevereiro de 1942. Havia problemas em outras partes — o embaixador alemão em Ancara fora atacado, partisans soviéticos mataram o comandante do Einsatzgruppe A, e a Gestapo temia uma campanha de terrorismo por todo o continente — mas o Protetorado parecia um modelo de tranquilidade.[37]

Himmler admirava como aquela combinação hábil de terror policial, preservação dos padrões de vida e controle administrativo discreto, mas firme, tinha conseguido fazer com que os tchecos voltassem a ser obedientes. Hitler também estava muito satisfeito. Heydrich esperava agora que os serviços prestados em Praga seriam um trampolim para continuar em ascensão. Em maio de 1942, ele disse a seu segundo que Hitler poderia confiar a ele o governo da França — o que significaria que a ss tomaria definitivamente o poder na Europa Ocidental. Sua viagem a Paris naquele mês, portanto, sinalizava o desejo de estender o modelo de ocupação adotado em Praga ao mais importante dos países sob controle alemão. Na realidade, as ambições de Heydrich iam mais além. Algumas semanas antes de morrer, ele estivera trabalhando num plano para reformar a administração alemã do continente como um todo, e se dirigia a um encontro com Hitler quando foi morto por um comando tcheco que tinha descido de paraquedas vindo de Londres.[38]

NACIONAL-SOCIALISMO E NACIONALISMO EUROPEU

Entre o fim de 1941 e o início de 1942, portanto, Himmler e Heydrich — com o apoio de Hitler — defendiam a necessidade de vigilância e castigos coletivos mais duros ao mesmo tempo em que Best, outrora um teórico do poder de polícia ilimitado dentro do Reich, estava pregando o contrário. Em jogo estava toda a base para a ocupação alemã continente. É fácil perceber a falta de realismo do método do punho forte de Himmler e Heydrich. Por outro lado, Best também estava longe de ser o realista que pensava ser. Pois havia uma questão básica a que ele nunca respondeu: por que os europeus deveriam aceitar a liderança da Alemanha nacional-socialista senão sob coação?

Dos 244 milhões de pessoas que se encontravam sob o Terceiro Reich em 1942, não mais de 90 milhões eram de fato alemães. E os demais? Não deveria haver nenhum reconhecimento de suas próprias aspirações nacionais? O nacional-socialismo seria de fato essa exploração de um continente inteiro para o benefício de um *Herrenvolk* imperial? Hitler, Heydrich e Himmler não tinham nenhuma objeção a essa ideia; eram essencialmente nacionalistas alemães que consideraram todos os outros movimentos nacionais como ameaças potenciais. Não era esse o caso do grupo Stuckart-Höhn-Best. Adversários do que chamavam de "imperialismo", eles temiam que em algum ponto do caminho o nacional-socialismo tivesse perdido de vista seu propósito original, que era a criação de uma Alemanha nacionalmente homogênea. O que os diferenciava de seus adversários — fossem os Gauleiters no interior do Partido Nazista, os conservadores como Schmitt ou membros da oposição como Von Hassell — era sua convicção de que a conquista alemã de territórios que não eram e nunca haviam sido considerados parte do Lebensraum do Reich era um grande desafio ideológico e administrativo para o nacional-socialismo.[39]

Como de hábito, eles tentaram analisar esse problema por escrito. Em 1941, criaram um jornal (chamado *Reich, Volksordnung, Lebensraum*) para defender "uma união mais sólida entre a teoria e a prática" na forma como a Alemanha governava seu Lebensraum e o *Grossraumordnung* ao seu redor. Seus artigos tentavam mostrar como uma Nova Ordem baseada em critérios nacionais e raciais poderia ser administrada com eficiência e de acordo com os princípios da ciência administrativa moderna. O próprio Stuckart, inclusive, ajudou a montar uma academia internacional de administração para fixar os princípios comuns do que uma geração posterior viria a chamar de "boa governança" por toda a Europa. À medida que a guerra avançava, eles passaram a criticar o uso excessivo e indiscriminado de força por parte do regime.

Em particular, eles faziam distinção entre uma política crua de "domínio" (*Herrschaft*) e o objetivo desejado de liderança (*Führung*) que, nas palavras do estudioso do direito Carl Bilfinger, "não ordena nem obriga".[40] A diferença entre as duas coisas fora muito debatida pelos teóricos políticos do nazismo desde 1933. Para eles, Hitler não era um "ditador", como foi rotulado falsamente no estrangeiro por liberais, mas uma figura em comunhão íntima com as necessidades e aspirações de seu *Volk*. Porém, aplicar essa teoria duvidosa à política externa implicava um considerável esforço de imaginação, porque a base da pretensão do *Führerstaat* à lealdade de seus súditos — a de que o Führer expressava a vontade de seu povo — obviamente terminava nas fronteiras do Reich, ou, no máximo, nas fronteiras do "Povo Alemão". Os possíveis benefícios da liderança continental alemã para não alemães tinham de ser especificados separadamente. Essa era a tarefa que o grupo *RVL* via à frente, embora seu impreciso jargão pseudobiológico — a devastação intelectual infligida pelo nazismo ao pensamento alemão tivera seu preço — não os ajudasse exatamente a oferecer respostas convincentes.

Na visão deles, a contribuição potencial do nacional-socialismo para a paz regional e continental dependia, em primeiro lugar, de sua capacidade de impor a separação étnica. Povos diferentes simplesmente não podiam viver juntos em harmonia: essa era a premissa básica deles. A política da Liga das Nações — com sua dependência de proteção legal internacional para minorias e sua aposta máxima na assimilação — tinha desestabilizado a Europa. Segundo as "leis da vida" — seus escritos eram encharcados desses conceitos e metáforas naturais —, esses nacional-socialistas descartavam a assimilação porque ela levava à "mistura de sangue", fatal para uma "raça dominante". Manter separados os grupos de população era portanto essencial (e um argumento frequentemente utilizado contra a crescente dependência da Alemanha de mão de obra escrava importada, ou em favor de novas leis raciais rigorosas para manter os estrangeiros em seu lugar). O próprio Hitler, em seu discurso de 6 de outubro de 1939 ao Reichstag, mencionara "uma nova ordem de constelações etnográficas, o que supõe um reassentamento das nacionalidades de forma que [...] surjam linhas de divisão melhores que as existentes hoje". Quase três anos depois, embora as políticas tivessem se tornado até mais violentas, a lógica subjacente seguia sendo a mesma: o assassinato em massa sistemático da população judaica do Governo-Geral foi descrito por Himmler como parte da "necessária separação étnica de raças e povos na Nova Ordem europeia e também no interesse da segurança e da pureza do Reich alemão".[41]

Todos eles concordavam que seria necessário tratar duramente os povos mais primitivos, inferiores ou racialmente tóxicos; até mesmo o extermínio poderia ser necessário, como vimos. Mas eles insistiam que, de modo geral, a hegemonia alemã não devia significar desnacionalização ou repressão: nesse sentido, o apoio de Turner ao governo Nedić na Sérvia estava completamente de acordo com os princípios deles. Stuckart afirmava que o nacional-socialismo, em virtude de seu próprio nacionalismo explícito, respeitava as diferenças nacionais e ofereceria a liberdade da dominação. A ss, encarregada de supervisionar a manutenção da ordem no continente, deveria, no final das contas, manter os diferentes povos separados e, ao mesmo tempo, conservar o conjunto unido. Mas a força não deveria ser automaticamente o primeiro recurso mesmo contra "povos de raças hostis" (*rassefremde Völker*) e não havia nenhuma regra geral para sua aplicação. A organização alemã da Europa seria diferente daquela da França porque não haveria imposição de um conjunto único de normas; a cada grupo racial "digno" seria permitido se desenvolver independentemente e desfrutar seu próprio Lebensraum. A solução para o problema de nacionalismo europeu era, portanto, um continente de nações, cada uma em seu próprio espaço, trabalhando juntas sob o comando do líder "natural" da região, a Alemanha. Tais sentimentos serviam de base para proclamações emitidas pela administração alemã nos Países Baixos em novembro de 1941 e na Noruega (na formação de um governo de Quisling) três meses depois. Ambos falavam sobre cooperação, construção e ajuda mútua, contrastando isso com o "egoísmo" e a "especulação ilimitada" das relações internacionais sob a liderança capitalista anglo-americana.

Mas Hitler não tinha o menor interesse em liderar nenhuma tentativa de fomentar a cooperação entre nações. Nada podia estar mais distante de sua mente. Descartava o fato de que outros europeus fossem nacionalistas como sem importância, se não problemático. Homens como Erich Koch na Ucrânia claramente estavam seguindo uma política de desnacionalização a mando de Hitler, ignorando outras possíveis políticas mais acomodatícias. Quando Hans Frank, no Governo-Geral, ou Kube, na Bielorrússia, se inclinaram por um reconhecimento dos grupos nacionalistas locais, ficaram expostos, como Turner na Sérvia, à acusação de "moleza" ou, ainda pior, de "humanitarismo indevido". Discutindo os planos alemães para a Polônia, Best advertira Heydrich contra transformar povos parceiros em escravos; mas, dois anos depois, era exatamente isso o que alguns teóricos do reassentamento da ss estavam recomendando em escala ainda maior. No futuro, os alemães fariam o papel de espartanos, disse um deles durante as discussões sobre a região do Báltico; os russos seriam os hilotas.[42]

Em 1942, o grupo *RVL* via-se às voltas com as dúvidas típicas de intelectuais que veem, contrariados, como o mundo real desmente suas teorias. A hegemonia da Alemanha (*Führung*) tinha sido arruinada, eles temiam, por uma postura de *Herrenvolk* que punha em dúvida a durabilidade do domínio alemão. Um artigo sem assinatura intitulado "Classe Dominante ou Povo Líder" (*Herrenschicht oder Führungsvolk*) expressava sua desilusão. Escrita por Best, essa crítica aguda explorava os motivos da queda da Roma antiga. Mas, nas entrelinhas, previa o fracasso da missão continental do nacional-socialismo devido a seu abandono das "leis" raciais "da vida". Os alemães haviam tratado outros povos com prepotência, dependendo excessivamente da mão de obra escrava e aumentando o risco da "mistura de raças". No fim, não haviam aprendido nada com a luta bismarckiana contra os poloneses; estes é que tinham vencido, porque permaneceram mais próximos da terra. Além disso, os alemães haviam se tornado indiscriminada e excessivamente violentos: não se podia esperar "expulsar ou aniquilar" *todos* os outros povos no *Grossraum*, pois isso destruiria, para começar, o propósito de estabelecer hegemonia. Um verdadeiro "povo dirigente" não perderia de vista a importância de estabelecer "uma estreita cooperação com seu *Bundesgenossen*". Em resumo, os alemães tinham perdido de vista a diferença crucial entre "liderança" e "dominação". Best concluiu com um ataque inequívoco ao próprio Hitler. Num pronunciamento de rádio em outubro de 1941, um Führer triunfante havia comparado os bolcheviques derrotados às hordas de Genghis Khan. Agora Best dava à mesma referência um sentido muito diferente: Genghis Khan era o comandante cujos poderes destrutivos tinham superado os construtivos e cujas vastas conquistas não conseguiram formar uma unidade e desmoronaram depois de sua morte.[43]

HANS FRANK E O IMPÉRIO DA LEI

O assassinato de Heydrich na primavera de 1942 foi um decisivo ponto de inflexão para o intento da ss de assumir o controle do continente. Na Bélgica, a Wehrmacht impedira a nomeação de um HSSPF. E, como na Sérvia, também na França a aparente tomada do poder pela ss teve de fato um impacto apenas limitado na política de represálias: 471 reféns foram fuzilados entre setembro de 1941 e maio de 1942, um aumento enorme comparado ao período anterior; mas, um ano e meio depois, o número caiu a 254, e a Wehrmacht voltara a ser otimista sobre o estado da ordem pública. O próprio HSSPF Oberg trabalhou de perto com o novo comandante militar — eles haviam sido companheiros de armas desde os tempos da Primeira Guerra Mundial. A deportação dos judeus, que Heydrich tinha esperado usar como uma alavanca para ampliar o controle da ss sobre a ocupação na Europa Ocidental, continuava sendo um caso especial, pois todos os demais estavam felizes por lavar as mãos dessa tarefa desagradável. No fim de 1942, o próprio Himmler ficou alarmado com o fracasso de Oberg de se impor no país.[44]

No Leste, porém, a ss sempre esteve em posição muito mais forte. Como vimos, Himmler neutralizou o infeliz Rosenberg e ganhou enorme poder na antiga União Soviética. Na Polônia Ocidental, contava com a plena colaboração de Greiser no Warthegau; seu conflito com Forster em Danzig-Prússia Ocidental continuava fervendo em silêncio, mas relativamente pouco estava em jogo, em particular porque ali quase não viviam judeus. Havia só um lugar onde ele enfrentou uma disputa verdadeiramente séria pelo poder, e esse lugar era o Governo-Geral.

Tendo para guiá-lo apenas a orientação extremamente vaga de Hitler, o governador Hans Frank queria transformar o que restara da Polônia — depois de exterminar suas antigas elites — num modelo de governo colonial na acepção de Best. Em 1940, ele observou que uma "consciência imperial" crescia no Reich, e que o Governo-Geral era o lugar onde ela deveria provar seu valor. Apesar de sua retórica beligerante e teatral, e de várias campanhas sanguinárias contra instituições nacionais polonesas, o governador-geral estava começando a perceber que ainda precisava de trabalhadores, camponeses e administradores locais poloneses para cumprir as cotas de trabalho, grãos e outras matérias-primas. Embora milhares de alemães tenham sido alocados ali, Frank constantemente reclamava de falta de pessoal e dependia de funcionários públicos poloneses para tocar a administração local. Como defensor da missão civilizadora alemã em seu novo *Grossraum*, Frank chegou a dizer a seus subordinados que eles tinham a responsabilidade de mostrar aos povos não alemães que o modo deles poderia ser preservado sob o nacional-socialismo, encorajando, assim, outros povos a passar à "proteção" do Reich.[45]

Mas as pretensões coloniais de Frank — tanto quanto é possível tomá-las como algo mais que expressões teatrais de sua célebre vaidade — se complicaram pelo fato de que a Polônia também era vital para a ss e para Himmler, pessoalmente, em sua nova função de tsar do reassentamento. Em 1940, os dois homens haviam se enfrentado na questão de saber se o Governo-Geral poderia absorver todos os poloneses e judeus que os homens de Himmler queriam expulsar dos territórios ocidentais anexados. Em 1941, eles se enfrentaram por causa dos planos para estabelecer assentamentos alemães na porção leste do próprio Governo-Geral. Em cada caso, os objetivos de Himmler contrariavam os de Frank, porque desestabilizavam a região, faziam estragos econômicos e atingiam os poloneses em massa, arruinando assim o objetivo de Frank de governar com algum grau de apoio polonês. Um choque entre os dois era inevitável. O que não era inevitável é que isso poderia levantar a questão do que a conquista estrangeira estava fazendo ao império da lei no próprio Terceiro Reich.

Orgulhoso de seu status ministerial, Frank, como os outros sátrapas do partido, interpretava o slogan "unidade de administração" como manter todos os poderes em suas mãos. *Nenhuma* autoridade era maior que a sua no Governo-Geral, ele gostava de lembrar a seus homens, e frequentemente dizia à polícia e à ss que esperava que obedecessem a ele, não a Himmler.[46] Se, nesse aspecto, Frank estivesse se comportando como qualquer outro Gauleiter, em outro aspecto-chave ele era único. Antigo advogado de Hitler, era uma figura de nível relativamente alto no Reich e fortemente identificada com a nazificação da lei alemã. Era presidente da Academia Alemã de Direito, que havia fundado (e para a qual levara Best, Höhn e Stuckart), encabeçava a seção de direito constitucional do Partido Nazista e em certa ocasião se descreveu, com a pompa característica, como um "timoneiro no mar do sentimento legal". Vendo o Governo-Geral como uma "província-modelo" para suas teorias de racionalidade administrativa, ele criara um escritório legislativo para supervisionar o "desenvolvimento unificado da lei" e empregara em seu governo cabos eleitorais da Academia. Criando tribunais e jurisdições alemães, ele aboliu a Suprema Corte polonesa e determinou que os veredictos dos tribunais poloneses de instâncias inferiores ficassem sujeitos a reexame por juízes alemães. Em resumo, esperou desenvolver a "missão imperial" da Alemanha elaborando um sistema de justiça colonial. O Governo-Geral seria colonizado por juízes nazistas.[47]

Mas foi precisamente aqui que o "rei da Polônia", como Frank ironicamente passara a ser conhecido, perdeu as boas graças de Hitler. Para o Führer, a razão principal para não anexar o Governo-Geral ao Reich era precisamente que as autoridades ali *não* se sentiam limitadas pela lei. Como Himmler e Heydrich, ele detestava advogados, e, quanto mais a guerra se prolongava, mais amargo esse ódio se tornava. "Não a menos importante das razões pelas quais eu consegui preencher os postos fundamentais com homens capazes de cumprir seus deveres", ele declarou, "é o fato de que eles foram recrutados não por possuir formação jurídica, mas porque tinham passado com êxito pela escola da vida." "Eu nunca perco uma oportunidade de ser rude com juristas", ele disse a Himmler em novembro de 1941. Eles não sabiam nada além de "parágrafos" e certamente não sabiam nada sobre a questão racial: "O *Volk* vive apesar dos juristas, não por causa deles".[48]

No outono de 1941, o conflito entre Frank e a ss se agravou rapidamente depois que Himmler começou a construir sua pioneira colônia de assentamento alemão ao redor de Zamość sem informar Frank. Este acusou o representante de Himmler, Wilhelm Krüger, chefe supremo da polícia e da ss, com quem mantinha uma relação turbulenta havia muito tempo, de agir por suas costas e de construir "um Estado dentro de um Estado". Algumas semanas depois, dissertando sobre "A Técnica do Estado", Frank tornou pública a acusação. Numa exposição própria da crítica do partido à centralização excessiva da ss, ele comparou as antiquadas tradições francesas de centralização estatal com o modelo alemão, superior, de unidade sob o princípio do líder. "Aqui temos agora uma grande escola no Leste, o grande, gigantesco Leste de nosso Grande Reich alemão", jactou-se. "Posso dizer tranquilamente que a construção puramente técnico-lógica de um tipo novo de administração que estamos erigindo no *Gau* do Leste, no Governo-Geral e nos novos comissariados militares do Reich pode vir a ser, em grande medida, o modelo para uma futura estrutura administrativa do Reich." E, numa provocação aberta à ss, ele reiterou a acusação: "Nenhuma área oficial pode ter normas próprias de conduta que a isentem de controles e [a transformem] em algo semelhante a um Estado dentro de um Estado [...] O particularismo das agências deve ser eliminado!".[49]

Himmler, porém, tinha suas próprias armas e também estava preparado para bater abaixo da linha da cintura. A corrupção do partido era um dos temas favoritos da ss, e em nenhuma parte ela abundava mais que no "Frankreich" (como os piadistas chamavam o Governo-Geral). Naquele inverno, a ss compilou um dossiê incriminador sobre o próprio governador-geral. Frank tinha armazéns cheios de chocolate, café e outros luxos. A mulher dele encomendara grande número de peles — jaquetas de toupeira e de arminho, casacos de castor, arganaz, arminho e ovelha asiática e estolas de raposa azul e prateada — a preços muito inferiores aos reais, de uma empresa evidentemente não ariana de Apfelbaum, em Varsóvia. Seus próprios agentes faziam negócios no gueto em busca de joias, máquinas de café, anéis, pulseiras de ouro, comida enlatada e muitos outros artigos. "Em círculos governamentais alemães", dizia o relatório da Gestapo, "era tema diário de conversas que a família do governador-geral fazia compras no gueto." Havia até mesmo comboios regulares que partiam da propriedade polonesa de Frank para sua casa alemã na Baviera levando grandes quantidades de ovos, frutas secas, mobília, aves, óleo de cozinha e derivados de leite. Também veio a público que o dr. Lasch, o governador da Galícia, com quem Frank supostamente compartilhava uma amante polonesa, tinha sido encarregado de buscar na Europa Ocidental ocupada tesouros artísticos para a residência de Frank: pinturas, mobília, materiais de construção. Em março de 1942, Frank foi chamado para uma reunião com Himmler, Bormann (o chefe da Chancelaria do partido) e Lammers, o chefe da Chancelaria do Reich, no quartel-general de Hitler.[50]

Frank se defendeu com firmeza, mas acabou permitindo que Lasch, seu antigo camarada, fosse investigado. O que veio à tona era incriminador. Interrogado pela ss, Lasch revelou que Frank considerava Himmler e Heydrich responsáveis por "um mundo de injustiças, autoridade policial, opressão do povo, campos de concentração, crueldade". Como se isso já não fosse bastante ruim, Frank ficara preocupado com o julgamento do premiê tcheco, Eliáš arquitetado por Heydrich. De acordo com Lasch, Frank se via como um defensor da lei, tomando o partido da "justiça" contra a "injustiça" de Himmler e preparando terreno para, depois da guerra, desencadear uma campanha com o objetivo de frear a ss com a ajuda do Exército e da sa: essa já era a base para a luta que estava sendo travada no próprio Governo-Geral. Frank, que era uma pessoa afetada, supersticiosa e que gostava de chamar atenção para sua suposta semelhança com Mussolini, criticara até o Führer por não controlar seu gabinete ministerial, como Frank se orgulhava de fazer na Cracóvia.[51]

Em maio, Lasch morreu na prisão — uma ocorrência bastante incomum para um regime que matou muito poucos dos seus depois de 1934 e que só podia intensificar o ódio de Frank a Himmler. Mas a credibilidade de Frank em Berlim fora imensamente prejudicada. O surpreendente foi que, quando os funcionários da ss começaram a dar ordens diretas aos administradores distritais de Frank, ele contra-atacou, e com alguma verve. Falando a estudantes universitários e professores em Berlim, Munique, Heidelberg e Viena, ele insistiu que "uma nação não se deixa governar pela força [...] A nação alemã vive livremente em virtude de sua lei e nunca poderá ser compelida a se tornar um *Volksgemeinschaft* pela força". Sem limitar suas observações à Polônia, ele se preocupava abertamente com a ascensão meteórica da ss e o impacto disso na própria Alemanha. Era como se estivesse advertindo suas audiências sobre o que a guerra tinha feito ao nacional-socialismo; vitórias gloriosas no Leste tinham trazido com elas uma mudança imprevista e perigosa no equilíbrio entre o poder policial e a lei. Isso tinha ficado visível primeiro no Governo-Geral; mas havia sinais alarmantes para o Reich. A brutalidade, ele disse aos estudantes surpresos em Munique, "nunca é sinônimo de força".[52]

Frank também voltou sua atenção para o que estava em jogo para a Europa. Falando de modo muito semelhante a Best, ele lembrou a seus ouvintes que a Alemanha não estava apenas embarcando num novo capítulo na história do império. Não tinha — sustentava ele — nenhum interesse em escravizar povos ou impedir o desenvolvimento de sua vida cultural. Não poderia haver Nova Ordem sem lei. A lei teria de preservar a vida das pequenas nações da Europa. E, falando com clareza incomum, ele advertiu que seria um desastre se os ideais do nacional--socialismo se convertessem nos ideais de um "Estado policial". Os advogados cometiam erros, ele declarou, obtendo fortes aplausos, mas "ainda eram melhores que qualquer tipo de Estado policial". As credenciais do orador eram esfarrapadas: Frank, afinal, presidira a destruição da lei alemã, lucrara com a ascensão do nazismo e estava provando ser um governante impiedoso e sanguinário na Polônia. Mas as palavras, em si mesmas, claramente tocavam num ponto importante.[53]

Dentro do SD, os argumentos de Frank foram analisados exaustivamente pelos meses seguintes. Foram descartados por seu antiquado "liberalismo": a questão não era saber se o império da lei devia prevalecer, mas que tipo de lei. Os juízes de fato precisavam assegurar maior conformidade com as necessidades e os desejos do povo. Mas o lembrete de Frank de que o Reich tinha de fazer um trabalho mais hábil para se apresentar como legislador para o continente como um todo foi, em grande medida, aceito. Era obviamente indesejável que as pessoas vissem os alemães como vândalos e a Itália fascista, como os novos romanos: "Nós só podemos construir uma Nova Ordem duradoura para um continente no marco da lei. Podemos, é claro, destruir uma velha ordem podre pela força, mas uma Nova Ordem deve se desenvolver e a lei deve servi-la". De acordo com o SD, que costumeiramente não escondia verdades desagradáveis daqueles a quem permitia ler seus relatórios cada vez mais pessimistas, as opiniões de Frank não eram exclusivamente dele; eram compartilhadas não apenas por "nossos inimigos", mas até mesmo "por muitos de nossos *Volksgenossen*". E a opinião na Europa ocupada tampouco era encorajadora: "Sem dúvida temos de nos livrar da odiosa acusação de que só queremos pôr uma bota militar no pescoço dos outros povos da Europa, que deveriam ser conduzidos por nós até uma Nova Ordem". Nessas circunstâncias, nas terras nórdicas "nossos métodos de fuzilar inimigos são comparados aos métodos bolcheviques, e de fato as pessoas frequentemente até comparam o nacional-socialismo ao bolchevismo".[54]

O autor das observações acima certamente sabia sobre o que estava falando. O macabro Otto Ohlendorf era um prussiano sombrio, determinado e hipócrita que havia pouco voltara do sul da Ucrânia, amargamente crítico da política alemã no local. Ele não cumprira ali, de modo algum, uma missão rotineira: como chefe do Einsatzgruppe D, supervisionara o massacre de aproximadamente 90 mil judeus. Não tinha gostado particularmente do trabalho, mas ficara ali conscienciosamente, por mais tempo que qualquer de seus camaradas. Na realidade, a exemplo de Frank, não foi o destino dos judeus que despertou em Ohlendorf a visão de que a Alemanha estava politicamente no caminho errado: não consta em nenhum lugar que qualquer um dos dois tenha protestado contra os assassinatos em massa nos quais ambos estiveram profundamente envolvidos. Para eles, os judeus permaneceram sempre um caso à parte, e havia assuntos maiores com que se preocupar. O que realmente os irritava eram a estupidez de suprimir as aspirações nacionais dos povos da antiga União Soviética e sua preocupação com o fato de que tamanhos poderes fossem concedidos a um homem tão carente de realismo político como Himmler.[55]

O conflito entre a ss e Frank dificilmente poderia ter ocorrido num momento mais crítico. Dentro do Reich, o destino da profissão legal alemã estava por um fio. O Ministério da Justiça alemão estava no limbo desde 1941, quando morrera Gürtner, um dos poucos remanescentes moderados entre os ministros do Reich. Quase dois terços dos juízes da Alemanha tinham sido nomeados antes de 1933, e os radicais do partido agora exigiam um expurgo completo.[56] Em abril, houve uma sessão extraordinária do Reichstag. No que seria seu último pronunciamento ali, um Hitler com expressão sombria exigiu — e seus deputados obedientemente ratificaram — o reconhecimento de seu papel como árbitro supremo da Justiça alemã, concedendo-lhe o direito de demitir qualquer juiz "que não entenda as necessidades do momento". Esse discurso não foi bem recebido pelo público alemão, que não conseguia entender por que Hitler achava que precisava de mais poderes, e anunciava novas pressões sobre o establishment jurídico. As advertências de Frank contra "ideais de um Estado policial" e seu apelo para que

Hitler protegesse o Judiciário deixaram o Führer impassível, especialmente no momento em que o massacre em escala industrial dos judeus poloneses estava simultaneamente entrando numa fase nova e mais intensa. "Permitam-me fazer uma advertência a nossos gentis cavalheiros da lei", Hitler declarou em 22 de julho de 1942, um dia depois da fala de Frank em Heidelberg. "Eles deveriam evitar tentar impor sua mania por regulamentos na administração de nossos territórios no Leste." No fim de agosto, Frank foi despojado de suas honrarias no partido. Ele se ofereceu para renunciar ao cargo de governador-geral, enviando a Hitler uma carta na qual atacava o poder crescente da polícia secreta e a deterioração da lei no Reich. Mas Hitler simplesmente ignorou a carta e manteve Frank no posto.[57]

A Justiça na Alemanha se tornou muito mais dura na fase final da guerra, tal como Frank tinha previsto. As sentenças de morte nos tribunais saltaram de 250 em 1939 para 4457 em 1942 e para 5336 no ano seguinte. O Reich não só estava importando mão de obra escrava racialmente indesejável, mas também a violência racial intensificada e o terror que a ss espalhava do outro lado das fronteiras. Ao mesmo tempo, a ss acelerou o extermínio dos judeus da Polônia, de forma que, no fim de 1942, apenas 300 mil dos 2 milhões de judeus do Governo-Geral ainda estavam vivos. (Longe de se preocupar com isso, Frank brincava publicamente com o tema.) A polícia e o aparato de terror ficaram mais poderosos — e mais sanguinários — tanto na Alemanha como no Leste Europeu. O próprio Himmler reconhecia a conexão. "O desenvolvimento político do Reich está acelerando como resultado das experiências da guerra", ele observou em junho de 1942, aparentemente vinculando a controvérsia sobre a magistratura com a aceleração da Solução Final. "Temos de fazer com que se aprovem algumas decisões, especialmente nos territórios recentemente ocupados que também são de importância decisiva para a direção política futura do próprio Reich."[58]

Mas, como as críticas de Frank sugeriam, a ss não conseguiu tudo o que queria, e o velho dilema entre partido e Estado continuava. Na realidade, os Gauleiters do partido continuavam tão fortes como antes. Com o apoio de seu Führer, homens como Koch e Forster desafiaram Himmler impunemente. Até mesmo Frank, depois de tudo o que havia dito, permaneceu no cargo. O assassinato de Heydrich — e o fiasco do reassentamento — foi um golpe duro para a ss, e Himmler lutava para controlar o que estava se tornando rapidamente menos uma organização que uma coleção de impérios díspares em miniatura. Quando finalmente se tornou o ministro do Interior, em 1943, isso não ajudou muito a resolver o conflito entre Estado e partido. O novo ministro se empenhou em quadrar o círculo, tal como seu antecessor fizera, prometendo um "forte poder central" de um lado, "sem o estorvo de departamentos especiais", e "descentralização e governo local forte" de outro. Mas o velho impasse prosseguia. Nas palavras desalentadas de Ohlendorf, Himmler "realmente estava organizando a desordem".[59]

II. A NOVA ORDEM

9. A rentabilização da ocupação

Na Chancelaria do Reich, em novembro de 1937, um grupo muito seleto — os ministros da Guerra e das Relações Exteriores da Alemanha e os três comandantes das Forças Armadas — ouviu Hitler expor com profusão de detalhes sua visão para os próximos cinco a oito anos. Mas a mensagem fundamental era simples. Havia pouco tempo a perder, já que em todo o mundo, afirmou ele, "o impulso primitivo da colonização" era mais uma vez visível. As necessidades econômicas eram sua real força motriz, que recentemente haviam lançado o Japão e a Itália na direção da expansão, e a Alemanha precisava seguir seu exemplo. O Reich, com seu "núcleo racial extremamente compactado", jamais poderia ser autossuficiente em matérias-primas básicas ou gêneros alimentícios, e a superpopulação era uma ameaça real ao futuro do país. Elevar seu nível de vida implicava ganhar acesso aos recursos de outros povos.

Porém, a participação na economia mundial tornaria o país vulnerável à pressão britânica — nem ele nem qualquer um dos que o escutavam esqueceram o bloqueio na Grande Guerra — e assim a única saída segura para a Alemanha estava no interior da Europa: "Se aceitamos que a segurança de nossa situação alimentar é o ponto principal a debater", disse Hitler,

> o espaço necessário para garanti-la pode ser buscado na Europa, e não — como na visão liberal capitalista — na exploração de colônias. O problema não é adquirir

população, mas espaço para o uso da terra. Além disso, áreas produtoras de matérias-primas podem ser mais facilmente encontradas perto do Reich que no ultramar.

Ele tinha a Áustria e a Tchecoslováquia em mente em primeiro lugar, prevendo que a tomada de ambas seria capaz de melhorar a provisão de alimentos para o Reich — especialmente se, como ele imaginava, a Alemanha conseguisse forçar 3 milhões de tchecos a emigrar. Se agissem com a devida rapidez, a Inglaterra e a França não interfeririam e a Alemanha emergiria reforçada em termos econômicos e em posição de força para se expandir ainda mais.[1]

Hitler tendia a pensar a economia em termos de quanto carvão, ferro, aço, gorduras comestíveis e grãos podiam ser extraídos de um determinado território. Via as economias internacionais como um jogo de soma zero, não como um processo em que o destino de todos estava vinculado em mútua interdependência. Era assim, certamente, que ele via o Leste Europeu em particular. Mas depois da queda da França de repente abriu-se uma perspectiva muito maior, a da hegemonia continental. Especialistas em política econômica, plenamente conscientes das pressões que afligiam a economia alemã desde o início da década de 1930, ficaram imensamente aliviados. "Hoje administramos um território que se estende do oceano Ártico ao mar Negro, do golfo da Finlândia ao Atlântico", gabou-se o ministro alemão da Economia logo depois da invasão da União Soviética. "Nunca antes na história do mundo existiu uma economia como esta para administrar [*Wirtschaftsverwaltung*]." Esse território, que logo viria a ser completado com as terras novas tomadas da União Soviética em 1941-2, oferecia uma base de recursos superior, em quase todos os aspectos, àquela de que dispunha Stálin: a União Soviética continuava à frente só em petróleo.[2]

Mas os recursos não eram tudo. A riqueza da Europa não era gerada tanto pela atividade extrativista, mas pela atuação de mercados financeiros abertos, sofisticados e interligados. Seu PIB era coletivamente maior que o do Império Britânico ou o dos Estados Unidos (mesmo sem ter na soma a contribuição potencial das colônias francesas, belgas e holandesas). A crise econômica entre as guerras afetara o comércio entre os países no continente e reduzira seus negócios com o resto do mundo. Não obstante, essas redes e interações de comércio continuavam a ser importantes para a prosperidade da Europa. O desafio real para os alemães, em outras palavras, era menos extrair recursos que administrá-los.[3]

Porém, ansioso para construir a Fortaleza Europa, Hitler subestimou os custos da destruição de tais conexões internacionais. Quando a guerra começou e a Alemanha se viu isolada de seus parceiros comerciais no ultramar pelo bloqueio britânico, a aguda dependência que o continente tinha dos suprimentos estrangeiros de grãos, ração animal, petróleo e carvão ficou evidente. Em muitos casos, não havia substituto em curto prazo para bens importados, e lidar com a ausência desses bens exigia, na melhor das hipóteses, uma administração hábil, capacidade de previsão e disposição para chegar a acordos — que não eram as virtudes mais apreciadas na Alemanha de Hitler. Longe de ser útil ao esforço de guerra alemão, a conquista deixou algumas das vítimas do Reich na dependência da ajuda alemã para não morrer de inanição: de um ponto de vista estritamente econômico, dificilmente valeria a pena invadir países que mais importavam da Alemanha do que exportavam a ela, como a Noruega e a Grécia. Mas a pressa para ir à guerra e o fato de que o Reich combatia no limite de suas possibilidades apenas intensificaram a tendência dos nazistas de priorizar a política da pilhagem. Como resultado, não é de estranhar que a ocupação alemã tenha desencadeado crises fiscais e monetárias em um país atrás do outro, crises que corroeram a autoridade do Estado, atiçaram pressões inflacionárias e destruíram frágeis mercados internos. Em nenhuma parte na Europa, exceto no próprio Reich, houve crescimento da renda nacional durante a guerra. Em resumo, o desempenho econômico do continente era desastroso, e ainda pior exatamente nas áreas que Hitler acreditava ser vital conquistar. Uma ótima e recente história da economia de guerra da Alemanha enfatiza a dura realidade: enquanto a produção dos Estados Unidos disparava, a Fortaleza Europa era um "caso perdido".[4]

Não obstante, a curto prazo Hitler conseguiu grande parte do que queria, pois, ainda que o bolo continental estivesse encolhendo, o Reich conseguiu consumir fatias cada vez maiores dele. Embora não fosse mais que uma potência mundial de tamanho médio, a força bruta permitiu que a Alemanha reorientasse uma proporção muito significativa do comércio e da produção europeus para si mesma. Entre 1940 e 1944, a contribuição dos territórios conquistados para o consumo global alemão de aço subiu de 3% para 27%, e a proporção de trabalhadores estrangeiros no Reich passou de 3% para 19%, o que permitiu ao país lançar milhões de homens na frente oriental. Ao mesmo tempo, o consumo alemão cresceu uma oitava parte como resultado das contribuições das terras ocupadas — *sem* contar o papel crucial da mão de obra estrangeira. Os poloneses, tchecos e franceses eram especialmente importantes. Espantosos 7,4% da população total do Governo-Geral trabalhavam no Reich. Em 1943, mais da metade da mão de obra francesa estava trabalhando para o esforço de guerra alemão e mais de um terço de sua renda nacional era sugada em benefício dos alemães. No Protetorado da Boêmia-Morávia, cada vez mais incorporado à economia alemã, a renda nacional chegou a subir aos níveis anteriores à guerra, a despeito do fluxo maciço de recursos canalizados para o velho Reich; graças a um significativo crescimento industrial, para não mencionar 600 mil trabalhadores na Alemanha (e mais de 200 mil nos campos), o desemprego desapareceu, e os salários subiram na mesma proporção que a inflação.[5]

Se a economia da Nova Ordem chegou a funcionar, foi por um curto prazo e apenas e exclusivamente porque a cooperação capitalista entre os alemães e outros países no Ocidente provou ser mais produtiva que os métodos de extração colonialista que Hitler impôs ao Leste. Até mesmo países ocupados como a Bélgica e a Holanda, que precisavam de ajuda alemã para impedir o naufrágio de suas economias, acabaram contribuindo de maneira significativa para o esforço de guerra alemão. Goebbels, por exemplo, ficou impressionado com o fato de as fábricas holandesas cumprirem com tamanha obediência as encomendas de guerra do Reich. Um estudioso das relações belgo-alemãs se refere ao "sucesso extraordinário" dos alemães na hora de botar para trabalhar o noroeste da Europa de modo geral.[6] Só o valor dos materiais saqueados dali provavelmente excedeu em quatro vezes tudo o que se obteve no Leste, e a Europa Ocidental contribuiu com a parte do leão em termos de tributos financeiros pagos na forma de despesas de ocupação e outros impostos. Até mesmo para a importantíssima provisão de alimentos, o fracasso deplorável da política agrícola alemã na União Soviética foi compensado pelas altas remessas recebidas da França e do Governo-Geral. Tudo isso evidenciava uma vez mais as limitações da visão colonialista de Hitler e mostrou que as sociedades industrializadas que contavam com densa administração podiam ser mais lucrativas que as agrárias mal interligadas.

Sem dúvida os mais afetados foram os não alemães, com suas rações drasticamente reduzidas e dietas empobrecidas. Havia longas filas por toda parte, assim como contrabandistas e mercado negro. Faltavam moradias, graças às requisições e aos bombardeios, e muitos bens se tornaram lembranças remotas, que só podiam ser obtidos em restaurantes sofisticados reservados aos alemães e aos que os serviam. Não obstante, a produção global de comida na Europa não caiu tanto como na Primeira Guerra Mundial, e se os franceses e os italianos viviam pior agora que em 1914-8, o mesmo provavelmente não era verdade para belgas, alemães e centro-europeus — pelo menos não até o último ano da guerra. Houve casos localizados de elevação drástica das taxas de mortalidade infantil e de epidemias, e a natalidade cresceu muito substancialmente em várias áreas: nelas, entre o racionamento e o mercado negro, as pessoas se mantinham vivas. A fome era rara, golpeando apenas a Grécia no primeiro inverno de ocupação e a Holanda no último. No Leste Europeu a história era completamente diferente. Em parte porque a política alemã condenou grupos inteiros à morte por inanição — e milhões passavam fome em campos e guetos no Governo-Geral e nos territórios soviéticos.

O modo como a Alemanha administrou a economia europeia — a exemplo de sua abordagem das políticas de raça e nacionalidade — foi determinado fundamentalmente não só pela ideologia, mas também pelo curso da própria guerra. Em 1938-9, o Reich construiu sua dominação comercial e industrial na Europa Centro-Oriental e, depois da queda da França, acreditando que triunfara também no Ocidente, começou a refletir sobre a organização de longo prazo na Nova Ordem no continente em tempos de paz. Mas, a partir do inverno de 1941-2, quando se compreendeu que a União Soviética ainda não havia sido vencida, as necessidades de curto prazo da economia de guerra se tornaram muito mais urgentes. Foi o momento decisivo de inflexão da administração alemã global, pois sinalizou uma exploração mais violenta do continente e de seus recursos. Tirando partido do colapso do sistema judicial alemão, a ss comandou o crescimento vertiginoso da população dos campos, de 21 400 pessoas em 1939 para mais de 100 mil em meados de 1942 e mais de 700 mil no início de 1945 — convertendo-se em importante fornecedora de trabalho escravo. Goering restringiu o consumo de alimentos nos territórios ocupados para assegurar a manutenção dos padrões de vida dos alemães, enquanto Fritz Sauckel, o novo plenipotenciário para o trabalho, organizou uma série de campanhas brutalmente eficientes de deslocamentos da França para a Ucrânia que transladaram mais de 5 milhões de pessoas à força para o Reich, mesmo gerando resistência em todo o continente. As vítimas eram arrastadas para fábricas em que as condições de trabalho tinham se tornado tão sinistras quanto nos próprios campos. O recém-ungido ministro de Hitler para armamentos, Albert Speer, obrigou milhares a trabalhar até a morte em fábricas de mísseis subterrâneas, minas de carvão e fábricas de máquinas e ferramentas. "Vocês querem guerra total?", perguntou Goebbels aos berros a uma plateia selecionada a dedo por ele em Berlim, na primavera de 1943. Àquela altura, quisessem ou não, eles já a tinham.

A CONQUISTA

No fim dos anos 1930, o esforço armamentista da Alemanha tropeçava nas limitações de recursos do Reich. Os países da Europa Centro-Oriental, que vinham exportando suas matérias-primas para a Alemanha e acumulando enormes saldos credores, estavam começando a lhe dar as costas, preferindo clientes que pudessem pagar em moeda forte. A conquista era um modo alternativo de se apropriar de dinheiro e de bens.

Assim, o ouro e as reservas de divisas estrangeiras da Áustria foram para o Reichsbank; o mesmo ocorreu com as reservas tchecas, estimadas em 100 milhões de dólares, que os britânicos prestimosamente enviaram de Londres depois da queda de Praga. Enormes quantidades de matérias-primas foram tomadas da Áustria, da Tchecoslováquia, da Polônia e da Europa Ocidental, aliviando a escassez de metais do Reich e permitindo que 40% da produção industrial alemã continuasse voltada para o mercado interno até a invasão da União Soviética. Uma das primeiras ordens de Hitler no momento da invasão de Tchecoslováquia foi para que o Exército assumisse o controle das enormes usinas de ferro e aço de Ostrava. Cavalos eram especialmente vitais para a Wehrmacht, que requisitou mais de 1 milhão deles. O mesmo ocorreu com produtos manufaturados, especialmente armas e munição: em duas semanas, foi levado armamento da Tchecoslováquia suficiente para equipar dez divisões da Wehrmacht; mais de mil aeronaves também entraram no butim. Em toda parte, foi a mesma história. Um terço de todos os bens tomados da França era para uso militar — mais de 314 mil fuzis, 3 milhões de bombas e 2 mil tanques. No caso do Governo-Geral, Goering ordenou que "todas as matérias-primas, sucatas, máquinas e que tais que possam ser utilizadas na economia de guerra alemã devem ser removidas". Seus especialistas em pilhagem trabalharam rapidamente. Na Grécia, matérias-primas no valor de 4 milhões de Reichsmarks seguiram para o Reich em cinco meses, enquanto outra unidade especial de saque enviada à Ucrânia em 1941 retirou milhares de máquinas e ferramentas para uso da indústria aeronáutica alemã.[7]

O impacto do Exército alemão sobre as economias conquistadas também era sentido de outras maneiras. Agências de crédito emitiram marcos temporários de valor superestimado para os soldados, dando-lhes um poder aquisitivo enorme que permitiu aos "gafanhotos" transferir quantidades significativas de bens para casa. Depois da queda da França, esses "besouros de batatas" (como eram chamados pelas vendedoras de lojas parisienses) entravam aos enxames na Hermès e outras casas de *haute couture* com fotografias das esposas e namoradas nas mãos, para ter certeza de que o tamanho era certo, e esvaziavam as prateleiras. Na Bélgica, "longas procissões de soldados curvados pelo peso de suas incontáveis compras" eram uma "imagem cotidiana".[8] Goering e Hitler sempre destacaram a importância de permitir que suas tropas trouxessem butins de seu serviço no estrangeiro, conscientes de que os mandachuvas do partido estavam saqueando o continente em escala muito maior. Um economista poderia dizer que isso não era completamente contraproducente: como em geral uma invasão desencadeia uma crise deflacionária temporária e às vezes até faz baixar os preços dos bens, o papel-moeda alemão ajudou a injetar liquidez e reiniciar a vida econômica. Mas logo a ameaça de deflação desapareceu e foi substituída por pressões inflacionárias que nunca se dissiparam.[9]

Depois da invasão, a Wehrmacht costumava encorajar a retomada da atividade econômica "normal". Sua tarefa era mais fácil em alguns aspectos do que havia sido na Grande Guerra, pois em 1940 muitos funcionários públicos nos Estados conquistados achavam que a guerra terminara e que era seu dever trabalhar com os alemães. Assim, eles ordenaram que negócios e lojas reabrissem, e congelaram preços e salários para impedir elevações súbitas de preços. Muitos empresários também achavam tolice não colaborar: as "políticas de produção" que os magnatas belgas da indústria lançaram em junho de 1940 foram emuladas por toda a Europa Ocidental. Enquanto isso, as requisições diretas feitas pelo Exército foram substituídas por compras e abastecimento centralizados. Na Holanda, a Inspetoria de Armas já estava ativa e funcionando antes mesmo da chegada do comissário do Reich, Seyss-Inquart, que procurava negociantes holandeses com os quais pudesse "subcontratar" necessidades do Exército alemão. Uma leitura rígida das Convenções de Haia teria impedido que a população trabalhasse desse modo para o ocupante. Mas de forma geral essas objeções — ainda que levantadas por funcionários holandeses, franceses e belgas — foram ignoradas. Para os donos de negócios, havia dinheiro a lucrar e competidores com que se preocupar. Além disso, o medo de que os alemães simplesmente deportassem os trabalhadores para o Reich caso eles não voltassem ao trabalho levou os formuladores de políticas, trabalhadores e empregadores a considerar que a retomada da produção era um mal menor.

Ao menos na Europa Ocidental eles tiveram alguma escolha. Em grande parte do Leste Europeu, os alemães saquearam tudo o que estava à vista. O imenso Reichswerke HG de Goering tomou a dianteira. O grupo já havia estabelecido uma posição dominante no fim de 1939 na Áustria e na Boêmia-Morávia, tomando fábricas e usinas essenciais de carvão, ferro e aço e transformando-as no que talvez tenha sido o maior conglomerado industrial do mundo. Depois de 1941, suas holdings também assumiram o controle de empresas de mineração, metalurgia e manufatura soviéticas. Em meados de 1944, o Reichswerke HG empregava mais de 400 mil trabalhadores, a maioria deles de fora do Reich. Tudo era parte de uma estratégia deliberada de erradicar o capital francês e britânico da Europa Central e do Leste e construir uma zona estatal supervisionada pelos alemães para produção de armamentos, substâncias químicas e extração mineral entre Linz e a Alta Silésia. Empresas como a gigante química I. G. Farben não eram particularmente favoráveis à guerra. Mas quando a guerra começou elas também tiraram vantagem do conflito. Seguindo de perto os passos dos soldados, demitiram seus empregados judeus e aceitaram nazistas nos conselhos diretores das empresas em troca da absorção de empresas não alemãs.[10]

O objetivo a longo prazo era libertar o Reich — e em especial o partido — do monopólio de energia do carvão dos velhos e independentes barões do aço do Ruhr e exercer controle mais firme sobre setores fundamentais da economia da Grande Alemanha. Do Anschluss em diante, Goering passou a enfatizar que o Reich não estava em guerra só para ajudar alguns homens de negócios a obter maiores lucros. A economia austríaca, ele declarou, por exemplo, devia ser mantida "firmemente nas mãos do Estado". Para Goering, a área sob ocupação alemã na Europa Central e do Leste constituía "uma área econômica homogênea" que exigia a supervisão de Berlim.[11] Sua política de pilhagem no Governo-Geral foi prontamente revogada, e sua própria holding começou a dirigir empresas em vez de desmantelá-las. Da Cracóvia, Hans Frank reivindicou o crédito pela mudança:

Em 15 de setembro de 1939 recebi a missão de assumir a administração dos territórios orientais conquistados com ordens especificamente cruéis para explorar essa área como uma zona de guerra e uma terra madura para pilhagem, transformar sua estrutura econômica, social, cultural e política num montão de ruínas, por assim dizer. O trabalho de esclarecimento empreendido durante os últimos meses produziu uma mudança completa de atitude. Hoje em dia a área do Governo-Geral é considerada uma parte valiosa do espaço vital alemão. O princípio de destruição total transformou-se num desenvolvimento dessa área para produzir benefícios para o Reich.[12]

Mas Frank também era muito cheio de si. De fato, a renda nacional polonesa caiu catastróficos 40% depois da invasão alemã. Dificilmente se poderia reativar a vida econômica com uma mudança de opinião quando mercados antes da guerra haviam sido tão violentamente repartidos e uma proporção significativa do setor empresarial sobrevivente era controlada por uma administração temporária. Mais fundamental, os poloneses tinham perdido toda a autonomia e estavam à mercê de planos alemães para o país que não ofereciam nenhum incentivo para que cooperassem.

Por outro lado, a política alemã na Dinamarca mostrou o que poderia ter ocorrido no Leste Europeu caso os nazistas tivessem seguido o que um desiludido executivo chamou de "contentar-se com o possível". O contraste com a Polônia era quase inacreditável. Hitler dissera que os dinamarqueses deveriam ser tratados "da maneira mais amigável" graças à falta de resistência, e como resultado os contratos empresariais eram redigidos "segundo as práticas normais". O que isso significou é que os dinamarqueses em boa medida dirigiam a própria economia, por meio de um comitê de governo germano-dinamarquês que permitiu aos alemães fazerem uso extensivo, mas não opressivo, dos estaleiros, plantas de máquinas e ferramenta e outras indústrias-chave do país. Os alemães confiavam nos dinamarqueses como parceiros. Não houve nenhuma "reorganização" da economia segundo princípios nazistas, compra maciça de recursos ou saques de estoques e reservas, nem mesmo uma convocação forçada de mão de obra. Conscientes do ceticismo, para não dizer hostilidade, do público dinamarquês e ansiosos por garantir acesso continuado aos produtos lácteos, peixe e carne, os alemães intervieram o mínimo possível nas transações empresariais. Eles adquiriram o que precisaram, mas como resultado sua parcela na produção industrial dinamarquesa talvez nunca tenha excedido 10% do total, comparada com a de 30% ou 40% na França.[13]

Ninguém mais conseguiu se safar dos nazistas com essa facilidade. Quanto a Hitler, a resistência militar demonstrada por outros poderes europeus bastava para pô-los numa categoria diferente. Não obstante, as consequências para a Europa Ocidental durante os dois primeiros anos foram menos sérias do que se poderia supor. As autoridades de ocupação alemãs premiavam a estabilidade política e limitaram a tomada de recursos que ameaçava vir com a conquista. Ao ver a capacidade industrial da Europa como uma válvula de segurança para o superaquecimento da economia do Reich, Berlim tentou evitar danificar sua infraestrutura existente por intervenção excessiva, pilhagem e reestruturação. A lista de demandas da indústria pesada alemã era realmente bastante modesta se comparada aos ambiciosos objetivos de guerra formulados em 1914. Assim, era a Europa Ocidental que o Ministério da Economia tinha principalmente em mente quando, no verão de 1940, previu o surgimento de uma Pan-Europa baseada não na fusão de Estados, mas também numa "união de economias nacionais", com transações dos setores privados supervisionadas por funcionários do governo. Contando com os contatos estreitos surgidos entre proeminentes homens de negócios da Europa Ocidental antes da guerra, o ministério patrocinou reuniões sofisticadas e promoveu a ideia de uma americanização coordenada de indústrias regionais: alguns industriais chegaram a sonhar brevemente com um Parlamento industrial europeu sob patrocínio alemão.[14]

As vantagens de tal cooperação e compreensão mútuas logo ficaram evidentes. Seguindo a queda da França, Goering queria que o Reichswerke assumisse indústrias europeias ocidentais, como tinha feito na Europa Central. Mas desta vez ele teve menos sucesso. Depois de tentar impedir que industriais alemães viajassem para inspecionar o butim que a Alemanha obtivera em junho de 1940, Goering fez uma oferta pelo gigante conglomerado de aço de Luxemburgo, Arbed, mas perdeu para uma sociedade do Banco Alemão com a gigantesca holding belga Société Générale, dirigida por um homem muito hábil, Alexandre Galopin, a quem os alemães chamavam de "o rei sem coroa da Bélgica". Pensando a longo prazo, os empresários alemães e seus sócios europeus ocidentais não queriam nem Goering nem os Gauleiters perturbando suas relações — que datavam de antes do regime nazista e que, até onde sabiam, poderiam sobreviver também ao regime. Eles viam a guerra como uma oportunidade para construir. Gustav Schlotterer, o homem a quem Funk havia delegado a construção da nova ordem econômica na região, reuniu-se com industriais franceses, holandeses e belgas no final do verão de 1940, quando foram discutidas as possibilidades de cooperação a longo prazo. O barão de Launoit, um ambicioso banqueiro belga, descrito por um admirador alemão como "um verdadeiro eurovisionário", foi perspicaz:

> O Ruhr, o sul da Holanda, a Bélgica, Luxemburgo, a Lorena e o norte da França [...] constituem uma unidade econômica natural no que diz respeito ao carvão e ao aço [...] Nós, homens de negócios, temos de romper as fronteiras estatais e aprender a cooperar.

O que lhes permitiu fazer isso foi a falta de interesse de Hitler na região. Com os olhos fixos no Leste, para ele bastava que carvão e aço continuassem sendo produzidos, e enquanto isso continuou acontecendo os interesses do Ruhr e de seus sócios no estrangeiro seguiram como queriam. Isso agradava aos tecnocratas no Ministério da Economia. Nominalmente subordinado a Goering, na realidade o ministério estava estimulando banqueiros alemães a fazer propostas a empresas estrangeiras maduras para aquisição. Mas queria que isso fosse feito de forma estratégica e discretamente, evitando disputas inconvenientes. O ministério lamentava os confiscos não planejados ocorridos em alguns países e recomendou "compras de ações diplomáticas" feitas "numa base puramente comercial". Como resultado, os sagazes executivos holandeses, franceses e belgas conseguiam jogar as empresas alemãs umas contra as outras em benefício próprio. Negociantes como o magnata holandês Fentener van Vlissingen ou o belga De Launoit cooperaram com sócios alemães nos ramos de bancos, comércio, indústria pesada, substâncias químicas e construção. Algumas vezes até mesmo as Forças Armadas alemãs protegeram interesses não alemães de ataques de empresas alemãs, como quando a Luftwaffe impediu que a I. G. Farben adquirisse participação na fabricante de filmes belga Gevaert. O resultado foi que nenhum dos negócios realmente grandes (como Unilever e Philips) na Bélgica e na Holanda perdeu controle para os alemães de forma significativa, e de modo geral a penetração econômica alemã foi contida por um emaranhado de dificuldades legais e escassez de capital.[15]

Não surpreende, portanto, que essas organizações empregadoras nos países ocupados respondessem positivamente ao apelo alemão por uma "entente econômica" e parecessem felizes em "trabalhar em comum" desde que o partido fosse mantido à distância. O lema era: "Melhor o pior empresário que o melhor Gauleiter". O Ministério das Relações Exteriores alemão, junto com a Wehrmacht, estava disposto a ajudar. Quando a Assembleia francesa realizou grandes exportações ilegais de capital, os alemães se limitaram a um protesto moderado. A "colaboração" logo se tornou o modelo em campos tão diversos como seguros, produtos químicos, automóveis e tecidos sintéticos: havia uma compreensão tácita entre os franceses e seus sócios empresariais alemães. Como notou um funcionário público francês, esses últimos nem sempre eram motivados por um

> desejo de hegemonia ou dominação, mas por quererem se proteger contra todas as eventualidades. O fato é que alguns deles não acreditavam na vitória alemã e na continuidade de um regime nazista, ou então agiam como burgueses que buscavam associações com burgueses estrangeiros para influenciar o estado social de seu próprio país.[16]

Esse tipo de cooperação manteve Goering à distância. Apesar da imensa produtividade da operação da Reichswerke no aço francês, a França fornecia apenas 8% da força de trabalho e 2% do valor líquido do conglomerado, comparados aos 68% (tanto de força de trabalho como em valor líquido) nas terras que os alemães conquistaram em 1938-9.[17]

Quando analisavam a situação, os nacional-socialistas se enfureciam ao ver que os empresários europeus não estavam sendo tratados como o lado derrotado. Mas nem Hitler nem o Exército viram razão alguma para alterar o pragmatismo da situação: os belgas estavam seguindo suas "políticas de produção", com suas holdings gigantescas se acomodando aos desejos dos alemães. A política holandesa de "cooperação", sob a confiável supervisão de funcionários públicos de carreira de alto escalão (incluindo Max Hirschfeld, que era judeu, seguramente um caso sem igual em toda a história da ocupação nazista), permitia que armas pesadas e metralhadoras, transmissores e hidroaviões saíssem das linhas de produção com confiabilidade exemplar. O Gabinete de Contrato Central alemão no país supervisionava 20 mil empresas e destacava que, de modo geral, elas "não oferecem nenhuma resistência à aceitação de contratos alemães". Em resumo, o sistema funcionava.[18]

Depois da guerra, um dos funcionários alemães que tinham servido na Holanda falou sobre os benefícios dessa "cooperação":

Na guerra havia a oportunidade para modernizar a indústria [no caso, a holandesa], ampliar suas linhas de produção, adquirir procedimentos técnicos modernos a nenhum custo, desenvolver mais as ideias, manter as pessoas no trabalho e ainda obter lucros razoáveis que permitissem que o orçamento nacional cumprisse seus deveres tributários.[19]

Era difícil conciliar esse veredicto utópico com as políticas de exploração que balizavam a estratégia econômica alemã, e ficou ainda mais difícil levar isso a sério depois do desmantelamento por atacado e da destruição que acompanharam a retirada alemã em todos os lugares do sul da Ucrânia até a França central. Mesmo assim, não foi um erro total: a ocupação às vezes promovia *mesmo* modernização, e com certeza permitiu que alguns homens de negócios obtivessem lucros prodigiosos. Na França, impulsionou a produção de tecidos sintéticos. Reorganizado sob supervisão alemã e tirando proveito da perícia técnica germânica e até mesmo de capital, fábricas de viscose e raiom fundaram as bases para uma indústria que se expandiria rapidamente depois da guerra. Na Alta Silésia, novos investimentos em extração, substâncias químicas e na indústria de armamentos resultaram num aumento rápido na produção e no emprego que formaram a base para as indústrias de substâncias químicas da Polônia nos anos 1950. De forma mais abrangente, a política de Goering de industrialização da Europa Central e da Oriental conduzida pelo Estado beneficiou seus herdeiros do pós-guerra, os novos regimes comunistas da região, que perceberam que não precisavam exigir muito do setor privado: os nazistas já tinham feito isso por eles.[20]

Os planos alemães para dominar o continente não se limitaram à esfera da indústria e do comércio. Querendo tornar o Reichsmark a "moeda mais importante da Europa", Berlim forçou países a canalizarem seu comércio e o fluxo de dinheiro através do capital alemão, enquanto ao mesmo tempo tentava centralizar e padronizar os serviços financeiros do continente. Somente durante a guerra isso poderia ter acontecido juntamente com uma sobrevalorização sistemática e deliberada do próprio Reichsmark. A França e a Bélgica tiveram de sofrer os mais clamorosos abusos da taxa de câmbio, mas a situação também foi bastante ruim na Holanda. No Protetorado, a sobrevalorização permitiu que os alemães comprassem propriedades tchecas a preços baixos, mas ajudou também a exportar os produtos tchecos. No Governo-Geral, essa política exauriu os estoques e deixou o país dilapidado de seus ativos.[21]

Acima de tudo, isso aumentou de forma significativa a carga fiscal imposta pelos alemães aos países conquistados. De acordo com as leis da guerra, os exércitos tinham o direito de levantar dinheiro nos territórios ocupados para cobrir suas despesas. Desde a guerra franco-prussiana de 1870-1, tornou-se também costumeiro que os países vitoriosos exigissem reparações do inimigo derrotado, supostamente para pagar custos mais genéricos relacionados à guerra. Os alemães agora combinavam esses princípios e faziam de seus chamados custos ocupacionais um dos principais meios de financiamento do esforço de guerra. O que começou como pagamentos únicos logo se transformou em exigências regulares, tornando comparativamente pequenos os empréstimos forçados que às vezes eram exigidos. Em março de 1944, de acordo com cálculos do OKW, a França — sem dúvida o maior contribuinte individual — tinha pagado 35,1 bilhões de Reichsmarks, entre um quarto e um terço da renda nacional nesse período. A Holanda vinha em seguida, com 12 bilhões, depois a Bélgica, com 9,3 bilhões. A Noruega tinha uma carga alta — o equivalente a um terço da renda nacional —, considerando-se a pobreza do país e seus limitados recursos. Na Europa Oriental, onde os custos de ocupação em sentido estrito não eram aplicados, foram feitas pressões financeiras igualmente exigentes. O Governo-Geral pagou estimados 5,5 bilhões de marcos, enquanto os territórios ocupados do Leste pagaram 4,5 bilhões, principalmente na forma de espólios de guerra. No Protetorado da Boêmia-Morávia, mais da metade do orçamento governamental ia para contribuições ao Reich.[22]

Como se não fosse o bastante, o poder aquisitivo alemão também foi impulsionado pela expansão do sistema de acordos de compensação desenvolvido antes da guerra na Europa Ocidental. Em julho de 1941, o ministro da Economia, Funk, saudou o comércio de trocas como o futuro da Europa, algo que a libertaria das restrições da era do padrão-ouro. Enquanto isso, sem dúvida era uma forma eficiente de explorar países ligados ao Reich. Antes da guerra, a Holanda apresentava um pequeno déficit comercial com a Alemanha; em poucos anos isso tinha se transformado num grande superávit, e o Reich estava ficando com 79% das exportações holandesas, comparados aos meros 15% em 1938. A Bélgica, com 72%, não ficava muito atrás, e sua balança comercial era quase igual aos custos de ocupação. A França de antes da guerra mandava para a Alemanha de

3% a 4% de suas exportações; em 1943 a porcentagem era de 17%, e esse grande superávit comercial ultrapassava em muito o de todos os outros países.[23]

Era basicamente um espólio organizado, e o que os nazistas consideravam essencial para o esforço de guerra alemão significava grandes perturbações para todos os demais. Por toda a França ocupada, os mercados existentes foram quebrados quando os civis saíram de suas casas e o comércio ultramar parou, enquanto as requisições exauriam fazendas e estoques e as restrições ao trabalho esvaziavam os campos e as fábricas de seus trabalhadores. A incerteza aguda quanto ao futuro levou a ondas de estocagem e de compras, que consumiu os estoques. Enquanto as novas autoridades da ocupação procuravam encorajar a retomada da atividade econômica normal o mais rápido possível, na prática isso era impedido pela proliferação de barreiras militares e controles de tempos de guerra e pela criação de novas fronteiras temporárias ou permanentes que destruíam os antigos canais de distribuição dos países. A partição da França, da Polônia, da Iugoslávia e da Grécia ergueu novas barreiras ao comércio e à troca de mercadorias e cortou fornecedores de seus clientes. Entregas forçadas, um eficiente sistema de compensação e taxas de câmbio fixas permitiram a transferência de altas quantias para as mãos dos alemães, mas ao custo de expor os países envolvidos a intensas pressões inflacionárias. Reunidos, esses fatores estimularam o medo do caos ou do colapso iminente e impuseram um imenso desafio para os administradores dos tempos de guerra. Com o aumento dos protestos na França às exigências alemãs, o comandante militar naquele país, Otto von Stülpnagel, alertou para o fato de que o excesso de exigências poderia arruinar a economia do país: "Se você quer que uma vaca dê leite, é preciso alimentá-la".[24]

Na própria Alemanha, o controle de preços e salários assegurava a estabilidade, principalmente por estarem combinados com um sistema de racionamento bem eficiente, ao mesmo tempo em que o aumento dos impostos enxugava a liquidez. Na França, também, o ex-ministro das Finanças Pierre Cathala se orgulhava (depois da guerra) da estabilidade do franco e da confiabilidade no Tesouro francês, que haviam evitado o pânico. "A moeda, o crédito e o sistema financeiro da França tinham [...] resistido", afirmou sem ironia, "no sentido mais amplo dessas palavras."[25] Porém, nos piores casos, a inflação levou ao colapso da autoridade do Estado e ao total abandono de uma economia de mercado. Relativamente inofensiva no Protetorado e na Eslováquia, a inflação foi um problema bem mais grave na Bélgica, e pior ainda na Sérvia, na Croácia e na Grécia. A hiperinflação foi provocada pela inabilidade do governo em elevar mais do que uma pequena fração de impostos e pelo enorme aumento na oferta de dinheiro, causado pela impressão de papel-moeda pelo Banco Central. No fim da guerra, o recolhimento de impostos na Grécia cobria menos de 6% dos gastos governamentais, uma proporção bem menor que em qualquer outro país, e uma indicação irrefutável da desintegração do Estado. Os preços em soberanos foram multiplicados por quinze nos dois primeiros anos da ocupação e aumentaram outra vez perto do fim do conflito.

A Grécia se transformou num alerta do que aconteceria quando a economia da ocupação desse muito errado e quando as exigências da Alemanha só pudessem ser atendidas com a emissão de dinheiro. Em julho de 1942, o ministro das Finanças, Von Krosigk, advertiu Goering de que

> na Grécia [...] não existe mais um mercado legal, nenhum mecanismo de preços que poderia atuar como uma base para a estabilização e reorganização [...] Se a guerra continuar se arrastando, será necessário evitar a ruína econômica prematura dos países cujos potenciais estamos explorando.

Poucos meses depois, quando o comissário alemão no Banco Central da Bélgica escreveu sobre perigosas pressões inflacionárias devidas à dificuldade de controlar o mercado negro, ele ressaltou o risco de fazer "uma 'Grécia' monetária com a Bélgica". Os administradores alemães não se importavam muito com a própria Grécia, que eles nunca quiserem invadir de fato e cujo valor para o esforço de guerra era mínimo; mas sabiam que os custos para o esforço de guerra alemão de permitir que a Bélgica ou a França seguissem o mesmo caminho seria bem mais alto.[26]

Quanto mais a guerra durava, mais as considerações sobre estabilidade e produção ganhavam precedência sobre o planejamento da paz depois da guerra. (Aliás, em 1943 este último foi oficialmente suspenso.) A maioria dos administradores da Europa Ocidental ocupada estava apreensiva demais em manter a produção para se envolver em grandes mudanças. Em 1940, o ministro da Economia estava cheio de planos para uma grande transformação dos sistemas de produção e distribuição da Europa. Dois anos depois, poucos apoiavam esses planos. Como resultado, os alemães que ainda acreditavam nisso e seus apoiadores que viam na ocupação uma oportunidade de nazificar a economia europeia sentiam-se cada vez mais frustrados. Como um desapontado nazista holandês resumiu em 1941: "As agências alemãs nos ajudam quanto podem, mas não podem desorganizar a vida econômica no meio da guerra por uma vaga possibilidade, a fim de dar a economia para 3% dos membros do NSB".[27]

Na verdade, a relutância em fazer essa experiência era visível em toda parte. As organizações de fazendeiros de antes da guerra foram em geral dissolvidas e substituídas por novos equivalentes unitários pró-Alemanha; mas, quando os fazendeiros as refutaram para se voltar ao mercado negro, havia pouco que as burocracias da Alemanha ou de seus parceiros na Bélgica, na Holanda ou na França pudessem fazer. Nos territórios ocupados do Leste, as fazendas coletivas soviéticas foram preservadas para facilitar o controle da colheita. Depois de 1940, uma economia europeia só existia no papel. Não havia um plano geral definido, ao menos não antes do surgimento do poderoso Ministério de Armamentos de Speer (e isso apenas para propósitos altamente específicos de tempos de guerra). A Áustria, o antigo território da Tchecoslováquia e os territórios do oeste da Polônia e do leste da França foram absorvidos com certa tranquilidade pela economia do Reich; mas não havia uma estratégia abrangente para a Europa como um todo: o Ministério da Economia era fraco demais, Goering era muito errático e estava sobrecarregado, e a Wehrmacht se concentrava, o que era compreensível, na tarefa de curto prazo e cada vez mais sem esperanças de vencer a guerra. A antiga ideia de uma união das alfândegas em todo o continente foi posta em ritmo de espera, e em seu lugar o que foi implementado era parcial e fragmentado: o Protetorado virou parte da zona de comércio do Reich, mas não a Dinamarca, cujos políticos recusavam a ideia de uma união; as restrições de intercâmbio com a Holanda foram abolidas, mas não com a Bélgica. Acordos de compensação bilaterais transformaram a Alemanha no centro do comércio europeu, mas sua perene falta de capital não permitia que avançasse em planos de investimentos de longo prazo. Enquanto isso, o nível de exploração gerava pressões econômicas que enfraqueciam as burocracias estatais em toda parte e chamavam a atenção para sua capacidade de cobrar impostos ou manter seus cidadãos vivos e em segurança.

ALIMENTOS

Poucos temas demonstraram isso de forma tão clara quanto a questão do suprimento de alimentos. Durante a Primeira Guerra, o bloqueio britânico, bem como a prolongada mobilização de milhões de homens nos exércitos combatentes, causou graves crises alimentares por toda a Europa Central. Foi por essa razão que desde o início o Terceiro Reich regulou a agricultura doméstica com muito mais rigor que a indústria. Na verdade foi por estarem convencidos de que as deficiências da Primeira Guerra haviam causado o colapso da Alemanha que os nazistas buscaram autarquias tanto como uma estratégia de guerra quanto como um objetivo para a paz que se seguiria. Eles lutaram para vencer a "batalha pela produção" em termos domésticos, mas como Hitler acreditava que o país não poderia ser autossuficiente dentro das fronteiras existentes, nunca duvidou da necessidade de uma guerra de conquista. Os frutos dessa guerra seriam a "segurança alimentar" do país e a libertação do continente europeu dos fracassos de uma política agrícola internacional do entreguerras que tornava a Alemanha perigosamente dependente de importações de além-mar e ameaçava os meios de vida de seus fazendeiros. Ao resolver assim o problema fundamental do único continente do mundo com uma perigosa carência de seus suprimentos de alimentos, o fascismo demonstraria sua superioridade em relação ao liberalismo, mostrando como a tirania do mercado podia ser vencida com vontade política e administração estatal.[28]

Porém essa imagem cor-de-rosa era apoiada por suposições muito problemáticas. Nos anos 1930, o colapso do comércio internacional açulou o protecionismo na Europa e libertou seus fazendeiros da ameaça de grãos importados de além-mar. A produção de trigo subiu. Às vésperas da guerra, contudo, ainda não era o bastante para que o continente fosse autossuficiente em termos de alimentos. De uma população estimada em 355 milhões (em 1942), cerca de 100 milhões viviam de países produtores de alimentos — principalmente na Europa Oriental; 44 milhões viviam em países que não conseguiam satisfazer três quartos de suas necessidades, a maioria no norte e no oeste da Europa. A própria Alemanha estava um pouco pior que a média: apesar de um substancial aumento em autossuficiência desde 1929, ainda precisava importar cerca de um quinto de seus grãos. A situação parecia pior no grande déficit europeu em gorduras, ração animal e óleos e também foi levada em consideração. Só havia dois resultados possíveis. Ou os alemães conseguiriam aumentar a produtividade da agricultura europeia em tempos de guerra — algo que na verdade eles tentaram mas fracassaram —, ou garantir alimentos para os alemães obtendo-os do restante da Europa significaria que os outros europeus iriam comer menos. O plano nutricional de guerra do Reich de abril de 1939 visava exatamente isto: antecipando uma grande queda de suprimentos alimentares nos dois primeiros anos de uma eventual guerra, o plano determinava que uma extrema exploração dos poderes derrotados manteria o consumo de alimentos da Alemanha num nível satisfatório.[29]

Por meio de comércio e depois conquista, a produção de alimentos na Europa foi na verdade redirecionada ao Reich. Depois da derrota e da partição da Polônia, a abundante colheita de 1940 nos territórios do Oeste anexados demonstrou o potencial da contribuição que novas conquistas poderiam realizar. Não fossem os esquemas raciais de reassentamento nazistas que ameaçaram os fazendeiros poloneses com despejos ou germanização, essa contribuição poderia ser ainda maior. Da forma que aconteceu, existia uma contradição entre os ambiciosos planos de reassentamento racial e etnográfico, com suas inevitáveis consequências desestabilizadoras, e a necessidade de garantir um suprimento constante e confiável de comida aos consumidores alemães no próprio Reich. Não por coincidência, o parceiro agrícola mais bem-sucedido no Leste Europeu era a recém-independente Eslováquia, onde a produção aumentou graças à intensa demanda da Alemanha e à falta de uma ameaça real dos ideólogos nazistas aos próprios fazendeiros.[30]

No Protetorado da Boêmia-Morávia, a ss e seus esquemas de reassentamentos tiveram pouco efeito prejudicial e foram contidos de modo geral por um protetor de tendências mais pragmáticas, o Ministério das Relações Exteriores e o Ministério da Agricultura. Como resultado, as quedas de produção foram mantidas dentro de certos limites e as encomendas do Reich foram cumpridas. Também no Governo-Geral, muitos camponeses poloneses de início tiveram uma visão mais otimista da invasão do que se poderia pensar. Fosse qual fosse o estado de espírito nas cidades, onde as catastróficas consequências econômicas da ocupação eram sentidas desde o começo, os fazendeiros poloneses estavam preparados para ver como as coisas iriam se desenvolver. "Até o final de 1939 ou início de 1940 os alemães ainda não tinham nos incomodado, de forma que alguns fazendeiros começaram a falar entre si que 'uma boa organização chegou aqui' e que 'esta é a cultura ocidental'", recorda-se um aldeão. "A maioria dos habitantes da aldeia não escondia o contentamento com o estado das coisas", lembrou-se outro. "Eles festejaram os 'senhores magníficos', como consideraram os alemães."

Inspirado pelo desejo de civilizar os poloneses, o Departamento de Alimento e Agricultura do Governo-Geral — nas mãos de não menos que 2 mil agrônomos alemães — queria modernizar e mecanizar a agricultura polonesa, aumentar as colheitas, consolidar a propriedade da terra e liberar a força de trabalho excedente para a indústria alemã. De início ganhou a aprovação local distribuindo parte da renda de propriedades expropriadas, reduzindo a criminalidade, oferecendo empregos administrativos e estabelecendo cotas relativamente pequenas para as primeiras entregas de grãos.[31]

Mas a agricultura polonesa permaneceu nas mãos de agricultores poloneses, e, com o sombrio futuro político da Polônia, eles precisavam de incentivos para aderir à "batalha pela produção". Como os planos de longo prazo de Frank incluíam a criação de fazendas gigantes, que seriam entregues a arrendatários e fazendeiros alemães, não surpreende que levou algum tempo para a produção de grãos aumentar. O que admira é quanto tenha aumentado. O fracasso das requisições compulsórias de 1940 forçou Frank a adotar uma nova política de bônus e, apesar da resistência dos camponeses ao prosseguimento de suas leis rigorosas, esses incentivos — combinados com uma presença da ss no campo na época da colheita e novas e duras leis que condenavam os líderes das aldeias ao fuzilamento se não conseguissem completar suas cotas — impulsionaram a entrega de grãos de 383 mil toneladas em 1940-1 a mais de 1 milhão de toneladas dois anos mais tarde. Os camponeses poloneses logo passaram a odiar os alemães, mas estes podiam viver com esse ódio desde que conseguissem suas colheitas. Quando os grãos de fornecedores estabelecidos como a Hungria e a Romênia declinaram, os fazendeiros tchecos e poloneses se tornaram cruciais para a estabilidade política dentro da Alemanha.[32]

A situação na Europa Ocidental era bem diferente, pois precisava importar grãos para sobreviver ainda mais que a Alemanha. A própria invasão na primavera, com suas convocações e o pânico subsequente, afetou muito a colheita de 1940. E, com as requisições de animais de corte, centenas de milhares de homens em campos de prisioneiros e a falta de fertilizantes e outros insumos, a perspectiva a longo prazo não era boa. Os belgas — o "arsenal do fascismo" — precisavam ajudar para evitar a inanição, assim como a Noruega. No outono de 1940, com a chegada de um preocupante verão (de acordo com os peritos agrícolas de Berlim), Goering resumiu a situação com firmeza: a Alemanha não deveria se preocupar com a situação alimentar ali, e a França em particular deveria fazer mais para aumentar a produção. Esperava-se que a França, que nunca havia figurado nos cálculos alemães como fornecedor de alimentos para o Reich, alimentasse principalmente a si mesma e ao milhão de soldados estacionados no país. A Noruega, os Países Baixos e a Dinamarca poderiam, porém, precisar de atenção. No caso, a catástrofe foi evitada, e nem a Noruega nem a Bélgica foram assoladas pela fome. Mas esses países não fizeram nada para facilitar as necessidades de suprimentos do Reich. A Holanda fez, mudando as plantações de grãos para batatas, e, quanto aos fazendeiros dinamarqueses, os mais afortunados, seus rendimentos aumentaram como resultado das exportações para a Alemanha. A ocupação, segundo escreveu um historiador, "foi o que bastou para tirar a agricultura dinamarquesa da prolongada depressão dos anos 1930".[33]

Como os fazendeiros eram muito mais numerosos e mais difíceis de controlar que os homens de negócios, a agricultura testou a capacidade administrativa da Nova Ordem até mais que a indústria. Quando os mercados nacionais se desintegraram, os postos de inspeção aumentaram e o custo do transporte subiu de forma astronômica, ficou mais difícil entregar os suprimentos de alimentos para os necessitados, e as áreas ricas foram isoladas das áreas pobres. Estados que haviam sido enfraquecidos pelo impacto da derrota e da subserviência não conseguiam exercer poder sobre os fazendeiros, que podiam ignorar suas exigências, ou até mesmo se opor por meio de sabotagem ou — como aconteceu com frequência cada vez maior — com armas nas mãos. Se o principal mecanismo de colheita de grãos eram oficialmente cotas fixas a preços estabelecidos, determinar preços errados, ou permitir que ficassem bem atrás da cotação do mercado negro, daria aos fazendeiros um incentivo para desviar suas colheitas para canais ilegais. Se os preços das colheitas fossem altos demais, os trabalhadores das cidades poderiam não conseguir comprar alimentos e protestariam. Além do mais, os preços de entrega pressupunham que a confiança na moeda permanecesse intacta; na verdade, o oposto era verdadeiro. Como a inflação estava por toda parte, até os agentes compradores do Estado eram forçados a se movimentar no meio da guerra para um sistema de troca, no qual cambiavam grãos dos fazendeiros por bens de consumo.

Com os altos preços de entrega praticados pelos trabalhadores rurais, geralmente eram as cidades que sofriam. Diários e memórias dos tempos de guerra costumavam testemunhar o espanto dos habitantes urbanos com a forma como as pessoas viviam no campo: o que impressionou o líder da resistência polonesa quando ele viajou de Varsóvia para o Warthegau foi exatamente o que chamou a atenção de um advogado belga, ao passar um fim de semana fora de Bruxelas perto do final da guerra, diante do sólido comércio local. Nesse conflito de interesses entre produtores de alimentos em boa situação e consumidores urbanos mal nutridos, os altos preços criaram uma tensão política nas cidades que apenas um racionamento eficiente poderia resolver. Ao dar início ao racionamento em setembro de 1940, o marechal Pétain insistiu em que "todos devem assumir sua parte nas dificuldades em comum". Mas o novo sistema de verificações e controles apenas intensificou a consciência da população quanto à desigualdade social.[34] Quando a situação se deteriorou, a revolta resultante assustou as autoridades. Na Noruega, os trabalhadores fizeram greve por causa do congelamento de salários, protestando contra rações inadequadas, e o mesmo aconteceu na França durante o inverno de 1941-2. O racionamento tinha de funcionar de uma forma "socialmente justa", disse o comissário do Reich para a Noruega, Terboven, às autoridades norueguesas, mas a estas faltavam alimentos e pessoal para assegurar esse fato. Tentativas intermitentes de introduzir o racionamento nas cidades dos territórios ocupados do Leste também sofreram dos mesmos problemas. Servidores públicos estavam entre os membros das classes médias urbanas cujos salários foram prejudicados pela inflação, e isso aumentou os incentivos à corrupção e ainda prejudicou a confiança do público em sua capacidade de distribuir alimentos de modo justo. "Se vocês quiserem manteiga, donas de casa", disse um jornal clandestino francês aos leitores de Lyon em 1942, "procurem o governador local. Ele acabou de adquirir trinta quilos no mercado negro. Podem se servir de um quarto de quilo." Em países nos quais a população apoiava majoritariamente o esforço de guerra — na Alemanha ou no Reino Unido —, o racionamento funcionou e às vezes era até popular. Mas nos territórios ocupados era bem menos eficiente, já que as autoridades locais não tinham a legitimidade popular das forças policiais ao seu dispor para assegurar os suprimentos necessários. Aliás, era normal terem de depender de caridades nacionais e organizações de bem-estar — os alemães chegaram a licenciá-las na Polônia e mais ao leste —, cujos sopões e sistemas de distribuição ofereciam a única alternativa ao completo colapso social.[35]

O mercado negro era outra fonte essencial de alimentos, em especial pelo fato de que na maioria dos países as rações oficiais não eram estabelecidas em nível suficiente para garantir a saúde. A desnutrição observada entre os milhares de detentos em prisões e asilos para doentes mentais na Bélgica e na França incapazes de ter acesso a fontes alternativas de alimentos demonstrou quanto o mercado negro era crucial. Os guetos da Europa Oriental eram o caso extremo: em Varsóvia, a população judaica entendeu, como definiu um oficial alemão em agosto de 1941, "que se permanecesse no gueto morreria de fome".[36]

Na verdade até mesmo nos guetos existia um comércio ilegal com o mundo exterior, a um risco extraordinário. Em outras localidades havia um constante tráfico entre a cidade e o campo, com citadinos trocando móveis, bens e objetos de família por comida. Os próprios alemães vendiam mercadorias excedentes para comerciantes do mercado negro, e oficiais de intendência da Wehrmacht também compravam comida deles. "Deve ser enfatizado que em princípio qualquer gabinete que queira comprar artigos regulamentados não deve apelar para o mercado negro", lembrou Hans Frank a seus subordinados. Na verdade, a corrupção corria solta em suas fileiras — a esperança de enriquecimento era, afinal de contas, uma das principais razões de muitos que serviam na Polônia —, tendo o próprio Hans Frank como exemplo. "A corrupção entre os alemães é indescritível", segundo palavras de uma fonte polonesa clandestina.

> Com dinheiro é possível conseguir um passaporte estrangeiro, ser liberado do trabalho e até de usar as braçadeiras prescritas para os judeus; com dinheiro é possível saber do destino de pessoas que foram presas. Agentes da Gestapo, cuja tarefa é lutar contra o mercado negro, fazem negócios com eles, e assim por diante.[37]

As cabeças mais esclarecidas perceberam que era melhor trabalhar com o mercado negro que tentar suprimi-lo. No norte da Rússia, o rigoroso policiamento do mercado negro "teve um resultado completamente negativo", de acordo com um militar alemão perito na época. "Mercadorias desapareceram dos mercados [...] e a população urbana não tem acesso aos alimentos mais básicos. Com a readmissão desses mercados, esses perigosos sintomas desapareceram." Também na Bélgica o governo militar costumava ignorar os ataques de funcionários públicos ao mercado negro, talvez ajudando assim a salvar o país da inanição que sua própria presença poderia provocar. A administração alemã também interveio de forma decisiva na Grécia em outubro de 1942 para transformar "o mercado negro [...] num mercado completamente livre". A estratégia foi elaborada pelo ex-prefeito nazista de Viena Hermann Neubacher, um empresário bem-sucedido que conseguiu baixar bem os preços durante muitos meses.[38]

Muita coisa estava em jogo na Grécia, um país que, assim como a Bélgica e a Noruega, dependia de importações para sobreviver. No primeiro inverno da ocupação, a Grécia já tinha sofrido a primeira fome grave da Europa: a combinação de requisições e armazenamento, a inflação em disparada e os altos custos de distribuição levaram a um colapso catastrófico do suprimento alimentar do país. No início do outono, os primeiros cadáveres macilentos nas ruas de Atenas revelavam a tragédia que viria. Nos seis meses seguintes, dezenas de milhares morreram de fome ou de causas relacionadas. A maioria vivia em Atenas, ou numa das espetaculares porém carentes ilhas Cíclades, que atualmente são destino de turistas no verão. Ninguém queria nem tinha planejado a fome — tampouco os alemães podiam se dar ao trabalho de se importar muito com aquilo. Eles continuaram confiscando alimentos e fornecendo pouca ajuda: segundo funcionários governamentais de Berlim, se a Alemanha tivesse comida de sobra, a Noruega, a Bélgica e a Holanda seriam prioritárias. "Não podemos nos preocupar inutilmente com a Grécia", comentou Goering. "É uma infelicidade que vai atingir muitos outros povos além deles." Na primavera de 1942, quando os alimentos começaram a diminuir até mesmo na Alemanha, o tom endureceu. "Será que o povo das cidades gregas, que no momento parece consistir apenas de traficantes, atravessadores do mercado negro, receptadores de mercadorias roubadas, ladrões e desertores do trabalho, merece ser mantido vivo com os suprimentos de alimento dos poderes do Eixo?", perguntou um jornal de língua alemã. "Ainda estamos para ver por quanto tempo os poderes do Eixo em sua difícil luta podem continuar alimentando uma população de milhões de preguiçosos!"[39]

Em algumas ocasiões, a fome e a desnutrição atingiram também a Europa Ocidental. A única crise real aconteceu na Holanda nas últimas semanas da guerra, quando as cidades da costa holandesa foram temporariamente isoladas por um embargo alemão. Em meio a temperaturas congelantes, as rações despencaram para cerca de 450 calorias por dia, muito abaixo dos níveis de subsistência: os que conseguiam, fugiam para os campos em busca de comida, e algo em torno de 10 mil — a maioria formada por velhos e crianças ou pobres — morreram.[40] Na França, centros urbanos como Paris e Lyon e áreas de monocultura como o Herault viram os primeiros sinais de aflição aguda nas crescentes taxas de mortalidade entre as parcelas mais vulneráveis da população — os idosos, os doentes, mendigos e todos os que não dispunham de acesso ao mercado negro por uma razão ou por outra. Em outubro de 1942, Vichy introduziu suprimentos especiais de comida nas cidades para combater a fome, e economistas alertaram quanto aos graves riscos à saúde no futuro.

Embora não houvesse fome na Polônia ocupada — fora dos guetos, onde milhares realmente morreram de fome —, a escala dos deslocamentos e a discriminação exerceram grande pressão no suprimento de víveres. Uma lista de alimentos proibidos aos poloneses, mas disponíveis aos alemães, incluía pão de trigo, vitela e porco, arroz, mel, peixe de todos os tipos, frutas silvestres, sucos de fruta e até cebola. As crianças eram especialmente afetadas, e suas rações caíram para menos de quinhentas calorias por dia. Uma mulher polonesa explicou que só não morreram de fome porque trocavam roupas por manteiga, farinha ou farinha de cevada. O açúcar e o sal quase nunca estavam disponíveis. Transformando pedaços de terra em pomares, as pessoas plantavam batatas e centeio.[41]

Mas foi na União Soviética que a fome teve as consequências mais devastadoras. Assim como nos guetos, as crescentes taxas de mortalidade indicavam a política deliberada, só que o número de mortos nos territórios soviéticos ocupados foi ainda mais alto. Parte do problema foi um colapso de planejamento. A estimativa alemã da quantidade de grãos que a Rússia podia produzir era tão arrogante e errônea quanto seus preparativos gerais para a guerra. Eles calcularam mal seu volume, assim como fracassaram em prever a política de terra arrasada que o Exército Vermelho praticou em sua retirada. Isso deixou a infraestrutura econômica em tal desordem e destruiu tantos tratores e outras máquinas agrícolas que mesmo uma administração muito mais sofisticada teria de lutar para restaurar a produção aos níveis de antes da guerra. Com a Wehrmacht se abastecendo com os produtos da terra — na expectativa de uma vitória instantânea —, as fazendas da Rússia e da Ucrânia ainda foram devastadas por requisições maciças e matança de animais.

Mas a fome basicamente refletia não o fato de que o planejamento dos alemães havia fracassado, mas sim que tinha dado certo. O poderoso em ascensão no Ministério da Agricultura e dos Alimentos, Herbert Backe, havia muito era um defensor da desindustrialização da Rússia. Seu objetivo era enfraquecer a classe trabalhadora urbana que Stálin formara e fazer o país voltar a ser o fornecedor da Europa Ocidental, como costumava ser antes da tomada de poder pelos bolcheviques — afinal, antes de 1914 o país tinha exportado mais grãos que nos anos 1930. Na visão de Backe, Stálin tinha levado o país na direção errada, arruinado a agricultura russa e condenado o resto da Europa a depender de grãos do outro lado do Atlântico. Ao assumir o controle da produção de grãos soviéticos, a Alemanha podia criar uma genuína *Grossraumwirtschaft* continental e uma divisão de trabalho mais eficiente entre o Oeste industrial e o Leste agrário. Obcecado pelos celeiros da Rússia e da Ucrânia, Backe deu pouca ou nenhuma importância aos 70% da capacidade de fundição de ferro soviética, 58% de aço e 64% de carvão que também deveriam cair nas mãos alemãs.[42]

Também não deu importância aos consumidores de alimentos russos. Para os habitantes das cidades soviéticas, as implicações foram inacreditavelmente devastadoras. Enquanto na Primeira Guerra os militares alemães puseram as necessidades da população civil nativa da Europa Oriental acima das da própria Alemanha, os nazistas as deixaram em último lugar. Quando uma reunião de planejamento presidida por Backe antes da invasão antecipou um fornecimento de 8,7 milhões de toneladas de grãos, dependendo do "nível de consumo doméstico", o significado era que milhões de pessoas nas regiões carentes de alimentos no Norte (incluindo Moscou e Leningrado) seriam eliminadas dos produtores de grãos da Ucrânia e deixadas à míngua. Foi prevista uma "grave aflição pela fome". Aí então é que o relógio russo seria atrasado para o passado desindustrializado e sem urbanização: não havia lugar para "falso humanitarismo", pois isso "reduziria a Alemanha a um poder paralisado" na guerra. E, como as fábricas da Europa Ocidental eram mais importantes para a Alemanha que as da Rússia, os planejadores concluíram, o fornecimento de grãos russos seria usado para manter os trabalhadores da Europa Ocidental vivos, não os russos. Um ano e meio depois, essa política se mantinha inalterada. "A situação do suprimento de alimentos na Europa como um todo", afirmou Goering,

> torna necessária a procura do maior fornecimento possível de produtos agrícolas dos territórios ocupados do Leste para alimentar as tropas e a população do Reich pelo futuro previsível. Para conseguirmos isso, o consumo local de alimentos da população nativa deve ser mantido o mais baixo possível.[43]

A "estratégia da fome" de Backe lança uma luz diferente no tratamento alemão às cidades da Rússia e da Ucrânia: o cerco de Leningrado e os cordões de isolamento em torno de Minsk e Kiev foram planejados para matar a população de fome, destruir a cultura urbana e forçar os habitantes a voltar para o campo. O dinheiro foi substituído pelo escambo, e as cidades se esvaziaram quando seus habitantes pegaram as estradas atrás de comida. Como que para lembrá-los do que viria pela frente, eles passavam por cadáveres emaciados de prisioneiros de guerra e de civis mortos de fome jogados nos acostamentos. Assim como na Europa Ocidental, só que em escala muito maior e em temperaturas abaixo de zero, esse êxodo congestionou as estradas. "Quem sobrevoar ou viajar por terra pelos territórios soviéticos ocupados hoje", escreveu um funcionário do Ministério para os Territórios Orientais Ocupados no inverno de 1942,

> vai notar multidões de pessoas movimentando-se pelas estradas: são centenas de milhares, e, de acordo com especialistas, esse número pode chegar a 1 milhão. Essas multidões estão em movimento, seja em busca de comida, seja para levar alimentos às cidades para vendê-los.[44]

As consequências devastadoras eram que a população de uma cidade como Kharkov, com 1 milhão de habitantes antes da guerra, foi reduzida a 250 mil em dois anos. A retirada soviética também teve seus efeitos. Desde o início, o Exército Vermelho deixou pouco para trás e explodiu muitas fábricas da cidade ao se retirar. Mas, por sua vez, os alemães condenaram a cidade a uma morte lenta. Como recordou um sobrevivente poucos anos depois:

> A cidade está vazia de comestíveis como um deserto, como uma cidade há muito sitiada e isolada do mundo exterior. Todas as pontes e linhas férreas foram explodidas, todas as possibilidades de comunicação e transporte foram totalmente destruídas. É estritamente proibido entrar e sair da cidade [...] Não existem lojas, mercados ou comércio de espécie alguma. Todas as lojas foram destruídas ou saqueadas e pilhadas nos últimos dias antes da retirada do Exército soviético [...] Os mais fortes e capazes tentaram fugir da cidade como se fosse um lugar assolado pela peste, deixando para trás suas propriedades, casas e parentes [...] Houve também os que, exaustos e extremamente fracos devido a um longo tempo de inanição, arriscaram a vida para salvar seus entes queridos. Em geadas de trinta a quarenta graus negativos, levando pesadas cargas, mal conseguindo se mover, os pés enrolados em trapos velhos, caminharam duzentos ou trezentos quilômetros enfrentando tempestades de neve até aldeias distantes para trocar suas últimas roupas quentes por milho ou farinha [...] Muitos morreram, congelaram, se perderam.[45]

Mas, como a economia da cidade e do país não pôde ser isolada da forma como Backe imaginou, o resultado acumulado foi que a produção agrícola durante o tempo de guerra nunca atendeu às expectativas alemãs. Muito do que era recolhido ia para alimentar a Wehrmacht. Uma remessa de grãos foi *de fato* entregue pela Ucrânia depois da colheita de 1942 e no ano seguinte. Mas a opressiva rigidez de Erich Koch alienou toda a população e solapou os frágeis esforços do Exército de alistar ucranianos para a causa alemã. O Ministério da Agricultura enviou milhares de especialistas agrícolas, mas foi em vão. Decididos a *não* dissolver as fazendas coletivas, acreditando que sua existência facilitava a coleta das colheitas, os alemães emitiram um Novo Decreto Agrícola no início de 1942 que adiou qualquer decisão a respeito de seu destino. O decreto prometia libertar os camponeses da "tirania" do "governo sino-soviético de Moscou", mas sua falta de clareza levantou suspeitas, e em um ano ficou óbvio para muitos observadores alemães que eles tinham jogado fora sua principal oportunidade de ganhar a simpatia dos camponeses.

Uma barragem de críticas foi disparada por economistas do Exército e do Ministério para os Territórios Orientais Ocupados de Rosenberg. "Grandes segmentos do campesinato ucraniano estão sob a influência da propaganda do inimigo", observou um dos assistentes de Rosenberg naquele outubro, "e perderam a fé na seriedade de nossas intenções." O Decreto Agrário era um remendo grosseiro, e a mesma hesitação dos alemães em restaurar a propriedade privada no Báltico fora "contrária a todo sentido político". O assessor alertou abertamente para o fato de que, ao exterminar os judeus e ao matar camponeses em represália a ataques de partisans, a Alemanha se arriscava a perder a Ucrânia "como a fonte de nossa provisão de alimento".[46] Mas, quando os elaboradores de políticas começaram a analisar alternativas, o mal já estava feito. As remessas de cereais da União Soviética simplesmente nunca corresponderam às expectativas de Backe (ou de Hitler), e o resultado da invasão confirmou todas as dúvidas e hesitações dos que haviam se oposto a esses métodos. Da forma como ela foi realizada, o domínio alemão sobre a "Califórnia" do Leste condenou milhões de cidadãos soviéticos à morte e tornou a missão do Reich na Europa Ocidental mais difícil por forçar a Alemanha a conseguir suprimentos na região e não no Leste.

Mesmo na Alemanha, a primavera de 1942 levou à percepção de que as rações de alimentos dentro do Reich teriam de ser reduzidas. Em vista da convicção de Hitler de que a própria segurança do regime estava ligada à manutenção dos padrões de vida alemães, foi com certeza uma das crises políticas mais graves por que passou o regime durante toda a guerra. O fato logo foi visto no exterior como um sinal de fraqueza, e as notícias das reduções foram exploradas de imediato e exageradas pela "propaganda da fome" soviética. Confidencialmente, o SD relatou que o moral da população havia chegado a uma "maré baixa nunca antes observada".[47] Convencido de que os cortes seriam revertidos o mais rápido possível, Hitler estava suficientemente preocupado em substituir seu cada vez mais ineficaz ministro da Agricultura e de Alimentos, Walther Darré, pelo dinâmico Backe. Darré era um homem fundamentalmente motivado pelos sonhos raciais românticos do renascimento da vida camponesa na própria Alemanha, enquanto Backe era um expansionista pragmático que, assim como seu colega Heydrich, acreditava na realização de objetivos. A essa altura o que importava era a comida, não os camponeses. Apertando o cerco aos mercados negros no Reich, ele voltou sua atenção ao aumento das remessas do Leste.[48]

Os resultados mortíferos ficaram logo visíveis. No Governo-Geral, que não poderia ser autossuficiente em alimentos nem nas melhores circunstâncias, a administração de Frank não soube como aumentar as remessas, em especial por envolverem as rações da Polônia, já muito restritas. Bônus para os fazendeiros poderiam ajudar. Mas, assim como no caso da Rússia, Back tinha outra resposta — reduzir drasticamente o consumo local. Um dos grupos já estava começando a morrer de fome e não podia ser dispensado. "No Governo-Geral", Backe disse aos funcionários de Frank no dia 23 de junho, algumas semanas antes da previsão da colheita, "existem atualmente 3,5 milhões de judeus. A Polônia deve ser higienizada no próximo ano." Poucas semanas antes, Himmler tinha anunciado aos seus mais graduados homens da SS que a "perambulação de judeus" devia terminar dentro de um ano. Agora ele instruía o SSPF Globocnik em Lublin para matar todos os judeus na Polônia não necessários para o trabalho: graças aos novos campos de morte em Treblinka, Sobibor e Bełżec isso foi conseguido. Dessa forma, a crise de alimentos ajudou a acelerar a Solução Final. Para ajudar Backe, os homens de Himmler também assumiram a coleta da safra da Polônia. De acordo com suas instruções, Varsóvia seria isolada, e os camponeses que não cumprissem suas cotas de entrega deveriam ser fuzilados.[49]

Goering também fez sua parte, e convocou uma reunião crucial em Berlim no início de agosto. Foi uma das poucas ocasiões em que os cabeças de diferentes administrações de ocupação realmente se reuniram, o que permitiu que o marechal de campo do Reich expusesse as novas e duras diretrizes. Repreendendo os comissários e comandantes militares reunidos por colocar interesses de não alemães acima dos alemães, Goering acenou com uma postura bem mais dura à frente. A Alemanha havia conquistado "territórios enormes", mas ainda assim o consumo de alimentos no Reich estava caindo para as "miseráveis rações da Primeira Guerra Mundial":

Em todos os territórios ocupados eu vejo pessoas vivendo lá abarrotadas de comida enquanto nosso povo ainda passa fome. Pelo amor de Deus, vocês não foram mandados para lá com a finalidade de trabalhar para o bem-estar dos povos confiados a vocês, mas para conseguirem o máximo que puderem para que o povo alemão possa viver. Espero que dediquem todas as suas energias a isso. Essa constante preocupação com estrangeiros deve terminar de uma vez por todas. Estou com os relatórios do que vocês pretendem fazer na minha frente. Quando olho para seus países, isso não parece nada. Eu não me importo absolutamente se vocês me disserem que seus povos estão morrendo de fome. Eles podem morrer de fome sem problema, desde que nenhum alemão morra de fome.[50]

Goering não poderia ter sido mais direto: "Em outros tempos, a questão me pareceu relativamente simples. Então alguém chamou isso de pilhagem". Em seguida ele se dirigiu a um país de cada vez: a Holanda era "uma nação de traidores da nossa causa", e seu enfraquecimento não importava, desde que não prejudicasse fazendeiros e trabalhadores das fábricas de armamentos. A França deveria entregar 1,2 milhão de toneladas de cereais, não 550 mil como no ano anterior. A Bélgica não era tão pobre como alegava. Números eram disparados. Para a Noruega: "Eles têm peixe: 400 mil". Quando Terboven observou que aquilo estava abaixo da remessa do ano anterior, Goering respondeu: "Quinhentos mil!". Os inevitáveis protestos de políticos e servidores públicos nos territórios ocupados não lhe interessavam. Ele não era a favor, enfatizou, de "colaboração": "Colaboração é algo que só o sr. Abetz [o embaixador alemão na França] faz". Só os dinamarqueses foram poupados: as relações econômicas específicas com a Alemanha estavam dando os resultados esperados.[51]

Enquanto esses inclementes ajustes prosseguiam, a mente de Hitler estava preocupada com o futuro, incendiada com a visão do Plano Geral do Leste. Durante todo o mês de agosto ele continuou a detalhar essa iniciativa com seus convidados para o jantar. A Alemanha estava avançando em "espaços vazios" e teria de aprender a governá-los. Os eslovacos locais entregariam suas colheitas em troca de bens manufaturados alemães de baixa qualidade; qualquer menção a civilizá-los seria punida com uma pena num campo de concentração. "Nenhum povo da Terra nos expulsará!", vangloriou-se, e os camponeses teriam o mesmo fim que os "índios vermelhos" na América. O Leste produziria um excedente de 10 milhões a 12 milhões de toneladas de cereais por ano — como fazia de fato antes da Grande Guerra —, e a Alemanha se tornaria "o Estado mais autossustentável" do mundo, com milhões de camponeses alemães respondendo ao chamado da terra.[52]

Para sorte dos alemães, os resultados da colheita de 1942 foram mais que satisfatórios. Ajudado pelo bom tempo durante o verão e uma política de aumento da colheita, o suprimento total de cereais subiu de 2 milhões de toneladas para mais de 5 milhões em 1942-3: a essa altura a Alemanha estava obtendo não menos que um quinto de seus grãos nos territórios ocupados. O Governo-Geral e a França eram as peças-chave: os suprimentos dos dois subiram bastante. Como resultado, em meados de setembro o regime conseguiu anunciar que as rações na Alemanha aumentariam outra vez. A crise alimentar tinha terminado, e Goering estava otimista: em discurso "de ação de graças à colheita" no começo de outubro, ele previu aumentos maiores ainda à frente, pois "ovos, manteiga, farinha existem nos territórios do Leste em quantidades que vocês nem conseguem imaginar!". Hitler havia declarado que, se eles conseguissem aumentar as rações até outubro, os britânicos teriam de "abandonar qualquer esperança que tivessem de nos matar de fome". Dessa forma, o regime apresentava suas realizações como um fracasso britânico e uma confirmação para uma vitória final da Alemanha.[53]

Goebbels, o especialista em propaganda, sabia que os rompantes de Goering não faziam nada para ajudar a Alemanha em termos políticos e instruiu os jornalistas alemães a mudar de assunto. Como se esperava, os europeus — assim como os administradores alemães responsáveis pela ordem pública no exterior — reagiram mal às crescentes demandas. Na França, por exemplo, o embaixador Otto Abetz, o homem do Ministério das Relações Exteriores em Paris, acenou com "tumultos, as mais graves perturbações da ordem pública e a renúncia imediata ou deposição do atual governo". Era preciso trabalhar com os franceses, ele ressaltou, já que a Alemanha não dispunha de mão de obra para colher fisicamente os cereais sem eles. A política de colaboração podia simplesmente ser ejetada, como Goering insinuara. Da União Soviética ocupada surgiram os mesmos alertas: a colheita de 1942 se demonstrara inestimável, mas com a redução da comida a população estava sendo empurrada para os braços dos partisans e começava a ver o bolchevismo como o menor dos dois males. O futuro mostraria que Goebbels estava certo e que Goering tinha sido um tolo ao desafiar o destino: os anos 1942-3 foram de fato o ponto alto das remessas de alimentos para a Alemanha. O ritmo caiu levemente no ano posterior e de forma muito mais drástica no seguinte, nem mesmo a contínua produção na própria Alemanha conseguiu compensar.[54]

"A saúde da Europa hoje não está [...] 'tão ruim'", escreveu um comentarista no *International Affairs* no verão de 1944, alertando para o fato de que só a possibilidade de epidemias disseminadas pela libertação poderiam causar alguma preocupação. Realmente, se tentarmos mensurar os desenvolvimentos na saúde e nos padrões de vida na Europa como um todo, surgem alguns aspectos inesperados da vivência do continente.

À medida que o objetivo da política alemã era a preservação de um suprimento de alimento confiável para o Reich, isso foi obtido em grande parte mediante uma combinação de rígidos controles dentro da Alemanha e drásticos aumentos nas remessas vindas do exterior. A crise de 1942 representou, em retrospecto, uma oscilação temporária que foi depois corrigida por um aumento da pressão sobre os consumidores externos. Só perto do final da guerra é que os alemães passaram a enfrentar uma queda abismal no insumo de calorias; e só depois da guerra aconteceu o verdadeiro colapso. A importação de alimentos se tornou cada vez mais importante: um quinto do consumo de grãos da Alemanha (comparado aos 10% antes da guerra), um terço da carne (comparado aos 7%) e um quarto das gorduras eram importados — principalmente da França, da União Soviética, da Dinamarca e da Holanda. Como a orientação racial da política alimentar não só visava eliminar consumidores indesejáveis como também sustentar a saúde dos que "mereciam viver", o Reich também prestou muita atenção na nutrição. A campanha em favor do pão integral ("Pão integral é melhor e mais saudável!"), além de anúncios com crianças gordinhas com dentes saudáveis, era acompanhada de incentivos aos fazendeiros não apenas dentro da Alemanha mas também no Protetorado, na Holanda, na Bélgica e na França para produzir pão integral. Apesar da resistência dos consumidores, a campanha do produto integral foi estendida para biscoitos e cereais. Müsli passa a ser adotado no café da manhã. Tudo isso contribuiu para um grande recorde demográfico se comparado ao período 1914-8: na época a taxa de nascimento tinha caído pela metade, enquanto em seu ponto mais baixo durante a Segunda Guerra — 1942 — caiu para menos de um quinto. Se o objetivo de Hitler era evitar os danos demográficos de 1914-8, ele conseguiu atingi-lo.[55]

Nos demais países, embora os níveis das rações e o consumo de alimentos variassem muito, e apesar das requisições alemãs, a saúde geral no continente continuou surpreendentemente boa. Em geral, o problema básico era o de distribuição, não de produção. Isso foi superado melhor em lugares onde o Estado era forte e em que as comunicações eram relativamente mais fáceis, ou seja, na Europa Central e na Ocidental. O racionamento foi introduzido e manteve o consumo em níveis inferiores aos de antes da guerra, mas suficientemente altos para evitar a fome em massa. Algumas das sociedades mais afetadas na verdade eram aliadas da Alemanha: na Carélia, na Finlândia, algumas populações rurais desceram até pouco acima dos níveis de subsistência; na Itália, as rações oficiais estavam entre as mais baixas da Europa, e o patético fracasso do regime para garantir o suprimento de alimentos do país depois de muitos anos de grita sobre "a batalha pelo grão" contribuiu muito para a decepção e rejeição ao fascismo. Só na ex-União Soviética e em partes da Iugoslávia e da Grécia a subnutrição disseminou-se em grandes áreas e ameaçou chegar à inanição em massa — locais onde o Estado era muito fraco e a ideologia racial alemã teve seu impacto mais devastador. No todo, porém, a queda no consumo de alimentos não pode ser comparada com a da Primeira Guerra Mundial, ao menos não até os dramáticos últimos meses da guerra. Para a maioria dos europeus, os avanços na lavoura e o bom tempo ajudaram a manter a fome sob controle.

As pessoas também continuaram surpreendentemente saudáveis. Houve poucas epidemias e os dados demográficos indicam um impacto inesperadamente baixo na mortalidade infantil e nas taxas de natalidade. A Dinamarca — beneficiada por sua situação privilegiada na Nova Ordem — estava em melhor situação, e suas taxas de natalidade continuaram a aumentar até bem acima dos níveis dos anos 1930. Mas até na França, onde as pessoas sentiram os efeitos do racio-

namento de comida de forma mais aguda por não terem vivenciado nada parecido na Grande Guerra, a queda catastrófica ocorrida em 1914-8 não se repetiu:
pelo contrário, houve um rápido e substancial aumento nos nascimentos depois
de 1941, sem precedentes históricos — algo que os demógrafos do pós-guerra
definiram como "a resistência da natalidade em tempos de guerra", mas que
continuou depois da guerra, assim como em quase toda parte. As mesmas tendências foram visíveis em países mais desprovidos de alimentos, como a Holanda, graças às taxas de mortalidade relativamente baixas e altas taxas de natalidade.[56] A população total — que aumentou levemente no Reino Unido e mais
rapidamente nos Estados Unidos — caiu só um pouco na Europa Ocidental. Na
Iugoslávia, na Grécia e na Polônia, as quedas foram muito mais marcantes. O
pior realmente aconteceu na União Soviética: estudos recentes indicam que a
catástrofe durante a guerra na Ucrânia, por exemplo, superou inclusive a fome
de 1933; na Bielorrússia os números são mais incertos, mas o resultado pode ter
sido ainda pior. Assim, a política alemã conseguiu tanto isolar seu próprio povo
do desastre demográfico como também infligir o processo entre os que mais
temia e desprezava. O restante da Europa escapou do prejuízo de grandes epidemias: mas a aflição dos racionamentos de comida ajudou a legitimidade das
instituições do Estado e o verdadeiro temor da inanição em todo o continente,
tornando mais fácil entender por que isso não poderia realmente ajudar os alemães em termos políticos.[57]

Na melhor das hipóteses, o impacto relativamente limitado da política alimentar alemã sobre a saúde na maior parte da Europa Central e da Ocidental
ajuda a explicar por que o impacto na ordem pública não foi tão grande quanto
se poderia esperar, ao menos antes do inverno de 1942-3. A evolução de atitudes
populares pode ser rastreada pelos relatórios da polícia militar secreta da Alemanha na Bélgica. Em outubro de 1940, eles comunicaram uma certa ansiedade
popular em vista da organização de provisões para o inverno que viria e dúvidas
sobre a competência das autoridades belgas. Ao mesmo tempo, cerca de 80% da
população chegou a "aceitar o fato da ocupação alemã" e esperar que os alemães
organizassem uma distribuição justa de alimentos. Em março de 1941, o sentimento antialemão estava em alta, principalmente por causa dos racionamentos
de comida. Um ano depois, o mercado negro havia se tornado um fato da vida,
e as pessoas em geral estavam convencidas de que os alemães perderiam a guerra
no Leste. Mas continuaram "passivas", e a probabilidade de problemas graves era

pequena. Eventuais greves eram consideradas motivadas por rações e baixos salários, e não contra os alemães diretamente. Em meados de 1942, estava ficando difícil separar a deteriorante situação do abastecimento do governo alemão. Mas ainda
assim em setembro a Política Externa Alemã relatava que "a tranquilidade geral, a
ordem e a segurança não estão ameaçadas". Na França, a avaliação da Wehrmacht
de ameaças à ordem pública era semelhante. Até o final de 1942, em outras palavras, a imunidade da Europa Ocidental a um colapso econômico total parece ter
se acalmado. Não haveria um movimento de oposição em massa por algum tempo, pois a maré da guerra já havia claramente se voltado contra os nazistas.[58]

RECURSOS

Energia era o verdadeiro calcanhar de aquiles do esforço de guerra alemão,
não comida. Em 1943, os Estados Unidos produziram 67% do petróleo do mundo, enquanto a União Soviética produziu cerca de 10% — mais ou menos o equivalente da produção da Califórnia. Os britânicos controlavam nominalmente o
Iraque independente e a Pérsia, mas, enquanto a Marinha Real estava afundando
submarinos na Batalha do Atlântico, foi o petróleo americano que manteve a
luta. Os alemães, por outro lado, controlavam apenas os campos de petróleo da
Romênia, cuja decadente produção durante a guerra era de menos de 2% do
total mundial, além de alguns velhos poços na Hungria e na Galícia. De maneira
geral, a Europa — o foco das ambições imperiais de Hitler — dependia completamente de importações de petróleo, o que punha o Terceiro Reich numa desvantagem tremenda, transformando a luta numa longa guerra virtualmente impossível. Ao contrário da mitologia, isso reduziu um conflito do século xx a uma
guerra com tecnologia do século xix — com cavalos e carvão.[59]

Em 1940, por um momento Berlim imaginou que o mundo árabe rico em
petróleo poderia estar em jogo. Percebendo que a vitória na Primeira Guerra havia
deixado os britânicos no controle das reservas de petróleo do Oriente Médio, alguns alemães tinham a esperança de que a queda da França propiciaria sua entrada
na região. Uma nova companhia de petróleo estatal foi criada — a Kontinentale
Öl AG — (que deveria assumir os campos de petróleo da Polônia e da Rússia também), e em maio de 1941 uma equipe alemã foi enviada à Síria. O ministro das
Relações Exteriores, Ribbentrop, foi um dos principais apoiadores da expedição

— esperando desalentadamente evitar a invasão da União Soviética e manter a pressão sobre os britânicos ao apoiar forças pró-alemãs entre os nacionalistas árabes. Hitler, por outro lado, mal levou essa ideia a sério, pois estava convencido de que a derrota do bolchevismo proporcionaria maiores riquezas de forma mais rápida, e fez concessões desnecessárias aos árabes. O contraste com a decisiva intervenção de Churchill não poderia ser maior. Agindo rapidamente, nos meses seguintes os britânicos esmagaram um golpe pró-alemão no Iraque, ocuparam a Síria e o Líbano (ajudados pela França livre) e forçaram a abdicação do xá do Irã. O fracasso do Eixo na conquista do Egito, além do rígido controle britânico no país, pôs um fim definitivo às ambições de Hitler nesse sentido. Isso tornou a conquista dos campos de petróleo soviéticos no Cáucaso — os mesmos que vinham abastecendo a Alemanha pacificamente em 1939 — muito mais urgente, em especial a partir de maio de 1942, quando Hitler foi alertado por seus militares de altas patentes de que sem eles nenhuma operação ofensiva seria possível no ano seguinte. Paralisada pela interferência do Führer, a Wehrmacht chegou a Maikop em agosto, e a Grózni em outubro, mas o fracasso na tomada de Stalingrado forçou as tropas a se retirarem poucos meses depois. Não haveria uma solução militar para o problema energético da Alemanha.[60]

Hitler procurou ajuda dos cientistas em vão. A hidrogenação, em particular, deveria compensar a deficiência produzindo combustíveis sintéticos. Investimentos em instalações como o complexo químico construído ao redor de Auschwitz — responsável no final de 1944 por 15% da produção de metanol alemão — permitiram que a Luftwaffe continuasse voando. Mas a hidrogenação é um processo muito caro e com grandes necessidades de combustível para funcionar, e as quantidades exigidas teriam consumido uma grande proporção do carvão alemão. A produção de combustíveis sintéticos chegou ao auge em 1943, mas os danos causados pelos bombardeios aliados em 1944, bem como a perda dos campos petrolíferos da Romênia, tornaram a situação energética da Alemanha insolúvel. Aumentar o número de aviões de combate tinha pouca utilidade sem combustível para abastecê-los.[61]

No caso do carvão a perspectiva era melhor, mas não tanto. A conquista da Bélgica, da Holanda, da França e da Tchecoslováquia aumentou de forma significativa a capacidade extrativa dos alemães. Mas em termos continentais a posição ainda não estava boa: a Alemanha era a maior exportadora de carvão da Europa, mas a França era a maior importadora de carvão do mundo, e a Dinamarca, a Itália e a Noruega também dependiam totalmente de importações. Graças à cooperação entre administradores alemães e proprietários de minas franceses e belgas, o fornecimento recuperou-se rapidamente em 1940 e continuou até atingir o auge em 1942-3. Mas a partir daí caiu sem parar, com efeitos decisivos na produção de aço e prejuízos à estratégia de Speer em prol de uma cooperação industrial. O próprio Hitler estava bem consciente das implicações. Em agosto de 1942 ele chamou a atenção do chefe da Reichwerke, Hermann Goering, e do chefe dos produtores de carvão alemães, Paul Pleiger, dizendo que a guerra estaria perdida se a falta de carvão impedisse o aumento da produção de aço. Os contínuos bombardeios anglo-americanos no Ruhr na primavera seguinte atingiram o nó crucial da economia energética alemã e perturbaram toda a estratégia de rearmamento de Speer.[62]

Com a proximidade da derrota, o acordo pelo aço de 1940 entre Alemanha, Bélgica e França começou a ser rompido. Os mineiros protestavam contra as baixas rações desde o primeiro inverno da ocupação — mineiros belgas acenaram com sacos de batatas vazios fora dos muros da cidade em sinal de protesto —, mas os alemães não aumentaram as rações o suficiente para ganhar sua adesão. A partir de 1943 o absenteísmo se intensificou, e a diferença de expectativa de produtividade entre os alemães e os mineradores estrangeiros subiu. A produção média diária nas minas de carvão francesas caiu para 39% entre 1938 e 1944. Enquanto a parcela de trabalho e alimentos estrangeiros na produção total alemã continuou a aumentar, a produção de carvão no exterior caiu de 28% para 20% da produção total da Alemanha. Foi aqui que o sofrimento da população urbana europeia em particular voltou para assombrar seus senhores. No outono de 1943 as greves se tornaram um lugar-comum, e a queda da produção acelerou. As reservas de carvão atingiram níveis perigosamente baixos, tornando ainda mais difícil para o Reich manter o resto da Europa abastecida o suficiente para continuar produzindo. Aliás, isso se tornou mais ou menos impossível depois que os bombardeios aliados contra a infraestrutura de comunicações alemã no final de 1944 arruinaram o sistema de distribuição de carvão no país e fecharam suas fábricas.[63]

Então será que podemos dizer que a ocupação valeu a pena? Uma avaliação recente conclui que em geral isso é mais provável de acontecer quando as áreas em questão são economias industriais modernas, uma vez que seus recursos podem ser explorados com mais facilidade, e onde as comunicações e controles são relativamente baratos. O argumento parece plausível no caso nazista: apesar de todos os seus sonhos de um império no Leste, foi a Europa Ocidental que mais contribuiu para o esforço de guerra alemão. Mas existem dois problemas. Um é que nem mesmo uma ocupação muito bem organizada será suficiente se faltarem certos bens vitais. Se tivessem ganhado a guerra em 1941, os alemães sem dúvida teriam comprado o petróleo e outras mercadorias de que precisassem no exterior. A visão de Hitler de uma autossuficiência extrema teria sido moderada, e a política econômica internacional de Alemanha estaria mais próxima da que foi proposta por seus executivos das indústrias química e de navegação, que nunca abandonaram a ideia de comércio com o resto do mundo e na verdade continuaram a negociar em silêncio com empresas americanas e outras. Mas a declaração de guerra à União Soviética tornou isso mais difícil, e a entrada dos Estados Unidos no conflito impossibilitou essa prática. Quando a guerra começou a se arrastar e se tornou um combate moroso de gigantes industriais, as deficiências críticas da Alemanha começaram a pesar na balança. A outra questão é que uma análise puramente econômica não leva em conta a importante dimensão ideológica da administração da economia de guerra pelo Terceiro Reich. Se o Reich administrou melhor a economia da Europa Ocidental que a da Europa Oriental não foi apenas por ser mais fácil. Foi acima de tudo porque os ganhos ideológicos eram menores. A ss de Himmler era mais fraca no comando de homens de mentalidade mais tradicional, e o próprio Hitler tinha ideias bem mais míopes para o futuro da região.[64]

10. Trabalhadores

Foi na questão do trabalho que o abismo entre a ideologia e a realidade gerou mais dilemas para o Terceiro Reich e as tentativas mais violentas para re- solvê-los. Como o objetivo político fundamental dos nazistas era a criação de um Estado racialmente puro, eles abominavam a ideia de ter de trazer trabalhadores estrangeiros para a Alemanha, especialmente do Leste Europeu. Mas tão logo os combates na frente oriental sinalizaram a perspectiva de uma guerra prolonga- da de desgaste, ficou claro que o conflito não poderia ser vencido sem eles. A partir de 1942, em particular, o número de trabalhadores estrangeiros cresceu rapidamente e em 1944 já chegava a mais de 7 milhões. O repentino ingresso de uma grande população majoritariamente eslava no próprio Reich representou uma revolução social inesperada e desestabilizadora num país no qual as pessoas eram incessantemente bombardeadas com a mensagem de que aqueles que viviam no Leste eram primitivos, pestilentos e perigosos. A forma que o regime encontrou para tranquilizá-las foi marcar os trabalhadores fazendo-os usar distintivos, man- tê-los atrás de arame farpado, policiar todos os seus movimentos e castigá-los severamente se não andassem na linha. Em resumo, a necessidade de trabalha- dores estrangeiros levou diretamente a uma radicalização do Reich e de suas leis raciais.

No fim dos anos 1930, os mercados de trabalho cada vez mais restritos no interior da Alemanha já estavam levando os produtores agrícolas a informar que lhes faltava mão de obra. Em novembro de 1938, já se temia que isso pudesse pôr em risco o abastecimento de alimentos para a Alemanha. Estrangeiros formavam um quarto da mão de obra agrícola em 1936-7, uma proporção que subiu para nada menos que 43% em 1938-9. Goering apoiava a chegada deles e não achava que "as considerações de política racial" devessem ter importância primordial. Na visão dele, trabalhadores estrangeiros eram um mal necessário. Mas, à medida que mais alemães eram convocados para o Exército, a importância desses trabalhadores de fora cresceu ainda mais: em 1940, nada menos que 60% da mão de obra agrícola na Alemanha era não alemã. Em particular, centenas de milhares de prisioneiros de guerra poloneses foram despojados de seus status de ex-combatentes, reclassificados como trabalhadores civis e enviados para fazendas alemãs. Dada a obsessão de Hitler pela comida e segurança da Alemanha, não chegava a ser extraordinário que o Reich dependesse cada vez mais de poloneses para se alimentar, especialmente porque naquele momento eles estavam sendo expulsos de suas próprias fazendas no Warthegau e na Prússia Ocidental. Ironicamente, muitos daqueles mesmos poloneses estavam sendo obrigados a ingressar no Reich para trabalhar. Hitler estava convencido de que os alemães precisavam de mais terra para sobreviver. Mas até mesmo na terra que já tinham eles precisavam de poloneses para garantir a colheita.[1]

Fossem quais fossem as deficiências da lógica econômica nazista, nenhum alemão racialmente consciente desconsiderava as implicações de segurança daqueles acontecimentos. Para que se impedisse a contaminação da população alemã, os trabalhadores poloneses eram marcados: não apenas tinham de usar distintivos (precursores das estrelas amarelas que os judeus usariam mais tarde), como também eram barrados nos restaurantes, proibidos de andar de bicicleta e tinham bordéis separados para impedir a corrupção de mulheres alemãs. Seus salários eram mais baixos que os dos alemães, até que por causa disso os produtores agrícolas começaram a se livrar de seus empregados arianos, ao que o regime reagiu criando um "imposto de compensação social" para eliminar esse incentivo. Mas o regime ainda não estava muito preocupado com sua dependência em relação aos recém-chegados: o problema da escassez de mão de obra fora resolvido, e as objeções ideológicas podiam ser rebatidas enquanto eles fossem mantidos sob vigilância estrita e permanecessem em áreas rurais.

De todo modo, depois da rodada seguinte de conquistas na Europa Ocidental, parecia que essa necessidade de poloneses seria apenas temporária. A derrota da França e dos Países Baixos levou à captura de muito mais prisioneiros de guerra e deu acesso a mercados de trabalho europeus deprimidos por anos de estagnação econômica e desemprego. Havia mais de 1 milhão de desempregados só na França e na Itália naquele momento. Outros chegavam em busca de trabalho vindos de lugares tão distantes como a Hungria, a Bulgária e a Espanha. No verão de 1940, portanto, parecia que as necessidades da Alemanha poderiam ser supridas plenamente no futuro próximo. Como resultado, o Reich também libertou seus prisioneiros de guerra belgas, holandeses e noruegueses, além de alguns franceses. Um milhão e duzentos mil permaneceram em cativeiro e foram utilizados na agricultura ou selecionados para trabalhar nas minas e nas indústrias.

Dentro da Alemanha, as reações ao crescente exército multinacional de recém-chegados eram diversas. O Gabinete Central de Segurança do Reich (RSHA) tentava diferenciar os "trabalhadores de estirpe germânica" dos "estrangeiros raciais" e estabeleceu castigos diferentes para eles. Mas aquilo produzia coisas estranhas: os trabalhadores holandeses, por exemplo, eram membros de uma nação inimiga derrotada, mas teoricamente eram racialmente superiores aos croatas, aos italianos e aos eslovacos que chegavam para trabalhar para o Reich como voluntários. O público alemão não fazia distinções sutis: as pessoas em geral não gostavam de nenhum trabalhador estrangeiro que se negasse a se adaptar ou chamasse muita atenção. Os jovens italianos eram tidos como "barulhentos e desordeiros": reclamavam da comida e entupiam os banheiros. As mulheres francesas eram "imorais" e os holandeses, "arrogantes". Dizia-se que os trabalhadores estrangeiros tornavam desagradáveis as viagens de trem por seu "fedor insuportável", suas roupas imundas, sua desordem, a sujeira que faziam e sua tendência a cantar. Mas, em contraste com a ilusão do Partido Nazista de que eram apenas um mal temporário, um alto funcionário do Ministério do Trabalho advertiu que eles não estavam de saída e previu (corretamente) que grandes deslocamentos de mão de obra provavelmente caracterizariam o desenvolvimento econômico da Europa por muito tempo durante o pós-guerra:

Nem mesmo depois do fim da guerra será possível prescindir de mão de obra estrangeira na Alemanha. Como no passado, ela será muito necessária não apenas na agricultura mas também na indústria, para o cumprimento das grandes tarefas futuras da paz. A formação de uma economia europeia macrorregional integrada servirá para promover isso. Junto com a importação de trabalhadores extras dos Estados continentais para a Alemanha, não há dúvida de que a troca mútua de mão de obra, na forma dos chamados trabalhadores convidados, também ganhará ímpeto, numa equalização intereuropeia da mão de obra.[2]

Convencidos de que a vitória estava próxima, e diante de previsões tão desagradáveis, os nazistas endureceram seus métodos. Os trabalhadores estrangeiros eram barrados nos hospitais a menos que a vida deles estivesse em perigo, e seus campos viviam sob vigilância permanente. As autoridades locais proibiam que frequentassem as piscinas, retiraram suas gratificações de Natal e só permitiam que fizessem compras em horários determinados. Uma razão para essas restrições infinitas era que, especialmente na zona rural, as normas costumavam ser ignoradas. As relações amigáveis que existiram entre os poloneses e os alemães nas aldeias e em fazendas isoladas preocupavam as autoridades, que exigiam mais vigilância e novos regulamentos.[3]

Depois da invasão da União Soviética, a captura de 3 milhões de prisioneiros de guerra e de vastos territórios com grandes reservas de mão de obra aumentou tanto as oportunidades como os riscos econômicos, de uma forma inteiramente nova. Como o regime acreditava que a vitória era iminente e que teria acesso a tantos trabalhadores estrangeiros quantos precisasse, não fez nenhum plano para utilizar os prisioneiros de guerra russos. Na verdade, Hitler impediu que eles fossem usados no Reich. Afinal de contas, esperava-se que o fim da guerra provocasse uma desmobilização rápida da Wehrmacht, aliviando de uma vez por todas a escassez de mão de obra na Alemanha. Mas aquilo era patinar em gelo fino, pois se a guerra não saísse conforme o previsto, em pouco tempo a Alemanha enfrentaria enormes dificuldades: a convocação para a Operação Barbarossa tinha corroído ainda mais as já combalidas reservas de mão de obra alemã, deixando um número recorde de vagas desocupadas na economia interna. E não era uma preocupação meramente teórica: a produção de carvão no Ruhr — centro da economia energética da Alemanha — caiu 15% entre março e agosto de 1941. Apenas em outubro Hitler finalmente cedeu e autorizou a exploração exaustiva de prisioneiros de guerra soviéticos dentro da Alemanha, uma decisão que chegou tarde demais para a maioria dos cativos. Não havia na Alemanha muita compaixão pelo sofrimento daqueles homens: ao contrário, as pessoas ficaram tão enfurecidas com as informações de que o Reich estava alimentando milhões de prisioneiros de guerra que as rações nos campos acabaram sendo reduzidas. Os soldados do Exército Vermelho que conseguiam chegar vivos à Alemanha estavam muito fracos para trabalhar e precisaram ser especialmente "engordados".

Himmler e o partido abominavam a ideia de que a dependência da Alemanha de trabalhadores estrangeiros pudesse se tornar permanente. A guerra produzira uma situação absurda que eles queriam ver terminada o mais depressa possível: "A situação racial política hoje é tal que, assim que nos livramos de quinhentos judeus da área do Reich, imediatamente importamos um número dez vezes maior de raças estrangeiras racialmente indesejáveis", queixou-se um observador no inverno de 1941-2. Temendo um colapso na segurança, Himmler esperava que as necessidades da Alemanha fossem supridas por "povos germânicos" e pela assimilação de outros "aptos para a germanização". Não obstante, essa ideia — como todas as ideias de Himmler — ignorava as realidades econômicas e deixava sem resposta a crescente escassez de mão de obra no Reich. Entre maio de 1939 e maio de 1942, o alistamento fez baixar em 7,8 milhões a mão de obra civil. Com as baixas significativas que a Wehrmacht sofria na frente oriental, para aumentar a produção de armamentos seria necessário resolver o gargalo da mão de obra de algum modo.[4]

AS CAMPANHAS DE SAUCKEL

Na primavera de 1942, com o jovem Albert Speer no comando, começou a racionalização da economia de guerra que em breve produziria aumentos notáveis na produção. Mas era óbvio que a Alemanha também precisava do que alguns estavam chamando de "um ditador para o trabalho" que implementasse um programa europeu para a mão de obra. Para fazê-lo, Hitler, como de hábito, passou por cima do Ministério do Trabalho e nomeou Fritz Sauckel, o velho Gauleiter da Turíngia, como plenipotenciário para o trabalho. Ele ordenou que Sauckel conseguisse um aumento espetacular na contribuição do continente para o problema da mão de obra alemã.

Sob alguns aspectos, Sauckel e Speer eram como a noite e o dia, gerações muito diferentes de nacional-socialistas. Speer era mais um daqueles jovens tecnocratas bem-educados e convincentes, que não escondiam seu desprezo pela estupidez dos chefes do partido. Sauckel havia sido marinheiro e operário, um líder do partido à moda antiga. Na realidade, ambos eram organizadores competentes, e suas tarefas eram complementares: a de Sauckel, afinal de contas, era encontrar trabalhadores para cobrir os déficits nas fábricas de Speer. A despeito de tudo o que disse depois da guerra, Speer precisava de Sauckel — como precisou também de Himmler e da Wehrmacht —, pois sem o recrutamento forçado de mão de obra da Europa para o Reich seria impossível aumentar a produção de armas da Alemanha.

Durante um ano e meio, Sauckel teve enorme êxito dirigindo o que um historiador recentemente definiu como "um dos maiores programas de trabalho forçado jamais visto no mundo". Em abril de 1943, ele informou orgulhosamente a Hitler que as coisas estavam funcionando bem: no que dizia respeito ao trabalho, "nosso Reich nacional-socialista é um exemplo brilhante em comparação com os métodos do mundo capitalista e bolchevique". A realidade era muito menos auspiciosa. À medida que as condições de trabalho na Alemanha pioravam, muitos voluntários voltavam para casa divulgando as notícias sobre a pouca comida e a brutalidade do tratamento que recebiam. Quando eram mandados de volta por ser classificados pelos alemães como "inaptos" para o trabalho — o que também aconteceu no primeiro semestre de 1942 —, as horripilantes histórias que eles contavam também não contribuíam em nada para facilitar o recrutamento. No fim de 1942, os homens de Sauckel estavam arrebanhando gente com métodos que disseminaram o terror por todo o Governo-Geral e pelos territórios ocupados no Leste. Em 1942, só dos territórios soviéticos, ele transportou para o Reich mais de 1 milhão de trabalhadores civis. Em meados de 1943, 2,8 milhões de novos trabalhadores tinham sido alocados em fábricas alemãs, e no fim do ano seguinte a cifra subiu para mais de 5 milhões. Se compararmos esse número — alcançado em apenas trinta meses — com a cifra entre 10 milhões e 20 milhões de africanos que foram transportados pelo Atlântico como escravos ao longo de mais de um século, compreenderemos o impressionante poder coercitivo de que dispunha o Estado moderno.[5]

O tráfico de escravos vinha naturalmente à mente das pessoas da época como único paralelo concebível para a brutalidade extraordinária e frequentemente aleatória dos homens de Sauckel. De acordo com Otto Bräutigam, o crítico assistente de Rosenberg:

Deparamos então com o quadro grotesco de ter de recrutar milhões de operários dos territórios ocupados do Leste, depois que os prisioneiros de guerra morreram de fome como moscas, para preencher as lacunas abertas na Alemanha [...] No abuso ilimitado da humanidade eslava, eram usados métodos de "recrutamento" que provavelmente têm sua origem nos períodos mais sombrios do tráfico de escravos.[6]

Na Cracóvia, um nacionalista ucraniano pró-alemão queixou-se às autoridades:

O nervosismo geral aumenta ainda mais com os métodos equivocados de obtenção de mão de obra que têm sido usados cada vez mais frequentemente nos últimos meses. A caçada humana selvagem e cruel que acontece em todas as cidades do país, em ruas, praças, estações, até mesmo nas igrejas, à noite nas casas, debilita profundamente o sentimento de segurança dos habitantes. Todo mundo está exposto ao perigo, a ser preso em qualquer lugar e a qualquer hora pela polícia, de súbito e inesperadamente, e ser levado a um campo de recrutamento. Nenhum parente fica sabendo o que aconteceu à pessoa, e só meses depois um ou outro recebe notícias de seu destino por meio de um cartão-postal.[7]

Na realidade, a caçada humana na zona rural era ainda pior. Uma carta vívida de um aldeão na Polônia Oriental descreve assim uma dessas incursões:

Aqui onde vivemos, mais coisas aconteceram. As pessoas estão sendo levadas para a Alemanha. No dia 5 de dezembro deviam partir algumas pessoas do distrito de Kowkuski, mas elas não quiseram ir e a aldeia foi incendiada. Eles ameaçaram fazer a mesma coisa em Borowytschi, pois nem todos os que estavam programados para partir queriam ir. Logo depois, chegaram três caminhões cheios de alemães que puseram fogo na casa deles. Em Wrasnytschi, doze casas foram queimadas, e em Borowytschi, mais três. No dia 1º de outubro houve um novo recrutamento. Vou contar o mais importante. Você não pode imaginar a bestialidade. Você provavelmente lembra o que nos falaram sobre a época em que os soviéticos dominavam os poloneses. Na época nós não acreditamos, e isso agora parece igualmente incrível. Chegou uma ordem para o recrutamento de 25 trabalhadores, mas ninguém se apresentou. Todos tinham fugido. Então a milícia alemã veio e começou a queimar a casa dos que tinham fugido. O incêndio ficou muito violento, porque não chovia fazia dois meses. Além disso, as áreas das fazendas tinham pilhas de cereais. Você pode imaginar o que aconteceu. As pessoas que correram para lá foram proibidas de apagar o fogo, apanharam e foram presas, e sete casas foram completamente queimadas. Enquanto isso acontecia, os policiais puseram fogo em outras casas. As pessoas caíam de joelhos e beijavam as mãos deles, mas eles batiam nelas com porretes de borracha e ameaçaram queimar a aldeia toda.

Durante o incêndio, a milícia passou pelas aldeias vizinhas, reuniu os trabalhadores e os prendeu. Onde não achavam nenhum trabalhador, eles prendiam os pais até que os filhos aparecessem. Assim, passaram a noite toda fazendo estragos em Bielosirka. Os trabalhadores que ainda não tinham aparecido seriam fuzilados. Todas as escolas foram fechadas, e os professores casados foram enviados para trabalhar aqui, enquanto os solteiros vão trabalhar na Alemanha. Agora estão caçando gente como a carrocinha pegava cachorros. Já estão caçando há uma semana e ainda não conseguiram o bastante. Os trabalhadores presos são trancados no prédio da escola. Não podem sair nem para fazer as necessidades, precisam fazê-las como os porcos, no mesmo quarto. Um dia, pessoas de várias aldeias foram em peregrinação para o monastério em Potschaew. Foram todas detidas, trancadas e serão enviadas para trabalhar. Entre elas há pessoas mancas, cegas e idosas.[8]

Em vista de tais acontecimentos, não surpreende que o próprio Sauckel, à medida que percorria os territórios ocupados, se deparasse com agitação e uma raiva crescente entre os próprios funcionários de cuja cooperação ele precisava. Tentando cumprir as metas numéricas que haviam sido fixadas, seus homens frequentemente ignoravam passes válidos e documentos de isenção emitidos por outras agências, recrutando trabalhadores qualificados cuja deportação prejudicava outros ramos da indústria bélica alemã. E havia também um impacto catastrófico social e político mais amplo. Rosenberg advertiu Sauckel de que suas incursões estavam fomentando a resistência dos partisans nos territórios do Leste, com os camponeses fugindo para se juntar aos rebeldes. Como a escolha era ou ser mandado para a Alemanha ou ter a casa queimada, eles achavam que tinham pouco a perder. A Wehrmacht e a equipe econômica também estavam profundamente insatisfeitas. Especialmente preocupado com a colheita e com as estradas de ferro, o Exército queria manter os trabalhadores onde eles estavam. Não obstante, as necessidades do Reich vinham primeiro, e seus agentes seguiram saqueando o antigo território da União Soviética: mais da metade dos civis soviéticos que trabalhavam na Alemanha em 1944 chegaram lá *depois* da queda de Stalingrado.

Mas Sauckel também se voltou para a Europa Ocidental. Em um ano, quase dobrou o número de trabalhadores belgas na Alemanha, enquanto o número de franceses subiu de 135 mil para 667 mil. Ribbentrop já havia alertado o ministro do Exterior italiano para o fato de que o Führer "teria de adotar medidas radicais nos territórios ocupados para mobilizar a mão de obra potencial local" para que a Alemanha pudesse combater a campanha de rearmamento americana.[9] A França experimentava uma versão mais moderada das táticas violentas usadas na Polônia e na Ucrânia. Em março de 1944, um antigo marinheiro alardeou aos seus colegas:

> Cheguei até a empregar e treinar um punhado de agentes, tanto homens como mulheres que, em troca de bom pagamento, assim como se fazia antigamente para embarcar homens à força para tripular os navios mercantes, saíam para caçar homens e os embebedavam com álcool e conversa até despachá-los para a Alemanha. Também encarreguei alguns bons homens de criar nosso próprio grupo executivo especial para fornecimento de mão de obra, o que eles fizeram treinando e armando vários locais com a ajuda da ss e da polícia, mas ainda preciso pedir armas ao Ministério de Munições para o uso desses homens, porque só no último ano várias dezenas de agentes muito capazes do grupo executivo de mão de obra foram assassinados a tiros. Tive de usar todos esses meios, por mais grotesco que pareça, para refutar a alegação de que não havia nenhum executivo para trazer mão de obra desses países à Alemanha.[10]

Em 1943, os custos estavam aumentando, na forma de distúrbios crescentes, ameaças à ordem pública e resistência ao domínio alemão. Os empregados de Sauckel eram atacados, e os registros e arquivos policiais que os ajudavam a selecionar trabalhadores por meio dos canais burocráticos eram queimados de propósito. Em consequência, cada vez mais os recrutadores abandonavam qualquer pretensão de seletividade e amealhavam pessoas indiscriminadamente nas ruas, em cinemas, mercados e estações de trem. Era difícil distinguir essas *razzias* e *bloccos* das operações policiais. Em Varsóvia, em janeiro de 1943, 35 mil pessoas foram presas em quatro dias. Os aterrorizantes *bloccos* que aconteceram no bairro "vermelho" de Atenas no verão de 1944 — organizados pela SiPo/SD, mas levados a cabo principalmente pela polícia de segurança grega e informantes — enviaram milhares ao campo de Haidari e de lá para o Reich: ativistas da resistência reconhecidos ou apenas suspeitos eram imediatamente fuzilados.

Depois da ocupação alemã da zona não ocupada da França, e com o anúncio do governo de que teria início o serviço de trabalho compulsório STO (Service du Travail Obligatoire), a inquietação popular tornou-se generalizada, culminando no assassinato do chefe de operação de Sauckel em Paris. Enquanto os jovens fugiam para as colinas a fim de não ser mandados para a Alemanha, Vichy argumentava que desenraizar os trabalhadores e forçá-los a ir para a Alemanha não era o melhor modo de utilizá-los. Albert Speer concordou, defendendo com empenho uma política mais diferenciada e a manutenção dos trabalhadores onde eles já estivessem produzindo para o esforço de guerra alemão. Em setembro, Speer, que acabara de ser nomeado ministro para Armamentos e Produção de Guerra, passou à intervenção direta. Reafirmando a política de colaboração, ele e o ministro francês para a indústria, Jean Bichelonne, concordaram em que as empresas que produziam para o esforço de guerra alemão deveriam ser isentas de cotas de recrutamento. Quando Hitler deu sua aprovação, o sistema se estendeu a boa parte da Europa Ocidental. Em março de 1944, um frustrado Sauckel afirmou que mais de 1,3 milhão de trabalhadores haviam sido afetados pelo acordo só na França, o que os impediu de cumprir suas metas. Speer respondeu que, embora 2,7 milhões de trabalhadores europeus ocidentais entrassem naquela categoria, ainda era uma proporção relativamente pequena de sua força de trabalho total.

O debate sobre a força de trabalho ocorrido em Berlim em julho de 1944, enquanto os aliados avançavam pelo norte da França, foi particularmente amargo. Sauckel reclamou da falta de apoio da Wehrmacht, que, dizia ele, "via no programa de recrutamento de trabalho algo vergonhoso". Ele exigiu mais incursões e mais brutalidade. Mas outros consideraram que, como os alemães careciam da mão de obra, essa estratégia poderia ser contraproducente. Até mesmo o chefe do RSHA, Ernst Kaltenbrunner, advertiu que tinha apenas 2400 homens na França e que era duvidoso que "faixas etárias inteiras pudessem ser apanhadas com forças tão fracas". De seu lado, os diplomatas questionavam a influência que poderiam ter junto a governos estrangeiros; esses mesmos governos estavam bastante debilitados, e pressioná-los ainda mais não ajudaria em nada.[11]

Graças às memórias autocomplacentes de Speer depois da guerra, o significado da controvérsia entre Speer e Sauckel foi exagerado, especialmente porque só se aplicava, de fato, aos trabalhadores europeus ocidentais: no Leste, Speer não quis interferir muito, e as campanhas de Sauckel continuaram a enviar centenas de milhares de desgraçados para o Reich. Os acordos de cooperação industrial que Speer fechou com seu colega em Vichy se encaixavam facilmente na visão dominante em Berlim sobre a instauração de uma economia europeia de duas vias, em que a Alemanha trataria de uma maneira seus sócios industriais e de outra o Leste agrícola. Mas prescindir de trabalhadores estrangeiros nunca esteve em pauta, já que em 1944 a economia de guerra alemã passou a depender completamente deles. Eles constituíam pelo menos um quinto da população ativa total — eram 3% em 1940 — e não trabalhavam apenas na agricultura, mas também em mineração, construção, armamentos e metalurgia; de fato, a indústria tornara-se mais dependente desses trabalhadores que os produtores agrícolas. De todos os que trabalhavam no crucial setor de munições, 30% eram estrangeiros: mais de 16 mil trabalhavam apenas nas operações da BMW em Munique, fornecedora estratégica de motores para a Luftwaffe. Quando os alemães ocuparam a Hungria, a mão de obra do país teve uma importância tão primordial que até mesmo judeus húngaros foram levados para trabalhar no Reich — algo que não tinha precedentes. Em resumo, Speer, como ministro de Armamentos, dependia do êxito das campanhas de Sauckel, e dificilmente poderia ter planejado sabotá-las.[12]

OS TRABALHADORES ESTRANGEIROS E A INTENSIFICAÇÃO DO TERROR

Dessa forma, a política nazista de expulsar populações estrangeiras tinha sido violentamente revertida. De fato, graças a Sauckel, havia mais estrangeiros na Alemanha do que nunca. Não foi depois da guerra, em outras palavras, mas sim durante a guerra que a Alemanha se tornou "um país de imigração". Uma cidade pequena como Osnabrück, que praticamente nunca tivera estrangeiros antes da guerra, passou de repente a abrigar 12 mil pessoas — um quinto de sua população — que falavam uns dezenove idiomas. Alojadas em quartéis, salões de festas, escolas, locais desocupados e também em casas particulares e campos especialmente construídos, aquelas figuras maltrapilhas e esqueléticas eram uma presença marcante nas ruas da cidade. Não surpreende que sua chegada tenha piorado o que já era uma estratégia punitiva de vigilância das relações entre alemães e não alemãs, envolvendo cada vez mais a ss no sistema jurídico alemão e disseminando o terror na vida dos próprios trabalhadores estrangeiros.[13]

O Decreto Polonês de março de 1940 foi só o começo. Dois anos mais tarde, a crise judicial do verão de 1942 foi exacerbada pelo êxito de Sauckel. Foi sobretudo a insatisfação provocada pela chegada de trabalhadores estrangeiros que levou Himmler a persuadir o ministro da Justiça recém-nomeado, Otto Thierack, a conceder-lhe jurisdição penal sobre o que chamou de "elementos antissociais". Essa decisão fatídica abriu caminho para a adoção de uma linha de tratamento mais dura para trabalhadores estrangeiros. De causar arrepios, a justificativa de Thierack para esse enfraquecimento extraordinário do Poder Judiciário ressaltava a ameaçadora presença desses não alemãs e demonstrava quanto era necessária sua presença entre os alemães. Nas palavras do próprio novo ministro:

Tendo em mente o objetivo de livrar o povo alemão de poloneses, russos, judeus e ciganos e de abrir os territórios orientais para sua agregação ao Reich como área de assentamento para a cultura alemã, é minha intenção passar as ações judiciais penais contra os poloneses, os russos, os judeus e os ciganos à jurisdição do Reichs-führer-ss. Procedo dessa forma na suposição de que o sistema de justiça pode contribuir de maneira apenas secundária para o extermínio desses elementos étnicos.[14]

Esse era agora o linguajar do próprio Ministério da Justiça. Thierack pode ter pretendido que aquele arranjo só se aplicasse aos territórios ocupados no Leste; na interpretação de Himmler, porém, significava que a ss adquiria também poderes penais sobre os trabalhadores estrangeiros dentro da Alemanha. Não obstante, no fim de 1942 houve tal clamor entre Gauleiters e funcionários do Ministério da Justiça contra essa expansão do poder da ss que o novo ministro da Justiça tentou voltar atrás. Thierack declarava agora que era "impossível proceder hoje com base na ideia de que desejamos de algum modo aniquilar essas pessoas"; elas deveriam ter "a garantia de algum tipo de processo judicial". Mas, assim como todos os outros advogados nazistas que se manifestaram antes dele, seus protestos chegaram tarde demais: a ss, a polícia e o partido estavam excessivamente preocupados em manter aqueles inferiores raciais e inimigos potenciais do Reich separados dos alemães. Os funcionários da ss explicavam que "os poloneses e os russos soviéticos, meramente por existir no território que se encontra sob hegemonia alemã, representam um perigo para a ordem nacional alemã". Para a ss, portanto, a Grande Alemanha já existia como um espaço semilegal, que abarcava desde a Renânia até a frente soviética: na supervisão da guerra contra o inimigo racial, os limites entre nacional e estrangeiro estavam se dissolvendo, e a ss se recusava a aceitar a necessidade de fazer distinções entre os dois âmbitos, fossem quais fossem as implicações disso para a situação legal dentro do próprio Reich.[15]

A ss não só endureceu as regras como também recrutou alemães comuns para manter os trabalhadores estrangeiros na linha. Nesse caso, como em outros, a Gestapo contou com membros da população para informá-la sobre atividades suspeitas: médicos, guardas, companheiros de trabalho, vizinhos, membros do partido e da Juventude Hitlerista foram alertados sobre os perigos representados pela nova ameaça existente entre eles e encorajados a denunciar tanto os trabalhadores estrangeiros como os que simpatizassem com eles. No final de 1943, Himmler enfatizou que "nenhum deles é perigoso, desde que adotemos medidas severas para punir qualquer ninharia". A humilhação e os castigos públicos proporcionavam uma recordação manifesta sobre as regras novas. Um homem acusado de fazer sexo com uma mulher polonesa, por exemplo, teve de desfilar por sua aldeia atrás de oitenta soldados das tropas de assalto e integrantes da Juventude Hitlerista, ao som de trombetas, antes de receber um sermão público de um funcionário do partido diante de toda a cidade. Se presos, os trabalhadores estrangeiros enfrentavam encarceramento, o envio a campos de concentração ou mesmo execução em praça pública. Com o tempo, enforcamentos públicos passaram a acontecer em cidades e aldeias alemãs; só no Sul católico houve relatos de desaprovação aberta a essa prática.[16]

Nos meses finais da guerra a repressão se intensificou ainda mais à medida que a Wehrmacht era forçada à defensiva e o regime começava a se preocupar seriamente com a subversão na frente doméstica. Himmler destacava a necessidade de garantir "a ordem e disciplinar os trabalhadores estrangeiros em todas as circunstâncias, junto com a prevenção de atos de sabotagem, formação de grupos de resistência e ajuntamentos de revolucionários etc.". Para esse propósito, os gerentes e supervisores das fábricas receberam ordens de manter os olhos bem abertos. Uma indicação do tom com que se discutiam esses assuntos aparece nas atas de uma reunião de proprietários de minas do Ruhr convocada para tratar de trabalhadores russos. O poderoso chefe da Frente Alemã de Trabalho,

Robert Ley, advertiu sua audiência de que a extração de carvão era crucial para a vitória alemã: "O carvão precisa ser extraído, aconteça o que acontecer. Se não com vocês, senhores, então será contra vocês". E num ímpeto alucinado ele apresentou o destino apocalíptico que os esperava caso falhassem:

Depois de nós não haverá nada, tudo estará acabado [...] A Alemanha será destruída. Todos serão mortos, assassinados, queimados, destruídos. Afinal, queimamos todas as pontes atrás de nós, deliberadamente, nós o fizemos. Praticamente resolvemos a Questão Judaica na Alemanha. Só isso já é algo formidável.

Todos os presentes na sala concordaram em que era preciso manter os trabalhadores russos na linha, espancando-os se necessário. "Debaixo da terra é escuro, e Berlim está muito longe", comentou o vice de Ley, Paul Pleiger, um dos líderes industriais mais importantes do Reich.[17]

Além da brutalidade no local de trabalho, também se falou um pouco sobre melhorar os incentivos. Encantados em cooperar com a Gestapo na repressão aos encrenqueiros, os "preguiçosos" ou os meramente "desnecessários", os gerentes alemães também contemplaram a possibilidade de melhorar o desempenho de seus trabalhadores tratando-os melhor. Fizeram cursos para aprender a aprimorar a produtividade do trabalho e introduziram gratificações, embora seja duvidoso que incentivos tais como permitir que trabalhadores usassem o distintivo "Ost" na manga e não no peito fossem realmente de grande valia. No último ano da guerra, instituiu-se o pagamento de acordo com o rendimento, e caíram algumas proibições à circulação dos trabalhadores. Não obstante, quando as sirenes de ataque aéreo soavam e os bombardeiros aliados apareciam no céu, os trabalhadores estrangeiros ficavam fora dos abrigos municipais, ocorrendo assim a morte de um número desproporcionalmente alto entre eles. No final, com a enorme escassez de carvão e alimentos, as condições de vida desses trabalhadores tornaram-se realmente sinistras. O relatório de um governo local no inverno de 1944-5 assim descreveu um campo dirigido por uma empresa de Berlim:

As salas são completamente escuras. O ginásio é completamente escuro. No meio, há uma fogueira. Há montões de palha espalhados pelo chão, com estrangeiros deitados [...] A roupa dos internos no momento é pouca, suja e em parte rasgada [...] Só 150 ou 160 dos 320 internos foram trabalhar hoje; 120 permaneceram no acampamento por não ter nenhum tipo de calçado (eles têm feridas nos pés). Uns quarenta estão resfriados [...] O campo está sujo e em desordem, a provisão de roupas para os internos é inadequada, o aquecimento é insuficiente, os internos estão cobertos de piolhos.[18]

Portanto, o discurso de melhorar a sorte do "trabalhador do Leste" significava muito pouco, reduzido a cada passo por atitudes muito mais básicas e severas. O desprezo racial era uma delas, produto de uma sociedade que se preocupava com a interação étnica e que aprendera a menosprezar a maioria dos povos não alemães. A fria avaliação empresarial dos trabalhadores era outra. Assim como Hitler, os empresários alemães jamais os consideraram um recurso escasso ou valioso, menos ainda seres humanos que precisavam ser cuidados e preservados. Ao contrário, eram artigos baratos que tinham de ser usados até que estivessem gastos. O terceiro fator era o medo de vingança. Como a fala de Ley sugerira, muitos alemães — mesmo quando não sabiam exatamente o que havia acontecido no estrangeiro — estavam bastante conscientes do ressentimento e da hostilidade reprimida que o comportamento da Alemanha despertava entre suas vítimas. O próprio regime vinha falando um idioma de vingança e represálias desde que chegou ao poder, sempre advertindo que elas se voltariam contra a Alemanha se o nazismo fosse derrotado. E, finalmente, havia uma espécie de paranoia sobre a possibilidade de que os "criminosos" escapassem e andassem à solta caso a Alemanha desmoronasse. Nos meses finais da guerra, quando os nazistas se tornavam mais e mais violentos com os suspeitos de delinquências de todos os tipos, Himmler defendeu execuções em massa de estrangeiros problemáticos. Acusados de saques depois de um bombardeio devastador, mais de duzentos prisioneiros de guerra italianos, por exemplo, foram enforcados em lotes num patíbulo improvisado em Düsseldorf. No fim da guerra, a Gestapo estava matando indiscriminadamente trabalhadores alemães e estrangeiros para se livrar de "criminosos perigosos" que supostamente ameaçavam a ordem pública ou que simplesmente fossem fracos demais para ser removidos.[19]

A SS E O TRABALHO ESCRAVO

Como órgão encarregado dos campos de concentração, a ss tinha suas próprias fontes de mão de obra potencialmente valiosas. Porém, quando a guerra começou, a população de detentos era muito pequena: em setembro de 1939, os campos principais de Dachau, Sachsenhausen, Buchenwald, Mauthausen, Flossenbürg e Ravensbrück alojavam apenas 21 400 ao todo, num momento em que o gulag soviético tinha mais de 1,3 milhão de prisioneiros. Só depois do grande ponto de inflexão de 1941-2 é que Himmler despertou para a importância desses detentos. Na primavera de 1942, o número de presos havia dobrado, mas — e isso era algo mais importante — a ss tinha começado a construir ou ampliar outros nove campos, entre eles Auschwitz, Stutthof e Lublin-Majdanek, cada um deles projetado para alojar cifras que teriam feito parecer pequeno o número total sob custódia da ss antes da guerra. Embora os planos nos quais se baseava essa expansão jamais tenham se concretizado, a população total dos campos subiu muito rápido, para 110 mil (em setembro de 1942) e 200 mil (em junho de 1943). Em Auschwitz, Dachau e outros lugares, numerosos campos-satélite cercaram os campos principais. No começo de 1945, havia mais de 700 mil ocupantes e uns 40 mil guardas em vinte campos principais com graves problemas de superpopulação e em outros 165 campos de trabalho administrados pela ss, e o sistema alemão cresceu rapidamente, até se converter em algo que se aproximava das proporções do gulag.[20]

O sistema dos campos da ss: *números de prisioneiros*

Campo	setembro de 1939	abril de 1942	agosto de 1943	janeiro de 1945
Dachau	4000	8000	17 300	57 560
Buchenwald	5300	9000	17 600	87 300
Sachsenhausen	6500	10 000	26 500	60 800
Flossenbürg	1600	4700	4800	40 300
Auschwitz	—	c. 20 000	72 000	34 500
Lublin	—	c. 9500	15 400	—
Total para *todos* os campos de concentração	c. 21 000	c. 75 000	224 000	714 000

Fontes: TWC, v. 15, R-129; 1468-PS; N. Wachsmann, *Hitler's Prisons: Legal Terror in Nazi German*, Londres, 2004, pp. 394-5; H. Krausnick, M. Broszat (Orgs.), *Anatomy of the SS State*, Londres, 1973, pp. 247-8.

O catalisador da nova política, como já vimos, foi o desejo de Himmler de antecipar-se à vitória iminente iniciando de imediato os trabalhos preliminares para o Plano Geral do Leste. Isso implicava utilizar mão de obra estrangeira não dentro do Reich — algo sobre o que Himmler sempre teve as mais profundas reservas —, e sim mais a leste. Em consequência, ele começou a mudar o foco do sistema de campos no rumo leste, para a periferia do Reich e do Governo-Geral, com a construção dos megacampos de Auschwitz e Lublin. Em particular, Lublin foi projetado para se tornar um centro de assentamento, triplicando em tamanho, com um centro da cidade renovado, novas indústrias e um anel de assentamentos ao redor. Um salto de tais proporções na utilização de mão de obra escrava exigia uma grande reorganização do moribundo sistema de campos. Por isso, Himmler a depositou nas mãos do dinâmico Oswald Pohl, que foi posto à frente de um novo departamento da ss, o Gabinete Central de Administração e Economia (wvha). Combinando a administração dos campos, a principal unidade de construção e edificações da ss e suas operações empresariais, o wvha tinha a missão de organizar a paz para a ss no Leste. O subordinado de Pohl Hans Kammler, o principal engenheiro de construções da ss, homem talentoso porém cruel, traçou planos para o novo campo de Lublin. Planejou também a mobilização de "brigadas de construção" para os tempos de paz, que utilizariam 175 mil trabalhadores escravos para iniciar a construção de estradas e assentamentos.[21]

O otimismo extraordinário por trás desses planos durou quase todo o ano, embora apenas 30 mil prisioneiros de guerra soviéticos tenham de fato sido postos nas mãos da ss em 1941. Kammler, Pohl e Himmler achavam que não havia nada com que se preocupar. Os planos de construção de Kammler para os tempos de paz mencionavam com displicência a intenção de explorar "prisioneiros, prisioneiros de guerra, judeus etc.": para eles, o transporte de judeus eslovacos aptos para o trabalho para Auschwitz, em março de 1942, era apenas o começo. O principal arquiteto do Plano Geral do Leste, o professor Konrad Meyer, estimou que 850 mil trabalhadores seriam necessários pelos 25 anos seguintes.[22] Desse modo, tal como Pohl expôs a Himmler, "a guerra provocou uma importante mudança na estrutura dos campos de concentração e modificou suas funções com respeito à utilização dos prisioneiros". A mobilização de prisioneiros para a economia de guerra e "para fins de construção da paz futura" agora tinha precedência sobre considerações de segurança ou doutrinação ideológica. Himmler se mostrou de acordo. No importante discurso que proferiu aos líderes de mais alto escalão da ss em junho (por ocasião do funeral de Heydrich), ele enfatizou que

se não enchermos nossos campos de escravos — e nesta sala me proponho a dizer as coisas com muita firmeza e clareza —, de trabalhadores escravos que construrão nossas cidades, nossas aldeias e nossas lavouras, sem levar em conta quaisquer perdas, nem mesmo depois de anos de guerra teremos dinheiro para ser capazes de equipar os assentamentos de modo que pessoas verdadeiramente germânicas possam viver lá e criar raízes na primeira geração.[23]

Pohl não era nenhum sentimental. Queria que os comandantes dos campos começassem a se comportar mais como gerentes que como policiais, assegurando que os campos fossem economicamente produtivos. Não obstante, ainda mais que os empresários alemães, a ss tratava seus prisioneiros como se eles fossem infinitos. A nova política os fazia trabalhar até o limite de sua resistência e além — reduzindo os períodos de descanso, autorizando horas ilimitadas de trabalho e fomentando a vigilância. A utilização desses prisioneiros, conforme disse Pohl, teria de ser "exaustiva, no mais profundo sentido da palavra". Até que ponto eles poderiam ser supridos — ou a própria capacidade dos campos — não era uma pergunta fácil de responder. Era constrangedor, mas o próprio Richard Glücks, o inspetor dos campos de concentração, não sabia nem mesmo quantos prisioneiros eles já abrigavam. Pohl queria mudar tudo isso e tentou monitorar esse quadro utilizando estatísticas de produtividade.[24]

Na realidade, a provisão de prisioneiros estava a ponto de disparar muito além da capacidade de administração da ss. Canalizados em enormes quantidades para os campos à medida que se desenvolvia a Solução Final, os judeus "inaptos para o trabalho" eram enviados diretamente para os campos de extermínio, enquanto o resto era "selecionado" para enfrentar o "extermínio por meio do trabalho". Destino semelhante aguardava os trabalhadores estrangeiros e alemães que caíam nas mãos da polícia. O acordo Thierack-Himmler de 1942 estabeleceu que eles fossem enviados aos campos, passando por cima do sistema judicial. A ideia do "extermínio por meio do trabalho", observou Goebbels à época, aplicava-se "a judeus e a ciganos incondicionalmente, aos poloneses que devem cumprir de três a quatro anos de trabalhos forçados e aos tchecos e alemães condenados à morte ou à pena perpétua de trabalhos forçados". Em consequência, só no final de 1942, 35 mil trabalhadores "do Leste" foram entregues à Gestapo. A intensificação da guerra contra os partisans no Leste Europeu acrescentou muitos mais, assim como a decisão de transferir para os campos todos os poloneses sujeitos a longas sentenças de prisão no Governo-Geral. No fim de 1944, em menos de dois anos o número de prisões mensais havia dobrado.[25]

Pohl, um administrador enérgico, era também vaidoso, dogmático (propenso, como Hans Frank, a dar muita importância à sua suposta semelhança com Mussolini) e, de acordo com um antigo colega, um completo amador em assuntos econômicos. No segundo semestre de 1942, e apesar das enormes levas de gente que chegavam aos campos, as condições ficaram tão ruins que a população do sistema como um todo na verdade caiu de 115 mil para 83 mil. O "extermínio por meio do trabalho" estava indo longe demais, até mesmo para a ss.[26] O único mistério é por que os próprios administradores da ss se surpreenderam quando afinal tiveram uma ideia clara da mortalidade nos campos — graças a suas novas estatísticas — e compreenderam como eram elevadas. Em dezembro de 1942, os militares e o Ministério de Armamentos de Speer os criticavam por sua ineficiência e argumentavam que era melhor enviar os trabalhadores para as fábricas de Speer e manter os judeus em guetos para uso do Exército.[27]

Se havia algo que sensibilizava Himmler eram a acusação de ineficiência e o medo de que isso pudesse ameaçar seu comando da política racial. Assim, por iniciativa sua, uma comissão interna da ss começou a investigar a administração dos campos. Descobriu-se tal rede de corrupção, roubo de propriedade, matanças arbitrárias e fundos secretos para suborno que centenas de homens da ss foram detidos ou demitidos. Um terço dos comandantes de campos de concentração foi substituído. "Todos os meios devem ser empregados para baixar a taxa de mortalidade", determinou Glücks aos chefes dos campos em janeiro de 1943. Como resultado, houve um período, entre o fim de 1942 e o início de 1944, em que o wvha de fato reduziu as taxas de mortalidade entre os internos de assombrosos 10% mensais para algo entre 2% e 3% ao mês. Ainda assim era uma cifra astronômica. Além disso, ao longo desse mesmo período, centenas de milhares de judeus estavam sendo mortos em câmaras de gás ao chegar a Auschwitz-Birkenau, enquanto outros morriam de fome em localidades diversas. Os administradores do sistema não monitoravam o abastecimento de comida para os campos, não reprimiam o comportamento assassino dos guardas nem adotavam qualquer outra medida óbvia para manter vivos mais prisioneiros. Ao contrário, novas medidas ajudavam a matar as pessoas mais depressa.

Com a expansão do sistema, Himmler tentou diferenciar os tipos diferentes de campos e suas funções para destacar a utilidade econômica das instituições dirigidas pelo wvha. Nessa época, afinal, ele era o responsável pelos campos de prisioneiros de guerra, de internação, de trabalho e de trânsito, além dos centros de extermínio e dos campos de concentração sob controle do inspetor dos campos de concentração e do wvha. Em maio de 1943, ele esclareceu por escrito que o campo de trabalho em Salaspils, perto de Riga, só poderia ser transformado em campo de concentração se incluísse "uma empresa genuína e verdadeiramente importante de armamentos". Na realidade, os internos eram mantidos principalmente cavando turfa, extraindo pedreiras e minas e fazendo cimento, trabalhos que, segundo descreveu, "serviam apenas para mantê-los ocupados". Mas o fato de fazerem ou não parte do wvha não implicava nenhuma diferença real no modo como os prisioneiros eram tratados. Ao contrário, suas instalações industriais — incluindo fornos crematórios modernos — e os recursos médicos significavam apenas que os internos podiam ser assassinados em maior número. Os médicos dos campos matavam os internos injetando-lhes fenol; outros eram simplesmente mortos com gás ou queimados. Assim como os judeus, escreveu um oficial da ss em Lublin durante o reassentamento de Zamość, os poloneses enviados a Auschwitz deveriam ser "liquidados" se estivessem mentalmente doentes, fisicamente incapacitados ou adoentados. A única diferença era que, "ao contrário dos judeus, os poloneses deveriam morrer de morte natural". Ao mesmo tempo, as mortes já não eram informadas aos escritórios de registro locais: nos próprios campos um novo código de registro ajudou a dissimular as cifras crescentes.[28]

A resultante taxa de mortalidade foi assombrosa. De 12 658 prisioneiros transferidos para os campos (a maioria para Mauthausen-Gusen) depois de sua prisão preventiva pelo Reich no fim de 1942, 5935 já estavam mortos no fim de abril do ano seguinte. A taxa de mortalidade geral era ainda mais alta. Estimativas recentes sugerem que, do 1,65 milhão de internos que trabalhavam para a economia de guerra alemã nos campos, não mais que 475 mil sobreviveram à guerra, e poucos foram libertados de fato. O sistema de campos havia crescido muito desde sua modesta implantação depois da chegada dos nazistas ao poder, mas esse crescimento trouxe consigo um aumento vertiginoso das taxas de mortalidade. Nas mãos da ss, o sistema era destrutivo demais para ser o principal fornecedor da mão de obra de que o esforço de guerra do Reich necessitava tão desesperadamente.

Os números falam por si, por mais impessoal que isso possa parecer. A força de trabalho alemã se reduziu de 39 milhões para 29 milhões entre 1939 e 1944, só em consequência do recrutamento de homens para o Exército, e grande parte desse déficit foi suprida por 7 milhões de trabalhadores estrangeiros, a maioria aprisionada pelos agentes de Sauckel. Em comparação com esses números, os 475 mil sobreviventes famintos e debilitados dos campos de Himmler representavam uma deplorável prova do idiotismo econômico do nazismo. Uma política diferente teria feito a mão de obra alemã aumentar, não diminuir. Afinal, milhões de trabalhadores em potencial foram assassinados (na Solução Final) ou abandonados para morrer de fome (nos campos de prisioneiros de guerra). Mas no Terceiro Reich, e acima de tudo na ss — como seus líderes costumavam proclamar —, havia coisas mais importantes que a economia.

FAZENDO NEGÓCIOS COM A SS

No que diz respeito a negócios, a ss era muito melhor destruindo coisas que construindo. Depois do Anschluss, enquanto Goering transformava seu Reichwerke num gigantesco conglomerado industrial estatal, a ss também fez tentativas com o mundo da produção. Suas primeiras iniciativas na área concentraram-se na exploração de pedreiras e construção, abrindo campos como Mauthausen, Flossenbürg e Gross-Rosen na expectativa dos grandes projetos de reconstrução do Reich. Tirando partido do acesso privilegiado a propriedades expropriadas dos judeus, Pohl e o wvha conseguiram assumir o controle de muitas pequenas empresas, de moinhos a fabricantes de alimentos. Mas suas aquisições não tinham muita lógica — engarrafadoras de água mineral aqui, oficinas de conserto de bicicletas e fábricas de cerâmica acolá. Himmler sonhava com uma indústria de armamentos da ss que produzisse armas antiaéreas, lançadores de granadas e metralhadoras. Mas faltavam homens com experiência empresarial na ss, e a combinação de uma força de trabalho faminta e brutalizada, a obsessão de Himmler pelo reassentamento agrário no Leste no pós-guerra e a falta de capital para investir impediram a ss de criar um império industrial de alguma relevância.[29]

Um exemplo particularmente macabro dessa incompetência econômica foi o fraco resultado empresarial do assassinato em massa de judeus poloneses na Operação Reinhard. No outono de 1942, Himmler decidiu reagir aos que se opunham ao genocídio — a Wehrmacht em particular estava preocupada com os transtornos que a produção industrial polonesa sofria com a remoção dos judeus de seus postos de trabalho — criando "um punhado de grandes fábricas nos campos de concentração judaicos" perto de Lublin a fim de que produzissem para o esforço de guerra. Embora estes nunca tenham se materializado na forma que Himmler imaginara, o conglomerado osti de Odilo Globocnik empregou várias dezenas de milhares de trabalhadores judeus poloneses em diversas operações que incluíam uma fábrica de vidro, uma fábrica de escova, oficinas de carpintaria, uma oficina de montagem de bicicletas e uma empresa farmacêutica. O cruel, corrupto e farrista Globocnik não era um bom gerente, assim como seus homens; um deles declarou que sentia "náuseas só de ouvir a palavra indústria!". Os próprios peritos empresariais da ss também estavam confusos: as osti tinham sido criadas como empresa em março de 1943, com Pohl na presidência do conselho de administração e Globus como diretor-gerente. Mas seria apenas uma operação política, uma fachada para obtenção de lucro pessoal ou um empreendimento comercial sério? A resposta não demorou muito. Administrada de modo bárbaro e amador, foi mais um subproduto momentâneo das políticas de pilhagem e genocídio que o núcleo de uma nova preocupação da ss com a indústria, e sua má gestão foi uma das razões da segunda demissão de Globocnik em sua carreira e de sua remoção de Lublin para chefiar a polícia em Trieste. Antes de ser demitido, ele sugerira — com o apoio de Himmler — que o gueto de Łódz também fosse deixado sob a administração das osti. Ele estava preocupado com o fato de que os industriais e a Wehrmacht pareciam estar fazendo pedidos ao gueto e não a ele. Mas os encarregados do centro industrial do Warthegau conseguiram fazer com que a ideia fosse descartada: nada do que a ss tinha feito sugeria que pudesse se igualar em eficiência à força de trabalho do gueto de Łódz sob o comando de um empresário alemão que estava produzindo uniformes para a Wehrmacht.[30]

Nas mãos da ss, o extermínio dos judeus poloneses resultou assim em enriquecimento privado em escala maciça, mas pouco ganho econômico para o esforço de guerra alemão. Globocnik afirmava que a Operação Reinhard havia produzido mais de 1900 vagões de carga de roupas usadas entre setembro de 1942 e dezembro de 1943. Da matança de centenas de milhares de judeus poloneses, seus homens reuniram bens no valor de milhões de marcos que, segundo afirmaram, planejavam investir nas osti. No relatório final de Globocnik, a lista de artigos sobre os quais esse cálculo se baseava se estende por várias páginas e inclui dinheiro em várias moedas correntes, de pengos húngaros a libras australianas, além de pilhas enormes de joias, relógios, metais preciosos, pastas, canivetes, óculos de sol, cigarreiras, relógios despertadores e navalhas. O que não se transformou em presentes de Natal para colonos alemães ou gente da ss, ou não foi parar nos bolsos sem fundo dos funcionários envolvidos, supostamente deveria financiar o conglomerado osti, tão necessitado de dinheiro. Não obstante, as osti não prosperaram, tendo se arrastado durante quase todo o ano de 1943, só enquanto Himmler quis preservar uma pequena mão de obra judia no Leste. Em novembro — depois das revoltas nos campos de extermínio de Treblinka e Sobibor —, seus últimos empregados foram assassinados durante a sangrenta operação "Festival da Colheita", que eliminou os poucos judeus sobreviventes da Polônia. Em fevereiro de 1944, muitas das outras empresas da ss foram declaradas insolventes. Em outubro do ano seguinte, Speer reivindicou o controle da mão de obra em todo o Reich, deixando para trás as ambições econômicas mais amplas da ss.[31]

O próprio Speer alardeou mais tarde que tinha evitado o perigo de que a ss assumisse o controle da economia, ao recordar a Hitler a importância de manter a produção de armas nas mãos dos que sabiam como administrá-la. Mas os interesses de Himmler — à parte as fantasias ocasionais — na verdade jamais haviam seguido naquela direção. No que dizia respeito à paz, ele continuou comprometido com seus planos de construção do pós-guerra no Leste, uma visão de reassentamento colonial que planejava usar técnicas governamentais modernas para restabelecer uma ordem pseudomedieval na qual a própria indústria não se encaixava bem. Quanto à guerra, se o dever exigia que exterminasse os trabalhadores judeus, ele o faria. Portanto, ele dizia a verdade quando garantiu a Speer: "Tenho ambições completamente diferentes de me tornar um competidor nesse setor [ou seja, o da produção de armamentos]".

Entre os dois homens houve apenas um breve conflito — no outono de 1942 — em torno de permitir ou não que os prisioneiros dos campos trabalhassem para empresas externas ou de criar fábricas nos próprios campos. O motivo foi a fábrica de armamentos Gustloff, em Buchenwald, um projeto-piloto concebido para a utilização da mão de obra dos campos na produção de armamentos onde havia ocorrido atrasos nas entregas. Mas ter a ss como patrão podia ser desconcertante. Depois de algumas intervenções enérgicas de Himmler, os gerentes da Gustloff começaram a se preocupar com a possibilidade de que a ss pudesse começar a policiá-los, como fazia com seus trabalhadores escravos. Nem mesmo Hitler achava que seria uma boa ideia ter a ss dizendo aos industriais da Alemanha como deveriam dirigir seus negócios. Quando a contenda terminou, com a vitória de Speer, ele encontrou Himmler disposto a cooperar: novos campos foram criados dentro e fora do Reich, e até a proibição de empregar judeus dentro da Alemanha acabou sendo relaxada em nome da produção de guerra. O trabalho nos campos de concentração foi direcionado para a economia de armamentos, e em troca a ss obteve acesso privilegiado a munições e equipamento.[32]

No último ano da guerra, o foco na administração alemã da economia europeia se reduzira a uma preocupação específica com a produção de armas. Tendo conseguido amplos poderes sobre as economias de todos os territórios ocupados, Speer pôde afinal contemplar a centralização da produção industrial europeia para o esforço de guerra alemão, orientando tudo para aumentar a produção de armas e concentrando-se em ganhos de produtividade. A ascensão de Speer mostrou a confiança que Hitler tinha nele: afinal de contas, era claro como água que Speer era uma alternativa melhor que Himmler no que dizia respeito à produção de armas (ou de qualquer coisa, na realidade). Enquanto os campos eram uma combinação de baixa produtividade, alta mortalidade e corrupção galopante, a produtividade do trabalho cresceu nas fábricas sob a administração de Speer. A despeito de um incremento apenas modesto da renda nacional interna alemã, suas reformas produziram um aumento impressionante na produção de armamentos sem exigir uma grande reestruturação da economia. Só a produção de aviões de combate dobrou em um ano. Em meados de 1943, era duvidoso que Himmler pudesse ter desafiado Speer com sucesso, mesmo que quisesse.[33]

A partir do outono de 1943, os prisioneiros dos campos foram usados em números significativos para produzir armamentos, e essa tendência foi acelerada ao longo de 1944, piorando bastante suas condições. Como explicou o comandante de Auschwitz, Rudolf Höss, no julgamento de Nuremberg:

> A razão principal por que os prisioneiros estavam em tão más condições no fim da guerra, o fato de terem sido encontrados tantos milhares doentes e emaciados nos campos, é que todos os internos tinham de trabalhar na indústria de armamento até o limite extremo de suas forças. O Reichsführer constantemente e em todas as ocasiões mantinha essa meta ante nossos olhos e também a proclamava por meio do chefe do Gabinete Central de Administração e Economia, o Obergruppenführer Pohl, para os chefes dos campos de concentração e líderes administrativos

durante as chamadas reuniões dos comandantes. Todos os comandantes recebe-ram ordens de fazer todo esforço para alcançar essa meta. A meta não era conse-guir o maior número possível de mortos ou eliminar tantos prisioneiros quanto fosse possível: o Reichsführer estava sempre preocupado em ser capaz de empregar todas as forças disponíveis na indústria de armamentos.[34]

No início de 1942, havia cerca de 25 mil prisioneiros de campos de concen-tração trabalhando para a economia de guerra; no fim de 1944, o número subira para algo entre 400 mil e 420 mil, e a ss e a indústria alemã colaboravam em sua exploração. Alojados principalmente em antigos campos de trabalho escravo ju-deu (os ocupantes originais agora estavam mortos), alguns internos ajudavam a construir a indústria química baseada no carvão na Silésia que viria a ser o esteio da economia polonesa regional depois da guerra. O campo de Oranienburg ali-mentava a planta de Heinkel, Sachsenhausen fornecia para a Daimler-Benz, e Dachau estava ligado à bmw. Os negócios da Krupp apelaram aos campos quan-do se viram sem mão de obra, e seus gerentes buscavam trabalhadores qualifica-dos em Buchenwald. A mão de obra majoritariamente estrangeira da Volkswa-gen estava produzindo veículos militares, partes de aeronaves, foguetes e muitas outras armas: a empresa fornecia jipes à ss, e em troca a ss construiu e operava um campo especial nos arredores de sua principal fábrica.[35]

O próprio Speer pediu a Himmler que fornecesse tantos trabalhadores quanto possível vindos dos campos. Em maio, o ministro da Justiça, Thierack, autorizou-o a usar também os presos comuns. Na primavera de 1945, talvez me-tade da população dos campos — cerca de 5% da força de trabalho total do Reich — trabalhava diretamente na produção para o esforço de guerra ou para o Dire-tório de Construção de Kammler. Por meio de Kammler, a ss deu apoio à Volkswagen e ao programa de construção de foguetes da Porsche. A ss também forneceu os 60 mil prisioneiros que exploravam as pedreiras nas montanhas de Harz para criar os túneis para a produção dos foguetes V-2. Antes das chamadas, a ss dava socos na cara dos trabalhadores: os que permaneciam de pé eram consi-derados "aptos" para o trabalho. Para Kammler, que não se interessava pelos milhares que morriam, era um modo eficiente de utilizar as reservas de mão de obra da ss, e ele estava muito satisfeito com os índices de trabalho que obtinha dessa forma.[36]

* * *

No fim, a aposta de Hitler fracassou, e sua tentativa de travar uma guerra continental sem levar em conta a capacidade econômica da Alemanha se voltou contra ele próprio. A resistência contínua da União Soviética, suas reservas aparentemente infinitas de recursos humanos e o notável sucesso de seu próprio esforço de rearmamento diante de uma atroz escassez de alimentos condenaram toda a sua estratégia. A fase fundamental da luta ocorreu no primeiro ano e meio depois da invasão alemã da União Soviética, quando as novas conquistas do Reich e o choque profundo para a economia soviética renderam muitas vantagens no momento em que a economia americana ainda estava se preparando para a guerra. Foi nesses meses cruciais que o pendor nazista para o desperdício e a incompetência, os erros estratégicos de Hitler e a inabilidade do regime para converter recursos em armas tão efetivamente quanto seus inimigos custaram muito caro ao Reich.

A malversação de mão de obra — um de seus artigos mais escassos — foi fator fundamental. No curso da guerra inteira, a Alemanha só conseguiu pôr em campo menos da metade dos 35 milhões de homens que Stálin reuniu, e depois do outono de 1942 a disparidade entre os dois exércitos aumentou. A Alemanha sangrou até a morte na frente oriental, incapaz de se igualar à sua adversária em número de homens (sua população era quase metade da soviética), assim como em administração ou produção de armas. No Ocidente, enfrentou forças britânicas e americanas largamente incólumes, com reservas abundantes de mão de obra e alimentos para sustentá-las. No fim da guerra, o país tinha perdido mais de 3,2 milhões de homens. A União Soviética perdera mais que o dobro e sofreu muito mais mortes de civis. Mas sua mobilização veloz foi testemunho da determinação superior de vitória dos soviéticos e da maior capacidade de adaptação industrial e tecnológica do regime. O maior acesso do país aos recursos minerais, ao petróleo e a equipamentos que recebia por meio do programa Lend-Lease* ajudou imensamente. Mas não devemos negligenciar o fato de que, no caso de força da trabalho, a União Soviética superou o que em muitos sentidos eram

---

* Nome do programa com que os Estados Unidos forneciam grandes quantidades de armas à Grã-Bretanha, União Soviética, China, França e outros países aliados entre 1941 e 1945 em troca de bases militares britânicas na Terra Nova, nas Bermudas e Índias Ocidentais.

obstáculos muito maiores que o Terceiro Reich: afinal, em um ano de invasão sua população ativa encolhera de 85 milhões para 53 milhões de pessoas. Como estava numa situação próxima do pleno emprego, nem mesmo o esvaziamento do gulag, que aconteceu rapidamente, pôde cobrir esse déficit. Em vez disso, toda a população foi mobilizada, e os trabalhadores que restaram foram redirecionados desde cedo para a indústria de guerra. A despeito da evacuação e das perdas espetaculares de plantas industriais, a União Soviética ainda produzia mais armas em 1942 que os alemães.[37]

Recusando-se a baixar os padrões de vida dos civis tão impiedosamente quanto o fez o regime soviético, e já preocupada com os bombardeios maciços que acabariam matando centenas de milhares de pessoas no próprio Reich, Hitler só conseguiu continuar a guerra depois de 1942 graças à Wehrmacht — sem dúvida a melhor força de combate na guerra — e à exploração cada vez mais intensiva da indústria, da agricultura e da mão de obra da Europa. Embora essa política fosse brutalmente eficaz, poderia ter sido muito mais útil se milhões de trabalhadores não tivessem sido exterminados de forma deliberada e cruel. Alguns foram obrigados a trabalhar até a morte ou deixados para morrer de fome; outros foram enforcados, asfixiados com gás ou fuzilados como inimigos raciais. Em ambos os casos, ficou comprovada a impossibilidade de travar uma guerra racial em várias frentes ao mesmo tempo. O mesmo senso de solidariedade racial que preparou o soldado alemão e o tornou um lutador formidável serviu como limitação quando se tratou de mobilizar mão de obra e outros recursos fora do país. Tanto o liberalismo como o comunismo, desse ponto de vista, foram motivadores ideológicos muito mais eficazes numa guerra prolongada que o nacional-socialismo. No fim, os críticos de Hitler mostraram que estavam certos: a Alemanha poderia ter pureza racial ou dominação imperial, mas não as duas coisas.[38]

11. A diplomacia Ersatz

*Com o egoísmo nacionalista sem rédeas sendo a própria essência do tota-
litarismo, era inevitável que qualquer país que adotasse o fascismo, não
importava quão espontaneamente, tivesse um objetivo: a preservação ou
restauração de sua integridade e independência nacional, que era a razão
de se voltar contra a dominação alemã. Isso abriu uma perspectiva inesperada de uma Europa totalitária, e significou o fim da pátria do totalitarismo [...]*

Condessa Waldeck, *Athene Palace* (1942), pp. 300-1

A CRUZADA CONTRA O BOLCHEVISMO

"Sem ilusões quanto aos aliados!" Foi assim que o general Franz Halder,
chefe do corpo de generais, resumiu as palavras de Hitler sobre o assunto quando falou aos seus generais na véspera da Operação Barbarossa. O Führer abriu
uma exceção para os finlandeses, que já tinham sido atacados pelos russos no
inverno de 1939 e reagido de forma surpreendente e eficaz: até ele reconheceu
que eram oponentes do Exército Vermelho confiáveis e comprometidos, e já vinha fornecendo armas a eles. Mas, quanto aos romenos, os outros aliados com

que ele contava por algum apoio substancial, sua opinião refletia o desprezo habitual dos austríacos. ("Covardes, corruptos, depravados" era seu veredicto, segundo anotações de outro participante da plateia.) Nem ele nem seus oficiais acreditavam que os alemães iriam precisar da ajuda de algum deles.[1]

Na verdade, a Romênia comprometeu 587 mil soldados liderados pelo general Antonescu, compondo com a Finlândia o apoio militar mais importante da Alemanha. Sem quererem concorrer, os húngaros também participaram, embora bem menos entusiasmados, e retiraram suas tropas já em novembro. Quanto aos demais, a contribuição foi quase simbólica. Mussolini precisava provar alguma coisa depois do desempenho abjeto de seus soldados na Grécia, na França e no leste da África e mandou três divisões. O general Franco suavizou o golpe de manter a Espanha fora da guerra permitindo que voluntários se alistassem na chamada Divisão Azul. Ciosos de demonstrar solidariedade e cobrar favores dos alemães com requisições territoriais, os croatas e eslovacos também mandaram algumas unidades de brinde. E de toda a Europa acorreram pequenos grupos de holandeses, franceses, valões, flamengos e noruegueses antibolcheviques.

Ao escrever para Mussolini uma semana depois do ataque ao Exército Vermelho, Hitler parecia satisfeito: "Grandes partes da Europa foram levantadas de um desinteresse realmente letárgico". Parecia que agora as pessoas entendiam que a "batalha contra o bolchevismo" da Alemanha era parte de "uma política comum que, em última análise, é verdadeiramente europeia". Mas o que isso queria dizer na verdade? Eram apenas palavras, ou a referência do Führer à "Europa" representava alguma recompensa para quem o apoiasse? No fluir e refluir da guerra, teve início um debate feroz em Berlim, em Roma e em outros países a respeito do que seria essa política antibolchevique "europeia".[2]

O instinto de Hitler era, como sempre, prometer o mínimo possível, inclusive por sua convicção de que a guerra seria vencida rapidamente sem precisar de ajuda de ninguém. Quanto à eventual dispersão do território da ex-União Soviética, ele era categórico: só o Reich tinha direito de determinar aquilo. Na decisiva reunião estratégica do dia 16 de julho, Hitler ficou surpreso quando um jornal de Vichy ousou definir a luta contra o bolchevismo como uma guerra "europeia, e que portanto deveria ser conduzida pela Europa como um todo". A Alemanha, prosseguiu, não deve fazer "declarações supérfluas"; mesmo com aliados como a Romênia — agora ele era um admirador do general Antonescu —, ninguém nunca sabia como as relações se desenvolveriam.[3]

Foi no mês seguinte que Roosevelt e Churchill se reuniram para fazer sua declaração sobre os objetivos da guerra na Carta do Atlântico. Funcionários do Ministério das Relações Exteriores da Alemanha criticaram a falta de uma "nova concepção da Europa" e viram aí uma oportunidade para o Terceiro Reich fornecer sua própria visão do mundo pós-guerra. A declaração, argumentaram, demonstrou que a Inglaterra, em virtude de sua localização e interesses geográficos, jamais poderia atuar como "organizador e protetor de uma Europa recém-unificada", e pediram uma resposta: "Para nós não existe competição [...] O campo está livre para uma contraproposta de um plano construtivo da Inglaterra para a Europa".[4] O mais próximo aliado de Hitler tinha a mesma opinião. O Duce também queria aproveitar o momento para enfrentar as democracias liberais na guerra global das palavras. As pessoas, ele disse a Filippo Anfuso, seu assessor diplomático, não iriam lutar pela Alemanha só pela honra de ser "organizadas" pelo Reich. Elas precisavam de alguma coisa mais definitiva. Mussolini queria uma declaração conjunta de que o Eixo respeitaria "os ideais nacionais e sociais europeus". Como explicou Anfuso, eles precisavam de uma garantia de que a Alemanha não estava travando uma guerra colonial na Europa, nem apenas pelo *Herrenvolk*, mas por uma nova Europa.[5]

Por essa razão, quando visitou Hitler na frente oriental no final de agosto para comemorar o sucesso da Wehrmacht contra o Exército Vermelho, Mussolini veio armado de textos políticos escritos por diplomatas italianos por uma possível "proclamação de princípios sociais e econômicos do Eixo em oposição às formulações anglo-saxônicas". Seus diplomatas falavam de um futuro político para a Europa que incluísse garantias de soberania e independência para os Estados membros. O próprio Mussolini tinha ficado no escuro a respeito da invasão da União Soviética até o último momento e nunca acreditou, como Hitler, que tudo seria resolvido rapidamente. Estava também ciente de que a entrada na guerra havia prejudicado a liberdade de manobra da Itália, e relatos de maus-tratos de trabalhadores italianos no Reich o alertaram para a falta de sensibilidade dos alemães até mesmo em relação ao seu mais importante aliado.[6]

Enquanto faziam a longa jornada até o quartel-general de Hitler nas florestas da Prússia, atacados de mosquitos, os diplomatas italianos rezavam para que o Duce, que costumava ficar num estranho silêncio na presença de Hitler, fosse corajoso o bastante para levantar a questão do futuro do continente. Devemos ao ministro do Exterior, Filippo Anfuso — "considerado um dos homens mais atraentes de Roma", segundo um colega alemão —, a impressão vívida desse encontro entre os dois ditadores. De acordo com Anfuso, Hitler já demonstrava os efeitos físicos de passar a maior parte do tempo nos subterrâneos de seu mais recente complexo de casamatas. O olhar não estava tão ágil e ele parecia magro e abatido. Mas não tinha perdido seu hábito de longos solilóquios e insistiu de maneira triunfal com seus convidados italianos que a vitória estava à mão, apesar da resistência animalesca dos *Untermenschen* asiáticos. Os italianos não pareciam cientes dos intricados argumentos sobre estratégia discutidos pouco antes naquele mês entre Hitler e seus generais sobre como forçar a mão contra o Exército Vermelho, ou sobre as incertezas provocadas como resultado da obstinação da resistência soviética. Mesmo Mussolini notou que Hitler parecia obcecado pelo "desejo quase religioso de libertar a Europa do bolchevismo, ao mesmo tempo em que em seu discurso a palavra 'Europa' era sempre recorrente, às vezes como substituta da palavra 'Alemanha'". À parte isso, concluiu Anfuso, "nenhuma outra indicação sobre o futuro da Europa pôde ser detectada em suas palavras". Enquanto Hitler repetia insistentemente que estava defendendo a Europa do "marxismo asiático", os convidados italianos se perguntaram em voz baixa: "Que Europa? A Europa da Raça Suprema? De Atenas e Roma? Do papa? Dos socialistas? De Talleyrand? De Carlos v?".[7]

Parecendo convencido de que a vitória estava logo adiante, Hitler aparentava euforia ao andar pelas ruínas esfumaçadas na frente de seu aliado. Mussolini mal pôde contestar qualquer coisa. O estado de espírito do Duce não estava normal, abatido com a morte recente de seu filho predileto, Bruno, aos 23 anos num acidente aéreo e, como sempre em seus encontros com Hitler, parecia relutante em impor seus pontos de vista. Seus sentimentos — no que talvez tenha sido o mais crítico de todos os encontros entre os dois homens — só eram manifestos em estranhos momentos e de formas imprevisíveis. A certa altura, ele insistiu em assumir os controles do pequeno avião em que voavam, alarmando Hitler e seu entourage, que conseguiram convencê-lo a não tentar aterrissar. Por vezes ele contrapunha suas próprias dissertações aos intermináveis monólogos de Hitler, exagerando as campanhas de Trajano do outro lado do Danúbio. E, quando Hitler comparou as realizações de seus exércitos com os de Frederico, o Grande, Napoleão e Alexandre e formulou planos futuros de conquistas além dos Urais e até na Ásia, Mussolini desarmou-o com um único verso de um poema de Pascoli sobre o conquistador grego: "E agora?", indagou. "Vamos chorar para a lua como Alexandre, o Grande?"[8]

Em particular, o Duce disse a seus aliados que a guerra não poderia ser vencida sem uma declaração dos princípios políticos do Eixo. Ele queria que Hitler afirmasse que aquela não era apenas uma "guerra colonial" para benefício da raça suprema, mas o nascimento de uma nova ordem política na Europa como um todo. Como sempre, sem querer incomodar Hitler com um assunto espinhoso, ele designou Anfuso para conversar com o ministro das Relações Exteriores Ribbentrop, cujo quartel-general fora estabelecido numa província próxima. Mas foi um mau momento — um mês antes, Ribbentrop tivera a discussão mais violenta de sua carreira com Hitler. *Persona non grata* no "Covil do Lobo", ele não recebeu bem a abordagem dos italianos. Na verdade, uma disputa que durou vários dias resultou no esboço de um comunicado e perdurou até o último momento: o trem que transportaria a delegação italiana para casa teve inclusive de parar perto de Klagenfurt, pouco antes de chegar à fronteira, para a realização de outra discussão. No final, a proclamação original dos italianos — cheia de promessas e elogios aos povos da Europa — foi por água abaixo, e o resultado só mencionava, sem muita ênfase, uma "erradicação da ameaça bolchevique e da exploração da plutocracia". Para Hitler, nada daquilo tinha muita importância, pois não fazia sentido emitir declarações grandiosas enquanto o Eixo parecia estar vencendo. Depois, tudo aquilo seria supérfluo.

Porém, apesar das tremendas vitórias de setembro, com o cerco de Kiev e o avanço da Wehrmacht quase até a periferia de Moscou no início de outubro, o Exército Vermelho não cedia e as perdas alemãs aumentavam. "Os discos do gramofone estavam mudando", foi como o intérprete do chefe do Ministério das Relações Exteriores se lembrou daqueles meses. "Em lugar de 'Nós vencemos a guerra', os estrangeiros agora ouviam 'Nós vamos vencer a guerra' e, finalmente, 'Nós não podemos perder a guerra'." Mesmo no Ministério da Defesa havia boa receptividade às propostas italianas: os diplomatas alemães faziam questão de reafirmar a necessidade de um caminho político. "A propaganda agressiva, diruptiva e polêmica deve ser suplementada por algo mais positivo, em especial quanto ao futuro da Europa", alertava um memorando em final de setembro. O assessor de propaganda de Ribbentrop, um jornalista e deputado do Reichstag chamado Karl Megerle, não só falava de cooperação econômica como também de parceria política e até de liberdade e independência.[9]

Entre 25 e 27 de novembro de 1941, os ministros das Relações Exteriores da Alemanha, da Itália e do Japão estavam para se reunir em Berlim para renovar o

Pacto Anticomintern. Deveriam receber oito novos signatários: Bulgária, Croácia, Dinamarca, Finlândia, Hungria, Romênia, Eslováquia e Espanha. Ao reunir os aliados e entusiastas da Alemanha para comemorar a iminente libertação do continente da ameaça bolchevique, o encontro parecia ser a ocasião perfeita para emitir uma declaração sobre o futuro da Europa. Por um breve momento o Führer mostrou sinais de estar sendo mais diplomático e exaltou publicamente a contribuição feita pelos fiéis aliados da Alemanha:

> nas fileiras de nossos soldados alemães, comungando uma causa comum com eles, marcham os italianos, os finlandeses, os húngaros, os romenos, os eslovacos e os croatas; os espanhóis agora entram na batalha; os belgas, os holandeses, os dinamarqueses, os noruegueses e, sim, até os franceses se uniram numa grande frente.

Em meados de outubro, ele realmente deu o sinal verde para Ribbentrop preparar um "manifesto europeu" a ser declarado com a proclamação da vitória naquele inverno. Parecia que as esperanças de agosto dos italianos estavam para ser realizadas.[10]

Mas era outra falsa alvorada, e talvez produto apenas do pessimismo temporário de Hitler quanto ao andamento da guerra. Sempre que imaginava que a vitória estava ao seu alcance, Hitler se esquecia da diplomacia. No final de outubro, o ministro do Exterior da Itália, conde Ciano, relatou a Mussolini que o Führer estava outra vez convencido de que Stálin estava "fora do jogo". Acreditava que a evacuação da indústria e da mão de obra soviéticas para trás dos Urais não tinha chance de sucesso e que um Estado tão altamente centralizado (no qual, disse Hitler, "o Estado chega a distribuir escovas de dente, supondo que os russos escovem os dentes") não podia de repente estabelecer um novo quartel-general. A Rússia não podia mais seguir lutando, assim como o Reich, "se perdesse o Ruhr, a Alta Silésia, 90% de suas fábricas de munição e 60% de seus meios de comunicação". Era uma afirmação perfeitamente razoável, ainda que equivocada. Mas, apesar das grandes vitórias na Ucrânia, Ciano detectou sinais de incertezas por trás da fachada bombástica: Hitler, pensou ele, ainda estava cogitando se haveria outras surpresas à sua espera nas "últimas vastas regiões que permaneciam sob controle de Stálin", surpresas bem piores que as minas soviéticas de efeito retardado que explodiram oficiais do Eixo nos territórios recentemente ocupados de Kiev e Odessa. O próprio Ciano sentia que um grande golpe decisivo ainda estava para ser desfechado, e desconfiava que os alemães sentiam o mesmo.[11]

Assim, a ênfase retórica de Hitler na contribuição "europeia" à luta continuou sendo conduzida sem convicção. Ele alertava — como continuaria alertando até o fim da guerra — para o fato de que quaisquer compromissos para o futuro seriam considerados fraqueza pelos inimigos da Alemanha. Por isso, Ribbentrop foi instruído a purgar seu discurso de quaisquer referências ao futuro político da Europa. A "solidariedade europeia" e a "comunidade" que Hitler via surgindo da luta antibolchevique continuavam tendo um caráter principalmente militar: sua visão envolvia não alemães sendo arregimentados e organizados sob a liderança alemã numa cruzada em comum, mas não dizia nada sobre arranjos políticos que surgiriam no continente em tempos de paz.[12]

No próprio encontro de novembro, Hitler não conseguiu dissipar o sentimento entre seus convidados de que os alemães eram os "donos da casa". Pontificou muito, mas não falou nada. "A Europa estava se encaminhando para um grande período de paz", disse ao ministro do Exterior da Bulgária, Popov. Para Scavenius, o lacônico ministro do Exterior dinamarquês, as previsões cor-de-rosa de crescimento econômico do continente vinham embrulhadas em baboseiras verbais. "Quando os ricos territórios da Europa Oriental, que até agora sempre foram mobilizados *contra* a Europa, forem organizados *A favor* da Europa", garantia Hitler, "a Europa poderá ser autossuficiente." Para agradar ao ministro do Exterior da Croácia, ele enfatizou o "sacrifício de sangue" da Alemanha e seu direito à liderança: "Se formos líderes na luta, teremos também o direito de ter papel de liderança na nova organização da Europa". Sua sistemática opacidade em relação ao futuro político do continente ocultava o destino dos territórios ocupados, em particular do Leste. Só na véspera da Conferência Anticomintern é que os alemães finalmente fizeram um anúncio público da formação de uma administração civil sob Rosenberg, o ministro para os Territórios Orientais Ocupados. Mas a propaganda alemã era feita à socapa, e as diretrizes estipulavam explicitamente que todas as

> declarações concretas quanto às metas políticas da Alemanha apenas serviriam ao inimigo em sua tentativa de desacreditar e perturbar a forma precisa do trabalho de reconstrução planejado para o Leste por uma equivalente campanha operando com insinuações e distorções.

Alguns meses depois, quando o Ministério das Relações Exteriores apresentou um punhado de príncipes e chefes tribais caucasianos exilados e os hospedou no Hotel Adlon, Hitler disse rispidamente a seus diplomatas para "restringirem qualquer conversa de colaboração com os povos orientais".[13]

Havia também semelhante falta de clareza vis-à-vis a Europa Ocidental. Quando Goering se reuniu com o marechal Pétain, este explicou quanto era difícil trabalhar com os alemães sem uma noção mais clara quanto ao futuro:

> O próprio [Pétain], como se sabia, era um forte advogado da ideia de colaboração, mas [...] ele tinha de dizer que até então a França não havia sido informada onde se encaixaria na nova ordem da Europa. A França estava, por assim dizer, andando em direção ao futuro com os olhos fechados. O país queria saber algo mais sobre a futura organização da Europa, e sobre o lugar a ser ocupado por ele [...] Assim como os procedimentos militares, era necessário também um plano para um trabalho de paz como o desenvolvimento da nova Europa.[14]

A resposta pouco reconfortante de Goering foi que "isso dependeria do quanto os dois países se aproximarem". Goering chegou a lembrar a Pétain que ele havia dito aos delegados da reunião Anticomintern para pensar em termos de uma "pauta política em que a Alemanha estabeleceria os débitos e créditos para todos os países", e que abriria no final da guerra para "fazer o balanço". A única coisa estabelecida, continuou Goering, era que alguém além da Alemanha iria ter de pagar pela guerra. Mais uma vez, um argumento político era distorcido e transformado numa questão econômica.

A falta de sentido desse tipo de "diplomacia Ersatz"* (como Ciano a definiu) chocava todos, menos seus autores. Hitler dava o tom e seus ministros o seguiam. Mesmo quando obrigados a pedir mais tropas aos seus aliados, os líderes do Terceiro Reich continuavam relutantes em revelar sua visão política do futuro da Europa. A verdade é que provavelmente eles não tinham visão alguma. Tudo o que importava para eles era a conquista da União Soviética e o prosseguimento da exploração do resto da Europa. Tudo o mais poderia esperar. "Elaborar uma 'Carta do Atlântico' é naturalmente bem simples", disse Hitler aos fiéis num dos últimos longos discursos que proferiu. "Essa estupidez logo será retifi-

---

* Imitação de qualidade inferior.

cada por fatos concretos." Tudo o que os britânicos e americanos estavam fazendo, ele afirmava, ao falar sobre o fim da carência e a necessidade de garantir empregos, era roubar o programa dos nazistas. Os alemães não precisavam falar; eles agiam.[15]

Os italianos mal conseguiam acreditar. De acordo com Mario Luciolli, um dos membros da embaixada em Berlim, os alemães eram simplesmente incapazes de conceber a reconstrução da Europa senão em termos materiais. Uma incompreensível "esterilidade política" — nas palavras dele — arruinava suas chances de vencer a guerra até mais que a ameaça militar dos inimigos que enfrentavam. No cerne da política alemã, com sua monótona repetição de vitória após vitória, havia "uma vacuidade intrínseca". O racismo de Himmler havia sido exacerbado a extremos "difíceis para um italiano compreender", levando a horrores como "massacres sistemáticos, matanças de mulheres e crianças, prostituição forçada". Sempre que sinceras ofertas de colaboração eram apresentadas aos alemães, eram recebidas com "decepções imediatas e humilhações e recusas". "Todas as questões levadas aos alemães relacionadas à maneira como se propunham a resolver os problemas de hoje e de amanhã, da guerra e da paz, ficam sem resposta: a Alemanha está muda."[16]

Um dos paradoxos do fascismo italiano, o próprio Luciolli observou depois da guerra, era que um regime sensível ao menor dissenso permitisse que um diplomata júnior como ele próprio cravasse um prognóstico tão impeditivo do fracasso do Eixo. Mas nesse caso não era surpreendente, pois Luciolli só estava expressando o que seus superiores pensavam secretamente. Na verdade foi seu próprio ministro, Ciano, que o instou a botar seus pensamentos no papel e enviá-los ao próprio Mussolini. Nem Mussolini discordava. "[Os alemães] não têm senso político", ele disse a outro de seus ministros ao ler um relatório sobre a Holanda alguns dias depois. "Nesses territórios ocupados eles tiveram uma oportunidade de criar uma boa situação — e a deixaram escapar. Agora eles são odiados. Eu já disse e escrevi muitas vezes ao Führer. É preciso dar uma forma final à Europa Ocidental." Ainda assim, era fácil criticar os alemães, e os diplomatas sempre desejam soluções políticas. Qual foi a diferença no comportamento dos Aliados, quando o poder caiu em suas mãos?[17]

Os aliados da Alemanha — como a maior parte dos nacionalistas europeus em meados do século XX — acreditavam em expansão territorial. A perspectiva de mais terras, cujas reivindicações podiam ser encontradas em bases histórico--legais, etnográficas ou civilizacionais, era a principal razão por estarem dispostos a sacrificar tantos soldados. Ainda assim, a escala e a natureza de seus objetivos diferiam dos da Alemanha. Eles estavam basicamente interessados em lutar pela própria segurança — como no caso da Finlândia — ou em recuperar direitos históricos a terras das quais tratados de paz anteriores os haviam privado. Só a Itália de alguma forma emulava as ambições imperiais do Terceiro Reich. Quanto aos demais, assim que atingiam seus objetivos, sua preocupação com a guerra rapidamente esvanecia. Assim, os húngaros ficaram em geral satisfeitos com os ganhos territoriais que conseguiram no verão de 1941, e os croatas e eslovacos apenas com a independência e a preservação territorial que os alemães lhes concederam. Os búlgaros, sem mesmo ter de declarar guerra à União Soviética, em 1943 já ocupavam a maior parte dos territórios que reivindicavam desde que surgiram como Estado, em 1878. Só os romenos continuavam lutando para recuperar as terras das quais uma decisão alemã os havia privado.

Essas diferenças de objetivos e de metas ficavam bem evidentes quando comparadas aos sonhos mais abertos e incompletos de soberania, mas os contrastes em termos de meios e táticas não estavam tão claros. Sob a hegemonia alemã, muitos aliados do Reich acabaram administrando regimes de ocupação próprios. Uma análise desses regimes ajuda a responder a uma questão vital: quanto do que aconteceu sob o domínio alemão refletia especificamente a *Alemanha*, ou na verdade o comportamento e a ideologia nazistas, e quanto foi parte de um conjunto de respostas bem mais abrangente à guerra e à ocupação?

Os húngaros, por exemplo, estavam de alguma forma seguindo um antigo modelo dos Habsburgo. Seu slogan era "em direção à fronteira de mil anos de idade" e, assim que eles a atingiram, quase de imediato incorporaram os novos territórios com representação no Parlamento húngaro (que sem dúvida era o mais livre fórum na Europa Central na época da guerra). Os políticos sérvios e croatas da Iugoslávia de antes da guerra foram eleitos como deputados e conclamaram as novas minorias do país a ser leais cidadãos húngaros. Apesar do anti-bolchevismo e do crescente antissemitismo oficial, houve assim uma ruptura menos radical com as tradições políticas do século XIX que as do Terceiro Reich. Mas, até aí, a Hungria não era governada por um cabo antimonarquista, e sim por um ex-almirante dos Habsburgo e ajudante de campo do imperador Francisco José. Horthy se vestia com o misticismo nacionalista da coroa medieval de santo Estêvão. Poucos se lembram de que, no início dos anos 1920, ele tinha impedido que o imperador Karl voltasse ao poder; o que todos sabiam era que ele se intitulava "Sua Serena Alteza, Regente do Reino da Hungria".[18]

Mas, sob outros aspectos, a Hungria de Horthy e a Alemanha de Hitler não eram tão diferentes, e a nova política populacional também deixou aqui sua marca. Preocupados como sempre com a "magiarização", as autoridades registravam as populações em antigos e novos (referindo-se ao pós-1918) habitantes em seus novos territórios, e tentavam expelir grandes números dos últimos. Muitos milhares foram deportados tanto na Sérvia como na Romênia, liberando terras e propriedades que poderiam ser utilizadas para assentar húngaros ou vendidas para aumentar a receita. Quando as objeções dos vizinhos (e a ameaça de expulsões retaliatórias ao contrário) impediram que expulsassem tantas pessoas quanto desejavam, eles estabeleceram campos para dissidentes, concentraram-se em igrejas e escolas de sérvios e judeus em seus "territórios do Sul" (ex-Iugoslávia), proibiram atividades culturais em idiomas da minoria e impuseram o húngaro como obrigatório. Apenas os alemães étnicos foram protegidos dessa intensa barragem de nacionalizações, graças à supervisão e à influência do Reich.[19]

Em termos de brutalidade, também, algumas unidades húngaras de campo não ficavam muito atrás dos alemães. Na verdade, na Ucrânia elas mostraram uma crueldade com a população civil que surpreendeu até mesmo as tropas alemãs que lutavam ao seu lado. Em janeiro de 1942, depois de sofrerem pesadas baixas nas mãos dos partisans, ficou estabelecido que não seriam feitos mais prisioneiros. Foi também durante esse inverno que os soldados húngaros e gendarmes massacraram muitos milhares de sérvios e judeus em Novi Sad e arredores, cidade na Iugoslávia ocupada pela Hungria, numa série de matanças retaliatórias por supostos ataques de partisans. Centenas de vítimas foram enfileiradas, fuziladas e empurradas por fendas do gelo no Danúbio, com os corpos chegando às margens do rio por várias semanas. (Esses acontecimentos depois se tornaram a inspiração do escritor Danilo Kiš, que sobreviveu ainda criança: o pai estava entre os que esperavam na fila para ser fuzilados quando chegaram ordens para encerrar a operação.) As matanças foram perdoadas pelo governo de Budapeste como forma de ressaltar a força do movimento partisan na região e assim lembrar aos alemães a tilidade de terem húngaros ali.[20]

Essas ações eram reminiscências do sanguinário Terror Branco que o líder húngaro, o almirante Horthy, presidiu ao esmagar os bolcheviques depois da Primeira Guerra Mundial. Retrocedendo um pouco mais, evocaram também a brutalidade com que unidades húngaras do Exército dos Habsburgo haviam tratado os sérvios em 1914. E, assim como na Primeira Guerra, a violência do Exército húngaro contra civis acabou sendo criticada por políticos em Budapeste, eles também preocupados com a influência do Exército. Os massacres de Novi Sad levaram a uma investigação oficial que resultou em processos contra os oficiais responsáveis — algo impossível de imaginar acontecendo no Terceiro Reich. Mas precisamos tomar cuidado para não idealizar o regime do almirante Horthy: sempre manobrando entre alemães, britânicos e americanos, ele só levou a investigação de Novi Sad a sério quando percebeu que poderia ser uma maneira indolor de sinalizar aos últimos que a Hungria desejava a paz.[21]

O comportamento dos búlgaros nos territórios ocupados, igualmente brutal, sugeria muitos paralelos com o passado: remetia às Guerras dos Bálcãs, à Batalha da Macedônia de 1904 e até a antes. Na verdade, a Bulgária apoiou o Eixo por uma razão apenas: construir a Grande Bulgária prometida pelos russos em 1878. A parceria com a Alemanha nazista os aproximou mais disso que em qualquer outra época. Em troca de permitir à Alemanha acesso a matérias-primas, eles ganharam o direito de administrar a maior parte da Iugoslávia macedônia e Kosovo; depois de 1942, também policiaram parte da própria Sérvia, que foi anexada de fato em silêncio, tiranizada por uma forte presença militar búlgara. Ao contrário dos húngaros, eles nunca haviam na verdade governado a maior parte daqueles territórios em tempos de paz, e o precedente que tinham em mente era sua própria política de ocupação na Primeira Guerra Mundial.

No norte da Grécia, eles anexaram 16 mil quilômetros quadrados e 590 mil habitantes, renomeando a área como "províncias do Egeu". Aqui a política populacional era ainda mais abrangente que na antiga Iugoslávia. Revertendo décadas de helenização, muitos gregos foram expulsos, o búlgaro foi imposto como idioma oficial e professores búlgaros foram trazidos para ensinar os filhos dos camponeses locais (em geral bilíngues). Na ocasião de um levante na cidade grega de

Drama contra essas políticas, os búlgaros esmagaram a rebelião matando cerca de 3 mil pessoas. Os que se recusavam a optar pela nacionalidade búlgara eram informados de que precisavam ir embora, e dezenas de milhares de gregos foram expulsos ou enviados para a Europa Central a fim de trabalhar para os alemães. Em 1943, as comunidades judaicas locais também foram presas e deportadas para Treblinka e Auschwitz. Em 1944, talvez só metade da população de antes da guerra ainda continuava em suas casas. Ao mesmo tempo, surgia toda uma nova classe dominante, atraída por concessões de terras e outras benesses. Os diretores regionais da colonização supervisionaram a expropriação das propriedades dos gregos e o assentamento de dezenas de milhares de búlgaros.[22]

Mas provavelmente o regime de ocupação mais assassino fora do nacional-socialismo — e o mais admirado pelo Führer — foi conduzido pelo ditador romeno, general Ion Antonescu, que era um soldado profissional intensamente xenófobo — "brutal, falso, muito vaidoso, com uma vontade feroz de se dar bem" foi como um colega que o conhecia bastante o avaliou nos anos 1920. Como a maior parte da elite política e administrativa do país, era um antissemita fervoroso. Originalmente francófilo, tornou-se um apoiador da Alemanha nacional-socialista antes de ser nomeado ditador — ou *Conducator*, como ele gostava de ser conhecido — pelo rei Carlos da Romênia, em setembro de 1940. O país fora humilhado pela concessão da Transilvânia do Norte para a Hungria; Stálin também se serviu de pedaços das províncias da Bucovina e da Bessarábia. Antonescu obrigou Carlos a renunciar em favor de seu filho de dezoito anos, Michael, e levou a Romênia à guerra ao lado dos alemães julgando que era a forma mais provável de conseguir esses territórios de volta.

No inverno de 1940-1, tendo garantido a Hitler que participaria do ataque à União Soviética, Antonescu esmagou uma tentativa de golpe de Estado do movimento fascista romeno Guarda de Ferro, seu ex-aliado. A Guarda de Ferro estava ativa, já havia mais de cem judeus num sangrento pogrom quando Antonescu finalmente resolveu atacá-la. Sua principal preocupação era que a lei e a ordem se livrassem da maior ameaça interna à sua posição. Dezenas de milhares de refugiados romenos no país já estavam fugindo do norte da Transilvânia ocupado pela Hungria. Antonescu montou um novo gabinete de assentamento de refugiados, financiado principalmente por expropriações e distribuições de propriedades pertencentes aos judeus romenos. Depois da invasão da União Soviética, a jurisdição do gabinete se ampliou até a Bessarábia e o norte da Bucovina, que a Wehrmacht e tropas da Romênia haviam recuperado dos soviéticos e reincorporado no final de julho.[23]

Mas Antonescu queria mais, e Hitler concordou. Como não estava querendo mesmo devolver a Transilvânia (isso teria enfurecido os húngaros), o Führer prometeu aos romenos a maior parte do sul da Ucrânia, inclusive a cidade de Odessa. Essa área, entre o rio Dniester e o Bug, que nunca fora parte da Romênia e na qual a maioria dos romenos não estava nada interessada, foi agora batizada de "Transnístria". Além de preservar o prestígio de Antonescu, a decisão de Hitler foi de grande importância estratégica pois, juntamente com a entrega da Galícia ao Governo-Geral, significava que nenhum Estado ucraniano independente poderia surgir sob o controle alemão. No final de agosto, uma administração civil romena foi estabelecida na Transnístria e em meados de outubro, com a ajuda alemã, as tropas romenas fizeram o Exército Vermelho recuar e tomaram Odessa.

Para Antonescu, as novas terras eram basicamente um peão que fortaleceria sua mão quando chegasse a hora de exigir a Transilvânia de volta, e a falta de interesses de longo prazo do governo nessas terras significava que seriam tratadas como simples fonte de pilhagens. Até mesmo os alemães ficaram chocados com a falta de sentido da destruição de prédios pelos romenos, seus roubos, saques, estupros e assassinatos. "As pilhagens feitas por soldados romenos chegaram a tais proporções", escreveu para Antonescu o comandante-geral do 11º Exército alemão logo no início, "que é preciso prever uma aversão política [contra os alemães] por parte dos ucranianos." A administração civil que se seguiu era um pouco mais bem organizada, mas também se tornou sinônimo de corrupção e venalidade. Em particular, a polícia era notória por seus confiscos ilegais, bebedeiras e ataques a civis sem provocações. "Pilhar e romanizar" era como alguns resumiam a política romena. "Peguem o máximo possível da Transnístria, mas sem deixar nenhum registro por escrito", foi como Antonescu instruiu seus ministros.[24]

Antes da guerra, cerca de 3,4 milhões de pessoas viviam na Transnístria, mas no final de 1941 esse número tinha caído para 2,2 milhões: só a população de Odessa tinha baixado de 620 mil para cerca de 300 mil depois da retirada do Exército Vermelho, e mais da metade da comunidade judaica, de 180 mil, conseguiu fugir. Apesar dos planos vagos de colonizar o campo com romenos, a romanização fazia pouco sentido dadas a predominância de ucranianos e moldávios no campo e a existência de cidades onde predominavam russos e judeus. Como resultado, as políticas de nacionalidade de Antonescu eram frouxas e muito menos rígidas que as dos alemães. Muitos oficiais romenos eram bessarábios de fala russa que tinham vivido sob o tsarismo antes de 1917: ao contrário dos alemães, eles simpatizavam com os nativos e se comunicavam com eles com facilidade. O prefeito de Odessa, Gherman Pantea, falava russo, tinha se formado pela Universidade de Odessa e era um ex-capitão do Exército tsarista que costumava ser saudado por seus compatriotas quando andava pelo mercado ao entardecer. O governador romeno chegou a baixar uma ordem para que sua equipe aprendesse a falar russo em três meses, algo inimaginável na administração alemã do Norte. Como o nacionalismo ucraniano não era forte, os romenos não se sentiram muito ameaçados e permitiram que o ucraniano continuasse sendo o idioma ensinado em 80% das escolas da região: cada aldeia votava na linguagem que desejava que fosse ensinada aos seus filhos, e o alemão e o romeno se tornaram obrigatórios como línguas estrangeiras. Na prática, até mesmo essa política, bem mais branda que a dos alemães na porta ao lado, costumava ser ignorada por causa da falta de livros e de pessoal. Durante a maior parte do tempo o sistema soviético continuou forte, e a principal mudança foi o surgimento de escolas particulares. Foi também estabelecida uma força policial ucraniana auxiliar, usando braçadeiras coloridas quando não tinham uniformes.

A incomparável venalidade da administração romena tinha alguns benefícios. Dava oportunidade para que as pessoas pagassem para não ser requisitadas, para escapar de sentenças de morte e de deveres de trabalho. Permitia também que pessoas pagassem para *entrar* no negócio: ao abolir o controle de preços e distribuir licenças a quem pagasse, os romenos simplesmente pegavam sua parte e se afastavam enquanto empreendimentos individuais galvanizavam a economia local. Propriedades confiscadas — principalmente de judeus — injetavam capital. Em Odessa, floresceram novos cabeleireiros, cafés, lojas, tavernas e cinemas. Visitantes alemães ficavam surpresos com a disponibilidade de comida, com os restaurantes bem fornidos, lanchonetes e barracas vendendo geleias feitas em casa, doces e pães, o que apresentava um forte contraste com a miséria nas partes da Ucrânia sob controle da Alemanha. Ali, por um breve momento entre o início dos anos 1920 e o colapso do comunismo, em 1989, os habitantes de Odessa — em meio a genocídios e à guerra total — adotaram o capitalismo.

De certa forma, funcionou. Depois da primavera de 1942, não havia falta de alimentos, e a safra daquele ano trouxe, pelos padrões da região, algo próximo da fartura: camponeses e outros com acesso ao mercado prosperaram. Até mesmo jornalistas alemães ficaram impressionados. "Todo mundo sabia que a vida na Transnístria era incomparavelmente melhor que em qualquer outro lugar dos territórios ocupados na Europa", observou um jovem russo integrante do mercado negro. Chafurdando pela lama da suja cidade do norte da Transnístria, ele encontrou

> algo que a diferenciava de todas as outras cidades da Rússia e da Ucrânia sob ocupação alemã: uma abundância de comida no mercado [...] Havia gordura, tão rara na Ucrânia. Havia manteiga, toucinho, óleo vegetal, carne — que nós tínhamos quase esquecido que existia: porco, franco, ganso — e muitas outras coisas que nos deixaram de olhos esbugalhados. E ainda por cima era barato. Compramos muito mais do que precisávamos, o suficiente para uma semana.

Por certo aquilo não era resultado da sofisticação da ocupação romena. Simplesmente mostrava o que poderia ter acontecido em todo o ex-território soviético se os alemães tivessem permitido que os mercados se desenvolvessem, e não tentado destruir a ordem social.[25]

Em termos de crueldade, porém, os romenos e alemães não se diferenciavam em nada. O que o governo da Romênia queria da Transnístria era usá-la como depósito de lixo étnico para afinal resolver seu problema com as minorias. Um dos grupos destacados foi o dos ciganos: ansiosos para reassentar os nômades da Romênia o mais longe possível de Bucareste, o regime, com sua incompetência característica e cruel, deportou mais de 25 mil para a Transnístria. O tifo matou milhares no inverno de 1942-3, e só depois suas condições de vida melhoraram um pouco. Embora não houvesse uma política organizada de execuções sistemáticas, um recente estudo estima que mais da metade desses ciganos morreram.[26]

As medidas adotadas pelo regime contra os judeus foram mais sistemáticas, e bem mais letais. O antissemitismo romeno já era uma questão de preocupação internacional desde o século xix; agora, sob a égide da Alemanha nacional-socialista, os governantes do país viram uma oportunidade para medidas radicais, do tipo que as democracias sempre os impediram de levar a cabo. A Guarda de Ferro pode ter sido suprimida, mas o impulso de culpar os judeus pelas desgraças do país era partilhado também pelo governo. Relatos de que judeus na Bessarábia e na Bucovina haviam comemorado a chegada das tropas soviéticas no verão de 1940 acrescentaram combustível à fogueira.

Na véspera da Barbarossa, Antonescu encontrou-se outra vez com Hitler, e pouco depois organizou unidades especiais para instigar a limpeza étnica na região norte do país. Em particular, deu instruções específicas ao Exército e ao Ministério do Interior para organizar a "evacuação" de 45 mil judeus na cidade fronteiriça de Jassy, e as preparações, baseadas em eventos semelhantes mas de menor escala do ano anterior, logo foram concluídas. As portas das casas dos cristãos na cidade foram marcadas com uma cruz para ser diferenciadas, e espalharam-se rumores intencionais de que paraquedistas soviéticos haviam pousado na cidade. Quando o pogrom eclodiu, na noite de 28 para 29 de junho, soldados, policiais, guardas e centenas de civis invadiram as ruas, arrombando casas e levando os moradores presos para o quartel-general da polícia. Muitos judeus foram atacados e mortos no local, mulheres foram estupradas. Mais de mil foram fuzilados no interior do quartel-general da polícia quando os alemães abriram fogo a esmo. Alguns dos sobreviventes foram espancados e torturados antes de ser tangidos para vagões sem ventilação, excedendo a capacidade em três vezes, entre corpos vivos e mortos. Enquanto o trem transportava lentamente sua carga humana pelas planícies no calor do verão, mais de 2700 morreram de desidratação, com os corpos sendo jogados em plataformas de estações ou nos campos. Ao todo, entre 13 mil e 15 mil pessoas morreram.[27]

O jornalista italiano Curzio Malaparte, que por acaso estava em visita a Jassy na época, acordou na manhã seguinte:

Fui até a janela e olhei para a rua Lapusneanu. Espalhados por ali havia corpos humanos em estranhas posições. Os bueiros estavam cobertos de cadáveres amontoados uns sobre os outros. Centenas de corpos estavam jogados no pátio da igreja. Bandos de cães rodeavam, ressabiados, farejando os mortos à procura de seus donos; pareciam cheios de pena e respeito; moviam-se em torno daqueles pobres cadáveres com delicadeza, como se não quisessem pisar naqueles rostos sanguinolentos ou naquelas mãos rígidas. Equipes de judeus, vigiados por soldados e policiais armados de metralhadoras, faziam o trabalho de pôr os corpos para um dos lados, abrindo o meio da estrada e empilhando os cadáveres ao longo das paredes para liberar o tráfego. Caminhões alemães e romenos carregados de corpos continuavam partindo. Uma criança morta estava sentada na calçada perto da *lustrageria*, as costas apoiadas na parede e a cabeça caída no ombro [...] A estrada estava atulhada de gente — hordas de soldados e policiais, grupos de homens e mulheres e bandos de ciganos de cabelos longos e anelados conversavam entre si divertida e ruidosamente enquanto pilhavam os mortos, erguendo-os, rolando-os, virando-os de lado para tirar seus casacos, calças e roupas de baixo; pés eram prensados sobre barrigas mortas para ajudar a arrancar os sapatos; pessoas acorriam para participar do butim; outros se afastavam com pilhas de vestuário nos braços. Era um alvoroço alegre, uma ocasião feliz, uma festa e um mercado, tudo ao mesmo tempo.[28]

O massacre de Jassy foi parte de um plano mais abrangente elaborado pelo regime de Antonescu cujo objetivo real eram os estimados 275 mil judeus que viviam perto da Velha Romênia, na Bucovina e nas fronteiras da Bessarábia. No ano anterior aquelas províncias tinham passado por um levante. Durante a ocupação soviética, a grande comunidade étnica alemã partiu para o Reich e muitos romenos fugiram para o sul, enquanto outros foram deportados pelo NKVD. Agora que haviam recuperado as províncias, os romenos queriam se livrar dos judeus, que eram vistos como uma quinta-coluna pró-soviética. Esse foi o primeiro passo numa limpeza étnica por todo o país. No dia 8 de julho, o ministro do Exterior, Mihai Antonescu, ressaltou a importância do momento para seus colegas de gabinete:

> Mesmo se alguns tradicionalistas entre vocês não me entenderem, sou a favor de uma migração forçada de todos os elementos judeus da Bessarábia para Bucovina; eles devem ser empurrados pela fronteira [...] Em toda a nossa história, nunca houve um momento mais apropriado, mais completo, mais abrangente e mais livre para a total libertação étnica, para renovar uma autoavaliação nacional, para uma limpeza em nossa nação [...] Vamos utilizar este momento histórico [...] Se preciso for, usar metralhadoras.[29]

Foram baixadas ordens específicas orientando os comandantes militares a instigar pogroms nas aldeias, e assim que as tropas romenas invadiram as províncias dominadas pela Rússia os judeus foram retirados de suas casas e reunidos para deportação: os mais velhos e os doentes foram mortos no ato, e muitas mulheres sofreram estupro. Os demais foram forçados através do Dniester para o território que ainda estava sob o controle da Wehrmacht. Pegos de surpresa, os militares alemães se assustaram com a perspectiva de lidar com um grande número de judeus romenos numa época em que estavam preocupados com suas linhas de suprimentos para a frente de batalha. Hitler poderia admirar em particular o "radicalismo" de Antonescu, mas os comandantes alemães queriam que os romenos fossem mais devagar. Até mesmo o Einsatzgruppe D, liderado pelo oficioso Ohlendorf, foi contra a falta de direção e o sadismo dos romenos, criticando-os pelos saques e estupros e pela trilha de cadáveres deixada para trás. Seus homens obrigaram milhares de expulsos a voltar para o lado romeno do rio, disparando contra os que não conseguiam voltar.

"Os romenos agem contra os judeus sem nenhuma noção de planejamento", escreveu um observador alemão. "Ninguém se oporia às inúmeras execuções de judeus se os aspectos técnicos de suas preparações, assim como a forma como são conduzidas, não deixassem a desejar. Os romenos deixam os executados onde eles tombam, sem enterrar." O que tornava a coisa ainda mais preocupante para os alemães é que os romenos pareciam também estar planejando expulsar outro grande grupo étnico na Bucovina, os ucranianos. Graças a seus aliados, os alemães já estavam tendo de lidar com ucranianos que fugiam através do Dniester em busca de proteção. Já era ruim que os romenos os estivessem expulsando; pior ainda que esperassem descarregar seus judeus também na Wehrmacht.[30]

O descontentamento da Wehrmacht logo foi transmitido para Bucareste. "Só continuem com a eliminação dos elementos judeus se for de forma sistemática e mais devagar", instruíram os alemães. Mas na verdade os romenos não ligaram muito, talvez porque Antonescu tivesse certeza do apoio de Hitler. Além do mais, seus grandes rivais, os húngaros, também estavam expulsando imigrantes judeus para a Ucrânia ocupada pelos alemães. Mil judeus eram forçados a atravessar a fronteira por dia, até que, em 10 de agosto, 14 mil destituídos e amedrontados refugiados lotaram a pequena cidade de Kamenets-Podolsky. Com o Exército sem saber o que fazer, o HSSPF Friedrich Jeckeln mostrou a iniciativa que o tornaria uma figura-chave no Holocausto e se ofereceu para "liquidá-los": auxiliados por unidades húngaras, em três dias seus homens fuzilaram mais de 20 mil pessoas ao lado de gigantescas crateras de bombas perto de Kamenets-Podolsky: e no final de agosto a matança — a maior sob o domínio alemão até aquela data — estava concluída.[31]

Assim que as novas províncias da Transnístria estavam sob total controle dos romenos, as expulsões se aceleraram no norte da Romênia. Em meados de 1942, restavam apenas 14 mil judeus na Bucovina e na Bessarábia. Cerca de 40 mil tinham morrido e mais de 135 mil foram deportados para campos de trabalho improvisados, cidades e aldeias no sul da Ucrânia. Enquanto os trens regurgitavam suas cargas desesperadas e quase mortas, os observadores alemães pressupunham que "o propósito da ação é a liquidação desses judeus". Afinal, as estradas, as trilhas e as pontes por todo o Dniester estavam juncadas de corpos. Enquanto isso, os funcionários romenos enfeitavam-se com anéis, sedas, joias e outras pilhagens.[32]

As coisas pioraram ainda mais quando os romenos finalmente tomaram Odessa. Em 16 de outubro, depois de uma dura batalha, soldados romenos e alemães, nervosos e rápidos no gatilho, entraram nas ruínas fumegantes do antigo porto soviético. Apreenderam reféns entre os civis que ficaram na cidade e mandaram os judeus sair das estradas. Mas, apesar dos alertas dos habitantes do local, seis dias depois foram pegos de surpresa quando uma mina soviética de ação retardada explodiu o recém-estabelecido quartel-general militar, matando o comandante romeno e outros sessenta soldados. Antonescu de imediato exigiu que 18 mil judeus fossem mortos em represália e que outros cem fossem enforcados nas praças da cidade "em todos os setores regimentais". Sem saber quem havia dado as ordens, Pantea, o recém-empossado prefeito de Odessa, escreveu uma carta aflita:

Acordei de manhã com uma visão assustadora: em todas as ruas principais e nos cruzamentos, havia grupos de quatro ou cinco pessoas enforcadas, e os aterrorizados habitantes fugiam em todas as direções. Horrorizado, perguntei quem era o responsável por aquela atitude de barbarismo, essa desgraça, da qual nunca serei absolvido pelo mundo civilizado. As autoridades às quais me dirigi disseram que não sabiam de nada.[33]

O que Pantea também não sabia é que aquilo era apenas o começo: nos dias que se seguiram, soldados e guardas enforcaram judeus em cabos de teleféricos, sacadas e fios de telégrafo: as ruas que saíam do centro estavam perfiladas de cadafalsos, e Odessa se transformou numa "cidade de corpos pendurados". O próprio Exército acabou matando pelo menos 22 mil pessoas: na maioria, foram amontoadas em depósitos nos subúrbios de Dalnic, ensopadas de gasolina e queimadas vivas. Ao menos um depósito cheio de gente foi explodido por ordens diretas de Antonescu num macabro ato de vingança. Milhares de sobreviventes foram conduzidos para o norte em enormes colunas que Pantea tentou deter, mas não conseguiu. As vítimas, abandonadas sem água nem comida, passavam as noites nos campos enlameados, onde seus guardas as roubavam e estupravam. Nas semanas seguintes, outros judeus foram trazidos do Norte por trem em vagões de gado sem aquecimento. Dois anos depois, restos mortais congelados ainda se espalhavam pela periferia da cidade. Quando o Exército Vermelho começou a se aproximar, o ministro da Defesa romeno sugeriu que se limpasse o local do massacre para "esconder as atrocidades". "Do que você está falando?", indagou Antonescu; nenhum dos ministros tomou a iniciativa de lembrar ao esquecido *Conducator* que ele próprio tinha instigado aquela ação.[34]

Cimentada por esses crimes, além do compromisso militar da Romênia com a frente oriental, a relação de Hitler com o marechal Antonescu ficou muito próxima. No final de 1941, Hitler confidenciou ao romeno a intenção final da Alemanha de deportar todos os judeus da Europa para rudimentares reservas de trabalho na Rússia. Assim como Hans Frank, que já tinha discutido a questão com Hitler mais ou menos na mesma época, Antonescu entendeu muito bem o significado daquilo, e as resultantes discussões do gabinete dão calafrios ao ser lidas. Em 16 de dezembro, o marechal disse aos seus funcionários: "Tirem os judeus da cidade imediatamente". Ele temia um ataque soviético a Sebastopol. Alguém propôs deixar que todos morressem de fome num dos antigos quartéis navais soviéticos, mas Antonescu preferiu a ideia de afogar todos — só que isso significaria perder um navio — e prosseguiu:

Os alemães querem levar os judeus da Europa para a Rússia e assentá-los em certas áreas, mas ainda há tempo antes de esses planos serem realizados. Enquanto isso, o que devemos fazer? Vamos esperar por uma decisão de Berlim? Vamos esperar uma decisão que nos diz respeito? Vamos empacotá-los em catacumbas; atirá-los no mar Vermelho! [No que me diz respeito], cem podem morrer, mil podem morrer, todos eles podem morrer, mas não quero que um único funcionário do governo ou oficial romenos morram.[35]

Assim, no enregelante inverno de 1941-2 a maior parte dos judeus do sul da Transnístria foi removida, bem como os sobreviventes de Odessa, e eles foram obrigados a marchar para "zonas de reassentamento" perto do rio Bug. Como antes, o plano era tentar empurrá-los para o outro lado do rio, para território alemão. Porém mais uma vez os alemães resistiram, com Eichmann criticando a descarga "sem ordem e indiscriminada" de judeus no Reichkommissariat.[36] Nos dois lados do Bug, os judeus vaguearam entre poucos guardas pelos campos gelados da Ucrânia, onde muitos morreram de fome ou enregelamento. Muitas vezes passavam por aldeias étnicas alemãs cujos habitantes, ajudados pela ss, formavam Ligas de Defesa Étnica para matá-los. As primeiras vítimas morreram perto do vilarejo alemão de Nova America no final de janeiro de 1942, onde camponeses armados fuzilaram cerca de duzentos judeus; os corpos foram queimados para evitar epidemias, e suas roupas e pertences foram levados para a aldeia.

Às vezes equipes da ss atravessavam a linha demarcatória no rio Bug e traziam milhares de judeus para trabalhar em trechos da Durchgangsstrasse IV, a nova rodovia planejada para ligar a Polônia ao sul da Ucrânia. Abrigados nos campos de trabalho, eles também eram mortos quando não tinham mais utilidade. Outros trabalhavam até morrer para os romenos. Marchas forçadas dos "mortos-vivos" continuaram durante 1942 e 1943, enquanto o governo de Bucareste discutia medidas de "descongestionamento" das cidades da região e construía improvisados campos para seu "lixo humano" nas florestas, massacrando os cativos em ravinas e valas abertas ou entregando-os aos alemães. O número exato de mortes nunca será conhecido. Mas uma recente estimativa confiável indica que, no final da ocupação, entre 115 mil e 180 mil judeus ucranianos tenham morrido na Transnístria (apenas 20 mil sobreviveram), assim como mais de 100 mil dos 147 mil da Bucovina e da Bessarábia. No total, entre 280 mil e 300 mil judeus ucranianos e romenos foram dados como mortos.[37]

Nenhum outro aliado da Alemanha, a não ser talvez a Croácia, pôde se equiparar ao regime romeno em sua sanha assassina. E, assim como no caso da Croácia, poucos ou nenhum desses assassinatos foram resultado de alguma pressão alemã. Na verdade, quando os alemães começaram a exercer pressão no regime, no verão de 1942, o governo reverteu sua ação por razões próprias (a ser analisadas mais à frente); os alemães não puderam fazer nada a respeito. O fato de 375 mil judeus terem sobrevivido na Velha Romênia no fim da guerra é a prova mais clara possível da liberdade de ação dos romenos. Em outras palavras, as matanças de 1941-2 foram uma iniciativa da Romênia, uma espécie de "guerra paralela" contra os judeus, conduzidas de formas diferentes mas com o mesmo objetivo do que era feito mais ao norte. Enquanto os alemães pareciam estar vencendo, o governo se orgulhava de que a Romênia, como definiu Mihai Antonescu, "está relacionada entre as nações preparadas para cooperar de forma resoluta na solução final do problema judeu — não apenas o problema local, mas também o problema europeu".[38]

O IMPÉRIO ITALIANO NO MEDITERRÂNEO

A Itália fascista era um caso único entre os aliados da Alemanha. O próprio Hitler sempre manteve certo respeito por Mussolini, e as duas potências fascistas cimentaram seus laços com o Pacto de Aço em 1939. Ambas eram expansionistas, e o preâmbulo do pacto falava da necessidade de "assegurar seus espaços vitais" para as duas partes. Os italianos falavam abertamente em ampliar seus domínios nas duas margens do Mediterrâneo e de retirar os franceses e ingleses daquela região para sempre. A ascensão da Alemanha parecia oferecer a oportunidade de conseguir isso.

Mas a aliança beneficiava mais a Itália, e os ganhos dos alemães eram menos claros. A confusão que os italianos fizeram na invasão da minúscula Albânia em 1939 foi um alerta. Também criaram dificuldades na pequena campanha lançada com atraso contra a França no verão de 1940 e fizeram um trabalho malfeito na invasão da Grécia naquele outono. Já em agosto de 1941, a vacuidade das pretensões imperiais do fascismo estava exposta, e um observador bem posicionado observou que só a Alemanha "podia ajudar os italianos a construir seu império no Mediterrâneo". O sucesso da Itália em 1940 contra as pequenas guarnições que os ingleses deixaram na Somalilândia britânica foi a única vitória que obtiveram sem ajuda em toda a guerra. Provocou muitas baixas e não durou muito: em março de 1941, quando os britânicos enviaram tropas siques para recapturar a região, a maior parte dos italianos estava doente de malária e se rendeu. Em dois meses, sob pressão dos britânicos e de tropas irregulares etíopes, eles perderam Adis Abeba também, e o imperador etíope, Hailé Selassié, voltou ao trono que havia perdido em 1936. Os gigantescos mapas expostos nas principais praças das cidades italianas, para que as pessoas vissem o progresso da guerra na Europa, na África e no Oriente Médio, logo desapareceram.

Mas os alemães tinham mais com que se preocupar do que a ineficiência do comando. As Forças Armadas italianas eram mal equipadas, mal coordenadas e superburocratizadas, comandadas por carreiristas de perfil defensivo com pouco senso de estratégia e competência administrativa. Ao contrário de Hitler, Mussolini não conseguia se impor ao comando geral nem fazer com que obedecessem às suas ordens. Também não conseguiu estabelecer prioridades e espalhou suas forças em frentes demais. Quando ele mandou 60 mil soldados para a frente oriental (baseado em que "não posso fazer menos que a Eslováquia"), seu comandante sofreu um ataque cardíaco no caminho; foi um presságio que Mussolini deveria ter entendido.[39]

Num nível mais fundamental, a Itália não podia arcar com o peso das ambições fascistas. A guerra era ainda menos popular na Itália que na Alemanha, e o regime estava bem ciente do seguinte: os generais alemães deploravam o fato de os italianos não se livrarem de sua "mentalidade de tempos de paz". As contrapartes italianas hesitavam para disciplinar seus homens, e de fato as cortes marciais italianas eram menos repressivas do que haviam sido na Primeira Guerra. A verdade era que o país estava indo à falência com os custos das campanhas na Etiópia e na Espanha e teria ganhado muito mais com um período de recuperação. Franco garantiu isso para a Espanha ao ficar fora da guerra e portanto continuou no poder, a ponto de ser brindado pelo presidente Nixon em 1970. Mas as pretensões imperiais de Mussolini o impediram de seguir um curso semelhante. A renda nacional da Itália era menor do que a de qualquer outra grande potência e o país gastava uma proporção bem menor disso em suas Forças Armadas — 23% em 1941, comparados aos 52% da Alemanha e 53% do Reino Unido. Como resultado, quando a Itália entrou na guerra, o governo apresentou aos alemães uma lista de compra de itens urgentes que — como definiu Ciano — teria quebrado as costas de um camelo.[40]

Mas, para Hitler, os contra-argumentos estratégicos e militares pouco pesavam no fato de Mussolini ter se aliado a ele: era um relacionamento especial. "Sem a amizade de Mussolini", ele disse ao embaixador italiano, "eu estaria sozinho no mundo." Costumava falar como se os interesses das duas potências fossem perfeitamente compatíveis. "Nossos interesses estão no norte, os seus estão no sul", ele disse ao Duce. Os dois poderiam dividir a Europa entre si, prosseguia, pois a busca pelo Lebensraum alemão levava ao Leste, para a Polônia e a Rússia, enquanto o spazio vitale italiano estava principalmente nos Bálcãs, no Mediterrâneo e nas praias do norte da África. Mussolini concordava: eles travariam uma "guerra paralela". Aliás, com exceção dos assuntos navais no Mediterrâneo, houve muito pouca coordenação ou planejamento em conjunto, e o próprio Hitler recusou-se a confiar no Duce. Apesar de quatro reuniões em 1940 e três no ano seguinte, Hitler não revelou ao seu mais fiel aliado os planos da invasão da Escandinávia, de uma missão militar à Romênia, nem mesmo os da invasão da União Soviética. Por sua vez, Mussolini também se fechou ao surpreender o Führer com a invasão da Grécia.[41]

Essas"guerras paralelas" também não eram fáceis de ser mantidas em separado. De início, os alemães deixaram o norte da África e o Mediterrâneo para os italianos, que ficaram mais ou menos felizes por eles ficarem de fora (mesmo quando não poderiam ter conseguido sem a ajuda dos alemães). Nos Bálcãs, as diretrizes alemãs eram deixar seus aliados cuidarem da ocupação o mais possível. Mas, ainda que Hitler insistisse em tornar a Itália o poder dominante no oeste dos Bálcãs — no fim, meio milhão de soldados italianos foram comprometidos na região —, os alemães nunca confiaram muito neles para administrar a região de forma adequada. Também no norte da África, uma pequena força expedicionária alemã foi mandada sob o comando de Rommel. Quando Mussolini viajou para lá no verão de 1942, prelibando uma iminente marcha triunfal em Alexandria, Rommel recusou-se a se encontrar com ele; o regresso de um abatido Duce à Itália, depois de ficar claro que o Egito não seria tomado, marcou o início de sua derrocada. O que começou como uma "guerra paralela" no verão de 1940 tinha se desvirtuado numa relação muito mais desigual.

Alguns historiadores entenderam um programa por trás das reivindicações territoriais do Duce, mas é difícil evitar a impressão de que foram organizados de última hora. Em 1940, sua lista de presentes se concentrava na Córsega, na Tunísia e em outras possessões francesas na África e no Oriente Médio. Porém, alguns meses depois, a energia dos italianos foi desviada para os mares Adriático e Jônico. No cálculo final, a Itália tinha pouco poder na Grécia, apesar de dominar a maior parte do país. Continuava existindo um governo grego, com assessores alemães contrabalançando os homens de Roma. As políticas imperiais introduzidas pelos italianos foram desastrosas. Eles tentaram separar as ilhas do continente, ligando as Cíclades às possessões italianas em Dodecaneso. O resultado foi caos administrativo, ruptura econômica e fome, que deixaram milhares de mortos só na pequena ilha de Siros.[42]

As políticas de nacionalidade do inexperiente império italiano também eram muito diferentes das alemãs. Com exceção de colonos, ou grandes reservas de minorias a ser repatriadas, Roma punha a difusão cultural na frente da pureza racial. O mito histórico básico se refere à Roma antiga e não aos cavaleiros teutônicos: não havia um programa sério de filtro racial, nenhum equivalente da ss, mas sim muitas redes generosamente financiadas de escolas de Dante Alighieri para ensinar aos gregos, albaneses e croatas as glórias da literatura italiana. Essa fraqueza também tornou os italianos mais aptos que os alemães para avaliar a importância de conhecer as aspirações nacionais de outros povos. Os italianos apoiaram os nacionalistas albaneses, por exemplo, estimulando a formação de um partido fascista albanês. Como bem definiu Ciano em 1942:

Não é possível exportar o fascismo para um país e ao mesmo tempo negar o princípio de nacionalidade que é a própria essência da doutrina [fascista] [...] Nossa ação na Albânia constitui a prova concreta ante o mundo de que, na nova ordem visualizada por Roma, os países não serão subjugados, mas sim valorizados.[43]

Na verdade, era basicamente um truque de maquiagem: falou-se mais sobre as críticas dos italianos à abordagem alemã da ocupação do que sobre a maneira como eles governaram a Albânia, onde os políticos locais continuaram fazendo a segunda voz do procônsul italiano. Além disso, as limitações ficaram mais claras quando o modelo foi introduzido também em Montenegro. Em junho de 1941, um obediente "conselho consultor" declarou a "restauração de Montenegro". Mas esse novo "reino" durou menos de um dia — o novo chefe de Estado nem chegou a ser nomeado — antes que forças pró-Sérvia contrárias à independência organizassem um grande levante popular. Pego de surpresa, o Exército italiano respondeu executando sumariamente milhares de civis: o general Pirzio Biroli insistia em que "a fábula do 'bom italiano' deve cessar", e demorou um mês até que a rebelião fosse esmagada.[44]

Na Eslovênia, uma região destinada à anexação, essa fábula específica teve vida ainda mais curta. A região não sabia nada sobre a lista de desejos de Roma, e seus 340 mil habitantes — a se acreditar no censo realizado pelos italianos — incluíam menos de quinhentos italianos. Imperturbáveis, os italianos assumiram uma região truncada e economicamente paralisada ao redor de Liubliana — foi tudo o que os alemães deixaram depois de se servirem do resto da província. A nova província de Liubliana deveria se tornar um modelo da administração "benevolente", revelando os méritos superiores da dominação italiana aos infelizes eslovenos dominados pelos alemães do outro lado da fronteira norte. Os funcionários públicos iugoslavos foram mantidos em seus cargos — quase nenhum italiano conhecia os idiomas —, mas o bem-estar e a segurança social italianos foram importados. Houve as habituais mudanças de nome de ruas e de lugares, a demolição dos monumentos eslavos e dos Habsburgo e o rebaixamento do idioma esloveno.

Logo Roma estava implantando um programa de italianização forçada, reprimindo o nacionalismo esloveno e difundindo instituições fascistas. Assim como Antonescu — embora com menos matanças —, Mussolini também via a guerra e a expansão como uma oportunidade para o Estado "realizar o máximo de unidade étnica e espiritual de forma que os três elementos de raça, nação e Estado venham a coincidir". Acrescentar uma província fronteiriça predominantemente não italiana pode ter parecido coerente com essa estratégia, mas, assim como outros regimes nacionalistas, a Itália fascista preferiu ocupar a terra e se preocupar com o povo depois. Enquanto os estatísticos italianos mapeavam o perfil étnico-racial da população, novas leis de cidadania determinavam como alguns poucos felizardos poderiam se tornar cidadãos italianos plenos. Como observou o Duce, deveria ser dado um "tratamento especial" àqueles "alógenos" que se mostrassem totalmente leais; quanto aos demais, "quando a etnia entrar em conflito com a geografia, é o grupo étnico que deve ser movido: trocas de populações e êxodos forçados são providenciais". Grandes números de eslovenos foram presos e encarcerados, e logo a província estava envolvida numa grave insurgência. Mas não houve um equivalente italiano do RKFDV, e o regime italiano não parece ter planejado os movimentos populacionais forçados que eram parte central da guerra da Alemanha.[45]

Ao longo da costa da Croácia, com suas antigas cidades portuárias venezianas à sombra de escarpadas montanhas, as políticas do regime fascista eram ainda mais invasivas e abrangentes. Boa parte da região foi anexada e mantida sob o novo *governatore* da Dalmácia, chefiado pelo diplomata Giuseppe Bastianini. Houve obras públicas, novas estradas, trabalhos de drenagem e construção de edifícios públicos. Mas os planos de fomentar colônias de italianos na verdade nunca saíram do papel. A "reitalianização" provocou um expurgo nas salas de aula, uma forte dose de cultura italiana e a expulsão dos habitantes que haviam se assentado no final da Primeira Guerra. Bastianini declarou:

Os que não desejarem que seus espíritos bebam nas fontes de Virgílio, Horácio e Dante [...] só precisam pegar o caminho mais curto que leva até a fronteira. Aqui é o domínio de Homero, de sua linguagem, sua ciência, sua moralidade, e o leão de são Marcos voltou armado.

Roma queria "restabelecer o fluxo benéfico original das praias do Adriático" e "restaurar a preeminência da classe dominante italiana". Aos eslavos dálmatas foi oferecida a oportunidade de se assimilarem — isso marcou outra importante diferença da política alemã — e os que não fossem aptos teriam de ser deportados. Mas os eslavos locais não estavam convencidos. A oposição, tanto tácita quanto aberta, aumentou rapidamente, fomentada por comunistas e por croatas nacionalistas de Zagreb.[46]

O verdadeiro problema era a conturbada relação com os próprios croatas. Entre os muitos pedaços de território legados a eles pelos alemães (as ilhas do Egeu eram outro exemplo), por si só a Dalmácia não era uma unidade econômica viável. Sem os permanentes e dispendiosos subsídios do continente, suas antigas ligações com as regiões distantes ricas de recursos teriam de ser restabelecidas. Portanto, era inevitável que, em vista da dependência das indústrias costeiras como fornecedoras de materiais e suprimentos do interior, os italianos se vissem atraídos cada vez mais para a antiga Iugoslávia, e para a Croácia e a Bósnia em particular.[47]

A emergência da Croácia — algo que causaria muitos problemas para o Eixo — foi um acontecimento de última hora. Até o final de março de 1941, Hitler supunha que a Iugoslávia se tornaria um membro confiável do Pacto Anticomintern, assim como os vizinhos do Danúbio. Mas ao entrar na cidade a Wehrmacht foi recebida nas ruas por uma multidão em silêncio, e depois da invasão da Iugoslávia o estabelecimento de um Estado Independente da Croácia era uma maneira óbvia de ganhar apoio da Alemanha entre as massas da população croata e reduzir o número de tropas necessário para ocupar o país. Um emissário especial do Ministério das Relações Exteriores foi a Zagreb para convencer o líder do majoritário Partido dos Camponeses, Vladko Maček, a assumir o poder. O emissário era o coronel da ss Edmund Veesenmayer, o faz-tudo de Ribbentrop, um homem que já tinha se envolvido no Anschluss e no estabelecimento do governo de Tiso na Eslováquia. Mas Maček se recusou a entrar no jogo. Só depois que ele rejeitou o convite os alemães procuraram a Ustaše, uma agremiação terrorista periférica composta de nacionalistas fanáticos radicais com uns poucos milhares de seguidores. Uma semana depois de seu deputado líder ter anunciado a formação do novo Estado — com Maček exortando os croatas a apoiá-lo —, o líder da Ustaše, um ex-advogado e deputado chamado Ante Pavelić, voltou de seu exílio na Itália e foi posto no comando. Assim como o *Conducator* Antonescu e o padre-presidente Tiso, imediatamente Pavelić adotou um apropriado título ditatorial — *Poglavnik*, ou Chefe — para se alinhar com os ditadores que o puseram no poder.[48]

Seus "olhos brilham como um fogo negro em seu rosto pálido cor de terra", observou Curzio Malaparte na primeira vez em que se encontrou com Pavelić.

> Um indefinível ar de estupidez estampava-se em seu rosto, talvez derivado das grandes orelhas que, vistas mais de perto, pareciam ainda mais vastas, ridículas e monstruosas que em seus retratos [...] As mãos eram grandes, ásperas, cabeludas; e as juntas eram nódoas de músculos. Dava para perceber que as mãos o incomodavam; ele não sabia o que fazer com elas.

No segundo encontro que tiveram, alguns meses depois, Pavelić havia mudado a disposição dos móveis de seu gabinete, empurrando a mesa para perto da porta para despistar potenciais assassinos. Malaparte achou que ele já parecia mais pálido e extenuado, com o rosto "marcado por uma tristeza profunda e sincera". Mas depois notou o cesto de vime sobre a mesa de Pavelić, cheio de conchas de ostras "como são vistas às vezes nas vitrines da Fortnum and Mason em Piccadilly, em Londres" — e foi informado pelo ditador de que continham olhos humanos, enviados por seus leais seguidores que andavam matando e queimando pelo país.[49]

Os italianos queriam a Croácia, o trono aliás chegou a ser oferecido a um membro da Casa de Savoy, o duque de Spoleto, que se arvorou em Tomislav II, rei da Croácia, príncipe da Bósnia e Herzegóvina, voivoda da Dalmácia, Tuzla e Temun. Mas Pavelić não precisava se preocupar. Na verdade aquilo era apenas o último e patético suspiro da abordagem tradicional da Europa à construção do Estado dos Bálcãs — todos os recentes Estados balcânicos vinham dando novos monarcas desde a Grécia em 1832 —, que já não significava mais nada. Aliás, quando anunciou sua abdicação no verão de 1943, o novo rei ainda não havia posto os pés em seu reino. Como sempre, a "predominância" da Itália era muito condicional, e a Alemanha já havia garantido a maior parte dos interesses econômicos vitais do país antes que os italianos começassem. As tropas alemãs ocuparam a região leste do país; e, embora o restante caísse sob a esfera de influência italiana, na verdade os croatas resistiam àquela usurpação.

A realeza italiana foi esperta em ficar de fora: o reino de terror da Ustaše que se impôs explicou amplamente por que em geral os alemães evitavam ceder poder para extremistas de direita. Dos 6,3 milhões de habitantes do novo Estado, apenas 3,3 milhões eram croatas: havia 1,9 milhão de sérvios, 700 mil muçulmanos, 150 mil alemães e 40 mil judeus. Mesmo assim, a Ustaše empenhou se em erradicar com violência os não croatas, em especial a influência no país dos sérvios e judeus. O governo proibiu o uso do cirílico, legalizou o confisco de propriedades de judeus e impôs uma nova lei de nacionalização. Ao mesmo tempo, esquadrões paramilitares embarcaram numa campanha de massacres contra sérvios, judeus e ciganos, e por mais de um mês, até que protestos dos alemães obrigaram uma breve desaceleração, as unidades da Ustaše faziam um massacre atrás do outro, às vezes visando sérvios notáveis, mas em outras ocasiões, principalmente na Herzegóvina do Norte, chacinando comunidades inteiras com cenas grotescas de violência e sadismo. Quando as prisões ficaram superlotadas, uma série de campos de concentração foi construída ao redor de Jasenovac, perto do rio Sava, que logo se tornou um notório centro de matanças. Em junho, proeminentes servo-croatas apelaram ao governo sérvio em Belgrado para que os alemães interviessem. Eles não sabiam que Hitler já tinha se encontrado com Pavelić em seu retiro de Berchtesgaden e o havia instado a continuar sua política de "intolerância nacional" por cinquenta anos.[50]

O programa de Himmler de deportações forçadas para o Norte piorou a situação. Na esperança de expulsar um grande número de eslovenos para a Croácia, os alemães permitiram que a Ustaše evacuasse 180 mil sérvios através da fronteira para a própria Sérvia para dar lugar aos eslovenos católicos que estavam chegando. Mas isso foi só o começo. Assim como na Romênia, a matança se intensificou quando a expulsão foi interrompida. Quando a Alemanha invadiu a Rússia, Hitler mais uma vez aconselhou a Ustaše a tratar com brutalidade os inimigos internos e os massacres continuaram pelo outono, resultando em mortes de mais de 100 mil pessoas. Intensificaram-se no verão de 1942 como resultado de campanhas contra partisans, e no começo de 1943 os militares alemães estimaram que a Ustaše tinha assassinado pelo menos 400 mil pessoas.[51]

A maioria dos representantes do Eixo em Zagreb ficou em choque, mas não conseguia concordar quanto ao que fazer, principalmente porque Pavelić tinha

todo o apoio do representante do chefe político alemão, Siegfried Kasche, ex-
-membro dos Freikorps e homem da SA. Kasche não tinha nenhuma formação
diplomática — segundo o representante do SD em Zagreb, ele mal sabia onde ficava a Croácia —, mas a SA nunca perdoou a SS pela Noite das Facas Longas, em
1934, quando sua liderança foi assassinada, e o ministro das Relações Exteriores
da Alemanha, Ribbentrop, estava tão desesperado para manter Himmler e a SS
longe do Sudeste da Europa que começou a nomear homens da SA sem carreira
diplomática, como Kasche, a postos ministeriais na região. (Os ministros na Eslováquia, Romênia e Hungria entravam nessa categoria, com consequências previsíveis para a diplomacia alemã.)

Por outro lado, os italianos estavam convencidos de que a brutalidade de
Pavelić estava fomentando atividades anti-Eixo e levando sérvios para as montanhas. "Estamos na Croácia exclusivamente para favorecer esse odioso regime da
Ustaše e seus excessos", eles protestaram. Um dos diplomatas foi ainda mais direto, comentando que "os croatas são nossos inimigos". Realmente, quando o
Exército italiano entrou na Bósnia-Herzegóvina em setembro de 1941 para tentar estancar o banho de sangue, eles trabalharam com os insurgentes sérvios dos
grupos de chetniks contra as forças de Pavelić.[52]

O pessimismo dos italianos era partilhado pelo serviço de inteligência alemão em Zagreb e pela Wehrmacht. Um reconhecido oficial da Abwehr considerava "pura utopia" o sonho da Ustaše de expulsar até mesmo os 250 mil sérvios;
os 3 milhões de croatas teriam de aprender a viver com os sérvios, não ameaçá-
-los como "vassalos" nem tentar obrigá-los a se converter ao catolicismo. O principal assessor militar dos croatas, um experiente e cosmopolita ex-oficial dos
Habsburgo chamado Edmund Glaise von-Horstenau, também se mostrou cético.
Nascido em Braunau, cidade natal de Hitler, três anos depois do Führer, sua atitude básica em relação a políticas de nacionalidade continuavam fincadas no
modelo imperial. Ele criticava a Ustaše por sua visão de que a Croácia não tinha
lugar para minorias e por querer "governar um *Völkerstaat* (estado de grupos
étnicos) como um Estado-nação homogêneo". Mas essa eminente crítica dos
Habsburgo ao nacionalismo étnico croata não comoveu Hitler. Por um tempo,
ele pediu a Pavelić que moderasse suas ações; mas, quando os italianos recuaram,
em setembro de 1943, Hitler insistiu em que os oficiais alemães mostrassem uma
"atitude positiva" com o líder. O colapso de seu principal aliado nos Bálcãs significava que Hitler não poderia se dar ao luxo de dispensar nem o menor deles, por

mais brutal ou contraproducente que fosse para suas políticas internas. Vários oficiais da Wehrmacht explicaram que a violência insana do regime de Pavelić era causa de enorme instabilidade e inquietação, que era um "perturbador da paz" que só resistia "na ponta das baionetas alemãs", e que seria muito melhor substituí-lo por uma administração militar alemã. Todas as vezes, graças ao eficaz lobby de Kasche em Zagreb, Hitler se recusou e Pavelić sobreviveu.[53]

CONTRAINSURGÊNCIAS

O mito do "bom italiano" não morreu nas montanhas de Montenegro, como esperava o governador Pirzio Biroli. Depois da guerra esse mito floresceu — ao menos na Itália — e o suposto contraste entre hesitantes porém humanitários italianos e os alemães mortalmente eficazes fez com que muitos crimes de guerra da Itália fossem perdoados em silêncio. Quando estudiosos solitários chamaram a atenção para as cerca de 50 mil ou 60 mil vítimas dos campos de concentração dos anos 1920 na Cirenaica e descobriram matanças em massa de civis etíopes a tiros ou com gás mostarda, o público italiano pouco notou. Filmes como *Mediterrâneo* mostravam a ocupação italiana como um clube de campo em tempos de guerra, um idílio erótico só interrompido pelo som de bombas distantes; Hollywood também fez sua parte, e *O capitão Corelli* contrastava os musicais italianos nas ilhas gregas com a ferocidade da Wehrmacht. O filme *A vida é bela*, de Roberto Benigni, foi um passo além e transformou a figura de um pai, que lutara no Exército de Mussolini, numa vítima trágica, um judeu mandado para Auschwitz. As condições enfrentadas pelos soldados italianos presos pelos alemães depois de setembro de 1943 eram realmente terríveis, e muitos morreram. Mas isso não muda o fato de que os mesmos soldados estavam lutando sua própria guerra suja ao lado do Eixo.

Na Iugoslávia, em particular, o comportamento do Exército italiano não foi muito diferente do dos alemães. O general Robotti determinou que toda a província de Liubliana fosse considerada um campo de batalha, e que a população inteira fosse considerada "nossos inimigos". Reféns eram presos e executados em casos de ataques. As tropas tinham ordens de não fazer prisioneiros, e os oficiais recebiam ordens de "manter o espírito agressivo de nossos soldados". Robotti instruiu seus homens a "odiar, odiar mais do que esses bandidos nos odeiam".

Seu superior, o general Mario Roatta, estabeleceu o tom: quando em casa, Roatta organizava festas em seu iate "no estilo dos antigos pagãos", mas no campo não havia comandante mais implacável. Sua infame "Circular 3C", de março de 1942, deveria mostrar que os soldados italianos conseguiam lutar tão duramente quanto os aliados alemães. O lema era "Não dente por dente, mas cabeça por cabeça!". Roatta aprovou a política de reféns e exigiu uma mudança drástica na imagem da benevolência italiana. É verdade que a destruição punitiva de aldeias inteiras foi, segundo ele, uma atitude muito rara. Mas as táticas esboçadas por Roatta apontavam em essência para toda a população civil.[54]

A experiência de luta de contrainsurgência foi adquirida nas campanhas da Líbia no início dos anos 1920 e na conquista da Etiópia em 1935-6. Nos dois casos foram feitos prisioneiros, seleção e fuzilamento de reféns, políticas de terra arrasada e bombardeamento de áreas civis como punição coletiva. Nem Mussolini nem o então chefe do Exército, general Badoglio, tentaram mitigar essas políticas: ao contrário, encorajaram-nas para o bem do prestígio dos italianos. Com exceção do uso de gás, ao qual os italianos foram contrários na Europa, o Segundo Exército na Croácia, em Montenegro e na Eslovênia, tratou os "nativos" da Iugoslávia da mesma maneira. A cidade de Liubliana foi cercada por arame farpado, bairros inteiros eram isolados e revistados. Mussolini levantou a possibilidade de uma "transferência em massa" da população civil e instou Roatta a "prender inúmeros reféns e fuzilá-los sempre que fosse necessário". Uma vasta rede de campos estendeu-se pela Grécia, na qual dezenas de milhares foram encarcerados; com poucos suprimentos, eles logo se tornaram locais de doenças com taxas de mortalidade comparáveis às dos campos sob controle alemão. No final de 1942, mais de 30 mil eslovenos estavam detidos em más condições, a ponto de provocar reclamações do Vaticano. Na ilha de Rab, os prisioneiros estavam tão enfraquecidos pela fome que não puderam ser transportados para os navios que os levariam ao continente: rações exíguas e condições muito precárias significaram que das quase 10 mil pessoas que passaram por esses campos — entre elas, mil crianças — mais de 10% morreram.

Na Grécia as coisas eram mais tranquilas, ao menos até o outono de 1942, pois o Exército italiano reconheceu a presença de um governo grego que desejava apoiar, ainda que fraco. Mas, a partir de 1943, quando o movimento partisan se espalhou pelas montanhas de Pindo, a ferocidade da contrainsurgência recrudesceu também por ali, e os campos se encheram de prisioneiros. Aldeias foram queimadas e houve fuzilamentos em massa. A Cruz Vermelha relatou que havia pelo menos sete campos de concentração, com milhares de prisioneiros que sofriam de frio, inanição e malária.[55]

Em que isso era diferente do que a Wehrmacht estava fazendo? Como qualquer Exército colonial, os militares italianos e alemães combinavam extrema violência com a ideia de que eram defensores da ordem. Criticavam não apenas os partisans, mas também a Ustaše, cuja brutalidade, nas palavras de um major alemão, era "uma ameaça a todas as leis da civilização". Os dois acreditavam que sob Pavelić a Croácia enfrentava a desintegração social e a anarquia, uma "ilegalidade geral" que levara a "condições semelhantes às da Guerra dos Trinta Anos". E, no que dizia respeito aos insurgentes, nenhum dos dois exércitos se via cercado por leis de guerra, já que seus oponentes não se comportavam como combatentes dentro da lei.

Mas havia algumas diferenças. Na Sérvia ocupada, os alemães iniciaram sua campanha contra os partisans no outono de 1941 com mais crueldade que a mostrada pelos italianos, matando mais de 11 mil civis em menos de três meses. As cotas de represália eram interpretadas mais literalmente que pelos italianos, e em várias ocasiões centenas ou até milhares de civis foram presos e fuzilados. Muitos altos oficiais comandantes nos Bálcãs estiveram em 1914 na Sérvia como jovens oficiais dos Habsburgo e mal conseguiam esperar para se vingar da humilhação sofrida pelo Exército imperial na época; os italianos estavam mais preocupados em acalmar os croatas, seus aliados nominais.

Uma das maiores diferenças, na verdade, eram as atitudes para com os insurgentes sérvios — chetniks nacionalistas e partisans comunistas. Enquanto os alemães alvejavam os dois, o general Roatta tentava dividir os insurgentes listando-os como sérvios e montenegrinos anticomunistas na luta contra os partisans. O governo da Ustaše também estava furioso, claro, já que os sérvios eram seus principais inimigos. Ignorando-os totalmente, Roatta (e Pirzio Biroli em Montenegro) seguiu em frente e armou bandos de chetniks sérvios para lutar como aliados nas montanhas. Não só os italianos estavam muito mais cientes que os alemães de que não dispunham de números ou recursos para lutar contra todos os rebeldes ao mesmo tempo, como também eram menos inibidos quanto a admitir o fato. Formuladores italianos de política de alto nível duvidavam abertamente de que uma grande maré de contrainsurgência pudesse ter um efeito permanente. "Depois de quinze dias estaremos de volta ao ponto de partida", disse um deles. Perceberam que era fácil exagerar a ameaça armada dos insurgentes e sugerir como meta militar não a eliminação dos rebeldes — uma tarefa impossível —, mas sim garantir que eles não ameaçassem as linhas de suprimento.[56]

Nem sempre a Wehrmacht descartava a ideia de uma colaboração local, e às vezes também fazia esse jogo. No entorno das minas de ferro de Mitrovica, em Kosovo, a Sexagésima Divisão de Infantaria Motorizada do general Eberhard deu maior autonomia aos albaneses locais do que eles tiveram com os italianos. Eberhard criou uma guarda albanesa, construiu escolas e apoiou o regime local, que atraía tantos albaneses que os italianos desconfiaram de que tudo era parte de uma campanha para que eles ficassem em má posição.[57] Mas isso ocorreu numa região onde a população local já era basicamente pró-Alemanha. Como força de contrainsurgência, a Wehrmacht permaneceu fiel à ideia de superar os guerrilheiros em número e poder de fogo, com ataques coordenados às montanhas utilizando milhares de soldados. Alguns poucos comandantes de campo questionaram se as políticas de represálias não motivavam novos recrutas para o lado dos partisans. Mas as sugestões do serviço secreto para alianças políticas com os chetniks e outros eram desdenhadas, e a crítica de Glaise, de que a Wehrmacht estava piorando as coisas com sua "política de terror", caiu em ouvidos moucos.[58]

Até que ponto podemos atribuir a violência do Exército alemão às ideologias nazista ou fascista? Os soldados húngaros, búlgaros e italianos também eram capazes de represálias brutais e execuções em massa; mais ainda, uma abordagem draconiana a franco-atiradores e soldados irregulares foi visível na Alemanha e nos exércitos dos Habsburgo também na Primeira Guerra Mundial. Todos os regimes aliados a Hitler eram, claro, rigidamente nacionalistas, e a fácil estereotipia racial que os soldados faziam dos inimigos turvava ainda mais uma diferença nunca muito clara entre combatentes e civis. Numa época em que mais do que nunca se falou em leis da guerra, os exércitos se acostumaram com a ideia de que, contra quem não lutava de uma forma "civilizada", havia pouca ou nenhuma restrição quanto ao que pudessem fazer. A linguagem maniqueísta usada para definir a guerra contra o bolchevismo também fazia sua parte aqui: por definição, os comunistas não podiam ser considerados oponentes, nem racialmente inferiores. Mas, bem antes da Revolução Russa, os oficiais dos Habsburgo que marcharam contra a Sérvia em 1914 usaram a mesma linguagem de "fanatismo" ou "traição", com consequências letais e previsíveis: em poucas semanas, seus homens prenderam e encarceraram muitos reféns, queimaram aldeias e mataram milhares de civis a sangue-frio.[59]

O uso de punições coletivas para forçar populações a obedecer foi reforçado quando comandantes de campo sentiram, tão nitidamente quando da ocupação da União Soviética e dos Bálcãs, que estavam com pouco pessoal e forçados ao limite. A essa altura, considerações de prestígio, semelhantes às presentes nas campanhas coloniais lutadas pelos italianos e outros, levaram a caminhos de represálias horríveis. O Exército italiano estava obedecendo a ordens nos massacres da Etiópia de 1937 e na "pacificação" de Montenegro em 1941. Assim como os húngaros em Novi Sad e os búlgaros em Drama. Algumas vezes os aliados dos alemães podem ter se sentido chocados com a brutalidade da Wehrmacht na Ucrânia e na Bielorrússia, mas não reagiram de maneira muito diferente ante a ameaça de seus próprios opositores. A inconfortável verdade é que a guerra de contrainsurgência era mais resultante do produto de certo estilo de luta europeu que do próprio nazismo. A tecnologia havia mudado nas décadas anteriores, mas em outros aspectos eles estavam lutando no mesmo espírito e seguindo as mesmas regras estabelecidas em suas campanhas coloniais e durante a Primeira Guerra. Claro, havia uma diferença crucial: no passado, autoridades civis às vezes conseguiram exercer uma influência moderada sobre as militares — como fizeram, por exemplo, na Sérvia ocupada em 1917. Sob os nazistas, os extremistas eram os civis, sempre instando seus soldados a perder a inibição e aumentar o nível do terror. Diante da ameaça dos partisans, a Wehrmacht em particular perdeu de vista até mesmo as poucas restrições que em outra época inibiram seus predecessores.[60]

PEQUENOS ESTADOS E A GRANDE ALEMANHA

O fato de a Itália ter logo deixado de ser um parceiro quase equivalente (em 1938) para se tornar um parceiro júnior (em 1940) marcou o sistema de aliança do Eixo durante a guerra com o fato concreto do insuperável poder alemão. "Vamos tentar nos prejudicar o mínimo possível", disse o embaixador francês ao ministro do Exterior italiano em junho de 1940. "Afinal, nós precisamos viver nesta Europa, cujos novos senhores — como você sabe — são bastante ríspidos!"[61] No cerne da situação diplomática da Alemanha, portanto, havia o que poderíamos chamar de um problema de Estado. Comentaristas do Reich proclamavam o fim do conceito liberal de soberania, e comunicados para a imprensa diziam aos países pequenos que se acostumassem a fazer a vontade de Berlim.

Os alemães alegavam estar falando pela Europa e mostravam os parceiros — da Eslováquia à Croácia, da Finlândia à Bulgária — que os apoiavam. Mas na prática, fossem quais fossem os truques e a pirotecnia diplomática, as relações entre a Alemanha e seus aliados eram estremecidas pelo desprezo da primeira e pelas suspeitas dos últimos.

A questão da soberania estava no centro das relações da Alemanha com seus aliados. Afinal, os nazistas alegavam que a lei internacional fora sobreposta pelas necessidades de uma solidariedade racial, uma doutrina com implicações muito ameaçadoras para outros Estados. Um dos grupos de seus cidadãos que o Reich tentou reclamar durante a guerra foram os judeus — as infrutíferas tentativas de fazer com que os aliados os entregassem à Alemanha serão discutidas no próximo capítulo. Mas igualmente diruptiva, e não mais se sustentando, era a alegação de Berlim quanto à subordinação dos alemães étnicos no exterior.

Na primavera de 1942, a Wehrmacht convocou alemães étnicos na Sérvia para novas unidades sob seu comando. Naquele maio, passou essa mesma prerrogativa para a Waffen-ss de Himmler. O que havia começado como uma elite de guarda-costas de Hitler se tornou, em 1939, uma força capaz de lançar em campo diversos regimentos armados. Como estava excluída de recrutar os alemães do Reich ou nos territórios anexados, os estimados 2 milhões de alemães étnicos na Hungria, na Romênia, na Iugoslávia e na Eslováquia, além de outros já nos campos de assentamento, ofereciam a única alternativa de suprimento de "sangue alemão" para aumentar suas fileiras. Himmler aproveitou a oportunidade e emitiu uma determinação confidencial de que as minorias alemãs tinham obrigação com o serviço militar para o Reich e não com seus governos nacionais.[62]

Mas fazer com que os governos estrangeiros aceitassem isso se provou extremamente difícil, pois eles relutavam em ceder o controle sobre esse (ou qualquer outro) grupo de seus cidadãos. Só onde essas autoridades eram mais fracas — como na Sérvia ocupada — os alemães enfrentaram menos dificuldades. Foi uma negociação difícil com a Croácia e a Eslováquia, apesar de serem essencialmente países fantoches. Com a Romênia e a Hungria, as negociações nunca chegaram a uma conclusão, com Horthy e Antonescu indo até mesmo contra Hitler, quando ele usou seu peso. Na Hungria os alemães só conseguiram o que desejavam quando realmente ocuparam o país; na Romênia, apesar da existência de uma grande minoria étnica alemã, o objetivo nunca foi alcançado. Como resultado, apesar do rápido crescimento da Waffen-ss — no outono de 1944 sua força era de mais de meio milhão de homens —, apenas uma proporção relativamente pequena de alemães étnicos da Europa Central estava sendo utilizada. Em vista do sucesso dos alemães em convocar pessoal em outros lugares, essa foi uma drástica indicação da capacidade de seus aliados de defender seus interesses, e talvez também da relutância das minorias em ser recrutadas para uma guerra que parecia cada vez mais perdida. O Terceiro Reich pode ter sido o Estado mais poderoso da Europa, mas às vezes os limites do que podia fazer foram demonstrados numa velocidade surpreendente. O sucesso gerava complacência: com a proximidade da derrota, os amigos e aliados endureceram a postura.

A forma como os alemães tratavam os voluntários não alemães era outra razão de a relação com os aliados ter azedado. Membros da Divisão Azul espanhola juraram lealdade a Hitler pessoalmente, tendo sofrido pesadas baixas nas frentes de batalha. Mas foram duramente condenados por seus camaradas alemães por confraternizar com os russos, e criticados ao saírem com mulheres alemãs quando estavam de licença no Reich. No verão de 1943, por exemplo, eclodiu um escândalo em Riga, quando mulheres alemãs começaram a passar algum tempo numa casa de praia frequentada por espanhóis que convalesciam da luta na frente oriental. Por trás da propaganda do "Exército europeu" de Hitler havia um sentimento de desprezo e arrogância racial que moldava o tratamento dos alemães aos italianos, romenos e outros.[63]

Em 1942, os interesses dos alemães e de seus aliados começaram a divergir. Mais que nunca, os alemães precisavam de ajuda — estavam ficando sem força de trabalho, sem soldados, sem trigo, óleo e outros recursos para alimentar a máquina de guerra: como já vimos, foi na primavera e no verão desse ano que Berlim empreendeu os primeiros esforços sérios na mobilização de recursos do continente como um todo. Por outro lado, foi nesse período que os aliados da Alemanha ganharam quase tudo o que queriam. A Finlândia recuperou o território que havia perdido em 1939; a Bulgária ganhou o nordeste da Grécia, Dobrudja e boa parte da Macedônia iugoslava. Os políticos romenos rejeitaram a oferta de Hitler de avançar mais para o leste através do Dnieper e começavam a questionar se a Transnístria era uma compensação adequada para a Transilvânia. Quanto à Hungria, suas principais reivindicações foram satisfeitas bem antes do verão de 1940, e o novo governo declarou sua falta de interesse em novas conquistas. A própria Itália continuava envolvida, com seu império no norte da África apoiado pelas armas alemãs, suas novas possessões nos Bálcãs em chamas. Os nacionalistas italianos também estavam desiludidos: eles acreditavam que a guerra causaria o renascimento do império marítimo de Veneza no Adriático e no Egeu, mas em vez disso o que conseguiram foi uma versão alemã nacionalista mais assertiva da motivação dos Habsburgo no Mediterrâneo. Em outras palavras, era um bom momento para os aliados da Alemanha reconsiderarem suas posições. O avanço do Eixo havia sido finalmente detido no Leste e no Oeste, quando as forças anglo-americanas chegaram ao Marrocos e com o Exército Vermelho impedindo o avanço do Eixo nas ruínas de Stalingrado: ainda por cima, a Romênia, a Hungria e a Itália sofreram pesadas baixas quando a cidade afinal caiu, o que foi mais um teste para sua lealdade a Berlim. Em fevereiro de 1943, o general italiano Ambrosio foi categórico: "Nosso inimigo é a Alemanha".[64]

Foi esse clima de intriga, desalento e muitas suspeitas que fez os aliados da Alemanha começarem a pedir que Berlim mais uma vez formulasse uma definição mais clara do que os esperava nos tempos de paz numa Europa sob hegemonia alemã. O outono de 1942 viu colaboradores do norte da Europa — como o nazista holandês Anton Mussert e o ministro presidente da Noruega Vidkun Quisling — insistindo na necessidade de uma liderança alemã mais responsável. "Você quer ganhar a guerra para construir a Europa", disse Laval a Hitler. "Mas devia construir a Europa para ganhar a guerra!" Dentro do Ministério das Relações Exteriores da Alemanha, um pequeno grupo de jovens ativistas concordava. Muitos deles nazistas por convicção, ainda assim acreditavam que a Alemanha havia cometido erros ao acreditar que poderia dominar a Europa sozinha e esboçaram um plano de paz que poderia ter restaurado as leis internacionais, reduzido a tentativa de exportar o nacional-socialismo para fora da Alemanha e devolvido a independência aos poloneses e tchecoslovacos. Desesperados com a liderança de Ribbentrop, não tinham escolha a não ser observar o que ele poderia fazer com aquilo. Depois de muitos estudos, Ribbentrop apresentou o plano a Hitler no final de 1942. "Nenhuma dessas preparações para a paz é necessária", foi a resposta do Führer. Ele não precisava de "diplomatas arrogantes" ou de "juristas" para formular a paz; ele mesmo poderia ditá-la em duas horas quando chegasse o momento.[65]

No próprio Reich, uma intensa diplomacia cultural — prefigurando campanhas igualmente perdidas na Guerra Fria cultural — agia como uma espécie de substituta para sérios compromissos diplomáticos, e os alemães organizaram várias conferências internacionais nas quais o tema da Europa era anunciado. Havia, por exemplo, um Rally Cultural da Juventude Europeia — uma espécie de festival de canções da eurovisão nazista em tempos de guerra, com grupos competindo pelo "Prêmio de Música de Weimar". Foi fundada também uma Organização da Juventude Europeia, inaugurada com Karl Böhm regendo valsas de Strauss. O sempre sério Wilhelm Stuckart reuniu funcionários civis para discutir administração moderna, jornalistas alemães e italianos fundaram um novo sindicato internacional, e alguns conhecidos romancistas e muitos autores de segunda categoria correram para participar de um Congresso Europeu de Escritores. Alfred Rosenberg chegou a organizar um congresso antissemita para ajudar a convencer a "classe culta" no resto da Europa.[66]

Os italianos estavam especialmente atentos a esses ocorridos — aliás, desde o final dos anos 1930 —, pois viam neles uma maneira de forjar uma comunidade política fascista unificada em todo o continente. Mas os líderes nazistas duvidavam desses valores, e em novembro o próprio Hitler exigiu um fim dessas demonstrações de "uma tendência internacional europeia". Isso não fez com que todos recuassem — Rosenberg continuou planejando seu congresso antissemita até 1944 —, porém mostrou a irrelevância do movimento. A maneira como Hitler via a situação pode ser julgada a partir de sua decisão, naquele mesmo mês, de pôr a França inteira sob domínio alemão. O que era para ele a colaboração comparada com a segurança da ocupação pela Wehrmacht? No mês seguinte, ele rechaçou o ministro do Exterior da Itália e seu próprio ministro quando os dois lhe pediram que considerasse o término da guerra no Leste: ele tinha "certeza da vitória", disse a Ciano. Era o que os observadores alemães definiam como "fantasias da floresta negra de Rastenburg" do Führer. Quando Ribbentrop sugeriu uma aproximação com Stálin a fim de concentrar as defesas contra as forças anglo-americanas no Mediterrâneo, Hitler reagiu com violência e proibiu qualquer discussão a respeito.[67]

A invasão dos Aliados ao norte da África e a subsequente ocupação da França preocuparam os aliados da Alemanha. Temendo serem os próximos da fila, os espanhóis alertaram os alemães para o fato de que se defenderiam da invasão de todas as formas. Evidenciando sua decepção com a liderança alemã, os espanhóis disseram aos alemães que o Reich deveria "abandonar a ideia de anexar as áreas ocupadas do Leste como 'protetorados' ou 'governos-gerais': a Alemanha deve, em vez disso, criar Estados nacionais independentes". Os finlandeses, que já diziam o mesmo havia meses, desistiram e resolveram se retirar da guerra assim que pudessem. O marechal Mannerheim anunciou publicamente que as operações ofensivas cessariam e que começariam as negociações com os americanos e os soviéticos.[68] Os Estados do Centro e do Leste da Europa também deram início a movimentações diplomáticas. Os húngaros e os romenos começaram a fazer negociações secretas com os britânicos, americanos e russos e esperavam que o "bloco latino", liderado pela Itália de Mussolini, pudesse negociar uma saída da guerra, com ou sem os alemães. A situação parecia tão desesperadora que eles não hesitaram nem quando os Aliados afirmaram uma política que insistia numa rendição incondicional em Casablanca, em 1943.

Depois da debacle de Stalingrado, até mesmo os alemães chegaram a mostrar sinais de que estavam atentos à intranquilidade de seus aliados. Em fevereiro, houve uma importante mudança de direção quando Goebbels instruiu a imprensa a tentar não falar de colonização do Leste e se referir de forma positiva ao papel das nações do Leste Europeu na luta contra o judaísmo e o bolchevismo. Num evidente disparo pelas costas de Himmler, e um sinal de que todas as discussões de um império alemão no Leste teriam de assumir um registro mais discreto, ao menos temporariamente, ele prosseguiu: "O princípio nacional-socialista de que só o solo pode ser germanizado é usado pelo inimigo como prova de sua declarada intenção de organizar expulsões em massa". Hitler claramente já havia sancionado a nova linha branda, embora ainda restasse uma estudada falta de clareza quanto ao destino político final daqueles "pequenos povos" do Leste.[69]

O Ministério das Relações Exteriores de Ribbentrop retomou as discussões iniciadas com os italianos mais de um ano antes. Ribbentrop estava cansado do tratamento dado por Goebbels à questão europeia: os enormes interesses relatados por seus diplomatas a propósito dos aliados da Alemanha exigiam uma resposta diplomática mais séria.[70] Mas a proverbial falta de aptidão do ministro Ribbentrop para o trabalho era um segredo em aberto entre todos os que conheciam o assunto. E não apenas por suas extravagâncias e esbanjamento dos fundos secretos do ministério, nem pelas incessantes exigências de sua esposa ("as tapeçarias da casa dos Ribbentrop tiveram de ser mudadas quatro vezes, pois as cores não eram exatamente do gosto de Frau Ribbentrop"). Muito pior foi sua inabilidade política. "Em sua megalomania", afirmou alguém, ele estava "esmagando a última porcelana." A frustração entre seus subordinados chegou a gerar um plano, que eles elaboraram juntos na ss, para se livrar dele. Himmler mostrou-se cauteloso, mas o principal esteio da ss, o chefe de inteligência para o exterior Walter Schellenberg, considerou que a queda de Ribbentrop era essencial para "fazer progressos com os americanos". No caso, não foi mais bem-sucedida que a conspiração mais ambiciosa e importante contra o próprio Hitler no ano seguinte. Só o que aconteceu foi que os conspiradores foram obrigados a sair — um deles terminou num campo de concentração, o outro na frente oriental — e a posição do ministro acabou se fortalecendo.[71]

Como prova, ao visitar Roma no final de fevereiro Ribbentrop surpreendeu seus anfitriões ao descartar uma paz negociada com Stálin — Mussolini vinha insistindo nesse ponto havia meses, para aliviar as pressões no norte da África — e ao exigir mais dureza contra os partisans e os judeus. Quanto à ideia de uma declaração para a Europa, contudo, os dois lados pareciam mais próximos. Como seu assessor Megerle disse aos italianos, eles entendiam que, sem alguma espécie de declaração, a Alemanha poderia não ser capaz de manter a Europa ao seu lado. "Eles estão perfeitamente cientes", relatou seu interlocutor, "de que não podem continuar governando com baionetas e violência e que é absolutamente necessário associar os povos europeus ao futuro do continente em termos de aceitação de todos, ou ao menos da maioria." Mas havia uma pegadinha: o Ministério das Relações Exteriores da Alemanha tinha tão pouca influência com Hitler que necessitava de ajuda: na verdade, a responsabilidade por fazer isso acontecer, enfatizou Megerle, era agora da Itália. Só se Mussolini conversasse com Hitler, ressaltou, haveria alguma chance de ele mudar de ideia. Tudo indicava uma notável falta de confiança no próprio chefe, mas em Berlim, alguns dias depois, diplomatas alemães seguiram com o mesmo refrão: Mussolini precisava agir, diziam aos colegas italianos, e agir rapidamente. As "pequenas nações da Europa" estavam se voltando para a Itália como a "mãe da civilização e da justiça". Talvez até pudesse ser feito um pronunciamento na próxima reunião dos líderes do Eixo para contrabalançar a Conferência de Casablanca.[72]

Em março de 1943, o Ministério da Defesa esboçou mais uma declaração para uma confederação europeia pós-guerra, que comprometia diretamente a Alemanha a preservar os direitos dos pequenos Estados. "Eu sou da opinião", escreveu Ribbentrop, "que devemos o mais depressa possível, assim que tivermos obtido um sucesso militar significativo, proclamar a Confederação Europeia de uma forma bem específica." Imaginando uma glamourosa cerimônia plurigovernamental, Ribbentrop enfatizou a necessidade de tirar o vento das velas das Nações Unidas. O anúncio de uma Confederação Europeia pelo Eixo, ele observou, "afastaria o medo de nossos amigos e aliados de que possam ser postos sob o comando de Gauleiters alemães assim que a paz for concluída"; garantir que os neutros não serão engolidos pela Alemanha depois da guerra; e encorajar as pessoas sob ocupação alemã a lutar ao lado da Alemanha. Esse esboço falava dos membros da Confederação como "Estados soberanos", garantindo a todos liberdade e independência política. Era como se a revolução nacional-socialista das leis internacionais nunca tivesse acontecido.[73]

Porém, doente e combalido, Mussolini mal conseguia aguentar o peso dessas expectativas. Ciente de uma conspiração em Roma para depô-lo, ele já havia substituído Ciano no Ministério do Exterior, mas sem nenhuma mudança real de curso. O substituto de Ciano, Bastianini, recém-chegado de seu serviço na Dalmácia (com Mussolini assumindo o portfólio do Ministério do Exterior para si mesmo), relatou que tanto romenos como húngaros viam Roma como porta-voz das "pequenas nações". Em suas anotações para o Duce, Bastianini esboçou a questão fundamental: os poderes do Eixo, escreveu, precisavam acima de tudo dar à Europa uma nova ordem que garantisse a independência dos Estados menores.

Cada um deles tem interesses específicos a salvaguardar. Mas todos — aliados, neutros, inimigos — têm uma coisa em comum: o interesse geral dos Estados menores num regime internacional que garanta sua preservação, um interesse em que sejam reconhecidos não apenas por si mesmos, mas de modo geral por todos os pequenos Estados que, mesmo divididos sobre outras questões específicas, se sintam unidos na solidariedade que sempre liga os mais fracos perante os mais fortes.[74]

Bastianini apontou — como muitos críticos faziam em Roma, em Berlim e até em Tóquio — o exemplo dos japoneses no leste da Ásia, que pareciam (ao menos do ponto de vista da Europa) ter combinado de forma brilhante hegemonia com apelo a sentimentos nacionais de outros povos da região, numa espécie de cruzada contra o imperialismo. Por que o Eixo não podia fazer a mesma coisa? Por que permanecer aprisionado a uma abordagem passiva e negativa que cedia todo o terreno para as Nações Unidas, em vez de ser mais enérgico ao proclamar as virtudes sociais e econômicas de uma vitória do Eixo e as consequências positivas da libertação final das ameaças do bolchevismo soviético e da plutocracia americana?

O momento da verdade chegou numa frente fria no início de abril de 1943, com a primeira reunião do ano entre os dois líderes do Eixo. Nos corredores barrocos de Schloss Kessheim, a antiga sede dos arcebispos de Salzburgo recentemente transformada em centro de conferências, os diplomatas alemães estavam livres para dar suas sugestões; Mussolini iria falar *grosso* com o Führer. Porém, isolados como sempre, tiveram de perguntar aos italianos o que os dois líderes haviam conversado. Muito pouco, como se ficou sabendo, em relação ao assunto em questão. Mais uma vez Mussolini foi vencido pela energia verbal do Führer. Hitler já havia descartado a ideia de Mussolini de uma paz em separado com Stálin (assim como descartou o pedido de Antonescu para chegar a um acordo com os aliados ocidentais para facilitar o prosseguimento da guerra no Leste), e o Duce não mencionou mais o assunto. O Führer afogou um desolado Mussolini num "interminável fluxo de palavras" nas quais insinuações de uma nova arma secreta que garantiria a vitória eram combinadas com exigências de mais brutalidades contra os partisans dos Bálcãs. O fragilizado Ribbentrop pôde ver para que direção o vento estava soprando: a linha de pensamento nazista era de que nenhuma declaração seria possível, pois pareceria uma demonstração da fraqueza alemã.

No castelo, os homens da imprensa do Reich explicaram aos italianos por que não havia esperança. Uma espécie de "Carta do Atlântico ao revés" simplesmente difundiria confusão pela Europa. "A experiência dos alemães nos territórios ocupados", prosseguiram, "demonstrava que a única forma eficaz de administrar os territórios era a militar, sem depender de colaboradores ou ajudantes nativos." Os italianos, opinaram, ecoando Hitler, "ainda têm a doença da política [*sono ammalati di politica*] porque para eles o pensamento sempre precede os eventos e as ações, ao passo que na guerra não é a teoria que dá luz à realidade, mas, ao contrário, é a realidade que dá luz às teorias". Como estadistas romenos, húngaros e franceses acompanharam os italianos até Klessheim, eles receberam a mesma mensagem: não haveria paz em separado com a Rússia, e nenhuma declaração sobre a Europa até o momento certo chegar. Quisling esteve lá e conseguiu obter um compromisso público para "uma vida livre e independente para as nações do continente europeu". Mas o clima estava tenso, pois os alemães (com razão) detectaram o derrotismo de seus visitantes. "Eles estão certos", confidenciou com desânimo um diplomata italiano ao seu diário. "Toda a Europa está revoltada com a tentativa de hegemonia alemã, conduzida com tanta bestialidade."[75]

No dia 28 de julho de 1943, o ministro do Interior da Itália em Roma recebeu um relatório de Nápoles sobre "a completa derrocada das políticas internas" provocada pela dramática dispensa do rei a Mussolini alguns dias antes:

> O golpe desorientou totalmente os fascistas [...] e os deixou profundamente chocados [...] O que mais os impressionou foi que a imprensa, de um dia para outro, assumiu tons opostos aos anteriores e que cada pessoa acredita agora estar em liberdade para expressar suas ideias e propagandear princípios, sejam eles socialistas, católicos, liberais, comunistas ou anarquistas.[76]

A queda do Duce e a reafirmação da liberdade na Itália foram um acontecimento realmente chocante. Era a primeira vez que um regime fascista desmoronava, e não apenas qualquer regime, mas o que havia lançado a revolução fascista. As notícias preocuparam os nazistas e deliciaram seus opositores. "Desordens na Itália", anotou um advogado belga em seu diário em 28 de julho de 1943. "O Partido Fascista foi dissolvido. Demonstrações antifascistas de massa [...] O fim fatal dos ditadores."[77] Os alemães sabiam que seus aliados estavam procurando uma saída da guerra e observavam para ver como reagiriam. No Ministério das Relações Exteriores, os assessores de Ribbentrop na Europa advogavam a plena restauração da total soberania da Bélgica, da Holanda e da Noruega. Mas o ponto de vista de Hitler não mudou: "Nossos vizinhos são todos inimigos; precisamos tirar tudo o que pudermos deles, mas não podemos e não devemos prometer nada". A Alemanha continuava querendo ter as mãos livres depois de uma vitória final, relatou um embaixador italiano em Berlim. O próprio Quisling observou com amargura para os funcionários em Oslo que a Europa estava se unindo — contra os alemães.[78]

De fato, Hitler tinha sua própria resposta decisiva para o que acontecia na Itália. No início de setembro, quando de repente foi anunciado um armistício com os Aliados, os soldados italianos servindo nos Bálcãs, na França e na Rússia foram pegos de surpresa, mas não os alemães. Avançando com força pela península, suas tropas ocuparam o máximo de território que conseguiram. Numa violação clara porém previsível das regras da guerra, desarmaram seus antigos camaradas de armas e mandaram-nos para confinamentos mal equipados e campos de trabalho, onde muitos adoeceram e morreram. Os poucos que resistiram —

os mais conhecidos em Cefalônia e em Corfu — foram fuzilados. "As Forças Armadas italianas não existem mais", dizia um breve e raivoso comunicado do alto-comando alemão, num claro alerta a outros aliados que se sentissem tentados a seguir o exemplo. Uma unidade de planadores da ss resgatou Mussolini do cativeiro (quanto ele realmente queria ser resgatado nunca será determinado), transportou-o com a família para Viena e o instalou como um chefe de governo títere perto da pequena cidade de Salò, à beira de um lago. Em vez de ter se livrado da guerra, boa parte da Itália (assim como zonas administradas pelos italianos na Grécia e na Iugoslávia) se encontrava sob o punho de ferro de uma nova ocupação alemã.

Um símbolo da fraqueza da nova posição do Duce era o fato de estar morando numa *villa* cercado por soldados e oficiais de ligação alemães, sempre atentos aos seus visitantes e controlando seu acesso ao mundo exterior. A segurança era rígida, havia um canhão antiaéreo no teto e até a secretária do Duce tinha dificuldade de acesso. Seus "ministros" estavam espalhados pelos hotéis da área e em cidades no norte da Itália. Roma estava nas mãos dos militares alemães, os quais permitiam que o Duce mantivesse apenas um pequeno gabinete de coordenação. Embora no papel a Itália que presidia fosse além de suas fronteiras legais existentes, na prática o nordeste fora posto sob controle de novos Gauleiters, que expulsavam servidores públicos italianos como um prelúdio para a anexação. Muito mais que a presença dos Aliados no sul do país, esse fato representava um grande golpe no prestígio de seu governo. Houve protestos, e o próprio Mussolini comentou "que os alemães se arrependeram de ter permitido a formação de um governo, em especial um governo presidido por mim". O único aspecto positivo da situação na perspectiva dos italianos era que as relações entre diferentes agências alemãs — o Ministério das Relações Exteriores, a ss, os vários ramos das Forças Armadas (nenhuma delas coordenava a política com outras) e os recrutadores para o trabalho de Sauckel — eram normalmente um emaranhado confuso, o que permitiu que o governo de Salò jogasse uns contra os outros.[79]

Durante todo o inverno de 1943-4, contudo, o embrião de um movimento partisan criou uma perspectiva de guerra civil e aumentou o desejo dos alemães de eles próprios administrarem a região. Ao mesmo tempo, a perda de territórios no Leste aumentou a importância da Itália para o Reich. Em março de 1944, uma onda de greves fustigou as zonas industriais, e Hitler ordenou que 20% da força de trabalho fosse deportada para a Alemanha. Sabiamente, a ordem foi desconsiderada por medo de instabilizar as fábricas e fazer com que o movimento partisan crescesse ainda mais rápido. No final, os alemães deportaram mais de mil membros da liderança, a maioria dos quais jamais regressou, e assim conseguiram terminar as greves. Em separado, os recrutadores de Sauckel também estavam vasculhando as cidades. Embora Hitler insinuasse que 3 milhões de italianos poderiam ser levados para trabalhar no Reich, e de o próprio Sauckel estar pensando em 1,5 milhão, na verdade ele só conseguiu 66 mil em 1944. Os recursos agrícolas da Itália também atraíam a atenção dos alemães. "As perdas de alimentos do Leste devem ser compensadas com a intensificação da exploração desse país", disse Herbert Backe, o ministro de Alimentos em atividade, ao quartel-general de intendência do Exército. A Itália, um país cujas rações estavam entre as mais baixas da Europa, seria escorchada para aumentar os suprimentos do Reich.[80]

Enquanto os partidários de última hora do Duce lutavam para explicar os acontecimentos do verão, tramas, conspirações e acusações zuniam pelo lago de Garda. Com o que restava do Partido Fascista em frangalhos e com intenções de vingança, o fascismo voltou-se contra si mesmo, e foram criados tribunais especiais para purgar os traidores. O próprio genro de Mussolini, o conde Ciano, ex-ministro do Exterior, foi julgado e executado por um tribunal especial, assim como outros cinco membros do Grande Conselho que votaram pela deposição do Duce. Mussolini não interferiu. "Para mim, Ciano já estava morto havia algum tempo", declarou. Sua filha Edda, esposa de Ciano, disparou cartas amargas para o pai e para Hitler antes de fugir para a Suíça e publicar os diários do marido, mas os alemães pareceram aliviados com o cumprimento das execuções. "Não pode haver dúvida", escreveu de Berlim um diplomata italiano para Mussolini, "de que os julgamentos de Verona revelaram aqui que a Itália republicana cortou seus laços com o passado, e pretende estar ao lado da Alemanha sempre e em todos os caminhos."[81]

Na verdade, a defecção da Itália apenas aumentou a desconfiança básica do Führer em relação a todos os seus aliados. Seus chefes de inteligência o mantinham informado sobre as tentativas de escapar da guerra, e ele interpretou corretamente uma relutância geral e crescente em concordar com mais deportações de judeus como um sinal de alienação. Os finlandeses, agora sob pesados bombardeios aéreos dos soviéticos pela primeira vez, eram os mais avançados, tendo enviado delegados a Moscou para discutir os termos da paz. Mas do ponto de vista do Führer, de longe os piores ofensores foram os húngaros. Em março de 1944,

Hitler convocou o regente húngaro, almirante Horthy, para ir até Klessheim. Repreendeu-o severamente por traição e exigiu liberdade de movimentos na ocupação do país, sob pena de "surgir um novo caso Badoglio". Ciosa por seguir os italianos, a Hungria tinha a desvantagem de sua posição geográfica, no coração da Europa. Mas Horthy, aos 77 anos de idade, não era o tipo de homem que se dobrava com facilidade, e até mesmo Hitler ficou constrangido e surpreso quando ele abandonou tempestuosamente o encontro, o rosto afogueado, quando o Führer ameaçou a segurança de sua família. Foram necessárias medidas de segurança de emergência para detê-lo — um falso ataque aéreo, cancelamento de trens e bloqueio de linhas telefônicas —, e nesse ínterim Horthy afinal concordou em ficar no gabinete e supervisionar uma ocupação militar temporária e uma mudança de governo.

E assim as tropas alemãs entraram na Hungria, o segundo aliado a ser ocupado depois da Itália, e não seria o último. O objetivo principal da ocupação era instaurar um governo mais pró-alemão, explorar os recursos econômicos do país em benefício do cada vez mais pressionado Reich e ancorar as defesas do país. Outros 40 mil húngaros alemães foram recrutados para a Waffen-ss, graças a um novo tratado sobre o serviço militar. A penetração econômica da Alemanha se intensificou, e centenas de milhares de judeus foram deportados para Auschwitz com uma velocidade incrível, com a eficiente ajuda de guardas húngaros. Ainda assim, o manhoso Horthy conseguiu continuar suas negociações com os Aliados, e acabou na verdade interrompendo as deportações em julho, para fúria dos alemães.[82]

No verão de 1944, com as forças anglo-americanas avançando a partir de sua cabeça de praia no Oeste e com os russos avançando rapidamente do Leste, os aliados da Alemanha estavam minguando. O punhado de chefes de Estado e de primeiros-ministros que enviaram telegramas quando o Führer escapou por pouco de um atentado a bomba em 20 de julho não incluía romenos, finlandeses, nem mesmo croatas. O general Antonescu fez sua última visita ao Covil do Lobo duas semanas antes, e pouco depois foi deposto por um golpe pró-soviético. Os alemães foram pegos de surpresa. O Exército romeno mudou de lado, pondo em risco a posição de vários soldados da Wehrmacht na Ucrânia e ajudando muito o esforço de guerra dos Aliados. No outono de 1944, a Romênia tinha mais soldados lutando contra os alemães que a França.

No mesmo mês, a neutra Turquia rompeu relações com a Alemanha, enquanto a Finlândia elegia o marechal Mannerheim como novo chefe de Estado para fazer as pazes com os russos. Na Eslováquia, o Exército se rebelou contra o governo Tiso na esperança de abrir os passos dos Cárpatos para o Exército Vermelho. A tentativa falhou, apesar do apoio de um grupamento heterogêneo de unidades partisans, mas 40 mil soldados alemães tiveram de ser deslocados para ocupar o país e se passaram vários meses antes que recuperassem o controle: as represálias custaram milhares de vidas e mandaram mais dezenas de milhares para os campos do Reich. Na Dinamarca, já sob lei marcial desde a renúncia do governo, no verão de 1943, o clandestino Freedom Council coordenava ações de sabotagem ao lado dos Aliados e, depois dos desembarques na Normandia, lançou uma série de greves e protestos contra o terror alemão.

Hitler continuava falando cada vez mais como se a Alemanha estivesse por conta própria. Seus telegramas para Mussolini e para o imperador japonês no quarto aniversário do Pacto Tripartite referiam-se à sua "inabalável confiança na vitória final sobre nossos inimigos". Mas não soava mais como verdade. Na mesma semana, ele ordenou a "total mobilização de todos os alemães" na *Volkssturm* — uma defesa civil armada formada principalmente por garotos e idosos ou homens incapazes para o serviço militar; sua criação era necessária por causa do "fracasso de todos os nossos aliados europeus". Ante o fato de que os croatas e a Noruega de Quisling se mantinham leais, não foi um pronunciamento muito diplomático. Mas o destemor e a ira do Führer estavam aumentando. Quando Horthy anunciou pela rádio húngara que tinha concordado com um cessar-fogo com o Exército Vermelho, que àquela altura já se aproximava da periferia de Budapeste, Hitler sequestrou seu filho, obrigou o regente a renunciar e instalou um governo dos fascistas do partido Cruz de Flechas da Hungria no lugar. Dobrando o número de divisões alemãs mandadas para o país, ele cumprimentou o novo primeiro-ministro, o antissemita extremado Ferenc Szálasi, por assegurá-lo da convicção húngara "nos ideais de uma nova e justa Europa".

O regime do Cruz de Flechas de Szálasi foi — como a República de Salò de Mussolini — o exemplo de uma guinada aguda à esquerda que aconteceu dentro dos movimentos nazista e fascista em toda a Europa no final da guerra: foi de fato um nacional-socialismo, e sua ênfase racial ajudou a definir os dois componentes. Szálasi desejava acabar com a velha guarda aristocrata e implementar uma revolução nacional-socialista em casa. Mas os alemães estavam mais interessados em manter o país funcionando bem, e não em alimentar seus sonhos ideológicos. Portal para a Áustria e para o sul da Alemanha, a Hungria ocupava uma posição vital e era também importante fonte de petróleo, bauxita e manganês. Seu Exército de 1 milhão de homens poderia ser utilizado contra os soviéticos, os alemães étnicos poderiam ser posicionados na Waffen-ss e as centenas de milhares de judeus húngaros que lá permaneciam poderiam preencher a falta aguda de força de trabalho no Reich. Batalhões de judeus húngaros, por exemplo, trabalharam nas minas de cobre de Bor, no leste da Sérvia. (Entre seus membros estava o poeta Miklós Radnóti, cujos últimos poemas foram encontrados no bolso da frente de seu casaco depois de ter sido morto.)

Na verdade, surpreendentemente, houve pouca resistência à tomada de poder pelo partido Cruz de Flechas — muito menor que a que os alemães previram. A saída de Horthy pareceu não ter sido mais lamentada que a do imperador Karl dos Habsburgo, 25 anos antes. Enquanto gangues de jovens psicopatas do Cruz de Flechas estabeleciam o último gueto da Europa, em Budapeste, moedas estrangeiras, trabalhos de arte e equipamentos industriais eram transportados para a Alemanha. A essa altura, a Hungria mal tinha liberdade de movimento, mas Szálasi agia como se não tivesse percebido nada. Fez repetidas requisições para ser nomeado como diplomata plenipotenciário em Berlim (que foram ignoradas) e se recusou a permitir a retomada de deportações de judeus para a Alemanha (mesmo com seus homens do Cruz de Flechas massacrando-os em grande número). Até mesmo com seu próprio fantoche, Hitler continuava se sentindo frustrado.[83]

A sensação de isolamento existencial e abandono do Führer ficou evidente no longo discurso que formulou para o povo alemão em novembro de 1944. Depois de cobrir muitos de seus temas habituais, ele continuou falando sobre "traição após traição" que se abateram sobre os alemães desde o revés com a Rússia no final de 1942. Houve referências elogiosas a Mussolini, Tiso, Szálasi e Pavelić — "líderes de jovens nações". Porém muitos outros o haviam abandonado, tanto dentro quanto fora do Reich. Ainda ameaçou os que desafiavam sua autoridade com "aniquilação". "O tempo de acordos e reservas acabou para sempre." Em sua longa proclamação no dia de Ano-Novo de 1945 ele foi além. Itália, Finlândia, Hungria, Romênia e Bulgária haviam capitulado por causa da "covardia e da falta de resolução de seus líderes".

Obstinado até o amargo fim, o Führer também zombou da intenção dos Aliados de planejar o futuro da Europa no meio de uma guerra que ainda não tinham vencido:

A nomeação teórica de cada nova comissão para o tratamento de questões europeias depois da guerra, a fundação de sociedades para a regularização do suprimento de alimentos depois do colapso alemão [...] a proclamação de acordos econômicos, o estabelecimento de redes de tráfego e bases aéreas, assim como a elaboração e promulgação de leis por vezes verdadeiramente idiotas quanto ao tratamento do *Volk* alemão. Eles sempre agiram como se já tivessem ganhado a guerra, como se já pudessem considerar ao seu bel-prazer todas as medidas necessárias para os que governam a Europa e que são por si mesmos tristes exemplos de como governar o povo.

Não foi o seu discurso mais feliz, e era difícil evitar a contradição com a própria abordagem.[84]

12. A Solução Final: a Questão Judaica

Em 18 de novembro de 1941, a nomeação de Alfred Rosenberg como ministro para os Territórios Orientais Ocupados foi finalmente anunciada. Os propagandistas saudaram suas realizações pessoais, bem como as perspectivas para a "Nova Ordem" sob liderança civil no "Leste". Falando a jornalistas alemães sobre os muitos desafios que tinha pela frente, o novo ministro declarou sem rodeios que:

> O território do Leste está sendo convocado a resolver uma questão que se impõe para os povos da Europa: trata-se da Questão Judaica. No Leste, ainda vivem cerca de 6 milhões de judeus, e essa questão só poderá ser resolvida com a erradicação biológica de todos os judeus da Europa. A Questão Judaica só estará resolvida para a Alemanha quando o último judeu tiver abandonado o território alemão, e, para a Europa, quando não restar um único judeu vivo no continente europeu até os Urais. Essa é a tarefa que o destino nos impôs [...] É necessário expulsá-los para além dos Urais ou erradicá-los de alguma outra forma.[1]

O tema não era novo para Rosenberg: racista com inclinações místicas, ardoroso antibolchevique, ele vinha pregando a necessidade de uma cruzada contra os judeus europeus desde que abandonara sua Estônia natal com destino à Alemanha, no fim da Primeira Guerra Mundial. "Não é possível juntar água e fogo", escreveu em 1918, conclamando "todos os povos europeus" a se unirem aos alemães em sua luta contra os judeus. Um ano mais tarde, ele se tornou um dos primeiros membros do Partido Nazista. Como chefe do escritório de política externa e editor do jornal do partido, transformou a ameaça da influência judaica ao mundo numa de suas principais preocupações. Tinha sido um convicto defensor da ideia da "reserva" de Madagascar e foi fundador do Instituto de Pesquisas sobre a Questão Judaica (cujos estudiosos saquearam bibliotecas e museus do continente em busca de artigos históricos e literários judaicos para levá-los a Frankfurt). Já era julho de 1944 e ele ainda planejava obsessivamente a realização de um Congresso Internacional Antijudaico, "científico" e cheio de estrelas, capaz de evitar o perigo de uma "terceira guerra mundial", fazendo com que a Grã-Bretanha e os Estados Unidos tomassem plena consciência da ameaça judaica.[2]

Como os comentários de Rosenberg indicam, em 1941 os nazistas viam pelo menos três aspectos inter-relacionados da Questão Judaica — o alemão, o "do Leste" e o europeu. Haviam tomado o poder na Alemanha prometendo livrá-la dos judeus, e a emigração forçada do Reich e dos territórios recém-conquistados continuou sendo a estratégia preferida por mais de um ano depois do início da guerra. O plano Madagascar de 1940 era uma versão revista dela, e na verdade foi apenas em outubro de 1941 que Heydrich deixou inequivocamente claro — numa mensagem ao Ministério das Relações Exteriores (depois que a Espanha propôs deportar os judeus espanhóis que viviam na França para o Marrocos espanhol em vez de entregá-los aos alemães) — que o Reich estava desencorajando a emigração judaica do continente europeu.

A invasão da União Soviética foi o divisor de águas. Dentro dos novos territórios ocupados, judeus foram mortos nos primeiros dias e semanas de campanha em números sem precedentes em qualquer guerra ou pogrom anterior. A partir de julho e agosto, esquadrões da morte da ss, auxiliados por habitantes locais, realizaram massacres sistemáticos em muitas cidades e aldeias. As zonas de massacre do Leste também eram vistas como um possível destino para os judeus da Alemanha. Quando os romenos e húngaros começaram a expulsar dezenas de milhares de judeus de suas novas fronteiras recém-adquiridas do antigo território soviético, estavam simplesmente fazendo o que os próprios nazistas planejaram em escala muito maior e sistemática: a "evacuação para o Leste" já tinha um sentido literal antes de se converter numa dissimulação alemã.

Em agosto, o regime passou a sofrer pressão de seus próprios Gauleiters para utilizar os territórios do Leste a fim de tornar o Reich "livre de judeus" o mais rápido possível. Não era apenas uma questão de prestígio; indicava também uma forma de aliviar a escassez de moradia criada pelos bombardeios aliados. Numa reunião convocada por Josef Goebbels (não apenas ministro da Propaganda, mas também Gauleiter de Berlim), orador após orador se queixaram de que era incompreensível que, depois de passar pelo inferno na frente oriental, na volta eles encontrassem judeus desfrutando tamanha liberdade na Alemanha. Adolf Hitler de início resistiu à ideia de deportar judeus alemães enquanto durasse a guerra e chegou mesmo a hesitar em decretar o uso da estrela amarela, embora já fosse obrigatório no Governo-Geral e no Warthegau havia quase dois anos. Mas mudou de ideia ante as notícias de que Stálin estava respondendo ao avanço alemão na Ucrânia deportando centenas de milhares de alemães do Volga. A ideia de vingança subjazia a muitas atrocidades nazistas, e Rosenberg sugeriu retaliar a ação soviética deportando "todos os judeus da Europa Central" para os territórios do Leste. Uma vez que as dificuldades logísticas decorrentes seriam imensas em pleno andamento da ofensiva alemã, Heydrich sugeriu começar com as principais cidades alemãs, e Hitler concordou.[3]

Para onde exatamente os judeus alemães deveriam ir, no entanto, e o que aconteceria a eles não estava claro de modo algum. A Wehrmacht já enfrentava dificuldades para manter e alimentar 3 milhões de prisioneiros de guerra soviéticos e já tinha rechaçado as tentativas de romenos e sérvios de enviar seus judeus para territórios ocupados pela Alemanha porque não sabia o que fazer com eles. Mas a mente fértil de Heydrich não se deteve por causa disso. Inicialmente, ele imaginou utilizar os próprios campos de prisioneiros de guerra. Mas a formação de grandes guetos, embora já superlotados, em lugares como Minsk, Riga e Łódz sugeria outra resposta, com menos complicações legais: eles poderiam acolher novos membros do antigo Reich, especialmente se alguns de seus habitantes atuais fossem eliminados. Łódz, nas terras anexadas do Warthegau, era a mais próxima, e em meados de setembro Himmler pediu ao Gauleiter Arthur Greiser para preparar o gueto ali para "cerca de 60 mil judeus", uma vez que Hitler queria que "o Velho Reich e o Protetorado [fossem] esvaziados e liberados dos judeus, a partir do oeste até o leste". No mês seguinte, cerca de 20 mil foram transportados de Viena, Praga e grandes cidades alemãs. Em alguns meses, muitos tinham morrido de frio ou de fome, e a partir de janeiro de 1942 outros foram mortos com gás em Chełmno, que ficava próximo.

Naquele outono, Himmler viajou mais para o leste. Percorreu os Estados bálticos — onde os massacres de judeus varriam toda a região — e visitou a Bielorrússia, onde assistiu a um fuzilamento. Em outubro, viajou para a Ucrânia para encontrar o HSSPF Friedrich Jeckeln, que tinha realizado as primeiras execuções em larga escala em Kamenets-Podolsky algumas semanas antes. Nos arredores de Kiev, na ravina de Babi Yar, dezenas de milhares de pessoas tinham sido metralhadas alguns dias antes de sua chegada, e a matança continuava. Himmler falou com Jeckeln e o enviou para o Báltico, ao norte, tendo decidido que os guetos de Riga e Minsk também deveriam receber judeus alemães. A chegada de Jeckeln era a garantia de que não viveriam por muito tempo.

A essa altura, as zonas de massacre do Leste ainda eram um horrível teatro público, não um segredo cuidadosamente guardado, e milhares de soldados e mulheres alemães presenciaram — quando não participaram — massacres em toda parte, do mar Báltico ao sul da Ucrânia. Na verdade, o chefe da Gestapo, Heinrich Müller, enviou um telegrama ao Einsatzgruppen no fim de agosto de 1941 pedindo que evitassem "o acúmulo de espectadores durante as execuções em massa".[4] Alguns estavam horrorizados, mal podiam acreditar no que acontecia. Um oficial endurecido, segundo sua própria definição, por ter servido na Primeira Guerra e depois na Polônia, afirmou que nunca tinha visto nada tão terrível. Os administradores alemães também ficaram consternados com a entrada dos esquadrões da morte de Himmler em suas cidades. Não haviam previsto nada parecido com aquilo, e achavam difícil dissipar a atmosfera de terror, suspeita e antipatia que gerava.

Um intérprete alemão que chegou à cidade de Borisov, na Bielorrússia, soube por um russo da iminente liquidação dos judeus da cidade dali a três dias por uma das unidades de matança que trabalhavam para o SD:

Quando fiquei perplexo ante a impossibilidade de despachar 8 mil pessoas para a eternidade numa só noite de uma forma minimamente ordenada, ele respondeu que não seria a primeira vez que faria aquilo e que era capaz de completar o trabalho com seus homens; ele não era mais leigo naquele assunto.

No dia das execuções, os bielorrussos trabalhando para a ss conduziram os fuzilamentos em bosques tão próximos da cidade que os tiros podiam ser ouvidos. Enquanto isso, "mulheres e crianças gritavam e choravam" e "veículos corriam pelas ruas até o gueto para levar novas vítimas — tudo diante dos olhos da população civil e de militares alemães que lá chegaram por acaso". Durante a noite a matança se espalhou pelo gueto e pela própria cidade, onde alguns judeus estavam escondidos ou tentavam fugir.

Durante aquela noite nem mesmo para um integrante da Wehrmacht era recomendável se aventurar pelas ruas, para não correr o risco de ser morto ou no mínimo ferido por um policial russo, em vista do nervosismo geral no ar. Por volta das 22 horas, um incêndio consumia a cidade e os tiros continuavam.

No dia seguinte os tiros ainda soavam, e veículos voltavam dos bosques trazendo roupas das vítimas. Grupos isolados de assustados judeus aguardavam a execução. O intérprete concluiu seu relatório comentando "um rumor [...] de que as casas dos judeus deviam ser preparadas para os judeus da Alemanha, que por sua vez serão liquidados da mesma forma como os judeus de Borisov".[5]

Quando o comandante do Grupo Central do Exército, Fedor von Bock, avançava pela lama até Moscou, seus oficiais do Estado-Maior o procuraram trazendo notícias do massacre de Borisov e implorando para que ordenasse a retirada do Einsatzgruppe. Estavam todos furiosos; alguns, profundamente perturbados. Relatos como este haviam sido passados ao Abwehr, cujo líder, almirante Wilhelm Canaris, já ficara perturbado com as ilegalidades da Wehrmacht na Polônia e parece que estava compilando um dossiê de atrocidades semelhantes cometidas na União Soviética. Mas Bock se recusou a intervir. Não era um grande defensor de Hitler e apresentou um memorando ao Führer criticando aqueles "crimes inauditos"; mas, como a maioria de seus colegas generais da Rússia, ele não queria usar o Exército contra a ss.[6]

Histórias como essa, ligando deportações a assassinato em massa de forma sistemática, inevitavelmente chegavam à Alemanha, onde despertaram crescente inquietação do público. Somavam-se às reações duvidosas ante a introdução da estrela amarela. Em algumas cidades houve uma oposição contundente. "O renascimento da Questão Judaica pela exigência do uso da estrela de davi foi recebido com desaprovação quase universal pelo povo de Berlim, em alguns casos

com surpreendentes manifestações de solidariedade para com os judeus em público", relatou um diplomata americano em meados de outubro. "Essa reação se
tornou cada vez mais óbvia para todos os observadores." As prisões de judeus
idosos na rua, carregados de malas e pacotes, marchando em longas filas pelos
subúrbios ou metidos à força na traseira dos caminhões da Gestapo, aumentavam
a preocupação. Muitos cidadãos alemães — inclusive o comissário para a Bielorrússia, Wilhelm Kube — sentiam que os judeus alemães eram uma espécie muito
diferente dos "orientais" e, em particular, se opunham à execução de ex-soldados.

Mesmo alguns homens da ss reagiram de modo semelhante: em maio de
1942, um rabino polonês no campo de trabalho de Konin, no Warthegau, ficou
boquiaberto quando certo dia uma limusine entrou no campo e dela saltaram
vários agentes da ss,

> seguidos por um senhor idoso de aparência grave, muito bem vestido, com óculos
> com armação de ouro no nariz. O motorista descarregou seis malas de couro, to-
> das com etiquetas com o nome do proprietário. Depois disso, os oficiais da ss
> apertaram a mão dele, despediram-se com cordialidade e partiram.

O recém-chegado, que parecia um visitante de outro planeta para os judeus
poloneses, era um "asquenaze na verdadeira acepção da palavra", médico e ex-
-soldado condecorado proveniente de Berlim. Como muitos judeus alemães, o
dr. Hans Knopf continuou orgulhoso e vinculado ao seu país: pendurou acima
da cama uma foto em que aparecia montado a cavalo e às vezes vestia seu uniforme de oficial, com as condecorações que recebera do Kaiser e tudo o mais. Quando ele se suicidou, pouco antes da aniquilação do gueto em 1943, os que entraram em seu quarto encontraram:

> Sobre a mesa do doutor, cobertas com uma toalha branca [...] inúmeras fotos de
> família, cuidadosamente dispostas [...] Também havia fotografias do seu passado
> militar, inclusive algumas em diversas frentes da guerra de 1914-8. Eram o testemu-
> nho vivo de seu grande e patriótico passado militar [...] Havia cartas muito orde-
> nadas, assim como medalhas em suas embalagens originais, em ordem cronológi-
> ca. E ali, em sua cama, entre os lençóis brancos, jazia nosso camarada médico
> vestido com pijamas de delicada seda, com as mais importantes medalhas e men-
> ções pendendo do lado direito do peito.[7]

O regime nazista não era indiferente à opinião pública, que monitorava de perto. Já naquele mês de agosto tinha afrouxado a campanha da eutanásia depois de receber duras críticas públicas de bispos católicos. "Nossos estratos intelectuais e sociais de repente redescobriram seus sentimentos de humanidade para com os pobres judeus", escreveu o enojado Goebbels em seu diário. "Os judeus só precisam mandar uma velhinha coxeando com a estrela de davi pela Kurfürstendamm, e os honrados e singelos alemães já tendem a esquecer tudo o que eles nos infligiram nos últimos anos e décadas." Como um dos principais defensores de medidas "radicais", Goebbels havia sido informado por Heydrich no fim de setembro sobre os planos para deportar os judeus alemães, e fez o melhor que pôde para mudar a opinião pública. Em 16 de novembro, em meio às deportações, escreveu um artigo duro intitulado "Os judeus são culpados" (*Die Juden sind schuld*), em que deixava claro que o que estava por vir era nada menos que "aniquilação":

Quando desencadearam essa guerra, os judeus do mundo se equivocaram totalmente na avaliação das forças que tinham à sua disposição. Agora estão sendo vítimas do processo gradual de aniquilação que planejavam para nós, e que teriam lançado sobre nós sem hesitar se tivessem poder para isso. Estão perecendo agora em consequência de sua própria lei. Olho por olho, dente por dente. Nessa disputa histórica, cada judeu é nosso inimigo, esteja ele vegetando num gueto polonês, vivendo sua vida de parasita em Berlim ou Hamburgo ou tocando trombetas de guerra em Nova York ou em Washington.

Os judeus alemães, declarou, eram tão responsáveis pela guerra quanto os judeus da Europa Oriental ou dos Estados Unidos. Não importava o que sofressem, "é mais que merecido". Publicado em *Das Reich*, seguido de uma transmissão de rádio, poucas dúvidas podia deixar à opinião pública alemã de que o regime planejava "finalmente acabar com eles". Mas a ofensiva de propaganda de Goebbels era propositalmente vaga. Pois as lições que ele, Himmler e outros aprenderam quando tiveram de recuar do programa de eutanásia eram que os sentimentos populares haviam sido excitados desnecessariamente, e que o "alvoroço inútil" tornara mais difícil para o regime fazer o que era necessário. A experiência do pessoal usado nos assassinatos com gás, quase todos desempregados, estava disponível para ser usada contra os judeus; mas todos seriam deslocados para postos no Leste sob o mais rigoroso sigilo.[8]

Foi um período crítico para a política do regime destinada aos judeus. As diretrizes do Ministério para os Territórios Orientais Ocupados emitidas no início de setembro falavam em medidas drásticas, atos de retaliação e segregação no contexto de uma política que "seria resolvida de forma ampla em toda a Europa *depois da guerra*" (grifo meu). Mas, em 15 de novembro, Hinrich Lohse, o comissário do Reich na Ostland, ainda estava intrigado com o que se pretendia e perguntou se havia ou não uma diretriz para liquidar todos os judeus no Leste. Ele tinha impedido que o Einsatzkommando 2 matasse judeus em Liepãja, na Letônia, porque estava preocupado com as implicações para a economia local, assim como muitos administradores civis. Rosenberg se encontrou com Himmler para discutir o assunto. Foi depois desse encontro, e de outro que se seguiu com o Führer, que Rosenberg — recém-apresentado ao mundo como ministro para os Territórios Orientais Ocupados — distribuiu o comunicado à imprensa que abre este capítulo. No momento em que finalmente ocupava um cargo ministerial, o ideólogo nazista que havia mais de vinte anos escrevia obsessivamente sobre os judeus capitulou ante algo que nem ele mesmo conseguiu imaginar: a insistência de Hitler e de Himmler no massacre sistemático.[9]

Depois de estabelecer sua autoridade sobre a Questão Judaica na antiga União Soviética, Himmler então se voltou para o Reich. Agora se tratava de algo muito diferente de afastar alguém tão fraco como Rosenberg. Havia ministérios muito bem consolidados a enfrentar, em particular o Ministério do Interior, zeloso na proteção de sua jurisdição quanto a questões de cidadania alemã. Numa longuíssima reunião com o secretário de Estado Stuckart, Himmler tentou afirmar a primazia da ss também no Reich: como ele resumiu em sua agenda, "a Questão Judaica é minha". Mas vários comboios de judeus alemães já tinham sido enviados para Kovno e massacrados, o que pôs Himmler numa situação grave e embaraçosa. O mais provável é que notícias dos fuzilamentos em Kovno tenham chegado à Alemanha e provocado reações adversas que preocuparam Himmler e Hitler, pois, quando um comboio de judeus alemães foi enviado a Riga, as instruções que Himmler deu a seus homens eram de que não haveria "liquidação". Infelizmente, a mensagem chegou tarde demais para o eficiente sanguinário Jeckeln, seu chefe da polícia da ss, que fez os deportados marcharem até valas abertas para ser fuzilados assim que chegassem. (As roupas, retiradas antes que as vítimas fossem mortas, foram lavadas e mandadas de volta para a Alemanha, como de costume.) Temendo ver sua competência questionada, Himmler advertiu Jeckeln rispidamente sobre a necessidade de seguir suas instruções ao pé da letra no futuro. De fato, altos funcionários em Berlim, horrorizados, já começavam a demonstrar suas preocupações. No Ministério do Interior, o delegado de Stuckart para assuntos judaicos, Bernhard Lösener — autor do comentário clássico sobre as leis raciais de Nuremberg —, ouviu relatos em primeira mão sobre os massacres e ficou chocado. Confrontou seu chefe e exigiu o direito de se demitir. "Você não sabe que essas coisas acontecem por ordens do mais alto nível?", retrucou Stuckart. Lösener acabou deixando o cargo; Stuckart, pragmático e ambicioso, apesar de ter as mesmas dúvidas de seu adjunto, ficou e acabou comandando o ministério sob as ordens do próprio Himmler.[10]

Quando Stuckart e Lösener se reuniram, poucos dias antes do Natal, muito já tinha mudado. A segunda semana de dezembro foi uma das mais dramáticas de toda a guerra. Pearl Harbor foi atacada em 7 de dezembro. No dia seguinte, a Grã-Bretanha e os Estados Unidos declararam guerra ao Japão, enquanto Hitler desistia afinal de tomar Moscou e ordenava a "transição para a defesa". A Alemanha declarou guerra aos Estados Unidos no dia 11, e no dia 12 Hitler presidiu uma reunião crucial em seus aposentos privados. Falando aos seus Gauleiters, analisou o panorama internacional e doméstico e procurou inspirá-los para mais um ano de luta. Prevendo uma intensificação da guerra de submarinos no Atlântico, ele falou sobre os equívocos da audiência quanto ao fato de serem aliados do Japão. Os "interesses da raça branca", disse em sua preleção, devem satisfazer aos interesses do povo alemão: a Alemanha estava lutando pela vida, e a questão fundamental não era "uma bela teoria". Era necessário evitar sentimentalismos e teorização excessiva, uma vez que "em uma luta de vida e morte todos os meios são justificados". Hitler relembrou que sua missão era garantir que o moral doméstico seguisse alto, e prometeu que haveria moradias melhores quando a guerra terminasse. Depois falou sobre a Questão Judaica. De acordo com Goebbels, cujo diário continua a ser nossa única fonte sobre essa preleção:

O Führer decidiu fazer uma mudança total [*reinen Tisch zu machen*]. Profetizou para os judeus que, se começassem uma nova guerra mundial, significaria a aniquilação deles. Não eram apenas palavras [*Dass ist keine Phrase gewesen*]. A guerra mundial está aqui, por isso a aniquilação do judaísmo deve ser a consequência necessária.[11]

Não pode haver dúvida de que foi o sinal verde para a organização sistemática do assassínio em massa fora dos territórios da União Soviética. Uma política que já havia sido acordada entre os que agora detinham o poder estava sendo comunicada pessoalmente aos principais chefes do partido. Poucos dias depois, Lohse recebeu afinal a resposta à sua questão formulada em meados de novembro sobre a existência de uma diretriz sobre o extermínio. "O esclarecimento da Questão Judaica já se deu por meio de deliberação verbal", foi-lhe dito. "As considerações econômicas fundamentais não devem ser levadas em conta na solução do problema."[12] Quando voltou da Cracóvia para Berlim, Hans Frank apresentou o panorama a seus funcionários no Governo-Geral:

[Os judeus] devem ser eliminados. Comecei negociações para deportá-los para o Leste. Uma grande reunião sobre a questão vai acontecer em Berlim em janeiro [...] Terá início uma grande migração de judeus, de todo modo. Mas o que deve ser feito com eles? Vocês acham que serão postos na "Ostland" em aldeias de assentamento [*Siedlungsdörfer*]? Eis o que nos disseram em Berlim: "Para que tanto incômodo? Não podemos fazer nada com eles, nem na 'Ostland' nem no 'Reichkommissariat'. Por isso, acabem com eles vocês mesmos". Senhores, devo pedir que se libertem de todos os sentimentos de piedade. Temos de aniquilar os judeus sempre que os encontrarmos e onde quer que seja possível, a fim de manter a estrutura do Reich como um todo. Naturalmente, isso será conseguido por outros métodos que não os apontados pelo chefe do departamento, o dr. Hummel. Nem os juízes dos tribunais especiais devem ser responsabilizados pelo processo, dadas as limitações da estrutura dos procedimentos legais. Essas visões ultrapassadas não podem ser aplicadas a tais eventos gigantescos e únicos. Temos de encontrar a qualquer custo um caminho para cumprir o objetivo, e meus pensamentos estão trabalhando nesse sentido.

Os judeus representam também para nós uns glutões extraordinariamente malignos. Temos agora cerca de 2,5 milhões deles na administração pública central, e com os judeus mestiços e tudo o que vem com eles, talvez 3,5 milhões. Não podemos fuzilar ou envenenar esses 3,5 milhões, mas teremos de tomar medidas que deverão levar, de qualquer maneira, à sua aniquilação, e isso em conexão com as medidas colossais a ser determinadas em debates no Reich.[13]

As observações de Frank são reveladoras. Indicam que Hitler deixava claro pela primeira vez que o que estava em jogo era uma política ativa de extermínio, e não apenas nos territórios soviéticos ocupados. Os judeus do Governo-Geral, que eram dez vezes ou mais o número de judeus alemães, também deveriam ser mortos. Mas como e quando? A deportação para a União Soviética estava descartada: não havia nenhum lugar aonde os judeus poloneses pudessem ir. Evidentemente, Frank não tinha naquele momento a menor ideia de como empreender uma tarefa tão terrível e sem precedentes.

Se o encontro com o Führer em meados de dezembro marcou o momento em que altos funcionários do partido acolheram a nova política, na Conferência de Wannsee, remanejada para janeiro, é que os funcionários do Estado foram convocados a iniciar o trabalho sério para seu planejamento e execução. Como de habitual no Terceiro Reich, em que cada iniciativa política era considerada — em geral com ampla justificação — uma forma de obter poder à custa de outros, a iminente implementação de uma nova e radical abordagem da Questão Judaica deixou muitos burocratas temendo que a ss aumentasse ainda mais seus poderes. O Ministério do Interior queria preservar seu poder de decisão sobre as fronteiras jurídicas do judaísmo na Alemanha; o Ministério das Relações Exteriores queria a garantia de que não seria deixado de lado nas negociações com os governos estrangeiros; o Ministério para os Territórios Orientais Ocupados ainda tentava ganhar adeptos para sua própria abordagem da política racial nos territórios pós-soviéticos; e o próprio Frank, cujo Governo-Geral abrigava a maior população de judeus fora dos territórios do Leste, não estava disposto a permitir à ss nenhuma margem de manobra. Contra todos estava Reinhard Heydrich, esperando que a "coordenação" da Questão Judaica abrisse caminho para conferir à ss um controle mais rigoroso sobre o Estado alemão de modo geral.

Todos os que entravam em contato com Heydrich ficavam impressionados com sua obsessão e determinação de estar por cima em qualquer encontro. Em Wannsee ele obteve, de fato, o que pretendia, isto é, o reconhecimento geral de que — como já dissera Himmler — "a Questão Judaica pertencia" à ss. Todos concordaram em que aos dois homens fosse "confiada a gestão central oficial da Solução Final para a Questão Judaica sem levar fronteiras em conta". Para Heydrich em especial, ser encarregado dessa questão era certamente um meio para atingir um fim. Com sua eficiência, a ss mostraria como a administração alemã da Europa ocupada podia ser agilizada e adequadamente gerida, para além do blá-blá-blá de jurisdições rivais que infernizavam boa parte das outras áreas políticas. Mas Wannsee foi dominada pela questão das deportações do Reich. Acelerá-las era a prioridade explícita, tendo em vista "o problema da habitação e outras necessidades sociais e políticas do Reich"; Heydrich deixou claro que não haveria deportações "selvagens" como as ocorridas em 1939 em Viena e em 1940 na Alemanha Ocidental, e que Hitler teria de dar sua "aprovação prévia". Os Gauleiters do partido tinham de aprender a esperar. E havia mais questões complicadas a resolver envolvendo casamentos mistos e seus descendentes.[14]

Assim, apesar de o encontro ter preparado o terreno para a extensão das medidas antijudaicas da Alemanha para todo o continente, dos estimados 11 milhões de judeus envolvidos, foi considerado o destino imediato dos 131 800 do antigo Reich, dos 43 700 na Áustria e dos 74 200 no Protetorado. Como o total de mortos pelas mãos dos Einsatzgruppen nos territórios ocupados soviéticos já excedia muito esses números, um morticínio em tal escala não parecia um problema para a ss. A "seleção" foi o tema principal. Segundo Heydrich, os judeus alemães idosos seriam enviados a um gueto especial. Sob suas ordens (uma vez que ele também ficou encarregado do Protetorado), o antigo campo habsburgo de Theresienstadt já tinha recebido os primeiros prisioneiros judeus; no futuro, cerca de 50 mil seriam amontoados numa área antes habitada por menos de 10 mil pessoas, e muitos morreriam ali ou em Auschwitz. Ao mesmo tempo, "judeus fisicamente aptos" seriam empregados em "trabalhos adequados" no Leste, construindo estradas, "onde sem dúvida uma grande parte será eliminada por causas naturais"; aqueles que sobrevivessem teriam de ser "tratados da maneira devida".

Essa combinação de seleção, assassinato deliberado e "extermínio pelo trabalho" (como viria a ser conhecida) já fazia parte da política alemã no Leste, onde os judeus foram obrigados a trabalhos forçados desde o início. Mas, apesar dos apelos do representante de Frank para dar início à "Solução Final" no Governo-Geral o mais rápido possível, Heydrich limitou-se a observar que o momento de "ações de evacuação" em outras localidades dependia de desdobramentos militares. Não havia ainda locais à disposição da ss para levar a cabo os massacres em escala suficiente para lidar com os números sendo discutidos, e a diplomacia estava numa fase muito preliminar com a maioria dos países. Tampouco fazia sentido realizar essas matanças antes do fim da guerra, o que se acreditava que aconteceria dali a poucos meses no Leste.

De fato, foi durante os seis meses seguintes que a Solução Final tal como entendemos hoje tomou forma. Só então as mortes na antiga União Soviética coadunaram-se com o desenvolvimento de um programa de extermínio sistemático na Polônia e o começo de uma política de deportações de escala continental para Auschwitz. No início desse período, o próprio Himmler ainda perseguia dois objetivos cuja conciliação não era fácil — por um lado, cumprir as ordens de Hitler para matar os judeus e, por outro, criar uma força de trabalho suficiente para realizar o programa do Plano Geral do Leste no pós-guerra. O "extermínio pelo trabalho" dos aptos a trabalhar e o assassinato imediato dos demais foram sua maneira de conciliar os dois objetivos. Situado nas fronteiras do Reich alemão ampliado, num ponto de trânsito conveniente do sistema ferroviário na Alta Silésia, Auschwitz cresceu nesse momento até se transformar no campo de trabalho mais importante do sistema da ss, ao mesmo tempo em que fazia as instalações das câmaras de gás que fariam dele o principal destino da comunidade judaica europeia entre meados de 1942 e meados de 1944.[15]

Não foi ao redor de Auschwitz, no entanto, mas no Governo-Geral e no Warthegau que campos especializados em extermínio — separados do programa de trabalhos forçados e administrados de forma totalmente independente do sistema de campos de concentração — começaram a surgir cercados de grande sigilo durante o inverno de 1941-2. Frank podia ter perdido uma parada quanto ao assassinato dos judeus na Polônia, mas alguns funcionários nazistas tinham suas próprias ideias. A ss, ainda mais que a Wehrmacht e o partido propriamente dito, era uma organização que gostava de homens com iniciativa. Tal como o HSSPF Jeckeln impulsionara os assassinatos mostrando que judeus podiam ser massacrados em quantidades até então inimagináveis em Kamenets-Podolsky, em agosto de 1941, e assim como outros fizeram dos judeus objetos de massacres em represália no contexto das lutas contra os partisans, agora os oficiais da ss na Polônia traziam seus peritos no programa nazista de eutanásia T-4 para resolver seus próprios problemas locais e regionais. No processo, ficou demonstrado o papel fundamental desempenhado pelos funcionários nazistas de escalão intermediário para impulsionar o genocídio. A Solução Final, que emergia lentamente, nas palavras de Ian Kershaw, "formou uma unidade a partir de vários 'programas' organizacionalmente separados".[16]

No Warthegau, a iniciativa estava nas mãos de Arthur Greiser e dos chefes de segurança da província. Quando o gueto de Łódz ficou superlotado com gente vinda de outras partes, eles estavam sentindo a pressão, pois começavam a se dar conta de que a antiga ideia de que podiam deportá-los para regiões mais distantes do Leste já não era possível, embora também tivessem jurado tornar suas regiões livres de judeus e estivessem particularmente interessados em manter Łódz, seu mais importante centro industrial, produtivo e livre de doenças. Uma ideia era reunir todos os judeus do Warthegau num gigantesco campo de trabalho. Mas isso lançava a questão de o que fazer com os incapazes para trabalhar. Já em 16 de julho de 1941, o SD tinha advertido que a fome grassaria no gueto no inverno seguinte e indagou "se a solução mais humanitária não seria eliminar os judeus que não estão aptos para o trabalho por outros métodos". (Esse funcionário também queria esterilizar as mulheres "para que o problema judaico fosse solucionado totalmente em termos práticos na presente geração".)[17]

Em outubro de 1941, execuções em massa aconteceram na floresta de Kazimierz, sugerindo que a SS ainda pensava em eliminar os judeus do Warthegau assim como fizera na Rússia. Mas furgonetas de gás podem ter sido utilizadas para matar homens, mulheres e crianças judias na época e mesmo antes, embora haja pouca informação sobre isso. Esses veículos certamente tinham sido alocados no verão anterior para matar pacientes poloneses idosos e deficientes mentais, provavelmente para liberar espaço em hospitais para uso dos militares alemães. Atuando na estrutura da campanha de eutanásia, alguns homens envolvidos com essa unidade secreta expandiram suas operações a pedido das autoridades do Warthegau e estabeleceram uma base permanente para seu trabalho.

O local por eles escolhido foi um antigo solar abandonado rodeado de árvores e uma cerca nos arredores de Chełmno, a cerca de 56 quilômetros de Łódz. Em dezembro, o Sonderkommando começou a matar os judeus que viviam no local, e a partir de janeiro passaram a transportar pessoas da cidade também. Os transportes aumentaram depois da chegada de um novo chefe da Gestapo, Otto Bradfisch, vindo dos campos de morte do Leste; mais 150 mil pessoas acabaram sendo mortas ali. Os que chegavam eram informados de que seriam enviados à Alemanha para trabalhar, mas primeiro precisavam tomar banho: os caminhões supostamente os levariam até os chuveiros. Quando entre cinquenta e setenta pessoas subiam no caminhão, as portas eram fechadas e o monóxido de carbono era injetado. O caminhão então despejava os cadáveres na floresta próxima, e qualquer um que ainda estivesse vivo era fuzilado.

Apesar das fortes medidas de segurança e do sigilo, operações de tal envergadura não podiam ser mantidas completamente em segredo. Pouco depois do início das operações, por exemplo, um chefe florestal alemão, Heinz May, dirigia acompanhado do filho por uma estrada entre Chełmno e Kolo quando foi obrigado a parar por um caminhão que tinha saído da estrada:

Meu filho saiu de nosso caminhão e andou até um grupo de homens em uniformes de polícia que entravam e saíam do veículo, nervosos. Logo ouvi que estavam repreendendo meu filho; também saí e andei até eles [...] O caminhão na vala tinha aproximadamente quatro metros de comprimento e cerca de dois metros de altura. A porta traseira estava fechada com um rebite de ferro do qual pendia um cadeado. Um cheiro extremamente desagradável vinha do caminhão e dos homens à sua volta.

Quando perguntei se a estrada seria liberada em breve, responderam-me com grosseria que tentariam puxar o caminhão um pouco de lado para me deixar passar. Meu filho foi até Kolo poucos dias depois. Na volta, ele me contou que os policiais estavam reunindo judeus ali e levando-os de caminhão. Eu [...] já não tinha mais dúvida de que uma coisa terrível estava acontecendo na floresta Ladorudz, uma coisa na qual de início era impossível acreditar. Imediatamente telefonei para o policial florestal Stagemeir e perguntei o que estava acontecendo ali. Ele respondeu que o Distrito 77 tinha sido totalmente cercado por policiais militares. Durante suas rondas oficiais, quando se aproximou do local, mandaram-no dar meia-volta e ir embora imediatamente se não quisesse levar um tiro.

Stagemeir me explicou que um grande destacamento da polícia militar estava estacionado em Chełmno. O palácio na parte oeste de Chełmno tinha sido cercado por uma cerca de madeira alta [...] Passei por lá em meu caminho de volta para a floresta e confirmei se o que Stagemeir tinha dito [...] era verdade. Havia filas e filas de caminhões com cobertura improvisada de lona em Chełmno. Mulheres, homens e até mesmo crianças tinham sido amontoados neles [...] Durante o curto período em que fiquei ali, vi o primeiro caminhão ir até a cerca de madeira. As sentinelas abriram as portas. O veículo desapareceu no pátio e imediatamente depois outro caminhão saiu dali e seguiu para a floresta. E então as sentinelas fecharam as portas. Já não havia a menor dúvida de que coisas terríveis, coisas inéditas na história da humanidade, estavam acontecendo naquele local.[18]

Trabalhando de modo semelhante ao da ss no Warthegau, mas em última instância responsáveis por quase dez vezes mais mortes, estavam seus pares na província oriental polonesa de Lublin. O principal organizador, Odilo Globocnik, era um daqueles homens — inúmeros nas fileiras nazistas — que, mais do que fracassar na vida civil, haviam se afastado dela buscando aventura e engajamento, a cabeça cheia de fantasias de vingança nacional e aniquilação racial. Himmler tinha salvado sua carreira em 1939, depois de ter sido demitido do cargo de Gauleiter de Viena por corrupção, e o trouxe à Polônia para dirigir a ss em Lublin. Portanto, "Globus" era um homem que tinha algo a provar, e era absolutamente leal a Himmler, cujo conselho buscou até mesmo na hora de decidir com quem deveria se casar. Mas ele era áspero, fanático e violento com os que o irritavam, e em geral considerado um brutamontes incompetente. Seu bom amigo e companheiro, o também Gauleiter Friedrich Rainer, era um administrador muito mais sereno e competente, e percebia os "métodos pessoais agressivos" de Globocnik e sua falta de atenção às palavras que utilizava. (Seu mentor austríaco o descreveu com mais malícia, dizendo que combinava "o frescor de uma donzela com a finura de um camponês".)[19]

Acompanhado por um círculo de brutamontes da Caríntia e secretárias que o adoravam, Globocnik se instalou num elegante chalé modernista e começou a ter ideias em profusão para trazer a guerra racial à fronteira polonesa. Já no fim de 1939, Frank teve de intervir para bloquear sua proposta de transformar Lublin numa "reserva judaica". Ele então arrebanhou milhares de judeus (e também ciganos deportados da Alemanha) para fortificações militares maciças ao longo da fronteira nazi-soviética. Quando a ideia do "muro fronteiriço" também foi abandonada, ele tinha uma rede de campos de trabalho centrada num vilarejo chamado Bełżec — armadilhas mortais superlotadas protegidas por alemães étnicos rápidos no gatilho que haviam sido "treinados" por seus homens. Eram sádicos e afeitos ao saque, e o arbitrário terror imposto por eles aos judeus e aos poloneses provocou queixas furiosas de Frank e dos administradores civis, que tentaram várias vezes fazer com que Globocnik fosse demitido do cargo.

Mas Himmler valorizava "Globus" por sua iniciativa e crueldade, e mais tarde o definiria como "um homem talhado, como nenhum outro, para as tarefas de colonização do Leste". Em julho de 1941, encarregou-o da planificação de uma cadeia de praças-fortes policiais no "novo *Ostraum*". Como resultado, Globocnik desenvolveu planos delirantes para um sistema de segurança colonial de "bases que se estenderão até os Urais"; os judeus não necessários para a construção seriam mortos "imediatamente". Contando com a participação de planejadores e peritos raciais, considerava Lublin um laboratório para o Plano Geral do Leste, uma plataforma de lançamento contra os eslavos. Achava que seria uma repetição — dessa vez, bem-sucedida — das guerras que os alemães nacionalistas que ele admirava quando menino travavam contra os eslovenos na fronteira sul da Áustria: Lublin seria o primeiro assentamento alemão puro da Polônia Oriental e elo crucial de uma "cadeia de novos assentamentos" que se estenderia do Báltico à Transilvânia e cercaria os poloneses, "estrangulando-os aos poucos, tanto econômica quanto biologicamente".[20]

Mas antes a área teria de se ver livre dos judeus. Além da construção nada secreta de grandes e novos campos e das execuções em massa, Globocnik estava entre o reduzido número de funcionários — que incluía Arthur Greiser, Wetzel no Ministério para os Territórios Orientais Ocupados de Rosenberg e outros — que vinham debatendo em segredo como explorar a expertise em gás do grupo encarregado da eutanásia. Em Riga, essas discussões levaram ao uso das furgonetas móveis de gás, mais tarde utilizadas em outros lugares de todos os territórios do Leste. Em Minsk, eles tinham experimentado usar gases do cano de escape (e também explodir doentes mentais, com resultados ainda mais horríveis). Os homens de Heydrich levaram uma furgoneta de gás ao campo de Sachsenhausen e enfiaram dentro dela quarenta prisioneiros de guerra soviéticos nus, depois do que o RSHA ordenou a conversão de mais trinta furgonetas. Mas Lublin é que viria a marcar o desenvolvimento mais letal desse método. Sob ordens diretas de Himmler — e de modo bastante independente de Eichmann e seus peritos em judeus —, o próprio Globocnik organizou a construção e selecionou o pessoal para dirigir os novos campos secretos de extermínio nos quais mais de 1,2 milhão de judeus poloneses foram mortos. O codinome para o conjunto da operação — outorgado pouco depois do assassinato de Heydrich, em sua memória — era Operação Reinhard.[21]

A OPERAÇÃO REINHARD E A ACELERAÇÃO DO GENOCÍDIO

Entre as transmissões de rádio alemãs decifradas que o Public Record Office de Londres tornou públicas recentemente, existe uma breve mensagem secreta que foi interceptada a caminho de Lublin em 11 de janeiro de 1943. Continha o informe quinzenal do major da ss Hermann Höfle, chefe de assuntos judaicos no quartel-general da Operação Reinhard de Globocnik, ao subcomandante da Si-Po/sd no Governo-Geral. Em apenas três linhas, ela resume o que foi descrito elipticamente como "chegadas registradas até 31 de dezembro de 1942", como segue: "L 12761, B 0, S 515, T 10335, juntos 23611. Total... 31.12.42, L 24733, B 434508, 101370, T 71355, juntos 1274166".

Quando compreendemos que as iniciais se referem aos campos do distrito L de Lublin (L para Lublin-Majdanek, B para Bełżec, T para Treblinka e S para Sobibor), torna-se claro, como os autores de um comentário recente demonstraram, que temos aqui estatísticas em primeira mão do quartel-general de Globocnik sobre o número de pessoas assassinadas até ao fim de 1942 pela Operação Reinhard. De acordo com os números, um total de mais de 1,2 milhão de pessoas tinha "chegado" aos transportes, quase todas enviadas para os três campos de extermínio. Delas, nada menos que 713550 (evidentemente falta um zero no número total do documento) tinham sido mortas apenas em Treblinka. Majdanek era um campo de trabalho e de extermínio muito grande, localizado a apenas alguns quilômetros do centro de Lublin, e sua existência dificilmente poderia ser mantida em segredo. Mas os outros três eram campos bastante pequenos — Bełżec media apenas duzentos por 250 metros quadrados — e situados em regiões pouco habitadas, mas com bom acesso por ferrovia. À parte os alojamentos para os guardas, continham apenas câmaras de gás disfarçadas e uma área de recepção, quartos de despir e alojamentos rudimentares para os trabalhadores judeus encarregados de dar fim aos cadáveres, sepultando-os em grandes valas ou, mais tarde, queimando-os em piras. Supostamente, deveriam ser mantidos em segredo. Mas por certo não eram um segredo para os habitantes locais, que haviam sido empregados por um breve período para ajudar a construí-los e, mais tarde, os reviraram em busca de objetos de valor. Os rumores logo também se espalharam para as cidades próximas, e os passageiros da ferrovia Lviv-Lublin podiam sentir o cheiro do campo de Bełżec escondidos atrás de pinheiros, comentando abertamente sobre os cadáveres que começavam a apodrecer.[22]

Como a ss no Warthegau, Globocnik e seus homens tinham começado usando métodos "do Leste" para lidar com a população judaica local: no outono de 1941, eles os haviam enfileirado diante de antigas valas antitanques e assassinado centenas a tiros. Graças a Himmler, que passara com ele o mês de setembro, Globocnik estava bem informado sobre as primeiras experiências com o Zyklon B em Auschwitz, que haviam começado no início do mês, e tinha também entrado em contato com especialistas em eutanásia com uso de gás sobre a criação de um centro mecanizado de matar criado pelo Governo-Geral.[23] Em 17 de outubro ele se encontrou com Hans Frank, e ambos concordaram em "evacuar" os judeus de Lublin pelo rio Bug. Mas, como Rosenberg já tinha deixado claro a Frank que deportações que atravessassem a fronteira não seriam permitidas, "evacuação" claramente não passa aqui de eufemismo para assassinato. Isso aconteceu na mesma noite em que Hitler disse a seus convidados que a única tarefa no Leste era a germanização, e que os nativos seriam tratados "como peles-vermelhas". "Nessa questão, sou frio como gelo", prosseguiu. "Comemos milho canadense e não pensamos nos índios."[24]

No início de novembro começaram as operações para transformar o campo de trabalho de Bełżec numa unidade de extermínio por gás. Himmler e Globocnik permaneceram em estreito contato durante o inverno, e em 14 de março de 1942 os dois jantaram juntos. Três dias depois, o primeiro dos transportes chegou a Bełżec: entre quarenta e sessenta vagões de carga transportando judeus de Lublin. Pouco depois chegaram outros do distrito de Lviv e da Cracóvia. Quase 58 mil foram mortos em câmaras de gás antes do final do mês, e a essa altura era óbvio para os organizadores que eles tinham encontrado um meio de assassínio em massa que aliviava a pressão sobre os esquadrões de execução. Com novas informações dos peritos em eutanásia, um segundo campo de extermínio foi construído em Sobibor, a leste de Lublin (começando a funcionar no fim de abril) e um terceiro em Treblinka, nas arredores de Varsóvia, no início do verão. Nas proximidades dos principais centros havia campos de trânsito menores — imundos, mal vigiados e superlotados — cujos internos "famintos, fedorentos, gesticulantes, dementes" podiam ser mantidos, ou roubados, antes de ser enviados adiante. Todos eram dotados de pessoal designado pela equipe de eutanásia do Reich e vigiados por ucranianos que haviam passado pelo campo de treinamento criado por Globocnik. Mas a organização era ruim, e Globocnik era um mau gerente, que muitas vezes perdia contato com os homens que na verdade faziam os campos funcionar. Quando o brutal chefe da equipe de eutanásia, Christian Wirth, um ex-policial, subitamente deixou Bełżec e se reapresentou em Berlim depois das primeiras mortes, Globocnik nem sabia que ele tinha ido embora.[25]

Uma anotação no diário de Goebbels no final de março dá a sensação de que algo novo e terrível estava sendo tramado: Globocnik, escreveu ele, estava "evacuando" os judeus do Governo-Geral para o Leste, partindo de Lublin, mediante "métodos bastante bárbaros que não devem ser descritos aqui com mais precisão; não sobram muitos judeus". Esses métodos envolviam "procedimentos que não atraem demasiada vigilância". De acordo com Goebbels, "60% deles devem ser liquidados, e apenas 40% obrigados a trabalhar". Hitler recebia o crédito por ser o "paladino impávido de uma solução radical". E algo que interessava particularmente a Goebbels, como Gauleiter de Berlim, era que os "guetos que venham a ser esvaziados nas cidades do Governo-Geral serão preenchidos com judeus evacuados do Reich; então a operação será repetida de tempos em tempos".[26]

Havia um sentimento de entusiasmo e urgência entre os encarregados das matanças secretas, que se sentiam sob pressão constante para acelerá-las e terminá-las antes que notícias sobre elas viessem a público. Globocnik achava que "toda a ação judaica deve ser realizada o mais rápido possível para evitar o perigo de um dia precisarmos parar no meio do caminho caso dificuldades nos obriguem a deter seu curso". Victor Brack, uma das figuras centrais do programa, observou que até Himmler queria "trabalhar o mais rápido possível, ainda que apenas por razões de encobrimento". O Reichsführer, no entanto, não se mostrou interessado na sugestão de Brack de que se esterilizassem os "2 milhões a 3 milhões de judeus na Europa capazes de trabalhar, em vez de matá-los". As preocupações sobre a crescente escassez de mão de obra no Reich levaram Himmler a relaxar ligeiramente a política de seleção no início de 1942, mas ele estava indo contra a corrente, pois tinha a opinião otimista de que a guerra terminaria naquele verão.[27]

Em meados de junho de 1942, um total estimado de 280 mil judeus poloneses já tinham sido mortos. A maioria foi assassinada em Bełżec, Chełmno e Sobibor, embora alguns tenham morrido nas novas câmaras de gás em Auschwitz-Birkenau. Mas, para Himmler, o ritmo não era suficientemente rápido, pois ainda restavam mais de 2 milhões só na antiga Polônia. Para piorar a situação, a escassez de mão de obra no Reich fazia surgir queixas de que a eliminação dos judeus estava criando problemas econômicos; ao mesmo tempo, em meados de junho, os preparativos para a nova ofensiva de verão no Leste levaram à proibição completa de transportes não militares, o que desorganizou o cronograma das deportações. A resposta de Himmler foi encomendar novas câmaras de gás, ainda maiores, a ser construídas em Belżec. Em julho, ele manifestou sua impaciência com os que tentavam manter os judeus no Governo-Geral por motivos econômicos, informando aos inspetores de munições que dali em diante só a ss seria autorizada a supervisionar os trabalhadores judeus em seus próprios campos; os demais teriam de ser entregues.

Em 16 de julho, depois de uma reunião com Hitler, Himmler entrou em contato com o Ministério dos Transportes para insistir em que disponibilizassem mais trens para Sobibor. Uma das razões para a reunião pode ter sido o desejo de Globocnik de que lhe assegurassem, para sua tranquilidade, a existência de uma ordem formal dando cobertura aos massacres que já tinham acontecido. Depois de presenciar uma execução em câmaras de gás em Auschwitz, Himmler deu ao superior de Globocnik, o HSSPF Friedrich Krüger, a instrução explícita para completar o "reassentamento de toda a população judaica do Governo-Geral" até o fim do ano. No fim daquele mês fatídico — o mesmo em que ele obteve a aprovação de Hitler para um esboço preliminar do Plano Geral do Leste —, Himmler escreveu a um auxiliar que "os territórios ocupados no Leste ficarão livres de judeus. A responsabilidade pela execução dessa muito difícil tarefa me foi dada pelo Führer".[28] Outros também entenderam aquilo. No Governo-Geral, lutando naquele mês de agosto para cumprir as cotas de colheita e enviá-las ao Reich, Hans Frank disse que "a ordem para a completa aniquilação dos judeus", que tornara sua vida mais fácil em alguns aspectos (reduzindo a demanda por alimentos no Governo-Geral), porém mais difícil em outros (aumentando a escassez de mão de obra especializada), viera "das mais altas instâncias" e não podia ser contestada. As consequências letais do triunfo burocrático de Himmler sobre Frank agora se tornavam evidentes: no que dizia respeito aos judeus (e diferentemente da situação de dois anos antes), as considerações raciais agora tinham mais peso que as econômicas. Frank queria a destituição de Globocnik devido a seus constantes choques com a administração civil, mas Himmler defendeu seu jovem e voluntarioso pupilo para resguardar a Solução Final.[29]

No Governo-Geral, onde seu poder era inquestionável e estava no auge, Himmler estourou seu próprio prazo em mais ou menos um mês. Mas o verão de 1942 também foi marcado pela decisão de seguir adiante com as deportações em toda a Europa, transformando o que até então tinha sido majoritariamente um problema interno alemão numa questão de diplomacia internacional. A França e a Eslováquia já haviam se mostrado dispostas a enviar alguns de seus judeus aos alemães para trabalhar, como podem ter acreditado por algum tempo, e agora os alemães aumentavam a pressão.

Em meados de agosto, o bem informado embaixador húngaro em Berlim, László Sztójay, relatou

> uma mudança radical de atitude aqui no sentido da resolução da Questão Judaica [...] Enquanto o chanceler e em consequência o Partido Nacional-Socialista antes achavam que a solução da Questão Judaica em países que não a Alemanha teria de ser adiada para depois do fim da guerra, isso agora já não vale, e o Führer emitiu categóricas instruções com o objetivo de que a questão deve ser resolvida imediatamente [...] De acordo com informações absolutamente confiáveis, o Reichsleiter Himmler informou numa reunião de líderes da ss que é desejo do governo alemão que essas deportações sejam concluídas no prazo de um ano.[30]

As notícias logo se espalharam rapidamente, e com mais detalhes, exatamente como Himmler temia. O Gauleiter da Alta Silésia, Fritz Bracht, visitou Auschwitz com Himmler em 17 de julho. Estava ao seu lado quando ele assistiu à seleção e ao assassinato de judeus vindos da Holanda, e deu uma festa em sua homenagem naquela noite. Uma semana depois, um empresário alemão chamado Eduard Schulte, cujo adjunto tinha boas relações com Bracht, viajou de trem à Suíça levando importantes informações que transmitiu, por meio de intermediários, a Gerhart Riegner, do Congresso Mundial Judaico. O famoso telegrama de Riegner, enviado no início de agosto de Genebra a preeminentes judeus americanos, resumia a mudança na política com grande exatidão:

RECEBIDO INFORME ALARMANTE AFIRMANDO QUE NO QUARTEL-GENERAL DO FÜHRER SE DISCUTE E SE PREPARA UM PLANO SEGUNDO O QUAL TODOS OS JUDEUS NOS PAÍSES OCUPADOS CONTROLADOS PELA ALEMANHA TOTALIZANDO ENTRE TRÊS E MEIO E QUATRO MILHÕES DEVEM APÓS DEPORTAÇÃO E CONCENTRAÇÃO NO LESTE SER EXTERMINADOS PRONTAMENTE DE MODO A SOLUCIONAR DE UMA VEZ POR TODAS A QUESTÃO JUDAICA NA EUROPA STOP INFORMA-SE QUE AÇÃO É PLANEJADA PARA O OUTONO FORMAS DE EXECUÇÃO AINDA EM DISCUSSÃO STOP FALA-SE EM ÁCIDO PRÚSSICO STOP[31]

Quando essa notícia foi recebida e avaliada por políticos dos Aliados, culminando numa advertência pública lançada em dezembro de 1942 de que os crimes de guerra nazistas não ficariam impunes no fim do conflito, os arquitetos da Solução Final tiveram de lidar com uma nova realidade. Dentro da Alemanha havia desconforto, alimentado por relatórios da propaganda aliada e por soldados que regressavam do Leste. A Chancelaria do partido se viu obrigada a emitir diretrizes confidenciais sobre a forma de responder às preocupações em relação às "operações muito duras" contra os judeus no Leste Europeu. Aos alemães se recordava por que "uma severidade implacável" era desejável em tais medidas, dizendo-se que agora seriam estendidas por toda a Europa e garantindo que judeus idosos e veteranos de guerra condecorados seriam reassentados separadamente em Theresienstadt.[32]

Enquanto o Führer iniciava o ano de 1943 prevendo uma vitória iminente, a ofensiva alemã para tomar os campos de petróleo da região do Cáucaso fracassava, condenada pela vitória das tropas soviéticas em Stalingrado e pelo cerco ao Sexto Exército alemão. Foi a essa altura que Himmler encarregou seu estatístico-chefe, Richard Korherr, de reunir os dados disponíveis sobre a "Solução Final da Questão Judaica na Europa": o esboço final do relatório foi concluído em abril. Himmler o declarou "excelente" — embora, com sua meticulosidade típica, tenha ordenado que a frase "tratamento especial dos judeus" fosse substituída por "transporte dos judeus das províncias do Leste para o leste da Rússia" — e pediu que fosse preparado um resumo para o próprio Hitler.

Korherr, um nacionalista tímido mas fervoroso, orgulhava-se de sua experiência estatística e de sua objetividade: ele foi um dos muitos peritos técnicos de cuja competência dependia a Solução Final, e em resposta ao pedido de Himmler passou duas semanas estudando minuciosamente os documentos do escritório de Eichmann.[33] Finalmente, estimou que a população judaica dos territórios destinados ao Lebensraum alemão — a própria Alemanha, a Áustria, os Sudetos, o Protetorado e a antiga Polônia — fora reduzida de 3,1 milhões em março de 1939 para 606 103 no fim de 1942. Toda a região estava a caminho de se tornar *judenrein*.

Declínio da população judaica na Europa Central

País: período decorrido	Emigração	"Evacuação"	Redução total	Restantes
Antigo Reich e Sudetos (de jan/1933 a set/1938)	382 (71%)	100 (19%)	540	51
Áustria (desde mar/1938)	149 (70%)	48 (23%)	212	8
PMB (desde mar/1939)	26 (25%)	70 (69%)	102	16
Territórios anexados do Leste (desde set/1939)	335 (60%)	222 (40%)	557	233
Governo-Geral (de set/1939 a jun/1940)	428 (25%)	1274 (75%)	1702	298

Nota: PMB = Protetorado da Boêmia-Morávia. Números arredondados até o milhar mais próximo. Redução total = emigração + "evacuação" + "redução de outros tipos" (principalmente devido ao que Korherr denominou "excesso de mortalidade"). Essa última categoria foi omitida. Os porcentuais indicam a proporção da redução total da população judaica (incluindo as mortes naturais e os suicídios).[34]

Examinando cada território desde que o domínio nazista tinha começado, e avaliando até que ponto a redução do número de judeus se devia à "evacuação" (ou seja, a deportação e assassinato), Korherr chegou a resultados importantes. Na Alemanha, onde houve a maior queda — o que não surpreende, já que os nazistas estavam no poder desde 1933 —, muito mais judeus haviam emigrado que sido deportados. O mesmo se aplicava à Áustria — testemunho cruel da eficiência do gabinete de Eichmann para a emigração judaica — e aos territórios anexados da Polônia, de onde muitos judeus haviam fugido do domínio alemão. Porém, nos territórios tchecos e no Governo-Geral, a gigantesca queda na população judaica total — no fim de 1942, Korherr calculava que existiam apenas 15 550 judeus vivos no Protetorado; apenas 297 914 no Governo-Geral, em comparação com mais de 2 milhões no início da guerra — foi resultado maciço da evacuação para os campos de extermínio ao longo de 1942. As deportações adicionais nos três primeiros meses de 1943 representavam mais 113 mil. A população judaica na Alemanha, nas palavras dele, estava "perto do fim".

O que salta aos olhos nessa fase é o papel decisivo desempenhado pelos campos da Operação Reinhard, onde mais de 1,2 milhão já tinham sido mortos — bem mais que a metade de todas as vítimas judaicas até aquele momento. Korherr também estimou que 633 300 judeus tivessem sido mortos nos territórios ocupados soviéticos. (Na realidade, isso subestima o número de mortos depois da Operação Barbarossa.) Embora ele tenha calculado que 308 159 judeus ainda estavam "em liberdade" (principalmente na antiga União Soviética e na Polônia), a maior parte dos que continuavam vivos no Lebensraum alemão concentrava-se em guetos (297 914), campos de trabalho especiais (185 776) e campos de concentração (9127): eram em geral aqueles que tinham sobrevivido às constantes seleções e agora enfrentavam o "extermínio pelo trabalho". Alguém poderia esperar que Himmler estivesse satisfeito, porque não havia paralelo histórico para a matança organizada de civis em tal escala em período tão curto. Mas sua reação ao ler o relatório de Korherr foi estimular seus homens a seguir em frente. "O que é de primordial importância para mim neste momento", ele escreveu em 9 de abril de 1943, "é que se transladem para o Leste tantos judeus quanto seja humanamente possível."[35]

Mas os campos da morte tinham cumprido sua missão, e os sinais de resistência cresciam. Quando os alemães tentaram acabar com os guetos de Varsóvia e de Białystok, enfrentaram oposição armada; em Vilna, muitos judeus fugiram do gueto para se juntar aos partisans. Centenas de milhares de judeus poloneses e bielorrussos tinham sido mortos em Treblinka, mas depois de maio a chegada de novos transportes era ocasional, e os trabalhadores judeus que tinham a tarefa de exumar e queimar os corpos sabiam que aquilo significava que logo seriam eles os fuzilados. Em agosto houve uma fuga, quando prisioneiros se lançaram aos portões principais. Embora a maioria tenha sido abatida a tiros pelos guardas, várias centenas conseguiram fugir, e alguns poucos escaparam à operação de captura que se seguiu. Os prisioneiros de Sobibor fizeram o mesmo dois meses depois, pegando seus guardas de surpresa e matando uma dúzia deles; várias centenas de prisioneiros conseguiram escapar.

Nesse momento, Himmler decidiu encerrar a Operação Reinhard. Os guetos restantes foram liquidados pela então chamada, de forma macabra, Operação "Festival da Colheita", e os campos de extermínio foram fechados. À parte os que ainda trabalhavam em Auschwitz e em Łódz, restavam poucas grandes concentrações de judeus. Quanto a Globocnik, foi transferido para o sul, para a costa adriática, de volta ao local de nascimento, Trieste, onde surpreendeu os habitantes da cidade ao fazer um discurso em italiano e esloveno no aniversário de Hitler, em abril de 1944. Tinha perdido grande parte de seu poder, mas nenhum de seus instintos. Levando consigo seus esquadrões da morte, estabeleceu um campo para judeus numa beneficiadora de arroz abandonada na cidade, o único com câmaras de gás em solo italiano, onde reunia judeus e partisans antes de enviá-los para o norte — para Auschwitz. Seu trabalho estava quase concluído.

A QUESTÃO JUDAICA NA EUROPA

Desde o início, o regime estava pensando numa escala continental, e no final de 1941, o mais tardar, sua abordagem à Questão Judaica já abrangia toda a Europa. Korherr percebeu que, enquanto em 1880 a Europa respondia por 85% dos judeus do mundo, essa proporção tinha caído para 60% e — segundo sua previsão — iria cair mais ainda até que, em 1943, "a Europa não deve responder por mais de um terço da população judaica do mundo". Mas seus cálculos também destacavam o foco do regime na "limpeza" dos territórios da futura Grande Alemanha e suas extensões na ex-União Soviética. De acordo com Korherr, no final de 1942, apenas 8,5% dos "evacuados" tinham vindo de outros países da Europa, principalmente da Eslováquia (56 691), da França (41 911), da Holanda (38 571) e da Bélgica (16 866). Era uma proporção relativamente pequena da população total da Europa Central, Ocidental e do Sul, e, à parte a Eslováquia, não era absolutamente a maioria dos judeus nem nos países relacionados. Algo como 175 mil judeus foram deportados para Auschwitz em 1942 — um número imenso, mas que não pode ser comparado com o 1,2 milhão de judeus poloneses que já haviam perecido nos campos de extermínio no Governo-Geral. Se 1942 foi o ano em que os alemães aniquilaram a maior comunidade judaica da Europa (os poloneses), foi somente entre abril e junho desse ano que os oficiais nazistas começaram a prestar mais atenção no restante da Europa. No entanto, seria uma tarefa mais difícil do que eles esperavam.[36]

A Alemanha nazista não estava sozinha em seu intensificado antissemitismo. Durante os anos 1930, quando a Europa tomou o caminho da direita, muitos países já tinham virado as costas para o liberalismo emancipatório do século XIX e instituído suas próprias legislações antissemitas, elaboradas para restringir direitos dos judeus e também forçá-los a emigrar. No Leste Europeu em particular, a formação de Estados nacionais havia abanado as chamas do antissemitismo ao criar um sentido de competição — em vagas na universidade, controle de negócios e oportunidades profissionais — entre judeus e não judeus. Cotas, boicotes e esquemas de migração se seguiram, e a violência se tornou mais comum. A partir de 1938, leis contra judeus foram reforçadas na Romênia e introduzidas na Hungria e na Itália. Foram introduzidas também na Eslováquia quando o país se tornou independente, em 1939. Os alemães enviaram para lá o auxiliar austríaco de Eichmann, Dieter Wisliceny, como conselheiro especial para assuntos judaicos. Até na Bulgária, uma nova lei "para proteção da nação" discriminava os direitos civis dos judeus.[37]

Mas o Terceiro Reich era específico por duas razões. Em primeiro lugar, era o poder em ascensão na Europa, transformando a Questão Judaica num teste de solidariedade e compromisso internacionais. Ademais, era um país onde a visão da liderança política da Questão Judaica estava bem mais à direita que a opinião pública majoritária. Mesmo dentro do governo, Hitler só era superado na violência de seus sentimentos sobre o assunto por Goebbels. O mesmo não poderia ser dito de Pétain, Mussolini, Tiso ou Horthy, todos adeptos do que se poderia chamar de visões antissemitas tradicionalmente conservadoras que os punha em confronto com os racistas mais linha-dura em seus próprios países. Portanto não surpreende que Heydrich tenha começado a matança em massa em áreas onde não havia autoridade política para impedi-lo e onde a ss tinha maior influência — os territórios ocupados do Leste. Só então, e armada com o prestígio ali adquirido, a ss foi capaz de estender a política de matanças para o Governo-Geral e para o próprio Reich. E se já era difícil evitar que seus próprios colegas levantassem intermináveis questões jurisdicionais e de definição — como no Ministério do Interior, por exemplo —, muito mais difícil eram os desafios representados pelas relações com governos estrangeiros e administrações colaboracionistas. A partir do momento em que o homem do Ministério das Relações Exteriores em Wannsee lembrou a Heydrich a necessidade de consultar os diplomatas nas negociações quanto à Questão Judaica no exterior, a Solução Final entrou em outra fase, saindo da região do Lebensraum alemão e da Grande Alemanha para os países além de suas fronteiras.

Os primeiros alertas sobre as dificuldades à frente surgiram com as tortuosas negociações sobre a questão dos judeus estrangeiros que ainda se encontravam na Alemanha. No final de 1941, ao embarcar nas primeiras deportações sistemáticas de judeus alemães, o regime conseguiu que o Ministério das Relações Exteriores abordasse governos simpáticos para averiguar se tinham objeções a que seus nacionais fossem incluídos. Em novembro, os búlgaros sugeriram uma política comum em relação aos judeus "entre todos os países da Europa". Luther, o funcionário em comando do ministro das Relações Exteriores, gostou da ideia e propôs fazer com que todos os países introduzissem uma legislação contra judeus, expondo assim judeus estrangeiros dessas nacionalidades. De acordo com sua sugestão, se os países do Pacto Anticomintern levassem isso adiante, fariam pressão em países como a Hungria, onde, "devido à influência dos judeus e da opinião dos católicos", ele previa alguma relutância. Seus próprios colegas do Gabinete Legal, no entanto, não estavam bem certos: será que tal legislação — "teoricamente possível porém *incomum* no uso internacional" — não sofreria resistência de outros Estados como uma infração de sua soberania nacional? Era exatamente o tipo de argumento legalista que deixava Heydrich e Himmler furiosos; mas na verdade identificava o que se tornaria um dos principais obstáculos à extensão da Solução Final: a relutância de muitos dos mais importantes aliados dos alemães em fazer qualquer coisa que pudesse representar uma restrição de sua soberania.[38]

De início, diversos países pareceram estar dispostos e até ansiosos para cooperar com o Reich. Na Conferência de Wannsee, a Croácia, a Romênia, a Eslováquia e a França foram apontadas como países que provavelmente não ofereceriam problemas. Todos estes apresentaram leis de restrição aos judeus no modelo alemão, e na França, onde a opinião pública cada vez mais culpava os judeus por racionamentos de comida ou agruras de tempos de guerra, o regime tinha introduzido medidas antijudaicas como parte de sua Revolução Nacional, sem nenhuma pressão germânica. Ansioso pelos planos alemães de usar a zona desocupada como local de descarte de judeus, o governo de Vichy não disse nada quando os alemães deportaram um comboio para Auschwitz em março de 1942, supostamente como represália a ataques de partisans. Enquanto isso, os romenos e croatas estavam ocupados matando judeus sem ninguém tê-los mandado fazer isso. Os dois países pareciam abertos à ideia de deportar os que restavam nos campos alemães. Quanto à Eslováquia, o país foi a fonte dos primeiros grandes translados. O governo altamente antissemita do monsenhor Jozef Tiso respondeu "animado" em fevereiro de 1942, quando Himmler pediu que mandasse 20 mil judeus aptos fisicamente. Já havia algum tempo querendo trazer de volta 120 mil trabalhadores eslovacos do Reich, o governo acreditava que oferecer judeus poderia ser uma forma de negociar seu regresso. Para Himmler aquilo caiu do céu: seu plano de expansão da população de trabalho escravo sob seu controle em Auschwitz para os grandes "projetos de construção dos tempos de paz" fora complicado por atrasos na organização de transportes desde a Alemanha. O entusiasmo eslovaco sugeria uma alternativa.

Alguns judeus eslovacos foram mesmo logo mandados para trabalhos de expansão no campo de Auschwitz, pensando que eram parte de um programa anterior de trabalhos forçados. "Eles continuavam acreditando, ingenuamente, mesmo durante a viagem, que iriam trabalhar em alguma fábrica no Reich, como haviam sido informados", relembra uma sobrevivente do segundo translado de mulheres, Margita Schwalbova. A chegada foi "um choque e uma humilhação incríveis", pois foram despidos, raspados, enfiados em velhos uniformes russos e postos para trabalhar demolindo casas, drenando charcos e construindo estradas até "morrer de exaustão", espancados, mortos com gás ou injetados com fenol depois de visitas dos médicos da ss. Em Auschwitz, a notícia de que o governo eslovaco também queria se livrar das famílias dos deportados originais — pelo menos outras 50 mil pessoas — induziu a construção de duas novas câmaras de gás em Birkenau naquela primavera. A primeira seleção de mortes por gás de judeus eslovacos teve lugar em 4 de julho.

Mas Auschwitz não era o único destino dos eslovacos. Entre o final de março e meados de junho, mais 38 trens, transportando cerca de 40 mil pessoas — incluindo famílias inteiras —, foram mandados para a região de Lublin para entregá-las às gentilezas da equipe da Operação Reinhard. Oficiais alemães locais não conseguiam dar conta do número de pessoas, e enquanto alguns veículos que chegavam a Lublin eram sujeitos a uma seleção, outros eram descarregados em guetos de passagem ou espalhados pelas aldeias ao redor. Hospedando-se em geral em casas de judeus já deportados, eram deixados por conta própria por dias e semanas, sem alimento, ou postos para trabalhar na lavoura ou em campos de trabalhos forçados. Foi um desses campos de detenção — em Izbica, na metade do caminho entre Lublin e Bełżec — que o destemido emissário da resistência polonesa, Jan Karski, visitou disfarçado de guarda ucraniano.[39]

Naquele verão, os planos de Himmler sofreram um duro golpe com o assassinato de seu delegado, Heydrich, em Praga. Himmler reagiu mandando Eichmann acelerar a Solução Final por toda a Europa. O próprio Himmler foi levado a assumir a chefia do RSHA e claramente queria demonstrar que não haveria atrasos no andamento. Numa visita a Auschwitz em 17 de julho, ele informou ao comandante, Höss, que o campo seria o destino dos judeus europeus. "O programa de Eichmann vai continuar", afirmou, "e será acelerado todos os meses a partir de agora. Siga em frente com a conclusão de Birkenau. Os ciganos vão ser exterminados. E você vai exterminar com a mesma inflexibilidade os judeus que forem incapazes de trabalhar."[40]

O eficiente Eichmann fez o melhor que pôde para obedecer. Em junho, arquitetou o acordo com o Ministério das Relações Exteriores para o transporte de 40 mil judeus da França e da Holanda, bem como de 10 mil da Bélgica "ao campo de Auschwitz para serviços de trabalho": os trens começariam a trafegar em meados de julho. Mas, quando se difundiram notícias e rumores sobre os campos de extermínio, e ficou claro que a ofensiva alemã de 1942 não tinha conseguido nocautear os russos, inquietação, reservas e até mesmo oposição frontal à política alemã começaram a ser sentidas.

O canal eslovaco foi o primeiro a fechar. Graças à desorganização na região de Lublin, alguns deportados conseguiram fugir, e um ou dois chegaram até a voltar à Eslováquia com cartas contrabandeadas dos guetos. As informações sobre as condições ao redor de Auschwitz começaram a se espalhar. Quando o Vaticano protestou, o governo respondeu em tom de desafio. "Nenhuma intervenção estrangeira vai nos bloquear o caminho para a libertação da Eslováquia dos judeus", insistiu o presidente Tiso. "É cristão o que acontece com os judeus, é humano?", perguntou durante um discurso naquele agosto. "Teria sido muito pior se não tivéssemos nos livrado deles a tempo. E fizemos isso seguindo ordens de Deus: 'Eslováquia, jogue-os fora, livrem-se de sua peste'." Mas na verdade ele estava fazendo jogo de cena, e o uso do pretérito no discurso foi importante. Pressões da Igreja e a indignação da população talvez tenham resultado em 20 mil judeus isentos de deportação, pondo um fim a essa prática. "A evacuação de judeus da Eslováquia está em ponto morto", relatou o ministro alemão em junho. Apesar das palavras ásperas de Berlim, só mais 4 mil judeus saíram do país antes da partida do último trem, no final de setembro.[41]

Na França, a nova administração de Pierre Laval estava também dividida: na busca da soberania, seria melhor obedecer aos desejos dos alemães ou resistir? No verão de 1942, o prestígio francês parecia estar sendo reforçado ao concordar com deportações; tratava-se do *quid pro quo* para preservar a autoridade da polícia francesa. Mas, quando Laval foi informado de que os alemães queriam deportar mais judeus para Auschwitz "para serviços de trabalho", Vichy reagiu com cautela, enfatizando que se tratava de cidadãos franceses, algo bem diferente de judeus estrangeiros ou sem pátria: os alemães foram forçados a concordar, e as deportações do verão começaram com os estrangeiros. A mesma política seria seguida na Bélgica e na Holanda.[42]

Enquanto transcorria o verão, as coisas iam de mal a pior do ponto de vista de Eichmann. Um acordo que ele tinha arquitetado pelas costas do Ministério das Relações Exteriores com os romenos foi revelado quando o comissário de assuntos judaicos da Romênia foi esnobado numa visita ao ministério. Como já vimos, os romenos sempre cederam aos alemães em seu fervor antissemita; porém a diplomacia alemã na Romênia — nas mãos de um funcionário nazista incompetente — foi um desastre. Ademais, o governo romeno, assim como o eslovaco, começava a perceber muitas razões para tratar as exigências alemãs com reserva. Em primeiro lugar, a importância dos judeus na economia do país não podia ser desconsiderada. Em segundo, relatos sobre o que vinha acontecendo nas províncias fronteiriças perturbaram muitos romenos que agora mostravam muito menos timidez para expressar suas críticas do que suas contrapartes na Alemanha. Até mesmo o governo de Antonescu estava desiludido: depois de comprometer o Exército da Romênia para o esforço de guerra alemão, não estava nem perto de recuperar a Transilvânia do Norte. Mas também não era hora de confrontos diretos, e o país foi ganhando tempo, parecendo simpático ao ponto de vista dos alemães sem fazer nada.[43]

A sensação de frustração em Berlim era palpável. No final de setembro, Ribbentrop deu ordens para o Ministério das Relações Exteriores "apressar o máximo possível a evacuação de judeus de vários países da Europa". Isso era mais fácil nas áreas ocupadas sob controle direto dos alemães, principalmente as dotadas de um serviço público bem administrado. Os holandeses, pioneiros na utilização de registro de dados e de tecnologia de identificação, tinham criado um registro central para judeus que impressionou inclusive a polícia alemã. Cerca de 45 mil foram transladados até meados de outubro, com a ajuda de autoridades holandesas; segundo os relatórios, a população "não estava criando nenhum problema". A polícia norueguesa se mostrou igualmente complacente. Mas tudo isso fazia piorar a situação do Ministério das Relações Exteriores da Alemanha, pois era exatamente nos países dos quais eles estavam excluídos que as deportações estavam prosseguindo.[44] Os dinamarqueses, por exemplo, deixaram claro que as exigências alemãs para a introdução de medidas discriminatórias contra os judeus causariam sérios problemas constitucionais e obrigariam o governo a renunciar. Sem querer forçar as coisas naquele momento, dados o grande valor econômico do país para o Reich e a população judaica relativamente pequena, os alemães preferiram uma abordagem gradual que não fizesse pressão. Mas talvez em razão de a Dinamarca ser um tema colateral: os húngaros e os italianos estavam causando muito mais problemas.[45]

A Hungria tinha uma grande população judaica (cerca de 700 mil); a Itália era o principal aliado do Reich na Europa. Os dois claramente se opunham à política de deportação de judeus para o Leste. De início os húngaros não foram tão escrupulosos, expulsando milhares de judeus galaicos e eslovacos para as ex--fronteiras soviéticas em agosto de 1941 para ser fuzilados. Os judeus húngaros foram retirados do Exército e dispostos em batalhões de trabalho na linha de frente (onde muitos morreram). Mas, quando diplomatas alemães pediram aos húngaros que introduzissem novas leis antissemitas antes de enviar os judeus para o Leste, em 1942, o primeiro-ministro Miklós Kállay alertou explicitamente os alemães para o fato de que aquilo era "um assunto interno da Hungria". Esse era o nó da questão para os húngaros — e não só para eles. Não era bem uma questão de antissemitas contra pró-semitas (embora isso também tenha pesado algumas vezes), mas sim da dinâmica de uma aliança entre desiguais, na qual um lado tenta forçar a questão e o outro resiste para demonstrar liberdade de manobra. Para ambos os lados, a Questão Judaica se transformou num teste da natureza da relação entre os dois países.

Tudo isso levou a uma série de duelos diplomáticos cada vez mais exasperados e de alto nível. Em dezembro de 1942, Budapeste informou aos alemães que não introduziria a estrela amarela nem concordaria com a deportação de judeus húngaros para o Leste. No mês seguinte, inúmeras famílias de judeus húngaros foram repatriadas de Bruxelas e de Amsterdam por causa de sua segurança. A Hungria, aliada da Alemanha, estava na verdade se transformando num refúgio para os judeus à medida que a maré da guerra se voltava contra o Reich, e Budapeste buscava em vão uma forma de se desvencilhar. Em janeiro de 1943, um exasperado funcionário do Ministério das Relações Exteriores da Alemanha tocou numa nota não muito diplomática com o embaixador húngaro, Sztójay, ao dizer que "o Führer está determinado a remover os judeus da Europa durante a guerra sob quaisquer circunstâncias", e que "nos deixa muito alarmados que um único país no meio da Europa, nosso amigo, esteja abrigando perto de 1 milhão de judeus. Não podemos aceitar esse perigo passivamente a longo prazo".

O próprio Hitler lançou um violento ataque à política húngara quando se encontrou naquele abril com o regente Horthy. De sua parte, Horthy lembrou ao Führer que havia muitos judeus batizados na Hungria, muitos deles "pessoas estimadas". Disse que já tinha feito o possível contra os judeus, "mas que não podia matá-los ou expulsá-los de alguma forma". Hitler não estava acostumado a esse tipo de resposta direta e reagiu de forma passional. Por que os húngaros não fizeram como os eslovacos? Livrar o país dos judeus abriria oportunidades para os húngaros. E as pessoas que falavam que os judeus estavam sendo assassinados esqueciam que "só havia um assassino — o judeu". No dia seguinte, quando os dois se reuniram com Ribbentrop, o assunto veio à tona outra vez, agora de forma menos ambígua. Ribbentrop, que era menos reservado em suas palavras que Hitler, disse ao húngaro à queima-roupa que "os judeus devem ser ou aniquilados [*vernichtet*] ou mandados a campos de concentração. Não há outra possibilidade". Hitler também fez pressão. "Eles são simplesmente parasitas. Nós pusemos a Polônia em ordem. Se os judeus lá não queriam trabalhar, eram fuzilados. Eles são como bacilos de tuberculose infectando um corpo saudável." Para os alemães, como o embaixador húngaro não perdeu tempo em apontar, a posição da Hungria sobre a Questão Judaica tinha se tornado um teste de seu compromisso em relação à aliança com a Alemanha. Os húngaros instituíram uma lei que deixou muitos judeus desempregados. Mas fizeram pouco mais que isso, recusando-se a estabelecer marcas de distinção ou reduzir as rações dos judeus.[46]

Mais preocupante ainda para os alemães era a atitude nada cooperativa de seus principais aliados, os italianos — por serem mais difíceis para negociar. Assim como os húngaros e romenos, o regime italiano antes da guerra havia implantado uma legislação racial discriminatória contra os judeus. Mas a população judaica do país era pequena e já estava assimilada, e havia pouco entendimento ou identificação com o ímpeto racial que motivava a política nazista. Em 1942, as rivalidades internas no Ministério das Relações Exteriores da Alemanha resultaram num número relativamente baixo de pressões diplomáticas exercidas sobre Roma. O próprio Ribbentrop insistiu em conduzir as relações. Mas, como ele só levantou a Questão Judaica em 1943, por um bom tempo a evidente resistência e a morosidade dos funcionários italianos nos Bálcãs não causaram muitos problemas. No verão de 1942, o plenipotenciário na Grécia recusou uma proposta do

RSHA para introduzir marcações para judeus nos territórios controlados pela Itália; e ainda acrescentou que, se os alemães fizessem isso na zona deles, os judeus italianos teriam de estar isentos. Quando as autoridades militares alemãs na Grécia começaram a convocar judeus para a construção de estradas nas zonas que dominavam, muitos fugiram para o sul em busca da proteção dos italianos.[47]

Os italianos também não se mostraram cordatos na Iugoslávia. Pelo contrário, desde 1941, muitos administradores de alto escalão estavam horrorizados com a violência genocida da Ustaše, e por isso faziam o possível para proteger as vítimas potenciais. Quando o governo croata encarcerou mais de dois terços dos judeus croatas em campos de concentração, outros procuraram refúgio na zona italiana. Bastianini, o governador da Dalmácia, mandou alguns de volta e outros para a detenção na Itália. Mas seus colegas não foram tão simpáticos. Informado sobre os massacres da Ustaše contra judeus na cidade de Mostar, o diplomata Pietromarchi ficou indignado: "Por essa regressão, que desonra a humanidade, temos de agradecer à nossa amiga, a Alemanha". E advertiu Bastianini de que devolver judeus "indesejáveis" aos croatas era "condená-los ao extermínio. A Itália e o Exército devem evitar a vergonha de se transformar em cúmplices nessa atrocidade". A alta oficialidade do Exército concordou. Facilitar tais massacres mancharia sua reputação. Quando soube que os italianos deveriam prender judeus para entregá-los aos alemães, o general Paride Negri protestou: "Isso é totalmente impossível, pois a deportação de judeus vai contra a honra do Exército italiano".[48]

Em agosto de 1942, Ribbentrop requisitou oficialmente a ajuda da Itália, e Mussolini pareceu concordar, rabiscando a frase *"nulla osta"* (sem objeções) num memorando que havia recebido. Mas os principais comandantes civis e militares na Croácia estavam prontos para contornar a ordem do Duce. Entregar os judeus estava "fora de questão", afirmou o general Roatta a Pietromarchi. Havia um humanitarismo envolvido (é evidente que para altos oficiais como Roatta esse conceito abrangia judeus iugoslavos mas não, digamos, etíopes ou líbios). Mas Roatta estava também preocupado com o prestígio dos italianos. Bloquear os croatas e os alemães era um lembrete de que o local era uma área onde os italianos tinham a primazia. Quanto mais Pavelić garantia aos alemães que resolveria a Questão Judaica assim que tivesse poder, mais incentivo tinham os italianos a evitar que o fizesse.[49]

No final de 1942, os italianos da alta administração sabiam muito bem o destino que esperava os judeus. O próprio Mussolini foi informado por um de seus principais aliados, o general dos *carabinieri* Giuseppe Pièche, que os judeus croatas entregues aos alemães foram "'liquidados' com gás venenoso nos vagões dos trens onde foram trancados". Relutantes em recusar ajuda aos alemães de forma direta, os comandantes do Segundo Exército anunciaram publicamente que, embora os judeus italianos na Croácia pudessem ficar sob sua proteção, eles capturariam judeus croatas para entregá-los a Zagreb. Essas notícias levaram muitos judeus sob sua jurisdição a se suicidar. O que eles não sabiam era que o Segundo Exército não tinha nenhuma intenção de entregá-los aos croatas. Para ganhar tempo, os judeus foram mantidos em campos italianos até a primavera de 1943, quando foram mandados para a ilha de Rab. Ao contrário dos eslovenos que já estavam lá, morrendo de inanição, os judeus receberam o suficiente para se manter vivos. Libertados pelos partisans na rendição da Itália, em 1943, estavam entre os muitos judeus balcânicos a se beneficiar da política italiana.

Esse resultado extraordinário teve pouco a ver com as tendências do Duce; era mais um reflexo do pouco poder que ele tinha no Estado italiano. Ouvia com atenção nas visitas de Goering, Ribbentrop e Himmler sobre a urgência de entregar os judeus para a Croácia (e depois a França). Mas, embora parecesse concordar com eles em que "a Itália não deve se tornar uma protetora de judeus", e culpasse o "humanitarismo sentimental" de seus generais, recuava quando seus subalternos argumentavam em contrário. Os generais lhe advertiram que, se a Itália entregasse os judeus à Ustaše, seria fácil perder a confiança da população ortodoxa também, prejudicando toda a política para a Iugoslávia. Até mesmo Bastianini, já promovido ao segundo mais alto posto no Ministério do Exterior, mudou de ideia e agora descartava a política de extermínio em termos definitivos. "Nós sabemos o destino à espera dos judeus deportados pelos alemães", lembrou ao Duce. "Morrem em câmaras de gás. Todos — mulheres, velhos e crianças. Não vamos fazer parte dessas atrocidades. E você, Duce, não deve permitir isso. Está preparado para assumir pessoalmente essa responsabilidade?"[50]

Não há provas de que o Duce estivesse do outro lado. Ele gostava de falar duro com os alemães, mas na prática costumava jogar o peso da decisão nas costas dos subalternos. Já tinha permitido que seus prefeitos na fronteira com a Iugoslávia devolvessem refugiados judeus quando se sabia bem qual seria seu destino. Mas uma coisa era afastar refugiados; tornar-se cúmplice num extermínio era bem diferente. Nesse caso ele preferiu não tomar decisões, em especial as que reduziriam seu espaço de manobra e o ligariam mais ainda aos alemães. Roatta conseguiu convencê-lo, em dezembro de 1942, de que os judeus croatas deveriam ser imediatamente devolvidos. Por outro lado, o Duce ouviu também o conselho cínico de seu assessor de confiança, general Pièche, de que era preciso garantir, se ele achasse que "a entrega, e portanto o extermínio" fossem cumpridos, que o Exército italiano não se envolveria. Na cabeça de Mussolini, ao menos, confinar os judeus croatas era a solução perfeita, pois mantinha todas as opções em aberto.[51]

Em março de 1943, os alemães se cansaram dos adiamentos dos italianos na Grécia e deportaram a grande comunidade judaica de Tessalônica. Conseguiram também que os búlgaros deportassem os judeus gregos sob sua administração. Os búlgaros concordaram, mas insistiram em decidir separadamente o que fazer com aqueles que fossem cidadãos búlgaros. Numa posição muito mais fraca, o governo grego protestou em particular; mas funcionários locais de Tessalônica cooperaram de pronto, temendo que os alemães entregassem a cidade ao domínio búlgaro. Nos dois casos, funcionários do consulado italiano protegeram judeus com passaportes italianos e fizeram o possível para estender essa proteção a outros.

Também nesse caso os impulsos humanitários que sem dúvida motivavam os funcionários governamentais, que afinal viam com os próprios olhos o que estava acontecendo, tinham de ser alinhados com o aspecto político. No início de 1943, com a guerra se voltando de forma decisiva contra o Eixo, e os húngaros e outros pressionando a Itália para forçar uma paz negociada, a Questão Judaica ganhou novo significado. Demonstrar que a Itália ainda tinha poder para bloquear os anseios alemães era agora ainda mais valioso em termos diplomáticos do que fora no verão anterior. E havia também razões econômicas — entre outras, a proteção de uma próspera comunidade com sentimentos tradicionalmente favoráveis aos italianos. Como explica o plenipotenciário em Atenas, "havia milhares de razões abrangendo desde nosso humanitarismo ao nosso prestígio" para se recusar a confinar judeus na zona italiana. Considerações muito semelhantes explicam a política da Itália no sudeste da França ao ocupar aquela parte do território em novembro de 1942: Roma protestou quando a polícia de Vichy fez prisões e insistiu em que a política racial era uma questão apenas dos poderes de ocupação. O mais importante de tudo era manter o prestígio da Itália: alguns judeus tiveram a sorte de ser beneficiados. Embora não se possa descartar inteiramente o sentimento humanitário dos italianos como um mito favorável difundido no pós-guerra — a *brava gente*, tão distinta dos brutais alemães —, restam poucas dúvidas de que os diplomatas e generais alemães seguiam fortes razões políticas de interesse próprio para fazer o que pudessem para mapear seu próprio curso na Questão Judaica da Europa.[52]

A comparação entre o "alto sentido de justiça e humanidade" do fascismo italiano e a "brutalidade e avidez" de seus aliados nazistas na verdade começou com os próprios funcionários do governo fascista. Sua análise da falência dos modos de governo alemães foi sagaz e favorável por resgatar, no mundo das ideias, uma noção mais pura e politicamente sofisticada do fascismo da nódoa genocida da realidade da guerra. "Esta é uma das eras mais sombrias da história humana, talvez a mais sombria — nunca houve tanta matança", disse o papa a um diplomata italiano em janeiro de 1943. "Ainda assim", replicou Pietromarchi, "em meio a tanta maldade os italianos se mostraram imunes a essa febre [...] O instinto que faz com que nossos soldados repudiem essas atrocidades foi incutido pelo cristianismo." E anotou em seu diário a convicção de que "um dia o humanitarismo do nosso povo será levado em conta". Alguns meses depois, o general Pièche defendeu a mesma posição.

> As autoridades alemãs nos reprovam por proteger os judeus e por não apoiá-los em sua campanha racial, como fez a Bulgária. Mas acredito que nosso comportamento, inspirado como é nos princípios do humanitarismo, será um dia reconhecido como muito oportuno no momento presente.

Já convencida de que a guerra estava perdida, boa parte da elite fascista tinha esperança de que a prudência e o humanitarismo acabassem convergindo.[53]

Assim, quanto mais a guerra se prolongava, mais relutantes se mostravam os aliados da Alemanha a entregar seus cidadãos — até mesmo judeus — para os alemães. Os búlgaros e os romenos fizeram o jogo e blefaram até o fim da guerra. Depois de enviarem judeus gregos para Treblinka, os búlgaros organizaram batalhões de trabalho judeus e os mandaram para a lavoura, mais para protegê-los dos alemães que por qualquer outro motivo. Quanto ao governo de Antonescu, era o momento de se preocupar com o prestígio do governo, que estava sendo prejudicado pelas deportações. Não estaria parecendo uma marionete dos alemães, já que outros governos aliados — em especial a Hungria — não haviam cedido às deportações ou ao confinamento em guetos? Em outubro de 1942, foram suspensos os translados de judeus através do rio Dniester. A forte oposição da rainha-mãe da Romênia ajudou, ainda que os cálculos estratégicos e diplomáticos talvez tenham tido o mesmo peso. O governo simplesmente ignorou os protestos alemães, e as conversas do marechal Antonescu sobre o assunto com Hitler não escondem esse desentendimento. "O Führer era de opinião, diferente da do marechal, que quanto mais radicalmente os judeus fossem tratados, melhor", mostra a gravação de alguns minutos da discussão. Quando Ribbentrop perguntou a Antonescu se os judeus romenos não poderiam ser mandados para a Rússia, ele disse que queria transportar 100 mil para trabalhar nas minas da Crimeia. "No entanto ele pede", está escrito, "que não devem ser assassinados, pois numa ocasião anterior ele se viu forçado a interromper a deportação de judeus para a Rússia quando foi revelado que eles foram pura e simplesmente trucidados ali." Era difícil acreditar que se tratava do mesmo homem que havia ordenado que mais de 18 mil judeus fossem mortos em Odessa. Mas Antonescu percebeu em que direção o vento estava soprando.[54]

A Bulgária e a Romênia mudaram de lado antes que os alemães pudessem impedir. Mesmo quando tentavam evitar defecções invadindo e ocupando ex-aliados — como fizeram na Itália e na Hungria —, os alemães logo perceberam que isso não garantia necessariamente um maior controle. Na França, eles invadiram zonas previamente não ocupadas em novembro de 1942, mas o número de judeus deportados em 1943 e em 1944 foi menor que em 1942. O capataz de Eichmann, Dannecker, que tinha começado as deportações na França, não se saiu melhor depois que foi enviado a Roma em 1943. O esquadrão que comandava organizou transporte de judeus italianos para Auschwitz poucos dias depois da chegada. De Trieste, Globocnik mandou mais de 1100 judeus para o norte até fevereiro de 1945. Mas provavelmente cerca de 40 mil judeus italianos sobreviveram à guerra (de uma população de 50 mil antes da guerra) escondendo-se ou com a resistência. Os alemães só se deram melhor na Grécia continental, que eles tomaram dos italianos no mesmo período, mas também ali muito mais judeus sobreviveram na clandestinidade do que tinham conseguido antes no norte do país.

O país que mais causava preocupações era a Hungria, lar da maior comunidade judaica que restava na Europa. O perigo aumentou logo com a tomada de poder pela Wehrmacht em março de 1944, e até julho do mesmo ano mais de 435 mil judeus húngaros foram mandados para Auschwitz, mais que em qualquer outro país: nunca antes ou depois, como autores de uma recente história deixam claro, esse campo foi "menos eficiente como campo de trabalho" ou "mais eficiente como centro de extermínio". Perto de 175 mil judeus chegaram ao campo em 1942; quase 105 mil entre janeiro e março de 1943; e 160 mil entre abril de 1943 e março de 1944. Assim, o translado dos húngaros marcou o apogeu das matanças em Auschwitz. Em maio e junho de 1944, não menos que um terço de aproximadamente 1 milhão de pessoas assassinadas encontrou a morte nesse campo. O aumento de cinco vezes na taxa mensal de mortos foi inclusive além da capacidade oficial dos incineradores, de 132 mil cadáveres por mês.[55]

A Hungria não foi apenas o momento de maior triunfo na carreira de Eichmann, mas também o fim de sua carreira como genocida, pois nesse momento aconteceu algo sem precedentes, e o almirante Horthy, que continuava ainda como regente de um país nominalmente soberano, resolveu interromper as deportações de repente. O papa, Roosevelt e o rei da Suécia, entre outros, já estavam clamando para que ele tomasse uma atitude, e notícias da invasão da Normandia e do avanço do Exército Vermelho em direção ao oeste o convenceram da necessidade de arranjar um jeito de sair da guerra. A essa altura, tanto os alemães como seus aliados entendiam que a cumplicidade na Solução Final demonstrava lealdade, e que por isso refutá-la era uma forma de sinalizar um desejo de se desvencilhar do Eixo. Ao intervir no Ministério do Interior e substituir unidades da polícia por regimentos leais do Exército, Horthy, com seus 75 anos, barrou os planos de Eichmann no meio do caminho e evitou que os judeus de Budapeste fossem deportados. Eichmann ficou perplexo. "Isso não vai adiantar", exclamou. Mas sem a cooperação dos húngaros ele não poderia ir adiante, e realmente em setembro Himmler ordenou que suas unidades fossem retiradas. No mês seguinte, Horthy foi removido pelos alemães e substituído pelo direitista radical e ex-oficial do Exército da Casa dos Habsburgo, Ferenc Szálasi. Mas Szálasi também não estava querendo entregar judeus húngaros aos alemães, e no final de 1944 as deportações foram de fato interrompidas. Em vez disso, seu movimento antissemita Cruz de Flechas expandiu o programa dos próprios húngaros de trabalhos forçados e, com o rompimento da ordem pública, seus integrantes partiram para a matança. Em estado de sítio e atacado pelo Exército Vermelho desde dezembro, o governo de Szálasi saiu da capital para se retirar no oeste do país, deixando Budapeste em meio a uma das piores violências da guerra, quando esquadrões da morte locais percorriam as ruas massacrando judeus.

* * *

A interrupção das deportações da Hungria e a abrupta deterioração na posição estratégica alemã no verão de 1944 abriram a possibilidade de algo mais radical — uma volta à política de emigração que os alemães haviam abandonado em 1941. Em Budapeste e outros locais neutros no exterior, agentes judeus e alemães entraram em discussões secretas para comprar a libertação de judeus húngaros com bens e dinheiro. Os motivos dos judeus envolvidos eram fáceis de entender — agindo individualmente ou como membros de organizações políticas de assistência, o objetivo era salvar o maior número possível de judeus da morte certa. A verdadeira controvérsia histórica envolve o lado dos alemães. Quanto essas negociações eram sérias e o que eles pretendiam obter?

Em primeiro lugar, deve ser notado que a ideia de abrir exceções na política de extermínio fora construída no sistema desde o começo. Com o prosseguimento da guerra, Himmler em particular viu os judeus como uma alavanca útil de influência diante dos britânicos e americanos. Convencido do poder dos judeus na política dos Aliados e preocupado com o rápido avanço do Exército Vermelho na Polônia, na Romênia e na Bulgária, ele tinha esperança de que as negociações envolvendo os judeus pudessem servir como uma espécie de sinal de paz para o Ocidente. Em 1943, Himmler já tinha estabelecido uma pequena seção dentro do campo de Bergen-Belsen para "judeus privilegiados" com parentes no exterior. A ideia era que divulgassem o tratamento amistoso nas mãos dos alemães e servissem como reféns contra qualquer virada desfavorável na política dos Aliados. Semelhante raciocínio agora o levava a favorecer o fechamento de um acordo em que os judeus seriam libertados em troca de remessas de material bélico. Mas nada daquilo poderia ir muito longe. O antissemitismo de Himmler exagerou muito o grau de influência que as organizações judaicas tinham nas políticas da Inglaterra e dos Estados Unidos: na verdade, eles pouco podiam fazer diante das instruções claras de seus governos de não buscar negociações com conteúdo "político". Para Churchill e Roosevelt, a chave era a política de rendição incondicional — que significava negociações em separado com os alemães — e a aliança com a União Soviética.[56]

Acima de tudo, Hitler, a quem Himmler continuava fiel, não tinha intenção de deixar um grande número de judeus escapar. Por isso, eram apenas pequenos gestos. Membros do clã industrial da família húngara Weiss, por exemplo, foram mandados para Portugal em troca do controle de sua fábrica de armamentos, que Himmler queria para a Waffen-ss. Himmler continuava comprometido com a Solução Final, e durante o verão e o outono de 1944 se opôs aos pedidos da Wehrmacht e de Speer por trabalhadores judeus: 100 mil judeus húngaros foram, excepcionalmente, mandados para trabalhar em fábricas de armamentos. O gueto de Łódz — o último campo de sobreviventes judeus na antiga Polônia — foi liquidado, com o campo de extermínio de Chełmno sendo reativado para esse propósito. Na verdade, os campos situados na periferia do Reich foram esvaziados devido ao avanço do inimigo. Seus internos eram mortos, postos para morrer em marchas forçadas sem sentido ou tangidos para outros campos dentro do Reich, onde a superpopulação, o excesso de trabalho, a falta de suprimentos, doenças e a brutalidade dos guardas logo aumentaram muito a taxa de mortalidade.

Na primavera de 1945, Himmler discretamente renovou os esforços empreendidos pelos neutros para salvar alguns prisioneiros. Discussões com Jean-Marie Musy, um ex-presidente da Suíça, para libertar os campos desmoronaram quando Hitler soube da libertação de 1200 judeus e proibiu terminantemente qualquer outro contato. Em fevereiro, o conde Bernadotte, vice-presidente da Cruz Vermelha da Suécia, propôs levar todos os prisioneiros dinamarqueses e noruegueses para a Suécia, e milhares de prisioneiros foram salvos dessa forma. Para Himmler, envolvido também nessas negociações apesar do inequívoco veto de Hitler, elas representavam uma maneira de abrir um diálogo que talvez pudesse ser estendido para a negociação mais abrangente da saída da Alemanha da guerra.[57]

Decerto essa foi a razão por trás do mais extraordinário encontro de Himmler — as conversações secretas que manteve em Berlim com Norbert Masur, um judeu alemão emigrado cuja missão de resgate foi conduzida em nome do Congresso Judeu Mundial. Acompanhado pelo massagista finlandês de Himmler, Felix Kersten, Masur chegou a Estocolmo em 19 de abril num avião carregado de pacotes da Cruz Vermelha. A capitulação da Alemanha aconteceria em poucos dias. Transportado num carro da Gestapo sem chamar atenção "por ruínas fantasmagóricas, passando por intermináveis pilhas de entulho", eles chegaram — depois de vários enervantes bloqueios — à propriedade de Kersten, a cerca de sessenta quilômetros de Berlim, perto do campo feminino de Ravensbrück. No dia seguinte Himmler ficou detido pelas comemorações do aniversário do Führer. Suas relações com Hitler, já deterioradas, iriam piorar muito mais se o Führer soubesse da visita de Masur, que passou a manhã toda conversando com Walter

Schellenberg, o jovem chefe da inteligência para assuntos estrangeiros de Himmler, e o considerou deprimido e convencido de que a derrota da Alemanha estava próxima. Schellenberg alertou Masur de que, embora apoiasse aquela missão, Hitler era totalmente contrário a qualquer pedido de resgate e já havia se enfurecido ao saber das primeiras negociações com a Suíça. À tarde, Masur ficou vagando pela casa. Finalmente, às 2h30, um carro estacionou trazendo Himmler.

> Sentamos a uma mesa, que estava posta para o café para cinco pessoas. Himmler estava impecavelmente vestido em seu uniforme com insígnias e uma série de decorações cintilantes. Parecia muito bem-arrumado, viçoso e animado apesar das altas horas, demonstrando tranquilidade e controle. Sua figura era melhor pessoalmente que em fotografias. Talvez seu olhar errante e intenso fosse uma expressão de sadismo e dureza; no entanto, se eu não conhecesse seu passado, nunca acreditaria que esse homem era o principal responsável pelos maiores assassinatos em massa da história.

Enquanto tomavam café, com açúcar e bolos trazidos da Suécia, Himmler elaborou um longo monólogo. Defendeu a política da Alemanha contra os judeus e os culpou pelos males do país. Alegou que sempre quis uma política de expulsão, que havia fracassado por causa da recusa do mundo em aceitar refugiados judeus. A guerra pôs então a Alemanha em contato com "as massas judaicas do Leste", que eram proletárias, partisans e doentes. À pergunta de Masur de como os judeus poderiam ter ajudado os partisans se eram mantidos em guetos, Himmler respondeu que eles atiravam nos soldados alemães de *dentro*. Os crematórios eram apenas uma medida profilática; a guerra contra os russos era puramente preventiva. Quanto aos campos, agora ele gostaria de ter chamado de "campos de educação", pois o nome não teria provocado as mesmas reações desfavoráveis. Ansioso por se defender, o Reichsführer ficou magoado com a má publicidade e a "propagando de ódio" que se seguiram à descoberta de Bergen-Belsen e de Buchenwald. Masur perguntou sobre as medidas práticas para mudar as coisas e conseguiu que concordasse — depois de uma breve discussão em particular com Schellenberg e com seu ajudante Brandt — em libertar mil mulheres judias aprisionadas em Ravensbrück. Elas deveriam, insistiu Himmler, ser definidas como "polonesas". Depois de duas horas e meia, a conversação foi interrompida. Masur sentiu-se chocado com a calma de Himmler, seu cinismo em relação ao destino dos alemães ("a melhor parte deles será destruída conosco; o que acontecer com o resto é imaterial") e sua falta de paixão pessoal (ao contrário de Hitler) em relação aos judeus.

Mais tarde naquela manhã, Masur voltou de carro cruzando os devastados subúrbios até o aeroporto de Tempelhof. Passou por incontáveis carretas de refugiados alemães, carregadas com suas posses, fugindo do front e dos caças, e longas colunas de prisioneiros vindos de campo de Oranienburg, nas imediações, marchavam para o norte. E havia a própria Berlim — "um campo de ruínas de dimensões inacreditáveis" —, a fachada de casas bombardeadas assomando sobre ruas desertas. No aeroporto, ele partiu sob o trovejar da artilharia soviética, um guarda de honra da ss e um "Heil Hitler", e aterrissou duas horas depois em Copenhague, a salvo. "Foi uma sensação maravilhosa estar outra vez numa cidade onde não havia casas destruídas e as pessoas estavam calmas e bem vestidas." Cerca de 7500 mulheres de Ravensbrück acabaram chegando à Suécia, trazidas em caminhões através da Dinamarca.[58]

Essas tiveram sorte. No campo de Ravensbrück, local de experimentos médicos, esterilização forçada e indizíveis atos de sadismo, mortes sistemáticas com gás e outras matanças vinham acontecendo havia vários meses: apenas 40 mil das cerca de 130 mil mulheres aprisionadas sobreviveram. As executadas incluíam integrantes da soe (Direção de Operações Especiais) britânica e da resistência polonesa: não era um campo específico para judeus. Um importante centro de trabalho para a indústria armamentista lá perto (a Siemens era um dos principais empregadores) ficou seriamente superpovoado no início de 1945 com as chegadas de Auschwitz e outros campos do Leste. Para a maioria das internas, a intervenção de Masur e da Cruz Vermelha da Suécia veio tarde demais. Até mesmo bebês e mulheres grávidas foram mortos nas câmaras de gás — mais de 2 mil em abril — e depois da partida do último transporte 15 mil sobreviventes foram obrigadas a marchar para os arredores, sendo fuziladas por guardas da ss quando não conseguiam mais andar. Somente poucos milhares de prisioneiros doentes ou moribundos, na maioria mulheres, ainda estavam lá quando o Exército Vermelho libertou o campo, uma semana mais tarde.[59]

O ACOBERTAMENTO: FIM DE JOGO

Quando os relatórios sobre os primeiros massacres nos territórios ocupados do Leste chegaram à Alemanha, em 1941, o regime nazista, como vimos, tinha sido obrigado a reconhecer a inquietação da população. Assim, ao mesmo tempo em que intensificava seus esforços de propaganda, culpando os judeus por seu próprio destino, também aumentou o segredo em torno das operações, em especial quanto ao envolvimento de especialistas em extermínio em câmaras de gás. Desde o inverno de 1941-2, os campos de extermínio da Operação Reinhard, em particular, foram construídos numa atmosfera de máximo sigilo. Quando o oficial da ss Max Täubner foi julgado — um episódio extremamente inusitado — por um tribunal da ss em Munique, ele não estava sendo punido pelo assassinato não autorizado de milhares de pessoas, mas por ter alardeado o fato, vangloriando-se de ter seguido para o Leste para "se livrar de pelo menos 20 mil judeus" e por seu hábito de exibir com orgulho sua macabra coleção de fotografias. Em sua defesa, Täubner recorreu à existência de uma ordem do Führer para matar judeus. Mas foi lembrado de que o extermínio era um segredo de Estado e sentenciado a dez anos de prisão, expulsão da ss e privação de seus direitos civis por um comportamento "indigno de um alemão honrado e decente". O veredicto de culpa contra ele cumpria duas funções: ao deixar bem claro que era permitido matar judeus "por motivos puramente políticos", em oposição a motivos "egoístas, sádicos ou sexuais", demonstrava ainda uma vez a inexistência de obstáculos legais ao extermínio em massa. Ao mesmo tempo, reafirmava o caráter altamente secreto da Solução Final e o dever dos envolvidos de não falar sobre o assunto.[60]

Mesmo antes do caso Täubner, pelo qual teve grande interesse, Himmler já se preocupava com o sigilo. Quando as primeiras denúncias de assassinatos em massa apareceram na imprensa aliada, no outono e no inverno de 1942, ele ordenou ao chefe da Gestapo, Heinrich Müller, que garantisse que todos os corpos fossem queimados ou enterrados. Ao contrário dos romenos, que se limitaram a abandonar os corpos ao longo das estradas ou a jogá-los na correnteza do rio Bug nas matanças de 1941, os alemães enterravam seus cadáveres em valas comuns. Mas o degelo da primavera revelou cadáveres flutuando em grandes charcos no campo de extermínio de Chełmno, exalando um odor tão terrível que houve reclamações dos vilarejos vizinhos. Ameaças à saúde e aos suprimentos de água potável dos habitantes locais também foram relatadas em torno dos campos de morte de Reinhard. No outono, o governador militar alemão nos arredores de Treblinka relatou a seus superiores que "os judeus de Treblinka não foram cobertos adequadamente com terra. Por causa disso, o ar está saturado com um terrível fedor de cadáveres". Com a rápida aceleração da Solução Final, aumentava a pressão para encontrar uma resposta.[61]

O Standartenführer Paul Blobel, que tinha servido na Primeira Guerra como engenheiro militar e mais recentemente fora o responsável pelo esquadrão da morte da ss que organizou o massacre de Babi Yar nos arredores de Kiev, foi o homem que Himmler escolheu para o trabalho. Partindo de Auschwitz e Chełmno, Blobel ordenou que as enormes valas comuns fossem abertas e seus restos queimados, fosse em crematórios especiais, fosse em grandes fogueiras. Instruções semelhantes foram emitidas por ele para Bełżec, Sobibor e Treblinka, e seus subordinados visitaram os campos para se certificar de que a queima de centenas de milhares de corpos era levada a cabo de acordo com as instruções.

Em 1943, eles também passaram a se dedicar a essa mesma tarefa em dezenas de locais de morticínio mais dispersos na antiga União Soviética. Pequenas unidades de funcionários de sua Operação 1005, um grupo de homens da SiPo/sd que juraram guardar segredo, visitaram aqueles locais e usaram grupos de prisioneiros judeus para o trabalho físico de desenterrar e queimar os corpos. Em agosto de 1943, dois anos após sua última visita, Blobel voltou à ravina de Babi Yar. Àquela altura, os cadáveres de suas vítimas judaicas — mais de 30 mil — jaziam sob novas camadas de prisioneiros de guerra soviéticos, partisans e civis executados. Os prisioneiros eram normalmente judeus executados depois da conclusão de sua tarefa, muitas vezes queimados nas mesmas piras em que estavam trabalhando. Em pelo menos um caso foram transportados para o trabalho numa caminhonete equipada com sistema de gás na qual depois foram mortos. No inverno de 1943-4, os homens de Blobel já tinham também atravessado os campos de extermínio do mar Báltico e da Bielorrússia. Embora tenham queimado grandes quantidades de cadáveres, a velocidade do avanço do Exército Vermelho apanhou-os de surpresa. Na Estônia, tropas soviéticas encontraram as fogueiras ainda ardendo quando chegaram.

Limitada aos dois últimos anos da guerra, e mais preocupada com o Governo-Geral e com os territórios ocupados do Leste, a Operação 1005 não conseguiu destruir todas as provas. Era uma tarefa impossível. Os campos de extermínio de Reinhard tinham sido completamente arrasados em 1943; apenas resquícios sobreviveram para que arqueólogos e legistas no fim do século xx conseguissem encontrá-los. Depois da propaganda soviética a respeito dos terríveis achados na liberação de Lublin-Majdanek, no verão de 1944, Himmler tentou acelerar a eliminação das valas comuns. Campos foram fechados, e seus internos eram forçados a marchar a pé para longe da frente ou acabavam fuzilados. Mas a escala do genocídio tinha sido muito vasta, e o avanço do Exército Vermelho foi rápido demais para permitir um completo encobrimento. No final de 1944, Himmler ordenou que as câmaras de gás e os crematórios em Auschwitz-Birkenau fossem demolidos. Os prisioneiros receberam ordens de dinamitar os muros, espalhar os restos de cinzas humanas no Vístula, arrasar os velhos crematórios e plantar árvores sobre eles. Mas era muito pouco, e tarde demais. Os próprios prisioneiros estavam determinados a assegurar que as provas do crime fossem preservadas. Tal como se deu, quando os russos chegaram a Auschwitz, no fim de janeiro de 1945, encontraram prisioneiros doentes, construções e documentos. Cadáveres congelados jaziam na neve ou amontoados no interior dos barracões. Os armazéns do campo continham montanhas de malas, sacos de cabelos, mantos de orações e outros restos do milhão de vítimas do campo.

À medida que as fronteiras da Grande Alemanha encolhiam e o Exército Vermelho se aproximava cada vez mais de Berlim, chegou a reversão final na política alemã. Desde o início, o objetivo primordial tinha sido livrar a Alemanha dos judeus, por qualquer meio. Agora, no entanto, com a evacuação de campo após campo, os prisioneiros — ao menos aqueles capazes de sobreviver a longas viagens em vagões para animais sem aquecimento ou às marchas a pé no frio congelante — eram mandados para a Alemanha. As ordens da ss eram: nenhum poderia cair vivo nas mãos dos inimigos. Os prisioneiros doentes deviam ser fuzilados, e os campos, desmantelados ou explodidos antes de ser abandonados. O próprio Eichmann parece ter incentivado os comandantes dos campos a matar o maior número possível de judeus. Na primavera de 1945, a política de "extermínio de prisioneiros em massa" parece ter sido mais amplamente discutida. A Alemanha tornava-se o centro dos assassinatos. Os condenados às marchas da morte vagavam sem destino pelas cidades da zona rural, enquanto trens cheios de cadáveres congelados eram abandonados nas estações. Nas semanas finais antes da libertação, um número surpreendente de pessoas — entre 35 mil e 40 mil — morreu de doenças e fome só em Bergen-Belsen. Calcula-se que dos 600 mil prisioneiros libertados dos campos pelos Aliados em 1945, cerca de 100 mil eram judeus; entre 80 mil e 100 mil morreram nos poucos meses anteriores.[62]

A Solução Final foi engendrada pela ideologia nazista e pela disposição pessoal de Hitler. No entanto, o que aconteceu com os judeus da Europa foi gerado pelas circunstâncias da guerra e variou de acordo com seu destino. A despeito da rejeição da maioria dos países em aceitar judeus refugiados, a emigração forçada — a política vigente até o início de 1941 — reduziu drasticamente a população judaica na Alemanha, mas isso deixou de ser politicamente factível quando os alemães conquistaram a Polônia, ficando com uma população judaica muito maior nas mãos. Do modo como Himmler descreveu a Masur, os alemães tinham de algum modo tropeçado nos grandes centros do judaísmo no Leste Europeu, e parecia que, independentemente dos memorandos escritos pelos especialistas, os dirigentes do Terceiro Reich pouco tinham se dedicado a pensar no problema de antemão.

Só com a invasão da União Soviética surgiu uma política realmente nova contra o pano de fundo dos planos cada vez mais ambiciosos para solucionar os problemas étnicos da Europa por meio da movimentação forçada de populações em grande escala. A "guerra de aniquilação" contra o judaísmo-bolchevismo decretou o genocídio dos judeus que viviam no interior das fronteiras da União Soviética de 1941. Isso forneceu um precedente criminoso para o tratamento dos judeus dentro do Grande Reich alemão, que por sua vez foram transportados para os campos de extermínio do Leste. Pensando agora na Europa como um todo, Hitler anteviu a extinção da vida judaica no continente pela primeira vez. De início não havia um prazo definido em mente, mas as coisas mudaram rapidamente à medida que os novos campos de extermínio da Operação Reinhard demonstraram que a maior parte da população judaica da Europa poderia ser exterminada no prazo de um ano. Contando com o grande campo de Auschwitz em vez dos campos muito menores de Reinhard, no verão de 1942 Hitler e Himmler decidiram matar os judeus da Europa o mais rápido possível, ao mesmo tempo em que exploravam a mão de obra dos que pudessem trabalhar. Mas os desafios diplomáticos e logísticos de uma política coordenada de assassinato em massa em escala continental já eram imensos, e se tornaram mais difíceis com o tempo, à medida que se deteriorava a posição da Alemanha na guerra. Aproximadamente 1,1 milhão de judeus foram mortos em 1941 no Leste (mais de dez vezes o número do ano anterior) e, com o extermínio dos judeus poloneses no ano seguinte, o número de mortos subiu para 2,7 milhões. Quantitativamente, esses dois anos representaram o ponto culminante do genocídio. O número de vítimas caiu para 500 mil em 1943 e para 600 mil em 1944. Ainda eram números enormes, refletindo a destruição de veneráveis comunidades judaicas europeias. Mas, do ponto de vista dos nazistas, também refletiam uma resistência crescente a uma política que eles julgavam que uniria todo o continente à sua volta.[63]

As atitudes em relação aos judeus sem dúvida afetaram as oportunidades de vida dos que fugiam da matança. Poucas coisas são mais tristes em toda essa amarga história que os relatos de mulheres e crianças judias saindo das florestas polonesas para se entregar em postos da força policial pedindo que fossem mortas a tiros. A certeza que tinham de que estariam condenadas se confiassem nos cristãos locais é arrepiante. Em qualquer outra parte — nas áreas rurais italianas, francesas ou gregas, por exemplo — as atitudes foram muito diferentes, permitindo que um número muito maior se escondesse. Mas a visão mostrada aqui sugere que, se passarmos ao nível internacional e nos indagarmos o que afetava a política que se seguiu, o que contava não eram tanto as atitudes em relação aos judeus em si mesmas, mas onde a Questão Judaica se encaixava nos objetivos da guerra e nas relações públicas entre a Alemanha e seus aliados. Se quisermos compreender a dimensão e a intensidade dessas deportações, é fundamental uma análise do momento e da política envolvidos.

Vichy ofereceu o caso clássico: Laval e seu chefe de polícia René Bousquet, por exemplo, eram menos antissemitas que Pétain e Xavier Vallat, mas foram os verdadeiramente responsáveis pelo envio de judeus franceses para o Leste. Enquanto parecia que a Alemanha estava vencendo a guerra, era mais fácil para Berlim obter a cooperação vital de forças policiais locais, de autoridades ferroviárias e outras. Mas, quando ficou claro que os judeus não estavam sendo deportados para trabalhar e os Aliados denunciaram a política alemã, os alemães passaram a ter mais dificuldades para fazer o que queriam. A opinião pública se mostrava mais chocada à medida que se tornava ciente. E para as elites a deportação de judeus levantava questões de soberania para as quais os alemães não tinham se mostrado sensíveis no passado. Recusar-se a ajudar foi uma maneira relativamente sincera que tiveram os húngaros, os italianos e outros de sinalizar seu desejo de escapar da aliança com Berlim, assim como sua ajuda havia sido a marca de sua lealdade anterior. O fato de que a maioria dos políticos implicados fosse antissemita, com expectativas exageradas em relação à influência judaica sobre a política aliada, tornava-os ainda mais interessados em se distanciar de Himmler e de seus homens. É por isso que a Solução Final foi mais bem-sucedida em 1941-2 e encontrou resistências mais duras depois. O desejo de aniquilação de Adolf Hitler seguiu impávido, mas os custos disso aumentaram muito.

E há um último aspecto a se considerar: na medida em que a Solução Final da Questão Judaica surgiu de planos ainda mais ambiciosos dos nazistas para uma reorganização racial de grande parte do Leste Europeu — planos nunca bem definidos e sempre alterados —, os limites da matança jamais ficaram claros. Na Alemanha, a sensibilidade quanto a essa questão podia ser percebida nos longos debates travados entre advogados e funcionários públicos sobre quem tinha direito de estar isento de deportação. Os judeus sem dúvida ocuparam um lugar especial na demonologia política do Terceiro Reich. Mas havia inquietantes indícios de que eles constituíam apenas um dos alvos étnicos do regime — embora o mais urgente. Outros já haviam sido abordados na matança de deficientes mentais e físicos, essas "vidas indignas de ser vividas". E durante a guerra foram emitidas instruções para que os ciganos fossem tratados "como judeus" em muitas áreas da Europa ocupada. Na verdade, vários foram assassinados, porque havia muito existiam políticas que visavam os ciganos, não apenas na Alemanha mas também na Hungria, na Romênia e na Eslováquia: em Auschwitz foi montado um "campo cigano" em separado. Nos Estados bálticos, tanto os locais como a polícia alemã registraram e reuniram os ciganos, matando muitos deles e enviando outros para campos de trabalho. Mas a política para os ciganos foi menos coerente, e eles claramente não eram tão prioritários para Hitler. Por outro lado, o ministro da Justiça, Thierack, ordenou em setembro de 1942 que "os ciganos [sob custódia policial] devem ser exterminados incondicionalmente". É possível que 250 mil ciganos tenham sido mortos, talvez mais, muitos em câmaras de gás em Bełżec e Auschwitz.[64]

Havia também indicações de que a ss pretendia se voltar contra alguns eslavos quando tivesse dado cabo dos judeus. Heydrich tinha previsto o exílio para a Sibéria dos milhões de tchecos que não pudessem ser assimilados. Isso claramente significava a morte de todos. Os mais eminentes cientistas raciais da Alemanha já discutiam "o extermínio do povo russo", e a brutalidade das expulsões de Globocnik em Zamość despertou um agouro sinistro no campo polonês: circulavam amplamente rumores de que, assim que os judeus tivessem sido mortos com gás, os poloneses seriam os próximos. O comandante territorial do Governo-Geral advertiu que um dos principais catalisadores da resistência na Polônia foi o fato de os poloneses terem percebido "uma imagem atroz de seu próprio destino" naquilo que se fizera com os judeus. O chefe sanitário de Varsóvia, Wilhelm Hagen, chegou a perder o emprego quando enviou uma carta a Hitler protestando contra os planos de tratar entre 70 mil e 200 mil poloneses destinados ao reassentamento — velhos e crianças — "da mesma forma como os judeus". Se isso era o que pensava um membro de escalão intermediário da administração alemã, não surpreende que muitos poloneses pensassem o mesmo.[65]

E nem tudo era fantasia. Como vimos, as iniciativas genocidas de Globocnik foram antes impelidas pelo desejo de extinguir tanto a vida judaica como a polonesa na região, e ele realmente enviou muitas famílias polonesas para campos de extermínio, selecionando — tal como fizera com os judeus — os que eram e os que não eram aptos para o trabalho. Nesse sentido, o destino dos judeus — tão intimamente ligado à visão política de Hitler — talvez sinalizasse horizontes ainda mais amplos de aniquilação pela frente no caso de uma vitória dos nazistas.

20. Procurando abrigo no gueto, em Kovno, 1941.

21. Ciganos deportados da Alemanha são detidos em campo de Bełzec, em 1940.

22. Marechal Antonescu e sua mulher, em 1942.

23. Mussolini e Hitler inspecionam as tropas italianas na Ucrânia, em 28 de agosto de 1941.

24. Removendo a águia real da Iugoslávia dos capacetes militares, na Croácia, em maio de 1941.

25. Pintando o "U" da Ustaše, em 1941.

26. Tropas alemãs incendeiam vilarejo servo, em 1941.

27. Comissários da brigada partisan Molotov, na Bielorrússia, em 1942.

28. Judeus capturados durante o levante do gueto de Varsóvia, em abril e maio de 1943.

29. Cadáveres são retirados do trem da morte de Jassy sob a supervisão de um policial romeno, em 1º de julho de 1941.

30. Judeus húngaros deportados são conduzidos por Kamenets-Podolsky até o local de execução, na Ucrânia, em 27 de agosto de 1941.

31. Funcionários de Auschwitz num fim de semana de folga, em 1941.

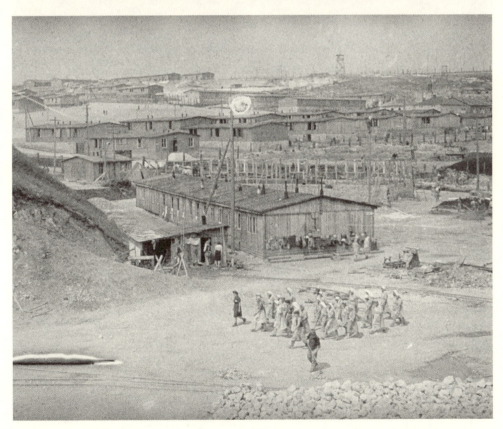

32. Trabalhadores forçados no campo de concentração de Plaszow, em 1943-4.

33. Sobreviventes no dia da libertação de Dachau, 30 de abril de 1945.

34. Tropas soviéticas entram em Budapeste, janeiro-fevereiro de 1945.

35. Danzig, 1945.

36. Mulher acusada de ter dormido com um alemão tem sua cabeça raspada: detalhe para o retrato de Hitler à esquerda, na França, em 1944.

37. A elite do nazismo sob custódia, em Mondorf-les-Bains, meados de 1945. Goering é a figura central. Ribbentrop está na primeira fileira, à esquerda, logo atrás de Lammers, que aparece sentado; Walter Funk está de pé a seu lado. Robert Ley está olhando para o lado, à direita; Alfred Rosenberg aparece atrás de seu ombro direito, e Frick, do esquerdo. Em meio a diversos outros militares, membros do partido e burocratas, é possível localizar também Von Krosigk, Dönitz, Frank, Jodl e Keitel.

13. A colaboração

*Vivemos hoje nesta situação aterradora — o destino da França já não de-
pende mais dos franceses.*

Marc Bloch, *Strange Defeat: A Statement of Evidence
Written in 1940* (1968), p. 174*

Integrantes da única das grandes potências a cair sob o domínio germânico,
os franceses sempre foram um caso especial — no sentido da extensão de suas
esperanças e ilusões, de seus recursos e da liberdade que os alemães lhes deram
para provar que eram parceiros confiáveis. Para o marechal Pétain, a colaboração era a única forma de preservar a posição da França como grande potência imperial. A escala dessa ambição era muito distinta da dos eslovenos, dos
croatas e dos políticos bálticos que desejavam apenas a independência, e contribuiu em grande parte para um relacionamento muito mais tenso com Berlim.
Pois a colaboração dependia não apenas do desejo de cooperar, mas também de
ter uma oportunidade para fazer isso, e foi o povo alemão que teve de fazer a
proposta.[1]

* *A estranha derrota*. Trad. de Eliana Aguiar. Rio de Janeiro: Zahar, 2011. (N. E.)

Internamente, a derrota da França produziu uma repentina transformação política. Pétain caracterizou seu regime como uma ruptura drástica com o passado parlamentar francês e prometeu uma revolução autoritária. Mas na verdade fortes correntes de continuidade com a Terceira República também corriam abaixo da superfície. Não era tanto o fato de Pétain ter sido eleito por sua última assembleia: ele não gostava de chamar atenção sobre isso, e sua decisão de levar a julgamento destacadas figuras dos governos anteriores à guerra não pretendia apenas estabelecer a culpa pela derrota de uma forma mais geral, mas demonstrar a falência da velha ordem. (O próprio julgamento — em Riom, em 1942 — tornou-se um constrangimento e teve de terminar rapidamente.) Muito mais importante foi a continuidade oculta garantida pelos prefeitos, gendarmes, ministérios e governadores. Embora tenha expurgado alguns de seus funcionários, Vichy dependia muito dos que ficaram; na verdade, a ocupação lhes deu mais poder do que tinham antes, pois tanto os alemães como Pétain necessitavam de burocratas, ao mesmo tempo em que podiam dispensar os políticos e seus partidos. A colaboração, em suma, foi uma aposta na mudança que falhou, mas foi também uma história viabilizada pela continuidade de um forte sentimento de tradição nacional e *esprit de corps* administrativo que levaram da Terceira República a Vichy e desta à Quarta e à Quinta.

A ideia de colaboração convida a pensar na relação da França com os alemães. Mas isso só levanta a questão de quem representava a França. Pois os conflitos entre as diferentes agências alemãs em Paris — por mais intensos que fossem — empalideciam em comparação com a desunião na própria França. Se o país não estivesse tão amargamente dividido na época da invasão, a ocupação teria seguido um rumo muito diferente, como mostra o exemplo da Noruega. Na verdade, muitos integrantes da direita francesa saudaram o colapso da democracia parlamentar e viram a ocupação como a oportunidade de acertar contas de décadas com a esquerda — do tempo do caso Dreyfus e talvez mesmo da Revolução. Mas só em relação à Frente Popular é que se tratava de um grupo organizado em algum sentido. Alguns oponentes da Terceira República admiravam e adoravam os ocupantes, enquanto outros os odiavam. Muitos apoiavam Pétain, pelo menos por algum tempo, mas havia os que o detestavam e esperavam que os alemães o eliminassem em favor de uma alternativa mais radical de extrema direita. A história do colaboracionismo parece mais uma complicada briga de família que a guerra de conquista da Alemanha expôs e tornou muito pior, e explica por que a ocupação representava tamanha ameaça à unidade nacional e continua a ser assunto tão sensível até hoje.[2]

NO CAMINHO DA COLABORAÇÃO

"Está prevista uma colaboração entre nossos países. Eu aceitei esse princípio." Com estas palavras, o marechal Philippe Pétain, 84 anos, herói da batalha de Verdun, saiu de seu encontro com Hitler em Montoire em outubro de 1940 e anunciou a disposição de seu governo de trabalhar com Berlim. Alguns franceses ficaram consternados. "O único direito que nos resta é comentar sobre as mensagens e exaltar a sabedoria de um marechal da última guerra que dificilmente conseguiria contar suas condecorações, um velho pensionista do Exército que repete as palavras sussurradas por seu ponto", escreveu Jean Guéhenno depois da ascensão de Pétain, em julho. Tratava-se, no entanto, de uma posição minoritária. Charles Maurras, o velho líder da direita francesa antirrepublicana e influência ideológica fundamental tanto sobre Pétain como para muitos da ultradireita que viriam a criticá-lo mais tarde, deu vivas à "obra-prima do marechal". Escrevendo no *L'Action Française* depois de Montoire, ele prosseguiu:

"Você é a favor do que o marechal chama de 'colaboração'?"
"Não cabe a mim ser a favor dela."
"Você é contra."
"Não."
"É neutro?"
"Não."
"Então a admite?"
"Não cabe a mim admitir, menos ainda debater."

Para Maurras, contava menos o que Pétain dizia do que o fato de ele inaugurar uma nova era na história da França. O "regime de discussão" era superior; o império da obediência, disciplina e autoridade tinha começado.[3]

Havia na Europa algum outro país mais acentuadamente polarizado em 1940 que a França? A despeito de todas as suas diferenças, Guéhenno e Maurras concordavam em que a derrota representava não só a vitória dos alemães sobre os franceses, mas o triunfo da direita sobre a Frente Popular e a Terceira República. E concordavam em mais que isso, pois ambos compreendiam — um com desalento, outro com satisfação — que aquela mudança no poder era aceita pela massa de cidadãos e cidadãs comuns da França. Que aquilo ocorresse sob o choque da ocupação alemã não agradava a nenhum deles — eram, ambos, instintivamente antialemães. Mas, para muitos da direita, naqueles primeiros dias e meses o domínio germânico era o preço a pagar pela restauração da grandeza da França.

A colaboração, desse modo, envolvia um malabarismo muito complicado. Para conservadores como Pétain, foi uma forma de impor uma revolução nacional autoritária e efetivar uma grande transformação na vida francesa. Mas era também um esforço para preservar a autonomia e a soberania francesas ante o esmagador poderio alemão. O nacional-socialismo facilitou a volta da direita ao poder na França (foi por isso que Laval, por exemplo, anunciou em junho de 1942 que torcia pela vitória alemã), mas uma dominação nazista integral não teria deixado espaço para nenhum tipo de colaboração. Os políticos de Vichy eram franceses nacionalistas, apostando que o nacional-socialismo alemão estava disposto a confiar neles o suficiente para lhes conceder o poder que desejavam.

De início, muitos acreditaram que a aposta valia a pena pelo bem da estabilidade do país. Em menos de dois anos, Pétain se veria sob ataque de todos os lados, acusado pelos gaullistas de ter se vendido aos alemães e de "gaullismo" pela linha dura fascista. Mas, naquele traumático verão de 1940, tudo isso ainda estava por vir, e ele parecia encarnar a unidade. Derrotado e aturdido, marcado pelo caos, pela criminalidade e pela rápida desintegração social que milhões vivenciaram durante o assustado êxodo ante o avanço dos alemães, o país acolheu a reconfortante figura do marechal que tinha posto fim aos combates e restabelecido a tranquilidade. Teve início um culto à personalidade, e o vestíbulo do Hôtél du Parc em Vichy se encheu de presentes; centenas de cidades e aldeias deram seu nome a ruas e praças. Foi uma adulação que Pétain nada fez para dissipar. Sem regras claras, sem partidos nem Constituição, nada encarnava a Nova Ordem na França de modo mais tangível que sua própria pessoa.

Quando Pétain enterrou a Terceira República, havia poucos para pranteá--la. Só mais tarde a questão política e ética central passou a ser a escolha entre colaboração e resistência. Em 1940, a questão era muito mais que tipo de colaboração seria melhor para assegurar o futuro do país. Os católicos que preferiam um Estado "orgânico" tinham pouco em comum com os arruaceiros racistas que queriam acabar com a Igreja. Empresários pró-fascistas que esperavam reprimir os sindicatos marxistas perguntavam se poderiam confiar em antigos socialistas com uma retórica anticapitalista que defendiam uma sociedade racialmente purificada de iguais que investiria pesado em habitação e assistência social. Ao pender para a direita, a Europa também revelava as múltiplas faces que compunham esse lado do tabuleiro.

Como Tiso na Eslováquia, Franco na Espanha, Horthy na Hungria ou Salazar em Portugal, Pétain foi sobretudo um direitista que contemplava o passado, representante de uma ordem conservadora mais antiga, um revolucionário a despeito de si mesmo. Ele não gostava do termo "revolução" — tinha todas as conotações erradas — e preferia falar em "renovação". Não se interessava por partidos políticos e se recusou a fundar um novo. O que ele queria era expurgar a França dos judeus, dos comunistas e da maçonaria, proteger a sociedade contra os criadores de caso e retomar os supostos valores da França camponesa: obediência, paternalismo e trabalho árduo. O culto à maternidade e o conservadorismo sexual de antes da guerra se fortaleceram com novas leis contra os defensores do aborto e da homossexualidade. Os empresários aprovaram a abolição dos sindicatos independentes. Embora os sindicatos de empregadores também tenham sido dissolvidos por Vichy, o equilíbrio de poder decididamente pendia a seu favor, como ocorrera com os regimes fascistas na Itália e na Alemanha. Destacadas figuras locais e a Igreja saudaram a ênfase que o regime dava à autoridade. Ao mesmo tempo, Vichy também tinha seus modernizadores — uma turma de jovens tecnocratas e administradores recém-saídos das escolas de administração da elite da França que planejava uma revisão geral da infraestrutura industrial e institucional do país sem a intromissão de partidos políticos ou organizações de trabalhadores.[4]

Assim era Vichy, o pequeno balneário subitamente transformado em centro da Nova Ordem na França. A capital do país, ao contrário, se tornou o centro de uma certa oposição. Embora já não fosse a sede do governo, Paris continuava sendo o centro efervescente da política francesa e em especial de alguns dos mais violentos críticos de Pétain. Ali, perto dos alemães em mais de um sentido, estavam os ultras franceses — todos aqueles para os quais Pétain era demasiado conservador, demasiado tímido ou insuficientemente *político*. Essa era a base do Parti Populaire Français, um partido de direita de antes da guerra liderado por Jacques Doriot, um ex-comunista e metalúrgico que passou parte da guerra na frente oriental comandando uma unidade de voluntários franceses. Mais professoral, Marcel Déat também estava lá, na esperança de criar um partido único fascista pró-alemão capaz de tirar Pétain do poder. Quando Pétain inesperadamente destituiu seu segundo homem, o ardiloso Pierre Laval, por temer que estivesse conspirando contra ele, Déat foi o homem com quem Laval terminou. Para apoiá-los financeira e ideologicamente, havia o embaixador alemão em Paris, Otto Abetz, antigo professor de artes e ardente francófilo desde os anos 1920. (Abetz era casado com uma francesa e tinha saqueado tantas obras de arte dos judeus nos primeiros meses da ocupação que fora promovido a embaixador.) O "rei Otto", como era conhecido pelas suntuosas festas que organizava na embaixada, achava que Pétain era antiquado demais, isolado e elitista, e apoiava Déat e Laval por desejar que a colaboração fosse genuinamente popular e dinâmica. Como os funcionários nazistas estacionados na Holanda, na Eslovênia e em toda parte, ele acreditava que a criação de um novo partido poderia ajudar a solidificar um sentimento pró-alemão (afinal, tinha sido determinante para a revolução na própria Alemanha nazista), e assim nasceu o Rassemblement National Populaire (RNP).

Déat detestava Pétain porque achava que ele fazia a França retroceder e desperdiçava a oportunidade para o *autêntico* renascimento nacional que haveria de restaurar sua antiga glória. Podia estar certo, mas estava muito enganado ao imaginar que por causa disso *ele* teria o apoio dos alemães: não havia nada que Hitler quisesse menos que um ressurgimento da França, e Otto Abetz era considerado em Berlim uma espécie de peso leve, e não, de fato, o árbitro da política no país. A colaboração, comentou Goering com desprezo, era algo que o "sr. Abetz" fazia, mas o assunto da verdadeira administração da França não tinha nenhuma relação com o tipo de atividade política que ele exercia. Para Goering, a prioridade era roubar a produção do país. Para Hitler e para os comandantes militares da Wehrmacht, era a ordem pública e não a convergência ideológica. A França não foi o único lugar em que os alemães preferiram apoiar conservadores confiáveis a apoiar radicais obstinados e fantasiosos sem base real de poder. A verdadeira importância dos ultras era a ameaça que representavam: o RNP era uma espada que os alemães podiam manter sobre a cabeça de Pétain.

Pétain era independente e cauteloso demais para que Hitler confiasse nele. O *maréchal* pode ter sentido que só uma vitória alemã lhe permitiria realizar com êxito sua Revolução Nacional, mas não via razão alguma para apressar a entrada na guerra ao lado da Alemanha. Não mudou de ideia nem mesmo quando os britânicos — desesperados para limitar o poderio naval do Eixo — afundaram a frota francesa no porto argelino de Mers-el-Kebir em julho de 1940, matando 1300 marinheiros, o que provocou uma onda de indignação antibritânica entre seus seguidores. A entrada na guerra era o compromisso que Adolf Hitler tinha a esperança de extrair dele em sua reunião de Montoire, em outubro, mas saiu de lá desapontado. Outra guerra como a de 1914-8, achava Pétain, custaria caro demais ao país, opinião que manteve até o amargo fim. Vichy faria o que fosse necessário para defender suas possessões coloniais contra os ataques dos britânicos e o fez ativamente em 1940-1, chegando a bombardear Gibraltar. No entanto, manteve sua neutralidade *de facto* como a opção mais prudente, e sua capacidade de manter o país em paz foi uma das fontes da popularidade doméstica do regime, em especial na zona não ocupada.

Nem mesmo os fortes sentimentos antibritânicos do almirante Darlan, que se tornou o vice de Pétain em 1941, foram suficientes para levar os franceses para o lado alemão, apesar de ele quase ter conseguido em dado momento. Na opinião de Darlan, uma vitória britânica teria o efeito de transformar a França em "um domínio de segunda categoria, uma Irlanda continental". Felizmente, sem dúvida, para os franceses, suas propostas de um Grande Plano, de uma parceria com o Reich que converteria a França no principal poder no Mediterrâneo, foram rejeitadas em Berlim. Os alemães se mostraram tão vorazes com os franceses quanto foram com os espanhóis, e também pouco dispostos a aceitar seus termos para ajuda: assim, ironicamente, foi o Terceiro Reich e sua recusa em "transformar o armistício em colaboração" que salvaram a neutralidade de Vichy. Como resultado, muitos governos aceitaram a legitimidade do regime de Pétain e mantiveram cordiais relações diplomáticas com ele, pelo menos até que os alemães ocupassem o país todo, em novembro de 1942. Vichy rompeu as relações com o Reino Unido depois do episódio de Mers-el-Kebir, mas a Austrália e o Canadá continuaram a reconhecer o regime.

Os Estados Unidos fizeram o mesmo. Em 1940, o embaixador americano, almirante Leahy, ouviu de Roosevelt que Pétain ocupava "uma posição privilegiada no coração do povo francês". Leahy passou dois anos em Vichy procurando evitar que passasse para o lado alemão. Só depois da invasão aliada no norte da África as relações entre as duas potências foram interrompidas por Laval, um passo que Roosevelt lamentou publicamente. Tal como era, o sistema de governo estabelecido por Vichy prosseguiu durante alguns meses sob domínio aliado na Argélia: os campos de concentração no sul do país continuaram em funcionamento, e as leis antijudaicas seguiam em vigor.[5]

Para os alemães, a França neutra ainda poderia servir aos seus interesses; o que realmente importava para eles eram as entregas de bens, do trabalho e a estabilidade tanto no interior da França metropolitana como também em suas possessões no estrangeiro. Com a guerra sendo travada principalmente no Leste, a prioridade militar no que dizia respeito à França era manter ali estacionados um número mínimo de soldados. O tipo de alteração interna que Pétain esperava obter não os ameaçava: ao contrário, desde que se mantivesse razoavelmente popular e leal (e os prisioneiros de guerra em mãos dos alemães ajudavam a garantir a segunda condição), seu desejo de criar um Estado autoritário só poderia facilitar a ocupação. Os alemães, assim, tinham poucos motivos em 1940-1, quando se acreditava que a guerra estava praticamente ganha, para insistir numa maior assistência militar do que a França estava disposta a oferecer. Enquanto os gaullistas reuniam suas forças no estrangeiro, tomando a África Equatorial Francesa no outono de 1940 e ajudando os Aliados a invadir a Síria e o Líbano no verão seguinte, Pétain foi levado a uma posição mais pró-alemã. Não que resistisse muito: ele claramente acreditava na probabilidade de uma vitória alemã muito depois da invasão da União Soviética, e o antibolchevismo que partilhava com Hitler consolidou ainda mais os improváveis vínculos entre ambos.

Mas na verdade os dois países não confiavam um no outro, e cada parceiro organizou uma intensa campanha de espionagem mútua. Os alemães montaram uma grande operação de inteligência contra Vichy, triplicando seu número de espiões ali no primeiro ano de ocupação. Mas o serviço de contraespionagem de Vichy esteve à altura: identificou agentes alemães, prendendo quase 2 mil em dois anos e, de fato, chegando a executar várias dezenas deles. Os espanhóis, como os franceses, mostraram-se muito alertas contra agentes alemães no norte da África. Agentes de Vichy chegaram a fazer acordos com redes continentais de resistência antialemã, o que lhes permitia manter comunicações com Londres quando se comprovou que não alimentavam "sentimentos antifranceses". Animados pelo (que viam como) patriotismo, esses resistentes e muitos dentro de Vichy partilhavam antipatia pelos alemães.[6]

Depois da invasão da União Soviética e da onda de ataques contra militares alemães na França, o malabarismo que sustentava essa colaboração ficou mais complicado, e o regime perdeu apoio. Com o total de vítimas francesas em execuções alemãs subindo de apenas oito em 1940 para 51 nos primeiros nove meses de 1941 e para mais de quinhentos nos seis meses seguintes, a popularidade de Pétain caiu verticalmente. Em 1941, a França ainda seguia a favor da colaboração, observou uma destacada figura que a apoiava, mas no ano seguinte os partidários de Pétain já não podiam se expressar abertamente. "Franceses leais", em suas palavras sombrias, "entraram na noite"; o resto teria de "obedecer pela força".[7] O meio-termo desapareceu e a legitimidade de Pétain diminuiu. Seus rivais em Paris, sentindo (equivocadamente) que o momento estava chegando, começaram a lutar entre si. Numa despedida de voluntários que seguiam para a frente oriental, Déat — aliado de Laval — levou um tiro e quase morreu. O próprio Déat, homem que Léon Blum considerava seu sucessor natural no movimento socialista francês, se tornava impaciente, chegando a considerar uma marcha ao estilo de Mussolini sobre Vichy em março para tomar o poder em favor do fascismo francês.

Os ultras estavam agitados — especialmente quando Heydrich e a ss começaram a voltar sua atenção para a França — e eram muito mais extremistas que Déat. Eugène Deloncle era oficial condecorado da artilharia, um personagem sombrio, instável e violento da periferia do fascismo francês de antes da guerra cuja organização paramilitar e antirrepublicana Cagoule fora apoiada na década de 1930 pelos executivos direitistas da gigante dos cosméticos L'Oréal. Cauteloso, o comandante militar alemão em Paris havia "tolerado", mas não "autorizado", o Mouvement Social Révolutionnaire (MSR), sucessor da Cagoule, cuja bandeira era "a construção de uma nova Europa juntamente com a Alemanha nacional-socialista e todos os outros países europeus libertados do capitalismo liberal, do judaísmo, do bolchevismo e da maçonaria". O MSR — que prezava tanto proclamações quanto as outras agrupações políticas da ocupação — queria regenerar a França "racialmente", para evitar que judeus "contaminassem" o sangue francês, e criar uma economia socialista. Saquear as propriedades dos judeus era um estímulo adicional, como também, apesar do suposto compromisso com o socialismo, o apoio contínuo da L'Oréal. Mas quando Deloncle tentou tomar de Déat o controle sobre o RNP, os dois acabaram enfraquecidos pelo conflito interno.

Os conflitos internos entre as agências alemãs em Paris eram igualmente ferozes. Deloncle também foi apoiado pela SiPo/sp. Equipados com os explosivos que ela lhes fornecia, seus homens tentaram dinamitar sete sinagogas em Paris na noite de 2-3 de outubro de 1941. Seis dos edifícios foram danificados, juntamente com outros ao redor; dois soldados alemães e inúmeros residentes franceses estavam entre os feridos. Quando a polícia militar investigou as explosões, o SD tentou encobrir sua participação, alegando que aquilo não passava de "uma história de judeu", e houve um choque frontal com o comandante militar da Wehrmacht, que logo descobriu a ligação quando um dos assessores de Deloncle, embriagado, alardeou os fatos numa casa noturna de Paris. O general Von Stülpnagel exigiu a retirada dos dois altos oficiais da SS em Paris e impediu que Deloncle fosse se juntar a seus homens na frente oriental. O caso abriu um fosso entre a Wehrmacht e a SS que afinal deu a Heydrich a abertura para tomar o comando do policiamento na França e nomear seu próprio HSSPF na primavera seguinte. Quanto a Deloncle, ele perdeu o controle sobre o MSR, envolveu-se em contatos com agentes secretos aliados e acabou sendo morto numa troca de tiros com a Gestapo em janeiro de 1944. Não foi um fim atípico no torturado mundo do extremismo francês.[8]

No entanto, alguns companheiros seus da Cagoule, mais jovens e mais prudentes, passaram pela guerra com mais êxito: André Bettencourt, que escreveu inúmeros e detestáveis artigos pró-alemães em 1941, terminou como um condecorado herói da resistência. Depois da guerra, entrou por casamento na família L'Oréal, sendo muito útil para limpar o nome sujo da empresa, e virou ministro do governo. Um dos colegas de Bettencourt na Cagoule chegou ainda mais longe. Assim como outros direitistas, François Mitterrand trabalhou para Vichy — no seu caso, ajudando a administrar o departamento que tratava dos prisioneiros de guerra franceses — antes de passar para a resistência quando perdeu a fé em Pétain.[9]

Pétain, Déat, Deloncle — a colaboração abrangia um vasto espectro de possibilidades, muitas das quais refletiam e intensificavam as amargas rivalidades até mesmo entre as várias agências alemãs. Quando alguém observou a Laval que a Alemanha nazista era um Estado autoritário, ele respondeu: "Sim, e com muitas autoridades!". Como em qualquer outra parte, em Paris eles estavam lutando uma guerra dentro da guerra. O comandante militar baseado no Hotel Majestic competia com a SS; a embaixada de Abetz, contra a equipe de propaganda de Goebbels: era uma situação que apresentava inúmeras oportunidades para maquinações francesas e dava à França amplas possibilidades de iniciativa.

As ambiguidades da colaboração se acentuavam ainda mais no domínio das artes, pois aqui os alemães permitiram aos franceses enorme liberdade de movimentos. A Paris ocupada não era apenas um lugar com filas, racionamento e ansiedade, mas também — especialmente nos primeiros anos da guerra — um efervescente centro de publicações, desfiles de moda, estreias de cinema e vernissages. Em razão de sua tolerância, a ocupação alemã pôs em questão a identidade da cultura nacional francesa e desencadeou batalhas ferozes entre conservadores e modernistas sobre a natureza da arte e o poder da censura. Os alemães se transformaram em patronos e protetores de pintores e poetas — desde que não apresentassem "problemas" raciais.

A guerra de Jean Cocteau ilustra muitos desses paradoxos. O renomado surrealista, homossexual e viciado em ópio simbolizava a decadência e a corrupção que Vichy tinha na alça de mira. Os ultras direitistas e racistas de Paris também tinham muitas razões para detestá-lo, por ter assinado uma petição organizada pela Liga Internacional contra o Antissemitismo às vésperas da guerra, e antes disso fora parar nas manchetes por gerenciar as proezas pugilistas de Panama Al Brown, um brilhante peso-galo que foi o primeiro campeão mundial de boxe hispânico. Era de esperar, portanto, que a história da guerra de Cocteau fosse uma trama de resistência modernista contra os filisteus da colaboração. E assim foi em muitos aspectos, pois Cocteau lutou bravamente para resistir a Vichy e a seu coro de brutamontes fascistas parisienses; contudo, no processo acabou encontrando alguns de seus aliados mais incondicionais entre os alemães. Mas o que havia de tão surpreendente nisso? Na mente de Cocteau, os alemães também podiam ser artistas, e só almas mesquinhas seriam incapazes de entender que há coisas muito mais importantes que a nação.

A ocupação e Vichy, em conjunto, impunham enormes desafios para a carreira de qualquer artista francês ambicioso. No fim de agosto de 1941, quando aconteceram as primeiras prisões em massa que enviaram milhares de judeus parisienses ao campo de Drancy, no subúrbio nordeste, Cocteau parecia estar a ponto de entrar em choque com a censura de Vichy. Quando os inspetores culturais proibiram sua nova peça, *A máquina de escrever*, o escritor reagiu como sempre havia feito no passado, procurando padrinhos e proteção. Quem melhor para recorrer contra as autoridades de Vichy que os alemães, especialmente quando seus funcionários em Paris eram tão simpáticos como o escritor Ernst Jünger, um conhecido ícone da direita convertido em crítico do nazismo? E, de fato, por meio de Jünger e de seu colega Gerhard Heller, um apaixonado estudioso da literatura francesa, Cocteau conseguiu suspender a proibição de Vichy. Seus críticos franceses ficaram escandalizados. Quando a produção de outra de suas peças foi autorizada, eles resolveram fazer justiça com as próprias mãos: os fascistas de Deloncle, que acabavam de tentar explodir as sinagogas parisienses, invadiram o teatro e agrediram o elenco.

O conflito com os ultras continuou mesmo depois da repressão aos homens de Deloncle. Quando o ministro da Educação de Vichy recusou uma de suas obras como "inoportuna", Cocteau ofereceu uma leitura privada a seus amigos alemães para ver o que pensavam: eles amaram. Parecia mais fácil, escreveu o editor Gaston Gallimard, se comunicar com "bons alemães" que com "maus franceses". Otto Abetz, o embaixador alemão na França, e sua esposa eram muito mais elogiosos que Céline, o escritor direitista que deixava os alemães atônitos com a virulência de seus ataques aos seus compatriotas. Tendo gostado de suas conversas com Cocteau e visitado Picasso em seu estúdio, Ernst Jünger — que não era um liberal — ficou horrorizado ante o "espanto [de Céline] com o fato de que nós, soldados, não estejamos fuzilando os judeus, que não os enforquemos ou exterminemos, seu espanto ante o fato de que alguém com baionetas se recuse a utilizá-las até o fim".

Céline não foi o único escritor renomado a cultuar o fascismo. O jornalista e crítico Lucien Rebatet publicou uma diatribe violenta e antissemita chamada *Les Décombres* [As ruínas] contra os responsáveis pela queda da França, elogiava a cultura alemã e via um "profundo significado político" no disciplinado estilo da Orquestra de Câmara de Berlim. Na direção da prestigiosa *Nouvelle Revue Française*, o escritor Drieu La Rochelle imprimiu-lhe uma linha antidemocrática e pró-alemã e sonhava com uma "terceira via" europeia fascista, entre os Estados Unidos e a ameaça do bolchevismo. O mesmo fazia Robert Brasillach, outro brilhante e jovem literato extremista, que considerava os franceses "um povo absurdo e medíocre" e insistia em louvar os jovens alemães e criticar os velhos senis que ostentavam cargos em Vichy. Seu fascínio por um belo e jovem professor do Instituto Alemão teve um trágico desfecho quando este foi morto em ação na frente oriental. Visitando a floresta de Katyn como jornalista, ele se recordou do amigo e saudou sua amizade como a expressão de uma Europa rejuvenescida que derrotaria tanto a complacência burguesa como "as forças do Leste". Para Brasillach, Pétain e Vichy tinham chegado a um beco sem saída e, à medida que a colaboração entrava em colapso, passou a confiar exclusivamente nos alemães. A queda de Mussolini o comoveu profundamente e parecia anunciar o fim de seu ideal de uma Europa fascista: "Uma França fascista numa Europa fascista, que belo sonho!". Mas, à diferença de muitos outros ultras, ele se recusou a abandonar suas convicções. Mesmo nos dias sombrios do fim de 1944, quando viu que os ventos sopravam na direção "do templo da paz universal, da irmandade imposta a todas as raças e credos", Brasillach ainda acreditava que o fascismo tinha sido "a verdade mais emocionante do século xx".[10]

Aquela era a perspectiva ultra, mas certamente não a de Cocteau: ele não era um extremista e valorizava mais a sociedade e a sociabilidade que a ideologia. "Eventos me entediam", confidenciou o poeta Valéry a Gerhard Heller por volta dessa época. "Os eventos são a espuma das coisas. É o mar que me interessa." No que dizia respeito à política, os sentimentos de Cocteau eram muito semelhantes. A situação foi ficando sombria à medida que amigos fugiam do país ou passavam à clandestinidade. Alguns escreveram cartas angustiadas antes de ser presos e deportados, e um ou dois se suicidaram. Junto com Picasso, em 1943 Cocteau foi ao enterro do pintor exilado judeu Chaim Soutine, um ato de solidariedade para com um homem que tinha morrido fugindo da Gestapo. Sua vida social, no entanto, mantinha o ritmo frenético. Encantava-se, como tantas outras vezes, com a "beleza prodigiosa" de Paris — os alemães que apareciam para lhe prestar homenagens, os visitantes da zona livre, sempre "estupefatos pela cidade", os restaurantes "que vendem de tudo o que supostamente está proibido"; os caçadores de autógrafos perseguindo estrelas e atores de cinema nas ruas. "Como os alemães devem se espantar com esta primavera", divertia-se ele em maio de 1942. "Essas flores, esses chapéus femininos, esses pequenos carrinhos puxados por equipes de ciclistas, pela incrível graça da resistência do ar! Paris digere tudo e não assimila nada. Um espetáculo de profunda leveza..."[11]

Cocteau mantinha uma ligação particularmente estreita com o escultor favorito de Hitler, Arno Breker, cujos nus monumentais bombásticos — símbolos gigantescos de uma "raça renovada e esplêndida" — foram aclamados no Terceiro Reich. Breker era um francófilo e conhecia a cena artística parisiense desde os anos 1920: foi ele quem, com Albert Speer, passeou ao lado de Adolf Hitler por Paris num amanhecer de junho de 1940, pouco depois da queda da cidade. Em maio de 1942, no mesmo mês em que judeus franceses na zona alemã foram obrigados a usar a estrela amarela, uma exposição patrocinada pelos alemães dedicada ao trabalho de Breker foi aberta no Orangerie. Na ocasião, Cocteau escreveu um afetuoso tributo intitulado "Saudação a Breker", um documento que viria a causar grandes problemas. "Eu o saúdo, Breker", ele escreveu. "Eu o saúdo do alto da pátria dos poetas, uma pátria onde as pátrias não existem, exceto na medida em que cada uma traz consigo o tesouro do trabalho de sua nação." Isso foi recebido com indignada desaprovação, e amigos escreveram para protestar e pedir explicações. Aborrecia a Cocteau que seus críticos não o tivessem compreendido; o que ele valorizava em Breker era a amizade, e foi essa ligação pessoal que o impelira a escrever, não uma intervenção no jogo político da colaboração.

Não é que ele não estivesse consciente da política de Breker, ou de sua estreita relação com Hitler. Durante suas conversas no momento do último domingo de visita à exposição, Breker disse a Cocteau que o que realmente interessava era a vitória no Leste: "Na França temos apenas burocratas que querem demonstrar seu zelo e reforçar o próprio prestígio". A vitória sobre a Rússia, Breker prosseguiu, traria felicidade à França. Os dois amigos falaram sobre Hitler — que supostamente gostava de Breker como de um filho —, da fragilidade de Pétain e da questão dos judeus. "Nenhuma exceção é possível sobre esse tema", Breker advertiu severamente Cocteau, que tinha muitos amigos judeus. "É um duelo de morte." Quanto a Hitler, seus pontos de vista eram mais próximos. Influenciado talvez pelos elogios de Breker ao Führer, Cocteau continuava a ver o líder alemão como um aperfeiçoamento em relação aos velhos parlamentares, uma figura lendária que não devia ser impedida de "completar seu trabalho". Hitler, ele escreveu, era "um poeta para além da compreensão da alma das bestas de carga", e criticou seus próprios compatriotas, na privacidade de seu diário, por tratá-lo com "falta de respeito e absoluta ingratidão".[12]

O próprio Cocteau tinha muito pelo que se sentir grato. Era o patrocínio alemão que o protegia dos extremistas franceses. Não particularmente interessado na política, ele demonstrou com que facilidade um espírito independente podia se dedicar às artes sob a ocupação alemã — na verdade, com sustento alemão. Com a aprovação dos censores, sua carreira no cinema durante a guerra decolou. Quando um artigo que o atacava apareceu numa revista de extrema direita, Cocteau observou que "todos os alemães riram do texto". À parte os ultras, a carreira de Cocteau tinha um lugar para quase todos, até mesmo o *maréchal*, cujo regime o atormentava. Em 1942, ele deu sua contribuição para uma luxuosa obra de idolatria de Vichy, um livro de homenagem póstuma intitulado *De Jeanne D'Arc a Philippe Pétain* [De Joana d'Arc a Philippe Pétain]. Com o subtítulo *Quinhentos anos de história francesa*, o livro suntuosamente ilustrado apareceu no momento certo para a visita do *maréchal* a Paris. A ocupação se aproximava do fim, mas Pétain ainda era popular e recebeu uma calorosa recepção. Como tema de guerra, Joana d'Arc era muito conveniente — dada a ambiguidade de suas associações — para a guerra particular de Cocteau: um símbolo de sentimento antibritânico, especialmente depois do desastre de Mers-el-Kebir. Quando o livro surgiu, em 1944, a própria Joana já tinha passado para o lado gaullista como um exemplo de resistência ao invasor. Cocteau não ficava muito atrás.[13]

Mas o caso dele não foi, de nenhuma forma, atípico. As agências alemãs em Paris praticaram uma diplomacia cultural com enorme energia, e a ambiguidade e a oportunidade caracterizaram o mundo das artes na França durante a guerra. Para os ambiciosos e os indiferentes, foi um tempo para encontrar jornais e editoras. E, embora críticos linha-dura como Lucien Rebatet possam ter visto a ocupação como uma oportunidade para libertar a França do cosmopolitismo judeu e do modernismo decadente, não seria fácil banir o modernismo. Na privacidade de seu estúdio, Picasso continuava pintando, Braque mantinha suas exposições ao público. Vichy insistia em ser antiquada, preferindo encomendar tapeçarias francesas de debulhadoras em meio a paisagens simples. Mas em Paris a "abstração patriótica" — em vermelho, azul e branco — tinha a aprovação tanto dos gaullistas como dos alemães. Depois da guerra, o Museu de Arte Moderna de Manhattan propagou a lenda de que o nazismo havia desalojado o modernismo da Europa, permitindo que Nova York tomasse o lugar de Paris. Mas isso não foi verdade. Alguns artistas fugiram — como Soutine e Krémègne —, esconderam-se ou foram presos, como Fautrier e Matisse. Mas, sob o olhar de surpreendente indiferença das autoridades da ocupação, Paris permaneceu hospitaleira a vários tipos de arte.

Isso foi possível porque durante a guerra a administração alemã do mundo das artes em Paris sempre tentou garantir uma espécie de normalidade em meio à privação, à censura e à propaganda, e forneceu muitos incentivos que levassem os franceses a respeitar o novo regime. Além da proibição de ver obras de artistas judeus e de exilados, havia poucos obstáculos. Picasso não podia expor publicamente a pedido do governo espanhol, mas a proibição não impediu que uma nova editora de artes da época da guerra, Éditions Du Chêne, publicasse uma atraente edição de suas novas naturezas-mortas com gravuras coloridas, numa época em que o papel escasseava em toda a Europa. Em 1943, com quase o dobro de galerias abertas em comparação aos dois anos anteriores, entrar no mundo das artes era possivelmente mais fácil que antes. Editores e livreiros se apressavam em cumprir as novas regras estabelecidas pelos censores alemães a fim de aproveitar o clima favorável. Os franceses estavam mais desesperados que nunca para ler, e as vendas de best-sellers de Simenon e outros batiam recordes.[14]

A diplomacia cultural alemã mirava pintores e escritores conhecidos, promovia palestras e montava exposições. Durante a guerra, o Ministério das Relações Exteriores montou uma rede de institutos culturais em toda a Europa, de Lisboa a Sófia, mas que se mostrou mais ativa na França que em qualquer outro lugar. O embaixador Otto Abetz, cujos esforços na causa da reconciliação franco-alemã remontavam a 1920, recriou seu antigo Cercle France-Allemagne, renomeado Groupe Collaboration, atraindo um círculo de escritores, editores e jornalistas. Não muito diferente do que ocorreu depois de 1945, a reaproximação franco-alemã foi apresentada como um ideal europeu, uma forma de estabelecer a paz no continente como um todo. Abetz via "a ideia de Europa" de modo mais cínico, como algo que poderia ser usurpado pelo Reich sem prejuízo de sua exigência de primazia continental ancorada no nacional-socialismo do povo alemão.[15]

A "propaganda ativa" de Abetz levou a uma série de grandes exposições públicas. A primeira delas, La France Européenne, aberta em Paris no verão de 1941, atraiu ao todo 635 mil visitantes. Outras logo se seguiram — sobre melhorias internas para a economia de mão de obra, sobre os judeus e a França e sobre o perigo do bolchevismo para a Europa. Mesmo perdendo popularidade rapidamente depois de 1942, quando o humor do público se tornou hostil, essas exposições chegaram a atrair somadas mais de 3 milhões de visitantes. Mas também houve muitos outros destaques culturais. Herbert von Karajan regeu o *Réquiem* de Mozart, e a Filarmônica de Berlim apresentou Wagner e Strauss. Também houve palestras de intelectuais eminentes como Carl Schmitt e o aluno de Heidegger, Hans-Georg Gadamer, que falou no Institut Allemand sobre Herder, os defeitos da democracia e o poder da ideia do *Volk*. Para Gadamer, assim como para muitos intelectuais alemães, perambular às margens do rio Sena durante a guerra em Paris era a ocasião perfeita para imaginar um futuro de paz, de alta seriedade e reconciliação nacional sob a liderança do Reich.[16]

A viagem também não era de mão única. Os alemães recompensavam artistas e escritores franceses que os apoiavam convidando-os para viagens muito bem pagas ao Reich. Uma delegação de pintores franceses — incluindo Vlaminck, Derain e De Segonzac — foi à Alemanha no início de 1942. Cantores franceses visitavam campos de prisioneiros de guerra no Reich — entre eles Maurice Chevalier, que declarou sua fé em Pétain e viu sua carreira decolar logo a seguir. Houve homenagens a Mozart em Viena no final de 1941 e conferências sobre Weimar, organizadas pelo Ministério da Propaganda de Goebbels, que juntaram Brasillach e Drieu com uma lista pouco inspirada de escrevinhadores de segunda categoria para acompanhar a convenção anual dos escritores alemães. A segunda delas, em 1942, se transformou numa reunião da nova União dos Escritores Europeus, controlada pelos alemães, onde *littérateurs* alemães e franceses se misturavam com representantes da nova Europa. (Entre os convidados estava o velho prêmio Nobel Knut Hamsun, que mais tarde enfureceu Hitler numa entrevista particular em Berchtesgaden ao reclamar do efeito destrutivo da política alemã para a Noruega e exigindo que o comissário do Reich para Oslo voltasse a Berlim. Outro delegado, muito mais jovem, já conhecido por seu europeísmo e sua paixão pela literatura alemã, foi o brilhante italiano Giaime Pintor, que dois anos mais tarde morreria lutando como guerrilheiro antifascista nos arredores de Roma.)

Em nenhuma outra parte da Europa a diplomacia cultural foi mais promovida pelos alemães como na França ocupada. Os nazistas associavam o país às artes e o admiravam e desprezavam por causa disso. A França dominara a Europa no passado. Mas isso foi antes de permitir sua própria degeneração, graças à sua antiquada ligação com o parlamentarismo, a dependência de tropas coloniais e os estímulos à imigração de judeus, de árabes e de europeus do Leste. Adolf Hitler acreditava que o gosto pela música, por livros, pela cozinha e pela moda tinha amolecido os franceses; seus interesses poderiam ser incentivados sem representar perigo, inclusive para mostrar o domínio alemão de maneira mais tolerante que em qualquer outro lugar. A visita a Paris em 1940 continuou viva em sua memória, e Hitler sentia-se muito satisfeito por não ter precisado destruir a cidade — um "documento europeu da cultura". Teria sido muito mais penoso, observou ele no ano seguinte, que ordenar a destruição de Moscou ou Leningrado. (Três anos depois, claro, ele superou esses escrúpulos e ordenou que o último comandante alemão da capital francesa a deixasse em ruínas.) Apesar de tudo, Paris era o parâmetro pelo qual seria julgada sua futura Berlim.[17]

OS ADMINISTRADORES

Quem estava de fato administrando a França? Certamente não o "rei Otto" Abetz e seu círculo de intelectuais. Tampouco a ss, cuja presença seguiu sendo inexpressiva mesmo depois do estabelecimento de Carl Oberg como HSSPF, em maio de 1942. Na verdade, a teoria de Werner Best de "administração supervisionada" proporciona um bom guia para entender como a ocupação de fato se organizava. Supervisionado por funcionários da Wehrmacht, o país estava nas mãos dos funcionários públicos franceses.

A continuidade do Estado durante violentas convulsões ideológicas é um dos principais temas da moderna história da Europa sobre os quais não se escreveu, e em nenhuma outra ocasião isso foi mais evidente que na Segunda Guerra Mundial. Na França — diferentemente do que ocorreu no Leste Europeu — os alemães não tinham objetivos imediatos além de gerar uma ocupação eficiente e ordenada, o que tornava os funcionários públicos ainda mais importantes que os políticos. A política era apenas uma distração, enquanto a gestão era a essência de uma ocupação militar. E porque os burocratas só poderiam funcionar dessa forma caso fossem confiáveis, os alemães eram mais sensíveis do que poderíamos imaginar à opinião pública, monitorando-a cuidadosamente e tentando moldá-la, sobretudo através das campanhas de propaganda mencionadas acima.[18]

Vichy também tinha interesse em preservar uma máquina administrativa forte. Sem essa máquina o regime poderia facilmente se tornar uma mera figura de proa para a influência alemã, incapaz de atingir as bases populares francesas. Do mesmo modo que alguns intelectuais alemães tramavam dividir a França, Vichy estava determinada a mantê-la unida, e o serviço público civil foi de longe o mais importante instrumento para isso. Em certos aspectos, a ocupação foi muito menos preocupante para os funcionários públicos que para os políticos. Na verdade, com a classe política muito enfraquecida, o domínio alemão lhes ofereceu uma oportunidade para avançar em modelos de centralização e racionalização no gerenciamento do país que os políticos vinham bloqueando havia anos.

No início eles se mostraram desprevenidos. Tinham tanta certeza de que a guerra não terminaria tão cedo que mal haviam se preparado para o que fazer em caso de derrota, diferentemente de seus pares holandeses, por exemplo. No verão de 1940, com Paris se esvaziando em pânico, o Ministério da Educação ainda estava enviando circulares recordando aos professores como se registrar para as férias anuais num balneário. Mas quando Pétain foi empossado, as forças da continuidade logo se manifestaram. Os temores pela segurança nacional já tinham provocado centralização, expurgos e repressão no início da guerra, em setembro de 1939: Vichy apenas intensificava essa tendência.

Essa continuidade foi de certa forma bastante inesperada. Afinal, Vichy não era um país dirigido por funcionários públicos, como a Bélgica e a Holanda: na França havia um governo legítimo, com um programa político claro de ruptura com o passado. Mas Pétain (como De Gaulle quatro anos mais tarde) tinha todas as razões para preservar a existência das instituições do Estado se quisesse governar com eficácia. Por isso os expurgos produziram menos mudanças do que se poderia esperar, e os extremistas de direita se queixaram amargamente: em 1944, Marcel Déat criticou a "comuna reacionária" da capital, alegando que seus membros eram profundamente *attentistes*, para não dizer gaullistas. Fossem ou não gaullistas, quase 80% dos prefeitos dos subúrbios de Paris durante a guerra eram republicanos antes do conflito. Quanto às zonas rurais, foram desestimuladas mudanças por motivos puramente políticos: os alemães também temiam o impacto sobre a eficiência e a continuidade. Na Aquitânia e em Charente, por exemplo, quase metade dos funcionários governamentais locais que tinham cargos em 1939 ainda estava presente quando a ocupação terminou.[19]

Assim, a promessa de Vichy de uma nova revolução autoritária mascarava a realidade de sua dependência do funcionalismo público civil. Naturalmente, os burocratas podiam — e o fizeram — servir como instrumentos de repressão, notadamente nas prisões em massa de judeus e de opositores políticos. Mas em geral não se mostravam propensos a aderir ao dinamismo revolucionário exigido pela extrema direita da França. O culto a Pétain escondia o vazio político no coração de seu governo, e sua recusa em permitir a formação de um único partido político ironicamente fez com que os funcionários franceses nunca se deparassem com algo semelhante à competição radical que os Gauleiters nazistas infligiram a seus pares alemães, ou que o NSB holandês usou — com muito menos sucesso — em seu esforço para assumir o controle do funcionalismo público civil na

Holanda. Dessa forma, ter o conservador Pétain no poder protegeu a França do tipo de nazificação que ameaçava outros países, pelo menos até que fosse demasiado tarde na guerra para que fizesse muita diferença. Aumentando o controle sobre as províncias, criando um novo escalão de superprefeitos, impedindo que a maioria dos novos comissariados políticos especialmente formados tivesse grande influência, os altos funcionários franceses presidiram durante a guerra uma expansão da burocracia e uma consolidação do poder estatal que Wilhelm Stuckart, no Ministério do Interior do Reich, teria invejado. Os alemães podiam ter conquistado a França, mas o Estado francês sobreviveu mais ou menos intacto.

De seu ponto de vista, os funcionários públicos desempenharam um papel vital para preservar uma França que a ocupação desmembrou, e que poderia sofrer uma fragmentação ainda maior quando a paz viesse, caso a Alemanha chegasse a apoiar os separatistas. Mas, enquanto respondiam a esses desafios dos tempos de guerra, continuavam seguindo uma agenda mais antiga de racionalização e modernização do Estado que muitos vinham preconizando desde os anos 1920. O almirante Darlan, que dirigiu o governo depois da destituição de Laval, foi um reformador desse tipo: era contra qualquer "politização" da administração, não se impressionou absolutamente com o indigesto movimento legionário de "600 mil veteranos" que Pétain imaginava poder substituir um partido político e mostrou desejos de explorar a comoção provocada pela derrota para forçar a adoção de uma "nova administração". Quando o líder da Legião alardeou que "*era* o Estado", Darlan se assegurou de que não fosse. Desiludido com parlamentos e partidos, ele e seus tecnocratas produziram uma enormidade de propostas de reforma burocrática e depositaram sua confiança no funcionalismo público.[20]

Claro que havia perigos nesse caminho — principalmente o risco de perder o contato com o sentimento do próprio país. Alguns na elite do funcionalismo desprezavam e desconfiavam da opinião pública. "A opinião não passa de uma mulher enorme!", segundo um deles. Porém os mais prudentes se preocupavam com o risco de o regime cair no isolamento — como todo governo autoritário e excessivamente burocratizado que não conta com uma ala política. Um governador alertou para o risco de criar "verdadeiros governadores, como em nossas distantes colônias". Sem partidos políticos para mediar as preocupações populares, Xavier Vallat, o primeiro grande chefe antijudaico de Vichy, receava o aparecimento de "uma lacuna que pode se converter num abismo de incompreensão".[21] Um veterano senador advertiu Pétain de que "há, para seu governo, um enorme perigo de falta de contato com o país exceto por meio dos funcionários públicos, cujas antenas e visão são profissionalmente deformadas". Esses temores forçaram Pétain a abrir as portas para dignitários locais, embora isso fosse pouco e rendesse acusações da direita de que os problemas do regime eram a falta de energia e a incapacidade para mobilizar os franceses atrás de si.[22]

Depender do funcionalismo civil implicava um risco adicional para um governo cada vez mais nervoso, ou até paranoico. Vichy seguiu a opinião pública e monitorou os próprios quadros em busca de quaisquer sinais de deslealdade: quando se tratava de conferir as opiniões políticas de proprietários de cafés ou professores, a Gestapo não se comparava aos muito eficazes serviços de segurança franceses. Mas, quando tentou expurgar os próprios funcionários públicos, descobriu que o serviço lutava para proteger os seus. A partir do primeiro expurgo de 1940, depois da adoção de leis que visavam judeus, comunistas e a maçonaria em particular, altos funcionários se mostraram relutantes em demitir seu pessoal, preferindo expedir alertas ou transferi-los para postos menos suscetíveis. Houve grandes disparidades no impacto dos expurgos nos ministérios — do Interior e da Guerra, o que não surpreende, por serem tão meticulosos, do Trabalho e de Assuntos Externos, que se mostraram muito mais resistentes. Quando a guerra passou a ir de mal a pior, Vichy se sentiu cada vez menos capaz de confiar neles, o que levou à exigência de constantes reafirmações de lealdade. Em julho de 1941, Pétain ordenou que todos os funcionários públicos *repetissem* um desmentido obrigatório já feito de que eram da maçonaria, desencadeando a seguir um dilúvio de cerimônias de juramentos em público. "Ou está comigo ou está contra mim", insistia Pétain, "e esse pensamento vale acima de tudo para os servidores do Estado." Seguiu-se uma "inflação de juramentos", o que tornou necessária a absurda lei de abril de 1942, que de fato dispunha em detalhes quando um juramento poderia ser exigido de forma legal.[23]

A volta de Laval ao poder naquele mesmo mês significou o fim dos projetos de reforma administrativa de Darlan, mas em nada contribuiu para reduzir o poder do Estado. Pelo contrário, Laval era muito mais feliz como homem da Terceira República do que Darlan havia sido trabalhando com as antigas instituições e seus funcionários, e por isso menos disposto a mudar. "De volta à Terceira República" foi a furiosa queixa dos desiludidos pétainistas quando viram murchar suas esperanças numa revolução doméstica. Concentrado na política externa, Laval preferia subordinados que administrassem os assuntos da França sem afobação, com eficiência e sem percalços para ganhar o respeito dos alemães.

Mas os funcionários públicos, que sempre foram hábeis para manter e até mesmo reforçar seu poder nos primeiros meses de ocupação, descobriam agora que o preço para preservar aquela conquista estava subindo drasticamente. Começou antes do regresso de Laval ao poder, com a onda de atentados contra os alemães que se seguiu à invasão da União Soviética. A crise dos reféns do outono de 1941 teria afetado muito menos as relações franco-alemãs caso o próprio Hitler não tivesse se envolvido. Foi sua insistência em infligir represálias maciças contra os franceses que provocou a primeira dissensão grave com Vichy. No entanto, do ponto de vista do governo, o que interessava era restabelecer o controle francês sobre os processos judiciais. Falando sem rodeios, se alguém iria fuzilar franceses, que fosse outro francês. Foi por isso que Vichy se empenhou tão arduamente em fazer o trabalho sujo dos alemães, estabelecendo tribunais especiais para localizar e julgar comunistas e outros suspeitos.

Uma vez tomado esse rumo, não era possível saber aonde ele levaria. O acordo de policiamento franco-alemão do verão seguinte foi ainda mais revelador sobre até onde os funcionários públicos concordavam no objetivo de preservar a soberania francesa. O policiamento, para os alemães, era a mais importante parte do Estado francês a controlar, principalmente porque a polícia, em grande parte republicana, se revelou uma parceira confiável. Da mesma forma, era vital que Vichy mantivesse a polícia nas mãos da França. O negociador francês que conseguiu isso era uma brilhante estrela em ascensão, René Bousquet, que fora o mais jovem governador da França e foi nomeado por Laval como secretário-geral da polícia. Era uma marca de sua suprema autoconfiança que administrasse sozinho o lado francês; o HSSPF Carl Oberg, com os colegas Knochen Lischka e Hagen da SiPo/SD, apresentaram as exigências alemãs. As raízes políticas de Bousquet, que não era nenhum ideólogo de direita, tinham como base a tradição radical socialista da Terceira República do entreguerras. O que realmente interessava a Bousquet e a Laval era chegar a um acordo com o qual pudessem recuperar a autonomia da polícia francesa — "o mais notável sinal da soberania de um governo", como ele dizia — e marginalizar perigosos arrivistas amadores, como o autoproclamado Darquier de Pellepoix, o novo comissário-geral para assuntos judaicos.[24]

Para tanto, ele estava disposto a jogar. Seguro e autoconfiante, Bousquet conseguiu fazer Oberg concordar com que a polícia francesa não precisasse entregar prisioneiros ou fornecer reféns aos alemães. Em troca, foi muito além das instruções que Laval havia dado sobre a questão da deportação de judeus. Ele colaborou na grande prisão em massa de estrangeiros judeus em Paris em meados de julho e na zona não ocupada no mês seguinte. A instrução de Pétain era que a polícia francesa não teria papel algum nas detenções; Bousquet ofereceu ajuda e rechaçou os protestos dos religiosos franceses como um burocrata típico, alegando que "o papel da opinião pública é se agitar; o papel do governo é decidir". Preocupado, como sempre, com a questão da soberania, o governo fez uma separação nítida entre judeus franceses e estrangeiros. Graças às insistentes ordens de Bousquet, a polícia fez o trabalho dos alemães prendendo os judeus estrangeiros. Empenhado em assegurar que o lado francês cumpriria com os números acordados, Bousquet lembrou aos governadores a necessidade de deportar crianças, além de adultos. Os alemães já tinham discutido o assunto e determinaram que elas também poderiam ser enviadas: como resultado, mais de 2600 crianças de dois a dezesseis anos de idade estavam entre os deportados para Auschwitz.

Os representantes do SD de Eichmann ficaram desapontados. Em junho, seu gabinete tinha planejado deportar 100 mil judeus da França, mas recuou em três dígitos quando todos perceberam que Vichy só começaria pelos judeus nascidos no exterior. Em julho, Eichmann ficou furioso quando o primeiro translado vindo de Bordeaux teve de ser cancelado porque só contava com 150 judeus sem-terra; e repreendeu seu representante em Paris com severidade pelo "infeliz" incidente. No início de setembro, os alemães calcularam que não mais de 27 mil judeus haviam sido deportados da França.

Mas Oberg, o chefe da SS na França, era muito mais realista que os "especialistas judeus" e cumprimentou Bousquet pelo "trabalho digno de elogios que a polícia francesa havia realizado até então": as prisões demonstraram que ainda eram confiáveis. Mesmo Oberg estava ciente de que, graças às demandas da nova ofensiva na frente oriental, a força de trabalho alemã na França estava no limite de sua capacidade. O número de soldados disponíveis para tarefas de ocupação tinha caído de 100 mil para 40 mil em poucos meses, e havia menos de 3 mil policiais alemães na França sob comando direto de Oberg. Como Bousquet controlava 47 mil homens, a cooperação era claramente uma boa ideia. De fato, como eventos do ano seguinte demonstrariam, sem a colaboração da polícia francesa as projeções de deportações em massa eram praticamente impossíveis de ser cumpridas. Pessimista, mas sempre realista, o próprio Bousquet foi ativo em ajudar Oberg como única alternativa a escorregar para uma "subordinação total".[25]

Passo a passo, essa inteligência civil cordata estava sendo levada pelo caminho de uma repressão muito intensificada. Embora Oberg estivesse de fato resistindo aos seus superiores — Himmler e Hitler — para não mexer mais ainda com Pétain, a política de execução e prisões em massa dos alemães continuou, enfurecendo a opinião pública da França. As coisas pioraram muito no começo de novembro de 1942, quando os alemães responderam aos aportes aliados no norte da África mudando-se para a zona não ocupada e aumentando a vigilância em todo o país. A reação de Bousquet diante do aumento das exigências dos alemães foi negociar e depois insistir em que a polícia francesa pudesse executar ela mesma as operações. Mesmo Oberg não era mais o protetor que costumava ser, pois estava sob o fogo de Berlim por passar tempo demais em Paris e pelas críticas de Himmler de estar sendo muito "diplomático" porém ineficaz. Na verdade, foi a intervenção direta de Himmler e de Hitler que forçou Bousquet a novos extremos durante a chamada Batalha de Marselha.[26]

Na realidade não foi bem uma batalha, mas sim a primeira operação maciça de destruição urbana conduzida na Europa. Conversando com Norbert Masur passados mais de dois anos, Himmler pareceu orgulhoso do que tinha acontecido ali. "Durante nossa ocupação houve lei e ordem na França, embora eu só tivesse 2 mil policiais alemães lá", comentou com Masur. "Todos tinham trabalho e todo mundo tinha o que comer. Só nós conseguimos limpar a área portuária de Marselha, instituir condições de saúde e estabelecer a lei e a ordem, algo que nenhum governo francês jamais conseguiu." E era verdade que nem Vichy nem os alemães gostavam da cidade, em especial as vielas labirínticas e incontroláveis ao redor de seu Vieux-Port, que abrigava desertores alemães, refugiados judeus e *résistants*. Numa noite no início de dezembro de 1942, uma pequena bomba explodiu em frente ao Hôtel Astoria, entre La Canabière e o boulevard Garibaldi; poucas horas depois, outra explodiu ao lado de um veículo alemão em frente ao Hôtel de Rome et Saint-Pierre. As duas foram usadas pelos alemães, mas não houve baixas a não ser ferimentos num casal que passava por perto. Mesmo assim, os alemães impuseram um toque de recolher e começaram a procurar células da resistência. No dia 3 de janeiro houve uma terceira explosão perto de um bordel frequentado por militares alemães, ferindo vários dos que estavam lá dentro, e outra na frente do Hôtel Splendid que feriu dois, um de morte, o que levou à declaração de lei marcial pelo comandante militar alemão. Quando soube das notícias, Himmler culpou Oberg por não ser mais duro. O próprio Hitler teria se sentido "extremamente preocupado e infeliz" e queria que todo o Vieux-Port fosse imediatamente evacuado para ser destruído. Kurt Daluege, o chefe da polícia alemão, foi retirado, e um regimento da polícia da ss foi enviado para assumir o comando; enquanto isso, os militares informaram Vichy que a polícia e a gendarmaria da França seriam postas sob ordens dos alemães. Alguns dias depois, apesar dos protestos de Laval, o *préfet* regional, M. Rivalland, foi substituído e o regimento da ss, com milhares de homens, chegava a Marselha.[27]

Laval e Bousquet estavam desesperados para recuperar o controle da situação, pois esses novos desenvolvimentos achincalhavam as afirmações de soberania de Vichy. Foi quando ocorreram negociações tensas e dramáticas em Paris numa atmosfera desagradável — os funcionários públicos franceses de um lado, liderados por Bousquet, e Oberg e outros oficiais da ss e da polícia alemã de outro. Oberg leu em voz alta uma carta de Himmler que dizia que Hitler queria Marselha "limpa" para o bem "da saúde da Europa e do futuro": era o "câncer da Europa, um refúgio para o submundo internacional [*la pègre internationale*]", e que os *quartiers* ao redor do Vieux-Port deviam ser destruídos. Os franceses mal conseguiam acreditar naquilo, tampouco que cerca de 40 mil pessoas seriam mandadas para o norte para ser triadas num campo de concentração. Não havia precedentes de um castigo coletivo nessa escala em lugar nenhum do Leste Europeu, inclusive pela relativa insignificância das próprias explosões das bombas. Embora as ordens parecessem inapeláveis, Bousquet negociou. Lembrou as repercussões imprevisíveis de um evento daqueles, a dificuldade de garantir a segurança dos soldados alemães, os obstáculos também que os alemães teriam para organizar o transporte de um grupo tão grande pelo país. Seu pedido de adiamento de um mês foi recusado. Mas no fim Bousquet e Laval resolveram insistir em que, se a operação fosse em frente, teria de ser coordenada pela polícia francesa, e a questão de quem seria deportado ou preso deveria ficar a seu critério. Três dias depois, em 16 de janeiro, Berlim concordou, e em menos de uma semana 12 mil policiais franceses chegaram a Marselha para conduzir a maior operação desse tipo já vista na França. Durante um dia e meio, eles vasculharam as ruas, casa a casa, verificando carteiras de identidade de 40 mil habitantes locais e prendendo 6 mil. No meio do processo, Oberg disse a Bousquet que, por causa da explosão de outra bomba, todas as 40 mil pessoas deveriam ser deportadas para o campo de Compiègne, no norte, como originalmente planejado. Quando Bousquet protestou, mais uma rodada de negociações acabou num acordo em que todos os estrangeiros sem documentação adequada, inclusive alemães e italianos encontrados nas batidas, seriam entregues aos alemães. Quase todos os deportados — cerca de 1600 ao todo — eram refugiados judeus da Europa Central e foram amontoados em vagões pelos homens de Oberg. Ele e Bousquet inspecionaram pessoalmente o trem antes da partida, e Bousquet deixou que alguns ficassem. Para os que não tiveram tanta sorte, a viagem demorou um dia e meio; quando o trem chegou, alguns já estavam mortos. O restante da população do Vieux-Port foi jogada num velho acampamento militar francês enquanto seus apartamentos eram saqueados e demolidos por uma empresa particular. Depois começou a destruição do bairro inteiro. Levou mais de duas semanas, terminando somente em 17 de fevereiro, quando mais de 1400 prédios foram implodidos numa área de catorze hectares.[28]

É difícil imaginar um teste maior para a vontade de Vichy de levar a cabo ordens dos alemães como esse gratuito e colossal ato de vandalismo e assassinatos. Não surpreende que, ao se encontrar com Bousquet em abril, Himmler o descreveu como um "precioso auxiliar na estrutura da colaboração da polícia". Mas na verdade a essa altura o moral da polícia francesa estava começando a desmoronar, e a ss deixava de confiar no próprio Bousquet. Segundo diziam alguns, ele só foi mantido no cargo por falta de alternativa. Um problema básico eram as condições de trabalho. Pois Vichy dependia muito da polícia — para perseguir seus inimigos (reais ou imaginários), monitorar a opinião pública e até para vigiar os próprios alemães —, mas não fazia nada para compensar ninguém pela carga de trabalho cada vez maior que enfrentava. Muitas delegacias continuavam mal equipadas, ninhos de rato mal financiados muito vulneráveis a ataques quando a resistência começou a surgir. Encimando essas preocupações, a tomada da zona não ocupada pelos alemães dificultou a alegação dos policiais de que não estavam agindo em nome dos alemães. Agora Oberg emitia ordens diretamente a oficiais da gendarmaria francesa com frequência, e havia reuniões semanais com a ss.

Acima de tudo, as novas diretrizes de trabalho de Sauckel testavam o limite da lealdade dos servidores públicos. Confiável quando recebia ordens para prender judeus estrangeiros e comunistas, a polícia foi mais hesitante quando teve de perseguir *réfractaires* para cumprir o esquema de trabalho compulsivo em fevereiro de 1943. Foi mais ou menos por essa época que chegaram notícias do desembarque dos Aliados no norte da África e da vitória soviética em Stalingrado, e agora muitos "pétainistas de primeira hora" estavam tendo segundos pensamentos. O ex-tenista francês campeão de Wimbledon Jean Borotra, que trabalhou como chefe de esportes de Vichy, foi preso pela Gestapo tentando fugir para o exterior e enviado a um campo na Alemanha (onde sobreviveu à guerra). O jovem François Miterrand, apesar de ter sido condecorado por Vichy, já estava se voltando para a resistência.

Na verdade muitos servidores públicos franceses estavam bem cientes do surgimento de uma fonte alternativa de legitimidade na Argélia, onde o Comitê Nacional para a Libertação foi reconhecido pelos Aliados e começava a organizar expurgos de burocratas "indignos" no norte da África e na Córsega. De Gaulle agora tinha sua base no outro lado do Mediterrâneo. Naquele mês de junho, Laval referiu-se com ironia numa transmissão radiofônica aos servidores públicos que estavam "examinando sua consciência". Cada vez mais gente estava fazendo isso. Em outubro, o escritor Georges Bernanos descreveu ironicamente como:

> Nos últimos seis meses temos testemunhado uma verdadeira epidemia de conversões entre os funcionários de Vichy [...] Se os servidores do Império Romano tivessem se convertido ao cristianismo em massa dessa maneira, a cruz teria pairado sobe o Capitólio bem antes de Constantino, e Nero, instruído em nossa santa religião pela piedosa Agripina, poderia talvez ter terminado seus dias num mosteiro. Mas para os servidores civis de que estou falando, o martírio não é uma vocação; é a pior de todas as soluções [...] Sua consciência de servidores civis cruzou o oceano para ajudar a liberdade ameaçada, mas seu corpo de servidores permaneceu onde estava.[29]

O ESTADO MILICIANO

Quando perderam a confiança na polícia francesa, os alemães buscaram apoio em outras partes. Eles estavam preocupados com o crescimento dos maquis e com a fraca resposta da gendarmaria a tais "terroristas" e repudiando acordos anteriores feitos com Bousquet que limitavam sua implicação nos assuntos da polícia francesa. Em 1943, por exemplo, prenderam quase 35 mil pessoas por motivos políticos, e a polícia francesa, menos de 10 mil. Exigindo que Vichy atuasse com mais energia para eliminar quem fosse "insuficientemente colaboracionista", os alemães determinaram que seus próprios nomeados fossem postos no comando. De Paris veio Philip Henriot, como ministro da Informação e Propaganda. Quanto à polícia de Bousquet, já enfrentava rivais como os *miliciens* paramilitares de Joseph Darnand, um antigo membro da Cagoule de Deloncle, amigo íntimo de Pétain e ardente pró-alemão que se tornara funcionário da Waffen-ss no verão de 1943.[30]

Darnand tinha a reputação de ser um homem de ação, e o lema de seu Service d'Ordre Légionnaire (SOL), que ele fundou em 1941, era "contra a Apatia, pelo Entusiasmo". Assim como a ss, ele defendia um elitismo de nacionalistas — até contra a nação, se necessário fosse. "Estamos determinados a salvar a França apesar da opinião pública", proclamou, "e contra ela se necessário." Teria partido para lutar na frente oriental se Oberg não dissesse que ele era necessário na França. Juntamente com Laval, ele criou a Milice — uma organização que tomava como modelo o Partido Nazista — para injetar algum dinamismo em Vichy depois que Pétain vetou a ideia de um partido de massa. Surgida a partir do velho SOL, a Milice logo passou a ser utilizada pelos alemães em operações contra a resistência.

Com seus infindáveis apelos por ação, sua desconfiança das autoridades, pressa, brutalidade e pura estupidez, a Milice era uma resposta paramilitar ante uma emergência. Em junho de 1943, contava com cerca de 30 mil membros, dos quais apenas cerca de metade estava no serviço ativo em período integral. Usando camisa marrom, casaco azul e uma boina grande, a maioria era muito jovem e geralmente de origem social modesta. Se alguns eram convictos, outros eram delinquentes condenados que buscavam uma saída ou simplesmente tinham aderido para não ser enviados à Alemanha como operários. Para a polícia, não passavam de criminosos; segundo se dizia, estavam à espera "da primeira oportunidade para estrangular a Milice". De seu lado, os *miliciens* achavam que os funcionários públicos de carreira já não eram ideologicamente confiáveis e tinham de ser destituídos. No início de dezembro de 1943, um bando deles matou o antigo padrinho político de Bousquet, Maurice Sarraut, precipitando assim a ruptura final entre Bousquet e o regime. Bousquet se demitiu e Darnand foi nomeado secretário-geral para a manutenção da ordem no final do mês. Em sua primeira reunião com o chefe da gendarmaria, ele se queixou de sua passividade e insistiu em que se tornassem "apaixonados, intensos, revolucionários como a Milice".[31]

O monopólio estatal da força — sempre em xeque sob a ocupação — agora se desintegrava, e a França encarava a possibilidade de anarquia e guerra civil. A história se repetiu no restante da Europa — na Itália, por exemplo, ou na Grécia — onde as armas alemãs caíram nas mãos de esquadrões da morte e grupos anticomunistas. Os roubos se multiplicaram, porque ousados delinquentes se vestiam de policiais e era impossível distinguir os verdadeiros dos falsos. O súbito recrudescimento da resistência também assustou muitos conservadores. O próprio Charles Maurras — o apóstolo da ordem e da disciplina — escreveu em fevereiro de 1944 que "a melhor resposta às ameaças de terroristas é submetê-los a um legítimo contraterror". Depois que uma unidade da resistência disfarçada de *miliciens* matou o ministro da Informação, Henriot, e sua mulher em seu apartamento em Paris, a Milice respondeu assassinando vários políticos e intelectuais judeus franceses célebres, inclusive Victor Basch, o presidente da Liga dos Direitos do Homem, e o ex-ministro Georges Mandel. Seus integrantes se transferiram para a antiga zona ocupada, estabeleceram seu quartel-general em Paris e trabalhavam ao lado dos alemães para sua própria proteção — em Dijon, a unidade da cidade ficou conhecida como "Milice SD". No primeiro semestre de 1944, eles caçaram desertores e *réfractaires* franceses e ordenaram aos governadores que parassem de se queixar de seus crimes.

A ascensão de Darnand, desse modo, deu origem a uma verdadeira crise de Estado, especialmente depois que uma nova legislação, em abril de 1944, atribuiu a ele poder de polícia e lhe permitiu passar por cima das instâncias judiciais costumeiras. Ele apelou à polícia para que servisse "sem elucubrações e sem restrições mentais". Mas, apesar de conseguir nomear *miliciens* de confiança para os cargos de comando, seus apelos não surtiram efeito. Uma semana depois do Dia D, quase um terço dos gendarmes de Auvergne havia abandonado seus cargos, a maioria para se juntar aos maquis. A Milice estava cada vez mais isolada e odiada, e receava a vingança que a libertação traria. Por isso, quando os alemães finalmente deixaram a França, no outono de 1944, foram acompanhados por vários milhares de *miliciens* e suas famílias, que fizeram a longa viagem para Sigmaringen, a pequena cidade no Alto Danúbio que se converteu em última sede do governo de Pétain. Muitos foram recrutados pela Divisão Charlemagne da

Waffen-ss e acabaram lutando contra o Exército Vermelho na Polônia. Uns poucos estavam entre os últimos soldados que se renderam em Berlim, no fim de abril de 1945.[32]

O que caracterizava os *miliciens* eram sua impetuosa intransigência, a crueldade e a falta de realismo político. Mais prudentes e lúcidos, os policiais e funcionários públicos franceses tinham àquela altura adotado uma atitude de *attentisme* que lhes permitiu compartilhar com seus compatriotas a alegria pelo fim de uma ocupação à qual tinham servido mais ou menos fielmente. Ainda que um grande número de infelizes mulheres tenham sido humilhadas publicamente e tiveram a cabeça raspada pelo crime de associação com soldados alemães, e embora alguns ícones políticos e culturais tenham enfrentado investigação e julgamento depois da libertação, os expurgos no funcionalismo público permitiram que destacadas figuras de Vichy escapassem incólumes. René Bousquet recebeu uma pena mínima, foi felicitado por seu papel na resistência e desfrutou uma lucrativa carreira no ramo de bancos e jornais. Maurice Papon, secretário-geral do Departamento da Gironde, tornou-se o controverso chefe da polícia de Paris durante a guerra da Argélia, político e ministro: só em 1997-8 foi condenado por seu papel na deportação de judeus de Bordeaux.

A longevidade de tais figuras oferece uma pista para compreender a dinâmica da colaboração na França durante a guerra. Os franceses não foram um país de colaboradores, embora de início muitos tenham sido atraídos pela ideia. No começo o governo de Pétain foi popular porque parecia prometer o restabelecimento da ordem depois do caos da derrota. Os mais impacientes com ele eram da extrema direita, que desconfiavam que sua Revolução Nacional era na realidade uma restauração conservadora disfarçada, e não a ruptura fascista que almejavam com o passado. Mas no fim de 1941, no máximo — a crise dos reféns foi um ponto de inflexão, mas a crise do abastecimento alimentou o conflito —, o público francês tinha se afastado de Vichy. "A opinião geral parece ser muito desfavorável ao governo", relatou o governador de Puy de Dome em outubro daquele ano. Cada vez mais afastada da opinião pública francesa, a administração permaneceu fiel aos ideais de colaboração e respondeu de forma positiva aos alemães mesmo quando estes aumentaram muito suas exigências. Enquanto isso, um grande número de seguidores de Pétain entrou para a resistência de uma forma ou outra, garantindo assim uma passagem sem sobressaltos para a Quarta República no pós-guerra.[33]

O último bastião de defesa da soberania francesa por Vichy dependia cada vez mais de seu controle sobre a polícia. Mas, como bem sabiam os alemães, a polícia — como de modo geral os funcionários públicos — dependia do apoio da população para ser eficiente, e este se esgotava em meio a uma violência crescente. Na primavera de 1944, o regime precisava da ajuda da Milice para se manter no poder, enquanto a gendarmaria enfrentava uma "verdadeira conspiração do silêncio" sempre que tentava localizar "terroristas". A maioria dos funcionários públicos simplesmente esperava ansiosamente pelo inevitável, e Pétain — ainda visto com simpatia em grande parte do país — tinha perdido toda a credibilidade como dirigente nacional. Havia muito a legitimidade vinha se acumulando não em torno dele, mas daquelas figuras no norte da África que fizeram seu regresso triunfante ao continente com os exércitos anglo-americanos no verão de 1944.[34]

14. Os ajudantes do Leste

A colaboração foi uma ilusão nascida da indiferença alemã? Será possível que os nazistas estavam determinados a riscar do mapa até mesmo aquelas regiões e transformá-las em zonas de assentamento alemão? Alguns poloneses afirmaram que a Polônia foi o único país europeu que não teve colaboradores. Destacavam que, à diferença dos tchecos, tinham resistido aos alemães e, embora tenham sofrido por isso, ao menos se mantiveram no caminho da virtude. Em janeiro de 1945, o Exército Nacional de resistência jactava-se de que "a Polônia é um país organicamente antifascista. Em nosso país não há nenhum Hácha, Quisling [ou] Vlasov [nem] um partido pró-fascista". Naquele mesmo ano, um jornalista polonês definiu o país como "a mais pura, moralmente, entre todas as nações que tiveram de viver sob a ocupação nazista".[1]

De fato, a moralidade não era a questão, e é difícil dizer se os poloneses se comportaram melhor ou pior do que teria feito qualquer outro sob condições igualmente terríveis. De fato, revelações recentes sobre a participação polonesa em massacres antijudaicos em 1941 complicaram a discussão sobre a ética nos tempos de guerra ali. (O ponto era que, como no caso francês, foi a política alemã que definiu suas opções — e, no caso polonês, realmente não havia nenhuma oportunidade para colaborar, dada a determinação de Hitler de destruir a própria identidade da Polônia.) Além disso, o governo no exílio do general Sikorski era reconhecido no exterior já no fim de 1939. O governo de Sikorski comandou mais de 80 mil soldados somente na França, bem como uma grande força aérea, três destróieres e um serviço de inteligência muito respeitado. Também estabeleceu uma presença clandestina na Polônia ocupada — a Delegação do Governo. Muitos funcionários, como o vice-prefeito de Varsóvia, que de fato trabalhou com os alemães, antes de fazer isso obtiveram a permissão da Delegação para evitar o estigma da colaboração.[2]

Chegou a haver uma indicação muito breve — é difícil afirmar até que ponto foi séria — de que os alemães pensaram em instalar um governo títere polonês. Em meados de setembro, antes de Hitler tomar a decisão final sobre o destino da Polônia, a Gestapo prendeu o veterano chefe do Partido Camponês e três vezes primeiro-ministro, Wincenty Witos, e propôs libertá-lo se ele colaborasse. Witos recusou, como fez em várias outras ocasiões. Mas, embora a política alemã tenha mudado drasticamente depois disso, outros poloneses continuaram a se sentir atraídos por Berlim, como tinha ocorrido nos anos 1930 e mesmo antes — a inclinação pró-alemã na política polonesa era antiga demais para desaparecer da noite para o dia. Muitas pessoas se lembravam da Primeira Guerra Mundial, quando as potências centrais proclamaram a independência da Polônia. Wladyslaw Studnicki, um seguidor do grande defensor da cooperação entre poloneses e alemães na Primeira Guerra, Józef Piłsudski, havia participado da proclamação austro-alemã de 1916 e agora pressionava os alemães para que novamente estabelecessem um governo polonês, pois assim poderiam utilizar o Exército polonês contra os soviéticos.[3] Mais ambíguo era o caso de outro velho pilsudskista, Leon Kozłowski. Depois de ser encarcerado e torturado na Lubyanka, em Moscou, ele fugiu para o *oeste* e, durante uma entrevista coletiva organizada pelos alemães em 1942, previu que os soviéticos perderiam a guerra. Ele fez questão de não fazer comentários a favor dos alemães, mas mesmo assim havia a especulação de que os alemães o tinham entre seus candidatos a chefiar um governo colaboracionista.[4]

Em 1942, na realidade, quase ninguém em Berlim estava pensando em tal coisa: as intenções do Reich em relação à Polônia apontavam numa direção muito diferente. Só depois de Stalingrado, e mesmo então só de forma vacilante e sem a menor convicção, é que a ideia de promover uma cruzada alemã-polonesa contra o bolchevismo começou a circular entre os alemães. Goebbels e Hans Frank, em especial, tentaram explorar a comoção que se sentiu em toda a Polônia quando sepulturas de oficiais do Exército polonês assassinados pelo NKVD foram descobertas na floresta de Katyn, e integrantes da Cruz Vermelha polonesa foram incluídos nas equipes de cientistas forenses estrangeiros, jornalistas e outros que foram levados até o local. Até mesmo quando os judeus remanescentes do gueto de Varsóvia estavam sendo caçados, Hans Frank continuava tentando mudar o rumo nessa direção. O Conselho Central de Assistência Social polonês era oficialmente reconhecido no Governo-Geral, e Frank queria que seu presidente, Adam Ronikier, servisse como intermediário com políticos poloneses. Ronikier recusou, mas Frank não desistiu. Em junho de 1943, disse a Hitler que a Alemanha deveria renunciar "à ideologia inútil e às supremacias mal interpretadas", e em vez disso devia aumentar as rações, melhorar as condições para os trabalhadores poloneses no Reich, acabar com as execuções públicas de mulheres e crianças e conter o uso de terror.[5]

Frank fez vários gestos públicos na direção da adoção de uma política mais pró-polonesa no Governo-Geral. Sendo ele mesmo um apaixonado pianista amador, inaugurou um novo Museu Chopin na Cracóvia (e só depois soube que a jovem pianista prodígio a quem fora dada a grande honra de tocar para ele no piano que tinha pertencido a Chopin era meio judia). Agradeceu publicamente aos camponeses poloneses por seu trabalho duro, abriu um teatro e publicou panfletos em que instava os poloneses a apoiarem os alemães contra os russos. O governador da Cracóvia chegou a participar de uma cerimônia em homenagem aos soldados poloneses mortos na campanha de 1939. Mas Hitler não foi convencido, nem os poloneses mais preeminentes. Seu ódio a Frank àquela altura era grande demais para que acreditassem em qualquer coisa que dissesse, e no fim de janeiro de 1944 ele escapou por pouco quando o trem em que viajava foi explodido nos arredores da Cracóvia.[6]

Como se sabe, a Alemanha não apenas tinha anexado as regiões ocidentais do país como também previa assumir no futuro o controle do Governo-Geral. Em tais circunstâncias, seria impossível o surgimento de um Pétain polonês. Ainda assim, havia boas razões para que os nazistas considerassem a adoção ali de um modelo de colaboração (como o que os alemães tinham seguido na Polônia na Primeira Guerra Mundial) muito mais sério do que o fizeram. Pois as mesmas pressões econômicas e administrativas que forçaram o Reich a depender em grande medida de funcionários públicos para dirigir as ocupações na Europa Ocidental aplicavam-se também na Polônia. De fato, a administração polonesa no Governo-Geral cresceu muito rápido depois de 1939: Frank calculou depois da guerra que, a certa altura, havia cerca de 250 mil funcionários públicos poloneses que recebiam ordens de uns 40 mil funcionários alemães. Excluído o pessoal das ferrovias e dos correios, o número de alemães oscilou de meros 7300 em 1940 a 14753 quatro anos mais tarde, junto com um número entre 50 mil e 80 mil homens da ss e da polícia e até meio milhão de soldados. Como uma quantidade desproporcional dos alemães vivia nas cidades mais importantes — e lá se concentrava, cada vez mais, à medida que a insurreição se estendia nas zonas rurais —, os administradores civis de Frank em muitas áreas dependiam até mais dos poloneses do que esses números sugerem. E os poloneses cumpriram sua função, embora seus próprios regulamentos exigissem o emprego de alemães para os assuntos de governo e discriminassem os "arianos não alemães". Estavam descobrindo tarde demais que, como a maioria das potências imperiais, não havia pessoal suficiente para fazer tudo por si mesmo.[7]

Na zona rural da Polônia, a brutalidade de Frank já refletia seu precário controle da situação. No condado rural de Janow, por exemplo, só cinquenta funcionários públicos alemães, apoiados por aproximadamente quinhentos policiais, dirigiam uma área cuja população, ao longo da guerra, flutuou entre 150 mil e 200 mil pessoas. Eram auxiliados por 1500 servidores do governo polonês — em sua maioria professores, funcionários municipais e de povoados, guardas-florestais e funcionários do abastecimento de alimentos. Os poloneses recolhiam os impostos, supervisionavam a colheita, distribuíam a comida, emitiam os documentos de identidade, dirigiam as estradas de ferro, mantinham as vias públicas e cuidavam de refugiados. (Para não mencionar as dezenas de milhares de poloneses e judeus que construíram estradas, canais de irrigação e fossas antitanques e trabalharam nas pedreiras em condições atrozes.)[8]

Diferentemente do que aconteceu na Europa Ocidental, desde o início os alemães apoiaram-se no terror para manter os poloneses na linha. Funcionários públicos poloneses podiam ser tomados como reféns e fuzilados ou enviados para os campos em represália a ataques dos partisans. Ao mesmo tempo, os cargos eletivos e as instituições autônomas, como as cooperativas, foram eliminados ou dirigidos por gente nomeada pelos alemães; a nobreza, em particular, era vigiada de perto, e suas propriedades ficaram sob supervisão alemã direta ou foram simplesmente confiscadas. Sujeita a expurgos periódicos, a burocracia absorveu os refugiados de língua alemã dos territórios anexados da Polônia Ocidental, bem como alguns ucranianos e os alemães étnicos. De início, essas medidas parecem ter sido favoráveis para os alemães: um estudo recente e detalhado descreve uma situação de "docilidade generalizada" pelo menos até 1942. Muitos funcionários públicos poloneses voltaram ao trabalho depois da invasão, e um fluxo de novos recrutados foi atraído pelas rações oficiais ou pela esperança de escapar à deportação de mão de obra ou outras tarefas.[9]

Tão miserável era o estado do país, e tão poucas as alternativas, que esse tipo de trabalho continuou a ser atraente até bem depois que a dureza dos alemães para com os que o exerciam ficou evidente. Funcionários responsáveis por entregar a colheita eram especialmente vulneráveis. "Eu me lembro de como o *Kreislandwirt* gritava em Krasnik: 'Vocês, porcos poloneses, podem esquecer a Polônia. Quem não entregar a cota será mandado para [o campo de concentração de] Majdanek!'", contou um integrante do comitê de cotas de alimentação. "Diante de nossos olhos, cinco chefes de aldeias foram presos porque suas aldeias não entregaram a cota. Morreram todos em uma semana." Temendo tal tratamento caso falhassem, os prefeitos das aldeias ficaram violentos e abusivos com os camponeses, disseminando o medo entre eles. "Hoje é o último dia para a entrega da cota de grãos", registrou um médico polonês em novembro de 1940. "Durante todo o dia, vagões puxados a cavalo cheios de grãos estão chegando à cidade. Os agricultores estão com medo de ser presos e estão trazendo as cotas na hora certa."[10]

Porém, em 1943 a maré da guerra virou, e o crescimento dos bandos de criminosos e de grupos de resistência armada nos bosques estabeleceu um novo clima. "Nenhum prefeito, secretário, autoridade de aldeia ou seus vices podem vir me dizer que as pessoas não obedecem", advertiu um funcionário municipal em janeiro de 1943. "Eu exijo que eles imponham sua vontade sob todas as circunstâncias." Isso já não era possível, ainda que os ocupantes de tais cargos agora tivessem outros com que se preocupar, além dos alemães. A violência se espalhava por toda a zona rural — antes mais segura e mais pacífica (exceto as que fossem judaicas) que as cidades e muito menos tocadas pelos próprios alemães. Ataques partisans cada vez mais frequentes provocaram incursões de "retaliação" alemãs que deixaram dezenas de aldeias queimadas e causaram a morte de milhares de habitantes. Como na França, a brutalidade da ocupação se intensificou à medida que seu fim se aproximava, minando o moral e a eficiência dos funcionários públicos, condenando o pouco que restasse da "linha flexível" de Hans Frank e forçando os alemães a depender cada vez mais do SD, da polícia e da própria Wehrmacht.

O POLICIAMENTO NO LESTE

Garantir a colaboração da polícia local e de seus ajudantes era vital para os alemães nos territórios ocupados do Leste por uma razão principal: a Solução Final. Encarregados do assassinato de centenas de milhares de pessoas, muitas das quais vivendo em assentamentos dispersos e remotos espalhados por áreas vastas, os soldados de Himmler — e sobretudo os poucos milhares de homens dos Einsatzgruppen da SS — dependiam da ajuda de outros, e já recrutavam locais antes mesmo que a permissão oficial entrasse em vigor, na segunda metade de julho de 1941. Não que fosse difícil encontrá-los, pois os voluntários se apresentavam rapidamente. Alguns eram criminosos ou ex-comunistas ansiosos para mostrar aos alemães que eram confiáveis. Outros haviam sofrido nas mãos de bolcheviques — especialmente policiais, que estavam loucos por vingança. "Quase todos os policiais letões têm um pouco de sadismo no sangue", observou o oficial alemão que administrava a cidade de Daugavpils (pouco antes de ser demitido por corrupção, tendo sido encontrado de posse de casacos de pele e talheres de prata de judeus assassinados, dúzias de barras de sabão, jaquetas de aviador e muitas centenas de cigarros). Muitos outros também se apresentaram, alguns como voluntários, outros para escapar da fome, do cativeiro ou do trabalho. Na Polônia, entre os que eram usados em operações antijudaicas havia rapazes recrutados na organização de trabalho Baudienst.[11]

Os integrantes de grupos fascistas bálticos foram uma fonte fundamental de recrutas entusiasmados, e muitos destes se comparavam aos nazistas em sua mescla de antissemitismo e anticomunismo. Sua obra criminosa ficou evidente, por exemplo, na cidade de Vilna, um dos grandes centros de erudição judaica, onde milhares de judeus foram assassinados numa bela paisagem por jovens pertencentes a uma famosa organização paramilitar de antes da guerra. Na maioria com idade entre dezessete e 25 anos, esses atiradores escoltaram seus comboios de vítimas pelos pontos de controle policial até o bosque de Ponary, onde as fuzilaram em enormes fossas cavadas pelos soviéticos para armazenar combustível de aviação. Os que tentavam fugir pelos bosques de pinheiros eram caçados. Aos militares alemães que apareciam para olhar, curiosos, eles justificavam o que estavam fazendo contando o que os *bolcheviques* tinham feito com eles.

Mas o arrogante idealismo racial não era a única motivação; havia recompensas materiais consideráveis. O jornalista polonês Kazimierz Sakowicz testemunhou homens pechinchando sobre cadáveres sob os pinheiros. "Para os alemães, trezentos judeus são trezentos inimigos da humanidade; para os lituanos, são trezentos pares de sapatos, calças e coisas assim", observou Sakowicz. Não eram só os atiradores que se beneficiavam do roubo. Num dia, meias-calças de seda eram vendidas na aldeia próxima; no dia seguinte eram peles, camisolas ou ouro dos dentes das vítimas. À medida que dezenas de milhares de corpos enchiam as fossas de areia e aqueles artigos e a violência se espalhavam pelo campo — ocasionalmente, na zona rural, soldados bêbados começavam a fuzilar poloneses e lituanos —, havia disputas e brigas. Em pelo menos um caso, até mesmo um dos executores foi obrigado a usar a estrela de davi e a seguir foi fuzilado porque tinha levado alguns relógios que "pertenciam a outra pessoa". Quando os aldeões apareciam com a esperança de comprar roupas, os guardas se ofereciam para matar judeus "do tamanho certo" no próximo comboio que aparecesse.[12]

Alguns estudiosos sugeriram recentemente que a arianização da Europa Ocidental e da Central ajudou a conseguir a complacência pública para com a Solução Final. O argumento tem sido exagerado, já que na maior parte da Europa Ocidental simplesmente não havia muitos judeus, mas é muito mais plausível no caso do Leste Europeu, onde a população judaica era muito maior e altamente urbanizada, onde a assimilação não tinha ido tão longe ou fora considerada parte integral da identidade política e onde os níveis de vida em geral eram muito inferiores. Na Hungria, os alemães étnicos locais saudaram os ataques aos judeus ocorridos na primavera de 1944, depois da entrada da Wehrmacht. "O processo de purificação", de acordo com um relatório, "se mostrou muito vantajoso para o grupo étnico alemão."

Na Ucrânia, roupas de grupos de ciganos e judeus assassinados por forças alemãs eram também oferecidas ao *Volksdeutsche* local. Na antiga Zona de Assentamento, na Polônia Oriental e na Bielorrússia Ocidental, em 1941 ainda havia *shtetls* judaicos, como ilhas de vida urbana num mar de camponeses cristãos. Muitos poloneses ignoraram as ordens do governo no exílio e tomaram propriedades de judeus. "Casos de roubo em massa de antigas propriedades judaicas são testemunha eloquente da contínua decadência moral", publicou um jornal clandestino em 1942. Nas cidades, "nos gabinetes e escritórios, todos faziam negócios". Em áreas rurais, muitos camponeses roubavam os judeus sobreviventes antes de denunciá-los ou matá-los. Líderes da resistência estavam muito preocupados com aquela "desmoralização e a voracidade sem limites".[13]

"Uma turba de camponeses caiu sobre a cidade atrás de pechinchas, pedindo bens, prometendo em nome da Santíssima Trindade devolvê-los depois da guerra", um sobrevivente registrou sobre o dia em que os judeus foram expulsos de uma cidadezinha. "Em pouco tempo, estavam levando as cabras e vacas que os judeus não podiam levar com eles." Os camponeses se reuniam em suas carroças perto dos *shtetls* na expectativa do massacre ou da expulsão de seus habitantes judeus; em cidades maiores, os guetos formados durante a guerra eram esvaziados por saqueadores tão logo eram abandonados. Por toda a Ucrânia e a Bielorrússia, ruas inteiras, quarteirões e até mesmo cidades e aldeias ficaram vazios por meses a fio, com os edifícios saqueados ou usados como armazéns.[14]

Não obstante, os camponeses eram uma gente desconfiada e pouco sentimental, e se apossar de bens daqueles que já não podiam usá-los não se traduzia automaticamente em apoio aos alemães ou ao seu modo de pensar. "Não era uma questão de simples ódio ou antissemitismo tradicional; a propaganda nazista do tipo estrambótico habitual quase nunca chegava àquelas remotas aldeias isoladas. Era mais uma questão de alienação total", escreveu Michael Zylberberg, um sobrevivente judeu, sobre os aldeões poloneses entre os quais viveu durante um breve período.

> Eles achavam que os judeus não mereciam nem ao menos desprezo, que eram uma gente estranha, de outro planeta [...] Era como se os judeus tivessem desaparecido havia séculos. A reação geral era de indiferença, e era difícil imaginar que qualquer cooperação amigável alguma vez tivesse existido. Os aldeões não sabiam em detalhe o que tinha acontecido aos judeus, mas continuavam se perguntando se eles iriam voltar, já que muitos deles deviam dinheiro a judeus. Isso era uma coisa que os preocupava muito.

Embora a primeira onda de matanças de judeus não tenha sido recebida com grande mal-estar, em 1942 uma nova questão estava surgindo em mentes cristãs. "Agora é com os judeus; quando chegará nossa vez?", perguntavam alguns. No fim daquele ano, circularam por Brest rumores de que "depois das ações judaicas" seria a vez de poloneses, russos e ucranianos. Encorajadas a participar da pilhagem de propriedades judaicas — o que muitos fizeram —, mesmo assim as populações locais se sentiam cada vez mais inquietas com os alemães e a onda de ilegalidade da qual eles mesmos participavam.[15]

Os alemães preferiam tentar direcionar os bens dos judeus diretamente para as mãos de autoridades locais. Além de qualquer outra coisa, isso tornava mais fácil pagar pela administração e conseguir policiais extras e forças auxiliares contra os partisans. Na Bielorrússia, em particular, onde os nacionalistas foram autorizados a se alistar em corporações aprovadas pelos alemães, tais como a Organização de Autoajuda do Povo e a União da Juventude Bielorrussa, o dinheiro proveniente das vendas de casas de judeus se tornou a maior fonte de renda para as autoridades locais. Como na Polônia, os alemães dependiam de prefeitos locais, e o controle dos novos guetos judeus e de suas riquezas proporcionava uma importante fonte de recursos.

Embora a matança tenha desacelerado no inverno de 1941-2, novos massacres aconteceram no ano seguinte, e foi então que aconteceu a grande expansão das forças policiais locais — a Schutzmannschaft e a Hilfspolizei dos alemães étnicos —, principalmente depois que Hitler aprovou o aumento das unidades locais para ajudar a combater os partisans. Os novos recrutas juraram ser fiéis, bravos e obedientes e levar a cabo conscienciosamente seus deveres na luta contra o bolchevismo assassino. Sob uma supervisão alemã apenas irregular, esses policiais eram efetivamente os chefes das comunidades locais que dirigiam e ficaram notórios pela corrupção, embriaguez e crueldade. Eram em sua maioria bielorrussos e aldeões ucranianos muito jovens, que encurralavam e matavam judeus, poloneses e ciganos sem nenhum escrúpulo. Em 1943, nada menos que 45 mil bielorrussos serviam como ajudantes da polícia; embora os partisans os superassem em número, eles estavam matando os judeus e os aldeões visados em ações de combate aos partisans com a mesma eficiência dos alemães, até serem levados para oeste para fugir do avanço do Exército Vermelho e recrutados pelas Waffen-ss.[16]

O FIM DA GERMANIZAÇÃO

Berlim precisava de não alemães para muito mais que matar judeus. A própria germanização sempre havia existido em duas dimensões. Uma — a prioridade

520

de Himmler em 1939-42, quando ele acreditava que o fim da guerra era iminente — dizia respeito ao futuro. O Plano Geral do Leste era sua expressão fundamental: as colônias criadas em Zamość e Hegewald foram os primeiros passos daquele caminho. Essa visão da nova elite da Europa era exclusiva, orgulhosa e nada flexível. Mas outra dimensão foi orientada para as necessidades da própria guerra, e ganhou mais importância e urgência à medida que a luta se arrastava e o futuro do Plano Geral do Leste desvanecia. Os alemães já não podiam se dar ao luxo de ser tão seletivos a respeito daqueles com quem podiam contar; na realidade, à medida que afrouxavam os critérios para a germanidade, também viriam a abandonar o princípio de que só alemães poderiam combater dentro do Reich, a tal ponto que eslavos — até mesmo russos — ingressaram nas Forças Armadas alemãs. Não houve uma mudança real de opinião no comando do Terceiro Reich, mas as necessidades da guerra permitiram que a promessa de colaboração tremulasse brevemente no Leste.

No verão de 1942, Hitler confiou a Himmler a tarefa de decidir como os povos "germânicos" deveriam contribuir para a Nova Ordem. A Noruega e os Países Baixos tinham sido alvo de recrutadores da ss desde 1940, e teve início imediato uma ofensiva de propaganda saudando a futura união entre o Reich e os outros "povos germânicos" do norte e do noroeste da Europa. Himmler estabeleceu um "grupo de trabalho para o *Raum* germânico" e criou uma "Casa Germânica" em Hanover: representantes de grupos da ss na Europa Ocidental assistiram à cerimônia de abertura.

Tudo isso foi na verdade concebido para conseguir recrutas "germânicos" para lutar na frente oriental, e milhares de voluntários se alistaram e partiram. Depois de Stalingrado, esses esforços se intensificaram. O fascista belga Léon Degrelle converteu sua Légion Wallonie na ss Freiwillige Sturmbrigade "Wallonien", na esperança de que o apoio de Himmler o deixasse mais próximo do poder na Bélgica. A Legião Flamenga do partido nacionalista flamengo vnv tornou-se a ss-Freiwilligen Legião "Flandern". As divisões "Charlemagne" e "Nordland" também surgiram dessas legiões nacionais menores, concebidas para ser núcleos de uma futura ss europeia. Seus voluntários, que nunca chegaram a ser uma verdadeira divisão, lutaram até o fim com o desespero próprio de homens que não têm para onde voltar. A ss chegou até a formar um pequeno Britisches

Freikorps (BFK), cujos integrantes — poucas centenas de prisioneiros de guerra britânicos que eram uma mistura de ex-seguidores de Mosley e aventureiros — usavam a Union Jack em seus uniformes de Waffen-ss; nunca entraram em combate, embora um pequeno número de soldados britânicos tenha servido em outras unidades da ss. Nada menos que 125 mil europeus ocidentais chegaram a servir nas fileiras da Waffen-ss — cerca de 50 mil holandeses, 40 mil belgas (divididos entre valões e flamengos) e 20 mil da França. Não são números insignificantes, mas dificilmente servem como prova de que a Europa estava ansiosa para se apresentar como voluntária.[17]

Embora as quantidades de recrutas "germânicos" nunca fossem o bastante para Himmler, a Wehrmacht tratou de assegurar de que tampouco o fossem as de suas unidades puramente alemãs. Himmler formou as primeiras divisões de Waffen-ss — Adolf Hitler, Das Reich e Totenkopf — para mostrar que a ss também podia desempenhar um papel como força militar, e elas foram em grande parte responsáveis pela reputação brutal e fanática que as Waffen-ss ganharam. Mas de início as Waffen-ss eram só uma pequena fração da Wehrmacht, e atrair voluntários alemães para elas estava ficando mais e mais difícil. Recrutadores no próprio Reich, escrutinando a Juventude Hitlerista e o Serviço de Trabalho em busca de voluntários, informavam que "os jovens não apenas são anti-Waffen-ss como contrários a qualquer forma de serviço militar". As ss tentaram forçar "voluntários" a prestar serviço no front, mas seus oficiais criticavam a motivação e o treinamento dos novos recrutas.[18]

Assim, à medida que aumentavam as baixas de guerra alemãs e que as barreiras ideológicas no momento de recrutar os não alemães perdiam importância, Himmler percebeu que seria contraproducente se limitar à Europa Ocidental: era muito mais sensato explorar os medos e ansiedades daqueles diretamente no caminho do Exército Vermelho. Quando a decisão inicial de ampliar a busca por recrutas foi tomada, as Waffen-ss tiveram uma expansão inacreditavelmente rápida. Dos 170 mil homens que serviam em suas fileiras no início de 1942, apenas 18 200 não eram alemães do Reich; entretanto, no fim da guerra, dezenove de suas 38 divisões constituíam-se basicamente de estrangeiros, quase meio milhão deles vindos principalmente do Leste Europeu. Em 1944, já se convertera num enorme Exército burocraticamente inchado e sem nenhuma pretensão real de exclusividade racial, e seus soldados eram cada vez mais alemães étnicos do Sudeste da Europa ou de outras nacionalidades distintas.[19]

A Divisão "Prinz Eugen" de alemães étnicos foi a precursora, formada para ajudar a sobrecarregada Wehrmacht a combater os partisans na Iugoslávia. Os recrutadores de Himmler também começaram a forçar os alemães étnicos da região sérvia do Banat e, quando houve protestos, eles responderam com desdém: "Ninguém se importa com o que fizermos ali com nossos alemães raciais". Hungria, Iugoslávia, Romênia e até mesmo a Polônia acabaram contribuindo mais com as Waffen-ss que a Europa Ocidental. Diretrizes raciais foram logo afrouxadas, e chegaram aos ouvidos de Himmler queixas de que seus recrutadores estavam aceitando quase qualquer um: entre os "substitutos completamente inadequados" procedentes da Hungria figuravam homens "com epilepsia, tuberculose grave e outras incapacidades físicas". Alguns não eram sequer alemães étnicos. Um oficial de divisão considerava ser "perfeitamente possível que muitos dos voluntários alemães raciais não considerem esta guerra como sua nem que prestar serviço nas Waffen-ss seja seu dever para com o povo alemão". Na realidade, muitos desses "alemães" depois desertaram ou se renderam a tropas americanas ou britânicas declarando ser poloneses ou húngaros. Já em dezembro de 1942, a ss observou enfurecida o comportamento de alguns soldados do *Volksdeutsche* da Alta Silésia que foram vistos "em bares poloneses, de uniforme, conversando com os poloneses em polonês e envolvidos em conversas derrotistas sobre a frente oriental".[20]

Himmler também estava repensando suas teorias raciais para tirar proveito do profundo anticomunismo existente nos Estados bálticos. No fim de 1942, eles estavam fornecendo aos alemães quase tantos voluntários quanto os Países Baixos, e muitos letões estavam servindo nas Forças Armadas alemãs, em unidades policiais, batalhões de mão de obra e em esquadrões da morte da ss. Em 1943, foram recrutados mais de 30 mil homens "germanizáveis" nas legiões letãs e estonianas da ss, e altos oficiais do Exército báltico tinham também altos cargos na ss. No passado, Himmler havia impedido franceses e valões de servir na ss porque não eram "germânicos" o bastante; não obstante, depois de inspecionar alguns estonianos em treinamento, ele agora achava que "racialmente, eles não podem ser diferenciados dos alemães [...] Os estonianos realmente pertencem às poucas raças que podem, depois da segregação de alguns elementos apenas, mesclar-se conosco sem nenhum dano para nosso povo".[21]

De fato, Himmler chegou até a admitir a ideia de dar a estonianos e letões maior autonomia política, por perceber que a recusa dos alemães em lhes conceder isso ameaçava seus esforços de recrutamento. Depois de Stalingrado, o energético ministro das Finanças de antes da guerra, Alfred Valdmanis, que integrava a autoadministração letã, disse aos alemães que a administração só cooperaria recrutando voluntários para a frente oriental se os alemães prometessem privatizar a propriedade — àquela altura, boa parte da legislação da era soviética continuava em vigor —, parassem de prender patriotas letões e, acima de tudo, agissem para reconhecer a independência letã. O letão sem papas na língua foi enviado para a Alemanha pelo resto da guerra, vigiado pelo sd. (Depois de 1945, ele fugiu para o Canadá, onde se tornou diretor do desenvolvimento econômico do país até vir à tona qual fora sua carreira durante a guerra.) Dali em diante, os alemães continuaram com seu jogo habitual: prometer concessões no futuro enquanto sua lista de exigências ficava cada vez maior. Hitler descartou definitivamente a concessão de autonomia política para os povos bálticos em novembro de 1943; a decisão, porém, não foi tornada pública para não estancar o fluxo de recrutas.[22]

Quando Hitler suspendeu sua proibição à formação de "legiões nacionais" da ss, Himmler também passou a fazer recrutamentos em áreas onde a população nunca fora considerada "germanizável" em nenhum sentido, mas que tinha algum tipo de associação histórica com a Alemanha ou com os Habsburgo. Uma delas foi a Bósnia, onde os regimentos muçulmanos tinham se tornado lendários ao lutar para o imperador Francisco José durante a Primeira Guerra. Himmler repetiu a experiência, recrutando milhares de muçulmanos — muitos dos quais tinham sido atacados pela Ustaše dos croatas e pelos sérvios chetniks — para a Divisão Handschar da ss em 1943. Os ulemás bósnios locais advertiram as pessoas para não colaborar, mas o mufti de Jerusalém foi levado de avião para dar sua bênção, e o próprio Himmler, que tinha decidido que os muçulmanos bósnios não eram eslavos, mas sim arianos, inspecionou a nova divisão em Sarajevo. Com seu barrete adornado com as runas da ss e suas bandeiras ostentando a cimitarra que dava nome à unidade, eles desfrutaram privilégios semelhantes aos de seus antecessores Habsburgo, inclusive rações especiais e concessões para práticas religiosas. Mas aqueles — e eram muitos — que se uniram pensando que agiriam como as antigas unidades dos Habsburgo, protegendo as próprias casas e fazendo tarefas de gendarmaria, logo ficaram desiludidos. Depois de treinarem na França — onde alguns se rebelaram —, eles foram basicamente destacados para operações de combate aos partisans na Iugoslávia e adquiriram uma reputação macabra por suas atrocidades.

Com o modelo habsburgo em mente, outros grupos étnicos sentiram-se atraídos, em especial os ucranianos, antibolcheviques ferrenhos e intensamente pró-alemães. Ainda assim, a inclusão deles supunha revogar uma política nazista consolidada e enfrentar mais um dos inúmeros preconceitos de Hitler. O Führer pensava que os Habsburgo tinham errado ao insistir na independência ucraniana na Primeira Guerra Mundial e jamais perdoou aos ucranianos o assassinato do governador militar alemão no país em 1918.[23] Os ativistas ucranianos também não ajudaram sua própria causa: no interior da fascista Organização dos Nacionalistas Ucranianos (OUN), as duas facções principais, a OUN-B (liderada por Stepan Bandera) e a OUN-M (chefiada por um ex-oficial austríaco de nome Andrei Melnyk), consumiam a maior parte do tempo combatendo uma à outra. Depois da invasão da União Soviética, o desprezo de Hitler pelo que representavam ficou refletido na concessão do sudeste da Ucrânia para os romenos e da Galícia para o Governo-Geral. As esperanças acalentadas por Rosenberg de ver uma Ucrânia independente se dissiparam, e quando as unidades da OUN-B da Abwehr se rebelaram em protesto foram mandadas para o campo de concentração de Sachsenhausen. No comissariado político do Reich de Koch, todo o ativismo ucraniano passou à clandestinidade. "Nenhum soldado alemão jamais morrerá por esse povo de negros", declarou Koch, acrescentando que, sempre que encontrava um ucraniano inteligente, se sentia na obrigação de fuzilá-lo.[24]

Na Galícia, entretanto, os ucranianos puderam ser mais úteis, porque o governador da região, o ss-Brigadeführer Otto Wächter, os apoiava. Ao mesmo tempo em que ajudava a organizar o extermínio dos judeus na região (uma política da qual era um firme defensor), Wächter permitiu a formação de um comitê nacional ucraniano e deixou que os ucranianos fizessem trabalhos sociais e de assistência. O número de escolas em língua ucraniana no Governo-Geral, por exemplo, aumentou de 2510 em 1939 para mais de 4 mil em 1942, e os poloneses começaram a se preocupar com esse ressurgimento.[25] O passo natural seguinte foi recrutar uma divisão armada ucraniana para a Waffen-ss, e Wächter propôs isso a Himmler, que aprovou a ideia com a condição de que não houvesse nenhuma menção à palavra "Ucrânia". Em consequência, no dia 28 de abril de 1943, Wächter anunciou a formação da divisão da ss da Galícia, e seus principais colaboradores ucranianos pediram voluntários. A resposta foi esmagadora. Aproximadamente 100 mil homens se apresentaram, quase todos da Ucrânia Ocidental, demonstrando a oportunidade que os alemães tinham desperdiçado na Ucrânia por causa da brutalidade de Koch.

Muitos dos mais velhos entre os 30 mil que foram aceitos tinham lutado ao lado dos austríacos na Primeira Guerra Mundial; para eles, assim como para os oficiais alemães também envolvidos, as recordações de sua antiga camaradagem nunca estiveram muito longe, e o hino oficial de marcha dos Habsburgo foi adotado pela divisão. Os próprios alemães ficaram desconcertados com a intensidade daquela resposta. O treinamento incluía conferências sobre a história ucraniana, serviços religiosos frequentes e concertos, além de uma quantidade considerável de álcool, especialmente quando eram visitados por suas famílias. Em maio de 1944, Himmler inspecionou a divisão, e no mês seguinte ela foi destacada para a frente oriental, onde ficou sob o comando operacional de um antigo oficial dos Habsburgo.[26]

Em três anos, a política alemã tinha girado quase 180 graus. Ainda assim, apesar dos cartazes de recrutamento mostrando soldados alemães e ucranianos lutando juntos por entre os milharais, nem Himmler nem os ucranianos confiavam uns nos outros mais que antes. Os alemães ainda não estavam fazendo nenhuma promessa sobre um futuro Estado ucraniano; tudo o que queriam eram buchas de canhão. Quanto aos ucranianos, sabiam que tinham poucos motivos para confiar em Himmler. A divisão ss da Galícia não durou muito: foi arrasada em poucos dias pelo Exército Vermelho perto da cidade de Brody, perdendo a maioria de seus 14 mil homens e reagrupando-se com apenas 1500 sobreviventes.

Seus sacrifícios não foram inteiramente vãos. Himmler ficou impressionado com o desempenho da divisão e ordenou que fosse reorganizada. Agora já se permitia chamá-la abertamente de "ucraniana", e sua propaganda assumiu um caráter mais nacionalista. Mas a guerra a levava cada vez mais longe da Ucrânia, e os interesses alemães e ucranianos estavam deixando de convergir. Depois de ser utilizada em violentas operações contra os partisans na Eslováquia, muitos de seus homens desertaram quando os alemães se retiraram atravessando os Cárpatos. Aproximando-se de suas casas e combatendo uma luta vã e desesperada para salvar a Galícia do comunismo, eles continuaram com sua resistência contra soviéticos e poloneses muito tempo depois que a guerra terminara em todos os outros lugares.[27]

A duvidosa opinião que o Führer tinha sobre eles foi mencionada numa conversa surrealista que teve lugar no bunker de Berlim, no fim de março de 1945. Foi dura, pouco romântica e bastante coerente com as atitudes políticas que ele sempre havia demonstrado:

Hitler: Ninguém nunca sabe o que paira por aí. Acabei de ouvir, para minha surpresa, que apareceu de repente uma divisão ss ucraniana. Não sei absolutamente nada sobre essa divisão ss.

Göhler: [adido da ss] Ela existe há muito tempo.

Hitler: Mas isso jamais foi mencionado em nenhuma de nossas reuniões. Ou você se lembra disso?

Göhler: Não, eu não me lembro.

[...]

Hitler: [Referindo-se às unidades estrangeiras em geral e à divisão ucraniana em particular] Ou a unidade é confiável ou não é. No momento eu nem posso criar unidades novas na Alemanha, pois não tenho armas. Por isso é idiotice dar armas a uma divisão ucraniana que não é completamente confiável [...] Se for composta de [ex-]rutênios austríacos, a única coisa a fazer é tomar imediatamente as armas deles. Os rutênios austríacos eram pacifistas. Eram cordeiros, não lobos. Eram lamentáveis até mesmo no Exército austríaco. Tudo isso é uma ilusão [...] Não estou dizendo que não se possa fazer nada com esses estrangeiros. Algo realmente pode ser feito deles. Mas leva tempo. Se os tivéssemos por seis ou dez anos e controlássemos a pátria deles como fazia a velha monarquia, eles se tornariam bons soldados naturalmente. Mas, se são recrutados quando suas terras estão em algum lugar mais adiante [em território inimigo], por que se deveria esperar que eles lutem?[28]

EM BUSCA DO DE GAULLE RUSSO

Ao recrutar não alemães para a causa nazista, Himmler estava seguindo o caminho iniciado pela Wehrmacht: de fato, a ss nunca se igualou ao Exército em número de não alemães alistados. Durante algum tempo, os chefes do Exército improvisaram onde fosse necessário para achar colaboradores localmente e escrutinando os campos de prisioneiros de guerra em busca dos chamados "Hiwis" (*Hilfsfreiwillige* = voluntários auxiliares). Para mantê-los longe dos olhos de Hitler, só depois de Stalingrado eles foram listados oficialmente na força da Wehrmacht. Mas muitos russos e ucranianos trabalharam até mesmo como tradutores, motoristas, cozinheiros, criados e guardas antes do inverno de 1941. "Muitos suboficiais e tenentes tinham seus próprios 'Ivans'", recordou um observador, e a dependência crescente deles — na primavera de 1943, havia meio milhão desses auxiliares — ajudou os oficiais alemães a se acostumar à ideia de trabalhar mais sistematicamente com "unidades orientais".[29]

À medida que a necessidade de força de trabalho aumentava, era cada vez mais difícil para os alemães resistir aos argumentos em favor do recrutamento de "tropas orientais". No fim do verão de 1942, a posição deles foi regularizada com novas normas do Exército que dispunham sobre suas condições de serviço. No fim do ano, quase metade dos soldados da 134ª Divisão de Infantaria da linha de frente era formada por ex-prisioneiros de guerra soviéticos. Boa parte dessa mudança se deveu ao extraordinário chefe da seção de organização do alto-comando do Exército, Claus von Stauffenberg. Inspirado em sua visão neobismarckiana de uma Alemanha unida em parceria com uma Rússia pós-bolchevique — até perder a fé na capacidade dos nazistas de realizar isso —, Stauffenberg é mais conhecido, claro, como o homem cujo desespero ante a forma como Hitler estava conduzindo a guerra levou-o a pôr a bomba na casamata do Führer em julho de 1944.

Stauffenberg tinha inúmeras razões para se sentir frustrado. Conseguir que o Führer concordasse em usar russos anticomunistas era ainda mais difícil que fazê--lo superar seus preconceitos contra os ucranianos. Suas objeções aos russos eram bem conhecidas, e ele tentou fazer com que o Exército limitasse seu uso de voluntários soviéticos a pequenas unidades antiguerrilha. Acabou sendo mais fácil mudar sua opinião no tocante aos não russos, e a visita de um general turco que suplicou que os prisioneiros turcos fossem libertados preparou o terreno para a formação de "legiões" separadas de turcos e muçulmanos caucasianos, bem como — o que era incongruente — de georgianos e armênios. Uma unidade de cossacos, acompanhados por suas mulheres e rebanhos, lutou ao lado dos alemães até que sua pouca confiabilidade e altos índices de deserção obrigaram sua transferência para o oeste. Também havia uma unidade de cavalaria calmuca e unidades tártaras. Espalhando-se pela Europa, na primavera de 1945 algumas acabaram na Bretanha, onde aterrorizaram a população local. Ao todo, de acordo com uma estimativa, 650 mil ex-cidadãos soviéticos usaram uniforme alemão. A Wehrmacht estava se transformando num Exército multinacional, apesar de si mesma.[30]

Não obstante, a indicação mais clara de que a política não estava sendo dirigida pela ss, mas pela mais pragmática Wehrmacht, foi a decisão de procurar colaboradores militares entre os próprios russos. Para Hitler, foi a pílula mais amarga de todas. Além de seus preconceitos antirrussos, sua relutância pode ter sido influenciada pelo fiasco ocorrido em novembro de 1942, quando cerca de 2500 voluntários russos de uma unidade secreta de combate aos partisans mataram os oficiais de ligação alemães, sequestraram o próprio chefe e o entregaram aos partisans. Em meados de 1943, Hitler ainda insistia em que "nós nunca montaremos um Exército russo". Mesmo assim, em janeiro de 1942 o conselheiro de Rosenberg, Otto Bräutigam, já tinha proposto a ideia de montar um "contragoverno russo" chefiado por uma figura à "De Gaulle", que idealmente seria escolhida entre os generais capturados do Exército Vermelho. Rosenberg era tímido demais para endossar uma sugestão tão ousada, e Hitler a descartou, o que não foi surpresa. Quando alguns generais russos cativos foram entrevistados, deixaram claro que a Alemanha precisava fazer concessões políticas mais definidas do que Hitler estava disposto a fazer. Mas os oficiais lotados no Leste sabiam que os alemães não podiam se dar ao luxo de ser altivos. Com a deterioração da situação em Stalingrado, o chefe da inteligência do Exército no Leste, general Gehlen, defendeu a "formação fictícia de um falso governo nacional russo", que utilizaria "personalidades com nomes imponentes" escolhidas entre os generais prisioneiros para formar um "Comitê Nacional para a Libertação da Pátria". No Natal de 1942, o Exército, o Ministério para os Territórios Orientais Ocupados de Rosenberg e o Ministério da Propaganda de Goebbels já se mostravam basicamente de acordo com a ideia de que era necessário adotar um enfoque mais político para o futuro da região.[31]

Um possível candidato para o papel de "De Gaulle russo" era um famoso general soviético, Andrei Vlasov, capturado naquele verão depois de uma tentativa fracassada de acabar com o cerco a Leningrado. Vlasov era alto e magro, uma figura imponente que tivera papel importante na defesa de Moscou, e a Wehrmacht estava interessada não apenas em sua experiência militar como também em usá-lo politicamente. Na prisão, ele disse aos alemães sem rodeios que, embora muitos militares soviéticos estivessem dispostos a derrubar Stálin, eles não sabiam se podiam contar com os alemães ou com os anglo-americanos. Destacando a estabilidade do regime soviético, Vlasov enfatizou que os alemães não conseguiriam derrubá-lo sem a ajuda russa: só um Exército russo alternativo teria alguma chance de derrotá-lo. Ele mesmo admitiu sua inclinação pelos alemães; não obstante, continuava no ar a questão do futuro que eles planejavam para a Rússia.

Como sabiam que Hitler e Bormann em particular se oporiam terminantemente a qualquer proposta de guerra política com a ajuda russa, os defensores de Vlasov na Wehrmacht tentaram obter o apoio de Alfred Rosenberg e de seu Ministério para os Territórios Orientais Ocupados. Rosenberg concordou, contanto que o programa de Vlasov não contrariasse sua política de atrair as nacionalidades não russas. Ele também insistiu que qualquer esforço de propaganda deveria ser dirigido ao lado soviético no front. Mas, quando aviões alemães começaram a sobrevoar as linhas soviéticas distribuindo milhões de panfletos nos quais Vlasov defendia o fim do stalinismo, uma paz honrosa e um lugar para a Rússia na nova Europa "sem os bolcheviques nem os capitalistas", eles acidentalmente passaram também sobre território controlado pelos alemães. A Wehrmacht relatou que houve muito interesse entre os russos sob seu controle, e a causa de Vlasov ganhou grande reforço. Na primavera de 1943, ele teve permissão para visitar os territórios ocupados para divulgar seu "Exército Russo de Libertação" (como eram chamados agora as *Osttruppen*). Falando em Smolensk ao lado de oficiais alemães, Vlasov declarou que não queria restaurar o tsarismo, o capitalismo ou o bolchevismo. A mensagem era de puro nacionalismo russo. "O povo russo viveu, vive e viverá com oficiais alemães a seu lado", declarou. "Nunca será possível reduzi-lo à condição de um povo colonizado." Ele criticou as atrocidades alemãs contra a população civil e previu que a guerra da Alemanha no Leste fracassaria, a menos que esclarecesse quais eram os planos de longo prazo para a União Soviética.[32]

Nem é preciso dizer que tudo isso contrariava frontalmente o pensamento de Hitler. Em junho de 1943, ele se recusou a promover colaboradores locais em todos os antigos territórios soviéticos; o máximo que estava disposto a tolerar era um esforço puramente propagandístico. De acordo com ele, seguir a estratégia japonesa — "algo parecido com a chamada China livre, ou nacionalista, no Leste Asiático" — era perigoso demais, já que qualquer grande força russa armada poderia se voltar contra seus patrocinadores alemães. Como ocorria com tanta frequência, ele recordou supostas experiências da Primeira Guerra, nesse caso as consequências das tentativas alemãs de recrutar um Exército polonês. "Já tivemos uma lição trágica com os poloneses na Grande Guerra", objetou.

Depois Ludendorff declarou: "As pessoas diziam que eu precisava conseguir 500 mil homens". Qualquer pessoa sensata teria respondido de imediato: "Esses 500 mil poloneses não vão lutar contra a Rússia; longe disso, eles estão montando um Exército para combater a Alemanha e a Áustria, se necessário, para libertar a Polônia. Cada país pensa em seu próprio interesse ou não pensa em absoluto [*oder sonst gar nichts*] [...] Tudo isso é teorizar nas nuvens, imaginar que nosso objetivo é montar Estados independentes, autônomos".

Para os nazistas linha-dura, como Hitler ou Erich Koch, fornecer algum apoio real aos russos, ucranianos ou qualquer outro nacionalista era algo odioso. Assim, o impedimento fundamental para qualquer campanha de recrutamento de colaboradores no sentido que esse conceito tinha na Europa Ocidental vinha do alto-comando.[33]

Até mesmo a ideia de uma proclamação para "todos os povos do Leste" era mais do que o Führer estava disposto a tolerar, e nem Goebbels conseguiu fazê-lo mudar de ideia. Quando Hitler soube que alguns dos *Osttruppen* tinham desertado para se unir aos partisans, as unidades restantes foram transferidas para a Europa Ocidental e os Bálcãs, e a ideia de um "exército de Vlasov" parecia definitivamente enterrada. O próprio Himmler ainda era, nesse momento, um dos que mais se opunham a Vlasov. Em outubro de 1943, ele reafirmou seu desprezo pelo plano de criação de "um Exército de libertação comandado pelo general Vlasov". De fato, ele mal podia acreditar que Vlasov tivesse tido a temeridade de passar um sermão nos oficiais alemães sobre a maneira como tratavam os russos, e sem que nenhum dos alemães tivesse protestado.[34]

Não obstante, as objeções raciais de Himmler estavam agora sendo atenuadas pela crescente escassez de força de trabalho no Leste, e no último minuto sua SS estava se tornando a última esperança dos que se encontravam na região. A própria Waffen-SS era constituída de quase trinta divisões e incluía, como vimos, grande quantidade de antigos cidadãos soviéticos. As unidades do Exército cossaco tinham sido transferidas havia pouco à SS para ter equipamentos melhores, ao mesmo tempo em que o novo SS-Generalkommissar para a Bielorrússia prestava mais apoio a círculos nacionalistas que seu antecessor civil. Na primavera de 1944, Himmler teve a ideia de recrutar entre muçulmanos soviéticos uma "Unidade Turca Oriental", ampliando o regimento turco que então combatia ativamente os partisans na Bielorrússia. O líder proposto para o novo SS Osttürkischer Waffenverband era Wilhelm Hintersatz, mais conhecido como "Harun-el-Rashid" Bey, um ex-oficial austríaco convertido ao islamismo que no passado trabalhara com Enver Pacha no Estado-Maior turco. Embora o próprio Himmler ainda sonhasse com um avanço alemão nos Urais, suas fantasias tinham um matiz habsburgo cada vez mais pronunciado, e ele falou em construir — ante o *Ostwall* alemão — "uma fronteira defensiva de neocossacos no Leste, seguindo os grandes modelos da fronteira austro-húngara e o modelo russo de cossacos e soldados colonos".[35]

Um colaborador particularmente sórdido que se uniu à ss nesse momento foi um aventureiro psicopata chamado Bronislav Kaminski. Antítese do tipo de ativismo nobre e disciplinado representado por Vlasov, Kaminski era um engenheiro da cidadezinha de Lokot, na Bielorrússia, que havia entrado em conflito com o NKVD antes de 1939 e governou a região como seu próprio "império" durante quase dois anos desde a invasão alemã. Seu Exército Russo de Libertação Nacional, tosco porém eficaz, foi montado com a ajuda da Wehrmacht e contava mais de 10 mil homens. O que o mantinha na linha era a propensão de Kaminski à violência, semelhante à de Kurtz: os oficiais de ligação alemães que visitavam seu acampamento na floresta de Briansk acostumaram-se a ver corpos de ajudantes seus balançando na entrada principal. Hans "Esperto" von Kluge, o comandante do Grupo de Exércitos do Centro, tolerava os roubos, saques e estupros cometidos pelos "famosos" homens de Kaminski porque ele o ajudava a dirigir as operações contra os partisans a partir de sua autoproclamada República de Lokot, e o próprio Kaminski foi condecorado com a "Cruz de Ferro dos Povos do Leste, Primeira Classe".[36]

Mas o que estava acontecendo fora da vista nos remotos pântanos e bosques da Bielorrússia causou uma impressão muito diferente, inclusive nos alemães, quando foram transportados centenas de quilômetros a oeste. No verão de 1944, os homens de Kaminski se retiraram em desordem da Bielorrússia e, assim como a recém-rebatizada 29ª Divisão da Waffen-ss, foram enviados para esmagar o levante de Varsóvia. Lá, no distrito proletário de Ochota, eles se distinguiram por uma série de crimes tão horrendos que chocaram até mesmo seus superiores alemães. Matando cerca de 30 mil pessoas num único dia, eles deixaram porões cheios de corpos metralhados e roubaram e estupraram o pessoal e os pacientes de um hospital de câncer local. Isso repugnou até mesmo os oficiais da ss no comando, que os afastaram. Toda aquela brutalidade não tinha feito mais que prolongar a resistência dos desesperados habitantes poloneses, dificultando a tarefa dos alemães. O próprio Kaminski foi preso e fuzilado a caminho de Łódz — carregado de joias e relógios —, provavelmente pela Gestapo. Quando lhe ofereceram os homens restantes da brigada de Kaminski, Vlasov os descreveu desdenhosamente como "mercenários" e se recusou a ficar com a maioria.[37]

O general russo era claramente de calibre bem diferente do de um oportunista dissoluto como Kaminski. No outono de 1944, com o Exército Vermelho abrindo caminho de forma arrasadora pelas linhas do Grupo de Exércitos do

Centro e avançando rumo às fronteiras da Polônia e da Romênia, Himmler começou a repensar a alternativa Vlasov — a V-100, como era chamada pelos gozadores, dada a obsessão do regime por "armas secretas". Nas palavras de Hitler, era "o momento do que podemos fazer, não do que queremos fazer". Ainda convencido de que os alemães conseguiriam alterar a maré e fazer os russos retroceder até os Urais, Himmler se encontrou com Vlasov e concordou em apoiá-lo no lançamento de um Comitê para a Libertação dos Povos da Rússia (KONR), cujo primeiro encontro aconteceu em novembro no castelo de Hradčany, em Praga. Himmler foi obrigado a ignorar os temores de seu pessoal de segurança para permitir que Vlasov visitasse um país eslavo ocupado.[38]

Mas o que na verdade significava um empreendimento tão quixotesco no momento em que o Exército Vermelho avançava rapidamente para o oeste e estava a ponto de invadir o território alemão? O novo comitê, uma expressão da falência das tentativas alemãs de guerra política no Leste, não foi mais que mais um dos vários governos patéticos e totalmente fictícios criados muito depois de sua data de validade: o governo francês de Pétain se reformulou em Sigmaringen, e havia ainda, ou em breve haveria também comitês nacionais albaneses, croatas, sérvios e gregos; os balneários e estações de esqui da Áustria estavam se enchendo de colaboradores que esperavam nervosos pelo fim do exílio. O próprio KONR era apenas um espetáculo de propaganda, oferecido em benefício dos russos. Nenhum dos ministros de Hitler estava presente em Praga; nem mesmo Himmler compareceu. Os planos para tratar o KONR como um governo soberano foram esmagados. Em vez disso, os alemães enviaram um trem especial de Berlim para trasladar os "delegados"; muitos eram, na realidade, trabalhadores do Leste que foram removidos dos campos e vestidos para a ocasião. O próprio Vlasov tinha preparado um manifesto que não fazia menção a Hitler ou ao nacional-socialismo e relacionava catorze pontos num claro sinal, dirigido às potências ocidentais, de que estava pensando em Woodrow Wilson e em 1918. Mas aquilo não era mais que "cabaré", como descreveu um observador alemão: se Hitler tivesse pensado que havia a mais remota chance de que aquilo se concretizasse, Vlasov jamais teria conseguido permissão para tornar pública aquela atitude.[39]

Não importava que todos aqueles esquemas só existissem como alternativas imaginárias: àquela altura, tão perto do fim, as lutas internas pelo controle em Berlim seguiam tendo vida própria, e Vlasov continuava a ser um joguete.

Alfred Rosenberg, havia muito inimigo de Himmler, não pôde deixar de se envolver, mesmo dirigindo agora um ministério carente de qualquer importância. (Quando o homem que Himmler mantinha no ministério, Gottlob Berger, finalmente pediu demissão em dezembro de 1944, ele começou seu relatório a Himmler com as palavras: "Assunto: Ministério do Reich para os Territórios do Leste Já Não Ocupados.) O fato de que os únicos soldados alemães em solo russo eram prisioneiros de guerra não impediu Rosenberg de dedicar seus últimos meses no cargo a criar dificuldades para Vlasov e seus patrocinadores na ss. Furioso por estar sendo evitado por Hitler, a quem não via desde novembro de 1943, Rosenberg advertiu sobre os perigos do nacionalismo russo, enquanto encorajava representantes de nacionalidades não russas a promover congressos rivais: minúsculos "comitês nacionais" de azeris, tártaros, turquistaneses e caucasianos travaram assim uma "guerra de papel" contra os "grandes russos" reunidos em torno de Vlasov. No início de 1945, veio o último ato absurdo, com uma conferência constituinte de nacionalistas ucranianos em Weimar e a formação de um Exército nacional ucraniano. O Ministério para os Territórios Orientais Ocupados de Rosenberg e a ss de Himmler brigavam até mesmo quando não havia mais nada de substancial pelo que lutar: Vlasov e esses outros grupos cada vez mais patéticos de nacionalistas anticomunistas não eram mais que peões numa rivalidade agora já sem sentido. O Leste continuava a ser o que sempre fora para os nazistas — um lugar em que a imaginação corria solta e a realidade podia ser ignorada.

A maioria dos russos que consideravam a alternativa Vlasov era mais realista. Vigiada pelo sd, suas ansiosas discussões sobre o significado daquilo tudo dava uma ideia aguda das opções desalentadoras que tinham diante de si:

A minoria sustenta que a Alemanha perdeu a guerra de uma forma ou de outra e será ocupada pelos anglo-americanos [...] Entre esses russos prevalece a visão de que depois da vitória a Inglaterra e os Estados Unidos destruirão o bolchevismo na Rússia e estabelecerão uma "democracia genuína". "Se seguirmos Vlasov", dizem esses russos, "os anglo-americanos não nos perdoarão por isso."

A outra parte dos russos acha que [...] a vitória sobre o bolchevismo na Rússia só é possível com a ajuda de um Exército russo de verdade. Os russos também dizem: "Nós manifestamos muitas vezes o desejo de ingressar no Exército de Vlasov, mas sempre fomos rejeitados. Em vez disso, mandaram-nos para a Waffen-ss. Isso nós rejeitamos, porque não é uma força russa genuína".[40]

Movido por sentimentos semelhantes, e a despeito do apoio de Himmler, o próprio Vlasov se negou a permitir que as tropas sob seu comando fizessem parte da Waffen-ss. Depois de uma furiosa discussão, foi a ss que de fato capitulou, e os *Untermenschen* russos prevaleceram. Himmler permitiu que a primeira divisão de Vlasov fosse formada em dezembro de 1944 como uma unidade independente; no mês seguinte, foi autorizada outra divisão, e com Vlasov no comando direto, independente da Wehrmacht ou de Hitler como seu comandante supremo. Foi o melhor momento de seu "Exército de Libertação Russo": dois anos de debates, no entanto, não produziram mais de 50 mil soldados, um pálido regresso em troca dos milhões de cidadãos soviéticos que tinham trabalhado para a Wehrmacht e os outros milhões assassinados ou deixados para morrer de fome.

Mas a liderança nazista vivia num mundo de fantasias. Que motivos tinha Himmler para empreender qualquer esforço maior para conquistar o apoio dos russos quando já em janeiro de 1945 ele parecia ainda acreditar seriamente que a Rússia poderia ser orientada à força para o leste e para o sul — transformada num "Estado Siberiano Russo Oriental", com sua fronteira a oeste abaixo de Moscou? Ainda firme e seguro de si quando nada o justificava, o Reichsführer-ss enxergava perigos onde eles não existiam, e chegou mesmo a interpretar iniciativas sérvias e eslovacas de pouca importância para reconhecer Vlasov como sinais de que estava se formando uma perigosa frente pan-eslava antialemã. Nenhum dos outros líderes nazistas estava encarando a realidade de um jeito mais realista. Goebbels considerava Vlasov um títere, enquanto Goering, ao conhecê--lo, não falou de nada mais substancial que patentes, uniformes e questões de protocolo militar. O ministro das Finanças, Von Krosigk, queria intensificar a "propaganda de Vlasov contra os bolcheviques" para evidenciar o contraste entre os padrões de vida na Alemanha e na Rússia — de acordo com ele, seria (ilogicamente) "a trombeta que ao soar fará cair a Jericó soviética". Só Hitler era mais realista, considerando os soldados de Vlasov não como fonte de uma arma psicológica efetiva que derrubaria o Exército Vermelho, mas apenas como buchas de canhão extras a ser empurradas para a linha de frente para poupar vidas alemãs. Vlasov e seu pessoal foram despachados para o Hotel Richmond em Karlsbad, onde o Gauleiter dos Sudetos, Konrad Henlein, ficou indignado com a ideia de que russos pudessem se hospedar em meio a tanto luxo e ameaçou expulsá-los.

O que aconteceria a todos eles já tinha ficado claro em fevereiro, depois da queda de Budapeste. Entre as ruínas da cidade arrasada — reduzida a um monte de escombros depois de um dos cercos mais terríveis vividos na Europa —, os homens do Exército Vermelho buscavam os "vlasovistas" e os fuzilavam na hora. Qualquer um usando uniforme alemão que admitisse falar russo ou não respondesse em alemão era imediatamente executado. Na realidade, nenhum dos homens de Vlasov fora enviado a Budapeste, mas seu nome era agora aplicado a todos os cidadãos soviéticos que tinham mudado de lado.[41]

Foi só no fim da guerra, em Praga, que o Exército de Vlasov viu seu primeiro e último combate real, que ironicamente foi *contra* os alemães. No começo de maio, vários dias depois do suicídio de Hitler, a Primeira Divisão de Vlasov, estacionada fora de Praga, fez algo notável: em resposta a um pedido da insurgência tcheca, mudou de lado e ajudou os tchecos, que tentavam expulsar a ss da fortaleza de Hradčany. Estavam ansiosos para mostrar aos Aliados sua atitude antialemã e acreditavam que o tinham conseguido. Mas os americanos se recusaram a entrar na cidade, honrando seu acordo de fronteiras com Stálin e, com o Exército Vermelho prestes a atacar pelo leste, os tchecos se voltaram contra os homens de Vlasov e ordenaram que partissem. A maioria chegou às linhas americanas, de onde foram entregues aos soviéticos: Vlasov e seus altos oficiais foram executados por traição em 1946.[42]

De modo geral, o destino dos "ajudantes do Leste" dos alemães depois da guerra não foi feliz. Os cossacos foram entregues aos russos, e as unidades de colaboracionistas croatas e eslovenas foram destinadas aos homens de Tito, que assassinaram a maioria deles. Mas ao perceberem que aquele destino provavelmente também aguardava outros que haviam lutado pelos alemães, os Aliados abandonaram sua política de repatriamento obrigatória e as coisas começaram a melhorar para os sobreviventes. Com a concessão de status de refugiados depois de provar que não tinham pertencido à ss (o que de fato era o caso de alguns), muitos ucranianos e bálticos acabaram se mudando para os Estados Unidos, Canadá, Austrália e Inglaterra ou permaneceram na Alemanha Ocidental.

Com a ajuda dos contatos de Reinhard Gehlen nos serviços de inteligência — o bem relacionado Gehlen foi um chefe não muito notável porém eficiente do serviço de inteligência militar alemão no Leste durante a guerra —, os chefes da inteligência dos Estados Unidos driblaram barreiras impostas pelo Congresso ao recrutamento de criminosos de guerra nazistas e financiaram exilados anticomunistas ao longo dos anos 1950 na esperança de que ajudassem os americanos a construir um movimento de resistência antissoviético viável na União Soviética Ocidental. Foi um novo fracasso: o exército fantasma não era páreo para a contrainformação soviética. Não obstante, seus patrocinadores na CIA — plenamente cônscios, mas insensíveis aos horrendos crimes de guerra cometidos por seus protegidos — ajudaram importantes colaboradores a encontrar novas casas, garantindo assim que o Dia Nacional da Bielorrússia fosse celebrado todos os anos com churrascos em South River, Nova Jersey.[43]

15. A oposição

Porém guerras e rebeliões não são apenas uma maldição e infelicidade; po-
dem também gerar esperança e criatividade [...] *Ao optar pela guerra, aca-*
bamos por entender quem somos. Só num conflito armado podemos nos
afirmar e obrigar o inimigo a nos entender e nos prestar reconhecimento.

Milovan Djilas, *Wartime* (Nova York, 1977), p. 22

"MÉTODOS POLONESES"

Quando invadiram a Polônia, em 1939, os alemães encontraram uma feroz
resistência desde o início, e uns poucos soldados poloneses ainda continuavam
lutando nas florestas quando a Wehrmacht passou o controle para um governo
civil. Na primavera do ano seguinte, esses soldados foram perseguidos e mortos.
Mas a pacificação não gerou aceitação, e a hostilidade da população com os alemães era inconfundível. "As crianças polonesas, em especial, tratam os alemães
nas ruas de forma muito mal-educada", queixou-se um administrador vindo de
fora. Enfrentando uma "resistência passiva" em grande escala, outros se choca-
vam com o fato de "os poloneses se sentirem os donos da rua". Não havia uma
"resistência aberta", escreveu o Kreishauptmann de Biłgoraj, mas as ordens ale-

mãs eram obedecidas quando eram impostas. Os ocupantes prendiam reféns, suspendiam rações e executavam notáveis para mostrar aos poloneses, "que têm experiência em assuntos revolucionários", que o Terceiro Reich era mais duro que os tsares russos.[1]

Pois a oposição aos invasores por certo não havia sido erradicada pela criminosa "faxina étnica" que os homens de Heydrich conduziram nos primeiros dias da ocupação. Ao contrário, como recordou um dos ativistas: "Sociedades secretas estavam brotando por toda parte, como cogumelos depois da chuva". A Gestapo achou que a manifestação era descoordenada demais — e que os poloneses eram muito desunidos — para representar uma ameaça significativa. E era verdade que, depois da derrota, a maioria dos partidos estabelecidos havia formado suas seções clandestinas juntamente com centenas de outros grupos menores. Mas, um mês depois da invasão, os partidos de oposição de antes de 1939 formaram o Conselho Principal de Defesa Nacional, tendo surgido também a principal resistência armada do período da guerra, a União pela Luta Armada (zwz), depois conhecida como Exército Nacional (ak).[2]

Apesar dessa fermentação, havia pouca resistência armada aberta. O major Henryk Dobrzanski "Hubal" — o "major louco", como os alemães chamavam o ex-cavaleiro olímpico — foi o oficial que se recusou a baixar armas e liderou um pequeno grupo de soldados nos primeiros meses de 1940, antecipando a abertura de uma nova frente no Oeste. Sua unidade impôs pesadas baixas em diversas unidades alemãs, mas o custo também foi alto: os alemães queimaram várias aldeias e mataram cerca de setecentas pessoas. Isso fez com que os locais não vissem Hubal com bons olhos, e o movimento clandestino temia o impacto no processo de recrutamento. Mas, quando a zwz pediu que desistisse, ele se recusou, e continuou seus ataques até ser afinal encurralado e morto pelos alemães no final de abril. Quase de imediato seguiram diversas prisões para evitar o surgimento de um movimento de resistência unificado. Como resultado da chamada Ação AB (Pacificação Extraordinária), cerca de 30 mil poloneses foram presos e enviados a campos de concentração, inclusive o novo campo de Auschwitz; 3500 foram fuzilados num pátio de execuções perto de Varsóvia. Efetuada depois do aprisionamento de professores da Universidade da Cracóvia, e coincidindo com a matança em massa de oficiais do Exército polonês pelos soviéticos, a Ação AB mostrou que seria suicídio se opor abertamente aos alemães sem ajuda.[3]

Esses eventos confirmaram a já prevalente visão entre os oficiais do Exército da reserva envolvidos em atividades clandestinas: eles acreditavam que deveriam formar uma organização clandestina que só emergisse em campo aberto quando parecesse possível expulsar os alemães. Foi exatamente a estratégia que eles haviam seguido com algum sucesso durante a Primeira Guerra Mundial, quando vários anos de cuidadosas preparações afinal culminaram no levante polonês de outubro de 1918. Agora eles queriam repetir as mesmas táticas. A resistência, escreveu o comandante da clandestinidade em novembro de 1939, só deve se revelar quando os alemães parecerem perto da derrota "ou ao menos com uma perna quebrada. Então seremos capazes de cortar as veias e tendões da outra perna e derrubar o colosso alemão". De início eles pensavam em termos de meses, esperando que o aliado da Polônia, a França, ajudasse. Mas a queda da França no verão de 1940 desmentiu de maneira catastrófica seus prognósticos, e muitas pessoas se sentiram tão desalentadas que abandonaram a resistência na segunda metade de 1940, ao perceber que a ocupação não ia terminar tão cedo.[4]

Assim, a Polônia se tornou o primeiro, e mais paciente, representante da abordagem da resistência como um exército secreto. Muitos outros países — Noruega, Iugoslávia, Dinamarca, Holanda, Bélgica e França — depois seguiram a mesma estratégia: o medo de provocar baixas inúteis entre civis, além do desejo de atrair a atenção dos alemães para sabotagens e atividades de inteligência que os grupos de resistência poderiam também realizar, eram a principal — e totalmente compreensível — justificativa. As coisas foram bem semelhantes também na Grã-Bretanha, a julgar pelos registros das ilhas do Canal, onde a resistência foi igualmente desencorajada pelas autoridades locais.

A partir do verão de 1940, portanto, os poloneses se concentraram em montar o que se tornou o mais notável Estado clandestino no continente — complementado por suas divisões educacional, judicial, de guerra e propaganda. Seu propósito era preservar a sociedade polonesa da desintegração sob a pressão das políticas de ocupação nazistas, enquanto se preparava para o momento em que os alemães seriam afastados.[5] Por isso, a ausência de incidentes armados antes de 1942 no Governo-Geral não foi uma indicação do estado de espírito do país. As prisões efetuadas pela Gestapo incomodavam muito o Exército Nacional. Mesmo assim, o movimento logo dispunha de dezenas de milhares de homens em treinamento para um levante geral. A SiPo/sd, sempre ansiosa de que a polícia não estava sendo suficientemente severa, não conseguia entender a avaliação otimista da Wehrmacht: já em janeiro de 1941, *eles* receavam estar "na beira de um vulcão".[6]

A EUROPA OCIDENTAL

Na Polônia, a resistência foi uma resposta à deliberada desnacionalização. Mas na Europa Ocidental, onde a ocupação alemã não tinha um propósito tão radical, a Wehrmacht era menos ríspida, e sob o pano de fundo do grande desemprego e a insatisfação com a antiga ordem do entreguerras, a promessa de uma Nova Ordem pareceu de início valer a pena. O socialista belga Henri de Man não falou por si só quando proclamou: "Para as classes trabalhadoras e para o socialismo, esse colapso de um mundo decrépito, longe de ser um desastre, é uma libertação". Mas os alemães se mostraram absolutamente incapazes de explorar esse forte desejo por um novo começo e logo ajudaram a plantar as sementes da oposição ali também.

Mesmo onde as tropas invasoras se comportaram "corretamente", a opinião pública se voltou logo contra elas. A abordagem tradicionalmente draconiana que o Exército alemão tinha da ocupação não ajudou, nem a bateria de ameaças e proibições que emitia de pronto: desautorizando demonstrações públicas, decretando toques de recolher, proibindo sintonizar a rádio britânica ou circular livros e panfletos "hostis aos alemães", tudo isso se tornou uma ofensa grave. A substituição da ocupação militar por uma civil não melhorou a situação — bem ao contrário. A frustração popular aumentou quando se tornou claro que não havia um fim à vista para os cortes e racionamentos que os alemães impunham isolados para o resto do mundo e que não haveria um acordo de paz num futuro próximo.

Na Europa Ocidental, contudo, a ira popular de início foi direcionada tanto aos funcionários locais quanto aos militares alemães. Em abril de 1941, o diplomata norte-americano George Kennan notou a forma como a Wehrmacht lutava para preservar uma abordagem não política da ocupação, "ostentando uma atitude correta e imparcial em relação à população civil, independentemente de raça, classe ou nacionalidade". Foi um fator positivo, principalmente depois do pânico e do caos da própria invasão. Os franceses de Eure, por exemplo, reconheceram que "reinava a mais absoluta disciplina nas fileiras dos invasores" e que "atos de vandalismo, exigências e agressões eram a exceção". Mas, se por um lado os franceses reconheciam os esforços dos oficiais alemães para ajudar a transportar colheitas e alimentar os refugiados, eles também se ressentiam da arrogância e arbitrariedade da requisição de enviar colheitas e mercadorias para o outro lado do Reno, assim como o racionamento, que tornava os transportes cada vez mais caros. Parte disso eram hostilidades que qualquer ocupação traz em seu trem. Mas, independentemente do bom ou mau comportamento dos militares, o fato era que politicamente eles incorporavam também a ameaça de uma extensa e totalmente indesejada nazificação do modo de vida de um povo. Esse ponto de vista explica por que na Bélgica, por exemplo, apesar da raiva que as pessoas sentiam pelos franceses, o desprezo pelos políticos e a atitude profundamente ambígua com os britânicos (nos primeiros dias), qualquer observador poderia detectar o rápido surgimento de um "ódio quase geral" aos alemães.[7]

Uma das expressões disso foi uma hostilidade quase instantânea contra mulheres que confraternizavam com o invasor. A derrota era um fracasso para os homens de um país, um golpe no orgulho masculino, mais ainda em países onde os soldados haviam sido feitos prisioneiros de guerra, por isso não deve surpreender que a sexualidade e a moral tenham se transformado num ponto de ignição para atitudes em relação aos alemães. Um dos primeiros volantes postados nas paredes de Varsóvia alertava as mulheres polonesas para não confraternizar com alemães. Na primavera de 1940, Hitler ordenou que "as mulheres holandesas sejam abordadas com cautela". Quando os soldados alemães não deram importância, os garçons se recusaram a servir seus companheiros e as pessoas cuspiam neles na rua: a isso se seguiu um blá-blá-blá diplomático. Na França, o problema foi pior ainda por causa da ausência de muitos prisioneiros de guerra, e um comissário de polícia alertou para o fato de que a combinação de álcool e mulheres estava provocando brigas entre franceses e soldados alemães. A honra estava em questão de ambos os lados. "Nós somos os vitoriosos! Vocês foram vencidos! Suas mulheres, até seus filhos, seu país não é mais seu!", disse um comandante territorial alemão de uma cidade francesa a um magistrado francês. Ridicularizado porque "sua filha é a prostituta dos boches", um vizinho denunciou outro para as autoridades alemãs. Na verdade, negar favores sexuais para os alemães podia ser visto como um ato de resistência, assim como aceitar um amante alemão era visto como o reflexo de um desejo de autopromoção e egoísmo. (Na libertação, os tribunais franceses trataram as prostitutas com mais brandura que as outras mulheres, pois as consideravam motivadas pela profissão e não por razões políticas.)[8]

Dessa forma, a ocupação começou com uma intensa discussão sobre ética, sobre como as pessoas deviam se comportar com os ocupantes, inclusive porque ninguém sabia quanto tempo eles iriam ficar por ali. A perspectiva de um domínio estrangeiro indefinido era desanimadora, e essas exortações, ao surgirem, tendiam a ser uma receita para reorientar um público perplexo com o choque da derrota e (pelo menos na cabeça dos autores desses trabalhos) em perigo de desapontar o país. "Eles são os conquistadores. Seja correto com eles [...] mas não exagere", aconselhava *Conseils à l'occupé* [Conselhos aos ocupados], de Jean Texcier. Numa época em que havia muitas críticas ao rei da Noruega por ter fugido para a Inglaterra, seus correligionários circularam os "Dez Mandamentos para os Noruegueses". O artigo 1º dizia: "Você seguirá o rei Haakon por quem você votou". Seguido por: "Você odiará Hitler e nunca esquecerá que, sem declaração de guerra, ele permitiu que seus assassinos atacassem um povo amante da paz". Continuava denunciando como traidores não só os que se associavam com alemães ou quislings, mas qualquer membro do Parlamento que tivesse votado para depor o rei. No geral, não era um documento que atraísse o julgamento livre do norueguês médio.[9]

Mas houve também muitos outros indicadores de oposição desde o início da presença alemã. As pessoas boicotavam jornais em alemão e saíam do lugar se um alemão se sentasse ao seu lado: na Noruega isso chegou a ser uma ofensa punível. Batiam palmas nos cinemas quando os noticiários mostravam soldados britânicos e aplaudiam prisioneiros de guerra aliados quando eram conduzidos pelas ruas. Vestir-se também era uma forma de marcar oposição, e, nos bairros franceses ocupados pelos italianos, um pedaço de macarrão atraía o desprezo dos habitantes. Na Holanda, onde os alemães baniram as bandeiras, as pessoas usavam cravos nos aniversários do príncipe Bernhard. Aniversários da realeza ou feriados nacionais em celebração dos mortos da Primeira Guerra Mundial ou independência se tornaram focos de manifestações que disparavam outros vetos. "Viva a Inglaterra!" e "Alemães sujos!" foram brados ouvidos no dia 11 de novembro de 1940 em marchas em Bruxelas e Paris. Estudantes protestaram contra a dispensa de judeus na Universidade de Delft no mesmo mês, e houve uma grande greve motivada por prisões ocorridas no bairro judeu de Amsterdam em fevereiro seguinte.[10]

Os primeiros jornais, panfletos e periódicos clandestinos surgiram logo de início, alguns divulgando notícias da BBC, outros com denúncias e sátiras aos alemães. "Os jornais clandestinos estão se multiplicando", anotou o advogado belga Paul Struye em seu diário em outubro de 1940. Por mais modestos que fossem em aparência, ainda assim ele os considerou "um sintoma, reconfortante". No mês seguinte, a venda de estêncil e papel copiador em Clermont-Ferrand foi proibida sem autorização.[11] Pichações em pontes e paredes eram outra forma de reação. Em Varsóvia, escreveu-se numa parede "Polônia será vitoriosa"; a campanha "V da Vitória" da BBC resultou num aumento desses sinais, alarmando Goebbels. O símbolo "H-7" do rei Haakon tornou-se onipresente na Noruega, pois a ocupação restaurou logo sua popularidade, a despeito (ou motivado por) da propaganda alemã atacando sua personalidade. Em abril de 1941, novas pichações em Bruxelas celebravam os gregos e iugoslavos, e nos meses seguintes slogans irônicos — "Heil Hess!" — constrangiam membros das forças de ocupação. Quando a inscrição "Somente para alemães" foi pintada em bancos da Cracóvia, dias depois foi contraposta pela lembrança: "Os bancos são nossos, os traseiros são seus". Até mesmo a propaganda da ocupação costumava ser revertida. A SS ficou preocupada quando os poloneses circularam um panfleto satírico no final de 1941: intitulado "Aprenda alemão!", diferenciava-se do artigo genuíno ao oferecer frases úteis a membros da resistência: "*Halt!* Mãos ao alto, rosto no chão! Você era membro do Partido, da SA ou da SS? Seja o que for, você vai ser fuzilado. Vamos lidar com você da forma como os alemães lidaram conosco. Mãos atrás da cabeça, cara na parede. Pegue uma pá e cave uma cova!".[12]

Até mesmo aderir a uma organização política de massa permitida pelos alemães poderia constituir um ato de oposição. No Protetorado, quase todos os tchecos elegíveis aderiram à Solidariedade Nacional (Národní Souru enství) para demonstrar a sensação da unidade nacional e a confrontação ao movimento fascista tcheco. Quando foi banido, em dezembro de 1941, 800 mil holandeses tinham aderido ao Nederlandse Unie, motivados principalmente pelo desejo de obstar a nazistas holandeses. O propósito ambíguo fazia com que servisse como símbolo de solidariedade nacional e um possível veículo de oposição aos alemães, que foi exatamente o motivo de ter sido fechado.[13]

A desintegração dos próprios corpos em que os alemães esperavam levar adiante a nazificação dos países ocupados do Noroeste da Europa fez Himmler concluir até antes do final de 1940 que a política da "mão gentil" havia fracassado. Mas foi uma conclusão conveniente projetada para justificar uma encampação da ss. Na verdade, o poder de Himmler ainda estava limitado fora do Leste — na Bélgica e na França, por exemplo, a SiPo/sd não podia efetuar prisões sem autorização do comandante militar — e os civis e militares encarregados discordavam dessa análise. Ao priorizar a ordem pública e a tranquilidade em vez da mudança política e da nazificação, eles não estavam muito alarmados pelo ressentimento público nem pelos fracassos nazistas na construção de novos partidos de massa pró-nazistas. Eles absorveram a prova de sua impopularidade política e preferiram se concentrar na formação de administrações confiáveis. Monitoravam de perto as opiniões, censuraram a imprensa e desestimularam grandes grupos e manifestações. Cientes da infelicidade das pessoas com a ocupação, estavam mais preocupados que aquilo não se transformasse em violência — fosse em atos de sabotagem, fosse em ataques aos seus soldados.

Mas quando os eventos ameaçavam sair de controle, a reação era ríspida e quase sempre tornava as coisas piores. Na Holanda, eles responderam a demonstrações em prol do príncipe Bernhard dispensando o prefeito de Haia e prendendo o general Henri Winkelman, o comandante em chefe holandês. Na Noruega, a desastrosa transição política no começo da ocupação e o surgimento do extremamente impopular Vidkun Quisling provocaram tumultos e protestos desde o início e, com a difusão da desobediência civil, houve prisões em massa, forçando a resistência a ir para a clandestinidade. Sindicatos, igrejas, entidades profissionais e as universidades juntaram-se para evitar a nazificação do país: em 1941, um comitê de coordenação representando 43 organizações afiliadas contava com quase 1 milhão de adeptos em seu apoio. O Exército clandestino norueguês "Milorg" foi formado no final de 1940 e reconhecido pelo governo no exílio: como os poloneses, o plano era evitar ações até o momento próximo à libertação. "Ficar na moita, ir devagar" era o lema para evitar a atenção dos alemães e minimizar os ataques a civis.[14]

Em muitas áreas, figuras preeminentes foram presas como reféns por oficiais da Wehrmacht no início da ocupação para garantir o comportamento pacífico dos cidadãos, mas na verdade houve poucos ataques diretos aos militares alemães ou a propriedades, e muitos foram logo libertados. De qualquer forma, alguns comandantes militares duvidavam de sua eficácia e preferiram responder ao descontentamento de forma mais graduada. Na Bélgica e no norte da França, por exemplo, o general Von Falkenhausen estava ansioso para acalmar memórias amargas da ocupação alemã entre 1914 e 1918. Ele considerava a apreensão de reféns como um instrumento rude de manutenção da ordem — nada, ele escreveu mais tarde, era mais duradouro que o ódio — e preferiu reduzir os ataques tornando a polícia local responsável pela guarda das instalações militares. Até o verão de 1941, ele julgava que essas medidas estavam funcionando bem e descrevia a situação interna para o alto-comando do Exército como "pacífica". Em sua visão, alguns pequenos atos de sabotagem não conseguiram sublevar a exploração contínua da economia belga nem o recrutamento de mais de 200 mil trabalhadores belgas para o Reich. Entre o começo da ocupação e o final de maio de 1941, houve apenas sete sentenças de morte sob sua jurisdição, e nenhuma foi levada adiante. Somente um soldado alemão foi morto nesse período, atingido numa briga por causa de uma garota belga. Apesar da minúscula força policial ao seu dispor, Von Falkenhausen parecia otimista, uma atitude partilhada na França por seus velhos amigos, o marechal de campo Von Witzleben e o general Streccius; o sucessor de Streccius em Paris, Otto von Stülpnagel, não via as coisas de forma diferente. Estudiosos recentes têm questionado o contraste entre uma Wehrmacht "ruim" no Leste da Europa e uma Wehrmacht "boa" no Oeste. Em 1943, essa distinção não fazia sentido. Mas nesse estágio estava se comportando certamente de forma muito menos repressiva e mais racional que a polícia e a ss que dirigiam o regime de ocupação no Governo-Geral.[15]

Com as redes de resistência nacionais bem organizadas evitando confrontos diretos, de início as maiores dores de cabeça para os alemães foram greves, descontentamentos trabalhistas e levantes espontâneos da ira popular disparados por falta de comida e alojamentos e baixos salários. Paradas na indústria ocorreram no noroeste da Europa durante o outono de 1940, principalmente motivadas por comida, roupas e rações de sabão. No inverno, houve também tumultos por causa de comida, em geral organizados por donas de casa furiosas. Eram principalmente dirigidos contra as autoridades locais, mas quando essas paradas ameaçavam seus interesses econômicos, os alemães reagiam com violência. Fizeram isso em Amsterdam em fevereiro de 1941, quando grevistas protestaram contra a perseguição de judeus holandeses, e novamente com trabalhadores nas cidades mineiras da Bélgica e do norte da França durante as greves de maio. No aniversário da invasão alemã, uma grande greve — a chamada "greve dos 100 mil" — irrompeu ao redor de Liège, Hainaut e na bacia do Limburg, que só terminou quando os empregadores concederam substanciais aumentos salariais e entraram em negociações secretas com os líderes dos trabalhadores. No norte da França, quando a polícia francesa não conseguiu dissolver as linhas de piquete, os alemães trouxeram seus soldados e declararam estado de sítio. O comandante militar em Lille ordenou que os mineiros voltassem ao trabalho, suspendeu a distribuição de carne e prendeu quatrocentas lideranças, com a maior parte sendo mandada para o Reich como força de trabalho. Na segunda semana de junho a greve estava encerrada.[16]

Uma greve assim tão longa era uma realização substancial diante do grande poder alemão. Mas o general Falkenhausen não queria implantar "métodos poloneses" na Bélgica e no norte da França e, se ele assim o fizesse, os grevistas poderiam ter hesitado. No Governo-Geral, as greves sofriam punições bem mais rigorosas. Quando trabalhadores da principal garagem de trens largaram suas ferramentas em dezembro de 1940, os alemães ameaçaram matar todos, e eles logo voltaram ao trabalho. Muitos oficiais da polícia alemã na Polônia achavam que o terror funcionava. "Nem um único polonês [...] trabalha na verdade para o benefício do governo alemão", escreveu um deles; por isso era inútil tentar apelar para eles, e mais inútil ainda procurar colaboradores.[17]

AS REVERBERAÇÕES DA BARBAROSSA

Desde o início, a resistência teve uma dimensão geopolítica vital. Sem apoio do exterior fornecendo refúgio (para os que conseguiam chegar até ele), dinheiro, suprimento, treinamento e, acima de tudo, esperança, a resistência na Europa ocupada teria sido bem mais limitada do que foi. A primeira grande potência a oferecer ajuda foi a Inglaterra, que já vinha considerando travar uma guerra não convencional contra os alemães desde o início das hostilidades. Um oficial da inteligência de Londres visitou o Leste Europeu no verão de 1939 para avaliar as possibilidades de cooperação no caso de uma invasão alemã. Contatos muito eficazes com os serviços de inteligência tcheco e polonês mostraram-se valiosos para o esforço de guerra britânico, e depois de setembro tiveram início em Londres discussões sobre como usar a oposição clandestina na Europa para ajudar a vencer os alemães.[18]

Desde Dunquerque, o governo britânico precisava de uma nova estratégia e acreditava tê-la encontrado na ideia de apoiar levantes populares contra o domínio nazista. Em julho de 1940, o governo estabeleceu uma Direção de Operações Especiais (SOE) com o mandato — fornecido por Churchill — de "incendiar a Europa". Sem probabilidade de enfrentar os alemães diretamente, os britânicos planejavam explorar a fraqueza do inimigo por meio de sua tradicional arma de guerra econômica (principalmente via bloqueio marítimo). Mas estimular o descontentamento atrás das linhas inimigas era visto como um incômodo suplementar, em cujo valor os próprios alemães acreditavam, como demonstrado por suas "quintas-colunas". Hugh Dalton, o ministro da Guerra Econômica, falava sobre criar organizações atrás das linhas inimigas

> comparáveis ao movimento Sinn Fein na Irlanda, aos guerrilheiros chineses operando agora contra o Japão, às tropas irregulares espanholas que tiveram um papel notável na campanha de Wellington ou — deve-se também admitir — às organizações que os próprios nazistas desenvolveram tão bem em quase todos os países do mundo. Essa "internacional democrática" deve usar muitos métodos diferentes, inclusive sabotagem industrial e militar, agitações trabalhistas e greves, uma propaganda contínua, atos terroristas contra traidores e líderes alemães, boicotes e tumultos.[19]

Na verdade, nem Dalton nem outro no gabinete britânico tinham uma boa compreensão das imensas dificuldades e meios de intimidação enfrentados pelas vítimas dos nazistas na Europa ocupada, nem tinham chegado a avaliar quanto seria complicado conduzir operações de sabotagem em pequena escala paralamente a uma ação política em grande escala. Eles viam a ocupação alemã em termos já passados e não conseguiam avaliar a eficiência de suas forças políticas ou o escopo de sua propaganda. Simplesmente imaginavam que o desejo de liberdade por parte dos que viviam sob a ocupação explodiria numa insurreição, dada a faísca adequada. Os tchecos e os poloneses no exílio em Putney e em Kensington eram mais realistas. Não queriam correr o risco de prejudicar suas redes de inteligência organizando ambiciosos levantes de massa que só poderiam fracassar, e compreendiam que a resistência poderia acompanhar operações militares, mas não agir para substituí-las. Felizmente para todos os envolvidos, a retórica da SOE não estava de acordo com seus recursos nem com seu acesso a fontes militares. Na época em que começou a crescer para se tornar um fator importante atrás das linhas inimigas, dois ou três anos mais tarde, seu papel na estratégia dos Aliados — e da própria resistência europeia — já havia recuado, graças ao envolvimento americano e à preferência de Eisenhower por enfrentar diretamente os alemães na ocasião em que os Aliados escolhessem.[20]

Essa mudança de atitude da SOE deveu-se também aos britânicos terem entendido as incontroláveis e quase sempre indesejáveis dimensões políticas do *levée en masse*. Pois com a invasão da União Soviética pela Alemanha, a geopolítica da resistência foi totalmente transformada. A invasão deu esperança à Europa, pois todos se lembravam do desastre de Napoleão nas neves da Rússia. Uma nova grande potência fora trazida agora de forma ativa na guerra contra o Terceiro Reich — desesperada por alívio ao avanço alemão, e esperando que insurreições armadas na retaguarda da Wehrmacht pudessem tolher seu poderio. Como vimos, a marcha da Wehrmacht para o interior da Rússia foi acompanhada desde o começo por temores de uma resistência partisan. No início apenas imaginária, essa guerra clandestina logo se tornou muito real quando Stálin evocou os cidadãos soviéticos a se revoltarem atrás das linhas inimigas. A ideia de uma campanha de guerrilha coordenada a partir de Moscou e estendendo-se não apenas nos territórios ocupados do Leste mas também pela maior parte da Europa provocava pesadelos nos nazistas. Porém, isso aos poucos foi se tornando algo mais que uma fantasia.

De fato, muito antes do surgimento de bandos na Bielorrússia, os primeiros e maiores levantes já tinham ocorrido bem ao sul, na Iugoslávia, que havia sido ocupada em abril. No verão, os sangrentos massacres de sérvios do regime da Ustaše já tinham criado tumulto, e foi em meio a esse caos que os comunistas iugoslavos viram uma oportunidade. Num trem em Montenegro em julho, sobreviventes sérvios contaram a um jovem comunista histórias horríveis de aldeias sendo sitiadas, de todo mundo sendo espancado até a morte ou conduzido a ravinas próximas. Sua mensagem para eles, e para os organizadores do partido nas províncias, era a de se prepararem para a luta armada. Ele só estava divulgando a linha do partido. Quando Tito informou a Moscou que estava planejando uma guerra de partisans, Georgi Dimitrov, o secretário-geral do Comintern, ficou entusiasmado. "Os comunistas devem levantar o povo para a luta contra o invasor", respondeu. O Comintern deu uma boa cobertura aos partisans iugoslavos, e em 1942 os descrevia como um modelo a ser seguido por outros.[21]

Naquele verão — justamente quando a guerra dos partisans estava sendo centralizada na própria União Soviética e finalmente recebendo todo o suporte de Stálin —, Dimitrov elogiou as insurreições nos Bálcãs. Insistiu em que era o espírito que valia, não o terreno: "A fonte da força dos partisans não é a natureza, mas o povo". A única preocupação de Moscou era o sectarismo iugoslavo. O Partido Comunista lá tinha decidido mesmo antes da invasão da União Soviética que a guerra poderia ser o caminho para o poder, um caminho que lhes permitiria levar vantagem do vácuo político provocado pela ocupação alemã e contornar o estágio da revolução "democrática burguesa". Como leninistas ortodoxos, eles estavam convencidos de que o Exército Vermelho logo derrotaria os alemães e de que as revoluções proletárias eclodiriam então em toda a Europa. Mas para os soviéticos, ansiosos por fomentar a nova e ainda frágil amizade com os britânicos, aquilo era uma ilusão estúpida e perigosa. "A questão é a libertação da opressão fascista, não a revolução socialista", eles disseram a Tito.[22]

Os comunistas iugoslavos não estavam sozinhos no campo. O movimento nacionalista tcheco chetnick, liderado por oficiais do Exército monarquista, também havia se mobilizado contra a Ustaše. Em agosto, o oeste da Sérvia estava em armas: os partisans de Tito chegavam a cerca de 8 mil, e os chetnicks de Mihailovi eram ainda em maior número. Os dois lados empenhavam-se para cooperar, mas, enquanto os partisans queriam usar a guerra para transformar a Iugoslávia num Estado federal comunista, os chetnicks eram tradicionalistas que lutavam para trazer de volta o rei da Sérvia e restaurar uma Grande Sérvia dentro da Iugoslávia. Assim, argumentos sobre o futuro do país assombravam a cooperação da resistência desde o início. Em nenhum outro lugar esses argumentos foram mais amargos e mortais que na Iugoslávia, onde muitas centenas de pessoas podem ter morrido por isso.

Outra coisa que separava os partisans dos chetnicks era a reação contra as represálias alemãs. Assim como os poloneses, Mihailovi e a liderança chetnick tomavam cuidado para não agir de forma prematura. Tinham vívidas lembranças de 1917, quando um levante contra a ocupação militar búlgara foi esmagado à custa de milhares de mortos. O próprio Mihailovi desejava basicamente unificar todas as forças da resistência sob seu comando pessoal, e para evitar uma insurreição geral que só poderia, de seu ponto de vista, levar ao desastre. Seus piores temores foram confirmados pelas represálias alemãs em 20-21 de outubro de 1941, então numa escala inimaginável. O que Milovan Djilas descreve como um "horror mortal" assolou a Sérvia quando se espalharam notícias de que um ataque combinado de partisans e chetnicks a uma unidade alemã havia desencadeado a prisão de quase 10 mil homens na cidade de Kragujevac, com o fuzilamento de 2300 deles em levas; outros 1736 foram executados em Kraljevo. Nas palavras de Djilas:

> A tragédia deu a Nedić [o primeiro-ministro sérvio colaboracionista] "provas convincentes" de que os sérvios seriam biologicamente exterminados se não fossem leais e submissos, e para os chetnicks a "prova" de que os partisans estavam provocando os alemães de uma forma prematura e assim causando dizimação de sérvios e destruição da cultura sérvia. Quanto aos comunistas, eles tiveram o necessário estímulo para convocar a população à luta armada como a única salvação [...] Os massacres de Kragujevac e Kraljevo foram, por todo o seu horror calculado, além da compreensão tanto dos colaboradores como de seus oponentes, e só poderiam ser repelidos por um movimento ao qual seus inimigos ofereciam a morte como única alternativa.[23]

Na verdade os chetnicks ficaram tão chocados que começaram a ter sérias dúvidas se os sérvios sobreviveriam a anos de tanta repressão e não viram sentido em realizar outros ataques aos alemães a não ser que levassem à libertação. Por outro lado, os partisans continuaram fiéis às exigências de Moscou de manter uma luta constante. A aliança entre os dois desabou, e quando as ofensivas alemãs afastaram os partisans da Sérvia, os chetnicks gradualmente reconstruíram sua organização. Pelos primeiros seis meses de 1942, eles causaram poucos problemas para os alemães, querendo evitar a provocação de novas represálias na população civil.

Para Tito, contudo, o inverno de 1942-3 foi um tempo de desespero. Perseguidos pelos alemães, o espírito dos partisans só se animava com as notícias da bem-sucedida contraofensiva perto de Moscou. A primavera seguinte, a ofensiva de Kozara no noroeste da Bósnia em junho de 1942, viu forças de mais de 30 mil alemães mobilizados contra 3500 partisans, muitos dos quais foram mortos. Mas o movimento de Tito não foi esmagado, e só essa sobrevivência já era uma espécie de vitória. Enquanto percorriam o país para fugir das operações antiguerrilhas do Eixo, cada vez mais ambiciosas, eles deixaram de ser uma força predominantemente sérvia para algo que refletia melhor a ideologia de "unidade e irmandade", com seguidores importantes entre lutadores croatas, bósnios, eslovenos e macedônios. No final de 1942, havia cerca de 11 mil partisans na Bósnia e talvez uns 40 mil na ex-Iugoslávia.[24]

Em outras localidades dos Bálcãs, o movimento partisan também se espalhava. Na Grécia, os primeiros protestos por causa de comida, manifestações e greves eclodiram em aldeias e cidades no inverno de 1941-2. Mas em 1942 o Partido Comunista da Grécia já havia assimilado a importância das montanhas, e suas mentes foram mobilizadas pela chegada de uma missão militar britânica, cujo objetivo eram as rotas de suprimento para o norte da África que passavam pela vulnerável ferrovia entre Tessalônica e Atenas. O viaduto de Gorgopotamos foi explodido com sucesso por uma equipe de sabotadores britânicos e gregos; depois disso os britânicos permaneceram no local, e a missão militar tornou-se um fator de suma importância no desenvolvimento do segundo maior movimento partisan nos Bálcãs. Aproveitando a fraqueza da Itália na Grécia Central, a EAM/ELAS — o principal movimento armado, liderado por comunistas gregos — cresceu rapidamente, em especial em 1943, até se tornar o maior da Europa e mostrar uma grande ameaça à posição estratégica dos alemães nos Bálcãs.

Porém, se conseguíssemos parar o relógio em algum momento do inverno de 1941-2, seria muito difícil prever o sucesso posterior desses dois movimentos de guerrilha a partir da situação precária e limitada naquela época. Na Iugoslávia, as forças de Tito estavam em fuga (assim como os chetnicks); na Grécia, havia apenas pequenos bolsões isolados de homens armados, carentes de comida, roupas e botas. As inflexíveis medidas de contrainsurgência dos alemães correspondiam aos temores de Mihailovi e pareciam confirmar a prudência de sua abordagem de pouca intensidade. Na Europa Ocidental, a resistência armada aos alemães também era ainda mais limitada. Na França, ataques comunistas a soldados alemães não apenas provocaram protestos de massa como também uma atitude pública chocada pelas represálias alemãs. E no Protetorado, a campanha de terror de Heydrich dilacerou a organização clandestina que os britânicos haviam graduado como "uma das melhores da Europa". Quando Beneš ficou preocupado e mandou agentes para assassiná-lo, a resposta dos alemães foi ainda mais draconiana — culminando no notório massacre de Lídice. A ameaça aberta de Hitler ao presidente Hácha de que deportaria inúmeros tchecos "para o Leste" em caso de haver mais problemas garantiu que não haveria resistência no

Protetorado até o final da guerra. "Uma viagem a Praga no fim de 1942 era uma viagem para a tranquilidade", escreveu um visitante alemão. "Rodeado pela guerra [...] O Protetorado era a única terra na Europa Central que vivia em paz." Quanto à encantadora Dinamarca, até o fim de 1943 não aconteceu um só ataque sério a algum soldado alemão; mesmo depois da grande onda de greves de agosto, os alemães continuaram tranquilos. Durante uma visita em outubro, um oficial da inteligência resumiu a atitude do país como "teimosa de alguma forma, mas não inatingível", acrescentando que "é difícil definir os dinamarqueses, que tanto gostam de conforto, como lutadores pela liberdade fanáticos ou partisans". Pela maior parte da Europa ocupada, a impressão era de que o terror alemão tinha conseguido evitar o surgimento de uma oposição, e que a havia eliminado assim que se tornara visível.[25]

O MOVIMENTO PARTISAN SOVIÉTICO

A tática antiterror da Alemanha só fracassou na União Soviética. Decerto não foi por falta de empenho — nem nos Bálcãs as unidades do Exército alemão causaram tanta devastação quanto nos territórios ocupados do Leste. Mas pequenos grupos de partisans sobreviveram ao primeiro inverno, ajudados pelo sucesso da contraofensiva soviética de dezembro de 1941. Quando eles renovaram seus ataques contra os *starostas* das aldeias nomeados pelos alemães e guardas armados, a Wehrmacht respondeu com força. Na Operação Bamberg, a primeira de uma série de operações em larga escala, soldados alemães, policiais e auxiliares eslovacos devastaram o campo, queimando e matando quem encontrassem. No final eles tinham perdido um total de sete homens, capturado 47 armas, incendiado inúmeras aldeias e matado milhares de camponeses. Mas os partisans, calculados em mais de mil, tinham escapado, e num grande esforço de bloqueio em grande escala, com um círculo de homens armados fechando cada vez mais o cerco, foi um fracasso completo. Poucos civis sobreviveram nas zonas "limpas" por esses métodos, mas as tropas — sob pressão para localizar uma cota diária de alvos determinados — poucas vezes conseguiram a surpresa ou a coordenação requeridas. Os próprios partisans escondiam-se em pântanos impenetráveis ou esgueiravam-se pelas brechas das linhas alemãs. O principal coordenador de operações antipartisans de Himmler criticou amargamente essas "chamadas operações de rescaldo" para "aniquilar a população simpatizante dos bolcheviques" e não os próprios partisans.[26]

Nem todas as operações foram um fiasco tão espetacular. No nordeste, ao redor de Smolensk, onde o Terceiro Exército Panzer estava limpando as áreas logo atrás do front, entre 35 mil e 40 mil soldados enfrentaram uma força partisan de cerca de 20 mil homens. Depois de uma dura batalha, os grupos sofreram pesadas baixas. Quase metade foi morta, para mais de 2200 baixas alemãs. Porém sucessos como esse exigiam muitos soldados, um frequente patrulhamento de áreas já limpas e algum empenho em distinguir entre simpatizantes dos partisans e o restante da população civil. Nas áreas maiores da retaguarda, onde as tropas disponíveis estavam fixas guardando longas linhas de comunicação, era impossível reproduzir esses fatores.[27]

O fato de Hitler estar intervindo diretamente, exigido cada vez mais "radicalismo", não ajudava. Ele estava furioso porque os soldados da Wehrmacht estavam sendo atrasados por causa de malfeitos durante as investidas antipartisans e exigia o uso dos "meios mais brutais possíveis". A Convenção de Genebra deveria ser esquecida, assim como o "cavalheirismo militar" — mas de alguma forma as tropas deveriam tentar não matar inocentes. Himmler também estava se envolvendo mais. Encarregado com toda a responsabilidade pela campanha antipartisan, ele escolheu o implacável general Von dem Bach-Zelewski, HSSPF da Rússia Central, para o comando. O general da SS havia superado duas consideráveis desvantagens, ter ascendência de poloneses e um cunhado judeu, para subir bem alto na SS (a essa altura ele já tinha descartado o Zelewski, que soava polonês) e era um dos favoritos de Hitler também, que o considerava "um dos mais inteligentes".[28]

Depois da designação de Von dem Bach, os alemães continuaram a tentar cercos em grande escala e a matar civis em grande número quando não podiam pegar os próprios partisans. Houve quase vinte dessas operações só em 1942 e mais ainda nos anos seguintes. O número de mortos aumentou, e era comum o fuzilamento de centenas de uma vez, deixando pilhas de corpos em meio a aldeias incendiadas. Tudo isso culminou nos horrores da Operação "Cottbus", em maio e junho de 1943, quando uma notória unidade da SS matou sozinha mais de 10 mil pessoas, provocando protestos dos administradores civis alemães. Na verdade, a única mudança introduzida foi que os civis inocentes estavam cada vez mais sendo mandados para campos de trabalho, e não assassinados. Na Bielorrússia, que mais tarde chocaria um jornalista americano como "o país mais devastado da Europa", a proporção média de bielorrussos mortos para cada alemão foi de 73 para um — isso segundo os cálculos dos *alemães* —, o que dá uma pista da escala da violência sofrida pela população civil. No total, cerca de 345 mil civis foram dados como mortos como resultado dessas operações, além de talvez 30 mil partisans.[29]

Nem precisa ser dito que, ao expulsar civis para as florestas, a Wehrmacht favorecia os partisans. Seus números cresceram rapidamente — de cerca de 30 mil em janeiro de 1942 para 93 mil em agosto. Usando de boatos para criar "a ilusão de grande poder", bandos de ex-refugiados do Exército Vermelho e aldeões construíram bases bem escondidas nas florestas que faziam as unidades alemãs, em menor número, se sentirem cada vez mais inseguras. Ganhar a simpatia dos aldeões era outra questão. Em muitas regiões, a convicção da probabilidade de uma vitória alemã só se desfez em 1943. Os fazendeiros não gostavam de "saqueadores" armados, fossem de uniforme alemão ou os que se chamavam "partisans", e o medo de punição pelos alemães fez com que muitos entregassem partisans aos invasores. Por essa razão — assim como em todas as guerras do tipo — era imperativo desde o início para os partisans lembrar àqueles de cuja comida, aquiescência e abrigo precisavam que o bolchevismo não tinha sido derrotado.[30]

O primeiro passo era demonstrar seu poder. Em 9 de junho de 1942, um grupo emboscou uma unidade da SiPo/SD de Baranovitch na aldeia de Naliboki e matou quinze homens. De acordo com a subsequente investigação alemã,

> Todos os que tombaram estavam sem botas, os homens da SS também foram despidos até das roupas de baixo e todos os documentos de identidade e placas de identificação tinham sido roubados. Um SS-Obersturmführer tinha uma suástica e uma estrela soviética queimada no peito. A partir de um interrogatório de aldeões, foi estabelecido que quatro alemães, provavelmente dois SS-Obersturmführers e dois oficiais da guarda, haviam sido capturados e levados para Naliboki num caminhão roubado pelos partisans. Bandeiras vermelhas foram postas em suas mãos atadas. Além disso, os partisans gritavam com desprezo: "Vejam! Esses são seus senhores!". Os bandos de partisans consistiam de noventa a cem russos, incluindo paraquedistas usando uniformes russos. Estavam armados com equipamento pesado e com equipamento de rádio.[31]

Em outras áreas, ao redor de Smolensk, por exemplo, os partisans restabeleceram as instituições do governo soviético local, nomeando novos funcionários, reconstruindo o Komsomol e as fazendas coletivas e semeando os campos. Fuzilaram alguns colaboradores e obrigaram outros a entrar para os partisans. Com orgulho, eles escreveram uma carta com 15 mil assinaturas para Stálin descrevendo suas realizações ao matar "bárbaros fascistas" e terminar a ocupação. Para a população, eles ressaltaram a imprevisibilidade dos alemães e alertaram os nomeados de que mesmo eles poderiam ser acusados de ser partisans e fuzilados, ou enviados "para a Alemanha, onde morreriam". "O bandido, sanguessuga e canibal Hitler" tinha um programa para destruir "todos os povos eslavos", e o "bando alemão de fascistas" estava apenas cumprindo suas ordens. "O comandante do Movimento Partisan nos Territórios Temporariamente Ocupados pelos Alemães", por outro lado, deu uma chance aos colaboradores, oferecendo anistia se parassem imediatamente de trabalhar para os alemães. Afinal, a proclamação dizia: "Muitos de vocês foram enganados e iludidos de várias formas pelos canibais alemães".[32]

Gradualmente, a resistência partisan superou não somente a Wehrmacht como também o ceticismo da elite política de Moscou. No final de maio de 1942, a Equipe Central do Movimento Partisan estava estabelecida, liderada por um jovem oficial comunista bielorrusso, Panteleimon Ponomarenko. Em pânico devido ao sucesso inicial da ofensiva alemã naquele verão, Stálin passou por cima das objeções dos militares e acabou aceitando a visão de Ponomarenko de que um movimento partisan apropriadamente armado poderia causar grandes problemas na retaguarda dos alemães. No começo de setembro, ele organizou uma recepção no Kremlin para alguns partisans. Elogiando os convidados, depois de ser informado por Churchill de que não seria aberta uma segunda frente em 1942, Stálin disse a eles: "Vocês devem abrir a segunda frente, os partisans, o povo, e nós vamos ajudar". "Abanar as chamas de todo o povo", alardeou o *Pravda* naquele novembro: as ordens de Stálin, prosseguia, significava "transferir o movimento partisan para um novo nível". No final do ano, havia aproximadamente 102 500 homens e mulheres em armas, e, apesar das buscas dos alemães, o movimento estava se espalhando rapidamente pelo leste da Bielorrússia e na Rússia.[33]

Como resultado de pesquisas recentes, sabemos muito mais do que sabíamos a respeito de quem eram os partisans e como eles viviam. Eram principalmente russos e bielorrussos, pois o movimento era mais fraco nos Estados bálticos, nas planícies ucranianas e na área do Grupo do Exército do Norte. Era acima de tudo um produto da União Soviética anterior a 1939, e nunca se implantou com tanta força nas regiões que haviam sido anexadas naquele ano. Havia ainda cerca de 20 mil a 30 mil partisans judeus, mas no geral a suposição da Wehrmacht de que judeu era sinônimo de partisan não era verdadeira: ao contrário, muitos comandantes partisans viam com muita ambiguidade os judeus que os procuravam para ajudar.

No geral, os bandos se formavam em volta de homens do Exército Vermelho ou em aldeias locais em que o conhecimento dos caminhos pela floresta e pelos pântanos era indispensável. Escondidos em bosques quase impenetráveis, eles construíam campos dispersos defendidos por casamatas e suportes para canhões. Mas as condições eram difíceis: eles não podiam acender fogueiras durante o dia, e suas trincheiras eram úmidas e lamacentas, enregelantes no inverno e infestadas de mosquitos no verão. O inverno deixava os bandos expostos — especialmente a ataques aéreos — e a comida escasseava. Por outro lado, a partir de meados de 1942, primitivas pistas de pouso permitiam que suprimentos fossem transportados desde o lado soviético. Um relatório dos partisans do judeu Bielski para a Brigada Kirov dá uma boa ideia da escala de suas atividades. Tendo por missão a busca por sobreviventes de massacres e de partisans, o grupo de Bielski — com centenas de homens — tinha suprimentos de batata, repolho, beterraba, grãos e carne, parte escondida em segredo. No campo eles construíram uma padaria improvisada e um moinho, pois os alemães tinham queimado instalações desse tipo na área. Havia uma unidade de fabricação de salsicha, sapateiros, alfaiates, armeiros, seleiros e carpinteiros; havia uma cozinha comum e um "hospital", com um médico e duas enfermeiras.[34]

No outono de 1942, o impacto de Moscou era claro na crescente padronização de grupos em brigadas e destacamentos, baseado no modelo do Exército Vermelho, com um comandante militar e um comissário político como conselheiro. Muitos partisans que sobreviveram por conta própria por mais de um ano duvidavam abertamente do valor do treinamento militar e do planejamento formal. Valentes e impetuosos, embora suscetíveis ao pânico, em geral questionavam as ordens de Moscou, preferindo custosos ataques diretos a guarnições inimigas a operações de sabotagem de muito maior importância militar. Tanto em termos políticos como militares, eles eram em número desconhecido. Assim, a experiência partisan introduziu novos e voláteis elementos no sistema bolchevique já sob enorme pressão — um etos de liberdade, vingança e responsabilidade individual, e um patriotismo que refletia o orgulho local e regional, assim como algo mais abrangente. Conflitos não eram incomuns entre diferentes unidades pró-bolcheviques, às vezes requerendo a intervenção da equipe central. Nos primeiros dias, Moscou estava em contato direto pelo rádio com apenas um punhado de grupos, e esse controle era difícil. Porém, auxiliada por aparelhos de rádio de produção barata e uma rede de estações, a equipe central era capaz de entrar em contato com 42% de suas unidades em agosto de 1942, e com 87% em maio do ano seguinte.

O resultado desse aprimoramento foi que, a partir da primavera de 1943, as operações de sabotagem dos partisans soviéticos imobilizaram cada vez mais soldados alemães, dificultaram as comunicações com o front e tiveram cada vez mais impacto no curso da própria guerra. Naquele verão, duas grandes operações, envolvendo entre 90 mil e 120 mil partisans, demoliram quilômetros de linhas férreas atrás das linhas do Grupo do Exército Central. De forma mais espetacular e com menos resultados imediatos, outras unidades empreenderam perigosas marchas forçadas ao interior da Ucrânia para ajudar o partido a se reconstruir nessas áreas. Uma das colunas, de seis quilômetros de comprimento, chegou até o sopé dos Cárpatos, sofrendo pesadas baixas ao ser atacada pelo ar, mas alarmando a ss quanto à possibilidade de a guerra partisan estar se alastrando para o oeste. Esses exploradores se viam como uma elite, acreditando — assim como suas contrapartes iugoslavas — que "a mobilidade é a mãe das táticas e estratégias partisans". Quando a maior parte do território russo já estava libertada, no início de 1944, e a equipe central já estava debandada de vez, um grande e sofisticado movimento soviético de guerrilha — bem equipado com armas toscas porém eficazes — tinha surgido. Enquanto o oeste da Europa era esmagado num silêncio taciturno, com quase toda a resistência confinada a atividades ilícitas que não agrediam diretamente os alemães, o apoio de Stálin possibilitou aos partisans nos territórios ocupados do Leste que sobrevivessem ao inverno de 1941-2 e crescessem. O custo foi horrendo — centenas de milhares de civis mortos, milhares de aldeias incendiadas —, mas os alemães nunca se sentiram seguros.[35]

REFRATÁRIOS

Se houve um homem de quem se pode dizer que agitou as coisas no Leste Europeu foi o plenipotenciário do Trabalho do Reich, Fritz Sauckel. Em reuniões na Junta de Planejamento Central de Berlim, em 1943 e 1944, sua atitude em relação ao trabalho forçado foi acusada de ser "responsável pelos aborrecimentos partisans na Europa". Na França, onde havia muito pouca atividade armada antes de meados de 1942, propiciou uma confirmação dramática. Quando o decreto de constrição de Sauckel foi publicado, em agosto, a popularidade de Vichy começou a entrar numa queda em parafuso da qual nunca se recuperou: houve greves em Lyon e Nantes em outubro, piquetes e tumultos. Em fevereiro de 1943, quando Sauckel exigiu mais meio milhão de trabalhadores, o Service du Travail Obligatoire (STO) tornou o trabalho no Reich uma alternativa ao serviço militar, e os funcionários locais alertaram sobre uma hostilidade sem precedentes despertada nos jovens que tinham de se registrar. "Não há dúvida de que o nome 'Sauckel' soa muito mal aos ouvidos franceses", advertiu um observador alemão em Paris. "O mero anúncio de uma visita iminente do Gauleiter bastava para ver centenas de jovens correndo para as várias estações de Paris com suas valises durante dias."[36]

Assim, foi graças a Sauckel que surgiu a ideia de "conversar com os maquis". Para dizer a verdade, nem todos — aliás, em geral uma pequena minoria — os *réfractaires* na clandestinidade pegaram em armas. Jovens que foram presos perto de Cahors em julho de 1943 estavam sendo "alimentados pelas pessoas da aldeia, que têm tratado bem deles" e estavam envolvidos em nada mais subversivo que "fumar o tabaco produzido no local".[37] Mas, ainda que com essas pequenas transgressões não pretendessem necessariamente resistir ativamente aos alemães, seu ato inicial de desobediência os transformou em fora da lei e também gerou novas formas de ilegalidade. Aqueles que os escondiam também eram fora da lei; outros arranjavam documentos falsos para eles e organizavam manifestações nas prefeituras para destruir os registros locais. Assim como a polícia, colaboracionistas e as unidades de Sauckel os perseguiram, houve lutas e tiroteios. A constante caçada pelos *réfractaires* estava empurrando os jovens para os braços da resistência, e os gendarmes de Vichy estavam cientes do perigo. "Tratem os *réfractaires* como mal encaminhados, não como criminosos", foram as instruções para a gendarmaria do Languedoc em agosto de 1943. Mas no outono, estima-se que entre 15 mil e 20 mil jovens haviam se alistado em formações da resistência que estavam muito mais bem organizadas que no ano anterior: graças aos esforços dos principais movimentos, os três principais grupos no sul — Combat, Franc-Tireur e Libération — tinham se unido, e os principais grupos do norte juntaram-se sob a ordem de Jean Moulin, o representante de De Gaulle, para formar o Conseil National de la Résistance.[38]

Enquanto muitas regiões da França continuaram tranquilas, outras — como Auvergne — testemunharam ataques quase diários a prisões, bancos e prefeituras, além de inúmeros atos de sabotagem em alvos militares. Em Eure, uma rudimentar pesquisa de opinião conduzida pelo governador mostrou que, mesmo que Pétain continuasse sendo respeitado (ainda que "menos amado"), seu governo era odiado como uma marionete dos alemães, e o STO era "cada vez mais impopular" e fazia todos ansiarem pela libertação. No início de 1944, os proprietários de garagens eram aconselhados a guardar suas bombas de gasolina: Vichy havia perdido o controle da maior parte da zona rural.[39] Em novembro de 1943, trezentos maquis tomaram a cidade de Oyonnax — na qual não havia alemães —, onde organizaram uma parada militar e cantaram *A Marselhesa* antes de se retirar. Houve demonstrações semelhantes, ainda que menores, em outras localidades. Para o marechal de campo Von Rundstedt, comandante supremo do Oeste, 1943 foi "um grave ponto de inflexão na situação interna".[40]

O rompimento foi ainda maior em outras regiões. Na Noruega, os escritórios da Junta de Registro de Trabalho de Oslo foram explodidos. Na Grécia, uma greve de protesto em Atenas conseguiu evitar que trabalhadores fossem mandados para fora do país. Quanto à Polônia, o representante de Sauckel descreve o crescente caos e conflito:

> Em especial na Polônia, no momento a situação é extraordinariamente grave. Todos sabem que violentas batalhas ocorreram apenas devido a essas ações. A resistência contra a administração estabelecida por nós é muito forte. Um bom número de nossos homens está exposto a perigos cada vez maiores, e apenas nas últimas duas ou três semanas alguns deles foram mortos a tiros, por exemplo, o chefe do Gabinete de Trabalho em Varsóvia, que foi morto em seu escritório, e ontem mais uma vez, outro homem. É assim que as coisas se encontram no presente, e o próprio recrutamento, mesmo se feito com as melhores intenções, continua extremamente difícil sem reforços policiais disponíveis.

Na Holanda, onde os alemães tentaram fazer com que bandos de certa idade se registrassem, muitos homens preferiram se esconder, e uma vasta rede de proteção à clandestinidade surgiu para providenciar abrigo, alimentos e documentos falsos. Foi um desastrado anúncio do comando alemão — de que todos os ex-prisioneiros de guerra holandeses deveriam voltar para a Alemanha — que disparou revoltas e greves que no auge mobilizaram meio milhão de pessoas. Pela primeira vez, as áreas rurais também estavam sendo recrutadas. A ss impôs lei marcial, e mais de cem pessoas foram executadas antes do término da greve. A resistência armada ainda não preocupava as autoridades ali. Mas, na França, o ano de 1943 foi um ponto de inflexão, e os homens de Sauckel só entregaram 7% dos trabalhadores holandeses planejados.[41] Na Bélgica, onde havia lembranças traumáticas das deportações alemãs de trabalhadores belgas na Primeira Guerra Mundial, o programa de trabalho forçado foi, de alguma forma, mais razoável. "Voltamos às deportações de 1916-7", foi a reação de um comentarista às ordens de trabalho compulsório. Apesar das greves, quase 150 mil foram mandados para o Reich. Organizações de ajuda comunistas e católicas — a católica financiada pelos funcionários e pelo governo no exílio — ajudaram os que precisavam se esconder.[42]

A falta de mão de obra também influenciou a forma como os alemães reagiram à resistência. Isso ficou evidente a partir de outubro de 1942, quando Goering ordenou a evacuação de áreas nos territórios ocupados do Leste que não tinham valor econômico para os alemães e selecionou os habitantes: os capacitados para o trabalho foram enviados para o Reich ou postos para trabalhar no local. Como já vimos no caso da Bielorrússia, comandantes do Exército e da ss começaram a conduzir operações antipartisans também de acordo com o espírito dessa ordem: a Operação "Franz", em janeiro de 1943, foi a primeira a resultar em grandes números de civis sendo presos e mandados para o Oeste. No final, dezenas de milhares de civis foram levados a campos de trabalho ou de concentração e postos para trabalhar para o Exército, agências civis ou entregues aos homens de Sauckel. Atrás dessas "evacuações", o Exército deixou "zonas mortas" de aldeias queimadas e plantações abandonadas nas quais os civis entravam por sua própria conta e risco. A população rural estava sendo examinada e selecionada como os judeus antes dela. Os que não estavam aptos para trabalhar eram mandados para campos como o "Acampamento de Família Russo", em Auschwitz, onde alguns morreram nas câmaras de gás.[43]

Na Polônia, em particular, um novo "espírito de resistência" começou a surgir no final de 1942. De forma lacônica, as causas foram resumidas pelo comandante territorial alemão no Governo-Geral:

Cada vez mais enforcamentos; cada vez mais cargas tangíveis da guerra; desalento mental; cada vez mais restrições à liberdade; uma política psicologicamente errônea; rispidez contraproducente até o ponto de injustiça crassa; completa negligência ao lado de cuidados inadequados [que] eliminam os últimos resquícios de convicção na boa vontade dos alemães.

Ele identificou dois catalisadores-chave: os *Fangaktionen* — ou reides em busca de trabalhadores — e o assassinato em massa de judeus, em que os poloneses viam "uma imagem atroz de seu próprio destino". O comandante sem dúvida não estava sozinho ao ver como as ações de reassentamento de Himmler e de Globocnik no entorno de Zamość levaram muitos fazendeiros a se tornarem fora da lei e transformar a região de Lublin no epicentro da atividade partisan polonesa. Foram seis meses até que Frank, Goebbels e o comissário antipartisan Von dem Bach-Zelewski conseguissem parar as expulsões forçadas e a renúncia de Globocnik, mas até aí o prejuízo já era irreversível.[44]

Também a essa altura um exemplo de resistência armada já havia eclodido no coração de Varsóvia entre os últimos judeus deixados no gueto. O Exército Nacional prestou algum apoio, mas estava muito inseguro se desejava apoiar um levante que poderia se alastrar para o resto da cidade antes que a resistência estivesse preparada. O levante judaico foi essencialmente uma atitude autônoma de um povo que não tinha mais nada a perder. No início de 1943, havia apenas entre 50 mil e 70 mil judeus abandonados num gueto que contava com cerca de 450 mil dois anos antes: a maioria dos restantes tinha morrido em Treblinka nos meses anteriores. Inspirada em relatos de resistências judaicas em cidades mais ao leste, a multipartidária Organização de Luta Judaica (ZOB) matava informantes da Gestapo e policiais e colaboradores judeus, comprou armas e impediu uma deportação em janeiro.

O custo foi alto: quatro quintos dos membros da ZOB (na maioria desarmados, pois armas eram escassas) foram presos e mortos, com apenas umas poucas baixas alemãs. Mas o próprio evento bastou para que Himmler ordenasse que o gueto fosse esvaziado completamente. Em fevereiro, ele instruiu o HSSPF Krüger a destruir o gueto para erradicar a "desordem criminosa". A longo prazo, a demolição ajudaria a reduzir o tamanho de uma cidade que "sempre foi um perigoso centro de decomposição e rebelião". Depois de alguns preparativos descuidados, os alemães invadiram, sem prever muita resistência. Na verdade, foram pegos de surpresa pelos planos meticulosamente preparados pela ZOB, e foram necessárias várias semanas de lutas difíceis até afinal a revolta ser sufocada. A confusão inicial impressionou os poloneses, que observavam do lado de fora a fumaça que subia por trás das muralhas do gueto. Alguns chegaram a participar: o Exército Nacional e os comunistas poloneses realizaram ataques para apoiar os combatentes da ZOB. Conduzido por seus guardas alemães até a prisão da Gestapo em Pawiak, localizada dentro do gueto, um oficial do Exército Nacional Polonês ouviu as granadas e avistou os cadáveres nas ruas desertas enquanto guardas e homens da SS se protegiam contra franco-atiradores judeus.[45]

Se esse foi um exemplo para levar o Exército Nacional a aumentar suas ações, havia outros fora de Varsóvia, pois a atividade da resistência agora se alastrava pelos campos do centro da Polônia. Um ano depois de Hitler ter aprovado seu Plano Geral para o Leste, as prioridades de Himmler tinham mudado drasticamente. No verão de 1943, ele declarou todo o Governo-Geral como uma "zona de guerra partisan" (*Bandenkampfgebiet*). Instadas por ele a "queimar aldeias inteiras se necessário", a SS e a polícia reagiram com as costumeiras táticas de terror, deixando milhares de mortos. Porém, dentro da SS havia sérios desacordos, e Von dem Bach-Zelewski insistia em que "nenhum país pode ser governado apenas com o uso da polícia e das tropas", e tentou forçar uma política mais astuta (semelhante a outras levadas a cabo nos Bálcãs), que explorasse o anticomunismo dos poloneses e os trouxesse para o lado alemão. A SS esperava poder apelar para o Exército Nacional, cujo comandante, "Grot", tinha sido capturado por eles em junho; mas sua recusa em cooperar (o que levou à própria morte) significou que eles tinham de se conformar em trabalhar — nos bastidores, e de maneira intermitente — com as Forças Armadas da Polônia (NSZ), menos expressivas e de extrema direita.

De um jeito ou de outro, Himmler queria que o embrião de resistência na Polônia fosse esmagado, e para isso trouxe à Varsóvia o SS-Brigadeführer Franz Kutschera como SSPF. Quando os alemães começaram a organizar execuções públicas nas ruas da cidade, os poloneses, que andavam entusiasmados com notícias dos acontecimentos do verão na Itália, ficaram horrorizados e caíram num estado de pessimismo profundo. "O moral está soturno", observou um morador de Varsóvia em seu diário. "Ninguém acredita num fim rápido para a guerra. Cada vez mais pessoas reconsideram o que os alemães fizeram com os judeus: será que não nos espera o mesmo destino?" Excepcionalmente — pois o medo das represálias alemãs tornava o assassinato de altos oficiais alemães um fato raro durante a guerra —, o Exército Nacional decidiu assassinar Kutschera para demonstrar que os poloneses continuavam altivos. Depois de duas tentativas fracassadas, um esquadrão conseguiu matá-lo a tiros no meio de Varsóvia numa operação que mal durou um minuto. Os alemães executaram trezentas pessoas em retaliação, mas a morte de Kutschera ao menos serviu para dar um fim às execuções públicas.[46]

A WEHRMACHT NO SUL DA EUROPA

Mas no verão de 1943 não foi na Polônia — onde a Wehrmacht estava mais preocupada com o crescente descontentamento — que os alemães se sentiram mais expostos, e sim no sul da Europa, onde enfrentavam a ameaça da invasão dos Aliados. À medida que os Aliados consolidavam sua posição no norte da África, os alemães tentavam antecipar onde eles iriam desembarcar em seguida. Havia planos de contingência para uma invasão preventiva da península Ibérica, e o próprio Hitler lembrava-se da obsessão de Churchill pelos Bálcãs na Primeira Guerra e estava preocupado com desembarques na costa da Grécia. Por essa razão, a Wehrmacht retirou suas tropas da frente oriental e do sul pelos Bálcãs e estava bem preparada para reforçar os italianos ou assumir suas posições. No entanto, quando em julho a expulsão de Mussolini ficou patente, as forças já esgotadas da Wehrmacht tiveram de se espalhar por uma área cada vez mais espaçada. O crescimento de bandos partisans na Iugoslávia, na Grécia e na própria Itália, a desintegração do Exército italiano e o desembarque aliado na Sicília só complicaram sua tarefa. Com a maior parte do sul da Europa declarada zona de guerra, foi a Wehrmacht, não a ss, que liderou os esforços da contrainsurgência durante os dois últimos anos da guerra.

Isso não significou nenhuma redução da brutalidade: a Wehrmacht era ainda mais violenta na defesa que no ataque. Em dezembro de 1942, Hitler já havia ordenado o aniquilamento dos "bandidos" como parte das preparações contra uma tentativa de desembarque aliado, e um dia depois da deposição de Mussolini ele emitiu novas ordens. Para proteger as áreas de retaguarda atrás de defesas costeiras vulneráveis, a Wehrmacht deveria esmagar "gangues de bandidos" que encontrasse com "a maior intensidade" a fim de "aniquilá-los". Em agosto, quando aumentavam os temores de uma invasão aliada na Grécia, o general Löhr, comandante supremo da Wehrmacht nos Bálcãs, emitiu uma ordem extraordinária:

Pode ser necessário [em áreas ocupadas pelos guerrilheiros] prender toda a população masculina, e os que não precisarem ser fuzilados ou enforcados por ter apoiado os bandidos, e os que não estiverem incapazes de trabalhar, devem ser levados aos pontos de coleta de prisioneiros para ser transportados para o Reich.

Se era impossível distinguir os guerrilheiros dos outros civis, a resposta do Exército alemão foi esvaziar completamente o território. Como antes na Bielorrússia, a linha divisória entre o combate aos partisans e o recrutamento de trabalhadores estava começando a ficar obscura.[47]

Enquanto Löhr emitia esse comando, voluntários gregos estavam se agrupando nas montanhas. Em Atenas, soldados italianos vendiam os uniformes e equipamentos. Nas montanhas Pindos, os *andartes* (partisans) desarmaram a divisão italiana em Pinerolo. Tropas alemãs foram trazidas às pressas de territórios iugoslavos e soviéticos, e logo as "zonas mortas" que feriam o campo da Bielorrússia estavam arruinando também a Grécia Central e o Peloponeso. Em julho e agosto, por exemplo, homens da elite da Primeira Divisão Montanhesa — que voltavam de combates com o Exército Vermelho no Cáucaso — invadiram as estradas das montanhas para limpar o oeste da Grécia antes do esperado ataque aliado. O ataque nunca aconteceu, mas atrás dessa franja costeira eles fuzilaram centenas de aldeões e queimaram suas casas. Depois varreram as ilhas jônicas para desarmar os soldados italianos que ainda resistiam; e os trucidaram também quando se renderam. As regras da frente oriental tinham chegado à Grécia, e os civis gregos e italianos estavam sendo tratados da mesma forma que os russos.

Outras unidades se espalharam pelo Peloponeso. Num período de poucos dias no final de 1943, o diário de guerra da Wehrmacht no Peloponeso registra: 4 de dezembro: cinquenta detidos fuzilados em Aighion depois de atacarem um caminhão; 5 de dezembro: cinquenta detidos enforcados na estação ferroviária de Andritsa; 7 de dezembro: 25 detentos fuzilados em Gythion. Alguns dias depois, soldados entraram na cidade montanhosa de Kalavryta, prenderam todos os homens que encontraram, mais de quinhentos, e fuzilaram todos; isso como represália por *andartes* terem sequestrado e matado soldados alemães nas imediações. Em outras atrocidades na primavera do ano seguinte na Grécia Central, jovens soldados da Waffen-ss não pouparam mulheres nem crianças. O plenipotenciário diplomático alemão nos Bálcãs ficou furioso; depois do massacre na aldeia de Klissoura, ele escreveu: "O maravilhoso resultado desses feitos heroicos é que bebês estão mortos; mas os partisans continuam vivos". Houve até mesmo um inquérito interno na Wehrmacht. Mas seus protestos pouco fizeram para mudar o comportamento dos soldados. O movimento partisan ficava cada vez mais forte, centenas de aldeões foram aniquilados e dezenas de milhares de pessoas foram mortas ou ficaram desabrigadas. Por causa da conduta da Wehrmacht na guerra contra os partisans e sua insistência em punições coletivas indiscriminadas, a Grécia enfrentou uma crise de ajuda e de refugiados que os funcionários da Cruz Vermelha da Suíça e da Suécia se empenharam para aparelhar.[48]

Os acontecimentos na Itália no verão de 1943 estavam no cerne desses desenvolvimentos. O colapso do regime de Mussolini deixou o país dividido e criou um vácuo político. No sul, o avanço aliado estabeleceu uma ocupação militar própria nos primeiros pedaços de território a ser libertados; figuras do *ancien régime* fascista como o marechal Badoglio — o "duque de Adis Abeba" — tentaram garantir uma transição política suave, enquanto renitentes legalistas a favor do Duce passaram à clandestinidade e até chegaram a considerar a resistência brevemente. Ao norte das linhas alemãs que recuavam, a Itália caiu sob o controle da Wehrmacht, apesar do habitual emaranhado de oficiais alemães (tendo o ministro plenipotenciário do Exterior e o HSSPF de Himmler como os mais importantes). Resgatado por Hitler, o Duce foi apoiado e restabelecido como figura decorativa do governo fascista.

Com os aliados de ontem transformados em senhores e os alemães apertando o controle do país, a oposição se formou bem depressa, impelida pelo rápido renascimento de partidos políticos depois de duas décadas de fascismo. Politicamente, a resistência aos alemães (e ao novo governo de Mussolini) foi organizada por um comitê multipartidário para libertação nacional que se formou em Roma um dia depois do armistício e se difundiu na rede de afiliados regionais sob a ocupação alemã. Ao mesmo tempo, com o esfacelamento do Exército italiano, o país foi inundado por armas. A maioria dos soldados passou à clandestinidade para evitar a prisão, e a ajuda espontânea que eles e os prisioneiros de guerra aliados libertados das prisões italianas receberam do restante da sociedade italiana pôde ser vista como o primeiro ato coletivo de resistência aos novos governantes do país. Alguns foram para as montanhas, mas de início os bem organizados esquadrões de sabotagem e assassinatos foram muito mais letais para os ocupantes. Mas o número de partisans aumentou na primavera de 1944 — as ondas de prisões estavam surtindo o mesmo efeito que em outras partes — e surgiu uma variedade diversa e abrangente de grupos políticos: as brigadas "Garibaldi" organizadas no sistema soviético; as unidades "Justiça e Liberdade" do Partido da Ação; os "Chamas Verdes" católicos e muitos outros.[49]

Dificultados por carência de treinamento, pouca cobertura e falta de armamentos, seu significado político foi maior que sua capacidade militar. Politicamente, eles representavam a nova Itália que emergia dos escombros do fascismo, com todas as suas divisões e incertezas, e por isso era natural a existência de choques entre esses diferentes grupos — ainda sem nenhum controle centralizado. O Estado italiano havia desmoronado, e aquela era a batalha para renovação, um segundo *Risorgimento*. O historiador Claudio Pavone, ele próprio um dos participantes da resistência, diferenciou três guerras em separado porém relacionadas que ocorriam dentro da resistência partisan. Para alguns era uma guerra de classes pelo socialismo: eles esperavam o regresso da situação "revolucionária" que havia invadido o país em 1919-21, mas dessa vez para forçar a história da Itália a um novo caminho. Muitos estavam apenas lutando contra os *repubblichini* de Mussolini por um futuro democrático para demonstrar à Itália e ao mundo a vitalidade da tradição antifascista que estivera esmagada durante vinte anos. E, para todos, havia a luta para expulsar os alemães.

Os próprios alemães não queriam correr riscos e reagiram pesado. No nordeste da Itália, sob domínio civil como um ato preliminar à sua anexação final, Odilo Globocnik — o arquiteto da Operação Reinhard e dos Zamość — foi designado para policiar sua cidade natal, Trieste. No sul, o marechal de campo Kesselring lutou com muita habilidade por boa parte de setembro numa vã tentativa de evitar que os Aliados estabelecessem uma cabeça de ponte. Inúmeras pequenas cidades já haviam sido destruídas por uma campanha aliada de bombardeios em massa cujo objetivo — de forma redundante — era levantar a população da Itália contra o regime fascista. Quando a Wehrmacht chegou, na falta das reservas que Kesselring acreditava precisar, milhares de homens foram presos para trabalhar, e animais e alimentos foram requisitados de fazendas. Com as tropas dispersas entre as montanhas de Campania e Basilicata, os alemães retaliavam com violência ao menor sinal de desobediência, e houve dezenas de execuções e massacres em pequenas aldeias e cidades do sul da Itália quando o front se estabilizou. A principal razão para essa matança indiscriminada foi o desejo típico da Wehrmacht de ter absoluta segurança em sua retaguarda. Os soldados alemães sentiam-se furiosos com seus ex-aliados por sua "traição" e vingavam-se em civis à menor provocação. O próprio Kesselring era um grande general, tendo surpreendido Hitler com seu sucesso em retardar o avanço aliado na península; mas seu brilho como comandante combinava com uma atitude terrivelmente implacável em relação à população local.

O sofrimento da região também não terminou com a chegada dos Aliados. O uso liberal de artilharia pesada feito pelo general Mark Clark salvou a vida de soldados, mas devastou áreas construídas na linha de frente. Milhares de mulheres foram estupradas por soldados franceses e africanos. As casas dos italianos foram saqueadas, as rações caíram a níveis de inanição e havia também bombardeios alemães. No início de 1944, boa parte do sul da Itália se assemelhava a uma paisagem lunar de cidades devastadas onde mulheres e crianças famintas e desmoralizadas procuravam por segurança e abrigo.[50]

Represálias e massacres dos alemães foram responsáveis pela morte de centenas de civis também no resto da Itália. Em março de 1944, por exemplo, um ataque partisan a uma coluna alemã que marchava por Roma provocou muitas baixas e Hitler ordenou que cem italianos fossem executados para cada alemão morto. Depois que o interventor em Roma do SD decidiu que uma proporção menor seria suficiente, seus homens, com os nervos acalmados por bebida, fuzilaram 335 reféns numa pedreira abandonada — a chamada Fosse Ardeatine — num massacre que até hoje provoca calorosos debates. Mas a Wehrmacht estava agindo de forma similar no campo. Frustrado com a própria inabilidade para localizar partisans, cujos membros estavam aumentando na primavera, Kesselring passou a considerar toda a população civil como parte do problema. "A luta contra os bandos deve ser conduzida com todos os meios à nossa disposição e com a máxima severidade", diz sua ordem mais notável, emitida nas semanas críticas depois da queda de Roma, em 4 de junho. "Vou apoiar qualquer oficial que, em sua escolha e aspereza de meios, vá além dos limites costumeiros." Em 28 de junho ele ameaçou a população italiana numa transmissão de rádio de que a luta dos soldados contra os partisans se tornaria "mais dura e implacável". E estava falando sério, pois nos dias que se seguiram ocorreram os piores massacres em toda a ocupação: 245 foram mortos na aldeia de Civitella della Chiana em 29 de junho; 71 no mesmo dia em San Pracazio di Bucine; 176 em 4 de julho em Castelnuovo dei Sabbioni; e incríveis 560 em Sant'Anna di Stazzema em 12 de agosto, onde pilhas de cadáveres foram tão desfigurados com lança-chamas que a identificação se tornou impossível. A essa altura, o sadismo das tropas era comparável ao demonstrado pelos Einsatzgruppen no Leste em 1941.[51]

Desde março Mussolini vinha se queixando do "comportamento criminoso" da Wehrmacht, e Kesselring recomendou que seus homens mantivessem a disciplina. Mas nada mudou. No dia 15 de setembro Mussolini queixou-se mais uma vez, alertando o embaixador alemão de que a Wehrmacht estava se tornando odiada na Itália e insistiu em que "como homem e fascista, não posso mais suportar a responsabilidade — ainda que indireta — por esses massacres de mulheres e crianças". Exatamente duas semanas depois, no entanto, a Divisão 16ª ss-Panzergrenadier "Reichsführer-ss", que havia perpetrado o banho de sangue de Sant'Anna, invadiu a aldeia de Marzabotto, nos Apeninos, cerca de dezesseis quilômetros ao sul de Bolonha, e matou pelo menos 770 pessoas. Foi uma das piores atrocidades da guerra no Oeste europeu. A aldeia já havia sido saqueada e parcialmente incendiada pelos alemães em maio, e alguns homens foram fuzilados por não fornecerem informações sobre os partisans. Agora, o Sturmbannführer Walter Reder relatava ter aniquilado os "bandidos" ali. Na verdade, as vítimas incluíram mais de 150 crianças com menos de dez anos e mais ou menos o mesmo número de anciãos da aldeia.[52]

Reder era um oficial da Waffen-ss corajoso e muito condecorado e de várias maneiras um produto exemplar do Exército de Hitler. Participou da invasão da Polônia, tomou parte no avanço para Leningrado em 1941 e lutou para abrir caminho na última batalha por Kharkov, antes de perder parte de seu Exército; depois ajudou a limpar o gueto de Varsóvia. Para ele — e seus superiores —, a *Vernichtungskrieg* no Leste havia simplesmente reforçado sua suspeita em relação aos civis (a forma como os italianos haviam "traído" os alemães apenas confirmava sua inerente duplicidade) e de qualquer forma ele considerava as represálias totalmente legais. Depois de meses em retirada, as necessidades militares ditavam a segurança nos Apeninos — a última linha de defesa antes do vale do Pó — e no verão de 1944 isso estava longe de estar garantido. Não chega a ser coincidência que o massacre de Marzabotto tenha ocorrido no exato momento em que os alemães que defendiam a seção central da Linha Gótica sofriam pressões das forças aliadas que avançavam.

Por outro lado, nada disso explica a escolha das tropas de matar mulheres e crianças em seu zelo sádico, algo que parece ter se alimentado a si mesmo nas semanas precedentes, quando um crime se seguia a outro, fomentado por uma mistura de medo, desprezo, impunidade e prazer psicopata. A vida de um alemão, disse um oficial a um padre italiano, valia a de cinquenta italianos. A essa altura, nenhum dos limites éticos anteriores funcionava mais no Exército alemão: padres eram fuzilados ao tentar fazer mediação, inúmeras mulheres e bebês foram mortos junto com os homens.[53]

Ou será que esse tipo de matança indiscriminada era mais racional — ao menos do ponto de vista dos militares alemães — do que preferimos imaginar? Afinal de contas, em termos puramente funcionais, esses massacres não perderam sua aterrorizante eficácia. No inverno de 1944-5, houve uma notável queda nas atividades partisans quando a Wehrmacht, a ss e seus aliados italianos — que eram em muito maior número que os insurgentes — continuaram suas ações. Ao deportarem dezenas de milhares de "bandidos suspeitos" para o norte, para campos na Polônia e na Alemanha, eles tiveram sucesso em limpar diversas áreas nas montanhas do norte da Itália que os partisans haviam declarado como "zonas livres". Quando o clima piorou, muitos partisans se decepcionaram com o fracasso dos Aliados de romperem as linhas. Ainda mais desanimador, os Aliados recomendaram que debandassem durante o inverno. O sd sabia que muitos dos que tinham procurado os bandos haviam feito isso apenas para escapar das prisões alemãs, e o regime de Mussolini tentava — sem conseguir — tirar vantagem disso opondo uma força mais moderada, oferecendo anistia aos "bandidos" que se entregassem. Apenas 2 mil fizeram isso. No entanto, no início de 1945, o movimento partisan estava na defensiva e só ressurgiu como força significativa na Itália nos últimos meses da ocupação. Do ponto de vista da Wehrmacht, a intimidação e o terror funcionaram e permitiram que ela mantivesse o controle do Norte até o final da guerra.[54]

RUMO À GUERRA CIVIL

Na Europa nazista, a oposição e o ódio eram sempre dirigidos tanto contra alemães como contra colaboracionistas. Eram os Quisling, Musserts e Degrelles que ameaçavam entregar o país aos nazistas; e quando os partidos colaboracionistas ajudavam os alemães, eles eram considerados inimigos pela maior parte da população desde o momento em que surgiam. Na França, quando a legitimidade inicial de Vichy decaiu, houve uma polarização semelhante. Ainda que Pétain continuasse popular — ou ao menos respeitado — até o final, o mesmo não se aplicava aos que o serviam. Legionários sorridentes de cabelos desgrenhados podiam posar em fotografias comemorativas ao partirem para o front oriental, com os vagões que os transportavam ostentando inscrições como *"Vive le Maréchal!"*, *"Vive Hitler!"* e *"À bas les Juifs!"*, mas nos cinemas as imagens de Laval, Henriot e Déat eram recebidas com vaias, assobios e gritos de "Vendidos!" e "Morte!".[55] Vistos como traidores, os colaboracionistas se transformaram nos principais alvos de ataques e assassinatos; para eles, por outro lado, a resistência era formada por "terroristas", "comunistas" e "criminosos" tentando solapar a ordem pública e fragmentar o país. À medida que as armas se tornaram mais abundantes e o final da guerra se aproximava — com todas as suas incertezas políticas —, essa violência se intensificou em muitos países até beirar a guerra civil.

Em novembro de 1942, três prefeitos rexistas de Degrelle foram mortos a tiros na Bélgica, fazendo com que seu partido exigisse mais proteção. Mas a relutância da polícia em agir fez com que tomassem a lei nas próprias mãos. Em meados de 1944, Rex, a ss flamenga e a direitista vnv estavam matando oponentes na odiosa batalha entre eles e membros da clandestinidade. "É uma verdadeira guerra civil", foi como o advogado Paul Struye resumiu sua análise da opinião pública nos últimos meses da ocupação.

> Inúmeros colaboradores dos invasores são atacados em casa, nas ruas e no campo. São muitas as mulheres entre eles. Parece que existem informantes que entregaram *réfractaires* aos invasores [...] As "represálias" são ainda mais violentas [...] A sucessão de dramas sangrentos criada em boa parte do país, em especial em aldeias de pequenas cidades, uma verdadeira atmosfera de terror [...] O ódio que alguns belgas manifestam entre si no momento é implacável e realmente feroz. É infinitamente mais violento que o demonstrado contra os invasores.[56]

Na Itália, emergindo de mais de duas décadas de fascismo, havia rixas a acertar que retrocediam não apenas dois ou três anos, mas até vinte anos. A esquerda antifascista estava ávida por vingar suas amargas lembranças dos anos das milícias fascistas. Ao mesmo tempo, o que restou do Partido Fascista estava mais radicalizado que antes do colapso, e havia uma volta consciente para o violento *squadrismo* do início do fascismo. Uma nova onda de violência percorreu cidades e aldeias do vale do Pó. O próprio Mussolini foi aplaudido por multidões em festa quando apareceu pela primeira vez em público perto de Bolzano em abril de 1944: muitas pessoas, em especial nas áreas fronteiriças e no nordeste ferrenhamente católico, temiam que a Itália caísse nas mãos dos bolcheviques. Suas novas Brigadas Negras (*Brigate nere*) não eram a única força à disposição do fascismo: havia também a Guarda Nacional Republicana e uma série de forças pequenas, mais ou menos voluntárias, esquadrões da morte e líderes militares, alguns dos quais preferiam receber ordens da ss a receber de Mussolini. Aos poucos, seu regime se tornou mais que um braço da campanha antipartisan alemã, e seus adeptos se viram numa guerra em que "não existe diferença entre o inimigo externo e o interno". No verão de 1944, afinal, os partisans estavam assassinando fascistas notáveis e matando centenas de homens de Mussolini por mês. No inverno seguinte, estes lutaram ao lado dos alemães e se vingaram, enforcando partisans em público e quem mais quisessem.[57]

A Igreja católica tentava acalmar os dois lados e pregava a moderação, pois seus líderes desconfiavam muito tanto do nazismo como do comunismo. O Vaticano temia uma tomada de poder pela esquerda na Itália depois da guerra; mas também se recusava a estabelecer relações diplomáticas com o regime de Salò de Mussolini. Mas eram fortes as pressões que poderiam levar a uma guerra civil, e a Igreja estava fraca demais para poder fazer muita coisa: tanto fascistas como antifascistas faziam críticas à instituição por ter ficado neutra. Na Páscoa de 1944, bispos foram aconselhados a "estigmatizar todas as formas de ódio, vingança, represália e violência, venham de onde vierem", mas o *Piemonte repubblicano* pró--Duce logo criticou a Igreja por não perceber que "estamos num tempo de exceção, num tempo de guerra, e não há dúvida de que 'entre as duas partes beligerantes', todos os italianos — bispos ou não — têm obrigação de apontar que uma delas está maculada, e diariamente, por crimes horríveis". Como resultado, os padres foram envolvidos pela violência: 191 foram mortos por fascistas, 125 por alemães e 109 pelos próprios partisans. Houve padres que lutaram em bandos pró-fascistas, e outros — os chamados "capelães de partisans" e "padres vermelhos" — que lutaram contra os fascistas. (Estes últimos eram na verdade apoiados pelo Vaticano, que estava preocupado com a falta de orientação religiosa disponível para os partisans, os quais por isso seriam expostos à propaganda comunista sem nenhum apoio espiritual.)[58]

＊　＊　＊

Mas a resistência não estava só lutando numa guerra civil contra os colaboracionistas; havia também tensões dentro da própria resistência, tensões que refletiam a multiplicidade de pequenos grupos de onde a resistência havia surgido e as concepções muito diferentes do ideal do pós-guerra existente entre eles. Na Europa Ocidental, essas diferenças puderam ser contidas. Talvez com exceção da França, onde a resistência se voltou contra si mesma em algumas ocasiões, nenhum desses desacordos transbordou para uma violência aberta, e os grupos toleravam a existência dos outros ou aceitavam a autoridade mais abrangente dos grupos de coordenação. Nos Bálcãs foi diferente. Os governos grego e iugoslavo no exílio não tinham legitimidade, e as tentativas de unificação da resistência fracassaram. Como resultado, estes últimos lutaram abertamente não apenas contra colaboracionistas, mas também entre si. Na Iugoslávia, a guerra entre os partisans e o chetniks deixou uma trilha de sangue pelo país. A Grécia foi poupada dessa escala de violência, mas apenas porque o principal movimento — EAM/ELAS — foi forçado a se dividir em grupos menores para se estabelecer como autoridade dominante nas montanhas.

Com a proximidade do fim da guerra, as principais linhas de batalha da incipiente guerra civil não eram entre a resistência e os colaboracionistas, mas entre comunistas e seus opositores. Os gendarmes croatas Ustaše e Nedi em Belgrado viram-se como a última defesa do país contra o bolchevismo, e esse temor fez com que apelassem também para membros da resistência não comunista e anticomunista. Na Grécia, essas coalizões de forças anticomunistas — reunindo colaboracionistas e membros da resistência — foram organizadas pelo governo traidor com apoio dos alemães. Na verdade, fomentar a guerra civil era uma coisa que os alemães estavam tentando deliberadamente. O ss-Standartenführer Walter Blume, um advogado culto e ex-oficial da Gestapo, tinha progredido de matador de judeus na frente oriental, de assassino de partisans na Eslovênia para chegar à liderança da SiPo/SD de Atenas. Segundo essa tese, chamada "tese do caos", os alemães deveriam matar a classe dirigente da Grécia e fazer com que os gregos lutassem entre si tão ferozmente que eles poderiam se retirar sem ser perturbados. Por essa razão, os valentões armados anticomunistas em batalhões e esquadrões da morte não oficiais tiveram carta branca na guerra contra os "bandidos" e "comunistas". Os últimos meses da ocupação foram assim pontuados por uma série de massacres horríveis perpetrados por gregos em outros gregos nos quais os próprios alemães tinham um pequeno papel direto. Nos últimos meses da ocupação, as sementes da guerra civil grega já estavam sendo plantadas.

A sombra do comunismo significava que o declínio do destino da Alemanha teve um enorme impacto na guerra partisan do Leste Europeu também. Poloneses, ucranianos e os povos do Báltico se perguntavam o que representaria o colapso alemão, e insurgentes agiam com um olho cada vez mais no futuro que no presente. Na Polônia, onde o desenvolvimento da resistência armada foi contido deliberadamente, o Exército Nacional estabeleceu seu Diretório de Resistência Clandestina só no final de 1942, e no final de 1943 uma estimativa sugere que controlava cerca de 3 mil homens em todo o país — um número não muito alto. A essa altura, outros já estavam em campo. Havia um movimento comunista bem equipado, que também atraía poloneses do Leste que se sentiam frustrados pela ausência do Exército Nacional; havia inúmeros Batalhões de Camponeses (associados ao Partido dos Camponeses) e bandos judeus, formados por sobreviventes dos massacres no leste da Polônia; havia partisans soviéticos no leste do país; e, na direita, havia as NSZ. Conflitos entre esses grupos eram comuns, mas por razões óbvias a verdadeira fissura que surgia era entre os simpatizantes dos soviéticos e os outros. A tensão aumentou com a formação do Comitê Civil Anticomunista, que reuniu todos os partidos políticos não comunistas. De sua parte, os comunistas já tinham estabelecido o Conselho Nacional da Pátria como uma alternativa de governo no exílio. "Uma coisa é certa", dizia um relatório da OSS sobre a resistência polonesa, "os alemães são ajudados pela falta de unidade da resistência e pelo fato de que cada lado tem outras metas além de lutar contra os alemães."[59]

Um dos catalisadores do desenvolvimento da resistência armada entre os poloneses foi a súbita erupção de uma guerra dentro da guerra — entre poloneses e ucranianos no leste da Polônia e no oeste da Ucrânia. Toda a região entre Vilnius e Lviv já havia sido palco de alguns dos mais violentos experimentos em limpeza étnica. Durante alguns meses em 1943, as coisas ficaram ainda piores e infinitamente mais complicadas. Os primeiros partisans soviéticos tinham surgido no Volínia no ano anterior, e os nacionalistas ucranianos queriam evitar que os camponeses os apoiassem; em suas próprias palavras, eles buscavam uma alternativa para "elementos da nação ucraniana que poderiam procurar abrigo do imperialismo alemão em Moscou". Policiais ucranianos que trabalhavam para os alemães estavam desertando para as florestas em grande número, e a OUN-B nacionalista os encorajava para formarem um novo Exército Insurgente Ucraniano (UPA).

Em abril de 1943, o UPA tinha entre 10 mil e 20 mil membros e, instigado por notícias de Stalingrado, envolveu-se numa campanha de limpeza étnica para abrir lugar para um futuro Estado ucraniano independente antes da chegada dos russos. Primeiro atacaram os assentamentos étnicos de Himmler e queimaram muitos deles. Depois se voltaram contra os poloneses, matando cerca de 50 mil pessoas; muitos mais fugiram para o oeste. Graças a massacres bem planejados e expulsões, em dezembro eles conseguiram praticamente deixar Volínia sob controle ucraniano, ajudados por milhares de camponeses que cobiçavam as terras controladas pelos poloneses. "Liquidar todos os vestígios dos poloneses", dizia uma ordem da OUN do início de 1944.

> Destruir todas as muralhas da Igreja católica e outras casas de orações polonesas. Destruir pomares e árvores nos quintais para não haver vestígios de que alguém morou aqui [...] Prestar atenção no fato de que quando resta alguma coisa dos poloneses, eles terão pretensões com nossas terras.[60]

As repercussões foram imediatas e duradouras. A violência convenceu Stálin de que poloneses e ucranianos não podiam viver juntos, e Moscou começou a planejar uma série de mudanças forçadas de população entre 1944 e 1947. Na vizinha Galícia, os poloneses agora se voltavam contra os ucranianos por vingança, e o embrionário movimento partisan polonês foi inflado por refugiados de Volínia. Esse movimento depois se espalhou não apenas para o oeste na direção da Polônia Central, mas também para o norte em direção a Vilna e para outras regiões do leste da Polônia de antes da guerra onde os poloneses eram minoria e precisavam se defender. Ao mesmo tempo, o fracasso do Exército Nacional em Volínia encorajou muitos poloneses a preferir procurar os partisans soviéticos. Assim como os ucranianos, os poloneses estavam agora entre os russos e os alemães, e era difícil evitar certos acordos. Tanto os comandantes de extrema direita das NSZ como do Exército Nacional negociaram acordos temporários com oficiais da SS alemã e da Wehrmacht para evitar a "ressovietização" da região. (Embora Himmler proibisse esses acordos, eles aconteciam de qualquer forma em pequena escala.) Porém, outros comandantes do Exército Nacional cooperaram com os partisans soviéticos, reconhecendo a futilidade de se opor a eles. Tanto os poloneses como os ucranianos tinham esperança de ver um mundo no qual eles conseguissem abrir um espaço próprio, independentemente dos dois poderes igualmente totalitários. Mas esse mundo precisaria de muito mais que alguns anos para se materializar.[61]

MEDINDO O TEMPO DO LEVANTE

Em 28 de setembro de 1943, Nápoles se tornou a primeira cidade europeia a se rebelar contra os alemães. Os *Quattro giornate* — os famosos "Quatro Dias" — foram incitados pelas tentativas do marechal de campo Kesselring de deportar 20 mil homens. Quando os caminhões alemães estacionaram na Piazza Dante, no coração da cidade, para transportá-los, as mulheres tentaram impedir que partissem. Ao mesmo tempo, jovens se armaram e começaram a patrulhar as ruas. No dia seguinte, quando surgiram notícias de que 8 mil homens haviam sido levados, as pessoas viraram ônibus, ergueram barricadas e estabeleceram ninhos de metralhadoras para evitar que os alemães trouxessem reforços. Nos dias seguintes, a intensa batalha nas alamedas e vielas labirínticas da cidade foi pontuada por negociações (os napolitanos capturaram diversos soldados alemães e cercaram outros, inclusive o comandante da cidade), linchamentos (de colaboracionistas fascistas) e execuções em massa pelos alemães. Os exércitos aliados estavam se aproximando da periferia da cidade, e seus barcos observavam da baía. Mas na verdade os moradores lutaram muito bem sem a ajuda dos Aliados, em especial nas velhas ladeiras em torno de Vomero, e os alemães, ao perceberem que não tinham força para retomar o controle, retiraram-se no começo de outubro com a chegada das primeiras tropas aliadas. Deixaram para trás pelo menos 663 italianos mortos e muitos mais feridos. Já semidestruídos por meses de bombardeio aéreo aliado, o centro histórico e o porto estavam quase irreconhecíveis. Ao entrarem na cidade, soldados britânicos encontraram "madeira carbonizada, com ruínas por toda parte, às vezes bloqueando completamente as ruas, crateras de bombas e bondes abandonados". Não havia comida nem água potável, e rumores que duraram dias diziam que um esquadrão secreto da ss continuava escondido nas catacumbas.[62]

A própria insurreição foi um raro exemplo de levante popular que não fora planejado antecipadamente (talvez uma razão por não ser tão lembrado na Itália hoje em dia). Pegou tanto os alemães como os antifascistas locais de surpresa, e o rápido alastramento da luta refletiu mais que qualquer outra coisa o poderoso espírito comunitário pelo qual os bairros da cidade eram bem conhecidos, alimentado com fúria pelos remanescentes do Estado fascista que se desintegrava e o gatilho rápido dos recém-chegados alemães. Em outras partes da Europa, contudo, os movimentos de resistência tinham baseado toda a sua estratégia na preparação para se revoltar contra o invasor, e para eles o principal desafio era saber quando o exato momento tinha chegado. Como 1943 transcorreu sem a Segunda Frente que tantos aguardavam, muitos estavam lutando contra o desapontamento e a impaciência em suas próprias fileiras.

Mas foi o ano seguinte — com a invasão da França e a reação soviética através da Bielorrússia até chegar à Polônia — que se tornou o ano da verdade. Greves, sabotagem e ataques armados às tropas alemãs atingiram níveis sem precedentes, e os próprios alemães, lutando tanto na frente como na retaguarda, provocaram terror em massa e represálias em áreas que até então haviam sido poupadas. Em alguns pequenos países do noroeste da Europa, onde no verão de 1944 os movimentos de resistência estavam relativamente centralizados, governos no exílio, bem como a SOE e o comando SHAEF do general Eisenhower, fizeram o melhor que puderam para conter a situação. Os holandeses desestimularam um levante de massa, embora uma greve ferroviária em setembro tenha levado os alemães a decretar estado de sítio. Na Noruega, o movimento de resistência Milorg alertou contra uma insurreição e tentou canalizar as energias de seus membros para aumentar as sabotagens e tentar obstruir a política de terra arrasada empreendida pelos alemães em retirada no norte do país. Na Dinamarca, onde a resistência evoluiu rapidamente depois do colapso da *collaboration d'état* no verão de 1943, Londres e o novo Freedom Council promoveram sabotagens com pequenos grupos de profissionais e tentaram evitar transformar o Exército clandestino numa força militar a ser usada contra os alemães. Em todos esses casos, os britânicos e os governos no exílio não estavam apenas preocupados em evitar baixas. Tinham também razões eminentemente políticas para evitar uma ação de massas, pois basicamente queriam restaurar a classe política existente depois da libertação e perceberam que um grande movimento de resistência armada poderia atrapalhar esses planos.

Líderes da resistência de muitos países foram também influenciados pelos eventos na França, onde os custos de timing errado ficaram horrivelmente visíveis. Em junho, na véspera dos desembarques na Normandia, os ataques de sabotagem aumentaram bastante, e linhas férreas foram interrompidas em vários lugares. Mas alguns líderes dos maquis queriam ir além, enfrentar os alemães em combates frontais e ficar com as glórias da libertação. Em Auvergne, eles desengavetaram velhos planos de transformar as montanhas num reduto de resistência e, entusiasmados pelo abastecimento de armas por paraquedas dos Aliados, emitiram uma ordem de mobilização que trouxe milhares de trabalhadores e estudantes para a área do monte Mouchet. A Wehrmacht no local ficou atenta a essa atividade, e no início de junho resolveu esmagá-la. Em poucos dias, depois de uma breve resistência, os alemães tinham recuperado o controle, matando dezenas de maquis com relativamente poucas baixas. O marechal de campo Sperrle havia reagido aos desembarques na Normandia ordenando "extrema severidade [...] e os métodos mais implacáveis" para esmagar a resistência, e foi de acordo com essas ordens que os soldados simplesmente fuzilaram ou deportaram todos que encontraram no caminho para as montanhas. O episódio do monte Mouchet demonstrou quanto era custoso abandonar as armas básicas da guerrilha de surpresa e mobilidade, e quanto a resistência estava exposta a um eficiente contra-ataque alemão ao se revelar cedo demais. Houve debacle semelhante na planície de Vercors e em diversas pequenas cidades e aldeias em toda a França em prematuros atos de "libertação" que levaram a banhos de sangue. É compreensível que as convocações dos comunistas à insurreição tenham encontrado ouvidos moucos: 85% das comunas na França preferiram prudentemente esperar os Aliados.[63]

O levante aconteceu mais tarde, e foi mais bem-sucedido, em Paris. Em meados de agosto, a aproximação das forças aliadas, inclusive uma divisão de Franceses Livres, levou a polícia francesa a entrar em greve. Em 18 de agosto, a paralisação era total na cidade e as Forças Francesas do Interior ordenaram uma mobilização geral. Carros da polícia e viaturas mostravam a sigla "FFI" pintada em grandes letras brancas junto com a cruz de Lorraine. Ao evacuarem a cidade, as forças alemãs ficaram sob fogo, e barricadas foram derrubadas. Os combates se estenderam até 25 de agosto, quando o comandante alemão, general Dietrich von Choltitz, ignorou as ordens de Hitler para destruir a cidade e se rendeu ao general Leclerc, comandante da Segunda Divisão Blindada francesa: cerca de 3200 alemães morreram, e outros 12 800 foram feitos prisioneiros. No mesmo dia, o general De Gaulle chegou como presidente do governo provisório e do Hôtel de Ville animou as multidões em júbilo com palavras que ficaram famosas de imediato:

Paris! Ultrajada Paris! Abatida Paris! Martirizada Paris! Mas libertada Paris!
Libertada por si própria, libertada por seu povo com a ajuda do Exército francês, com o apoio e a ajuda de toda a França, da França lutadora, da única França, da verdadeira França, da eterna França!

Graças à exagerada retórica de De Gaulle, a libertação de Paris providenciou as origens da fundação do mito da França pós-guerra — um país que supostamente estava unido na resistência aos alemães e que se libertou. Paris já estava mesmo no processo de ser evacuada pelos alemães, e sua libertação quase não aconteceu, pois Eisenhower tinha planejado contornar a cidade, ciente de sua falta de importância estratégica e preocupado com o possível custo de um sítio prolongado. Mas para De Gaulle isso era inaceitável. Paris tinha de ser libertada, pela França, e libertada pelos próprios franceses.

E havia ainda outra razão para a insistência de De Gaulle. Pois naquele exato momento, todos os olhos estavam voltados para uma luta bem mais amarga e sangrenta que acontecia pelo destino de outra grande cidade europeia. Em Paris, cerca de 1500 franceses perderam a vida em uma semana; mas em Varsóvia, onde a resistência polonesa vinha lutando já havia quase um mês, mais de 40 mil pessoas tinham sido mortas, e a luta ainda não terminara. Foi pensando em Varsóvia que Hitler ordenou a Von Choltitz que defendesse Paris a qualquer custo, que explodisse as pontes e esmagasse o levante francês com a mesma brutalidade que a ss estava usando contra os poloneses. O mesmo pensava o general Von Choltitz quando tentou pela primeira vez estabelecer um armistício informal, e depois deliberadamente ignorou as ordens do Führer. Quanto a De Gaulle — que havia servido em Varsóvia durante a guerra entre a Rússia e a Polônia de 1919-20 —, uma das razões de ter desviado a divisão blindada de Leclerc para Paris a fim de ajudar a resistência foi por saber o que estava acontecendo na Polônia, onde eles foram deixados para lutar sozinhos.[64]

★   ★   ★

Na Polônia, houve argumentos a favor de um levante em massa — argumentos que se tornaram mais atraentes com o tempo. Ao contrário da maior parte da Europa, os poloneses seriam libertados pelo Exército Vermelho, e para a maioria isso mal significava libertação. Em 1944, as relações entre o governo no exílio em Londres e Stálin estavam rompidas, e os britânicos e americanos claramente não estavam nem preparados nem inclinados a desconsiderar as vontades dos soviéticos no que dizia respeito à Polônia: os lançamentos de armas da SOE eram uma fração dos entregues à França, por exemplo. Pelo fato de boa parte das contendas entre poloneses e soviéticos dizer respeito ao destino dos territórios do Leste que os últimos ocuparam em 1939, o Exército Nacional mudou os planos em 1943 para se concentrar em levantes bem-sucedidos que não deixassem os poloneses saudar o Exército Vermelho "como anfitriões". Mas isso supunha que os alemães estavam mais fracos do que de fato estavam, que os poloneses estavam mais fortes, e que o Exército Vermelho simplesmente aceitaria as reivindicações dos poloneses se se rebelassem a tempo. Na verdade, o que aconteceu quando o Exército Vermelho avançou nas cidades de Volínia e Galícia não seguiu o planejado. Unidades do Exército Nacional ajudaram a enfrentar os alemães, ucranianos e lituanos, em geral em cooperação com soldados soviéticos. Mas eram fracos demais para libertar cidades como Vilnius, Lviv e Lublin por si próprios, apesar da população majoritariamente polonesa, e foram completamente privados do elemento surpresa. No início os comandantes do Exército Vermelho trataram os poloneses como aliados. Mas não por muito tempo. No dia 14 de julho, Moscou ordenou que as unidades do Exército Nacional fossem desarmadas na Lituânia, no oeste da Bielorrússia e no oeste da Ucrânia, e muitos oficiais poloneses foram presos. O governo polonês no exílio tinha esperança de que a visão de poloneses libertando essas cidades faria furor no Ocidente e impulsionaria a causa da Polônia. Mas a imprensa na Inglaterra e na América mal prestou atenção.

É nesse pano de fundo que deve ser vista a decisão do Exército Nacional de começar o levante de Varsóvia no final de julho. Os acontecimentos no leste da Polônia tinham mostrado, em primeiro lugar, que a Wehrmacht em geral continuava muito forte para os poloneses e, em segundo, que a única fonte de apoio de fora com que podiam contar — o Exército Vermelho — via o Exército

Nacional como o instrumento de um governo ilegítimo. Mas a única conclusão firme e razoável que poderia ser extraída disso — que qualquer levante seria militarmente esmagado sem apoio externo, e também esmagado politicamente em qualquer caso — teria ido contra a estratégia sobre a qual a resistência polonesa tinha depositado suas esperanças durante cinco anos. Tendo construído uma organização clandestina extremamente eficaz durante a ocupação, com um enorme custo em vidas, era inimaginável para os líderes do Exército Nacional não fazer uso dela. Eles se lembravam do triunfante final da Primeira Guerra Mundial e não queriam pensar que a Segunda Guerra não terminaria da mesma maneira.[65]

No final de julho, os tanques do Exército Vermelho já tinham coberto centenas de quilômetros e empurrado os alemães de volta para a periferia de Varsóvia, ao final do que talvez tenha sido a mais extraordinária e bem-sucedida ofensiva de toda a guerra; era compreensível que os poloneses acreditassem que um ataque através do Vístula fosse iminente. Na verdade, os soldados soviéticos estavam exaustos, sem suprimentos nem combustível, portanto precisavam se reagrupar e pararam perto de uma linha defensiva alemã. Mas, acreditando que eles estavam prestes a atacar a cidade, o comandante do Exército Nacional ordenou que o levante começasse. Foi uma decisão de última hora, que surpreendeu muitos de seus companheiros. Os estoques de água e alimentos estavam baixos, assim como o de armas, pois Varsóvia vinha suprindo unidades do Exército Nacional no Leste nas semanas anteriores. Os alemães, por outro lado, já estavam esperando um levante havia algum tempo, e estavam trazendo reforços e reforçando suas patrulhas policiais. Eles não dispunham de homens suficientes para esmagar a rebelião rapidamente. Mesmo assim, cerca de 20 mil poloneses mal armados enfrentaram entre 13 mil e 20 mil unidades bem equipadas da polícia e do Exército entrincheiradas em posições ao redor da cidade. Do ponto de vista dos poloneses, foi um erro de avaliação fatal.[66]

É um tributo ao heroísmo e ao desespero dos defensores de Varsóvia que a insurreição tenha resistido por dois meses antes de ser derrotada. Mas foi também um reflexo do erro de avaliação dos próprios alemães. Em primeiro lugar, como já havia mostrado o levante de Nápoles, suas tropas se deram muito pior em conflitos de rua em cidades antigas e apinhadas que em operações em campo aberto. Poucos lugares na Europa eram mais densamente habitados que Varsóvia, em especial no centro, o que anulou parte da superioridade alemã em armas e soldados. Mas os poloneses também continuaram a luta por causa do terror indiscriminado que os soldados, agindo sob ordens explícitas de Himmler, impuseram aos habitantes da cidade, em especial nos primeiros dias.

Hans Frank e Himmler consideraram o levante uma bênção disfarçada, pois permitia que destruíssem Varsóvia definitivamente, como Hitler havia exigido. Himmler diria mais tarde:

> Quando ouvi a notícia do levante em Varsóvia, procurei imediatamente o Führer e disse: "Meu Führer, não é o momento certo. Historicamente, é uma bênção que os poloneses façam isso. Vamos acabar com isso em cinco ou seis semanas. Então Varsóvia, a capital, a liderança, a inteligência desses 16 milhões ou 17 milhões de pessoas da Polônia estarão destruídas, esse país que está bloqueando nosso caminho para o Leste há setecentos anos e tem estado em nosso caminho desde a primeira batalha de Tannenberg. O histórico problema polonês para nossos filhos e para todos os que vierem depois de nós, até mesmo para nós, deixará de ser um problema".[67]

A "guerra de extermínio" que havia surgido primeiro na União Soviética ocupada e depois fora trazida pela Wehrmacht para os Bálcãs e para a Itália agora chegava a Varsóvia também. Segundo as ordens baixadas para as tropas, todos os rebeldes capturados deveriam ser fuzilados; não combatentes também deveriam ser massacrados; e a cidade inteira seria finalmente arrasada. Várias centenas de pessoas foram mortas nos primeiros dias. Mas com a chegada de unidades especiais da ss em 5 de agosto, a taxa de mortalidade subiu: é provável que entre 30 mil e 40 mil pessoas tenham sido mortas num subúrbio só nesse dia diante de Von dem Bach-Zelewski, que foi trazido para supervisionar as operações, separou os ofensores mais graves e proibiu a matança indiscriminada de mulheres e crianças. Mas dezenas de milhares de pessoas já haviam fugido para áreas da cidade sob controle do Exército Nacional, e o levante assumiu outra característica: a defesa dos habitantes civis contra o massacre e o terror. Até mesmo os alemães perceberam essa mudança. De acordo com a companhia de propaganda da Divisão de Tanques ss "Viking", de início o público havia se afastado dos rebeldes e feito críticas pela falta de preparo. Mas depois de terem visto os alemães "destruindo sem piedade vidas e propriedades dos habitantes e arrasando Varsóvia por inteiro, fossem culpados ou inocentes, o estado de espírito mudou completamente". Dessa forma, os próprios alemães contribuíram para transformar a insurreição numa revolta popular.[68]

Quando o levante chegou ao fim, os rebeldes haviam conseguido diversas vitórias com sua extraordinária resistência. Conseguiram que o Exército Nacional fosse reconhecido como parte das forças regulares pelo governo no exílio como resultado de os alemães afinal terem reconhecido seus direitos como combatentes nas negociações que levaram à rendição final, em 2 de outubro. Mais ainda, no início de setembro os soviéticos foram obrigados, por vergonha, a mandar caças sobre a cidade, o que eliminou boa parte da vantagem dos alemães no ar. O Exército Vermelho também atacou os subúrbios de Praga, na margem leste do Vístula, embora não tenha ido além. Mas Stálin estava relutante em fazer mais que isso, e os Aliados também fizeram pouco além de enviar seus B-17 para lançar suprimentos. Nada disso conseguiu mudar o resultado, e os custos foram mais altos que em qualquer outra localidade na Europa. Depois da capitulação, os alemães prenderam cerca de 15 mil combatentes. Outros 15 mil haviam morrido — de fome, sede e doenças, bem como em combates —, além de 185 mil civis. No dia 3 de outubro, 48 mil civis, muitos deles abertamente descontentes com o Exército Nacional, saíram da devastada cidade; outros 130 mil saíram nos três dias seguintes para campos de transição, de onde muitos foram transportados a campos de trabalho dentro da Alemanha, ou para campos de concentração, numa violação dos termos da rendição. Enquanto Paris comemorava a libertação, Varsóvia estava deserta e em ruínas.

Foi nesse momento que os alemães resolveram mostrar aos poloneses de uma vez por todas a futilidade da resistência. Seus planos de longo prazo de destruir as maiores cidades do Leste — Moscou, Leningrado e a própria Varsóvia — nunca foram postos em prática. A derrota do levante deu aos nazistas a oportunidade de mostrar que resistência significava aniquilação, não só do inimigo físico mas também de sua civilização. Essa lição já havia sido aplicada aos judeus: havia mais de um ano, muitos milhares de trabalhadores em campos de concentração estavam demolindo o que restara do velho gueto, perto de 445 acres ao todo, transportando o entulho por dezoito quilômetros de uma estrada construída especialmente para isso antes que os eventos do verão impedissem esse trabalho. Agora era hora de destruir também as casas dos poloneses. Trinta por cento de Varsóvia foi destruída durante o levante. Himmler instruiu Von dem Bach-Zelewski a explodir o resto, poupando apenas os trilhos ferroviários e suas estações. Paul Geibel, o SSPF de Varsóvia, conduziu a operação. Seus homens explodiram bibliotecas — a última apenas poucas horas antes de os exércitos soviético e polonês entrarem em Varsóvia, em janeiro de 1945 —, minaram palácios, museus e edifícios públicos, enviaram o conteúdo para o Reich ou o explodiram. Em Lublin, onde o novo regime apoiado pelos soviéticos havia estabelecido sua capital provisória na cidade que Globocnik já tinha considerado o quartel-general da Alemanha do Leste, a Assembleia Nacional decidiu reconstruir Varsóvia como a "capital de um Estado polonês independente".[69]

Com certeza, a destruição foi uma expressão do ódio profundo e duradouro ao nacionalismo polonês, despido de qualquer estratégia racional. O fracasso do levante e os subsequentes ataques dos alemães aos combatentes do Exército Nacional nas florestas ao redor já eram suficientes em si para destruir o moral dos poloneses nos últimos meses da ocupação. "O movimento de resistência do Exército Nacional [...] sofreu um duro golpe do qual não conseguirá se recuperar no futuro próximo", reconheceu um oficial da Wehrmacht no Governo-Geral. Não havia mais levantes no país — como fora imaginado nos planos originais do Exército Nacional e como temia Von dem Bach-Zelewski. Não havia dúvidas a respeito. No auge da luta em Varsóvia, a SIPO na Polônia Central tinha sido alertada sobre inquietações no campo "a qualquer momento" e fora instruída a prender 10 mil pessoas em cidades para ser fuziladas assim que as agitações tivessem início. Mas depois da queda de Varsóvia a atividade partisan declinou, e quando os alemães se retiraram, em janeiro de 1945, enfrentaram pouca resistência na retaguarda.[70]

O VALOR DA RESISTÊNCIA

Durante a guerra, os governos da Inglaterra e dos Estados Unidos se mostraram reservados em relação ao valor militar dos partisans europeus. Para eles, afinal de contas, o que contava era até que ponto eles contribuíam em sua guerra contra os alemães. A própria SOE era vista com muita desconfiança por outras divisões das Forças Armadas e tinha de justificar suas atividades nesses termos. Desde essa época tem havido debates entre historiadores britânicos a respeito do real valor militar da resistência. Alguns chegaram a afirmar que havia pouco ou nenhum valor, que os bombardeios estratégicos aéreos e navais foram mais importantes, que a falta de informações precisas impedia que os sabotadores identificassem os melhores alvos. "Quase toda sabotagem foi insignificante em termos econômicos do ponto de vista alemão", escreve Alan Milward. Depois da guerra, funcionários do governo alemão também se mostraram indiferentes. "Que resistência francesa?", escarneceu Speer. Falkenhausen não foi mais elogioso com os belgas. As implicações, nem sempre explicitadas, eram que, devido ao alto custo das represálias, boa parte da atividade da resistência era não apenas uma perda de recursos como também muito custosa em termos de vidas humanas. É um ponto de vista com que concordam os sobreviventes das represálias alemãs, o que é compreensível, e — num espírito mais *parti pris* — os políticos anticomunistas na Itália e em outras partes.[71]

Parece claro que, com exceção da frente oriental, onde a grande atividade partisan realmente preocupou os alemães, houve poucos locais ou movimentos na ocupação da Europa que chegaram a preocupar os alemães por muito tempo. Mesmo se aceitarmos que as greves e operações tartaruga nos locais de trabalho afetaram a produtividade e que sabotagens em linhas férreas causaram problemas perto do final da guerra, a resposta brutal da Wehrmacht mostrou que só então eles se preocuparam em assegurar sua retaguarda para se proteger da invasão. E, mesmo então, na maioria dos casos, suas respostas draconianas se provaram suficientes para subjugar a oposição ou voltá-la contra os colaboradores, e não contra eles mesmos. Houve muitos casos em que a resistência abandonou planos para assassinar figurões alemães por temor das consequências, e a estratégia comunista de insurreição armada a qualquer custo se mostrou impopular demais para se sustentar fora dos Bálcãs.[72]

Mas ainda assim não se pode reduzir a resistência a questões de resultados militares. Para a maioria dos envolvidos era uma questão de orgulho, e uma demonstração de que a imposição da força não conseguiria esmagar o espírito da liberdade. Envolveu muita coragem, e para os que se engajaram desde o início era uma recusa em aceitar as "realidades" de 1940, quando a dominação alemã do continente parecia incontestável. Centenas de milhares acabaram se envolvendo numa oposição ativa, muitos dos quais pagaram um preço alto. Talvez 30 mil tenham sido fuzilados em execuções em massa só na França; 20 mil Franceses Livres foram mortos, e 60 mil foram deportados. Dezenas de milhares morreram na Itália e na Grécia como resultado da guerra contra os partisans, centenas de milhares nos territórios ocupados do Leste. O tipo de compromisso exigido só pôde ser sustentado por ideais tanto éticos como políticos. Em outras palavras, devemos olhar para além da maneira como a oposição aos alemães afetou o resultado da guerra, e perguntar o que fizeram para a esperança da paz. Essa foi uma dimensão crítica da resistência, que deixou marcas duradouras no curso dos acontecimentos.

A característica política da resistência estava evidente para todos os envolvidos. Para os governos no exílio, ansiosos a respeito de suas posições depois da guerra, um registro — mesmo que breve — da resistência nacional ao domínio nazista tinha um valor inestimável. Permitiu que os dinamarqueses fossem reconhecidos como membros das Nações Unidas e levou a França a ser tratada como uma grande potência, reduzindo Vichy ao status de um constrangedor interlúdio; as represálias alemãs no Protetorado depois do assassinato de Heydrich abalaram a já vacilante posição do governo de Beneš, e o levante nacional da Eslováquia varreu da memória o colaboracionismo de Tiso.

Internamente, a resistência usou da violência em busca de metas políticas. Ao forçar o invasor à repressão, solapou a legitimidade do apelo vigente ao colaboracionismo, fazendo com que o governo de Vichy se parecesse mais com um fantoche alemão. As pessoas podiam reprovar a resistência pelas perturbações e sofrimentos que vinham em sua esteira, mas sem dúvida odiavam mais os alemães por suas represálias, e mais ainda os colaboracionistas. E, enquanto alguns não queriam mais que expulsar os invasores, outros tinham objetivos específicos em mente para o que viria a seguir. Os partisans soviéticos se posicionaram para a rebolchevização dos territórios perdidos pela União Soviética: por isso, muito de sua energia foi dedicado a reconstruir a organização do Partido Comunista e a promover o bolchevismo. O Exército Nacional simbolizou a determinação dos nacionalistas poloneses em defender sua sociedade da ameaça que a ocupação alemã representava, e a proteger ao máximo as vitórias de 1919. O Conselho da Liberdade dinamarquês constituiu uma condenação implícita a todo o sistema político que colaborou com os alemães tão de boa vontade até 1943.

Alguns fizeram mais que esperar a guerra acabar. Os partisans que fundaram a breve "república partisan" no norte da Itália — ou a "Grécia Livre" da EAM/ELAS nas montanhas — tentaram criar estruturas políticas de governo no meio da guerra. Foram experiências democráticas, com parlamentos, eleições e serviços de bem-estar social e educação. Policiavam as áreas sob seu controle, interceptavam inimigos infiltrados e aplicavam penas contra ladrões e operadores do mercado negro — atividades sem um propósito militar evidente, mas essenciais para garantir as ambições políticas e o poder dos próprios partisans. "Lavem suas roupas!",

"Cortem os cabelos!" e "Sem piolhos não há tifo!" eram algumas das palavras de ordem que apareceram ao redor de Foča sob os partisans iugoslavos na primavera de 1941. ("Viva o comunismo!" estava escrito ao lado em esperanto.) Movimentos de resistência liderados por comunistas queriam romper com o passado e transformar a mobilização dos tempos de guerra numa forma que substituísse os regimes "burgueses" falidos do pós-guerra por governos comunistas. Era natural que tentassem construir Estados paralelos nos territórios que controlavam.

Por isso, depois da libertação um dos problemas mais prementes era reconciliar essas versões do Estado com outras ideias trazidas de volta por políticos que voltavam do exílio no exterior. Esse último problema resumia-se em como controlar a resistência ou, para ser mais exato, os vários grupos de resistência surgidos no vácuo de poder. Isso foi visto pela primeira vez na Rússia, onde unidades de partisans foram rapidamente debandadas para que o NKVD limpasse as áreas da retaguarda do rápido avanço do Exército Vermelho da resistência dos poloneses e ucranianos. Quando as tropas soviéticas chegaram à Polônia Central, sua tarefa foi muito mais difícil, e ainda que mais de 50 mil membros do Exército Nacional tenham sido presos pelo NKVD e que muitos tenham sido deportados para o gulag, a resistência anticomunista ao domínio comunista continuou em partes da Polônia mesmo depois da anistia oficial de 1947. Na Cracóvia — outrora a capital de Hans Frank —, apoiadores do Partido dos Camponeses eram em maior número que os comunistas e os criticavam abertamente. As pessoas viam o governo de Varsóvia como "agente de um poder estrangeiro" e assumiram a visão de que "nós vivemos cinco anos de ocupação alemã e deveremos viver esses poucos meses até a independência".[73]

A Iugoslávia foi o único país da Europa em que o movimento partisan assumiu o controle: os partisans de Tito, auxiliados pelo Exército Vermelho, assumiram o poder no país e acertaram as contas com colaboradores dos tempos da guerra assim como com os chetniks de Mihailovi. Houve vinganças de sangue semelhantes na Grécia, porém lá o resultado foi o oposto. A esquerdista EAM/ELAS tinha surgido durante a libertação como força dominante no país, mas na Grécia, ao contrário da Iugoslávia, Churchill achava que os britânicos tinham interesse estratégico, e quando irrompeu o conflito entre a EAM/ELAS e o governo de George Papandreou que regressava, Churchill fez com que a Inglaterra apoiasse este último. Tropas britânicas e aviões da RAF atacaram posições da ELAS na capital e forçaram sua retirada. O número de britânicos mortos e feridos chegou a mais de mil. Muito mais gregos foram mortos, inclusive centenas de reféns executados pelos comunistas. O rei da Grécia acabou sendo levado de volta, e foi formado um novo governo com o apoio de inúmeros colaboracionistas na polícia e nas Forças Armadas.

No restante da Europa, em especial para os políticos que regressavam procurando restabelecer sua autoridade, a Grécia foi um alerta do que poderia sair horrivelmente errado. A causa imediata do rompimento foi a incapacidade entre os partidos políticos de concordar com os termos sob os quais combatentes da resistência seriam integrados nas novas Forças Armadas. Na França, De Gaulle agiu rapidamente para evitar isso e imediatamente incorporou grupos das unidades dos Franceses Livres, percebendo que seria a melhor maneira de deixá-los sob o controle do Estado. Política semelhante foi adotada pela Holanda, onde o Binnenlandse Strijdkrachten (NBS) acabou atraindo não menos que 120 mil voluntários para suas fileiras. Na Dinamarca, o SHAEF trabalhou duro na primavera de 1945 para reconciliar os políticos com a resistência, que contava com quase 50 mil homens armados na clandestinidade. Só na Bélgica o governo forçou o desarmamento da resistência de forma brusca e desastrada, insistindo em que todas as armas fossem entregues à polícia poucas semanas depois da libertação. Havia assustadoras ameaças de punições se o decreto não fosse obedecido — e quando a polícia abriu fogo contra manifestantes que marchavam em direção ao Parlamento, quase irrompeu uma guerra civil. Churchill alegou que um levante comunista havia sido evitado por pouco. Mas era pura fantasia, e felizmente para os belgas a resistência acabou abandonando as armas voluntariamente. A resistência belga estava muito mais dividida que a EAM/ELAS e nunca planejou tomar o poder. Pelo contrário, assim como em outros países — e talvez até na própria Grécia —, a maior parte dos membros da resistência achava que seu trabalho estava concluído com a partida dos alemães.

Outro país onde os acontecimentos na Grécia deixaram uma marca profunda foi a Itália. Lá, muitos na resistência queriam garantir que o rompimento com o fascismo fosse permanente: era o *verdadeiro* legado que eles esperavam que fosse trazido pela paz. Foi por isso, além do desejo de expulsar os alemães, que eclodiram levantes em cidade após cidade do norte em abril de 1945, quase sempre com tremendas perdas de vidas. Os partisans estavam bem cientes de que, ainda que o Duce não regressasse — seu cadáver, com mais catorze outros fascistas, foi exposto em Milão —, muitos integrantes do antigo regime tinham se beneficiado com a confusão de 1943-5 para preservar o poder. Mas os acontecimentos na Grécia impressionaram muito Togliatti, o líder do Partido Comunista italiano, que reforçou o papel assumido, desde a volta à Itália de Moscou em 1943, quanto à importância de cooperar pacificamente com outros partidos. Mesmo assim os Aliados temiam a força dos comunistas e estavam determinados a impedir uma tomada do poder. Como resultado, ex-partisans da esquerda italiana passaram por uma versão do que suas contrapartes na Grécia sofreram no final dos anos 1940, com menos motivos ainda — perseguições, repressão judicial e a visão amarga dos inúmeros funcionários civis que haviam servido lealmente a Mussolini e agora transferiam sua lealdade à nova democracia. O novo Estado podia proclamar ter sido erigido sobre os valores da resistência: mas, para muitos que haviam de fato lutado, não parecia verdade.

Uma coisa era controlar os que tinham lutado na resistência; outra, e não menos importante, era controlar a memória e o significado da resistência. A violência cega dos últimos anos da guerra tinha confirmado duas coisas na memória da Europa. Uma era a imagem de países unidos na resistência à opressão alemã, e a outra era a equação da ocupação alemã com extrema brutalidade contra os civis. A maioria juntou-se à resistência nos últimos estágios da guerra, e foi nessa fase que os alemães — tanto da ss como da Wehrmacht — perpetraram muitos dos mais horríveis massacres de civis em lugares que designaram como "zonas de batalha" ou para assegurar áreas da retaguarda quando o cerco se fechou em torno de suas forças. Oradour, Marzabotto, Kalavryta e Distomo foram lugares atacados nas ocasiões em que a Wehrmacht tinha de se desdobrar, e jovens oficiais de campo tinham o poder de compensar a deficiência numérica com ações drásticas. A impressão de barbarismo sem sentido foi acrescida de lembranças de prisões de última hora em campos de trabalho, medidas de emergência e o tipo de política de terra arrasada que transformou a Noruega num deserto e deixou Varsóvia em ruínas.

Mas essas lembranças eram ainda mais parciais do que costumam ser. Como vimos, em geral havia pouca unidade dentro da resistência, que por sua natureza tendia para fragmentação, anarquismo e disputas. Baseava-se na solidariedade, mas a ideia de uma unidade nacional em geral tinha menos peso na consolidação dessa base — em especial no oeste da Europa — que afiliação partidária, ideologia ou o tipo de orgulho local que estava por trás da insurreição de Nápoles. Na verdade, o localismo e o regionalismo eram características marcantes da resistência, embora não fossem, por razões óbvias, as que os governos nacionais pós-guerra destacavam em suas ações de lealdade comemorativas. Algumas localidades ganharam destaque no sofrimento nacional — aliás, tornaram-se sítios de martírio nacional —, enquanto outras logo foram esquecidas. Os políticos e comentaristas impuseram seus significados ao que havia acontecido; em geral pouco era dito — a não ser por meio do silêncio — sobre as conflitantes reações locais que geraram atos de resistência e as represálias que provocaram. Os complexos sentimentos deixados para trás esperavam uma geração posterior e mais distanciada, para quem a Europa era um *fait accompli* e os Estados-nação que a formaram se reafirmassem novamente em várias décadas. Mas, logo depois da ocupação alemã, essas complexidades só podiam solapar o frágil sentimento de solidariedade nacional que os governos do pós-guerra tanto trabalharam para construir, e o que surgiu no lugar foi uma imagem da guerra na qual a única resposta dos povos da Europa à ocupação foi a oposição.

16. *Hitler Kaputt!*

A vitória de nossos inimigos indubitavelmente conduzirá ao bolchevismo na Europa. Todos devem entender, e entenderão, o que significaria essa bolchevização para a Alemanha. Não se trata de uma mudança no Estado, como no passado. Transformações no Estado acontecem inúmeras vezes ao longo da vida das pessoas; essas mudanças vêm e vão. Agora, trata-se da existência da própria essência. As essências são preservadas ou eliminadas. A preservação é nosso objetivo. A eliminação pode destruir uma raça como esta, possivelmente para sempre.

Hitler antes da ofensiva das Ardenas, 28 de dezembro de 1944[1]

A OPERAÇÃO BAGRATION, 1944

Três anos depois do dia da fulminante entrada da Wehrmacht na União Soviética, o Exército Vermelho lançou a Operação Bagration — não apenas a mais eficaz ofensiva soviética da guerra, mas talvez o assalto militar individual mais avassalador e devastador na história. Que a operação seja pouco lembrada na Europa hoje não reflete em absoluto a importância estratégica que teve. Graças a extensas manobras preliminares de despiste, 2,5 milhões de soldados soviéticos pegaram a Wehrmacht de surpresa e destroçaram a força alemã muito menor — com menos de metade do tamanho — que defendia a porção central da frente bielorrussa. Descontrolados pelo impacto da mais intensa carga de artilharia que já haviam sofrido, os soldados entraram em pânico e fugiram, e em poucos dias estavam cercados nas mesmas cidades em que o Exército Vermelho se vira aprisionado três anos antes — Vitebsk, Bobruisk e Minsk. A política de "retirada proibida" de Hitler contribuiu para a confusão, e os reforços demoravam a preencher as lacunas. As baixas alemãs saltaram de 48 363 em maio para 169 881 em julho e 277 465 em agosto; no fim, chegariam a bem mais de meio milhão de mortos e feridos, número ainda maior que o de mortos e feridos em Verdun em 1916. Os soviéticos obliteraram seus esforços para reconstruir suas linhas e em algumas semanas destacamentos de tanques russos percorreram mais de 380 quilômetros até o golfo de Riga e as portas de Varsóvia. Em Moscou, Stálin ordenou a realização de uma marcha triunfal em estilo romano, na qual 57 600 prisioneiros de guerra alemães desfilaram pelas ruas. Projetada para aliviar a pressão sobre os Aliados enquanto abriam uma segunda frente, a Operação Bagration ofuscou os desembarques na Normandia — havia cinquenta divisões alemãs na Bielorrússia e nove na Normandia — e minimizou inclusive o impacto de Stalingrado. A grande ofensiva esquecida da guerra mostrou que os russos tinham dominado os princípios da Blitzkrieg, o que deixou Stálin em condições de ditar a ordem do pós-guerra no Leste Europeu, para seu grande alívio.[2]

Na Prússia Oriental, a província mais exposta do Reich, começaram os primeiros sinais de pânico. Nas comemorações do quadringentésimo aniversário da Universidade de Königsberg, em julho, o regime cobriu de elogios seu "bastião na Prússia contra a influência asiática". Contudo, apesar da insistência do partido de que tudo estava sob controle, os refugiados já estavam fazendo as malas para seguir rumo ao oeste em trens superlotados, e chefes do partido discutiam acalorados se essa gente deveria ou não ter permissão para partir. O Gauleiter Erich Koch enviou milhares de aposentados e integrantes da Juventude Hitlerista à fronteira para construir uma "muralha oriental" defensiva. Mas quem a defenderia? Em três meses, a Wehrmacht tinha perdido mais homens que em todo o ano de 1942. Em retirada, os sobreviventes alemães dos combates estavam exaustos, desgastados e desorientados pela velocidade do avanço soviético; suas unidades tinham se desintegrado e eles eram forçados a marchar quilômetros no calor do verão praticamente sem provisões. "Já não eram soldados, apenas farrapos humanos ambulantes", nas palavras de um observador polonês. "Esgotados, horrorizados, inertes, em evidente estado de decadência física e moral. Suados, macilentos e cobertos de lama [...] Tinham barbas longas, uma expressão de desalento e os olhos fundos." Para os poloneses, era uma visão "celestial"; para os alemães, apavorante.[3]

Como as forças americanas e britânicas haviam conseguido assegurar a cabeça de ponte na Normandia enfrentando uma dura resistência, no verão de 1944 a Alemanha enfrentava uma penosa guerra terrestre em várias frentes. Ciente do número de soldados perdidos no sul da Ucrânia por não ter recuado a tempo, a Wehrmacht queria se retirar sistematicamente para novas linhas. Mas Hitler continuava insistindo furiosamente na defesa a todo custo, atacando o derrotismo de seus próprios generais. O Comando Supremo da Wehrmacht tinha deixado de ser um guia profissional para a estratégia de guerra para se converter num feudo pessoal de Hitler, e os comandantes mais graduados do Reich não eram homens capazes de convencer o Führer a responder de modo realista à nova situação, ainda mais depois do fracasso do complô de julho. Para os alemães, a continuidade da guerra foi um desastre, e agora eles entravam na fase mais violenta do conflito. Até julho de 1944, a guerra lhes custara 2,8 milhões de mortos — muito mais que na guerra mundial anterior. Mas essas cifras empalideceram ante o número — 4,8 milhões — dos que morreram nos nove meses e meio seguintes.[4]

O vingativo expurgo do Exército promovido por Hitler depois da fracassada tentativa de assassinato e golpe militar não ajudou a deter o ímpeto dos Aliados. O Exército Vermelho deu seguimento à Operação Bagration com uma nova ofensiva, dessa vez no norte da Ucrânia, e em agosto o Grupo de Exércitos do Norte da Ucrânia da Wehrmacht também tinha sido esmagado, fazendo o rei romeno mudar de lado tão repentinamente que o barão Manfred von Killinger, o antigo homem da SA que servia ali como ministro alemão, se suicidou para não cair nas mãos dos soviéticos. Para o Reich, a perda dos campos de petróleo da Romênia foi um golpe devastador, que aumentou a importância de suas últimas reservas de petróleo acessíveis na Hungria, ainda que fossem pequenas. No oeste, Florença e Paris foram libertadas; a Antuérpia caiu em 3 de setembro, e Atenas e Belgrado no mês seguinte. Quando as frentes se estabilizaram e os alemães conseguiram consolidar temporariamente sua posição, já tinham perdido grande parte de seu império. A linha de Riga e Varsóvia ao norte, até Budapeste e Belgrado no sul, marcava o novo limite do território sob controle alemão no Leste.

Mas, apesar da esmagadora desvantagem, a Wehrmacht não se rendeu. Ainda era uma força considerável, com o dobro do tamanho que tivera em 1939, e mais de 2 milhões de homens foram posicionados para defender o Reich entre a Noruega e a Itália. Com isso, os soldados conseguiram bloquear o avanço aliado pelos Apeninos e mantiveram o Exército Vermelho afastado da maior parte da Prússia Oriental ao longo de 1944. O golpe que derrubou Horthy e instalou o regime da Cruz de Flechas de Szálasi levou a ferozes batalhas de tanques na planície húngara que pararam o avanço russo ali. Ao mesmo tempo, centenas de milhares de civis foram arregimentados para cavar trincheiras antitanques e construir novas fortificações defensivas num enorme arco ao redor do Reich.

Na Alemanha, o partido desempenhava um papel cada vez mais ativo na defesa interna, em especial no recrutamento das novas milícias *Volkssturm*; os integrantes desse desesperado "Exército do Papai" recebiam treinamento mínimo, braçadeiras pretas e um fuzil antes de se incorporar ao serviço. Goebbels tornou-se o plenipotenciário para o esforço da guerra total, e sua propaganda exigia níveis cada vez mais altos de compromisso. "Sabemos que uma ideia continua viva mesmo que todos os seus portadores tenham caído", disse ele na primeira cerimônia de juramento de uma *Volkssturm*. "O inimigo que não tem mais o que mobilizar acabará capitulando ante a força concentrada de um povo que luta fanaticamente." Mas o regime não contava apenas com a propaganda. As dissidências internas foram reprimidas por tribunais especiais, por unidades de execução da ss e assassinatos sumários. Disciplinadores implacáveis como Himmler e o general Ferdinand Schörner, o "Sanguinário", assumiram então o primeiro plano. Mais de 30 mil sentenças de morte foram baixadas nos meses finais — e muitos alemães foram fuzilados ou enforcados sumariamente.

Schörner, cujos homens resistiram por mais tempo que quaisquer outros, foi nomeado o último comandante em chefe do Exército alemão por Hitler e acabaria enfrentando um julgamento na Alemanha no pós-guerra por suas punições implacáveis aos desertores. Mas o ímpeto de resistência dos alemães também era motivado pelo medo de outro tipo de punição. O Reich tinha nas mãos o sangue de milhões de pessoas — judeus, oposicionistas políticos, vítimas das chamadas "ações de expiação" (*Sühnemassnahmen*) e das "ações de vingança"

(*Vergeltungsmassnahmen*) — e o regime sempre enfatizou que o inimigo pretendia fazer a mesma coisa caso os alemães se rendessem. No início de 1944, as ordens de Hitler ao marechal Kesselring exigiam que seus homens lutassem "com um espírito de ódio sagrado a um inimigo que está travando uma impiedosa guerra de extermínio contra o povo alemão". No fim daquele ano, divulgaram-se notícias sobre atrocidades cometidas pelo Exército Vermelho, para deixar aquela ideia bem clara e fortalecer o ímpeto de luta dentro da Alemanha.[5]

O resultado é que, embora a Wehrmacht tivesse invadido muito rapidamente a maior parte do Leste Europeu no início da guerra, quando o ímpeto da Operação Bagration foi detido, levou meses para que o Exército Vermelho conseguisse retomá-lo. A Polônia, por exemplo, que foi derrotada em poucas semanas em outubro de 1939, viveu nove meses de combates em 1944-5. Em março de 1944, Hitler pela primeira vez conclamou os soldados a transformar as cidades do Leste Europeu sob controle alemão em fortalezas capazes de deter o avanço inimigo. A rendição era impossível. Quando os soldados americanos cruzaram a fronteira e entraram no Reich, em setembro de 1944, ele insistiu que "cada bunker, cada quarteirão das cidades e cada aldeia alemã devem se converter numa fortaleza, onde o inimigo ou sangre até a morte ou as forças de ocupação enterrem homens sobre homens em suas ruínas". Apesar do desvio de tropas para as Ardenas e para os campos de petróleo da Hungria, a conquista das cidades alemãs foi uma operação prolongada e sangrenta. Königsberg resistiu durante 77 dias, tendo sido isolada por duas vezes, o que atrasou o avanço para Berlim. Breslau lutou desde o momento em que foi cercada, em 13 de fevereiro, até a rendição final, em 6 de maio — depois da morte de Hitler. No fim, pouco restou das capitais da antiga Prússia e da Silésia: o feroz bombardeio soviético e os incêndios deixaram-nas em ruínas misturadas aos restos mortais de dezenas de milhares de civis que se encontravam isolados no local. Em Budapeste, que Hitler também havia declarado uma "cidade-fortaleza", morreram mais de 40 mil soldados alemães e húngaros, além de 38 mil civis e 80 mil soldados soviéticos e romenos. Em Berlim, embora o cerco de fato tenha durado menos de duas semanas, o número de mortos foi ainda maior.[6]

Finalmente, em março de 1945, confrontada com o inexorável avanço dos Aliados, a política da terra arrasada ordenada por Hitler para os territórios ocupados tornou-se a lei para o Reich também. O Exército alemão usara esses meios para retardar o avanço inimigo na Primeira Guerra: recuando até a Linha Hindenburg, eles criaram um "território morto que, com dez, doze ou quinze quilô-metros de extensão, se estende ao longo de todas as nossas novas posições e oferece um muro de vazio medonho para cada inimigo que pretenda chegar até elas".[7] O Exército Vermelho usou táticas semelhantes com muita eficácia em 1941, e a Wehrmacht fazia o mesmo ao recuar, primeiro na Rússia europeia, e depois deixando porções do norte da Finlândia e Noruega inabitáveis: os solda-dos queimavam pontes, minavam estradas e deixavam as cidades em ruínas. Mas o desfecho cada vez mais óbvio da guerra evidenciava quanto essa política pa-recia sem sentido. Autoridades alemãs na Holanda e na Dinamarca simplesmen-te ignoraram as ordens que receberam. E quando o Führer emitiu o chamado "Decreto Nero", ordenando a destruição total das áreas do Reich ameaçadas pe-lo inimigo, o ministro de Armamentos, Albert Speer, enfrentou-o e demonstrou as dificuldades práticas que existiam para saber quando tal política devia ser leva-da a cabo. Hitler não cancelou sua ordem, mas, felizmente para os alemães, o decreto foi muitas vezes ignorado na prática.[8]

A FUGA DE HANS FRANK

Hitler não foi o único a contemplar o suicídio, além da morte no campo de batalha, como única saída honrosa para a derrota que se aproximava. "Muitos estão aceitando a ideia de se matar", relatou o SD numa de suas últimas análises sobre o moral alemão. "A demanda por venenos, por uma pistola ou algum ou-tro método para dar fim à própria vida é elevada em toda parte. O suicídio por desespero absoluto ante a aproximação da catástrofe certa é a ordem do dia." O Reichskommissar da Noruega, Josef Terboven, depois de beber sem parar a ca-minho do Hotel Adlon, em Berlim, e fazendo "piadas macabras sobre o fim iminente", voltou a Oslo e se explodiu em seu bunker em Skaugum; ao seu lado, o chefe de polícia da SS já tinha se matado com um tiro. ("Esse parece ser o pa-drão clássico para os velhos guerreiros", Speer observou mais tarde. "Embria-gar-se com a sensação de que a Ideia havia sido traída, e depois, explosivos.") Fritz Bracht, o Gauleiter da Alta Silésia, envenenou a si mesmo e à esposa; Odilo Globocnik, o arquiteto da Operação Reinhard, suicidou-se depois de se esconder nos Alpes austríacos; e Konrad Henlein cortou os pulsos na prisão. Houve de fato dezenas de milhares de suicídios, principalmente nos territórios do Leste;

no fim da guerra, as pessoas em Berlim andavam com cápsulas de cianeto de potássio ou lâminas de barbear, em horrorizada antecipação à chegada do Exército Vermelho.[9]

De acordo com o general Alfred Jodl, chefe das Forças Armadas, já em 1942 Hitler havia decidido "lutar até a morte"; agora, estava decidido a levar o resto do país com ele, pois a alternativa — segundo advertiu — seriam "homens e crianças assassinados, as mulheres e meninas humilhadas como prostitutas e o resto enviado para a Sibéria". "A guerra vai decidir se o povo alemão deve continuar a existir ou perecer", ele havia previsto. Como ele achava que a salvação da nação equivalia à continuidade do nacional-socialismo, talvez isso não fosse tão estranho quanto soa hoje — não de seu ponto de vista. Contudo, seu desejo de lutar até o fim por temer a alternativa foi, nas palavras de Michael Geyer, a expressão de "um nacionalismo catastrófico que produziu um desastre na vida real para evitar a catástrofe mítica".[10]

O resultado foi que talvez meio milhão de pessoas tenham morrido no fim de 1944 e no início de 1945 nas províncias orientais, graças às ordens que proibiam as evacuações e transformavam os civis, quisessem ou não, em defensores da última trincheira do Reich. Ainda assim, milhões de pessoas simplesmente ignoraram o regime e fugiram; mais de 2 milhões de pessoas foram transportadas através do Báltico pela Marinha. Os meses finais da guerra viram o equivalente alemão do êxodo francês de 1940 — uma desesperada fuga em massa dos exércitos invasores rumo ao centro da pátria, da qual fizeram parte muitos dos mesmos chefes do partido que ordenavam aos gritos que seus compatriotas ficassem onde estavam. Essa atmosfera de "salve-se quem puder" expôs o lado sórdido das pretensões imperiais do regime, e finalmente desmascarou a ganância e o egoísmo daqueles que tinham recebido poderes para realizá-las. Hinrich Lohse, o comissário do Reich para a Ostland, abandonou Riga à sua própria sorte, e Karl Hanke, o ex-Gauleiter da Baixa Silésia, cujo reinado brutal lhe rendera o apelido de "Carrasco de Breslau", fugiu de avião da cidade em chamas e no dia da rendição estava em Praga, disfarçado como soldado das Waffen-ss. (Hitler o nomeara o novo Reichsführer-ss em seu testamento final, mas Hanke, prudentemente, não deixou de se esconder por causa disso.) O Gauleiter Erich Koch abandonou Königsberg, trocando-a pela segurança do porto de Pillau já em janeiro; passou a maior parte dos meses seguintes em Berlim antes de finalmente fugir em abril da Prússia Oriental, a província que governara desde 1928, num navio quebra-gelo confiscado, deixando para os milhares de furiosos refugiados no cais a missão de enfrentar a vingança dos russos.

Mas ninguém exemplificou melhor a ignominiosa retirada da Nova Ordem que o nazista que governou a Polônia, Hans Frank. Era o homem que tinha jurado transformar o Governo-Geral numa colônia-modelo para o Reich e que durante mais de quatro anos comandou com pompa e extravagância um programa de extermínio racial, repressão cultural e germanização, ao lado da esposa, de parentes e de sua comitiva. Enquanto a população judaica da Cracóvia caía de 68 mil para quinhentas pessoas e *razzias* brutais mandavam milhares de poloneses para os campos ou para o Reich, Frank era mecenas de artistas, arquitetos, escritores e cantores, recebia dignitários e frequentava concertos semanais de canto e ópera. No castelo de Wawel, promoviam-se banquetes onde "até os taquígrafos levavam a vida como só se lê nas *Mil e uma noites*"; a corte de Frank era "um oásis onde ninguém percebe a guerra". Mas em 17 de janeiro de 1945, quando o Exército Vermelho avançou sobre a cidade, Frank baixou pessoalmente a suástica do mastro do castelo, reuniu seu pessoal e fugiu.[11]

Era uma luminosa tarde de inverno quando eles partiram em direção a Berlim, num comboio de caminhões e Mercedes que estacionou na metade do caminho para uma parada temporária no castelo do conde Manfred von Richthofen em Seichau, na Silésia. Era o quartel-general de evacuação designado para o Governo-Geral, onde eles passaram vários dias queimando documentos oficiais e revirando o conteúdo de caixotes — desde agosto Frank estava armazenando obras de arte, comida e bebida. Frank chegou a visitar um de seus escritores favoritos, o velho ganhador do prêmio Nobel Gerhart Hauptmann, que morava ali perto, enquanto dois caminhões carregados com objetos de valor eram enviados à sua esposa para que os pusesse a salvo. Em 23 de janeiro, depois de uma desenfreada festança de despedida no castelo, ele se juntou aos seus caminhões, desviando apenas para visitar a amante antes de acabar em sua casa de campo na Baviera. Quando a última sede do Governo-Geral foi instalada perto de um café na pequena cidade-estância de Neuhaus am Schliersee, seus funcionários somavam apenas cinco pessoas. O cenário alpino era espetacular e tranquilo — a guerra deve ter parecido muito distante — e, embora não tivesse a sofisticação urbana da Cracóvia, em algumas coisas trazia a lembrança ímpar do que tinha sido deixado para trás. O Café-Pension Bergfrieden era um chalé de madeira simples, com jardim ornamental e um terraço com vista para as montanhas. Os poucos visitantes de Frank mal podiam acreditar quando olhavam para as paredes e viam as obras que ele tinha pendurado "para proteger" — a *Dama com Arminho*, de Leonardo, um autorretrato de Rembrandt e uma *Crucificação* de Rubens, para não mencionar Dürer, Guardi e Cranach.[12]

De volta ao castelo de Seichau, os funcionários do partido relacionaram com uma precisão chocante tudo o que haviam deixado para trás: uma sala cheia de pinturas, quatro caixas de livros, catorze máquinas de escrever, "inúmeros" arquivos vazios, documentos confidenciais, três faqueiros, artigos de higiene pessoal, vinte tapetes de automóvel, prataria, roupas de cama e mesa, uma espreguiçadeira e até mesmo uma caderneta de poupança. Um luxuoso veículo Mercedes de oito cilindros foi simplesmente abandonado no pátio do castelo — para uso das Forças Armadas, como gritou um assistente de Frank enquanto eles se afastavam no comboio. "As salas estavam na maior desordem", relatou uma criada. "Havia garrafas de vinho e de *schnapps*, pontas de cigarros, pão e salsicha por toda parte. Na grande cozinha encontramos latas abertas de carne já estragada e caixas abertas de manteiga e ovos." Para os habitantes da aldeia, todo aquele desperdício era a confirmação dos piores estereótipos que faziam dos chefes do partido. "Na aldeia essas questões foram muito discutidas" — o que não surpreende, já que a comitiva de Frank ainda estava bêbada quando todos partiram, batendo num portão e deixando para trás, na lama, grandes caixas de alimentos racionados e centenas de charutos.

Mas em pouco tempo o fugitivo chefe do Governo-Geral foi esquecido. A Alta Silésia estava na linha do avanço russo, e uma massa de novos refugiados menos ilustres chegou à ancestral morada do conde Von Richthofen. Um selvagem bando de "voluntários do Leste" — não havia oficiais alemães à vista — serviu-se das bebidas e invadiu o depósito trancado com os pertences de Frank. Apenas umas poucas caixas de comida enlatada foram deixadas para os refugiados alemães que chegaram depois. Sem dúvida, a queda de um império nunca é bonita de ver. E, afinal, a turbulência que Frank deixou para trás em Seichau foi apenas um microcosmo da destruição infinitamente maior que havia infligido à Polônia e aos seus habitantes.[13]

Assombrosamente, não era essa a impressão que ele e a esposa tinham. A antiga "rainha da Polônia", coberta de peles, cujo amante, Lasch, havia sido morto pela Gestapo e que no passado se divertia fazendo "compras no gueto", saudou a chegada dos americanos esperando levar uma "vida normal" e estava confiante de que nada tinha feito de errado. O próprio Frank — cheio de autopiedade, iludido e teatral até o fim — bebericava seu café todas as manhãs no Café Bergfrieden com assessores, vangloriando-se, ao ler sobre o suicídio de Hitler no jornal suíço que gostava de folhear, que era o último de seus ministros a tomar café da manhã em liberdade. Quando afinal foi preso — o tenente Walter Stein, do Sétimo Exército dos Estados Unidos, chegou de carro para levá-lo no dia 4 de maio —, ele se levantou da mesa e fez questão de levar consigo os 42 volumes de seu diário. Enquanto os acomodava a seu lado a caminho da prisão, estava convicto de que o documento comprovaria sua inocência. Em vez disso, os diários acabaram sendo uma fonte documental de grande importância para seu julgamento em Nuremberg, assim como para todos os historiadores do genocídio nazista desde então.

O ÚLTIMO FÜHRER

Apesar da política dos Aliados de rendição incondicional, a transição do processo de erradicação do nazismo na Alemanha não seria nada clara. No testamento político de Hitler, ditado no bunker de Berlim em 29 de abril, enquanto sua comitiva celebrava seu casamento com Eva Braun com champanhe e sanduíches, ele nomeou o almirante-mor Dönitz como presidente do Reich e comandante supremo das Forças Armadas. Fez também de Goebbels seu primeiro-ministro e nomeou Bormann como chefe do Partido Nazista. Num gesto que garantiu uma ruptura com o velho sistema de poder, expulsou Himmler e Goering do Partido Nazista por traição. Na tarde seguinte, ele e Eva Braun se suicidaram, e seus corpos foram queimados no jardim do bunker.[14]

Graças a um intrépido piloto, a notícia de que Hitler ordenara a demissão de Himmler chegou a Dönitz no mesmo dia 29 de abril. No dia seguinte ele soube de notícia ainda mais surpreendente, de que o Führer o nomeara Reichspräsident e o encarregava de dar continuidade à guerra. (Hitler não o designou como Führer, não querendo que ninguém mais reivindicasse o título.) No entanto, em sua sede na base naval de Plön, com apenas um pequeno destacamento de tripulantes de submarinos para protegê-lo, Dönitz não se encontrava exatamente numa posição forte ou incontestável. Himmler era amplamente considerado o sucessor natural de Hitler — nem sua demissão nem a morte de Hitler foram

imediatamente conhecidas pelo público — e ele estava visitando Dönitz diariamente, escoltado por um intimidante grupo de veteranos da ss experientes em
combate. Com Albert Speer, Himmler discutia como, apesar da vontade de Hitler, ele e Goering dividiriam o governo da Alemanha. "A Europa não poderá dar
conta de si no futuro sem mim", disse, confiante, a Speer. Quando estava saindo,
Speer viu o marechal Keitel chegar e jurar lealdade a Himmler, como no passado
tinha jurado ao Führer.[15]

Na mesma noite em que soube de sua nomeação, portanto, Dönitz pediu a
Himmler que o visitasse e confrontou-o com as instruções de Hitler, enquanto
homens da ss em veículos blindados de transporte de tropas e os marinheiros do
almirante se postavam em estado de alerta no lado de fora. De acordo com o
dramático porém pouco confiável retrato dessa reunião nas memórias de Dönitz, embora irritado, Himmler recuou em silêncio quando Dönitz afirmou que
um cargo em seu novo governo estava fora de questão. Na realidade, provavelmente não houve um enfrentamento, pois os dois continuaram a cooperar, e a
questão do papel exato de Himmler foi arquivada. Sua rede policial e de inteligência seria indispensável para o novo governo, e teria sido difícil para ele continuar a guerra, como pretendia de início, sem a ajuda da ss. O próprio Himmler
parecia seguro de que chegaria o momento em que, como ele havia muito planejava, poderia conduzir um governo alemão aliado de britânicos e norte-americanos para continuar a lutar contra Stálin.[16]

Assim, o nacional-socialismo sobrevivia ao suicídio de Hitler. Ainda mais
que o reduto dos Alpes por tanto tempo imaginado (e que nunca se concretizou),
Plön e Flensburg — a porta da fronteira dinamarquesa, para onde Dönitz transferiu seu quartel-general no dia 3 de maio —, eram ímãs para os velhos nazistas.
Entre os ministros de Hitler que seguiram para o norte estavam Ribbentrop,
Alfred Rosenberg e Herbert Backe. Com exceção de Himmler e Ribbentrop, eles
se reuniam regularmente na pequena cidade de Eutin, em Holstein oriental; na
maioria, esperavam que Himmler se tornasse o sucessor de Hitler, e ficaram tão
surpresos quanto ele com a notícia da nomeação de Dönitz. O antigo governante da Ucrânia, Erich Koch, apareceu e tentou requisitar um submarino para levá-
-lo até a América Latina; Lohse, que dirigira o Báltico, queria a mesma coisa.
(Dönitz recusou o pedido a ambos.) Entre os funcionários da ss que ali apareceram estavam o ex-comandante de Auschwitz, Rudolf Höss, e Hans Prützmann,
que deveria organizar a resistência final aos Aliados. Junto com os durões da ss

também estavam os velhos membros da intelligentsia da ss, como o chefe de inteligência estrangeira de Himmler, Walter Schellenberg, e o economista (e ex-comandante de Einsatzgruppe) Otto Ohlendorf, que participaram das discussões mais importantes sobre o que fazer a seguir. Ohlendorf em particular — "o Galahad do nacional-socialismo" até o amargo fim — ainda tinha esperança de resgatar a reputação do sd e torná-lo parceiro na reconstrução da Alemanha no pós-guerra "segundo as diretrizes nacional-socialistas".[17]

A ideia de Ohlendorf de que um nacional-socialismo reformado seria capaz de desempenhar um papel de liderança na Alemanha depois de Hitler mostra como era difícil imaginar um futuro sem o nazismo. Não havia crente mais fervoroso no nacional-socialismo que Ohlendorf, mas Dönitz não pensava muito diferente. "Podemos suprimir muitas das pompas do nacional-socialismo", escreveu ele. "Outros podem ser abolidos pelo inimigo, mas o melhor aspecto do nacional-socialismo, a comunidade de nosso povo, deve, sob todas as circunstâncias, ser preservado." Sua concepção de uma ruptura com o passado reflete essa perspectiva. A partir de 2 de maio, Dönitz reformulou seu gabinete. Demitiu o agora dispensável Alfred Rosenberg — afinal, não havia mais territórios ocupados no Leste para governar —, que foi retirado do prédio bêbado, torceu o tornozelo e acabou no hospital.

Sem saber da morte de Goebbels e de Bormann, Dönitz ordenou também a demissão deles, assim como a do ministro da Justiça, Thierack, que tinha na prática entregado os tribunais à ss em 1942. Mas manteve Herbert Backe, o arquiteto do "Plano de Fome" nos territórios ocupados do Leste, como ministro da Agricultura, e Seldte Franz, fundador da organização paramilitar de direita Stahlhelm, como novo ministro do Trabalho. A Ohlendorf foi dada a pasta da Economia. Wilhelm Stuckart, o burocrático gênio por trás da expansão da Alemanha, finalmente se tornou ministro do Interior. Continuariam em seus cargos dois tecnocratas confiáveis, Julius Dorpmüller, havia muito ministro dos Transportes, e o sempre adaptável conservador conde Schwerin von Krosigk, que era ministro das Finanças desde 1932 e agora se tornava ministro das Relações Exteriores.[18]

Himmler ainda era uma força a considerar, e em 3 de maio o Reichsführer-ss transferiu sua comitiva a Flensburg para ficar mais perto do novo governo. Retida na estrada por um ataque aéreo, a maioria dos oficiais e secretários de sua comitiva abandonou os veículos e se jogou no chão para se proteger, enquanto Himmler, sozinho ao volante de sua Mercedes, exigia disciplina aos gritos. Perto dele estava Werner Best, o plenipotenciário do Reich para a Dinamarca, que tinha acabado de chegar de Copenhague. Himmler disse-lhe que "Hitler já não era ele mesmo" nos últimos dias — uma referência à sua destituição — e explicou como tinha sido difícil avançar num possível acordo de paz com os Aliados estando cercado de inimigos. Garantiu que uma boa conversa de duas horas com Eisenhower seria suficiente para convencê-lo a juntar suas forças com as da Alemanha contra a Rússia. Para o incrédulo Best, Himmler parecia nervoso, muito abatido, mal acreditando nas frases que seguia repetindo.[19]

De início, Dönitz — como Himmler — tinha a esperança de conseguir dividir os Três Grandes, aliados apenas durante a guerra, e se render somente aos britânicos e americanos, continuando a lutar contra os russos. Em 4 de maio, depois de algumas mentiras, ele conseguiu a rendição das forças alemãs na região noroeste da Alemanha, na Dinamarca e na Holanda para o marechal Montgomery. Mas a rapidez dos acontecimentos e a firmeza de Montgomery mudaram a mentalidade de Dönitz. Numa reunião de gabinete no mesmo dia, ele descartou a posição de Himmler, que ainda queria usar a Escandinávia e a Holanda como barganha nas negociações. Três dias depois, por ordem de Dönitz, o chefe do Estado-Maior do OKW, Alfred Jodl, rendeu-se incondicionalmente aos Aliados em Reims, e o marechal de campo Keitel repetiu a cerimônia no dia seguinte no quartel-general do Exército Vermelho em Berlim, oficialmente pondo um fim à guerra na Europa.[20]

A mudança de Dönitz para o campo da rendição significava que não havia mais lugar para Himmler em sua administração. Em 5 de maio, os dois negociaram numa forma verbal pouco precisa que não implicava nenhum cargo concreto no novo governo; no dia seguinte, Dönitz disse pessoalmente a Himmler que estava cortando suas ligações com ele e ordenou que não visitasse mais a sede do governo no futuro. Himmler já não tinha forças para lutar. Depois de alguns dias numa fazenda nos arredores de Flensburg com um grupo de assessores leais, ele começou a rumar para o sul, disfarçado como o "ex-sargento Heinrich Hitzinger", supostamente vinculado à Polícia Secreta de Campo. (O verdadeiro Hitzinger tinha sido executado como desertor.) Mas Himmler não percebeu que aquele tipo de organização fora incluído na lista de prisão automática dos Aliados, e ele e seus companheiros foram detidos num posto de controle. Num acampamento ao sul de Lüneberg, o ex-Reichführer-ss admitiu calmamente sua identidade ao capitão britânico no comando, mas se matou com uma cápsula de cianeto antes que pudesse ser detido.[21]

Quanto a Dönitz, que tipo de governo ele e sua equipe de 350 pessoas realmente representavam? Entre os Aliados, ninguém queria reconhecê-lo plenamente, em especial porque mesmo nos níveis mais altos ninguém tinha absoluta certeza de que Hitler e outros altos nazistas estavam mesmo mortos. Os reacionários de Flensburg eram um embaraço, assim como os soldados que se reuniam do lado de fora da escola de Marinha e Sinais — a sede do "governo" — cantando a "Canção de Horst Wessel" ou "Wir fahren gegen Engeland". Eles se ressentiam por ter sido proibidos de fazer a saudação hitlerista, e Dönitz criou confusão quando ordenou que se livrassem de suas insígnias e condecorações militares. Recusou-se a ordenar a dissolução oficial do Partido Nacional-Socialista Alemão dos Trabalhadores e só baixou a velha bandeira do lado de fora de sua sede quando foi obrigado a fazê-lo.[22] Churchill e oficiais locais do Exército britânico consideravam vantajoso manter temporariamente em funcionamento uma administração central alemã sob ordens dos Aliados. "Há 2 milhões de soldados alemães e uma quantidade de civis que aumentou muito na negociação", observaram. "Para disciplinar, alimentar e administrar as tropas alemãs, pode muito bem ser necessário manter provisoriamente a cadeia de comando alemã e permitir que requisitem alimentos da população."[23] Mas logo ficou claro que a existência do governo Dönitz enervava os russos. E não somente os russos: houve polêmica quando oficiais britânicos locais autorizaram funcionários a fazer transmissões de rádio e ordenaram que os alemães obedecessem. A BBC fez uma entrevista com Von Krosigk na qual ele se referiu ao almirante como o novo Führer. Consultores políticos aliados gostavam cada vez menos dos instintos autoritários daquele autointitulado "governo interino do Reich". Quando a prisão de Dönitz foi ordenada, os russos se sentiram aliviados, como quase todos os demais. Só Churchill resmungou, irritado, que parecia "um passo notável para garantirmos que não haja ninguém com quem tratar na Alemanha".[24]

Em 23 de maio, o almirante e os demais membros de seu "governo" foram presos por homens da 11ª Divisão Blindada. Foram obrigados a se despir para a revista e, humilhados, tiveram de se dispor em fila num pátio com metralhadoras apontadas para eles, sendo fotografados por mais de sessenta jornalistas convidados pelo SHAEF para a ocasião. Malas na mão, eles desapareceram como por magia e foram enviados a Luxemburgo, onde foram recebidos por um comitê de boas-vindas formado por soldados armados até os dentes e aldeões que zombavam deles. Na elegância desbotada dos quatro andares do Palace Hotel, na cidade balneária de Mondorf-les-Bains, na fronteira francesa, eles se reuniram com os outros líderes e membros do regime que haviam caído nas mãos dos Aliados. Construído em 1920, o hotel tinha sido um elegante retiro para os que gostavam de suas águas. Agora, porém, o terreno muito bem guardado estava rodeado por uma cerca de arame farpado de quinze metros de altura, blindada com lona e redes de camuflagem, com torres de observação em cada esquina. Para os soldados americanos encarregados de vigiá-la, era conhecida como a Central Continental de Prisioneiros de Guerra 32 ou, mais coloquialmente, como "lata de lixo".

Um interrogador militar americano, John Dolibois, deixou um vívido registro de sua chegada ao local:

> Subi as escadas, localizei o quarto 30 e entrei [...] Era um quarto simples de hotel, com um papel de parede um pouco espalhafatoso. Uma mesa e duas cadeiras e uma cama de campanha eram a mobília. Comecei a desempacotar minha mochila quando ouvi uma batida na porta. Pensando que poderia ser o capitão Sensenig ou um dos oficiais da guarda, abri a porta e tive a maior surpresa de minha vida. À minha frente estava um homem corpulento, com cerca de 1,60 metro, vestido num elegante uniforme cinza-pérola, com galões de ouro no pescoço e insígnias de ouro nos ombros. Ele bateu os calcanhares, inclinou a cabeça uma vez e disse: "Goering, Reichsmarschall!". Para um oficial da inteligência, fiz um papel lamentável. Meu queixo caiu. Logo me recompus e lhe pedi que entrasse. Ele foi direto ao assunto. Levava no braço um par de calças de uniforme que me entregou. Depois explicou que eram calças que ele tinha "esquecido" no dia anterior, ao ficar sabendo que só poderia manter um terno e um par extra de calças. "Como estou determinado a ser um prisioneiro-modelo", explicou, "pensei que deveria trazer este item excedente a você." Acho que detectei uma nota de sarcasmo.[25]

Estavam quase todos lá. Seyss-Inquart foi o primeiro a chegar, junto com Frick e Keitel. Hans Frank, que tentou suicídio, foi levado para lá em seu pijama de seda. Goering, cujas mãos tremiam devido à dependência em paracodeína, trouxe tanta bagagem que revistá-la tomou uma tarde inteira. Franz Ritter von Epp, cerca de oitenta anos, foi preso na qualidade de governador da Baviera, que havia sido por muito tempo: era o fim de uma carreira que o levou da rebelião dos boxers na China e dos massacres no Sudoeste Africano Alemão até a Primeira Guerra Mundial e à política de direita em Weimar antes de se tornar o maior ativista do colonialismo no Terceiro Reich. Em pouco tempo o hotel já abrigava virtualmente todos os ministros sobreviventes do Reich — Ribbentrop, Dönitz, Rosenberg, Funk, Robert Ley, Von Krosigk, Darré; o almirante Horthy, com um seleto grupo — em sua maioria ex-embaixadores —, foi alojado num chalé separado conhecido como o "Anexo Von". Obrigados a assistir a filmes sobre os campos de concentração, os detentos também davam aulas uns aos outros — Von Krosigk, sobre Shakespeare; Robert Ley, sobre a recuperação da economia da Alemanha no pós-guerra; um dos assessores de Keitel ensinava piscicultura. Na hora das refeições, para evitar tentativas de suicídio, eles só podiam usar colheres.

Aos poucos eles se dividiram em panelinhas, e suas verdadeiras personalidades emergiram mais uma vez. Os militares se mantinham distantes dos demais; o mesmo faziam os "velhos guerreiros" nazistas e os burocratas como Stuckart, Lammers e Von Krosigk. Frick revelou-se um homem quieto, de fala mansa e subserviente. Keitel passava a maior parte do tempo se bronzeando. Ribbentrop estava nervoso, distante, magoado por ter sido excluído do testamento de Hitler, e era incapaz de manter o quarto arrumado. Goering, apesar da descoberta de que tinha medo de tempestades, era em muitos sentidos a figura preeminente — alerta, espirituoso e sarcástico com seus captores, um contador de histórias que gostava de rir de si mesmo, direto ao admitir sua responsabilidade pelos campos de prisioneiros. Ele se considerava o líder de todos ali, mas na verdade estava marginalizado e se sentava sozinho às refeições. Dönitz, seu rival, manteve-se estoico, calmo e arrogante. Os dois dispararam queixas a Eisenhower, alegando que não estavam sendo tratados como convinha a chefes de Estado, mas foram simplesmente ignorados. (De fato, até 1953, quando já estava na prisão como criminoso de guerra, Dönitz ainda insistia que continuava a ser legalmente o chefe de Estado da Alemanha.)[26]

Afinal, o segredo de Mondorf vazou, e a imprensa mundial começou a se reunir ali. Para apaziguá-la, decidiu-se autorizar uma sessão fotográfica, e os prisioneiros do hotel foram convidados a se reunir para uma foto em grupo nos degraus da frente. O resultado acabou sendo publicado na imprensa americana com a legenda: "A turma de 1945". Em 10 de agosto, todos foram mandados para a Alemanha, em preparação para os futuros julgamentos. Quando atravessaram a fronteira e avistaram as ruínas bombardeadas ao redor de Trier, ficaram visivelmente chocados, e um deles caiu em prantos.

Para os que os vigiavam, a viagem de volta a Mondorf trouxe uma recordação muito mais perturbadora das coisas pelas quais o nacional-socialismo tinha sido responsável. Pouco depois de partir, o comboio passou por um grupo de cinco caminhões de carga de duas toneladas e um jipe quebrado à beira da estrada. Parando para ajudar, logo foram envolvidos por um mau cheiro avassalador e doentio que provocou ânsias de vômito em alguns dos homens. "Em nome de Deus, o que vocês estão transportando?", perguntou Dolibois ao capitão no comando. Sem nada a dizer, ele puxou a lona de um dos caminhões para mostrar cadáveres empilhados como lenha, alguns nus, outros apodrecendo ainda em seus uniformes dos campos de concentração. Estavam sendo transferidos de uma vala comum para outra.[27]

A breve ascensão e queda do último Führer da Alemanha nunca chegou a ameaçar uma cizânia entre os Três Grandes, mas não contribuiu em nada para melhorar as coisas. Desde o início os russos recusaram-se a tratar com Dönitz, limitando suas interações com o Estado-Maior alemão. Do outro lado, os britânicos e americanos vacilaram e — nas palavras de um funcionário britânico — "estragaram o assunto Dönitz sem necessidade". Não conseguiram satisfazer Moscou nem estabelecer uma administração central alemã confiável.

Mas nenhum dos vencedores desejava uma ruptura naquele momento. A luta mal havia terminado, e todos ainda se lembravam do ressurgimento da Alemanha depois da Primeira Guerra Mundial. O desejo de encontrar uma solução viável para a questão alemã — e para o equilíbrio de poder europeu em geral — ainda os unia. Na conferência crucial realizada em Potsdam naquele verão, a necessidade de manter a unidade prevaleceu. Stálin agora se reunia pela primeira vez com o presidente Truman (Roosevelt morrera em abril), e Clement Attlee substituiu Churchill no meio do processo. Não obstante, a despeito da partida de dois dos Três Grandes da guerra, seus sucessores criaram um Conselho de Ministros de Relações Exteriores, com um secretariado permanente com sede em Londres, para preparar tratados de paz e apresentar soluções para conflitos territoriais na Europa do pós-guerra. E, o que era mais urgente e importante, também esboçou os termos de um acordo sobre uma estratégia fortemente intervencionista para a ocupação da Alemanha.

O plano inicial proposto em 1944 por Hans Morgenthau, o secretário do Tesouro dos Estados Unidos, pedia a divisão da Alemanha, que seria despojada de sua indústria pesada e se transformaria num país "essencialmente agrícola e pastoril". Era irônico, comentou Albert Speer na prisão algum tempo depois, que Morgenthau e Himmler quisessem mais ou menos a mesma coisa. De fato, as ideias de Morgenthau despertaram enorme controvérsia e foram bastante modificadas na primavera de 1945. Pelos termos do acordo de Potsdam, o país seria desmilitarizado, desnazificado (por meio de expurgos e julgamentos dos criminosos de guerra, propaganda e revogação das leis da era nazista) e democratizado (principalmente mediante uma reforma educacional e o restabelecimento dos partidos políticos). Cartéis e monopólios seriam desmantelados. Em conformidade com acordos anteriores fechados em Yalta, quatro zonas de ocupação viriam a ser estabelecidas na Alemanha e na Áustria e nas respectivas capitais. Mas uma partição definitiva certamente não estava nos planos: ao contrário, o acordo sublinhava a importância da criação de uma "uniformidade de tratamento da população alemã por toda a Alemanha" e falava em tratar o país como uma "unidade econômica". Reparações da zona soviética foram aceitas, assim como a ideia de que o padrão de vida alemão deveria ser mantido em níveis não superiores à média europeia. A economia do país seria estritamente controlada, e ainda havia ecos do plano Morgenthau na recomendação de que o país fosse afastado da indústria pesada e da produção de armamentos e voltado para a produção de bens agrícolas e manufaturas leves.[28]

Porém, o mais impressionante eram as alterações nas fronteiras e os movimentos populacionais aprovados no acordo: não apenas se revogavam todas as mudanças de fronteira e as anexações feitas desde o Anschluss, mas a fronteira da Alemanha Oriental com a Polônia também seria deslocada bem para o oeste, reduzindo o tamanho do Reich de antes da guerra em quase um quarto. Ao mesmo tempo, a conferência aprovou também a expulsão para o oeste de milhões de alemães que viviam ao leste das novas fronteiras. A única condição era que essas expulsões — ou "transferências", como o documento as chamava — deveriam acontecer "de forma ordenada e humana". Como as autoridades polonesas, tchecas e húngaras já estavam expulsando os alemães de seus países, as potências aliadas pediram a suspensão temporária dessas expulsões para que os refugiados pudessem ser devidamente atendidos e reassentados ao chegar à Alemanha.

Nada mudou tanto o mapa de longo prazo do Leste Europeu quanto a expulsão dos alemães. Foi uma resposta tanto às políticas nazistas que pretendiam converter os alemães étnicos em instrumentos do Reich como às próprias transferências forçadas de populações que os países tinham sofrido. A ideia era defendida pelos soviéticos e pelos tchecos desde 1942, mas em 1945 se consolidou num acordo muito mais selvagem, que na prática erradicava séculos de vida alemã no Leste das novas fronteiras do país. Mas nem tudo foi responsabilidade dos diplomatas, e a ideia de que as potências aliadas podiam ligar e desligar as expulsões não leva em conta a verdadeira força motriz por trás: o intenso ódio popular contra os alemães nas regiões que eles haviam ocupado quando a guerra chegou ao fim. Para entender o que estava acontecendo, em outras palavras, não basta ouvir as sessões da conferência e os pronunciamentos dos políticos. Sobretudo nesse momento caótico em que o poder e a autoridade ainda estavam dispersos e fragmentados em grande parte da Europa, é preciso entender o que estava acontecendo na vida real.

A EXPULSÃO: O FIM DA QUESTÃO ALEMÃ

"Os russos estão chegando!" "Cada um por si. Os russos vão chegar em meia hora!" O fim do que havia começado com a ofensiva para o Leste também chegou do Leste. E então, depois de semanas de pânico, o momento passou rápido para uma jovem estudante de medicina alemã. Mais tarde, ela recordaria:

> De repente os tiros cessaram, os tanques apareceram e havia soldados russos com roupas de neve por todos os lados. A confusão foi tão grande que de início não dava para saber se eram soldados alemães ou russos, mas depois vimos os soldados alemães com as mãos para o alto [...] Os tanques se moviam entre a fila de carroças, que eram atiradas em valas onde havia entranhas de cavalos; e homens, mulheres e crianças estavam lutando contra a morte. Gente ferida gritava pedindo socorro [...] Depois chegou um oficial a cavalo. Alguns soldados alemães foram levados até ele. Ele pegou o revólver; eu fechei os olhos, ouvimos tiros e os pobres-diabos caíram diante de nós baleados na cabeça, uma expressão de horror no rosto. Os corpos ficaram lá, ninguém se atrevia a tocá-los.

Continuavam surgindo tanques com mais soldados. Era o Exército russo, que nos haviam dito que estava à beira de morrer de fome e em farrapos. Esses sujeitos fortes e robustos, e aquelas mulheres fuzileiras cheias de saúde sentavam-se ao lado dos soldados, todos com uniformes novos e botas de feltro e bonés de pele. Ficamos na beira da estrada olhando o avanço dos tanques e os soldados. A maioria tinha rosto primitivo, cabeça redonda e uma expressão de alegria sem limites. Eles acenavam para nós e gritavam *"Hitler kaputt"*.[29]

Os *Untermenschen* eslavos assustavam os alemães mais que seu "rosto primitivo" e o som de sua língua estranha. As primeiras tropas beberam e saquearam tudo em seu caminho pelas cidades e aldeias por onde passavam. Relógios — *"Uri, Uri!"* — eram uma das coisas favoritas (uma fraqueza que compartilhavam com os bielorrussos da brigada Kaminski da ss), e alguns soldados acabaram com os braços cobertos por eles. Botas eram ainda mais importantes: a primeira coisa que um dos partisans judeus que saíam da floresta Briansk fez depois da libertação foi tirar as botas de couro de um soldado alemão capturado. Mas a prática de "colecionar troféus" de todos os tipos era endêmica entre os homens que abriam caminho em combate por um mundo onde o inimigo parecia viver com um grau de conforto e luxo que eles nem sonhavam pudesse existir. "Agora estou sentado na propriedade de um alemão rico", um jovem soldado escreveu para seus pais. "Há divãs, sofás, seda por toda parte, e o assoalho brilha feito um espelho."[30]

Conhaque, ovelhas, travesseiros de plumas, charutos — havia um novo mundo de mercadorias para ser tomadas dos fascistas e dos capitalistas que tinham transformado sua pátria em terra arrasada. Mas a resposta imediata, mais que de cobiça, era de ódio. "É óbvio pelo que estamos vendo que Hitler roubou toda a Europa para agradar a seus Fritz sanguinários", um soldado escreveu para casa. "Em pouco tempo essas mercadorias vão aparecer nas lojas russas como nossos troféus." Para alimentar mais sua fúria, enquanto combatiam no Oeste chegavam notícias do que tinha sido encontrado em Lublin-Majdanek, em julho de 1944, e das piras de cadáveres ainda fumegantes na Estônia: detalhes desses horrores corriam as fileiras do Exército Vermelho e intensificavam o desejo de vingança. "Nossos soldados não fizeram na Prússia Oriental nada pior do que os alemães fizeram com Smolensk", escreveu outro. "Nós odiamos a Alemanha e os alemães profundamente [...] Mas os alemães merecem as atrocidades que provocaram. Basta pensar em Majdanek."[31]

O desejo de vingança se manifestou sobretudo nos estupros pelos quais os soldados do Exército Vermelho logo se tornaram notórios. É verdade que pouco se escreveu sobre os estupros cometidos pelos soldados *alemães* no Leste durante a ocupação; a prática foi provavelmente mais generalizada do que normalmente se acredita e sem dúvida figurava com destaque na propaganda de guerra soviética. Mas a ideologia racial fazia com que os tribunais militares punissem com severidade crimes sexuais cometidos por soldados alemães. De todo modo, o desejo de vingança foi apenas uma das causas da orgia de estupros, pilhagens e saques cometidos pelos soldados soviéticos. Começou no momento em que unidades soviéticas entraram na Romênia, em agosto de 1944, e até aliados como os partisans de Tito, que libertaram Belgrado junto com os russos, ficaram horrorizados. Em Budapeste, milhares de mulheres foram violadas, assim como na Polônia, obrigando até mesmo os comunistas poloneses a protestar. Mas foi pior quando o Exército Vermelho entrou na Alemanha. Na Prússia Oriental e na Alta Silésia, os soldados escolhiam mulheres entre as multidões de refugiados e as estupravam enfileiradas à beira das estradas, rodeadas por "uma turbulenta armada de homens com as calças arriadas". Oficiais assistiam a tudo e encorajavam seus homens a tomar parte naquilo. As estimativas do número de mulheres atacadas, no que certamente foi o maior caso de estupro em massa ocorrido na história, variam muito: as cifras chegam a quase 2 milhões de mulheres alemãs.[32]

Depois de terem aprendido a odiar, era tarde demais para os soldados russos obedecerem às novas ordens de não se comportar como "ladrões e saqueadores". Em janeiro de 1945, o marechal Rokossóvski baixou uma ordem determinando que os estupradores fossem sumariamente fuzilados. Teve pouco efeito, e alguns oficiais que protestaram foram detidos e depois presos por fazer "propaganda burguesa humanista e manifestar compaixão pelo inimigo". Quando o próprio Stálin começou a se preocupar com o fato de que as ilegalidades cometidas por seus homens estimulavam os alemães a resistir com mais determinação, suas censuras também foram ignoradas. "Para minha surpresa, nem oficiais nem comunistas deram a mínima para uma carta do próprio Stálin!", escreveu Grigori Pomerants. "Era preciso mais do que Stálin para deter o Exército."[33]

Para os alemães agora indefesos, os estupros eram um lembrete assustador de que a formidável máquina de combate do Reich tinha sido esmagada. Encarregar Himmler da chefia do Grupo de Exército do Vístula, como fez Hitler em janeiro de 1945, um dia depois que as tropas soviéticas tinham isolado Poznań, só contribuiu para piorar as coisas graças à ignorância do "Reichsheini" sobre estratégia militar; ele foi substituído em algumas semanas, mas o estrago estava feito. Os perigos da evacuação por via marítima ficaram evidentes depois do afundamento do *Wilhelm Gustloff* no final de janeiro. Tendo partido de Gdansk com mais de 10 mil refugiados e soldados feridos a bordo, o navio foi torpedeado por um submarino soviético e afundou nas águas geladas do mar Báltico numa das maiores perdas de vidas da história marítima. Quando o Exército se retirou da Polônia, a mulher de um funcionário civil notou que as unidades antes mecanizadas agora eram carroças puxadas por cavalos ou recuavam a pé. O Exército Vermelho — deslocando-se velozmente com seus caminhões zis-5 e Studebakers americanos — agora simbolizava a mobilidade e a modernidade.[34]

Logo depois da libertação, os alemães descobriram que os russos não eram os únicos determinados a se vingar. As medidas punitivas que tinham aplicado aos *Untermenschen* no Leste Europeu durante os anos de ocupação agora se voltavam contra eles. "Vamos lidar com a população alemã nessas áreas, que são polonesas desde o início dos tempos, como os alemães nos ensinaram", proclamou o novo governador polonês ao assumir o condado de Katowice em fevereiro de 1945. Obrigar os alemães a desenterrar os restos mortais das vítimas de sua violência era o primeiro passo — o que fazia lembrar o que eles próprios haviam feito quando invadiram a Polônia e a União Soviética. No oeste da Alemanha, os habitantes das cidades foram obrigados a desfilar diante de pilhas de cadáveres descarnados dos campos libertados. Numa cidade da Alta Silésia, em contrapartida, alemães foram obrigados a escavar com as mãos uma vala comum que continha os restos mortais de prisioneiros de guerra atirados de vagões de trem no inverno de 1944-5 — para que os corpos pudessem ser fotografados e devidamente enterrados. "Embora lavassem as mãos com Lysol e outros desinfetantes", recordou um deles, "os 'coveiros' não conseguiam se livrar do mau cheiro dos cadáveres por dias." Pelo menos eles não foram massacrados em seguida, como aconteceu com suas vítimas durante a invasão da União Soviética, quatro anos antes.[35]

Em muitas partes da Polônia e da Tchecoslováquia, os alemães foram forçados a usar braçadeiras brancas com uma grande letra preta N (de *Niemiec* = alemão) ou simplesmente tinham grandes suásticas pintadas nas costas. Em alguns lugares, foram proibidos de usar as calçadas, trens ou lojas, exceto em horas determinadas; foram encarregados dos trabalhos públicos e proibidos de falar alemão em público. Instituições e propriedades alemãs foram confiscadas pelo Estado. Terezin, na Tchecoslováquia, e Auschwitz eram apenas dois dos antigos campos de concentração em que os prisioneiros alemães enfrentavam agora os terrores de um novo regime.

Não foram as únicas lições que as vítimas haviam aprendido com seus anos de sofrimento. Funcionários poloneses também montaram guetos e abertamente se referiam a eles como tais. "Na noite de 7-8 de agosto", recordou o residente de uma cidade da Alta Silésia, "cartazes com as seguintes instruções foram afixados em todos os edifícios da cidade: 'Todos os alemães devem se perfilar fora de suas casas imediatamente. Vinte e cinco quilos de bagagem no máximo'." Logo depois a milícia polonesa chegou e obrigou as pessoas a entrar no chamado gueto alemão, "golpeando-as e chicoteando-as para que andassem depressa". Três ruas foram fechadas e postas sob vigilância, e logo surgiram os conhecidos problemas de superlotação e fome. Em outros lugares, agricultores alemães foram expulsos de suas terras para dar espaço aos colonos poloneses, tendo as propriedades confiscadas: quando tinham sorte, podiam ficar por um tempo trabalhando para os colonos russos ou poloneses. Expulsos da Galícia oriental pelos russos, muitos poloneses estavam sendo deslocados pelas autoridades comunistas para o oeste da Polônia. "Eles se apresentaram aos alemães agricultores, donos de chácaras e casas no campo, como sendo os novos proprietários, com as palavras: "Agora, eu agricultor; você, Hitler, trabalha".[36]

Muitas dessas formas de perseguição — que alguns funcionários poloneses criticavam, chamando-as de métodos "nazistas" — surgiram espontânea e temporariamente e foram acompanhadas por ilegalidades, pilhagem e violência. "Os alemães já não estão ao abrigo da lei", queixou-se um sacerdote alemão de Görlitz. "Sua honra, seu corpo, sua vida e sua propriedade estão à disposição implacável de um vencedor insolente." Mas eram as preliminares de uma solução muito mais selvagem e permanente para a "questão alemã" — a expulsão. Estimulados pelo presidente Beneš, planos feitos durante a guerra para a expulsão da minoria alemã da Tchecoslováquia e da Polônia foram aprovados em Washington, em Londres e em Moscou. O governo Beneš estimulou o já furioso ódio dos tchecos pelos alemães. "Quando chegar a hora, nossa nação vai entoar novamente o velho grito de guerra: 'Mate-os! Derrote-os! Não poupe ninguém'.

Cada um deve encontrar uma arma útil para bater no alemão mais próximo", gritou um oficial para a BBC em 1944. O caso polonês era diferente, pois era motivado pelos planos de Stálin de deslocar as fronteiras do país para o oeste, para dentro do Reich. Os Aliados trataram a questão muito por alto em Yalta, mas isso só aumentou o incentivo para que os poloneses e tchecos criassem situações de fato nos territórios. "Nós [...] Faremos a coisa toda por conta própria", declarou Beneš em 1945.[37]

No oeste da Polônia, as "deportações radicais" começaram no início de 1945. Acordos para uma troca de população polonesa-ucraniana entre a Polônia e a União Soviética já tinham deslocado centenas de milhares de refugiados poloneses do oeste da Ucrânia, da Lituânia e da Bielorrússia, que foram levados para as terras alemãs que o Exército Vermelho ia entregando gradualmente às autoridades polonesas. No entanto, quando o Terceiro Reich se rendeu oficialmente, muitos alemães que haviam fugido começaram a voltar para suas casas naquela região. Foi nesse momento que os poloneses começaram a expulsá-los de novo, para abrir espaço aos colonos poloneses que chegavam e para "purificar a faixa de fronteira de alemães". A antiga concepção bismarckiana estava se voltando contra os alemães. Os chefes comunistas do Partido dos Trabalhadores Poloneses tomaram a decisão de expulsá-los até o fim de maio e, no final de junho, mais de 250 mil pessoas já haviam sido forçadas a sair.[38]

Nas cidades, principalmente as que tinham sido alemãs antes de 1939, o acerto de contas levou mais tempo, pois os soviéticos tinham maior controle e maior interesse em manter alemães em número suficiente para que elas continuassem funcionando. Em agosto de 1945, em Breslau, por exemplo, havia 189500 alemães e apenas 16 mil ou 17 mil habitantes poloneses. O Exército Vermelho entregou o poder local aos alemães "antifascistas", cujo antifascismo muitas vezes era apenas um verniz: no verão, por exemplo, eles tentaram mobilizar "todos os judeus, meio judeus, poloneses e cidadãos de qualquer nacionalidade para funções de trabalho". Os poloneses queriam a expulsão de *todos* os alemães, mas, como ocorre tantas vezes, as necessidades militares engendram o pragmatismo, e a curto prazo os soviéticos ordenaram aos operários das fábricas e aos funcionários públicos que continuassem onde estavam. Houve até mesmo confrontos entre soldados soviéticos e poloneses quando os primeiros defendiam e protegiam os alemães, "dizendo que eles eram seus amigos e trabalhavam para eles". Mas no inverno de 1945-6 os poloneses começaram a cortar o acesso de alemães a moradia e alimentos para forçá-los a partir. Aos poucos, a política polonesa tornou-se mais clara. Por um lado, uma lei de nacionalidade relativamente frouxa garantia a muitos alemães o direito de se qualificar como poloneses e permanecer — uma razão importante para o governo, preocupado com o despovoamento de seus recém-adquiridos territórios ocidentais. Mas, ao mesmo tempo, as deportações começaram de fato: trens partiam regularmente para o oeste desde o início de 1946, e no final do ano seguinte restavam apenas alguns milhares de alemães.[39]

Em Praga, o conflito entre tchecos e alemães continuou até maio, da ocupação à libertação. Os últimos dias de batalha foram marcados por atos desesperados de violência por parte da ss, que reuniu os prisioneiros de Terezin e os fuzilou, obrigou civis a marcharem como escudos humanos na frente de seus tanques e executou muitos combatentes capturados. Ao todo, foram assassinados 3700 tchecos. Com a invasão das tropas soviéticas veio a vingança: os alemães capturados eram reunidos e fuzilados em estádios e hospitais; alguns foram enforcados ou queimados vivos. Fora da capital, a lei e a ordem desapareceram completamente, e a vingança que muitos alemães temiam havia meses não tardou a chegar. As prisões não foram preenchidas apenas com nazistas conhecidos, mas com qualquer um descrito como "duvidoso" ou com pessoas denunciadas como amigas dos amigos dos colaboradores. Alguns cônjuges de casamentos mistos foram presos pelo crime de ter se casado com alemães. No fim de agosto, o governo não tinha informações precisas sobre quantos estavam aprisionados, por que razão ou sob quais condições. O campo de Hanke, em Ostrava, adquiriu uma má reputação específica por causa de espancamentos, estupros, tortura e assassinatos aleatórios de presos pelos guardas, que convidavam os amigos para assistir a tudo. Mulheres tchecas acusadas de se relacionar com os alemães corriam o risco de ser arrastadas de suas casas, despidas e espancadas. Até mesmo o Exército Vermelho ficou chocado com as humilhações que os tchecos impunham aos alemães — as mortes violentas, o incêndio de suas casas e fazendas. Alguns alemães passaram a considerar os soldados soviéticos seus únicos defensores, implorando para que ficassem e tentando se manter sob sua proteção.[40]

De início o regime de Beneš não fez nada para deter essas manifestações de ódio. Ao contrário: em 12 de maio, o presidente recém-empossado disse aos habitantes de Brno que "o povo alemão [...] se comportou como um monstro [...]

Devemos liquidar definitivamente o problema alemão". No momento em que falava, havia mil suspeitos de ter colaborado com os alemães detidos na cidade. Em poucos dias os manifestantes passaram a exigir medidas mais radicais, queixando-se de que a comunidade alemã era a culpada pela escassez de moradias e de comida. Por fim, a polícia expulsou 20 mil alemães de suas casas e os obrigou a marchar em direção à fronteira com a Áustria; a fila, segundo se diz, estendia-se por quilômetros. Essa "deportação selvagem" pegou o governo de surpresa, e o ministro do Interior tentou impedir a travessia da fronteira e exigiu que eles fossem detidos. Mas na verdade, em meio ao caos, dois terços cruzaram para a Áustria antes que os restantes fossem alojados numa pequena olaria numa aldeia do lado tcheco da fronteira. Mais de 1700 morreram no que é lembrado como a "Marcha da Morte", principalmente de fome, doença e abandono.

Os habitantes de Brno foram os principais responsáveis por aquilo, embora seus líderes nacionais tivessem dado aprovação para tanto — ou assim eles entenderam. Na realidade, quando informado sobre a deportação, o governo nacional estava preocupado com a impressão que poderia causar num momento em que os Três Grandes estavam preparando uma reunião. Podemos afirmar então que a fúria popular em nível local conduzia a política nacional? A expulsão não foi apenas produto de decretos de Stálin ou Churchill; foi exatamente o que muitas pessoas que haviam sofrido anos de humilhação nas mãos dos alemães queriam. Mas foi facilitada por uma situação de intensa volatilidade e incerteza política: governos nacionais fracos, novos partidos políticos disputando votos e um grande número de homens armados e furiosos alçados ao poder em cidades e aldeias da província aumentaram a violência. Alguns desses chamados guardas revolucionários, de acordo com um observador, eram na verdade "ladrões e prostitutas, armados até os dentes, que andavam pelas ruas à luz do dia atirando em placas escritas em alemão e roubando tudo o que podiam".[41]

Outro fator que não deve ser desconsiderado também contribuiu para a violência — o medo de que os alemães estivessem derrotados apenas temporariamente e se preparassem para lançar sua vingança. A lembrança do poderio alemão não morria facilmente, e muitos tchecos acreditavam que os "lobisomens" nazistas estavam se mobilizando e se preparando para o ataque. Lembrando as cruentas lutas que se seguiram à derrota da Alemanha na guerra anterior, eles não podiam imaginar que o fim do conflito agora traria a paz. Em 1944, os alemães tinham de fato criado uma organização desse tipo, e o antigo HSSPF do norte da Rússia, Hans-Adolf Prützmann, começou a treinar pequenas unidades que ficariam na retaguarda para sabotagens e operações contra os partisans. O próprio Goebbels exagerou a questão dos "lobisomens" com sucesso para que os Aliados levassem a ameaça a sério. Mas, apesar dos armamentos que havia enterrado para uso futuro, a organização era muito pequena e desmoronou com o fim do Reich; Prützmann se matou, e apenas uns poucos fanáticos permaneceram escondidos nos bosques das montanhas Harz.

Contudo, embora as terras tchecas nunca chegassem realmente a estar ameaçadas, a histeria a respeito dos "lobisomens" se manteve viva ali porque para os tchecos, sobretudo no oeste no país, era muito difícil imaginar um mundo no qual os alemães já não fossem dominantes. Em Ústí nad Labem (Aussig), uma pequena cidade industrial no norte da Boêmia, havia um depósito de armas em que prisioneiros de guerra alemães organizavam munições abandonadas no fim da guerra. Na tarde de 30 de julho o depósito explodiu, matando e ferindo residentes locais, tchecos e alemães. Convencidos de que a explosão fora obra de "lobisomens" terroristas, tchecos armados com pedaços de pau e barras de ferro atravessaram a ponte central da cidade, atacaram alemães — identificando-os por suas braçadeiras brancas — e os jogaram no Elba, onde guardas revolucionários dispararam neles. Várias centenas de alemães podem ter sido mortos a tiros ou afogados. Em Praga, o governo ficou horrorizado com a notícia. Mas também concluiu que havia apenas um caminho para assegurar que "as ruas não iriam governar": acelerar as deportações e "liquidar os lobisomens". As estimativas recentes indicam que entre 19 mil e 30 mil alemães morreram durante a fase "selvagem" das expulsões na Tchecoslováquia como um todo: 5 mil se suicidaram e 6 mil foram assassinados diretamente; o restante morreu de fome ou doenças. Em agosto, cerca de 750 mil pessoas haviam sido expulsas do país.[42]

Depois de Potsdam, a chamada fase "selvagem" das expulsões deu lugar, como aconteceu na Polônia, a uma política mais sustentada e sistemática que — ao menos na teoria — ligava o ritmo da deportação à capacidade das autoridades na Alemanha de receber os novos refugiados. Assim, foi do final de 1945 em diante que a maioria dos alemães foi deportada das terras tchecas, bem depois que as reverberações imediatas da libertação tinham cessado — e, de modo muito conveniente, depois da realização da colheita. O resultado é que, no fim da década de 1940, inúmeros assentamentos dos Habsburgo e alemães medievais tinham deixado de existir. Indivíduos e até comunidades com pouca ou nenhuma conexão com o nazismo haviam sido forçados a partir pelo simples fato de ser alemães. Não houve praticamente nenhum esforço para determinar o histórico político dos deportados. Antifascistas e sociais-democratas foram expulsos de suas casas assim como os nazistas. Até mesmo muitos judeus tchecos germanófonos foram obrigados a partir, já que os tchecos estavam muito interessados em aproveitar a oportunidade para se livrar também dos judeus sobreviventes. Algumas famílias evitaram a deportação enforcando-se ou tomando veneno. Em 1948, não mais de 200 mil alemães continuavam a viver na República Tcheca.[43]

Para as grandes potências, essa "transferência" de alemães prometia encerrar a questão alemã na Europa. Afinal, os nazistas haviam explorado as minorias alemãs no Leste Europeu e as haviam transformado na quinta-coluna de sua política externa. A deportação foi uma maneira de assegurar que aquilo jamais poderia se repetir. "A amarga experiência de uma centena de anos mostra que essas *irredenta* europeias são uma fonte constante de guerra", escreveu o ex-presidente americano Herbert Hoover em 1942. "Deve-se levar em conta até mesmo o remédio heroico da transferência de populações. As dificuldades desse movimento são grandes, mas menores que o sofrimento constante das minorias e a repetição constante da guerra." Churchill concordava. A "expulsão total dos alemães [...] será a mais satisfatória e duradoura garantia de estabilidade depois da guerra", afirmou em dezembro de 1944. "Já não haverá mistura de populações para causar problemas intermináveis [...] Será feita uma limpeza completa."[44]

Mas também havia outras razões para a expulsão. Para os poloneses em particular, as perspectivas econômicas do país melhoraram muito, graças ao que foi na prática a troca de terras agrícolas pobres no oeste da Ucrânia pelas regiões mais ricas do oeste, especialmente o cinturão industrial da Alta Silésia. Por conseguinte, a probabilidade era de que o padrão de vida da Polônia melhorasse, aproximando-se do da Alemanha — algo a levar em conta para os que acreditavam que o antagonismo germano-polonês tinha origens essencialmente econômicas. Uma ampla reforma agrária foi proclamada logo em janeiro de 1945, permitindo a expropriação de todas as fazendas alemãs. Embora o Exército Vermelho mantivesse algumas delas durante vários anos para uso próprio, o resto foi posto à disposição do Estado polonês. Este distribuiu grande parte da terra entre colonos e pequenos agricultores, e em várias regiões fronteiriças converteu grandes propriedades em fazendas estatais — a Varzin de Bismarck foi uma delas —, aumentando o controle do Estado sobre os recursos econômicos do país.[45]

Por sua rapidez, o reassentamento na Polônia contrastava com o que os alemães haviam realizado durante a guerra. Himmler, com dificuldade, havia assentado talvez meio milhão de alemães étnicos nos territórios da Polônia ocupada nos cinco anos em que dirigiu o programa de reassentamento nazista. Em contrapartida, os poloneses acomodaram 1,5 milhão de colonos em antigas terras alemãs em apenas alguns anos e, com o tempo, não menos que 4 milhões. Na verdade, foram ajudados pelo fato de que não havia nenhuma guerra acontecendo ao mesmo tempo. No entanto, a disparidade aponta também para outro fator: a completa falta de realismo político dos nazistas. Eles tinham ido à guerra em busca de um ideal irrealizável, pois as ambições de reassentamento de Himmler ultrapassavam em muito o número de alemães realmente disponíveis para tanto; apesar de todo o seu poder, o complicado sistema de triagem racial atrasava o ritmo entre a expropriação e a entrega das terras. Para os poloneses, por outro lado, a colonização dos novos territórios ocidentais significava simplesmente acelerar o translado de longo prazo das populações rumo ao Oeste, fazendo uso do grande número de poloneses que tinham sido forçados a deixar suas casas no Leste. Foi só um pouco depois que as limitações do controle comunista da terra se tornariam aparentes, quando os camponeses lutaram contra a coletivização da terra e chefes do partido transformaram as terras aradas em florestas.

Ironicamente, embora tivessem mais gente para assentar — graças aos translados forçados de Stálin a partir do leste da Polônia —, em última análise os comunistas poloneses não foram mais capazes de ditar as decisões de vida dos colonos que os nazistas. Na Polônia e na Tchecoslováquia do pós-guerra, os colonos fizeram o que já haviam feito sob o domínio dos alemães: trocaram as remotas regiões fronteiriças pelas cidades e desertaram as fazendas nas fronteiras. No início dos anos 1950, os dois países se tornaram dependentes de grãos da Rússia, e o partido fomentava a formação de tropas de choque compostas de jovens para reverter essa tendência. Mas embora o próprio partido estivesse preocupado, também sabia que o fato de ter defendido as expulsões e o reassentamento já tinha cumprido seu objetivo, pois ajudou o comunismo a chegar ao poder e o identificou com a causa nacional.

Pois este foi o aspecto final das expulsões: elas representaram o triunfo da política de nacionalidade em todo o Leste Europeu. Os alemães foram o maior grupo étnico a ser alvo de deslocamentos, mas não o único. Acordos poloneses com a União Soviética estabeleceram que em troca de receber cerca de 2,1 milhões de poloneses, 482 mil ucranianos poderiam ser deportados em 1945-6. No ano seguinte, a maioria dos ucranianos que ainda restavam no sudeste da Polônia foi alvo de uma operação militar de repressão chamada Akcja Wisła, e eles foram forçados a se deslocar para o oeste da Polônia, um duro golpe para o que restava da resistência ucraniana que lutava contra os poloneses e os soviéticos. Ao mesmo tempo, houve uma onda de protestos populares antissemitas — mais de 350 judeus foram mortos só no final de 1945 — que revelou o alcance limitado do novo governo em muitas áreas e expulsou muitos dos judeus sobreviventes da Polônia. Assim como os tchecos, os poloneses também queriam expulsar os judeus. Húngaros e italianos foram expulsos da Iugoslávia, e houve de fato uma troca de húngaros e eslovacos. Desse modo, Stálin assumiu no fim da década de 1940 o papel que Hitler tivera no início — o de árbitro das questões territoriais e de minorias na Europa Central e do Leste, fazendo a mediação entre poloneses e tchecos, e entre húngaros, eslovacos e romenos.[46]

Em 1950, as populações minoritárias do Leste Europeu tinham encolhido a uma pequena proporção do que eram duas décadas antes, e comunidades de alemães étnicos só existiam em bolsões isolados. A própria Alemanha foi dividida e ocupada, incapaz de intervir a seu favor em nível internacional, ainda que seus políticos o quisessem. Sob a estrita vigilância de Washington e Moscou, os políticos das duas metades do país dividido buscaram alianças com seus vizinhos. Bonn tentou debilitar os movimentos de refugiados e evitar a repetição da onda *revanchista* dos anos de Weimar. Esses movimentos encabeçaram o chamamento a um regresso ao "Leste alemão", e sob sua pressão até mesmo Adenauer exigiu publicamente uma volta às fronteiras do Reich de 1937. Traduzindo suas reivindicações para a língua do mundo livre, eles pediam "direitos humanos" para os que haviam sido expulsos, inclusive "libertação" e o direito de regressar às suas casas. Do outro lado da fronteira, as aldeias abandonadas no oeste da Tchecoslováquia desmoronavam em ruínas, e grandes cidades antigas, como Breslau, permaneceram subpovoadas durante décadas. No entanto, a maioria dos refugiados foi integrada de modo espantosamente rápido, seus caminhos facilitados pela prosperidade do pós-guerra. As mesinhas dos cafés da Alemanha Ocidental rangiam sob o peso de nostálgicos álbuns de fotografias do Leste perdido. Porém, muito antes do tratado de 1990 — pelo qual as duas Alemanhas finalmente reconheceram as fronteiras do país no pós-guerra —, a maioria das pessoas sabia que o passado estava perdido para sempre.[47]

III. PERSPECTIVAS

17. Nós, europeus

A Alemanha não estará ocupada por seus inimigos no ano 2000. A nação alemã será a líder intelectual da humanidade civilizada. Estamos ganhando esse direito nesta guerra. Esta luta mundial contra nossos inimigos continuará a existir apenas como um sonho ruim nas recordações das pessoas. Nossos filhos erguerão monumentos aos seus pais e mães pela dor que sofreram, pela firmeza estoica com que suportaram tudo, pela coragem que demonstraram, pelo heroísmo com que lutaram, por sua lealdade ao Führer e aos seus ideais em tempos difíceis. Nossas esperanças se transformarão em realidade no mundo deles, e nossos ideais serão realidade.

Joseph Goebbels, "Das Jahr 2000", *Das Reich*,
25 de fevereiro de 1945[1]

O ANO 2000

Foi seguramente um dos artigos mais estranhos e esclarecedores que Goebbels publicou. No dia 11 de fevereiro de 1945, as três potências vencedoras emitiram a Declaração de Yalta da Europa Libertada e reafirmaram seu compromisso de reimplantar a democracia no continente. Prometeram restabelecer a estabilidade na Europa e ajudar a erradicar "os últimos vestígios do nazismo e do fascismo", enquanto aguardavam ansiosamente a queda do Terceiro Reich e do partido que o governava. "A Alemanha nazista está condenada", elas predisseram, confiantes. Duas semanas depois, Goebbels disparou uma furiosa resposta — um exemplo de futurologia apocalíptica intitulado "Das Jahr 2000", que apareceu em seu veículo de propaganda favorito, o semanário de massa *Das Reich*.

"Como será o mundo no ano 2000?", perguntava o ministro da Propaganda do Reich. Algumas de suas respostas eram desinteressantes: "Os filhos de nossos filhos terão tido filhos e [...] os eventos desta guerra terão afundado em mito". Ele previu com precisão que a Europa estaria unida e — com precisão só ligeiramente menor — que "uma pessoa voará de Berlim a Paris para o café da manhã em quinze minutos". Mas ele achava absurdo imaginar — como sugeriu Yalta — que os britânicos e os americanos ainda pudessem estar ocupando a Alemanha e educando seu povo na democracia por anos e anos no futuro. Seu próprio prognóstico era mais alarmante. Yalta era "um programa de ocupação que destruirá e exterminará o povo alemão". Churchill e Roosevelt tinham caído na armadilha de Stálin e em pouco tempo haveriam de se descobrir desamparados diante de seus planos de dominação mundial.

Os alemães não seriam os únicos a sofrer. Uma "cortina de ferro" — Goebbels cunhou a frase um ano antes de Churchill popularizá-la — cairia sobre a Europa, e por trás dela "nações serão massacradas", para júbilo da "imprensa judaica internacional". Sem líderes, os habitantes do Leste Europeu se tornariam "uma estúpida massa fermentada de milhões de bestas de carga desesperadas e proletarizadas" que iriam — como robôs — apenas cumprir a vontade do Kremlin. O isolacionismo varreria os Estados Unidos, que retirariam suas tropas da Europa. Os britânicos, com a população em rápido declínio, se veriam pressionados demais e arruinados por dentro pelo bolchevismo. Haveria uma breve "chamada Terceira Guerra Mundial" que a União Soviética ganharia facilmente, deixando a Europa "aos pés dos robôs mecanizados das estepes". Em cinco anos eles estariam prontos para cruzar o Atlântico e atacar os Estados Unidos. "O hemisfério ocidental, que apesar de acusações mentirosas nós jamais ameaçamos, estaria então no maior dos perigos. Um dia, os habitantes dos Estados Unidos amaldiçoarão a ocasião em que um presidente americano há muito esquecido emitiu um comunicado numa conferência em Yalta, que terá afundado há muito, desde então, em lenda". Ele ridicularizou a ideia de britânicos e americanos fazendo planos para os cinquenta anos seguintes. "Eles ficarão contentes se sobreviverem até 1950."[2]

A intenção de Goebbels era bastante clara: como plenipotenciário do esforço de guerra total, sua tarefa era persuadir os alemães a lutar e ignorar o chamamento de Yalta pela capitulação. Mas o mais formidável era seu jeito de expressar isso de modo a fazê-los entender que eles tinham "uma missão europeia". Nunca antes a relação entre a Europa e o nacional-socialismo fora feita de forma mais clara: só o Reich podia agora salvar a Europa do bolchevismo, e só a fé no nacional-socialismo poderia salvar os alemães e lhes dar a força para seguir lutando. "Ou a Grande Alemanha será a líder da Europa [Führer], ou a Europa deixará de existir", foi como argumentou um historiador mais velho, e era exatamente a opinião de Goebbels.[3]

Se — e eis aqui um grande "se" — ignorarmos o fogo do inferno pintado pelas tintas de Bosch, Goebbels acertou em muitas coisas — em especial na questão do mundo dividido pela Guerra Fria, com a Europa indefesa enquanto a América e a Rússia lutavam pela supremacia mundial. Acertou também quanto à Cortina de Ferro — embora pensasse que logo seria combatida pelas hordas do Kremlin —, e muitos americanos em 1945 teriam apoiado sua avaliação sobre o isolacionismo dos Estados Unidos. Para ele estava claro que os britânicos estavam acabados como potência mundial, e o único mistério (como tinha sido desde o princípio para os nazistas) era por que eles haviam recusado tão obstinadamente a ideia de ser sócios do Terceiro Reich, com o que poderiam ter salvado seu império. Até mesmo seus temores sobre o declínio da população, exagerados como eram, adquiriram uma relevância nova num mundo em que muitos países, incluindo quase todos os europeus, padecem com a queda das taxas de natalidade (embora seja irônico, tendo em vista seu medo do bolchevismo, que um dos casos mais rápidos de declínio da população se encontre hoje na Rússia).

Mas embora Goebbels enfatizasse a missão europeia do Reich e de fato repetisse a cantilena europeia desde Stalingrado, era igualmente surpreendente que não tivesse absolutamente nada a dizer sobre o aspecto que a Europa teria de fato se os alemães ganhassem. Esse silêncio não era novo. Dois anos antes, ao tocar no assunto, ele fez pouco mais que refutar as acusações de que o Reich via outros europeus como seus inferiores. "O único objetivo da Alemanha", escreveu, era "erigir uma Europa unida no espírito do companheirismo e do respeito mútuo". O serviço da BBC em alemão fez piada à sua custa e mandou que tentasse pregar sua mensagem de amor fraterno "aos poloneses e tchecos, que hoje são tratados pior do que se trata gado", e para os noruegueses, holandeses, gregos e iugoslavos: "Vocês racharam a cabeça deles — e agora dizem que 'só querem ser seus irmãos'".[4]

Quanto mais os nazistas falavam sobre a Europa, menos pareciam estar dizendo. Mas isso não era realmente culpa de Goebbels. Em alguns aspectos, Hitler era o mais europeu dos principais estadistas da Segunda Guerra Mundial: à diferença de Roosevelt, Churchill e Stálin, afinal, ele tinha mesmo uma concepção da Europa como entidade única, competindo com a União Soviética por um lado e com os Estados Unidos de outro. Mas, quando sugeriram provocativamente, depois de 1990, que a União Europeia não era nada além de um sonho nazista transformado em realidade, os eurocéticos britânicos estavam profundamente enganados. No coração da ideia que Hitler tinha da Europa havia uma enorme lacuna, e Goebbels não fazia mais que seguir o Führer quando dizia tão pouco sobre o assunto. Para entender de fato como os nazistas viam a Europa, o que planejavam para o continente e que alternativas forçaram seus oponentes a propor em seu lugar, devemos começar pelas estridentes, ainda que extraordinariamente vazias, formulações de Hitler sobre o problema da Europa.

O CONCEITO NAZISTA DA EUROPA

Nos anos 1920, as preocupações imediatas do Partido Nazista diziam respeito à situação doméstica. Mas a expansão — para além das fronteiras de 1914 — para reunir todos os alemães no interior das fronteiras de um só Estado já era a chave de seu programa. Isso implicava se afastar da Liga das Nações, as potências da Entente que estavam por trás da entidade e a "desordem de pequenos Estados" (Kleinstaaten-Gerümpel) que haviam criado no Leste Europeu. Mas significava também enfrentar a Rússia. A visão de Lebensraum de Hitler se alimentava tanto do antibolchevismo como da ideia de que alemães e eslavos estavam paralisados numa luta econômica e geopolítica pelo controle da região central da Eurásia. A terra não era necessária apenas para reunir todos os alemães étnicos sob a autoridade política do Reich, mas também para reassentar a população alemã excedente que estaria aglomerada nas fronteiras existentes.

Embora sua inclinação antirrussa nunca tivesse desaparecido, Hitler começou a falar muito mais sobre uma Europa como tal no inédito Segundo Livro que compilou em 1928. Ainda faltavam alguns anos para que Stálin levasse a cabo a industrialização forçada da União Soviética. Por outro lado, Henry Ford e Charlie Chaplin viravam manchetes enquanto uma onda de capital americano ameaçava inundar um continente que ainda lutava para se recuperar da Grande Guerra. O que tornava os Estados Unidos tão poderosos, na percepção de Hitler, não eram apenas seu território e seus recursos abundantes, mas a linhagem de seu povo: uma "verdadeira colônia europeia", o país tinha atraído pelo Atlântico a imigração das "melhores forças nórdicas" e estava adotando medidas, na forma de controles imigratórios, para impedir sua adulteração pela mistura com tipos raciais inferiores do Sul e do Leste da Europa. Em resumo, demonstrava a potência geopolítica de um Estado que tinha superado tanto a escassez de alimentos como as ameaças à sua pureza racial.

Como a Europa deveria responder a isso? Não com uma associação de Estados-nação, insistia Hitler, descartando qualquer tentativa de criar os Estados Unidos da Europa (como muitos recomendavam enfaticamente à época). Uma "união formal de povos europeus", ele escreveu, estava fadada a fracassar se empreendida por meios pacíficos e democráticos, pois nenhum avanço político poderia durar a menos que fosse provocado por meio de luta e guerra. Mais ainda, sem uma política racial que rivalizasse com a da América, a Europa não produziria mais que uma "balbúrdia pan-europeia". Hitler sentia apenas desprezo pelo movimento pan-europeu, cujo fundador, o conde Richard Nikolaus Eijiro Graf Coudenhove-Kalergi, filho de um conde austro-húngaro e de uma japonesa e nascido em Tóquio, admitia de braços abertos a diversidade racial e considerava os judeus "a nobreza espiritual de Europa". Para Hitler, Coudenhove-Kalergi era um cosmopolita sem raízes, um mestiço elitista tentando repetir os erros cometidos por seus antepassados Habsburgo em escala continental.

Nos anos 1920, Hitler ainda discursava, com pouca sinceridade, sobre uma Europa de "Estados-nação livres e independentes cujas áreas de interesse se mantinham separadas e precisamente definidas". Mas à medida que o tempo passava e a Alemanha se tornava mais forte, a retórica nazista assumia um tom mais imperialista e autoritário. Até mesmo na concepção anterior, de um sistema de Estados sob hegemonia alemã, é possível detectar uma preocupação com as fronteiras e a interação étnica. Hitler acreditava que qualquer potência disposta a assumir o papel de líder continental se condenaria ao "declínio racial": ele queria governar a Europa, mas sem ser contaminado por ela. Desde o início, portanto, ele desconfiava profundamente dos vizinhos da Alemanha e não estava disposto a depender deles; tampouco queria tê-los como sócios em nenhum sentido concreto: o discurso sobre "Estados-nação livres e independentes" era apenas uma farsa. Como o nazismo se opunha tanto à plutocracia americana quanto ao bolchevismo soviético, era fácil falar em "europeu", quando na realidade só estava comprometido com o povo alemão.[5]

E tudo isso ficou muito claro no verão de 1940, quando de repente o Reich se transformou no árbitro de todo o continente. Naquele momento, a maior parte das discussões dizia respeito à economia, e por isso não interessava muito a Hitler. Não havia nada particularmente nacional-socialista nas conclamações alemãs pela racionalização da economia da Europa segundo o modelo alemão, para tirá-la da depressão com a divisão do trabalho entre o Sudeste agrícola e o Noroeste industrial ou para fazer de Berlim seu centro de planejamento, finanças e comércio. Essas ideias saíram principalmente de círculos empresariais e representavam uma atualização de métodos e projetos existentes desde a Primeira Guerra Mundial. Mais tipicamente nazista era o tom de brutal "realismo" surgido quando Goebbels falou a jornalistas tchecos em setembro de 1940. Ele começou falando vagamente sobre reorganizar e unificar a Europa "segundo princípios que correspondam às possibilidades sociais, econômicas e técnicas do século xx". O modelo seria a Alemanha, que se unificara e formara uma unidade a partir da fragmentação. As mudanças tecnológicas estavam fazendo com que as fronteiras deixassem de ter sentido, e as ferrovias, o rádio e o transporte aéreo estavam aproximando as pessoas. Ele prosseguiu lembrando aos ouvintes que o uso da força também seria necessário de vez em quando, para superar as "peculiaridades de Estados individuais, os preconceitos, as limitações e as ideias provincianas". Goebbels negou que a Alemanha quisesse "sufocar" outros povos; mesmo assim, para estes últimos, o melhor a fazer era reconhecer quem estava no comando agora: "Não faz diferença se vocês aprovam esse estado de coisas ou não. Quer o aceitem, quer não de coração e braços abertos, nada podem fazer para mudar os fatos".[6]

A invasão da União Soviética reforçou essa ênfase na liderança e deu à Europa um toque guerreiro: agora era algo pelo que se devia lutar, em lugar de algo que se devia negociar, e a hierarquia tinha mais sentido. A ofensiva no Leste deu influência aos homens de negócios que gravitavam em torno de Goering e Himmler e aos ideólogos do reassentamento, transformando Hitler no Heer-führer Europas — o chefe militar da Europa — na luta para retroceder a fronteira racial entre a Europa e a Ásia.[7] A "colaboração" parecia agora mais uma divertida falsa ilusão dos franceses que uma meta que os alemães deviam levar a sério. Hitler falou sobre o futuro ao seu embaixador na França, Otto Abetz, em setembro de 1941, em termos que sugerem quão pouco sua opinião mudara desde meados dos anos 1920:

> Os asiáticos e os bolcheviques têm de ser expulsos da Europa; o episódio de 250 anos dos "asiáticos" [*Asiatentum*] chegou ao fim [...] Quando os asiáticos tiverem sido expulsos, a Europa já não dependerá de nenhuma outra potência estrangeira; os Estados Unidos, também, podem "desaparecer" no que nos diz respeito. A Europa mesma fornecerá todas as matérias-primas de que necessita e terá seus próprios mercados na área russa, de forma que já não teremos necessidade alguma de um comércio mundial. A nova Rússia, chegando até os Urais, se converterá na "nossa Índia", contudo mais bem situada que a dos britânicos. O novo Grande Reich alemão englobará 135 milhões de pessoas e governará outros 150 milhões.[8]

Hitler estava seguro de que, unificado sob a liderança alemã, o continente poderia no futuro enfrentar e vencer os Estados Unidos. O único elemento que tinha mudado em seu pensamento desde os anos 1920 era que sua opinião sobre os americanos e a ameaça que representavam tinham revertido. Mas a precondição eram a vitória sobre Stálin e o controle das riquezas da Rússia europeia, e o próprio combate era desejável porque criava uma noção de europeísmo. A Ciano, o ministro do Exterior da Itália, ele disse:

> Uma coisa notável na luta no Leste foi o fato de que pela primeira vez um sentimento de solidariedade europeia se desenvolveu. Isso foi de grande importância para o futuro. Uma geração posterior terá de lidar com o problema da Europa--Estados Unidos. Já não seria um problema da Alemanha, ou da Inglaterra, do fascismo, do nacional-socialismo ou de sistemas antagônicos, mas dos interesses comuns da Pan-Europa dentro da área econômica europeia com seus complementos africanos. O sentimento de solidariedade europeia, que no momento era claramente palpável [...] teria gradualmente de se transformar num grande reconheci-

mento da comunidade europeia [...] O futuro não pertencia aos ridículos Estados Unidos, civilizados pela metade, mas à nova Europa que surgiu e que se imporá definitivamente com seu povo, sua economia, seus valores intelectuais e culturais, desde que o Leste fosse deixado a serviço da ideia europeia e que não trabalhasse contra a Europa.[9]

Talvez essa confiança em que a liderança alemã poderia ajudar a Europa a concretizar o desafio transatlântico explique por que Hitler se preocupava tão pouco com o que os próprios europeus poderiam desejar. Pois o que mais surpreende nos planos nazistas para a Europa no pós-guerra — e a principal diferença em relação ao pensamento anglo-americano e o soviético sobre o assunto — é como eram orientados exclusivamente para as necessidades alemãs. Dezenas de cidades alemãs — Hamburgo, Linz, Munique, Klagenfurt — seriam embelezadas ou reconstruídas e surgiriam novas "cidades-guarnição" no Leste colonizado, que se tornariam centros alemães de governo ou indústria. Eram os planos que incendiavam a imaginação de Hitler. Mais tarde, Albert Speer refletiria dolorosamente que a guerra era um tempo de infinitos planos não realizados e notou que os voltados para o Leste em particular "teriam nos mantido ocupados pelo resto de nossa vida". Projetos habitacionais, cinemas, estradas, ferrovias gigantescas, memoriais, parques e centros esportivos, tudo foi projetado até os mínimos detalhes. Em lugares como Cracóvia, Zamość e Auschwitz, os comandantes dos campos relaxariam depois do trabalho nos jardins da novas vilas, enquanto sua esposa e empregados caminhariam pelas ruas com arcadas dos centros das cidades neomedievais. Assegurar esse tipo de vida para seus soldados, que haviam lutado tão duramente, no Lebensraum alemão do pós-guerra era o que preocupava Hitler e Himmler.[10]

As preocupações quanto ao resto foram deixadas a empresários, aos escritórios do Ministério da Economia ou aos dissidentes do Ministério das Relações Exteriores. A ss liquidaria os judeus, e depois acertaria as contas também com os eslavos. Basicamente, Hitler não estava interessado no Ocidente. Para ele bastava que os funcionários públicos e os magnatas industriais da Bélgica e da Dinamarca garantissem que suas fábricas fornecessem suprimentos para o Reich, o que muitos faziam com eficácia e até mesmo entusiasmo. Mas a necessidade de salvaguardar o flanco ocidental da Fortaleza Europa significava que Berlim jamais permitiria que franceses, belgas ou noruegueses seguissem seu próprio caminho político ou se convertessem de alguma forma em sócios do Reich, por mais ideologicamente alinhados que se mostrassem. Hitler só se interessava realmente pela possível contribuição que holandeses e outros povos germânicos poderiam fazer para os assentamentos coloniais no Leste. Pois alguns setores do Partido Nazista já começavam a se dar conta de que talvez tivessem conquistado terras *demais*, e que o Reich miticamente superpovoado na verdade corria o risco de sofrer de escassez de gente.

Essa perseguição implacável de uma quimera demográfica, com seu nacionalismo descaradamente explorador e sua indiferença para com todo o resto do mundo, fazia das pretensões da Alemanha de liderar a Europa um escárnio. Os alemães, nas palavras de um furioso Mussolini, eram "maus psicólogos e políticos piores ainda". "O que é notável", comentou um experiente general de divisão Panzer numa conferência a outros prisioneiros de guerra de mesmo escalão logo depois do fim da guerra, é "como é que um país como a Alemanha, situado no meio do continente, não tenha feito da política uma *arte*, para manter [...] uma paz sensata." Não era, no caso, apenas uma percepção *a posteriori*. Numa conversa secretamente gravada pela inteligência britânica num campo de prisioneiros de guerra em 1943, outro oficial insistia com seus camaradas que: "Demonstramos que, se for possível que alguém assuma a liderança da Europa, em nenhuma circunstância devemos ser nós mesmos".[11] Nem mesmo na Europa Ocidental Hitler reconhecia que os não alemães tinham suas próprias e legítimas aspirações políticas. Concessões, no entendimento que Hitler tinha de política, só indicavam fraqueza: os outros países só poderiam ser rivais ou concorrentes. Ele disse a seus camaradas que deveriam ficar agradecidos pelo fato de o Japão não ser uma potência europeia: tal como eram as coisas, eles só tinham de lidar com os italianos, que dificilmente seriam "concorrentes sérios na futura organização da Europa". Era, para não dizer coisa pior, uma concepção bizarra da unidade europeia.

NACIONALISMO: A MALDIÇÃO

O diagnóstico nazista do problema da Europa, porém, era muito mais persuasivo que a cura que propunham. Na visão deles, ao criar inúmeros Estados-nação, o Tratado de Versalhes teria arruinado a criação de uma nova ordem e plantado as sementes de sua própria destruição. "Até o começo da guerra a Inglaterra teve o poder absoluto para reorganizar a Europa", declarou Goebbels à sua equipe de propaganda em dezembro de 1940. "A pergunta que se deveria fazer é o que a Inglaterra fez para reorganizar a Europa de acordo com critérios sensatos depois de sua guerra vitoriosa de 1914-8. Nada foi feito então. A Europa foi atomizada em Versalhes de acordo com leis de razão política."[12]

Os adversários da Alemanha em Washington e em Londres estavam chegando a uma conclusão surpreendentemente semelhante. Nos dois lados do Atlântico, o nacionalismo endêmico era visto — em especial em sua variante no Leste Europeu — como um fenômeno perigoso e inerentemente agressivo de psicologia de massa moderna, originando a pergunta: a paz no continente e no mundo poderia ser assegurada sem que de algum modo se restringisse sua capacidade de gerar violência? Muitos observadores antinazistas, inclusive, consideraram que um triunfo da Alemanha abriria caminho para algo melhor. Se a soberania podia ser tão facilmente violada, se oferecia tão pouca proteção no mundo real, será que faria sentido fazer dela um fetiche em lugar de encontrar formas de organização política mais eficazes para garantir paz e segurança?

Os britânicos — que não repudiaram as fronteiras tchecas fixadas pelos alemães em Munique até muito tarde na guerra — estavam preocupados com a restauração da resolução de Versalhes no Leste Europeu, ainda que por uma razão bastante diferente da dos alemães. O que os preocupava era que o tratado não havia conseguido fornecer um contrapeso adequado à Alemanha. O presidente tcheco, Beneš, propôs manter os Estados do Leste Europeu tal como estavam, mas expelindo as minorias alemãs e ao mesmo tempo desmembrando a Alemanha numa "federação descentralizada", que na prática representava um retrocesso à Confederação do Reno do século XIX. Mas até mesmo Beneš aceitava que muitos dos novos Estados pequenos não se davam bem, e assim, junto com o desmembramento da Alemanha, ele defendia a criação de uma série de "blocos federais maiores" em grande parte da Europa.[13]

Na realidade, para muitos dos oponentes de Hitler as soluções federalistas pareceram ser, durante algum tempo, a melhor maneira de fazer os Estados se darem bem e desativar discussões sobre fronteiras. Havia o movimento União Federal, que propunha a criação dos Estados Unidos da Europa pelos mesmos argumentos que faziam Hitler rejeitá-los — que seria o único meio de assegurar uma ordem democrática e liberal no continente. Em seu best-seller de 1939

Union Now, o jornalista americano Clarence Streit defendia uma união democrática federativa entre os Estados Unidos e o Reino Unido como o primeiro passo
para um governo mundial federal. E um velho fã de Streit, Lionel Curtis, o veterano arquiteto da Comunidade Britânica e da Liga das Nações, defendia uma
"Comunidade de Deus" — já que a globalização, segundo afirmava, acabara com
os argumentos sobre a soberania nacional. Na Europa ocupada, alguns grupos
de resistência tinham ideias parecidas, e pequenos grupos de intelectuais na Itália, na França e nos Países Baixos prepararam projetos para superar os problemas
do nacionalismo e criar uma nova comunidade europeia, que décadas mais tarde
seriam muito valorizados por historiadores que tentavam identificar as raízes
antinazistas da Europa do pós-guerra.[14]

Planos desse tipo estiveram muito em moda por um ano ou dois e foram
adotados até mesmo por formuladores de políticas britânicos e americanos. O
Comitê Assessor do Departamento de Estado dos Estados Unidos recomendou
em 1940 que "devia haver na Europa uma depreciação da soberania dos Estados,
de modo a facilitar ações rápidas e decisivas" por parte de uma futura autoridade
supranacional. Sumner Welles, o subsecretário de Estado, voltou de uma viagem à Europa naquela primavera propondo profundas alterações na ordem de
Versalhes. Além dos Estados principais (França, Inglaterra, Alemanha, Itália e
uma Polônia expandida), ele propunha quatro federações de pequenos Estados
— ibéricos, escandinavos, danubianos e balcânicos. Até mesmo George Kennan,
que por certo não era um admirador entusiasmado de soluções federalistas, escreveu em junho de 1944 que "um certo grau de federação para a Europa Central e Ocidental [...] parece oferecer a única maneira de sair do labirinto que é a
Europa hoje".[15]

Muitos governos europeus no exílio queriam garantir apoio americano e
britânico não só para a guerra, mas também para o período do pós-guerra, e
adotaram eles mesmos o idioma da "solidariedade", com graus variados de convicção. Em novembro de 1940, os tchecos e os poloneses se comprometeram,
como "Estados independentes e soberanos", a iniciar uma "associação política e
econômica mais estreita". O primeiro-ministro polonês no exílio, general Sikorski, fez uma declaração pública em favor de uma federação totalmente europeia,
enquanto os tchecos propunham incluir toda o Leste Europeu e chegar a um
acordo também com a União Soviética. Os gregos e os iugoslavos assinaram
tratados para chegar ao mesmo objetivo; os Países Baixos assinaram o acordo de

Benelux, o que forneceu o primeiro esquema de integração regional do continente que funcionou plenamente. Mas, com exceção deste último, os acordos não chegaram a se materializar e não foram mais que gestos públicos que seguiam a moda federalista: previam apenas confederações muito pouco rígidas e basicamente ofereciam versões requentadas de arranjos anteriores à guerra que já haviam fracassado.[16]

Não é difícil entender como o debate podia conduzir alguns à ideia de uma confederação europeia continental. Em sua análise de 1942 sobre o futuro da Europa, o exilado austríaco Egon Ranshofen-Wertheimer, ex-funcionário da Liga das Nações, sugeriu que a natureza destrutiva da Nova Ordem de Hitler tinha sido na verdade útil para fazer com que os europeus se vissem de maneira diferente. Como Hitler tinha destruído "o mito de soberania", este não deveria ser ressuscitado. Ele tinha levado os europeus a pensar além de suas fronteiras nacionais, e eles deveriam seguir fazendo assim. "Talvez Hitler tenha montado na onda do futuro, afinal de contas. Só que não exatamente da maneira como pretendia originalmente." Daí era só um passo para defender — como o autor fazia a seguir — o surgimento de uma confederação europeia com associação compulsória e um monopólio do poder militar misto que poderia se beneficiar da experiência nas Nações Unidas na época da guerra. Mas, quando o autor entrava em mais detalhes, expunha bem as desvantagens e os dilemas envolvidos nesse tipo de teorização de salão. Em primeiro lugar, ele admitia que a democracia não podia ser uma exigência para a associação. Imaginava também que a União Soviética poderia ser mantida fora da União proposta, e que ao mesmo tempo a primeira seria favorável ao surgimento da segunda. E, o que era ainda menos verossímil, ele também entrava no coro dos que reclamavam a fusão dos países pequenos em federações regionais: a Escandinávia, os Países Baixos e "a grande Federação da Europa Central", que atuariam como um contrapeso para a Alemanha.[17]

Esses planos tinham um defeito fundamental: ignoravam a considerável oposição que enfrentariam na região em que pretendiam se impor. Na realidade, a vida sob a ocupação nazista fizera a maioria dos europeus valorizar mais, e não menos, os benefícios da independência nacional. Na Bélgica, por exemplo, onde a rádio Bruxelas, dirigida pelos alemães, fechava as transmissões todas as noites com uma canção que começava com as palavras "Para a nova Europa...", os planos de federação europeia foram tratados como propaganda nazista. Alguns críticos no exterior também pensavam que o novo federalismo não era mais que geopolítica disfarçada, pouco melhor do que haviam feito os próprios alemães. Como se poderiam simplesmente ignorar as diferenças entre culturas e tradições nacionais? Essa obsessão por "espaços viáveis" e grande estratégia não era um exemplo do tipo de insensibilidade que fora responsável pela Nova Ordem? O sociólogo emigrado Sigmund Neumann era cáustico. "Simplesmente não é possível desmembrar a Suíça, a Bélgica, Portugal e a Hungria para criar nove grandes blocos europeus (e, incidentalmente, uma Grande Alemanha, uma Grande Itália e uma Grande Espanha!)", escreveu em 1943, num artigo para a revista *Foreign Affairs*. "Isso talvez possa satisfazer um técnico sobre o que deveria ser uma Europa equilibrada, mas demonstra uma absoluta falta de consideração pela Europa como organismo vivo."[18]

Muitos políticos europeus (entre eles De Gaulle, os holandeses e os noruegueses) eram igualmente apáticos à ideia. Mesmo aqueles que pareciam promover a ideia de uma confederação discordavam sobre o que desejavam: por exemplo, os poloneses (antissoviéticos) queriam algo muito diferente de seus sócios tchecos (pró-soviéticos). Contudo a oposição mais consequente surgiu em Moscou. Isso ficou claro em 1943, quando a Chancelaria britânica tirou o pó de velhos planos da Primeira Guerra Mundial e vislumbrou "a possibilidade de uma confederação dos Estados europeus menores, especialmente na área do Danúbio". Churchill tinha estudado a ideia com Stálin, sugerindo fracionar partes da Alemanha (Baviera, Baden, Württemberg e o Palatinado) para aumentar o impacto da nova confederação. Stálin se mostrou totalmente contrário à ideia. Não tinha a menor intenção de consentir na formação de um novo Leste Europeu potencialmente poderoso. Ele estava perfeitamente consciente do teor antissoviético de boa parte do pensamento federalista, desde o conde Coudenhove-Kalergi, dos anos 1920 em diante: já em 1930 Stálin definiu os passos que eram dados rumo a uma federação europeia como "um movimento burguês para uma intervenção na União Soviética".[19] E, mais crucial ainda, ele duvidava que essas confederações fossem realmente uma garantia contra um renascimento alemão para a União Soviética. Não seria melhor a União Soviética conservar o controle direto do Leste Europeu e buscar acordos com a Inglaterra e os Estados Unidos para esse fim? Em outras palavras, sua alternativa preferida para algum tipo de federação na Europa Central era um acordo entre as grandes potências sobre esferas que substituiria o que ele havia feito com os alemães, agora evidentemente defunto. Os aliados de Stálin não resistiram. Os britânicos, em particular, não sabiam ao certo se os americanos ficariam na Europa depois da guerra e se inclina-vam a permitir que os russos tivessem influência na questão. A ideia fundamental de Whitehall foi resumida por sir William Strang na Chancelaria: "É melhor para nós que a Rússia domine o Leste Europeu do que a Alemanha dominar a Europa Ocidental".[20]

Na verdade, a oposição soviética não foi a única responsável pelo colapso do balão de ensaio federalista. Havia uma campanha de restauração implícita nas políticas britânica e americana desde a Carta do Atlântico, de 1941, em que os países se haviam comprometido com "a devolução dos direitos soberanos e do autogoverno aos que foram privados destes à força". A Declaração de Yalta em 1945 seguia a mesma linha: anunciava a formação de uma nova organização mundial baseada na coalizão das Nações Unidas do tempo da guerra, compro-metia-se a "devolver os direitos soberanos e o autogoverno aos povos que foram privados destes por nações agressoras" e declarava o desmembramento da Ale-manha sob o controle das Três Grandes. Isso equivalia à reversão completa do programa nazista: a Grande Alemanha, a nação imperial, seria decomposta em várias zonas de ocupação e devolveria a vida política aos Estados-nação cativos da Europa.[21]

Stálin bateu o último prego no caixão do federalismo europeu na Conferên-cia de Yalta. O líder comunista iugoslavo Tito era o último federalista da Europa. Liderando o único movimento comunista nacional de massas que sobreviveu à ocupação nazista e emergindo vitorioso, Tito planejava reproduzir a experiência soviética e transformar a Iugoslávia no centro de uma federação balcânica muito maior que traria o socialismo à região inteira. Já dominando a Albânia e com um olho no norte da Grécia, ele tentou fazer com que os búlgaros assinassem um tratado de federação entre os dois Estados. Mas os búlgaros não gostaram nada da ideia. Viam aquilo como uma tentativa dos iugoslavos de reduzi-los à subordi-nação, e Stálin se inclinava a concordar. Enfurecido porque Tito se negava a aten-der a seus conselhos, ele falou duro que os iugoslavos deveriam abandonar seus planos, o que eles fizeram com grande relutância.[22]

Mas os sonhos federalistas não morreram, é claro, e no fim da década de 1940 ainda eram poderosos o bastante para ajudar a criar novos tipos de organi-zações europeias. Mas os europeus saíram da guerra apegados demais aos seus Estados-nação para permitir que essas ideias federalistas fossem longe demais. Os americanos tinham sido os principais patrocinadores dos planos para substituir os Estados-nação da Europa, e os britânicos concordaram com eles, mas a Europa continental não demonstrava grande interesse. Uma coisa era inverter o curso da história alemã, convertendo novamente o Reich centralizado numa confederação; mas amalgamar Estados-nação existentes em entidades maiores tinha pouco apoio local, tanto no Oeste como no Leste. E os Estados Unidos não eram tão fortes nem informados ou comprometidos com a Europa para impor suas ideias aos europeus diante da oposição soviética. Desse modo, durante a guerra, a visão de uma alternativa federalista à Nova Ordem nazista foi efêmera.

A ALTERNATIVA DE STÁLIN

Em maio de 1945, Churchill mandou os estrategistas militares britânicos pensarem no inconcebível e planejar — caso fosse necessário — como "impor à Rússia a vontade dos Estados Unidos e do Império Britânico". Ele estava particularmente preocupado com a Polônia, e os que trabalhavam na Operação Inconcebível receberam ordens de estabelecer como data hipotética o início de julho. Os estrategistas levaram apenas alguns dias para chegar a conclusões óbvias e bastante pessimistas: uma campanha aliada contra o Exército Vermelho não teria um resultado duradouro sem uma "guerra total" e uma invasão da União Soviética muito mais radical e mais bem-sucedida que a dos alemães. As forças alemãs, destroçadas, não seriam de grande utilidade e, se os americanos perdessem o interesse, o empreendimento seria impossível. Na realidade, a conclusão do chefe do Estado-Maior imperial, sir Alan Brooke — e do próprio Churchill —, era que seria impossível de qualquer maneira. Nas palavras de Brooke: "Não há nenhuma dúvida de que a Rússia, de agora em diante, é todo-poderosa na Europa".[23]

Não obstante, as intenções soviéticas eram difíceis de compreender (tão difíceis que Churchill logo encarregou outra equipe para investigar as consequências para a Grã-Bretanha da tomada completa do continente pelos russos). Que o Leste Europeu ficaria sob a influência de Moscou era óbvio. O próprio Goebbels, como vimos, imaginou um rolo compressor bolchevique que esmagaria a região. Mas outros achavam que a União Soviética podia perder o ímpeto bem depressa e destacavam a natureza mais tradicional e circunscrita da Rússia em relação à segurança, em vez da ameaça de uma revolução mundial. Em maio de 1945, por exemplo, o jovem diplomata americano George Kennan previu que os russos não poderiam absorver nem mesmo o Leste Europeu no sistema soviético: "Não se deve esquecer que a absorção de áreas além da Grande Rússia, a Rússia Branca e as fronteiras etnológicas ucranianas (a Polônia, a Finlândia e os Estados bálticos) é uma coisa que a Rússia já tentou fazer e fracassou".[24]

Havia muitas coisas em favor do prognóstico de Kennan, pois a União Soviética enfrentava um imenso desafio ao assumir os diferentes Estados do Leste Europeu no pós-guerra. Não só a União Soviética foi mais devastada que qualquer outro país na Europa pela ocupação alemã. No Leste Europeu, o comunismo tinha fracassado entre as duas guerras mundiais, e em quase toda parte acabou sendo atropelado pela direita; as organizações do Partido Comunista que conseguiram sobreviver ao terror stalinista eram minúsculas. Isso não era um obstáculo na cabeça dos leninistas ortodoxos que as dirigiam, mas Stálin sabia que era um grande problema: criar uma máquina política poderosa e confiável para manter o poder levaria tempo e não seria feito da noite para o dia. Os alemães tinham sido incapazes de explorar a onda anticomunista que varreu as partes do Leste Europeu ocupadas pelo Exército Vermelho em 1939, mas Stálin não deixou de perceber isso. Em 1945, apesar do prestígio do Exército Vermelho e do ódio generalizado pelos alemães, a região permaneceu firmemente antibolchevique como um todo, sobretudo nas áreas críticas para a segurança soviética — a Polônia e a Romênia.

Também era preciso levar em conta o aspecto econômico das perspectivas da região. No Leste Europeu, o capitalismo no entreguerras não foi um grande sucesso: o rápido crescimento da população e o fraco desempenho das economias agrícolas da região, atingidas pelas importações baratas de grãos transatlânticos, produziram estagnação da renda nacional e desemprego. As economias tcheca, húngara, romena e búlgara prosperaram durante a guerra, mas não havia nenhuma garantia de que isso continuaria em tempos de paz. E, ainda do ponto de vista de russo, não se podia permitir que um Leste Europeu instável se convertesse em base de operações para outra invasão a partir do oeste. Portanto, era necessária a imposição de alguma forma de controle.

Nenhuma das duas alternativas óbvias atraía o Kremlin. A Nova Ordem de Hitler tinha estripado o acordo de Versalhes e submetido as áreas destinadas à germanização a um rígido domínio e desnacionalização. A alternativa federalista defendida pelos americanos e britânicos propunha substituir algumas poucas grandes confederações regionais pelos emaranhados instáveis de Estados do Tratado de Versalhes; a lógica de esferas de influência seria substituída por um equilíbrio de forças. Na prática, implicava fazer o relógio voltar ao século XIX, a um tipo de regime habsburgo adaptado a uma era democrática. Stálin não gostava do repúdio dos nazistas a Versalhes nem dos americanos. Não só descartava o federalismo como também qualquer equivalente soviético do tipo de apropriação permanente da terra previsto no Plano Geral do Leste. Na realidade, deixou claro desde cedo que não tinha a menor intenção de estender a União Soviética territorialmente além das terras que reclamava por razões históricas desde os tempos tsaristas. Para o restante do Leste Europeu, ele considerava um acordo sobre esferas de influência o melhor modo de conseguir que os britânicos e os americanos reconhecessem a hegemonia soviética em tempos de paz e, em vez de esquemas federalistas, preferia tratar em bases bilaterais com Estados individuais, pois assim seria mais fácil impor os desejos soviéticos. Dessa forma, Stálin emergiu paradoxalmente como o protetor da ordem de Versalhes, e a Tchecoslováquia, a Polônia e a Iugoslávia foram restauradas. Mesmo que a nova Europa do pós-guerra fosse dominada pela União Soviética, a situação continuaria muito parecida — ao menos nos mapas — com a anterior, com suas fronteiras modificadas apenas graças ao enorme aumento do poder soviético entre 1919 e 1945.

O SIGNIFICADO DA EUROPA

Uma semana depois da morte de Hitler, o almirante Dönitz fez algo que o Führer jamais fizera: convocou pessoalmente uma reunião com todos os altos funcionários alemães que administravam o que restava do império que conseguiu convocar. O protetor do Reich para a Boêmia-Morávia, Karl Hermann Frank, veio de avião de Praga; Werner Best, de Copenhague; Terboven, da Noruega; e Seyss-Inquart, dos Países Baixos. A reunião em Flensburg para discutir se a Alemanha deveria se render ou seguir lutando na Hungria, na Morávia, no norte da Itália e na Escandinávia refletia a escala do domínio nazista europeu até mesmo em seus dias finais. Graças a seu líder agora morto, a Europa de fato se convertera — na frase da propaganda — numa "comunidade de destino" (*Schicksalsgemeinschaft*).

Exatamente pelo fato de a conquista nazista ter unido os povos da Europa mais firmemente que nunca, aqueles que combatiam os alemães também achavam necessário pensar em termos europeus. Já em 1942, políticos americanos recomendavam tirar proveito da unificação parcial que os nazistas tinham criado e ir além. Afinal de contas, derrotar Hitler também era uma espécie de convite para pensar no futuro. "Os nazistas estão desafiando os Aliados a aperfeiçoar a Nova Ordem de Hitler", comentou o *Observer* em março de 1945. "Os Aliados têm de mostrar que homens livres podem fazer muito mais." À medida que a guerra se aproximava do fim, os soldados aliados tinham de lidar em toda parte com pessoas desalojadas, de Nantes a Minsk, e os funcionários governamentais calculavam as necessidades de alimento, saúde, alojamento e energia do continente e também começavam a planejar seu desenvolvimento econômico de longo prazo. A Divisão de Combustíveis Sólidos do SHAEF se transformou na Organização Europeia do Carvão, enquanto a Organização de Transporte Interno da Europa Central e o Comitê de Emergências Econômicas para a Europa também tentavam resolver as necessidades do continente baseando-se na experiência de planejamento operacional adquirida nos tempos de guerra. Os Aliados criaram a Comissão para Assessoramento Europeu, em 1943, para planejar com detalhes sua estratégia política; depois, a ONU aprovou a criação de uma Comissão Econômica para a Europa para coordenar a recuperação.[25]

As desconfianças da Guerra Fria impediram que essas primeiras organizações genuinamente pan-europeias cumprissem a missão para a qual originalmente haviam sido criadas, e algumas delas, que não deveriam mesmo durar além da guerra, foram liquidadas em pouco tempo. A Comissão para Assessoramento Europeu logo foi confinada a trabalhar nos detalhes da ocupação da Alemanha e da Áustria, enquanto a ONU e a Comissão Econômica para a Europa — que existe até hoje — acabaram mais informando sobre a reconstrução do que propriamente a dirigiram. A União Soviética, de fato, considerava qualquer esforço para organizar a Europa em bases regionais permanentes como uma ameaça. Em setembro de 1945, a Rádio Moscou atacou Léon Blum por propor um plano de unidade europeia, já que esta só poderia ser "uma aliança dirigida contra a União Soviética". Na época em que o Kremlin proibiu seus satélites de participar do Programa de Recuperação da Europa de Washington (mais conhecido como Plano Marshall), em 1947, essa hostilidade já estava bastante sedimentada.

Mas se Stálin era contra a Europa, Churchill e outros estavam a favor. Eles queriam, em especial, impedir que a derrota da Alemanha criasse um vazio de poder que pudesse facilitar a expansão do bolchevismo. E assim, quando a Cortina de Ferro antevista por Goebbels desceu, organizações europeias de um tipo ligeiramente diverso começaram a emergir. Em 1946, Churchill defendeu a criação dos Estados Unidos da Europa, e embora declarasse ter a esperança de que a União Soviética apoiaria a ideia, na realidade não poderia ter contado com isso, no mínimo porque, seis meses antes, ele tinha feito seu famoso discurso sobre a Cortina de Ferro no Missouri. Ele achava importante que os europeus formassem uma confederação que pudesse falar pelo continente e agir como sócia da Comunidade Britânica. No ano seguinte, ele fundou um Comitê Provisório para a Europa Unida em Londres — uma União Federalista Europeia já tinha sido estabelecida em Paris — e, graças a esses grupos de pressão, um Conselho da Europa foi criado em 1949. Sua maior realização — a Convenção Europeia de Direitos Humanos e o Tribunal Europeu associado a ela — expressava uma ideia da Europa como uma comunidade submetida a leis e regulada por direitos, que se definia tanto contra a memória ainda vívida da ocupação nazista *como também* contra a ameaça representada pelo totalitarismo soviético.[26]

Esse europeísmo da Guerra Fria inspirou federalistas e nacionalistas, mas foram estes últimos que se impuseram. Governos nacionais na Europa Ocidental eram europeus convictos no sentido de que apoiavam os novos organismos regionais, mas mantiveram tanto quanto possível a maior parte do controle do processo de integração e cooperação entre as nações. Eles rejeitaram as tentativas de criação de uma Comunidade Política Europeia, e a Assembleia francesa votou contra um Exército europeu; em lugar dele, o que emergiu foi a OTAN, uma organização que agrupou os recursos de exércitos nacionalmente controlados. Washington teve a esperança de que seu Programa de Recuperação Europeu forçasse os europeus ocidentais a coordenar seu planejamento econômico por meio da nova Organização para a Cooperação Econômica Europeia (OEEC). Em vez disso, Robert Marjolin, funcionário público francês que tinha tentado transformar a OEEC num dínamo para a integração, acabou deixando o cargo frustrado. Hoje, o sucessor da OEEC é mais conhecido por suas pesquisas econômicas. A integração europeia tomou um rumo completamente diferente.[27]

Politicamente, portanto, a Europa do pós-guerra estava emergindo por meio dos Estados-nação e não passando por cima deles. As formas mais efetivas de integração exploraram interesses nacionais convergentes e operaram por instituições econômicas relativamente discretas, em vez de tentarem reformas políticas ou militares dignas de manchetes. A continuidade das preocupações e políticas dos tempos da guerra também era muito mais forte nessas áreas que nos âmbitos político e legal, onde a ruptura com o nazismo fora mais violenta. Depois que Robert Schuman, o ministro do Exterior francês, propôs em 1950 que a França e a Alemanha Ocidental unissem seus recursos de aço e carvão, a Comunidade Europeia do Carvão e do Aço, presidida pelo conselheiro Jean Monnet, manteve ambos os lados felizes (seus sócios também incluíam a Itália, a Bélgica, Luxemburgo e os Países Baixos) e facilitou para industriais e proprietários das minas a comercialização através das fronteiras da Alemanha. Muitos desses envolvidos tinham participado de negociações semelhantes uma década antes, quando o Ministério da Economia alemão falara sobre organizar cartéis europeus e o planejamento de produção. Linha semelhante pôde ser traçada no caso de alimentos — das preocupações com a autossuficiência na Europa ocupada à altamente intervencionista Política Agrícola Comum.

Desse modo, a Nova Ordem nazista teve seu papel na gestação do novo europeísmo do pós-guerra. Os arquitetos do Mercado Comum tiveram impecáveis historiadores gaullistas, antifascistas e antinazistas. Não obstante, algumas das figuras e dos assessores fundamentais nos bastidores não eram antifascistas, mas participantes dos tempos da guerra — franceses, belgas e sobretudo alemães — que tinham servido aos nazistas e se desiludido com eles. Caso típico de um homem como Hans-Peter Ipsen, o jovem jurista que serviu com autoridade de ocupação militar no tempo da guerra em Bruxelas e se tornou mais tarde o maior perito em legislação europeia da Alemanha Ocidental. As continuidades foram até mais surpreendentes no caso da pequena equipe alemã do Ministério de a Economia do Reich, que, apesar do veto de Hitler a tais atividades, vinha discutindo planos para uma Comunidade Econômica Europeia pós-guerra dedicada ao pleno emprego e à autossuficiência. Reunidos no Hotel Esplanade de Berlim, os membros desse "Círculo Europeu" (*Europakreis*) não apenas eram destacados economistas e empresários nazistas como também homens que teriam importantes papéis nos negócios da Alemanha Ocidental no pós-guerra — Ludwig Erhard, o pai do "milagre" econômico, o banqueiro Hermann Abs e o futuro presidente do Bundesbank Karl Blessing.[28]

Já não acreditando que o Reich pudesse ganhar a guerra, no início dos anos 1940 esses homens argumentavam que qualquer recuperação econômica europeia pós-guerra ainda necessitaria da liderança alemã, apesar de tudo. Eles acompanharam o debate anglo-americano sobre os objetivos no pós-guerra, discutiam

Dumbarton Oaks e Bretton Woods, liam a *Economist* e aplaudiam o novo compromisso da Inglaterra com o pleno emprego, mas assinalavam que o Terceiro Reich já estava em busca de tais políticas durante algum tempo com grande sucesso: assim, era a Alemanha, e não a Inglaterra, que tinha a melhor experiência para assegurar o modelo de elevado padrão de vida e seguridade social para o pós-guerra. Se a Europa precisava encontrar uma terceira via entre o estilo soviético de planejamento centralizado e o *laissez-faire* britânico, sem dúvida precisaria de orientação alemã. Em outras palavras, a Alemanha iria perder a guerra, mas ainda poderia ganhar a paz.[29]

Que alguns dos formuladores de políticas no Terceiro Reich falassem em tais condições sem dúvida confirma os piores temores dos eurocéticos e faz o Mercado Comum parecer algo sonhado pelos nazistas. E, realmente, esses homens identificaram muitas das preocupações que também ocupavam os europeístas do pós-guerra — a ameaça de competição barata do exterior, a necessidade de impedir a repetição do colapso do pré-guerra abandonando o *laissez-faire* e reduzindo as barreiras para o comércio dentro da comunidade europeia, e também a importância de garantir o abastecimento de alimentos para o continente por meio da proteção aos produtores rurais. Uma olhada no texto do tratado que estabeleceu a Comunidade Econômica Europeia em março de 1957 confirma a semelhança notável entre os dois pensamentos. Mas, como Keynes já tinha observado em 1940, no que diz respeito à economia a questão não era saber se as ideias nazistas estavam certas, mas saber se era possível confiar nelas para realizá-las. Com Hitler e o Partido Nazista no comando, a resposta era óbvia. Foram necessárias a derrota alemã e a hegemonia americana para criar as condições para o surgimento de uma verdadeira comunidade de Estados-nação, e quando isso aconteceu Berlim já não era o centro e a Europa não estava sozinha. A maioria desses empresários, banqueiros e economistas entendeu que o poder dos Estados Unidos era irresistível: da mesma maneira que os americanos precisariam da Alemanha para pôr em marcha a recuperação do pós-guerra na Europa, também os alemães precisariam dos americanos.

Para deixar as coisas em perspectiva, pode ser útil lembrar como era a situação aos olhos dos pequenos grupos de nazistas que se recusaram a transigir. Depois da guerra, pequenos grupos marginais, geralmente efêmeros, atacaram tanto americanos como soviéticos e reciclaram ideias tiradas dos escritos de Hitler de trinta anos antes. Também reagiram violentamente contra os movimentos europeístas que se tornavam visíveis na Europa Ocidental do pós-guerra. Karl-Heinz Priester, um antigo oficial da ss que assumiu um papel ativo na extrema direita, apareceu na primeira reunião dos neofascistas europeus em Roma em 1950 e advertiu:

> Quanto mais esses homens que dizem amém a tudo nos apressarem para converter não apenas nossa pátria materna, a Alemanha, mas também nossa pátria paterna, a Europa, numa colônia [...] mediante dispositivos como o Conselho da Europa e a "União Europeia" [...] mais depressa aumentará a determinação de todos os alemães honestos e independentes de nos acompanhar em nosso caminho do nacionalismo até a Nação Europa.[30]

Até mesmo nazistas como Priester poderiam ver que, na era das superpotências, a Alemanha não tinha poder para recuperar sua independência sem apoio regional. Assim, a Nação Europa era a alternativa dos extremistas para Bruxelas e Estrasburgo, uma espécie de versão em tempos de paz das Waffen-ss "europeias" de Himmler. Não obstante, tais homens consideravam a democracia parlamentarista uma falsa "democratura" (*Demokratur*), acreditavam que o sistema multipartidário tinha de ser abolido e queriam reunificar o país com a ajuda de fascistas estrangeiros que pensavam como eles. Ignorados pelos eleitores, brigavam constantemente entre si, acusando-se mutuamente de vender-se ou transigir na questão racial. Alguns fundaram no ano seguinte o movimento Nova Ordem Europeia para lutar contra o "bolchevismo mongoloide" e o "capitalismo negroide" em nome dos homens brancos. Outros pensaram em atrair nacionalistas africanos e forjar uma nova Euráfrica, que permitiria à Europa recuperar sua posição no centro da cena mundial.[31]

Eram demasiado estúpidos, retrógrados e ruidosos para conseguir mais que uma posição precária na Europa do mundo livre. Outros eram mais flexíveis do ponto de vista ideológico e fizeram a transição com muito menos problemas. A guerra dos Estados Unidos contra a União Soviética pode, diferentemente da versão prévia dos nazistas, ter sido cada vez mais global em sua ambição, mas isso não significava que a expertise alemã tinha se tornado irrelevante. Reinhard Gehlen, o chefe dos espiões da Wehrmacht no Leste, criou uma rede de inteligência para reunir informações no Leste Europeu com apoio americano e se baseou nela ao fundar o Serviço de Inteligência da Alemanha Ocidental. Otto

Bräutigam, o crítico de Alfred Rosenberg que falava abertamente contra a política seguida pela ss na Rússia europeia, tornou-se o maior especialista em assuntos soviéticos da Alemanha Ocidental, e um grande número de supostos "pesquisadores de assuntos do Leste" voltou a se incorporar, com dificuldade e a cotoveladas, em prestigiosas carreiras acadêmicas. Poucos eram tão preeminentes quanto Theodor Oberländer, antigo combatente dos Freikorps e "conselheiro político" de várias infames unidades antipartisans nos territórios ocupados do Leste, que serviu em Bonn como ministro para os refugiados e expulsos durante grande parte da década de 1950 e deu cargos a numerosos outros ex-nazistas, inclusive o antigo prefeito de Łódz durante a guerra e o ex-diretor de um jornal da sa. O governo do chanceler Adenauer se viu muitas vezes em situação embaraçosa ante revelações sórdidas desse tipo. Quase sessenta antigos funcionários de Ribbentrop eram empregados no Ministério das Relações Exteriores alemão quando os Aliados permitiram sua reabertura oficial, em 1951, e a maioria dos diplomatas e muitos juízes e promotores eram antigos membros do Partido Nazista.[32]

A situação era semelhante em boa parte da Europa livre. René Bousquet deu de ombros a uma pequena condenação no fim da guerra e seu deputado, Jean Leguay, ganhou dinheiro na indústria farmacêutica. Maurice Papon, funcionário público em Bordeaux durante a guerra, tornou-se chefe da polícia de Paris e chegou a ministro. A L'Oréal e a Louis Vuitton estavam entre as muitas grandes empresas que silenciaram sobre seu passado durante a guerra. Na Itália, onde a nova elite política emergiu de círculos antifascistas católicos e esquerdistas, os postos da magistratura, dos serviços de informação e da polícia foram preenchidos com antigos fascistas. Também na Grécia, a guerra civil iniciada no fim dos anos 1940 permitiu que muitos colaboradores do tempo da guerra voltassem a posições de poder. Finalmente, até a Espanha de Franco foi admitida na onu.

Como a direita tinha sido muito poderosa em diversos países da Europa, provavelmente a transição de volta a um mundo mais democrático não poderia ter acontecido sem tais manobras. Não significava que os regimes fascistas ou nazistas tinham conseguido sobreviver à sua derrota categórica. Com a queda dos ditadores, as coisas nunca mais poderiam ser as mesmas. Albert Speer conta como no final de julho de 1943, logo depois da queda do governo de Mussolini, Hitler estava na casa de chá de seu quartel-general na Prússia Oriental com um grupo de conselheiros políticos e generais quando de repente o general Alfred Jodl exclamou: "Pensando bem, o fascismo simplesmente estourou, como uma bolha de sabão". O silêncio consternado que se seguiu mostra como o pensamento pesava sobre os presentes. Um nervoso fascista italiano na mesma época recordou ao próprio Mussolini que "o Estado só é fascista porque você quer que seja, porque emitiu decretos que o transformaram num Estado fascista e, acima de tudo, porque você está no centro dele". Isso também era verdade no caso do nazismo, naturalmente, embora em 1945 e durante alguns anos depois houvesse alguns nazistas que não acreditavam nisso e achavam que poderiam continuar lutando pelo nacional-socialismo — e talvez até aperfeiçoá-lo — sem o Führer. No fim, a maioria também entendeu que a Nova Ordem caíra sem possibilidade de restauração depois da derrota da Alemanha. Mas nenhuma ordem política começa do nada. E a Europa do pós-guerra, tão ansiosa por proclamar sua ruptura com o passado, estava ligada a ele de mais formas do que gostaria de admitir.[33]

18. A Nova Ordem na história mundial

O século da predominância da Alemanha na Europa tinha chegado ao seu termo. Assim como a supremacia da Europa no mundo.

Lewis Namier[1]

O NOMOS DA TERRA

Durante o período que se estendeu mais ou menos de 1750 a 1950, as repercussões das rivalidades internas da Europa eram sentidas em todo o mundo. Quando o século XIX começou, a proposta de Napoleão de forjar um império europeu enfraqueceu o domínio da Espanha na América do Sul. Quando o século terminou, uma frenética exploração colonial na África, na Ásia e no Pacífico estava produzindo zonas conflagradas em toda parte desde a Venezuela até Fashoda. O novo imperialismo, ligado de perto com a luta pelo domínio da Europa, havia criado um sistema interconectado de Estados competindo por território, recursos e prestígio. O "mundo civilizado", escreveu um autor norte-americano em 1900, estava engajado numa "conquista econômica [...] dos recursos naturais do globo".[2]

Idealistas como o presidente dos Estados Unidos, Woodrow Wilson, estavam convencidos de que as coisas deveriam mudar. Em Paris, em 1919, os vitoriosos da Primeira Guerra Mundial proclamaram que essa competição indecorosa havia terminado com o estabelecimento da Liga das Nações e anunciaram esse fato como o começo de uma nova ordem legal para o mundo. Mas as potências derrotadas discordavam: para elas a competição por colônias não estava encerrada e elas viam a Liga como nada mais que um dispositivo inventado pelos vencedores para bancar seus ganhos. Não podia ser negado que os britânicos e franceses tinham ganhado de fato — o Império Britânico nunca fora tão grande como entre as guerras, inchado por seus mandatos da Liga. Foi necessário um geólogo norte-americano para mostrar a incômoda verdade de que nos anos 1930 a Inglaterra e os Estados Unidos sozinhos controlavam quase três quartos da produção de minérios do mundo; em outras palavras, "a defesa da democracia e a defesa da posse de minérios mais ou menos coincidiam".[3]

Em abril de 1939, com a reputação da Liga em frangalhos, o jurista alemão Carl Schmitt delineou um modelo completamente diverso para administrar o sistema internacional. Praga havia caído duas semanas antes, e a estrela do Terceiro Reich estava em ascensão. Num duro discurso, Schmitt argumentou que a Liga havia sido uma má ideia desde o início, e que na verdade tinha tornado o mundo ainda mais instável ao construir um sistema supostamente universal de leis sobre as estremecidas fundações da estruturação depois de 1918. A ascensão da Alemanha nazista forneceu a oportunidade de reconstruir as relações internacionais sobre uma base mais sólida. O que ele propunha era seguir o exemplo dos Estados Unidos da América ao substituir Genebra por um sistema de blocos de poder regionais. Afinal, os Estados Unidos poderiam proclamar seu compromisso com princípios gerais de governança mundial, mas na verdade não via nenhuma incompatibilidade entre isso e a Doutrina Monroe — um arranjo regional limitado entre maiores e menores potências que excluía Estados não americanos de seus negócios. Aqui — num sistema que se baseava no controle de territórios — Schmitt via um novo modelo para a Alemanha e para todos os demais. O universalismo era uma ficção, ele insistia, uma hipocrisia a ser abandonada em favor do reconhecimento de que alguns Estados eram mais fortes que outros. A ordem poderia ser mais bem assegurada dividindo-se o globo em regiões, cada uma governada por uma hegemonia simples com o dever de promover a estabilidade na base de sua "ideia política" dominante e evitando intervenções externas em seus domínios. Na Europa, essa tarefa agora cabia à Alemanha.[4]

O discurso de Schmitt foi bastante divulgado na imprensa, e a ideia básica de uma Doutrina Monroe alemã logo começou a ser discutida. Na esteira da tomada da Tchecoslováquia pela Alemanha, apenas dias antes, os jornais britânicos deram destaque: "Até agora nenhum estadista alemão deu uma definição precisa de seus objetivos no Leste Europeu", escreveu *The Times*, "mas talvez uma declaração recente do professor Carl Schmitt, um nazista perito em leis constitucionais, possa ser considerada um guia confiável". O *Daily Mail* reconheceu Schmitt como o "'homem-chave' de Herr Hitler em sua política". Com certeza Schmitt não era tudo isso; àquela altura, ele era uma figura relativamente marginal em termos políticos no firmamento nazista, com muitos inimigos poderosos. Mesmo assim, Schmitt articulou com mais clareza que qualquer outro no Terceiro Reich a forma como o regime via seu lugar no mundo na época. Na verdade o próprio Hitler passou a utilizar o que soava como uma linguagem muito schmittiana. No final de abril, ele respondeu a um discurso de Roosevelt mencionando a Doutrina Monroe e dizendo que "nós, alemães, apoiamos uma doutrina semelhante para a Europa — e, acima de tudo, para o território e os interesses do Grande Reich alemão". Ele voltou a essa ideia depois da conquista da Polônia. Em março de 1940, Ribbentrop disse a Sumner Welles, representante do secretário de Estado que visitava a Europa para avaliar as chances de paz, que "a Alemanha também tem sua Doutrina Monroe". Os avassaladores sucessos da Alemanha nos meses que se seguiram viram essas palavras — inicialmente aplicadas apenas à Europa Central e à Oriental — se estender para formar uma espécie da requisição no continente como um todo. "América para os americanos, Europa para os europeus", foi a incisiva formulação de Hitler para um jornalista americano, acrescentando que sentia a necessidade de uma "Doutrina Monroe fundamental, mútua e compatível" entre o Velho Mundo e o Novo Mundo.[5]

Porém, como Hitler logo percebeu, transformar a Alemanha num árbitro do continente e tentar governar a Europa como se pudesse ser destacada do resto do mundo levantava mais perguntas que respostas. Um dos problemas prementes para Berlim era explicar exatamente qual futuro isso implicava para seu principal aliado europeu, a Itália. Os italianos estavam descontentes, o que era compreensível, por temer que a Doutrina Monroe para a Europa os deixasse fazendo o papel do México para os Estados Unidos no Terceiro Reich. Na verdade não era possível tranquilizar esses temores (que eram totalmente justificados), em especial porque as fronteiras entre os "espaços vitais" alemão e italiano estavam sempre difusas, e a fragilidade militar italiana significava que os alemães estavam entrando em áreas que os italianos consideravam dentro de sua esfera de influência.

Um grande ponto de interrogação dizia respeito às colônias da Europa, com seus valiosos minerais e matérias-primas. Hitler sabia muito bem da importância desse material e já havia acumulado estoques de importantes commodities antes da guerra. Invadiu também a Noruega para assegurar seu acesso ao minério de ferro sueco, expandiu a produção de níquel em Petsamo, na Finlândia, apoderou-se das minas de cobre no Bor, na Iugoslávia, e os depósitos de manganês na Ucrânia. Mas fora da Europa a história era diferente. Quando o Chad e Camarões apoiaram De Gaulle em 1940, dando aos Aliados acesso ao ouro, petróleo, tungstênio e titânio, os alemães ficaram indefesos. Quanto às riquezas do Congo Belga, o Reich quase não tinha chance. Hitler já tinha conseguido se apossar do urânio refinado estocado na Bélgica, mas a Union Minière de Katanga já havia levado a maior parte de seus estoques de minerais para além do alcance da Alemanha antes da invasão. Quando o governador-geral belga no Congo permitiu que os Aliados e engenheiros americanos reabrissem as minas de Shinkolobwe, não havia nada que Hitler pudesse fazer. Ao todo, estima-se que a África tenha fornecido metade do ouro do mundo durante a guerra, perto de 90% do cobalto e praticamente todos os diamantes e o urânio, mas o Terceiro Reich não conseguiu quase nada disso.[6]

Os acontecimentos no hemisfério ocidental eram mais uma lembrança da falta de alcance transcontinental do Reich. Em 1940, Hitler só pôde esbravejar quando a Conferência de Havana invocou a Doutrina Monroe para requisitar um mandato sobre todas as colônias europeias nas Américas cujas metrópoles houvessem sido conquistadas pelos alemães. Na verdade, os Estados Unidos toleraram o governo de Vichy no Caribe (inclusive o estabelecimento de regimes hostis e autoritários em lugares como a Martinica), mas mantiveram o olhar atento nas vitais minas de bauxita no Suriname e nas refinarias de petróleo nas Antilhas Holandesas enquanto cuidavam do próprio rearmamento. Até mesmo operações de espionagem nazistas nas Américas conseguiram pouca coisa que tivesse significado operacional, apesar do apoio de grandes colônias alemãs que existiam em lugares como a Argentina, o Paraguai e o Chile: o grande envolvimento sigiloso na campanha presidencial de 1940 nos Estados Unidos não conseguiu evitar a reeleição de Roosevelt, chegando inclusive a ser contraproducente.

Quando a Alemanha tentou fincar um pé no Brasil, foi logo rechaçada pelos americanos, que desenvolveram seu sistema de bases aéreas hemisféricas por meio da Pan-Am e do Programa de Desenvolvimento de Aeroportos, o qual aumentou tremendamente a capacidade de projetar seu poder através do Atlântico e do Pacífico. Em resumo, enquanto a Alemanha não conseguia se firmar na África e nas Américas, a *ameaça* provocada por sua rápida conquista da Europa permitia que os Estados Unidos fizessem isso.[7]

Pois aqui havia um problema básico. Assim que os alemães começaram a falar sobre a Doutrina Monroe, os americanos estavam olhando bem mais à frente e começando a se imaginar como uma potência militar mundial. O ritmo de preparação dos Estados Unidos era lamentável — no verão de 1940, seu Exército só conseguiu pôr em campo um terço das divisões que os belgas conseguiram —, mas por essa mesma razão Roosevelt estava determinado a um rápido crescimento. A resposta de Hitler à Conferência de Havana foi insistir em que os americanos ficassem de fora dos negócios europeus. Mas havia pouca chance de que isso acontecesse. Roosevelt já havia explicado ao Congresso que os Estados Unidos não poderiam aceitar uma derrota aliada porque isso "deixaria o hemisfério ocidental entre as garras de um vitorioso império alemão numa Europa conquistada e um triunfante império japonês numa Ásia subjugada".[8]

Os paralelos entre o que estava acontecendo na Europa e na Ásia eram sem dúvida notáveis. O governo japonês, propondo sua própria Doutrina Monroe, já havia proclamado que tinha "responsabilidades especiais no Leste da Ásia" em 1934. Claro que os americanos descartaram a ideia. "Não existe mais semelhança entre nossa Doutrina Monroe e a chamada Doutrina Monroe do Japão que entre o preto e o branco", declarou o secretário de Estado de Roosevelt em abril de 1940. Mas a ideia se tornou muito mais atraente para o Japão nos meses seguintes, graças às vitórias alemãs no oeste da Europa. A Indochina francesa e as Índias Orientais holandesas de repente pareceram vulneráveis, e havia convocações para introduzir um Estado monopartidário em Tóquio no modelo alemão. Os conservadores e palacianos resistiram, mas a ideia de fundar uma Nova Ordem japonesa foi mais além. Esperando, assim como os alemães, que uma conquista conseguiria autossuficiência e deteria o crescente poder global dos Estados Unidos — cujas sanções já revelavam a aguda dependência do Japão de suprimentos de energia importados —, Tóquio despejou tropas na Indochina francesa para proporcionar "proteção" a Vichy, bloqueando linhas de suprimento vitais para a

China. Quando no ano seguinte eles entraram em Hong Kong, nas Índias Orientais holandesas, na Malásia e em Singapura, produtos como a bauxita, o minério de ferro, arroz e borracha começaram a ser transportados para o Japão em tais quantidades que os americanos se sentiram alarmados. Aliás, havia planos ainda mais ambiciosos sendo traçados para expandir o império japonês para o Alasca e para a linha costeira do oeste das Américas.[9]

O Pacto Tripartite que o Japão assinou com Alemanha e Itália em setembro de 1930 não era nada menos que a expressão diplomática internacional do conceito de *Grossraum* de Schmitt e a apoteose de sua ideia de autarquia definida em termos regionais. Segundo o pacto, o Japão reconhecia "a liderança da Alemanha e Itália no estabelecimento de uma Nova Ordem na Europa", enquanto estas reconheciam o papel de liderança do Japão na Nova Ordem vindoura na "Grande Ásia Oriental". Com a conversa de "liderança", do "lugar adequado" de cada país no mundo, o pacto falava de poder, região e hierarquia, não de igualdade, universalidade e soberania. Pelo menos no papel, o pacto parecia a realização da ideia de Schmitt de que uma ordem legal está enraizada no próprio ato de parcelar territórios.

Na verdade essas três potências tinham muito pouco em comum, além do ódio pela Liga das Nações, do ressentimento e do medo de terem sido excluídas da divisão do mundo de 1919 e da determinação de evitar um maior isolamento se agrupando. Como não conseguiram terminar o conflito em 1940, essa falta de coordenação era mais importante do que pareceu na época: assim que os Estados Unidos entraram na guerra, que se tornou uma verdadeira "guerra mundial" global pela primeira vez, essa falta de comunicação contrastava muito com a parceria forjada pelos inimigos. Entre os membros do Pacto Tripartite não havia uma estrutura institucional para consultas, e os únicos corpos comuns eram puramente cerimoniais. Não surgiu nenhuma estratégia militar durante a guerra: fiel à concepção de Schmitt, o que contava era como cada potência governava em sua esfera regional, não o que acontecia entre elas.[10]

IMPERIALISMO: ALÉM DE UMA VARIANTE LIBERAL?

Hitler preferia ter a Grã-Bretanha a ter o Japão como parceiro na Ásia. Como poder colonial, os britânicos tinham no Führer um admirador como poucos, que costumava enfatizar a harmonia entre os interesses dos dois países. "Se hoje o globo tem um império mundial inglês", ele escreveu em 1928, "então no momento não existe um *Volk* que, com base em suas qualidades gerais de governo assim como sua clareza política, seja mais adequado para isso [...] Não há razão para que a inimizade entre a Inglaterra e Alemanha dure para sempre."[11]

Essa admiração era partilhada por outros na Alemanha antes dele. O poderoso Império Britânico havia muito era o modelo dos imperialistas alemães, e sua visão das causas de ascensão ao poder mundial era basicamente a articulada por muitos historiadores atuais. Acesso a terras ultramarinas por meio de suas colônias, o suprimento de energia nas Américas e no Pacífico e o controle de mercados vibrantes no sul da Ásia tinham permitido que os ingleses escapassem das restrições malthusianas dos limitados recursos disponíveis em sua pequena ilha e embarcassem na especialização da produção que alimentou a Revolução Industrial e seu poder mundial.[12]

Os aspirantes a imperialistas alemães tendiam a enfatizar um terceiro fator — o caráter, a energia e a crueldade dos próprios colonizadores. O domínio britânico da Índia, por exemplo, foi fruto de iniciativa mostrada por um número relativamente pequeno de indivíduos. A dominação da América do Norte e da Austrália destacava a importância de bandos autoconfiantes de colonizadores brancos que não hesitavam em expulsar, escravizar ou erradicar os "selvagens" que encontravam para colonizar a terra para si próprios. Naquela época, afinal, esses massacres pareciam inevitáveis, parte da marcha do progresso. Os antropólogos vitorianos já não tinham mapeado as espantosas taxas de "decréscimo e extermínio" de tribos nativas como resultado da chegada do homem branco? Alguns na verdade diziam que "os nativos devem ser exterminados ou reduzidos a números em que possam ser prontamente controlados" quando deixassem de produzir lucros. Popularizadores do darwinismo criticavam a ignorância das pessoas que protestavam contra "a eliminação de raças inferiores". Matar nativos parecia ser um preço que muitos europeus estavam querendo pagar para conseguir as terras ultramarinas.[13]

Quando os britânicos construíram um novo império na África e consolidaram seus assentamentos de colonos brancos, o lobby colonial na Alemanha do Kaiser teve medo de ficar para trás. Os alemães estavam emigrando em números colossais, mas, como notaram os observadores da época, quase não serviam aos interesses do colonialismo *alemão* ao fazer isso. De forma independente, um número extraordinário de emigrantes partiu para as Américas, superando os irlandeses e ingleses durante a maior parte do século xix. Mais de meio milhão de alemães chegaram lá só em meados dos anos 1850, mais de 5 milhões no século depois de 1815. Na verdade eles compunham mais de 40% de *todos* os imigrantes nos Estados Unidos (de longe o maior grupo individual) entre os anos 1850 e o início dos anos 1890. Os colonialistas alemães lamentavam essa perda. De acordo com um manifesto lançado em 1884 pelo Gesellschaft für Deutsche Kolonisation de Carl Peters:

> A nação alemã ficou de mãos vazias na partição da terra que aconteceu desde o século xv até agora [...] O Império Alemão — grande e forte por meio da unificação, realizada com sangue — continua o poder líder no continente da Europa [mas] o grande fluxo de emigração alemã flui para raças estrangeiras e desaparece com elas [...] O *Deutschtum* no exterior está levando a uma constante ruína nacional.[14]

Mesmo os Estados Unidos, por outro lado, figuravam como o maior exemplo do mundo de assentamento colonial moderno — exatamente o que os lobistas queriam para o país. "Será que a Alemanha poderia manter seu poder e status no mundo se os russos e anglo-saxões continuassem a dobrar sua população enquanto a Alemanha ficasse impedida por falta de espaço?", perguntou um entusiasta em 1879. "Será que a Alemanha não deveria estar entre as nações dominando territórios infindos, como os ingleses, os americanos e os russos?"[15]

"Uma rainha entre as nações": a expressão sintetiza perfeitamente o orgulho nacional ferido, o desejo de ser levada a sério, que animava muito da competição imperial na Europa. Assim, a expansão era vista não só como necessária para aumentar o crescimento e a prosperidade, mas também como forma de fornecer um renovado sentido de propósito nacional. Os lobistas buscavam apoio no governo, insistindo em que os alemães eram "um Estado — não colonizadores de gente".[16] Mas se precisavam pedir, era porque o próprio Bismarck se mostrava irredutível ao espírito pioneiro. Nem ele nem seus sucessores ouviam muito os que argumentavam que a escala da emigração alemã para a América do Sul justificava exigências coloniais no hemisfério ocidental — no Brasil, talvez, ou na Argentina. Eles estavam mais preocupados com a fronteira oriental do Reich.[17]

Hitler e os nazistas concordavam com o antigo lobby colonialista de antes da guerra: a Alemanha não poderia construir um império sem o apoio ativo do Estado. E concordavam também com Bismarck: a colonização deveria se concentrar no Leste. Mas, na escala de suas ambições, eles não tinham rivais. No inverno de 1944, Hitler se referiu aos emigrantes transatlânticos ao se queixar de que só a desunião política da Alemanha tinha levado o continente americano a "ser inglês e não alemão". O fluxo demográfico para o oeste, segundo um especialista de populações em tempo de guerra, era "o pior inimigo de nosso trabalho de assentamento" e precisava ser revertido. "Vá para o Leste, meu jovem!", dizia o título de um artigo durante a guerra no *Deutsche Zeitung im Ostland*. O lançamento do moderno poder de Estado, e da exploração da vontade de colonizadores individuais para servir aos interesses do país, era seu instrumento político básico. O fato de que o número de colonizadores potenciais na verdade existia para realizar a política que minimizasse a escala dos assentamentos no Oregon e na Califórnia não era uma questão que incomodasse os nazistas. Na metade do século XIX, demorou vinte anos para que meio milhão de americanos percorressem o caminho até a Costa Oeste; os nazistas, usando o poder da burocracia moderna de tempos de guerra, fizeram mais que isso em apenas três anos. O que importava para eles era que o futuro da Europa não estava do outro lado do Atlântico, mas na "vasta área que começa além de Viena, Breslau e Danzig e chega às profundezas do continente asiático"; a emigração em massa e assentamentos satisfariam "as exigências econômicas da Europa para uma era de paz que durará séculos".[18]

Se os Estados Unidos eram o modelo de assentamento, foram as colônias anteriores a 1914 que forneceram o pouco de experiência administrativa existente no Terceiro Reich. Assim, a partir de 1939, veteranos das primeiras incursões da Alemanha em políticas coloniais foram alistados para ajudar. Viktor Böttcher, o governador provincial de Posen durante a guerra, serviu na administração de Camarões sob domínio alemão antes de 1914, e um de seus colegas havia estabelecido filiais do Partido Nazista no sul da África. Alguns colonizadores estabelecidos nos Estados poloneses chegaram até Cidade do Cabo, Angola e Brasil. Etnógrafos, antropólogos e cientistas raciais logo disponibilizaram sua experiência ao "chamado colonial do Leste". Como definiu um "pioneiro colonial" em 1941, as antigas mãos da Alemanha na África teriam de "fazer agora no Leste do Reich o trabalho construtivo que já tinha sido feito na África".[19]

Muito mais importante que os recursos humanos, porém, era o repertório de ideias e práticas em que os nazistas se inspiraram. Nas colônias alemãs de antes da guerra, por exemplo, leis racistas criminalizavam relações sexuais entre nativos e não nativos, e tendências semelhantes — fossem ou não formalizadas por lei — eram nitidamente visíveis também em outros regimes coloniais. Assim como os nazistas, muitos administradores coloniais europeus haviam estabelecido sistemas duais de lei e emprego que discriminavam cidadãos (brancos) de súditos (não brancos) e tornavam quase impossível passar da segunda categoria para a primeira. Dentro dos Estados Unidos (cujas leis raciais e o movimento de eugenia foram elogiados por Hitler nos anos 1920), até 1924 os nativos americanos eram considerados "nacionais", mas não cidadãos — uma diferenciação que os comentaristas americanos do final do século XIX reconheciam como prerrogativa de "um grande poder colonial": os porto-riquenhos eram definidos em termos constitucionais como os alemães fizeram depois com os tchecos — eram "estrangeiros aos Estados Unidos no sentido doméstico".[20]

Em outros casos, claro, os nativos eram governados sem lei nenhuma, com base em regulamentos disciplinares e ordens administrativas, como no caso dos *indigénats* franceses. Trabalhos forçados e muitas outras imposições que chocaram os europeus quando tiveram de se submeter a elas também eram prática comum. Pouco antes da guerra, a Liga das Nações patrocinou uma conferência para comparar a forma como diferentes autoridades coloniais tratavam suas "populações nativas". Quando Margery Perham, especialista em colonização britânica, tentou defender as práticas de seu país, um crítico liberal lhe lembrou.

> a questão do veto em função da cor na África do Sul, o confisco de direitos políticos dos nativos do Cabo durante os últimos dois ou três anos, o trabalho forçado que ainda era parte da política britânica em certos territórios africanos e também a tomada dos melhores territórios do Quênia dos nativos para que os colonizadores brancos fossem supridos.[21]

Então, *qual* era a diferença entre o que outros poderes imperiais faziam no exterior e o que os nazistas estavam fazendo na Europa? Alguns consideravam muito pequena. A linha de pensamento comunista-padrão — pelo menos antes do ataque à União Soviética em 1941 — era que a guerra, longe de ser uma luta por liberdade, era nada mais que uma competição entre blocos imperialistas rivais. "Enquanto a Inglaterra e a França saquearem e oprimirem milhões de pessoas em suas colônias, isso nada mais é que uma espécie de 'liberdade e humanidade'", escreveu o comunista austríaco emigrado Ernst Fischer em 1940. "Mas, assim que outros imperialistas exigirem uma parte do butim, isso é um golpe na harmonia dos continentes." "Os declarados slogans sobre democracia e liberdade", disse o Partido Comunista da Irlanda em outubro de 1939, exigindo a devolução de seis condados do Norte,

> são cortinas de fumaça que escondem os objetivos imperialistas dos círculos de poder [...] [que] estão lutando uma guerra para defender seus saques coloniais [...] Qualquer luta por liberdade ou por uma vida melhor no exterior é uma vergonha enquanto estas continuarem sendo negadas em casa.[22]

Nas próprias colônias, a questão-chave não era tanto o capitalismo, e sim a raça. Depois da guerra, o escritor Aimé Césaire disse que o problema sempre fora a incapacidade de os europeus entenderem sua simpatia imaginativa. Em certo sentido, eles precisaram dos nazistas para levar à casa deles o que o preconceito racial produzia. Eles não conseguiram apreender a verdadeira natureza do colonialismo porque o racismo os impedira de se solidarizar com a vontade dos que oprimiam. Eles toleraram o nazismo "antes que fosse infligido a eles [...] eles o absolveram, fecharam os olhos, legitimaram-no, porque até então aquilo só havia sido aplicado a povos não europeus".[23]

A argumentação de Césaire foi confirmada pelo fato de que esses anti-imperialistas das metrópoles tendiam a se preocupar bem mais com o efeito corruptor do império nas liberdades civis em casa que com a igualdade racial. Nas palavras do radical advogado britânico Frederick Harrison, do século XIX: "Não podemos fazer regras para os negros sem jogar iscas para os europeus". Harrison era parte de um venerável coro, embora minoritário, que alertava sobre o perigo de tratar as pessoas de uma forma no exterior e de outra em casa. No entanto, o conceito ambíguo e profundo de "civilização" propiciava que a opinião vigente na Europa fizesse exatamente isso. Pois enquanto as leis internacionais vitorianas legitimavam os governos coloniais, isso era feito em nome da promessa de libertação: numa teoria que normalmente só era honrada nas brechas, quanto mais um povo chegasse a ser capaz de formar um Estado de acordo com o assim chamado "padrão de civilização", maiores sua autonomia e probabilidade de conseguir a independência. A liberdade precisava ser merecida. Os teóricos legais e políticos falavam sobre camadas de soberania e faziam distinção entre povos "civilizados", "bárbaros" e "selvagens". Era uma forma de falar sobre hierarquias raciais sem ter de mencionar a raça, implicando que as diferenças raciais poderiam ser ignoradas em algum ponto não especificado no futuro.[24]

Essa era a visão do mundo que sustentava o acordo de paz de 1919. Em Versalhes, as potências vitoriosas concederam a soberania aos povos "civilizados" do Leste Europeu e criaram uma série de "novos Estados" ali, sujeitos apenas à supervisão condicional do regime de direitos da minoria. No Oriente Médio, estabeleceram mandatos da Liga para influenciar os árabes na direção da independência e Estados autônomos, um processo que trouxe liberdade (de um certo tipo) para o Egito e o Iraque antes da eclosão da guerra (mas não para a Síria ou o Líbano). Só entre os "selvagens" da África e do Pacífico eles justificaram o papel colonial até um futuro indefinido.

Foi essa promessa de redenção política final (ainda que tênue) que os nazistas rejeitaram de forma decisiva. Se a conquista da Etiópia pela Itália tinha reduzido com violência um Estado soberano — e membro da Liga — a um status colonial, a conquista do Leste Europeu pelos nazistas foi um ataque, ainda mais dramático, a essas suposições liberais. Baseado em verdades imutáveis de hierarquia racial, o nazismo era uma doutrina de império perpétuo, pois as únicas alternativas que vislumbrava para a dominação eram a opressão e a morte nacional. Em seu discurso para o Reichstag de 6 de outubro de 1939, Hitler justificou o desmembramento da Polônia alegando que o país havia se mostrado "incapaz de existência". "Não é possível tratar países europeus como colônias", reclamou Mussolini para o industrial Pirelli em junho de 1941, mas era o que os alemães pretendiam fazer.[25]

Dessa forma, os nazistas estavam rasgando a nobre fachada das leis internacionais do século XIX. Como argumentou Werner Best em 1939, "as relações entre Estados, até então chamadas de leis internacionais, não podiam ser chamadas de 'leis'". A partir desse ponto de vista, a principal diferença entre eles e outros imperialistas europeus era simplesmente que eles estabeleceram uma linha que dividia governantes de governados dentro da Europa, não fora. No Raj sob domínio britânico, um funcionário do governo certa vez indeferiu os protestos de um Estado principesco indiano alegando que "as máximas das leis internacionais" só regulamentavam "as relações de Estados europeus independentes e iguais". Com efeito, a Europa Central e a do Leste eram agora a Índia da Alemanha. Ao proclamarem o Protetorado da Boêmia-Morávia em março de 1939, os alemães importaram o modelo colonial de laços imaginários entre povos avançados e retrógrados para o continente europeu. Ao eliminarem os Estados independentes da Tchecoslováquia e da Polônia, os nazistas reverteram a suposição progressista de que a soberania, uma vez merecida, não poderia, como um dos aspectos da vida civilizada, ser abolida nem desgastada.[26]

Um império que ameaçava seus súditos com a desnacionalização sem dúvida acreditava em formas diferentes de se manter no poder que não uma base de premissas liberais. A interpretação de Hitler de como os britânicos governavam a Índia demonstra que para ele o que contava no fundo era a força. Um poder dominante, segundo ele, não deveria nem fingir que o que estava fazendo era de interesse de alguém que não a si próprio:

> Nunca teria ocorrido a um inglês na época em que as colônias inglesas foram fundadas ter de justificar suas ações de alguma forma senão pelas vantagens reais e sóbrias que aquilo poderia trazer [...] Quanto menos os ingleses pensassem em, digamos, impor a cultura inglesa ou a raça inglesa em selvagens, mais simpática essa forma de governo necessariamente parecia aos selvagens, que certamente não estavam famintos por cultura. Acima de tudo, sem dúvida, havia também o chicote que se podia usar mais prontamente se não se estivesse correndo o perigo de contradizer uma missão cultural.[27]

Essa postura implacável com certeza estava presente entre os ingleses. Na ocasião do levante da Jamaica de 1865, por exemplo, expressões de um novo autoritarismo racial surgiram na imprensa vitoriana. Segundo o editor da publicação médica *The Lancet*, pequenos grupos de homens brancos só poderiam se salvaguardar em colônias pelos métodos mais coercitivos; os nativos tinham de "ser mantidos sempre de cabeça baixa com um bastão de ferro ou ser lentamente exterminados". Essas ideias expressavam a possibilidade inerente na prática do próprio império e os britânicos estavam começando a perceber que o "poder dos números" estava contra eles. O tio de Virginia Woolf Fitzjames Stephen escreveu uma famosa carta ao *The Times* em 1883 afirmando que "um governo absoluto, fundado não no consentimento mas na conquista" — como o dos britânicos na Índia —, representava uma "civilização beligerante" que não deveria "se evadir da afirmação aberta, descomprometida e direta de sua superioridade". Mas essa não era a linha de raciocínio costumeira na Inglaterra, e sempre foi sujeita a críticas. Em última análise, essa foi a base do império de Hitler. Por mais brutais e mortíferos que tenham sido, nenhum poder colonial, britânico ou de outro país da Europa, jamais lidou com o problema do "poder dos números" de forma tão áspera e violenta quanto os nazistas. Sua abordagem em geral era gradualista e experimental, motivada por uma imaginação política restrita pelo extremismo da variedade de fatores do nazismo, que incluía uma cultura mais legalista e uma burocracia de Estado surpreendentemente desmotivada. Se faltavam a ideologia e os recursos para sistematizar a matança em massa na escala da Nova Ordem, faltava também um fundamental sentido de urgência. Depois de conseguirem sua revolução em casa, os nazistas tinham pressa de colher os benefícios no exterior. "Nós queríamos estabelecer um império mundial quatro anos depois de termos introduzido o alistamento militar geral", foi o resumo de um oficial alemão capturado em 1943. À medida que a própria guerra criava racionamentos, gargalos e grandes problemas novos, o culto da força e da geopolítica racial que os nazistas levavam tão a sério transformou-se num programa de extermínio numa escala sem precedentes.[28]

Uma das razões pelas quais o brutal "realismo" de Hitler na verdade não foi tão eficiente é por ter privado os alemães da oportunidade de explorar o nacionalismo como instrumento da política de guerra. Podemos compará-los aos japoneses, que alistaram com sucesso nacionalistas asiáticos para trabalhar com eles. Eles seguiram a propaganda pós-guerra dos Aliados e tentaram jogar com isso, com conferências e declarações próprias nas quais as "nações liberadas" da Ásia prometiam cooperação e respeito pela soberania e independência de todas. Na Grande Conferência da Ásia Oriental, que eles organizaram em 1943, os japoneses reuniram representantes da China, da Manchúria, da Tailândia, de Burma e das Filipinas, além do líder do movimento Índia Livre. Falava-se de um "novo internacionalismo", e o ministro do Exterior apresentou a declaração da conferência com um contraponto liberalista asiático da Carta do Atlântico. Claro que os japoneses lucraram com o fato de estar derrubando regimes coloniais europeus impopulares, enquanto os alemães estavam marchando em Estados que já haviam adquirido a independência. Mesmo assim, havia muitos lugares onde os alemães poderiam ter feito um jogo semelhante, mas se recusaram a fazê-lo.[29]

O Oriente Médio era um deles. Perto do fim da guerra, parece que Hitler lamentou sua falta de interesse na política de guerra na região. "Todo o islã vibrou com as notícias de nossas vitórias [em 1940]", ele disse a Bormann no bunker de Berlim. "Os egípcios, os iraquianos e todo o Oriente Próximo estavam prontos para se revoltar. Pense só no que poderíamos ter feito para ajudá-los, para incitá-los, o que teria sido ao mesmo tempo nosso dever e de nosso interesse." Mas sua memória o traía. Para Bormann, que estava anotando tudo, o Führer culpava seus diplomatas por o terem enganado, mas na verdade era o oposto: eles chegaram a *pressionar* Hitler para emitir uma Declaração de Independência Árabe e foram rechaçados. Preocupado com a iminente invasão da Rússia, e convencido de que suas tropas logo controlariam o Cáspio, Hitler não levou as oportunidades no Iraque e no Irã a sério. Desapontou o grande mufti de Jerusalém e o nacionalista indiano Subha Chandra Bose, impedindo que os alemães explorassem as perturbações que varriam o subcontinente indiano no verão de 1942. Quando as forças do Eixo chegaram ao Egito, a declaração que emitiram sobre a independência egípcia foi tão frágil e tão isenta do que os políticos árabes tinham pedido que não ganhou nenhum crédito para Berlim. A realidade era que, fora da Europa, Hitler continuava um crente na superioridade racial dos povos anglo-saxões e não queria fazer nada que pudesse apressar o falecimento da Grã-Bretanha como uma "raça dominante".[30]

Quanto aos territórios soviéticos ocupados, muito mais importantes, foram apresentadas várias propostas de apoio aos nacionalistas, mas o Führer as descartou. O ministro das Relações Exteriores alemão desengavetou muitos de seus velhos esquemas de política de guerra no Oriente Médio, na Índia e na Ásia Central, mas teve de engavetá-los outra vez. O Exército e o Ministério para os Territórios Orientais Ocupados de Rosenberg tentaram apoiar nacionalistas da Ucrânia e do Báltico, e até Goebbels acabou aceitando a ideia, mesmo que apenas para propósitos de propaganda. Quando o ministro do Exterior japonês proferiu um discurso em que apoiava com veemência a independência da Índia, Goebbels percebeu a "excepcional sabedoria" da atitude e comentou que "nós poderíamos aprender um bocado com eles".[31]

Até mesmo os japoneses se encontravam numa posição privilegiada para ver quanto seu aliado estava errando no cálculo, inclusive porque o Japão era a única potência que dispunha de observadores nos dois lados das linhas germano-russas e por isso percebia a impressionante velocidade da recuperação dos armamentos soviéticos. Depois de Stalingrado, o embaixador japonês, Oshima, discutiu a situação com Ribbentrop e com Hitler num esforço para fazê-los mudar de atitude. Ousado, ele alertou o Führer de que, graças à política alemã, o bolchevismo estava outra vez no comando:

> Os objetivos de guerra [soviéticos] acertaram bem o alvo e pode-se dizer que a determinação do povo é inabalável. Todas as pessoas gritam: "Vamos matar os invasores alemães!". Dá a impressão de que toda a nação soviética em sua fúria está ansiosa por outra tentativa de regresso alemã.

Ao argumentar por uma mudança de estratégia, o embaixador japonês foi delicado, mas nada ambíguo:

> Em vista da diversidade de nacionalidades dentro da Rússia, a emancipação desses povos deveria ser nosso principal slogan. Com base na política da Alemanha nos territórios ocupados do Leste, não seria possível que a Alemanha considerasse sua política estratégica em relação à Rússia a partir desse ponto de vista?[32]

"Sua ideia parece plausível", respondeu Hitler. "No entanto, o fato é que a forma mais efetiva é enfraquecer o moral no campo de batalha com a ofensiva militar. Existe o risco de que esquemas políticos reverteriam em resultados opostos." Alguns meses depois, Oshima ainda estava tentando convencer Ribbentrop a "não perder tempo para dar garantias de independência à Ucrânia e aos três países do Báltico". Mas o problema era o Führer — como sempre. Hitler resistiu a todos os chamados a cooperar com os nacionalistas no Leste Europeu com base no antibolchevismo em comum, e mesmo no oeste da Europa ele preferia trabalhar por intermédio de burocratas. Assim, na Europa nazista não havia um equivalente alemão ao slogan japonês "Ásia para os asiáticos" e nenhuma versão alemã de governo indireto. Não apenas Hitler continuou sendo um nacionalista alemão até o fim; ele continuou incapaz de ver como os interesses da Alemanha poderiam requerer alguma acomodação com os sentimentos nacionais de outros povos também. Astuto em sua compreensão da política alemã, ele mostrou um provincianismo fatal quanto às aspirações dos que estavam além de suas fronteiras.[33]

Em seu artigo "Not Counting Niggers", de 1939, George Orwell prefigurou as críticas de Césaire e denunciou a voga de varrer o problema do império para debaixo do tapete. Agora, ele perguntava, será que as pessoas podiam dizer a sério que a luta contra o nazismo na Europa não tinha implicações para o papel dos britânicos, holandeses, belgas e franceses na África e na Ásia? De que forma isso poderia ser descrito seriamente como uma luta entre democracia e fascismo, como se as próprias democracias não fossem também senhores imperiais governando a vida de milhões de súditos não votantes? "Qual o sentido", escreveu, "de derrubar o sistema de Hitler a fim de estabilizar algo que é muito maior e tão ruim em sua forma diferente?"[34]

Orwell estava, como sempre, à frente de seu tempo, pois a maioria das pessoas ainda se recusava a ver a conexão. Durante a guerra, o Ministério de Informação britânico chegou a montar uma cruzada do império enaltecendo o entusiasmo pela guerra, ressaltando vaidosamente a diferença entre o tirânico "império escravista" nazista e a muito distinta "família de nações livres" da Grã--Bretanha. Foi uma perda total de tempo e dinheiro. Mas a noção de que os europeus deveriam ser tradados de forma diferente dos demais não iria desaparecer da noite para o dia simplesmente porque os nazistas tinham trazido para casa as realidades do colonialismo. A barreira informal de cor do Império Britânico continuava firme, ainda que funcionários de mais visão se preocupassem com o colapso do "prestígio branco" e a perspectiva de uma "revolta racial" se as coisas não mudassem. Um funcionário governamental do Gabinete Colonial respondeu à perda de Cingapura alertando para o fato de que as pessoas das colônias "não podem ter certeza de que essa guerra seja tão negra quanto branca, a não ser que sejam convencidas sem a menor dúvida de que a paz que se seguirá será tão negra quanto branca".[35]

Esse resultado era exatamente o que Churchill em particular queria evitar. Os americanos já haviam proclamado que a "era do imperialismo" estava acabada. Mas quando Churchill assinou a Carta do Atlântico, ele deixou claro que de sua parte esse voto de libertação não se aplicava fora da Europa. Os franceses, belgas e holandeses achavam o mesmo. O "imperialismo" poderia ter acabado, mas isso não significava que as potências europeias estivessem fazendo planos de fazer as malas e ir embora. Assim que a guerra acabou, o ministro colonial francês estava explicando que um registro de resistência a Vichy durante a guerra nas colônias não permitia a afiliação no prestigioso Conseil National de la Résistance francês do continente, ainda mais por isso implicar o risco de que registros de guadalupenses — que de jeito nenhum se comparavam "com nossos heróis dos maquis" — pudessem explorar essa associação para disseminar seu desejo de outra libertação — do governo colonial francês como um todo.[36]

Estava assim estabelecido um amargo conflito global relativo a impérios. Em 1945, nacionalistas coloniais de todas as partes, da Argélia à Indochina, comemoraram a derrota do nazismo como o início de sua libertação. Mas as potências europeias estavam determinadas a lutar para recuperar as colônias que tinham perdido e se agarrar às que conseguiram manter enquanto pudessem. O que elas queriam, no máximo, era reformular seus impérios, não descartá-los. Uma das razões era que a própria ocupação alemã tinha ressaltado e até mesmo aumentado a importância política das colônias. Outra razão era que as economias atadas ao dólar da Europa dilacerada pela guerra, enfrentando o que Keynes definiu como um "Dunquerque financeiro", precisavam muito das exportações às colônias para equilibrar sua balança de pagamentos e pagar pelos produtos americanos. Num nível mais profundo, também, a humilhação que tinham sofrido nas mãos dos alemães ou japoneses só lhes aumentou a determinação de demonstrar seu poder. Em novembro de 1945, os britânicos puseram os holandeses novamente nas Índias Orientais ao enviar 24 mil soldados e derrubar o movimento de independência da Indonésia em Surabaia com a ajuda de um maciço bombardeio aéreo e naval que causou milhares de baixas extras. Embora tivessem saído da Índia e da Palestina, não havia uma ameaça geral para o império, e na verdade o Oriente Médio se tornou o novo centro do sistema imperial britânico do pós-guerra. Quanto aos franceses, no final dos anos 1940 suas forças se provaram tão assassinas nas extensões de seu império quanto os alemães haviam sido na França. Em maio de 1945, milhares de argelinos morreram em massacres quando as comemorações do Dia da Vitória saíram de controle. No mesmo mês, entre seiscentos e 2 mil (as estimativas variam) habitantes de Damasco morreram quando os franceses bombardearam a cidade numa fútil tentativa de derrubar o governo. Na Indochina, eles simplesmente ignoraram a declaração de independência do Viet Minh e mandaram tropas para reocupar o país; no ano seguinte, cerca de 6 mil pessoas foram mortas quando um cruzador francês bombardeou Haiphong. A repressão mais sangrenta aconteceu em Madagascar: cerca de 80 mil malgaxes morreram em 1947 quando tropas francesas esmagaram um levante na ilha que outrora fora destinada como um lar para os judeus.[37]

Mas, enquanto os europeus se agarravam às suas colônias, o impacto do nazismo se fez sentir de outras maneiras. A derrota do nazismo por certo não fez com que as ideias de superioridade racial fossem completamente abandonadas — isso demorou muito mais tempo —, mas uma mudança no vocabulário sinalizou novas angústias sobre como soava. As potências colonialistas em geral agora desistiam de falar sobre sua superioridade racial ou até mesmo civilizacional — descartando referências a "atraso" e a "selvagens" e substituindo-as por "nativos" e "autóctones" — e tentavam justificar seu papel em termos de desenvolvimento econômico, participação política e bem-estar social. Os britânicos falavam de "parcerias" em vez de "curadorias". Como argumentou um funcionário do governo em 1942, "devemos evitar qualquer repreensão a quando culpávamos Hitler por sua venenosa doutrina do *Herrenvolk* e tínhamos uma doutrina similar em nosso coração". "O 'imperialismo' britânico está morto", afirmava um panfleto do Partido Trabalhista em 1946, anunciando uma nova política colonial alegadamente "liberal e dinâmica". Funcionários do governo surgiram com novos arranjos constitucionais criativos para substituir império por interesses comuns, confederações e outras entidades que soavam consensuais. Os franceses aboliram oficialmente seu império e o substituíram por "União Francesa". (Durou doze anos, e seu sucessor, o "Commonwealth Francês", durou apenas dois.)[38]

Esses esquemas foram levados a sério no final dos anos 1940, mas não havia como alicerçar o decadente edifício do imperialismo europeu, pois forças de desintegração muito maiores estavam atuando ao mesmo tempo. A guerra havia provocado um ressurgimento do nacionalismo, não só na Europa como também nas colônias. A rápida urbanização dos tempos de guerra facilitou a ascensão de novas elites políticas africanas e asiáticas; a humilhação e a desordem das administrações coloniais tinham minado o prestígio europeu. Essas forças podiam ser contrapostas, como vimos acima. No entanto, a longo prazo, os custos de manter suas Forças Armadas no exterior em dispendiosas missões de policiamento e contrainsurgência não eram nem econômica nem politicamente populares para os europeus. Uma coisa era onde os colonizadores brancos tinham eliminado a oposição nativa muito antes, ou a tinham enfraquecido tanto que poderia ser facilmente ignorada, mas outra coisa era onde a presença e a brutalidade dos colonizadores haviam provocado uma grande e bem organizada resistência armada, como na Argélia, no Quênia e em Angola (onde o número de colonizadores portugueses tinha dobrado depois da guerra). Nesses casos, a velha ordem dos colonizadores estava sob ataque. Como as próprias atitudes nas colônias se polarizaram, com os colonizadores guinando radicalmente para a direita, as metrópoles europeias logo perderam o apetite pelo financiamento do confronto.[39]

O próprio ambiente internacional tinha mudado completamente como resultado da derrota de Hitler. Antes da Segunda Guerra Mundial, o mundo era governado por potências imperiais. Depois da guerra, passou a ser regido por superpotências anti-imperialistas. O influente jornalista americano Walter Lippmann lançou um virulento ataque contra qualquer tentativa de reviver "um imperialismo morto ou moribundo" depois da guerra. O "imperialismo branco" estava acabado, ele escreveu, e a guerra estava sendo travada para aumentar a esfera de liberdade humana e levar a paz através da criação de "nações iguais e com respeito mútuo". Embora os britânicos discordassem, os americanos eram simplesmente poderosos demais para ser ignorados. Além do mais, ainda que a Guerra Fria mitigasse o anticolonialismo de Washington em alguns casos, reforçava-o em outros, pois os Estados Unidos não queriam os europeus mantendo suas forças militares acantonadas nas colônias quando precisavam delas em casa contra o comunismo ao lado. E também não queriam movimentos nacionalistas coloniais que permitissem que o comunismo pusesse os pés no Terceiro Mundo, em especial quando os líderes desses movimentos costumavam ser espertos ao jogar com o temor dos americanos em relação à União Soviética. Até Moscou começou a jogar as cartas do anti-imperialismo em 1947, quando o ideólogo Andrei Zhdanov declarou que a União Soviética seria "a única verdadeira defensora da liberdade e da independência de todas as nações".[40]

Dessa forma, espremidas entre a crescente oposição nas colônias e uma intensa pressão de Washington, as potências europeias se retiraram, relutantes e normalmente depois de imensos banhos de sangue. Em duas ou três décadas, o processo estava essencialmente concluído, marcando um ponto de inflexão na história do mundo. Assim como o fascismo e a Nova Ordem do Japão tinham sido respostas ao desafio apresentado pelos impérios europeus existentes, o desaparecimento destes últimos erradicou muitas das justificativas para a construção do império fascista também. Em resumo, as rivalidades geopolíticas que motivaram o nazismo desapareceram, e todo o edifício do século XIX desmoronou. Hitler estava certo: o conflito entre a Alemanha e a Grã-Bretanha tinha encerrado a era imperial.[41]

Nos anos 1950 a Europa se encontrava num caminho de crescimento inteiramente novo. Pela primeira vez em sua história, e de forma bastante inesperada, isso baniu o medo da fome no continente e fez com que os alimentos — talvez a política econômica e social mais importante para o regime nazista — saíssem da agenda política quase sem se perceber. De acordo com a lógica nazista, isso não deveria ter acontecido. A Cortina de Ferro tinha separado áreas deficitárias em alimento do Oeste de produtores do Leste Europeu e tornou o problema de suprir as áreas industriais do continente muito mais difícil que antes. Para tornar o desafio ainda maior, em 1947 a população da Europa tinha pelo menos 20 milhões de habitantes a mais que em 1938. A própria Alemanha dividida estava lutando para lidar com um enorme problema de refugiados, bem pior em 1950 que em 1920.[42]

Porém, a despeito dessas pressões e das tensões adicionais da Guerra Fria, não houve um ressurgimento de nacionalismos radicais dentro do antigo Reich, como muitos observadores bem posicionados temiam. Nem se provou necessário assentar milhões de alemães nas colônias do oeste da África, como um preocupado Hjalmar Schacht — ainda temeroso da superpopulação na Europa Central — havia sugerido no cativeiro em 1945. Ao contrário, logo surgiu uma falta de mão de obra que levou aldeões para as cidades e depois começou a atrair turcos, portugueses, iugoslavos e gregos para a Alemanha Ocidental, e norte-africanos, caribenhos e indianos para outras partes.[43]

Surpreendentemente, a Europa se mostrou capaz de alimentar todos com facilidade, e os padrões de vida subiram de forma estável a partir do final dos anos 1940. Em 1953, o consumo de alimentos já estava próximo dos níveis de antes da guerra em quase todo o oeste da Europa; nos anos 1960, o problema era de superávits, não de déficits. Foi uma meia-volta extraordinária. Em parte graças ao novo Mercado Comum. A garantia de bons preços de venda para os fazendeiros e os melhoramentos na tecnologia da agricultura ajudaram a atingir a antiga meta nazista de autossuficiência de forma muito mais eficaz que suas guerras de conquista: sob essa visão, a Política Agrícola Comum marcou o triunfo da democracia sobre a ditadura. A reintegração num sistema de comércio global lubrificou os dólares americanos trazidos pelos benefícios. A cooperação entre Estados-nação independentes, porém cada vez mais coordenados sob a hegemonia americana, garantiu taxas muito mais altas de crescimento que o modelo nazista de autarquia continental: compensações bilaterais e extração de recursos altamente centralizada conseguiram realizar isso.[44]

Para alguns observadores, esse desenvolvimento se tornou épico em seu significado: a própria terra — fonte de sustento, a base do poder político e econômico durante séculos, a obsessão central dos nazistas, como havia sido para gerações de nacionalistas europeus — estava finalmente perdendo seu significado. Num brilhante artigo publicado em 1957, um cientista político americano chamado John Herz refletiu sobre o que isso significava. Ele argumentou que a mudança de um modelo de controle do século XIX, basicamente através de impérios, para um modelo de poder de meados do século XX, através de mercados, sinalizou o falecimento final do Estado territorial europeu — em outras palavras, um Estado que se definia por seu controle de certa porção de terra e sua capacidade de estender sua soberania sobre esse território. Herz acreditava que a guerra tinha afinal obsoletado o Estado territorial ao mostrar que as fronteiras eram muito menos importantes que no passado. As potências podiam agora ignorar essas fronteiras bombardeando populações hostis com propaganda ou bombas soltadas do ar. A tecnologia de mísseis zombava das pretensões de um Estado ser capaz de defender seus súditos. Os britânicos e americanos — os vitoriosos na guerra — pareciam particularmente atraídos por esses modos de guerra: tinham bombardeado pesadamente cidades da Alemanha, da Itália e da França, além de tentar empregar bloqueios navais para levá-las à inanição. Antecipando esse movimento, Hitler tentou aumentar a área sob controle alemão para se tornar autossuficiente e resistir à pressão do inimigo, permanecendo assim fiel ao ideal do século XIX de expandir fronteiras para garantir a segurança. Mas a devastação da Alemanha mostrou que essa não era a resposta.[45]

Herz sugeriu que na era nuclear a soberania significava menos que antes. Como muitos advogados do federalismo da época da guerra, ele via o Estado-nação como algo obsoleto. Antecipando muitos teóricos mais recentes, ele viu que um novo império estava emergindo — os Estados Unidos —, que projetava seu poder não por meio de conquistas formais e controle de território, mas de uma forma invisível — por meio de sua penetração nos mercados, sua cultura e a flexibilidade de seus poderes aéreo e naval. Poderia ter acrescentado em apoio ao seu argumento o também surpreendente desaparecimento das classes rurais na Europa que aconteceu nessa época, trazendo junto o colapso do próprio modo de vida que os nazistas haviam se dedicado a preservar.[46]

Mas talvez esse obituário para a terra (e adeus ao Estado) fosse prematuro, e mais uma questão de perspectiva que qualquer outra coisa. Afinal, os Estados Unidos e a União Soviética continuavam a se comportar de forma muito semelhante à das potências territoriais. Na verdade, em outro artigo publicado uma década depois, Herz aceitava que o Estado territorial acabou tendo uma vida mais longa do que ele imaginava. A guerra tinha deixado o nacionalismo mais forte, não mais fraco, e o transformara num fenômeno global. A descolonização, escreveu em 1968, tinha produzido uma "nova territorialidade" por todo o planeta, e o número de nações soberanas tinha explodido como resultado. A superioridade maciça em poder aéreo — que ele havia enfatizado bastante — era útil na luta contra outro Estado, mas muito menos útil ao combater insurgências de guerrilha ou movimentos de libertação nacional. A Guerra do Vietnã foi muito importante para essa nova linha de pensamento. Mas sua mente estava na experiência de outro novo Estado-nação — Israel. Como os eventos ali indicaram, a mística da terra continuava viva e passava bem.[47]

A QUESTÃO JUDAICA: DA EUROPA AO ORIENTE MÉDIO

O nazismo tinha como meta fortalecer a Alemanha criando uma comunidade racialmente pura e sem classes em que não haveria minorias. Mais tarde, ofereceu purificação étnica como a solução para a instabilidade também no Leste Europeu. Num discurso em 6 de outubro de 1939, Hitler falou sobre ajustar "a disposição de todo o espaço vital de acordo com as várias nacionalidades, ou seja, a solução dos problemas que afetam as minorias". Os nazistas não inventaram essa abordagem, que surgiu primeiro nos Bálcãs e continuou depois deles, e mais pessoas foram expulsas do Leste Europeu entre 1945 e 1949 que durante a guerra. Com a descolonização, o ideal do Estado-nação foi exportado para além-mar, como Herz avaliou. Mas isso apenas globalizou a luta por território e os problemas de minorias no subcontinente indiano, acompanhado por uma extraordinária perda de vidas quando milhões de hindus, muçulmanos e siques se mudaram para as recém-criadas fronteiras entre a Índia e o Paquistão. O ano seguinte trouxe guerra e expulsão étnica à Palestina e o estabelecimento de um Estado nacional judeu ao local. Assim, o término da Questão Judaica na Europa acabou sendo seu começo no Oriente Médio.

Não deveria surpreender que a Europa e o Oriente Médio estivessem tão relacionados. O sionismo foi um movimento nacional europeu desde o início e uma resposta ao antissemitismo no cerne de muitos outros movimentos nacionais europeus. Em aparência e vocabulário, o sionismo compartilhava com eles uma tradição intelectual comum europeia. Entre as duas guerras, para pegar um exemplo particularmente chocante, não foram só as "pesquisas" dos teóricos raciais alemães que forneceram uma chancela de respeitabilidade científica à política do Terceiro Reich de obrigar os judeus a emigrar; alguns estudiosos e comentaristas judeus justificavam o sionismo em bases semelhantes. O sionista nascido na Alemanha Arthur Ruppin, por exemplo, estava próximo em muitas de suas visões teóricas de Hans Günther, o perito em "raça nórdica" que atuou como mentor de Himmler. Os dois — eles se encontraram em 1933 para discutir a Questão Judaica — acreditavam que os judeus eram um povo racialmente diferente que não deveria ser assimilado e não pertencia à Europa. (Günther os considerava "uma cunha acionada pela Ásia na estrutura europeia", enquanto Ruppin acreditava que os judeus e os árabes eram "irmãos raciais" e que ambos pertenciam à Palestina.)[48]

Mas o impacto da Europa no sionismo não foi só uma questão de ideias, e a verdadeira importância de Ruppin não está em seus pontos de vista raciais. Como primeiro em comando do Bureau da Palestina, ele vinha comprando terras e propriedades em nome de colonizadores judeus desde antes da Primeira Guerra Mundial. Judeu prussiano criado perto de Posen antes de emigrar para a Palestina, ele conhecia bem a experiência da Comissão de Colonização Prussiana e suas atividades em assentamentos. "Eu vejo o trabalho do Fundo Nacional Judeu (JNF) como algo similar à Comissão de Colonização trabalhando na Prússia e no oeste da Polônia", ele escreveu em 1907, duas semanas depois de chegar ao país. "O JNF vai comprar terras sempre que oferecidas por não judeus e se oferecerá para revendê-las em parte ou no todo para judeus." Dessa forma, o conflito entre alemães e poloneses nas fronteiras da Prússia estruturou a abordagem de Ruppin dos assentamentos sionistas entre os árabes. Na Palestina otomana, note-se, as probabilidades eram ainda mais difíceis para os sionistas que para os nacionalistas prussianos em Posen: mais de 88% dos habitantes do território eram árabes, comparados aos 60% de poloneses na província da Prússia. Diante desse formidável desafio, Ruppin planejava estabelecer pequenas "ilhas" de assentamentos judeus que pudessem afinal ser ligadas — um objetivo bem diferente dos de seus precursores prussianos. De qualquer forma, ele quis aplicar as lições de sua terra natal na Palestina e trouxe um assessor prussiano para ajudar.[49]

A situação das minorias do Leste Europeu era um constante ponto de referência para muitos, e não só para Ruppin. Os sionistas austríacos que alertavam para o fato de que os judeus estariam em perigo de ser inundados por árabes explicavam que "se as coisas continuarem assim, cairemos vítimas do mesmo destino que os alemães em certos territórios eslavos". Nos anos 1920, defensores de um Estado binacional criticaram Ruppin por estar tão casado com uma abordagem "alemã", de ser centrado em eugenia, comprometido demais em separar os judeus para transformá-los numa maioria política em seu próprio Estado. De acordo com Martin Buber, "parece que não fizemos mais progresso [em relação aos árabes] que os poloneses fizeram em relação a nós". Colega de Ruppin, Samuel Bergman descartou com sarcasmo sua obsessão por terras como mais do mesmo da velha doença europeia:

> Assim como os italianos estão apressando a maioridade constituinte para o sul do Tirol para assegurar seu governo sobre os alemães, assim como os tchecos estão se apressando para assegurar sua própria maioria, e os alemães vis-à-vis os poloneses, e os poloneses vis-à-vis os ucranianos, e assim por diante, e assim por diante, então que Israel [...] comece bem do começo: que haja uma maioria de nós em Eretz Israel![50]

Nascido em Praga, Hans Kohn era igualmente crítico, comparando a ideia "alemã" de um Estado monoético, controle territorial e separação nacional com o Império Habsburgo, em que diferentes povos tinham partilhado o mesmo Estado. (Kohn acreditava cada vez mais que os sionistas estavam simplesmente repetindo os erros de outros nacionalistas europeus e saiu da Palestina depois das manifestações de 1929.)[51]

Ruppin, "o pai do assentamento sionista", morreu em 1943 e não viveu o bastante para ver o desfecho. Mas lançou as fundações sobre as quais outros construíram. Ao contrário de Ruppin, eles não se incomodaram com considerações eugênicas: usaram o Fundo Nacional Judeu da Autoridade da Terra para assentar o máximo de judeus na terra e tentaram coordenar isso com transferências de populações em grande escala. Talvez não seja surpreendente que a influência alemã em assentamentos israelenses tenha continuado forte depois da independência. Depois da guerra, por exemplo, em poucos países o planejamento espacial era tão importante quanto para o novo Estado judeu, e os primeiros planos nacionais israelenses para distribuir a população foram muito influenciados pela escola alemã do entreguerras de geografia econômica, em especial pelas ideias de Walter Christaller, cujas teorias sobre otimização de localização de assentamentos foram empregadas na colonização da Polônia e do Plano Geral do Leste por Himmler durante a guerra. Deve-se dizer que a utilização dessas ideias pelos israelenses na nova conquista de território pós-guerra estava longe de ser a única. Na verdade, a Teoria de Local Central de Christaller, produzida para a ss substituir as antigas aldeias eslavas por um sistema perfeitamente geométrico de novas cidades e vilarejos, acabou sendo uma base de desenvolvimento planejado em todo o mundo pós-guerra, em si mesma um sinal da nova preocupação global com território divisada por Herz nos anos 1960.

O surgimento de Israel também indicou outro aspecto-chave dessa territorialidade expandida — a piora da posição de minorias. Depois da Primeira Guerra Mundial, grupos lobistas judeus estavam entre os mais ardentes apoiadores dos direitos das minorias. Mas, depois da Segunda Guerra, abandonaram-nos completamente. Em função do genocídio, muitos se voltaram para o sionismo, e muito poucos viam um futuro a longo prazo para os judeus no Leste Europeu. Em termos demográficos e políticos, a Nova Ordem nazista tinha forjado uma transformação dilacerante: os grandes pontos de vida *shtetl* nos centros europeus — em especial na Polônia, na Ucrânia, nos Estados bálticos e na Bielorrússia — foram varridos. Também na Hungria, nos territórios tchecos e na Romênia, a vida provincial judaica não se recuperou. Muitos sobreviventes judeus foram expulsos de suas casas mesmo depois da libertação, confirmando o que a própria Solução Final sugerira, que muitos europeus do Leste eram simpáticos aos objetivos básicos dos nazistas de se livrar dos judeus. Alguns sobreviventes se mudaram para a Europa Ocidental. De qualquer forma, depois da guerra a Europa como um todo deixou de ser o lar de um esgotado mundo judaico. Ao contrário, a maior comunidade judaica do mundo surgiu no continente americano, enquanto a população judaica em Israel saltava de 445 mil na Palestina antes da guerra para 2,6 milhões em 1970.[52]

Tabela: *Porcentagem de população judaica no mundo por região*[53]

	1900	1939	1951	2005
Na Europa	81	58	24	12
Nas Américas	11	32	53	46
Na Palestina / Israel	0,3	3	12	41
População judaica total (milhões)	10,6	16,7	11,6	13

Na própria Palestina, líderes sionistas estavam preocupados não só em ajudar os sobreviventes do genocídio, mas também em avaliar seu potencial para ajudar a causa nacional, e seus representantes visitaram muitos dos campos de Pessoas Judias Deslocadas. David Ben Gurion, o líder da Agência Judia para a Palestina, ficou desalentado com o estado de espírito dos integrantes — com o partidarismo, o egoísmo e as incessantes demandas — e previu grandes dificuldades em ensiná-los a ser "cidadãos do Estado judeu". Mesmo assim, em março de 1945 ele contava que 1 milhão de judeus chegasse em um ano e meio para forçar os britânicos a uma postura mais a favor dos sionistas. Os números eram ambiciosos demais. Quando os britânicos mantiveram as restrições à imigração e fizeram voltar navios do Mossad levando imigrantes ilegais, Ben Gurion comparou essa política com a dos nazistas. Mas na verdade apenas uma pequena proporção dos sobreviventes queria mesmo ir para o Oriente Médio, e não havia mais de 220 mil na Palestina na eclosão da guerra de 1948.[54]

Como Ben Gurion entendia muito bem, a criação de Israel — ainda que intimamente ligada à experiência da guerra — dependia muito menos do influxo de sobreviventes da Europa que do impacto político do Holocausto e do apoio dos Estados Unidos em especial. Na onda de imigração maciça dos primeiros anos do novo Estado, a fonte crucial de chegada de jovens não era o Leste Europeu (migrantes que tendiam a ser mais velhos), mas o Oriente Médio e o norte da África. A população judaica da Europa começou a crescer outra vez depois de 1950, mas não nas terras árabes. Em resumo, a prática de homogeneização étnica da Europa Central estava se disseminando — e sendo disseminada — para os territórios árabes também. O motor era a busca concentrada de Israel por um "boas-vindas ao lar" organizado e liderado pelo Estado que via a existência de judeus no exterior como uma fonte de fraqueza nacional e seu regresso essencial para a sobrevivência nacional (talvez outra forma pela qual a influência do nacionalismo alemão continuou a se exercer). Em 1953, Jacques Vernant, um estudioso dos fluxos de refugiados, notou que Israel tinha aceitado um número de refugiados maior que qualquer outro país no mundo — tanto em termos relativos como em absolutos. Que em alguns casos tenha chegado a tentar forçar judeus a sair de suas casas para emigrar — do Iraque, por exemplo —, isso continua envolto em controvérsias. Mas também era uma política que poderia ser encontrada na longa história europeia de movimentos populacionais forçados. Como vimos ao longo deste livro, na cabeça dos políticos ávidos para construir sua força nacional, às vezes era difícil distinguir "resgatar" nacionais do exterior de desenraizá-los deliberadamente.[55]

MINORIAS, REFUGIADOS E DIREITOS

Os direitos das minorias têm sido um vestígio de uma concepção mais antiga de governança internacional, na qual a Liga, conduzida pelas grandes potências europeias (ocidentais), confiantes em seus valores de "civilização", exerceu uma supervisão intrusa e paternalista nos novos Estados e nos mandatos. Mas, depois da guerra intestina, a confiança numa "civilização internacional" estava dilacerada e a defesa da soberania parecia mais necessária que antes. Havia uma grande resistência a qualquer restauração do regime dos antigos direitos das minorias depois da guerra, e isso foi ocultado em silêncio enquanto o mundo comemorava o novo compromisso das Nações Unidas com os direitos individuais no lugar. Ao mesmo tempo, enquanto a extensão global do modelo do Estado-nação etnicamente homogêneo produzia onda após onda de refugiados, o que resultou na reconstrução das instituições internacionais ao redor das Nações Unidas foi um regime inteiramente novo de proteção aos refugiados.[56]

O gatilho era o problema de encontrar rapidamente habitações para as pessoas sem nacionalidade da Europa, o problema que a própria Europa fracassou em resolver entre 1938 e 1942. No início de 1946, ainda havia cerca de 576 mil deles sobrando desde *antes* da guerra. A esse número, exaustas agências de auxílio acrescentaram pelo menos outros 850 mil "não repatriáveis" — Pessoas Deslocadas — e depois centenas de milhares mais — muitos deles judeus — fugindo para o Leste Europeu *depois* de 1945. Esse cuidado tornou-se uma preocupação fundamental das novas organizações internacionais pós-guerra — primeiro a Administração de Reabilitação e Ajuda das Nações Unidas, depois as novas agências permanentes de bem-estar e refugiados estabelecidas pela ONU. Mas a dimensão internacional não era a única. Hoje, alguns pensadores radicais tentam desacoplar a figura do "refugiado" da de "direitos humanos" e da de "Estado-nação". Mas, no início dos anos 1950, comentaristas como Hannah Arendt viam as coisas de forma bem diferente: para ela, a questão era forçar os Estados a garantir direitos e a resolver o problema da falta de Estado dessa forma. Por isso, a grande escala do próprio problema dos refugiados não estimulava a cooperação internacional entre as agências e trabalhadores de auxílio; constituía também um poderoso argumento para reconstruir Estados fortes com a capacidade de receber e cuidar das pessoas que precisassem de sua ajuda.[57]

No começo do século XXI, em meio à talvez momentânea morte do internacionalismo norte-americano, tornou-se tentador olhar para trás, para 1945 e a guerra contra Hitler, como uma espécie de Era de Ouro na qual os arquitetos de visão de uma ordem mundial nova e mutuamente benéfica aprenderam as lições da Nova Ordem nazista e resolveram reviver o liberalismo em novas bases. Historicamente isso é inquestionável. O discurso sobre direitos humanos nos anos 1940 era quase só isso, e levou muito tempo para se tornar politicamente influente — talvez não antes dos anos 1970. Sua função em 1945 era permitir o enterro do antigo sistema de direitos da minoria, abrindo caminho para a globalização do modelo purificado etnicamente do Estado-nação para o qual os nazistas haviam pressionado mais que qualquer um. O novo regime de proteção aos refugiados não pretendia confrontar um fenômeno permanente de grande escala, mas sim facilitar as necessidades de populações muito específicas isoladas ou despejadas durante e imediatamente após a guerra.[58]

Em outro sentido, contudo, 1945 não marcou um ponto de regresso. Projetada para criar um império na Europa, a Nova Ordem nazista também desejava, ao menos na cabeça de Hitler, marcar a ascensão da Alemanha ao tipo de proeminência mundial desfrutada por seus inimigos, e inaugurar um novo sistema mundial conduzido ao longo e de acordo com as concepções políticas definidas por Berlim. Dirigida contra os vitoriosos na escalada europeia por um império, era também o último estágio desse processo. A Alemanha não teve forças para prevalecer sozinha nem a visão política para angariar aliados que ajudassem. Com o tempo, nazistas preeminentes perceberam a necessidade de pragmatismo e de acordos, mas já era tarde demais. Uma Grande Alemanha no sentido guilhermino ou a hegemonia continental vislumbrada por Schmitt poderia ter perdurado, mas não o Reich todo-poderoso que era tudo o que Hitler queria considerar. O resultado não foi só a derrocada da Alemanha, mas o final de um período de dois séculos em que a Europa dominou o mundo.

Com a Alemanha e a Europa divididas, a nova ordem do mundo pós-guerra só poderia sobreviver baseada no equilíbrio de poder — e na compreensão — entre as duas potências à espreita nas margens — a Rússia soviética e os Estados Unidos. Assim, os dois países que Hitler temia acima de todos os outros acabaram por determinar o destino da Europa. O próprio continente tornou-se um laboratório de um novo conflito — a Guerra Fria — que seria travado no mundo todo. Em poucos anos, as recentes técnicas de guerra política, econômica e psicológica lançadas dos dois lados do Muro de Berlim estavam sendo recalibradas para mais uso no campo. Como explicou um dos administradores do Plano Marshall em 1951: "Nós aprendemos na Europa o que fazer na Ásia, pois com o Plano Marshall desenvolvemos os instrumentos essenciais de uma política bem-sucedida na arena da política mundial". Não era, como alguns desconsolados alemães temiam em 1945, o "fim da Europa". Mas era o fim da Europa como formuladora de normas e como a polícia do mundo, e o sociólogo Alfred Weber estava certo em mais de um sentido quando falou em 1946 sobre "um adeus à nossa antiga história" (*Abschied von der bisherigen Geschichte*). Desde então, a ordem internacional emergiria em bases diferentes, guiada por diferentes mãos.[59]

Agradecimentos

Devo muito aos vários estudiosos em cujos trabalhos me baseei, assim como a muitos de meus maravilhosos alunos em Princeton, Sussex, Birkbeck e Columbia. Também gostaria de agradecer às seguintes pessoas a oportunidade de infligir minhas ideias a elas e a seus colegas: Florent Bayard, Pieter Lagrou e Henri Rousso; Charles Dellheim; Richard Evans; Ido de Haan e Pieter Romijn; Tony Judt; Erez Manela; Anthony Pagden e Sanjay Subrahmanyam; Robert Pippin; Gyan Prakash. Marilyn Young, Fred Cooper, Fritz Stern, Sheldon Garon e Phil Nord contribuíram com respostas e comentários particularmente úteis, assim como os participantes dos seminários em Birkbeck Balzan organizados por David Feldman, Jessica Reinisch e Elisabeth White.

Também me beneficiei enormemente do apoio intelectual e da amizade de meus colegas na Universidade Columbia. Agradeço aos colegas participantes do projeto de pesquisa sobre a ocupação do Center for International History, em especial a Alan Brinkley, Matthew Connelly, Victoria de Grazia, Isobel Hull, Rashid Khalidi, Martti Koskenniemi, Gregory Mann, Susan Pedersen, Anders Stephanson e John Witt. Recebi orientação inestimável de Volker Berghahn, Holly Case, Fred Cooper, Tomislav Dulic, Laura Engelstein, Catherine Epstein, Alison Frank, Carol Gluck, Gabriella Gribaudi, Hans-Christian Jasch, Pieter Judson, Simon Kitson, Pieter Lagrou, Mark Lilla, Kiran Patel, Susan Pedersen, Derek Penslar, Rachel Phipps, Pieter Romijn, Lidia Santarelli, Ben Shephard, Leonard Smith, Tim Snyder, Anders Stephanson, Adam Tooze, Mark von Hagen, Yfaat Weiss e Tara Zahra. Muitos deles encontraram tempo em suas agendas já muito ocupadas para ler rascunhos e sugerir aperfeiçoamentos, e sou muito grato a todos. Jessamyn Abel, Holly Case, Catherine Epstein, Benjamim Martin, Leonard Smith, Tim Snyder e Tara Zahra também compartilharam comigo trabalhos inéditos que foram imensamente úteis. Igualmente valiosas, ainda que de modo mais indireto, foram as conversas que mantive durante anos com os já falecidos Francis Carsten e Eric Hobsbawm, com Claudio Pavone, Carl Schorske e Fritz Stern — modelos do ofício de historiador e que também viveram aqueles anos. A maior parte deste livro foi escrita durante um período de licença de Columbia, e gostaria de agradecer ao Departamento de História por me conceder esse tempo; e a David Blackbourn, Patricia Craig, Peter Hall e Charles Maier por fazerem me sentir tão bem-vindo no Centro de Estudos Europeus da Universidade Harvard e por me facultarem acesso aos tesouros extraordinários da Biblioteca Widener. Andrew Wylie, sempre um apoio magnífico, garantiu as condições ótimas para a produção deste livro. Simon Winder foi o primeiro a sugerir que eu o escrevesse e foi desde o início uma fonte de ideias fabulosas, encorajamento e sensatez em todos os sentidos. Como sempre, eu não seria capaz de escrever sem os conselhos inestimáveis, a leitura atenta e a amizade de Peter Mandler. Mas não tenho palavras para descrever quanto devo a Marwa Elshakry, que viveu entre nazistas alguns poucos anos. Tudo o que consigo dizer é que, sem sua incrível paciência, sua empatia e sua profunda perspicácia, tanto este livro como seu autor estariam profundamente enrascados: *Elfi shukr, ya habibti*. Também gostaria de agradecer a meus sogros e a minhas cunhadas e a Nadeem pela dádiva de sua amizade, e a meus irmãos e seus entes queridos pelo apoio constante. Quanto a meus amados pais, conto com seu apoio e encorajamento há mais tempo do que sou capaz de recordar e de mais maneiras de que sou capaz de agradecer. Este livro é para eles.

Notas

PREFÁCIO: O PANORAMA VISTO DE VARZIN (PP. 29-36)

1. C. von Krockow, *Hour of the Women: Based on an Oral Narrative by Libussa Fritz- Krockow*. Nova York: 1991, pp. 27-30; sobre as marchas para a morte, Y. Bauer, "The Death Marches, January--May 1945". *Modern Judaism*, v. 3, n. 1, 1983, pp. 1-21.

2. M. Donhoff, *Before the Storm: Memories of My Youth in Old Prussia*. Nova York: 1990, pp. 197-9; T. Donhoff; J. Roettger, *Weit ist der Weg nach Western: Auf der Fluchtroute von Marion Gräfin Dönhoff*. Berlim: 2004, pp. 186-90.

3. L. Machtan, "Bismarcks Varzin-Warcino heute: Betrachtungen zu einem Symbol politischer Kultur aus Preussten-Deutschland". *Zeitschrift für Geschichtswissenschaft*, v. 38, n. 9, 1990, pp. 771-86.

4. B. Ankermann, no prefácio a R. Parkinson, *Thirty Years in the South Seas: Land and People, Customs and Traditions in the Bismarck Archipelago and on the German Solomon Islands*. Trad. de J. Dennison. Honolulu: 1999, pp. xxxv-xxxvi.

5. Ibid., p. xxii, n. 24; K. Neumann, *Not the Way it Really Was: Constructing the Tolai Past*. Honolulu: 1992, p. 19.

6. T. Kaminski, "Bismarck and the Polish Question: The 'Huldigungsfahrten' to Varzin in 1894". *Canadian Journal of History*, n. 22, ago. 1988, pp. 235-50.

7. L. Snyder, *The Blood and Iron Chancellor: A Documentary-Biography of Otto von Bismarck*. Princeton: 1967, pp. 376-8.

8. C. Winter, "The Long Arm of the Third Reich: Internment of New Guinea Germans in Tatura". *Journal of Pacific History*, v. 38, n. 1, 2003, pp. 85-124, aqui 105.

1. S. Neitzel (Org.), *Tapping Hitler's Generals: Transcripts of Secret Conversations 1942-1945*. Barnsley: 2007, p. 159.

2. W. Boelcke (Org.), *"Wollt Ihr den totalen Krieg?" Die geheimen Goebbels-Konferenzen 1939-1943*. Stuttgart: 1967, pp. 189-91. A referência original é à fronteira noroeste da Índia, o que é evidentemente um erro.

3. H. Arendt, *The Origins of Totalitarianism* (Nova York: 1951) [Ed. bras.: *Origens do totalitarismo*. São Paulo: Companhia das Letras, 1989] estava à frente de seu tempo ao relacionar imperialismo europeu e totalitarismo. Para uma síntese recente que insere a Alemanha nazista no interior mais abrangente da história do império, ver J. Darwin, *After Tamerlane: The Global History of Empire* (Londres: 2007), em especial as páginas 417-8, para a ideia de uma história mundial do entreguerras como uma continuação sangrenta do "novo imperialismo" do final do século XIX. O debate mais recente pode ser acompanhado em U. Poiger, "Imperialism and Empire in Twentieth Century Germany" (*History and Memory*, v. 17, n. 1, 2005, pp. 117-43). J. Hul, *Absolute Destruction: Military Culture and the Practices of War in Imperial Germany* (Ithaca: 2006), alerta incisivamente para o risco de assumir que as influências entre o mundo colonial e a Europa continental viajaram somente numa direção. W. D. Smith, *The Ideological Origins of Nazi Imperialism* (Oxford: 1986), permanece fundamental.

4. Para Hitler como oportunista, ver: A. J. P. Taylor, *The Origins of the Second World War* (Londres: 1961) e E. M. Robertson, *Hitler's Prewar Policy and Military Plans, 1933-1939* (Londres: 1963). Sobre o programa, K. Hildebrand, *Deutsche Aussenpolitik 1933-1945: Kalkül oder Dogma?* (Stuttgart: 1971). Versões sobre o Hitler "atlanticista" podem ser encontradas também em G. Weinberg, *A World at Arms: A Global History of World War II* (Cambridge: 2005), e, numa abordagem bem diferente, em A. Tooze, *Wages of Destruction: The Making and Breaking of the Nazi Economy* (Londres: 2006). O argumento de que os objetivos de Hitler eram essencialmente europeus foi feito primeiramente por H. Trevor-Roper em "Hitlers Kriegsziele" (*Vierteljahrshefte für Zeitgeschichte*, n. 8, 1960). A literatura sobre os objetivos da guerra está sumarizada em: N. W. Goda, *Tomorrow the World: Hitler, Northwest Africa and the Path toward America* (College Station, TX: 1998); M. Hauner, "Did Hitler Want World Dominion?" (*Journal of Contemporary History*, v. 13, n. 1, jan. 1978, pp. 15-32); e G. Schreiber, "Der Zweite Weltkrieg in der internationalen Forschung. Konzeptionen, Thesen und Kontroversen". In: W. Michalka (Org.), *Der Zweite Weltkrieg: Analysen, Grundzüge, Forschungsbilanz* (Munique: 1989, pp. 3-25).

5. Sobre Hitler e os Estados Unidos, ver os extremamente sensíveis comentários apresentados em E. May, "Nazi Germany and the United States: A Review Essay" (*Journal of Modern History*, v. 41, n. 2, jun. 1969, pp. 207-14); Seward, in: E. N. Paolino, *The Foundations of the American Empire: William Henry Seward and US Foreign Policy* (Ithaca: 1973, pp. 7-8); W. Jochmann (Org.), *Adolf Hitler: Monologe im Führer-Hauptquartier, 1941-1944* (Hamburgo: 1980, p. 110).

6. H. Mackinder, "The Geographical Pivot of History". *Geographical Journal*, v. 23, n. 4, abr. 1904, p. 436; G. Stoakes, *Hitler and the Quest for World Dominion: Nazi Ideology and Foreign Policy in the 1920s*. Nova York: 1986; e N. Rich, *Hitler's War Aims. 2: The Establishment of the New Order*. Londres: 1974; ver também D. Aigner, "Hitler und die Weltherrschaft". In: W. Michalka (Org.), *Nationalsozialistische Aussenpolitik*. Darmstadt: 1978, pp. 49-69.

7. A citação de Rosenberg foi retirada de G. Stroble, *The Germanic Isle: Nazi Perceptions of Britain* (Cambridge: 2000, p. 93).

8. Para a questão da proximidade e da ameaça racial, ver D. Furber, "Going East: Colonialism and German Life in Nazi-Occupied Poland" (Pennsylvania State University: 2003, pp. 45-9. Tese de Doutorado); citado por A. Polonsky, "The German Occupation of Poland during the First and Second World Wars: A Comparison". In: R. A. Prete, A. H. Ion (Orgs.), *Armies of Occupation* (Ontario: 1981, p. 133). *Ostrausch* em D. Blackbourn, *The Conquest of Nature: Water, Landscape and the Making of Modern Germany* (Londres: 2006, p. 250). Ver também: A. Steinweis, "Eastern Europe and the Notion of the Frontier in Germany to 1945". In: K. Bullivant et al. (Orgs.), *Germany and Eastern Europe: Cultural Identities and Cultural Differences*. Amsterdam: 1999.

9. As baixas alemãs foram retiradas de R. Overmans, *Deutsche militärische Verluste im Zweiten Weltkrieg* (Munique: 1999, p. 265); outras estimativas de dados, em E. M. Kulischer, *Europe on the Move: War and Population Changes, 1917-1947* (Nova York: 1948, pp. 278-9, 305); G. Frumkin, *Population Changes in Europe since 1939* (Nova York: 1951, pp. 174-82). Os números de baixas entre os soviéticos são baseados em: M. Ellman, S. Maksudov, "Soviet Deaths in the Great Patriotic War: A Note" (*Europe-Asia Studies*, v. 46, n. 4, 1994, pp. 671-80). Alguns desses índices são particularmente difíceis de verificar, notadamente as estimativas das baixas entre os civis na Polônia, Iugoslávia e União Soviética, que pedem urgente reavaliação; os números da França foram recentemente submetidos a uma convincente revisão para baixo por Pieter Lagrou. Muito pouco se escreveu até aqui sobre a dimensão política do período de guerra e das primeiras estatísticas do pós-guerra.

10. L. Smith, *The Embattled Self: French Soldiers' Testimony of the Great War*. Ithaca: 2007, p. 184.

11. H. Heiber (Org.), *Hitler and His Generals: Military Conferences, 1942-45*. Nova York: 2003, pp. 533-4.

12. Ute Frevert defende a guerra como um processo europeizante em "Europeanising Germany's Twentieth Century" (*History and Memory*, v. 17, n. 1-2, 2005, pp. 87-116). Drieu é citado em L. Smith, *The Embattled Self* (p. 184). A jornada do oficial da Gestapo Gerhard Bast é descrita por seu filho em M. Pollack, *The Dead Man in the Bunker* (Londres: 2006); M. Harrison, "Resource Mobilisation for World War II" (*Economic History Review*, n. 2, 1988).

13. Há uma impressionante carência de análises atualizadas sobre a Nova Ordem nazista de uma perspectiva europeia. As obras indispensáveis em língua inglesa são: Rich, *Hitler's War Aims* (v. 2) e A. e V. Toynbee (Orgs.), *Survey of International Affairs: Hitler's Europe, 1939-1946* (Londres: 1954). Não se deve deixar de mencionar também as três obras ainda atuais de G. Reitlinger: *The Final Solution* (Londres: 1953), *The SS, Alibi of a Nation* (Londres: 1956) e *The House Built on Sand: the Conflicts of German Policy in Russia, 1939-1945* (Londres: 1960). As coletâneas mais importantes são: W. Schumann et al. (Orgs.), *Europa unterm Hakenkreuz, 1938-1945* (Berlim: 1988-94, 10 v.), e W. Benz et al. (Orgs.), *Nationalsozialistische Besatzungspolitik in Europa, 1939-1945* (Berlim: 1996-9, 9 v.). Os até agora oito volumes publicados pelo Militärgeschichtliches Forschungsamt da série *Das Deutsche Reich und der Zweite Weltkrieg* (Stuttgart: 1979-2004) também são indispensáveis. Uma excelente síntese recente é a de G. Corni, *Il sogno del "grande spazio": le politiche d'occupazione nell'Europa nazista* (Roma: 2005). E. Collotti, *L'Europa nazista: il progetto di un nuovo ordine europeo, 1939-1945* (Florence, 2002), é uma compilação de ensaios. O historiador polonês Czeslaw Madajczyk escreveu importantes artigos não somente sobre sua especialidade, a Polônia, mas também sobre as políticas de ocupação nazistas na Europa como um todo.

14. P. Geyl, "Hitler's Europe". In: _____. *Encounters in History*. Nova York: 1961, p. 264.

15. "Report of deputy chief of police Jozsef Sombor-Schweinitzer", 29 jan. 1943. In: M. Horthy, *Confidential Papers*. Org. de M. Szinai e L. Szucs. Budapeste: 1965, p. 204.

16. F. Bacon, "Of the True Greatness of Kingdoms and Estates". In: *Selected Writings of Francis Bacon*. Nova York: 1955, pp. 80-1.

17. J. Colton, *Lion Blum: Humanist in Politics*. Durham (NC): 1987, p. 430.

18. G. Aly, *Hitler's Beneficiaries: Plunder, Racial War and the Nazi Welfare State*. Nova York: 2006; para uma crítica extensa, A. Tooze, "Economics, Ideology and Cohesion in the Third Reich: A Critique of Götz Aly's *Hitlers Volksstaaf*, ensaio não publicado disponível on-line em <http://www.hist. cam.ac.uk/academic_staff/further_details/tooze-aly.pdf>; sobre soldados, ver O. Bartov, *Hitler's Army: Soldiers, Nazis and War in the Third Reich* (Nova York: 1991).

19. Gross, citado em Kum'a N'dumbe III Alexandre, "Fascisme colonial et culture". In: C. Madajczyk (Org.), *Inter arma non silent musae: The War and Culture, 1939-1945*. Varsóvia: 1977, pp. 17-149, aqui p. 119.

20. Hitler para Budak, 18 fev. 1942. In: A. Hillgruber (Org.), *Staatsmänner und Diplomaten bei Hitler, 1942-4*. Frankfurt: 1970, pp. 62-3, v. 2; ver também Z. Klukowski, *Diary from the Years of Occupation, 1939-1944*. Urbana (IL): 1993, pp. 173, 227.

21. R. Overmans, "Die Toten des Zweiten Weltkriegs in Deutschland. Bilanz der Forschung inter besonderer Berücksichtigung der Wehrmacht-und Vertreibungsverluste". In: Michalka (Org.), *Der Zweite Weltkrieg*. pp. 858-75. As estimativas de Overmans vão de 3,35 milhões a 9,4 milhões de mortes no total. Essa variação explica-se basicamente pela dificuldade em se determinar o número de mortes ocorridas durante as expulsões de 1945 para a frente. As estimativas mais plausíveis variam de 5,2 milhões a 5,65 milhões de pessoas. O número de mortos e desaparecidos apenas pela Wehrmacht fica entre 3 milhões e 4 milhões.

I. ALEMÃES E ESLAVOS: 1848-1918 (PP. 53-69)

1. Ver A. Graziosi, "Il mondo in Europa: Namier e il 'Medio oriente europeo', 1815-1948". *Contemporanea*, v. 10, n. 2, abr. 2007, pp. 193-229.

2. L. Namier, *1848: The Revolt of the Intellectuals*. Oxford: 1992, p. 88; ver também "Nationality and liberty". In: _____, *Vanished Supremacies: Essays on European History, 1812-1918*. Londres: 1962, pp. 46-73. Ver também G. Wollstein, *Das "Grossdeutschland" der Paulskirche: Nationale Ziele der bürgerlichen Revolution 1848/49*. Düsseldorf: 1977, e H. J. Hahn, *The 1848 Revolutions in German-speaking Europe*. Londres: 2001, esp. pp. 147-51. B. Vick, *Defining Germany: The 1848 Frankfurt Parliamentarians and National Identity* (Cambridge, MA: 2002), faz um esforço louvável para criticar essa interpretação e enfatizar o caráter inclusivo do nacionalismo alemão nessa época, o que convence mais quando são abordadas as terras dos Habsburgo em vez das dos poloneses.

3. R. Höhn, *Verfassungskampf und Heereseid; Der Kampf des Burgertums um das Heer (1815-1850)*. Leipzig: 1938; J. Goebbels, *The Goebbels Diaries, 1939-1941*. Org. de F. Taylor. Londres: 1982, p. 114. Em geral, R. Zitelmann, *Hitler: the policies of seduction*. Londres: 1999, pp. 60-1. Contestar os significados de 1848 era também uma característica do fascismo italiano: ver C. Pavone, "Le idee della resistenza". In: _____ (Org.), *Alle origini della Repubblica: Scritti su fascismo, antifascismo e continuità dello Stato*. Turim: 1995, p. 7.

4. P. Judson, "Changing meanings of 'German' in Habsburg Central Europe". In: Charles Ingrao, Franz Szabo (Orgs.), *The Germans and the East*. West Lafayette (IN): 2007, pp. 109-28, aqui p. 116.

5. F. Epstein, "Friedrich Meinecke on Eastern Europe". In: _____ (Org.), *Germany and the East: Selected Essays*. Bloomington (IN): 1973, p. 37.

6. J. Remak, "The Healthy Invalid: How Doomed Was the Habsburg Empire?". *Journal of Modern History*, v. 41, n. 2, jun. 1969, pp. 127-43; A. Kogan, "Social Democracy and the Conflict of Nationalities in the Habsburg Monarchy". *Journal of Modern History*, v. 21, n. 3, set. 1949, pp. 204-11.

7. M. Cornwall, "The Struggle on the Czech-German Language Border, 1880-1940". *English Historical Review*, v. 109, n. 433, set. 1994, pp. 914-51; D. Low, *The Anschluss Movement, 1918-1919 and the Paris Peace Conference*. Filadélfia: 1974, p. 15.

8. W. D. Smith, "Friedrich Ratzel and the Origins of Lebensraum". *German Studies Review*, v. 3, n. 1, fev. 1980, pp. 51-68; G. Kiss, "Political Geography into Geopolitics: Recent Trends in Germany". *Geographical Review*, v. 32, n. 4, out. 1942, pp. 632-45; K. Lange, "Der terminus 'Lebensraum' in Hitlers 'Mein Kampf'". *Vierteljahrshefte für Zeitgeschichte*, v. 13, n. 4, 1965, pp. 426-37.

9. W. F. Reddaway, "Prussian Poland: 1850-1914". In: _____ et al. (Orgs.), *The Cambridge History of Poland: From Augustus II to Pilsudski, 1697-1935*. Cambridge: 1951, pp. 409-22.

10. R. L. Koehl, "Colonialism inside Germany, 1886-1918". *Journal of Modern History*, v. 25, n. 3, set. 1953, pp. 255-72; R. W. Tims, *Germanizing Prussian Poland: The H-K-T Society and the Struggle for the Eastern Marches in the German Empire, 1894-1919*. Nova York: 1941, p. 54.

11. Citado em J. M. Winiewicz, *Aims and Failures of the German New Order* (Londres: 1943, p. 19).

12. J.-R. Pare, "Les 'Ecrits de jeunesse' du Max Weber: l'histoire agraire, le nationalisme et les paysans". *Canadian Journal of Political Science*, v. 28, n. 3, 1995, pp. 437-54; W. Mommsen, *Max Weber and german politics, 1890-1920*. Chicago: 1984, cap. 2; Höhn, em *Festgabe für Heinrich Himmler* (Darmstadt: 1941).

13. T. Kaminski, op. cit., pp. 235-50; R. W. Tims, op. cit., p. 244.

14. J. M. Winiewicz, op. cit., p. 20; R. W. Tims, op. cit., p. 34.

15. Ibid., pp. 142, 269; W. Hagen, *Germans, Poles and Jews: The Nationality Conflict in the Prussian East, 1772-1914*. Chicago: 1980, p. 307.

16. Citado por W. Hagen, ibid., pp. 283-4.

17. F. Epstein, "East Central Europe as a Power Vacuum between East and West during the German Empire". In: _____ (Org.), op. cit., pp. 56-7.

18. O. Fedyshyn, *Germany's Drive to the East and the Ukrainian Revolution, 1917-1918*. New Brunswick: 1971, p. 23.

19. A. Polonsky, "The German Occupation of Poland during the First and Second World Wars: A Comparison". In: R. A. Prete, A. H. Ion (Orgs.), op. cit., pp. 97-142; M. Handelsman, *La Pologne: sa vie economique et sociale pendant la guerre*. Paris: 1933, pp. 83-99, 124-7.

20. Ibid., pp. 170-1; I. Geiss, *Der polnische Grenzstreifen, 1914-1918: Ein Beitrag zur deutschen Kriegszielpolitik im Ersten Weltkrieg*. Lübeck, 1960, p. 172.

21. I. Hull, *Absolute Destruction: Military Culture and the Practices of War in Imperial Germany*. Ithaca: 2006, pp. 256-7, 259; D. G. Rempel, "The Expropriation of the German Colonists in Southern Russia during the Great War". *Journal of Modern History*, v. 4, n. 1, mar. 1932, pp. 49-67; P. Gatrell, *A Whole Empire Walking: Refugees in Russia during World War I*. Bloomington (IN): 2005,

cap. 1; E. Lohr, *Nationalizing the Russian Empire: The Campaign against Enemy Aliens during World War I.* Cambridge (MA): 2003.

22. A. Polonsky, "The German Occupation of Poland", pp. 127-8.

23. F. Fischer, *Germany's Aims in the First World War.* Nova York: 1967, pp. 103-42; I. Hull, op. cit., pp. 206-11, 234-40.

24. V. G. Liulevicius, *War Land on the Eastern Front: Culture, National Identity and German Occupation in World War I.* Cambridge: 2000; I. Hull, op. cit., pp. 247-8, 259-62.

25. G. Fong, "The Movement of German Divisions to the Western Front, Winter 1917- 1918". *War in History*, v. 7, n. 2, 2000; V. G. Liulevicius, op. cit., p. 205.

26. F. Fischer, op. cit., pp. 546-9; R. Koehl, "A Prelude to Hitler's Greater Germany". *American Historical Review*, v. 59, n. 1, out. 1953, pp. 43-65; H. Herwig, "Tunes of Glory at the Twilight Stage: the Bad Homburg Crown Council and the Evolution of German Statecraft, 1917/1918". *German Studies Review*, v. 6, n. 3, out. 1983, pp. 475-94.

27. R. Waite, *Vanguard of Nazism: the Free Corps Movement in Postwar Germany, 1918-1923.* Nova York: 1952, p. 118; R. Hoss, *Death Dealer: The Memoirs of the SS Kommandant at Auschwitz.* Nova York: 1996, p. 60.

28. Von Salomon, citado por R. Waite, op. cit., pp. 108, 129.

29. Ibid., Apêndice.

30. H. Herwig, op. cit., p. 478.

31. J. Goebbels, *The Goebbels Diaries, 1942-43.* Org. de L. Lochner. Nova York: 1948, p. 126.

2. DE VERSALHES A VIENA (PP. 70-93)

1. M. Burleigh, *Germany Turns Eastwards: A Study of Ostforschung in the Third Reich.* Cambridge: 1988, p. 145.

2. Citado por M. Dockrill e J. D. Goold, *Peace without Promise: Britain and the Peace Conferences, 1919-1923* (Londres: 1981, p. 24).

3. Ibid., p. 3; J. W. Headlam, *A Memoir of the Paris Peace Conference, 1919.* Londres: 1972, pp. 127-8.

4. T. Bottomore, P. Goode (Orgs.), *Austro-Marxism.* Oxford: 1978, p. 31; R. Steininger, "12 November 1918-12 March 1938: The Road to the Anschluss". In: R. Steininger, G. Bischof, M. Gehler (Orgs.), *Austria in the 20th Century.* New Brunswick: 2002, pp. 85-114, aqui pp. 85-7; F. Carsten, *The First Austrian Republic, 1918-1938: A Study Based on British and Austrian Documents.* Aldershot: 1986.

5. S. W. Gould, "Austrian Attitudes toward Anschluss: October 1918-September 1919". *Journal of Modern History*, v. 22, n. 3, set. 1950, pp. 220-31; D. P. Myers, "Berlin *versus* Vienna: Disagreements about Anschluss in the Winter of 1918-1919". *Central European History*, v. 5, n. 2, jun. 1972, pp. 150-75.

6. P. R. Sweet, "Seipel"s Views on Anschluss in 1928: An Unpublished Exchange of Letters". *Journal of Modern History*, v. 19, n. 4, dez. 1947, pp. 320-3.

7. F. G. Campbell, "The Struggle for Upper Silesia, 1919-1922". *Journal of Modern History*, v. 42, n. 3, set. 1970, pp. 361-85; M. Housden, "Ewalde Ammende and the Organization of National Minorities in Interwar Europe". *German History*, v. 18, n. 4, 2000, pp. 439-60, 449. Os dados básicos são de J. P. Schechtman, *European Population Transfers, 1939-1945* (Nova York: 1946, p. 29); dados do censo do entreguerras foram tirados de R. P. Magocsi, *Historical Atlas of East Central Europe* (Seattle, 1993).

8. J. Hiden, *The Baltic States and Weimar Ostpolitik*. Cambridge: 1987.

9. M. Housden, "Ewalde Ammende and the Organization of National Minorities".

10. J. Koralka, "Germany's Attitude to the Disintegration of Cisleithania". *Journal of Contemporary History*, v. 4, n. 2, abr. 1969, pp. 85-95; F. G. Campbell, *Confrontation in Central Europe: Weimar Germany and Czechoslovakia*. Chicago: 1975, p. 76.

11. Ibid., pp. 82-3; J. W. Bruegel, "The Germans in Prewar Czechoslovakia". In: V. Mamatey, R. Luza (Orgs.), *A History of the Czechoslovak Republic, 1918-1948*. Princeton: 1973, p. 175; E. Wiskemann, *Czechs and Germans*. Oxford: 1938; D. Miller, "Colonising the Hungarian and German Border Areas during the Czech Land Reform, 1918-1938". *Austrian History Yearbook*, n. 34, 2003, pp. 303-17.

12. H. van Rieckhoff, *German-Polish Relations, 1918-1933*. Baltimore: 1971, p. 18; H. Stern, "The Organisation Consul". *Journal of Modern History*, v. 35, n. 1, mar. 1963, pp. 20-32.

13. R. Blanke, *Orphans of Versailles: The Germans in Western Poland, 1918-1939*. Lexington (KY): 1993, cap. 2.

14. R. Blanke, "The German Minority in Interwar Poland and German Foreign Policy: Some Reconsiderations". *Journal of Contemporary History*, n. 25, 1990, pp. 87-102; E. Wiskemann, *Germany's Eastern Neighbours*. Oxford: 1956, p. 20; C. Raitz von Frentz, *A Lesson Forgotten: Minority Protection under the League of Nations: The Case of the German Minority in Poland, 1920-1934*. Nova York: 1999, pp. 213-6.

15. O memorando de 1925 é citado em R. Steininger, op. cit., p. 98; C. Fink, *Defending the Rights of Others: The Great Powers, the Jews and International Minority Protection, 1878-1938*. Cambridge: 2004, p. 298; Raitz von Frentz, op. cit., p. 160.

16. H. B. Calderwood, "International Affairs: Should the Council of the League of Nations Establish a Permanent Minorities Commission?". *American Political Science Review*, v. 27, n. 2, abr. 1933, pp. 250-9; Id., "International Affairs: The Proposed Generalization of the Minorities Regime". *American Political Science Review*, v. 28, n. 6, dez. 1934, pp. 1088-98; Fink, "Stresemann's Minority Policies, 1924-1929". *Journal of Contemporary History*, 1979, pp. 403-22, e nota 37 da p. 420.

17. K. Fiedor, "Attitude of German Rightwing Organisations to Poland in the Years 1918-1933". *Polish Western Affairs*, v. 14, n. 2, 1973, pp. 247-67.

18. A. Komjathy, R. Stockwell, *German Minorities and the Third Reich: Ethnic Germans of East Central Europe between the Wars*. Nova York: 1980, p. 3; M. Burleigh, *Germany Turns Eastward*.

19. S. Suval, "Overcoming Kleindeutschland: The Politics of Historical Mythmaking in the Weimar Republic". *Central European History*, n. 3, 1969, pp. 312-30, Lach é citado às pp. 326-7.

20. P. R. Sweet, "The Historical Writing of Heinrich von Srbik". *History and Theory*, v. 9, n. 1, 1970, pp. 37-58, 48.

21. O. Hammen, "German Historians and the Advent of the National Socialist State". *Journal of Modern History*, v. 13, n. 2, jun. 1941, pp. 161-88; R. Ross, "Heinrich Ritter von Srbik and 'Gesamtdeutsch' History". *Review of Politics*, v. 31, n. 1, jan. 1969, pp. 88-107; M. Ruehl, "In This Time Without Emperors: The Politics of Ernst Kantorowicz's *Kaiser Friedrich der Zweite* Reconsidered". *Journal of the Warburg and Courtauld Institutes*, n. 63, 2000, pp. 187-242.

22. O. Hammen, op. cit., pp. 187-8.

23. J. Goebbels, *The Goebbels Diaries, 1939-1941*, p. 114.

24. A. Komjathy, R. Stockwell, op. cit., p. 8.

25. I. Kershaw, *Hitler, 1889-1936: Hubris*. Nova York: 1999, p. 330.

26. V. Lumans, *Himmler's Auxiliaries: The Volksdeutsche Mittelstelle and the German National Minorities of Europe, 1933-1945*. Chapel Hill (NC): 1993.

27. M. Burleigh, *Germany Turns Eastwards*, p. 145; I. Haar, "German *Ostforschung* and Anti-Semitism". In: I. Haar, M. Fahlbusch (Orgs.), *German Scholars and Ethnic Cleansing, 1920-1945*. Oxford: 2005, p. 14.

28. V. Gott, "The National Socialist Theory of International Law". *American Journal of International Law*, v. 32, n. 4, out. 1938, pp. 704-18; L. Preuss, "National Socialist Conceptions of International Law". *American Political Science Review*, v. 29, n. 4, ago. 1935, pp. 594-609.

29. R. Murphy et al. (Orgs.), *National Socialism: Basic Principles, Their Application by the Nazi Party's Foreign Organization and the Use of Germans Abroad for Nazi Aims*. Washington: 1943, p. 69.

30. A. Komjathy, R. Stockwell, op. cit., p. 85.

31. O memorando de Hossbach foi tirado de J. Noakes, G. Pridham (Orgs.), *Nazism, 1919-1945: A Documentary Reader*. v. 3: *Foreign Policy, War and Racial Extermination* (Exeter: 1991, pp. 68-9); Göring and Mussolini, ibid., pp. 699-700.

32. G. Botz, *Die Eingliederung Osterreichs in das Deutsches Reich*. Linz: 1976, pp. 41-4.

33. Ibid., pp. 82-100; J. K. Pollock, *The Government of Greater Germany*. Nova York: 1938, pp. 150-1.

34. J. von Lang (Org.), *Eichmann Interrogated: Transcripts from the Archives of the Israeli Police*. Nova York: 1999, pp. 56-62.

35. H. Safrian, *Eichmann und seine Gehilfen*. Frankfurt: 1995, pp. 28-31; F. Bajohr, "The Holocaust and Corruption". In: G. Feldman, W. Seibel (Orgs.), *Networks of Nazi Persecution: Bureaucracy, Business and the Organization of the Holocaust*. Nova York: 2005, p. 121.

36. H. Safrian, op. cit., pp. 44-5.

37. R. Steininger, op. cit., pp. 112-3.

38 R. Schwarz, "Bürckel and Innitzer". In: F. Parkinson (Org.), *Conquering the Past: Austrian Nazism Yesterday and Today*. Detroit: 1989, p. 143.

39. M. Williams, "German Imperialism and Austria, 1938". *Journal of Contemporary History*, v. 14, n. 1, jan. 1979, pp. 139-53; E. Bukey, "Popular Opinion in Vienna after the Anschluss". In: F. Parkinson (Org.), op. cit., pp. 151-65.

3. EXPANSÃO E ESCALADA: 1938-40 (PP. 94-119)

1. De *Gemeinschaftslieder. Lieder für Frauengruppen* (1940), citado e traduzido com adaptações em N. Frei, *National Socialist Rule in Germany: The Führer State, 1933-1945* (Oxford: 1993, p. 192).

2. J. Noakes, G. Pridham (Orgs.), op. cit., p. 629.

3. O comentário de Best sobre o imperialismo está em H. Höhne, *The Order of the Death's Head: The Story of Hitler's SS* (Nova York: 1970); U. von Hassell, *The Von Hassell Diaries, 1938-1944*. Londres: 1948, pp. 71, 75, 86; os números da campanha polonesa foram retirados de C. Madajczyk, *Die Okkupationspolitik Nazideutschlands in Polen, 1939-1945* (Berlim: 1987, p. 312).

4. K. Robbins, "Konrad Henlein, the Sudeten Question and British Foreign Policy". *Historical Journal*, v. 12, n. 4, dez. 1969, pp. 674-97, aqui p. 696.

5. W. Murray, *The Change in the European Balance of Power, 1938-1939: The Path to Ruin*. Princeton: 1984; R. J. Young, "The Aftermath of Munich". *French Historical Studies*, v. 8, n. 2, outono 1973, pp. 305-22.

6. H. Groscurth, *Tagebucher eines Abwehroffiziers, 1938-1940*. Stuttgart: 1970, pp. 140-7; H. Umbreit, "Structures of German Occupation Policy during the Initial Phase of the German-Soviet War". In: B. Wegner (Org.), *From Peace to War: Germany, Soviet Russia and the World, 1939-1941*. Oxford: 1997, p. 244.

7. R. Gebel, *"Heim ins Reich!" Konrad Henlein und der Reichsgau Sudetenland, 1938-1945*. Munique: 1999, pp. 222-33.

8. T. Prochaska, "The Second Republic, 1938-1939". In: V. Mamatey, R. Luza (Orgs.), op. cit., pp. 255-61.

9. V. Mastny, *The Czechs under Nazi Rule: The Failure of National Resistance, 1939-1942*. Nova York: 1972, pp. 47-50.

10. E. Erdely, *Germany's First European Protectorate: The Fate of the Czechs and the Slovaks*. Londres: 1942, pp. 40-1.

11. V. Mastny, op. cit., p. 51; M. Moskowitz, "Three Years of the Protectorate of Bohemia and Moravia". *Political Science Quarterly*, v. 57, n. 3, set. 1942, pp. 353-75; Militärgeschichtliches Forschungsamt (Org.), *Germany and the Second World War*. v. 5: *Organization and Mobilizations of the German Sphere of Power*. Org. de B. Kroener et al. Oxford: 2000, pp. 39-40.

12. J. Milotova, "Die NS-Plane zur Losung der 'tschechischen Frage'". In: D. Brandes, E. Ivanickova, J. Pesek (Orgs.), *Erzwungene Trennung: Vertreibungen und Aussiedlungen in und aus der Tschechoslowakei 1938-1947 in Vergleich mit Polen, Ungarn und Jugo- slawien*. Tübingen: 1999, pp. 23-37, aqui p. 24.

13. A. Speer, *Inside the Third Reich*. Londres: 1970, p. 147; V. Mastny, op. cit., p. 54; G. Kennan, *From Prague after Munich: Diplomatic Papers, 1938-1940*. Princeton: 1968, pp. 146-7.

14. A tese de Doutorado de James Ward sobre Tiso promete ser o estudo definitivo sobre sua carreira.

15. J. Hoensch, "The Slovak Republic, 1939-1945". in: V. Mamatey, R. Luza (Orgs.), op. cit., pp. 271-95.

16. G. Ciano, *Ciano's Diary, 1939-1943*. Org. de M. Muggeridge. Londres: 1947, p. 45; A. Hitler, *Hitler: Speeches and Proclamations, 1932-1945*. Org. de M. Domarus (v. 3, *1939-1940*). Wauconda (II): 1997, pp. 1523-35.

17. G. Ciano, op. cit., p. 124.

18. Citado em J. Noakes, G. Pridham (Orgs.), op. cit., p. 743.

19. A. Rossino, *Hitler Strikes Poland: Blitzkrieg, Ideology and Atrocity*. Lawrence (KS): 2003, pp. 196-7.

20. Ibid., p. 27.

21. M. Broszat, *Nationalsozialistische Polenpolitik, 1939-1945*. Stuttgart: 1961, pp. 19-20; A. Rossino, *Hitler Strikes Poland*, pp. 13-5.

22. Ibid., pp. 77, 159.

23. E. B. Westermann, "'Friend and Helper': German Uniformed Police Operations in Poland and the General Government, 1939-1941". *Journal of Military History*, v. 58, n. 4, out. 1994, pp. 643-62; A. de Zayas, *Wehrmacht War Crimes Bureau, 1939-1945*. Lincoln (NE): 1989, p. 141.

24. C. Jansen, A. Weckbecker, "Eine Miliz im 'Weltanschauungskrieg': der 'Volks-deutsche Selbstschutz' in Polen, 1939/40". In: W. Michalka (Org.), *Der Zweite Weltkrieg*, pp. 482-501. Agradeço também a Catherine Epstein por me franquear a leitura de partes importantes de seu estudo sobre Arthur Greiser a ser publicado.

25. As estimativas para o número de baixas entre os alemães étnicos são de Zayas, em seu *The Wehrmacht War Crimes Bureau* (pp. 139-40), um livro fascinante quando utilizado com cautela. A quantidade de 2 mil é uma estimativa polonesa feita no pós-guerra, enquanto 6 mil foram os números apurados pelos investigadores da Wehrmacht à época.

26. A. Rossino, *Hitler Strikes Poland*, pp. 69-73.

27. Ibid., p. 175.

28. C. Browning, *The Origins of the Final Solution: The Evolution of Nazi Jewish Policy, September 1939-March 1942* (com contribuições de Jurgen Matthaus). Lincoln (NE): 2004, p. 17; H. Umbreit, *Deutsche Militärverwaltungen 1938/39: Die militarische Besetzung der Tschechoslowakei und Polens.* Stuttgart: 1977, pp. 154-5; A. Rossino, *Hitler Strikes Poland*, pp. 116-7; G. Engel, *At the Heart of the Reich: The Secret Diary of Hitler's Army Adjutant.* Londres: 2005, p. 79, entradas de 15 de outubro e 18 de novembro de 1939.

29. H. Umbreit, *Deutsche Militärverwaltungen 1938/39*, pp. 91-3.

30. J. Noakes, G. Pridham (Orgs.), op. cit., p. 927.

31. G. Engel, op. cit., p. 75.

32. C. Madajczyk, *Die Okkupationspolitik Nazideutschlands*, pp. 30-5.

33. G. Engel, op. cit., p. 76.

34. A. Hitler, *Hitler: Speeches and proclamations*, pp. 1840-6.

35. G. Ciano, op. cit., pp. 166-70; Goebbels, *The Goebbels Diaries, 1939-1941*, p. 15.

36. Ibid., p. 16.

37. *Krakauer Zeitung*, 24 abr. 1941, citado em Polish Ministry of Information, *The German New Order in Poland.* Londres: 1942, p. 8.

38. Frank, citado em J. Connelly, "Nazis and Slavs: From Racial Theory to Racist Practice". *Central European History*, v. 32, n. 1, 1999, pp. 1-33, aqui p. 8.

39. D. Rebentisch, *Führerstaat und Verwaltung im Zweiten Weltkrieg: Verfassungsentwick- lungund Verwaltungspolitik, 1939-1945.* Stuttgart: 1989, pp. 172-3.

40. W. Prag, W. Jacobmeyer (Orgs.), *Das Diensttagebuch des deutschen General-gouverneurs in Polen, 1939-1945.* Stuttgart: 1975, pp. 113-7; International Military Tribunal, *Trial of the Major War Criminals before the Nuremberg Military Tribunal under Control Council Law Nº 10.* Washington (DC): 1949-53, 14 v., aqui e a seguir, *TWC*, v. 5, Washington (DC): 1951, pp. 20-1, "The significance of the collapse of the Polish state from the point of view of international law", 15 de maio de 1940.

41. C. Madajczyk, "Legal Conceptions in the Third Reich and Its Conquests". *Michael*, n. 13, 1993, pp. 131-59, aqui pp. 135-6; T. Szarota, *Warschau unter dem Hakenkreuz.* Paderborn: 1978, pp. 48-9; W. Prag, W. Jacobmeyer (Orgs.), op. cit., p. 247.

4. A PARTIÇÃO DA POLÔNIA (PP. 120-45)

1. Citado no excelente novo estudo de P. T. Rutherford, *Prelude to the Final Solution: The Nazi Program for Deporting Ethnic Poles, 1939-1941* (Lawrence (KS): 2007, p. 30).

2. I. Haar, op. cit., pp. 1-28.

3. J. P. Schechtman, op. cit., pp. 53-5; ressalte-se que também houve uma cláusula de transferência no acordo com a Tchecoslováquia sobre os Sudetos, embora este jamais tenha sido efetivado.

4. G. Reitlinger, *The House Built on Sand*, pp. 44-5; P. Lossowski, "The Resettlement of the Germans from the Baltic States in 1939/41". *Acta Poloniae Historica*, n. 92, 2005, pp. 79-98.

5. M. Carlyle (Org.), *Documents on International Affairs, 1939-1946*. v. 2: *Hitler's Europe*. Londres: 1954, p. 23.

6. J. M. Winiewicz, op. cit., p. 4; J. P. Schechtman, op. cit., p. 171.

7. P. Lossowski, op. cit., passim; V. Lumans, "A Reassessment of Volksdeutsche and Jews in the Volhynia-Galicia-Narew Resettlement". In: A. Steinweis, E. Rogers (Orgs.), *The Impact of Nazism*. Lincoln (NE): 2003, pp. 87-100.

8. Polish Ministry of Information, *The German New Order in Poland*. Londres: 1942, p. 181.

9. Z. Klukowski, op. cit., p. 41.

10. Estimativas sobre a emigração judaica são apresentadas em E. M. Kulischer, op. cit., pp. 190-1.

11. P. T. Rutherford, *Prelude to the Final Solution*, pp. 48-53.

12. J. von Lang (Org.), op. cit., pp. 59-61.

13. C. Browning, "Nazi Resettlement Policy and the Search for a Solution to the Jewish Question, 1939-1941". In: _____, *The Path to Genocide: Essays on Launching the Final Solution*. Cambridge: 1992, pp. 3-27.

14. H. S. Levine, "Local Authority and the ss State: The Conflict over Population Policy in Danzig-West Prussia, 1939-1945". *Central European History*, n. 3, 1969, pp. 331-55; sobre o destino de Gdynia, ver Polish Ministry of Information, *The German New Order in Poland* (p. 207).

15. P. T. Rutherford, "'Absolute organizational deficiency': The *1. Nahplan* of December 1939 (Logistics, Limitations, and Lessons)". *Central European History*, v. 36, n. 2, 2003, pp. 235-72, aqui p. 241.

16. P. T. Rutherford, *Prelude to the Final Solution*, p. 258.

17. Ibid., pp. 246-8, 248.

18. J. Noakes, G. Pridham (Orgs.), op. cit., pp. 937-40.

19. C. Browning, *The Origins of the Final Solution*, pp. 114-5.

20. Ibid., pp. 169-72. Mais detalhes sobre o plano Madagascar no próximo capítulo.

21. M. Housden, *Hans Frank, Lebensraum and the Holocaust*. Nova York: 2003, pp. 132-7.

22. P. T. Rutherford, *Prelude to the Final Solution*, pp. 174-5.

23. Ibid., p. 164.

24. Ibid., pp. 159-64.

25. E. Harvey, "Management and Manipulation: Nazi Settlement Planners and Ethnic German Settlers in Occupied Poland". In: C. Elkins, S. Pedersen (Orgs.). *Settler Colonialism in the Twentieth Century*. Nova York: 2005, pp. 95-113.

26. J. Noakes, G. Pridham (Orgs.), op. cit., pp. 962-5.

27. Polish Ministry of Information, *The German New Order in Poland*, passim; W. Prag, W. Jacobmeyer (Orgs.), op. cit., p. 220.

28. Ibid., pp. 119-20, 178.

29. F. Bajohr, "The Holocaust and Corruption". In: G. Feldman, W. Seibel (Orgs.), op. cit., pp. 118-41.

30. C. Madajczyk, *Die Okkupationspolitik Nazideutschlands*. p. 42.

31. W. Prag, W. Jacobmeyer (Orgs.), op. cit., pp. 178-9; D. Mejer, *"Non-Germans" under the Third Reich: The Nazi Judicial and Administrative System in Germany and Occupied Eastern Europe with Special Regard to Occupied Poland, 1939-1945*. Baltimore, 2003, p. 210.

32. H. Harten, *De-Kulturation und Germanisierung: Die Nazionalsozialistische Rassen-und Erziehungspolitik in Polen 1939-1945*. Frankfurt: 1996, pp. 88-92; D. Mejer, op. cit., p. 208.

33. Para Jager, ver a biografia de Arthur Greiser a ser publicada por C. Epstein, capítulo 5. Sou grato ao professor Epstein por permitir que eu visse uma primeira versão de seu trabalho.

34. Polish Ministry of Information, *The German New Order in Poland*, pp. 408-9; J. P. Schechtman, op. cit., pp. 337-8.

35. Ibid., pp. 156-8, 165; H. Harten, op. cit., pp. 86-7; C. Luczak, "Nazi Spatial Plans in Occupied Poland, 1939-1945". *Studia Historiae Oeconomicae*, n. 12, 1978, p. 156.

36. J. Heydecker, *Un Soldat allemand dans le ghetto de Varsovie 1941*. Paris: 1986, pp. 45-6, 88-90.

37. A. Rieber, "Civil Wars in the Soviet Union". *Kritika*, v. 4, n. 1, inverno 2003, pp. 129-62.

38. J. Erickson, "The Soviet March into Poland, Sept. 1939"; e R. Szawlowski, "The Polish-Soviet War of September 1939", ambos em K. Sword (Org.), *The Soviet Takeover of the Polish Eastern Provinces*. Londres: 1991, pp. 21-2, 28-44.

39. N. S. Lebedeva, "The Deportation of the Polish Population to the USSR, 1939-1941". *Journal of Communist Studies and Transition Politics*, v. 16, n. 12, 2000, pp. 28-45; A. Rieber, "Civil Wars in the Soviet Union".

40. D. Engel, "An Early Account of Polish Jewry under Nazi and Soviet Occupation Presented to the Polish Government-in-Exile, February 1940". *Jewish Social Studies*, v. 45, n. 1, 1983, pp. 1-16.

41. B. Pinchuk, *Shtetl Jews under Soviet Rule: Eastern Poland on the Eve of the Holocaust*. Oxford: 1990, p. 5.

42. Z. Sobieski, "Reminiscences from Lwow, 1939-1946". *Journal of Central European Affairs*, v. 6, n. 4, jan. 1947, pp. 351-74.

43. V. Rüsmandel, "Soviet Law in Occupied Estonia". *Baltic Review*, n. 5, jun. 1955, pp. 23-42; D. Marples, "Western Ukraine and Western Belorussia under Soviet Occupation: The Development of Socialist Farming, 1939-1941". *Revue Canadienne des Slavistes*, v. 27, n. 2, jun. 1985, pp. 158-77; W. Bonusiak, "Die Landwirtschaftspolitik der sowjetischen Besatzungsmacht auf dem Gebiet des sog. westlichen Weissrusslands in den Jahren 1939-1949". *Studia Historicae Oeconomicae*, n. 24, 2001, pp. 149-63.

44. G. Swain, *Between Stalin and Hitler: Class War and Race War on the Dvina, 1940-1946*. Londres: 2004, p. 55; A. Rossino, "Polish 'Neighbours' and German Invaders: Anti-Jewish Violence in the Bialystok District during the Opening Weeks of Operation Barbarossa". *Polin*, n. 16, 2003, pp. 431-52.

45. Germany, Auswärtiges Amt, *Amtliches Material zum Massenmord von Katyn*. Berlim: 1943.

5. VERÃO DE 1940 (PP. 146-82)

1. Germany, Auswärtiges Amt, *Documents on German Foreign Policy, 1918-1945*, série D, 1937-1945, 13 vols., 1937-45, aqui e a seguir, *DGFP*, vol. 9, Washington (DC): 1956, p. 7.

2. R. J. Overy, *Goering: The "Iron Man"*. Londres: 1984, cap. 4.

3. H. A. Jacobsen, "Formen nationalsozialistischer Bundnispolitik". In: H. Kling (Org.), *Der nationalsozialistische Krieg*. Frankfurt: 1990, pp. 231-8; Memorando naval de julho, citado em Militärgeschichtliches Forschungsamt (Org.), *Germany and the Second World War*. vol. 3: *The Mediterranean, South-east Europe and North Africa, 1939-1941*. Org. de G. Schreiber et al. Oxford: 1995, p. 291.

4. Ibid., vol. 5, n. 1, p. 66.

5. K. Kwiet, "Vorbereitung und Auflosung der deutschen Militärverwaltung in den Niederlanden", *Militärgeschichtliche Mitteilungen*, n. 1, 1969, pp. 121-53.

6. W. Warmbrunn, *The Dutch under German Occupation, 1940-1945*. Stanford: 1963, pp. 27-8, 131-2; J. Goebbels, *Tagebücher*. Org. de R. Reuth. Munique: 1999, p. 1424. v. 4 (1940-1942).

7. *DGFP*, Washington (DC): 1960, pp. 612-9, v. 11; Goering citado em W. Lipgens (Org.), *Documents on the History of European Integration* (Berlin: 1984, p. 57. v. 1).

8. W. Warmbrunn, *The German Occupation of Belgium, 1940-1944*. Nova York: 1993, pp. 110-3; J. H. Geller, "The Role of Military Administration in German-occupied Belgium, 1940-1944". *Journal of Military History*, v. 63, n. 1, 1999, pp. 99-125.

9. J. Jackson, *The Fall of France: The Nazi Invasion of 1940*. Oxford: 2003, pp. 174-82.

10. J. David, *A Square of Sky: Memories of a Wartime Childhood*. Londres: 1992, p. 109.

11. J. Noakes, G. Pridham (Orgs.), op. cit., p. 882.

12. I. Hueck, "'Spheres of Influence' and 'Volkisch' Legal Thought: Reinhard Höhn's Notion of Europe". In: C. Joerges, N. S. Ghaleigh (Orgs.), *Darker Legacies of Law: The Shadow of National Socialism and Fascism over Europe and Its Legal Traditions*. Oxford: 2003, pp. 71-87; para as ideias de Best: U. Herbert, *Best: Biographische Studien über Radikalismus, Weltanschauung und Vernunft, 1903-1989*. Bonn, 2001, pp. 268-9.

13. J. Jackson, *France. The Dark Years, 1940-1944*. Oxford: 2001, pp. 126-36.

14. N. Wylie, "Switzerland". In: _____ (Org.), *European Neutrals and Non-Belligerents during the Second World War*. Cambridge: 2002, pp. 331-54.

15. H. A. DeWeerd, "Hitler's Plans for Invading Britain". *Military Affairs*, v. 12, n. 3, 1948, pp. 147-8; A. Hillgruber, "England's Place in Hitler's Plans for World Dominion". *Journal of Contemporary History*, v. 9, n. 1, jan. 1974, pp. 5-22.

16. W. Schellenberg, *Invasion 1940: The Nazi Invasion Plan for Britain*. Intr. de J. Erickson. Londres: 2000.

17. G. O. Kent, "Britain in the Winter of 1940 as Seen from the Wilhelmstrasse". *The Historical Journal*, v. 6, n. 1, 1963, pp. 120-30.

18. N. J. W. Goda, "The Reluctant Belligerent: Franco's Spain and Hitler's War". In: C. Kent et al. (Orgs.), *The Lion and the Eagle: Interdisciplinary Essays on German-Spanish Relations over the Centuries*. Londres: 2000, pp. 383-96.

19. W. Bowen, *Spaniards and Nazi Germany: Collaboration in the New Order*. Columbia (MO): pp. 77-9; C. Burdick, *Germany's Military Strategy and Spain in World War II*. Siracusa: 1968, pp. 119-88.

20. W. Schmokel, *Dreams of Empire: German Colonialism, 1919-1945*. New Haven: 1964, p. 128.

21. *DGFP*, v. 11, p. 484; D. Eichholtz, "Unfreie Arbeit-Zwangsarbeit". In: Eichholtz (Org.), *Krieg und Wirtschaft*. Berlim: 1999, pp. 129-57, aqui p. 145; K. Linne, "'New Labour Policy' in Nazi Colonial Planning for Africa". *International Review of Social History*, v. 49, n. 2, 2004, pp. 197-224.

22. G. Weinberg, "German Colonial Plans and Policies, 1938-1942". In: _____, *World in the Balance: Behind the Scenes of World War II*. Hanover (NH): 1981, pp. 96-136; W. Schmokel, op. cit., pp. 50-2.

23. Ibid.; K. Hildebrand, *Vom Reich zum Weltreich: Hitler, NSDAP und koloniale Frage, 1919-1945*. Munique: 1969; R. Herzstein, *When Nazi Dreams Come True: The Third Reich's Internal Struggle over the Future of Europe after a German Victory: A Look at the Nazi Mentality, 1939-45*. Londres: 1982, p. 25; R. W. Kestling, "Blacks under the Swastika: A Research Note". *Journal of Negro History*, v. 83, n. 1, inverno 1998, pp. 84-99.

24. *DGFP*, v. 11, p. 171.

25. G. Anderl, "Die 'Zentralstellen für judische Auswanderung' in Wien, Berlin und Prag: Ein Vergleich". *Tel Aviver Jahrbuch für Deutsche Geschichte*, n. 23, 1994, pp. 275-99; *DGFP*, v. 10, Washington (DC): 1958, pp. 111-3; XI, 491; G. Hahn, *Grundfragen europaischer Ordnung: Ein Beitrag zur Neugestalung der Volkerrechtslehre*. Berlim: 1939; C. Browning, *The Final Solution and the German Foreign Office*. Nova York: 1978, pp. 36-7; W. Prag, W. Jacobmeyer (Orgs.), op. cit., pp. 247-8.

26. C. Tonnini, *Operazione Madagascar: La questione ebraica in Polonia, 1918-1968*. Bolonha: 1999, pp. 17-135; também M. Brechtken, "'La geographie demeure': Frankreich, Polen und die Kolonial- und Judenfrage am Vorabend des Zweiten Weltkrieges". *Francia*, v. 25, n. 3, 1998, pp. 25-60.

27. *DGFP*, vol. 10, pp. 112-3.

28. Ibid., pp. 305, 484; Gigurtu in: *Time*, 5 de agosto de 1940; G. Aly, S. Heims, *Architects of Annihilation: Auschwitz and the Logic of Destruction*. Princeton: 2003, pp. 164-5.

29. E. T. Jennings, *Vichy in the Tropics: Petain's National Revolution in Madagascar, Guadeloupe, and Indochina, 1940-1944*. Stanford: 2001, p. 96.

30. C. Browning, *The Final Solution and the German Foreign Office*, pp. 38, 42, 79; J. Noakes, G. Pridham (Orgs.), op. cit., p. 1077 (memorando RSHA de 15 de agosto de 1940); G. Engel, op. cit., p. 103 [2 de fevereiro de 1941].

31. Goebbels, in: J. Noakes, G. Pridham (Orgs.), op. cit., p. 900.

32. W. Warlimont, *Inside Hitler's Headquarters, 1939-1945*. Londres: 1964, p. 101; E. Weizsäcker, *Die Weizsäcker-Papiere, 1933-1950*. Org. de L. E. Hill. Frankfurt, 1974, p. 205; U. von Hassell, op. cit., p. 139.

33. Predohl citado em P. Fonzi, "Nazionalsocialismo e nuovo ordine europeo: La discussione sulla 'Grossraumwirtschaft'". *Studi Storici*, v. 45, n. 2, 2004, pp. 313-65.

34. J. Noakes, G. Pridham (Orgs.), op. cit., pp. 884-8.

35. Y. Jelinek, "Slovakia's Internal Policy and the Third Reich, August 1940-Feb. 1941". *Central European History*, v. 4, n. 3, 1971, pp. 242-70; *DGFP*, p. 685, v. 9; ibid., p. 16, v. 10.

36. R. Herzstein, op. cit., p. 105.

37. W. Lipgens (Org.), *Documents on the History of European Integration*, pp. 55-71, v. 1; R.-O. Mueller, "The Mobilisation of the German War Economy for Hitler's War Aims". In: Kroener, Mueller e Umbreit, *Germany and the Second World War*, op. cit., p. 572; para uma discussão alemã de Keynes, ver Fonzi, op. cit., pp. 326-7.

38. A. Speer, *Inside the Third Reich*, pp. 132-5; Id., *Spandau: The Secret Diaries*. Nova York: 1976, p. 45, n. 80.

39. Id., *Inside the Third Reich*, p. 181.

40. J. Thies, "Hitler's European Building Programme". *Journal of Contemporary History*, n. 13, 1978, pp. 413-31; sobre Rügen, ver W. Cook, "Inside the Holiday Camp Hitler Built". *Observer*, 12 de agosto de 2001.

41. J. Thies, op. cit., p. 426; A. Speer, *Inside the Third Reich*, pp. 144, 181.

42. Ibid., p. 416.

43. *DGFP*, v. 9, p. 507.

44. Italy, Ministero d'Affari Esteri, *I documenti diplomatici*, 9, 1939-1943, aqui e a seguir, DDI. Roma: 1987, pp. 9-10, v. 5; Roma: 1987, pp. 399-400, v. 6.

45. P. Schmidt, *Hitler's Interpreter*. Londres: 1951, p. 185.

46. *DGFP*, v. 10, p. 440.

47. Benjamin Martin, "German-Italian Cultural Initiatives and the Idea of a New Order in Europe, 1936-1945". Columbia University, 2006. Tese (Doutorado). Agradeço a Benjamin Martin pela discussão desses temas comigo e por permitir que eu fizesse citações a partir de sua dissertação.

48. W. Warlimont, op. cit., p. 114.

49. Sou extremamente grato a Holly Case por termos discutido seu trabalho ainda inédito sobre o tema.

50. G. Weinberg, *Germany and the Soviet Union, 1939-1941*. Leiden: 1954, pp. 106-25.

51. G. Reitlinger, *The House Built on Sand*, pp. 47-9.

52. G. Ciano, op. cit., p. 388; sobre o bloco dos Bálcãs italianos, ver G. Schreiber et al., *Germany and the Second World War*, p. 381.

53. *DGFP*, pp. 639-41, v. 11.

54. W. Manoschek, *"Serbien ist judenfrei": Militarische Besatzungspolitik und Judenvernich tung in Serbien, 1941/42.* Munique: 1993, pp. 18-9.

55. Goebbels citado em H. Umbreit, "Towards Continental Domination". In: Militärgeschichtliches Forschungsamt (Orgs.), *Germany and the Second World War*, p. 99, v. 5:1.

56. Ver a carta de Hitler a Mussolini, R. J. Sontag, J. S. Beddie (Orgs.), *Nazi-Soviet Relations, 1939-1941.* Washington (DC): 1948, pp. 347-53; E. Weizsäcker, op. cit., p. 222; G. Reitlinger, *The House Built on Sand*, p. 62.

6. GUERRA DE ANIQUILAÇÃO: A INVASÃO DA UNIÃO SOVIÉTICA (PP. 183-228)

1. (Estados Unidos) Office of the United States Chief of Counsel for Prosecution of Axis Criminality, *Nazi Conspiracy and Aggression*. Washington (DC): pp. 1946-7, 8 v. e suplementos; aqui e a seguir NCA, Washington (DC): 1947, p. 331, Supplement A.

2. "Weisung Nr 21. Fall Barbarossa vom 18. 12. 1940", in: G. R. Überschär, W. Wette (Orgs.), *"Unternehmen Barbarossa": Der deutsche Überfall auf die Sowjetunion 1941: Berichte, Analysen, Dokumente.* Paderborn: 1984, pp. 298-300; K. J. Arnold, *Die Wehrmacht und die Besatzungspolitik in den besetzten Gebieten der Sowjetunion: Kriegsführung und Radikalisierung im "Unternehmen Barbarossa".* Berlim: 2005, pp. 80-3. Ver também A. Kay, *Exploitation, Resettlement, Mass Murder: Political and Economic Planning for German Occupation Policy in the Soviet Union, 1940-1941.* Nova York: 2006, cap. 3.

3. G. Engel, op. cit., p. 96.

4. I. Maisky, *Memoirs of a Soviet Ambassador: The War, 1939-1943.* Londres: Hutchinson, 1967, pp. 234-5.

5. G. R. Überschär, "Das Scheitern des Unternehmens 'Barbarossa'". In: G. R. Überschär, W. Wette (Orgs.), op. cit., p. 151; "Auszug aus Hitlers Ausführungen vom 30. 3. 1941 [Haider]", in ibid., pp. 302-3; O. Bartov, *Hitler's Army.*

6. O. Bartov, *The Eastern Front, 1941-1945: German Troops and the Barbarization of Warfare.* Nova York: 1986.

7. H. Heer, K. Naumann (Orgs.), *War of Extermination: The German Military in World War II, 1941-1944.* Nova York: 2000.

8. A. Hillgruber, "The German Military Leaders' View of Russia". In: B. Wegner (Org.), op. cit., pp. 169-87, aqui pp. 179-80.

9. Ibid., pp. 176-80; cf. a discussão em K. J. Arnold, *Die Wehrmacht und die Besatzungspolitik*, pp. 52-5.

10. K. Schuler, "The Eastern Campaign as a Transportation and Supply Problem". In: B. Wegner (Org.), op. cit., pp. 206-19; "Anordnung des ObH", 3 de abril de 1941, in: N. Müller (Org.),

Deutsche Besatzungspolitik in der UdSSR, 1941-1944: Dokumente. Cologne: 1980, p. 35; G. Engel, op. cit., pp. 105, 108.

11. B. Shepherd, *War in the Wild East: The German Army and Soviet Partisans.* Cambridge (MA): 2004, p. 53; A. Dallin, *German Rule in Russia, 1941-1945: A Case Study of Occupation Politics.* Boulder (CO): 1981, pp. 32-3.

12. J. Foerster, "The German Army and the Ideological War against the Soviet Union". In: G. Hirschfeld (Org.), *Policies of Genocide: Jews and Soviet Prisoners of War in Nazi Germany.* Boston: 1986, p. 18.

13. C. Streit, *Keine Kameraden: Die Wehrmacht und die sowjetischen Kriegsgefangenen, 1941-1945.* Bonn: 1997, pp. 55-6; J. Foerster, "The German Army and the Ideological War against the Soviet Union", p. 17.

14. C. Streit, "The German Army and the Policies of Genocide". In: G. Hirschfeld (Org.), *Policies of Genocide*, pp. 5-6.

15. C. Hartmann, "Verbrecherischer Krieg – verbrecherische Wehrmacht?". *Vierteljahrshefte für Zeitgeschichte*, n. 21, 2004; N. Rich, op. cit., p. 333, v. 2.

16. A. Kay, op. cit., pp. 190-1.

17. Goebbels citado por J. Steinberg, "The Third Reich Reflected: German Civil Administration in the Occupied Soviet Union, 1941-1944". *English Historical Review*, v. 110, n. 437, jun. 1995, p. 626; J. Billig, *Alfred Rosenberg dans l'action idéologique, politique et administrative du Reich hitlerien.* Paris, 1963, p. 197; J. Fest, *The Face of the Third Reich: Portraits of the Nazi Leadership.* Londres: 1979, p. 250.

18. A. Dallin, *German Rule*, pp. 50-1; A. Kay, op. cit., caps. 3-4.

19. G. Aly, *"The Final Solution": Nazi Population Policy and the Murder of the European Jews.* Londres: 1999, p. 161.

20. Goering citado em B. Shepherd, op. cit., p. 25.

21. A. Dallin, *German Rule*, pp. 39-40; A. Kay, op. cit., pp. 50-1.

22. A. Dallin, *German Rule*, pp. 52-3; K. J. Arnold, *Die Wehrmacht und die Besatzungspolitik*, pp. 85-7.

23. A. Dallin, *German Rule*, p. 54.

24. Ibid., p. 56.

25. Ibid., p. 76; H. Trevor-Roper (Org.), *Hitler's Table Talk.* Oxford: 1988, pp. 3-5.

26. "Auszug aus einem Aktenvermerk von Reichsleiter M. Bormann vom 16. 7. 1941". In: G. R. Überschär, W. Wette (Orgs.), op. cit., pp. 330-1.

27. N. Rich, op. cit., pp. 326 ss., v. 2.

28. A. Dallin, *German Rule*, p. 128; Goering, 31 de julho de 1941, in: N. Müller, op. cit., p. 181; O. Bräutigam, *So hat es sich zugetragen... Ein Leben als Soldat und Diplomat.* Wurzburg, 1968, p. 343.

29. A. Rosenberg, in: G. R. Überschär, W. Wette (Orgs.), op. cit., p. 332; G. Reitlinger, *The House Built on Sand*, p. 143; A. Kay, op. cit., p. 193.

30. J. Steinberg, op. cit., p. 621; B. Chiari, *Alltag hinter der Front: Besatzung, Kollaboration und Widerstand in Weissrussland, 1941-1944.* Düsseldorf, 1998, pp. 59-60.

31. O. Bräutigam, op. cit., pp. 366-71.

32. N. Rich, op. cit., p. 378, v. 2; NCA, p. 331, suplemento A.

33. A. Prusin, "A Community of Violence: The SiPo/SD and Its Role in the Nazi Terror System in Generalbezirk Kiew". *Holocaust and Genocide Studies*, v. 21, n. 1, primavera 2007, pp. 1-30.

34. Sobre Hans Koch, ver A. Kappeler, "Ukrainian History from a German Perspective". *Slavic Review*, 54, n. 3, outono 1995, pp. 691-701.

35. T. Anderson, "Germans, Ukrainians and Jews: Ethnic Politics in Heeresgebiet Sud June--December 1941". *War in History*, v. 7, n. 3, 2000, pp. 321-51, aqui p. 336-46.

36. V. Lumans, *Latvia in World War Two*. Nova York: 2006, p. 175.

37. N. Rich, op. cit., p. 358; Bräutigam, *So hat es sich zugetragen*, pp. 355-6.

38. N. Rich, op. cit., pp. 360-2, v. 2.

39. Ibid., p. 366; C. Gerlach, *Kalkulierte Morde: Die deutsche Wirtschafts- und Vernichtungspolitik in Weissrussland, 1941 bis 1944*. Hamburgo: 1999, pp. 196-9.

40. A. Rosenberg, *Letzte Aufzeichnungen: Ideale und Idole der nationalsozialistischen Revolution*. Göttingen, 1955, p. 166.

41. M. Broekmeyer, *Stalin, the Russians and Their War, 1941-1945*. Madison (WI): 2004, pp. 56-7; K. Berkhoff, *Harvest of Despair: Life and Death in Ukraine under Nazi Rule*. Cambridge (MA): 2004, pp. 14-20.

42. A. Dallin, *German Rule*, p. 65; T. Anderson, "Germans, Ukrainians and Jews", p. 337.

43. A. Dallin, *German Rule*, p. 64.

44. Ibid., p. 63.

45. Ibid., pp. 57, 65.

46. G. R. Überschär, W. Wette (Orgs.), op. cit., pp. 312, 316-8.

47. A. Dallin, *German Rule*, pp. 66-9.

48. S. P. Mackenzie, "The Treatment of Prisoners of War in World War II". *Journal of Modern History*, v. 66, n. 3, set. 1994, pp. 487-520.

49. M. Balfour, *Helmuth von Moltke: A Leader against Hitler*. Londres: 1972, pp. 170, 175; G. van Roon, "Graf Moltke als Volkerrechtler im OKW". *Vierteljahrshefte für Zeitgeschichte*, v. 18, n. 1, 1970, pp. 12-61.

50. K. J. Arnold, *Die Wehrmacht und die Besatzungspolitik*, pp. 328-9; S. P. Mackenzie, op. cit., p. 507. Sobre Keitel e Jodl, International Military Tribunal, *Trial of the Major War Criminals before the International Military Tribunal, Nuremberg, 14 November 1945-1 October 1946*. Nuremberg: 1947-9, 42 v. Aqui e a seguir, TWCI, 1947, p. 56, v. 2; 1948, pp. 360-1, v. 15.

51. K. J. Arnold, *Die Wehrmacht und die Besatzungspolitik*, pp. 336-7.

52. W. Lotnik, *Nine Lives: Ethnic Conflict in the Polish-Ukrainian Borderlands*. Londres: 1999, p. 26; K. J. Arnold, *Die Wehrmacht und die Besatzungspolitik*, pp. 355-6.

53. N. Rich, op. cit., p. 375, v. 2.

54. C. Hartmann, "Verbrecherischer Krieg"; K. Berkhoff, op. cit., cap. 4; K. J. Arnold, *Die Wehrmacht und die Besatzungspolitik*, p. 353.

55. C. Hartmann, "'Massensterben oder Massenvernichtung': Sowjetische Kriegsgefangene im 'Unternehmen Barbarossa'. *Vierteljahrshefte für Zeitgeschichte*, n. 21, 2001, pp. 102-58; K. J. Arnold, *Die Wehrmacht und die Besatzungspolitik*, p. 357.

56. Ibid., pp. 372, 407; S. P. Mackenzie, op. cit., pp. 510-1; C. Gerlach, op. cit., p. 811; C. Streit, "Soviet Prisoners of War in the Hands of the Wehrmacht". In: H. Heer, K. Naumann (Orgs.), op. cit., pp. 80-91.

57. C. Gerlach, op. cit., pp. 797-802; C. Streit, "Soviet Prisoners of War", p. 82.

58. N. Müller (Org.), op. cit., p. 195; K. Berkhoff, op. cit., pp. 99, 164-8; G. R. Überschär, W. Wette (Orgs.), op. cit., p. 335; Militärgeschichtliches Forschungsamt (Org.), *Germany and the Second*

World War, vol. 5, n. 1, p. 1166; K. J. Arnold, "Die Eroberung und Behandlung der Stadt Kiev durch die Wehrmacht im September 1941: Zur Radikalisierung der Besatzungspolitik". *Militärgeschichtliche Mitteilungen*, v. 58, n. 1, 1999, pp. 23-63.

59. Rosenberg-Keitel, 28 de fevereiro de 1942, in: G. R. Überschär, W. Wette (Orgs.), op. cit., pp. 399-400.

60. C. Hartmann, "Massensterben oder Massenvernichtung?", citação, p. 158.

61. Ibid.; C. Gerlach, op. cit., pp. 814-7; U. Herbert, "Labour and Extermination: Economic Interest and the Primacy of Weltanschauung in National Socialism". *Past and Present*, v. 138, n. 2, 1993, pp. 144-95.

62. A. Hill, *The War behind the Eastern Front: The Soviet Partisan Movement in North-west Russia, 1941-1944*. Abingdon: 2005, pp. 69-70, 82-7; C. Hartmann, "Verbrecherische Krieg", p. 300.

63. A. Hill, op. cit., pp. 55, 60; B. Shepherd, op. cit., pp. 60-2; T. Anderson, "Germans, Ukrainians and Jews", pp. 338-9.

64. A. Hill, op. cit., pp. 47-8.

65. B. Shepherd, op. cit., pp. 95-8.

66. Ibid., pp. 104-5.

67. S. Friedlander, *The Years of Extermination: Nazi Germany and the Jews, 1939-1945*. Nova York: 2007, pp. 215-7.

68. J. Foerster, "The German Army and Ideological War", p. 20; T. Anderson, "Germans, Ukrainians and Jews"; K. J. Arnold, "Die Eroberung und Behandlung der Stadt Kiev durch die Wehrmacht in September 1941: Zur Radikalisierung der Besatzungspolitik". *Militärgeschichtliche Mitteilungen*, v. 58, n. 1, 1999, pp. 23-63.

69. Nebe citado em R. B. Birn, *Die höheren ss- und Polizeiführer: Himmlers Vertreter im Reich und in den besetzten Gebieten*. Düsseldorf: c. 1986, p. 286; G. R. Überschär, W. Wette (Orgs.), op. cit., pp. 339-40, 344-5.

70. T. Anderson, "Incident at Baranivka: German Reprisals and the Soviet Partisan Movement in Ukraine, October-December 1941". *Journal of Modern History*, v. 71, n. 3, set. 1999, pp. 585-623, aqui p. 602.

71. H. Heer, "Killing Fields: The Wehrmacht and the Holocaust in Belorussia, 1941-1942". In: H. Heer, K. Naumann (Orgs.), op. cit., pp. 55-80; também W. Manoschek, "'Coming Along to Shoot some Jews?' The Destruction of the Jews in Serbia", ibid., pp. 39-55; PS-3428, in: American Jewish Conference, *Nazi Germany's War against the Jews*. Nova York: 1947.

72. L. Smilovitsky, "Righteous Gentiles, the Partisans and Jewish Survival in Belorussia, 1941-1944". *Holocaust and Genocide Studies*, v. 11, n. 3, inverno 1997, pp. 301-29.

73. M. Vestermanis, in: H. Heer, K. Naumann (Orgs.), op. cit., "Local headquarters Liepaja: two months of German occupation in the summer of 1941", ibid., pp. 219-36.

74. N. Müller (Org.), op. cit., p. 72.

75. G. Swain, op. cit., p. 70.

76. P. Longerich, "From Mass Murder to the 'Final Solution': The Shooting of Jewish Civilians during the First Months of the Eastern Campaign within the Context of Nazi Jewish Genocide". In: H. Heer, K. Naumann (Orgs.), op. cit., pp. 253-74.

77. Ibid.

78. W. Benz (Org.), *Einsatz im Reichskommissariat Ostland: Dokumente zum Volkermord im Baltikum und in Weissrussland, 1941-1944*. Berlim: 1998, pp. 33-5, 43.

79. S. Krieger, op. cit., pp. 355-6; A. Strauga, "The Holocaust in Occupied Latvia, 1941-1945". In: Symposium of the Commission of the Historians of Latvia, v. 14, *The Hidden and Forbidden History of Latvia under Soviet and Nazi Occupation, 1940-1991*. Riga: 2005, pp. 161-74; D. Erglis, "A Few Episodes of the Holocaust in Kustpils: A Microcosm of the Holocaust in Occupied Latvia", ibid., pp. 175-87.

80. P. Longerich, "From Mass Murder to the 'Final Solution'".

81. G. Aly, "The Final Solution", pp. 137-48; N. Rich, op. cit., p. 352, v. 2.

82. E. Haberer, "The German Police and Genocide in Belorussia, 1941-1944. Part 1: Police Deployment and Nazi Genocidal Directives". *Journal of Genocide Research*, v. 3, n. 1, 2001, pp. 13-29.

83. K. Berkhoff, op. cit., p. 48; H. Buchheim, "Die höheren ss- und Polizeiführer". *Vierteljahrshefte für Zeitgeschichte*, n. 11, 1963, pp. 368-71; E. Haberer, op. cit., pp. 26-7.

84. L. Smilovitsky, "A Demographic Profile of the Jews in Belorussia from the Prewar Time to the Postwar Time". *Journal of Genocide Research*, v. 5, n. 1, 2003, pp. 117-29.

7. FAÇA ESSA TERRA SER ALEMÃ DE NOVO PARA MIM! (PP. 229-75)

1. C. Bryant, *Prague in Black: Nazi Rule and Czech Nationalism*. Cambridge (MA): 2007, p. 117.

2. A. Hohenstein [Franz Heinrich Bock], *Wartheländisches Tagebuch aus den Jahren 1941/42*. Stuttgart, 1961, p. 39.

3. Ibid., pp. 174-5. Essa é uma fonte a ser utilizada com muito cuidado. Ver D. Furber, "Going East", cap. 5.

4. Citado em T. Ferenc, *Quellen*, p. 51.

5. H. Pringle, *The Master Plan: Himmler's Scholars and the Holocaust*. Nova York: 2006.

6. Himmler na edição de jun./jul. de 1942 do *Deutsche Arbeiterpartei*, citado por C. Madajczyk, "Deportations in the Zamość Region in 1942 and 1943 in the Light of German Documents". *Acta Poloniae Historica*, n. 1, 1958, p. 78.

7. A. J. P. Taylor, op. cit.

8. Para uma fascinante discussão, ver C. M. Hutton, *Race and the Third Reich: Linguistics, Racial Anthropology and Genetics in the Dialectic of Volk*. Cambridge: 2005.

9. I. Heinemann, *"Rasse, Siedlung, deutsches Blut": Das Rasse- und Siedlungshauptamt der ss und die rassepolitische Neuordnung Europas*. Göttingen, 2003, pp. 119-22; I. Haar, op. cit., p. 15; E. Ehrenreich, "Ottmar von Verschuer and the 'Scientific' Legitimization of Nazi Anti-Jewish Policy". *Holocaust and Genocide Studies*, v. 21, n. 1, primavera 2007, pp. 58-60; O. von Verschuer, "Rassenbiologie der Juden". *Forschungen zur Judenfrage*, n. 3, 1938.

10. G. Aly, K. H. Roth, *The Nazi Census: Identification and Control in the Third Reich*. Filadélfia: 2004.

11. R. Gebel, op. cit., pp. 222-7, 288; R. Koehl, RKFDV: *German Resettlement and Population Policy 1939-1943: A History of the Reich Commission for the Strengthening of Germandom*. Cambridge (MA): 1957, pp. 40-41.

12. G. Kockenhoff, "Grossraumgedanke und Völkische Idee im Recht". *Zeitschrift für Ausländisches öffentliches Recht und Völkerrecht*, n. 12, 1944, pp. 34-82, aqui p. 34; J. Milotova, "Die NS-Pläne zur Lösung der 'tschechischen Frage'". In: D. Brandes, E. Ivanickova, J. Pesek (Orgs.), op. cit., aqui p. 24; J. Connelly, op. cit., aqui pp. 5-6.

13. I. Heinemann, op. cit., pp. 127-49; R. Koehl, *RKFDV*, pp. 42-3.

14. Citado por T. Zahra, *Kidnapped Souls: National Indifference and the Battle for Children in the Bohemian Lands, 1900-1943*. Ithaca: 2008, cap. 6. Ver também Ziemke-Foreign Ministry, 5 de outubro de 1940, in: L. Poliakov, J. Wulf (Orgs.), *Das Dritte Reich und seine Denker*. Wiesbaden: 1989, pp. 492-3.

15. C. Bryant, "Either German or Czech: Fixing Nationality in Bohemia and Moravia, 1939-1946". *Slavic Review*, v. 61, n. 4, inverno 2002, pp. 683-706, aqui p. 688; T. Zahra, *Kidnapped Souls*, cap. 6, p. 289. Agradeço a Tara Zahra por seu auxílio nesse tópico.

16. C. Bryant, "Either German or Czech", pp. 686-7.

17. Destes, 143 mil buscaram reverter aquela decisão depois de 1945. T. Zahra, "Reclaiming Children for the Nation: Germanization, National Ascription and Democracy in the Bohemian Lands, 1900-1945". *Central European History*, v. 37, n. 4, 2004, pp. 501-43, aqui pp. 529-30.

18. Ibid., pp. 501, 530, 533.

19. T. Zahra, *Kidnapped Souls*, caps. 6, 8.

20. *TWC*, pp. 91-4, v. 5; J. Noakes, G. Pridham (Orgs.), op. cit., p. 951. Estimativas polonesas apontam 92% de poloneses e 6% de alemães; J. P. Schechtman, op. cit., p. 264.

21. J. Noakes, G. Pridham (Orgs.), op. cit., pp. 932-4.

22. *TWC*, vol. 5, pp. 102-3; I. Heinemann, op. cit., pp. 193; memorando de Meyer de janeiro de 1940, in: W. Rohr, E. Heckert (Orgs.), *Die faschistische Okkupationspolitik in Polen, 1939-1945*. Berlim: 1989, pp. 159-60.

23. I. Heinemann, op. cit., pp. 228-30; R. Koehl, *RKFDV*, p. 117.

24. J. Noakes, G. Pridham (Orgs.), op. cit., pp. 942-4.

25. *TWC*, Washington (DC): 1949, pp. 980-5, v. 4; N. Goda, "Black Marks: Hitler's Bribery of His Senior Officers during World War II". *Journal of Modern History*, v. 72, n. 2, jun. 2000, pp. 413-52, aqui p. 447. O próprio Manstein recebia então vultosas remessas de dinheiro de Hitler.

26. H. Harten, op. cit., pp. 86-7; V. Lumans, "A Reassessment of Volksdeutsche and Jews in the Volhynia-Galicia-Narew resettlement". In: A. Steinweis, E. Rogers (Orgs.), op. cit., pp. 81-100.

27. W. Prag, W. Jacobmeyer (Orgs.), op. cit., pp. 165, 210, 339.

28. I. Heinemann, op. cit., p. 195; *TWC*, pp. 102-5, v. 5.

29. H. Himmler, *Heinrich Himmler: Geheimreden 1933 bis 1945*. Org. de B. Smith e A. F. Peterson. Berlim: 1974, pp. 142-3 (discurso de fevereiro de 1940).

30. *TWC*, pp. 714-5, v. 4; J. P. Schechtman, op. cit., pp. 343-6.

31. D. Bergen, "The Volksdeutsche of Eastern Europe and the Collapse of the Nazi Empire, 1944-1945". In: A. Steinweis, E. Rogers (Orgs.), op. cit., pp. 101-28.

32. C. Luczak, "Die Ansiedlung der deutschen Bevölkerung im besetzten Polen (1939- 1945)". *Studia Historiae Oeconomicae*, n. 13, 1978, pp. 193-205.

33. J. Noakes, G. Pridham (Orgs.), op. cit., p. 948; R. Koehl, *RKFDV*, p. 121; H. S. Levine, "Local Authority and the ss State", p. 344.

34. J. Noakes, G. Pridham (Orgs.), op. cit., p. 949; H. S. Levine, "Local Authority and the ss State", p. 340.

35. R. Koehl, *RKFDV*, p. 120; NO-5432, *TWC*, p. 819, v. 4.

36. J. Connelly, op. cit., pp. 15-7.

37. "Aufzeichnung uber eine geheime Rede Hitlers vor Reichs-und Gauleitern in der Reichs-kanzlei", in: H. Groscurth, op. cit., p. 385; Rosenberg citado em W. Warlimont, op. cit., p. 68; Militärgeschichtliches Forschungsamt (Org.), *Germany and the Second World War*, p. 72, v. 5.

38. C. Grohmann, "From Lothringen to Lorraine: Expulsion and Voluntary Repatriation". *Diplomacy and Statecraft*, n. 16, 2005, pp. 571-87; D. Harvey, "Lost Children or Enemy Aliens? Classifying the Population of Alsace after the First World War" (*Journal of Contemporary History*, v. 34, n. 4, out. 1999, pp. 537-54), aponta cerca de 150 mil (p. 550); P. Maugue, *Le particularisme alsacien, 1918-1967*. Paris: 1970, p. 103.

39. Ibid., p. 107; A. Irjud, "La germanisation des noms en Alsace entre 1940 et 1944". *Revue d'Alsace*, n. 113, 1984, pp. 239-61.

40. I. Heinemann, op. cit., pp. 309-15; N. Rich, op. cit., pp. 234-7, v. 2.

41. *DGFP*, pp. 265-8, v. 9; W. Warmbrunn, *The Dutch under German Occupation*, p. 85; G. Hirschfeld, *Nazi Rule and Dutch Collaboration: The Netherlands under German Occupation, 1940-1945*. Oxford: 1988, pp. 273-4; o artigo fundamental é H.-D. Loock, "Zur 'Grossgermanischen Politik' des Dritten Reiches". *Vierteljahrshefte für Zeitgeschichte*, n. 8, 1960, pp. 37-64.

42. N. Rich, op. cit., pp. 137-8, v. 2; H.-D. Loock, op. cit., pp. 56-7.

43. T. Ferenc, "The Austrians and Slovenia during the Second World War". In: F. Parkinson (Org.), op. cit., pp. 207-24.

44. T. Dulic, *Utopias of Nation: Local Mass Killing in Bosnia and Hercegovina, 1941-1942*. Estocolmo: 2005.

45. H. Harriman, *Slovenia under Nazi Occupation, 1941-1945*. Nova York: 1977, pp. 38-46.

46. P. Witte et al. (Orgs.), *Der Dienstkalendar Heinrich Himmlers 1941/42*. Hamburgo: 1999, pp. 473-93.

47. F. Kersten, *The Kersten Memoirs, 1940-1945*. Londres: 1956, pp. 132-7.

48. Speer, *Spandau*, pp. 47-50.

49. Sobre Christaller, ver K. Bosma, "Verbindungen zwischen Ost- und West-Kolonization". In: M. Rössler, S. Schleiermacher (Orgs.), *Der "Generalplan Ost": Hauptlinien der nationalsozialistischen Planungs-und Vernichtungspolitik*. Berlim: 1993, pp. 198-215; também M. Rössler, "Applied Geography and Area Research in Nazi Society: Central Place Theory and Planning, 1933 to 1945". *Environment and Planning*, n. 7, 1989, pp. 419-31.

50. C. Madajczyk, "Introduction to General Plan East". *Polish Western Affairs*, v. 3, n. 2, 1962.

51. M. Karny, J. Milotova, M. Karna (Orgs.), *Deutsche Politik im "Protektorat Böhmen und Mähren" unter Reinhard Heydrich, 1941-1942: Eine Dokumentation*. Berlim: 1997, pp. 110-5; H. Trevor-Roper (Org.), *Hitler's Table Talk*, p. 621, 8 de agosto de 1942.

52. G. Aly, *Architects of Annihilation*, pp. 219-21.

53. H. Heiber, "Der Generalplan Ost: Dokumentation". *Vierteljahrshefte für Zeitgeschichte*, n. 6, 1958, pp. 280-326; J. Noakes, G. Pridham (Orgs.), op. cit., pp. 977-9.

54. K. H. Roth, "'Generalplan Ost'-'Gesamtplan Ost'. Forschungsstand, Quellenprobleme, neue Ergebnisse". In: M. Rössler, S. Schleiermacher (Orgs.), op. cit., pp. 25-117.

55. I. Heinemann, op. cit., pp. 372-3; M. Rössler, S. Schleiermacher (Orgs.), op. cit., pp. 136-7.

56. P. Witte et al. (Orgs.), op. cit., p. 214; R. Hilbrecht, "Litauen im Reichskommissariat Ostland 1941-1943/44". In: R. Bohn (Org.), *Die deutsche Herrschaft in den "germanischen" Landern 1940-1945*. Stuttgart: 1997, pp. 187-209.

57. K. Brown, *A Biography of No Place: From Ethnic Borderland to Soviet Heartland*. Cambridge (MA): 2004, pp. 192-205; W. Lower, "Hitler's 'Garden of Eden': Nazi Colonialism, Volksdeutsche and the Holocaust, 1941-1944". In: J. Petropoulos, J. K. Roth (Orgs.), *Grey Zones: Ambiguity and Compromise in the Holocaust and Its Aftermath*. Nova York: 2005, pp. 185-204.

58. H. Trevor-Roper (Org.), *Hitler's Table Talk*, p. 557, 4 de julho de 1942.

59. B. Rieger, *Creator of the Nazi Death Camps: The Life of Odilo Globocnik*. Londres: 2007, p. 98.

60. C. Madajczyk, "Deportations in the Zamość Region", pp. 75-106.

61. Ibid., p. 85.

62. B. Wasser, "Die 'Germanisierung' im Distrikt Lublin als Generalprobe und erst Realisierungsphase der GPO". In: M. Rössler, S. Schleiermacher (Orgs.), op. cit., pp. 271-94; *TWC*, pp. 128-9, v. 5; *Polish Fortnightly Review*, n. 77, 1º de outubro de 1943, p. 6.

63. *TWC*, pp. 737-9, v. 4.

64. W. Rohr, E. Heckert (Orgs.), op. cit., pp. 203-4.

65. *TWC*, p. 951, v. 4.

66. E. Harvey, op. cit., pp. 105-8.

67. "Die Bereitstellung von Menschen für die Eindeutschung neuer Siedlungsräume im Osten" (jun. 1942). In: C. Madajczyk (Org.), *Vom Generalplan Ost zum Generalsiedlungsplan*. Munique: 1994, pp. 138-50.

68. U. Mai, *"Rasse und Raum": Agrarpolitik, Sozial und Raumplanung im NS-Staat*. Paderborn: 2002, pp. 334-5.

69. C. Madajczyk (Org.), *Vom Generalplan Ost zum Generalsiedlungsplan*, pp. 168-70 (Berger), p. 172 (Discurso de Himmler de 16 de setembro de 1942), p. 284 (Discurso de Himmler de 3 de agosto de 1944).

70. D. Bergen, "The Volksdeutsche of Eastern Europe and the Collapse of the Nazi Empire, 1944-1945". In: A. Steinweis, E. Rogers (Orgs.), op. cit., pp. 112-4.

71. Agradeço a Kiran Patel por seus insights. Seu próximo trabalho sobre a política alimentar na Alemanha Oriental do pós-guerra oferecerá um tratamento bem mais abrangente sobre esse tema e seus correlatos.

72. A. Sauvy, S. Ledermann, "La Guerre biologique, 1933-1945: Population de l'Allemagne et des pays voisins", *Population*, v. 1, n. 3, jul./set. 1946; E. M. Kulischer, op. cit., pp. 315-24.

8. A ORGANIZAÇÃO DA DESORDEM: 1941-2 (PP. 276-311)

1. Números tirados de H. P. Ipsen, "Reichsaussenverwaltung", *Brüsseler Zeitung*, 3 de abril de 1943. In: H. W. Neulen (Org.), *Europa und das 3. Reich: Einigungsbestrebungen im deutschen Machtbereich, 1939-1945*. Munique: 1987, pp. 112-3. Sobre Ipsen, ver C. Joerges, "Continuities and Discontinuities in German Legal Thought", *Law and Critique*, n. 14, 2003, pp. 297-308. O paralelo com Napoleão é discutido no artigo "The Historical Background of the Idea of European Unity", de P. Geyl, em seu *Encounters in History*, pp. 291-321.

2. H. Trevor-Roper (Org.), *Hitler's Table Talk*, pp. 87, 279, 373; J. Noakes, "'Viceroys of the Reich'? Gauleiters, 1925-1945". In: A. McElligott, T. Kirk (Orgs.), *Working towards the Führer: Essays in Honour of Sir Ian Kershaw*. Munique: 2003, pp. 118-53. A obra fundamental é P. Huttenberger, *Die Gauleiter: Studie zum Wandel des Machtgefüges in der NSDAP*. Stuttgart: 1969.

3. Sobre Goering, J. Fest, op. cit., p. 123.

4. H. N. Gisevius, *To the Bitter End*. Londres: 1948, p. 210.

5. H.-U. Thamer, *Verführung und Gewalt: Deutschland, 1933-45*. Berlim: 1986.

6. Sobre Forster e Greiser, ver H. S. Levine, *Hitler's Free City: A History of the Nazi Party in Danzig, 1925-1939*. Chicago: 1973; C. Childs, "Administration". In: A. e V. Toynbee (Orgs.), op. cit., p. 99.

7. P. Hüttenberger, op. cit., pp. 138-45.

8. D. Rebentisch, op. cit., p. 328; R. J. Overy, *The Dictators: Hitler's Germany, Stalin's Russia*. Londres: 2004, p. 71.

9. B. Rieger, op. cit., p. 44.

10. H. S. Levine, *Hitler's Free City*, p. 158; H. Kehrl, *Krisenmanager im Dritten Reich: 6 Jahre Frieden, 6 Jahre Krieg: Erinnerungen*. Düsseldorf: 1973, p. 205.

11. E. Peterson, *The Limits to Hitler's Power*. Princeton: 1969, pp. 116-7.

12. Sobre o papel de Stuckart no Leste, ver P. Schottler, "Eine Art 'Generalplan West': Die Stuckart-Denkschrift vom 14. Juni 1940 und die Planungen für eine neue deutsch-französische Grenze im Zweiten Weltkrieg" (*Sozial Geschichte*, v.18, n. 3, 2003, pp. 83-131); sobre o veredicto de junho de 1940, D. Rebentisch, "Hitlers Reichskanzlei zwischen Politik und Verwaltung". In: D. Rebentisch, K. Teppe (Orgs.), *Verwaltung contra Menschenführung im Staat Hitlers: Studien zum politisch-administrativen System*. Göttingen: 1986, p. 92, e, especialmente, L. Kettenacker, "Die Chefs der Zivilverwaltung im Zweiten Weltkrieg", ibid., pp. 397-402.

13. W. Jochmann, op. cit., pp. 139, 158.

14. J. Caplan, *Government without Administration: State and Civil Service in Weimar and Nazi Germany*. Oxford: 1988, pp. 266-73; H. Trevor-Roper (Org.), *Hitler's Table Talk*, pp. 85-6, 106, 423-33.

15. A. Kay, op. cit., pp. 190-1; E. Peterson, op. cit., p. 121.

16. Citado em J. Caplan, op. cit., p. 307.

17. E. Peterson, op. cit., p. 78; D. Rebentisch, "Hitlers Reichskanzlei", p. 91; A. Kay, op. cit., p. 191.

18. Citado em J. Caplan, op. cit., p. 309.

19. Ibid., pp. 283-4.

20. E. Peterson, op. cit., p. 117.

21. Ibid., p. 126; S. Aronson, *Beginnings of the Gestapo System: the Bavaria Model in 1933*. Jerusalém, 1969, pp. 25, 35.

22. H. S. Levine, *Hitler's Free City*, p. 159; U. von Hassell, op. cit., p. 164.

23. M. Wildt (Org.), *Nachrichtendienst, politische Elite und Mordeinheit: Der Sicherheitsdienst des Reichsführers-SS*. Hamburgo: 2003, pp. 15-37; M. Wildt, "The Spirit of the Reich Security Main Office [RSHA]". *Totalitarian Movements and Political Religions*, v. 6, n. 3, dez. 2005, pp. 333-49; S. Aronson, "Heydrich und die Anfänge des SD und der Gestapo (1931-1935)". Freie Universitat Berlim: 1967, pp. 190 ss. Dissertação (Mestrado).

24. G. Browder, *Hitler's Enforcers: The Gestapo and the SS Security Service in the Nazi Revolution*. Oxford: 1996, pp. 193-5; Sobre o pós-guerra de Höhn, ver L. Hachmeister, "Die Rolle des SD-Personals in der Nachkriegszeit: Zur nationalsozialistischen Durchdringung der Bundesrepublik", in: M. Wildt (Org.), *Nachrichtendienst, politische Elite und Mordeinheit*, pp. 347-55. Há também uma boa discussão sobre Höhn em J. A. Katz, "The Concept of Overcoming the Political: An Intellectual Biography of SS-Standartenführer and Professor Dr Reinhard Höhn, 1904-1944". Virginia Commonwealth University: maio de 1995. Dissertação (Mestrado).

25. C. Klingemann, "Ursachenanalyse und ethnopolitische Gegenstrategien zum Landarbeitermangel in den Ostgebieten: Max Weber, das Institut für Staatsforschung und der Reichsführer-SS". *Jahrbuch für Soziologiegeschichte*, 1994, pp. 191-203.

26. U. Herbert, "Ideological Legitimization and Political Practice of the Leadership of the National Socialist Secret Police". In: H. Mommsen (Org.), *The Third Reich between Vision and Reality: New Perspectives on German History, 1918-1945*. Oxford: 2001, pp. 95-108.

27. H. Höhne, op. cit., pp. 288-9.

28. P. Romijn, "Die Nazifizierung der lokalen Verwaltung im den besetzen Niederlanden als Instrument bürokratischer Kontrolle". In: W. Benz et al. (Orgs.), *Die Bürokratie der Okkupation: Strukturen der Herrschaft und Verwaltung in besetzten Europa*. Berlim: 1998, pp. 93-121.

29. U. Herbert, *Best*, pp. 281-3.

30. Para a indiferença de Hitler, N. In'T Veld, "Höhere ss- und PolizeiFührer und Volkstumspolitik: Ein Vergleich zwischen Belgien und den Niederlanden", in: W. Benz et al. (Orgs.), *Die Bürokratie der Okkupation*, pp. 121-39; para o HSSPF, ver H. Buchheim, "Die höheren ss- und Polizeiführer". In: *Vierteljahrshefte für Zeitgeschichte*, n. 11, 1963, pp. 362-91.

31. C. Browning, *The Final Solution and the German Foreign Office*, p. 61.

32. J. Tomasevich, *War and Revolution in Yugoslavia, 1941-1945: Occupation and Collaboration*. Stanford: 2001, pp. 68-9, 74-5.

33. C. Browning, "Harald Turner und die Militärverwaltung in Serbien, 1941-1942". In: D. Rebentisch, K. Teppe (Orgs.), op. cit., p. 367.

34. C. Browning (*The Final Solution and the German Foreign Office*, pp. 56-65) investiga algumas das surpresas e reviravoltas dessa complexa e horrível história.

35. Ibid.; W. Manoschek, "The Extermination of the Jews in Serbia". In: U. Herbert (Org.), *National Socialist Extermination Policies: Contemporary German Perspectives and Controversies*. Nova York: 2000, pp. 163-86.

36. H. Buchheim, "Die ss − das Herrschaftsinstrument: Befehl und Gehorsam". In: _____ et al. (Orgs.), *Anatomie des SS-Staates*. Munique: 1967, p. 90, v. 1; G. Deschner, *Reinhard Heydrich: Statthalter der totalen Macht*. Erslagen: 1977, pp. 212-38; C. MacDonald, *The Killing of SS Obergruppenführer Reinhard Heydrich, 27 May 1942*. Londres: 1989, esp. pp. 131-6.

37. Os comentários de Hitler são reproduzidos em: H. D. Heilmann, "Das Kriegstagebuch des Diplomaten Otto Bräutigam". in: G. Aly et al. (Orgs.), *Biedermann und Schreibtischtater: Materialien zur deutschen Tater-Biographie*. Berlim: 1987, pp. 146-7, registro de 30 setembro de 1941.

38. C. MacDonald, op. cit., pp. 165-6; cf. W. Schellenberg, *Hitler's Secret Service*. Nova York: 1956, pp. 286-7.

39. U. Herbert, *Best*, p. 237; H. Höhne, op. cit., p. 554; para visões opostas sobre os objetivos de guerra, ver H. Mommsen, "Beyond the Nation State". In: A. McElligott, T. Kirk (Orgs.), op. cit., pp. 248-9.

40. O relato de Best sobre a fundação do RVL está em: S. Matlok (Org.), *Dänemark in Hitlers Hand: Der Bericht des Reichsbevollmachtigten Werner Best fiber seine Besatzungspolitik in Dänemark mit Studien über Hitler, Göring, Himmler, Heydrich, Ribbentrop, Canaris u. a.* (Husum: 1988, p. 188); sobre "Führung" e "Herrschaft", ver C. Bilfinger, "Streit um das Völkerrecht". In: *Zeitschrift für äuslandisches offentliches Rechtund Völkerrecht*, n. 12, 1944, pp. 1-34.

41. Citado por C. Joerges, "Europe a *Grossraum*? Rupture, Continuity and Re-configuration in the Legal Conceptualization of the Integration Project", *EUI Working Paper, Law nº 2002/2*, p. 13; U. Herbert, *Best*, p. 283; Himmler para Krueger, in: H. Himmler, *Reichsführer! Briefe an und von Himmler*. Org. de H. Heiber. Stuttgart: 1968, p. 131.

42. NO-2585, "Bericht über die Sitzung am 4. 2. 1942 bei Dr Kleist über die Fragen der Eindeutschung, insbesondere in den baltischen Ländern". In: H. Heiber, "Der Generalplan Ost", p. 296; para a ascensão do HSSPF, ver H. Buchheim, "Die höheren ss- und Polizeiführer".

43. U. Herbert, *Best*, pp. 288-9; sobre ditadura e caudilhismo, G. Kuchenhoff, "Grossraumgedanke und völkische Idee im Recht". In: *Zeitschrift für auslandisches offentliches Rechtund Völkerrecht*, n. 12, 1944, pp. 48-9.

44. A. Meyer, "Grossraumpolitik und Kollaboration im Westen". In: *Modelle für ein deutsches Europe, Beitrage zur NS Gesundheits- und Sozialpolitik*, n. 10 (Berlim), 1992, pp. 29-77; E. Jäckel, *Frankreich in Hitler's Europa*. Stuttgart: 1966, pp. 186-98.

45. W. Prag, W. Jacobmeyer (Orgs.), op. cit., pp. 113, 151.

46. H. Trevor-Roper (Org.), *Hitler's Table Talk*, pp. 111-7; C. Childs, "Administration", in: A. e V. Toynbee (Orgs.), op. cit., p. 117.

47. M. Housden, *Hans Frank*, p. 62; W. Prag, W. Jacobmeyer (Orgs.), op. cit., p. 160; C. Klessmann, "Hans Frank". In: R. Smelser, R. Zitelman (Orgs.), *The Nazi Elite*. Londres: 1993, p. 41.

48. W. Jochmann, op. cit., p. 140.

49. H. Frank, *Die Technik des Staates*. Berlim: 1942, pp. 20-2, 28-9. M. Housden, *Hans Frank*, pp. 160-1.

50. Para a corrupção em geral, ver F. Bajohr, "The Nazis and Corruption". In: G. Feldman, W. Seibel (Orgs.), op. cit., pp. 118-41.

51. "Interview with the Former Governor, Dr Lasch", 25 de abril de 1942, 3814-PS, NCA, vol. 6, Washington (DC): 1946, pp. 745-7.

52. Um bom relato sobre todo o caso está em: H. Höhne, op. cit., pp. 359-66.

53. M. Housden, *Hans Frank*, pp. 171-2.

54. "Dokumentation: Rechtssicherheit und richterliche Unabhangigkeit aus der Sicht des SD". *Vierteljahrshefte für Zeitgeschichte*, n. 4, 1956, pp. 398-422.

55. Sobre Ohlendorf e suas relações com Himmler, ver F. Kersten, op. cit., pp. 206-20.

56. U. von Hassell, op. cit., 16 de março de 1942.

57. H. W. Koch, *In the Name of the Volk: Political Justice in Hitler's Germany*. Londres: 1997, cap. 7.

58. A. McElligott, "'Sentencing towards the Führer'? The Judiciary in the Third Reich". In: A. McElligott, T. Kirk (Orgs.), op. cit., pp. 153-86; Himmler, in: H. Buchheim, "Die höheren SS- und Polizeiführer", p. 370; N. Wachsmann, *Hitler's Prisons: Legal Terror in Nazi Germany*. Londres: 2004, pp. 208-18.

59. C. Childs, "Administration", p. 117.

9. A RENTABILIZAÇÃO DA OCUPAÇÃO (PP. 315-52)

1. J. Noakes, G. Pridham (Orgs.), op. cit., pp. 681-3.

2. Funk, citado em H.-E. Volkmann, "Landwirtschaft und Ernährung in Hitler's Europa, 1939-45". *Militärgeschichtliche Mitteilungen*, n. 35, 1984, p. 37; A. Tooze, op. cit., p. 386.

3. R. J. Overy, *The Dictators*, pp. 503-4.

4. A. Tooze, op. cit., p. 419.

5. J. Krejci, "The Bohemian-Moravian War Economy". In: M. Kaser (Org.), *The Economic History of Eastern Europe, 1919-1975*. Oxford: 1986, pp. 452-72, v. 2; P. Liberman, *Does Conquest Pay? The Exploitation of Occupied Industrial Societies*. Princeton: 1996.

6. J. Gillingham, "The Politics of Business in the German *Grossraum*: The Example of Belgium". *Studia Historiae Oeconomicae*, n. 14, 1979, pp. 23-4; C. Buchheim, "Die besetzten Länder im

Dienste der Deutschen Kriegswirtschaft während des Zweiten Weltkriegs". *Vierteljahrshefte für Zeitgeschichte*, v. 34, n. 1, 1986, pp. 117-45, aqui p. 119.

7. Radice, in: M. Kaser, op. cit., pp. 340-2; A. Tooze, op. cit., p. 385.

8. D. Veillon, *Fashion under the Occupation*. Oxford: 2002, p. 22; D. Veillon, "The Black Market". In: M. Gijsen (Org.), *Belgium under Occupation*. Washington (DC): 1947, p. 76.

9. H. Bell, "Monetary Problems of Military Occupation". *Military Affairs*, v. 6, n. 2, verão 1942, pp. 77-88.

10. O. Hayes, *Industry and Ideology: I. G. Farben in the Nazi Era*. Cambridge: 1989.

11. R. J. Overy, "German Multi-Nationals and the Nazi State in Nazi-Occupied Europe". In: _____ (Org.), *War and Economy in the Third Reich*. Oxford: 1994, p. 318.

12. J. Noakes, G. Pridham (Orgs.), op. cit., p. 959.

13. Ver P. Giltner, *"In the Friendliest Manner"*: *German-Danish Economic Cooperation during the Nazi Occupation, 1940-1945*. Nova York: 1998, pp. 33 ss.; O. Hayes, op. cit., p. 263; M. Nissen, "Danish Food Production in the German War Economy", in: F. Trentmann e F. Just (Orgs.), *Food and Conflict in Europe in the Age of the Two World Wars*. Basingstoke: 2006, pp. 172-93.

14. J. Gillingham, *Industry and Politics in the Third Reich: Ruhr Coal, Hitler and Europe*. Londres: 1985, p. 147, e "The Baron de Launoit: A Case Study in the 'Politics of Production' of Belgian Industry during Nazi Occupation", partes I e II, *Revue Beige d'Histoire Contemporaine*, n. 5, 1974, pp. 1-59.

15. O. Hayes, op. cit., p. 276; G. Aalders, "Three Ways of German Economic Penetration in the Netherlands". In: R. J. Overy, G. Otto, J. H. van Cate (orgs.), *Die "Neuordnung" Europas: NS-Wirtschaftspolitik in den besetzten Gebieten*. Berlim: 1997, pp. 273-99; A. Milward, *The New Order and the French Economy*. Oxford: 1970, pp. 47-50; 73.

16. P. Burrin, *France under the Germans: Collaboration and Compromise*. Nova York: 1996, pp. 236-41; J. Gillingham, *Industry and Politics*, p. 159.

17. R. J. Overy, "The Reichswerke 'Hermann Göring': A Study in German Economic Imperialism". In: _____ (Org.), *War and Economy*, pp. 144-75, aqui pp. 167-8.

18. G. Hirschfeld, *Nazi Rule and Dutch Collaboration*, pp. 186-90.

19. Ibid., p. 194.

20. D. Veillon, op. cit., pp. 72-82; R. Kaczmarek, "Die deutsche wirtschaftliche Penetration in Polen (Oberschlesien)". In: R. J. Overy et al. (Orgs.), *Die "Neuordnung"*, pp. 257-73.

21. R. J. Overy, "The Economy of the German 'New Order'". In: _____ et al. (Orgs.), *Die "Neuordnung"*, pp. 22-3; A. Milward, *The New Order*, p. 55.

22. C. Buchheim, "Die besetzten Lander", pp. 117-45; P. Liberman, "The Spoils of Conquest", *International Security*, v. 18, n. 2, outono 1993, p. 141; A. Tooze, op. cit., p. 391; Von Krosigk, *NCA*, Washington (DC): 1946, p. 21, v. 8.

23. A. Milward, *The New Order*, p. 283.

24. E. Jäckel, op. cit., p. 94.

25. R. W. Lindholm, "German Finances in Wartime". *American Economic Review*, v. 37, n. 1, mar. 1947, pp. 121-34; Cathala in Hoover Institution, *France during the German Occupation, 1940-1944*. Stanford: 1958, p. 108, v. 1.

26. G. A. Makinen, "The Greek Hyper-Inflation and Stabilization of 1943-46". *Journal of Economic History*, v. 46, n. 3, 1986, pp. 795-805; *Nazi Conspiracy and Aggression*, Washington (DC): 1948, pp. 692-4, v. 7; G. Etmektsoglou, "Changes in the Civilian Economy as a Factor in the Radicalization of Popular Opposition in Greece, 1941-1944". In: R. J. Overy et al. (Orgs.), *Die "Neuordnung"*, p. 223.

27. Rost von Tonningen, citado em G. Hirschfeld, *Nazi Rule and Dutch Collaboration*, p. 240.

28. A. Hitler, *Hitler's Second Book: The Unpublished Sequel to Mein Kampf*. Org. de F. Weinberg. Nova York: 2006, p. 23; G. Corni, *Hitler and the Peasants: Agrarian Policy of the Third Reich, 1930-1939*. Nova York: 1990, pp. 162-4. O argumento pode ser acompanhado em H. Backe, *Das Ende des Liberalismus in der Wirtschaft* (Berlim: 1938).

29. J. H. Richter, "Continental Europe's Prewar Food Balance". *Foreign Agriculture*, n. 6, 1942, pp. 300-1; H.-E. Volkmann, "Landwirtschaft und Ernahrung", pp. 13-4; U. Spiekermann, "Brown Bread for Victory: German and British Wholemeal Politics in the Inter-War Period". In: F. Trentmann, F. Just (Orgs.), op. cit.

30. C. Luczak, "Die Agrarpolitik des Dritten Reiches". *Studia Historiae Oeconomicae*, n. 17, 1982, p. 197.

31. M. Chodakiewicz, *Between Nazis and Soviets: Occupation Politics in Poland, 1939-1947*. Lanham (MD): 2004, p. 108; K. Brandt, *Management of Agriculture and Food in the German-Occupied and Other Areas of Fortress Europe: A Study in Military Government*. Stanford: 1953, p. 290.

32. Z. Mankowski, "Die Agrarpolitik des Okkupanten im Generalgouvernement, 1939-1945". *Studia Historiae Oeconomicae*, 23, 1998, pp. 255-68.

33. P. Hansen, "The Danish Economy during War and Occupation". In: R. J. Overy et al. (Orgs.), *Die "Neuordnung"*, p. 72.

34. P. Pétain, *Discours aux français: 17 juin 1940-20 août 1944*. Org. de J.-C. Barbas. Paris: 1989, p. 84.

35. A. Milward, *The Fascist Economy in Norway*. Oxford: 1972, p. 297; H. R. Kedward, *Resistance in France: A Study of Ideas and Motivation in the Southern Zone 1940-1942*. Oxford: 1978, pp. 222-3.

36. C. Pilichowski, "Verbrauch von Nahrungsmitteln durch jüdische Bevolkerung und Haftlinge der Okkupationslager in besetzten Polen". *Studia Historiae Oeconomicae*, n. 17, 1982, p. 209.

37. J. Gross, *Polish Society under German Occupation: The Generalgouvernement, 1939-1944*. Princeton: 1979, p. 156; J. Noakes, G. Pridham (Orgs.), op. cit., p. 994.

38. K. Brandt, op. cit., p. 118; *TWC*, Washington (DC): 1946, pp. 427-8, v. 11.

39. V. Hionidou, *Famine and Death in Occupied Greece, 1941-1944*. Cambridge: 2006; G. Etmektsoglou, "Changes in the Civilian Economy", pp. 199, 214.

40. J. Breunis "The Food Supply". In: *Annals of the American Academy of Political and Social Science*, n. 245, maio 1946, pp. 87-92, e C. Banning, "Food Shortage and Public Health, First Half of 1945", ibid., pp. 93-110.

41. "The Food Rationing System in Poland". *Polish Fortnightly Review*, v. 55, n. 1, nov. 1942, p. 7; M. Brzeska, *Through a Woman's Eyes*. Londres: [1945].

42. H. Backe, *Um die Nahrungsfreiheit Europas: Weltwirtschaft oder Grossraum*. Leipzig, 1942, pp. 170 ss.; para números de antes da guerra, ver L. Volin, "The Russian Food Situation". *Annals of the American Academy of Political and Social Scientists*, n. 225, jan. 1943, pp. 89-91.

43. Citado em K. Brandt, op. cit., pp. 622-30; G. Aly, S. Heims, *Architects of Annihilation*, p. 246. Sobre Backe, ver também A. Tooze, op. cit., pp. 478-9.

44. K. Brandt, op. cit., p. 124.

45. "A Citizen of Kharkiv", "Lest We Forget: Hunger in Kharkiv in the Winter of 1941-42". *Ukrainian Quarterly*, n. 4, inverno 1948, pp. 72-9.

46. O. Bräutigam, in: J. Noakes, G. Pridham (Orgs.), op. cit., pp. 913-4; também T. Mulligan, *The Politics of Illusion and Empire: German Occupation Policy in the Soviet Union, 1942-43*. Nova York: 1988, pp. 47-8.

47. W. Boelcke (Org.), *The Secret Conferences of Dr Goebbels, the nazi Propaganda War, 1939-1943*. Nova York: 1970, pp. 222-3.

48. J. Lehmann, "Herbert Backe". In: R. Smelser, R. Zitelmann (Orgs.), *Die braune Elite*. Darmstadt: 1993, pp. 1-13.

49. B. Smith, A. Peterson (Orgs.), *Heinrich Himmler: Geheimreden 1933 bis 1945*. Frankfurt: 1974, p. 159; A. Tooze, op. cit., pp. 547-8.

50. J. Noakes, G. Pridham (Orgs.), op. cit., p. 901; também *TWC*, Washington (DC):, 1952, pp. 797 ss., v. 8.

51. Também ibid., p. 803.

52. H. Trevor-Roper (Org.), *Hitler's Table Talk*, pp. 615-24.

53. W. Boelcke (Org.), *The Secret Conferences*, pp. 270, 276, 284; A. Tooze, op. cit., p. 548; H. Trevor-Roper (org.), *Hitler's Table Talk*, pp. 658-9 (25 de agosto de 1942).

54. K. Brandt, op. cit., pp. 125, 563; D. Eichholtz, "Die Ausbeutung der Landwirtschaft der faschistisch besetzten Gebiete durch die Okkupanten und die Taktik der materiellen Korrumpierung in Deutschland während des Zweiten Weltkrieges". *Studia Historiae Oeconomicae*, n. 14, 1982, pp. 153-71; Reicke v. Göring, *TWC*, Washington (DC): 1952, p. 807.

55. N. Goodman, "Health in Europe". *International Affairs*, v. 20, n. 4, 1944, pp. 473-80; U. Spiekermann, "Brown Bread for Victory", pp. 150-9; A. Sauvy, S. Ledermann, "La guerre biologique", p. 477; K. Brandt, op. cit., pp. 610-3.

56. P. Vincent, "Conséquences de six années de guerre sur la population française". *Population*, v. 1, n. 3, jul./set. 1946, p. 436; J. Daric, "Quelques aspects de l'évolution démographique aux Pays-Bas", ibid., pp. 501-9.

57. J. Valin, F. Mesle, S. Adamets, S. Pyrozhov, "A New Estimate of Ukrainian Population Losses during the Crises of the 1930s and 1940s". *Population Studies*, v. 56, n. 3, nov. 2002, pp. 249-64.

58. J.-L. Charles, P. Dasnoy (Orgs.), *Les dossiers secrets de la police allemande en Belgique: La Geheime Feldpolizei en Belgique et dans le Nord de la France*. Bruxelas: 1972-3, passim, esp. pp. 45, 82-4, 155, 192-3, 205, v. 1; p. 46, v. 2.

59. G. Hill, *Trends in the Oil Industry in 1944*, Washington (DC): 1944, pp. 10-2. Agradeço a Alison Frank por essa referência; W. G. Jensen, "The Importance of Energy in the First and Second World Wars". *Historical Journal*, v. 11, n. 3, 1968, pp. 538-54.

60. D. Eichholtz, "Öl, Krieg, Politik: Deutscher Ölimperialismus, 1933-1942/43". *Zeitschrift für Geschichtsgewissenschaft*, v. 51, n. 6, 2003, pp. 493-511.

61. A. Tooze, op. cit., pp. 445-6.

62. Ibid., pp. 574, 598.

63. W. G. Jensen, "The Importance of Energy", p. 550; A. Milward, *The New Order*, p. 288.

64. P. Liberman, *Does Conquest Pay?*

10. TRABALHADORES (PP. 353-79)

1. U. Herbert, *Hitler's Foreign Workers: Enforced Foreign Labor in Germany under the Third Reich*, Cambridge: 1997, p. 35.

2. Ibid., pp. 100-3, 107.

3. Ibid., pp. 110-1.

4. Ibid., pp. 146-62; Wetzel, in: H. Heiber, "Der Generalplan Ost", p. 312.

5. NCA, Supplement B, Washington (DC): 1946, p. 373, Sauckel-Hitler, 14 de abril dc 1943; NCA, Washington (DC): 1946, "Stenographic Transcript of the 17th Conference of Central Planning", R-124, 196; A. Tooze, op. cit., p. 517.

6. Nuremberg Document, aqui e a seguir ND, 294-PS/USA 185; ibid., p. 304.

7. ND, 1526-PS/USA 178, citado em TWCI, Nuremberg: 1947, v. 3, 12 de dezembro de 1945, p. 299.

8. ND, 018-PS, Rosenberg-Sauckel, 21 de dezembro de 1942, in: Ibid., pp. 304-5.

9. Memorandum of Ribbentrop-Alfieri discussions', 22 de fevereiro de 1943, in: NCA, pp. 196-7, v. 7; M. Eikel, "'Weil die Menschen fehlen': Die deutschen Zwangsarbeitsrekruitierungen und -deportationen in den besetzten Gebieten der Ukraine, 1941-1944". Vierteljahrshefte für Zeitgeschichte, v. 53, n. 5, 2005, pp. 405-34.

10. R-124, minutes of the Central Planning Board, 1° de março de 1944, TWCI, p. 312.

11. 3819-PS, A correspondência de Sauckel e Speer com Hitler, in: NCA, pp. 760-5, v. 6; Manpower Executive Conference, 12 de julho de 1944, ibid., pp. 766-72.

12. A. Tooze, op. cit., p. 519; C. Gerlach, G. Aly, Das letzte Kapitel: Realpolitik, Ideologie und der Mord an den ungarischen Juden, 1944/45. Stuttgart: 2002; B. Kroner, "'Soldaten der Arbeit': Menschenpotential und Menschenmangel in Wehrmacht und Kriegswirtschaft". In: D. Eichholtz (Org.), Krieg und Wirtschaft, pp. 109-29.

13. P. Panayi, "Exploitation, Criminality, Resistance: The Everyday Life of Foreign Workers and Prisoners of War in the German Town of Osnabrück, 1939-1949". Journal of Contemporary History, v. 40, n. 3, 2005, pp. 483-502.

14. U. Herbert, Hitler's Foreign Workers, pp. 265-6.

15. Ibid., pp. 267-8; N. Wachsmann, op. cit., pp. 284-306.

16. "Extracts from Posen Meeting", 4 de outubro de 1943, NCA, pp. 318-22, v. 8; R. Gellately, Backing Hitler: Consent and Coercion in Nazi Germany. Oxford: 2001, pp. 174-5.

17. "Decree for Ensuring the Discipline and Output of Foreign Workers", 25 de setembro de 1944 "D-226", in: NCA, pp. 1089-90, v. 6; A. Tooze, op. cit., pp. 529-30.

18. Citado em P. Panayi, "Exploitation, Criminality, Resistance", pp. 489-90; também U. Herbert, Hitler's Foreign Workers, pp. 293-5.

19. R. Gellately, op. cit., pp. 239-57.

20. Dados do gulag em A. Nove, "How Many Victims in the 1930s? II". Soviet Studies, v. 42, n. 4, out. 1990, pp. 811-4; dados do período 1939-42 em NCA, R-124, Pohl- Himmler, 30 de abril de 1942, v. 7.

21. J. E. Schulte, Zwangsarbeit und Vernichtung: Das Wirtschaftsimperium der SS: Oswald Pohl und das SS-Wirtschafts-Verwaltungshauptamt, 1933-1945. Paderborn: 2001.

22. Ibid., pp. 335-60; M. T. Allen, Hitler's Slave Lords: The Business of Forced Labour in Occupied Europe. Londres: 2002, pp. 198-9.

23. H. Himmler, Geheimreden 1933 bis 1945, p. 159.

24. M. T. Allen, op. cit.

25. PS-682 in: S. Krakowski, "The Satellite Camps". In: I. Gutman, M. Berenbaum (Orgs.), Anatomy of the Auschwitz Death Camp. Bloomington (IN): 1994, p. 51; M. Broszat, "The Concentration Camps, 1933-1945". In: H. Krausnick, M. Broszat, Anatomy of the SS State. Londres: 1973, p. 243; N. Wachsmann, op. cit., cap. 8.

26. W. Naasner (Org.), *SS-Wirtschaft und SS-Verwaltung: "Das SS-Wirtschafts-Verwaltungs- haup-tamt und die unter seiner Dienstaufsicht stehenden wirtschaftlichen Unternehmungen" und weitere Doku-mente*. Düsseldorf: 1998, pp. 93-9; F. Piper, "The System of Prisoner Exploitation". In: I. Gutman, M. Berenbaum (Orgs.), op. cit., pp. 34-50, aqui p. 38.

27. G. Engel, op. cit., p. 145.

28. Ibid., cap. 5; Glücks-camp commanders, 20 de janeiro de 1943, comentário de Eicke em *TWC*, p. 383, v. 5; Pohl-Himmler, 5 de abril de 1944, (NO-020(a)); taxas de mortalidade em *TWC*, pp. 379-81, v. 5; Pohl-Himmler, 30 de setembro de 1943 (1469-PS). Cálculos completos em A. Tooze, op. cit., pp. 523, 526-7; M. Broszat, "The Concentration Camps", pp. 222-3, 244-5.

29. J. E. Schulte, *Zwangsarbeit und Vernichtung*, pp. 208-32.

30. Ibid., pp. 246-7; L. Dobroszycki (Org.), *The Chronicle of the Lodz Ghetto, 1941-1944*. New Haven: 1984, pp. LXI-LXIII; H. Krausnick, "The Persecution of the Jews". In: H. Krausnick, M. Broszat (Orgs.), op. cit., pp. 136-7.

31. Ibid., pp. 250, 260-1.

32. M. T. Allen, op. cit., pp. 194-6.

33. Ver A. C. Mierzejewski, *The collapse of the german war economy, 1944-1945*, Chapel Hill (NC): 1988, cap. 1, para a ascensão de Speer. Também W. Schumann, "Probleme der Deutschen Aus-senwirtschaft und einer 'Europäischen Wirtschaftsplanung'", *Studia Historiae Oeconomicae*, n. 14, 1979, pp. 142-60.

34. *TWC*, pp. 402-3, v. 11.

35. K. J. Siegfried, "Racial Discrimination at Work: Forced Labour in the Volkswagen Factory, 1939-1945". In: M. Burleigh (Org.), *Confronting the Nazi Past: New Debates on Modern German History*, Londres: 1996, pp. 37-51.

36. M. T. Allen, op. cit., pp. 194, 225.

37. S. Kotkin, "World War Two and Labor: A Lost Cause?". *International Labor and Working--Class History*, n. 58, outono 2000, pp. 181-91.

38. Ibid.; também R. J. Overy, *Why the Allies Won*. Londres: 1995.

II. A DIPLOMACIA ERSATZ (PP. 380-430)

1. J. Foerster, E. Mawdsley, "Hitler and Stalin in Perspective: Secret Speeches on the Eve of Barbarossa". *War in History*, v. 11, n. 1, 2004, pp. 61-103, aqui p. 77.

2. *DGFP*, Washington, (DC): 1954, p. 55, v. 13.

3. Ibid., pp. 28-9, 42-3.

4. "Gegnerische Kriegsziele". In: *Zeitschrift für ausländisches öffentliches Recht und Völker-recht*, n. 11, 1942-3, p. 11.

5. F. Anfuso, *Dal Palazzo Venezia al Lago di Garda, 1936-1945*, [s.l.]: 1957, pp. 196-210, 226-7.

6. *DDI* 1, Roma: 1987, p. 470, v. 7.

7. Ibid., pp. 509-10; ver também F. Anfuso, op. cit., p. 209.

8. E. Dollmann, *The Interpreter: Memoirs of Doktor Eugen Dollmann*. Londres: 1967, pp. 192-3.

9. P. Schmidt, op. cit., p. 258; W. Lipgens (Org.), *Documents on the History of European Integration*, pp. 86-9, v. 1.

10. M. Bloch, *Ribbentrop*. Londres: 1992, pp. 340-1.

11. *DDI*, Ciano-Mussolini, 26 de outubro de 1941, pp. 690-4, v. 7.

12. M. Bloch, op. cit., pp. 342-3; L. Simoni, *Berlino, Ambasciata d'Italia 1939-1943*. Roma: 1947, p. 262.

13. *DGFP*, Washington (DC): 1964, pp. 858-9, 861, 867, 911, v. 13; M. Bloch, op. cit., p. 351.

14. *DGFP*, pp. 920-1, v. 13.

15. A. Hitler, *Speeches and Proclamations, 1932-1945* (v. 4, *1941-1945*). Wauconda (IL): 2004, p. 2672, 30 de setembro de 1942.

16. *DDI*, Roma: 1988, pp. 409-12, v. 8.

17. M. Luciolli, *Palazzo Chigi: Anni roventi, ricordi di vita diplomatica italiana dal 1933 al 1948*. Milão: 1976, pp. 99-101; G. Bottai, *Diario, 1935-1944*. Milão: 1982, p. 300.

18. J. Tomasevich, op. cit., pp. 168-71.

19. *The Confidential Papers of Admiral Horthy*. Budapeste: 1965, pp. 193, 224.

20. T. Anderson, "A Hungarian *Vernichtungskrieg*? Hungarian Troops and the Soviet Partisan War in Ukraine, 1942". *Militärgeschichtliche Mitteilungen*, v. 58, n. 2, 1999, pp. 345-66; N. Kallay, *Hungarian Premier: A Personal Account of a Nation's Struggle in the Second World War*. Londres: 1954, pp. 107-11, sobre Novi Sad.

21. M. Horthy, *Confidential Papers*, pp. 269-72.

22. J. Tomasevich, op. cit., pp. 156-68; R. Lemkin, *Axis Rule in Occupied Europe: Laws of Occupation, Analysis of Government, Proposals for Redress*. Washington (DC), 1944, pp. 187-90; J. P. Schechtman, op. cit., pp. 415-24.

23. D. Deletant, *Hitler's Forgotten Ally: Ion Antonescu and His Regime, Romania 1940-1944*. Londres: 2006, p. 38.

24. J. Ancel, *Transnistria 1941-1942: The Romanian Mass Murder Campaigns*. Tel Aviv: 2003, pp. 24-5, v. 1.

25. V. Petrov, *Escape from the Future: The Incredible Adventures of a Young Russian*. Bloomington (IN): 1973, pp. 394-6.

26. D. Deletant, op. cit., pp. 187-96.

27. Ibid., pp. 130-41; A. Angrick, "The Escalation of German-Rumanian Anti-Jewish Policy after the Attack on the Soviet Union" (*Yad Vashem Studies*, n. 26, 1998, pp. 203-39), fornece um número mais elevado para as baixas em Jassy. Ver "The Report of the International Commission on the Holocaust in Romania", Bucareste, 11 de novembro de 2004, disponível on-line em <http:// www. yadvashem.org/about_yad/what_new/index_whats_new-report.html.>.

28. C. Malaparte, *Kaputt*. Londres: 1989, p. 142.

29. J. Ancel, "The German-Rumanian Relationship and the Final Solution". *Holocaust and Genocide Studies*, v. 19, n. 2, outono 2005, pp. 252-75, aqui p. 258; para o original, ver L. Benjamin (Org.), *Problema evreiasca in stenogramele Consiliului de Ministri* (Bucareste: 1996, pp. 264-9).

30. A. Angrick, "The Escalation of German-Rumanian Anti-Jewish Policy", pp. 213-5.

31. Ibid., pp. 224-9.

32. R. Hilberg, *The Destruction of the European Jews*. Nova York: 1985, pp. 758-83. v. 2; D. Deletant, op. cit., p. 146.

33. J. Ancel, *Transnistria 1941-1942*, p. 193.

34. Ibid., pp. 193-203.

35. J. Ancel, "The German-Rumanian Relationship and the Final Solution", p. 259.

36. "The Report of the International Commission on the Holocaust in Romania".

37. A. Dallin, *Odessa 1941-1944: A Case Study of Soviet Territory under Foreign Rule*, Santa Monica (CA): 1957, pp. 68-78; uma discussão exaustiva das estimativas das listas de mortos pode ser encontrada em "The Holocaust in Romania", in: "The Report of the International Commission on the Holocaust in Romania".

38. "Rezolvarea problemei evreiesti" (Solução para o problema dos judeus), in: *Unirea*, 10 de outubro de 1941; cópia em J. Ancel, *Documents Concerning the Fate of Romanian Jewry during the Holocaust*. Nova York: 1987, n. 208, p. 318, v. 8, citado em "The Report of the International Commission on the Holocaust in Romania".

39. M. Knox, *Hitler's Italian Allies: Royal Armed Forces, Fascist Regime and the War of 1940-1943*, Cambridge: 2000, pp. 24-71.

40. R. DiNardo, *Germany and the Axis Powers: From Coalition to Collapse*. Lawrence (KS): 2005, pp. 28-36.

41. G. Bottai, op. cit., p. 216.

42. D. Rodogno, *Fascism's European Empire: Italian Occupation during the Second World War*. Cambridge: 2006, pp. 284-7; ver também S. Lecoeur, "The Italian Occupation of Syros and Its Socio-Economic Impact, 1941-43". Universidade de Londres: 2006. Tese (Doutorado).

43. D. Rodogno, op. cit., p. 59.

44. H. J. Burgwyn, *Empire in the Adriatic: Mussolini's Conquest of Yugoslavia, 1941-1943*. Nova York: 2005, p. 96.

45. D. Rodogno, op. cit., pp. 82-4, 264-5.

46. F. P. Verna, "Notes on Italian Rule in Dalmatia under Bastianini, 1941-1943". *International History Review*, v. 12, n. 3, 1990, pp. 441-60.

47. D. Rodogno, op. cit., p. 73.

48. J. Tomasevich, op. cit., pp. 49-53.

49. C. Malaparte, op. cit., pp. 264-6.

50. M. A. Hoare, *Genocide and Resistance in Hitler's Bosnia: The Partisans and the Chetniks, 1941-1943*. Oxford: 2006, pp. 22-3.

51. T. Dulic, *Utopias of Nation: Local Mass Killing in Bosnia and Hercegovina, 1941-1941*. Estocolmo: 2005.

52. H. J. Burgwyn, op. cit., pp. 164-6.

53. N. Rich, op. cit., pp. 280-1, v. 2; Glaise, in: J. E. Gumz, "'Wehrmacht Perceptions of Mass Violence in Croatia, 1941-1942", *Historical Journal*, v. 44, n. 4, 2001, pp. 1015-38, aqui p. 1028; T. Dulic, op. cit., p. 146; J. Gumz, "German Counter-Insurgency Policy in Independent Croatia, 1941-1944". *The Historian*, n. 61, 1998, pp. 33-50.

54. M. Legnani, "Il "ginger" del generale Roatta: le direttive della 2ª armata sulla repressione antipartigiana in Slovenia e Croazia". *Italia contemporanea*, pp. 209-10, dez. 1997/mar. 1998, pp. 155-74; H. J. Burgwyn, op. cit., pp. 270-4.

55. D. Rodogno, op. cit., pp. 336-61.

56. Para as objeções italianas, *DDI*, Roma: 1990, pp. 86, 547, v. 10.

57. B. Fischer, *Albania at War, 1939-1945*. West Lafayette (IN): 1999, pp. 85-7.

58. J. Gumz, "Wehrmacht Perceptions of Mass Violence", p. 1032; sobre chances desperdiçadas para negociação, ver W. Hoettl, *The Secret Front: The Story of Nazi Espionage*. Nova York: 1954, pp. 154-5.

59. J. Gumz, "Stepping Back from Destruction: Invasion, Occupation and Empire in Habsburg Serbia, 1914-1918". Universidade de Chicago: 2006. Tese (Doutorado).

60. Ver I. Hull, op. cit.; A. Kramer, *Dynamics of Destruction: Culture and Mass Killing in the First World War*. Oxford: 2007; e especialmente J. Gumz, "Stepping Back from Destruction".

61. G. Bottai, op. cit., registro de 11 de junho de 1940.

62. V. Lumans, *Himmler's Auxiliaries*, p. 215.

63. W. Bowen, op. cit., p. 170.

64. H. J. Burgwyn, op. cit., p. 277.

65. P. Schmidt, op. cit., pp. 259-60; C. Browning, "Unterstaatssekretär Martin Luther and the Ribbentrop Foreign Office". *Journal of Contemporary History*, v. 12, n. 2, abr. 1977, pp. 313-44.

66. R. Herzstein, op. cit., cap. 6; Martin, "German-Italian Cultural Initiatives".

67. W. Lipgens (Org.), *Documents on the History of European Integration*, pp. 98-109, v. 1; L. Simoni, op. cit., p. 299; P. Schmidt, op. cit., p. 261; J. von Ribbentrop, *The Ribbentrop Memoirs*. Londres: 1954, p. 169.

68. T. Mulligan, op. cit., pp. 39-40.

69. W. Lipgens (Org.), *Documents on the History of European Integration*, pp. 118-22, v. 1.

70. M. Bloch, op. cit., pp. 365-7.

71. C. Browning, "Unterstaatssekretär Martin Luther", p. 334.

72. *DDI*, pp. 91-2, 103-4, v. 10.

73. W. Lipgens (Org.), *Documents on the History of European Integration*, pp. 123-4, v. 1.

74. *DDI*, pp. 232-4, v. 10.

75. Ibid., pp. 278-9; M. Bloch, op. cit., p. 378; L. Simoni, op. cit., p. 333.

76. G. de Antonellis, *Le quattro giornate di Napoli*. Milão: 1973, p. 65.

77. P. Struye, *Journal de guerre, 1940-1945*. Bruxelas: 2004, p. 411.

78. R. Herzstein, op. cit., p. 206.

79. F. W. Deakin, *The Last Days of Mussolini*. Londres: 1962, pp. 112-3.

80. E. Collotti, *L'amministrazione tedesca dell'Italia occupata*. Milão: 1963, pp. 290-1; L. Klinkhammer, *Zwischen Bündnis und Besatzung: Das nationalsozialistische Deutschland und die Republik von Salò, 1943-45*. Tübingen: 1993, pp. 291-301, 494.

81. F. W. Deakin, op. cit., pp. 141, 149.

82. C. Gerlach, G. Aly, op. cit., pp. 117-21; V. Lumans, *Himmler's Auxiliaries*, p. 226.

83. P. Sipos, "The Fascist Arrow Cross Government in Hungary, October 1944-April 1945". In: W. Benz et al. (Orgs.), *Die Bürokratie der Okkupation*, pp. 49-63.

84. A. Hitler, *Speeches and Proclamations*, 1º de janeiro de 1945, v. 4.

12. A SOLUÇÃO FINAL: A QUESTÃO JUDAICA (PP. 431-80)

1. Citado em C. Browning, *Nazi Policy, Jewish Workers, German Killers*. Cambridge: 2000, p. 48; ver também W. Boelcke (Org.), *The Secret Conferences*, p. 190.

2. R. Cecil, *The Myth of the Master Race: Alfred Rosenberg and Nazi Ideology*, Londres: 1972, p. 20; "Eine ernste Frage", in: A. Rosenberg, *Schriften und Reden*. Munique: 1943, pp. 75-9. v. 1; J. Billig, op. cit., pp. 194-7, 209-11.

3. B. Lösener, "Das Reichsministerium des Innern und die Judengesetzgebung". *Vierteljahrshefte für Zeitgeschichte*, v. 9, n. 3, 1961, p. 303; P. Witte, "Two Decisions Concerning the 'Final Solution to the Jewish Question': Deportations to Lodz and Mass Murder in Chełmno". *Holocaust and Genocide Studies*, v. 9, n. 2, 1995, pp. 318-45.

4. L. Rein, "Local Collaboration in the Execution of the "Final Solution" in Nazi-Occupied Belorussia". *Holocaust and Genocide Studies*, v. 20, n. 3, inverno 2006, pp. 381-409, aqui p. 395.

5. "Report on the Execution of Jews in Borrisow", 24 de outubro de 1941, ND 3047-PS, in: American Jewish Conference, *Nazi Germany's War against the Jews*. Nova York: 1947.

6. G. Reitlinger, *The House Built on Sand*, p. 85.

7. Morris-State, 14 de outubro de 1941, in: J. Mendelsohn (Org.), *The Holocaust in Selected Documents in Eighteen Volumes*. Nova York: 1982, pp. 18-9. v. 8; E. Farbstein, "Diaries and Memoirs as a Historical Source — The Diary and Memoir of a Rabbi at the 'Konin House of Bondage'". *Yad Vashem Studies*, n. 26, 1998, pp. 87-129, aqui p. 106.

8. J. Herf, "The 'Jewish War': Goebbels and the Anti-Semitic Campaigns of the Nazi Propaganda Ministry". *Holocaust and Genocide Studies*, v. 19, n. 1, primavera 2005, pp. 51-80, aqui p. 67; B. Musial, "The Origins of 'Operation Reinhard': The Decision-Making Process for the Mass Murder of the Jews in the Generalgovernment". *Yad Vashem Studies*, n. 28, 2000, pp. 113-53, aqui p. 136 (citando *Tagebücher*, n. 2, 132, registro de 28 de outubro de 1941).

9. Y. Arad, "Alfred Rosenberg and the 'Final Solution' in the Occupied Soviet Territories". *Yad Vashem Studies*, n. 13, 1979, pp. 263-86.

10. P. Witte et al. (Orgs.), op. cit., pp. 258-84; B. Lösener, "Das Reichs-ministerium", p. 311.

11. J. Goebbels, *Die Tagebücher von Josef Goebbels*. Org. de E. Froehlich. vol. 2, n. 2, out./dez. 1941, Munique: 1996, pp. 487-500.

12. Y. Arad, "Alfred Rosenberg", p. 281.

13. Diário de Frank, 16 de dezembro de 1941, NG 2233D-PS, (Estados Unidos 281), in: American Jewish Conference, *Nazi Germany's War against the Jews*.

14. M. Roseman, "Shoot First and Ask Questions Afterwards? Wannsee and the Unfolding of the Final Solution". In: N. Gregor (Org.), *Nazism, War and Genocide: Essays in Honour of Jeremy Noakes*. Exeter: 2005, pp. 130-46.

15. Para mais detalhes, ver o capítulo 10.

16. I. Kershaw, "Improvised Genocide? The Emergence of the 'Final Solution' in the 'Warthegau'". *Transactions of the Royal Historical Society*, 1994, pp. 51-78, aqui p. 76.

17. L. Dobroszycki (Org.), op. cit., p. LIV; I. Kershaw, "Improvised Genocide?".

18. L. Dobroszycki (Org.), op. cit., p. LVI. A recordação de May foi escrita em fevereiro de 1945.

19. M. Williams, "Friedrich Rainer and Odilo Globocnik. L'amicizia insolita e i ruoli sinistri di due nazisti tipici". *Qualestoria*, n. 1, jun. 1997, pp. 141-75. Ver B. Rieger, op. cit.

20. P. Black, "Rehearsal for 'Reinhard': Odilo Globocnik and the Lublin Selbstschutz". *Central European History*, v. 25, n. 2, 1992, pp. 204-26; B. Musial, "The Origins of 'Operation Reinhard'", pp. 119-20, 122.

21. Himmler-Globocnik, 27 de março de 1942, sobre o término de seus preparativos para o cargo, planejamento e implementação da polícia *Stützpunkte* no Oeste, in: H. Friedlander, S. Milton (Orgs.), *Archives of the Holocaust*, v. 11, n. 1, Nova York: 1992, p. 254; para o pano de fundo, ver C. Browning, *The Origins of the Final Solution*, pp. 354-6.

22. P. Witte, S. Tyas, "A New Document on the Deportation and Murder of Jews during 'Einsatz Reinhardt' 1942". *Holocaust and Genocide Studies*, v. 15, n. 3, inverno 2001, pp. 468-86. Notar a falta de padronização na escrita, que por vezes grafa "Reinhard" e por outras grafa "Reinhardt"; B. Rieger, op. cit., p. 114.

23. B. Musial, "The Origins of 'Operation Reinhard'", p. 127.

24. W. Jochmann, op. cit., p. 91.

25. E. T. Wood, *Karski: How One Man Tried to Stop the Holocaust*. Nova York: 1994, pp. 125-9; J. Karski, *Story of a Secret State*. Boston: 1944.

26. J. Goebbels, *The Goebbels Diaries, 1942-1943*. Org. de Lochner, p. 148.

27. J. Noakes, G. Pridham (Orgs.), op. cit., pp. 1147-8.

28. P. Witte et al. (Orgs.), op. cit., pp. 483, 493; C. Browning, "A Final Hitler Decision for the "Final Solution": The Riegner Telegram Reconsidered". *Holocaust and Genocide Studies*, v. 10, n. 1, primavera 1996, pp. 3-10; A. C. Mierzejewski, "A Public Enterprise in the Service of Mass Murder: the Deutsche Reichsbahn and the Holocaust". *Holocaust and Genocide Studies*, v. 15, n. 1, primavera, 2001, pp. 33-46, aqui p. 38.

29. Frank, 24 de agosto de 1942 (Estados Unidos 283), reimpresso na American Jewish Conference, *Nazi Germany's War against the Jews*, pp. 350-1.

30. E. Levai, *Black Book on the Martyrdom of Hungarian Jewry*. Zurique/Viena: 1948, pp. 26-7.

31. C. Browning, "A Final Hitler Decision", p. 7.

32. J. Billig, "The Launching of the Final Solution". In: S. Klarsfeld (Org.), *The Holocaust and the Neo-Nazi Mythomania*. Nova York: 1978, pp. 63-6.

33. G. Aly, K. H. Roth, op. cit., pp. 29-30, 90-1.

34. G. Wellers, "The Number of Victims and the Korherr Report". In: S. Klarsfeld (Org.), op. cit., Apêndices.

35. Himmler chefe da SiPo/SD, Berlim: 9 de abril de 1943, reproduzido em: S. Klarsfeld, op. cit., Apêndices.

36. I. Gutman, M. Berenbaum, op. cit., p. 86.

37. A. Cohen, "La politique antijuive en Europe (Allemagne exclue) de 1938 à 1941". *Guerres mondiales*, n. 150, 1988, pp. 45-59.

38. TWC, pp. 195-206, v. 8.

39. M. Schwalbova, "Slovak Jewish Women in Auschwitz II-Birkenau". In: W. Dlugoborski et al. (Orgs.), *The Tragedy of the Jews of Slovakia: 1938-1945: Slovakia and the "Final Solution of the Jewish Question"*. Oswiecim: 2002, pp. 201-12; Y. Buechler, "The Deportation of Slovakian Jews to the Lublin District of Poland in 1942". *Holocaust and Genocide Studies*, v. 6, n. 2, 1991, pp. 151-66; D. Dwork, R. Jan van Pelt, *Auschwitz: 1270 to the Present*. Nova York: 1996, pp. 299-306.

40. Ibid., p. 320.

41. L. Rothkirchen, "A Few Considerations on the Historiography of the Holocaust". In: W. Dlugoborski et al. (Orgs.), op. cit., p. 83; I. Kamanec, "The Deportation of Jewish Citizens from Slovakia in 1942", ibid., pp. 111-39; J. Ward, "'People Who Deserve It': Jozef Tiso and the Presidential Exemption". *Nationalities Papers*, v. 30, n. 4, 2002, pp. 571-601.

42. C. Browning, *The Final Solution and the German Foreign Office*, pp. 103-4; TWC, p. 231, v. 8; M. Marrus, R. Paxton, *Vichy France and the Jews*. Nova York: 1981.

43. C. Browning, *The Final Solution and the German Foreign Office*, pp. 115-7, 125-6.

44. G. Aly, K. H. Roth, op. cit., pp. 66-8.

45. TWC, p. 255, v. 8.

46. A. Hillgruber (Org.), *Staatsmänner und Diplomaten bei Hitler*, pp. 233, 245, 257, v. 2.

47. C. Browning, *The Final Solution and the German Foreign Office*, pp. 136-7.

48. H. J. Burgwyn, op. cit., pp. 186-7.

49. Ibid., pp. 188-9.

50. Ibid., pp. 192-3; D. Rodogno, op. cit., p. 397.

51. Ibid., pp. 383-4.

52. Ibid., p. 390.

53. Ibid., pp. 403-5.

54. D. Deletant, op. cit., pp. 212-4.

55. I. Gutman, M. Berenbaum, op. cit., pp. 86, 89; R. Dwork, R. Jan van Pelt, op. cit., p. 342.

56. M. Hindley, "Negotiating the Boundary of Unconditional Surrender: The War Refugee Board in Sweden and Nazi Proposals to Ransom Jews, 1944-45". *Holocaust and Genocide Studies*, v. 10, n. 1, primavera 1996, pp. 52-77.

57. L. Rothkirchen, "The Final Solution in Its Last Stages". *Yad Vashem Studies*, n. 8, 1970, pp. 7-28.

58. N. Masur, *En jude talar med Himmler*. Estocolmo: 1945; o texto do relato de Masur ao World Jewish Congress encontra-se disponível on-line em <http://ux.brookdalecc.edu/fac/tlt/wwz/memoir_details.php?id=53>; Schellenberg, *Hitler's Secret Service*, pp. 386-7.

59. R. Breitman, S. Aronson, "The End of the 'Final Solution': Nazi Plans to Ransom Jews in 1944". *Central European History*, n. 25, 1992, pp. 177-203.

60. Y. Buechler, "'Unworthy Behavior': The Case of ss Officer Max Täubner". *Holocaust and Genocide Studies*, v. 17, n. 3, inverno 2003, pp. 409-29.

61. S. Spector, "Aktion 1005 — Effacing the Murder of Millions". *Holocaust and Genocide Studies*, v. 5, n. 2, 1990, pp. 157-73.

62. L. Rothkirchen, "The 'Final Solution' in Its Last Stages", p. 7-29.

63. R. Hilberg, *The Destruction of the European Jews*, p. 1220.

64. A. Weiss-Wendt, "Extermination of the Gypsies in Estonia during World War II: Popular Images and Official Policies". *Holocaust and Genocide Studies*, v. 17, n. 1, primavera 2003, pp. 31-61; M. Zimmermann, "Die nationalsozialistische Lösung der Ziegeunerfrage". In: U. Herbert (Org.), *Nationalsozialistische Vernichtungspolitik, 1939-1945*. Frankfurt, 1998.

65. W. Jacobmeyer, "Die polnische Widerstandsbewegung im General Gouvernement und ihre Beurteilung durch deutsche Dienststellen". *Vierteljahrshefte für Zeitgeschichte*, v. 25, n. 4, 1977, pp. 655-81, aqui p. 677; R. Hilberg, *The Destruction of the European Jews*. 3ª ed. New Haven: 2003, pp. 547-8. v. 2.

13. A COLABORAÇÃO (PP. 481-511)

1. Para esse modo de formular o problema da colaboração, ver J. Gross, "Themes for a Social History of War: Experience and Collaboration". In: I. Deák et al. (Orgs.), *The Politics of Retribution in Europe*. Princeton: 2000, pp. 15-37.

2. S. Hoffmann, "Collaboration in France during World War II". *Journal of Modern History*, v. 40, n. 3, set. 1968, pp. 375-95; Y. Durand, "Collaboration French-Style: A European Perspective". In: S. Fishman et al. (Orgs.), *France at War: Vichy and the Historians*. Nova York: 2000, pp. 61-76.

3. Guéhenno e Maurras traduzidos em G. Bree, G. Bernauer (Orgs.), *Defeat and Beyond: An Anthology of French Wartime Writing, 1940-1945*. Nova York: 1970, pp. 95-9, 101-3.

4. R. Paxton, *Vichy France: Old Guard, New Order, 1940-1944*. Nova York: 1972, partes 1-2; R. Vinen, *The Unfree French: Life under the Occupation*. New Haven: 2006, caps. 1-2.

5. R. Paxton, "Le Régime de Vichy était-il neutre?". *Guerres mondiales et conflits contemporains*, n. 194, 1999, pp. 149-62.

6. P. Burrin, *Living with Defeat: France under the German Occupation, 1940-1944*. Londres: 1996, pp. 109-11; S. Kitson, "Spying for Germany in Vichy France". *History Today*, v. 56, n. 1, jan. 2006, pp. 38-45, e especialmente seu *Vichy et la chasse aux éspions nazis, 1940-1942: Complexités de la politique de collaboration* (Paris: 2005).

7. P. Burrin, *Living with Defeat*, pp. 437-8.

8. H. Umbreit, *Der Militärbefehlshaber in Frankreich 1940-1944*. Boppard: 1968, p. 109; B. Gordon, "The condottieri of the collaboration: Mouvement Social Révolutionnaire". *Journal of Contemporary History*, v. 10, n. 2, abr. 1975, pp. 261-82.

9. Sobre Mitterrand, ver P. Péan, *Une jeunesse française: François Mitterrand, 1934-1947* (Paris: 1994); sobre a conexão L'Oréal existe o inconveniente M. Bar-Zohar, *Bitter Scent: The Case of L'Oréal, Nazis and the Arab Boycott* (Nova York: 1996).

10. A. Betz, "Céline entre la IIIe République et la France occupée". In: A. Betz, S. Martens (Orgs.), *Les Intellectuels et l'Occupation: Collaborer, partir, resister, 1940-1944*. Paris: 2004, pp. 90-105; W. R. Tucker, *The Fascist Ego: A Political Biography of Robert Brasillach*. Los Angeles: 1975, pp. 235-70; L. Smith, *The Embattled Self*, pp. 181-2.

11. J. Cocteau, *Journal, 1942-45*. Paris: 1989, pp. 34, 114.

12. Ibid., p. 173; P. Burrin, *Living with Defeat*, p. 348.

13. A fonte principal para Cocteau é C. Arnaud, *Jean Cocteau* (Paris: 2003, pp. 543-87).

14. M. Cone, *Artists under Vichy: A Case of Prejudice and Persecution*. Princeton: 1992; Y. Menager, "Aspects de la vie culturelle en France sous l'occupation allemande (1940-1944)". In: C. Madajczyk (Org.), *Inter arma non silent musae*, pp. 367-421.

15. G. Sapiro, "La collaboration littéraire". In: A. Betz, S. Martens (Orgs.), op. cit., pp. 39-63; E. Michels, "Die deutschen Kulturinstitute im besetzten Europa". In: W. Benz et al. (Orgs.), *Kultur--Propaganda-Öffentlichkeit: Intentionen deutscher Besatzungspolitik und Reaktionen auf die Okkupation*. Berlim: 1998, pp. 11-35.

16. B. Lambauer, "Otto Abetz, inspirateur et catalysateur de la collaboration culturelle". In: W. Benz et al. (Orgs.), *Kultur-Propaganda-Öffentlichkeit*, pp. 64-90; J. Grondin, *Hans-Georg Gadamer: A Biography*. New Haven: 2003, pp. 212-3.

17. W. Jochmann, op. cit., p. 116.

18. Sobre a continuidade do Estado, a afirmação clássica é a de C. Pavone em "La continuità dello stato", em *Alle origine della Repubblica*.

19. G. Le Begnec, D. Peschanski (Orgs.), *Les Elites locales dans la tourmente*. Paris: 2000.

20. A fonte principal é M.-O. Baruch, *Servir l'Etat français: l'administration en France de 1940 à 1944*. Paris: 1997, esp. pp. 36-209.

21. Ibid., p. 242; R. Vinen, op. cit., p. 85.

22. M.-O. Baruch, op. cit., p. 256; R. Vinen, op. cit., p. 94.

23. M.-O. Baruch, op. cit., pp. 298-313.

24. Ibid., p. 398; M. Marrus, R. Paxton, op. cit., p. 245; J.-M. Berlière, "L'Impossible Pérennité de la police républicaine sous l'Occupation". *Vingtième Siècle*, n. 94, abr./jun. 2007, pp. 183-96.

25. M.-O. Baruch, op. cit., p. 400-3; U. Lappenküper, "Der 'Schlächter von Paris': Carl-Albrecht Oberg als HHSPF in Frankreich, 1942-44". In: S. Martens e M. Vaïsse (Orgs.), *Frankreich und Deutschland im Krieg (Nov. 1942-Herbst 1944): Okkupation, Kollaboration, Resistance*. Bonn: 2000, pp. 129-43; H. Umbreit, *Der Militärbefehlshaber*, p. 112; R. Vinen, op. cit., p. 109.

26. J. Delarue, *Trafics et crimes sous l'occupation*. Paris: 1968, p. 248.

27. Ibid., pp. 249-51.

28. Ibid., pp. 258-62.

29. S. Kitson, "From Enthusiasm to Disenchantment: The French Police and the Vichy Regime, 1940-1944". *Contemporary European History*, v. 11, n. 3, 2002, pp. 371-90; M.-O. Baruch, op. cit., pp. 449-65, 515.

30. Número de prisões tirado de H. Umbreit, *Der Militärbefehlshaber*, p. 116.

31. M.-O. Baruch, op. cit., p. 548; E. Alary, "Les Années noires du maintien de l'ordre: L'exemple de la gendarmerie nationale, entre omnipotence allemande et emprise de la Milice". In: S. Martens e M. Vaïsse (Orgs.), *Frankreich und Deutschland im Krieg*, p. 567.

32. M.-O. Baruch, op. cit., p. 580; P. Burrin, *Living with Defeat*, p. 451; J. Sweets, "Hold that Pendulum! Redefining Fascism, Collaborationism and Resistance in France". *French Historical Studies*, 15, n. 4, outono 1988, pp. 731-58, aqui p. 751.

33. Sobre os denominados "resistentes vichyistas", ver J. Barasz, "Un Vichyste en Résistance, le général de la Laurencie". *Vingtième Siècle*, n. 94, abr./jun. 2007, pp. 167-81 e bibliografia.

34. J. Sweets, "Hold that Pendulum!", p. 754.

14. OS AJUDANTES DO LESTE (PP. 512-37)

1. K.-P. Friedrich, "Collaboration in a "Land without a Quisling": Patterns of Collaboration with the Nazi German Occupation Regime in Poland during World War II". *Slavic Review*, v. 64, n. 4, inverno 2005, pp. 712-46, aqui pp. 714, 719.

2. O incentivo para as discussões sobre a violência antijudaica na Polônia durante a guerra foi J. Gross, *Neighbors: The Destruction of the Jewish Community in Jedwabne* (Princeton: 2002).

3. M. Kunicki, "Unwanted Collaborators: Leon Kozłowski, Wladyslaw Studnicki and the Problem of Collaboration among Polish Conservative Politicians in World War II". *European Review of History*, v. 8, n. 2, 2001, pp. 203-20; R. Lukas, *Forgotten Holocaust: The Poles under German Occupation, 1939-1944*. Nova York: 1990, p. 111.

4. Ibid. O próprio Kozłowski morreu num bombardeio sobre a Alemanha na primavera de 1944.

5. Ver a discussão em W. Borodziej, *Terror und Politik: Die deutsche Polizei und die polnische Widerstandsbewegung im Generalgouvernement, 1939-1944*. Mainz: 1999.

6. R. Lukas, op. cit., pp. 114-5.

7. D. Furber, "Going East", p. 150; Z. Sobieski, "Reminiscences from Lwow", p. 361.

8. Este e os parágrafos a seguir são baseados no estudo pioneiro de M. Chodakiewicz: *Between Nazis and Soviets*.

9. Ibid., p. 81.

10. Ibid., p. 84; Z. Klukowski, op. cit., p. 123.

11. G. Swain, op. cit., p. 91.

12. K. Sakowicz, *Ponary Diary, 1941-1943: A Bystander's Account of a Mass Murder*. New Haven: 2005.

13. G. Aly, *Hitler Beneficiaries*; K.-P. Friedrich, "Collaboration in a 'Land without a Quisling'", p. 733; Z. Klukowski, op. cit., p. 227.

14. O. Pinkus, *The House of Ashes*. Londres: 1991, p. 109; D. Bergen, "The Volksdeutsche of Eastern Europe and the Collapse of the Nazi Empire, 1944-1945". In: A. Steinweis, E. Rogers (Orgs.), op. cit., p. 110.

15. Ibid., pp. 16, 30, 40; M. Zylberberg, *A Warsaw Diary*. Londres: 1969, p. 201; L. Rein, "Local Collaboration", pp. 381-409.

16. M. Dean, *Collaboration in the Holocaust: Crimes of the Local Police in Belorussia and Ukraine, 1941-44*. Basingstoke: 2004, p. 68.

17. G. Stein, *The Waffen-SS: Hitler's Elite Guard at War, 1939-1945*. Ithaca: 1966, pp. 138-9; C. Childs, "The Political Structure of Hitler's Europe". In: A e V. Toynbee (Orgs.), op. cit., pp. 75-9; G. Reitlinger, *The SS, Alibi of a Nation*, pp. 158-60; B. de Wever, "Military Collaboration in Belgium". in W. Benz et al. (Orgs.), *Die Bürokratie der Okkupation*, pp. 153-73.

18. H. Höhne, op. cit., p. 535.

19. G. Reitlinger, *The SS, Alibi of a Nation*, pp. 194-5; Militärgeschichtliches Forschungsamt (Org.), *Germany and the Second World War*, p. 1027, v. 5.

20. G. Stein, op. cit., pp. 171-3; H. Höhne, op. cit., p. 537; D. Bergen, "The Volksdeutsche of Eastern Europe and the Collapse of the Nazi Empire, 1944-1945". In: A. Steinweis, E. Rogers (Orgs.), op. cit., p. 112.

21. G. Stein, op. cit., pp. 178-9.

22. G. Bassler, *Alfred Valdmanis and the Politics of Survival*. Toronto, 2000.

23. G. Reitlinger, *The House Built on Sand*, pp. 160-4.

24. Ibid.

25. J. A. Armstrong, *Ukrainian Nationalism*. Ed. rev. Littleton (CO): 1980, pp. 34-7.

26. W. D. Heike, *The Ukrainian Division "Galicia", 1943-45: A Memoir*. Toronto: 1988, pp. 4-5, 19, 28-9.

27. Para mais sobre esse assunto, ver a discussão no próximo capítulo sobre as políticas da resistência nacionalista ucraniana no leste da Ucrânia em 1943-4.

28. Citado em G. Stein, op. cit., pp. 194-5.

29. A. Dallin, *German Rule*, pp. 534-6.

30. G. Reitlinger, *The SS, Alibi of a Nation*, pp. 200-1; A. Dallin, *German Rule*, p. 534.

31. P. Biddiscombe, "Unternehmen Zeppelin: the Deployment of ss Saboteurs and Spies in the Soviet Union, 1942-1945". *Europe-Asia Studies*, v. 52, n. 6, 2000, pp. 1115-42; A. Dallin, *German Rule*, p. 546.

32. Ibid., pp. 564-6.

33. Ibid., p. 574; Hitler citado em W. Borodziej, *Terror und Politik*, p. 116.

34. A. Dallin, *German Rule*, pp. 593-4.

35. Ibid., pp. 601, 616.

36. H. Heiber (Org.), *Hitler and His Generals*, pp. 259-60.

37. T. Schulte, *German Army and Nazi Policies in Occupied Russia*. Nova York: 1989, pp. 172-7; J. Hanson, *The Civilian Population and the Warsaw Uprising of 1944*. Cambridge: 1978, p. 85; R. Lukas, op. cit., pp. 205-7.

38. Hitler-Szalasi, in: A. Hillgruber (Org.), *Staatmänner und Diplomaten bei Hitler*, p. 525.

39. G. Reitlinger, *The House Built on Sand*, pp. 368-9.

40. A. Dallin, *German Rule*, p. 636.

41. K. Ungvary, *Battle for Budapest: One Hundred Days in World War II*. Londres: 2003, p. 274.

42. A. Dallin, *German Rule*, p. 646; C. Andreyev, *Vlasov and the Russian Liberation Movement: Soviet Reality and Emigré Theories*. Cambridge: 1987, pp. 76-9.

43. Um relato intenso, mas difícil de confirmar, é apresentado por J. Loftus, *The Belarus Secret* (Nova York: 1982).

15. A OPOSIÇÃO (PP. 538-90)

1. Sobre a resistência polonesa em 1940, L. Dobroszycki, M. Getter, "The Gestapo and the Polish Resistance Movement". *Acta Poloniae Historica*, n. 4, 1961, p. 88; outras citações: W. Jacobmeyer, "Die polnische Widerstandsbewegung", pp. 655-81.

2. K. Lanckoronska, *Michelangelo in Ravensbrück: One Woman's War against the Nazis*. Nova York: 2007, p. 20.

3. G. von Frijtag Drabbe Künzel, "Resistance, Reprisals, Reactions". In: R. Gildea, O. Wieviorka, A. Warring (Orgs.), *Surviving Hitler and Mussolini: Daily Life in Occupied Europe*. Oxford: 2006, pp. 190-1.

4. W. Borodziej, *The Warsaw Uprising of 1944*. Madison (WI): 2006, pp. 6-8, 38-9.

5. E. D. R. Harrison, "The British Special Operations Executive and Poland". *Historical Journal*, v. 43, n. 4, 2000, pp. 1071-91.

6. W. Jacobmeyer, "Die polnische Widerstandsbewegung", pp. 674-5.

7. G. Kennan, "The Technique of German Imperialism in Europe", abr. 1941, p. 5, in: George E. Kennan Papers, Mudd Library, Universidade de Princeton. Agradeço a Anders Stephanson por me alertar sobre esse documento. M. Baudot, *L'Opinion publique sous l'occupation: L'exemple d'un département français, 1939-1945*. Paris: 1960, p. 15; P. Struye, *L'Evolution du sentiment publique en Belgique sous l'occupation allemande*. Bruxelas, 1945, p. 54.

8. Sobre os poloneses, ver T. Szarota, *Warschau unter dem Hakenkreuz*, p. 283; A. Warring, "Intimate and Sexual Relations". in: R. Gildea, O. Wieviorka, A. Warring (Orgs.), op. cit., pp. 108-13; F. Virgili, *Shorn Women: Gender and Punishment in Liberation France*. Nova York: 2002, n. 11, pp. 22-6.

9. T. Szarota, *Warschau unter dem Hakenkreuz*, pp. 282-3; K. Stokker, "Hurry Home, Haakon: The Impact of Anti-Nazi Humour on the Image of the Norwegian Monarch". *Journal of American Folklore*, p. 109, n. 433, verão 1996, pp. 289-307.

10. J. Haestrup, *European Resistance Movements, 1939-1945: A Complete History*. Londres: 1981, cap. 3.

11. P. Struye, *Journal de guerre*, p. 143; J. Sweets, *Choices in Vichy France: The French under Nazi Occupation*. Oxford: 1986, p. 203.

12. M. Brzeska, op. cit., pp. 34-40; P. Struye, *Journal de guerre*, pp. 194, 203; W. Jacobmeyer, "Die polnische Widerstandsbewegung", p. 670.

13. G. Hirschfeld, *Nazi Rule and Dutch Collaboration*, p. 35.

14. A. Moland, "Norway". In: B. Moore (Org.), *Resistance in Western Europe*. Oxford: 2000, pp. 223-37.

15. W. Weber, *Die innere Sicherheit im besetzten Belgien und Nordfrankreich, 1940-1944*. Düsseldorf: 1978, pp. 54-5; Alexander von Falkenhausen, *Mémoires d'outre-guerre*. Bruxelas: 1974, pp. 135-6, 153-5, 198.

16. L. Taylor, *Between Resistance and Collaboration: Popular Protest in Northern France, 1940-1945*. Basingstoke: 2000, pp. 70-80; R. Gildea, D. Luyten, J. Fürst, "To Work or Not to Work?". In: R. Gildea, O. Wieviorka, A. Warring (Orgs.), op. cit., pp. 43-4; D. Luyten, R. Hemmerijckx, "Belgian Labour in World War II: Strategies of Survival, Organisations and Labour Relation". *European Review of History*, v. 7, n. 2, outono 2000, pp. 207-27.

17. W. Borodziej, *Terror und Politik*, pp. 93-4.

18. G. Schulz, "Zur englischen Planung des Partisanenkriegs am Vorabend des Zweiten Weltkrieges". *Vierteljahrshefte für Zeitgeschichte*, v. 30, n. 2, 1982, pp. 322-39.

19. M. R. D. Foot, "Was SOE Any Good?". *Journal of Contemporary History*, v. 16, n. 1, jan. 1981, pp. 167-81, aqui p. 169.

20. D. Stafford, "The Detonator Concept: British Strategy, SOE and European Resistance after the Fall of France". *Journal of Contemporary History*, v. 10, n. 2, abr. 1975, pp. 185-217.

21. M. Djilas, *Wartime*. Nova York: 1977, pp. 12-3; G. Swain, "The Comintern and Southern Europe, 1938-1943". in T. Judt (Org.), *Resistance and Revolution in Mediterranean Europe, 1939-1948*. Londres: 1989, pp. 29-53, aqui pp. 38-40.

22. M. Djilas, op. cit., pp. 12-3.

23. Ibid., p. 94; S. Trew, *Britain, Mihailovic and the Chetniks, 1941-42*. Londres: 1998, p. 61.

24. M. Wheeler, "Pariahs to Partisans to Power: The CPY". In: T. Judt (Org.), op. cit., pp. 110-56; S. Trew, op. cit., pp. 149-50; M. A. Hoare, *Genocide and Resistance in Hitler's Bosnia: The Partisans and the Chetniks, 1941-1943*. Oxford: 2006, caps. 4-5.

25. Sobre o impacto na França, ver R. Gildea, "Resistance, Reprisals and Community in Occupied France". *Transactions of the Royal Historical Society*, n. 13, 2003, pp. 163-85; C. MacDonald, op. cit., pp. 77-80; C. Bryant, *Prague in Black*, p. 179; F. Petrick (Org.), *Die Okkupationspolitik des deutschen Faschismus in Dänemark und Norwegen, 1940-1945*. Berlim: 1992, pp. 176, 190.

26. C. Gerlach, op. cit., pp. 884 ss.

27. J. Armstrong (Org.), *Soviet Partisans in World War II*. Madison (WI): 1964, pp. 438-9.

28. H. Heiber (Org.), *Hitler and His Generals*, pp. 17, 771.

29. C. Gerlach, op. cit., pp. 946-73.

30. A. Hill, op. cit., pp. 138-45.

31. J. Kagan, D. Cohen, *Surviving the Holocaust with the Russian Jewish Partisans*. Londres: 1997, pp. 153-4; M. Dean, op. cit., pp. 122-4.

32. J. Armstrong (Org.), op. cit., pp. 430-1, 672-3.

33. K. Slepyan, *Stalin's Guerillas: Soviet Partisans in World War Two*. Lawrence (KS): 2006, pp. 27-46.

34. Citado em J. Kagan, D. Cohen, op. cit., p. 194.

35. K. Slepyan, op. cit., passim, esp. pp. 91-101.

36. Embaixador Hemmen, 1764-PS in: NCA, Supplement B, Washington: 1946, pp. 402-3; Sauckel in "54th Conference of the Central Planning Board", R-124, NCA, vol. 8, p. 150.

37. H. R. Kedward, *In Search of the Maquis: Rural Resistance in Southern France, 1942-1944*. Oxford: 1993, p. 31.

38. Ibid., pp. 42-3, 53; O. Wieviorka, "France", in B. Moore (Org.), op. cit., pp. 125-55.

39. M. Baudot, op. cit., p. 233.

40. N. In'T Veld, "Die Wehrmacht und die Widerstandsbekämpfung in Westeuropa". In: G. Otto, J. H. ten Cate (Orgs.), *Das organisierte Chaos: "Ämterdarwinismus" und, Gesinnungsethik": Determinanten nationalsozialistischer Besatzungsherrschaft*. Berlim: 1999, pp. 279-301.

41. D. van Galen Lost, "The Netherlands". In: B. Moore (Org.), op. cit., pp. 189-221, aqui, pp. 199-201.

42. R. Gildea, D. Luyten, J. Fürst, "To Work or Not to Work?". In: R. Gildea, O. Wieviorka, A. Warring (Orgs.), op. cit., pp. 64-6; P. Struye, *Journal de guerre*, p. 330.

43. C. Gerlach, op. cit., pp. 996-8, 1011-35, 1141.

44. W. Jacobmeyer, "Die polnische Widerstandsbewegung", p. 677; R. Hilberg, *The Destruction of the European Jews*, 3ª ed., pp. 547-8, v. 2.

45. TWC, v. 5, Pohl case, p. 622, Himmler-Krüger, 16 de fevereiro de 1943; T. Szarota, *The Warsaw Ghetto: The 45th Anniversary of the Uprising*. Varsóvia: 1987; J. Garlinski, *The Survival of Love: Memoirs of a Resistance Officer*. Cambridge: 1991, p. 112; R. Hilberg, *The Destruction of the European Jews*, 3ª ed., pp. 534-40.

46. T. Szarota, *Warschau unter dem Hakenkreuz*, p. 279; L. Dobroszycki, M. Getter, "The Gestapo and the Polish Resistance Movement", p. 118; W. Jacobmeyer, "Die polnische Widerstandsbewegung", p. 677; W. Borodziej, *Terror und Politik*, pp. 117-25, 174.

47. H. Trevor-Roper (Org.), *Hitler's War Directives, 1939-1945*. Londres: 1966, pp. 204-14; NOKW-159, "Treatment of Prisoners and Deserters in Bandit Fighting, Reprisal and Evacuation Measures", TWC, v. 11, The Hostage Case, pp. 1027-8; "Proclamation to Norwegian Population", [n.d.], p. 1117.

48. Comentário de Neubacher sobre NOKW-469: "The Blood Bath of Klissura", 15 de maio de 1944, TWC, v. 11, "The Hostage Case", pp. 1034-6; J. Hondros, *Occupation and Resistance: The Greek Agony, 1941-1944*. Nova York: 1983.

49. G. Corni, "Italy". In: B. Moore (Org.), op. cit., pp. 160-4.

50. G. Gribaudi, *Guerra totale: tra bombe alleate e violenze naziste. Napoli e il fronte meridionale 1940-1944*. Turim: 2005.

51. A. Portelli, *The Order Has Been Carried Out: History, Memory and the Meaning of a Nazi Massacre in Rome*. Londres: 2003; G. Schreiber, *Deutsche Kriegsverbrechen in Italien*. Munique: 1996, pp. 95-109; 167-83. Os números de baixas foram tirados de G. Schreiber ou E. Collotti, T. Matta, "Rappresaglie, stragi, eccidi", in: E. Collotti et al. (Orgs.), *Dizionario della Resistenza* (Turim: 2000, pp. 261-3, v. 1).

52. G. Schreiber, op. cit., pp. 108-11.

53. Ibid., p. 195. Na Toscana, os massacres tiveram lugar bem longe das linhas de fronteira: M. Battini, P. Pezzino, *Guerra ai civili: occupazione tedesca e politica del massacro. Toscana 1944* (Veneza: 1997).

54. L. Klinkhammer, op. cit., p. 521.

55. B. Bowles, "Newsreels, Ideology and Public Opinion under Vichy: The Case of *La France en Marche*". *French Historical Studies*, v. 27, n. 2, primavera 2004, pp. 419-63, aqui p. 454.

56. R. Paxton, *Vichy France*, p. 293; P. Struye, *L'Evolution du sentiment publique*, pp. 178-9.

57. P. P. Poggio, "Reppublica sociale italiana". In: E. Collotti et al. (Orgs.). *Dizionario della Resistenza*, pp. 66-77, aqui p. 73, v. 1; R. Lamb, *War in Italy, 1943-45: A Brutal Story*. Londres: 1993, pp. 99-101.

58. M. Franzinelli, "Chiesa e clero cattolico". In: E. Collotti et al. (Orgs.). *Dizionario della Resistenza*, pp. 300-22, v. 2.

59. R. Lukas, op. cit., p. 76.

60. T. Snyder, "The Causes of Ukrainian-Polish Ethnic Cleansing 1943". *Past and present*, n. 179, maio 2003, pp. 197-235; K. Brown, op. cit., p. 221; J. A. Armstrong, op. cit.

61. B. Chiari, "Reichsführer-ss: Kein Pakt mit Slawen: Deutsch-polnische Kontakte im Wilna--Gebiet 1944". *Osteuropa Archiv*, abr. 2000, pp. A134-A153.

62. N. Lewis, *Naples'44*. Londres: 1978, pp. 26-33; G. Gribaudi, op. cit., pp. 174-98.

63. J. Sweets, *Choices in Vichy France*, pp. 221-3; R. Gildea, "Resistance, Reprisals and Community", pp. 163-85; ver também T. Todorov, *A French Tragedy: Scenes of Civil War, Summer 1944*. Hanover (NH): 1996.

64. K. J. Müller, "Le Développement des opérations du groupe d'armées B fin juillet-août 1944". In: C. Levisse-Touzé (Org.), *Paris 1944: les Enjeux de la libération*. Paris: 1994, pp. 102-25; H. Umbreit, "La Libération de Paris et la grande stratégie du IIIe Reich". In: Ibid., pp. 327-43.

65. Isso resume uma série de decisões muito mais complexa e confusa descrita por W. Borodziej, *The Warsaw Uprising of 1944*, caps. 3-4.

66. Ibid., pp. 74-5; J. Hanson, op. cit., p. 68.

67. Himmler, citado em W. Borodziej, *The Warsaw Uprising*, p. 79.

68. Ibid., 81.

69. R. Hilberg, *The Destruction of the European Jews*, 3ª ed., p. 539; T. Szarota, *Warschau unter dem Hakenkreuz*, p. 319.

70. G. Corni, *Il sogno del "grande spazio"*, p. 253; L. Dobroszycki, M. Getter, "Gestapo and the Polish Resistance Movement", pp. 117-8.

71. A. Milward, "The Economic and Strategic Significance of Resistance". In: S. Hawes, R. White (Orgs.), *Resistance in Europe, 1939-1945*. Salford: 1973, pp. 186-203; Von Falkenhausen, "Quatre ans". In: _____, *Mémoires*, p. 198.

72. Sobre a resistência pacífica, ver J. Semelin, *Unarmed against Hitler: Civilian Resistance in Europe*. Londres: 1993.

73. B. Goldyn, "Disenchanted Voices: Public Opinion in Cracow, 1945-46". *East European Quarterly*, v. 32, n. 2, jun. 1998, pp. 139-65.

16. *HITLER KAPUTT!* (PP. 591-620)

1. H. Heiber (Org.), *Hitler and His Generals*, p. 554.

2. R.-D. Müller, *Der letzte deutsche Krieg, 1939-1945*. Stuttgart: 2005, pp. 276-8, 285; F. de Lannoy, *La Ruée de l'Armée Rouge: Opération Bagration*. Bayeux: 2002; S. Zaloga, *Bagration 1944: The Destruction of Army Group Centre*. Londres: 1996.

3. Citado em J. Hanson, op. cit., p. 68; A. Noble, "The First Frontgau: East Prussia, July 1944". *War and History*, n. 13, abril 2006, pp. 200-16; baixas em R. Overmans, op. cit., p. 277.

4. A. Noble, "The First Frontgau", p. 216.

5. H. Mommsen, "The Dissolution of the Third Reich: Crisis Management and collapse, 1943-45". *German Historical Institute (Washington): Bulletin*, n. 27, outono 2000, pp. 9-23, aqui pp. 18-9; H. Trevor-Roper (Org.), *Hitler's War Directives*, p. 233; Sobre a controvérsia Nemmersdorf, ver G. Überschär (Org.), *Orte des Grauens*. Darmstadt: 2003.

6. K. Ungvary, op. cit., p. XI; K. Ungvary, "The 'Second Stalingrad': the Destruction of Axis Forces in Budapest, February 1945". In: N. Dreisziger (Org.), *Hungary in the Age of Total War*. Nova York: 1998, pp. 151-67.

7. Karl Rosner sobre o recuo para a linha Hindenburg em 1917, in: C. F. Horne (Org.), *Source Records of the Great War* (Nova York: 1923, v. 5).

8. H. Trevor-Roper (Org.), *Hitler's War Directives*, pp. 234-6, 288; para as ordens dadas por Hitler em 16 de setembro de 1944, ver H. Schwendemann, "Strategie der Selbstvernichtung: die Wehrmachtführung im 'Endkampf' um das Dritte Reich". In: R.-D. Müller e H.-E. Volkmann (Orgs.), *Die Wehrmacht. Mythos und Realität*. Munique: 1999, pp. 224-44, e seu "'Drastic Measures to Defend the Reich at the Oder and the Rhine': a Forgotten Memorandum of Albert Speer of 18 March 1945". *Journal of Contemporary History*, v. 38, n. 4, 2003, pp. 597-614.

9. C. Goeschel, "Suicide at the End of the Third Reich". *Journal of Contemporary History*, v. 41, n. 1, 2006, pp. 153-73; M. Steinert, *Capitulation 1945: The Story of the Dönitz Regime*. Londres: 1969, p. 4; sobre Terboven, ver A. Speer, *Spandau*, p. 239.

10. H. Trevor-Roper (Org.), *Hitler's War Directives*, pp. 293-4; M. Geyer, "'There Is a Land Where Everything Is Pure: Its Name Is Land of Death': Some Observations on Catastrophic Nationalism". in: G. Eghigian, M. P. Berg (Orgs.), *Sacrifice and National Belonging in Twentieth Century Germany*. College Station (TX): 2002, pp. 122, 131.

11. *NCA*, vol. 6, pp. 745-52, 3815-PS.

12. D. Schenk, *Hans Frank: Hitlers Kronjurist und Generalgouverneur*. Frankfurt, 2006, pp. 364-5.

13. *NCA*, vol. 6, pp. 740-5, 3814-PS: vários documentos sobre o caso Frank em janeiro de 1945.

14. M. Steinert, "The Allied Decision to Arrest the Dönitz Ggovernment". *Historical Journal*, v. 31, n. 3, 1988, pp. 651-63.

15. A. Speer, *Inside the Third Reich*, pp. 486-7.

16. P. Padfield, *Himmler: Reichsführer-SS*. Londres: 1990, pp. 600-7; M. Steinert, *Capitulation 1945*, pp. 116-7.

17. Ibid., pp. 1114-5; A. Speer, *Inside the Third Reich*, p. 496; L. Stokes, "Otto Ohlendorf, the Sicherheitsdienst and Public Opinion in the Third Reich". In: G. L. Mosse (Org.), *Police Forces in History*. Londres: 1975, pp. 258-9.

18. M. Steinert, *Capitulation 1945*, p. 238.

19. S. Matlok (Org.), op. cit., pp. 157-8.

20. P. Padfield, op. cit., pp. 604-5.

21. Ibid.

22. "The Admiral's HQ", *Time*, 28 de maio de 1945; M. Steinert, *Capitulation 1945*, pp. 210-1.

23. M. Steinert, "The Allied Decision", p. 659.

24. Ibid., p. 660.

25. J. Dolibois, *Pattern of Circles: An Ambassador's Story*. Kent (OH): 1989, p. 85.

26. G. Weinberg, *A World at Arms*, p. 826.

27. J. Dolibois, op. cit., pp. 100-35; também "The Place of Judgement", *Time*, 6 de agosto de 1945.

28. A. Speer, *Spandau*, p. 20.

29. T. Schieder (org.), *The Expulsion of the German Population from the Territories East of the Oder-Neisse Line*. Bonn: [s.d.], pp. 129-30. v. 1.

30. E. Scherstjanoi, "'Vot ona prokliataia Germaniia!' Germany in Early 1945 through the Eyes of Red Army Soldiers". *Slavic Review*, v. 64, n. 4, inverno 2005, pp. 165-89.

31. C. Merridale, *Ivan's War: Life and Death in the Red Army, 1939-1945*. Nova York: 2006, p. 301.

32. Ibid., p. 309; sobre a Wehrmacht, ver D. R. Snyder, *Sex Crimes under the Wehrmacht*. Lincoln (NE): 2007.

33. C. Merridale, op. cit., p. 284; M. Broekmeyer, op. cit., pp. 120-2, sobre o caso de Lev Kopelev, p. 126; sobre Kopelev, ver L. Kopelev, *The Education of a True Believer*. Nova York: 1980.

34. T. Schieder, op. cit., pp. 136-7, v. 1.

35. C. Kraft, "Who Is a Pole and Who Is a German? The Province of Olsztyn in 1945". In: P. Ther, A. Siljak (Orgs.), *Redrawing Nations: Ethnic Cleansing in East-Central Europe, 1944-48*. Lathan (MD): 2001, pp. 107-21, aqui p. 126; J. Kap (Org.), *The Tragedy of Silesia, 1945- 46*. Munique: 1952/3, p. 193.

36. Ibid., pp. 198-9, 238-9; sobre os guetos, ver também C. Kraft, "Who Is a Pole and Who Is a German?", p. 112.

37. P. Ther, "A Century of Forced Migration". In: P. Ther, A. Siljak (Orgs.), op. cit., p. 55; C. Bryant, *Prague in Black*, pp. 229-30.

38. S. Jankowiak, "'Cleansing' Poland of Germans". In: P. Ther, A. Siljak (Orgs.), op. cit., pp. 88-9.

39. J. Chuminski, E. Kaszuba, "The Breslau Germans under Polish Rule, 1945-46: Conditions of Life, Political Attitudes, Expulsion". *Studia Historiae Oeconomicae*, n. 22, 1997, pp. 87-101.

40. B. Frommer, *National Cleansing: Retribution against Nazi Collaborators in Postwar Czechoslovakia*. Cambridge: 2005.

41. E. Glassheim, "National Mythologies and Ethnic Cleansing: The Expulsion of Czechoslovak Germans in 1945". *Central European History*, v. 33, n. 4, 2005, pp. 463-86.

42. Ibid., 482; N. Naimark, *Fires of Hatred: Ethnic Cleansing in Twentieth Century Europe*. Cambridge: (MA): 2001, p. 116; C. Bryant, *Prague in Black*, pp. 238-9.

43. N. Naimark, op. cit., pp. 130-3.

44. K. Kersten, "Transformation of Polish Society". In: P. Ther, A. Siljak (Orgs.), op. cit., p. 78; Churchill, citado em ibid., p. 6.

45. E. Wiskemann, *Germany's Eastern Neighbours*, pp. 209-28.

46. A. Prazmowska, "The Kielce Pogrom 1946 and the Emergence of Communist Power in Poland". *Cold War History*, v. 2, n. 2, jan. 2002, pp. 101-24; D. Engel, "Patterns of Anti-Jewish Violence in Poland, 1944-46". *Yad Vashem Studies*, n. 26, 1998, pp. 43-87.

47. P. Ahonen, *After the Expulsion: West Germany and Eastern Europe, 1945-1990*. Oxford: 2003.

17. NÓS, EUROPEUS (PP. 623-46)

1. J. Goebbels, "Das Jahr 2000". *Das Reich*, n. 25, fev. 1945, pp. 1-2, trad. de Randall Bytwerk, disponível em seu arquivo on-line sobre a propaganda alemã em <http://www.calvin.edu/academic/cas/gpa/goeb49.htm.>. Agradeço a ele por permitir as citações de seu trabalho.

2. Ibid.

3. P. Herre, *Deutschland und die Europäische Ordnung*. Berlim: 1941, p. 196; E. Bramsted, *Goebbels and National Socialist Propaganda, 1915-1945*. East Lansing (MI): 1965, p. 303.

4. Ibid., pp. 303-4.

5. A. Hitler, *Hitler's Second Book*, pp. 109-16.

6. J. Goebbels, "The Europe of the Future", 11 de setembro de 1940. In: H. W. Neulen, op. cit., pp. 73-5.

7. P. Kluke, "Nationalsozialistische Europaideologie". *Vierteljahrshefte für Zeitgeschichte*, v. 3, n. 3, 1955, pp. 240-75, aqui p. 259.

8. *DGFP*, v. 13, n. 327, Recomendações do Führer ao embaixador Abetz em 16 de setembro de 1941, p. 520.

9. *DGFP*, v. 13, n. 424, Registro da conversa entre o Führer e o conde Ciano nos quartéis-generais em 25 de outubro de 1941, pp. 692-4.

10. A. Speer, *Spandau*, p. 156.

11. S. Neitzel (Org.), op. cit., pp. 159, 175.

12. W. Boelcke (Org.), *The Secret Conferences*, p. 113.

13. E. Benes, "The Organization of Postwar Europe". *Foreign Affairs*, v. 20, n. 1, jan. 1942, pp. 226-42.

14. L. Curtis, "World Order". *International Affairs*, v. 18, n. 3, maio/jun. 1939, pp. 301-20; ver também D. Lavin, *From Empire to International Commonwealth: A Biography of Lionel Curtis*. Oxford: 1995. W. Lipgens, *A History of European Integration, vol. 1, 1945-7*. Oxford: 1982.

15. Ibid., pp. 62-5; Department of State, *Postwar Foreign Policy Preparation, 1939-1945*. Washington (DC): 1949, pp. 458-61, memorando de 1º de maio de 1940; Kennan, citado em J. L. Harper, *American Visions of Europe: Franklin D. Roosevelt, George F. Kennan, and Dean G. Acheson*. Cambridge: 1996, p. 182; R. Schlesinger, *Federalism in Central and Eastern Europe*. Nova York: 1945, p. IX.

16. W. Lipgens, *A History of European Integration*, pp. 63-4, v. 1; R. Schlesinger, op. cit., p. 478.

17. E. Ranshofen-Wertheimer, *Victory Is Not Enough: The Strategy for a Lasting Peace*. Nova York: 1942, pp. 167-202.

18. Sobre a oposição belga, T. Grosbois, "Les Projets des petites nations de Benelux pour l'après-guerre, 1941-1945". In: M. Demoulin, *Plans des Temps de guerre pour l'Europe d'après-guerre, 1940-47*. Bruxelas: 1995, p. 120; S. Neumann, "Fashions in Space". *Foreign Affairs*, v. 21, n. 2, jan. 1943, p. 276-88, aqui p. 288.

19. R. Schlesinger, op. cit., pp. 447-9.

20. Strang, citado em L. Kettenacker, "The Anglo-Soviet Alliance and the Problem of Germany, 1941-1945". *Journal of Contemporary History*, v. 17, n. 3, jul. 1982, pp. 435-58, aqui p. 449.

21. W. Lipgens, *A History of European Integration*, vol. 1.

22. G. Murashko, A. Noskova, "Stalin and the National-Territorial Controversies in Eastern Europe, 1945-1947". *Cold War History*, v. 1, n. 3, abr. 2001, pp. 161-72.

23. D. Reynolds, "Churchill, Stalin and the 'Iron Curtain'". In: _____ (Org.), *From World War to Cold War: Churchill, Roosevelt and the International History of the 1940s*. Oxford: 2006, pp. 250-1.

24. J. L. Harper, op. cit., p. 188.

25. M. Steinert, *Capitulation 1945*. Londres: 1969, p. 6; W. Lipgens, *A History of European Integration*, p. 66, nota 108, p. 104, nota 21, v. 1; W. Rostow, "The European Commission for Europe". *International Organization*, n. 2, maio 1949, pp. 254-68. v. 3.

26. W. Lipgens, *A History of European Integration*, v. 1.

27. W. Mauter, "Churchill and the Unification of Europe". *The Historian*, v. 61, n. 1, outono 1998, pp. 67-84; A. W. B. Simpson, *Human Rights and the End of Empire: Britain and the Genesis of the European Convention*. Oxford: 2001; A. Milward, *The European Rescue of the Nation-State*. Londres: 2000.

28. W. Schumann, "Probleme der deutschen Aussen Wirtschaft", pp. 141-60.

29. L. Herbst, "Die wirtschaftlichen Nachkriegspläne des ss, der Reichswirtschaftsministeriums und der Reichsgruppe Industrie im Angesicht der Niederlage, 1943-45". In: M. Demoulin, op. cit., pp. 15-24.

30. K. Tauber, *Beyond Eagle and Swastika: German Nationalism since 1945*. Middletown (CT): 1967, pp. 208-9.

31. Ibid., pp. 210-30.

32. Ibid., p. 925.

33. A. Speer, *Inside the Third Reich*, p. 307; Carlo Scorza, citado em C. Pavone, "La continuità dello stato". In: _____, *Alle origine della Repubblica*, p. 75.

18. A NOVA ORDEM NA HISTÓRIA MUNDIAL (PP. 647-76)

1. L. Namier, "The German Finale to an Epoch in History". In: _____, *Vanished Supremacies*, p. 219.

2. F. Giddings, in: *Democracy and Empire*, citado em D. P. Crook, *Benjamin Kidd: Portrait of a Social Darwinist* (Cambridge: 1984, pp. 133-4).

3. C. K. Leith, "The Struggle for Mineral Resources". *Annals of the American Academy of Political and Social Science*, n. 204, jul. 1939, pp. 42-8.

4. C. Schmitt, "Grossraum gegen Universalismus". *Zeitschrift der Akademie für Deutsches Recht*, n. 9, 1939, pp. 333-7 e a discussão em U. Herbert, *Best*, pp. 271-5. Ver também C. Schmitt, *The Nomos of the Earth in the International Law of the Ius Publicum Europaeum*. Nova York: 2003, cap. 3.

5. J. Bendersky, *Carl Schmitt, Theorist for the Reich*. Princeton: 1983, pp. 256-8.

6. R. Dumett, "Africa's Strategic Minerals During the Second World War". *Journal of African History*, v. 26, n. 4, 1985, pp. 381-408.

7. A. Frye, *Nazi Germany and the American Hemisphere, 1933-194*. New Haven, 1967; F. D. McCann, *The Brazilian-American Alliance, 1937-1945*. Princeton: 1973, p. 146; G. Weinberg, *A World at Arms*, p. 154.

8. G. Smith, *The Last Years of the Monroe Doctrine, 1945-1993*. Nova York: 1994, p. 35; J. Darwin, op. cit., p. 419.

9. G. Weinberg, *A World at Arms*, p. 497; M. Lynch, *Mining in World History*. Londres: 2002, p. 286.

10. C. W. Spang e R.-H. Wippich (Orgs.), *Japanese-German Relations, 1895-1945*. Londres: 2006 (Introdução); M. Hauner, *India in Axis Strategy: Germany, Japan and Indian Nationalists in the Second World War*. Stuttgart: 1981, pp. 278-9.

11. G. Weinberg (Org.), *Hitlers Zweites Buch*. Stuttgart: 1961, p. 165; ver também D. Reynolds, op. cit., pp. 42-3.

12. Como defendido recentemente, por exemplo, por K. Pomeranz, *The Great Divergence: China, Europe and the Making of the Modern World Economy* (Princeton: 2000); também C. Bayly, *The Birth of the Modern World, 1780-1914*. Oxford: 2004. Para uma abordagem mais antiga, menos convencida da importância das colônias, ver P. O'Brien, "European Economic Development" (*Economic History Review*, v. 35, n. 1, fev. 1982, pp. 1-18).

13. A respeito da exterminação, por exemplo, ver H. Johnston, "The Empire and Anthropology" (*Nineteenth Century and After*, n. 327, jul. 1908, pp. 133-46); C. Hart Merriam, "The Indian Population of California" (*American Anthropologist*, out./dez. 1905, pp. 594-606); as outras citações são de S. Lindqvist, *Terra Nullius: A Journey through No One's Land* (Nova York: 2007, pp. 35-6). O colonialismo de assentamento é examinado em C. Elkins, S. Pedersen (Orgs.), op. cit.

14. Números da migração em K. J. Bade, "From Emigration to Immigration: The German Experience in the 19th and 20th Centuries". *Central European History*, v. 28, n. 4, 1995, pp. 507-35; A. Perras, *Carl Peters and German Imperialism, 1856-1918: A Political Biography*. Oxford: 2004, p. 38.

15. C. Sauer, "The Formative Years of Ratzel in the United States". *Annals of the Association of American Geographers*, v. 61, n. 2, jun. 1971, pp. 245-54; A. Perras, op. cit., pp. 31-3.

16. A. Perras, op. cit., pp. 38, 44.

17. A respeito dos reclamos alemães na América do Sul, ver R. Armstrong, "Should the Monroe Doctrine Be Modified or Abandoned?". *American Journal of International Law*, v. 10, n. 1, jan. 1916, pp. 77-103.

18. E. Harvey, op. cit., p. 106; T. Remeikis (Org.), *Lithuania under German Occupation, 1941-1945: Despatches from the US Legation in Stockholm*. Vilnius: 2005, p. 46; H. Heiber (Org.), *Hitler and His Generals*, pp. 533-4.

19. Citado em D. Furber, "Near as Far as in the Colonies: The Nazi Occupation of Poland". *International History Review*, v. 26, n. 3, set. 2004, pp. 541-79; H. Fischer, *Völkerkunde im Nationalsozialismus: Aspekte der Anpassung, Affinität und Behauptung einer wissenschaftlichen Disziplin*. Berlim: 1990, p. 133.

20. T. Bender, *A Nation among Nations: America's Place in World History*. Nova York: 2006, pp. 222-3; D. P. Crook, op. cit., p. 135.

21. Citado por S. Wolton, *Lord Hailey, the Colonial Office and the Politics of Race and Empire in the Second World War: The Loss of White Prestige*. Londres: 2000, p. 43.

22. E. Fischer, *Is This a War for Freedom?* Nova York: 1940, p. 34; C. Wills, *That Neutral Island: A Cultural History of Ireland during the Second World War*. Londres: 2007, p. 71.

23. A. Césaire, *Discourse on Colonialism*. Nova York: 2000, p. 36.

24. Harrison citado em R. W. Kostal, *A Jurisprudence of Power: Victorian Empire and the Rule of Law*. Oxford: 2005, p. 253; G. Gong, *The Standard of "Civilisation" in International Society*. Oxford: 1984.

25. H. W. Neulen, op. cit., p. 183.

26. Sobre a relutância da Liga em discutir a anexação, ver C. Schmitt, *The Concept of the Political* (Trad. de G. Schwab. New Brunswick: 1976, p. 73). Para uma abordagem mais genérica, M. Mazower, "An International Civilization? Empire, Internationalism and the Crisis of the Mid-Twentieth Century". *International Affairs*, v. 82, n. 3, 2006, pp. 561-3.

27. G. Weinberg (Org.), *Hitlers Zweites Buch*, pp. 165-6.

28. R. W. Kostal, op. cit., p. 470; Fitzjames Stephen in: U. Singh Mehta, *Liberalism and Empire: A Study in Nineteenth-Century British Liberal Thought*. Chicago, 1999, p. 196; S. Neitzel (Org.), op. cit., p. 174.

29. J. Reich Abel, "Warring Internationalisms: Multilateral Thinking in Japan, 1933-1964". Columbia University, 2004, pp. 160-2. Tese (Doutorado); *I documenti diplomatici*, v. IX, p. 546, Alfieri-Mussolini, 11 jun. 1943.

30. M. Hauner, *India in Axis Strategy*, pp. 33, 342-5, 479, 497, 532-3. Agradeço a Marilyn Young por essa referência.

31. J. Goebbels, *The Goebbels Diaries 1942-43*, p. 212, entrada de 12 de maio de 1942.

32. Citado em C. Boyd, *Hitler's Japanese Confidant: General Oshima Hiroshi and MAGIC Intelligence, 1941-1945*. Lawrence (KS): 1993, pp. 81-2; H. Dobson, "The Failure of the Tripartite Pact: Familiarity Breeding Contempt between Japan and Germany: 1940-1945". *Japan Forum*, v. 11, n. 2, 1999, pp. 179-90.

33. C. Boyd, op. cit.

34. G. Orwell, "Not Counting Niggers". *Adelphi*, jul. 1939.

35. Perham in H. Nicolson, "The Colonial Problem". *International Affairs*, v. 17, n. 1, jan./fev. 1938, pp. 32-50; I. McLaine, *The Ministry of Morale*. Londres: 1979, pp. 223-4; S. Wolton, op. cit., pp. 39-59.

36. E. T. Jennings, op. cit., p. 127.

37. C. Bayly, T. Harper, *Forgotten Wars: The End of Britain's Asian Empire*. Londres: 2007; P. Lagrou, "The Nationalization of Victimhood: Selective Violence and National Grief in Western Europe, 1940-1960". In: R. Bessel, D. Schumann (Orgs.), *Life after Death: Approaches to a Cultural and Social History of Europe during the 1940s and 1950s*. Cambridge: 2003, p. 248 para uma estimativa dos civis franceses assassinados pelos alemães durante a ocupação. Para as repressões nas colônias, ver R. Gildea, *France since 1945* (Oxford: 2002, pp. 21-2).

38. R. Hyam, *Britain's Declining Empire: The Road to Decolonisation, 1918-1968*. Cambridge: 2006, p. 96; J. Darwin, op. cit., cap. 8; S. Wolton, op. cit., p. 123.

39. C. Elkins, "Race, Citizenship and Governance: Settler Tyranny and the End of Empire". In: C. Elkins, S. Pedersen (Orgs.), op. cit, pp. 203-23.

40. H. Grimal, *Decolonization: The British, French, Dutch and Belgian Empires, 1919-1963*. Boulder (CO): 1978, p. 145.

41. S. Wolton, op. cit., pp. 47, 74.

42. R. E. Birchard, "Europe"s Critical Food Situation". *Economic Geography*, v. 24, n. 4, out. 1948, pp. 274-82.

43. Schacht em R. J. Overy, *Interrogations: The Nazi Elite in Allied Hands, 1945*. Londres: 2001, p. 535.

44. Agradeço a Kiran Patel pela discussão que tivemos sobre a política alimentar da Alemanha e do Leste Europeu. Seu próximo livro lançará luz a respeito desse tema infelizmente negligenciado. Sobre consumo de alimentos e autossuficiência, ver H. Marmulla, P. Brault, *Europäische Intergration und Agrarwirtschaft* (Bonn: 1958, pp. 326-31).

45. J. Herz, "The Rise and Demise of the Territorial State". *World Politics*, v. 9, n. 4, jul. 1957, pp. 473-93.

46. Da enorme literatura sobre os Estados Unidos como um império, ver C. Maier, *Among Empires: American Ascendancy and Its Predecessors*. Cambridge (MA): 2006; V. de Grazia, *Irresistible Empire: America's Advance through Twentieth Century Europe*. Cambridge (MA): 2005; e para o período mais recente, C. Johnson, *The Sorrows of Empire: Militarism, Secrecy and the End of the Republic*. Nova York: 2004.

47. J. Herz, "The Territorial State Revisited: Reflections on the Future of the Nation-State". *Polity*, v. 1, n. 1, ago. 1968, pp. 11-34.

48. A. Morris-Reich, "Arthur Ruppin's Concept of Race". *Israel Studies*, v. 11, n. 3, outono 2006, pp. 1-30.

49. S. Reichman, S. Hasson, "A Cross-Cultural Diffusion of Colonization: From Posen to Palestine". *Annals of the Association of American Geographers*, v. 74, n. 1, março 1984, pp. 57-70; D. Penslar, *Zionism and Technocracy: The Engineering of Jewish Settlement in Palestine, 1870-1918*. Bloomington (IN): 1991; G. Shafir, "Settler Citizenship in the Jewish Colonization of Palestine. In: C. Elkins, S. Pedersen (Orgs.), op. cit, pp. 41-59.

50. G. Shafir, "Tech for Tech's Sake". *Journal of Palestine Studies*, v. 21, n. 4, verão 1992, pp. 103-5; Y. Weiss, "Central European Ethnonationalism and Zionist Binationalism". *Jewish Social Studies*, v. 11, n. 1, outono 2004, pp. 93-117.

51. G. Shafir, "Tech for Tech's Sake", pp. 102-3, 106-8; D. J. Penslar, *Israel in History: The Jewish State in Comparative Perspective*. Abingdon: 2007, pp. 164-5; sobre a cautela de Ruppin, ver também S. Ilan Troen, *Imagining Zion: Dreams, Designs and Realities in a Century of Jewish Settlement*. New Haven: 2003, p. 179.

52. S. Della Pergola, "Between Science and Fiction: Notes on the Demography of the Holocaust". *Holocaust and Genocide Studies*, v. 10, n. 1, primavera 1996, pp. 34-51.

53. Dados retirados de J. Vernant, *The Refugee in the Post-War World*. Londres: 1953, p. 449; American Jewish Community, *American Jewish Yearbook*, vários.

54. I. Zertal, *From Catastrophe to Power: Holocaust Survivors and the Emergence of Israel*, Berkeley: 1998, pp. 215-62; S. Ilan Troen, N. Lucas (Orgs.), *Israel: The First Decade of Independence*, Albany: 1995.

55. J. Vernant, p. 442; para o caso do Iraque, ver Y. Shenhav, "The Jews of Iraq, Zionist Ideology and the Property of Palestinian Refugees of 1948: An Anomaly of National Accounting". *International Journal of Middle Eastern Studies*, v. 31, n. 4, nov. 1999, pp. 605-30.

56. Para as reflexões preliminares a esse processo, ver M. Mazower, "The Strange Triumph of Human Rights, 1933-1950". *Historical Journal*, v. 47, n. 2, 2004, pp. 379-99; e Id., "'An International Civilisation?' Empire, Internationalism and the Crisis of the Mid-20th Century". *International Affairs*, v. 82, n. 3, 2006, pp. 553-66.

57. Cf. G. Agamben, "Beyond Human Rights". In: _____, *Means without Ends: Notes in Politics*. Minneapolis, 2000; H. Arendt, op. cit., cap. 9.

58. Cf. E. Borgwardt, *A New Deal for the World: America's Vision for Human Rights*. Cambridge (MA): 2005. Sobre este tópico, devo muito às discussões com Samuel Moyn, John Witt e Mira Siegelberg.

59. Paul Hoffman citado em O. A. Westad, *The Global Cold War: Third World Interventionism and the Making of Our Times*. Cambridge: 2007, p. 25; A. Weber, *Abschied von der bisherigen Geschchte*. Hamburgo: 1946.

Bibliografia

"A Citizen of Kharkiv", "Lest We Forget: Hunger in Kharkiv in the Winter of 1941-42". *Ukrainian Quarterly*, n. 4, inverno 1948, pp. 72-9.

AGAMBEN, G. "Beyond Human Rights". In: _____. *Means Without Ends: Notes in Politics*. Minneapolis: 2000.

AHONEN, P. *After the Expulsion: West Germany and Eastern Europe, 1945-1990*. Oxford: 2003.

ALLEN, M. T. *Hitler's Slave Lords: The Business of Forced Labour in Occupied Europe*. Londres: 2004.

ALY, G. *"The Final Solution": Nazi Population Policy and the Murder of the European Jews*. Londres: 1999.

_____. *Hitler's Beneficiaries: Plunder, Racial War and the Nazi Welfare State*. Nova York: 2007.

_____; HEIMS, S. *Architects of Annihilation: Auschwitz and the Logic of Destruction*. Princeton: 2003.

_____; ROTH, K. H. *The Nazi Census: Identification and Control in the Third Reich*. Filadélfia: 2004.

_____ et al. (Orgs.). *Biedermann und Schreibtischtäter: Materialien zur deutschen Täter-Biographie*. Berlim: 1987.

AMERICAN JEWISH COMMUNITY. *American Jewish Yearbook*.

AMERICAN JEWISH CONFERENCE. *Nazi Germany's War against the Jews*. Nova York: 1947.

ANCEL, J. *Documents Concerning the Fate of Romanian Jewry during the Holocaust*. Nova York: 1987.

_____. *Transnistria 1941-1942: The Romanian Mass Murder Campaigns*. Tel Aviv: 2003. v. I.

_____. "The German-Rumanian Relationship and the Final Solution". *Holocaust and Genocide Studies*, v. 19, n. 2, outono 2005, pp. 252-75.

ANDERL, G. "Die 'Zentralstellen für jüdische Auswanderung' in Wien, Berlin und Prag: Ein Vergleich". *Tel Aviver Jahrbuch für Deutsche Geschichte*, n. 23, 1994, pp. 275-99.

ANDERSON, T. "Incident at Baranivka: German Reprisals and the Soviet Partisan Movement in Ukraine, October-December 1941". *Journal of Modern History*, v. 71, n. 3, set. 1999, pp. 585-623.

ANDERSON, F., "A Hungarian *Vernichtungskrieg*? Hungarian Troops and the Soviet Partisan War in Ukraine, 1942". *Militärgeschichtliche Mitteilungen*, v. 58, n. 2. 1999, pp. 345-66.

_____. "Germans, Ukrainians and Jews: Ethnic Politics in Heeresgebiet Süd June-December 1941". *War in History*, v. 7, n. 3, 2000, pp. 325-51.

ANDREYEV, C. *Vlasov and the Russian Liberation Movement: Soviet Reality and Emigré Theories*. Cambridge: 1987.

ANFUSO, F. *Da Palazzo Venezia al Lago di Garda 1936-1945*. Nova ed., 1957: pp. 196-210.

ANGRICK, A. "The Escalation of German-Rumanian Anti-Jewish Policy after the Attack on the Soviet Union". *Yad Vashem Studies*, n. 26, 1998, pp. 203-39.

ANTONELLIS, G. de. *Le Quattro Giornate di Napoli*. Milão: 1973.

ARAD, Y. "Alfred Rosenberg and the "Final Solution" in the Occupied Soviet Territories". *Yad Vashem Studies*, n. 13. 1979, pp. 263-86.

ARENDT, H. *The Origins of Totalitarianism*. Nova York: 1951. [Ed. bras.: *Origens do totalitarismo*. São Paulo: Companhia das Letras, 1989.]

ARMSTRONG, J. (Org.). *Soviet Partisans in World War II*. Madison (WI): 1964.

ARMSTRONG, J. A. *Ukrainian Nationalism*. Ed. rev. Littleton (CO): 1980.

ARMSTRONG, R. "Should the Monroe Doctrine Be Modified or Abandoned?" *American Journal of International Law*, v. 10, n. 1, jan. 1916, pp. 77-103.

ARNAUD, C. *Jean Cocteau*. Paris: 2003.

ARNOLD, K. J. "Die Eroberung und Behandlung der Stadt Kiev durch die Wehrmacht im September 1941: Zur Radikalisierung der Besatzungspolitik". *Militärgeschichtliche Mitteilungen*, v. 58, n. 1, 1999, pp. 23-63.

_____. *Die Wehrmacht und die Besatzungspolitik in den besetzten Gebieten der Sowjetunion: Kriegsführung und Radikalisierung im "Unternehmen Barbarossa"*. Berlim: 2005.

ARONSON, S. *Heydrich und die Anfänge des SD und der Gestapo. 1931-1935*. Berlim: Universidade Freie, 1967. Tese.

_____. *Beginnings of the Gestapo System: The Bavaria Model in 1933*. Jerusalém: 1969.

AUSWÄRTIGES AMT. *Amtliches Material zum Massenmord von Katyn*. Berlim: 1943.

BACKE, H. *Das Ende des Liberalismus in der Wirtschaft*. Berlim: 1938.

_____. *Um die Nahrungs freih eit Europas: Weltwirtschaft oder Grossraum*. Leipzig, 1942.

BACON, F. *Selected Writings of Francis Bacon*. Nova York: 1955.

BADE, K. J. "From Emigration to Immigration: The German Experience in the 19th and 20th Centuries". *Central European History*, v. 28, n. 4, 1995, pp. 507-35.

BALFOUR, M. *Helmuth von Moltke: A Leader against Hitler*. Londres: 1972.

BANNING, C. "Food Shortage and Public Health, First Half of 1945". *Annals of the American Academy of Political and Social Science*, n. 245, maio 1946, pp. 93-110.

BARASZ, J. "Un vichyste en Résistance, le général de la Laurencie". *Vingtième Siècle*, n. 94, abr./jun. 2007, pp. 167-81.

BARTOV, O. *The Eastern Front, 1941-1945: German Troops and the Barbarization of Warfare*. Nova York: 1986.

_____. *Hitler's Army: Soldiers, Nazis and War in the Third Reich*. Nova York: 1991.

BARUCH, M.-O. *Servir L'État Français: L'administration en France de 1940 à 1944*. Paris: 1997.

BAR-ZOHAR, M. *Bitter Scent: The Case of L'Oréal, Nazis and the Arab Boycott*. Nova York: 1996.

BASSLER, G. *Alfred Valdmanis and the Politics of Survival*. Toronto: 2000.

BATTINI, M.; PEZZINO, P. *Guerra ai civili: occupazione tedesca e politica del massacro, Toscana 1944*. Venice: 1997.

BAUDOT, M. *L'opinion publique sous l'occupation: L'exemple d'un département français (1939-1945)*. Paris: 1960.

BAUER, Y. "The Death Marches, January-May 1945". *Modern Judaism*, v. 3, n. 1, 1983, pp. 1-21.

BAYLY, C. *The Birth of the Modern World, 1780-1914: Global Connections and Comparisons*. Oxford: 2004.

_____; HARPER, T. *Forgotten Wars: The End of Britain's Asian Empire*. Londres: 2007.

BELL, H. "Monetary Problems of Military Occupation". *Military Affairs*, v. 6, n. 2, verão 1942, pp. 77-88.

BENDER, T. *A Nation among Nations: America's Place in World History*. Nova York: 2006.

BENDERSKY, J. *Carl Schmitt: Theorist for the Reich*. Princeton: 1983.

BENES, E. "The Organization of Postwar Europe". *Foreign Affairs*, v. 20, n. 1, janeiro 1942, pp. 226-42.

BENJAMIN, L. (Org.). *Problema evreiasca in stenogramele Consiliului de Ministri*. Bucareste: 1996.

BENZ, W. et al. (Orgs.). *Nationalsozialistische Besatzungspolitik in Europa, 1939-1945*. Berlim: 1996-9. 9 v.

_____. *Die Bürokratie der Okkupation: Strukturen der Herrschaft und Verwaltung im besetzten Europa*. Berlim: 1998.

_____. *Einsatz im Reichskommissariat Ostland: Dokumente zum Völkermord im Baltikum und in Weissrussland, 1941-1944*. Berlim: 1998.

_____. *Kultur-Propaganda-Öffentlichkeit: Intentionen deutscher Besatzungspolitik und Reaktionen auf die Okkupation*. Berlim: 1998.

_____; DISTEL, B. (Orgs.). *Der Ort des Terrors: Geschichte der nazionalsozialistischen Konzentrationslager*. Munique: 2005, v. 5.

BERKHOFF, K. *Harvest of Despair: Life and Death in Ukraine under Nazi Rule*. Cambridge (MA): 2004.

BERLIERE, J.-M. "L'Impossible Pérennité de la police républicaine sous L'Occupation". *Vingtième Siècle*, n. 94, abr./jun. 2007, pp. 183-96.

BESSEL, R.; SCHUMANN, D. (Orgs.). *Life after Death: Approaches to a Cultural and Social History of Europe during the 1940s and 1950s*. Cambridge: 2003.

BETZ, A.; MARTENS, S. (Orgs.). *Les Intellectuels et l'Occupation: Collaborer, partir, resister, 1940-1944*. Paris: 2004.

BIDDISCOMBE, P. "*Unternehmen* Zeppelin: The Deployment of ss Saboteurs and Spies in the Soviet Union, 1942-1945". *Europe-Asia Studies*, v. 52, n. 6, 2000, pp. 1115-42.

BILFINGER, C. "Streit um das Völkerrecht". *Zeitschrift für ausländisches öffentliches Recht-und Völkerrecht*, n. 12, 1944, pp. 1-34.

BILLIG, J. *Alfred Rosenberg dans l'action idéologique, politique et administrative du Reich hitlérien*. Paris: 1963.

BIRCHARD, R. E. "Europe's Critical Food Situation". *Economic Geography*, v. 24, n. 4, out. 1948, pp. 274-82.

BIRN, R. B. *Die höheren SS- und Polizeiführer: Himmlers Vertreter im Reich und in den besetzten Gebieten*. Düsseldorf: [c. 1986].

BLACK, P. "Rehearsal for 'Reinhard': Odilo Globocnik and the Lublin Selbstschutz". *Central European History*, v. 25, n. 2, 1992, pp. 204-26.

BLACKBOURN, D. *The Conquest of Nature: Water, Landscape and the Making of Modern Germany*. Londres: 2006.

BLANKE, R. "An Era of 'Reconciliation' in German-Polish Relations 1890-1894". *Slavic Review*, v. 36, n. 1, mar. 1977, pp. 39-53.

_____. "The German Minority in Interwar Poland and German Foreign Policy: Some Reconsiderations". *Journal of Contemporary History*, n. 25, 1990, pp. 87-102.

_____. *Orphans of Versailles: The Germans in Western Poland, 1918-1939*. Lexington (KY): 1993.

BLOCH, M. *Ribbentrop*. Londres: 1992.

BOELCKE, W. (Org.). *"Wollt Ihr den totalen Krieg?": Die geheimen Goebbels-Konferenzen 1939-1943*. Stuttgart: 1967.

_____. *The Secret Conferences of Dr Goebbels, the Nazi Propaganda War, 1939-1943*. Nova York: 1970.

BOHN, R. (Org.). *Die deutsche Herrschaft in den "germanischen" Ländern 1940-1945*. Stuttgart: 1997.

BONUSIAK, W. "Die Landwirtschaftspolitik der sowjetischen Besatzungsmacht auf dem Gebiet des sog. westlichen Weissrusslands in den Jahren 1939-1949". *Studia Historicae Oeconomicae*, n. 24, 2001, pp. 149-63.

BORGWARDT, E. *A New Deal for the World: America's Vision for Human Rights*. Cambridge: MA, 2005.

BORODZIEJ, W. *Terror und Politik: Die deutsche Polizei und die polnische Widerstandsbewegung im Generalgouvernement, 1939-1944*. Mainz: 1999.

_____. *The Warsaw Uprising of 1944*. Madison (WI): 2006.

BOTTAI, G. *Diario, 1935-1944*. Milão: 1982.

BOTTOMORE, T.; GOODE, P. (Orgs.). *Austro-Marxism*. Oxford: 1978.

BOTZ, G. *Die Eingliederung Österreichs in das Deutsches Reich*. Linz: 1976.

BOWEN, W. *Spaniards and Nazi Germany: Collaboration in the New Order*. Columbia (MO): 2000.

BOWLES, B. "Newsreels, Ideology and Public Opinion under Vichy: The Case of *La France en Marche*". *French Historical Studies*, v. 27, n. 2, primavera 2004, pp. 419-63.

BOYD, C. *Hitler's Japanese Confidant: General Oshima Hiroshi and MAGIC Intelligence. 1941-1945*. Lawrence (KS): 1993.

BRAMSTED, E. *Goebbels and National Socialist Propaganda, 1925-1945*. East Lansing (MI): 1965.

BRANDES, D.; IVANICKOVA, E.; PESEK, J. (Orgs.). *Erzwungene Trennung: Vertreibungen und Aussiedlungen in und aus der Tschechoslowakei 1938-1947 im Vergleich mit Polen, Ungarn und Jugoslawien*. Tübingen: 1999.

BRANDT, K. *Management of Agriculture and Food in the German-Occupied and Other Areas of Fortress Europe: A Study in Military Government*. Stanford: 1953.

BRÄUTIGAM, O. *So hat es sich zugetragen... Ein Leben als Soldat und Diplomat*. Würzburg: 1968.

BRECHTKEN, M. "'La géographie demeure': Frankreich, Polen und die Kolonial- und Judenfrage am Vorabend des Zweiten Weltkrieges". *Francia*, v. 25, n. 3, 1998, pp. 25-60.

BREE, G.; BERNAUER, G. (Orgs.). *Defeat and Beyond: An Anthology of French Wartime Writing, 1940-1945*. Nova York: 1970.

BREITMAN, R.; ARONSON, S. "The End of the 'Final Solution': Nazi Plans to Ransom Jews in 1944". *Central European History*, n. 25, 1992, pp. 177-203.

BREUNIS J. "The Food Supply". *Annals of the American Academy of Political and Social Science*, n. 245, maio 1946, pp. 87-92.

BROEKMEYER, M. *Stalin, the Russians and Their War, 1941-1945*. Madison (WI): 2004.

BROSZAT, M. *Nationalsozialistische Polenpolitik, 1939-1945*. Stuttgart: 1961.

BROWDER, G. *Hitler's Enforcers: The Gestapo and the SS Security Service in the Nazi Revolution*. Oxford: 1996.

BROWN, K. *A Biography of No Place: From Ethnic Borderland to Soviet Heartland*. Cambridge (MA): 2004.

BROWNING, C. "Unterstaatssekretär Martin Luther and the Ribbentrop Foreign Office". *Journal of Contemporary History*, v. 12, n. 2, abr. 1977, pp. 313-44.

_____. *The Final Solution and the German Foreign Office*. Nova York: 1978.

_____. *The Path to Genocide: Essays on Launching the Final Solution*. Cambridge: 1992.

_____. "A Final Hitler Decision for the 'Final Solution': The Riegner Telegram Reconsidered". *Holocaust and Genocide Studies*, v. 10, n. 1, primavera 1996, pp. 3-10.

_____. *Nazi Policy, Jewish Workers, German Killers*. Cambridge: 2000.

_____. *The Origins of the Final Solution: The Evolution of Nazi Jewish Policy, September 1939-March 1945*. Com contribuições de Jürgen Matthäus. Lincoln (NE): 2004.

BRYANT, C. "Either German or Czech: Fixing Nationality in Bohemia and Moravia, 1939-1946". *Slavic Review*, v. 61, n. 4, inverno 2002, pp. 683-706.

_____. *Prague in Black: Nazi Rule and Czech Nationalism*. Cambridge (MA): 2007.

BRZESKA, M. *Through a Woman's Eyes*. Londres: [1945].

BUCHHEIM, C. "Die besetzten Länder im Dienste der Deutschen Kriegswirtschaft während des Zweiten Weltkriegs". *Vierteljahrshefte für Zeitgeschichte*, v. 34, n. 1, 1986, pp. 117-45.

BUCHHEIM, H. "Die höheren ss- und Polizeiführer". *Vierteljahrshefte für Zeitgeschichte*, n. 11, 1963, pp. 362-91.

_____ et al. (Orgs.). *Anatomie des SS-Staates*. Munique: 1967. v. 1.

BUECHLER, Y. "The Deportation of Slovakian Jews to the Lublin District of Poland in 1942". *Holocaust and Genocide Studies*, v. 6, n. 2, 1991, pp. 151-66.

_____. "'Unworthy Behavior': The Case of ss Officer Max Täubner". *Holocaust and Genocide Studies*, v. 17, n. 3, inverno 2003, pp. 409-29.

BULLIVANT, K. et al. (Orgs.). *Germany and Eastern Europe: Cultural Identities and Cultural Differences*. Amsterdam: 1999.

BURDICK, C. *Germany's Military Strategy and Spain in World War II*. Siracusa: 1968.

BURGWYN, H. J. *Empire on the Adriatic: Mussolini's Conquest of Yugoslavia, 1941-1943*. Nova York: 2005.

BURLEIGH, M. *Germany Turns Eastwards: A Study of Ostforschung in the Third Reich*. Cambridge: 1988.

_____. (Org.). *Confronting the Nazi Past: New Debates on Modern German History*. Londres: 1996.

BURRIN, P. *France under the Germans: Collaboration and Compromise*. Nova York: 1996.

_____. *Living with Defeat: France under the German Occupation, 1940-1944*. Londres: 1996.

CALDERWOOD, H. B. "International Affairs: Should the Council of the League of Nations Establish a Permanent Minorities Commission?". *American Political Science Review*, v. 27, n. 2, abr. 1933, pp. 250-9.

_____. "International Affairs: The Proposed Generalization of the Minorities Regime". *American Political Science Review*, v. 28, n. 6, dezembro 1934, pp. 1088-98.

CAMPBELL, F. Gregory "The Struggle for Upper Silesia, 1919-1922", *Journal of Modern History*, v. 42, n. 3, set. 1970, pp. 361-85.

_____. *Confrontation in Central Europe: Weimar Germany and Czechoslovakia*. Chicago: 1975.

CAPLAN, J. *Government Without Administration: State and Civil Service in Weimar and Nazi Germany*. Oxford: 1988.

CARLYLE, M. (Org.). *Documents on International Affairs, 1939-1946*. Londres: 1954.

CARSTEN, F. *The First Austrian Republic, 1918-1938: A Study Based on British and Austrian Documents*. Aldershot: 1986.

CECIL, R. *The Myth of the Master Race: Alfred Rosenberg and Nazi Ideology*. Londres: 1972.

CESAIRE, A. *Discourse on Colonialism*. Nova York: 2000.

CHARLES, J.-L.; DASNOY, P. (Orgs.). *Les Dossiers secrets de la Police Allemande en Belgique: La Geheime Feldpolizei en Belgique et dans le Nord de la France*. Bruxelas: 1972-3. 2 v.

CHIARI, B. *Alltag hinter der Front: Besatzung, Kollaboration und Widerstand in Weissrussland, 1941-1944*. Düsseldorf, 1998.

_____. "Reichsführer-ss: Kein Pakt mit Slawen: Deutsch-polnische Kontakte im Wilna-Gebiet 1944". *Osteuropa-Archiv*, abr. 2000, A134-A153.

CHODAKIEWICZ, M. *Between Nazis and Soviets: Occupation Politics in Poland, 1939-1947*. Lanham (MD): 2004.

CHUMINSKI, J.; KASZUBA, E. "The Breslau Germans under Polish Rule, 1945-46: Conditions of Life, Political Attitudes, Expulsion". *Studia Historiae Oeconomicae*, n. 22, 1997, pp. 87-101.

CIANO, G. *Ciano's Diary, 1939-1943*. Org. de M. Muggeridge. Londres: 1947.

COCTEAU, J. *Journal, 1942-45*. Paris: 1989.

COHEN, A. "La Politique antijuive en Europe (Allemagne exclue) de 1938 à 1941". *Guerres mondiales*, n. 150, 1988, pp. 45-59.

COLLOTTI, E. *L'amministrazione tedesca dell' Italia occupata*. Milão: 1963.

_____. *L'Europa nazista: il progetto di un nuovo ordine europeo, 1939-1945*. Florença: 2002.

_____ et al. (Orgs.). *Dizionario della resistenza*. Torino: 2000.

COLTON, J. *Léon Blum: Humanist in Politics*. Durham (NC): 1987.

CONE, M. *Artists under Vichy: A Case of Prejudice and Persecution*. Princeton: 1992.

CONNELLY, J. "Nazis and Slavs: From Racial Theory to Racist Practice". *Central European History*, v. 32, n. 1, 1999, pp. 1-33.

CONWAY, M. *Collaboration in Belgium: Léon Degrelle and the Rexist Movement, 1940-1944*. New Haven: 1993.

COOK, W. "Inside the Holiday Camp Hitler Built". *Observer*, 12 de agosto de 2001.

CORNI, G. *Hitler and the Peasants: Agrarian Policy of the Third Reich, 1930-1939*. Nova York: 1990.

_____. *Il sogno del "grande spazio": le politiche d'occupazione nell'Europa nazista*. Roma: 2005.

CORNWALL, M. "The Struggle on the Czech-German Language Border, 1880-1940". *English Historical Review*, v. 109, n. 433, set. 1994, pp. 914-51.

CROOK, D. P. *Benjamin Kidd: Portrait of a Social Darwinist*. Cambridge: 1984.

CURTIS, L. "World Order". *International Affairs*, v. 18, n. 3, maio/jun. 1939, pp. 301-20.

DALLIN, A. *Odessa 1941-1944: A Case Study of Soviet Territory under Foreign Rule*. Santa Monica (CA): 1957.

_____. *German Rule in Russia, 1941-1945: A Study of Occupation Policies*. Ed. rev. Boulder (CO): 1981.

DARIC, J. "Quelques aspects de l'évolution démographique aux Pays-Bas". *Population*, v. 1, n. 3, jul./set. 1946.

DARWIN, J. *After Tamerlane: The Global History of Empire*. Londres: 2007.

DAVID, J. *A Square of Sky: Memories of a Wartime Childhood*. Londres: 1992.

DEAK, I.; GROSS, J.; JUDT, T. (Orgs.). *The Politics of Retribution in Europe*. Princeton: 2000.

DEAKIN, W. *The Last Days of Mussolini*. Londres: 1962.

DEAN, M. *Collaboration in the Holocaust: Crimes of the Local Police in Belorussia and Ukraine, 1941-44*. Basingstoke: 2000.

DE GRAZIA, V. *Irresistible Empire: America's Advance through Twentieth Century Europe.* Cambridge (MA): 2005.

DELARUE, J. *Trafics et crimes sous l'occupation.* Paris: 1968.

DELETANT, D. *Hitler's Forgotten Ally: Ion Antonescu and His Regime, Romania 1940-1944.* Londres: 2006.

DELLA PERGOLA, S. "Between Science and Fiction: Notes on the Demography of the Holocaust". *Holocaust and Genocide Studies,* v. 10, n. 1, primavera 1996, pp. 34-51.

DEMOULIN, M. *Plans des Temps de guerre pour l'Europe d'après-guerre, 1940-47.* Bruxelas: 1995.

DEPARTAMENTO DE ESTADO. *Postwar Foreign Policy Preparation, 1939-1945.* Washington (DC): 1949.

DESCHNER, G. *Reinhard Heydrich: Statthalter der totalen Macht.* Erslagen: 1977.

DEWEERD, H. A. "Hitler's Plans for Invading Britain". *Military Affairs,* v. 12, n. 3, 1948, pp. 147-8.

DE ZAYAS, A. *Wehrmacht War Crimes Bureau, 1939-1945.* Lincoln (NE): 1989.

DiNARDO, R. *Germany and the Axis Powers: From Coalition to Collapse.* Lawrence (KS): 2005.

DJILAS, M. *Wartime.* Nova York: 1977.

DLUGOBORSKI, W. et al. (Orgs.). *The Tragedy of the Jews of Slovakia: 1938-1945: Slovakia and the "Final Solution of the Jewish Question".* Oswiecim: 2002.

DOBROSZYCKI, L. (Org.). *The Chronicle of the Lodz Ghetto, 1941-1944.* New Haven: 1984.

———; GETTER, M. "The Gestapo and the Polish Resistance Movement". *Acta Poloniae Historica,* n. 4, 1961, pp. 85-118.

DOBSON, H. "The Failure of the Tripartite Pact: Familiarity Breeding Contempt between Japan and Germany: 1940-1945". *Japan Forum,* v. 11, n. 2, 1999, pp. 179-90.

DOCKRILL, M.; GOOLD, J. D. *Peace Without Promise: Britain and the Peace Conferences, 1919-1923.* Londres: 1981.

"Dokumentation: Rechtssicherheit und richterliche Unabhängigkeit aus der Sicht des SD". *Vierteljahrshefte für Zeitgeschichte,* n. 4, 1956, pp. 398-422.

DOLIBOIS, J. *Pattern of Circles: An Ambassador's Story.* Kent (OH): 1989.

DOLLMANN, E. *The Interpreter: Memoirs of Doktor Eugen Dollmann.* Londres: 1967.

DÖNHOFF, M. *Before the Storm: Memories of My Youth in Old Prussia.* Nova York: 1990.

DÖNHOFF, T.; ROETTGER, J. *Weit ist der Weg nach Westen: Auf der Fluchtroute von Marion Gräfin Dönhoff.* Berlim: 2004.

DREISZIGER, N. (Org.). *Hungary in the Age of Total War.* Nova York: 1998.

DULIC, T. *Utopias of Nation: Local Mass Killing in Bosnia and Hercegovina, 1941-1942.* Estocolmo: 2005.

DUMETT, R. "Africa's Strategic Minerals during the Second World War". *Journal of African History,* v. 26, n. 4, 1985, pp. 381-408.

DWORK, D.; JAN VAN PELT, R. *Auschwitz: 1270 to the Present.* Nova York: 1996.

EGHIGIAN, G.; BERG, M. P. (Orgs.). *Sacrifice and National Belonging in Twentieth Century Germany.* College Station: 2002.

EHRENREICH, E. "Ottmar von Verschuer and the 'Scientific' Legitimization of Nazi Anti-Jewish Policy". *Holocaust and Genocide Studies,* v. 21, n. 1, primavera 2007, pp. 58-60.

EICHHOLTZ, D. "Die Ausbeutung der Landwirtschaft der faschistisch besetzten Gebiete durch die Okkupanten und die Taktik der materiellen Korrumpierung in Deutschland während des Zweiten Weltkrieges". *Studia Historiae Oeconomicae,* n. 14, 1982, pp. 153-71.

———. *Krieg und Wirtschaft: Studien zur deutschen Wirtschaftsgeschichte 1939-1945.* Berlim: 1999.

———. "Öl, Krieg, Politik: Deutscher Ölimperialismus (1933-1942/43)". *Zeitschrift für Geschichtsgewissenschaft,* v. 51, n. 6, 2003, pp. 493-511.

EIKEL, M. "'Weil die Menschen fehlen': Die deutschen Zwangsarbeitsrekruitierungen und deportationen in den besetzten Gebieten der Ukraine, 1941-1944". *Zeitschrift für Geschichtswissenschaft*, v. 53, n. 5, 2005, pp. 405-34.

ELKINS, C.; PEDERSEN, S. (Orgs.). *Settler Colonialism in the Twentieth Century*. Nova York: 2005.

ELLMAN, M.; MAKSUDOV, S. "Soviet Deaths in the Great Patriotic War: A Note". *Europe-Asia Studies*, v. 46, n. 4, 1994, pp. 671-80.

ENGEL, D. "An Early Account of Polish Jewry under Nazi and Soviet Occupation Presented to the Polish Government-in-Exile, February 1940". *Jewish Social Studies*, v. 45, n. 1, 1983, pp. 1-16.

_____. "Patterns of Anti-Jewish Violence in Poland, 1944-46". *Yad Vashem Studies*, n. 26, 1998, pp. 43-87.

ENGEL, G. *At the Heart of the Reich: The Secret Diary of Hitler's Army Adjutant*. Londres: 2005.

EPSTEIN, F. (Org.). *Germany and the East: Selected Essays*. Bloomington (IN): 1973.

ERDELY, E. *Germany's First European Protectorate: The Fate of the Czechs and the Slovaks*. Londres: 1942.

FALKENHAUSEN, A. von. *Mémoires d'outre-guerre*. Bruxelas: 1974.

FARBSTEIN, E. "Diaries and Memoirs as a Historical Source – The Diary and Memoir of a Rabbi at the 'Konin House of Bondage'". *Yad Vashem Studies*, n. 26, 1998, pp. 87-129.

FEDYSHYN, O. *Germany's Drive to the East and the Ukrainian Revolution, 1917-1918*. New Brunswick: 1971.

FELDMAN, G.; SEIBEL, W. (Orgs.). *Networks of Nazi Persecution: Bureaucracy, Business and the Organization of the Holocaust*. Nova York: 2005.

FERENC, T. *Quellen zur nationalsozialistischen Entnationalisierungspolitik in Slowenien, 1941-1945*. Maribor: 1980.

FEST, J. *The Face of the Third Reich: Portraits of the Nazi Leadership*. Londres: 1979.

Festgabe für Heinrich Himmler. Darmstadt: 1941.

FIEDOR, K. "Attitude of German Rightwing Organizations to Poland in the Years 1918-1933". *Polish Western Affairs*, v. 14, n. 2, 1973, pp. 247-67.

FINK, C. "Stresemann's Minority Policies, 1924-1929". *Journal of Contemporary History*, 1979, pp. 403-22.

_____. *Defending the Rights of Others: The Great Powers, the Jews and International Minority Protection, 1878-1938*. Cambridge: 2004.

FISCHER, B. *Albania at War, 1939-1945*. West Lafayette (IN): 1999.

FISCHER, E. *Is This a War for Freedom?* Nova York: 1940.

FISCHER, F. *Germany's Aims in the First World War*. Nova York: 1967.

FISCHER, H. *Völkerkunde im Nationalsozialismus: Aspekte der Anpassung, Affinität und Behauptung einer wissenschaftlichen Disziplin*. Berlim: 1990.

FISHMAN, S. et al. (Orgs.). *France at War: Vichy and the Historians*. Nova York: 2000.

FOERSTER, J.; MAWDSLEY, E. "Hitler and Stalin in Perspective: Secret Speeches on the Eve of Barbarossa". *War in History*, v. 11, n. 1, 2004, pp. 61-103.

FONG, G. "The Movement of German Divisions to the Western Front, Winter 1917-1918". *War in History*, v. 7, n. 2, 2000.

FONZI, P. "Nazionalsocialismo e nuovo ordine europeo: La discussione sulla "Grossraumwirtschaft". *Studi Storici*, v. 45, n. 2, 2004, pp. 313-65.

FOOT, M. R. D. "Was SOE Any Good?". *Journal of Contemporary History*, v. 16, n. 1, jan. 1981, pp. 167-81.

FRANK, H. *Die Technik des Staates*. Berlim: 1942.

FREI, N. *National Socialist Rule in Germany: The Führer State, 1933-1945*. Oxford: 1993.

FREVERT, U. "Europeanizing Germany's Twentieth Century". *History and Memory*, v. 17, n. 1-2, 2005, pp. 87-116.

FRIEDLANDER, H.; MILTON, S. (Orgs.). *Archives of the Holocaust: An International Collection of Selected Documents*. Nova York: 1989-.

FRIEDLANDER, S. *The Years of Extermination". Nazi Germany and the Jews, 1939-1945*. Nova York: 2007.

FRIEDRICH, K.-P. "Collaboration in a 'Land without a Quisling': Patterns of Collaboration with the Nazi German Occupation Regime in Poland during World War II". *Slavic Review*, v. 64, n. 4, inverno 2005, pp. 712-46.

FROMMER, B. *National Cleansing: Retribution against Nazi Collaborators in Postwar Czechoslovakia*. Cambridge: 2005.

FRUMKIN, G. *Population Changes in Europe since 1939*. Nova York: 1951.

FRYE, A. *Nazi Germany and the American Hemisphere, 1933-1945*. New Haven: 1967.

FURBER, D. "Going East. Colonialism and German Life in Nazi-Occupied Poland". Pennsylvania State University, 2003. Tese (Doutorado em Filosofia.)

_____. "Near as Far as in the Colonies: The Nazi Occupation of Poland". *International History Review*, v. 26, n. 3, set. 2004, pp. 541-79.

GARLINSKI, J. *The Survival of Love: Memoirs of a Resistance Officer*. Cambridge: 1991.

GATRELL, P. *A Whole Empire Walking: Refugees in Russia during World War I*. Bloomington (IN): 2005.

GEBEL, R. *"Heim ins Reich!" Konrad Henlein und der Reichsgau Sudetenland 1938-1945*. Munique: 1999.

"Gegnerische Kriegsziele". In: *Zeitschrift für ausländisches öffentliches Recht und Völkerrecht*, n. 11, 1942-3, pp. 1-11.

GEISS, I. *Der polnische Grenzstreifen, 1914-1918: Ein Beitrag zur deutschen Kriegszielpolitik im Ersten Weltkrieg*. Lübeck: 1960.

GELLATELY, R. *Backing Hitler: Consent and Coercion in Nazi Germany*. Oxford: 2001.

GELLER, J. H. "The Role of Military Administration in German-occupied Belgium, 1940-1944". *Journal of Military History*, v. 63, n. 1, 1999, pp. 99-125.

GERLACH, C. *Kalkulierte Morde. Die deutsche Wirtschafts- und Vernichtungspolitik in Weissrussland, 1941 bis 1944*. Hamburgo: 1999.

_____; ALY, G. *Das letzte Kapitel: Realpolitik, Ideologie und der Mord an den ungarischen Juden, 1944/45*. Stuttgart: 2002.

_____. *Documents on German Foreign Policy, 1918-1945*, Series D, 1937-1945. Washington (DC): 1949--83. 13 v.

GEYL, P. *Encounters in History*. Nova York: 1961.

GIJSEN, M., (Org.). *Belgium under Occupation*. Nova York: 1947.

GILDEA, R. *Marianne in Chains: In Search of the German Occupation*. Londres: 2002.

_____. "Resistance, Reprisals and Community in Occupied France". *Transactions of the Royal Historical Society*, n. 13, 2003, pp. 163-85.

_____; WIEVIORKA, O.; WARRING, A. (Orgs.). *Surviving Hitler and Mussolini: Daily Life in Occupied Europe*. Oxford: 2006.

GILLINGHAM, J. "The Baron de Launoit: A Case Study in the 'Politics of Production' of Belgian Industry during Nazi Occupation". Partes I e II. *Revue Belge d'Histoire Contemporaine*, n. 5, 1974, pp. 1-59.

GILLINGHAM, J. "The Politics of Business in the German *Grossraum*: The Example of Belgium". *Studia Historiae Oeconomicae*, n. 14, 1979, pp. 23-4.

_____. *Industry and Politics in the Third Reich: Ruhr Coal, Hitler and Europe*. Londres, 1985.

_____. *Coal, Steel and the Rebirth of Europe, 1945-1955*. Cambridge: 1991.

GILTNER, P. *"In the Friendliest Manner": German-Danish Economic Cooperation during the Nazi Occupation, 1940-1945*. Nova York: 1998.

GISEVIUS, H. N. *To the Bitter End*. Londres: 1948.

GLASSHEIM, E. "National Mythologies and Ethnic Cleansing: The Expulsion of Czechoslovak Germans in 1945". *Central European History*, v. 33, n. 4, 2000, pp. 463-86.

GODA, N. W. *Tomorrow the World: Hitler, Northwest Africa and the Path toward America*. College Station (TX): 1998.

_____. "Black Marks: Hitler's Bribery of His Senior Officers during World War II". *Journal of Modern History*, v. 72, n. 2, jun. 2000, pp. 413-52.

GOEBBELS, J. *The Goebbels Diaries, 1942-43*. Org. de L. Lochner. Nova York: 1948.

_____. *The Goebbels Diaries, 1939-1941*. Org. de F. Taylor. Londres: 1982.

_____. *Tagebücher*. Org. de R. Reuth. Munique: 1999. 5 v.

_____. *Die Tagebücher von Joseph Goebbels*. Org. de E. Fröhlich. Munique: 1996.

GOESCHEL. "Suicide at the End of the Third Reich". *Journal of Contemporary History*, v. 41, n. 1, 2006, pp. 153-73.

GOLDYN, B. "Disenchanted Voices: Public Opinion in Cracow, 1945-46". *East European Quarterly*, v. 32, n. 2, jun. 1998, pp. 139-65.

GONG, G. *The Standard of "Civilisation" in International Society*. Oxford: 1984.

GOODMAN, N. "Health in Europe". *International Affairs*, v. 20, n. 4, Londres, 1944, pp. 473-80.

GORDON, B. "The Condottieri of the Collaboration: Mouvement Social Révolutionnaire". *Journal of Contemporary History*, v. 10, n. 2, abr. 1975, pp. 261-82.

GOTT, V. "The National Socialist Theory of International Law". *American Journal of International Law*, v. 32, n. 4, out. 1938, pp. 704-18.

GOULD, S. W. "Austrian Attitudes toward Anschluss: October 1918-September 1919". *Journal of Modern History*, v. 22, n. 3, set. 1950, pp. 220-31.

GRAZIOSI, A. "Il mondo in Europa: Namier e il 'Medio oriente europeo', 1815-1948". *Contemporanea*, v. 10, n. 2, abr. 2007, pp. 193-229.

GREGOR, N. (Org.). *Nazism, War and Genocide: Essays in Honour of Jeremy Noakes*. Exeter: 2005.

GRIBAUDI, G. *Guerra totale: tra bombe alleate e violenze naziste. Napoli e il fronte meridionale 1940-1944*. Torino: 2005.

GRIMAI, H. *Decolonization: The British, French, Dutch and Belgian Empires, 1919-1963*. Boulder (CO): 1978.

GROHMANN, C. "From Lothringen to Lorraine: Expulsion and Voluntary Repatriation". *Diplomacy and Statecraft*, n. 16, 2005, pp. 571-87.

GRONDIN, J. *Hans-Georg Gadamer: A Biography*. New Haven: 2003.

GROSCURTH, H. *Tagebücher eines Abwehroffiziers, 1938-1940*. Stuttgart: 1970.

GROSS, J. *Polish Society under German Occupation: The Generalgouvernement, 1939-1944*. Princeton: 1979.

_____. *Neighbors: The Destruction of the Jewish Community in Jedwabne*. Princeton: 2002.

GUMZ, J. "German Counter-Insurgency Policy in Independent Croatia, 1941-1944". *The Historian*, n. 61, 1998, pp. 33-50.

GUMZ, J. "Stepping Back from Destruction: Invasion, Occupation and Empire in Habsburg Serbia, 1914-1918". University of Chicago: 2006. Tese (Doutorado em Filosofia.)

GUMZ, J. E. "Wehrmacht Perceptions of Mass Violence in Croatia, 1941-1942". *Historical Journal*, v. 44, n. 4, 2001, pp. 1015-38.

GUTMAN, I.; BERENBAUM, M. (Orgs.). *Anatomy of the Auschwitz Death Camp*. Bloomington (IN): 1994.

HAAR, I.; FAHLBUSCH, M. (Orgs.). *German Scholars and Ethnic Cleansing, 1920-1945*. Oxford: 2005.

HABERER, E. "The German Police and Genocide in Belorussia, 1941-1944. Part 1: Police Deployment and Nazi Genocidal Directives". *Journal of Genocide Research*, v. 3, n. 1, 2001, pp. 13-29.

HAESTRUP, J. *European Resistance Movements, 1939-1945: A Complete History*. Londres: 1981.

HAGEN, W. *Germans, Poles and Jews: The Nationality Conflict in the Prussian East, 1772-1914*. Chicago: 1980.

HAHN, G. *Grundfragen europäischer Ordnung: Ein Beitrag zur Neugestaltung der Völkerrechtslehre*. Berlim: 1939.

HAHN, H. J. *The 1848 Revolutions in German-speaking Europe*. Londres: 2001.

HAMMEN, O. "German Historians and the Advent of the National Socialist State". *Journal of Modern History*, v. 13, n. 2, jun. 1941, pp. 161-88.

HANDELSMAN, M. *La Pologne: sa vie économique et sociale pendant la guerre*. Paris: 1933.

HANSON, J. *The Civilian Population and the Warsaw Uprising of 1944*. Cambridge: 1978.

HARPER, J. L. *American Visions of Europe: Franklin D. Roosevelt, George F. Kennan, and Dean G. Acheson*. Cambridge: 1996.

HARRIMAN, H. *Slovenia under Nazi Occupation, 1941-1945*. Nova York: 1977.

HARRISON, E. D. R. "The British Special Operations Executive and Poland". *Historical Journal*, v. 43, n. 4, 2000, pp. 1071-91.

HARRISON, M. "Resource Mobilisation for World War II". *Economic History Review*, n. 2, 1988.

HART MERRIAM, C. "The Indian Population of California". *American Anthropologist*, out./dez. 1905, pp. 594-606.

HARTEN, H. *De-Kulturation und Germanisierung: Die nationalsozialistische Rassen-und Erziehungspolitik in Polen 1939-1945*. Frankfurt: 1996.

HARTMANN, C. "'Massensterben oder Massenvernichtung': Sowjetische Kriegsgefangene im 'Unternehmen Barbarossa'". *Vierteljahrshefte für Zeitgeschichte*, n. 21, 2001, pp. 102-58.

_____."Verbrecherische Krieg – verbrecherische Wehrmacht?" *Vierteljahrshefte für Zeitgeschichte*, n. 21, 2004.

HARVEY, D. "Lost Children or Enemy Aliens? Classifying the Population of Alsace after the First World War". *Journal of Contemporary History*, v. 34, n. 4, out. 1999, pp. 537-54.

HASSELL, U. von. *The Von Hassell Diaries, 1938-1944*. Londres: 1948.

HAUNER, M. "Did Hitler Want World Dominion?" *Journal of Contemporary History*, v. 13, n. 1, jan. 1978, pp. 15-32.

_____. *India in Axis Strategy: Germany, Japan and Indian Nationalists in the Second World War*. Stuttgart: 1981.

HAWES, S.; WHITE, R. (Orgs.). *Resistance in Europe, 1939-1945*. Salford: 1973.

HAYES, O. *Industry and Ideology: I. G. Farben in the Nazi Era*. Cambridge: 1989.

HEADLAM, J. W. *A Memoir of the Paris Peace Conference, 1919*. Londres: 1972.

HEER, H.; NAUMANN, K. (Orgs.). *War of Extermination: The German Military in World War II, 1941--1944*. Nova York: 2000.

HEIBER, H. "Der Generalplan Ost: Dokumentation". *Vierteljahrshefte für Zeitgeschichte*, n. 6, 1958, pp. 280-326.

_____. (Org.). *Hitler and His Generals: Military Conferences, 1942-45*. Nova York: 2003.

HEIKE, W.-D. *The Ukrainian Division "Galicia", 1943-45: A Memoir*. Toronto: 1988.

HEINEMANN, I. *"Rasse, Siedlung, deutsches Blut": Das Rasse- und Siedlungshauptamt der SS und die rassepolitische Neuordnung Europas*. Göttingen: 2003.

HERBERT, U. "Labour and Extermination: Economic Interest and the Primacy of Weltanschauung in National Socialism". *Past and Present*, v. 138, n. 2, 1993, pp. 144-95.

_____. *Hitler's Foreign Workers: Enforced Foreign Labor in Germany under the Third Reich*. Cambridge: 1997.

_____. *Best: Biographische Studien über Radikalismus, Weltanschauung und Vernunft, 1903-1989*. Bonn, 2001.

_____. (Org.). *National Socialist Extermination Policies: Contemporary German Perspectives and Controversies*. Nova York: 2000. [*Nationalsozialistische Vernichtungspolitik, 1939-1945*. Frankfurt: 1998].

HERF, J. "The "Jewish War": Goebbels and the Anti-Semitic Campaigns of the Nazi Propaganda Ministry". *Holocaust and Genocide Studies*, v. 19, n. 1, primavera 2005, pp. 51-80.

HERRE, P. *Deutschland und die Europäische Ordnung*. Berlin: 1941.

HERWIG, H. "Tunes of Glory at the Twilight Stage: The Bad Homburg Crown Council and the Evolution of German Statecraft, 1917/1918". *German Studies Review*, v. 6, n. 3, out. 1983, pp. 475-94.

HERZ, J. "The Rise and Demise of the Territorial State". *World Politics*, v. 9, n. 4, jul. 1957, pp. 473-93.

_____. "The Territorial State Revisited: Reflections on the Future of the Nation-State". *Polity*, v. 1, n. 1, ago. 1968, pp. 11-34.

HERZSTEIN, R. *When Nazi Dreams Come True: The Third Reich's Internal Struggle over the Future of Europe after a German Victory: A Look at the Nazi Mentality, 1939-45*. Londres: 1982.

HEYDECKER, J. *Un soldat allemand dans le ghetto de Varsovie 1941*. Paris, 1986.

HIDEN, J. *The Baltic States and Weimar Ostpolitik*. Cambridge: 1987.

HILBERG, R. *The Destruction of the European Jews*. Nova York: 1985.

_____. *The Destruction of the European Jews*. 3. ed. New Haven: 2003.

HILDEBRAND. K. *Vom Reich zum Weltreich: Hitler, NSDAP und koloniale Frage, 1919-1945*. Munique: 1969.

_____. *Deutsche Aussenpolitik 1933-1945: Kalkül oder Dogma?* Stuttgart: 1971.

HILL, A. *War behind the Eastern Front: The Soviet Partisan Movement in North-west Russia, 1941-1944*. Londres: 2005.

HILL, G. *Trends in the Oil Industry in 1944*. Washington (DC): 1944.

HILLGRUBER, A. (Org.). *Staatsmänner und Diplomaten bei Hitler*. Frankfurt: 1970.

_____. "England's Place in Hitler's Plans for World Dominion". *Journal of Contemporary History*, v. 9, n. 1, jan. 1974, pp. 5-22.

HIMMLER, H. *Reichsführer! Briefe an und von Himmler*. Org. de H. Heiber. Stuttgart: 1968.

_____. *Heinrich Himmler: Geheimreden 1933 bis 1945*. Org. de B. Smith e A. F. Peterson. Berlim: 1974.

HINDLEY, M. "Negotiating the Boundary of Unconditional Surrender: The War Refugee Board in Sweden and Nazi Proposals to Ransom Jews, 1944-45". *Holocaust and Genocide Studies*, v. 10, n. 1, primavera 1996, pp. 52-77.

HIONIDOU, V. *Famine and Death in Occupied Greece, 1941-1944*. Cambridge: 2006.

HIRSCHFELD, G. (Org.). *Policies of Genocide: Jews and Soviet Prisoners of War in Nazi Germany*. Boston: 1986.

_____. *Nazi Rule and Dutch Collaboration: The Netherlands under German Occupation, 1940-1945*. Oxford: 1988.

HITLER, A. *Hitler: Speeches and Proclamations, 1932-1945*. Org. de. M. Domarus. Wauconda (II): c. 1990-2004. 4 v.

_____. *Hitler's Second Book: The Unpublished Sequel to* Mein Kampf. Org. de G. Weinberg. Nova York: 2006.

HOARE, M. A. *Genocide and Resistance in Hitler's Bosnia: The Partisans and the Chetniks, 1943*. Oxford: 2006.

HOETTL, W. *The Secret Front: The story of Nazi Espionage*. Nova York: 1954.

HOFFMANN, S. "Collaboration in France during World War II". *Journal of Modern History*, v. 40, n. 3, set. 1968, pp. 375-95.

HOHENSTEIN, A. *Wartheländisches Tagebuch aus den Jahren 1941/42*. Stuttgart: 1961.

HÖHN, R. *Verfassungskampf und Heereseid: Der Kampf des Bürgertums um das Heer 1815-1850*. Leipzig: 1938.

HÖHNE, H. *The Order of the Death's Head: The Story of Hitler's SS*. Nova York: 1970.

HONDROS, J. *Occupation and Resistance: The Greek Agony, 1941-1944*. Nova York: 1983.

HOOVER INSTITUTION. *France during the German Occupation, 1940-1944: A Collection of 292 Statements on the Government of Maréchal Pétain and Pierre Laval*. Stanford: 1958-9. 3 v.

HORNE, C. F. (Org.). *Source Records of the Great War*. Nova York: 1923. v. 5.

HORTHY, M. *The Confidential Papers of Admiral Horthy*. Org. de M. Szinai e L. Szücs. Budapeste: 1965.

HÖSS, R. *Death Dealer: The Memoirs of the SS Kommandant at Auschwitz*. Nova York: 1996.

HOUSDEN, M. "Ewalde Ammende and the Organization of National Minorities in Interwar Europe". *German History*, v. 18, n. 4, 2000, pp. 439-60.

_____. *Hans Frank: Lebensraum and the Holocaust*. Nova York: 2003.

HULL, C. *The Memoirs of Cordell Hull*. Nova York: 1948.

HULL, I. *Absolute Destruction: Military Culture and the Practices of War in Imperial Germany*. Ithaca: 2006.

HÜTTENBERGER, P. *Die Gauleiter: Studie zum Wandel des Machtgefüges in der NSDAP*. Stuttgart: 1969.

HUTTON, M. *Race and the Third Reich: Linguistics, Racial Anthropology and Genetics in the Dialectic of Volk*. Cambridge: 2005.

HYAM, R. *Britain's Declining Empire: The Road to Decolonisation, 1918-1968*. Cambridge: 2006.

ILAN TROEN, S. *Imagining Zion: Dreams, Designs and Realities in a Century of Jewish Settlement*. New Haven: 2003.

_____; LUCAS, N. (Orgs.). *Israel: The First Decade of Independence*. Albany, 1995.

INGRAO, C.; SZABO, F. (Orgs.). *The Germans and the East*. West Lafayette (IN): 2007.

INTERNATIONAL MILITARY TRIBUNAL. *Trial of the Major War Criminals before the International Military Tribunal. 14 November 1945-1 October 1946*. Nuremberg: 1947-9. 42 v.

_____. *Trial of the Major War Criminals before the Nuremberg Military Tribunals under Control Council Law No. 10*. Washington (DC): 1949-53. 15 v.

IRJUD, A. "La Germanisation des noms en Alsace entre 1940 et 1944". *Revue d'Alsace*, n. 113, 1984, pp. 239-61.

(ITÁLIA) MINISTERO D'AFFARI ESTERI. *I documenti diplomatici*. Roma: 1953.

JÄCKEL, E. *Frankreich in Hitler's Europa*. Stuttgart: 1966.

JACKSON, J. *France. The Dark Years, 1940-1944*. Oxford: 2001.

_____. *The Fall of France: The Nazi Invasion of 1940*. Oxford: 2003.

JACOBMEYER, W. "Die polnische Widerstandsbewegung im General Gouvernement und ihre Beurteilung durch deutsche Dienststellen". *Vierteljahrshefte für Zeitgeschichte*, v. 25, n. 4, 1977, pp. 655-81.

JELINEK, Y. "'Slovakia's Internal Policy and the Third Reich, August 1940-Feb. 1941". *Central European History*, v. 4, n. 3, 1971, pp. 242-70.

JENNINGS, E. T. *Vichy in the Tropics: Petain's National Revolution in Madagascar, Guadeloupe, and Indochina, 1940-1944*. Stanford: 2001.

JENSEN, W. G. "The Importance of Energy in the First and Second World Wars". *Historical Journal*, v. 11, n. 3, 1968, pp. 538-54.

JOCHMANN, W. (Org.). *Adolf Hitler: Monologe im Führer-Hauptquartier, 1941-1944*. Hamburgo: 1980.

JOERGES, C. "Europe a *Grossraum*? Rupture, Continuity and Re-configuration in the Legal Conceptualization of the Integration Project". *EUI Working Paper, Law no. 2002/2*, p. 13.

_____. "Continuities and Discontinuities in German Legal Thought". *Law and Critique*, n. 14, 2003, pp. 297-308.

_____; GHALEIGH, N. S. (Orgs.). *Darker Legacies of Law: The Shadow of National Socialism and Fascism over Europe and Its Legal Traditions*. Oxford: 2003.

JOHNSON, C. *The Sorrows of Empire: Militarism, Secrecy and the End of the Republic*. Nova York: 2004.

JOHNSTON, H. "The Empire and Anthropology". *Nineteenth Century and After*, n. 327, jul. 1908, pp. 133-46.

JUDT, T. (Org.). *Resistance and Revolution in Mediterranean Europe, 1939-1948*. Londres: 1989.

KAGAN, J.; COHEN, D. *Surviving the Holocaust with the Russian Jewish Partisans*. Londres: 1997.

KAHRS, H. *Modelle für ein deutsches Europa: Ökonomie und Herrschaft im Grosswirtschaftsraum*. Berlim: 1992.

KALLAY, N. *Hungarian Premier: A Personal Account of a Nation's Struggle in the Second World War*. Londres: 1954.

KAMINSKI, T. "Bismarck and the Polish Question: The "Huldigungsfahrten" to Varzin in 1894". *Canadian Journal of History*, n. 22, ago. 1988, pp. 235-50.

KAP, J. (Org.). *The Tragedy of Silesia, 1945-46: A Documentary Account with a Special Survey of the Archdiocese of Breslau*. Munique: 1952-3.

KAPPELER, A. "Ukrainian History from a German Perspective". *Slavic Review*, v. 54, n. 3, outono 1995, pp. 691-701.

KARNY, M.; MILOTOVA, J.; KARNA, M. (Orgs.). *Deutsche Politik im "Protektorat Böhmen und Mähren" unter Reinhard Heydrich, 1941-1942: Eine Dokumentation*. Berlim: 1997.

KARSKI, J. *Story of a Secret State*. Boston: 1944.

KASER, M., (Org.). *The Economic History of Eastern Europe, 1919-1975*. Oxford: 1986. 3 v.

KATZ, J. A. "The Concept of Overcoming the Political: An Intellectual Biography of SS Standartenführer and Professor Dr Reinhard Höhn, 1904-1944". Virginia Commonwealth University: 1995. Tese (Mestrado).

KAY, A. *Exploitation, Resettlement, Mass Murder: Political and Economic Planning for German Occupation Policy in the Soviet Union, 1940-1941*. Nova York: 2006.

KEDWARD, H. R. *Resistance in France: A Study of Ideas and Motivation in the Southern Zone, 1940-1942.* Oxford: 1978.

_____. *In Search of the Maquis: Rural Resistance in Southern France, 1942-1944.* Oxford: 1993.

KEHRL, H. *Krisenmanager im Dritten Reich: 6 Jahre Frieden, 6 Jahre Krieg: Erinnerungen.* Düsseldorf, 1973.

KENNAN, G. *From Prague after Munich: Diplomatie Papers, 1938-1940.* Princeton: 1968.

KENT, C. et al. (Orgs.). *The Lion and the Eagle: Interdisciplinary Essays on German-Spanish Relations over the Centuries.* Londres: 2000.

KENT, G. O. "Britain in the Winter of 1940 as Seen from the Wilhelmstrasse". *Historical Journal,* v. 6, n. 1, 1963, pp. 120-30.

KERSHAW, I. "Improvised Genocide? The Emergence of the 'Final Solution' in the 'Warthegau'". *Transactions of the Royal Historical Society,* 1994, pp. 51-78.

_____. *Hitler, 1889-1936: Hubris.* Nova York: 1999. [Ed. bras.: *Hitler.* São Paulo: Companhia das Letras, 2010.]

KERSTEN, F. *The Kersten Memoirs, 1940-1945.* Londres: 1956.

KESTLING, R. W. "Blacks under the Swastika: A Research Note". *Journal of Negro History,* v. 83, n. 1, inverno 1998, pp. 84-99.

KETTENACKER, L. "The Anglo-Soviet Alliance and the Problem of Germany, 1941-1945". *Journal of Contemporary History,* v. 17, n. 3, jul. 1982, pp. 435-58.

KISS, G. "Political Geography into Geopolitics: Recent Trends in Germany", *Geographical Review,* 32, n. 4, out. 1942, pp. 632-45.

KITSON, S. "From Enthusiasm to Disenchantment: The French Police and the Vichy Regime, 1940--1944", *Contemporary European History,* 11, n. 3, 2002, pp. 371-90.

_____. *Vichy et la chasse aux espions nazis, 1940-1942: Complexités de la politique de collaboration.* Paris: 2005.

_____. "Spying for Germany in Vichy France". *History Today,* 56, n. 1, jan. 2006, pp. 38-45.

KLARSFELD, S. (Org.). *The Holocaust and the Neo-Nazi Mythomania.* Nova York: 1978.

KLING, H., (Org.). *Der nationalsozialistische Krieg.* Frankfurt: 1990.

KLINGEMANN, C. "Ursachenanalyse und ethnopolitische Gegenstrategien zum Landarbeitermangel in den Ostgebieten: Max Weber, das Institut für Staatsforschung und der Reichsführer-SS". *Jahrbuch für Soziologiegeschichte,* 1994, pp. 191-203.

KLINKHAMMER, L. *Zwischen Bündnis und Besatzung: Das nationalsozialistische Deutschland und die Republik von Said, 1943-45.* Tübingen: 1993

KLUKE, P. "Nazionalsozialistische Europaideologie". *Vierteljahrshefte für Zeitgeschichte,* v. 3, n. 3, 1955, pp. 240-75.

KLUKOWSKI, Z. *Diary from the Years of Occupation, 1939-1944.* Urbana (II): 1993.

KNOX, M. *Hitler's Italian Allies: Royal Armed Forces, Fascist Regime and the War of 1940-1943.* Cambridge: 2000.

KOCH, H. W. *In the Name of the Volk: Political Justice in Hitler's Germany.* Londres: 1997.

KÖCHENHOFF, G. "Grossraumgedanke und Völkische Idee im Recht". *Zeitschrift für ausländisches öffentliches Recht und Völkerrecht,* n. 12, 1944, pp. 34-82.

KOEHL, R. L. "Colonialism inside Germany, 1886-1918". *Journal of Modern History,* v. 25, n. 3, set. 1953, pp. 255-72.

_____. "A Prelude to Hitler's Greater Germany". *American Historical Review,* v. 59, n. 1, out. 1953, pp. 43-65.

KOEHL, R.L. *RKFDV: German Resettlement and Population Policy 1939-1945: A History of the Reich Commission for the Strengthening of Germandom*. Cambridge (MA): 1957.

KOGAN, A. "Social Democracy and the Conflict of Nationalities in the Habsburg Monarchy". *Journal of Modern History*, v. 21, n. 3, set. 1949, pp. 204-11.

KOMJATHY, A.; STOCKWELL, R. *German Minorities and the Third Reich: Ethnic Germans of East Central Europe between the Wars*. Nova York: 1980.

KOPELEV, L. *The Education of a True Believer*. Nova York: 1980.

KORALKA, J. "Germany's Attitude to the National Disintegration of Cisleithania". *Journal of Contemporary History*, v. 4, n. 2, abr. 1969, pp. 85-95.

KOSTAL, R. W. *A Jurisprudence of Power: Victorian Empire and the Rule of Law*. Oxford: 2005.

KOTKIN, S. "World War Two and Labor: A Lost Cause?". *International Labor and Working-Class History*, n. 58, outono 2000, pp. 181-91.

KRAMER, A. *Dynamics of Destruction: Culture and Mass Killing in the First World War*. Oxford: 2007.

KRAUSNICK, H.; BROSZAT, M. (Orgs.). *Anatomy of the SS State*. Londres: 1973.

KROCKOW, C. von. *Hour of the Women: Based on an Oral Narrative by Libussa Fritz-Krockow*. Nova York: 1992.

KULISCHER, E. M. *Europe on the Move: War and Population Changes, 1917-1947*. Nova York: 1948.

KUNICKI, M. "Unwanted Collaborators: Leon Kozlowski, Wladyslaw Studnicki and the Problem of Collaboration among Polish Conservative Politicians in World War II". *European Review of History*, v. 8, n. 2, 2001, pp. 203-20.

KWIET, K. "Vorbereitung und Auflösung der deutschen Militärverwaltung in den Niederlanden". *Militärgeschichtliche Mitteilungen*, n. 1, 1969, pp. 121-53.

LAMB, R. *War in Italy, 1943-45: A Brutal Story*. Londres: 1993

LANCKORONSKA, K. *Michelangelo in Ravensbrück: One Woman's War against the Nazis*. Nova York: 2007.

LANG, J. von. (Org.). *Eichmann Interrogated: Transcripts from the Archives of the Israeli Police*. Nova York: 1999.

LANGE, K. "Der terminus 'Lebensraum' in Hitlers 'Mein Kampf'". *Vierteljahrshefte für Zeitgeschichte*, v. 13, n. 4, 1965, pp. 426-37.

LANNOY, F. de. *La Ruée de l'Armée Rouge: Opération Bagration*. Bayeux, 2002.

LAVIN, D. *From Empire to International Commonwealth: A Biography of Lionel Curtis*. Oxford: 1995.

LEBEDEVA, N. S. "The Deportation of the Polish Population to the USSR, 1939-1941". *Journal of Communist Studies and Transition Politics*, v. 16, n. 12, 2000, pp. 28-45.

LE BEGNEC, G.; PESCHANSKI, D. (Orgs.). *Les Elites locales dans la tourmente*. Paris, 2000.

LECOEUR, S. F. "The Italian Occupation of Syros and Its Socio-Economic Impact, 1941-43". Universidade de Londres: 2006. Tese (Doutorado).

LEGNANI, M. "Il "ginger" del generale Roatta: le direttive della 2ª armata sulla repressione antipartigiana in Slovenia e Croazia". *Italia contemporanea*, n. 209/10, dez. 1997/mar. 1998, pp. 155-74.

LEITH, C. K. "The Struggle for Mineral Resources". *Annals of the American Academy of Political and Social Science*, n. 204, jul. 1939, pp. 42-8.

LEMKIN, R. *Axis Rule in Occupied Europe: Laws of Occupation, Analysis of Government, Proposals for Redress*. Washington (DC): 1944.

LEVAI, E. *Black Book on the Martyrdom of Hungarian Jewry*. Zurique/Viena: 1948.

LEVINE, H. S. "Local Authority and the SS State: The Conflict over Population Policy in Danzig-West Prussia, 1939-1945". *Central European History*, n. 3, 1969, pp. 331-55.

LEVINE, H.S. *Hitler's Free City: A History of the Nazi Party in Danzig, 1925-1939*. Chicago: 1973.

LEVISSE-TOUZE, C. (Org.). *Paris 1944: Les Enjeux de la Libération*. Paris: 1994.

LEWIS, N. *Naples' 44*. Londres: 1978.

LIBERMAN, P. "The Spoils of Conquest". *International Security*, v. 18, n. 2, outono 1993.

_____. *Does Conquest Pay? The Exploitation of Occupied Industrial Societies*. Princeton: 1996.

LINDHOLM, R. W. "German Finances in Wartime". *American Economic Review*, v. 37, n. 1, março 1947, pp. 121-34.

LINDQVIST, S. *Terra Nullius: A Journey through No One's Land*. Nova York: 2007.

LINNE, K. "'New Labour Policy' in Nazi Colonial Planning for Africa". *International Review of Social History*, v. 49, n. 2, 2004, pp. 197-224.

LIPGENS, W. *A History of European Integration. 1945-7*. Oxford: 1982. v. I.

_____. (Org.). *Documents on the History of European Integration*. Berlim: 1984-91. 4 v.

LIULEVICIUS, V. G. *War Land on the Eastern Front: Culture, National Identity and German Occupation in World War I*. Cambridge: 2000.

LOFTUS, J. *The Belarus Secret*. Nova York: 1982.

LOHR, E. *Nationalizing the Russian Empire: The Campaign against Enemy Aliens during World War I*. Cambridge (MA): 2003.

LOOCK, H.-D. "Zur 'Grossgermanischen Politik' des Dritten Reiches". *Vierteljahrshefte für Zeitgeschichte*, n. 8, 1960, pp. 37-64.

LÖSENER, B. "Das Reichsministerium des Innern und die Judengesetzgebung". *Vierteljahrshefte für Zeitgeschichte*, v. 9, n. 3, 1961.

LOSSOWSKI, P. "The Resettlement of the Germans from the Baltic States in 1939/41". *Acta Poloniae Historica*, n. 92, 2005, pp. 79-98.

LOTNIK, W. *Nine Lives: Ethnic Conflict in the Polish-Ukrainian Borderlands*. Londres: 1999.

LOW, D. *The Anschluss Movement, 1918-1919 and the Paris Peace Conference*. Filadélfia, 1974.

LUCIOLLI, M. *Palazzo Chigi: anni roventi, ricordi di vita diplomatica italiana dal 1933 al 1948*. Milão: 1976.

LUCZAK, C. "Die Ansiedlung der deutschen Bevölkerung im besetzten Polen 1939-1945". *Studia Historicae Oeconomicae*, n. 13, 1978, pp. 193-205.

_____. "Nazi Spatial Plans in Occupied Poland 1939-1945". *Studia Historicae Oeconomicae*, n. 12, 1978.

_____. "Die Agrarpolitik des Dritten Reiches". *Studia Historicae Oeconomicae*, n. 17, 1982, pp. 195-203.

LUKAS, R. *Forgotten Holocaust: The Poles under German Occupation, 1939-1944*. Nova York: 1990.

LUMANS, V. *Himmler's Auxiliaries: The Volksdeutsche Mittelstelle and the German National Minorities of Europe, 1933-1945*. Chapel Hill (NC): 1993.

_____. *Latvia in World War Two*. Nova York: 2006.

LUYTEN, D.; HEMMERIJCKX, R. "Belgian Labour in World War II: Strategies of Survival, Organisations and Labour Relations". *European Review of History*, v. 7, n. 2, outono 2000, pp. 207-27.

LYNCH, M. *Mining in World History*. Londres: 2002.

MACDONALD, C. *The Killing of SS Obergruppenführer Reinhard Heydrich, 27 May 1942*. Londres: 1989.

MACHTAN, L. "'Bismarcks Varzin-Warcino heute': Betrachtungen zu einem Symbol politischer Kultur aus Preussen-Deutschland". *Zeitschrift für Geschichtswissenschaft*, v. 38, n. 9, 1990, pp. 771-86.

MACKENZIE, S. P. "The Treatment of Prisoners of War in World War II". *Journal of Modern History*, v. 66, n. 3, set. 1994, pp. 487-520.

MACKINDER, H. "The Geographical Pivot of History". *Geographical Journal*, v. 23, n. 4, abr. 1904, pp. 421-7.

MADAJCZYK, C. "Deportations in the Zamość Region in 1942 and 1943 in Light of German Documents". *Acta Poloniae Historica*, n. 1, 1958, pp. 75-106.

_____. "Introduction to General Plan East", *Polish Western Affairs*, v. 3, n. 2, 1962.

_____. *Die Okkupationspolitik Nazideutschlands in Polen, 1939-1945*. Berlim: 1987.

_____. "Legal Conceptions in the Third Reich and Its Conquests". *Michael*, n. 13, 1993, pp. 131-59.

_____. (Org.). *Inter arma non silent musae: The War and Culture, 1939-1945*. Varsóvia: 1977.

_____. *Vom Generalplan Ost zum Generalsiedlungsplan*. Munique: 1994.

MAGOCSI, R. P. *Historical Atlas of East Central Europe*. Seattle: 1993.

MAI, U. *"Rasse und Raum": Agrarpolitik, Sozial- nd Raumplanung im NS-Staat*. Paderborn: 2002.

MAIER, C. *Among Empires: American Ascendancy and Its Predecessors*. Cambridge (MA): 2006.

MAISKY, I. *Memoirs of a Soviet Ambassador: The War, 1939-1943*. Londres: 1967.

MAKINEN, G. A. "The Greek Hyper-Inflation and Stabilization of 1943-46". *Journal of Economic History*, v. 46, n. 3, 1986, pp. 795-805.

MALAPARTE, C. *Kaputt*. Londres: 1989. [Ed. bras.: *Kaputt*. Rio de Janeiro: Bertrand Brasil, 2000.]

MAMATEY, V.; LUZA, R. (Orgs.). *A History of the Czechoslovak Republic, 1918-1948*. Princeton: 1973.

MANKOWSKI, Z. "Die Agrarpolitik des Okkupanten im Generalgouvernement, 1939-1945". *Studia Historicae Oeconomicae*, n. 23, 1998, pp. 255-68.

MANOSCHEK, W. *"Serbien ist judenfrei": Militärische Besatzungspolitik und Judenvernichtung in Serbien, 1941/42*. Munique: 1993.

MARMULLA, H.; BRAULT, P. *Europäische Integration und Agrarwirtschaft*. Bonn: 1958.

MARPLES, D. "Western Ukraine and Western Belorussia under Soviet Occupation: The Development of Socialist Farming, 1939-1941". *Revue Canadienne des Slavistes*, v. 27, n. 2, jun. 1985, pp. 158-77.

MARRUS, M.; PAXTON, R. *Vichy France and the Jews*. Nova York: 1981.

MARTENS, S.; VAISSE, M. (Orgs.). *Frankreich und Deutschland im Krieg Nov. 1942-Herbst 1944, n. Okkupation, Kollaboration, Resistance*. Bonn, 2000.

MARTIN, B. "German-Italian Cultural Initiatives and the Idea of a New Order in Europe, 1936-1945". Columbia University: 2006. Tese (Doutorado em Filosofia).

MASTNY, V. *The Czechs under Nazi Rule: The Failure of National Resistance, 1939-1942*. Nova York: 1972.

MASUR, N. *En jude talar med Himmler*. Estocolmo: 1945.

MATLOK, S. (Org.). *Dänemark in Hitlers Hand: Der Bericht des Reichsbevollmächtigten Werner Best über seine Besatzungspolitik in Dänemark mit Studien über Hitler, Göring, Himmler, Heydrich, Ribbentrop, Canaris u.a.* Husum: 1988.

MAUGUE, P. *Le Particularisme Alsacien, 1918-1967*. Paris: 1970.

MAUTER, W. "Churchill and the Unification of Europe", *The Historian*, v. 61, n. 1, outono 1998, pp. 67-84.

MAY, E. "Nazi Germany and the United States: A Review Essay", *Journal of Modern History*, v. 41, n. 2, jun. 1969, pp. 207-14.

MAZOWER, M. "The Strange Triumph of Human Rights, 1933-1950", *Historical Journal*, v. 47, n. 2, 2004, pp. 379-99.

_____. "An International Civilization? Empire, Internationalism and the Crisis of the Mid-Twentieth Century", *International Affairs*, v. 82, n. 3, 2006, pp. 553-66.

MCCANN, F. D. *The Brazilian-American Alliance, 1937-1945*. Princeton: 1973.

MCELLIGOTT, A.; KIRK, T. (Orgs.). *Working towards the Führer: Essays in Honour of Sir Ian Kershaw*. Munique: 2003.

MCLAINE, I. *The Ministry of Morale*. Londres: 1979, pp. 223-4.

MEJER, D. *"Non-Germans" under The Third Reich: The Nazi Judicial and Administrative System in Germany and Occupied Eastern Europe with Special Regard to Occupied Poland, 1939-1945*. Baltimore: 2003.

MENDELSOHN, J. (Org.). *The Holocaust: Selected Documents in Eighteen Volumes*. Nova York: 1982.

MERRIDALE, C. *Ivan's War: Live and Death in the Red Army, 1939-1945*. Nova York: 2006.

MICHALKA, W. (Org.). *Nationalsozialistische Aussenpolitik*. Darmstadt: 1978.

_____. *Der Zweite Weltkrieg: Analysen, Grundzüge, Forschungsbilanz*. Munique: 1989.

_____. "A Public Enterprise in the Service of Mass Murder: The Deutsche Reichsbahn and the Holocaust". *Holocaust and Genocide Studies*, v. 15, n. 1, primavera 2001, pp. 33-46.

MILITÄRGESCHICHTLICHES FORSCHUNGSAMT (Org.). *Das Deutsche Reich und der Zweite Weltkrieg*. Stuttgart: 1979-2004.

_____. *Germany and the Second World War*. Oxford: 1990-2006. 7 v.

MILLER, D. "Colonising the Hungarian and German Border Areas during the Czech Land Reform, 1918-1038". *Austrian History Yearbook*, n. 34, 2003, pp. 303-17.

MILWARD, A. *The New Order and the French Economy*. Oxford: 1970.

_____. *The Fascist Economy in Norway*. Oxford: 1972.

_____. *The European Rescue of the Nation-State*. Londres: 2000.

MOMMSEN, H. "The Dissolution of the Third Reich: Crisis Management and Collapse, 1943-45". *German Historical Institute (Washington): Bulletin*, n. 27, outono 2000, pp. 9-23.

MOORE, B. (Org.). *Resistance in Western Europe*. Oxford: 2000.

MORRIS-REICH, A. "Arthur Ruppin's Concept of Race". *Israel Studies*, v. 11, n. 3, outono 2006, pp. 1-30.

MOSKOWITZ, M. "Three Years of the Protectorate of Bohemia and Moravia". *Political Science Quarterly*, v. 57, n. 3, set. 1942, pp. 353-75.

MOSSE, G. L. (Org.). *Police Forces in History*. Londres: 1975.

MÜLLER, N. (Org.). *Deutsche Besatzungspolitik in der UdSSR 1941-1944: Dokumente*. Colônia: 1980.

MÜLLER, R.-D. *Der letzte deutsche Krieg, 1939-1945* (Sttutgart, 2005).

_____; VOLKMANN, H.-E. (Orgs.). *Die Wehrmacht. Mythos und Realität*. Munique: 1999.

MULLIGAN, T. *The Politics of Illusion and Empire: German Occupation Policy in the Soviet Union, 1942-43*. Nova York: 1988.

MURASHKO, G.; NOSKOVA, A. "Stalin and the National-Territorial Controversies in Eastern Europe, 1945-1947". *Cold War History*, v. 1, n. 3, abr. 2001, pp. 161-72.

MURPHY, R. et al. (Orgs.). *National Socialism: Basic Principles, Their Application by the Nazi Party's Foreign Organization and the Use of Germans Abroad for Nazi Aims*. Washington (DC): 1943.

MURRAY, W. *The Change in the European Balance of Power, 1938-1939: The Path to Ruin*. Princeton: 1984.

MUSIAL, B. "The Origins of 'Operation Reinhard': The Decision-Making Process for the Mass Murder of the Jews in the *Generalgouvernement*". *Yad Vashem Studies*, n. 28, 2000, pp. 113-53.

MYERS, D. P. "Berlin 'Versus' Vienna: Disagreements about 'Anschluss' in the Winter of 1918-1919". *Central European History*, v. 5, n. 2, jun. 1972, pp. 150-75.

NAASNER, W. (Org.). *SS-Wirtschaft und SS-Verwaltung: "Das SS-Wirtschafts-Verwaltungshauptamt und die unter seiner Dienstaufsicht stehenden wirtschaftichen Unternehmungen" Und weitere Dokumente*. Düsseldorf: 1998.

NAIMARK, N. *Fires of Hatred: Ethnic Cleansing in Twentieth Century Europe*. Cambridge (MA): 2001.

NAMIER, L. *Vanished Supremacies: Essays on European History, 1812-1918*. Londres: 1962.

_____. *1848: The Revolt of the Intellectuals*. Oxford: 1992.

Nazi Conspiracy and Aggression. Washington (DC): 1946-8. 8 v.

NEITZE, S. (Org.). *Tapping Hitler's Generals: Transcripts of Secret Conversations, 1942-45*. Barnsley: 2007.

NEULEN, H. W. (Org.). *Europa und das 3. Reich: Einigungsbestrebungen im deutschen Machtbereich, 1939--1945*. Munique: 1987.

NEUMANN, K. *Not the Way It Really Was: Constructing the Tolai Past*. Honolulu: 1992.

NEUMANN, S. "Fashions in Space". *Foreign Affairs*, v. 21, n. 2, jan. 1943, pp. 276-88.

NICOLSON, H. "The Colonial Problem". *International Affairs*, v. 17, n. 1, jan./fev. 1938, pp. 32-50.

NOAKES, J.; PRIDHAM, G. (Orgs.). *Nazism, 1919-1945: A Documentary Reader*. vol. 3: *Foreign Policy, War and Racial Extermination*. Exeter: 1991.

NOBLE, A. "The First Frontgau: East Prussia, July 1944". *War and History*, n. 13, abr. 2006, pp. 200--16.

NOVE, A. "How Many Victims in the 1930s? II". *Soviet Studies*, v. 42, n. 4, out. 1990, pp. 811-4.

O'BRIEN, P. "European Economic Development". *Economic History Review*, v. 35, n. 1, fev. 1982, pp. 1-18.

_____. Office of the United States Chief of Counsel for Prosecution of Axis Criminality. *Nazi Conspiracy and Aggression*. Washington DC: 1946-7. 8 v. e supls.

ORWELL, G. "Not Counting Niggers". *Adelphi*, jul. 1939.

OTTO, G.; CATE, J. H. ten. (Orgs.). *Das organisierte Chaos: "Ämterdarwinismus" und "Gesinnungset hik": Determinanten nationalsozialistischer Besatzungsherrschaft*. Berlim: 1999.

OVERMANS, R. *Deutsche militärische Verluste im Zweiten Weltkrieg*. Munique: 1999.

OVERY, R. J. *Goering: The "Iron Man"*. Londres: 1984.

_____. *Why the Allies Won*. Londres: 1995.

_____. *Interrogations: The Nazi Elite in Allied Hands, 1945*. Londres: 2001.

_____. *The Dictators: Hitler's Germany, Stalin's Russia*. Londres: 2004.

_____. (Org.). *War and Economy in the Third Reich*. Oxford: 1994.

_____; OTTO, G.; CATE, J. H. van. (Orgs.). *Die "Neuordnung" Europas: NS- Wirtschaftspolitik in den besetzten Gebieten*. Berlim: 1997.

PADFIELD, P. *Himmler: Reichsführer-SS*. Londres: 1990.

PANAYI, P. "Exploitation, Criminality, Resistance: The Everyday Life of Foreign Workers and Prisoners of War in the German Town of Osnabrück, 1939-1949". *Journal of Contemporary History*, v. 40, n. 3, 2005, pp. 483-502.

PAOLINO, E. N. *The Foundations of the American Empire: William Henry Seward and US Foreign Policy*. Ithaca: 1973.

PARE, J.-R. "Les 'Ecrits de jeunesse' du Max Weber: L'histoire agraire, le nationalisme et les paysans". *Canadian Journal of Political Science*, v. 28, n. 3, 1995, pp. 437-54.

PARKINSON, F. (Org.). *Conquering the Past: Austrian Nazism Yesterday and Today*. Detroit: 1989.

PARKINSON, R. *Thirty Years in the South Seas: Land and People, Customs and Traditions in the Bismarck Archipelago and on the German Solomon Islands*. Trad. de. J. Dennison. Honolulu: 1999.

PAVONE, C., (Org.). *Alle origine della Repubblica: Scritti su fascismo, antifascismo e continuità dello Stato*. Turim: 1995.

PAXTON, R. *Vichy France: Old Guard, New Order, 1940-1944.* Nova York: 1972.

_____. "Le Régime de Vichy était-il neutre?" *Guerres mondiales et conflits contemporaines*, n. 194, 1999, pp. 149-62.

PEAN, P. *Une jeunesse française: François Mitterrand, 1934-1947.* Paris: 1994.

PENSLAR, D. J. *Zionism and Technocracy: The Engineering of Jewish Settlement in Palestine, 1870-1918.* Bloomington (IN): 1991.

_____. *Israel in History: The Jewish State in Comparative Perspective.* Abingdon: 2007.

PERRAS, A. *Carl Peters and German Imperialism, 1856-1918: A Political Biography.* Oxford: 2004.

PETAIN, P. *Discours aux français: 17 juin 1940-20 aôut 1944.* Org. de J.-C. Barbas. Paris: 1989.

PETERSON, E. *The Limits to Hitler's Power.* Princeton: 1969.

PETRICK, F. (Org.). *Die Okkupationspolitik des deutschen Faschismus in Dänemark und Norwegen 1940-1945.* Berlim: 1992.

PETROPOULOS, J.; ROTH, J. K. (Orgs.). *Grey Zones: Ambiguity and Compromise in the Holocaust and Its Aftermath.* Nova York: 2005.

PETROV, V. *Escape from the Future: The Incredible Adventures of a Young Russian.* Bloomington (IN): 1973.

_____. "The Politics of Occupation". *Air University Review*, mar./abr. 1983.

PILICHOWSKI, C. "Verbrauch von Nahrungsmitteln durch jüdische Bevölkerung und Häftlinge der Okkupationslager in besetzten Polen". *Studia Historicae Oeconomicae*, n. 17, 1982, pp. 205-15.

PINCHUK, B. *Shtetl Jews under Soviet Rule: Eastern Poland on the Eve of the Holocaust.* Oxford: 1990.

PINKUS, O. *The House of Ashes.* Londres: 1991.

"The Place of Judgment". *Time*, 6 de agosto de 1945.

POIGER, U. "Imperialism and Empire in Twentieth Century Germany". *History and Memory*, v. 17, n. 1, 2005, pp. 117-43.

POLIAKOV, L.; WULF, J. (Orgs.). *Das Dritte Reich und seine Denker.* Wiesbaden: 1989.

Polish Fortnightly Review.

POLISH MINISTRY OF INFORMATION. *The German New Order in Poland.* Londres: 1942.

POLLACK, M. *The Dead Man in the Bunker.* Londres: 2006.

POLLOCK, J. K. *The Government of Greater Germany.* Nova York: 1938.

POMERANZ, K. *The Great Divergence: China, Europe and the Making of the Modern World Economy.* Califórnia: 2000.

PORTELLI, A. *The Order Has Been Carried Out: History, Memory and the Meaning of a Nazi Massacre in Rome.* Londres: 2003.

PRÄG, W.; JACOBMEYER, W. (Orgs.). *Das Diensttagebuch des deutschen Generalgouverneurs in Polen 1939-1945.* Stuttgart: 1975.

PRAZMOWSKA, A. "The Kielce Pogrom 1946 and the Emergence of Communist Power in Poland". *Cold War History*, v. 2, n. 2, jan. 2002, pp. 101-24.

PRETE, R. A.; ION, A. H. (Orgs.). *Armies of Occupation.* Ontario: 1981.

PREUSS, L. "National Socialist Conceptions of International Law". *American Political Science Review*, v. 29, n. 4, ago. 1935, pp. 594-609.

PRINGLE, H. *The Master Plan: Himmler's Scholars and the Holocaust.* Nova York: 2006.

PRUSIN, A. "A Community of Violence: The SiPo/SD and Its Role in the Nazi Terror System in Generalbezirk Kiew". *Holocaust and Genocide Studies*, v. 21, n. 1, primavera 2007, pp. 1-30.

RAITZ VON FRENTZ, C. *A Lesson Forgotten: Minority Protection under the League of Nations: The Case of the German Minority in Poland, 1920-1934.* Nova York: 1999.

RANSHOFEN-WERTHEIMER, E. *Victory Is Not Enough: The Strategy for a Lasting Peace*. Nova York: 1942.

REBENTISCH, D. *Führerstaat und Verwaltung im Zweiten Weltkrieg: Verfassungsentwicklung und Verwaltungspolitik, 1939-1945*. Stuttgart: 1989.

_____, TEPPE, K. (Orgs.). *Verwaltung contra Menschenführung im Staat Hitlers: Studien zum politisch--administrativen System*. Göttingen: 1986.

REDDAWAY, W. F. et al. (Orgs.). *The Cambridge History of Poland: From Augustus II to Pilsudski 1697--1955*. Cambridge: 1951.

REICH ABEL, J. *Warring Internationalisms: Multilateral Thinking in Japan, 1933-1964*. Columbia University: 2004. Tese (Doutorado em Filosofia).

REICHMAN, S.; HASSON, S. "A Cross-Cultural Diffusion of Colonization: From Posen to Palestine". *Annals of the Association of American Geographers*, v. 74, n. 1, mar. 1984, pp. 57-70.

REIN, L. "Local Collaboration in the Execution of the 'Final Solution' in Nazi-Occupied Belorussia". *Holocaust and Genocide Studies*, v. 20, n. 3, inverno 2006, pp. 381-409.

REITLINGER, G. *The Final Solution*. Londres: 1953.

_____. *The SS, Alibi of a Nation*. Londres: 1956.

_____. *The House Built on Sand: The Conflicts of German Policy in Russia, 1939-1945*. Londres: 1960.

REMAK, J. "The Healthy Invalid: How Doomed was the Habsburg Empire?" *Journal of Modern History*, v. 41, n. 2, jun. 1969, pp. 127-43.

REMEIKIS, T., (Org.). *Lithuania under German Occupation, 1941-1945: Dispatches from the US Legation in Stockholm*. Vilnius: 2005.

REMPEL, D. G. "The Expropriation of the German Colonists in Southern Russia during the Great War". *Journal of Modern History*, v. 4, n. 1, mar. 1932, pp. 49-67.

REYNOLDS, D. *From World War to Cold War: Churchill, Roosevelt and the International History of the 1940s*. Cambridge: 2006.

RIBBENTROP, J. von. *The Ribbentrop Memoirs*. Londres: 1954.

RICH, N. *Hitler's War Aims. 1: Ideology. The Nazi State, and the Course of Expansion. 2: The Establishment of the New Order*. Londres: 1974.

RICHTER, J. H. "Continental Europe's Prewar Food Balance". *Foreign Agriculture*, n. 6, 1942, pp. 300-1.

RIEBER, A. "Civil Wars in the Soviet Union". *Kritika*, v. 4, n. 1, inverno 2003, pp. 129-62.

RIECKHOFF, H. van. *German-Polish Relations, 1918-1933*. Baltimore: 1971.

RIEGER, B. *Creator of the Nazi Death Camps: The Life of Odilo Globocnik*. Londres: 2007.

RIISMANDEL, V. "Soviet Law in Occupied Estonia". *Baltic Review*, n. 5, jun. 1955, pp. 23-42.

ROBBINS, K. "Konrad Henlein, the Sudeten Question and British Foreign Policy". *Historical Journal*, v. 12, n. 4, dez. 1969, pp. 674-97.

ROBERTSON, E. M. *Hitler's Prewar Policy and Military Plans, 1933-1939*. Londres: 1963.

RODOGNO, D. *Fascism's European Empire: Italian Occupation during the Second World War*. Cambridge: 2006.

RÖHR, W.; HECKERT, E. (Orgs.). *Die faschistische Okkupationspolitik in Polen 1939-1945*. Berlim: 1989.

ROON, Ger van. "Graf Moltke als Völkerrechtler im OKW". *Vierteljahrshefte für Zeitgeschichte*, v. 18, n. 1, 1970, pp. 12-61.

ROSENBERG, A. *Schriften und Reden*. Munique: 1943.

_____. *Letzte Aufzeichnungen: Ideale und Idole der nationalsozialistischen Revolution*. Göttingen: 1955.

ROSS, R. "Heinrich Ritter von Srbik and 'Gesamtdeutsch' History". *Review of Politics*, v. 31, n. 1, jan. 1969, pp. 88-107.

ROSSINO, A. *Hitler Strikes Poland: Blitzkrieg, Ideology and Atrocity*. Lawrence (KS): 2003.

_____. "Polish 'Neighbours' and German Invaders: Anti-Jewish Violence in the Bialystok District during the Opening Weeks of Operation Barbarossa". *Polin*, n. 16, 2003, pp. 431-52.

RÖSSLER, M. "Applied Geography and Area Research in Nazi Society: Central Place Theory and Planning, 1933 to 1945". *Environment and Planning*, n. 7, 1989, pp. 419-31.

RÖSSLER, M.; SCHLEIERMACHER, S. (Orgs.). *Der "Generalplan Ost": Hauptlinien der nationalsozialistischen Planungs- und Vernichtungspolitik*. Berlim: 1993.

ROSTOW., W. "The European Commission for Europe". *International Organization*, v. 3, n. 2, maio 1949, pp. 254-68.

ROTHKIRCHEN, L. "The Final Solution in Its Last Stages". *Yad Vashem Studies*, n. 8, 1970, pp. 7-28.

RUEHL, M. "In This Time without Emperors: The Politics of Ernst Kantorowicz's *Kaiser Friedrich der Zweite* Reconsidered". *Journal of the Warburg and Courtauld Institutes*, n. 63, 2000, pp. 187--242.

RUTHERFORD, P. T. "'Absolute Organizational Deficiency'. The *1. Nahplan* of December 1939 (Logistics, Limitations, and Lessons)". *Central European History*, v. 36, n. 2, 2003, pp. 235-72.

_____. *Prelude to the Final Solution: The Nazi Program for Deporting Ethnic Poles, 1939-1941*. Lawrence (KS): 2007.

SAFRIAN, H. *Eichmann und seine Gehilfen*. Frankfurt: 1995.

SAKOWICZ, K. *Ponary Diary, 1941-1943: A Bystander's Account of a Mass Murder*. New Haven: 2005.

SAUER, C. "The Formative Years of Ratzel in the United States". *Annals of the Association of American Geographers*, v. 61, n. 2, jun. 1971, pp. 245-54.

SAUVY, A.; LEDERMANN, S. "La Guerre biologique 1933-1945: Population de L'Allemagne et des pays voisins". *Population*, v. 1, n. 3, jul./set. 1946.

SCHECHTMAN, J. P. *European Population Transfers, 1939-1945*. Nova York: 1946.

SCHELLENBERG, W. *Hitler's Secret Service*. Nova York: 1956.

_____. *Invasion 1940: The Nazi Invasion Plan for Britain*. Intr. de J. Erickson. Londres: 2000.

SCHENK, D. *Hans Frank: Hitlers Kronjuristund Generalgouverneur*. Frankfurt am Main: 2006.

SCHERSTJANOI, E. "'Vot ona prokliataia Germaniia!' Germany in Early 1945 through the Eyes of Red Army Soldiers". *Slavic Review*, v. 64, n. 4, inverno 2005, pp. 165-89.

SCHIEDER, T. (Org.). *The Expulsion of the German Population from the Territories East of the Oder-Neisse Line*. Bonn: [n.d.]

SCHLESINGER, R. *Federalism in Central and Eastern Europe*. Nova York: 1945.

SCHMIDT, P. *Hitler's Interpreter*. Londres: 1951.

SCHMITT, C. "Grossraum gegen Universalismus". *Zeitschrift der Akademie für Deutsches Recht*, n. 9, 1939, pp. 333-7.

_____. *Völkerrechtliche Grossraum-Ordnung mit Interventionsverbot für raumfremde Mächte*. Berlim: 1939.

_____. *The Concept of the Political*. Trad. de G. Schwab. New Brunswick: 1976.

_____. *The Nomos of the Earth in the International Law of the Ius Publicum Europaeun*. Nova York: 2003.

SCHMOKEL, W. *Dreams of Empire: German Colonialism, 1919-1945*. New Haven: 1964.

SCHÖTTLER, P. "Eine Art 'Generalplan West': Die Stuckart-Denkschrift vom 14. Juni 1940 und die Planungen für eine neue deutsch-französische Grenze im Zweiten Weltkrieg". *Sozial Geschichte*, v. 18, n. 3, 2003, pp. 83-131.

SCHREIBER, G. *Deutsche Kriegsverbrechen in Italien*. Munique: 1996.

SCHULTE, J. E. *Zwangsarbeit und Vernichtung: Das Wirtschaftsimperium der SS: Oswald Pohl und das SS--Wirtschafts-Verwaltungshauptamt, 1933-1945*. Paderborn: 2001.

_____. "Vom Arbeits- zum Vernichtungslager: Die Entstehungsgeschichte von Auschwitz-Birkenau 1941 / 42". *Vierteljahrshefte für Zeitgeschichte*, n. 50, 2002.

SCHULTE, T. *German Army and Nazi Policies in Occupied Russia*. Nova York: 1989.

SCHULZ, G. "Zur englischen Planung des Partisanenkriegs am Vorabend des Zweiten Weltkrieges". *Vierteljahrshefte für Zeitgeschichte*, v. 30, n. 2, 1982, pp. 322-39.

SCHUMANN, W. "Probleme der Deutschen Aussenwirtschaft und einer 'Europäischen Wirtschaftsplanung". *Studia Historicae Oeconomicae*, n. 14, 1979, pp. 142-60.

_____ et al. (Orgs.). *Europa unterm Hakenkreuz 1938-1945*. Berlim: 1988-94. 10 v.

SCHWENDEMANN, H. "'Drastic measures to defend the Reich at the Oder and the Rhine': A Forgotten Memorandum of Albert Speer of 18 March 1945". *Journal of Contemporary History*, v. 38, n. 4, 2003, pp. 597-614.

SEMELIN, J. *Unarmed against Hitler: Civilian Resistance in Europe*. Londres: 1993.

SHAFIR, G. "Tech for Tech's Sake". *Journal of Palestine Studies*, v. 21, n. 4, verão 1992, pp. 103-5.

SHENHAV, Y. "The Jews of Iraq, Zionist Ideology and the Property of Palestinian Refugees of 1948: An Anomaly of National Accounting". *International Journal of Middle Eastern Studies*, v. 31, n. 4, nov. 1999, pp. 605-30.

SHEPHERD, B. *War in the Wild East: The German Army and Soviet Partisans*. Cambridge (MA): 2004.

SIMONI, L. *Berlino, Ambasciata d'Italia 1939-1943*. Roma: 1947.

SIMPSON, A. W. B. *Human Rights and the End of Empire: Britain and the Genesis of the European Convention*. Oxford: 2001.

SINGH MEHTA, U. *Liberalism and Empire: A Study in Nineteenth-Century British Liberal Thought*. Chicago: 1999.

SLEPYAN, K. *Stalin's Guerrillas: Soviet Partisans in World War Two*. Lawrence (KS): 2006.

SMELSER, R.; ZITELMAN, R. (Orgs.). *Die braune Elite*. Darmstadt: 1993.

_____. *The Nazi Elite*. Londres: 1993.

SMILOVITSKY, L. "Righteous Gentiles, the Partisans and Jewish Survival in Belorussia, 1941-1944". *Holocaust and Genocide Studies*, v. 11, n. 3, inverno 1997, pp. 301-29.

_____. "A Demographic Profile of the Jews in Belorussia from the Prewar Time to the Postwar Time". *Journal of Genocide Research*, v. 5, n. 1, 2003, pp. 117-29.

SMITH, B.; PETERSON, A. (Orgs.). *Heinrich Himmler: Geheimreden 1933 bis 1945*. Frankfurt: 1974.

SMITH, G. *The Last Years of the Monroe Doctrine, 1945-1993*. Nova York: 1994.

SMITH, L. *The Embattled Self: French Soldiers' Testimony of the Great War*. Cornell: 2007.

SMITH, W. D. "Friedrich Ratzel and the Origins of Lebensraum". *German Studies Review*, v. 3, n. 1, fev. 1980, pp. 51-68.

_____. *The Ideological Origins of Nazi Imperialism*. Oxford: 1986.

SNYDER, D. R. *Sex Crimes under the Wehrmacht*. Lincoln (NE): 2007.

SNYDER, L. *The Blood and Iron Chancellor: A Documentary-Biography of Otto von Bismarck*. Princeton: 1967.

SNYDER, T. "The Causes of Ukrainian-Polish Ethnic Cleansing 1943". *Past and Present*, n. 179, maio 2003, pp. 197-235.

SOBIESKI, Z. "Reminiscences from Lwow, 1939-1946". *Journal of Central European Affairs*, v. 6, n. 4, jan. 1947, pp. 351-74.

SONTAG, R. J.; BEDDIE, J. S. (Orgs.). *Nazi-Soviet Relations, 1939-1941: Documents from the Archives of the German Foreign Office*. Washington (DC): 1948.

SPANG, C. W.; WIPPICH, R.-H. (Orgs.). *Japanese-German Relations, 1895-1945*. Londres: 2006.

SPECTOR, S. "Aktion 1005 — Effacing the Murder of Millions". *Holocaust and Genocide Studies*, v. 5, n. 2, 1990, pp. 157-73.

SPEER, A. *Inside the Third Reich*. Londres: 1970.

_____. *Spandau: The Secret Diaries*. Londres: 1976.

STAFFORD, D. "The Detonator Concept: British Strategy, SOE and European Resistance after the Fall of France". *Journal of Contemporary History*, v. 10, n. 2, abr. 1975, pp. 185-217.

STEIN, G. *The Waffen-SS: Hitler's Elite Guard at War, 1939-1945*. Ithaca: 1966.

STEINBERG, J. "The Third Reich Reflected: German Civil Administration in the Occupied Soviet Union, 1941-1944". *English Historical Review*, v. 110, n. 437, jun. 1995, pp. 620-50.

STEINERT, M. *Capitulation 1945: The Story of the Dönitz Regime*. Londres: 1969.

_____. "The Allied Decision to Arrest the Dönitz Government". *Historical Journal*, v. 31, n. 3, 1988, pp. 651-63.

STEININGER, R.; BISCHOF, G.; GEHLER, M. (Orgs.). *Austria in the 20th Century*. New Brunswick: 2002.

STEINWEIS, A.; ROGERS, D. E. (Orgs.). *The Impact of Nazism*. Lincoln (NE): 2003.

STERN, H. "The Organisation Consul". *Journal of Modern History*, v. 35, n. 1, mar. 1963, pp. 20-32.

STOAKES, G. *Hitler and the Quest for World Dominion: Nazi Ideology and Foreign Policy in the 1920s*. Nova York: 1986.

STOKKER, K. "Hurry Home, Haakon: The Impact of Anti-Nazi Humor on the Image of the Norwegian Monarch". *Journal of American Folklore*, v. 109, n. 433, verão 1996, p. 289-307.

STREIT, C. *Keine Kameraden: Die Wehrmacht und die sowjetischen Kriegsgefangenen, 1941-1945*. Bonn: 1997.

STROBLE, G. *The Germanic Isle: Nazi Perceptions of Britain*. Cambridge: 2000.

STRUYE, P. *L'Evolution du sentiment publique en Belgique sous l'occupation allemande*. Bruxelas: 1945.

_____. *Journal de guerre, 1940-1945*. Bruxelas: 2004.

SUVAL, S. "Overcoming *Kleindeutschland*: The Politics of Historical Mythmaking in the Weimar Republic". *Central European History*, n. 3, 1969, pp. 312-30.

SWAIN, G. *Between Stalin and Hitler: Class War and Race War on the Dvina, 1940-1946*. Londres: 2004.

SWEET, P. R. "Seipel's Views on Anschluss in 1928: An Unpublished Exchange of Letters". *Journal of Modern History*, v. 19, n. 4, dez. 1947, pp. 320-3.

_____. "The Historical Writing of Heinrich von Srbik". *History and Theory*, v. 9, n. 1, 1970, pp. 37-58.

SWEETS, J. *Choices in Vichy France: The French under Nazi Occupation*. Oxford: 1986.

_____. "Hold that Pendulum! Redefining Fascism, Collaborationism and Resistance in France". *French Historical Studies*, v. 15, n. 4, outono 1988, pp. 731-58.

SWORD, K. (Org.). *The Soviet Takeover of the Polish Eastern Provinces*. Londres: 1991.

SYMPOSIUM OF THE COMMISSION OF THE HISTORIANS OF LATVIA. *The Hidden and Forbidden History of Latvia under Soviet and Nazi Occupation, 1940-1991*. Riga: 2005.

SZAROTA, T. *Warschau unter dem Hakenkreuz*. Paderborn: 1978.

_____. *The Warsaw Ghetto: The 45th Anniversary of the Uprising*. Varsóvia: 1987.

TAUBER, K. *Beyond Eagle and Swastika: German Nationalism since 1945*. Middletown (CT): 1967.

TAYLOR, A. J. P. *The Origins of the Second World War*. Londres: 1961.

TAYLOR, L. *Between Resistance and Collaboration: Popular Protest in Northern France, 1940-1945.* Basingstoke: 2000.

THAMER, H.-U. *Verführung und Gewalt: Deutschland, 1933-45.* Berlim: 1986.

THER, P.; SILJAK, A. (Orgs.). *Redrawing Nations: Ethnic Cleansing in East-Central Europe, 1944-48.* Lathan (MD): 2001.

THIES, J. "Hitler's European Building Programme". *Journal of Contemporary History*, n. 13, 1978, pp. 413-31.

THOMAS, W. "The Prussian-Polish Situation: An Experiment in Assimilation". *American Journal of Sociology*, v. 19, n. 5, mar. 1914, pp. 624-39.

TIMS, R. W. *Germanizing prussian Poland: The H-K-T Society and the Struggle for the Eastern Marches in the German Empire, 1894-1919.* Nova York: 1941.

TODOROV, T. *A French Tragedy: Scenes of Civil War, Summer 1944.* Hanover (NH): 1996. [Ed. bras.: *Uma tragédia francesa. Verão 1944.* Rio de Janeiro: Record, 1997.]

TOMASEVICH, J. *War and Revolution in Yugoslavia, 1941-1945: Occupation and Collaboration.* Stanford: 2001.

TONNINI, C. *Operazione Madagascar: La questione ebraica in Polonia, 1918-1968.* Bolonha: 1999.

TOOZE, A. *Wages of Destruction: The Making and Breaking of the Nazi Economy.* Londres: 2006.

TOYNBEE, A.; TOYNBEE, V. (Orgs.). *Survey of International Affairs: Hitler's Europe, 1939-1946.* Londres: 1954.

TRENTMANN, F.; JUST, F. (Orgs.). *Food and Conflict in Europe in the Age of the Two World Wars.* Basingstoke: 2006.

TREVOR-ROPER, H. "Hitlers Kriegsziele". *Vierteljahrshefte für Zeitgeschichte*, n. 8, 1960.

_____ (Org.). *Hitler's War Directives, 1939-1945.* Londres: 1966.

_____. *Hitler's Table Talk.* Oxford: 1988.

TREW, S. *Britain, Mihailovic and the Chetniks, 1941-42.* Londres: 1998.

TUCKER, W. R. *The Fascist Ego: A Political Biography of Robert Brasillach.* Los Angeles, 1975.

ÜBERSCHÄR, G. R. (Org.). *Orte des Grauens.* Darmstadt: 2003.

_____; WETTE, W. (Orgs.). *"Unternehmen Barbarossa": Der deutsche Überfall auf die Sowjetunion 1941, Berichte, Analysen, Dokumente.* Paderborn: 1984.

UMBREIT, H. *Der Militärbefehlshaber in Frankreich 1940-1944.* Boppard am Rhein: 1968.

_____. *Deutsche Militärverwaltungen 1938/39. Die militärische Besetzung der Tschechoslowakei und Polens.* Stuttgart: 1977.

UNGVARY, K. *Battle for Budapest: One Hundred Days in World War II.* Londres: 2003.

VALIN, J.; MESLE, F.; ADAMETS, S.; PYROZHOV, S. "A New Estimate of Ukrainian Population Losses during the Crises of the 1930s and 1940s". *Population Studies*, v. 56, n. 3, nov. 2002. pp. 249-64.

VEILLON, D. *Fashion under the Occupation.* Oxford: 2002.

VERNA, F. P. "Notes on Italian Rule in Dalmatia under Bastianini, 1941-1943". *International History Review*, v. 12, n. 3, 1990, pp. 441-60.

VERNANT, J. *The Refugee in the Post-War World.* Londres: 1953.

VERSCHUER, O. "Rassenbiologie der Juden". *Forschungen zur Judenfrage*, v. 3, 1938.

VICK, B. *Defining Germany: The 1848 Frankfurt Parliamentarians and National Identity.* Cambridge (MA): 2002.

VINCENT, P. "Conséquences de six années de guerre sur la population française". *Population*, v. 1, n. 3, jul./set. 1946.

VINEN, R. *The Unfree French: Life under the Occupation*. New Haven: 2006.

VIRGILI, F. *Shorn Women: Gender and Punishment in Liberation France*. Nova York: 2002.

VOLIN, L. "The Russian Food Situation". *Annals of American Academy of Political and Social Scientists*, n. 225, jan. 1943, pp. 89-91.

VOLKMANN, H.-E. "Landwirtschaft und Ernährung in Hitlers Europa, 1939-45". *Militärgeschichtliche Mitteilungen*, n. 35, 1984.

WACHSMANN, N. *Hitler's Prisons: Legal Terror in Nazi Germany*. Londres: 2004.

WAITE, R. *Vanguard of Nazism: The Free Corps Movement in Postwar Germany, 1918-1923*. Nova York: 1952.

WARD, J. "'People Who Deserve It': Jozef Tiso and the Presidential Exemption". *Nationalities Papers*, v. 30, n. 4, 2002, pp. 571-601.

WARLIMONT, W. *Inside Hitler's Headquarters, 1939-1945*. Londres: 1964.

WARMBRUNN, W. *The Dutch under German Occupation, 1940-1945*. Stanford: 1963.

_____. *The German Occupation of Belgium, 1940-1944*. Nova York: 1993.

WEBER, A. *Abschied von der bisherigen Geschichte*. Hamburgo: 1946.

WEBER, W. *Die innere Sicherheit im besetzten Belgien und Nordfrankreich, 1940-1944*. Düsseldorf: 1978.

WEGNER, B. (Org.). *From Peace to War: Germany, Soviet Russia and the World, 1939-1941*. Oxford: 1997.

WEINBERG, G. *Germany and the Soviet Union, 1939-1941*. Leiden: 1954.

_____. *World in the Balance: Behind the Scenes of World War II*. Hanover (NH): 1981.

_____. *A World at Arms: A Global History of World War II*. Cambridge: 2005.

_____ (Org.). *Hitlers Zweites Buch*. Stuttgart: 1961.

WEISS, Y. "Central European Ethnonationalism and Zionist Binationalism". *Jewish Social Studies*, v. 11, n. 1, outono 2004, pp. 93-117.

WEISS-WENDT, A. "Extermination of the Gypsies in Estonia during World War II: Popular Images and Official Policies". *Holocaust and Genocide Studies*, v. 17, n. 1, primavera 2003, pp. 31-61.

WEIZSÄCKER, E. *Die Weizsäcker-Papiere, 1933-1950*. Org. de L. E. Hill. Frankfurt: 1974.

WESTAD, O. A. *The Global Cold War: Third World Interventionism and the Making of Our Times*. Cambridge: 2007.

WESTERMANN, E. B. "'Friend and Helper': German Uniformed Police Operations in Poland and the General Government, 1939-1941". *Journal of Military History*, v. 58, n. 4, out. 1994, pp. 643-62.

WILDT, M. "The Spirit of the Reich Security Main Office [RSHA]". *Totalitarian Movements and Political Religions*, v. 6, n. 3, dez. 2005, pp. 333-49.

_____. (Org.). *Nachrichtendienst, politische Elite und Mordeinheit: Der Sicherheitsdienst des Reichsführers-SS*. Hamburgo: 2003.

WILLIAMS, M. "German Imperialism and Austria, 1938". *Journal of Contemporary History*, v. 14, n. 1, jan. 1979, pp. 139-53.

_____. "Friedrich Rainer e Odilo Globocnik: L'amicizia insolita e i ruoli sinistri di due nazisti tipici". *Qualestoria*, n. 1, jun. 1997, pp. 141-75.

WILLS, C. *That Neutral Island: A Cultural History of Ireland during the Second World War*. Londres: 2007.

WINIEWICZ, J. M. *Aims and Failures of the German New Order*. Londres: 1943.

WINTER, C. "The Long Arm of the Third Reich: Internment of New Guinea Germans in Tatura". *Journal of Pacific History*, v. 38, n. 1, 2003, pp. 85-124.

WISKEMANN, E. *Czechs and Germans*. Oxford: 1938.

WISKEMANN, E. *Germany's Eastern Neighbours*. Oxford: 1956.

WITTE, P. "Two Decisions Concerning the 'Final Solution to the Jewish Question': Deportations to Lodz and Mass Murder in Chełmno". *Holocaust and Genocide Studies*, v. 9, n. 2, 1995, pp. 318-45.

_____; TYAS, S. "A New Document on the Deportation and Murder of Jews during 'Einsatz Reinhardt' 1942". *Holocaust and Genocide Studies*, v. 15, n. 3, inverno 2001, pp. 468-86.

_____ et al. (Orgs.). *Der Dienstkalendar Heinrich Himmlers 1941/42*. Hamburgo: 1999.

WOLLSTEIN, G. *Das "Grossdeutschland" der Paulskirche: Nationale Ziele der bürgerlichen Revolution 1848/49*. Düsseldorf: 1977.

WOLTON, S. *Lord Hailey, the Colonial Office and the Politics of Race and Empire in the Second World War: The Loss of White Prestige*. Londres: 2000.

WOOD, E. T. *Karski: How One Man Tried to Stop the Holocaust*. Nova York: 1994.

WYLIE, N. (Org.). *European Neutrals and Non-Belligerents during the Second World War*. Cambridge: 2002.

YOUNG, R. J. "The Aftermath of Munich". *French Historical Studies*, v. 8, n. 2, outono, 1973, pp. 305-22.

ZAHRA, T. "Reclaiming Children for the Nation: Germanization, National Ascription and Democracy in the Bohemian Lands, 1900-1945". *Central European History*, v. 37, n. 4, 2004, pp. 501-43.

_____. *Kidnapped Souls: National Indifference and the Battle for Children in the Bohemian Lands. 1900-1948*. Ithaca, 2008.

ZALOGA, S. *Bagration 1944: The Destruction of Army Group Centre*. Londres: 1996.

ZERTAL, I. *From Catastrophe to Power: Holocaust Survivors and the Emergence of Israel*. Berkeley: 1998.

ZITELMANN, R. *Hitler: The Policies of Seduction*. Londres: 1999.

ZYLBERBERG, M. *A Warsaw Diary, 1939-1945*. Londres: 1969.

Lista de ilustrações

Todos os esforços foram feitos para localizar os detentores dos direitos autorais. Os editores terão prazer em corrigir em edições futuras deste livro eventuais erros ou omissões trazidos a seu conhecimento.

1. Família com uma foto de Hitler e bandeira com a suástica, Salzburgo, 1938 (akg-images)
2. Tropas alemãs entram em Praga, 1939 (akg-images)
3. Hitler com Bormann, Frick, Lammers e Stuckart em Praga, 1939 (akg-images/ullstein bild)
4. Seyss-Inquart e Globocnik, 1938 (akg-images/ullstein bild)
5. Homens da ss com grupo de prisioneiros poloneses, 1939 (USHMM, cortesia do Instytut Pamieci Narodowej)
6. Frank e Himmler na Cracóvia, 1940 (USHMM, cortesia do Muzeum Historii Fotografii Krakowskiego Towarzystwa Fotografi)
7. Himmler e Hess visitam a exposição "Planejamento e Reconstrução do Leste", 1941 (Bundesarchiv, Koblenz)
8. Werner Best (Süddeutsche Zeitung Photo/Scherl)
9. Reinhard Heydrich (akg-images/ullstein bild)
10. Conversações com Molotov, 1940 (akg-images/ullstein bild)
11. O Pacto Anticomintern, 1941 (akg-images/ullstein bild)
12. Cocteau e Breker, 1942 (akg-images/ullstein bild)
13. Mercado negro em Bruxelas, 1942 (akg-images/Paul Almasy)
14. Retrato de Pétain na fachada da Ligue Française, 1941 (Roger-Viollet/Topfoto)
15. Moda Longchamp, 1941 (Roger-Viollet/Topfoto)
16. Onda de calor em Paris, 1941 (Roger-Viollet/Topfoto)

17. "O Judeu e a França", exposição, 1941 (Roger-Viollet / Topfoto)
18. Carroças de alemães da Bessarábia, 1940 (Süddeutsche Zeitung Photo / Scherl)
19. Demolição do Vieux-Port, Marselha, 1943 (Établissement Cinématographique et Photographique des Armées, Ivry, DAM 1414 L6. Foto: Weber [Prop. Eins.])
20. O gueto de Kovno, 1941 (USHMM, cortesia de George Kadish / Zvi Kadushin)
21. Ciganos em Bełzec, 1940 (USHMM, cortesia do Archiwum Dokumentacji Mechanicznej)
22. O marechal Antonescu e sua mulher, 1942 (akg-images / ullstein bild)
23. Hitler e Mussolini, 1941 (akg-images / ullstein bild)
24. Remoção da águia real iugoslava dos capacetes militares, 1941 (akgimages / ullstein bild)
25. Pintura do "U" da Ustaše, 1941 (akg-images / ullstein bild)
26. Soldados alemães na Sérvia, 1941 (USHMM, cortesia do Muzej Revolucije Narodnosti Jugoslavije)
27. Brigada partisan Molotov, 1942 (USHMM, cortesia do Museu da Grande Guerra Patriótica [foto: Faye Schulman])
28. Levante do gueto de Varsóvia, 1943 (USHMM, cortesia da National Archives and Records Administration, College Park)
29. O trem da morte de Jassy, 1941 (USHMM, cortesia do Serviciul Roman De Informatii)
30. Judeus húngaros deportados, 1941 (USHMM, cortesia de Ivan Sved [foto: Gyula Spitz])
31. Funcionários de Auschwitz, 1944 (USHMM, cortesia de doador anônimo)
32. Campo de concentração de Plaszow, 1943-4 (Raimund Tisch)
33. A libertação de Dachau, 1945 (USHMM, cortesia de Benjamin Ferencz [foto: Sidney Blau])
34. Tropas soviéticas entram em Budapeste, 1945 (akg-images / ullstein bild)
35. Danzig, 1945 (akg-images / ullstein bild)
36. Francesa tem os cabelos cortados, 1944 (Roger-Viollet / Topfoto)
37. A elite nazista em Mondorf-les-Bains, 1945 (revista *Time*, 5 de novembro de 1945 / foto: sem crédito)

Nota: USHMM é uma abreviação de United States Holocaust Memorial Museum. Os pontos de vista ou opiniões expressos neste livro e o contexto em que as imagens são usadas não refletem necessariamente os pontos de vista nem a política do USHMM, nem implicam aprovação ou endosso da instituição.

Índice remissivo

122-4; sacrifícios, 270; subordinação, 416; terras confiscadas (pós-1918), 230; transferência de populações (pós-1918), 230

Alemanha: aliança com a Áustria-Hungria, 56; colheita (1942), 345; colonialismo, 161; como o "centro" da Europa, 41-2; economia, abalos da, 316; eslavos, batalha com os, 54, 189; estrangeiros na, 363-4; extensão (1942), 276; fronteira polonesa, 608; fronteiras a oeste, 84; fronteiras ao leste, 34, 62; império tropical, 31-2, 35; indústria pesada e produção de armamentos, 608; industrialização, 271; liberais (1840), 54; lobby colonial pré-guerra, 653, 655; monarquia, abolição da, 70; ocupação no pós-guerra, 607-9; partição, 608; Primeira Guerra Mundial, 61, 63-6, 347; problema dos refugiados no pós-guerra, 667; reparações (1919), 70, 72; reparações (1945), 608; ressurgência depois da Primeira Guerra Mundial, 607; século XIX, colônias no, 655; século XIX, emigração no, 654; século XIX, expansionismo no, 654; tamanho no pós-guerra, 608; transição do nazismo, 600; Versalhes, assentamentos de, 74; Versalhes, assinatura de, 72; zonas de ocupação, 608, 636

Alemanha Nazista ver Terceiro Reich

Alemanha Ocidental: anticomunismo, 274; Comunidade Europeia do Carvão e do Aço, 642; estudos de administração, 288; ex-nazistas, reabilitação, 645; Ministério do Exterior, ex-nazistas no, 645; Serviço Federal de Inteligência, 644

alfândegas, união das, 331

Alfieri (embaixador italiano), 174

Aliados: África do Norte, invasão da, 419, 504; armistício italiano (1943), 425; avanço (1944), 427; Blitzkrieg, 147; Conferência de Casablanca (1943), 420-1; declaram guerra ao Japão, 439; e Dönitz, 604, 607; e o levante de Varsóvia, 582; e os comunistas italianos, 589; e os crimes de guerra nazistas, 453; e os partisans italianos, 570; estupros cometidos pelas tropas dos, 568; França, ocupação, 419; invasão da Itália, 567-8; judeus, influência

perceptível dos, 470, 479; libertação dos campos, 476; matérias-primas, acesso a, 647-8, 650; negociações secretas com Romênia e Hungria, 420; Normandia, desembarques na (1944), 469, 578, 592; organizações pan-europeias, 640; planejam o futuro da Europa, 430; reconstrução europeia, 640; rendição incondicional, política de, 420, 470, 600; repatriamento, política de, 536; Romênia se junta aos (1944), 427; táticas, 668; ver também Inglaterra; Segunda Guerra Mundial

alimentos: falta, 194, 212, 318, 335, 338, 346-7, 426; preços, 335; preocupações com a distribuição, 346; racionamento, 336-7; suprimento, 331-4, 336, 338-9, 340, 342-7, 348; ver também mercado negro

alistamento militar, 372

Alldeutsche Vereinigung, 57

Alsácia: administração, 280, 282; classificação racial compulsória, 237; expulsão dos alemães (anos 1920), 77, 78; expulsão dos judeus (1940), 165; expurgo pós-1928, 250; germanização, 251, 253; nomes, germanização, 251-2

Alta Silésia: avanço russo, 599; Exército Vermelho, estupro, 611; guetos alemães, 613; importância econômica, 249; pretensões alemãs contestadas, 76; produção e emprego, aumento, 327; tipos populacionais, 247, 250; vingança dos alemães, 612

Ambrosio, general Vittorio, 418

América do Norte, domínio inglês, 653

América do Sul: emigrantes alemães no século XIX, 654; operações de espionagem nazistas, 650

Ammende, Ewald, 74

Amsterdã: greve (1941), 543, 546; prisões de judeus (1941), 543, 546

Anatólia, 63

Ancara, 298

Andritsa, ataque da Wehrmacht a (1943), 565

"anfíbios", 237, 239

Anfuso, Filippo, 382-3

anglo-saxões, superioridade racial dos, 661

Áustria-Hungria, 56, 71
autarquia, objetivo das, 332, 668
autossuficiência, guerra e, 315, 332
Auvergne, resistência de, 509, 560, 578

Babi Yar, massacre de, 220, 434, 475
Bach, J. S., 81
Bach-Zelewski, Erich von dem, 67; e o levante
    de Varsóvia, 582-3; movimento antipartisan,
    554, 563; parar as expulsões forçadas, 562
Backe, Herbert: "estratégia da fome", 212, 339-
    40, 342, 602; e a vida de camponês, 343; e o
    racionamento de comida, 194, 212, 426
Bacon, Francis, 44
Baden, expulsão dos judeus de (1940), 165
Badoglio, general Pietro, 412, 566
Bagration, Operação, 591-2, 595
Bamberg, Operação, 553-4
Banat, Sérvia, 523
Bandera, Stepan, 525
Barbarossa, imperador, 231
Barbarossa, Operação, 188, 207, 380; baixas de-
    pois da, 455; falta de mão de obra e, 356
barreira de cor, 663
Basch, Victor, 509
bascos, autodeterminação, 154
Basilicata, controle pela Wehrmacht, 567
Bastianini, Giuseppe: e a política do Eixo, 422; e
    judeus, 464-5; e nações pequenas, 422; polí-
    tica da Dalmácia, 406-7
Batalha da Inglaterra (1940), 156, 158
Bauer, Otto, 71
Baviera, emigração alemã (1937-8), 121
BBC, 544, 604, 625
Bélgica: abordagem da resistência como um
    exército secreto, 540; administração, 290;
    alemães, reações aos, 542; britânicos, atitu-
    des frente aos, 542; carvão, produção de,
    350; colaboradores atacados, 571; Comuni-
    dade Europeia do Carvão e do Aço, 642; di-
    reitos das minorias, 73; e cidadãos judeus,
    461; economia, exploração, 546; espoliação
    alemã, 318, 321, 350, 630; falta de comida,
    335, 337; federalismo, 634; França, atitudes

frente aos, 542; greves, 349, 546; imperialis-
    mo, 663; inflação, 329-30; judeus, "evacua-
    ção" de, 456; mercado negro, 337, 348; ocu-
    pação alemã, 146, 151-2, 250; ordem pública,
    política de alimentos e a, 348; pagamentos
    para financiar a ocupação, 328; penas de
    morte, 546; política econômica alemã, 325-
    6; "Políticas de Produção", 321, 326; Primei-
    ra Guerra Mundial, 64; produção alimentar,
    344; programa de trabalhos forçados, 361,
    546, 561; resistência, desarmamento, 588;
    responsabilidades da polícia local, 546; res-
    trições alfandegárias, 331; Rex, agremiação,
    571; sabotagem, 546; SiPo/sd, poderes da,
    545; superávit comercial, 328; taxa de câm-
    bio, 327; vnv, 521, 571; Wehrmacht na, 303
Belgrado: administração, 295; bombardeios pe-
    la Luftwaffe, 179; estupros pelo Exército
    Vermelho, 611; libertação, 593, 611; reféns
    judeus, 221
Bełżec, campo de, 90; baixas (1942), 448-50;
    campos de trabalho, rede de, 446; ciganos
    assassinados, 479; crematório, 475; judeus
    exterminados, 343
Ben Gurion, David, 673
Benelux, acordo de, 634
Beneš, Eduard, 96; e as fronteiras orientais, 632;
    e o assassinato de Heydrich, 552, 586; e vin-
    gança, 613, 615-6
Benigni, Roberto, 411
Bergen-Belsen, campo, 470, 472, 476
Berger, Gottlob: e Koch, 200; e o Ministério do
    Leste, 198, 534; e Schubert, 272
Bergman, Samuel, 671
Berlim: baixas (1944), 595; cerco (1944), 595; es-
    tação ferroviária, 171
Berlim, Muro de, 676
Berlim, Orquestra de Câmara de, 492
Bernadotte, conde Folke, 471
Bernanos, Georges, 507
Bernhard, príncipe, 543, 545
Beseler, Hans von, 62, 117
Bessarábia: fronteiras, deportação de judeus pe-
    las, 397; ocupação soviética, 131, 140, 176,

Cidade do Cabo, assentamentos alemães na, 655

ciganos: deportação, 395; execução, 294-5, 460, 479; extermínio pelo trabalho, 370

"Círculo Europeu", 642-3

Cirenaica, campos de concentração na, 411

civilização, conceitos ambíguos sobre, 657

civis: Barbarossa, Operação, 188; como administradores nazistas, 68, 109, 114, 415; deportações, 141; direitos em tempo de guerra, 414; fuga (1944), 597; guerra dos partisans e, 553, 561, 565, 568-9; mortes durante a ocupação nazista, 41, 45, 95, 110-1, 140, 186, 218, 225, 413, 553-4, 558, 565, 567-8, 588; mortes na Primeira Guerra Mundial, 66; trabalho de defesa (1944-5), 597; trabalho forçado, 554, 561; Wehrmacht suspeita dos, 569; ver também judeus

Civitella della Chiana, massacre de, 568

Clark, general Mark, 568

Clermont-Ferrand, banimento de materiais para duplicação, 544

Cocteau, Jean, 491, 493-4

colaboração, política de: Europa, 43, 512; França, 344, 346, 362-3, 419, 481-2, 484, 488, 490-1, 493-5, 510, 629; Governo-Geral e, 513-4; Polônia e, 512

colaboradores, ódio aos, 570

colônias: europeias, 663-6; eventual independência política e, 658; importância durante a guerra, 648, 650, 664; ressurgência do nacionalismo durante a guerra, 665

colonização, realidades da, 663

Comissão de Colonização da Prússia, 670

Comissão do Reich para o Fortalecimento da Germanidade (RKFDV), 123, 278, 285; brecha numérica, 248; e o Plano Geral do Leste, 258; remissão, 123, 241, 282

Comissão para Assessoramento Europeu, 640

Comissão Real Prussiana de Colonização, 58, 60, 76

Comitê Nacional para a Libertação, 507

Comitê para a Libertação dos Povos da Rússia (KONR), 533

Comitê Provisório para a Europa Unida, 641

Companhia das Índias Orientais, 270, 651, 664

Compiègne, campo de, 506

Comunidade Econômica Europeia, 643

comunismo: como ameaça, 574; como oponente desleal, 414; como uma luta pela liberdade, 656; ver também bolcheviques

Confederação Alemã, 55

Conferência de Havana, 650

Conferência de Paris (1919), 75

Congo Belga, matérias-primas, 650

Congresso das Nacionalidades Europeias, 74, 78

Congresso Judeu Mundial, 471

Conseils à l'occupé (Texcier), 543

Conselho Central de Assistência Social, 514

Conselho da Europa, 641

Conti, Leonardo, 252

Convenção Europeia de Direitos Humanos, 641

convenções de Genebra, 154, 208, 554

Copenhague, como centro político, 148

Corfu, partisans, 425

"Corpos Livres" [Freikorps], 66-7, 73

corrupção, 134-5, 306, 336-7, 376

Córsega, expurgos de burocratas, 507

Cortina de Ferro, 624-5, 641, 667

cossacos, tropas da Wehrmacht, 528, 531, 536

Cottbus, Operação, 554

Coudenhove-Kalergi, conde Richard Nikolaus Eijiro Graf, 627, 635

Coventry, destruição durante a guerra, 170

Coward, Noel, 157

Cracóvia: censo durante a guerra, 234; Exército Vermelho, avanço sobre, 598; governo Frank, 118; gueto, 244; judeus, "evacuação" de, 449; judeus, declínio na população de, 598; Museu Chopin, 514; Partido Camponês, e comunistas, 587; planos nazistas para, 630; prisão de acadêmicos, 117, 133

crash de Wall Street, 83

Credit-Anstalt, quebra do (1931), 86

crianças: classificação racial de, 265; enviadas aos campos, 503; germanização, 268; massacre de, 110, 219, 565, 569; sequestro, 245

Crimeia, 262, 270

Cristiano x, rei da Dinamarca, 148

Croácia, 43; colaboradores, reassentamento, 536; como aliada alemã, 381, 385, 427; como Estado satélite, 180; eslovenos deportados para a, 255; independência, 43, 389, 407; inflação, 329; insurreição (1941), 293; judeus, deportação de, 458, 464-5; leis antijudaicas, 458; Nedič, gendarmes de, 573; ocupação italiana, 180, 406-8, 410, 412; Pacto Anticomintern (1941), 385; partisans, 552; população, 409; potencial "ilegalidade geral", 413; relação da Itália com a, 407; sérvios, expulsão dos, 256; sérvios, massacre dos, 409-10; Ustaše, violência da, 401, 407, 409-10, 413, 464-5, 524

croatas, inferioridade racial dos trabalhadores, 355

Cruz de Flechas, Partido, 428, 469, 594

Cunard, Nancy, 157

Curtis, Lionel, 633

Dacar, ataques anglo-gaullistas (1940), 163

Dachau, campo, 92, 97; força de trabalho, 377; população, 368; tamanho, 368

Daily Mail, 649

Daimler-Benz, força de trabalho na, 377

Daitz, Werner, 167

Dalmácia: como uma unidade econômica, 407; eslavos, assimilação, 407; judeus, 464

Dalton, Hugh, e as guerrilhas, 548

Daluege, Kurt, 67, 297, 505

Damasco, bombardeios franceses (1945), 664

Dannecker, Theodor, 468

Danzig: alemães do Báltico reassentados em, 126-7; como cidade livre, 76; expulsão dos poloneses, 127; regresso ao Reich, 99, 105; Reichsgau, 115; tipos populacionais, 247-9

Danzig-Prússia Oriental, governo, 287, 304

Darlan, almirante Jean Louis, 487, 500-1

Darnand, Joseph, 508

Darquier de Pellepoix, Louis, 502

Darré, Walther, 252; como ministro da Agricultura, 243, 272; e o expansionismo agrário, 272; prisão, 606; substituição, 343

Daugavpils, Letônia, 222, 517

Déat, Marcel, 486, 499; ódio a Pétain, 486; oposição a, 489, 571

declaração para uma Confederação Europeia, 421-2

Décombres, Les (Rebatet), 492

"Decreto dos Comissários", 189

Decreto Polonês (1940), 364

Degrelle, Léon, 521, 571

Deighton, Len, 157

Delft, Universidade de, dispensa de judeus na, 543

Deloncle, Eugène, 489, 492

demandas, 127, 135, 201, 318, 329, 334, 338, 542; corrupção e, 394; fracasso, 334; ordem pública e, 345, 348; Wehrmacht, 320-1, 339, 567, 604

"democratas de novembro", 55

deportações de judeus, 464-5, 467-9, 478, 491; Boêmia-Morávia, 265, 397; descontentamento popular e, 460; do Governo-Geral, 451; Eichmann, planos de, 91, 141, 460, 468; Eslováquia, 452, 456, 460; Europa, por toda a, 452; França, 253, 452, 456, 460, 468, 503; Grécia, 468; Hungria, 427, 462, 468, 469; Itália, 462-5, 467-8; judeus alemães, 433; Lorena, 253; para o Governo-Geral, 129-30, 141, 240; programa de reassentamento e, 123; Romênia, 433, 461, 467

Derain, Jacques, 497

descolonização, 665, 669

deslocamentos de populações, 536; Acordo de Munique (1938), 235; auxílio no pós-guerra, 674-5; consequências do, 129; forçados, 231; judeus, 672-3; origens históricas, 269; Primeira Guerra Mundial, 63

DEST ver Fábricas Alemãs de Terra e Pedra

Deutsche Zeitung im Ostland, 655

Deutscher Volksbund, 79

Deutscher Wehrverein, 79

Dijon, Milícia, 509

Dimitrov, Georgi Mihailov, 549

Dinamarca: abordagem da resistência como um exército secreto, 540; acordos de comércio (1940), 169; carvão, importação, 351; colaboração, 577, 586; e deportações de judeus, 462; falta de alimentos, 335; fornecimento de manufaturas ao Reich, 630; Freedom Council, 428, 577, 586; governo, 290-1, 297; greves e protestos (1944), 428; lei marcial, 428; na zona de comércio do Reich, 331; ocupação alemã, 147-8, 155, 250, 259; Pacto Anticomintern (1941), 385; política econômica alemã, 323, 344; resistência, evolução rápida, 577; riqueza, 347; sabotagem, 428; taxa de natalidade, 347; tranquilidade (1942-3), 553; união das alfândegas e da moeda, 169

direito: base racial, 95, 236; nazificação, 305, 307-8; *ver também* direito internacional

direito internacional: advogados do Exército e o, 119; direitos das minorias no, 73; nazistas e o, 658; sobreposto pela solidariedade racial, 416; vitoriano, e domínio colonial, 657, 659

direitos das minorias, pré-guerra, 674-5

direitos humanos: debate (anos 1940), 675; individuais, 675

"Diretrizes para a Conduta das Tropas na Rússia", 189

Discurso dos Intelectuais (1915), 62

Distomo, massacre de, 589

Djilas, Milovan, 538

Dobrzanski, major Henryk, 539

Dodecanese, ilhas, 404

Dolibois, John, 605, 607

"domínio", política de, 300

Dönhoff, Marion, condessa, 30

Dönitz, almirante Karl: como presidente do Reich, 600-1, 603-4, 607, 639; e fugitivos, 601; e Himmler, 601, 603; e Partido Nazista, 601; política de rendição, 603-4; prisão, 604, 606; reformulação do gabinete, 602

Doriot, Jacques, 485

Dorpmüller, Julius, 602

Dostoiévski, Fiódor, 194

Drama, massacre de, 392, 415

Drancy, campo de confinamento, 491

Dresden, bombardeio aliado de, 170

Dreyfus, caso, 482

Drieu La Rochelle, Pierre, 41, 492, 497

Dubno, assassinatos pela NKVD, 205

Dulag, campos de prisioneiros de guerra em, 211

Durchgangsstrasse IV, rodovia, 401

DVL *ver* Lista do Povo Alemão

Eberhard, general, 414

Eden, Sir Anthony, 184-5

Éditions Du Chêne, 496

Egeu, ilhas do, 407

Egito, 350, 658, 661

Eichmann, Adolf: e a Romênia, 461; e a Solução Final, 459, 461; e as deportações dos húngaros, 469; e Gabinete Central para a Emigração Judaica, 91, 126, 141, 453; e o "exemplo de Viena", 91; e os assassinatos de judeus, 476; e os judeus franceses, 503

Einsatzgruppen: A, 91, 190, 224-5, 299; B, 220, 223, 225; C, 225; "campanha de limpeza", 223; comando, 190; D, 225, 309, 398; execuções em massa, 215; na invasão da Polônia, 108, 112; na URSS, 190-1; pressão sobre os, 226; recrutamento local, 517; represálias, 215; sadismo, 569

Einsatzkommando 2, 438

Eisenhower, general Dwight D., 577, 579

Eixo: afastamento do, 469; apoio espanhol, 159-60; avanço detido, 418; Croácia e, 407; divisões entre, 417-8, 420-1; dominação alemã, 415; e a derrubada de Mussolini, 425; e a independência do Estado-nação, 422; e as consequências positivas da vitória, 422; e Egito, 350; e o futuro político europeu, 382, 383-4; e os ítalo-germânicos, 122; Espanha e, 160, 163; modelo bi-imperial, 174-5; recompensas, 382; reveses, 178; suprimento de alimentos, 338; transfere o território romeno, 176; tropas, 381

Elba, ponte, 171

Eliáš, Alois, 45, 307

Enver Pacha, 531

651; Programa de Recuperação Europeia (Plano Marshall), 640-1, 676; rearmamento, 650; recursos minerais, controle, 648; sanções ao Japão, 651; SHAEF, comando, 577, 604, 640; sistema de bases aéreas hemisféricas, 651; taxa de nascimentos, 348; tropas invadem o Reich (1944), 595

Estados Unidos da Europa, 627, 632, 641

Estados-nações: conceito exportado para o estrangeiro, 669; homogeneidade étnica, 673-5; Nova Ordem e, 45; revival pós-guerra, 641; ultrapassados, 668; Versalhes, criação de, 269, 631; Yalta, Declaração de, 636

Estônia: alemães étnicos, 73; assentamento alemão, 262; plano de autonomia política, 524; russos, reposicionamento para o Leste, 264; ss, recrutamento para as, 523

Estrasburgo, 250; germanização, 251-2

estreitos, política soviética, 178

estrela amarela, roupa, 433, 435, 462, 494

Etiópia: campanha italiana (anos 1930), 402-3, 412, 415, 658; massacres, 411; operações britânicas na, 179

eugenia ver raça

Eure, França, 541, 560

Europa: antissemitismo, 456, 670; balança de pagamentos, 664; bloqueio britânico, 317; classe política, restauração depois da libertação, 577; colônias, 655, 657, 663-6; como fazedor de normas e policial do mundo, 676; como fortaleza, 317; cooperação econômica, 668; crescimento econômico (anos 1950), 667; crescimento populacional, 667; crise econômica entreguerras, 316; desestabilização do câmbio, 327; Doutrina Monroe, 648-9; economia na guerra, 317-9, 331; "Dunquerque financeiro", 664; Estados-nações pós-guerra, 641; futuro político, 382-7; imperialismo, 663-6; importações, 317; judeus, declínio da população de, 456, 673; liberalismo entreguerras, 43; luta, tradição de, 415; matérias-primas, 316; mortalidade infantil, 319; nacionalismo, 302; ocupação alemã, crise econômica e a, 317; organização do pós-guerra, 632-46; petróleo, importação de, 349; pilhagem alemã, 320, 345, 667; plano para a unidade da (1945), 640; política de colaboração, 43; posição central, 39; produção de alimentos, 318, 332, 667; protecionismo (anos 1930), 332; queda da oferta de emprego depois da guerra, 667; relações financeiras, PIB e, 316; riqueza, 316, 345, 347-8; rivalidades internas (1750-1950), 647; serviços financeiros, centralização, 327; soluções federalistas, 632, 634-6; taxas de nascimento, 319; união, 639, 641; unificação parcial pelos nazistas, 640; ver também Europa Central; Europa Ocidental

Europa Central: industrialização conduzida pelo Estado, 327; níveis de racionamento, 347

Europa Ocidental: descontentamentos trabalhistas, 546; e integração europeia, 641; falta de comida, 335, 337, 339; matérias-primas apreendidas, 320; nazificação, 291; ocupação, opinião pública e, 541-6; oficiais locais, ira contra, 541; ordem pública, prioridade, 545; política econômica alemã, 321, 324, 326; racionamento, níveis de, 347; relações comerciais, 325-7; resistência, 552, 573; controle, 303; recrutamento, 521-2; trabalho forçado, recrutamento, 361; tumultos por causa de comida, 546; Wehrmacht, política da, 546; ver também Estados individualmente

Eutin, Holstein, 601

exército alemão ver Wehrmacht

Exército de Libertação Russo, 530, 533-6; muda de lado (1945), 536

exército italiano: brutalidade, 411-2, 415; contrainsurgência, experiência de, 412; disciplina, 403; gastos com o, 403

Exército Vermelho: atrocidades, 595; avanço rápido para o Oeste, 469-70, 475, 532, 587; baixas (1941), 196, 382, 384; Blitzkrieg, 592; brutalidade, 205; como prisioneiros de guerra, 208, 210-3, 215; e "vlasovistas", 536; e Breslau, 614; e Exército Nacional, 580; e o levante de Varsóvia, 583; e Prússia Oriental,

594; em Stalingrado, 418; equipamento, 378, 610, 612, 662; esmaga a Divisão da Galícia, 526; estupros, 611; invade o leste da Polônia (1939), 113, 140; invasão da Polônia (1944), 580; liberta Praga, 615; marcha triunfante através de Moscou, 592; número de homens, 378; ocupa a Prússia Ocidental (1944), 29; Operação Bagration, 591-2, 595; resistência continuada, 184, 187; tática da terra arrasada, 188, 205, 211, 218, 339, 341; táticas de terra arrasada, 596; vingança, 609-12; Wehrmacht, imagem da, 187, 207, 610; *ver também* bolcheviques

Fábricas Alemãs de Terra e Pedra (DEST), 172
fábricas de munição, força de trabalho estrangeira, 363
"Faisões Dourados", 283
falangista, movimento, 160
Falkenhausen, general barão Alexander von, 151; como governante, 545, 547; sobre a resistência belga, 585
falta de combustível, 349-50
falta de mão de obra, 127, 167, 215, 356, 417; Plano Geral do Leste e, 270-1
Farben, I. G., 322, 325
fascismo: dilema fundamental do, 279; e nazismo, 174, 175; espanhol, 160; italiano, 424, 426, 571
fazendeiros, controle dos, 335
"Festival da Colheita", Operação, 375, 455
ferrovias, rede de: Alemanha como centro, 172; sabotagem, 577
Finlândia: capitulação, 420, 429; como aliada dos alemães, 381; ganhos, 417; Guerra de Inverno (1939-40), 176, 180, 187; negociações de paz soviéticas, 426, 428; Pacto Anticomintern, 385; política da terra arrasada, 596; política soviética, 178; razões para lutar, 389
Fischer, Ernst, 657
Flandres, planos para os, 259
Flensburg, como centro nazista, 601-3, 639
Florença, libertação de, 593

Flossenbürg, campo de, 368, 373
Foča, slogans, 587
fome, 318, 338, 340, 343, 347, 404
força de trabalho: agricultura, 130; belgas, 361; contratações em tempo de guerra, 373; deportações e, 130; franceses, 326, 361; guetos, 374; judeus, 141, 363; poloneses, 133, 137, 304; russos, 365-6; tchecos, 236, 298; trabalhadores estrangeiros na, 353-4, 357, 365-7; trabalhadores potenciais, exterminação de, 373, 379, 443, 450-1; trabalhadores voluntários, 355; tratamento, 366; *ver também* trabalhos forçados
Foreign Affairs, 635
Forster, Albert, 115, 310; e política de reassentamento, 127; governo, 287; Himmler e, 304; Lista do Povo Alemão (DVL), 246, 248-9; poderes, 280; política de germanização, 248-9
"France Européenne", exibição (1941), 496
França: abordagem da resistência como um exército secreto, 540; antissemitismo, 458, 485, 489, 492; apelos comunistas à insurreição, 578; armamento, requisição de, 320; arte moderna, 495; *attentisme*, 510; autossuficiência, 335; carvão, produção de, 351; cizânia (1940), 482-3; colônias, 44, 656, 663, 664; Comunidade Europeia do Carvão e do Aço, 642; Conselho Nacional da Resistência, 559, 664; crianças, deportação, 503; custos ocupacionais, pagamentos, 328; declínio da população (anos 1950), temor de um, 274; desemprego, 355; e o exército europeu, 641; e Sudetos, 97; entrega de alimentos pela, 318, 344-5, 486; estabilidade econômica, 329; estrela amarela, vestida pelos judeus, 494; excedente comercial, 328; execuções em massa, 504; ex-nazistas, reabilitação, 645; êxodo (1940), 597; expatriação de capital, ilegal, 326; falta de comida, 338; fascismo, 486, 489, 492; força de trabalho, 326, 361; Forças Francesas do Interior (FFI), 578; Frente Popular, 482, 484; garantias a Polônia, Grécia e Romênia, 105; gaullistas, vitórias no estrangeiro, 488; germanização, 251-3; governo,

290-1, 498-9, 501-2, 505, 507; greves, 336, 546, 559; HSSPF, 297; imperialismo, 663, 665; indústria de tecidos sintéticos, 327; indústria siderúrgica, 326; invasores alemães, opinião pública e, 541; judeus, deportação de, 253, 452, 456, 460, 468, 503; judeus, saque de propriedades, 486, 489; libertação (1944), 509; Milice, 508-11; missão civilizatória, 44; mistura racial, 154; moeda, estabilidade da, 329; Mouvement Social Révolutionnaire (MSR), 489, 492; mulheres, e alemães, 510, 542; nazificação, 500; ocupação alemã (1940), 147, 151-4, 180, 468; ocupação alemã (1942), 419, 487, 504, 506; ocupação italiana, 161, 381, 402, 466, 543; ódio dos colaboradores, 571; opinião da direita, 482-3, 485; ordem pública, 303, 345, 349, 486; ordem pública, política alimentar e, 349; organização Cagoule, 489, 508; Parti Populaire Français, 485; partição, 329; petróleo do Oriente Médio, e, 349; pilhagens, 318, 323, 329, 344-5, 486; policiamento, 293, 546; Primeira Guerra Mundial, vence, 648; prisões (1943), 508; Quarta República, 510; Rassemblement National Populaire (RPN), 486, 489; realização política alemã, 154; reféns, 303, 502-3, 510; renda nacional, vantagens dos alemães, 316; represálias, 296, 303, 458, 502, 552; reservas de ouro, 87; — RESISTÊNCIA: 296, 484, 510, 552; ascensão repentina, 509; Conselho Nacional da Resistência, 559; controle pós-libertação, 588; objetivos políticos, violência para atingir, 586; principais grupos, 559; queda do monte Mouchet, 578; tensões intestinas, 573; trabalho forçado e, 559; valor da, 586; — Revolução Nacional, 155, 458, 484, 486, 510; Riom, julgamento de (1942), 482; Service d'Ordre Légionnaire (SOL), 508; Service du Travail Obligatoire (STO), 559-60; SiPo/SD, poderes da, 545; SS, controle das, 303; taxa de câmbio, 327; taxa de natalidade, 348; taxas de mortalidade, 338; Terceira República, 482, 484; tropas alemãs, números, 503; ultras, 485-6, 489, 491-3; zona não ocupada, 468; zona ocupada, 154; *ver também* Paris

Francisco José, imperador, 56, 524

franco, estabilidade do, 329

Franco, general Francisco, como aliado alemão, 159-60, 381, 403

Frank, Hans, 67, 116, 118, 303-10; aparência pessoal, 371; corrupção, 135, 306; credibilidade arranhada, 307; diários, 600; disciplinado, 309; e a aniquilação judaica, 440, 451; e Globocnik, 446; e governo, 304, 306; e grupos nacionalistas, 302; e o massacre de Katyn, 514; e o mercado negro, 337; e o programa de reassentamento, 126, 129-30; fuga (1945), 598-9; germanização, política de, 244, 266-7; Himmler, conflito com, 304, 306-7, 309-10; Hitler e, 305; interrompe as evicções forçadas, 562; "liberalismo", 308; política agrícola, 334; política de espólio, 323; "política de fragmentação", 133-4; política pró Polônia, 514, 517; políticas repressivas, 133-5, 273, 304; pretensões coloniais, 163, 304; prisão, 605; sobre o direito, 307-8; crítica às, 306, 309; tentativa de assassinato, 514; vida de luxo, 135, 598-9

Frank, Karl Hermann, 639; carreira, 298; e o trabalho tcheco, 236; sobre a nacionalidade alemã, 238

Frankfurt, Assembleia Nacional de (1848), 53-5

"Franz", operação, 561

Frauenfeld, Alfred, 200, 281

Frente de Trabalho Alemã, 136, 365

Freud, Sigmund, 157

Frick, Wilhelm, 115, 606; nomes, germanização, 253; prisão, 605

funcionários públicos: corrupção, 135, 336-7; criatividade e dinamismo, 286; e a "administração especial", 285; e centralização, 282-3, 285; e identificação racial, 234; e novas regiões, 280; e o Ministério do Leste, 283; e o Partido Nazista, 287; fraqueza, 283; função no Leste, 241-2; ganhos, inflação e, 336; Hitler e, 241, 277, 280, 284; nos Estados conquistados, 321

Fundo Nacional Judeu (JNF), 670-1

Funk, Walther: e os acordos bilaterais de comércio, 328; política econômica, 169-70, 174; prisão, 606

chluss, 87, 96; e deportações, 129-30; e Kiev, 212; e Łódź, 115; e o futuro da Europa, 387; e o Ministério do Interior, 283; e o trabalho estrangeiro, 354; e o valor laboral dos prisioneiros de guerra, 215; e os objetivos de Rosenberg, 197; e política agrícola, 340; e territórios orientais, 193, 561; e Vlasov, 535; Hitler expulsa, 600; personalidade, 281, 606; poder, 277; política alimentar, 194, 334, 344-5; política de espólio, 134, 243, 322; política econômica, 169, 319, 322, 327, 331; prisão, 605; Reichswerke HG, 322, 326, 373; requisição ucraniana, 201; sobre a fome na Grécia, 338; sobre colaboração, 344, 486; viciado em paracodeína, 605

Goltz, Colmar von der, 66

Gorgopotamos, sabotagem do viaduto de, 552

"Gotengau", reassentamento, 262

governança internacional, conceito de, 674

Governo-Geral (1939): administração, 116, 118, 290, 304-5; administração polonesa, 514-6; agricultura, 333, 343; aniquilação dos judeus, 301, 310, 440, 448, 450-1, 457; assentamento alemão, 262, 265; brutalidade do regime, 515; campos de extermínio, 134, 443, 457; campos de prisioneiros de guerra, 208, 211; como "pátria polonesa", 133; como reserva de trabalho para a Alemanha, 133, 241; Conselho Central de Assistência Social polonês, reconhecimento, 514; consumo local, cortes no, 343-4; custos ocupacionais, pagamento dos, 328; Departamento de Alimento e Agricultura, 334; deportações a, 126, 130, 240; e a política de colaboração, 513-4; escolas ucranianas, 525; estabelecimento, 116, 118-9; estrela amarela, vestimenta, 433; evacuação do quartel-general, 598; falta de mão de obra, 304, 451; fome, 319; fronteira fechada, 132; Galícia, território da, 393, 525; germanização, 133-5, 241, 244; grãos, cota de, 318, 334, 345, 516; greves, 546; guerra partisan, 110, 266, 516, 563, 574; integração política ao Reich, 244; judeus, importância econômica, 224, 451; ofi-

ciais alemães, 517; papel, 118; poderes de Himmler sobre, 451; política de espólio, 134, 320, 322; política populacional, 240; política pró-polonesa, 514; população judia, 141, 454-5; população polonesa, 135, 141; represálias, 266, 516; requisição, fracasso da, 135, 334; resistência, unidades de, 516; serviço público, 305; suprimento, cotas, 451; trabalho forçado, 358; zlóti, uso, 144

governos no exílio: oportunidade dos levantes, 577, 580; planos para o pós-guerra, 633-4; resistência, valor da, 586

Grande Alemanha: como espaço semilegal, 365; importância para o nazismo, 83

Grande Alemanha, nacionalismo da, 231; desaparição (1944), 274; Império Habsburgo e, 69; influência do passado no, 231; origens, 41, 53-5

Grande Conferência da Ásia Oriental (1943), 660-1

Grandes Potências, 549; e transferências de alemães, 618; esferas de influência, 635

grãos: consumo alemão, 177, 181, 304, 316, 332, 346; dependência russa, tcheca e polonesa no pós-guerra, 619; excedentes soviéticos, 339; Governo-Geral, cota do, 318, 334, 345, 516; produção do Leste, 343, 345; produção ucraniana, 342

Grécia: alívio e crise dos refugiados, 566; anexação búlgara, 391; atrocidades, 565; campos, 412; coalizões anticomunistas, 573; crise industrial, 560; deportações de judeus, 466; direitos das minorias, 73; EAM/ELAS, 573, 586-7; esquadrões da morte, surgimento dos, 509; ex-colaboradores, reabilitação de, 645; expansão no século XIX, 232; fome, 319, 338, 347, 404; garantia dos britânicos, 105, 168; governo, 412; governo no exílio, 573; guerra civil, 45, 573, 587-8; importações, dependência das, 317; inflação, 329-30; interesse britânico, 587-8; invasão alemã, 179, 425; judeus italianos, expulsão, 463; judeus, sobrevivência, 468; "Livre", 586; mercado negro, policiamento, 337; missão militar britânica, 552;

ocupação italiana, 178, 180, 381, 402, 404, 412, 464, 466; partição, 329; Partido Comunista, 552; planos do pós-guerra, 633; planos iugoslavos para a, 636; queda da população, 348; represálias, 565, 587-8; resistência, 412, 552, 565-6, 573, 585; restituição de impostos, 329; saques, 320; temores de uma invasão dos Aliados, 564; turcos, alteração na população de (1923), 269; zonas de ocupação, 180; "zonas mortas", 565; *ver também* Atenas

Greiser, Arthur: como líder no Warthegau, 67, 115, 248; corrupção, 135; e aniquilação dos judeus, 444; e guetos, 130; e o trabalho polonês, 137; e política de germanização, 124, 128; e técnicas de morte por gás, 447; Himmler e, 304; poderes, 280

greves, 336, 349, 425, 428, 546, 559, 577, 585

Grodno, tomada alemã de (1941), 206

Groscurth, Helmuth, 97

Gross, Walter, 48

Grossraum, 340; administração, 290-1, 300; direito ao, 290; Governo-Geral no, 118; hegemonia, 303; missão civilizatória alemã, 304

Gross-Rosen, campo de, 172, 373

"Grot" (comandante do Exército Nacional Polonês), 563

"Grupo de Trabalho para o *Raum* Germânico", 521

Guadalupe, 165, 664

Guderian, general Heinz, 243

Guéhenno, Jean, 483

guerra civil, 45, 572-3

Guerra Civil Espanhola, 160

Guerra Franco-Prussiana (1870-71), 56, 328

Guerra Fria, 625, 644, 667; anticolonialismo americano e, 666; europeísmo, 640-1; técnicas, 676

guerras dos Bálcãs, 391

guetos: alemães, 613; como fonte de fundos, 520; estabelecimento dos, 130; força de trabalho, 374; liquidação, 455; Minsk, 227, 433-4; morte de fome, 337; para os judeus idosos, 442, 453; população judaica, 455; resistência, 455; Varsóvia, 138-9, 337, 455, 514, 562-3, 583

Guiana, 254

Guilherme I, Kaiser, 56

Guilherme II, Kaiser, 35, 67; abdicação, 66, 70-1; antissemitismo, 68; colonialismo, 161; e bolchevismo, 68; e Estados independentes do Leste, 68; e fronteiras ao leste, 68; exílio na Holanda, 66, 68, 70, 153

Günther, Hans, 233, 670

Gürtner, Franz, 309

Gustavo VI, rei da Suécia, 469

Gustloff, fábrica de armamentos, 375

Gutschmidt, Johannes, 214

Gython (1943), ação da Wehrmacht em, 565

Haakon VII, rei da Noruega, 149, 543

Habsburgo, Império, 56; brutalidade do exército (1914), 391; como um espaço multinacional, 56; desintegração, 70, 72; idioma no, 75; movimentos nacionalistas no interior do, 56; ocupação sérvia (1914), 414; solidariedade dinástica, 69

Hácha, Emil, 96; ameaças de deportação a, 265, 552; e proteção do Reich, 100-1

Hagen, Wilhelm, 480

Haia, convenções de, 154, 208, 321

Haidari, campo de, 362

Haile Selassie, imperador da Etiópia, 402

Hainaut, ataque (1941), 546

Haiphong (1946), massacre de, 664

Ha-Ka-Ta (НКТ), 60

Halder, general Franz, 380

Hamburgo: bombardeio aliado, 170; planos nazistas para, 630; treinamento colonial, 162

Hamsun, Knut, 497

Handel, G. F., 81

Hanke, campo de, Ostrava, 615

Hanke, Karl, 597

Hanover, "Casa Alemã", 521

Harrison, Frederick, 657

Harzburg, Academia de Liderança Econômica de, 288

Hassell, Ulrich von, 167, 287, 300

Hauptmann, Gerhart, 598

Haydn, Franz Joseph, 81

Hegewald, Ucrânia, 273, 521
Heidelberg, 307, 310
Heim, tenente-general Ferdinand, 37
Heimatbund Ostpreussen, 79
Heinkel, força de trabalho na fábrica, 377
Heller, Gerhard, 492
Henlein, Konrad, 96, 535; como comissário sudeto, 97; germanização, política de, 235; suicídio, 596
Henriot, Philippe, 508-9, 571
Herault, taxas de mortalidade, 338
Hererós, aniquilação, 161
"hermafroditas" ver "anfíbios"
Herrenvolk (raça dominante), 199, 299, 302, 382, 665
Herz, John, 668-9
Herzegóvina, 180, 409; ver também Bósnia-Herzegóvina
Hess, Rudolph, 67, 89
Heydecker, Joe, 139
Heydrich, Reinhard, 67; assassinato de, 299, 303, 310, 459, 586; Boêmia-Morávia, administração da, 297-9, 552; como nacionalista alemão, 299; deportação, política de, 126, 141, 265; disputa com Best, 290, 297; e a emigração judia, 432; e a pátria judaica na África, 165; e advogados, 305; e França, 293, 490; e judeus alemães, 433; e judeus soviéticos, 190; e nazistas austríacos, 91; e Plano Geral do Leste, 259; e Solução Final, 441-2; e tchecos, 236; Einsatzgruppen, instruções aos, 223; eslavos, futura política para os, 479; identificação racial, esquema para a, 234; liderança polonesa, liquidação da, 108-9, 112; limpeza étnica, 457, 539; pulso de ferro, abordagem do, 299; SD, estabelecimento do, 288; sequestros infantis, 239; sobre o Partido Nazista, 287
hidrogenação, 350
Hildebrandt, Richard, 287
Hilfsfreiwillige, 527
Hilfspolizei, 520
Himmler, Heinrich: "asiáticos", liquidação, 213; abordagem punho forte, 299; acordo de paz, 603; alemães étnicos, recrutamento de, 416; aniversário, volume, 285, 288, 290; campanha antipartisan, 553; campos, investigação, 370; colonização polonesa, 672; como ministro do Interior, 311; como sucessor natural de Hitler, 600-1; disciplina, 594; Dönitz e, 600, 603; DVL, sistema segundo um juizado especial, 246; e "administração especial", 286; e a Solução Final, 343, 434, 441, 443, 459, 471; e advogados, 305; e aniquilação dos judeus, 224, 227, 262, 433, 441, 451; e aparência física, 245; e as teorias de Höhn, 288; e Bélgica, 152; e Boêmia-Morávia, 299; e criticismo, 279; e eslavos, 268; e Forster, 304; e França, 293; e Globocnik, 446, 451; e judeus alemães, 433-4, 438; e Marselha, 505; e muçulmanos bósnios, 524; e o potencial econômico dos campos, 368-9, 371, 373; e Oberg, 303; e política da "mão gentil", 544; e produção de armas, 373, 375-6; e recrutamento local da SS, 522-4; e região de Lublin, 265-6, 268; e resgates de judeus, 470-2; e resistência polonesa, 110-1, 563; e Rosenberg, 193, 264, 304, 438; e segredo, 474; e Sérvia, 295; e trabalhadores estrangeiros, 364-5, 367, 369; e ucranianos, 525; e Vlasov, 531, 533; elementos antissociais, jurisdição penal sobre, 364; Eslovênia, germanização, 255; Estado Siberiano Russo Oriental, plano de um, 535; estratégia militar, 611; evidência de atrocidade, erradicação, 145; expansionismo agrário, 272, 274; expulso, 600; *Festgabe zum 40. Geburtstage des Reichsführers-SS Heinrich Himmler*, 285, 288, 290; Frank, desentendimento com, 304-7, 309-10, 451; Governo-Geral, judeus, aniquilação, 451; Hitler, relação com, 472, 600; judeus como alavanca útil de influência, 470; Leste, poder no, 193; mania de planejamento, 263; Masur, conversações com, 471-2, 504; misticismo racial, 245, 249; mulheres e crianças, assassinatos de, 219; na URSS, 190; nacionalismo alemão, 299; nostalgia romântica, 231, 608; Operação Reinhard, 447-8, 450-2, 455; otimismo,

263; Partido, suspeita do, 287; Plano Geral do Leste, 49, 256-9, 262, 368-9, 373, 375, 443, 521; planos para o pós-guerra, 630; poder, 278, 282, 372, 545; política populacional, 240, 242, 248-9; política racial, 245, 264, 523; política seletiva, 442, 450; — POLÍTICAS DE GERMANIZAÇÃO: 116, 193, 253, 255, 293, 521; ataque às, 270, 272; — pós-Hitler, 601-3; programa de reassentamento, 122-3, 126-7, 130, 619; sequestro infantil, 245; sobre Bousquet, 506; suicídio, 603; testemunha assassinatos de judeus, 434, 451-2; tomada de controle da polícia por, 286; utopismo, 263; Varsóvia, destruição de, 583; Varsóvia, terror em, 582; Zamość, assentamento, 265, 270, 273, 306, 521, 562

Hindenburg, Paul von Beneckendorff und von, 64

Hintersatz, Wilhelm (Harun el-Rashid Bey), 531

Hirschfeld, Max, 326

Hitler, Adolf: Aliados, desconfiança dos, 381, 424, 426-7; ambições imperiais, 38-9; ciganos, políticas contra, 479; como Heerführer Europas, 629; complô da bomba (1944), 421, 427, 593; complô do Ministério de Relações Exteriores, 421; concessões, 631; cotas retaliatórias, 293, 296; Danzig e Poznań, anexação de, 105; "Decreto Nero", 596; descentralização, política de, 283; desnacionalização, política de, 302; dominação europeia, 39, 620; e "intelligentsia judaico-bolchevique", 190; e a brutalidade alemã, 111-2; e a Doutrina Monroe alemã, 649; e a necessidade da guerra, 95, 146; e acordo de Versalhes, 83; e advogados, 305; e alemães na Itália, 122; e aniquilação dos judeus, 48, 438-9, 441, 457; e Anschluss, 86, 88; e Antonescu, 177, 381, 398, 400; e autossuficiência, 315, 332, 350; e avanço aliado (1944), 595; e Bach-Zelewski, 554; e Bélgica, 151; e Bismarck, 82-3; e bolchevismo, 68, 383, 592; e Chamberlain, 104-5; e colaboradores locais, 530; e deportação dos tchecos, 236, 265; e Dinamarca, 148,

323; e eslavos, 212, 250; e Eslovênia, 255; e Espanha, 159-60; e Estados bálticos, 202, 524; e Estados Unidos, 39, 627; e Exército de Libertação Russo, 535; e França, 153, 497; e Frank, 305; e futuro político da Europa, 382-3, 386-7, 628-9, 631; e Inglaterra, 156-8, 283, 652, 659, 661; e judeus alemães, 433; e Marselha, 505; e Mediterrâneo, 158-9; e Ministério do Leste, 199, 281, 284; e misticismo racial de Himmler, 249; e Mussolini, 402-4, 425, 429; e nacionalistas, 302, 661-2; e Noruega, 148; e o Plano Geral do Leste, 257-8, 451; e Oeste da Europa, 325, 630; e Oriente Médio, 661; e padrões de vida, 343; e Países Baixos, 150; e partisans soviéticos, 216; e Pavelič, 409-10; e Pétain, 159, 486; e plano soviético para a paz, 423; e prisioneiros de guerra soviéticos, 48, 209; e produção de carvão, 351; e reassentamento de judeus na África, 165; e recrutamento das ss, 524; e resgates judeus, 472; e revolucionários de 1848, 55, 82; e Romênia, 393; e Rosenberg, 192-3, 195, 197, 534; e segurança alimentar, 354; e Sudetos alemães, 96; e trabalhadores soviéticos, 356; e ucranianos, 199, 525; erros estratégicos, 378; europeísmo, 626-9, 631; expansionismo, 39-40, 668; expurgos na Wehrmacht (1944), 593; germanização, política de, 230, 234-5, 240, 242; Grande Alemanha, nacionalismo da, 41, 44, 49, 83, 231, 280, 300, 676; Hácha, ameaças, 552; *Herrenvolk*, doutrina, 299, 665; imagem moderada inicial, 83-4; impacto da guerra sobre, 48-9; invasão polonesa, 106-7, 113; invasão soviética, 42, 179-85, 187, 189, 191-2, 195-6, 198, 212, 381; isolamento e abandono, 429; judeus, ódio, 477; Lebensraum, política, 39, 58, 94, 99, 183, 626, 630; Liga das Nações, retirada da, 83, 85; matérias-primas, importância das, 39, 650; Molotov, encontro com (1940), 177-8; norte da África, política para o, 158-9, 162; objetivos de guerra, 167; "oferta de paz" (1939), discurso, 122; oficiais, compromissos, 276-7; ordens a Kesselring

(1944), 595; origens políticas, 57; Pacto Soviético, 106, 183; Paris (1940), visita a, 493, 497; Partido Nazista e, 280; planos de construção e infraestrutura, 170-2; poder pessoal, 101, 118, 276, 280-1, 284; política da terra arrasada, 595; política de reféns, 293, 296; política econômica, 316, 318, 326; política húngara, 463; política trabalhista, 272; Polônia, planos para a, 108, 113, 114, 116, 119, 240, 242, 512; preconceitos antirrussos, 49, 385, 528; preparações para a guerra, 106; racismo biológico, 232; radicalismo, maior, exigências, 554; realismo brutal, 660; Reichstag, discursos no, 99, 301, 309, 658, 669; "retirada proibida", política de, 592-3, 595, 597; setor público, desconfiança do, 241, 277, 279, 284; sistema de comunicações, 172; sobre o Exército Vermelho, 207; suicídio, 600; táticas motorizadas, preferência pelas, 188; testamento político, 600; totalitarismo, 46; "transição para a defesa", 439; utopismo, 263; vida clandestina, 383

Hoepner, general Erich, 189, 206

Hoeppner, Rolf-Heinz, 259-60

Höfle, major Hermann, 448

Hohenzollern, Império, 69, 80, 82

Höhn, Reinhard, 305; carreira, 288; e homogeneidade étnica, 300; e os de 1848, 54

Holanda: abordagem da resistência como exército secreto, 540; administração, 280, 290; alemã, ocupação, 89, 146, 149-50; Alemanha como líder, 302; Binnenlandse Strijdkrachten (NBS), 588; carvão, produção de, 350; comida, falta de, 319, 335, 338; comida, produção de, 344; Comunidade Europeia do Carvão e do Aço, 642; contribuição ao esforço de guerra alemão, 318; "cooperação", política da, 326-7; cravo, significado dos, 543; demonstração para o príncipe Bernhard, 545; deportações de judeus, 456, 460-1; e Federação Europeia, 635; e judeus locais, 461; Gabinete de Contrato Central, 326; germanização, 253-4; greves, 577; imperialismo, 663; Inspetoria de Armas, 321; ju-

deus, assassinato de, 452; lei marcial (1943), 561; nacionalismo, 254; Partido Nazista, 254; planos para a, 259; política econômica alemã, 325; registro central para judeus, 461; restrições comerciais abolidas, 331; serviço público, 500; superávit comercial, 328; taxa de câmbio, 327; taxa de natalidade, 348; trabalho forçado, programa de, 560; "traição", 344; ver também Países Baixos

holandeses: como povos "germânicos", 136, 254, 258, 355; e reassentamento no Leste, 273; nas Waffen-ss, 523; ver também Países Baixos

homogeneidade étnica, 673-5

Hong Kong, invasão japonesa, 652

Hoover, presidente Herbert, 618

Horthy, almirante Miklos: antissemitismo, 457; e alemães étnicos, 416; e judeus, 463, 469; misticismo nacionalista, 390; negociações com os Aliados, 427-8; prisão, 606; realocação (1944), 469, 594; resignação, 429; Terror Branco, 391

Höss, Rudolf, 67, 376, 601

Huber, Franz Joseph, 287

huguenotes, nomes, 253

Hungria: ALEMÃES ÉTNICOS: 73, 390, 416, 429; e ataques aos judeus (1944), 518; —Aliados, negociações com os, 420, 427-8; amnésia pós-guerra, 43; anexa território iugoslavo, 180; anexa território romeno, 176; antijudaicas, leis, 457; ciganos, políticas para os, 479; civis constroem fortificações defensivas (1944), 594; como aliada dos alemães, 381, 385; como ocupadores, 390; Cruz de Flechas, fascistas da, 428, 469, 594; direitos das minorias, 85; em Stalingrado, 418; estrela amarela, e, 462; exército, brutalidade do, 390, 415; expulsa judeus para a Ucrânia, 398; ganhos, 417; ganhos territoriais (1939), 98, 389; golpe (1944), 594; importância, 429; judeus, deportação de, 427, 432, 462-3, 467, 468-9; judeus, fuga de, 470-1; judeus, população, 462; judeus, refúgio para os, 462; magiarização, política de, 390; matérias-primas,

429, 593, 595; ocupa a Rutênia eslovaca, 103; ocupação alemã, 363, 416, 427, 429, 468-9; ordem pública, 469; Pacto Anticomintern (1941), 385; parlamento, 389; petróleo, reservas de, 429, 593, 595; prosperidade econômica durante a guerra, 638; represálias, 390; Rússia pré-1914, relação com a, 44; saques, 429; Terror Branco, 391; trabalhadores voluntários, 355; trabalho forçado, programa de, 363, 429, 462, 469, 471; Transilvânia, ganha, 392; troca de população eslovaca, 620; vida provincial judia, obliteração da, 672

identidade nacional, apagamento do sentimento de, 45

Igreja católica: ataque nazista à, 92, 137; campanha prussiana contra a, 58; críticas à política de eutanásia, 437; e a guerra civil, 572; protestos à Eslováquia, 460; resistência e, 92

império: controle através do, 668; vocabulário do, 665

Império Britânico: como modelo, 38, 40, 283, 653; e o direito internacional, 659; guerra intestina, 647; Hitler e, 157; política racial, 40, 653, 656, 659, 663; regime exclusionário, 44

Índia: e a pureza racial do europeu, 261; independência (1947), 664, 669; partição (1947), 669; sob domínio inglês, 38, 283, 292, 653, 659

Índias Orientais, 664

Indochina francesa, 651, 664

indústria da construção, trabalhadores estrangeiros, 363

indústria mineradora: condições de trabalho, 366; força de trabalho, 363, 366; produção, 351, 356; rações, 351

indústria siderúrgica, 363

inflação, 321, 329-30, 336

informantes, 365

Informationsheft GB (Schellenberg), 157

"Ingermanland", reassentamento de, 262

Inglaterra: cidades alemãs, bombardeio de, 170, 182; como "raça dominante", 661; concilia-

ção, política de, 105; controle dos mares, 165, 548; descolonização, 665; e a Confederação do Danúbio, 635; e a Grécia, 587-8; e a União Europeia, 640-1; e as fronteiras orientais, 632; e o reassentamento pós-guerra dos judeus, 673; e Stálin, 177; e Sudetos, 96; "Executiva de Operações Especiais" (SOE), 473, 548, 577, 580, 584; Grécia, garantia à, 105, 168; imperialismo, 663; invasão alemã, planos de, 154, 156-7; líder europeia, 382, 632; "Lista de mais Procurados da GB", 157-8; matérias-primas, acesso às, 648, 653; Mers-el-Kebir, ataque em (1940), 487; Operação Inconcebível, 637; petróleo, reservas de, 349; Polônia, garantia à, 109, 146; reservas tchecas, regresso das, 320; resistência, apoio à, 547, 549; retirada (1940), 147; Romênia, garantia à, 105; Somalilândia, retomada da, 402; soviética, aliança, 183, 470, 550; taxa de natalidade, 348

Instituto de Pesquisas sobre a Questão Judaica, 192, 432

International Affairs, 346

invasão, deflação e, 321

Ipsen, Hans-Peter, 642

Irã, Hitler e, 257, 661

Iraque: golpe pró-alemão, 350; Hitler e, 661; Liga, mandato da, 658

Irlanda: alemães, planos para a, 154; Partido Comunista, e partilha, 657

Israel, 669, 672-3

Itália: Albânia, invasão, 105, 402, 405; alemães étnicos, 73, 122, 243; Alemanha, aliança com, 104, 122, 382; Aliados, avanço dos, 567-8; alimentos, falta de, 347; amnésia pós-guerra, 43; Anticomintern, Pacto, 384; antijudaicas, leis, 457; Brigadas Negras, 572; campanha espanhola, 403; campanha etíope, 402-3, 411-2, 415, 658; campanha líbia (anos 1920), 412; capitulação (1943), 424, 429; carvão, importações de, 351; Comunidade Europeia do Carvão e do Aço, 642; Confederação Europeia, e o plano da, 422-3; contrapeso aos alemães, como, 173; crimes de guerra, 411; Croácia, ocupação, 180, 406, 408, 410, 412; debilidade, 173; deportações de judeus, 462, 463-5, 467-8; desemprego, 355; desilusão com a guerra, 418; Doutrina Monroe para a Europa, e a, 649; e Anschluss, 87-8; em Stalingrado, 418; esfera de influência, 650; eslovena, ocupação, 405-6, 412; esquadrões da morte, emergência dos, 509; ex-fascistas, reabilitação, 645; expansão imperialista, 315, 389, 402-3; expansionismo, 402; fascismo, 279, 424, 426, 467, 571-2, 645; França, invasão da, 161, 402, 466, 543; garantia alemã à Romênia, e, 178; Grécia, invasão, 178, 180, 402, 404, 412; greves (1944), 425; guerra civil, 45, 572; "guerra paralela", 403; humanitarismo político, 464-7; Igreja católica, 572; inferioridade racial, 355; insurgentes sérvios, e, 413; invasão polonesa, e, 113; judeus, sobrevivência dos, 468; levantes (1945), 588; liberdade, confirmação da (1943), 424; Montenegro, ocupação de, 412, 415; mulheres e crianças como alvos, 568-9; mulheres estupradas, 568; Mussolini, colapso do regime de (1943), 424, 564-6; na Aliança do Eixo, 160; nacionalistas, políticas, 405-6; Nápoles, levante de (1943), 576, 581, 589; norte da África, e o território do, 159-60; ocupação alemã (1943), 424-5, 427, 468; Pacto de Aço (1939), 402; Pacto Tripartite (1940), 177, 652; padres assassinados, 572; Partido Comunista, 589; rações, 426; recursos agrícolas, exploração dos, 425; Reich, importância para o, 425; renda nacional, 403; represálias, 568; — RESISTÊNCIA, 425, 566-70, 573, 585-6; pós-Libertação, 588-9; — soberania, política judaica e, 466; Somalilândia, vitória na (1940), 402; violência (1944), 572; Wehrmacht, controle pela, 566-9

Iugoslávia: abordagem da resistência como exército secreto, 540; administração italiana, 411-2, 464-5; alemães étnicos, 73, 255, 416; campos, 412; censo (1931), 255; chetnik, movimento, 550, 552, 573; e Pacto Anticomintern, 407; fome, 347; germanização, 255;

governo no exílio, 573; guerra civil, 45; húngaros e italianos expulsos, 620; muçulmanos bósnios, atrocidades, 524; ocupação alemã, 179, 425; ocupação húngara, 390; partição, 329; Partido Comunista, 549; partisans, 523, 549-51, 573, 587; plano da federação balcânica, 636; planos para o pós-guerra, 633; queda populacional, 348; represálias, 390, 412; restauração, 639; Ustaše, 549; zonas de ocupação, 180

Izbica, campo de detenção, 459

Izvestia, 79

Jäger, August, 137

"Jahr 2000, Das" (Goebbels), 623-6, 637

Jamaica, levante (1865), 659

Janow, condado de, administração, 515

Jansa, general Alfred, 87

Japão: aliados, 422; Aliados declaram guerra ao, 439; anglo-americano, avanço (1945), 30; colaboração dos locais, estratégia, 530; colonial, política, 660-1; "Doutrina Monroe", 651; erros alemães, e, 661; Estado monopartidário, convocações para introduzir um, 651; Estados Unidos, sanções dos, 651; expansão imperial, 270, 276, 315; matérias-primas, 652; Ministério da Grande Ásia Oriental, 276; Nova Ordem, 666; Pacto Anticomintern (1941), renovação do, 384; Pacto Tripartite (1940), 177, 652

Jasenovac, campos de concentração de, 409

Jassy, Moldávia, 396-7

Jeckeln, Friedrich, 224; em Riga, 438; Kamenets-Podolsky, massacre de, 434, 443

JNF ver Fundo Nacional Judeu

Jodl, Alfred: defesa, 209; *faux-pas*, 645; rendição, 603

Jônicas, ilhas, 565

jornais, clandestinos, 544

Judeus: aniquilação, problemas laborais e, 450-1; atitudes polonesas frente aos, 519; baixas, 478; bolchevismo, identificação com o, 222, 224; características raciais identificadoras, 233; como alavanca de influência, 470; con-

fisco de propriedade, 134-5, 373-4; decretos discriminatórios contra os, 222, 243; direitos das minorias, lobby pelo, 672; distinção racial, 670; e domínio soviético, 142-3; emigração, política de, 469, 477, 670; estado nacional, estabelecimento do, 669, 671-3; estrela amarela, vestir a, 433, 435, 494; evacuação para a Alemanha (1945), 476; extermínio pelo trabalho, 370, 442; "fisicamente aptos", 442-3; forçados a cremar corpos, 475; fuga, 470-2; humilhação, 49, 90; idosos, em Theresienstadt, 442, 453; "inaptos para o trabalho", 370; influência observada sobre a política dos Aliados, 470, 479; massacres em represália, 443; mortes de fome, 371; mulheres e crianças, assassinato de, 208, 219; negócios expropriados, 373-4; no front oriental, 186; papel econômico, 224, 226, 451; partisans, 222, 557; partisans, identificação com os, 219-22, 557; política de esterilização, 450; política de morte pelo gás, 444-5, 447; política de seleção, 442, 450; política soviética, 142-3; população, 125, 226, 260; população soviética, 226; resgate, 470-2; saque de corpos, 518; sobrevivência, 468; terra, mística da, 669, 672; *ver também* deportações; Solução Final; judeus alemães; guetos
judeus alemães, 236, 433; deportação para o Ocidente, 433, 457; emigração forçada, 432; opinião pública e, 436-8, 474
julgamentos de Nuremberg, 209, 376, 600
Jünger, Ernst, 492
jurisprudência *ver* direito
Juventude Hitlerista, 365, 522

Kalavryta, massacre de (1943), 565, 589
Kalisz, poloneses expulsos de, 138
Kállay, Miklós, 462
Kaltenbrunner, Ernst, 67, 362
Kamenets-Podolsky, massacre de (1941), 398, 434, 443
Kaminski, Bronislav, 532
Kammler, Hans, 369, 377
Kantorowicz, Ernst, 82

Karajan, Herbert von, 496
Karl, imperador da Áustria-Hungria, 390, 429
Karski, Jan, 459
Kasche, Siegfried, 410
"kashubianos", 248
Katowice, condado de, vingança dos alemães, 612
Katyn, massacre de, 141, 144, 145, 492, 514
Kaunas, alemães capturam, 206
Kazimierz, execuções em massa na floresta de, 444-5
Kehrl, Hans, 282
Keitel, general Wilhelm: e liquidações polonesas, 112; e prisioneiros de guerra, 208-9; encontro com Hitler (julho de 1941), 196; lealdade a Himmler, 601; prisão, 605-6; rendição, 603
Kelsen, Hans, 88
Kennan, George, 102, 541, 633, 637
Kershaw, Ian, 443
Kersten, Felix, 257, 471
Kesselring, Albert: campanha italiana, 567-8, 576; Hitler, sob as ordens de (1944), 595
Keynes, J. M., 168, 664; e os nazistas, 170, 643
Kharkov, população, 341
Kiev: Babi Yar, massacre de, 220; bombardeio alemão, 206, 212; cordão de isolamento, 340, 384; minas soviéticas, 385; policiamento, 200; "política de extermínio", 212
Killinger, Manfred von, 67, 76, 593
Kiš, Danilo, 390
Kjellén, Rudolf, 58
Klagenfurt, Caríntia, 89, 630
Klin, residência de Tchaikóvski em, 185
Klissoura, massacre de, 565
Kluge, Hans von ("Hans Esperto"), 532
Knochen, Helmut, 502
Knopf, Hans, 436
Koch, Erich, 67, 281; brutalidade, 199-200, 525; como comissário da Ucrânia, 194, 199-201, 203-4, 227, 281, 302; e grupos nacionalistas, 203, 302; e ss, 310; e ucranianos, 194, 199-201, 525, 531; espólio, política de, 200; feudos, 200; fuga, 597, 601; massacres judeus, 227; "muralha oriental" defensiva, 592; polí-

ções rurais, política de seleção de, 561; povos não germanizáveis, 260; produção alimentar, 332, 426; produção de grãos, 343, 345; reassentamento, planos de, 608; refugiados no pós-guerra, crise dos, 274; ss, recrutamento para as, 522; terras, germanização, 449; terras, monopólio do Estado, 262; trabalho forçado, 358-60; trabalho forçado, recrutamento para, 358-60, 363, 442; *ver também os verbetes específicos de cada país*

Letônia: administração alemã, 202; alemães étnicos, 73; assentamento alemão, 262; autoadministração, 524; genocídio judeu, 223-5; independência, 524; propriedade privatizada, 524; sadismo policial, 517; ss, recrutamento, 523; vitória alemã (1919), 66

Ley, Robert: e hostilidade dos trabalhadores, 366-7; política da fome, 136; prisão, 606

Líbano, 350, 488, 658

Libau, Letônia, 438

Líbia, 179, 412

"liderança", como meta, 300, 303

Lídice, massacre de, 45, 552

Lie, Jonas, 254

Liebbrandt, Georg, 198

Liège, greve (1941), 546

Liepāja (Libau), 222

Liga das Nações: assimilação, política de, 301; campanha alemã contra, 79; e crise dos refugiados (1930), 164; e independência austríaca, 72; e novos Estados-nações, 269; e populações locais, tratamento das, 656; estabelecimento, 648; Hitler sai da, 83, 85; mandatos, 674; paternalismo, 674; República de Weimar se junta à, 77; reputação, 648; tratados de direitos das minorias, 73-4, 77-8, 85

Liga Internacional contra o Antissemitismo, 491

Ligas de Defesa Étnica, 401

Lille, greve (1941), 547

Limburg, greve (1941), 546

Linha Gótica, 569

Linha Hindemburgo, 63

Linz, 86, 88-9, 630

Lippmann, Walter, 666

"Lista de Mais Procurados da GB", 157-8

Lista do Povo Alemão (DVL), 246-9

Lituânia: administração alemã, 202; controle russo, 114; corpos, saque, 518; devolve Memel, 105; e direitos das minorias, 78; fazendas, confisco de, 264; genocídio judeu, 224; ocupação alemã (1918), 65; trabalhadores poloneses, 270; vitória alemã (1919), 66

Liubliana, província de, 405, 411-2

Łódź (Litzmannstadt): germanização, 243; gueto, 130, 433, 444, 455, 471; judeus, expulsão, 128; *Reichsgau*, 115

Löhr, general Alexandre, 564

Lohse, Hinrich, 202, 281; e diretiva de liquidação, 438, 440; fuga, 597, 601

Lokot, Bielorrússia, 532

Londres, ataque a, 158

Lorena: administração, 280-2; alemães expulsos (anos 1920), 78; expurgo pós-1918, 250; germanização, 253; judeus expulsos (1940), 165; ocupação alemã, 89

Lorenz, Werner, 269

Lösener, Bernhard, 439

Lossain, Karl, 138

Lotnik, Waldemar, 209

Lublin, província, 90; Assembleia Nacional, e Varsóvia, 584; atividade partisan, 562; corrupção, 135; germanização, 266, 268; judeus eslovacos enviados para a, 459; judeus, aniquilação, 267; libertação, 580, 610; Solução Final, 446-8; transferência soviética para o Governo-Geral, 126

Lublin-Majdanek, campo de, 266; como laboratório para o Plano Geral do Leste, 447; libertação, 475; número de mortos (1942), 448; número de prisioneiros, 368; tamanho, 368

Luciolli, Mario, 388

Ludendorff, general Erich, 62, 64, 530

Luftwaffe: Batalha da Inglaterra, 157-8; Belgrado, bombardeio de, 179; combustível, 350; e companhia Gevaert, 325; fornecedores, 363

Luther (Relações Exteriores), 458

Lutsk, assassinatos pela NKVD, 205

Moulin, Jean, 559
Mozart, W. A., 81
MSR *ver* França: Mouvement Social Révolutionnaire
mulheres: confraternização com os invasores, 510, 542, 615; esterilização, 257; estupro, 397, 568, 611; execução, 219, 267, 295, 388, 435, 444-5, 459, 465, 473, 514, 565, 569; informantes, 571; Ravensbrück, campo de, 472-3; SOE, membros, 473; trabalho forçado, 134
Müller, Hinrich, 287, 434, 474
mundo que eu vi, O (Zweig), 158
Munique: Cervejaria, Putsch da (1923), 90, 149, 192; planos nazistas para, 630
Munique, Acordo de (1938), 96, 98-9, 106, 174, 235
música, Grande Alemanha, 81
Mussert, Anton, 253-4, 418
Mussolini, Benito: ambições imperiais, 43, 403-4; anistia aos partisans, 570; antissemitismo, 457; colapso do regime (1941), 424, 564, 566, 645; como aliado alemão, 160; como influência moderadora, 173; deportações de judeus, e, 465; e alemães étnicos, 122; e Anschluss, 87; e brutalidade do exército, 412; e colonização alemã, 658; e Eixo, 173, 174; e futuro da Europa, 382-4, 388; e garantia alemã à Romênia, 178; e invasão polonesa, 113; e paz negociada com Stálin, 421, 423; encontros com Hitler, 383-4; execução, 588; fraqueza, 465; Grécia, invasão da, 178, 180; Hitler e, 402-4; liderança, 403; poder, 279; política nacionalista, 406; popularidade, 572; queixas quanto ao comportamento da Wehrmacht, 569; Salò, governo de, 425, 428, 566, 572; sobre os nazistas, 631; ss, resgate, 425; tropas, dedicação das, 381
Mussolini, Bruno, 383
Musy, Jean-Marie, 471
Mutschmann, Martin ("rei Mu"), 281, 287

nacionalidade, definição oficial, 238, 241
nacionalismo: capacidade para a violência, 632; colonial, 663; Leste Europeu, 632

nacional-socialismo *ver* Partido Nazista
Nações Unidas, 645, 674
Naliboki, emboscada (1942), 555
Namier, Lewis, 53-4
Nantes, greves, 559
Nápoles, *Quattro giornate*, distúrbios (1943), 576, 581, 589
Natzweiler, campo de, 172
Nazista, Partido: ascenção (1930), 79; ataque à Igreja católica, 92; autossuficiência, meta de, 667; base hierárquica racial, 658; concepção da Europa, 626-9, 631; corrupção, 306; defesa interna (1944), 594; derrota, libertação colonial e, 664; direito e, 307, 308; disciplina, 278, 280; e nazistas noruegueses/holandeses, 253; e polícia do Estado, 308-9; e trabalhadores estrangeiros, 354-5; expansionismo, 626; Gabinete de Política Racial, 240; Grande Alemanha, conceito da, importância, 83; impacto da guerra sobre o, 48; impacto sobre o imperialismo, 665; impiedoso e realista, 68; liderança, 600; nacionalidade, definição oficial, 241; objetivo político primário, 353; Partido, membros do, compromissos, 277; política racial, 364; recusa ao comprometimento, 643; renascimento, 280-1; renascimento nacional e, 83; separação étnica e, 304; sobrevivência pós-Hitler, 601; triunfo (1938), 89
Nebe, Artur, 220
Nederlandse Unie, 254, 544
Nedič, general Milan, 294-6, 301
Negri, general Paride, 464
Neubacher, Hermann, 295, 337
Neuhaus am Schliersee, 598
Neumann, Sigmund, 635
Neurath, Konstantin, barão von, 229; como protetor em Praga, 102, 118, 298; e trabalho tcheco, 236
New Britain, ilha, 31
Nigéria: domínio inglês, 161
NKVD: assassinatos, 205, 223, 225; e polícia, 225; prisões pós-libertação, 587
Noite das Facas Longas (1934), 67, 287, 410

Noite dos Cristais, 90, 235
nomes, germanização, 251, 252
Nord, departamento francês, 151
Normandia, desembarques na, 469, 578, 592
norte da África: espionagem alemã, 488; expurgo no serviço público, 507; Hitler e, 158-9, 162; invasão aliada, 419, 487, 504, 564; Itália e, 403
norte da Eslovênia, germanização do, 255-6
norte da Iugoslávia, germanização do, 255
Noruega: "Dez Mandamentos", 543; abordagem da resistência como exército secreto, 540; administração, 280, 291; Alemanha como líder, 302; como aliada alemã, 428; e deportações de judeus, 461; e Federação Europeia, 635; governo no exílio, 149, 545; greves, 336; importações, 317, 351; Milorg, movimento de resistência, 545, 577; nacionalismo, 254; Nasjonal Samling (NS), 149; ocupação alemã, 147-9, 155, 276, 650; ocupação, pagamentos para custear a, 328; Partido Nazista, 253; planos para, 259; política da terra arrasada, 589; produção de alimentos, 344; racionamento, 336; resistência, 545, 560, 577; ss, recrutamento, 521; transição política mal administrada, 545
Nouvelle Revue Française, 492
Nova Guiné, alemães étnicos, 35, 36
Nova Ordem, 82; agricultura, administração da, 335; colapso, 646; como uma empresa alemã, 47; corrupção, 135; direito e, 308; e desemprego, 167; Eslováquia como exemplo da, 104; Holocausto e, 49; lições da, 675; Mercado Comum e a, 642-3; metas, 45; na Europa Ocidental, 541; origens, 69; para a Europa, 147; política econômica, 316, 318; potencial destruidor, 634; "povos germânicos", contribuição dos, 521; separatismo étnico na, 301; significado, 178; Versalhes, acordo de, destruição, 79, 638; vida judia, obliteração, 672
Nova Pomerânia, 31
Nova York, Museu de Arte Moderna de, 495
Novi Sad, massacres de, 390, 415
Novo America, vilarejo de, 401

Oberg, Carl-Albrecht, 297; acordo de policiamento franco-alemão (1942), 502-3; e a polícia francesa, 506, 508; e Marselha, 505-6; Himmler e, 303
Oberkommando des Heeres (OKH), 217
Oberländer, Theodor, 70, 84, 645
Oberost, 62, 64
Observer, 640
ocupação: custos, 328; economia da, 330; ética na, 543
Odessa: judeus, assassinatos, 43, 468; judeus, reassentamento, 400; judeus, saque de seus negócios, 394; ocupação pelo Eixo, 385; ocupação romena, 43, 393-4, 399; queda de população, 393; represálias, 399
OEEC ver Organização para a Cooperação Econômica Europeia
oeste da Alemanha, vingança contra os alemães, 612
oeste da Inglaterra, planos para o, 154
oeste da Polônia: anexação, 114; burocracia corrupta, 135; comissariado civil, 150; deportações (1945), 613-4, 617-8; germanização, 126, 270; guetos, 130
oeste da Ucrânia, guerra com os poloneses, 574
Ohlendorf, Otto, 602; e confusão política, 309, 311; e reputação do SD, 602; e sadismo romeno, 398; judeus, assassinato, 309
OKH ver Oberkommando des Heeres
OKW ver Terceiro Reich: Comando Supremo das Forças Armadas
opinião pública, e campanha pela eutanásia, 437-8, 457, 474, 478
Oradour, massacre, 45, 589
Oran, 161
Oranienburg, campo de concentração, 133, 377, 473
ordem pública: força de trabalho e a, 361, 469; França, 303, 345, 349, 486; Hungria, 469; prioridade, 486, 545; requisição e, 345, 348; resistência como ameaça à, 571; supostas ameaças à, 365, 469
Oregon, assentamentos alemães, 655
Organização de Transporte Interno da Europa Central, 640

petróleo do Oriente Médio, 349; exército alemão como força de ocupação, 63-5; exército polonês, plano para o, 530; guerra partisan, 414; muçulmanos bósnios na, 524; necessidades dos cidadãos na, 340; política da terra arrasada, 596; Polônia, divisão da, 62; racionamento de comida, 347; regras, 415; reparações, 71; resistência polonesa, 540; taxa de natalidade, 347

Primeiro ss-Einsatzkommando, 222

prisioneiros de guerra: aliados, 543; alsacianos, 251; belgas, 355; campos, 208, 211, 214, 371; canibalismo, 48, 214; condições, 214; Convenção de Genebra e, 154, 208, 554; em campos de concentração, 48; em força de trabalho, 214, 354-6; execução, 140, 186; extermínio pelo trabalho, 371; franceses, 153, 355; holandeses, 355, 560; italianos, 208, 367; iugoslavos, 208; marchas para a morte, 210; mortes por fome, 214, 218, 373; noruegueses, 355; números de mortos, 211, 214; poloneses, 208; trabalho agrícola, 354; soviéticos, 206, 208, 210-3, 215; em campos de concentração, 48; mortes de fome, 209-12, 214, 434; números, 206, 369; Wehrmacht, conscritos na, 527-8, 530; valor potencial, 215; Wehrmacht e os, 207-8, 210-4

prisioneiros, tratamento aos, 369-70

prisões, mortes por fome nas, 336

produção de aviões de combate, 376

Prússia: Áustria, relação com a, 55; campanha anticatólica, 58; classe fundiária, 289; emigração, 59; germanização, política de, 245; minoria polonesa, 57-9, 61; ver também Prússia Oriental

Prússia Ocidental: deportações de poloneses e judeus, 124; emigração alemã (1918-26), 77; racial, classificação, 234; tipos populacionais, 247-9; transferida para a Polônia, 76

Prússia Oriental, 76; "muralha oriental" defensiva, 592; emigração alemã (1937-8), 121; Exército Vermelho, vingança do, 610-1; fronteira oriental, 79; refugiados (1944), 29, 592; tipos populacionais, 247

Prützmann, Hans Adolf, 601, 617

punição coletiva, uso da, 415

Puy de Dôme, e regime de Vichy, 510

Quênia, 656-6

"Questão Judaica", 256, 670; aspectos da, 432; estados bálticos, 224, 226; Himmler e a, 256; Hitler sobre a, 433, 439, 441; política italiana, 466; política nazista, 456; reserva africana, plano da, 163; Rosenberg sobre a, 192, 432-3; solução sérvia, 295; ver também Solução Final

Quisling, Vidkun, 423; como aliado alemão, 418, 428; forma governo provisório, 149, 302; impopularidade, 149, 545; nazistas sobre, opinião dos, 253

Rab, prisioneiros na ilha de, 412, 465

raça: ciênica da, 232-3; Segunda Guerra Mundial e, 48

raça superior, política da, 291, 300, 665

racial, abordagem da origem, 233-4, 243

racial, mito da solidariedade, 273

racial, pureza, 47

racionamento, 329, 336-7; corte de rações (1942), 342-3; níveis de, 347

Rademacher, Fritz, 163-5

Rádio Moscou, 640

Radnóti, Mikloš, 429

Rainer, Friedrich, 446

Ranshofen-Wertheimer, Egon, 634

Rathenau, Walter von, 76

Ratzel, Friedrich, 58

Raumforschung und Raumordnung, jornal, 258

Ravensbrück, campo: atrocidades, 473; execuções, 473; fabricação de armas, 473; mulheres libertadas, 473; população, 368

razzias, 361

reassentamento, programa de, 122-4, 126-7, 129-32; e fornecimento de comida, 333; hiato, 130-1; ritmo lento, 131; voluntários para, 273

105, 168; golpe pró-soviético (1944), 427; Guarda de Ferro, movimento, 392, 395; Hitler e, 381, 385; judeus, deportações de, 433, 461, 467; judeus, importância econômica, 461; judeus, massacres, 395, 397-8, 400-2, 474; limpeza étnica, política de, 395, 397-401; missão alemã, 404; muda de lado, 427, 468, 593; ocupação alemã (1918), 65; Pacto Anticomintern (1941), 385; política antijudaica, 393, 395, 397-401, 457, 467; política nacionalista, 394; represálias, 399; território cedido à Hungria e à Bulgária, 176; território ucraniano, 525; vida judia, obliteração da vida provincial, 672; vitórias, 393, 417

Rommel, marechal de campo Erwin, 404

Ronikier, Adam, 514

Roosevelt, F. D.: Carta do Atlântico (1941), 184, 382; e aliança soviética, 470; e futura Europa, 626; e Hungria, 469; e Pétain, 487; rearmamento, 650; reeleição, 650; rendição incondicional, política da, 470

Roques, general Karl von, 201, 221

Rosenberg, Alfred: antijudaica, política, 224, 227, 431, 433, 438; capitulação na Solução Final, 438; como ministro do Leste, 193, 283, 431; dispensa, 602; e Dinamarca, 250; e Estados bálticos, 202; e evacuações pela fronteira, 449; e Império Britânico, 39; e plano "contragoverno russo", 529; e prisioneiros de guerra soviéticos, 213, 215; e recrutamento para trabalhos forçados, 360; e Ucrânia, 525; Himmler e, 264, 266, 304, 438; plano alternativo do exército russo, 530; plano congresso antissemita, 419, 432; plano cruzada antibolchevique, 264; poder, 197; prisão, 606; sobre Himmler, 213; território soviético, plano de administração do, 191, 199-201, 204

Rotterdam, destruição na guerra, 149, 170

Rousseau, Jean-Jacques, 57

RSHA ver Gabinete Principal de Segurança do Reich

Rügen, campo de férias, 171

Ruhr: bombardeio aliado, 351; carvão e aço, produção de, 325-6; força de trabalho russa, 365

Rundstedt, Karl Rudolf von, 560

Ruppin, Arthur, 670-1

Rússia: e Hungria, pré-1914, 44; e Prússia, 61; pogroms tsaristas, 225; regime imperial, colapso do, 65; Zona de Assentamento, 228, 518

russo-polonesa, guerra (1919-21), 76

russos: nas Forças Armadas alemãs, 521; reassentamento, 261

Rutênia Branca, 202-3

sabotagem, 292, 545, 578; Bélgica, 546; Dinamarca, 428; fazendeiros, 335; ferrovias, 585; Grécia, 552; insignificância econômica, 584; partisans soviéticos, 292, 557; Protetorado, 298; resistência e, 548

Sachsenhausen, campo: força de trabalho, 377; OUN-B unidades no, 525; população, 368; técnicas de execução por gás, 447

Sakowicz, Kazimierz, 518

Salaspils, campo de trabalho, Letônia, 372

Salazar, António de Oliveira, 173

Salò, governo Mussolini, 425, 428, 566

San Pracazio di Bucine, massacre (1944), 568

Sant'Anna di Stazzema, massacre (1944), 568-9

Sarraut, Maurice, 508

Sarre, judeus expulsos (1940), 165

Sauckel, Fritz, 373, 425; —PROGRAMA DE TRABALHO FORÇADO: 42, 319, 357, 359-64, 506; partisan, recrutamento e, 558, 560-1; — Speer controvérsia, 363

"saudação Hitler", 136

Saxônia, administração, 281, 287

Scavenius, Erik, 386

Schacht, Hjalmar, 275, 667

Schellenberg, major Walter, 420; e Ribbentrop, 420; Gestapo, manual da, 157; Masur fala, 472

Schenckendorff, general von, 218

Schlageter, Leo, 67

Schleswig-Holstein, 202

Schloss Klessheim, 423

Schlotterer, Gustav, 324

Shinkolobwe (Congo), minas de, 650

shtetls, saques, 518

Sibéria, reassentamento polonês, 141, 261

Sicherheitsdienst (SD): análises sobre o moral alemão, 596; desprezo pelo Partido Nazista, 287; "esferas de vida", projeto, 288; informes pessimistas, 308; Łódź, no gueto de, 444; recrutamento em universidades, 288; reputação, 602; sobre o moral público, 343; visão do nacional-socialismo, 279

Sicherheitspolizei (SiPo), 502; e Deloncle, 489; Grécia, 362; Kiev, 200; limpeza das valas comuns, 475; Naliboki, emboscados em (1942), 555; poder no Oeste Europeu, 545; Polônia, 540

Siegfried, Linha, 63

Siemens, empresa, 473

Sigmaringen, governo de Vichy em, 509, 533

Sikorski, Wladyslaw, 76; federalismo, 633; governo no exílio, 512

Silésia: emigração alemã (1937-8), 121; fronteira do Leste, 79; indústria química, 377; industrialização, 244; nacionalidade na, 273; *ver também* Alta Silésia

Simenon, Georges, 496

Singapura, invasão japonesa, 652, 663

sionismo, 670-3

SiPo/SD *ver* Sicherheitspolizei

Síria: invasão aliada, 488; mandato da Liga, 658; petróleo alemão, negociações, 349

Siros, ilha, fome, 404

sistema de acordos de compensação, 328

sistema legal, 308-9, 319, 364

Smolensk: partisans, 554, 556; tomada pelos alemães (1941), 206

soberania: abolição da, 659; deportações de judeus e, 464, 466-7, 478; na era nuclear, 668; no pós-guerra, 634-5, 637, 641

Sobibor, campo de, 90, 343, 451; como campo de extermínio, 449; crematório, 475; número de mortos (1942), 448, 450; revolta (1943), 375, 455

Sociedade para a Herança Ancestral Alemã, 232

SOL *ver* França: Service d'Ordre Légionnaire

Solução Final, 441-5, 447; crise alimentar e a, 343; cumplicidade com, e também lealdade à, 469, 478; cumplicidade do povo com a, 518; evidências, destruição de, 474-5; extensão, 457-8; força de trabalho e, 373; governantes locais e, 517; limites da, 479; prisioneiros, fornecimento, 369, 460; "programas" na, 443; promovido pela ideologia nazista e por Hitler, 477; resistência, 479; segredo, 448, 450, 474; técnicas de aplicação do gás, 444-5, 447; tema sensível, 479; velocidade da, 310

Somalilândia, vitória italiana na (1940), 402

South River, New Jersey, 537

Soutine, Chaim, 493, 495

Speer, Albert, 170-1, 257-8, 601, 608; ascenção, 375-6; e "Decreto Nero", 596; e economia de guerra, 357; e planos para o Leste, 630; e trabalho forçado, 362; eficiência, 376; em Paris (1940), 493; estratégia industrial, 351; força de trabalho, 319, 377; ministro para Armamentos, 331, 371; Sauckel, controvérsia, 363; sobre a ineficiência da SS, 371; sobre a resistência francesa, 585; sobre o *faux-pas* de Jodl, 645; sobre suicídios, 596

Sperrle, marechal de campo Hugo, 578

Srbik, Heinrich Ritter von, 81

SS *ver* Schutzstaffel

SS-GB (Deighton), 157

St. Nazaire, instalações navais, 171

Stahlecker, Franz, 91, 224

Stahlhelm, movimento paramilitar, 602

Stálin, Joseph: árbitro na Europa Central e do Leste, 620; Bucovina/Bessarábia, anexação da, 392; complôs contra, 529; e anticomunismo ocidental, 638; e ataques partisans, 549, 551; e confederação do Danúbio, 635; e futura Europa, 626; e guerra partisan, 215, 556, 558; e ilegalidades dos militares, 611; e levante de Varsóvia, 583; e Polônia, 113, 140, 619; federalismo, oposição ao, 635, 637, 639-40; industrialização, 339; Lublin, oferta de transferência, 126; na Conferência de Potsdam (1945), 607; pacto com Hitler, 106; paz negociada, plano de, 420-1, 423; planos pós--guerra, 637-9; sobre o Exército Vermelho, 206; tática da terra arrasada, 188; Volga, alemães do, deportações, 433

Stalingrado, batalha de (1942-3), 418, 420, 453, 513, 529

Stanislau, ss, corrupção, 135

Stauffenberg, Claus von, 528

Stein, tenente Walter, 600

Stephen, Fitzjames, 659

STO ver França: Service du Travail Obligatoire

Strang, Sir William, 636

Streccius, general, 546

Streit, Clarence, 633

Stresemann, Gustav, 77-9, 83

Struye, Paul, 544, 571

Stuckart, Wilhelm, 67, 305; diplomacia cultural, 419; e Boêmia-Morávia, 100, 102; e centralização, 282-3, 286, 292, 294; e diferença nacional, 301; e homogeneidade étnica, 300; e incorporação austríaca, 89, 97; e planos de Rosenberg, 193; França, planos para a, 153; no governo de Dönitz, 602; prisão, 606; sobre o desafio político (1940), 147

Stülpnagel, Otto von: e represálias, 296; e requisição, 329; e ss, 490; e Wehrmacht, 490

Stutthof, campo, 368

Sudetos: anexação (1938), 95-7, 280; burocracia corrupta, 135; comissariado civil, 150; emigração alemã (1937-8), 121; germanização, 235; importância econômica, 236, 239; minoria étnica alemã, 235-6; nacionalidade na, 273; população judaica, declínio da, 453-4, 456; ver também Protetorado da Boêmia-Morávia

Suécia: Cruz Vermelha, 471, 473; e Polônia, 119; minério de ferro, recursos, 650; planos para, 259; prisioneiros holandeses e noruegueses mandados para a, 471

Suíça, 156, 250

suicídio, derrota e, 596

sul da África, Partido Nazista no, 655

sul da Europa: ameaça de invasão aliada no, 564; Wehrmacht no, 564-70

superpotências, antiimperialistas, 666

Surabaia, movimento pela independência de, 664

Suriname, bauxita, 650

Szálasi, Ferenc, 429; antissemitismo, 428, 469; e deportações de judeus, 469; retirada de Budapeste (1944), 469

Sztójay, László, 452

tártaros, tropas Wehrmacht, 528

Täubner, Max, 474

taxas de câmbio, mau uso, 327

taxas de nascimento durante a guerra, elevação das, 319

Taylor, A. J. P., 232

Tchaikóvski, P. I., 185

Tcheco-Eslováquia, 99

tchecos: ameaça de deportação, 552; ameaça dos "lobisomens", e a, 616-7; extermínio através do trabalho, 370; germanização, 237-9, 241, 479; massacres, 615; no exílio, 548; problema dos, 236; trabalho, importância do, 236, 298

Tchecoslováquia: alemães étnicos, 72, 75, 77, 96-8; alemães, deportação de (1945), 613, 616-8; alemães, população de (1948), 618; Alemanha, anexação pela, 95-100, 102; armamento, confisco de, 320; carvão, produção de, 350; censo entreguerras, 236; dependência do fornecimento de cereais da Rússia depois da guerra, 619; e suprimento de alimentos, 316; Estatuto da Nacionalidade, 96; expansão econômica durante a guerra, 638; fascista, movimento, 544; governo, 286; Guardas Revolucionários, 616-7; idioma tcheco, uso do, 75, 235; judeus alemães, deportação de, 618; judeus, declínio da população de, 125; judeus, deportações de, 97; judeus, emigração de, 91; "lobisomens", ameaça dos, 616-7; matérias-primas, confisco de, 320; mulheres acusadas de se relacionar com os alemães, 615; nacionalidade, classificação (1921), 237; planos pós-guerra, 633, 635; Polônia, promessa de associação mais próxima com a, 633; rações, 118; reforma agrária, 75; reservas de ouro e divisas internacionais, 320; restauração, 639; vida provincial judaica, obliteração da, 672; vingança dos alemães, 612, 615-7; *ver também* Protetorado da Boêmia-Morávia

Teoria de Local Central, 672

Terboven, Josef, 149, 344; crueldade, 149; e racionamento, 336; suicídio, 149, 596

Terceiro Mundo, comunismo, 666

Terceiro Reich: acordo de policiamento com a França (1942), 502, 504, 507; Acordo do Aço (1939), 402; administração, 95, 280, 282, 292; África, exige a, 160; alemães étnicos, clamores sobre os, 416; alemães, documentos de identidade, 234; aliança com a Itália, 104, 113; ambições imperiais, 38-9, 654; aniquilação dos judeus, política de, 226, 441-2, 457, 469; Anschluss, abordagem gradualista, 87; anti-habsburguismo, 71; assassinatos em massa, sistematizados, 660; assassinatos, disfarce, 474-6; bolchevismo, luta contra o, 144, 185, 189, 222, 381, 414, 513; campanha no Norte da África, 162-4; campanha no Oeste (1940), 146, 148-52, 154-60; campos de petróleo romenos, perda, 593; capital, falta de, 331; carvão, produção de, 351; centralização, fracasso da, 282-5; cidadania no, 44, 85, 143, 237, 241; cidades, conquista (1944), 595; ciência racial, patrocínio, 232; civis fogem (1944), 597; civis, brutalidade contra os, 589; colônias de além-mar, 35; colônias europeias, 650; — COMANDO SUPREMO DAS FORÇAS ARMADAS (OKW): e custos de ocupação, 328; e existência da Polônia, 119; e prisioneiros de guerra, 208; luta contra o bolchevismo, 222; — como árbitro europeu, 39, 98, 174-5, 628, 649; como líder europeu, 42, 331, 382-3, 386, 416; Conselho de Defesa do Reich, 281; consumo de aço, 316; consumo de grãos, 177, 181, 304, 316, 332, 345-6; consumo, aumento do, 316; contrainssurgência, medidas de, 552; correios, controle dos, 280; cortes militares, 189; crimes de guerra, 453;

"Decreto dos Comissários", 189; deportação dos judeus, política de, 91, 126, 130, 141, 233, 400, 479; desafio político (1940), 147; diplomacia cultural, 418, 495-7; direito; base racial, 95, 142; "Diretrizes para a Conduta das Tropas na Rússia", 189; discussões internas, 47; "Doutrina Monroe" alemã, 649; e assuntos das minorias alemãs, 84; e guerra preventiva, 48; e minorias, 142-3; e nacionalismo, 661; e neutralidade francesa, 487; e o direito internacional, 84, 119, 416; e opinião pública, 437, 457, 474; e plano para a Confederação Europeia, 421-3; e políticas do Kaiser, 68; e povos conquistados, 45; economia de energia, 356; economia de guerra, 194, 317, 351, 357, 363; economia, arianização, 169; emigração judaica, 91, 125, 432, 453; escassez de moradia, 433, 442; Estados Unidos, declara guerra aos, 439; estratégias de exploração, 327; expansionismo, 95, 101, 668; experimentos com gás, 444-5; exportabilidade, 47; extremismo de civis, 415; falta de alimentos, 194, 211-2, 342, 346; falta de mão de obra, 167, 215, 316, 450, 561; Forças Armadas, não alemães nas, 521; fronteira oriental, 58, 62, 66, 114, 269, 654; Gabinete Legal, e judeus estrangeiros, 458; gerenciamento do trabalho, 378; guerra civil, fomentador, 573; *Haupttreuhandstelle Ost*, 285; homogeneidade nacional, criação, 300-1; humanitarismo como sinal de fraqueza, 269; importações, 317, 346, 349; — INDÚSTRIA DE ARMAMENTOS: 373; força de trabalho, 357, 363, 376, 377, 471, 473; — infraestrutura de comunicações, bombardeio aliado, 351; iniciativas políticas, suspeição, 441; invadido pelas tropas aliadas, 595; invasão soviética (1941), 144, 179, 180-2, 628, 638; Itália, ocupação, 424-5, 427; lei, indiferença à, 41, 48, 85; leis de guerra, repúdio, 188; liberalismo alemão e, 54; linha branda (1942), 420; Marinha, e a guerra no Mediterrâneo, 158; matérias-primas, falta de, 316, 320, 650; Ministério da Agricultura e dos Alimentos, 339;

Tito, marechal: federalismo, 636; libertador de Belgrado, 611; partisans assumem o controle, 587; plano de guerra partisan, 549-51
Todt, Fritz, 172
Togliatti, Palmiro, 589
Tomislav II, rei da Croácia, 408
totalitarismo, 45
trabalhadores estrangeiros ver força de trabalho
trabalhadores ver força de trabalho
trabalho escravo, 310, 358, 369, 458; ss como fornecedora de, 319; ver também trabalho forçado
trabalho forçado, 48, 141, 554; na Eslováquia, 459; na Hungria, 469, 471; no Oeste Europeu, 361-3; nos territórios ocupados do Leste, 358, 360-1, 442; resistência e, 360, 426, 559-60; ss como fornecedoras de, 319
Transilvânia: fuga de romenos (1940), 392; ocupação húngara, 176, 392; Romênia e, 417, 461
Transnístria: administração romena, 393, 395, 399, 400; como compensação, 417; como depósito de lixo étnico, 395, 399; declínio da população, 393; fornecedora de comida, 395; judeus, reassentamento, 400
Treblinka, campo, 90, 139, 343, 392; como campo de extermínio, 449; crematório, 475; número de mortos (1942), 448; problemas ambientais, 474; revolta (1943), 375, 455
Três Grandes, parceria dos, 184; Conselho de Ministros de Relações Exteriores, 607; Declaração de Yalta da Europa Libertada, 623-4; esperança alemã de dividir a, 603; estabelecimento da, 616
Tribunal Europeu, 641
Trier, destruição, 606
Trieste, 455, 468, 567
trigo, 332, 339-40, 417
Trondheim, instalações navais, 171
Truman, presidente Harry S., 607
Turner, Harold, 294-5, 301-2
Turquia: neutralidade, 428; troca de população grega (1923), 269

Ucrânia: administração, 281; administração alemã, 199, 201, 203; alemães étnicos, 264; baixas alemãs, 295; brutalidade húngara, 390; camponeses, 575; corpos saqueados, 518; depósitos de manganês, 650; Exército Insurgente (UPA), 575; garantias de independência, 662; germanização, 270; grãos, produção de, 342; guerra civil, 45; Heeresgebiet Süd, 201; Himmler, quartel-general, 193; instalações móveis de aplicação de gás, 226; massacres judeus, 223, 226-7, 309; mortes civis (1941), 218; ocupação alemã (1918), 65; ocupação alemã (1941), 205; ocupação romena, 393; OUN-B, 575; partisans, 556; plano do exército nacional, 534; planos alemães para, 181, 182, 194-7; polícia auxiliar, 520; "pontos fortes", 262; população não alemã, 261; queda de população, 348; recrutamento de trabalho forçado, 361; recursos, 68, 184, 194, 204; represálias, 221; retirada alemã, 270; Rosenberg, relato de, 204; saques alemães, 201, 320; shtetl, destruição da vida no, 672; ss, recrutamento, 525-6
ucranianos: desaparição, 241; tratamento soviético, 143
Uiberreither, Siegfried, 255
Ulitz, dr., 79
União dos Escritores Europeus, 497
União dos Grupos Nacionais Alemães, 74
União Europeia, como sonho nazista, 626
União Federalista Europeia, 641
União Soviética (URSS): administração alemã, 197; agricultura, 340, 342; alemães étnicos, 243; aliança inglesa, 183; anexação de território, 142; anti-imperialismo, 666; baixas, 378; baixas civis, 41; bolchevismo, ressurgimento, 662; Brest-Litovsk, Tratado de (1918), 65; campos de petróleo, 316, 349, 378; cidadania na, 143; Comintern, e partisans iugoslavos, 549; como árbitro europeu, 620, 639; como pátria judia, 192; "contragoverno", plano, 529; contraterrorismo alemão, 553; contratos de fornecimento, 181; crimes de guerra, 141, 144; e Estados dos

dos-nações, criação, 180, 269, 631, 658; ordem diplomática substituída (anos 1930), 86, 638; vitórias polonesas, 41; vitórias romenas, 41

Verschuer, Otto von, 233

vestir-se para marcar oposição, 543

Vichy, regime de, 153-4; acordo de policiamento (1942), 502-3, 507; como poder colonial, 163, 650; conservadorismo, 495; continuidade, 482, 499; contraespionagem, serviço de, 488; cooperação industrial, 361-2; e deportações judias, 478; e Inglaterra, 487; e judeus locais, 460, 503; e Marselha, 504; e refratários, 559; em Sigmaringen, 509, 533; estrangeiros, "política de emigração maciça", 165; falta de alimentos, 338; impopularidade, 559; neutralidade, 487; operação da inteligência alemã contra, 488; oposição a, 571; perda de apoio (1941-2), 488; política, 293, 502-3, 505-6, 508-11, 546; — POLÍTICA DE COLABORAÇÃO 344, 346, 362-3, 419, 481-2, 510, 629; artes e, 491-2, 494-5; como ato de equilíbrio, 484, 489; estabilidade e, 484; opinião pública e, 483-4, 488; — prefeitos, 499; processo judicial, controle, 502; racionamento, 339; serviço público, 482, 498, 500-2, 505, 507, 510-1; serviços de segurança, 501; sindicatos, abolição, 485; soberania, preservação da, 484, 502, 511; trabalho forçado, 361-2, 507

Victor Emmanuel III, rei da Itália, 424

vida é bela, A (filme), 411

Viena: deportações de judeus, 434; poder enfraquecido (1938), 89; pogrom (1938), 90

Viet Minh, independência, 664

Vietnã, guerra, 669

Vilna, gueto, resistência, 455

Vilnius, 206, 580

Vitebsk, cerco (1944), 592

Vlaminck, Maurice de, 497

Vlasov, Andrei, 529, 531-5

Vlissingen, Fentener van, 325

Volínia: alemães, reassentamento, 124; Exército Vermelho avança sobre, 580; nacionalidade na, 273; partisan soviético, 574; ucraniano, controle, 574

Volksdeutsche, Mittelstelle, 84

Volkssturm, dispensa, 428

Volkswagen, força de trabalho em, 377

VoMi, agência para o reassentamento, 269

volta para casa, A (filme), 230

Wächter, Otto, 525

Waffen-SS: alemães étnicos, recrutas, 416, 427, 429; armamentos, 471; brutalidade, 522, 565; Divisão "Galícia", 525; Divisão "Prinz Eugen", 523; Divisão Charlemagne, 509, 521; e "Exército de Libertação Russo", 535; expansão, 416; prisioneiros de guerra ingleses, 522; recrutamento alemão, 522; recrutas não alemães, 251, 509, 520, 522, 523, 531

Wagner, Eduard, 110

Wagner, Robert, 251-2

Wannsee, Conferência de, 260, 286, 441, 457-8

Warthegau, província de: campanha contra a Igreja, 132, 137; classificação racial, 234; crianças, germanização, 268; DVL, listas, 247-8, 250; estrela amarela, traje, 433; germanização, 124, 128, 242; guetos, 130; Himmler e, 304; leis matrimoniais, 268; nacionalidade em, 273; orfanatos, 268; Partido Nazista, 137; política de assimilação, 245; políticas repressivas, 136-7, 268; poloneses, repressão, 128, 268; produtividade, 131; proprietários de terra, exlpusão de, 242; reassentamento, velocidade, 265; Solução Final, 443-5; tipos populacionais, 247

Weber, Alfred, 676

Weber, Max, 59, 61, 289

Wehrmacht: antipartisans, campanhas, 222, 413-5, 553, 555, 564-6; antissudetos, ofensas, 235; baixas (1944), 592-3; brutalidade, 47, 186, 415, 542, 568-70, 589; brutalidade romena, desaprovação, 398; Canárias, bases nas, 159-60; como força de ocupação, 63, 65; desejo de volta ao lar, 49; desertores, punição aos, 594; e França, 293, 296; e frentes de trabalho, 361-2; e judeus deportados, 433; e kosovares albaneses, 414; e massacres de judeus, 219, 221-7, 434-5; e mercado negro,

1ª EDIÇÃO [2013] 1ª reimpressão

ESTA OBRA FOI COMPOSTA EM DANTE PELO ACQUA ESTÚDIO E IMPRESSA
PELA RR DONNELLEY EM OFSETE SOBRE PAPEL PÓLEN SOFT DA SUZANO PAPEL
E CELULOSE PARA A EDITORA SCHWARCZ EM OUTUBRO DE 2013